ECCLESIA NIDROSIENSIS 1153–1537

Søkelys på Nidaroskirkens og Nidarosprovinsens historie

Geschenk von Steinar Imsen (Red.)

INNHOLD

Forord

I 1997 feiret Trondheim sitt tusenårs jubileum. Men, før kirken i andre halvdel av 1100-tallet etablerte seg med katedral og erkebispegård var ikke husklynga ved Nidelvas munning mye til by. Og uten erkesetet er det vanskelig å tenke seg at kaupangen på Nidarneset ville ha blitt til mer enn et regionalt sentrum, selv om kongene oppholdt seg en god del i byen fram til begynnelsen av 1200-tallet. De fleste av dem lot seg også gravlegge her. Noen virkelig hovedstad for middelaldermonarkiet ble Trondheim aldri. Det var det Bergen som ble, og deretter Oslo. Derimot gjorde erkesetet Trondheimskaupangen til kirkehovedstad for hele Norge og alle de norrøne områdene i Atlanterhavet og Irskesjøen, og Hellig Olavs grav, som Domkirken reiste seg over, skulle bli symbolsk midtpunkt for den norske nasjon.

Selv om Nidaroskirken og Nidarosprovinsen for lengst er historie, er det liten tvil om at det er sporene etter middelalderens kirkehovedstad som framfor noe har gitt Trondheim særpreg og trondhjemmerne identitet. Og ingen annen bygning symboliserer det gjenreiste Norge som Nidarosdomen, i sin tid den romerske kirkes fremste utpost mot nord. I de seinere åra har byens middelalderske og katolske fortid som aldri før blitt brukt til å markere og markedsføre byen. Kampen for å gjøre Trondheim til landets nye «kirkehovedstad», er et av uttrykkene for dette. Andre uttrykk er navn som Olavshallen på det nye konserthuset og St. Olavs hospital på det gamle Regionssykehuset (RIT), og så har vi fått Olavsfestdagene som en utfordrer til Bergens festspill. Heldigvis er bergensinnslaget blant forfatterne her i boka nesten like stort som trondheimsinnslaget.

Det er god grunn til å feire når vi nå når 850-års merket for opprettelsen av erkesetet i Nidaros, og som det vil framgå av denne boka er Nidaroskirkens historie noe langt mer enn vanlig regional eller lokal historie. Dette speiles både i opplegget for boka og i sammensetningen av forfatterteamet. Her er så godt som hele den gamle norske kirkeprovinsen representert med fagfolk fra Tromsø, Bergen, Oslo, Hamar, Trondheim, Skottland og Island. Når dette prosjektet i det hele tatt har latt seg realisere, skyldes det først og fremst forfatterne, som med entusiasme og uten vederlag har øst av sin tid og sine kunnskaper. Slik kan boka oppfattes som vår gave til jubileet. Som prosjektleder og redaktør føler jeg sterk trang til å takke for laget, det har vært en sann svir.

Men uten penger og infrastruktur hadde vi likevel ikke kommet noen vei. Erbos minnefond, Rektor ved NTNU og Norges Forskningsråd har hjulpet til med publiseringsstøtte, og Norsk faglitterær forfatterforening og Fondet for Dansk-Norsk Samarbejde, Schæffergården, har muliggjort nødvendige besøk i biblioteker og arkiver. Alle skal de ha stor takk.

Jan Brendalsmo, Barbara Crawford, Audun Dybdahl, Øystein Ekroll, Lars Ivar Hansen, Brian Smith, Per Storemyr, Tore Sæther og Sæbjørg Walaker Nordeide har selv sørget for bilder og bildetekster til sine bidrag. Når det gjelder de øvrige bidragene har jeg selv ansvaret for de aller fleste illustrasjonene og tekstene. Jeg har derfor mange å takke. Det gjelder Nidaros Domkirkes Restaureringsarbeider og Øystein Ekroll, Torborg E. Strand hos Riksantikvaren, Johan Ellefsen ved Deichmanske bibliotek, Nina Hovda Johansen, Aschehoug forlag, Kirsti Kulseth, Marek Suchy ved Archiv Prazskeho hradu i Praha, Lennart Karlsson ved Riksantikvariatämbetet och Statens historiska museum i Stockholm, Henrik von Achen, Ole Egil Eide, Inger Johanne G. Røkke, Marianne Brochmann, Karl-Fredrik Keller, Svein Henrik Pedersen, Þjóðminjasafn Íslands, Riksarkivet, Stofnun Árna Magnússonar á Íslandi, Det arnamagnæanske institut i København og Manx National Heritage. Takkes skal også Stewart Clark, som har besørget oversettelse til engelsk av norske sammenfatninger og bildetekster.

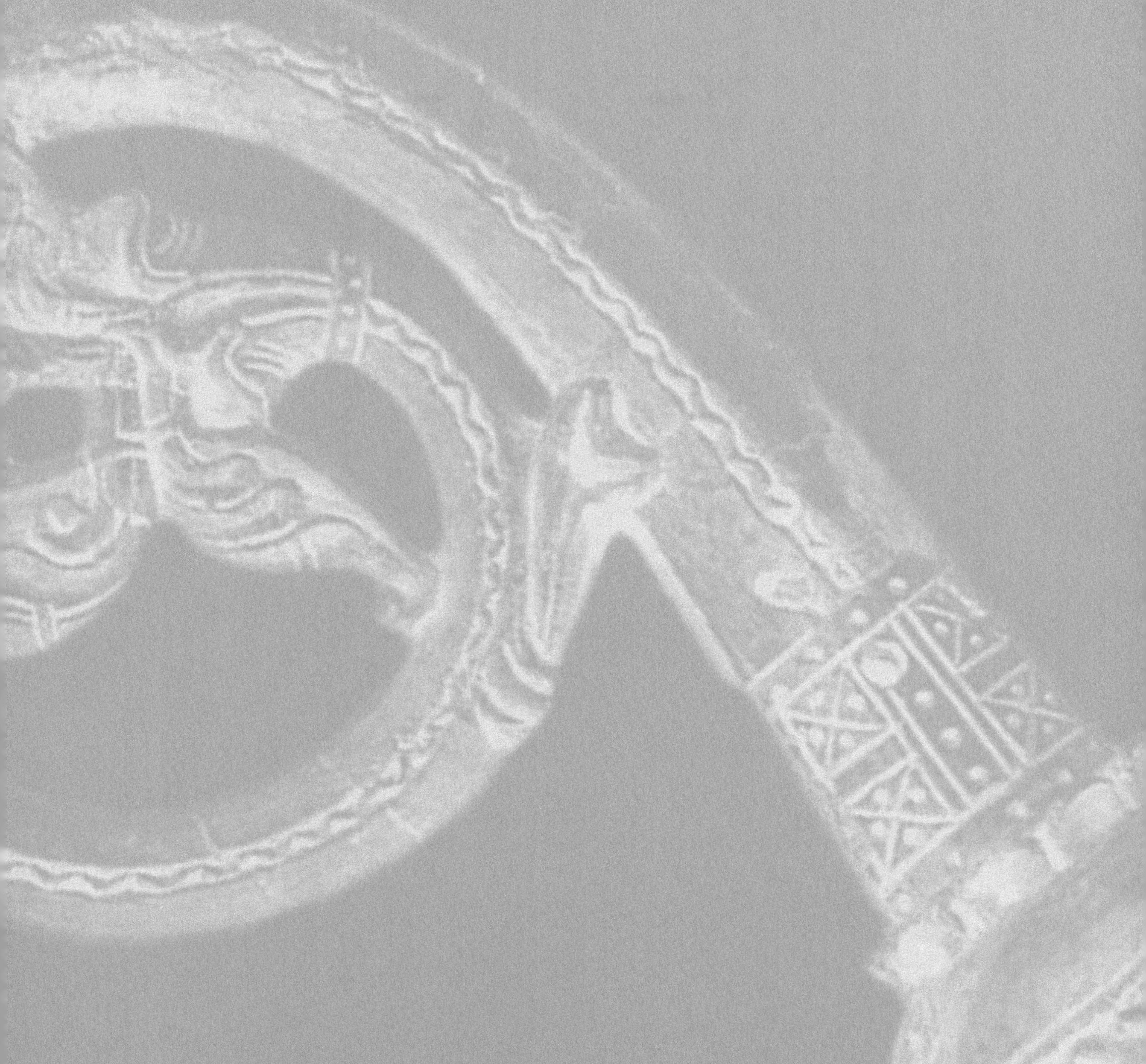

Sist, men ikke minst, må det nevnes at prosjektet har vært forankret i Senter for middelalderstudier, NTNU, som på alle måter har vært til stor hjelp. Særlig vil jeg takke senterlederen Audun Dybdahl for godt samarbeid. Også Eldbjørg Haug skal ha mange takk for råd og hjelp. Dessuten har Det historisk-filosofiske fakultet, NTNU, gjort det mulig for forfatterne å møtes underveis i arbeidet, og Historisk institutt samme sted har sjenerøst stilt tid og tjenester til rådighet for arbeidet med boka.

Trondheim, mai 2003.

Steinar Imsen

Innledning

«Provincia Nidrosiensis» eller «ecclesia Nidrosiensis» var gjengs begreper i middelalderens kirkelige språkbruk. «Trønderkirken» (ecclesie Trundensis) forkommer også, som i Magnus Erlingssons kroningsed fra 1163 (eller 64), hvor dette begrepet stilles opp mot Norges rike (regni Norwagie). I den såkalte sættargjerden (overenskomsten) mellom Magnus Lagabøte og erkebiskop Jon Raude fra 1277 brukes begrepene provincia og ecclesia Nidrosiensis om hverandre. Sett fra pavestolen i Roma så vel som fra erkebispestolen i Trondheim var Nidarosprovinsen eller Nidaroskirken en selvstyrt del av det latinske kirkefellesskapet hvor paven var overhode. Opprettelsen av Nidarosprovinsen var et uttrykk for at det området som ble lagt under den nye erkebiskopen i Trondheim – i alle fall størstedelen av det – ikke lenger var å betrakte som misjonsmark, men i kirkelig forstand hadde nådd et utviklingstrinn hvor det kunne likestilles med de andre selvstyrte kirkelige enhetene i den latinske kristenhet. Nidarosprovinsen var så å si en egen kirkelig nasjon i fellesskap med andre kirkenasjoner, så som Lundprovinsen, Yorkprovinsen, Hamburgprovinsen, Canterburyprovinsen og så videre. Men vårt europabilde er ikke lenger middelalderkirkens og pavestolens, og for oss er Nidaroskirken – eller Nidarosprovinsen – fremmedartede og noe kunstige navn. De forekommer knapt i norsk historisk litteratur, for den saks skyld var de heller ikke vanlige i gammelnorsk språkbruk. I stedet snakker vi om den norske kirke, om det norske erkebispedømmet og den norske kirkeprovinsen. Vårt historiske og geografiske vokabular – og våre forestillinger – er forankret i 1800-tallets europeiske nasjonalstatsretorikk og det politiske europakartet som vokste fram etter reformasjonen.

Innledningsvis må vi derfor se litt nærmere på hva denne Nidarosprovinsen har vært i geografisk, kirkelig, politisk og «nasjonal» forstand. Og for lettere å kunne sette de senere temakapitlene inn i en kronologisk sammenheng vil vi også forsøke å gi et kort riss av Nidaroskirkens og det norske erkebispedømmets historie. Det kan også være nyttig å se noe nærmere på forskningshistorien: Hvilke spørsmål har historikere, teologer og filologer vært opptatt av å besvare når de har skrevet om det norske erkebispedømmet, og hvilket overordnet syn har de formidlet av den norske kirken før reformasjonen? Til slutt vil vi si noen ord om hvordan denne boka er tenkt, og hvordan den er lagt opp.

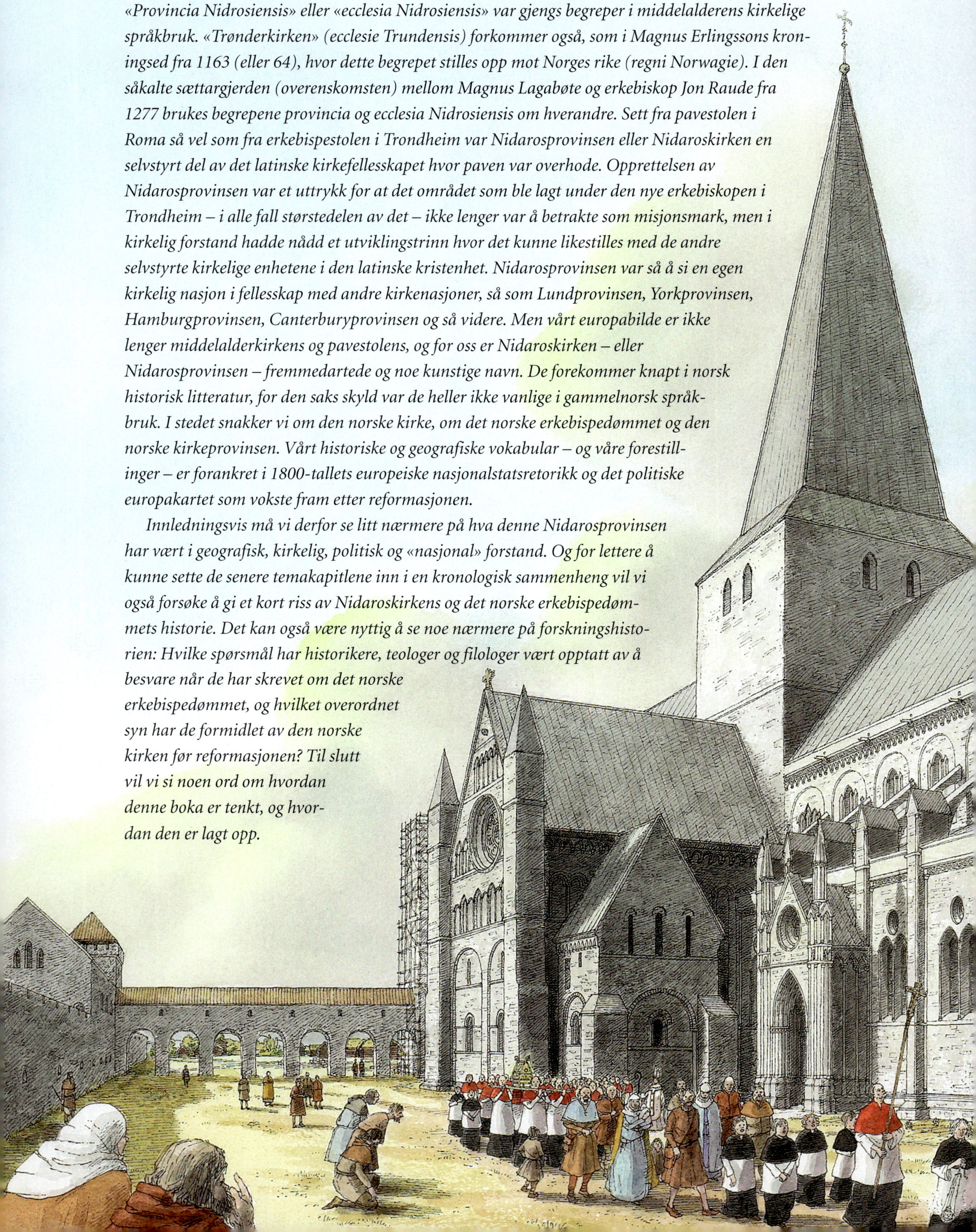

Domkirken slik den kan ha sett ut omkring år 1300, tegnet av Karl-Fredrik Keller i samarbeid med Øystein Ekroll. Utformingen av gangen mellom Erkebispegården til venstre i bildet og Domkirken er uviss, men den har eksistert (Ekroll 1995). Vi ser ellers en tenkt prosesjon ved feiringen av en helgen som kirken hadde relikvier etter.

Nidaros Cathedral, as it probably was in about 1300, drawn by Karl-Fredrik Keller.

"Provincia Nidrosiensis" or "ecclesia Nidrosiensis" were common terms in the medieval church language. "Trønderkirken" (ecclesie Trundensis) also appears, as in the oath sworn by Magnus Erlingssons at his coronation in 1163 (or 1164), where this term is used along with "the Norwegian Kingdom" (regni Norwagie). In the so-called "sættargjerd" (settlement) between King Magnus the law mender and Archbishop Jon Raude from 1277 the terms provincia and ecclesia Nidrosiensis are used alternately. Viewed from the Holy See in Rome as well as the archbishop's see in Trondheim, the Nidaros province or the Nidaros Church was a self-governed part of the Latin Church community where the Pope was the highest authority. The establishment of the Nidaros province reflected the fact that the area which was placed under the new archbishop in Trondheim – at least the main part of it – was no longer to be considered a missionary field, but rather a church unit with equal status as the other self-governed components of the Latin Christian community. The Nidaros province was so to speak an own ecclesiastical nation along with other similar nations, such as the Lund province, the York province, the Hamburg province, the Canterbury province and so on. But our European perspective does not extend beyond the medieval church and the time of papal rule, and for us the Nidaros province represents a strange and somewhat artificial term. It is neither present in Norwegian historical literature, nor commonly used in contemporary Norse texts. Instead we speak of the Norwegian church, about the Norwegian archbishop's see and the Norwegian church province. Our historical and geographical vocabulary – as well as our concepts – are based on the 19th century nation state rhetoric and the political map of Europe that took shape after the Reformation.

Consequently we should therefore take a closer look at what the Nidaros province has been in a geographical, ecclesiastical, political and "national" context. In order to arrange the thematic chapters in a chronological order, we have tried to give a brief outline of the history of Nidaros Church and the Norwegian archbishopric. It may also be useful to consider the history of research more closely: What questions have pre-occupied the historians, theologians and philologists working on the Norwegian archbishopric and Norwegian church history, and what fundamental view of the pre-Reformation Norwegian church did they convey?

NIDAROSPROVINSEN

Steinar Imsen

Opprettelsen av et erkebispedømme med sete i Nidaros i 1152, eller 1153, er en av de mest epokegjørende begivenhetene i norsk middelalderhistorie. Det eksakte året for opprettelsen er omdiskutert, og det er ennå ikke grunnlag for å hevde at den ene dateringen skulle være sikrere enn den andre.

Fram til slutten av middelalderen skulle Nidaros være sentrum i en kirkeprovins som strekte seg fra Kola og Grønland i nord til Man og Göta elv i sør. Nidarosprovinsens historie tok slutt i 1537 da den danske kongen Christian III med erobrerens rett avskaffet både kirke og kirkeprovins. Da var de to bispedømmene på de britiske øyene – Sodor (episcopatus Sudereiensis eller Sodorensis = Hebridene/Sudrøyene og Man) og Orknøyene (inklusive Shetland) – allerede blitt overført fra nidarosbispens obediens (myndighet, eg. lydighet under erkebispen) til erkebispesetet St. Andrews i Skottland, som var blitt opprettet i 1472. Når det gjelder Man og Hebridene var bruddet med Nidaros blitt antesipert allerede i 1349, da pave Clemens VI fritok biskopen der for plikten til å besøke Nidaros én gang i løpet av hans embetstid, og fra 1380-åra ble bispedømmet Sodor delt i to.[1] Men også i den tidligste fasen hadde forbindelsen mellom Nidaros og bispedømmet på Man og Hebridene vært ganske løs. Helt fram til 1220-åra ble nidarosmetropolittens myndighet over de norrøn-keltiske områdene i Irskesjøen utfordret av Furness Abbey i Cumbria og erkebiskopene i York.[2]

På Grønland – bispedømmet Gardar som ifølge Oluf Kolsrud fikk sin første biskop i 1112 eller 1113 – hadde det i 1537 ikke vært biskop på bortimot 150 år. Kolsrud vil mene at erkebiskop Eskill sendte en Anders dit opp som biskop i 1406, men det er høyst usikkert om Anders nådde målet og slo seg til som biskop i Gardar.[3] Også bispedømmene på Island (Skålholt opprettet ca. 1055/56 og Holar 1106) ble overlatt mer til seg selv i seinmiddelalderen. Det var særlig tilfellet i hundreåret etter svartedauen, da forbindelsen med Nidaros nesten ble brutt. I denne perioden ble biskopene på Skålholt og Holar utnevnt av paven uten hensyn til hva erkebiskopen og domkapitlet i Trondheim måtte mene, og verken islendinger eller nordmenn ble tilsatt. Mange av de pavelig utnevnte utlendingene lot være å besøke sine bispedømmer ultima Thule, eller de var der bare i kortere tid. I lange perioder sto derfor bispestolene på Island ubesatt eller de ble bestyrt av vikarer. Selv om forbindelsen med Nidaros ble gjenopprettet etter 1450, ble den islandske kirken stadig

Del av bispestav og ring funnet i ruinene etter domkirken på Gardar. Trolig dreier det seg om gjenstander fra graven til Jon Arneson Smyril, også kalt Sverresfostre. Han ble viet til biskop i 1188 og døde i 1209. Deler av sin bispetid oppholdt han seg på Island, og han reiste til Norge og Roma i 1203, men må altså ha vendt tilbake til Gardar før han døde. Foto: Nationalmuseet i København.

Part of a bishop's crosier and ring discovered among the ruins of the cathedral at Gardar (Greenland). These items probably came from the tomb of Jon Arneson Smyril, inaugurated as bishop in 1188 and died in 1209.

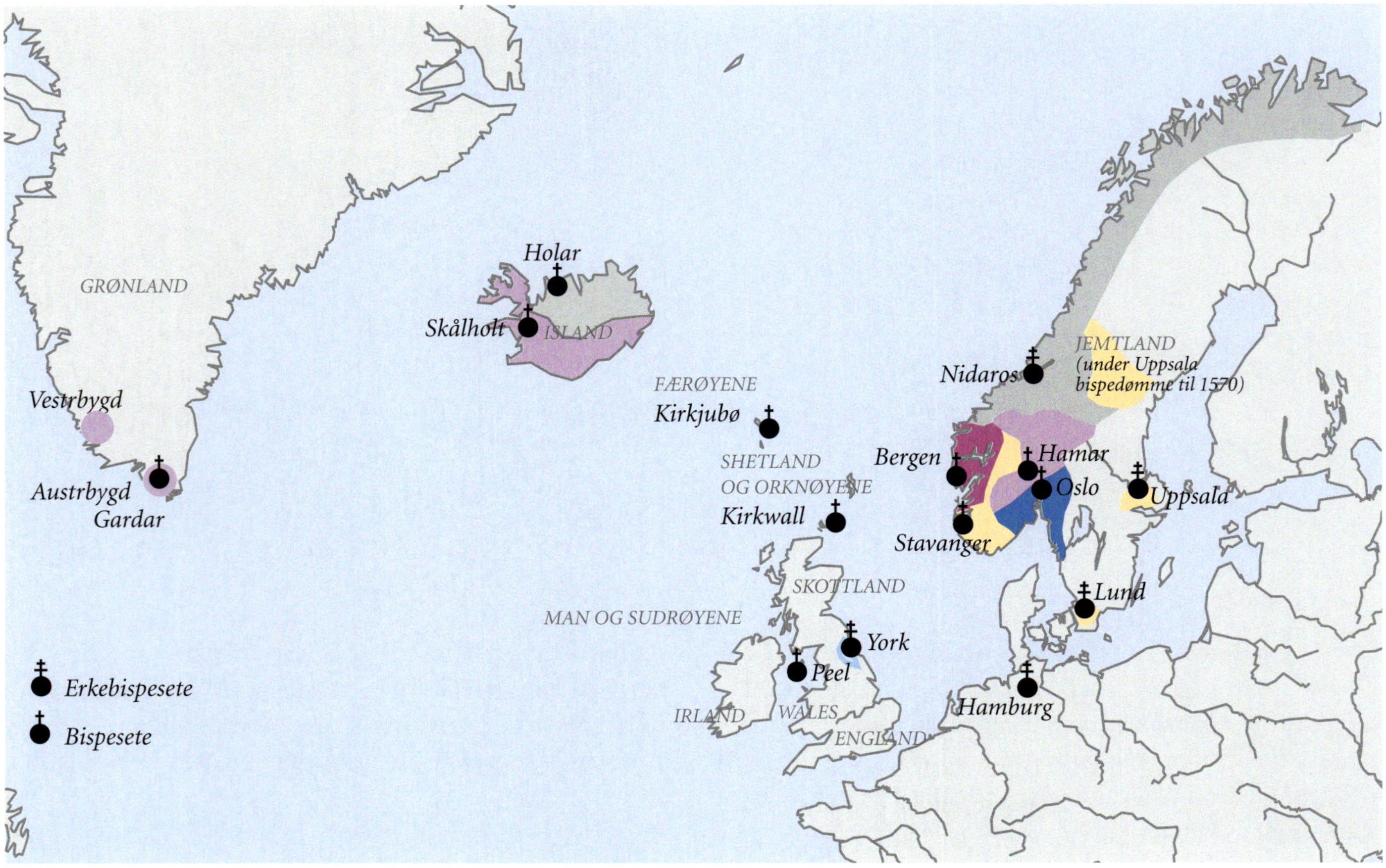

Nidarosprovinsen ca. 1320, bispeseter og bispedømmegrenser. Etter Imsen og Winge, Norsk Historisk Leksikon.

The Nidaros province about 1320, with bishoprics and their boundaries indicated.

mer islandsk mot slutten av middelalderen. Jón Viðar Sigurðsson viser i sitt bidrag at de islandske bispesetene etter 1460 stort sett ble besatt med islendinger, og ofte etter forutgående valg på lokale prestemøter. Og islendingene skulle komme til å holde stand mot lutherdom og kirkerevolusjon nesten to tiår etter at erkestolen i Nidaros hadde falt. Akkurat som kirken på Island ble mer islandsk mot slutten av seinmiddelalderen, ble kirken på øyene utenfor Skottland mer skotsk. Barbara Crawford kan vise at denne skottifiseringsprossen for Orknøyenes del var godt i gang allerede ved midten av 1300-tallet, selv om kirkeledelsen i Nidaros hadde et fast grep om kirkeorganisasjonen fram til da. På øyene vest for Skottland er det tvilsomt om kirken noen gang var å betrakte som norsk i nasjonal forstand.

For øvrig hadde verken bispedømmene på Island, Grønland, Færøyene og Hebridene-Man egne domkapitler, og det ble på 1200-trallet vanlig at domkapitlet i Trondheim valgte biskoper til bispedømmene i Norskehavet. Når det gjelder bispedømmet på Færøyene, som kan ha vært opprettet omkring 1120, men som trolig ved en lapsus ikke nevnes i pave Anastasius' fundasjonsbrev fra 1154[4], mente domkapitlet i Bergen å ha hevd på å velge biskoper til Kirkjubø. Da domkapitlet i Nidaros krevde valgretten til alle bispedømmene i provinsen som ikke hadde eget domkapitel, førte det til strid mellom Bergen og Trondheim. Nidaroskapitlets valgrett ble stadfestet ved det såkalte Tautraforliket i 1297. Der blir det sagt at domkapitlets valgrett også skal omfatte Sudrøyene, skjønt det er tvilsomt om dette noen gang ble praktisert, selv om erkebiskop Sølve i 1250-åra skal ha utpekt biskop til bispedømmet Sodor.

På sett og vis ble Nidarosprovinsen mer norsk i «nasjonal» forstand i seinmiddelalderen.[5] Dette har sammenheng med at kirken overtok mye av monarkiets «nasjonale» rolle etter at det norske kongedømmet i 1380 gikk opp i det felles dansk-norske kongedømmet og Norges rike ble del av den nordisk treriksunionen, samtidig som altså Nidarosprovinsen skrumpet inn. For øvrig var en slik «nasjonalkirkelig» utvikling ikke spesielt norsk. Vi møter det samme fenomenet over det meste av den latinske kristenhet på 1400-tallet, f. eks. i Spania, Frankrike, England og Skottland. Dessuten ble det i løpet av seinmiddelalderen vanlig å besette høyere geistlige stillinger i Norge med nordmenn, fortrinnsvis fra kretsen av bygdekakser og lavadel, det sosiale sjiktet som det er blitt vanlig å kalle knapeadelen. Samtidig overtok utlendinger i økende grad bispestoler og kanonikater i bispedømmene utenfor fastlands-Norge. Den sosiale utviklingen i den norske kirkeledelsen står i klar kontrast også til det som skjedde med statsapparatet i Norge, hvor en liten eksklusiv krets høyadelsmenn av norsk-dansk-svensk opphav nå fikk monopol på de viktigste stillingene i landsstyret.

Den norske kirkens fall i 1537 betydde også at Norge opphørte å være et selvstendig rike. Fram til 1814 skulle Norges rike forbli under Danmarks krone. Dette er den store katastrofen i vår nasjonale historie. Kirkens undergang er ikke blitt begrått like mye som rikets. Noe av grunnen er trolig den danske øvrighetens suksess med sitt lutherske prosjekt. Bergenslektoren Absalon Pedersøn Beyer, som i 1567 så tilbake på fordums storhet, fortrøstet seg med at:

«[…] endog saadan forandring er skjet at Norgis rige […] er kommit under Danmarck, haver Gud ligevel naadelige seet til dette rige, saa at kongerne have søgt rigens beste og gavn […] Oc dertil med haver Gud i disse siste verdsens tider oc udi Norgis rigis alderdom, som nu er saa gammelt, at det gaar med en staf, givit det en aandelig staf, som er Guds sande oc salige ord, oc sacramenternis rette brug, til hvilket det kan helde sig, oc støde sig ved, paa det at det icke om falder, men bliver bestandigt indtil enden.»[6]

I norsk middelalderhistorie har det norske riket og det nasjonale monarkiet spilt hovedrollen. Kirkens historie er tradisjonelt blitt sett i forhold til kongedømmets og nasjonens politiske historie.[7] Riktignok fins det unntak, men de er ikke mange. Vi vil nødvendigvis også være interessert i forholdet mellom kirke og kongemakt, det er trass alt et av de mest sentrale temaene i middelalderens historie, men vi vil etter beste evne forsøke å stille kirken i sentrum for oppmerksomheten, ikke kongedømmet. Samtidig må vi passe oss for uten videre å framstille Nidarosprovinsens historie som en slags nasjonal parallell til rikshistorien. Selv om Norge var kjernelandet i kirkeprovinsen, vil også den internasjonale og felleskirkelige siden ved Nidarosprovinsens historie være viktig for oss. Dessuten kan den norrøne eller keltisk-norrøne befolkningen ute i skattlandene neppe kalles norsk i noen nasjonal forstand; trolig har de primært oppfattet seg som islendinger, shetlendere, færinger, grønlendinger, orknøyinger, suderøyinger og manxmenn. Og endelig falt ikke Nidarosprovinsen ikke i ett og alt falt sammen med det norske riksterritoriet.

Nidaroskirkens og det norske erkebispedømmets historie i grove trekk

Mens det norske rikets historie i middelalderen følger et klassisk mønster med vekst og fall, og med tiåra rundt 1300 som høydepunkt, tegner kirkens historie en noe avvikende kurve. Tida fra etableringen av erkesetet og fram til ca. 1220 preges av vekst trass i midlertidige tilbakeslag under kong Sverre i 1180–90-åra. Særlig framstår Øystein Erlendssons archiepiskopat (embetstid som erkebiskop) 1161–88 som en slags gullalder da kirken vant stadig nye områder i politikk, samfunn og kulturliv. Under Håkon Håkonsson (1217–63) flatet kurven ut. Kongedømmet kom igjen på offensiven i de siste tiåra av Håkons kongstid. Særlig markert er dette i forbindelse kong Håkons kroning i 1247. Men på den andre sida konsoliderte kirken sin stilling i samfunnet ut gjennom 1200-tallet, økonomien ble styrket, større og prektigere kirkebygg reiste seg, og erkebiskopens myndighet gjorde seg gjeldende i provinsens ytterste avkroker. Det har vært diskutert hvor vidt kirken også kan ha styrket sin rettsstilling på 1200-tallet, særlig har spørsmålet om omfanget av den kirkelige jurisdiksjonen stått sentralt i debatten.

Stolvange fra kirken på Kirkjubø, Færøyene, ca. 1400. Vi ser Olav den hellige tronende over en biskop. I Erik av Pommerns tid (1389–1441) var det mest bare tyskere som ble utnevnt til biskoper på Færøyene, først Vikbold Verydema, som ble providert av Bonifacius IX i 1391, og dernest Johan, som ble providert av pave Gregor XII i 1407. Johan var på Kirkjubø 1412, og var fortsatt biskop i 1420. Han døde noe før 1431. Deretter fulgte Severinus, som pave Eugen IV utnevnte i 1431, og som trolig aldri kom til sitt bispedømme. Det samme gjaldt etterfølgeren Johan Scheffchin, som ble providert av pave Eugen i 1435. Hallgeir Osmundsson, som ble utnevnt til biskop på Færøyene av erkebiskop Vinald i 1391 eller 1392, måtte ifølge Kolsrud trolig vike for den pavelig providerte Vikbold. En Hilarius, som sannsynligvis var færøying, nevnes som biskop på Kirkjubø mellom 1486 og 1520, og i 1533 ble nordmannen Amund Olavsson utnevnt til biskop på Færøyene av kong Frederik I. Erkebiskop Olavs posisjon var da svært svekket som følge av at han året før hadde støttet Christian IIs forsøk på å gjenerobre Norge. Frederiks bispeutnevnelse sammen med kongens sekularisering av norske klostre varslet den kirkerevolusjonen som kom i 1536, og som Olav fram til våren 1537 desperat kjempet for å unngå. Ellers var det etter ca. 1380 bare utlendinger som ble tilsatt som biskoper på Færøyene. Foto: Nationalmuseet i København.

Part of a pew from the church at Kirkjubø on the Faeroe Islands about 1400. In the picture, St Olav is towering above a bishop. After about 1380 it was mainly foreigners, many of them Germans, who were appointed bishops on the Faeroe Islands.

Pave Gelasius' (492–96) lære om de to sverd var fortsatt offisiell doktrine i Norge ved slutten av 1200-tallet. Ifølge Gelasius hadde Gud innsatt to øvrigheter i samfunnet, hver med sitt myndighetsområdet (sverd), kongemakten og kirken, og hver suverene og likeverdige på sitt område. Her ser vi Gelasius' doktrine illustrert i et manuskript av Magnus Lagabøtes landslov fra ca. 1320 (Codex Hardenbergianus). Initialen innleder tingfarerbolken. På Landlovens tid var imidlertid pavemakten i ferd med å endre standpunkt idet pavene Gregor IX (1227–41), Innocens IV (1243–54) og Bonifacius VIII (1294–1303) hevdet at de som Kristi etterfølgere hadde fått overlatt begge sverd, og at den verdslige myndighet dermed var delegert fyrstene av pavekirken. Foto: Kgl. Bibliotek i København.

The teachings of Pope Gelasius (492 –496) about the two swords, representing the church and the monarchy with their separate domains of authority, was still the official Norwegian doctrine at the end of the 13th century. The illustration here is taken from an illuminated manuscript c. 1320 containing King Magnus Håkonsson's so-called Landlaw.

Et nytt høydepunkt ble nådd i 1270-åra med konkordatinngåelsen mellom kong Magnus Lagabøte og erkebiskop Jon Raude i 1277. På papiret nådde kirken aldri lenger enn det som er nedfelt i denne såkalte «compositio» (gno. sættargerð) fra Tønsberg; hvordan det forholdt seg i virkeligheten diskuteres fortsatt, også i denne boka. Fallet kom brått med kongens død i 1280, og ble bratt med erkebiskopen i eksil og med avtalen fra 1277 annullert. Det var det høyadelige formynderstyret til Erik Magnusson (1280–99) som ikke ville akseptere omfanget av kirkelige friheter, og som i kongedømmets navn gikk til frontalangrep mot erkebiskop Jon Raude (1268–82). Under Håkon V (1299–1319) ble i det store og hele situasjonen fra tida før 1277 gjenopprettet, skjønt kongen prøvde som best han kunne å balansere geistlighetens makt mot riksaristokratiets. Dette kommer eksempelvis til uttrykk i den forordningen om formynderstyre som kong Håkon utstedte i 1302, og hvor det ble bestemt at to biskoper sammen med et utvalg på tre stormenn og kansleren skulle ha «kronens gull og sølv i varetekt». De to biskopene skulle endatil ha egen nøkkel til skattkista, og de skulle også delta sammen med hele formynderstyret i kontrollen av skattmesterens (fehirdens) forvaltning og regnskaper, og i det hele tatt regelmessig trekkes inn «for å overveie og rådslå om rikets hele styring og nødvendige tarv».[8] Hardest å døyve for kirkeledelsen var nok opprettelsen av den kongelige kapellgeistlighet som en egen korporasjon direkte underlagt paven i 1308. Kapellgeistligheten fikk dermed samme såkalt uavhengige (eksempte) status som tiggerordenene, fransiskanerne og dominikanerne, som til biskopenes irritasjon kunne drive konkurrerende sjelesorg på siden av bispedømmeorganisasjonen. I virkeligheten innebar vedtaket fra 1308 at den kongelige kapellgeistligheten ville bli styrt av kongen ved hjelp av geistlige tjenestemenn på nesten samme nivå som biskopene. Etter klage til kurien (pavehoffet) og behandling i den pavelige høyesterett (Sacra Romana Rota) ble riktignok kapellgeistlighetens opprinnelig eksempte status i 1311 justert, det vil si at de kongelige klerkene i prinsippet ble underlagt biskoppelig tilsynsmyndighet, men med visse privilegier i behold.[9] Likevel skulle det bli et hovedproblem for kirkeledelsen et par tiår framover å forholde seg til og plassere den kongelige kapellgeistlighet i det kirkelige hierarki.[10] Tida rundt 1300 er også preget av økt spenning mellom biskopene og en stadig sterkere og mer selvbevisst domkapitelsgeistlighet, ved erkesetet var det i 1290-åra åpen konflikt.[11] Gjennom det såkalte Tautraforliket måtte erkebiskop Jørund (1288–1309) i 1297 akseptere domkapitelets rett til å delta i kirkestyret, og kapitelets innflytelse snarere tiltok enn avtok i tida som fulgte.

Ellers står på mange måter perioden 1320–1350 som et tredje høydepunkt i Nidarosprovinsens historie. Det var i disse åra den høymiddelalderske kirkeorganisasjonen fant sin endelige form i Norge. Det norske episkopatet telte en rekke meget dugelige menn. Dette er de rettslærde biskopenes tid. Kontakten både med kurien og med europeiske universiteter og lærdomssentra var god. Fortsatt var metropolittmyndigheten (erkebiskopens myndighet) urokket. Det ble holdt relativt hyppige provinsialkonsil*; vi har bevart en rekke provinsialstatutter fra 1280 og fram til 1351 med særlig mange fra 1320-åra.[12] Og fortsatt gjorde erkebiskopene seg gjeldende ute i de fjernere bispedømmene, noe både resepsjonen av provinsialstatutter og andre erkebiskoppelige brev vitner om – f. eks. på Island – så vel som direkte erkebiskoppelig intervensjon i lokale konflikter, f. eks. på Orknøyene.[13] Hundreåret fram til 1350 betydde også en sterkere folkelig oppslutning om kirke og kristenliv, noe blant annet de mange sjelgavene er uttrykk for.

Nidaroskirkens historie i seinmiddelalderen er tvetydig. Vi kan observere klare oppløsningstendenser hva provinsen angår. Etter 1350 ble som nevnt forbindelsen mellom provinsledelsen i Nidaros og bispedømmene vest i havet løsere. Når det gjelder bispedømmene nord og vest for Skottland ble forbindelsen i gavnet så godt som brutt, selv om lydighetsplikten overfor Nidaros i prinsippet ble opprettholdt. Dette skyldtes en kombinasjon av flere forhold, dels pavelig politikk, dels det nordiske unionsmonarkiets politikk, og dels hjemlige problemer som følge av den allmenne sosiale og økonomiske krisa som mannedauden i 1349–50 utløste. I

I 1247 hadde Norge for tredje gang besøk av en pavelig utsending, nemlig Vilhelm, kardinalbiskop av Sabina (1184–1251). Han kom til Bergen for å krone Håkon Håkonsson, og ved den anledning forhandlet han både med kongen og den norske kirkeledelsen. Her ser vi en gammelnorsk oversettelse av kardinal Vilhelms forordning om helligdager i en avskrift fra ca. 1325 (AM 309 fol.). Forordningen er kopiert i en rekke norske og islandske lovhåndskrifter fra 1300-tallet.
Foto: Det arnamagnæanske institut, Universitetet i København. Foto: Suzanne Reitz og Elin L. Pedersen.

In 1247, Norway received a papal envoy for the third time when William, the cardinal of Sabina (1184–1251), visited Bergen to crown King Håkon Håkonsson. This is a Norse translation of William's statute about holidays copied in a number of manuscripts from Norway and Iceland in the 14th century.

* Provinsialkonsil kalles kirkemøter for hele kirkeprovinsen. Slike møter ble sammenkalt og ledet av erkebiskopen. Provinsialkonsilet var et viktig element i styret av kirkeprovinsen, der framsto erkebiskopen som provinsens leder, der ble interne bestemmelser om kirkeliv og kirkeordning vedtatt, og der ble også felleskirkelige statutter og lovregler gjort kjent og iverksatt.

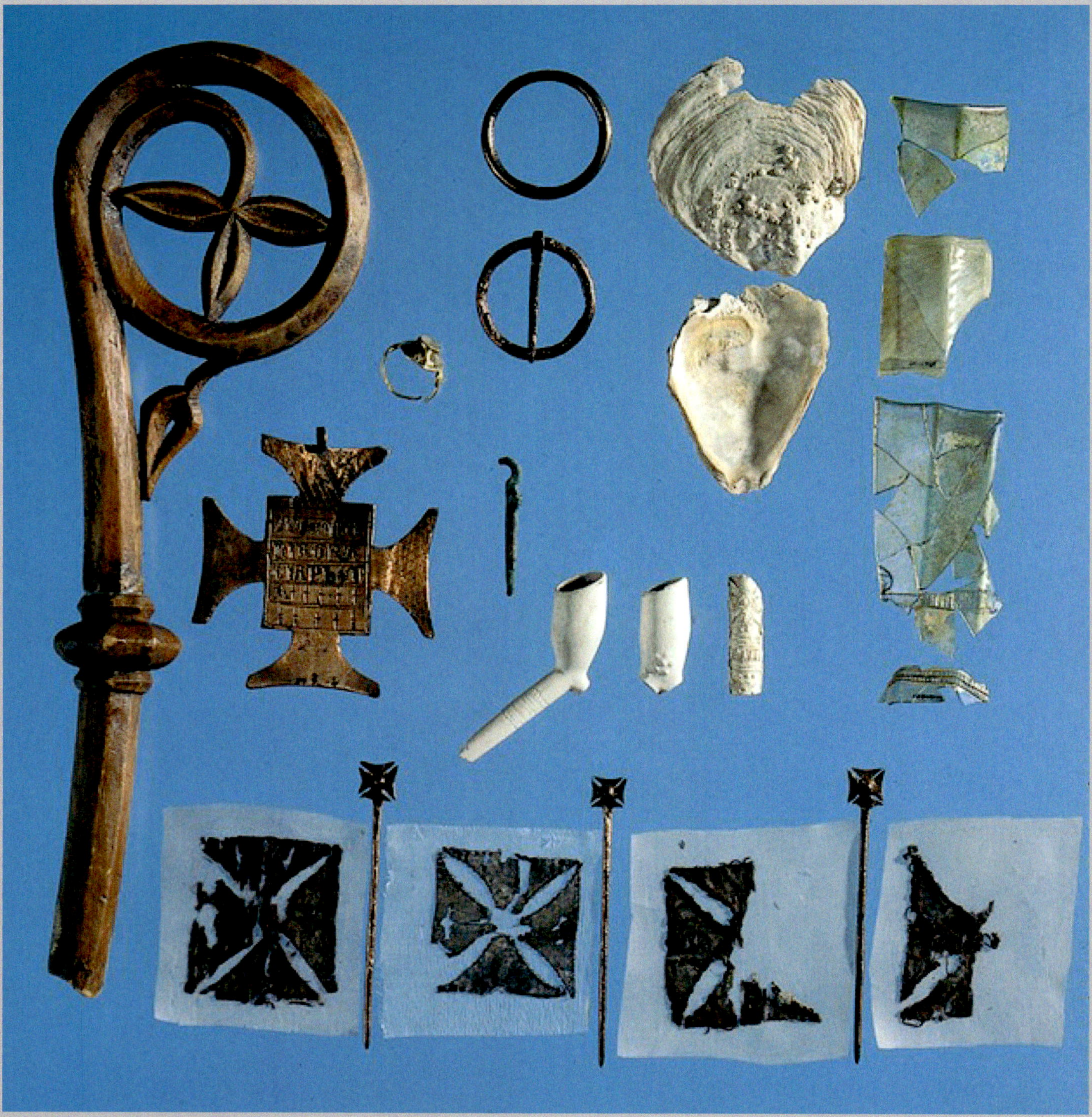

Pallium kalles det verdighetstegnet erkebiskopene fikk av paven ved vigselen, og som de bar ved spesielle høytider. Her ser vi tre nåler og tekstilrester etter et pallium sammen med en rekke gjenstander funnet i en erkebispegrav i Nidarosdomen (muligens etter erkebiskop Eiliv Arnason, som døde 2. november 1332). Foto Nidaros Domkirkes Restaureringsarbeider. Hvordan krittpipene er havnet der, er uvisst.

At their consecration, archbishops received a sign of dignity called a pallium from the Pope, which was carried on ceremonious occasions. This shows three pins and fragments of cloth from a pallium and other remains from the grave of an archbishop at Nidaros Cathedral.

økende grad providerte (utnevnte) nå paven engelskmenn og skotter, tyskere og nederlendere og svensker og dansker til biskoper i de oversjøiske norske skattlandene. At nordmennene etter skismaet i 1378 valgte å anerkjenne romapavens obediens, mens skottene knyttet seg til Avignon, gjorde ikke den kirkelige situasjonen i de norrøne bispedømmene utenfor Skottland enklere.* Mens Man orienterte seg mot det kirkelige hierarki i England, som valgte å anerkjenne pavene i Roma, ble Sudrøyene nærmere knyttet til Skottland, som satset på Avignon. Det endte som nevnt med at bispedømmene på Orknøyene og Hebridene i 1472 ble overført til det nye erkesetet i St. Andrews, visstnok uten at provinsledelsen i Nidaros ble informert. Det sies heller ikke noe i fundasjonsbullen for det nye skotske erkebispedømmet at disse bispedømmene hadde hørt til en annen provins. Man skulle ende som et bispedømme under Canterbury. I det hele tatt utfordret den pavelige sentraliseringspolitikken nidarosbiskopens autoritet som metropolitt i andre halvdel 1300-tallet og de første tiåra av 1400-tallet. Også etter at grønlendingene var blitt overlatt til seg selv ble det regelmessig utnevnt biskoper til Gardar, den siste ble vigslet så seint som i 1520. De fleste av disse titulære grønlandsbiskopene var utlendinger. Noen har oppholdt seg i Norge og Danmark, hvor de fungerte som settebiskoper eller påtok seg

* Fra 1305 til 1378 oppholdt pavene seg i den sørfranske byen Avignon. Da Gregor IX døde det året ønske man å flytte pavestolen tilbake til Roma, men uenighet om pavevalget førte til at det ble valgt to paver, den ene med sete i Roma, den andre i Avignon. Skismaet kom til å vare i flere tiår. På et tidspunkt var det hele tre paver (1410–15), men i det store og hele ble pavemakten igjen samlet i Roma fra og med Konstanskonsilets tid (1414–18).

forskjellige oppdrag for kirkeledelse og kongemakt, f. eks. på Færøyene og Orknøyene. Men vi finner grønlandsbiskoper også i pavelig tjeneste rundt om i Europa.

Nidarosprovinsens forvitring etter 1350 ble imidlertid oppveid av kirkens og kirkeledelsens styrkede stilling i Norge, særlig i det siste hundreåret før reformasjonen. I det siste tiåret før kirkens fall frigjorde erkebiskopen i Nidaros seg delvis også fra kuriens overformynderi. Lars Hamre hevder således at

> *«Stadfestinga og konsekrasjonen av Hans Mule (1524) utan paveleg godkjenning representerer eit klårt brot både med kyrkjeretten og med ein langvarig kyrkjeleg praksis. Faktisk markerer denne bispeordinasjonen i Bergen eit skifte i, for ikkje å seia slutten på det langvarige administrative sambandet mellom Noreg og kuria. Går ein gjennom ei liste over det pavebrevmaterialet som er prenta i Diplomatarium Norvegicum, vil ein sjå at det frå denne tid vert slutt med at biskopar og andre prelatar dreg til Roma for å få paveleg godkjenning. Dei pavelege provisjonane med norske kyrkjelege embete tek ein brå slutt.»*[14]

De norske biskopene var alt før 1350 blitt trukket direkte inn i rikspolitikken gjennom medlemskap i riksrådet og som kongelige ombudsmenn og sendemenn. En av erkebiskopene ble til og med utnevnt til jarl. To biskoper skulle også komme til å bekle det norske kanslerembetet i første halvdel av 1400-tallet, og flere kongelige klerker avanserte til høye stillinger i kirken. Johan Schreiner har hevdet at 1331 var året da biskopene ble tatt inn i rådet, men tidspunktet er omstridt, og vi har sett at Håkon V i 1302 hadde tiltenkt dem en viktig kontrollfunksjon overfor formynderstyret.

Etter 1380 ble biskopene stadig mer sentrale i rikspolitisk sammenheng, og i andre halvdel av 1400-tallet framtrer som nevnt erkebiskopene som riksrådets formenn og som forvaltere av rikssuvereniteten under interregna.* Rollene som kirkeleder og riksrådsformann er så godt som uatskillelige hos den siste erkebiskopen, Olav Engelbrektsson (1523–37). Mot slutten av 1400-tallet ble det også vanlig å utstyre biskopene med kongelige len.

Tidligere tiders konfrontasjon mellom kongemakt og kirke ble avløst av samarbeid utover 1300-tallet. Unionsmonarkiets nære forhold til kurien under dronning Margrete og Erik av Pommern (ca. 1380–1435) innebar både ulemper og fordeler for den norske provinsledelsen. Riktignok ble kirken økonomisk begunstiget av unionskongemakten, og mange av kirkens ledende menn kunne takke konge og dronning for sine stillinger. Både under erkebiskop Vinald Henriksson (1387–1402) og etterfølgeren Eskill (1404–1428) var det et nært og godt forhold mellom den norske kirkeledelsen og den unionelle statsledelsen. Men samtidig var det en fare for at kirken kunne komme til å bli et underbruk under kongedømmet. Mange begynte etter hvert å frykte for at den kirkelige selvstendigheten skulle bli illusorisk, klemt som den var mellom kongemakt og pavemakt. Politisk opposisjon blandet seg med geistlig motstand mot sentralisert pavestyre og unionskongedømmets kirkepolitikk i 1430-åra.

Bispehode i Oktogonen (Nidarosdomen) ca. 1340. Det kan forestille erkebiskop Pål Bårdsson (1333–46). Han nevnes første gang i 1309, da som korsbror i Bergen. Liksom sine foresatte, bispebrødrene Arne og Audfinn, hørte Pål til kretsen av juridisk skolerte biskoper som kjennetegner det norske episkopatet mot slutten av gammelnorsk tid. Både Arne og Audfinn brukte for øvrig Pål som sendemann, innenlands så vel som utenlands, i juridiske og diplomatiske ærender. I 1320 var han i Frankrike hvor han blant annet tok doktorgraden i jus ved universitetet i Orléans, og etter hjemkomsten til Norge ervervet han en rekke kanonikater, både i Nidaros, Oslo, Hamar og på Orknøyene foruten det han allerede hadde i Bergen. Som en del av kompromisset mellom formynderstyret for kong Magnus Eriksson og den norske kirkeledelsen ble Bård utnevnt til kongens kansler i 1327, og han ble dermed i kraft av sin stilling drottseten (riksforstanderen) Erling Vidkunsons fremste medarbeider, men også argeste motspiller. Etter erkebiskop Eilifs død i november 1332 ble Pål per compromissum valgt til erkebiskop av domkapitlet i Nidaros, og året etter ble han viet ved kurien i Avignon. Som erkebiskop var Pål Bårdsson meget aktiv, han holdt en rekke provinskonsiler, og han var ifølge Lars Hamre (Norsk biografisk leksikon bd. X 1949) "særlig opptatt av å hevde den kirkelige ordning og den hierarkiske disiplin". Foto: Nidaros Domkirkes Restaureringsarbeider.

A bishop's head in the Octagon (Nidaros Cathedral) at about 1340. It is probably meant to portray Archbishop Pål Bårdsson (1333–46), whose name was mentioned in 1309, when he was a member of the chapter in Bergen. Like his guardians, the bishop brothers Arne and Audfinn, Archbishop Pål was one of the legally trained bishops who made their presence felt in the Norwegian episcopate towards the end of the High Middle Ages.

De siste hundre åra av erkebispedømmets historie skulle bli den norske kirkens fjerde høydepunkt og tåler å bli sammenlignet med det «heroiske» halvsekelet etter 1153, skjønt ingen av seinmiddelalderens erkebiskoper tør måle seg med Øystein Erlendsson, kanskje med unntak for Aslak Bolt. Det var han som etter 1430 gjenreiste metropolittmyn-

* Etter unionskongen Christoffer av Bayerns død i 1448 ble alle de tre nordiske rikene valgriker, og interregnum kaller vi heretter de periodene da tronen sto ledig etter en konges død og fram til en ny konge var valgt. Det var de enkelte rikenes råd som var ansvarlige for kongevalget, og som i prinsippet forvaltet riket fram til en ny konge var satt på tronen.

digheten og det kirkelige selvstyret, som ryddet opp i erkesetets økonomi og som fikk grensene mot kongemakten klarere definert. Det kirkepolitiske skiftet i Norge i 1430-åra utspilte seg mot et bakteppe av nordiske unionskonflikter, økt sosial spenning og motsetninger mellom menigmann og unionsmonarkiets representanter, samt internasjonal kirkekamp. Baselkonsilet, som trådte sammen i 1432, og som pave Martin V var blitt tvunget til å sammenkalle, men som han ikke fikk oppleve, gikk energisk til verks for å reformere kirken både i hode og lemmer, som det het. Og man startet med hodet, det vil si kirkens ledelse. En rekke reformer med sikte på å styrke bispemakten og begrense pavemakten ble drevet gjennom i 1432 og 1433. Tida kunne ikke ha vært gunstigere for en reformivrig norsk erkebiskop, og Aslak Bolt satte seg fore å følge opp konsilets vedtak.

Det var en konsekvens av kirkens styrkede stilling og kongens behov for kirkelig støtte til unionspolitikk og tronfølgeplaner at konkordatet fra 1277 i 1458 ble stadfestet av kong Christian I og gitt kirken som et kongelig privilegium. Dette skjedde etter at Christian hadde mislyktes i å gjenoppta «statskirkepolitikken» fra Margretes og Erik av Pommerns tid. Samme år kunne også Henrik Kalteisen trekke seg tilbake som erkebiskop i Trondheim. Han var i 1452 blitt

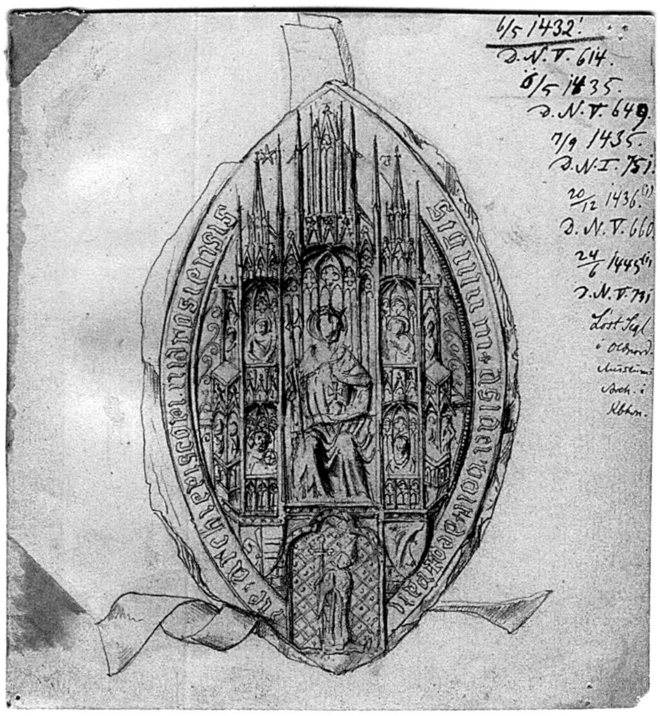

Aslak Bolt ble postulert som erkebiskop av Nidaros domkapitel 13. mars 1428, og kom til Trondheim samme år. Han ble imidlertid konfirmert av pave Martin V først i 1430, da han også mottok palliet, det verdighetstegnet som alle erkebiskopene fikk av paven. Aslak hadde vært biskop i Bergen fra 1408, og han skulle bli en av de mest markante skikkelsene på erkestolen. Aslak Bolt er mest kjent for det omfattende kirkelige restitusjonsarbeidet han gjennomførte som erkebiskop, både med hensyn til kirkens økonomi og organisasjon. Han arbeidet utrettelig for å gjenreise metropolittmakten, og han gjennomførte flere av Baselkonsilets reformvedtak. Aslak Bolt var også sentral i norsk politikk og skulle fra slutten av 1430-åra bli frontfigur i opposisjonen mot det sterke unionsmonarkiet. Det var trolig hans riksrådskonstitusjonelle standpunkt som i 1449 fikk ham til å satse på svensken Karl Knutsson Bonde som norske konge i stedet for tyskeren Christian av Oldenborg, som til slutt vant kampen om Norge. I 1449 kronte Aslak Karl Knutsson til Norges konge i Nidarosdomen. Riksrådet var da delt i et såkalt danskeparti og et svenskeparti. Han døde før Christian I i 1450 kom til byen for å bli hyllet og kronet. Her ser vi Aslak Bolts segl etter tegning i Riksarkivet.

Aslak Bolt was elected archbishop by the Nidaros chapter on 13 March 1428. Since 1408 he had been bishop in Bergen, and his transfer to Trondheim was confirmed by Pope Martin V in 1430. Aslak was most famous for the comprehensive reforms he implemented with regard to the church finances and organization, but he was also an important figure in Norwegian politics, leading the opposition against the union monarchy from the 1430s. This shows Aslak Bolt's seal after a drawing in the Norwegian riksarkiv.

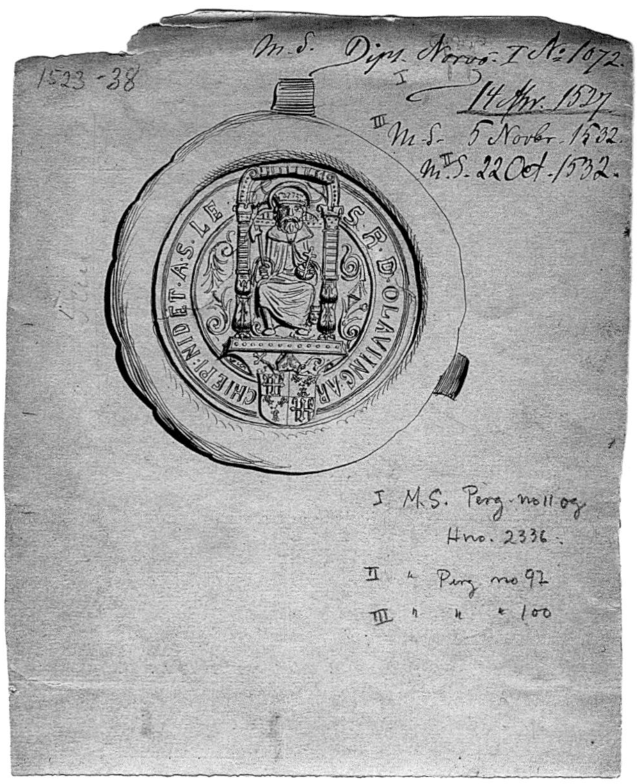

Olav Engelbrektsson ble valgt til erkebiskop av Nidaros domkapittel 30. mai 1323 og providert av pave Clemens VII 9. desember samme år og vigslet 15. desember. Olav hadde tidligere vært dekanus og førstemann i domkapitlet i Trondheim. Som de fleste høygeistlige i Norge i seinmiddelalderen kom Olav Engelbrektsson fra en norsk lavadels-storbondeslekt. Han vendte tilbake til Norge våren 1524 og tiltrådte embetet i Nidaros 31. mai. Olav ledet erkebispedømmet og var formann i det norske riksrådet fram til 1. april 1537 da han flyktet til Nederlandene, hvor han døde i Lierre i Brabant 6. februar 1538 og ble begravd ved høyalteret i domkirken samme sted. Her ser vi erkebiskop Olavs segl etter tegning i Riksarkivet.

Olav Engelbrektsson was elected archbishop by the Nidaros chapter on 30 May 1523 and appointed and consecrated by Pope Clemens VII later that year. This shows the archbishop's seal after a drawing in the Norwegian riksarkiv.

innsatt som norsk metropolitt av Nikolas V for å rydde opp etter kong Christians forsøk på å presse den notoriske kjeltringen Marcellus inn på erkestolen i Nidaros. Tilsvarende stadfestinger som den i 1458 fant sted ved tronskiftene i 1483 og 1513. Fra 1458 og fram til nederlaget i 1537 holdt erkebiskopen og kirken stort sett stand mot presset fra kongemakten, trass i enkelte tilbakeslag. Alvorligst var det under Christian II (visekonge i Norge 1506–11, konge over Danmark og Norge 1513–23). Christian fikk også satt sin sekretær Erik Valkendorf inn på erkestolen i 1510, men Erik skulle vise seg å være mer lojal overfor kirken enn sin tidligere herre, og han endte som landflyktig i Roma hvor han døde i 1522. Sammenlignet med forholdene i Danmark, hvor underordningen under kongedømmet løper som en rød tråd gjennom kirkens historie helt fra Valdemar Atterdags

Erik Valkendorfs våpenskjold fra Oktogonen i Nidarosdomen ca. 1520. Erik var dansk av nasjonalitet og født ca. 1465. Til Norge kom han i 1506 som sekretær for hertug Christian (seinere Christian II), som var blitt sendt hit for å tukte de norske opprørerne og sikre landet for det dansk-norske fellesmonarkiet. Erik Valkendorf døde i Roma i 1522, nærmest i landflyktighet etter å ha pådratt seg Christians IIs vrede. At han skulle havne i en slik situasjon skyldtes flere forhold. For det første kom han på kant med den mektige Sigbrit Willums, mor til Christians elskerinne Dyveke, og en slags finansminister i Christians "borgerlige" regjering. Bakgrunnen var at Erik som sendemann til Nederlandene i 1515 i forbindelse med Christians forestående ekteskap med Isabella, søster til erkehertug Karl av Burgund (seinere keiser Karl V av Habsburg) ble pålagt av hoffet i Brussel å be Christian sende fra seg sin elskede Dyveke. Dernest skulle erkebiskop Erik vise seg som en trofast og rakrygget kirkens mann, noe hertug Christian så absolutt ikke hadde tenkt seg da han i 1510 bevirket at Erik ble utnevnt til erkebiskop. Foto: Nidaros Domkirkes Restaureringsarbeider.

Erik Valkendorf's coat-of-arms from the Octagon (Nidaros Cathedral) about 1520. Erik, who was of Danish nationality, arrived in Norway in 1506 as a secretary of Duke Christian, King Hans' oldest son, who was later to become King Christian II of Denmark, Norway and Sweden. Erik was appointed archbishop four years later. His story resembles that of Thomas Becket. Erik ended his days as an exile in Rome in 1522 after a conflict with King Christian.

tid (1340–75) og fram til reformasjonen (1536), og hvor oppløsningstendensene var merkbare tidlig i 1520-åra, holdt den norske kirken seg godt, både i forhold til kongemakt og menigmann.[15]

Det må føyes til at den kurven vi nå har streket opp over kirkens historie først og fremst avspeiler kirkens forhold til kongemakt og rike, ikke til det norske samfunnet som sådan, og heller ikke til provinsens perifere områder. Alt dette håper vi å kunne kaste noe mer lys over her, skjønt emnet er så stort, og forskningen ennå så beskjeden – i alle fall sammenlignet med litteraturen om det norske monarkiet, om det norske bondesamfunnet osv. – at vi må nøye oss med enkelte spredte lysglimt. Men på mange måter synes erkebispedømmets historie å ha vært en suksess, i alle fall i Norge. Store tilbakeslag kan ikke dokumenteres etter 1152/1153. Kirkens organisasjon var under kontinuerlig oppbygging gjennom høymiddelalderen, og økonomien ble styrket. Kirken kom også relativt velberget gjennom krisa etter 1350, og erkebiskopene gjennomførte fra 1430-åra en vellykket økonomisk og organisatorisk gjenoppbygging. Kirkens økonomiske ressurser var betydelig større enn kongedømmets. Ifølge Hallvard Bjørkvik oppebar den norske kirken alt før 1350 80 % av landets faste skatter og avgifter mot kongedømmets andel på 20 %, og Bjørkvik regner med at kirken relativt sett styrket sin økonomiske posisjon sammenlignet med kongedømmet i løpet av seinmiddelalderen. Særlig gjaldt dette for kirken som jordegodseier. Bjørkvik hevder at den ved utgangen av høymiddelalderen eide ca. 40 % av landets jord målt i landskyld mot 48 % rett før reformasjonen, og at det framfor alt var det sentralkirkelige godset, bispestolene og domkapitlene, dette kom til gode.[16]

Folket sluttet senest fra 1100-tallet av trofast opp om kirken og den kristendommen kirken lærte og praktiserte. Hvor kristne nordmennene ble, kan vi ikke vite, det er også en helt umulig problemstilling, selv om flere norske historikere og filologer har brukt år av sitt profesjonelle liv på å diskutere det. Men kirken og dens praksis ble akseptert av alle og slo dype røtter i det norske samfunn, og mye tyder som nevnt på et sterkere religiøst engasjement hos menigmann utover 1200-tallet.[17] Vi kjenner ingen norske heretikere (vranglærere) fra middelalderen, og det fantes knapt lutherske sympatier i landet før 1537. Rester etter katolske skikker derimot levde videre i bondesamfunnet lenge etter at reformasjonen var blitt innført. Det er også få spor hos oss etter den åndelige og moralske dekadansen som vi møter blant geistlige på kontinentet ved utgangen av middelalderen, og som særlig den lutherske tradisjonen har gjort et stort vesen av. (De tilfellene som nevnes dreier seg nesten uten unntak om utenlandske geistlige i norske klostre, og helst dansker.[18]) Antiklerikalisme synes stort sett å ha vært et fraværende fenomen i det norske samfunn.

Historien om historien

Arven fra Christian III og den konfesjonelle stat

I 1536 ble kirken avskaffet i Danmark. Landet hadde da vært herjet av borgerkrig i mer enn to år. Den 29. juli var det slutt. Da inntok den lutherske hertugen Christian av Schleswig-Holstein København. Knappe to uker etter maktovertakelsen lot han landets biskoper fengsle, og da han i oktober ble valgt til konge som Christian III, fastslo riksmøtet at ikke bare var biskopene å anse som avsatt, men selve bispeembetet var hermed avskaffet. Biskopene fikk skylda for borgerkrigen og landets ulykker. I et klageskrift den nyvalgte kongen lot lese for københavnerne på Gammeltorv den 30. oktober ble biskopenes påståtte ugjerninger ramset opp i detalj,

ca. 1035–1090

ca. 1090–1150

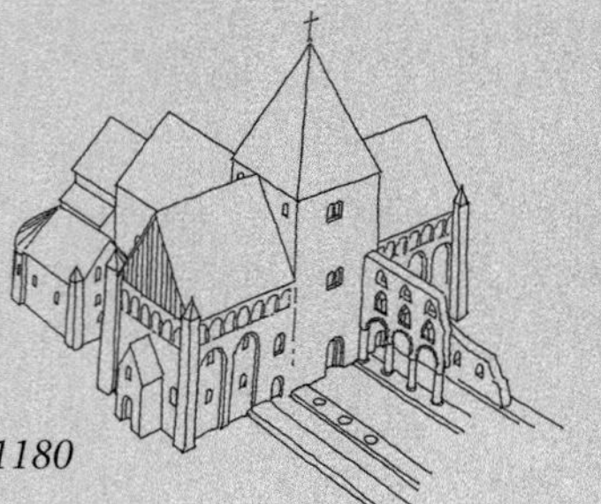

ca. 1150–1180

ca. 1183–1210

ca. 1210–1240

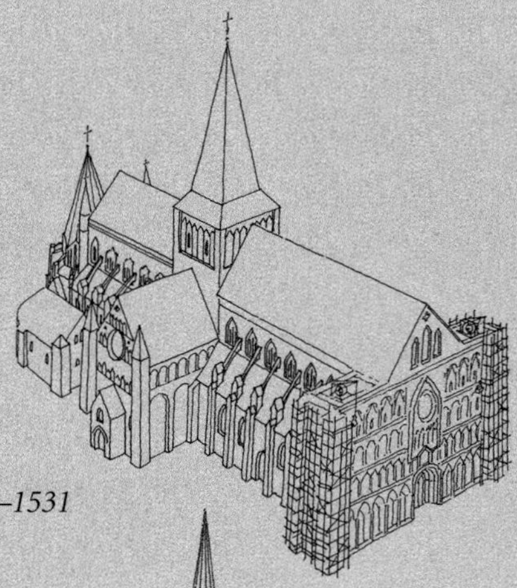

ca. 1240–1531

ca. 1531–1700

Etter brann 1719

I dag

Nidarosdomens historie kan sies å illustrere kirkens utvikling i Norge i sin alminnelighet i middelalderen. Her har Øystein Ekroll og Karl-Fredrik Keller skissert utviklingen fra den opprinnelige trekirken, som kan ha stått her før Olav Kyrre omkring 1090 bygde den første steinkirken over Olav den helliges angivelige grav, og fram til den gjenreiste kirken vi kjenner i dag. Olav Kyrres steinkirke ble viet til den hellige treenighet og kalt Kristkirken. Dit ble ifølge Snorre Sturlason Olavs skrin flyttet og satt over alteret. Gunnar Dambolt hevder at man alt et par tiår før opprettelsen av erkesetet begynte å planlegge en ny og større domkirke, men arbeidet med den nye katedralen, som ble bygd i fortsettelsen av den gamle Kristkirken, kom først i gang etter 1153. Det var erkebiskop Øystein Erlendsson som var den store byggherren på 1100-tallet. Kirken sto ferdig, i alle fall innvendig, omkring 1300, men brant første gang i 1328. I biskop Laurentius saga fortelles det at alt treverket brant opp og at deler av murene falt ned, men Dambolt mener at bygningskroppen ikke kan ha vært alvorlig skadet, og at kirken framsto i sin tidligere prakt etter få år. I 1432 brant kirken på ny. Omfanget av skadene er ukjent, men kirken må ha blitt reparert siden hele kirken var i bruk seinere i århundret. Det var brannen i 1531 som skulle gi Nidarosdomen banesår. Dette skjedde samtidig med at selve den norske kirkeorganisasjonen var i ferd med å gå under. Hellig Olavs skrin ble flyttet til Steinvikholmen, og pilegrimene forsvant snart fra byen Etter regimeskiftet i 1537 var det ikke lenger bruk for en bispekirke i Trondheim. Hele den vestre delen av kirken fikk nå forfalle, mens resten ble satt i stand så kirken kunne tjene som sognekirke for byens folk.

In many ways, the history of the Nidaros Cathedral reflects the general development within the Norwegian medieval church. The original wooden church gave way to the stone church of Olav Kyrre, which was erected on top of the alleged tomb of St Olav at the end of the 11th century. The construction of the new cathedral, which started in 1153, was basically completed around 1300. The fire in 1328 was the first of several ones in the medieval period. The reformation in 1537 put an end to Archbishop Olav Engelbrektson's plan to restore the whole cathedral after the fire in 1531. Bringing Nidaros Cathedral back to its former splendour was to be a project of national significance when Norway regained its sovereignty in 1814.

stift for stift.[19] Dokumentet er et stykke offentlig historieframstilling, som sammen med de andre aktstykkene fra kirkerevolusjonen i 1536 skulle bli retningsgivende for danske og norske kirkehistorikere i mer enn 350. I kort form var Christians kirkehistoriske og kirkepolitiske syn blitt formulert allerede under kuppet i augustdagene da riksrådet ble avkrevd en erklæring til støtte for aksjonen mot biskopene.[20] Der heter det:

> *«[...] effther thij [...] Christiann [...] Haffuer nu aluorligen offueruegett och besindett att Danmarckis Riige icke kand vdj fred rolighedtt endrettighedt och goed polici regers vdenn thet sker egiennem en offuerighedt och et verdtzeligt Regementte Huor fore forschreffne Hogbornnne Første vor Keriste naadige herre Haffuer veritt fororsagett til att giøre och skicke andre ordinantzer och skickelsser Her vdj Riigett, end Her tiill verit Haffuer Och besønnerligen vdi saa maade att Hans Koninglig Maiestatt icke will att Danmarcks Riigis Regementte skall epther thedne dag Henge Hoss noger entig Hoss Erchebispen eller andre Bisper Men Danmarckis riigis Regementte skall were och bliffue Hoss Koninglig Maiestatt och Hans naades Koninglig Maiestatis efftherkommer Koninger vdj Danmarck [...]» Og «[...] alldriig effther thedne dag [...] att noger biscop entig the som nu leffue eller nogre andre bisper skulle komme till nogett verdtzeligt eller geistligtt regementte eller till nogen biscopdom eller rentte [...]»*[21]

Det ble altså vedtatt at middelalderkirken hadde vært *til skade både for religionen og for staten og at den sto i veien for en god samfunnsordning* («god polici»). Derfor måtte all makt samles under én verdslig øvrighet, som også skulle ha ansvaret for religionsutøvelsen.

Vi har allerede nevnt bergenshumanisten Absalon Pedersøn Beyers prolutherske og kongevennlige syn på selvstendighetstapet i 1537. Heller ikke hans etterfølgere de neste to hundreårene tok til motmæle mot den offisielle historieforståelse. Det gjaldt eksempelvis islendingen Tormod Torfæus (1636–1719), som flyttet til Norge og ble kongelig norsk historiograf. Han skrev den mest omfattende framstilling av Norges historie fram til 1387 (Historia rerum Norvegicarum 1–4) før P.A. Munchs norgeshistorie fra 1850-åra. Ettersom Torfæus har hatt åpen tilgang til kongens arkiv og samlinger og kunnet bruke materiale som siden er gått tapt, er hans lærde og kildenære verk fortsatt viktig både for norsk stats- og kirkehistorie. Heller ikke Gerhard Schøning (1722–80) og Peter Frederik Suhm (1728–98), som i 1760 stiftet Det Kongelige Norske Videnskabers Selskab i Trondheim, stilte seg kritiske eller prøvende til den offisielle kirkehistorieforståelsen.[22] Men Schøning gjorde en betydelig innsats for å samle kilder til vår eldre kirkehistorie, og tidlig i 1760-åra forfattet han ei stor bok om Nidarosdomens historie.[23] Schønings kirkehistoriske interesse kan sies å ha vært mer antikvarisk enn historiefaglig motivert. På sine mange reiser rundt i Norge i 1770-åra tegnet han en rekke fortidsminner, deriblant mange av våre gamle kirker. Flere av Schønings tegninger er seinere utgitt av Foreningen til norske fortidsminnesmerkers bevaring (1968). Den samme antikatolske grunnholdningen som møter oss hos Torfæus og Schøning gjenfinner vi hos Ludvig Holberg (1684–1754), enda han i sin «Almindelige kirkehistorie» sier å ville være objektiv og rettferdig i sin framstilling av pavene og den katolske kirke.[24] For øvrig skrev Holberg verken norsk rikshistorie eller kirkehistorie. Han var dansk-norsk helstatspatriot og opplysningsmann, og så helst, liksom sin samtidige kollega Voltaire, den katolske kirke som et hinder for framskrittet og fornuften.

Lite endret seg etter at Norge i 1814 vant tilbake sin suverenitet. Den antikatolske og prostatlige tradisjonen holdt seg sterk århundret ut. Således skriver Rudolf Keyser (1803–64), en av grunnleggerne av den norske historiske skole, at

> *«Det Hierarchi, for hvilket Erkebiskop Eystein, rimeligviis i god Tro, kjæmpede, var et glimrende men skuffende Gjøglebillede, udsprunget af falske Begreper om Christi Kirkes Væsen [...] Det hele var en Bygning af indbildske og ærgjerrige Menneskers dristige Anmasselser. [...] Hierarchiet, i den Skikkelse, hvori det af Pavedømmet forfegtedes og af Erkebiskop Eystein i Norge søgtes gjennemført, var fremmed for den sande Christendom [...]».*[25]

Keyser var derimot ikke utelukkende negativ til mannen Øystein Erlendsson. Han kunne også skimte trekk av storhet hos den fordums kirkehøvdingen. Men tendensen er når det kommer til stykket den samme hos Keyser som hos Christian III, både i forhold kirken som samfunnsmakt og til dens ledere. I tillegg kommer nå et nasjonalt moment, som eksempelvis farger Keysers portrett av Olav Engelbrektsson. Den siste erkebiskopen i Nidaros, som hos seinere norske historikere er blitt stående som en tragisk nasjonal helt, er i Keysers strek blitt til nokså ynkelig figur:

> *«Det kan dog heller ikke negtes, at Erkebiskop Olaf selv kun altformeget synes at have savnet den Karakterens Styrke, den varme Følelse for sit Kald, og den faste Overbevisning om sin Sags Sandhed og Retfærdighed, der utfordredes for at optræde med Verdighed og Held i Tidens Kamp. [...] Man sporer ogsaa ikke sjælden hos ham en Tilbøielighed til at lade sig lede af Sidehensyn,[...] – og overhovedet en Mangel paa Evne til at vinde Landsfolket, vække dets Selvfølelse og [...] Han besad saaledes ingen af de Egenskaber, der skulde have gjort ham skikket til en kraftig Forkjæmper enten for den romerske Kirkes Opretholdelse i Norge, eller for dette Lands Selvstændighed som Stat; – og begge Dele fordrede dog baade hans Embedsstilling og Tidsforholdene af ham. Om han ret har fattet sin Opgave, er høist tvivlsomt, at han ikke viste sig dens Løsning voxen, er vist.»* [26]

Selv om Keysers verk er rundt 150 år gammelt og delvis foreldet, er det fortsatt den mest omfattende dokumenterte framstilling vi har av den norske kirkes historie i middelalderen. Omtrent samtidig utga riksarkivar Christian Christoph Andreas Lange (1810–61) et tilsvarende gjennomdokumentert kirkehistorisk verk som er blitt stående fram til dags dato, nemlig «De norske Klostres Historie i Middelalderen».[27] Både Keyser og Lange gjorde dessuten en betydelig innsats som utgivere av kildene til vår middelalderhistorie.

Sammen med P.A. Munch utga Keyser de første bindene av «Norges gamle Love», deriblant de eldste kristenrettene, og Lange var medutgiver av de seks første bindene av «Diplomatarium Norvegicum».

En tredje norsk historiker som det kan være naturlig å nevne i denne sammenheng er Ludvig Daae (1834–1910), selv om han var et par tiår yngre enn Keyser og Lange, og strengt tatt hører til neste generasjon. Daae var trolig den norske historiker på 1800-tallet som følte seg nærmest knyttet til tradisjonen fra før 1814. Han var sterkt prodansk og som historiker preget av luthersk ortodoksi og humanistisk lærdom, ifølge Roar Tank.[28] Daae var i det hele tatt lite samtidig med sine samtidige. Han har publisert en rekke mindre bøker og artikler med kirkehistorisk innhold. Boka «Norges Helgener» fra 1879, blir av mange regnet som et av hans viktigste historiske arbeider, og han har dessuten skrevet ei bok om erkebiskopene i Nidaros, som utkom til Trondheims 900-årsjubileum i 1897.[29] Dette er i virkeligheten en fullstendig oversikt over erkesetets historie komponert som en serie bispebiografier. Arbeidet er solid, kildebasert og nøkternt, men klart luthersk i sin holdning. Daae laget også en kortversjon av denne oversikten, som ble publisert i «Throndhjem i Fortid og Nutid» samme år. Det er ikke mye kirkevennlighet å spore i følgende uttalelse sakset fra kortversjonen: «Den høie Geistlighed i Norge bar paa feige Forhaabninger om at kunne gjenoptage Eysteins og Eriks Bestræbelser i hierarkisk Retning og lurede paa Leiligheder til at gjøre gamle Fordringer gjeldende og overhovedet vinde Fordele paa Kongedømmets Bekostning».[30] Tidlig i sin karriere hadde Daae også utgitt ei bok om Trondhjems stifts historie etter reformasjonen. Han har i det hele tatt etterlatt flere arbeider om etterreformatorisk kirkehistorie, og må kunne regnes som en av de mest kompetente kirkehistorikere i sin tid.[31] Forskningsmessig er det likevel Daaes artikler som har vist seg mest slitesterke. De aller fleste er publisert i Historisk tidsskrift, og den kanskje aller viktigste av dem er «Den throndhjemske Erkestols Sædesvende og Frimænd».[32] Her retter han søkelyset mot erkesetets økonomiforvaltning og mot de bånd som ble skapt mellom erkestolen og den regionale eliten nordafjells. Dette er historiefaglig sett et sentralt emne, men Daaes lille pionerarbeid venter fortsatt på oppfølging.

Nevnes må også den tyske juristen Philipp Zorn (1850–1928), som i 1875 utga avhandlingen «Staat und Kirche in Norwegen bis zum Schlusse des dreizehnten Jahrhunderts». Den er enda mer antikatolsk enn Keysers kirkehistorie, og, som Arne Odd Johnsen sier, trolig influert av den samtidige kirkekampen i Tyskland.[33] Som kjent gikk Bismarck i 1870-åra sammen med det nasjonal-liberale partiet til en såkalt «kulturkamp» mot den katolske kirke, som rikskansleren holdt for å være en fiende av riksenheten og stå i ledetog med klerikale kretser i Frankrike og i Østerrike, samt i Tysklands østlige provinser. Zorn var prøyssisk statstjenestemann. Ved siden av Keysers kirkehistorie, er det Zorns avhandling historikerne i de følgende par generasjonene synes å holde for den mest autoritative framstilling av forholdet mellom kirke og stat i middelalderens Norge.

Selv om grunnlaget for seinere kirkehistorisk forskning ble lagt i tiåra etter 1850, kan ikke kirkehistorie sies å ha vært noen sentral disiplin blant norske historikere. Vi ser da bort fra de store spørsmålene om forholdet mellom kirke og kongemakt som hører til middelalderhistorikernes klassiske repertoar. Generelt må vi kunne si at holdningen til middelalderkirken er mer avdempet i de profanhistoriske verkene enn i de kirkehistoriske, selv om tendensen hos historikerne så vel som hos teologene er gjennomgående antikatolsk. Dette gjelder også for Keysers medarbeider ved utgivelsen av «Norges gamle Love» og vår fremste middelalderhistoriker, Peter Andreas Munch (1810–63), som mellom 1851 og 1861 publiserte sin norgeshistorie fram til 1397 i åtte bind. Munch sto som nevnt også sentralt i utgivelsen av «Norges gamle Love» sammen med Keyser, og han skulle bli den første norske historiker som slapp inn i Vatikanarkivet. Ingen i samtida kjente det kirkehistoriske kildematerialet så godt som Munch. Han utarbeidet til og med en omfattende innføring i Vatikanets arkivsystem, som ble utgitt posthumt av Gustav Storm.[34]

Det var altså historikerne som på 1800-tallet sto for utforskningen av den norske middelalderkirkens historie. De egentlige kirkehistorikerne, det vil si de med teologisk bakgrunn og tilknytning til kirke og presteutdanning, var hovedsakelig opptatt av den etterreformatoriske historien. Fremst blant dem var Anton Christian Bang (1840–1913), som både var professor i teologi, kirkeminister og biskop i Oslo stift. Hans hovedperiode var reformasjonsårhundret, men Bang har også skrevet en nokså kortfattet, grei og trolig mye lest oversikt over den norske middelalderkirkens historie.[35] Bang er i vår sammenheng mest interessant som eksponent for en mer tolerant holdning overfor katolisismen og vår førreformatoriske kirkehistorie som kan merkes mot slutten av århundret. Eksempelvis sier han at:

> *«Fra vort protestantiske synspunkt er vi ofte udsatte for at fælde en uretfærdig dom over det middelalderske hierarkis umættelige stræben efter at forøge kirkens magt og glorie. Vi bør dog komme ihu, at ialfald de bedste af hierarkiets forkjæmpere ikke lod sig lede af personlige interesser, men af samtidens feilagtige anskuelse, at Guds rige ikke kunde løse sin opgave i verden, uden at kirken blev stormagten i landene.»*[36]

Avslutningsvis må vi nevne J.E. Sars (1835–1917). Blant 1800-tallets historikere står han i en stilling for seg. Han hørte ikke hjemme blant de filologisk skolerte kildekritiske empiristene. Tvert imot hadde han syn for de store sammenhengene i historien, og for utvikling. Sars var preget av folk som Auguste Comte og Charles Darwin. Av mange ble han etter hvert sett på som en farlig fritenker. Da han i 1857 anmeldte Keysers kirkehistorie kunne han koste på seg å opponere mot forfatterens allmenne fordømmelse av det kirkelige hierarki og manglende forståelse for kirkens viktige rolle som «nødvendig Overgangsled» i den historiske prosess. I den forbindelse formulerte han som allment prinsipp at «De store Ideer virker under mange Former, og den Form, som til en Tid er kraftig og god, vil i en følgende Tid vise seg ubrukelig og skadelig.»[37] I mange år var Sars med sin åpenhet mot moderne intellektuelle strømninger, og sitt engasjement på politikkens venstreside, en enslig svale i et overveiende konservativt og konfesjonelt farget universitetsmiljø. Da Johan Sverdrup i 1874 foreslo for Stortinget at det skulle opprettes et ekstraordinært professorat for Sars, avstedkom det stort rabalder i akademiske kretser, ikke minst blant teologene. Arne Odd Johnsen sier at Sars i sitt hovedverk «Udsigt over den norske historie» (bind- 1–4, 1873–91) i utpreget grad viser seg som politisk historiker, og at han «[...] i nesten overraskende grad har neglisjert kirkens og geistlighetens del i samfunnsutviklingen i middelalderens Norge.»[38] Kirkehistorikeren Einar Molland (1908–76) tar enda sterkere i når han om Sars' «Udsigt» sier at «Kristendom og kirke fikk ikke stor plass i dette historieverk; dets ånd var ikke fri for å være kristendomsfiendtlig.»[39] Sars sekulariserte historiesyn peker framover mot 1900-tallets historieforskning og mot de faglige brytninger – og den faglige differensiering – vi er vitne til fra omkring 1910.

Mellom ånd og materie – filologi, teologi og historievitenskap 1910–40

Ved inngangen til det nye århundret ebbet tradisjonen fra Christian III ut, uten at noen tilsvarende hegemonal oppfatning av middelalderens kirke og religion kom i stedet. Selv om mye ble ved det gamle, bar Ernst Sars' sekulariserte syn på kirken bud om et skifte, så også hans engasjement på politikkens nasjonale venstreside. Striden om den liberale teologien, som endte med oppløsningen av Universitetets monopol på presteutdannelse, og dannelsen av Menighetsfakultetet i 1907, var et annet varsel. Og da Sars i 1917 ble etterfulgt av en internasjonalt orientert sosialist med kirkehistoriske interesser, penset historiefaget på sett og vis inn på et nytt spor. Edvard Bull (1881–1932) og hans elever, og elevers elever, skulle komme til å prege historieforskningen gjennom store deler av det nye hundreåret. For øvrig var en annen sosialistisk sinnet historiker blitt utnevnt til professor alt i 1910, nemlig Halvdan Koht, men han kom i mindre grad enn Bull til å prege forskningsutviklingen når det gjaldt middelalderens norske kirkehistorie. På den andre sida skal det ikke underslås at også Koht har ytt viktige bidrag til den kirkehistoriske debatten, særlig om opprettelsen av erkebispedømmet, forholdet mellom kongemakt og kirke under Magnus Erlingsson og kong Sverre, samt Sættargjerden av 1277.

Hva kirkehistorien angår, kom skiftet allerede i 1912 med Edvard Bulls doktoravhandling «Folk og kirke i middelalderen». Avhandlingen var på sett og vis antesipert ved det mindre arbeidet «Bods- og skriftevæsenet i den norske kirke i middelalderen», som i 1909 innbrakte Bull Kongens gullmedalje. Arbeidet fra 1909 ble seinere bygd inn i doktoravhandlingen. Bulls prosjekt, som han hadde begynt å planlegge allerede i 1907, var å undersøke «det norske folks virkelige religion i katolsk tid», og han kom til at nordmennene sammenlignet med germanske folk lenger sør i Europa var lite mottakelige for kirkens lære.[40] Bull mente altså å kunne dokumentere at det hedensk-tradisjonalistiske norske bondesamfunnet holdt relativt godt stand mot kristendom og kirke gjennom middelalderen. Disputasen ga støtet til en heftig og langvarig debatt om kristendommens og kirkens betydning for samfunns- og kulturutviklingen i Norge, en debatt som for så vidt ennå ikke er ført til veis ende, og som skulle blusse opp igjen etter annen verdenskrig. To ting er historiografisk sett viktig ved Bulls arbeider: for det første at han for alvor gjorde spørsmålet om religionsskiftet til et kultur- og samfunnshistorisk forskningsfelt, og for det andre at han frigjorde emnet fra den tradisjonelle kirkelige og teologiske konteksten. Oluf Kolsruds utsagn om at «*Kirkens historie ikke [kan] fremstilles og forståes uten teologiske forutsetninger, så vel i videnskapelig som i personlig betydning*», er en forståelig reaksjon på det nye vitenskapelige skismaet mellom faghistorikerne og kirkehistorikerne.[41]

Det viktigste motinnlegget mot Bull kom symptomatisk nok ikke fra en historikerkollega, men fra litteraturvitenskapelig og idéhistorisk hold. Med doktoravhandlingen «Kristendom og kvad» fra 1914 argumenterte Fredrik Paasche (1886–1943) for kirkens avgjørende bidrag til nordmennenes religiøse og åndelige utvikling i middelalderen. Ifølge Paasche var kristendommen langt fra noe overflatefenomen, tvert imot fikk kirkens lære og praksis djupt feste i folket. Den norrøne litteraturen, og da særlig de kristne skaldekvadene, var Paasches viktigste inngang til det norske middelaldersamfunnet og middelalderkulturen. Han anla med andre ord et «ovenfra»-perspektiv på kristianiseringsprosessen idet han konsentrerte seg om det vi kunne kalle de ledende kulturelle lag i samfunnet og deres kulturbidrag. Bull derimot hadde rettet søkelyset mot samfunnets breiere lag og søkt å finne ut noe om kulturutviklingen blant menigmann. Mye av uenigheten dem imellom skyldes i noen grad denne forskjellige vinklingen, og dermed også bruk av et noe forskjelligartet kildemateriale. Paasche var for øvrig mye mer enn en nøktern og analytisk fagmann, han var også noe av en dikter, og oversatte og gjendiktet mange av de kristne kvadene, deriblant Lilja, Øystein Åsgrimsson store dikt til jomfru Maria.[42] Innlevelse var en viktig side ved Paasches forskerpersonlighet. Dertil representerte han med sin katolske idealisme et trekk i tida, nemlig tilbøyeligheten til å romantisere middelalderen. Han var en nær venn og en slags faglig rådgiver fore Sigrid Undset, som med sine romaner, fremst av alle trilogien om Kristin Lavransdatter; har bidratt til å forme nordmenns oppfatning av middelalderens Norge.

En slags katoliserende, og i alle fall høykirkelig, tendens finner vi også hos Oluf Kolsrud (1885–1945), skjønt han forble fast innenfor Den norske kirke. Kolsruds posthumt utgitte «Noregs kyrkjesoga» (1958) bygger på mange måter opp under Paasches synspunkter.[43] I artikkelen «Episkopatet i den evangeliske kyrkja i Norden» forsøker Kolsrud å argumentere for at det trass alt fantes rester av et slags bispeembete i Danmark og Norge også etter reformasjonen, og at det var noe kontinuitet mellom den gamle kirken og den nye lutherske kirkeordningen når det kom til stykket.[44] Dette er kanskje det av Kolsruds kirkehistoriske arbeider hvor hans kirkepolitiske standpunkt trer klarest fram. Kontinuitetsaspektet er også fremtredende i den utgaven av 1604-ordinansen som han utga til reformasjonsjubilet i 1917. Særlig skulle 900-årsjubileet for slaget på Stiklestad bli preget av en viss nostalgi for middelalderens norske kirke,

Festgudstjeneste i Nidarosdomen 28. juli 1930 med innvielse av Domkirkens vestskip og Olavsalteret. Kong Håkon VII var til stede og biskop Støren i Nidaros forrettet under assistanse av de øvrige norske biskopene i følgende ansiennitetsrekkefølge: yngste assisterende biskop Berggrav, 2. assisterende biskop Petersen, 3. assisterende biskop Bjørnness-Jacobsen, 4. assisterende biskop Lunde og 5. assisterende biskop Hognestad. Liturgien for festgudstjenesten og de andre gudstjenestene under kirkefesten var fastsatt ved kongelig resolusjon av 6. desember 1929. Yngstemann i bispekollegiet, Eivind Berggrav, som var biskop i Oslo, holdt vespergudstjeneste i Domkirken samme dag. Foto A. Chr. Hassel, Universitetsbiblioteket i Trondheim.

During the church celebrations in Nidaros Cathedral on 28 July 1930 the west nave and the St Olav's altar were consecrated in the presence of King Håkon VII.

Under olsokhelga i 1930 ble 900-årsfesten for kristendommens innføring i Norge feiret med stort oppbud av geistlige fra inn- som utland. Her ser vi en prosesjon av utenlandske biskoper i fullt ornat på vei inn til festgudstjenesten 28. juli, et syn trønderne knapt hadde sett siden 1537. Også den 29. var det prosesjon, da fra kirken på Stiklestad til Olavsstøtten samme sted, hvor biskop Berggrav holdt friluftsgudstjeneste for ca. 40.000 tilhørere. Foto A. Chr. Hassel, Universitetsbiblioteket i Trondheim.

During the St Olav's festival in 1930, St Olav's martyrdom at the Battle of Stiklestad, 1030, and the final acceptance of Christianity in Norway were celebrated with a large number of domestic and foreign clerics present. This shows the international procession of bishops in full regalia entering Nidaros Cathedral.

og ikke minst av en slags liksomkatolsk og nasjonal olavsromantikk, noe vi blant annet kan lese ut av det egne jubileumsbindet av «Norvegia Sacra», som Kolsrud utga post festum i 1937, og som dokumenterer jubelfesten i hele sin bredde og ned til minste detalj.[45] Kolsrud hadde også stått sentralt i arbeidet med selve 900-årsfesten, og som fagmann var han engasjert i arbeidet med å gjenreise domkirken i Trondheim.

Oluf Kolsrud var utvilsomt den mest sentrale kirkehistorikeren i mellomkrigstida. Han dekket hele det tradisjonelle kirkehistoriske feltet, fra middelalderen og fram mot sin egen samtid. I hans produksjon finner vi bispedømmemonografier så vel som skarpsindige analyser av enkeltdokumenter, som f. eks. av Magnus Erlingssons kroningsed, og tunge empiriske arbeider som den posthumt utgitte monografien om presteutdannelsen i Norge, samt geistlige biografier.[46] Kolsrud sto også bak tidsskriftet «Norvegia Sacra», som han redigerte så lenge det utkom reglemessig, det vil si fra 1921 til 1940. Der søkte han å skape et forum for kirkehistorie, og i alle fall fram til 1930 publiserte han en rekke artikler av sentrale fagfolk som Absalon Taranger, Fredrik Paasche og islendingen Jón Helgason, foruten egne arbeider. En del av de kirkehistoriske artiklene i «Norvegia Sacra» dreier seg imidlertid om tida etter reformasjonen og har dessuten en klar kirkepolitisk aktualitet, som f. eks. Tarangers bidrag om prestenes bekjennelsesplikt i 1927-årgangen. «Norvegia Sacra», som offisielt ble utgitt av Den norske kirkes biskoper, rommer også mye aktuelt stoff som årsberetninger og lignende, og slikt fyller stadig mer av årgangene etter 1930.

Kolsrud satt også i redaksjonen for «Norsk Teologisk Tidsskrift» fra 1913 til sin død. Om han har forsøkt å fremme kirkehistorien i dette forum, har han i så fall mislyktes. Det er lite kirkehistorisk stoff i NTT, både før og for den saks skyld etter 1945, og knapt en håndfull artikler med relevans for den norske middelalderkirken fra Kolsruds tid i redaksjonen. Det er heller ikke mye kirkehistorisk stoff å finne i «Tidsskrift for teologi og kirke» før 1950, skjønt i begge disse sentrale teologiske tidsskriftene finner vi en meget interessant debatt med utgangpunkt i John Nomes verk om Det norske misjonsselskaps historie, som kom til selskapets hundreårsjubileum i 1942. I begge ordskiftene sto Oluf Kolsrud sentralt, og han forsøker her å balansere mellom rollene som historiker og teolog i opposisjon til Nome, som når det kom til stykket ikke ville utelukke Guds finger i historiens gang på tvers av både natur og fornuft.[47] Kirkehistorie, og da i særdeleshet middelalderens kirkehistorie har – om vi legger innholdet i de teologiske tidsskriftene til grunn – i meget beskjeden grad beskjeftiget de geistlige miljøene i Norge før krigen, etter også for den saks skyld.[48] Foruten Kolsrud er det stort sett bare Andreas Seierstad (1890–1975), professor i kirkehistorie ved Menighetsfakultetet fra 1946–60, som gjorde noen forskningsinnsats av betydning når det gjelder middelalderens norske kirkehistorie før krigen. Seierstads hovedverk «Olavsdyrking i Nidaros og Nord-Europa» utkom symptomatisk nok i jubileumsåret 1930. Ellers ligger Seierstads hovedinnsats som kirkehistoriker i tida etter 1945.[49]

For oss er Kolsrud interessant først og fremst som bærer av den lærde filologiske og tekstkritiske tradisjonen som kan føres tilbake til Keyser og Munch i 1840–50-åra, og som historikeren Gustav Storm (1845–1903) perfeksjonerte. Foruten teologen Kolsrud var det juristen Absalon Taranger (1858–1930) og historikeren Oscar Albert Johnsen (1876–1952) som ble de viktigste arvtakerne etter Munch og Storm. Johnsen kom imidlertid knapt til å beskjeftige seg med kirkehistoriske spørsmål. Taranger derimot, som var professor i rettshistorie ved Universitetet i Oslo og lærer i kirkerett ved Praktisk-teologisk seminar, var ved siden av Kolsrud en sin tids mest profilerte kirkehistorikere. Foruten bindet om norsk historie 1319–1537 i det store norgeshistorieverket som skulle markere hundreårsjubileet for unionsoppløsningen i 1814, og som fortsatt må sies å være et standardverk, skrev han en stor avhandling om den angelsaksiske kirkens innflytelse på den norske, og han publiserte et viktig bidrag til diskusjonen om Magnus Erlingssons privilegiebrev til den norske kirke i «Norvegia Sacra» 1922. Arbeidet om den angelsaksiske kirkes innflytelsen dekker imidlertid hovedsakelig misjonsperioden og 1000-tallet, og har derfor liten relevans for oss. Ellers er Tarangers produksjon av overveiende retthistorisk karakter; og mye av det gjelder dessuten tida etter reformasjonen.[50] Taranger var også kirkepolitisk aktiv og ledet fra 1910 til 1920 det såkalte Kirkepartiet, som hadde som hovedmål å skille stat og kirke. Taranger ytte som nevnt bidrag til «Norvegia Sacra», og samarbeidet med Kolsrud i utgivelsen våre middelalderkilder, først og fremst «Norges gamle Love» 2. rekke, det vil si perioden etter 1387. Arbeidet med å utgi lovene og diplomene er kanskje det mest konkrete uttrykk for arven fra Munch og Storm, og skulle også bli ført videre etter krigen. Det er ennå ikke avsluttet. Ikke minst kom Lars Hamre til å stå sentralt i videreføringen av dette prosjektet og denne tradisjonen opp mot vår tid.

Kolsrud ble en nøkkelfigur i utgiverarbeidet i mellomkrigstida. Han sto bak opprettelsen av Norsk historisk kjeldeskriftråd i 1922, og fra 1926 bestyrte han Historiografisk samling, som i 1934 ble omdøpt Norsk historisk kjeldeskrift-institutt. I tillegg til arbeidet med «Norges gamle Love» og «Diplomatarium Norvegicum», som har pågått kontinuerlig siden 1840-åra, initierte Kolsrud utgivelsen av Nidarosprovinsens liturgiske skrifter (Libri liturgici provinciae Nidrosiensis medii aevi).[51] Og han utga som tillegg til bind 17 av «Diplomatarium Norvegicum» en samlet kildeoversikt over «Den norske Kirkes Erkebiskoper og Biskoper» (1913), et av de viktigste redskapene vi har til studiet av Nidarosprovinsens historie. Sett på denne bakgrunn framtrer Kolsrud snarere som en empirisk og tekstkritiske filolog enn som den teologisk skolerte og kirkelig engasjerte historikeren han også var. Og det er neppe tvil om at det er dette kirkehistoriske grunnlagsarbeidet som har vist seg mest slitesterkt. Broren Sigurd Kolsrud (1888–1957), som var professor i norsk språkvitenskap, var også en energisk kildeutgiver, og arbeidet blant annet med kilderegistrering i Vatikanarkivet. Det er derfor riktig å si at mye ble ved det gamle trass i det skiftet som fant sted i 1912, og vi kan med Arne Odd Johnsen føye til at «[...] et helt kompleks av tradisjonsstoff har kunnet gå igjen fra verk til verk via den norske historiske skole helt ned til våre dager.»[52]

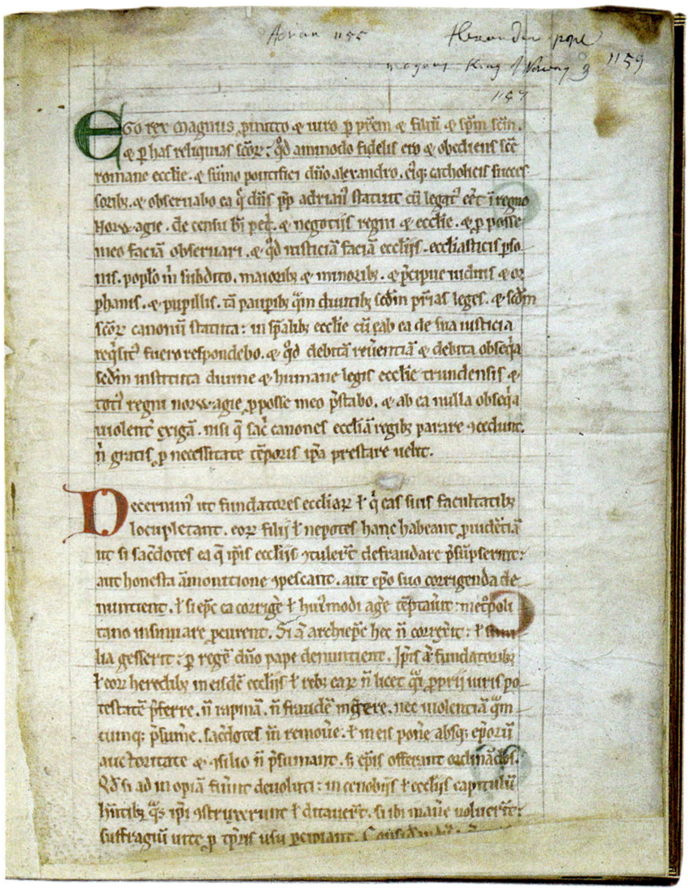

«Ego rex Magnus promitto et iuro per patrem et filium et spiritum sanctum et per has reliquias sanctorum […]» («Jeg kong Magnus lover og sverger ved Faderen, Sønnen og Den hellige ånd og etter de helliges relikvier, at jeg fra nå av skal være trofast og lydig mot den hellige romerske kirke og den høyeste biskop, herre Alexander og hans katolske etterfølgere, og overholde det som herre pave Hadrian fastsatte da han var legat i Norges rike, om peterspenger og om rikets og kirkens anliggender, og etter evne sørge for at det blir overholdt av andre. Og at jeg skal øve rettferd mot kirker, kirkelige personer og det folk som er meg undergitt, høye og lave og særlig enker og foreldreløse, så vel fattige som rike, ifølge fedrene lover, og ifølge bestemmelsene i de hellige canones skal jeg gi kirken svar i åndelige saker når den spør meg om sin rett. Og at jeg etter evne skal yte den skyldige ærbødighet og de skyldige tjenester ifølge forskriftene i guddommelig og menneskelig lov som gjelder for trønderkirken og hele Norges rike, og ikke med makt kreve noen tjenester av dem, unntatt dem som de hellige canones tillater å svare kongen, om den ikke selv på grunn av vanskelige tider frivillig vil yte dem». Oversettelse i NMD.) Vi ser her Magnus Erlingssons kroningsed fra 1163 eller 1164, etterfulgt av det første avsnittet av Canones Nidrosiensis i avskrift fra ca. 1200. (Harley 3405 fol 3r, British Library. De siste avsnittene av Canones finner vi først i håndskriftet. Den inverterte rekkefølgen av sidene skyldes trolig innbindingen.) Foto: British Library.

"Ergo rex Magnus promitto et iuro per patrem et filium et spiritum sanctum et per has reliquias sanctorum […]". The coronation oath of Magnus Erlingsson from 1163 or 1164, followed by a transcript (c. 1200) of the first section of the so-called Canones Nidrosiensis.

De nye kildene

I 1938 publiserte den tyske historikeren og kanonisten Walther Holtzmann (1891–1963) en rekke latinske dokumenter til norsk kirkehistorie i engelske arkiver, enkelte av dem, så som de såkalte Canones Nidrosienses (CN) og Magnus Erlingssons kroningsed, hadde hittil vært helt ukjente, andre, så som en rekke pavelige dekretaler, hadde norske forskere nyss fått kjennskap til.[53] Ettersom CN ble funnet sammen med kong Magnus' kroningsed, mente Holtzmann at de måtte stamme fra et riks- eller kirkemøte i forbindelse med kroningen i 1163 eller 1164.

Fra før av hadde vi bare pave Anastasius IVs fundasjonsbrev for det norske erkebispedømmet fra 1154, Magnus Erlingssons tronfølgelov av 1163 (eller -64), samt den samme kongens store privilegiebrev for kirken å bygge på når det gjaldt begivenhetene rundt opprettelsen av erkebispedømmet i 1150-åra og den kirkelige situasjonen de følgende to tiåra. Vi ser da bort fra 1200-tallets sagaberetninger. Dokumentene er seinere blitt publisert av Eirik Vandvik (1904–53) med norsk oversettelse og kommentarer.[54] Funnet i British Museum mobiliserte filologer og historikere det neste kvartsekelet til samlet innsats for å kaste lys over opprettelsen av Nidarosprovinsen og den kirkelige utviklingen under erkebiskop Øystein Erlendsson. Særlig mye oppmerksomhet fikk CN, som Arne Odd Johnsen i sin doktoravhandling «Studier vedrørende kardinal Nicolaus Brekespears legasjon til Norden» (1945) mente å kunne knytte til opprettelsen av erkebispesetet, som han daterte til 1153. Det var for øvrig den samme kardinallegaten Nicolaus, som forhandlet med norske myndigheter i 1152–53, som i 1154 skulle etterfølge Anastasius som pave (Hadrian IV). Liksom Johnsen mente Oluf Kolsrud å kunne knytte CN til opprettelsen av det norske erkebispedømmet.[55] Dermed var det nærmest opplest og vedtatt at Holtzmann hadde funnet selve grunnloven til den nye kirkeprovinsen i British Museum, hvor de fleste av de nyfunne latinske dokumentene befant seg.[56] I utgaven fra 1959 sier således Vandvik at tidfestinga av de nye dokumentene ikke byr på problemer når det gjelder CN og Magnus-eden. De er fra henholdsvis 1152–53 og 1163–64, da Magnus Erlingsson ble kronet og landet for andre gang hadde besøk av en pavelig sendemann, Stefan av Orvieto. Det var for øvrig erkebiskop Øystein som sto for kroningen som koronator. Dekretalene er alle fra Alexander IIIs tid (1159–81), og Vandvik vil datere dem til slutten av 1160-åra.

Seinere skulle tvilen melde seg. I sin doktoravhandling fra 1969 sannsynliggjør Vegard Skånland (1923–) at CN ikke kan stamme fra opprettelsen av Nidarosprovinsen. Han argumenterer for at det dreier seg om et provinsialstatutt, at Øystein Erlendsson må være opphavsmann, og at statuttet må dateres til tiåret mellom 1170 og 1180.[57] Skånlands datering har ikke vunnet allmenn tilslutning. Enkelte vil mene at Holtzmanns opprinnelige datering til kroningen i 1163–64 er den mest sannsynlige, mens atter andre har ment at CN kan være fra slutten av erkebiskop Øysteins archiepiskopat (1183–88).[58] Likevel må det kunne sies å være enighet om at CN stammer fra Øysteins tid. Således mener Erik Gunnes i sin Øystein-biografi å kunne fastslå at alle de dokumentene Holtzmann fant i British Museum stammer fra erkebiskop Øystein Erlendsson, og at det sannsynligvis dreier seg om kopier av dokumenter som han brakte med seg til England i 1180.[59] Også Sverre Bagge heller i sitt bidrag i vår bok til at «…det er mest som taler for å plassere CN sammen med de øvrige dokumentene som Øystein utformet i samarbeid med Erling Skakkes og Magnus Erlingssons regime». Ingen synes lenger å bestride at det dreier seg om et provinsialstatutt.

Alle disse nye kildene sammen med dem vi allerede kjente, og som var publisert i «Norges gamle Love» og «Diplomatarium Norvegicum», ga muligheter til ny innsikt i norsk politikk og samfunnsliv i andre halvdel av 1100-tallet, og nota bene en kirkelig og dermed felleseuropeisk innfallsvinkel til samfunnsutviklingen. Få spørsmål i norsk middelalderhistorie er siden slutten av 1930-åra blitt så mye diskutert som forholdet mellom kongemakt og kirke i andre halvdel av 1100-talet. I tillegg til Arne Odd Johnsens og Skånlands avhandlinger, som allerede er nevnt, har vi Erik Gunnes doktoravhandling, «Kongens ære. Kongemakt og kirke i 'En tale mot biskopene'», samt et vell av mindre avhandlinger og artikler. Det er særlig CN, Magnus Erlingssons tronfølgelov og kroningsed fra 1163 – eller 1164, og den samme kongens privilegiebrev (1163–77), som har opptatt forskerne. Denne debatten skal vi ikke resymere her, det vil føre alt for langt.[60] Dessuten vil den bli behandlet av Sverre Bagge i neste kapittel. Men ett bidrag må nevnes, nemlig Torfinn Tobiassens (1916–) avhandling «Tronfølgelov og privilegiebrev. En studie i kongedømmets ideologi under Magnus Erlingsson» fra 1964.[61] Avhandlingen dokumenterer det norske samfunnets mottakelighet for europeiske åndsstrømninger i 1160–70-åra, og viser oss kirken som pådriver for politisk «modernisering». Tobiassens avhandling var også et korrektiv til et overveiende materialistisk og nasjonalt historikermiljø, og vitner om at det norske historikerlauget trass alt ikke var fullstendig vaksinert mot idéhistorisk smitte. Tobiassen påviser at augustinsk tankegods gjennomsyrer de sentrale dokumentene fra erkebiskop Øysteins tid, og at det augustinske fyrsteidealet, den rettferdige kongen (rex justus), er den bærende idé i så vel tronfølgeloven som i kroningseden og privilegiebrevet. Samtidig er det slik at tronfølgeloven på en mesterlig måte makter å kombinere europeiske idealer med norsk tradisjon. Knappe ti år etter opprettelsen av erkesetet var altså kirkeledelsen i ferd med å realisere viktige sider ved det gregorianske program. Seinere innvendinger har ikke maktet å rokke ved Tobiassens resultater.

Arven etter Edvard Bull, krigs- og etterkrigstid

Sverre Bagge setter i en oversikt over norsk historiografi fra 1995 ei grense ved Edvard Bulls død i 1932, og mener at det norske historikerlauget alt tidlig på 1930-tallet fikk et stadig mer innadvendt og isolasjonistisk preg.[62] Og det kan være mye rett i det. Bull hadde vært en internasjonalt orientert historiker – noe for øvrig også Koht var – og han gjorde en banebrytende innsats for å knytte kontakt mellom det norske historikermiljøet og samtidas fremste europeiske historikere. Bull var også sentral i opprettelsen av Institutt for sammenlignende kulturforskning og ivret for en tverrvitenskapelig kultur- og historieforskning. En rekke fremtredende utenlandske forskere publiserte avhandlinger på instituttets skriftserie, som også ble et vindu utad for norske kulturforskere. Men, Bull var også Johan Schreiners, Asgaut Steinnes, Andreas Holmsens og Jens Arup Seips lærer. Og for dem var han i første rekke en marxistisk og materialistisk orientert historiker med blikk for den makt som lå i samfunnets materielle og institusjonelle forhold – de såkalt strukturelle grunnforholdene. Blant de historikerne som skulle bli toneangivende i 1930-åra, og som var ledende i lauget de første par tiåra etter krigen, ble kirken primært oppfattet som en *maktfaktor*. Synspunktet er for øvrig ikke så fjernt fra det tidligere historikere hadde forfektet, faktisk kan det oppfattes som en sekularisert variant av forgjengernes konfesjonelt betingede syn på middelalderkirken. Ny var likevel læren om kirken og staten som redskaper for landets økonomiske eliter, geistligheten og adelen. Dette tonet ned den tidligere oppfatningen av kirken som en trussel mot kongedømme og stat og betonte i stedet det grunnleggende interessefellesskapet mellom de to samfunnsmaktene. For denne generasjonen av norske middelalderhistorikere står kirken som en statsbyggende institusjon. Således sier Halvdan Koht at «[...] kyrkja kan vinna utan staten taper.»[63]

Jens Arup Seip (1905–92) skulle bli høvdingen i flokken etter Edvard Bull. I likhet med sin lærer ga han seg tidlig i karrieren i kast med middelalderkirkens historie. Seips hovedarbeid er doktoravhandlingen fra 1942, «Sættargjerden i Tunsberg og kirkens jurisdiksjon», som han selv indirekte omtaler som en studie i politisk makt. Innledningsvis formulerer han et veritabelt program for studiet av kirken:

> *«Studiet av den norske kirke kan [...] føres frem i en retning som går fra Europa mot Norge. Man kan tegne op et mønster på utviklingen på européisk bakgrunn og så applisere dette på hjemlig jord. [...] Denne metode har visse fordeler, og undersøkelser av denne art kan være nødvendige. Men fremgangsmåten har også sine farer. [...] Det ligger en fare deri at problemstillingen kan bli bundet av européiske inntrykk og ikke får vokse fritt frem av det stoff som skal belyses. [...] Kirken er jo nemlig del av et norsk samfund, den er en kultus-organisasjon hvis vekstbetingelser ligger i norsk jord. [...] En undersøkelse ut fra dette synspunkt vil få en retning som fører fra den norske kirke innover mot det norske samfund, og hovedvekten vil ligge på sammenhengen mellom kirkelig og profant liv. Jeg tror en slik fremgangsmåte vil være fruktbar, og at det er nødvendig å forsøke den.»*[64]

Blant Seips samtidige var det knapt andre enn Arne Odd Johnsen (1909–85) som var opptatt av kirkens historie, og han var ingen Bull-elev, men sin fars sønn. Faren, Oscar Albert Johnsen, som vi allerede har nevnt, hadde vært kollega av Bull og hørte hjemme blant de trauste filologiske kildestreverne. Sammen med Fredrik Paasche hadde han opponert mot den nye sagakritikken, som Koht introduserte rett før første verdenskrig, og han hadde i det hele tatt liten sans for de unge materialistene og deres prosjekt. Politisk hørte han hjemme på den nasjonale og konservative siden, og under krigen kom han til å bevege seg faretruende nær kollaborasjonslinjen. Det var med andre ord duket for både faglig, personlig og politisk konflikt da Arne Odd Johnsen i 1948 publiserte boka «Fra ættesamfunn til statssamfunn». Der satte han seg fore:

«[...] å undersøke hvilken rolle kirken og geistligheten spilte i den samfunnsutviklingen – eller metamorfosen – som gikk for seg i høymiddelalderen.»

Og, legger han til:

«Når interessen for kirken og dens innsats har vært relativt liten, har dette sikkert flere årsaker. For en del skyldes det tidligere åndsstrømninger. Historikere som hyller materialistiske eller økonomiske synsmåter, pleier sjelden å interessere seg meget for kirken og dens menn.»

Boka er dedisert til Fredrik Paasche og Peter Rokseth, to av de mest markante antimaterialistene i mellomkrigstidas akademiske miljø, og Johnsens prosjekt er å forstå i forlengelsen av debatten mellom Bull og Paasche fra tida rundt første verdenkrig. Johnsen har særlig vært opptatt av å belyse kirkens innflytelse på familieliv, rettsliv og politikk, og av å fremheve den felleseuropeiske konteksten for norsk samfunnsutvikling i middelalderen. Han valgte å karakterisere sitt eget forskningsopplegg som «sosiologisk».

I anmeldelsen[65], sier Seip at:

«Arne Odd Johnsens måte å gripe saken an på [...] forekommer [...] meg, en god illustrasjon til den metodiske innstilling som preger boken i det hele. Han er oppslukt av jakten etter "mønsteret", "forbildet", "en presedens". [...] Denne jakten etter mønster kan – som hos visse litteraturhistorikere – drives ut i karikaturen [...] Jeg sier ikke at denne framgangsmåten, denne søken etter forbilder, ikke er legitim og nyttig når den drives med omtanke. Men jeg vil gjerne understreke dens begrensning. For det første: Den er overmåte usikker i sine resultater. Jeg synes denne usikkerhet kommer tydelig fram i Johnsens undersøkelser. For det andre: Dens resultater er ikke sentrale, sett fra sosiologisk standpunkt, hvor oppmerksomheten først og fremst er rettet mot samspillet mellom fenomenene i et gitt sosialt felt».[66]

Dermed var Johnsens sosiologiske metode og europeiske innfalsvinkel nærmest satt på index for norske historikere, og Johnsen fikk dessuten høre at han «Med sin bok, og ved den dedikasjon han har gitt den« hadde meldt seg «som målsmann for en anti-materialistisk retning innen norsk historieforskning.»[67] Verre kunne det ikke bli. Også Johnsen følte seg brennmerket av antimaterialiststempelet.

Den konsentrasjonen om det norske samfunnet og de hjemlige forutsetninger, som Seip anviser som hovedvei både i doktoravhandlingen fra 1942 i anmeldelsen fra 1949, og som han allerede hadde tatt opp til bred drøfting i den kjente programartikkelen «Problemer og metode i norsk middelalderforskning« fra 1940[68], var også en del av arven etter Bull, som hadde satt studiet av samfunnets grunnstrukturer på forskningskartet, og dermed hadde skjerpet interessen for retts- og institusjonshistorie. Seips doktorarbeid om kirkens jurisdiksjon var hans andre innenfor denne retningen. Alt i 1934 hadde han publisert en avhandling om det verdslige rettsapparatet i middelalderen, og Seip skulle komme til å beskjeftige seg med forholdet mellom domsmyndighet og politisk makt også i åra etter krigen, både for tida etter 1537 og etter 1814.[69] I tillegg til å være et innsiktfullt og grundig forskningsarbeid, ansporet doktoravhandlingen til en debatt om den kirkelige domsmakt, en debatt som har pågått fram til dags dato, og som stadig pågår, og som vi også skal komme tilbake til i vår bok.[70]

Det var imidlertid en av Seips tidligere kolleger i Riksarkivet, Lars Hamre (1912–99), også han seinere professor i historie ved Universitetet i Oslo, som skulle drive arbeidet med kirkens retts- og institusjonshistorie videre. Hamre var en av de få norske historikere med kunnskaper i canonisk rett, og Sverre Bagge regner han som den fremste kirkehistorikeren etter krigen ved siden Arne Odd Johnsen og Erik Gunnes.[71] Bagge kunne også ha nevnt Charles Joys (1910–94), som i 1948 publiserte en avhandling om bispevalg i Norge 1000–1350 [72], og som ved siden av Johnsen og Hamre var den fremste bidragsyteren til jubileumsverket «Nidaros erkebispestol og bispesete 1153–1953» (1955). Dette verket må regnes som det viktigste kirkehistoriske enkeltarbeid på 1900-tallet, og er etter Keysers verk den mest omfattende dokumenterte framstilling av den norske middelalderkirk-ens historie.

Foruten ei bok om erkebiskop Erik Valkendorf (1943), har Hamre etterlatt seg en ufullført avhandling om Aslak Bolt og et vell av artikler i «Kulturhistorisk leksikon for nordisk middelalder» og mindre avhandlinger i forskjellige tidsskrifter, samt et forelesningsmanuskript over europeisk kirkehistorie i senmiddelalderen. Hamres orientering var utpreget retts- og institusjonshistorisk. Og hans innsats når det gjelder kirkerettslige og kirkelig institusjonelle forhold har vært banebrytende. Hamre har for øvrig vært opponent ved samtlige av de doktoravhandlingene av kirkehistorisk tilsnitt som de siste tiåra er blitt framlagt for disputas her til lands, blant annet både Skånlands og Gunnes' disputaser, og nå sist Eldbjørg Haugs avhandling om Nidarosprovinsens historie under dronning Margrete (1996).[73] Dette gjelder likeledes for Grethe Authén Bloms «Kongemakt og privilegier i Norge inntil 1387» (1967), som også behandler de kirkelige privilegiene.[74] Som lærer og inspirator for studenter og kolleger må Hamre bære mye av ansvaret for den fornyede interessen for norsk politisk seinmiddelalderhistorie etter ca. 1970. Ettersom politisk historie og kirkehistorie er ualminnelig sammenvevd i Norge i denne perioden, kan Hamres trebindsverk om Norges historie 1400 til 1537 langt på vei også leses som en norsk kirkehistorie.[75] Hamre hadde en dyp empati for middelalderkirkens ledere, og ikke minst for deres embetsmessige kompetanse. De juridisk skolerte og byråkratisk sinnede biskopene fra slutten av 1200-tallet og framover sto ham særlig nær.[76] Trass i sin canoniske orientering og interesse, var Hamre mer norsk og nordisk i sin vinkling av kirkehistorien enn A.O. Johnsen, noe som dels har sammenheng med valg av perioder, skjønt Johnsen var nok en langt mer internasjonalt orientert enn de øvrige norske historikere av sin generasjon. Dette med den internasjonale orienteringen og kontakter ut over det norske og nordiske miljøet skulle komme til å forandre seg radikalt etter 1970, da det nærmest ble et imperativ for den nye historikergenerasjonen å reise utenlands.

På tampen må også Grethe Authén Blom (1922–) nevnes, skjønt hun har hovedsakelig beskjeftiget seg med byhistorie og politisk historie. Hennes doktoravhandling «Kongemakt og privilegier» er allerede nevnt. Der drøfter hun sentrale spørsmål angående forholdet mellom kongemakt og kirke, og i det første bindet av Trondheims historie (1997) gir hun en bred innføring i erkesetets historie og kommer med til dels nye bidrag, særlig gjelder det domkapitlet, samt erkestolens sosiale funksjoner i bysamfunnet.[77]

De siste tretti åra

Vi har allerede omtalt historikeren Torfinn Tobiassens avhandling fra 1964 hvor kirkefaderen Augustins innflytelse på norsk samfunnsliv i 1160–70-åra dokumenteres. Her er det kulturlånet utenfra og den felleseuropeiske konteksten som settes i fokus, selv om dette perspektivet også kombineres med forståelse for de norske forutsetningene. På sett og vis peker Tobiassens arbeid framover mot det skiftet som kom i 1970-åra, da blant annet Erik Gunnes (1924–99), som i 1979 ble utnevnt til professor i historie ved Universitetet i Oslo, tok opp arven etter Paasche, Kolsrud og Johnsen. Gunnes var katolikk, og hadde til og med vært dominikanerpater før han kom til Historisk institutt, etter først å ha blitt avvist ved besettelsen av et professorat i kirkehistorie ved Det teologiske fakultet samme sted. Med sin bakgrunn fra katolske læresteder utenlands, og med sitt virke i dominikanerklosteret i Neuberggata i Oslo, kan man trygt si at Gunnes var et særsyn i det norske historikermiljøet. Hans hovedinnsats ligger liksom Johnsens på andre halvdel av 1100-tallet. Ved siden av doktoravhandlingen fra 1971 om kong Sverres tale mot biskopene, har han som nevnt skrevet en større biografi om erkebiskop Øystein Erlendsson (1996), samt en oversikt over Norges historie 800–1177. I sine seinere år var Gunnes særlig opptatt av norsk klosterhistorie, og han emnet på en erstatning for Langes klosterhistorie fra 1850-åra. Dette arbeidet ble aldri fullført, men han publiserte en større oversikt over norske klostre i årboka til Den norske fortidsminnesmerkesforening, en stor artikkel om johanitterhospitalet på Varna i Borgarsysla, og etterlot seg et manuskript om de norske synodalstatuttene fra første halvdel av 1300-tallet.[78]

Sverre Bagge (1942–), som er professor i middelalderhistorie ved Universitetet i Bergen, kan i likhet med Tobiassen og Gunnes knyttes til tradisjonen fra Paasche, noe han for øvrig åpent vedkjenner seg i sitt bidrag til Aschehougs norske kulturhistorie fra 1979. Boka «Mennesket i middelalderens Norge, tanker, tro og holdninger 1000–1300» (1998) kan også leses som et innlegg i debatten som Bull ga støtet til. Overskriften til innledningskapittelet, «Fra Osebergskipet til Nidarosdomen», antyder fortsatt en posisjon nærmere Paasches og Johnsens enn Bulls og Seips. Og som forfatter av det første bindet av Aschehougs norske idéhistorie fra 2001 framstår Bagge som en verdig arvtaker etter idé- og litteraturhistorikeren Fredrik Paasche. Bagges viktigste kirkehistoriske arbeid er imidlertid avhandlingen «Den kongelige kapellgeistlighet 1150–1319» (1976). Også doktoravhandlingen «Den politiske ideologi i kongespeilet» (1979) har betydelig kirkehistorisk relevans.[79]

Ved siden av Bagge er det i første rekke Eldbjørg Haug (1947–), også hun ansatt ved Historisk institutt ved Universitetet i Bergen, som har forsket i middelalderens norske kirkehistorie. Hennes arbeid om Nidarosprovinsen under dronning Margrete (1996) er den eneste doktoravhandlingen med kirkehistorisk emne etter Gunnes' disputas i 1971. Haugs avhandling står på mange måter i den politisk-strukturelle og lærde tradisjonen fra Lars Hamre. Foruten denne ene doktoravhandlingen foreligger det imidlertid en rekke hovedoppgaver og doktorgradsprosjekter in spe med kirkehistorisk tematikk. Mange av disse avhandlingene er blitt til under veiledning av Lars Hamre, og emnevalget er preget av hans interesse for seinmiddelalderen og for rettslige og institusjonelle forhold.[80] Også kirkelige eiendomsforhold og økonomi er blitt tatt opp til behandling, men disse avhandlingene faller snarere inn i en lang og sterk profanhistorisk - og da helst agrarhistorisk tradisjon, enn i en kirkehistorisk.[81] I de seinere hovedoppgavene kan vi merke en refleks av de siste åras interesse for kultur- og mentalitetshistorie, skjønt tradisjonen tilbake Seip og 1930-åra er mest framherskende når vi ser hovedfagsarbeidene 1970–2000 under ett.

Nå aller sist har arkeologen Jan Brendalsmo (1951–) med doktoravhandlingen «Kirkebygg og kirkebyggere. Byggherrer i Trøndelag ca. 1000–1600» (2001), igjen aktualisert Edvard Bulls standpunkt. Og i bidraget her, som bygger på doktorarbeidet, hevder Brendalsmo at den kristendomsformen som var rådende blant folk flest – i alle fall på landsbygda i Trøndelag – til et godt stykke ut i høymiddelalderen rommet betydelige innslag av førkristen tradisjon, at vi med andre ord står overfor en folkelig synkretistisk kristendom ved siden av den offisielle i erkestiftet til inn på 1200-tallet. Og liksom Bull er det ved å rette blikket mot religionens sosiale kontekst at Brendalsmo er kommet fram til denne erkjennelsen. Nøkkelfigurene i det lokale kirkelivet i Trøndelag har ifølge Brendalsmo vært lokale stormenn og bondehøvdinger, som best mulig har forsøkt å motstå presset fra kirke og kongemakt. Situasjonen i erkestiftet tegnes således som en parallell til det godekirkesystemet vi kjenner fra Island fram til midten av 1200-tallet (se ellers J.V. Sigurðsson nedenfor).

Vi kan altså følge tre tradisjoner gjennom hele 1900-tallet hva kirkehistorieforskningen angår:

- en lærd filologisk tradisjon med Taranger, Kolsrud, Vandvik og Hamre som de fremste representantene.
- en kulturvitenskapelig – dels idealistisk og katoliserende – tradisjon representert ved Paasche, Johnsen, Gunnes og Bagge
- en samfunnsvitenskapelig og materialistisk tradisjon med vekt på politikk og maktforhold, og med Bull og Seip som de toneangivende

Det må understrekes at det ikke har vært vanntette skott mellom disse retningene. Eksempelvis hadde både Kolsrud og Taranger en fot i to leire, så også Hamre, og mange av de forskjellige aktørene på det kirkehistoriske forskningsfeltet har tatt farge av hverandre i årenes løp. For øvrig gjelder det fortsatt, som Arne Odd Johnsen påpekte i 1940-åra, at det med hensyn til temavalg og problemstillinger, fortsatt er mange «gjengangere» fra Den norske historiske skole i 1840-50-åra. Og selv om de kultur- og sosialhistoriske aspektene ved kirkehistorien er kommet stadig sterkere i fokus etter 1912, kan forholdet mellom kongedømme og kirke fortsatt sies å være hovedtemaet.

Historikerne har imidlertid ikke vært alene om å yte bidrag til den norske middelalderkirkens historie; skjønt når det gjelder selve kirkeorganisasjonen og de politiske og økonomiske aspektene ved kirkehistorien, har historikerne vært nokså dominerende, og det enda kirkehistorien har vært et nokså marginalt felt i norsk historieforskning. Filologene har som nevnt også gjort en betydelig innsats fram til ca. 1930. Det var forresten ikke noe klart skille mellom filologer og historikerer, eller for den saks skyld filologisk skolerte teologer, fram til krigen, selv om en faglig differensieringsprosess kans spores fra ca. 1910. Det var stort sett de samme folka som arbeidet med middelalderhistorien og de norrøne og latinske tekstene.[82]

De materielle levningene etter middelaldersamfunnet må nevnes i denne sammenhengen. 1800-tallets pågående nasjonsbygging var et prosjekt som også kalte på fagfolk utenfor det historisk-filosofiske fakultet og Universitetet. Årboka til «Foreningen til Norske Fortidsminnesmerkers Bevaring», som går helt tilbake til 1845, er et mektig monument over tverrfaglig samarbeid når det gjelder den middelalderske kirkekunsten og bygningshistorien. Ikke minst gjelder dette Nidarosdomen og arbeidet med å restaurere den. Mellom P. A. Munch og arkitekt H. E. Schirmer, som sto sentralt i gjenreisningen av katedralen i Trondheim, var det nær kontakt.[83] Munch skrev for øvrig en rekke mindre arbeider om Nidarosdomen. Og på tross av tiltagende faglig differensiering, har middelalderforskerne fram til dags dato visst om hverandre og ved flere anledninger samarbeidet eller i det minste hatt en slags dialog. I dag er dessuten middelalderen i ferd med å få en forskningsmessig renessanse, og nota bene som et tverrfaglig forskningsfelt. Både ved universitetene i Oslo og Trondheim er det etablert sentra for middelalderstudier, i Trondheim satses det til og med på å bygge opp kompetanse i gregorianikk, og Historisk institutt i Bergen er utpekt som et nasjonalt kraftsentrum for middelalderstudier de kommende fem år. Dessuten ble et stort tverrfaglig prosjekt om religionsskiftet i Norden finansiert av Norges Forskningsråd under programmet «Kultur og samfunn» (KULT) i 1990-åra. Vi har også vært vitne til et oppsving for middelalderlatinen ved våre universiteter, og arkeologien har etter krigen definitivt tatt spranget ut av forhistorien og inn i historisk tid. Dette har gitt oss betydelig ny viten om de eldste byanleggene og de kirkelige byggverkene. Bare blant teologene synes interessen for middelalderkirken fortsatt å være ganske beskjeden, skjønt det finnes unntak, som f. eks. Reidar Astås' (1930–) arbeid med den norrøne bibelkompilasjonen Stjórn.[84] Nå har riktignok Astås ikke vært direkte knyttet til noe teologisk fakultet, men til lærerutdanningen. Men også ved de teologiske lærestedene kan vi merke en gryende interesse for middelalderkirken.[85] Mest interessant er det prosjektet som for tida drives ved Misjonshøgskolen i Stavanger, og som tar sikte på å publisere norske supplikker til pavestolen, det vil si til det pavelige pønitentiariat, i seinmiddelalderen. En smakebit er allerede gitt ut.[86]

Det er altså særlig på det kulturhistoriske området at den økende interessen for middelalderkirken og vår eldste kristne kulturarv kan merkes. Mye av dette har ikke direkte eller spesiell relevans for erkesetets historie, og vi vil derfor ikke komme nærmere inn på det her. Men noe er så absolutt relevant. Det gjelder for det første en fornyet forskningsinteresse for *Olav den hellige*. Olavsdyrkelsen var selve det åndelige fundamentet for erkesetet i Nidaros. Domkirken, som angivelig ble reist over helgenkongens grav, ble Nordens fremste pilegrimsmål, og det var Olavs grav som var bestemmende for plasseringen av det nye erkesetet i 1152–53. Vi kan blant annet merke denne interessen på kunsthistorisk hold, hvor en rekke arbeider er blitt publisert de siste åra. Nylig er det kommet ut en doktoravhandling om Hellig-Olav i bildekunsten.[87] Vi kan også merke interessen for Hellig-Olav og olavskulten på arbeidet med vår latinske kulturarv. Både blant klassisk-filologer og norrønfilologer har utforskningen av den hagiografiske litteraturen fått en renessanse, og her står Olavslegenden med Passio Olavi i sentrum. Denne interessen omfatter også den latinske historieskrivningen, som framfor alt kan knyttes til det intellektuelle miljøet rundt erkesetet.[88] I det hele tatt er erkesetet som kulturelt sentrum kommet klarere fram i de seinere åras forskning.

Dernest kommer interessen for den kirkelige arkitekturen, og da i første rekke anleggene ved erkesetet, Domkirken og Erkebispegården. Få, om noen norske bygninger er så my forsket på som Nidarosdomen. Allerede Schøning skrev som nevnt ei stor bok om katedralen, og siden er det kommet bøker på bøker og artikler på artikler. Her skal vi nøye oss med å nevne Gerhard Fischers storverk fra 1965, «Domkirken i Trondheim» (2 bind), som inngår som en del av det store jubileumsverket som var planlagt til 1953, men som ennå ikke er sluttført ettersom det annonserte bindet om Erkebispegården mangler. Dertil kommer Gunnar Dambolts «Nidarosdomen» (1997).[89] Endelig må nevnes det store utgravningsarbeidet på branntomta i Erkebispegården, som ble ledet av Sæbjørg Walaker Nordeide, og som har gitt oss et vell av ny kunnskap om både Erkebispegården og erkesetet.

Vår bok

Denne boka skal handle om kirkeledelsen i Trondheim, og særlig om forholdet mellom metropolitten og kirkeprovinsen, og mellom trondheimsbiskopen og hans eget bispedømme. Et slikt sentrum-periferi-perspektiv er til stede i de fleste bidragene, f. eks. hos Lars Ivar Hansen, som har valgt å rette søkelyset mot erkestolens viktigste utpost i nord, kannikegjeldet Trondenes. Det lå nær opp til grensa mot den greske kristenhet, det var misjonsmark, og som den eneste kollegiatkirken i Nord-Norge var Trondeneskirken i seg selv et betydelig geistlig sentrum i regionen. Samtidig var kannikegjeldet periferi i bispedømmet, styrt av erkebiskop og domkapitel i Trondheim. Fra tidlig på 1400-tallet fikk trondheimsdekanen en vesentlig del av sine inntekter fra Trondenes, og kannikegjeldet ble etter reformasjonen over-

Restene etter bispesetet og domkirken på Gardar. Anleggets størrelse antyder at bispedømmet må ha vært relativt rikt. Domkirken skal blant annet ha eid hele området rundt Einarsfjord og betydelig strøgods rundt i bygdene, samt jaktmarker utenfor de bosatte områdene. Foto: Nationalmuseet i København.

The remnants of the archbishop's see and the cathedral at Gardar. Its size indicates that it was fairly wealthy. The see also owned landed property in the two Norse settlements in Greenland (Austrbygd and Vestrbygd) and extensive hunting land outside the settled areas.

tatt av dekanens arvtaker, den luthersk-evangeliske superintendenten, eller biskop, som denne kongelige tilsynsmannen etter hvert ble kalt.

Sentrum-periferi-perspektivet er likeledes sentralt hos Per Storemyr. Han har tatt for seg import av byggfaglig og teknisk kompetanse i forbindelse med de store byggeprosjektene i Trondheim, og sett på hvordan denne kompetansen ble tilpasset og videreutviklet i det lokale og regionale miljøet. Jan Brendalsmo, som følger sognedannelsen og steinkirkebyggingen i Trøndelag fra 1000-tallet og inn i seinmiddelalderen, er opptatt av stiftsledelsens forhold til bygdesamfunnene i Trondheims-regionen, og da særlig til de kongelige fylkeskirkene og stormennenes privatkirker (høgendeskirkene). Også Anne Marit Hamres kapittel om bispevisitasen dreier om forholdet mellom sentrum og periferi, både på bispedømme- og på provinsnivå, og Audun Dybdahl har sett på erkebiskopens økonomiske ressurser, først og fremst i bispedømmet. Sentrum-periferi-dimensjonen er likeledes et grunnmotiv i Sverre Bagges bidrag. Hos ham ser vi erkesetet både som sentrum og som periferi, som sentrum i forhold til bispedømme og kirkeprovins og som periferi i forhold til kirkeledelsen i Roma. Erkesetet må regnes som den viktigste mottaker og formidler av kulturimpulser utenfra, samtidig som kirkeledelsen ved siden av kongemakten var den fremste aktøren i arbeidet med å omforme Norge til et «moderne» europeisk samfunn. *Vårt hovedtema vil med andre ord være erkebispesetets fasetterte sentrumsrolle, og vi skal se på kirkelige, politiske, kulturelle og økonomiske aspekter ved denne rollen.*

Det har ikke vært vårt mål å fortelle historien om Nidarosprovinsens og erkebispesetets historie fra begynnelse til slutt. Det ble gjort i jubileumsboka som utkom i forbindelse med 800-årsjubileet (1955), og som fortsatt ruver i forskningslandskapet.[90] Vi vil heller ikke se nærmere på kirkehovedstaden Nidaros, som Grethe Authén Blom nylig har gitt et verdig portrett (1997). Det samme gjelder Nidarosdomen, som fikk en praktfull monografi til Trondheims 1000-årsjubileum i 1997 (Dambolt). Når det gjelder Domkirken, vil vi nøye oss med å drøfte utformingen av den delen av kirkerommet som var direkte knyttet til katedralens fysiske og åndelige sentrum, St. Olavs grav. Vår hovedoppgave vil være å belyse noen sentrale problemstillinger i erkebispesetets og Nidarosprovinsens historie. Vår bok er med andre ord mer eksplisitt problemorientert enn den forrige jubileumsboka, og dermed også mer tematisk lagt opp. Følgelig er kronologien mindre jevn hos oss enn i den store historiefortellingen fra 1955. Våre kronologiske tyngdepunkter er for det første tida fra midten av 1100-tallet til begynnelsen av 1200-tallet, som Sverre Bagge har kalt «den heroiske tid». Dernest kommer de to hundreåra etter 1270 da erkesetet og kirkeledelsen utviklet seg til å bli en politisk maktfaktor, som etter 1380 mer og mer skulle overta det tidligere «nasjonale» monarkiets plass i samfunnet. I den samme perioden ble båndene til bondesamfunn og menigmann tettere. Tiåra etter 1270 var også ei brytningstid da tradisjonen fra Øystein Erlendsson og den første intense reformperioden ble konfrontert med hjemlig statsvekst og en pavemakt som strebet etter enevelde i kirken og overherredømme i kristenheten.

Sverre Bagges og Eldbjørg Haugs bidrag kan leses som innledninger til henholdsvis høymiddelalderens og seinmiddelalders norske kirkehistorie. Hovedtemaet hos Bagges er det kirkelige reformarbeidet som erkebiskop Øystein og hans etterfølger Eirik Ivarsson ledet. Hos Haug handler det først og fremst om kirkens «statliggjøring» og

Ruinene av Hvalsey kirke i Austrbygd på Grønland. Austrbygd var den sørligste av de to norrøne bygdene på Grønland, og den største. Det skal ha vært 210 gårder i Austrbygd og 12 kirker omkring 1200, mens den nordligste bygda, Vestrbygd, hadde 3 kirker og 90 gårder. Det var også i Austrbygd at den norrøne bosetningen holdt seg lengst. Vestrbygd skal ha blitt avfolket allerede i andre halvdel av 1300-tallet. Den siste kjente kontakten mellom Grønland og den øvrige norrøne verden stammer fra begynnelsen av 1400-tallet da ei gruppe islendinger på vei hjem fra Norge kom ut for storm og havnet på Grønland. Dette skal ha skjedd i 1406, og de måtte bli der i fire år før de kom hjem. Da kunne de blant annet fortelle om bryllup i Hvalsey kirke. Foto: Nationalmuseet i København.

The ruins of the church at Hvalsey in Austrbygd on Greenland. With 210 farms and 12 churches around 1200, Austrbygd was the larger of the two Norse settlements on Greenland.

spørsmålet om kirkens avgrensning i forhold til kongemakten. Men også forholdet til pavemakten tas opp. Etter 1305 ga pavene avkall på kravet om å være keiseren og kongenes overmann, i stedet ble all kraft satt inn i arbeidet for pavelig enevelde i kirken. Mange av de øvrige temakapitlene grupperer seg omkring disse to mer oversiktspregede kapitlene.

Nidarosbiskopenes posisjon hvilte bokstavelig talt på St. Olavs grav og på dyrkelsen av ham. Øystein Ekroll følger i kapittelet om Olsvasskrinets historie og kirkerommets utforming utviklingen fra den første kirken over helgenkongens grav og fram til de første tiåra etter reformasjonen. Særlig oppmerksomhet får Øystein Erlendssons archiepiskopat og byggingen av Oktogonen i de siste tiåra av århundret. Lars Boje Mortensen og Else Mundal gir en nærstudie av arbeidet med å legge det litterære og ideologiske fundamentet for olavskulten, blant annet ved samlingen og redigeringen av Hellig-Olavs helgenvita – «Passio Olavi». Således kaster de lys over erkesetets rolle som ideologisk verksted og sentrum for utviklingen av en norsk skriftkultur, hvor både latinen og gammelnorsken ble dyrket. På mange måter bidrar de til å oppvurdere trondheimsmiljøets betydning for den litterære utvikling i Norge, særlig i det første hundreåret etter opprettelsen av erkesetet. Samtidig med nedskrivningen av olavstradisjonen pågikk arbeidet med den såkalte «Ordoboka» (gno. Orðubók eller latin Ordo Nidrosiensis Ecclesiae), som trolig ble sluttført rundt 1200, og som i løpet av det følgende hundreåret skulle bli normgivende for gudstjenestelivet over det meste av Nidarosprovinsen. Martin Syretts bidrag om innskriftene med latinske bokstaver i Trondheim føyer ytterligere fasetter til bildet av stiftstaden som skriftkulturelt sentrum. Alt dette – skrinet, kirkerommet, liturgien og litteraturen – var viktige sider ved reformen og skulle tjene til å sikre erkestolens posisjon i bispedømme og kirkeprovins.

På tilsvarende måte danner Audun Dybdahls kapittel om erkesetets økonomi, Lars Ivar Hansens om kannikegjeldet Trondenes, Jan Brendalsmos om sognedannelsen og steinkirkene, Anne Marit Hamres om visitasen et knippe kapitler som først og fremst utfyller perioden etter ca. 1270, selv om de også på viktige punkter knytter forbindelse bakover i tid. Noen kapitler løper imidlertid langs hele tidsaksen fra ca. 1100 til slutten av middelalderen. Det gjelder i første rekke Barbara Crawfords, Brian Smiths, Jón Viðar Sigurðssons og Alex Woolfs bidrag om bispedømmene vest i havet, hvor for første gang forholdet mellom erkesetet og de oversjøiske bispedømmene tas opp til systematisk drøfting. Norsk historikere har med få unntak (Munch, Kolsrud og Johnsen) stort sett snudd ryggen til de oversjøiske områdene etter ca. 1100, og dermed gjort høymiddelalderens Norge mer nasjonalt homogent enn nødvendig. Samtidig vitner nettopp disse områdene om det etniske, sosiale og politiske mangfoldet innenfor Nidarosprovinsen med det skottifiserte jarledømmet og de føydale strukturene på Orknøyene, kongedømmet på Man og øyene med sin blandede norrøn-keltiske befolkning og kompliserte strategiske plassering mellom England, Skottland, Irland og Norge, og endelig det tradisjonalistiske og aristokratiske bondesamfunnet på Island som ytterpunkter, for ikke å snakke om Grønland med noen hundre familier opp mot isødet. Når det gjelder erkediakonatet på Shetland, som Smith behandler, har vi en interessant parallell til dekanatet i Trondheim og kannikegjeldet Trondenes. Også erkedekanen på Shetland var førstemann i sitt domkapitel (Kirkwall på Orknøyene), han ble flittig brukt både av kongemakt og kirkeledelse, og til embetet lå det et meget betydelig og interessant og rikt jordegods. Samtidig markerer det egne erkediakonatet på Shetland arkipelagets særstilling etter at øyene i 1195 ble skilt fra jarledømmet på Orknøyene.

Det er mange spørsmål vi ikke har hatt anledning til å ta opp, og viktige perioder som er dårlig dekket. F. eks. har Nidaros domkapitel fått for liten oppmerksomhet. Riktignok bøter Hansens bidrag noe på dette. Men han ser først og fremst domkapitlet i Trondheim fra periferien. Domkapitlet skulle komme til å spille en hovedrolle i utviklingen av bispedømmestyret fra de siste tiåra av 1200-tallet og ut gjennom seinmiddelalderen. Her gjenstår enda mye forskning. Heldigvis har Lars Hamre etterlatt seg en rekke upubliserte arbeider som dekker utgangen av høymiddelalderen og seinmiddelalderen, deriblant en inngående studie av striden mellom domkapitlet i Nidaros og erkebiskopen i 1290-åra, som vi publiserer her. Denne striden munnet ut i det såkalte Tautraforliket fra 1297, som skulle danne grunnlaget for forholdet mellom domkapitel og erkebiskop i seinmiddelalderen. Det var for øvrig domkapitlet som lengst skulle holde skansen i forsvaret av kirken. Under ledelse av dekanen Knut Pederssøn og med 100 velutrustede krigsmenn til rådighet utholdt kapitlet en måneds beleiring på erkebiskopens borg Steinvikholmen. Da Christians IIIs tropper den 29. mai i 1537 kunne marsjere inn i festningen, hadde erkebiskop Olav Engelbrektsson for lengst rømt landet.

Perioden 1450 – 1537 er alt for dårlig dekket. Dette var tida da erlebiskopen sto fram som rikets førstemann, og folket flokket seg om St. Olav som verner av lov og rett. Heldigvis har arkeologene kommet oss til unnsetning. Sæbjørg Walaker Nordeide tar oss gjennom sin vandring i bispegårdsanlegget i Trondheim helt fram i forskningsfronten. Tor Sæther gir oss en tilsvarende gjennomgang av bispegårdsanlegget i Hamar. Walaker Nordeide får fram erkebiskopens forvandling de siste femti åra før reformasjonen til en slags regional kirkefyrste med både verdslig og geistlig makt. Alt i erkebiskop Gaute Ivarssons tid (1475–1510) ble erkebispegården ombygget for å kunne forsvares med kanoner, kuler og krutt. Og Olav Engelbrektsson fulgte i 1520-åra opp med å bygge en moderne festning på Steinvikholmen i Åsenfjorden (en arm av Trondheimsfjorden). Tilsvarende utviklingstrekk kan avleses av de materielle restene etter bispegården i Hamar. Også der fikk bispegårdsanlegget et klarere festningspreg etter 1450 samtidig som biskopene fikk økt verdslig makt. Vi skulle også gjerne hatt en egen studie av den erkebiskoppelige setesveininstitusjonen og erkebiskopenes forhold til den verdslige eliten i bispedømmet. Og endelig er det bare å beklage at vi ikke har fått med egne kapitler om bispedømmene på Færøyene og Grønland.

Vi har valgt å gruppere artiklene i fire temablokker: «Erkebispedømmet», «Bispedømmet», «Olavskulten og kultur-

Ruinene etter den ikke fullførte domkirken på Kirkjubø på Streymoy (ca. 1300), Færøyene. Hit kom den fem år gamle Sverre for å bli oppfostret hos farbroren Roe, som var biskop. Roe satte nevøen i prestelære, og det endte med at Sverre også ble viet til prest; men hans løpebane ble alt annet enn geistlig. Roes bror, Unas, som var kammaker i Bergen, var gift med Sverres mor Gunnhild, og Sverre gikk for å være Unas' sønn helt til han var blitt presteviet. Fra da av påsto han som kjent å være uektefødt sønn av kong Sigurd Munn. Sverre Sigurdsson ble stamfar til det dynastiet som styrte Norge fram til 1319. Foto: Nationalmuseet i København.

The ruins of the unfinished cathedral at Kirkjubø in Streymoy on the Faeroe Islands (about 1300). Bishop Roe's nephew Sverre spent his childhood here and was later ordained priest. At the age of 24 Sverre was told by his mother that his real father was King Sigurd Munn of Norway, and not Roe's brother Unas, the comb-maker. In 1176 Sverre went to Norway to claim the throne, and after the victory over King Magnus Erlingsson in the Battle of Fimreite in 1184, Sverre was accepted as lawful king of Norway even by Archbishop Øystein. Sverre's dynasty was to rule Norway until 1319.

senteret» og «Anleggene». Og det har falt naturlig å starte med erkebispesetet, selv om Nidaros bispedømme har en forhistorie tilbake til andre halvdel av 1000-tallet, og mest sannsynlig til Olav Kyrres tid (1067–93).

Noter

1 Sudrøyene og Mans eldste kirkelige historie er uklar, men områdene ble senest samlet til et bispedømme ved sudrøykongen Gudrød Crovans erobring av Man i 1079. (Kolsrud 1913b: 308.) Se ellers Alex Woolf nedenfor.

2 Kolsrud op.cit.: 308ff.

3 Ibid.: 284. Ifølge de islandske annalene skal Alf, som døde på Grønland i 1377 eller 1378, ha vært den siste biskopen som virkelig residerte der. I det hele tatt ser det ut til at bispesetet på Grønland faktisk har stått ubetjent i lange perioder også i høymiddelalderen. Fra 1123, da man regner at bispesetet på Gardar ble opprettet, og fram til 1377/78, skal det ifølge annalene ha vært residerende biskop der oppe i til sammen 106 av disse 255 årene (Arneborg 1991:145). Men kildesituasjonen tillater ingen endelige slutninger. Sikkert er det i alle fall at ennå i år 1408 har det vært opprettholdt et slags gudstjenesteliv på Grønland, da det det året ble feiret bryllup i Hvalsey kirke.

4 *NMD*: 26.

5 Riktignok tales det om «Norges (kirke)provins» (provincia Norvegiæ) i pave Anastasius' fundasjonsbrev fra 1154, og i Vilhelm av Sabinas erklæring fra 1247 vises det til «Norges rikes kirke» («ecclesia regni Norvegie»), men slike uttrykk er meget uvanlige, og det er liten grunn til å tro at pave Anastasius eller kardinal Vilhelm har forestilt seg Nidaroskirken som en slags norsk nasjonalkirke i moderne forstand. Uttrykkene her antyder først og fremst Nidarosprovinsens geografiske og geopolitiske tilknytning.

6 Beyer 1928:31.

7 Således sier Sverre Bagge «There is a strong tradition in Norway for studying the Church insofar as it was in conflict with the state or in other ways relevant to it.» William H. Hubbard et al. 1995: 124f.

8 «Skulu tvæir biskopar með firir sagdum fiorom monnum hafa gøymslu ifir krununnar gulli oc sylfri. þui sem eftir er konongen með priuilegiis. hafe biskopar annan lykil þar til en annan hinir [...] Fehyrdir sa er var i þeim tima er konongr fell fra skal iamnan vera hin same. þar til er konongr sialfar kømar till aldars nema han sanprouezst adar i einum huarium lut brotlegar sva at han mege eigi uera oc skal han gera fulla teikningh firir anefndom tolf monnum a huarium manadom i þen tima er þeir komo saman. En viij af firir sagdum tolf rikis stiornar monnum. þeir sem ei ero iamnan innan gardz skulu koma til samtals vidar hina fiora oc fyrsagda tva biskopa i anefnfdom stad oc tima eit sinni a hvarium tolf manadom uttan oftar þickizt uidar þurfa at hugleida oc rada vm alla rikisens stiorn oc naudsyniar bede innan landz oc uttan. *NMD*: 230–33.

9 *Ngl* IV: 364ff., 367f. Se ellers Bagge 1976: 92–122.

10 Bagge 1970 og Hamre 1970a.

11 Charles Joys 1955: 351ff. Se Hamre nedenfor s. 18ff.

12 *NgL* III: 230–306.

13 Hildonen 1977 og Tryti 1987.
14 Hamre 1998: 276f.
15 Haug, Eldbjørg 1996. Ingesman 2000, Imsen 1982.
16 Bjørkvik 1996: 61ff.
17 Se L.I. Hansen nedenfor s. 267f.
18 Imsen 1991.
19 Rørdam 1873: 143–99. Se også J.L.A. Kolderup-Rosenvinge 1824: 160–66.
20 En tilsvarende erklæring ble utstedt av byrådet i Malmø den 24. august
21 Imsen 1982:5f.
22 Johnsen, A.O. 1947, jfr. samme 1948: 21–30.
23 Schøning 1762.
24 København 1738 (ny utgave samme sted 1930, se også L. Holbergs *Dannemarks Riges Historie* 1–3 1732–35 og hans Dannemarks og Norges geistlige og verdslige Staat, eller *Beskrivelse nu anden Gang forandret efter nærværende Tiders Tilstand*, 1762). Se ellers F. Bull 1913: 106ff., jfr. samme 1958: 346f.
25 Keyser 1856: 246.
26 Keyser 1858: 692f.
27 Første utgave 1845–47, endelig utgave 1856.
28 *Norsk biografisk leksikon* 3: (1926): 179.
29 Daae 1897a.
30 Daae 1897b: 15.
31 Daae 1863.
32 *HT* 11. årgang. 1890. Se ellers register til *HT* 1871–1995, Oslo 1996.
33 Johnsen, A.O. 1948:. 44f.
34 Munch 1876.
35 Bang 1887.
36 Op. cit:.94.
37 Dahl 1970: 160 og 162f.
38 Johnsen, A.O. 1948: 47.
39 Molland 1979: 316
40 *Norsk biografisk leksikon* 2 (2000): 67.
41 *TTK* 1943: 144.
42 Holm-Olsen 1981: 156ff. Se ellers Fr. Paasche 1948. I tillegg til doktoravhandlingen *Kristendom og Kvad* og *Lilja* rommer boka en rekke mindre arbeider med beslektede temaer.
43 Kolsrud hadde alt i sin anmeldelse «Kirke og folk i middelalderen» (*NTT* 1913) av Bulls avhandling gitt uttrykk for beslektede synspunkter. Se også Ingun Montgomery og Dag Thorkildsen 2000: 57f.
44 Kolsrud 1917. Jfr. samme i *Kirkehistoriske Samlinger* 6. r. bd. 2. Se også Molland 1945.
45 Kolsrud 1937.
46 Eksempelvis Kolsrud 1925, 1937–40, 1943–46 og 1962.
47 *NTT* 1943:. 22–58, 172–92, 239–47, *TTK* 1943:. 133–44. Se ellers J.A. Seip 1983, Lars Johan Berge 1994 og Thor Halvor Hovland 1997.
48 Se også I. Montgomery og D. Thorkildsen 2000.
49 A. Seierstad 1965.
50 Taranger 1915–17, 1902, 1910, 1911, 1927, 1928.
51 Oluf Kolsrud og Helge Fæhn 1962, Gjerløw 1968 og 1979.
52 Johnsen 1948: 43.
53 Holtzmann 1938; Fredrik Paasche 1933.
54 Vandvik 1959. Se også samme 1962.
55 Kolsrud 1937–40 og 1943–46.
56 Disse dokumentene er i dag i British Library, men med uendret arkivsignatur.
57 Skånland 1969: 176f.
58 Odd Sandaaker1988, jfr. Hamres opposisjon mot Vegard Skånland (1971b). I *NMD* har utgiverne helgardert ved å datere dokumentet til [1152–1180], men de har samtidig plassert det etter Magnus Erlingssons privilegiebrev, som dateres til [1163–77].
59 Gunnes 1996: 13 og 250ff.
60 Helle 1974: 57–69 hvor det meste av den aktuelle litteraturen gjennomgås.
61 *HT* bd. 43.
62 Bagge 1995: 126.
63 Koht 1921: 271,
64 Seip 1942: 6f.
65 *HT* bd. 35 (1949–51): 195–209, se også det følgende ordskiftet ibid.: 499–512 og 512–14.
66 *HT* bd. 35 (1949–51): 207. Det var mager trøst for Johnsen å kunne fastslå at: «Direkte morsomt virker det når Seip bebreider meg for å isolere det valgte emne fra den omgivne sammenheng. Jeg kjenner ingen norsk historiker som har drevet det lenger i denne retning enn nettopp J.A. Seip. Det gjelder hver og en av de tre bøker vi hittil ha fått fra hans hånd. I sin doktoravhandling ser han f. eks. utviklingen av den kirkelige jurisdiksjon i Norge så å si helt isolert ikke bare fra den européiske, men også fra den nordiske sammenhengen. Avhandlingen har sier og skriver én eneste henvisning til Corpus juris canonici. De store konsilhistorieverkene, Jaffé - Loewenfeld, Potthast og de forskjellige pavelige diplomsamlinger er verken nyttet eller nevnt i den samme gradualavhandling. Selv de bevarte canones som undertegnede senere har tidfestet til riksmøtet i Nidaros 1153, har Seip ikke nevnt med et ord i sitt akademiske arbeid og det til tross for at de var utgitt tidligere.» Ibid.: 504
67 Ibid.: 209.
68 *HT* bd. 32.
69 Seip 1934, 1953, 1964. Ellers har Seip skrevet en rekke artikler om kirkehistoriske forhold i middelalderen: Seip 1940b, 1941, 1946.
70 H. Koht 1916, Gunnes 1970, jfr. Bagge 1981, Se ellers litteratur anført under Eldbjørg Haugs bidrag nedenfor, samt Anne Marit Hamre 1978 og Anne Irene Riisøy 2000.
71 Bagge 1996: 60.
72 *Biskop og konge. Bispevalg i Norge 1000–1350.*
73 *Provincia Nidrosiensis i dronning Margretes unions- og maktpolitikk.*
74 Se også Grethe Authén Blom 1997.
75 Hamre 1968a, 1971a og 1998.
76 Se ellers Lars Hamre i bibliografien bak..
77 Blom 1997.
78 Gunnes, Erik, se under bibliografien bak.
79 Bagge, se under bibliografien bak.
80 Thor Åge Bergan 1972, Einar Mæsel 1974, Olav Skogrand 1976, Karl-Arvid Hildonen 1977, Anne Marit Hamre 1978, Arne Johnsen Hegna 1979, Ola H. Åmodt 1981, Sigrunn Kvamme 1981, Elisabeth Seip 1984, Anna Elisa Tryti 1987, Jan Erik Ringstad 1994, Jon Anders Risvaag 1995, Aud-Jorunn Sandal 1996, Hege Roaldset 1996, Inger-Johanne Ullern 1997, Bente Lavold 1997, Hilde Inntjore 1998, Kjetil Haaland: 1998, Anne Irene Riisøy 2000. Christian Lykke 2000.
81 To av bidragsyterne i vår bok, Audun Dybdahl og Lars Ivar Hansen, hører begge hjemme i denne tradisjonen og deltok i 1970-åra på det nordiske ødegårdsprosjektet. Det må nevnes at Dybdahl som den første norske historiker etter Ludvig Daae også har skrevet ei bok om helgendyrkelsen i Norge (1999).
82 Ludvig Holm-Olsen 1981.
83 H.E. Schirmer 1885.
84 Astås 1991, se ellers samme: 1993, 1990 og 1987.
85 Se eksempelvis Jan Schumacher 1993.
86 Torstein Jørgensen og Gastone Saletnich 1999.
87 Anne Lidén 1999. Se ellers litteratur anført der.
88 Inger Ekrem et al.: 2000, Else Mundal 1995a og b. Se for øvrig G. Storm 1880.
89 Den kunsthistoriske litteraturen og likeså den bygningshistoriske er alt for omfattende til at jeg har følt meg skikket til å omtale den her.
90 Arne Fjellbu 1955, Gerhard Fischer 1965, Trygve Lysaker 1973 og 1987.

Summary

One of the most significant events in Norwegian history during the Middle Ages was the establishment of an archbishop's see in Nidaros (Trondheim) in 1152 or 1153. The exact date of this event is disputed and there is still no basis by which we can claim that the one date is more accurate than the other.

Until the end of the Middle Ages, Nidaros remained the centre of a church province stretching from the Kola peninsula and Greenland in the north to the Isle of Man and the River Gøta in the south. The history of this province ended in 1537 when the Danish king Christian III conquered the kingdom of Norway and abolished both the Church and the archbishop's see. At that time, the two bishoprics on the British Isles – Sodor (the Hebrides and the Isle of Man) and the Orkney Islands (including Shetland) – had already been transferred from the obedience of the Nidaros bishop to the archbishop's see of St Andrews in Scotland, which was established in 1472. When it comes to the Isle of Man and the Hebrides, the breach with Nidaros had been anticipated as early as in 1349, when Pope Clement VI gave the bishop exemption from his obligation to visit Nidaros once during his term of office, and from the 1380s the bishopric of Sodor was divided in two. Also in the early phase, the connection between Nidaros and the bishopric on the Isle of Man and the Hebrides had been rather weak. Right up until the 1220s, the metropolitan authority of the archbishops in Trondheim over Man and the isles was contested by Furness Abbey in Cumbria and the archbishops of York.

On Greenland and the bishopric Gardar, which according to Oluf Kolsrud got its first bishop in 1112 or 1113, there had not been a bishop since the beginning of the 15th century, when the Archbishop Eskill sent Anders there to assume the position. Also the bishoprics on Iceland were increasingly left to themselves in the late medieval period. This is particularly true in the century following the Black Death (approximately 1350–1450), when the ties to Nidaros were almost completely severed. In this period, the bishops at Skålholt and Holar were directly appointed by the Pope, regardless of the views of the Archbishop and the chapter in Trondheim, and neither Icelandic people nor Norwegians were selected. Several of the foreigners chosen by the Vatican never visited their bishoprics located in the northern mist or, if they ventured that far, spent only short periods there. Consequently, many of the Icelandic bishoprics were left unoccupied or administered by substitutes. Even if the connection with Nidaros was re-established after 1450, the Icelandic Church became increasingly more subject to local influence towards the end of the Middle Ages. In his contribution, Jón Viðar Sigurðsson shows that the Icelandic bishoprics after 1460 basically were occupied by Icelandic people, often following elections at local parish meetings. The Icelandic people were able to resist Lutheranism and church revolution two decades after the fall of the Nidaros archbishopric. Just as the Church on Iceland became more Icelandic in the Late Middle Ages, the Church on the islands off the coast of Scotland became susceptible to Scottish cultural influence. Barbara Crawford shows that this process was well under way as early as the mid 14th century, even if the church leaders in Nidaros had been largely in control of the Church administration until then. On the islands west of Scotland it is dubious whether the Church ever could be considered Norwegian in a national sense. Instead we can see the early development of a mixed Norse-Celtic culture.

Otherwise, none of the bishoprics on Iceland, the Faeroe Islands, Greenland and the Hebrides-Isle of Man had their own chapters, and in the 13th century it became customary that the chapter in Trondheim elected bishops for the bishoprics in the Norse Sea, something which in the case of the Faeroe Islands created a dispute between the Church leaders in Nidaros and Bergen. The ecclesiastical leaders in Bergen argued that they had the right to elect the bishop of Kirkjubø. The electoral right of the Nidaros chapter was confirmed in connection with the Tautra settlement in 1297.

In some respects, the Nidaros province became more Norwegian in the Late Middle Ages. This must be considered in light of the fact that the Church took over much of the "national" role of the monarchy following the integration of the Norwegian monarchy into the Danish-Norwegian dual monarchy in 1380 and the common Nordic union of three countries – a development that run parallel to the shrinking of the Nidaros province. Besides, the higher positions in the Norwegian Church hierarchy tended to be occupied by Norwegians during the late medieval period. The people recruited to these positions usually came from a rural elite of wealthy farmers and lower nobility, a social layer commonly referred to as "knapeadel", corresponding to the English yeomanry-gentry. As indicated the bishoprics and canonries outside the Norwegian mainland were occupied by foreigners. The social development within the Norwegian Church leadership appears to be in stark contrast to what took place within the state administration of the country, where a small exclusive clique among the higher nobility of mixed Norwegian-Danish-Swedish origin monopolized the most important positions.

While the Norwegian kingdom in the Middle Ages follows a classical pattern of rise and fall, with its apex in the decades around 1300, the history of the Church had a somewhat deviant curve. The time from the establishment of the archbishop's see and until approximately 1220 is marked by growth, in spite of temporary setbacks during the reign of King Sverre in the 1180s and 1190s. In particular, the archiepiscopate of Øystein Erlandsson (1161–1188) could be considered as a kind of golden age, during which the Church extended its influence into an increasingly number of fields: politics, society and cultural life. Sverre Bagge characterizes the second half of the 12th century as the heroic period of the Norwegian Church. During the reign of Håkon Håkonsson (1217–1263) the curve levelled off. The kingdom regained some of its strength during Håkon's rule. This was particularly evident in connection with King Håkon's coronation in 1247. On the other hand, the Church was also able to consolidate its position in society throughout the 13th century, the economy improved, large and magnificent churches were constructed and the Archbishop's authority stretched out to the most extreme outskirts of the province. It has been discussed whether the Church was also able to strengthen its legal position in the 13th century and the extent of the ecclesiastical jurisdiction has been central in this debate.

Another peak was reached in the 1270s with the signing of the concordat between King Magnus Håkonsson, nicknamed "law mender", and the Archbishop Jon Raude in 1277. On paper the Church never achieved more than what was included in the so-called "composition" (ON: sættargerð), i.e. settlement, of Tønsberg, but how things were in reality is still debated, also in this book. The fall occurred abruptly with the king's death in 1280 and became even more pronounced with the exile of the Archbishop and the cancellation of the agreement. The high nobility guardianship of Erik Magnusson (1280–1299) would not accept the level of privileges admitted to the Church and in the name of the monarchy launched a ferocious attack on Archbishop Jon Raude (1268–1282). During the reign of Håkon V (1299–1319) much of the situation prior to 1277 was re-imposed, though the king did his best to keep a balance of power between the Church and the aristocracy. This manifests itself in among other things the provisions concerning guardianship issued by Håkon V in 1302 in which it was decided that two bishops along with a group of three prominent figures and the chancellor should have the "gold and silver of the Crown in their care". The two bishops were even supposed to keep their own keys to the national treasury and join their guardianship to control the treasurer's administration and records. They were to be regularly called upon "to consider and debate issues relating to the administration and requirements of the country".

The establishment of the royal chaplaincy as its own corporation directly subject to papal authority in 1308 was probably the most problematic event for the leaders of the Church. The chaplaincy was granted the same independent status as the mendicant orders, the Franciscans and the Dominicans, which to the annoyance of the bishops were allowed to carry out their own spiritual guidance besides the regular Church organization. In reality, the decision of 1308 meant that the royal chaplaincy would be subject to the king's authority and that its representatives would gain a position almost equal to that of the bishops. After complaints to the curia and hearings in the papal high court (Sacra Romana Rota) the original exempted status of the chaplaincy was adjusted in 1311, which meant that the royal clerks were in principle put under the supervisory authority of the bishops, albeit with certain privileges. In the coming two decades it would still prove to be a major problem for the Church leadership to relate to the royal chaplaincy and its rather unclear position in the Church hierarchy.

The period around 1300 is also marked by mounting tension between the bishops and the increasingly more self-confident members of the chapter. Their disagreement evolved into open conflict at the archbishop's see during the 1290s. The result was that through the so-called Tautra settlement, Archbishop Jørund (1288–1309) in 1297 had to admit that the chapter had the right to participate in the management of the Church, and the influence of the chapter increased rather than diminished in the years to come.

Otherwise, the period 1320–1350 can be seen as a third climax in the history of the Nidaros province. It was in these years that the late medieval Church assumed its final shape in Norway. The Norwegian episcopate included a number of able men. Many of the bishops of the time were learned in the law. The contact between Norwegian church leaders, the curia and European universities and centres of learning was close. The metropolitan power was still unshaken. Frequent provincial councils were held and a number of provincial statutes from 1280 to 1351, most of them dating from the 1320s, have been preserved until today. At this time the archbishops still reached out to the most distant bishoprics, which is proved by not only the availability of provincial statutes and other letters issued by the archbishop – for instance on Iceland – but also by the archbishop's direct interventions into local conflicts, for instance on the Orkney Islands. The century before 1350 also experienced increasing public support for the Church and Church life, reflected by the large amount of donations for the soul.

The late medieval history of the Norwegian church is ambivalent. As far as the church province is concerned, there are clear tendencies towards disintegration. After 1350, the connection between the leadership of the Nidaros province and the bishoprics in the western parts of the ocean became weaker. When it comes to the bishoprics to the north and west of Scotland, the links were all but severed, even if the duty of loyalty to Nidaros was maintained in principle. This is due to a combination of different circumstances related to both papal policy, the policy of the union of Nordic monarchies and domestic problems following in the wake of the general social and economic crisis caused by the Black Death in 1349–1350. As mentioned, the Pope now to an increasing degree appointed the English, Scots, Germans, Dutch, Swedes and Danes to serve as bishops in the Norwegian bishoprics overseas.

The situation was not made easier for the Church in the Norse bishoprics outside Scotland following the schism in 1378, when the Norwegians chose to recognize the obedience of the Pope in Rome, while the Scots established links to Avignon. As mentioned, this ended in the bishoprics on the Orkney Islands and the Hebrides being transferred to the new archbishopric in St Andrews, an event which the leaders of the Nidaros province were not informed about. Man on the other hand, preferred to stay under the obedience of Rome, and was oriented towards the ecclesiastical hierarchy of England where it ended up as a bishopric under the Archbishop of Canterbury. On the whole, the papal policy of centralization seriously challenged the authority of the Nidaros archbishop during the second half of the 14th century and the first decades of the 15th century. Even after the people of Greenland were left to themselves around 1400, bishops were frequently appointed to the bishopric Gardar, the last of whom was consecrated as late as 1520. Most of these titular Greenland bishops were foreigners. Some of them resided in Norway and Denmark, where they worked as substitute bishops or carried out various commissions on behalf of the Church and the monarchy, for instance on the

Faeroe Islands and the Orkney Islands. But we also find Greenland bishops in papal service in other parts of Europe.

On the other hand, the Church reinforced its position in Norway in the Late Middle Ages, in a political sense. Prior to 1350, the Norwegian bishops were drawn directly into national politics through their membership of the Council of the Realm, but also through positions as royal officers, ombudsmen and delegates. Two bishops also occupied the chancellor's office in the first half of the 15th century and several royal clerks advanced to high positions within the Church hierarchy. The Norwegian historian Johan Schreiner claims that the bishops were admitted to the Council in 1331, but this date has been disputed, and we have seen that Håkon V had already planned to give them an important controlling function in relation to the guardianship in 1302. After 1380, the role of the bishops in national politics became even more significant and in the second half of the 15th century the archbishops appear as chairmen of the Council of the Realm as well as national administrators during the interregnum.

The earlier confrontation between the Church and monarchy gave way to a period of cooperation as the 14th century unfolded. The close ties between the union monarchy and the curia during the reign of Queen Margaret and Eric of Pomerania (c. 1380 to c. 1435) involved both advantages and drawbacks for the Norwegian provincial leadership. The authority of this leadership was threatened by the papal policy of centralization. Although it is clear that the Church benefited financially from the union monarchy and a number of the leading men within the Church owed their positions to the king and queen. Both during the time of Archbishop Vinald Henriksson (1387–1402) and his successor Eskill (1404–1428) the relationship between the Church and the union leadership remained close and peaceful. At the same time, the danger existed that the Church would develop into a subordinate corporation in relation to the monarchy. There was also the fear that the autonomy of the Church would become illusory, squeezed as it was between the royal power and the papal authority. Political and clerical opposition combined to resist papal centralization and the church politics of the union monarchy in the 1430s.

The last hundred years of the history of the archbishopric became the fourth peak and could well be compared to the "heroic" half century after 1153, even if none of the late medieval bishops gained a position equal to that of Øystein Erlendsson, with the possible exception of Aslak Bolt. After 1430, he restored the metropolitan authority and the autonomy of the Church, put the archbishopric's finances in order and more clearly defined the borders towards the royal power. The shift in Norwegian Church politics in the 1430s took place in a period of increasing conflicts within the Nordic Union, growing social tension, antagonism between the common man and the royal representatives and international church conflict. The council of Basel in 1432, which Pope Martin V had been forced to convene, even though he never witnessed it, energetically undertook to reform both the head and limbs of the Church, as it was described. They started with the head, that is Church leadership. A number of reforms aimed at strengthening the power of the bishops and limiting the papal power were agreed upon in 1432 and 1433. The time could not have been riper for a reform-oriented Norwegian bishop and Aslak Bolt set out to implement the decisions made by the Council.

As a consequence of the strengthened position of the Church and the king's demands for the support of the Church for his union policy and plans for the order of succession, the concordat from 1277 was confirmed in 1458 by King Christian I and given to the Church as a royal privilege. Similar confirmations took place upon the accession of the new kings in 1483 and 1513. Until the defeat in 1537, the archbishop and Church in most cases stood firm, in spite of some setbacks, the most serious of which occurred in the first years of Christian I's reign as Norwegian king and subsequently under Christian II (Norwegian Viceroy in 1506–11, King of Denmark and Norway in 1513–23). But compared to the situation in Denmark, where the subordination of the Church to the monarchy marks ecclesiastical history all the way from the time of Valdemar Atterdag (1340–75) up to the Reformation (1536), and where the signs of disintegration were apparent in the early 1520s, the Norwegian Church maintained a strong position, both in relation to the royal power and the population in general.

In several respects, the history of the archbishopric could be considered a success, at least in a Norwegian context. There were no substantial setbacks after 1152–1153. The Church organization grew continually in the mid-medieval period and the financial situation improved. The Church also escaped the crises after 1350 relatively unscathed and the archbishops restructured the finances and organization successfully from the 1430s. The financial resources of the Church were significantly greater than those of the monarchy. According to Hallvard Bjørkvik the Church collected 80 % of the country's revenue already before 1350, while the share of the monarchy was 20 %. Bjørkvik assumes that the Church in relative terms strengthened its financial position compared to the monarchy in the late medieval period. He claims that the Church in the middle of the late medieval period owned approximately 40 % of the country's farms measured in rents against 48 % right before the Reformation, and that this basically benefited the central Church estates, the bishops' see and the chapters.

Growing popular support for the Church and its teachings was apparent from the 12th century. How religious the Norwegians really were cannot be known for sure and is a completely impossible issue to resolve, even though some Norwegian historians and philologists have spent years of their professional lives debating this issue. The Church and its practice were universally accepted and became deeply entrenched in Norwegian society, and, as mentioned, there are many indications of increasing religious devotion among ordinary people in the 13th century. We are not familiar with any Norwegian heretics from the medieval period and any sympathy for the Lutheran teaching is hard to detect. However, remnants of Catholic practice lived on among the rural population long after the Reformation. It is also difficult to trace the spiritual and moral decadence which has been discovered among continental clerics at the end of the medieval period, and which the Lutheran tradition in particular has made a lot of noise about. (The cases in question almost exclusively apply to foreign clerics in Norwegian monasteries, especially the Danes.) Anti-clericalism seemed to be a negligible phenomenon in the Norwegian society.

The fall of the Norwegian Church in 1537 also meant that Norway ceased to exist as a sovereign nation. Until 1814, Norway remained under Danish rule. This is the greatest catastrophe in our national history. The fall of the Church has not been mourned as much as the loss of national sovereignty. Some of the reasons for this are probably the success of the Lutheran project carried out by the Danish authorities. Already during the national assembly held in Copenhagen in the autumn of 1536, which was to approve the new order and elect Christian of Schleswig-Holstein as king, an official interpretation of the events of the previous years was given which not corresponded to the true facts. The bishops were made scapegoats and blamed for the three-year long civil war, and the king even claimed that the bishop's office itself was a threat to the State and any sound societal organization. Subsequently, the Church had to be abolished.

This understanding of the medieval Church, clearly conditioned as it was by political and confessional interests, remained undisputed until the end of the 19th century. It could also be noted that the softening of the confessional positions after the turn of the century and the general secularization throughout the 20th century have not been accompanied by a greater interest in pre-Reformation Church history among our theological scholars. One major exception is Professor Oluf Kolsrud, who in the 1920s and 1930s made significant contributions to the study of Church history, not least by publishing a lot of original documents from the early phase of our ecclesiastical history and a complete record of all bishops in the Church of Nidaros. In addition, some representatives of the Church entertained a certain veneration to our Catholic past, among them Professor Kolsrud. The anniversary in 1930 commemorating the martyrdom of the national saint Olav Haraldsson at the Battle Stiklestad in 1030, to some extent signifies the most important single expression of these tendencies among Norwegian clerics and religious people in general.

Instead of the theologians it was the university historians, many of them declared Marxists and almost all of them possessing a materialist view of history, who dominated research in Church history before 1537. While the 19th century historians had considered the medieval Church to be a non-national institution in opposition to the national State, the 20th century historians would be more inclined to claim that the Church and monarchy strove to promote the same objective – to build Norwegian society according to a European pattern – and that the activities of the Church helped to promote the interests of the State more than undermining them. Some even saw the Church and the State as tools for the country's financial and political elites, and that the conflict between these institutions should be understood as mere ripples on the surface. One of the most influential Norwegian historians of the 20th century, Halvdan Koht, claimed that the Church could gain without the State simultaneously losing. In other words, power and material conditions, institutions and economics have been the focus of the historians, even if one of them (Edvard Bull) initiated a debate about the extent to which the teachings of the Church and Christianity had managed to penetrate the traditional Norwegian peasant community before 1537. This discussion is still not ended.

A more idealistically oriented view can also be discerned, most notably among literary scholars and idea historians, who have primarily been concerned with the cultural significance of the Church, and therefore concentrated their research on Christian literature and art, as well as important historical ecclesiastical documents. In other words, their focus has been on the cultural situation of the social elites, and several of them were attracted to Catholicism before the war, some of them even converting. We can also establish clear links between this group of academics and some Norwegian authors in the inter-war period. The novels of Nobel Literature Prize laureate Sigrid Undset were strongly influenced by the historian of ideas Fredrik Paasche. She also chose Catholicism.

For the last three decades, the disintegration of old conflicting positions has become noticeable. During the 1970s, a Catholic and former Dominican priest was even appointed professor in medieval history at the University of Oslo. The conflict between materialists and idealists is no longer as prevalent as earlier and we can witness an increasing inter-disciplinary interest for medieval Christianity and the civilizing role of the Church in Norwegian society in the Middle Ages.

This book will focus on the leaders of the Church in Trondheim and in particular the relationship between the archbishop and the church province and between the Nidaros bishop and his own bishopric. Most contributions are based on the centre-periphery perspective, for instance, Lars Ivar Hansen, looks at the archbishopric's most important northern outpost, the canonry Trondenes. It bordered on the world of Greek-orthodox Christianity and was a missionary field as well. Being the only collegial church in northern Norway, the Trondenes Church was in itself the most important spiritual centre in the region. At the same time the canonicity belonged to the periphery of the bishopric and was ruled by the archbishop and chapter in Trondheim. From the early 15th century it was given as a benefice to the dean of Trondheim who received a significant portion of his income from it. After 1546, the benefice of Trondenes was left to the Lutheran superintendent or bishop, as the royal supervisor was gradually known.

The centre-periphery perspective is also present in the contribution by Per Storemyr. He considers the craftsmanship and technical skills related to the major construction works in Trondheim, and shows how these were adapted and further developed in the local and regional contexts. Jan Brendalsmo, who follows the creation of a parochial system in Trøndelag from the 11th century and until the late medieval period, is concerned with the relationship between the church leadership in Trondheim and the rural communities in the countryside, and especially the situation for the main churches – the so-called 'fylkes churches', built and endowed by the king, but after 1150s were placed under episcopal supervision. The role of the private churches of the region's local magnates is a central issue as well. The chapter written by Anne Marit Hamre concerning the bishop's visitation deals with the relationship between the centre and periphery too, both at the level of bishoprics and province, and Audun Dybdahl looks at the financial resources of the archbishop, primarily within his own diocese. The centre-periphery dimension is also important in Sverre Bagge's contribution. Here, the archbishop's see is portrayed as a centre and a periphery; the former in relation to the bishopric and church province and the latter in relation to the leaders of the Church in Rome. The archbishop's see should rightly be considered the most important recipient and intermediary with regard to external cultural impulses, and beside the monarchic power the Church leadership was most important institution in the process of making Norway a "modern" European society. *Consequently, our main topic will be the multifaceted central role of the archbishop's see, and we will consider the ecclesiastical, political, cultural and economic aspects of this role.*

Our aim has not been to present the history of the Nidaros province and the archbishop's see from the beginning to the end. This was done in a book marking the 800th anniversary of the Nidaros province (1955), which is still a central work in the field of Norwegian church history. Our objective has been to highlight crucial issues related to the history of the archbishop's see and the Nidaros province. Since our book is more oriented towards central issues than the former jubilee book, it is thus more thematically structured. The chronology of our book is subsequently less rigid than the large historical narrative from 1955. The main points in our chronology are first and foremost the period from the mid 12th century to the beginning of the 13th century, which can be seen as the time of establishment and consolidation. After that, we reach the period c. 1270 to 1450. During this time the archbishop's see and the Church leadership developed into a political factor of power, and after 1380 increasingly came to fill the social position earlier held by the "national" monarchy. The decades following 1270 were also a time of fermentation in which the tradition of Øystein Erlendsson and the first intensive period of reform were confronted by the domestic strengthening of the State as well as papal authorities striving to impose complete control of the Church.

The contributions by Sverre Bagge and Eldbjørg Haug can be read as introductions to Church history of the middle and late medieval periods, respectively. Bagge's main topic centres on the reforms carried out by Archbishop Øystein and his successor Eirik Ivarsson within the Norwegian Church. Haug mainly pays attention to the state formation process within the Church and the issue of demarcation between the authority of the secular and spiritual powers. The relationship to the papal authorities is also brought into focus.

Several of the other thematic chapters are grouped according to these two key chapters. The position of the Nidaros bishops literally rested on the grave of St Olav and his cult. In the chapter about the history of Olav's shrine and the shaping of the Church, Øystein Ekroll follows the development from the first church, which was raised on the grave of the canonized king, to the first decades after the Reformation. Particular attention is paid to the archiepiscopat of Øystein Erlendsson and the construction of the Octagon in the last decades of the century. Lars Boje Mortensen and Else Mundal present a study of the process in which the literary and ideological basis for the cult of St Olav was created, and among other things describe the compilation and drafting of St Olav's life story – "Passio Olavi". In this way, they highlight the role of the archbishop's see as an ideological workshop and a centre of Norwegian literary production, where both the Latin and Norse languages were cultivated. At the same time, the work on the so-called "Ordobok" (ON: Orðubók, Latin: Ordo Nidrosiensis Ecclesiae) was in progress. The liturgical standard work was probably completed around 1200, and would be of normative importance to the church services in most parts of the Nidaros province. Martin Syrett's chapter concerning the Latin inscriptions in Trondheim reveals further details about the town's position as a literary and cultural centre. Here, the shrine, the church, the liturgy and the literature were important components of the reform and served to consolidate the position of the archbishop's see within the bishopric and the church province.

The contributions from Audun Dybdahl about the archbishop's finances, Lars Ivar Hansen's about the canonry Trondenes, Jan Brendalsmo's about the creation of the parishes and the stone churches, and Anne Marit Hamre's about the visitation, represent a part of the book that is primarily concerned with the period after 1270, even if their accounts in many points predate this. Some chapters cover even more extensive periods, starting in the 12th century and ending in the early modern period. This basically applies to the contributions from Barbara Crawford, Brian Smith, Jón Viðar Sigurðssons and Alex Woolf, which systematically analyse the relationship between the archbishop's see and the overseas bishoprics. In these chapters, we are impressed by the ethnic, social and political diversity within the Nidaros province, with the increasingly more Scotticized earldom of Orkney and its feudal structures and the traditional aristocratic peasant society on Iceland being the greatest contrasts. When it comes to the archdeacon on Shetland, which Smith considers, we find interesting parallels to the deaconry in Trondheim and the canonry in Trondenes. The archdeacon was also the highest ranking person in his chapter (Kirkwall on the Orkney Islands), and was frequently used by the monarchy and leaders in the Church and controlled a large and attractive landed estate.

There are still a number of issues that we did not have the opportunity to discuss and important historical periods are insufficiently covered. For instance the Nidaros chapter has not received the attention it deserves. Although the contribution from Hansen takes the chapter into account, it is mainly viewed from the periphery. The chapter was to play a crucial role in the bishopric from the last decades of the 13th century and throughout the late medieval period. A lot of research is still needed in this field. Fortunately, Lars Hamre (1912–1999) has left a large amount of unpublished work that covers the middle and late periods of the Middle Ages, including a detailed account of the struggle between the Nidaros chapter and the archbishop during the 1290s, which is reproduced in this book. This struggle resulted in the so-called Tautra settlement in 1297, which became the foundation on which the relationship between the chapter and the archbishop rested in the late medieval period. The chapter was also the most resilient institution in the fight to preserve the autonomy of the Church. Under the leadership of the dean Knut Pederssøn and with 100 armoured soldiers at its disposal, the canons endured a month-long siege at the archbishop's castle, Steinviksholmen. When the troops from King Christians III's army marched into the castle on 29 May 1537, Archbishop Olav Engelbrektsson had left the country well in advance.

The period from 1450 to 1537 has been neglected in many ways. During these years, the archbishop became the most prominent person in the country, and the people worshipped St Olav as the protector of the law. Archaeologists have luckily been concerned with this period. Sæbjørg Walaker Nordeide, who for years led the excavations at the Archbishop's Palace, guides us through this site of episcopal power and she documents that the archbishop's residence already at the time of Gaute Ivarsson (1475–1510) was reconstructed in order to be able to resist bullets and gunpowder. Olav Engelbrektsson continued to build a modern fort at Steinvikholmen in Åsenfjorden (an extension of the Trondheim fjord) during the 1520s. Tor Sæther gives us a similar account of the bishop's residence at Hamar (the Hamar bishopric's 850th anniversary runs parallel to the celebration of the establishment of the archbishop's see in Trondheim). He documents a similar development among the remnants of the Bishop's Palace at Hamar. Here, too the bishop's residence came to resemble a fort after 1450, at a time when the bishops wielded an increasing amount of secular power. Finally it is to be regretted that we were not able to include individual chapters dealing with the bishoprics on the Faeroe Islands and Greenland.

We have chosen to group the articles in four thematic categories: "The Archbishopric", "The Bishopric", "The Cult of St Olav and the Cultural Centre" and "The Constructions". It was only natural to start with the archbishop's see, even though the Nidaros bishopric has a history dating back to the second half of the 11th century, most probably to the reign of Olav Kyrre (1067–1093).

Erkebispedømmet

Her skal det hovedsakelig handle om provinsledelsen i Trondheim. Det vil si at vi skal konsentrere oss om forholdet mellom erkesetet og de underliggende bispedømmene, om forholdet mellom den norske kirkeledelsen og de politiske makthaverne innenfor provinsen – det vil helst si den norske kongemakten, skjønt det fantes både småkonger i Irskesjøen og jarler på Orknøyene, som man har måttet forholde seg til. Videre skal vi se på forholdet mellom erkebiskopen og den øverste kirkeledelsen, som for det meste av tida hadde sete i Roma, og i noen grad også erkebiskopenes forhold til samfunnet og samfunnsutviklingen i sin alminnelighet. Med andre ord, hvilken rolle kan den norske kirke sies å spilt i kristianiseringen av det norske samfunn?

Sverre Bagge sier at opprettelsen av Nidarosprovinsen nesten er å forstå som dannelsen av en nasjon, og han kan ha mye rett i det. Kirkeutviklingen etter 1152-53 danner på sett og vis en parallell til kongemaktens omdannelse til «stat» i høymiddelalderen. I denne prosessen var kirken først ute, og den ble mønsterdannende. Nidaroskirken hadde allerede samlet de fleste norrøne områdene under sin ledelse da kongemakten under Sverre Sigurdsson og hans etterfølgere gikk i gang med å bygge sitt Norgesvelde. I 1150-åra hadde eksempelvis ennå ikke det norske monarkiet full kontroll over det som skulle bli fastlands-Norge. Jemtland ble ikke norsk i politisk forstand før under kong Sverre, og kirkelig skulle dette landskapet bli lagt under det svenske erkebispedømmet, som ble opprettet i 1164 og fikk sete i Uppsala. Også på øyene rundt Skottland etablerte den norske kirken seg tidligere enn det norske kongedømmet, om vi ser bort fra Magnus Berrføtts erobringer rundt 1100, og kirken ble sittende lengre. Nidaroskirken ble et brohode for etableringen av norsk politisk hegemoni vest i havet på 1200-tallet, og Barbara Crawford har trolig rett når hun hevder at Nidaroskirken bidro til at den norrøne kulturarven holdt seg lenger på øyene utenfor Skottland enn tilfellet ville vært om disse bispedømmene var blitt lagt under et skotsk eller engelsk erkebispedømme. Da den siste grønlandsbispen ble sendt opp til Gardar i begynnelsen av 1400-tallet var det lenge siden kongedømmet hadde hatt noen mann der oppe. Også Island fikk erkebiskopene et godt grep om lenge før den norske kongen i 1262-64 endelig ble anerkjent som landets øverste herre. Både kirke og kongemakt skulle sammen bidra til det vi med et moderne ord kunne kalle «nasjonsbygging». Denne prosessen skulle ta lang tid, og kom til å påvirke Nidarosprovinsen i varierende grad.

Kirkedannelsen så vel som statsdannelsen hadde altså en territoriell side, og det er et mål for oss å se hvordan den norske kirkeledelsen gjorde seg gjeldende ute i de perifere delene av provinsen, og hva tilknytningen til Nidaros kan ha betydd for islendinger og orknøyinger og folk på Sudrøyene. I tillegg hadde kirkeutviklingen, liksom statsutviklingen en organisasjonsmessig og materiell side. Det dreide seg om å utvikle strukturer for styring og kommunikasjon, om lovgivningsmakt, om å sikre integriteten til egen organisasjon og grepet om egne ressurser, og det gjaldt framfor alt å prege samfunnet i eget bilde. Fra første stund satte erkebiskopene i Nidaros seg som mål å gjennomføre den gregorianske reformen og å bygge en fullverdig provinskirke i de norrøne områdene. Kravet om kirkens frihet, «libertas ecclesiæ», ble holdt i hevd helt fram til reformasjonen, selv om vilkårene for å hevde dette kravet varierte.

Når det gjaldt forholdet til folk flest, deres liv og levnet og sjels frelse, satte kirken seg langt mer ambisiøse mål enn kongemakten, og nådde også lenger. Kirken var trolig mer nærværende i folks hverdag enn kongemakten. Kristianiseringen av samfunnet ble den nye kirkeledelsens viktigste oppgave. Allerede de første erkebiskopene gikk for fullt inn i dette arbeidet, som skulle pågå med uforminsket kraft helt fram til kongemakten i 1537 skjøv kirken over ende og krevde jobben for seg selv.

This part of the book mainly deals with the leadership of the Nidaros province. This means that we will focus on the relationship between the archbishop's see and the subordinate bishoprics and the connection between the Norwegian Church leadership and the political authorities in the province. The latter includes the Norwegian monarchy in particular as well as the petty kings in the Irish Sea and the earls on the Orkneys. Attention is also paid to the relationship between the archbishop and the supreme leadership of the Church, which was mostly in Rome, for much of the period. Another issue that is discussed is the position of the archbishops in relation to society and social development. In other words, what is the role of the Norwegian Church in the process of spreading Christianity to Norwegian society?

Sverre Bagge claims that the establishment of the Nidaros province could almost be understood as the creation of a nation, something that is hardly an exaggeration. The development within the Church after 1152-1153 can be seen as a parallel development to the transformation of the monarchy into a "state" in the High Middle Ages. During this process, the developments within the Church came first and thus constituted a pattern for the later events. The Nidaros Church already had most of the Norse territories under its authority when the monarchy under Sverre Sigurdsson and his successors started expanding Norwegian power into neighbouring regions. For instance, in the 1150s, the power of the monarchy did not have full control of what would become the Norwegian mainland. Politically, Jemtland did not become Norwegian before the time of King Sverre, though its affiliation to Sweden was maintained as it became a part of the Swedish archbishop's see which was established in Uppsala in 1164. Also on the islands surrounding Scotland, the Norwegian Church gained prominence before the Norwegian monarchy, except for the conquests of King Magnus Berrføtt around 1100. Also the influence of the Norwegian Church lasted well beyond the decline of Norwegian political power in that region. The Nidaros province thus spearheaded the establishment of Norwegian political dominance across the sea to the west of Norway in the 13th century, and Barbara Crawford is probably right when she claims that the durability of the Norse cultural heritage on the islands off Scotland was due to them being a part of the Nidaros province, rather than a Scottish or English archbishopric. When the last bishop of Greenland was sent to Gardar in the early 15th century, a long time had passed since the last royal representative had left. On Iceland, too, the archbishops consolidated their position a long time before 1262-1264 when the Norwegian king was recognized as the highest authority of the country. The power of both the church and the monarchy contributed to what in modern terms is referred to as "nation building". This was a process that lasted for a long time and affected the Nidaros province to a varying degree.

The formation of both the church and the state had a territorial side to it, and our objective has been to consider how the Norwegian Church leadership exerted its influence in the peripheral parts of the province and what the connection to Nidaros could have meant for the inhabitants of Iceland, the Orkney Islands and the Hebrides. In addition, there were organizational and material aspects related to the dual development of church and state. This concerned the need to develop structures for administration, communication and legislation, to preserve the integrity of their own organizations and to keep the finances in order. But, above all, there was the wish to shape society according to their own ideas. From the outset, the archbishops in Nidaros strove to implement Gregorian reforms and to establish a venerable provincial church in the Norse territories. The demand to preserve the freedom of the Church, "libertas ecclesiæ", was maintained until the Reformation, even if the conditions under which this was implemented differed from time to time.

When it comes to the lives and salvation of the general population, the Church entertained far more ambitious objectives than the monarchy, and subsequently gained more influence. The Church was probably more a part of the lives of ordinary people than the monarchy ever was. Making society Christian was the primary task of the church leadership. The first archbishops showed complete devotion to this task, which persevered with until 1537 when the monarchy pushed the Church aside, and took over the task itself.

Stjórn kalles en kompilasjon av norrøne tekster fra det gamle testamentet kjent i forskjellige islandske håndskrifter fra 1300- og 1400-tallet. Opphavet til kompilasjonen er noe uvisst, selv om det i prologen til den mest omfattende tekstsamlingen fortelles at den ble til på kong Håkon V Magnussons (1299-1319) initiativ, og med tanke på dem ved hoffet som ikke forsto latin. Kompilasjonen bygger på oversettelsesfragmenter som kan gå helt tilbake til 1100-tallet, og en eldre kompilasjon av disse tekstene fantes trolig allerede på Magnus Lagabøtes tid (1263–80). Enkelte har ment at Brand Jónsson, som var biskop på Holar 1263-64, redigerte denne eldste kompilasjonen. Her ser vi i venstre kant Jesus Kristus omgitt av engler og fortapte som styrtes i dyrets gap, og i underkanten Adam og Eva i Paradis som fristes av slangen i treet. Dette illuminerte 1300-tallshåndskriftet befinner seg i Stofnun Árna Magnússonar, Reykjavik.

A collection of Norse texts from the Old Testament known as Stjórn, probably compiled during the reign of Håkon V Magnusson (1299–1319), exists in a number of late medieval Icelandic manuscripts. This illuminated copy dates from the 14th century. The exact origin of the compilation, which is based on translated fragments dating back to the 12th century, is unknown.

DEN HEROISKE TID – KIRKEREFORM OG KIRKEKAMP 1153–1214

Sverre Bagge

Grunnleggelsen

«Liksom de forskjellige lemmer i det menneskelige legeme er pålagt ulike oppgaver, så er i oppbygningen av kirken forskjellige personer gitt forskjellige grader for å utføre forskjellige tjenester. For mens noen er satt til å ordne og styre enkelte kirker, andre enkelte byer, er det i de enkelte provinser innsatt noen som skal ha det første ord blant brødrene og som skal få seg forelagt undergitte personers tvister og saker til undersøkelse. Men over alle er det kjent at den romerske biskop har den første plass, liksom Noa i arken.»[1]

Slik beskriver pave Anastasius IV ordningen i kirken som innledning til fundasjonsbrevet for erkesetet i Nidaros, 30. nov. 1154. Han forteller videre at hans forgjenger, pave Eugenius III, hadde tatt seg av kirken i Norge og søkt å reformere den og at han hadde sent kardinal Nicolaus, biskop av Albano, til landet for å opprette den nye kirkeprovinsen. Paven godkjenner nå det kardinalen har gjort, og truer med strenge straffer for dem som setter seg opp mot hans beslutning.

Pavebrev innledes gjerne med høytidelige betraktninger om kirken, frelsen og verdensordenen, selv om det konkrete innhold kan være nokså trivielt. I dette tilfellet dreier det seg imidlertid om en stor og alvorlig beslutning, som fortjener en fyldig og verdig innledning – sitatet ovenfor utgjør bare en liten del. I protestantisk tradisjon er vi vant med at kirkelige administrasjonsordninger er rent praktiske foranstaltninger som har lite med troen å gjøre – selv om endringer både i kirkelige og verdslige administrative inndelinger kan skape atskillig opprør og lidenskap også i vår tid. I middelalderens katolske kirke var administrative ordninger noe langt mer. Tro og administrasjon var to sider av samme sak; kirkens organisasjon var del av en guddommelig plan. Det var Guds vilje at det skulle være rang og hierarki, både i kirken og i verden forøvrig, slik som det også var det både i naturen og det menneskelige legeme. Av og til var endringer nødvendige, men de måtte foretas av den rette myndighet, og de måtte ikke bryte med den grunnleggende orden som kirken skulle styres etter. Opprettelsen av det norske erkesetet kan dermed mer sammenlignes med grunnleggelsen av en ny nasjon enn med en rent administrativ reform. Som med stater og nasjoner og politiske og administrative endringer forøvrig, var det også sterke interesser knyttet til opprettelsen av et erkesete – eller å hindre det. Erkesetet ga makt og prestisje til den nye erkebiskopen og hans provins, og det svekket den allerede etablerte erkebiskopen, som måtte gi fra seg land og «undersåtter» til sin nye kollega.

I Anastasius' brev er det paven som tar initiativet til endringen. Kardinalen, engelskmannen Nicolaus Brekespeare, sendes som en apostel til fjerne deler av verden og utfører sitt oppdrag som den gode og tro tjener til husbondens tilfredshet. Moderne historikere har hatt forskjellige oppfatninger av forholdet mellom norsk og pavelig initiativ. Arne Odd Johnsen, som har gitt den mest utførlige fremstilling av opprettelsen av erkesetet, legger avgjørende vekt på pavens initiativ, selv om han også regner med norske forutsetninger.[2]

Ifølge Johnsen var pavens initiativ i første rekke bestemt av forholdet til den tyske keisermakten. Den reform av kirken som var utgått fra pavestolen, kalt den gregorianske etter pave Gregor VII (1073–85), resulterte i en langvarig og dramatisk strid med den tyske keiser, en strid som først var blitt avsluttet i 1122. Siden hadde forholdene vært relativt fredelige, men kurien var hele tiden på vakt mot nye fremstøt fra keisermaktens side. Opprettelsen av et nordisk erkesete med sentrum i Lund i 1104 var et ledd i svekkelsen av den tyske og keisertro erkebiskopen av Hamburg-Bremen, som i den følgende tiden forsøkte å gjenvinne kontrollen over Norden. Et nytt fremstøt i denne retning ble gjort av erkebiskop Hartwig fra 1151, i samarbeid med keiser Konrad III (1137–52). Konrads død i februar 1152 og valget av hans nevø Fredrik I Barbarossa (1152–90) kort etter økte ytterligere kuriens bekymring, fordi Fredrik hadde rykte på seg for å være antigregoriansk innstilt. Dermed måtte kurien raskt gjøre et fremstøt overfor Norden, og til dette ble en av dens aller fremste medlemmer valgt, nemlig kardinal Nicolaus. Han ble forøvrig valgt til pave kort etter at han kom tilbake til Roma.

Dette resonnementet førte til at Johnsen også ga en nytolkning av selve omstendighetene omkring opprettelsen av erkesetet. Mens det siden P.A. Munch var vanlig oppfatning

Slik kan Kristkirken i Trondheim ha sett ut da kardinal Nikolas Brekespeare var i Norge, her i Marianne Brochmanns strek. Vi ser inn mot koret, og aller innerst alteret med Hellig Olavs skrin. Gunnar Dambolt mener at Olav Kyrres biskops- og valfartskirke snart etter 1100 må ha blitt for liten og uhensiktmessig, og at man allerede i 1120-åra begynte å planlegge en ny og større katedral. Det er uvisst når arbeidet med den nye domkirken kom i gang, men opprettelsen av erkesetet har trolig vært den avgjørende impulsen. De siste restene av den første Kristkirken ble trolig revet ved slutten av 1100-tallet.

The former Christ Church in Trondheim portrayed by Marianne Brochmann. The plans to construct a larger and more significant church were probably realized as a result of the establishment of the archbishop's see in the middle of the 12th century.

at erkesetet ble opprettet i 1152, hevdet Johnsen at det måtte ha skjedd året etter. Kardinalen reiste fra Roma med et relativt åpent mandat, hans komme var ikke forberedt, og han måtte sette seg grundig inn i forholdene i Norge og føre omfattende forhandlinger med kongene (det var tre av dem på dette tidspunkt), biskopene og andre ledende menn i landet før han kunne opprette en ny kirkeprovins.[3]

Sagaene forteller at kardinal Nicolaus Brekespeare kom til landet en halv måned før olavsmesse, enten den tidlige (29. juli) eller den sene (3. august), altså enten omkring 15. eller 20. juli. Etter oppholdet i Norge dro han til Sverige, der han konstaterte at tiden ennå ikke var moden for å opprette et erkesete. Han var i Lorraine 20. juli 1154 og tilbake ved kurien i november samme år.[4] Johnsen tenker seg at et møte neppe kan ha kommet i stand før omkring årsskiftet, i praksis først ut på våren 1153, ettersom vinteren har vært et lite egnet tidspunkt.

Umiddelbart virker det imidlertid lite sannsynlig at kardinalen skal ha kommet uten forvarsel. Saken har sannsynligvis vært forberedt på forhånd, slik den var i 1247, da kardinal Vilhelm av Sabina kom til Norge. Da han landet i Norge 17. juni, var allerede en del av de ledende menn samlet i Bergen. Kroningen fant sted 29. juli, med møter og forhandlinger før og etter. Kardinalen har antagelig forlatt Norge i slutten av september.[5] Å opprette en kirkeprovins var utvilsomt en mer tidkrevende prosess enn en kongekroning, og når vi ikke har opplysninger om at Nicolaus hadde forlatt Norden før sommeren 1154, kan han godt ha oppholdt seg i Norge til sommeren eller høsten 1153. Det lar seg dermed neppe avgjøre om opprettelsen av erkesetet skjedde i 1152 eller 1153. Begge årstall kan forøvrig finne støtte i de islandske annalene.[6]

Når det gjelder forholdet til keisermakten og Hamburg-Bremen, kan det nok tenkes at kurien var bekymret, men neppe at den oppfattet det som en akutt krise som måtte løses ved øyeblikkelig opprettelse av et norsk erkesete. Tvert imot var det største problemet på dette tidspunkt den romerske befolkningens opprør mot paven og forsøk på å gjenopprette den romerske republikk. Paven appellerte flere ganger til keiseren om å gripe inn[7], inntil Fredrik Barbarossa slo ned opprøret i 1155. Først deretter forverret forholdet til keiseren seg.

Det er derfor mer rimelig å se opprettelsen av det norske erkesetet i sammenheng med indrekirkelige interesser. Det var vanlig politikk å la selvstendige kongeriker bli egne kirkeprovinser, samtidig som oppdeling av større kirkeprovinser var et middel til å knytte utkantområder tettere til kurien. Erkebiskopens lederskap innen kirkeprovinsen kunne på denne måten bli mer effektivt og kuriens innflytelse over den sterkere. En nyvalgt erkebiskop måtte personlig møte frem ved kurien for å motta sitt *pallium*, og han måtte senere besøke pavestolen hvert tredje år. Norske erkebiskoper, som bodde langt vekke, sendte normalt en fullmektig på den siste typen besøk, og det forekom også at en fullmektig hentet palliet.*

Fra norsk side hører vi om planer for et eget erkesete i god tid før 1152/53. I 1151 eller noe før ble til og med en norsk erkebiskop, Reidar, innviet i Roma, men døde før han kom hjem.[8] Vi vet ikke noe nærmere om bakgrunnen for dette. Johnsen antyder at han kanskje kan ha vært på pilegrimsferd, mens hvis opplysningen er korrekt, er det mer sannsynlig at han har reist til Roma med tanke på å få i stand et norsk erkesete. Dermed har det trolig også vært tatt initiativ fra norsk side. At det har vært interesse for det i Norge, kan det neppe være tvil om. En egen kirkeprovins ga prestisje, og fra den norske kongemaktens synspunkt måtte det dessuten være uheldig å være underordnet Danmark i kirkelig henseende. Danmark var normalt stormakten i Norden, og både før og etter 1152/53 gjorde den danske kongen forsøk på å skaffe seg kontroll over Sørøst-Norge. I en slik politikk kunne kirkelig overhøyhet være et viktig instrument. Omvendt var det en stor fordel fra den norske kongemaktens synspunkt at den norske kirkeprovinsen omfattet Island, Grønland og Vesterhavsøyene. Det kunne brukes og ble etter hvert også brukt for å styrke det norske herredømmet over disse områdene.

Når kardinalen fant tiden moden til å opprette et erkesete i Norge, men ikke i Sverige, må han ha foretatt en vurdering av de kirkelige forholdene i landet som har falt positivt ut. Vi vet ikke akkurat hva han la spesielt vekt på, men vi kan danne oss et omtrentlig inntrykk av hvor langt kirken i Norge var kommet omkring 1150 i religiøs og organisatorisk henseende. Det fantes fire bispedømmer i landet; det nyeste, Stavanger, var blitt opprettet i 1120-årene. Et femte, Hamar, ble opprettet av kardinal Nicolaus selv. Det må ha vært ganske tett med kirker over størstedelen av landet. Flere klostre var blitt anlagt i løpet av første halvdel av 1100-tallet. De to eldste, Nidarholm utenfor Trondheim og Munkeliv i Bergen, begge benediktinerklostre, var grunnlagt straks etter århundreskiftet. Like før opprettelsen av erkesetet fikk den nye og meget ekspansive cistercienserordenen innpass i landet, med Lyse kloster utenfor Bergen i 1146 og Hovedøya utenfor Oslo i 1147. Tienden ble, i alle fall i teorien, innført under Sigurd Jorsalfare (1103–30), antagelig i 1120-årene. Selv om det nok kan ha tatt tid å få ordningen igjennom i praksis, har den utvilsomt bidratt til å styrke kirkens økonomi. Landet hadde også et kirkelig sentrum som pekte seg ut som det naturlige sted for et erkesete, nemlig Nidaros, der nasjonalhelgenen, St. Olav, lå gravlagt. Hans skrin var det viktigste valfartsmålet i Norden.[9]

En passus i Gulatingsloven gir et glimt av prestenes utvikling fra en marginal gruppe til respekterte samfunnsmedlemmer fra kristningen og frem til første halvdel av 1100-tallet: «Vi har tatt av det at prestene skal styres med hugg, for vi inngår svogerskap med dem eller lar våre sønner lære opp».[10] På bispestolene er det påfallende mange utenlandske navn frem til et stykke ut på 1100-tallet. Deretter tyder navnene på at de fleste biskopene er nordmenn. Denne tiden ser også ut til å være en slags gjennombruddsfase for stormenn på bispestolene.[11] Dette tyder på at bispestolene er blitt så rike og har fått så stor prestisje at de er blitt attraktive for medlemmer av aristokratiet. Slike aristokratiske biskoper kan dessuten ha bidratt til ytterligere økning av rikdommen, ved å gi eller testamentere av sitt privatgods til bispestolen. Det er også fra midten av 1100-tallet vi hører om stormannssønner som ikke bare «lar seg lære opp» ved lokale kirkelige institusjoner, men som blir sendt på studium ved utenlandske læreseter.[12] Stormannsslektene har nå også vært villige til å investere mye i form av utdannelse for å kvalifisere sine sønner for geistlige embeter, eller rett og slett for å skaffe dem tilsvarende respekt i geistlige kretser som våpenbyrd og praktutfoldelse i verdslige. Flere biskoper og erkebiskoper på siste halvdel av 1100-tallet har slik bakgrunn (s. 68,72). Dermed fantes det ikke bare kvalifiserte bispekandidater ut fra kuriens krav, men et miljø, riktignok lite, som sto i nær kontakt med den internasjonale kirkelig elite og delte dens oppfatninger.

Den rette verdensorden

> *«På den tid da den berømte kong Olav den hellige regjerte i Norge (…) kom det menn dit til lands som forkynte fred, som forkynte godt budskap. Inntil da hadde folkeslagene der gitt seg hen til bespottelige ofre til avgudene og latt seg blende av overtroiske villfarelser. De hadde hørt om dyrkelsen av den sanne Gud og troen på Ham, men mange unnlot å ta imot det de hørte. For jo nærmere disse folkene bodde nordenvinden, jo fastere hadde den lagt dem under seg og bundet dem med vantroens harde is – denne nordenvinden som sender all ulykke ut over hele jorden. For fra dens ansikt ser profeten Jeremias en kokende gryte velte frem. Og det er den som hos Jesaja i sitt overmot sier: 'Høyt over himmelstjernene vil jeg reise mitt sete, jeg vil sette meg på paktens fjell i de nordlige egner'.»* [13]

Disse ordene innleder skildringen av Olav den helliges liv i *Passio Olavi*. Forfatteren, i alle fall av denne delen av verket, er etter vanlig oppfatning erkebiskop Øystein Erlendsson (1161–88), selve forgrunnsfiguren i det kirkelige reform-

* Pallium var et smalt, hvitt klede med svarte kors, som erkebiskopen bar over nakken. Det var vevet av ull fra sauer som beitet på Vatikanhøyden og skulle overrekkes erkebiskopen personlig av paven ved fremmøte i Roma.

Kirkebyggeren Øystein Erlendsson. Her på Domkirkens vestfront, modellert av Stinius Frederiksen (1902–77). Foto: Kjartan Prøven Hauglid. Nidaros Domkirkes Restaureringsarbeider.

Church builder Øystein Erlendsson, from the west front of Nidaros Cathedral. Sculpture by Stinius Frederiksen who was one of the main contributors to the reconstructed screen front from the 1930s to the 1960s.

verket i siste halvdel av 1100-tallet. Tankegangen er ikke på noen måte original, men nettopp derfor gir den et innblikk i hvordan en kirkefyrste på 1100-tallet oppfattet sin oppgave. Varme og kulde, mørke og lys stilles skarpt opp mot hverandre i tidens legender og forkynnelse. Livet, både det enkelte menneskes og menneskehetens, er en kamp mellom gode og onde krefter. I det nykristnede Norge er situasjonen særlig kritisk. Der henger fortsatt gamle, hedenske skikker igjen, og kirken har ennå ikke oppnådd den sentrale stilling i samfunnet som den mener seg berettiget til. Men også i resten av kristenheten er der mye kulde og mørke som stenger for Guds lys og varme. Derfor hadde kirken på Øysteins tid i snart hundre år måttet kjempe en hard kamp mot de onde kreftene, mot verdslige herskere og mot geistlige som ikke ville bøye seg for Guds vilje.

Den gregorianske reformbevegelse blir i vår tid gjerne oppfattet som i første rekke en politisk bevegelse, på grunn av den langvarige kampen mellom pave og keiser. Men den oppfattet seg selv som en religiøs bevegelse, og den var også opptatt av en rekke andre spørsmål enn forholdet mellom den kirkelige og den verdslige makt. Den var uttrykk for et sterkere engasjement enn tidligere fra kirkens side i denne verdens anliggender. Kristendommen var i utgangspunktet en verdensforsakende religion. Det egentlige liv var hinsides døden, den jordiske tilværelse var bare en kortvarig prøvetid. Denne verden skulle også en gang – i den neppe helt fjerne fremtid – forgå, og erstattes av en ny og fullkommen verden. Dette var urkirkens lære, og det var fortsatt oppfatningen på 1100- og 1200-tallet, selv om en rekke falske alarmer hadde gjort kirkens menn mindre sikre på at den store omveltningen var umiddelbart forestående.

Innenfor disse rammene kunne imidlertid kirkens ledere innta forskjellige holdninger. I tidligere århundrer hadde verdensforsakelsen dominert, og kirkens menn hadde sett begrensede muligheter for å prege samfunnet med sine idealer. Reformbevegelsen på 1000-tallet betydde en ny og aktiv inngripen i samfunnsforholdene og det enkelte menneskes liv. Verden kunne ikke bli fullkommen, men kirkens idealer kunne likevel realiseres i høyere grad enn hittil hadde vært tilfelle, og flere mennesker kunne dermed bringes til frelsen.

For å oppnå dette var det nødvendig både med en reform av geistligheten, et klarere skille mellom geistlighet og lekfolk og et sterkere engasjement av lekfolket i kirkens anliggender. Og ikke minst var det nødvendig å gjennomføre den fordeling av rang og verdighet, innenfor geistligheten og mellom geistlige og lekfolk, som var et uttrykk for Guds vilje og den rette verdensorden, slik pave Anastasius skildrer det i fundasjonsbrevet for erkesetet (s. 51). På noe lengre sikt ledet reformbevegelsen både til en dypere gransking av troens mysterier i form av teologiske verker og til et mer inderlig fromhetsliv hos særlig engasjerte mennesker. Men kirken henvendte seg ikke bare – og kanskje ikke først og fremst – til de spesielt engasjerte. Den ville gjøre sin innflytelse gjeldende over alle. Og midlet til dette var *loven*, enten lov i bokstavelig forstand, i form av pavelige påbud og de kirkelige lovsamlinger som ble utferdiget særlig fra midten av 1100-tallet og utover, eller forskjellige andre påbud og regler for gudstjenesten og for geistliges og lekfolks liv. Middelalderens kristendom besto av et mylder av regler og påbud for alle sider av livet, som folk skulle tvinges til å følge, uansett hva de i dypet av sitt hjerte måtte mene om kirke og kristendom. Det var disse reglene og påbudene Øystein og hans etterfølgere hadde til oppgave å gjøre gjeldende i Norge. Samtidig var det ikke bare i det fjerne Norge det kunne være tvil om hvilke regler som gjaldt. En lang rekke regler hadde nedfelt seg i løpet av kirkens tusenårige tradisjon, og det fantes store variasjoner fra område til område.

Reformpavene på slutten av 1000-tallet og i enda høyere grad deres etterfølgere fra midten av 1100-tallet så det som sin oppgave å skape enhet og orden i alt dette materialet, sammen med et økende antall rettslærde i Bologna og ved andre læresteder. I de femti årene etter opprettelsen av erkesetet ble en rekke av disse bestemmelsene innført eller forsøkt innført i Norge.

Kildene

I fundasjonsbrevet skildres kardinal Nicolaus, med henvisning til lignelsen om talentene i Det nye testamente, som den gode og tro tjener som lånte ut mot rente den talent som var betrodd ham og fikk mange ganger så mye igjen. Sett i ettertidens perspektiv er bildet treffende: på lengre sikt opplevde kirken i Norge en veldig vekst, både når det gjaldt inntekter, organisasjon og innflytelse i samfunnet, i tiden etter opprettelsen av erkesetet. Hvor mye av dette som direkte skyldes kardinalens innsats, er derimot mer usikkert. Vi vet nemlig forholdsvis lite om hvilke reformer han innførte. Fundasjonsbrevet (ovf. s. 51) er antagelig det eneste bevarte dokumentet fra selve opprettelsen. Det fastsetter omfanget av den norske kirkeprovinsen, altså de fem norske bispedømmene (inklusive erkebiskopens eget), Orknøyene, Sudrøyene, Island (Skålholt og Holar) og Grønland. Færøyene er utelatt, ganske sikkert ved en forglemmelse.[14] Ellers stadfester paven kardinalens bestemmelser, men sier lite om innholdet i dem. Han nøyer seg med å regne opp ved hvilke festdager erkebiskopen kan bære sitt *pallium*, og gir ham noen faderlige råd for hvordan han bør skjøtte sitt embete.

Derimot henvises det i senere kilder, pavebrev, dokumenter fra konfliktene mellom kirke og kongemakt og i sagaene, til flere bestemmelser fra kardinalens opphold.[15] Han styrket kirkens organisasjon, i første rekke ved å opprette domkapitler, trolig en avgjørende betingelse for å ha en selvstendig kirkeprovins. Han utstedte et statutt om adgang til å gi sjelegaver til kirken, fikk innført peterspenger, nedla forbud mot våpenbyrd i kjøpstedene, lempet på kirkens ekteskapsregler og forsøkte muligens å innføre restriksjoner på presters adgang til å inngå ekteskap. Forhandlingene i sammenheng med opprettelsen av erkesetet resulterte også i større selvstendighet i forhold til kongemakten. I et tapt brev, utstedt av kong Øystein med samtykke av de øvrige samkongene, ga kongene avkall på retten til å velge biskoper, prester og abbeder. Erkebiskopen fikk også økt antallet skysshester han hadde rett til når han reiste rundt i sitt bispedømme, og han fikk rett til årlig å utføre 30 lester (= ca. 60 tonn) mel til Island.

Opprettelsen av erkesetet styrket altså kirken økonomisk og organisatorisk og økte dens selvstendighet i forhold til kongemakten. Denne utviklingen fortsatte i den følgende tiden, i første rekke gjennom alliansen med Magnus Erlingssons kongedømme i 1160- og 70-årene. Fra denne tiden stammer flere viktige privilegier og lovbestemmelser: Magnus Erlingssons kroningsed og privilegiebrev, tronfølgeloven av 1163/64, en rekke nye bestemmelser i landskapslovene, i første rekke Frostatingsloven, som er blitt revidert av erkebiskop Øystein, og sannsynligvis også den samlingen av kirkelige lovbestemmelser som går under betegnelsen *Canones Nidrosienses* (CN). I tillegg kommer en rekke pavebrev som gir et inntrykk, særlig av erkebiskop Øysteins forsøk på å reformere forholdene i Norge og bringe dem i overensstemmelse med internasjonal kanonisk rett. Øysteins rådgiver i slike spørsmål var Alexander III (1159/81), den fremste rettslærde på pavestolen på 1100-tallet.

Et av disse dokumentene krever en egen diskusjon, nemlig *Canones Nidrosienses*, som har vært datert høyst ulikt av forskerne, fra opprettelsen av erkesetet til perioden 1183/88. Samlingen ble, sammen med Magnus Erlingssons kroningsed, funnet i British Museum av Walther Holtzmann og publisert i 1938. Holtzmann daterte den til samme anledning som kroningen, som fant sted på et riks- og kirkemøte i 1163 eller muligens 1164. Arne Odd Johnsen daterte den derimot til kardinal Nicolaus' besøk i 1152/53 og brukte den som et viktig grunnlag for sin fremstilling av hans reformverk.[16]Johnsens datering var den alminnelig aksepterte inntil Vegard Skånland avviste både den og Holtzmanns og hevdet at samlingen må ha blitt til på et ellers ukjent provinsialkonsil i 1170-årene. Han hevdet også at den umulig kunne være utstedt av en pavelig legat, men at forfatteren måtte være erkebiskop Øystein.[17] Det siste er senere blitt akseptert

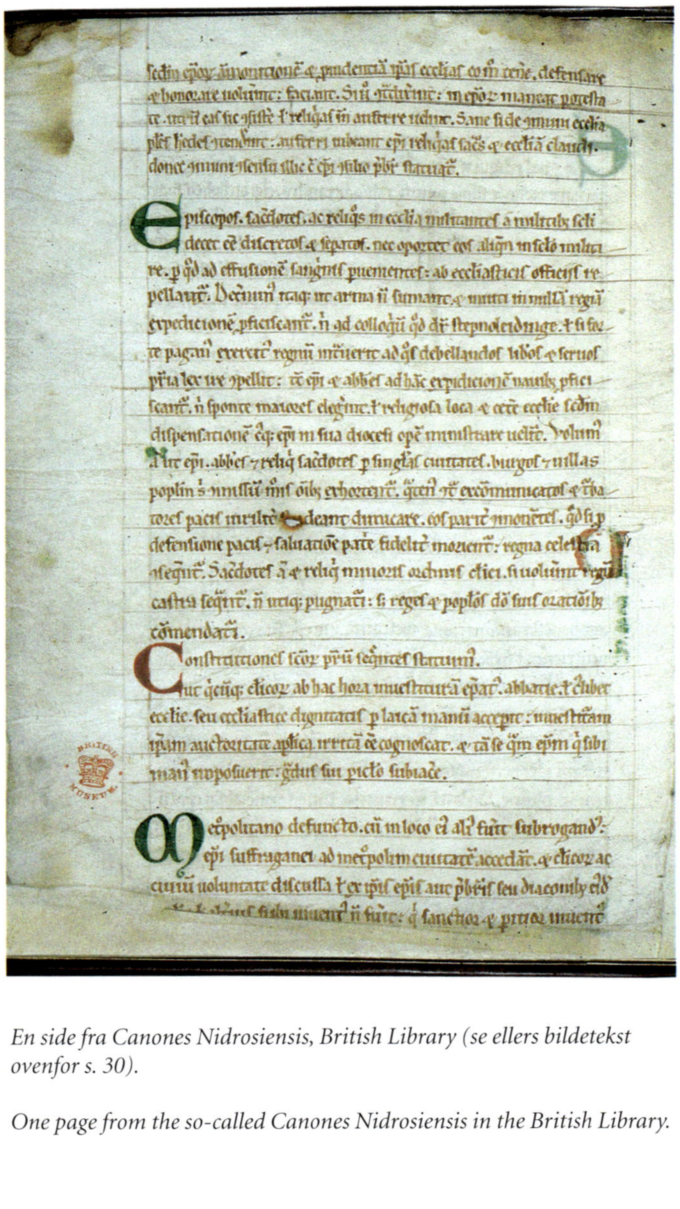

En side fra Canones Nidrosiensis, British Library (se ellers bildetekst ovenfor s. 30).

One page from the so-called Canones Nidrosiensis in the British Library.

av de fleste som har uttalt seg om spørsmålet.[18] Derimot har flere foretrukket Holtzmanns opprinnelige datering fremfor Skånlands. Det siste bidraget til debatten, av Odd Sandaaker, gir den seneste dateringen, til tiden 1183–88, altså etter at Øystein var vendt tilbake fra sitt eksil i England.[19]

En viktig grunn til å anta at samlingen er utstedt av Nicolaus Brekespeare var henvisningen til «apostolisk autoritet» som grunnlag for bestemmelsene. Det viser seg imidlertid at erkebiskop Øystein, senest fra 1169, men muligens allerede fra sin innsettelse, bar tittelen den apostoliske stols legat (*apostolice sedis legatus*). Dermed kunne han ifølge Skånland gi bestemmelser med apostolisk autoritet.[20] Dette er imidlertid blitt bestridt av Einar Molland og Erik Gunnes.[21] Argumentene mot 1152/53 og en pavelig utsending som redaktør går videre dels på manglende samsvar med de bestemmelsene vi vet ble gitt i 1152/53[22] og dels på samlingens utstrakte bruk av Gratian som kilde.[23] Munken Gratian utarbeidet omkring 1140 en samling av kirkerettslige dokumenter, vanligvis kalt *Decretum*, som i den følgende tiden ble den mest brukte kirkerettslige lovbok, selv om samlingen som sådan aldri ble anerkjent som gjeldende rett, bare de autoritative bestemmelsene den inneholdt. Gratians verk var heller ikke bare en samling; det var også en analyse med sikte på å forene tilsynelatende motstridende bestemmelser. Skånland hevder at bruken av Gratian som grunnlag for kirkelig partikulærlovgivning er uvanlig og at hans verk var lite kjent og studert før siste fjerdedel av 1100-tallet, selv om det må ha foreligget allerede omkring 1140.[24] En av Nicolaus' kolleger ved kurien, kardinal Rolando Bandinelli, senere hans etterfølger som pave Alexander III, må imidlertid ha kjent verket, så det kan ikke utelukkes at Nicolaus også har gjort det.[25] Argumentene på grunnlag av utbredelsen av *Decretum* blir også nokså omtrentlige og skjønnsmessige.[26] Et av dem er dessuten klart uholdbart. Skånland slutter fra fordelingen av bevarte håndskrifter at verket var langt mer populært på slutten enn på midten av 1100-tallet: av 54 håndskrifter er bare 5 datert til midten av århundret, mens de øvrige dateres til slutten. Tenker vi oss imidlertid at jevnt stigende interesse kom til uttrykk i en jevn frekvens av avskrifter, vil antallet mot slutten av århundret bli enormt mye større enn på midten. Med avskrift av alle eksisterende håndskrifter hvert femte år, vil antallet være ett i 1140 og 4096 i 1200. Med hyppigere frekvens vil forskjellen bli enda større. Tenker vi oss så i det første eksempelet at én prosent av håndskriftene er blitt bevart, vil det eldste bevarte være fra ca. 1175, mens det vil være minst 40 fra 1200. Den eksisterende fordelingen tyder dermed på meget hurtig utbredelse i den tidlige fasen. Det manglende samsvar med bestemmelser vi vet ble til i sammenheng med opprettelsen av erkesetet er heller ikke noe avgjørende argument, i og med at vi vet så vidt lite om hva som ble bestemt da. Det kan ikke utelukkes at kardinalen utstedte sine bestemmelser i flere dokumenter, og at *Canones Nidrosienses* er et av dem.

Likevel må vi konstatere at ingenting i samlingen direkte tyder på at den er utstedt av kardinal Nicolaus. Tvert imot peker en del trekk i retning av en norsk redaktør, i første rekke oppfordringen til kirkens menn om å engasjere seg i kamp mot opprørere og fredsforstyrrere og særlig henvisningen i denne sammenheng til landets lov. En utenlandsk prelat med kanonistisk utdannelse ville neppe finne på å begrunne kirkelige bestemmelser med landets lov.[27] Øysteins engasjement i denne saken er derimot godt kjent fra andre kilder (ndf. s. 69). Skånlands argument med det uvanlige i canonsamlingens bruk av Gratian er nylig blitt ytterligere utdypet av Erik Gunnes: Den samme måten å plukke fra internasjonale kilder går igjen i Frostatingsloven, som Øystein har revidert.[28]

Hvis så Øystein er forfatteren, går det an å tidfeste samlingen mer presist? Et mulig kriterium ville være når Øystein fikk kjennskap til Gratians *Decretum*. Sannsynligvis har dette skjedd allerede på palliereisen, og dermed kan vi ikke bygge på det.[29] Skånlands datering til 1170-årene bygger på at noen av bestemmelsene må være utformet på grunnlag av pave Alexander IIIs svar fra 1169 på erkebiskops Øysteins forespørsler.[30] Dessuten mener Skånland at CN 1 må være senere enn det kongelige avkallet på råderett over kirker og Magnus Erlingssons stadfestelse av det i privilegiebrevet (ndf. s. 64), med andre ord at CN 1 har opphevet det kongelige avkallet.[31] Her må man likevel skille mellom generell lovgivning og særlige privilegier. Det var ikke nødvendig i en generell lovbestemmelse om patronatsretten å opplyse om at kongen hadde gitt avkall på denne retten og dermed ikke var omfattet av reglene.[32] Dateringen ut fra korrespondansen med Alexander III gjelder CN 4–5 om valg av biskop og erkebiskop og CN 14, om forbud mot jernbyrd for prester. Den siste bestemmelsen kan bygge på pavens svar, men henvendelsen til ham kan også ha sammenheng med Øysteins revisjon av Frostatingsloven. Det er nemlig ikke så sikkert som Skånland antar at spørsmålet til paven utelukkende har dreid seg om jernbyrd for prester; uttalelsen kan også tyde på at Øystein har spurt om bruken av jernbyrd generelt.[33] Når det gjelder bispevalgene, der paven hevder prinsippet om frie kirkelige valg, men likevel tillater å be om kongens samtykke, er der ingen klar forbindelse med CN 4–5, som ikke nevner kongen i det hele tatt. Det går heller ikke an å slutte, som Skånland gjør, fra en del forespørsler til paven angående bispevalg, at regler for dette ikke har eksistert. Alle disse henvendelsene gjelder ekstraordinære tilfeller, en biskop som er blitt drept, en annen som skal avsettes og en tredje som vil resignere. Spørsmålet er her *om* det skal innsettes ny biskop, ikke *hvordan*.[34] Tvert imot er det rimelig å tenke seg at en energisk erkebiskop som Øystein ville prøve å få i stand regler for bispevalg så snart som mulig etter sin innsettelse.

Sandaakers enda senere datering bygger i første rekke på oppfatningen av *Canones* som et kompromiss mellom kongedømme og kirke, en oppfatning som i og for seg har solid støtte hos andre forskere: *Canones* representerer et moderat reformkirkelig standpunkt, er imøtekommende når det gjelder kongens krav på støtte fra kirken til krig, når det gjelder appellretten og til dels når det gjelder bispevalg. Dette passer med tiden etter 1183, da Øystein var nødt til å forsone seg med Sverre og for en stor del på Sverres betingelser, ettersom Sverre sto sterkt, i alle fall etter seieren over Magnus i 1184.

Hovedinnvendingen mot denne oppfatningen er at Sandaaker ikke har undersøkt om de samme iakttagelsene kunne passe like godt eller bedre med en datering til 1160-

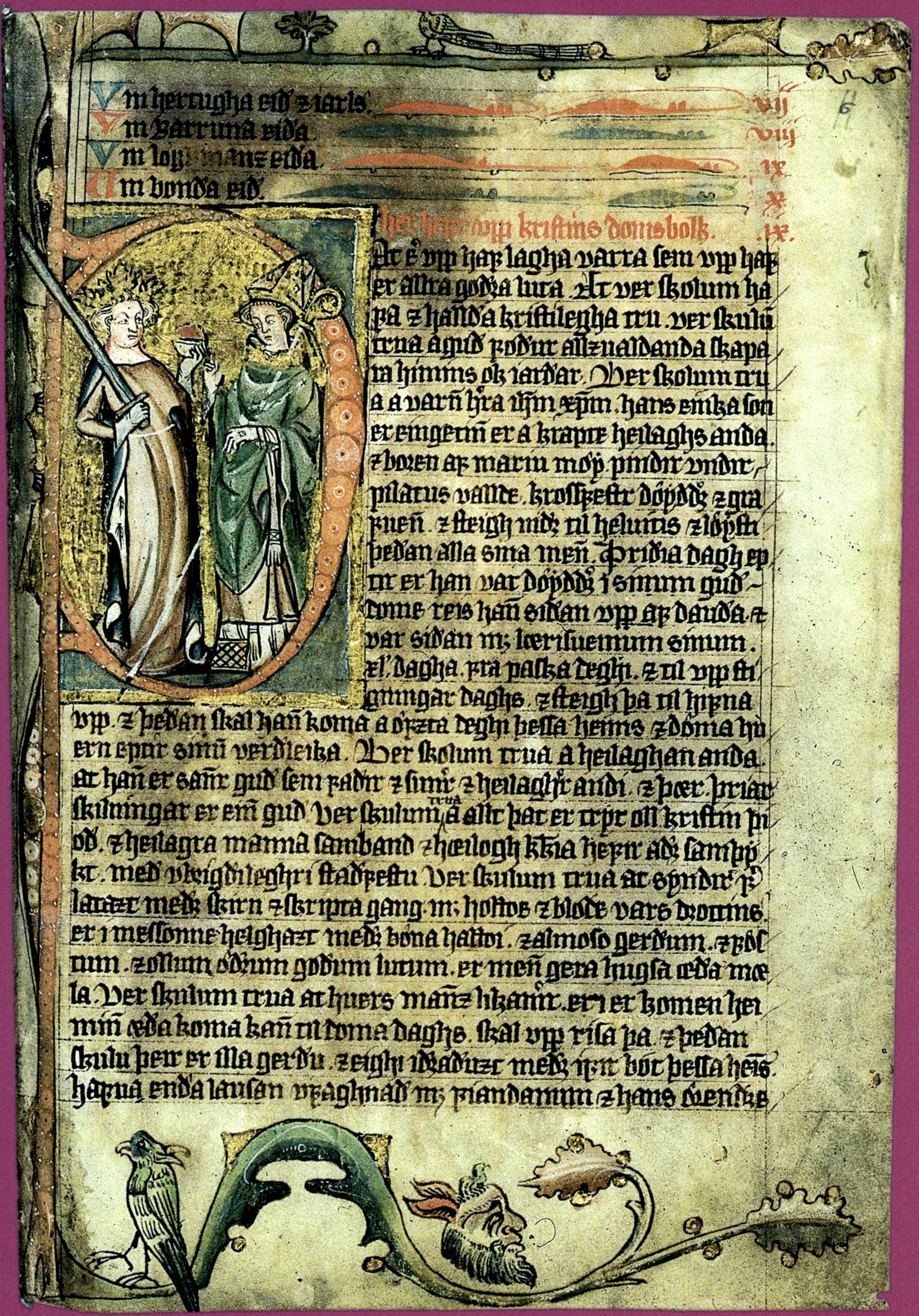

Biskop og konge fra Codex Hardenbergianus (ca. 1320), her i initial ved begynnelsen av Landslovens kristendomsbolk. Kongen og biskopen bærer sine respektive verdighetstegn: kongen sverd og eple, biskopen stav og mitra. Trolig dreier det seg her om en erkebiskop da det broderte båndet han bærer kan være pallium, det verdighetstegnet erkebiskopene fikk av paven ved vigselen, og som de bar ved spesielle anledninger. Foto: Kongelige Bibliotek, København.

Bishop (with stick and mitre) and king (with sword and apple) carrying their respective signs of authority. From Codex Hardenbergianus (c. 1320).

årene. Da vet vi jo nemlig at det var et nært og godt samarbeid mellom Øystein og kongemakten, og flere av dokumentene fra denne tiden stemmer da også godt overens med innholdet i *Canones*. Særlig CN 2 passer vesentlig bedre i Magnus Erlingssons enn i Sverres regjeringstid (s. 65). Utenom situasjonsbeskrivelsen har dessuten Sandaaker få ytre kriterier for sin sene datering. Det viktigste er skillet mellom leidangsskatt og leidangsferd, som han mener må være senere enn 1180 i Frostatingslagen. Hans resonnement her bygger imidlertid for en stor del på en feilaktig oversettelse av ordet *stepnoleidinge*.[35] Endelig er det underlig at arkivmannen Sandaaker i det hele tatt ikke går inn på overleveringsforholdene. Kilden er nemlig funnet i England, noe det er nærliggende å forklare med at Øystein har brakt den dit. Alternativet, at han har utarbeidet den i England og latt en kopi bli værende der, kan i og for seg ikke utelukkes, men det støtter heller ikke Sandaaker. Etter alt å dømme har Øystein vendt hjem til Norge i 1183 i troen på at Magnus nå hadde overtaket, muligens i håp om å bidra til hans endelige seier. I stedet ble han vitne til hans knusende nederlag gjennom Sverres overraskende angrep på Bergen sommeren 1183.[36] Hvis Sandaaker har rett i at canonsamlingen representerer et kompromiss med kong Sverre, er den i alle fall ikke blitt utformet under Øysteins opphold i England.

Uten at vi kan gi noen sikker datering, må dermed konklusjonen bli at det er mest som taler for å plassere *Canones Nidrosienses* sammen med de øvrige dokumentene som Øystein utformet i samarbeid med Erling Skakkes og Magnus Erlingssons regime. Hvis Øysteins korrespondanse med paven hadde sammenheng med utarbeidelsen av *Canones Nidrosienses*, skulle vi ha ventet større sammenheng mellom de to kildegruppene enn det som faktisk er tilfelle. Ingen avgjørende grunner taler derfor imot å datere samlingen til møtet som ble holdt i sammenheng med kroningen i 1163/64, men det finnes heller ikke særlig mange positive argumenter for en slik datering, bortsett fra at samlingen er overlevert sammen med kong Magnus' kroningsed, som vi vet ble til da, og at biskopene var samlet ved denne anledning – Snorre nevner at det var fem utenom erkebiskopen.[37] Men Øystein kan selvsagt ha samlet biskopene til provinsialkonsil ved andre anledninger, uten at vi vet noe om det. Og kroningseden er ikke noe mer enn et indisium. Formelen «apostolica auctoritate decernimus» i CN 8, om sølibat for kanniker, der den ikke stammer fra Gratian, kan muligens ha sammenheng med at legaten Stefanus av Orvieto var til stede ved denne anledning, men den kan også gå tilbake på et bestemt pålegg fra paven som Øystein har mottatt.[38] Eller, kanskje mest nærliggende, det var en bestemmelse som paven for lengst hadde innført i kirken som helhet, ikke bare for kanniker, men for geistlige generelt (ndf. s. 59) og der Øystein trygt måtte kunne bruke formelen, på samme måte som når han direkte siterte Gratian. Vi må derfor nøye oss med å konkludere med at erkebiskop Øystein etter all sannsynlighet har forfattet samlingen og at den kronologisk hører hjemme i Magnus Erlingssons regjeringstid, kanskje mest sannsynlig i første del av den.

At Øystein er forfatter av *Canones Nidrosienses*, betyr videre at en større del av reformverket på 1100-tallet må skyldes norsk initiativ. Og dateringen til Erling Skakkes og Magnus Erlingssons regjeringstid gir en kronologisk sammenheng mellom samlingen og de avtalene mellom kirke og kongedømme som vi vet stammer fra denne perioden. Så langt vi kan se ut fra de kildene som i dag er bevart, blir Øysteins tid (1161–88), den mest avgjørende fasen i den første utbyggingen av erkesetet.

Hyrden og hans hjord

Hovedinteressen i forskningen om reformbevegelsen har klart ligget på forholdet mellom kirke og kongedømme. Ifølge kirkens egen ideologi var imidlertid dette bare en del av et større program for å gjøre Guds lov gjeldende på jorden og dermed styrke lyset i kampen mot mørket. La oss i første omgang forsøke å danne oss et inntrykk av hvordan dette programmet i sin helhet ble søkt realisert i Norge.

«Forferdelig er dette sted! Her er Guds hus og himmelens port, og det skal kalles Guds forhall». Setningen, hentet fra 1. Mosebok, innleder messen for kirkeinnvielse. Kirken var det hellige sted, hvor Gud i sin fryktinngydende majestet var til stede og menneskene skulle tilbe Ham. Et av de viktigste prosjekter etter opprettelsen av erkesetet var derfor å bygge en ny katedral, en verdig bolig for Gud i den nye kirkeprovinsen. Men det var også viktig å gi nøyaktige liturgiske forskrifter, slik at tilbedelsen kunne skje på en riktig og verdig måte. Messen, den høytidelige handling der Guds ord ble forkynt og brødet og vinen forvandlet til Jesu legeme og blod og frembåret som offer for menneskenes synder, var det fremste uttrykk for denne tilbedelsen. I hovedtrekkene var messen og de åtte tidebønnene, som ble bedt hver tredje time døgnet rundt i klostre, domkirker og en del andre større kirker, de samme over hele kirken. Men det fantes en rekke lokale variasjoner, både i selve tekstene og når det gjaldt hvilke fester som ble feiret. Lokale kirker med gamle tradisjoner voktet nidkjært over dem, og selv om pavene var innstilt på sentralisering, søkte de ikke noen fullstendig enhet på det liturgiske området. Heller ikke de enkelte kirkeprovinser, som Nidaros, hadde full liturgisk enhet.[39] Det var likevel naturlig i et så vidt nytt bispedømme som Nidaros å etterligne tradisjonen ved pavestolen. Dette har også erkebiskop Øystein gjort, tydeligvis med tanke på å utarbeide liturgiske bøker. Paven svarer på spørsmål om knebøyninger i messen, om bruk av forskjellige liturgiske formularer på forskjellige festdager, om biskopers og erkebiskopers bruk av liturgiske plagg ved forskjellige anledninger, bl.a. når erkebiskopen skal bruke sitt *pallium*.[40] Videre forelegger Øystein paven spørsmål om Konstantins dåp og om legenden om hvordan den hellige Stefanus ble funnet. Pavens svar på det første spørsmålet var at Konstantin ble døpt av pave Silvester og ikke av biskop Eusebius.[41] Dette var – eller kunne i alle fall være – et politisk brennbart spørsmål. At pave Silvester døpte Konstantin, var en del av grunnlaget for at keiseren senere skal ha utferdiget det såkalte konstantinske gavebrev, som overlot herredømmet over hele Vestriket til paven – den mest berømte forfalskning i europeisk historie.[42]

Alminnelige mennesker har neppe oppfattet særlig mye av nyansene i liturgien, siden messen og andre gudstjenester var på latin. Derimot har de jevnlig tatt del i gudstjenestene. Fra 1215 var kristne forpliktet til å gå til messe hver søndag, men det må ha vært vanlig å gjøre det også tidligere. Bodde man i en by eller på et sted hvor det var lett å komme til kirke og ville ha ry for fromhet, gikk man gjerne i kirken hver dag. Den liturgiske regulering av året og menneskelivet stoppet imidlertid ikke ved kirkedøren; den ble også innprentet gjennom et komplisert system av faste- og helligdager året igjennom. Om søndagen skulle man ikke bare gå i kirken, men også avholde seg fra arbeid. I tillegg kom en rekke kirkelige festdager i årets løp. Om fredagen skulle man avholde seg fra å spise kjøtt og fra seksuelt samliv, og det samme skulle man gjøre som forberedelse til en rekke kirkelige festdager, i første rekke fire uker før jul (adventstiden) og syv uker før påske (fastetiden). Regler for dette må ha vært innført allerede ved kristningen og er så senere blitt utdypet. Slik ble befolkningen stadig minnet om det liturgiske år og kirkens fester, og ved å praktisere reglene viste de konkret sin lojalitet mot kirken og kristendommen. Disse reglene spiller ikke noen særlig fremtredende rolle i kildene fra erkesetets første tid, med et unntak: Øystein har skaffet befolkningen i landet dispensasjon fra paven, slik de kan fange sild på kirkelige festdager, en dispensasjon som også blir innført i Frostatingsloven.[43] Paven begrunner dispensasjonen med landets fattigdom, betydningen av fisket som næringsvei og det dårlige fisket de senere årene.

Som ansvarlige for tilbedelsen av Gud i Hans hellige tempel hadde de geistlige høyere verdighet enn vanlige lekfolk. Det var derfor et mål for den kirkelige reformbevegelsen å etablere et klarere skille mellom geistlighet og lekfolk og understreke geistlighetens autoritet og lederansvar i religiøse spørsmål. I våre kilder kommer dette til uttrykk i en rekke enkeltbestemmelser, som gir de geistlige privilegier, men også pålegger dem strengere moralske krav. De skal ikke delta i krig og utgyte blod.[44] *Canones* forbyr også geistlige å drive profittmotivert handel og gir visse regler for drakt og utseende.[45] Videre krever paven at kirken skal arve det geistlige har tjent i sitt kirkelige embete.[46]

Det viktigste – og vanskeligste – kravet til de geistlige var at de skulle leve i sølibat, altså ugift. Sølibatet hadde fra langt tilbake vært gjeldende for biskoper, og det hadde også i prinsippet vært innført for vanlige prester allerede i senantikken, men denne bestemmelsen hadde ikke vært praktisert. Det var derfor noe av en revolusjon da Gregor VII gjeninnførte den, til og med i den drastiske form at gifte prester skulle skille seg fra sine hustruer. Innføringen av sølibatet hadde sammenheng med den negative oppfatningen av seksualiteten som slo igjennom i senantikken og som dominerte middelalderen igjennom.[47] Det seksuelle begjær var en følge av arvesynden og førte den videre. På grunn av det sterke begjæret kunne et samleie ikke gjennomføres uten synd, selv om kirken også måtte innrømme at handlingen var nødvendig for å videreføre menneskeheten. Dette var den rådende oppfatning også før sølibatet ble gjeninnført og hos kritikere av det senere. Innvendingen var at man ikke kunne pålegge vanlige prester en slik byrde, men at det måtte forbeholdes den egentlige religiøse elite, munker og nonner. «Man kan ikke tvinge mennesker til å leve som engler», skrev en kritiker på 1000-tallet, Lampert av Hersfeld, som selv var munk.[48] Dermed ble sølibatet uttrykk for en høyere vurdering av og høyere krav også til vanlige prester. Særlig viktig i denne sammenhengen var en sterkere vekt på sakramentene, i første rekke alterets sakrament, der brød og vin under messen ble forvandlet til Jesu legeme og blod. Den renhet som krevdes for å utføre denne hellige handling, kunne ikke forenes med et seksuelt forhold til en kvinne. I tillegg til denne moralsk-religiøse begrunnelsen kom andre, mer praktiske. Prestene kunne konsentrere seg mer om sin kirkelige gjerning når de ikke hadde familie, og fremfor alt kunne deres stillinger ikke gå i arv. Dermed ble det lettere for biskoper og kirkelige institusjoner å kontrollere innsettelsen av dem. Det var også en økonomisk fordel fra kirkens synspunkt at prestene ikke behøvde å forsørge en familie.

I Norge må sølibat for vanlige prester ha vært helt ukjent på Øysteins tid. Tvert imot er det, som vi har sett (s. 53), et kriterium for at prestene nå er blitt akseptable og likeverdige mennesker at bøndene er begynt å gifte bort sine døtre til dem. Nicolaus Brekespeare må antagelig ha tatt noen skritt i retning av å innføre sølibatet, selv om man senere påberopte seg at han hadde tillatt presteekteskap.

I *Canones* er det tydelig at sølibatet er idealet, men at lovgiveren har følt det nødvendig å gå forsiktig frem. Sølibatet blir påbudt for kanniker, som skal være et eksempel for den øvrige geistligheten. Her blir renhetskravet understreket. For vanlige prester blir det forbudt å gifte seg med enker eller å gifte seg flere ganger og å skille seg. Og gifte geistlige skal ikke kunne bli prester uten at de avlegger kyskhetsløfte.[49] Sølibatet spiller imidlertid ikke noen spesielt fremtredende rolle i korrespondansen med paven. Dette er tydeligvis et spørsmål den norske erkebiskopen ikke har ønsket å involvere paven altfor mye i, av frykt å få kritikk for sin forsiktige linje. Paven kommer likevel i enkelte tilfeller inn på hvordan man skal forholde seg til geistlige som har forbrutt seg mot bestemmelsene på dette området (ndf. s. 61).

«Vi tror ikke dere, så kloke som dere er, er uvitende om at vanskelige spørsmål som kommer opp i kirkelige rettssaker, svært ofte dreier seg om ekteskapet», skriver Alexander III til erkebiskop Øystein.[50] Fra kirkens synspunkt var ekteskapet i en viss forstand et nødvendig onde. I løpet av høymiddelalderen utviklet imidlertid kirken en mer positiv holdning til det, selv om den fortsatt betraktet det som en lavere livsform et geistlighetens «rene» liv. Den la større vekt på kjærligheten mellom ektefellene, og ekteskapet spilte en viktig rolle i dens forsøk på å engasjere lekfolk i et kristent liv. Men skulle man leve i et sant kristent ekteskap, måtte man følge kirkens regler. De to viktigste var forbudet mot incest, dvs. mot ekteskap med slektninger, og forbudet mot skilsmisse. Begge var i og for seg gamle, men ble innskjerpet strengere fra 1000-tallet og utover.

Forbudet mot ekteskap med slektninger gjaldt på 1100-tallet i syv ledd, regnet fra felles stamforeldre, altså en enorm mengde mennesker. Reglene ble innført i Norge i god tid før opprettelsen av erkesetet – de finnes i landskapslovenes kristenretter.[51] Alexander III ga, på forespørsel av Øystein, dispensasjon for ekteskap i femte til syvende ledd til innbyggerne på en øy langt ute i havet, som etter all sannsynlighet må være Grønland.[52] En tilsvarende regel ble innført i hele kirken i 1215. Det har vært mye diskusjon om hvorfor kirken innførte disse reglene. En delforklaring er overgangen fra romersk til germansk måte å regne slekt på. Syvende ledd etter romersk regning blir nemlig ikke mer enn fjerde ledd etter germansk. Men det dreier seg neppe om noen ren misforståelse. Det har vært hevdet at reglene var et middel for kirken til å øke sitt jordegods, fordi dette forbudet gjorde det vanskelig å holde eiendommen innenfor slekten.[53] Det er sannsynlig at forbudet hadde denne virkningen, men mer tvilsomt om det var dette som var hensikten. En forklaring som forekommer i samtidige kilder og som er blitt trukket frem i nyere forskning[54], er at regelen skal bidra til å skape fred. I teorien hersket det automatisk fred mellom slektninger. Det var ekteskapets oppgave å skape nye fredsbånd, og dermed måtte det inngås med personer utenfor slektsgruppen. Forutsetningen er selvsagt helt urealistisk – det var rikelig med strid mellom slektninger langt nærmere enn i seks ledd. Realistiske vurderinger er imidlertid ikke alltid teologers sterkeste side, og når reglene først var innført, ble de gjerne opprettholdt av respekt for tradisjonen, som var sterk i middelalderen.

Forbudet mot skilsmisse var i praksis av nyere dato, både i kirken generelt og i Norge. I *Canones* formuleres det som et forbud mot ekteskap som inngås slik at barna blir legitime og kan arve foreldrene, men der mennene kan skille seg fra sine koner når de vil.[55] Bestemmelsen er rettet mot sammenblandingen av to samlivsformer som kirken ønsket å holde atskilt, nemlig ekteskap og konkubinat eller frilleforhold. Det siste var en etablert institusjon både i romersk tid og i det gamle norrøne samfunnet og var utbredt i hele Europa på 1100-tallet. Det var et relativt fast forhold, gjerne inngått gjennom en formell avtale mellom partene og deres slektninger, men var lettere å oppløse enn et ekteskap. Eventuelle barn hadde heller ikke automatisk arverett, men dette kunne lett ordnes, hvis ønskelig. Som vi ser, setter heller ikke *Canones Nidrosienses* forbud mot slike forhold, selv om kirken senere kom til å gjøre det. Derimot stilles folk overfor valget: enten illegitime barn eller uoppløselig ekteskap.

Øystein kom senere til å følge opp disse reglene i en offensiv mot de islandske høvdingenes seksualmoral. Han beskyldte dem for å leve som krøtter i kjærlighetssaker. At de normalt hadde friller, var i og for seg ikke så alvorlig. Verre var det at de både var gift og hadde en eller flere friller, at de skilte seg og giftet seg igjen og at de ikke respekterte kirkens incestregler.[56]

Som Øysteins islandske offensiv viser, var det ikke lett å skape respekt for disse reglene. De forskjellige samlivsformene i tidens samfunn skapte også et annet problem, som Øystein fant det nødvendig å forelegge for paven: når har vi egentlig å gjøre med et ekteskap? Hva er betingelsene for at det skal være gyldig inngått? Lovene gir i og for seg et klart svar: En mann skal «kjøpe seg kone», og når bindende avtale er inngått med kvinnens lovlige giftingsmann og de nødvendige gaver er utvekslet, er ekteskapet gyldig. Lovene setter også krav om en viss minimumsformue til et gyldig ekteskap, så vidt mye at en nokså stor del av befolkningen har måttet nøye seg med andre samlivsformer.[57]

Kirkens ekteskapslære bygget på helt andre kriterier. Avtalen mellom familiene ble ikke erstattet av noen annen form for offentlig kontrakt – kirkelig vielse ble ikke påbudt i Norge før etter reformasjonen, selv om det etter hvert ble vanlig praksis. Det avgjørende ble i stedet forholdet mellom mannen og kvinnen, dels viljen til å leve sammen, uttrykt i samtykket mellom dem, dels det avgjørende uttrykk for denne viljen, samleiet. Nøyaktig hva som var avgjørende, var omdiskutert på 1100-tallet.[58]

I et svar på spørsmål fra Øystein om ekteskapet, antagelig i 1169, fremhever Alexander III betydningen av samtykket. «Alt er ugyldig, til og med samleiet, om samtykket mangler», sier paven med et sitat fra sin forgjenger Nicolaus I (858–67).[59] Har partene først samtykket, kan ingenting bryte forbindelsen mellom dem. En mann som er blitt tvunget av kvinnens slektninger til å gifte seg med henne etter å ha hatt samleie med henne, er bundet hvis han bare én gang har gitt uttrykk for frivillig samtykke. Nekter han, og kvinnen i mellomtiden er blitt gift med en annen, er det siste ekteskapet ugyldig. Og forsvinner en av ektefellene på reise eller pilegrimsferd, er den andre like bundet uansett hvor lenge atskillelsen varer. Inngår vedkommende ekteskap i mellomtiden, skal dette ekteskapet oppløses straks den første ektefellen vender tilbake.

Kirkens insistering på samtykket har vært tolket som en støtte til individet motsatt tidens massive slektssamfunn. Det er i og for seg riktig at kirken, særlig fra 1100-tallet og utover, la større vekt på det individuelle ansvar enn vanlig i det verdslige samfunn. Motsetningen mellom slekt og individ var imidlertid neppe så skarp som denne oppfatningen er uttrykk for, og kirken satte heller ikke i gang noen offensiv mot det tradisjonelle ekteskapet. Øystein nøyer seg i Frostatingsloven med å kreve at kvinnen ved ekteskapsinngåelsen ikke sier nei[60], og geistlige formante vanligvis unge piker til å være lydige mot foreldrene. Men det var mulig å få et ekteskap omstøtt med den begrunnelse at det var inngått under tvang, og vi har eksempler på at dette skjedde i praksis. Når kirken insisterte på samtykke, hadde det imidlertid også andre grunner. For det første har det antagelig vært betraktet som en nødvendig forutsetning for et uoppløselig ekteskap. Det manglende samtykke ved det tradisjonelle ekteskapet hadde jo nemlig sin motsvarighet i at det var mulig å bryte ut, også for kvinnen. For det andre henger det sammen med kirkens ønske om å gjøre ekteskapet til den eneste samlivsformen mellom mann og kvinne. I dette perspektivet blir samtykket ikke i første rekke en rett, men en plikt, slik det fremgår av Alexander IIIs uttalelse. Har man bare én gang sagt ja, sitter man i saksen. I praksis er saker der den ene part, oftest mannen, må tvinges til å oppfylle et ekteskapsløfte langt vanligere enn saker der ekteskapet oppløses fordi kvinnen er blitt tvunget.[61]

Når det gjelder forholdet til lekfolk forøvrig, er botsdisiplinen det viktigste temaet i korrespondansen med paven. Spørsmålet ser særlig ut til å ha blitt aktualisert av de urolige tidene under borgerkrigene. Drapsmenn skal som generell regel pålegges kirkelige bot i minst syv år, sier Alexander III, unntatt når drapet er skjedd etter påbud fra lovlig fyrste og for å opprettholde rettferdigheten, eller det er skjedd ved uhell. Her er det imidlertid vanskelig å gi generelle regler;

det må anvendes skjønn.[62] Et særlig alvorlig problem, som kommer opp i forbindelse med erkebiskop Eiriks konflikt med Sverre, er tilsynelatende uforbederlige syndere, som ber om å bli pålagt bot, men som ikke utfører den og ikke forbedrer seg. Hvor lenge skal man fortsette å pålegge bot? Her svarer pave Clemens III erkebiskop Eirik at man aldri må gi opp håpet for noen synder, så lenge han lever. Man må derfor fortsette å pålegge bot, selv om synderen har foraktet dette før.[63]

Den kanoniske rett, som fikk sitt store gjennombrudd på 1100-tallet og som vant innpass i Norge bl.a. gjennom Øysteins og hans etterfølgeres korrespondanse med paven, innførte en ny form for juridisk tenkning. Tidligere rett hadde vært basert på en blanding av lokal sedvane og forhandlinger mellom de ledende menn på stedet.[64] Kirkens rett bygget på idéen om en evig orden, fastsatt av Gud, samtidig som man var innstilt på å anerkjenne sedvanen der Guds lov ikke ga bindende bestemmelser. Man var også oppmerksom på at en del forhold i samfunnet kunne endre seg og at retten måtte tilpasse seg det. Konflikten mellom de to rettssystemene kommer klart til uttrykk i et brev fra Øystein til islendingene, antagelig fra 1179. Islendingene har innført hans tidligere påbud i loven som «nymæler», dvs. bestemmelser som skulle ha midlertidig gyldighet i tre år og så vurderes på nytt. Erkebiskopen påpeker at det her dreier seg om Guds lov, som alltid har vært gjeldende for kristne mennesker og at det ikke er opp til islendingene å anerkjenne den eller ikke.[65]

Øysteins og hans etterfølgeres korrespondanse med paven dreier seg om et hovedproblem i tidens juridiske tenkning: Hvordan skulle Guds rett, som i stor grad hadde form av allmenne prinsipper, tilpasses til det konkrete tilfellet som skulle avgjøres? F.eks. var et seksuelt incestforhold mellom svoger og svigerinne en stor synd, som på Øysteins tid ble straffet med at begge måtte skilles fra sine ektefeller uten noen sinne å få lov til å gifte seg igjen. Men hva hvis en mann har samleie med sin svigerinne uten å vite at hun er det? Dette spørsmålet retter Øystein til Alexander III og får til svar at han da kan fortsette samlivet med sin kone som om ingenting hadde hendt.[66] Et overordnet prinsipp i kirkeretten, som ble sterkere fremhevet fra 1100-tallet av, var at synd først og fremst var ond vilje og at uvitenhet dermed fritok fra straff. To viktige prinsipper i kirkeretten, som vi allerede har møtt i korrespondansen med paven, er at geistlige skal avholde seg fra vold og blodsutgytelse og – for så vidt i samsvar med dette – at lekfolk skal straffes strengere for drap på geistlige og vold mot dem enn for tilsvarende handlinger mot andre lekfolk. Men hva så om en geistlig har brutt påbudet om å avholde seg fra vold og så blir drept av en lekmann? Dette spørsmålet blir, i litt forskjellige former, flere ganger forelagt pave Clemens III (1187–91), trolig i sammenheng med urolighetene under borgerkrigene. Pavens svar bygger på tankegangen om at den geistliges eget lovbrudd kommer «til fratrekk» fra lekmannens synd. Man skal nøye seg med å pålegge ham en bot som er litt strengere enn om en lekmann var blitt drept.[67]

Et karakteristisk trekk, som går igjen både i de norske erkebiskopenes korrespondanse med paven på 1100-tallet og i senere kirkelig rettstenkning, er betydningen av om en synd er blitt offentlig kjent eller ikke. En biskop som har levd offentlig med en frille, skal avsettes.[68] En munk som har hatt samleie med en nonne, kan imidlertid få kirkelig ombud etter bot, hvis synden ikke er blitt offentlig kjent.[69] Tankegangen er den samme som i dagens katolske kirke, som i det siste er blitt utsatt for massiv kritikk for sin håndtering av presters seksuelle overgrep. Byråkratiske organisasjoner søker normalt å verne sine egne medlemmer og organisasjonens prestisje utad i størst mulig grad. Men kirkens praksis har også sammenheng med oppfatningen av synd og bekjempelsen av den. For det første betraktet man det faktisk som mer alvorlig å synde åpenlyst enn i hemmelighet. Kirken regnet det som normalt at folk syndet, men den forutsatte at de respekterte dens bud og gjorde opp for seg etterpå. En åpenlys synd kunne være uttrykk for manglende anerkjennelse av kirkens bud, og måtte dermed slås hardere ned på. Videre var hovedhensikten med kirkens botsdisiplin og strafferett ikke å gjengjelde den onde handling med en tilsvarende mengde lidelse – som i det gammeltestamentlige «øye for øye, tann for tann», men å bringe synderen til omvendelse og hindre andre fra å begå samme synd. Ut fra denne logikken gjorde bare det første hensynet seg gjeldende når synden var hemmelig; derfor kunne synderen raskt tas til nåde igjen etter anger og bot. Var den offentlig, måtte man også straffe av generalpreventive hensyn, slik Alexander III direkte formulerer det i tilfellet med biskopen med frillen. Man kan ikke ha kirkelige ledere med svekket omdømme, og det er nødvendig å straffe slike synder for å avskrekke andre fra å begå dem.

Kirkens rettstenkning fikk stor innflytelse, også på verdslig rett, i den følgende tiden. Både *Kongespeilet* (ca. 1255) og *Landsloven* (1274–77) er dypt preget av den.[70] Både når det gjelder hensiktens betydning og de generelle juridiske resonnementene, har den også påvirket moderne rett, selv om dagens rettspraksis overlater mindre til dommerens skjønn enn middelalderens kirkerett. Kirkeretten er også det fremste eller et av de fremste uttrykk for en generell tankegang som også kommer til uttrykk i tidens filosofi og teologi, en tankegang som bygger på deduksjon ut fra overordnede prinsipper. I en forstand er denne tankegangen grunnleggende forskjellig fra den som dominerer i vår egen kultur, og som legger større vekt på erfaring som kilde til kunnskap. Skal erfaringen gi virkelig kunnskap, må den imidlertid bearbeides systematisk, og på dette området er middelalderens deduktive logikk mindre fremmed for oss. Faktisk har denne logikken vært fremhevet som en del av forklaringen på at den vitenskapelige og tekniske revolusjon som danner grunnlaget for den kultur og samfunnsform vi lever i idag.[71]

Administrasjonen

Gjennom korrespondansen med paven trådte erkebiskop Øystein klart frem som kirkeprovinsens leder. Pavens svar må ha vært normgivende for hele provinsen, ikke bare for

Øysteins eget bispedømme. Av korrespondansen ser vi også at Øystein og hans etterfølgere tok avgjørelsen når en biskop på grunn av ekstraordinære forhold måtte erstattes (ovf. s. 56). Et av brevene fra Alexander III viser også at Øystein er blitt tilkalt av noen av de øvrige biskopene i provinsen for å avgjøre saker for dem; han får rett til underhold i slike tilfeller.[72] Hans korrespondanse med Island viser også at han har grepet inn i forholdene der.

Kildene fra Øysteins tid gir inntrykk av en aktiv kirkeleder som på en rekke måter grep inn i lokale forhold og, i den grad han fant det mulig, søkte å bringe forholdene i Norge i samsvar med de idealer den universelle kirkeledelsen sto for. Hvilket apparat hadde han så til å gjennomføre dette? Her forteller kildene lite. Organisatoriske spørsmål er for det meste fraværende i korrespondansen med paven, og vi har heller ikke administrative dokumenter fra det lokale kirkestyret av den typen som blir vanlig ca. hundre år senere. Bestemmelsene om bispe- og erkebispevalg i CN 4–5 antyder at domkapitlene fortsatt var svakt utviklet. Tendensen ellers i kirken gikk i retning av å overlate valget til dem. *Canones Nidrosienses* foreskriver derimot at alle biskopene skal tilkalles ved valg av erkebiskop og forutsetter at det kan bli aktuelt å velge en biskop eller en geistlig fra en annen kirke, mens det vanlige ellers, og senere også i Norge, var å velge et medlem av domkapitlet i Nidaros. Ved bispevalg er det, utenom domkapitlet, tale om resten av presteskapet, pluss munker. I begge tilfeller skal «folket» spørres, i samsvar med den gamle regelen om at biskoper skulle velges av «geistligheten og folket», en regel som på denne tiden var på vei ut. Det vi vet om praksis, bekrefter dette inntrykket. Både Øystein selv og hans to nærmeste etterfølgere kom utenfra, og ved de valgene kildene forteller om, har atskillig flere enn medlemmene av domkapitlet vært med, ikke minst kongen.[73]

Erkebiskop Øystein hadde stor forkjærlighet for augustinerne og brukte av sin egen formue til å grunnlegge et augustinerkloster i Konghelle, der han tidligere hadde vært prest. Han grunnla antagelig også augustinerklosteret på Elgeseter utenfor Nidaros.[74] Augustinerne var en orden av prester, som både kunne fungere som vanlige sogneprester og som kanniker ved kollegiatkirker og domkapitler. De var ofte aktive i reformbevegelsen på 1100-tallet.[75] Det er rimelig å tenke seg at Øystein har ønsket seg et domkapitel bestående av augustinere ved erkesetet, men vi har ikke noe som tyder på en slik plan er blitt satt ut i livet. Domkapitlet har øyensynlig vært et vanlig sekulært kapitel, der hver kannik hadde sin egen prebende, altså gods som skulle underholde ham (av lat. *pars praebenda* = den del som skal ytes). Først i 1253 fikk domkapitlet i tillegg et «felles bord» (*mensa communis*), altså gods som kannikene disponerte over i fellesskap. På dette tidspunkt hadde kapitlet minst 15 medlemmer.[76] Derimot har Elgeseter hatt nær forbindelse med domkapitlet.[77]

Av et brev fra pave Celestin III til Nidaros domkapittel fra 1196 fremgår det at Nicolaus Brekespeare hadde opprettet et dekanat og tre erkediakonater i erkestiftet.[78] Dekanen var vanligvis leder for domkapitlet, mens erkediakonene tok seg av den kirkelige rettspleien. At det skulle være tre av dem, kan antyde at det dreier seg om en distriktsinndeling, slik det var vanlig andre steder. At erkediakonene skulle ha oppgaver i rettshåndhevelsen, fremgår også av pavens brev, der han uttrykker sin forundring over at lekfolk dømmer i kirkelige saker og får en makt i åndelige saker som de ikke har rett til. Det er nærliggende i 1196 å tenke seg at klagen gjelder Sverres ombudsmenn, som godt kan ha skaltet og valtet med erkesetet i Eiriks fravær. Men paven hadde allerede to år før forbudt lekfolk å dømme i kirkelige saker, og han ser i dette tilfellet ut til å rette kritikken mot domkapitlet selv: hvorfor har de ikke fått slutt på denne praksis når de allerede har fått apparatet til det? Det er derfor mer sannsynlig, som Gunnes antar, at klagen gjelder lekfolk i kirkens tjeneste, de såkalte årmennene, som har tiltatt seg rettigheter de ikke har hatt.[79] I så fall kan de tre erkediakonatene være ubesatt. Vi hører ellers ikke noe mer om erkediakonater i Nidaros bispedømme, men derimot i flere av de andre bispedømmene i provinsen.[80]

Senere var *prostene* de viktigste ombudsmennene i den kirkelige rettshåndhevelsen. Dem hører vi første gang om i Oslo bispedømme i 1223, da det åpenbart må ha vært innført faste prostedømmer.[81] I løpet av 1200-tallet må så prostedømmet ha blitt vanlig over hele landet. I landskapslovene er derimot *årmannen* biskopens ombudsmann i slike saker. Årmannen var normalt lekmann, og i alle fall i begynnelsen antagelig en nokså underordnet tjenestemann. Prosten har hatt høyere status og må ha vært overordnet årmannen i de tilfellene de to ombudene eksisterte samtidig. Prosten skulle ifølge reglene være geistlig, men det forekom også lege proster. Innføringen av prostedømmet er uttrykk både for en styrking av den kirkelige rettshåndhevelsen og for utbyggingen av den kirkelige organisasjonen generelt, parallelt med det som skjedde i den kongelige administrasjonen gjennom utbyggingen av sysselmannsombudet.[82] At det ikke fantes proster på Øysteins tid, er et av flere vitnesbyrd om de enklere forholdene da.

Et viktig stridsspørsmål under konflikten med Sverre dreide seg om erkebiskopens følge. Erkebiskop Eirik hadde 90 væpnede menn, mens Sverre forbød ham å ha flere enn 30. Øystein kunne også mobilisere en betydelig styrke i kamp mot Sverre. Makt og status i middelalderen kom direkte til uttrykk i hvor mange menn man var omgitt av. Snorre utstyrer de to fremste stormennene han forteller om i *Heimskringla*, Erling Skjalgsson på begynnelsen av 1000-tallet og Gregorius Dagsson i 1150-årene, med et følge på nitti mann hver.[83] Erkebiskopens følge plasserte ham altså på linje med det absolutte toppsjiktet innenfor det verdslige aristokrati. Hvordan disse mennene var organisert og hvilke oppgaver de hadde, forteller kildene derimot ingenting om. Det var vanlig senere i middelalderen at erkebiskoper og biskoper hadde et stort antall lege ombudsmenn i sin tjeneste til forskjellige forvaltningsoppdrag. Slik gir det omfattende materialet fra Lund erkebispedømme i senmiddelalderen inntrykk av et komplisert system av forleninger og ombudsmenn i erkebiskopens tjeneste.[84] Erkebiskopen var en slags fyrste, som bygget opp et omfattende aristokrati i sin tjeneste, som han på forskjellige måter delegerte sin makt til. Materialet fra det norske erkesetet i senmiddelalderen er spinklere, men vi får et inntrykk av lignende forhold der. I sættargjerden i Tønsberg

Nordre tverrskips kapell, Nidarosdomen. Kapellet, som hører til den eldste delen av katedralen, er som den øvrige delen av tverrskipenes første etasje bygd i anglo-normannisk stil. Kapellet kalles i dag Kvinnenes kapell for krigens ofre. Foto: Nidaros Domkirkes Restaureringsarbeider.

The northern transverse chapel belongs to the oldest part of Nidaros Cathedral.

fra 1277 får erkebiskopen skattefritak for 120 menn i sin tjeneste, og i senmiddelalderen møter vi et helt aristokrati i erkebiskopens tjeneste, de såkalte setesveinene.[85] De har trolig hatt forskjellige lokale oppgaver i administrasjon, godsforvaltning, fiskehandel osv. Sammenligner vi forholdene på Øysteins tid med senmiddelalderen, får vi inntrykk av en lignende utvikling som med kongens hird: fra krigerfølge til adminstrasjonsapparat. Allerede på Øysteins tid må imidlertid erkebiskopen ha vært en viktig oppdragsgiver for det som fantes av aristokrati i Trøndelag og Nord-Norge, og i løpet av senmiddelalderen ble han nesten den eneste.

Sverres saga lar Sverre innvende mot valget av Eirik til Øysteins etterfølger at han hadde ord på seg for å være ødsel, men får til svar at det ikke var noe problem, siden erkesetet hadde rikelig med gods.[86] Ikke minst erkebiskopens følge antyder at dette er en riktig iakttagelse. Omkring 1150 må Nidaros bispestol har vært tilstrekkelig rik til at kardinalen har funnet det forsvarlig å opprette et erkesete. Kongelige gaver og privilegier – inkludert bøtene etter sølvverdi – pluss jordegods fra en serie erkebiskoper rekruttert fra fremtredende stormannsfamilier må ha styrket økonomien ytterligere.

Å tjene Ham er å herske

> *«Da vi etter råd fra de viseste menn har mottatt dette rikes krone og styret over det av Herrens hånd etter påkalling av Den hellige ånd ved Deres håndspåleggelse, ærverdige far Øystein, sømmer det seg at jeg, jo høyere min makt er og jo større friheten til å befale, blir desto mer ydmyk i alle seder og i mitt liv, og at jeg vier meg med evig lydighet i skyldig tjeneste til Gud, herrenes herre, ved hvem konger regjerer, og forplikter meg desto mer overfor ham; for å tjene ham er å herske, og hans tjeneste må regnes som den største fribårenhet.»*[87]

Det er den unge kong Magnus Erlingsson som sier dette, som innledning til serien av løfter til kirken og erkesetet i sitt privilegiebrev, antagelig utstedt noe senere enn kroningen, et dokument som har stått i sentrum for en omfattende forskning om forholdet mellom kirke og kongemakt i norsk middelalder.[88] Eldre forskning understreket motsetningen mellom kirke og kongemakt og så reformverket som en styrkelse av den første og en svekkelse av den siste. Nyere forskning har i betydelig grad modifisert dette bildet og i større grad pekt på samarbeidet mellom de to organisasjonene; med Kohts berømte utsagn: «Kyrkja kan vinne utan at staten tapar».[89] Grunnlaget for denne revisjonen er dels den marxistiske oppfatningen av en grunnleggende solidaritet mellom kirken og kongemakten i egenskap av jordeiende overklasse, dels en mer positiv oppfatning av Den katolske kirke enn den massivt protestantiske som dominerte i det 19. århundre. Også senere forskning har imidlertid funnet atskillig tautrekking mellom kirke og kongemakt både i privilegiebrevet og andre samtidige dokumenter. «Bak de underlige ordene ligger et presist geistlig maktkrav», kommenterer Johan Schreiner.[90] Eirik Vandvik har fulgt opp med en omfattende undersøkelse av brevets europeiske forbilder og et forsøk på å avgjøre hvem som vant og hvem som tapte av de to forhandlingspartene i 1160-årene.[91]

Den som har gjort mest for å forstå hva «de underlige ordene» egentlig betyr, er Torfinn Tobiassen, som i en stor artikkel har søkt å avdekke den kirkelige kongsideologi i Norge under Magnus Erlingsson.[92] Tobiassen plasserer denne ideologien inn i den samme sammenhengen som er skissert overfor, kampen mellom lys og mørke, Gud og Satan. På samme måten som Øystein skildrer Olavs bidrag til denne kampen i *Passio Olavi*, stiller han i privilegiebrevet Olav opp som Magnus' forbilde og oppfordrer ham til å kjempe «med ham som fører og som hans stridsmann ... for å opprettholde lov og rettferd». Tobiassen peker på at denne ideologien langt på vei er felles for kirken og kongemakten og dermed neppe uten videre er ment som grunnlag for «presise geistlige maktkrav». At kirken *også* stilte slike krav, er imidlertid klart nok, både for Tobiassen og andre. Dem er det nødvendig å se nærmere på før vi diskuterer reformverkets betydning for det generelle forholdet mellom kirke og kongemakt.

Et viktig punkt, som hadde stått sentralt i kampen mellom pave og keiser i Tyskland, gjaldt besettelsen av geistlige embeter. I Norge skal de tre kongene i sammenheng med opprettelsen av erkesetet ha frasagt seg retten til å velge biskoper, prester og abbeder (ovf. s. 55). Beleggene for dette er for det første Magnus Erlingssons privilegiebrev, der det henvises til et tidligere avkall, «slik at både bispeembeter og kirker skulle gis uten at kongene ble spurt».[93] For det andre er det oppregningen av den norske kirkes privilegier og rettigheter i pave Celestin IIIs brev av 15. juni 1194.[94] Her blir det satt forbud mot kongelig innblanding i bispe- og abbedvalg uten henvisning til noe spesielt dokument. Dessuten blir det uttrykkelig sagt at kongene tidligere har gitt avkall på patronatsretten, også til kapeller de selv har grunnlagt.

Motargumentene mot denne tolkningen fra miljøet omkring Sverre kommer til uttrykk i *En tale mot biskopene*. Her hevder forfatteren at han ikke tror at kongene i 1152/53 virkelig ga fra seg retten til å innsette geistlige, at hvis de gjorde det, måtte det skyldes den ekstraordinære situasjonen med tre samkonger, og at et eventuelt avkall var ugyldig, fordi ingen konge kan gi avkall på de rettigheter og plikter Gud selv har gitt ham.[95] Opphopningen av argumenter, som delvis slår hverandre i hjel, gir klart inntrykk av at forfatteren her er på usikker grunn, og underbygger egentlig de kirkelige kildenes påstand om at kongene i 1152/53 faktisk må ha gitt avkall på retten til å innsette geistlige. Derimot er det diskutabelt hvordan dette avkallet var utformet.[96] Presiseringene av det både i Magnus' privilegiebrev og Celestins brev gir inntrykk av å være tillegg i sammenheng med situasjonen da disse kildene ble til. At ordet patronatsrett (*ius patronatus*) skal ha vært brukt av de norske kongene i 1152/53, er i tillegg ytterst usannsynlig, ettersom det er belagt første gang i kirkerettslig terminologi i 1158.

Mest sannsynlig har avkallet i 1152/53 hatt en generell form, slik at det senere kunne diskuteres om kongen ga avkall på enhver råderett over kirker, eller om han gikk over fra å være «kirkeeier» til patron ifølge reglene i CN 1. Likevel er det oppsiktsvekkende at kirken oppnådde en slik seier så raskt og tilsynelatende med så liten konflikt. En mulig forklaring kan være situasjonen med tre konger, om enn på en noe annen måte enn i *En tale*s versjon. Hvis Inge, slik sagaene antyder, har hatt et godt forhold til kirken, ville han kunne se seg tjent med et slikt avkall, som ville styrke hans innflytelse i forhold til brødrene. Det heter nemlig at kardinal Nicolaus Brekespeare under sitt besøk kritiserte Sigurd og Øystein og tvang dem til forlik, mens han var vennlig mot Inge og kalte ham sin sønn.[97] Både Sigurd og Øystein hadde nemlig atskillig på samvittigheten som kunne få en kardinal til å reagere. Kongen er i det hele tatt ikke nevnt i bestemmelsene om erkebispe- og bispevalg i CN 4–5, men de generelle utsagnene om lekfolk åpner opp for en viss grad av kongelig innflytelse. Dette antydes også i et pavebrev til Øystein, trolig fra 1169, der Alexander III forbyr kongen å besette geistlige embeter, men likevel tillater at man ber om hans samtykke.[98] Det vi vet om praksis, antyder også sterk kongelig innflytelse, selv om *En tale* kan mistenkes for å overdrive den.

Et annet kirkelig krav var fritak fra deltakelse i krig. Den norske leidangsordningen gikk ut på at et visst antall gårder skulle stille en mann til deltakelse i krig når landet var angrepet, at de som ikke selv deltok, skulle utstyre ham med proviant, og at større distrikter skulle gå sammen om å bygge og vedlikeholde et leidangsskip. Allerede i landskapslovene ser det ut til at i alle fall sogneprester sto helt utenfor denne ordningen.[99] Dermed hadde de også en viss grad av skattefrihet, et privilegium som ble viktigere da leidangen gikk over til å bli en årlig skatt, som skulle utredes enten det var krig eller ikke. Kirken gjorde senere – i samsvar med det som var vanlig ellers i Europa – krav på vidtgående skattefrihet, et krav som ikke ble innfridd fullt ut, selv om erkebiskopen og biskopene oppnådde betydelige privilegier i sættargjerden i Tønsberg i 1277. CN 2 er fra dette synspunkt meget beskjeden og nøyer seg med fritak fra deltakelse i krig. Den går også meget langt i retning av å gi kongemakten verbal støtte til forsvaret av landet mot indre og ytre fiender (s. 56 og 69).

Mens kirken, i alle fall på det formelle plan, nådde svært langt når det gjaldt geistlige valg, sier kildene fra 1100-tallet forholdsvis lite om det som var hovedproblemet i forholdet mellom kirke og kongemakt fra midten av 1200-tallet, nemlig den kirkelige rettshåndhevelse. *Canones Nidrosienses* forbyr prester å underkaste seg jernbyrd. I stedet skal de avlegge nektingsed sammen med syv andre prester, eller færre, om biskopen tillater det. Dette kan peke i retning av en kirkelig domstol, men det kan også tenkes at biskopen oppfattes som anklager på tinget. Forbudet mot jernbyrd for geistlige i *Canones* blir bekreftet i et svar fra paven (ovf. s. 56). Derimot er paven mer vag når det gjelder jernbyrd generelt, og Øystein har heller ikke avskaffet den i Frostatingsloven.[100] Både dette svaret og et senere fra pave Clemens III[101] innskjerper indirekte at geistlige skal dømmes av geistlige domstoler.

Det sto strid om rettshåndhevelsen over geistlige under kong Sverre, men kirken kunne da ikke henvise til klare privilegier fra tidligere konger. Forklaringen må søkes i at problemet på 1100-tallet neppe var konkurranse med kongens rettshåndhevelse, som fortsatt var svakt utbygget.[102] Problemet var snarere å sette makt bak kirkens domsavgjørelser. Derfor ser vi i Magnus Erlingssons privilegiebrev at det erkebiskopen har vært opptatt av, var at kongen skulle straffe alvorlige forbrytelser mot kirken, i dette tilfelle overgrep mot pilegrimer til domkirken. Kirken arbeidet dessuten aktivt for å styrke den kongelige rettshåndhevelsen. Bl.a. er de nye og strengere straffene for brudd på landefreden i Magnus Erlingssons lovgivning trolig resultat av kirkens innflytelse. Når det gjaldt de vanligste verdslige domstolene, tingene, hadde kirken antagelig så vidt god kontroll at den ikke hadde interesse av frigjøre seg fra dem. Det ville sannsynligvis gjøre det vanskeligere å få respekt for dens avgjørelser.

På midten av 1100-tallet var dermed kirken ikke uten videre interessert i størst mulig uavhengighet av kongemakten, men i en sterk kongemakt som kunne styre i samsvar med dens egne prinsipper. Disse hensynene kommer til uttrykk i flere av dokumentene fra erkebiskop Øysteins og Magnus Erlingssons tid. I sin kroningsed lover Magnus lydighet mot pave Alexander III og hans lovlige etterfølgere, å respektere bestemmelsene fra 1152/53, å øve rettferdighet mot kirke, geistlighet og folk og å vise ærbødighet mot erkesetet og ikke kreve andre tjenester av den enn de som er hjemlet i «de hellige canones». Grunnlaget for kongens holdning til kirken kommer til uttrykk i en meget omdiskutert passus, der det heter at han i åndelige saker skal svare kirken ifølge bestemmelsene i de hellige *canones* når den ber om sin rett.[103] Dette har vært tolket som en henvisning til kirkelig rettshåndhevelse og som et løfte om å respektere kanonisk rett som overordnet den nasjonale. Hvor presist setningen skal tolkes, er likevel usikkert. «Genren», en kroningsed, er vanligvis ikke preget av særlig presise og konkrete bestemmelser. Men at kanonisk rett i generell forstand blir normgivende for kongens forhold til kirken, er likevel overveiende sannsynlig.[104]

De samme ideene kommer mer utførlig til uttrykk i Magnus' privilegiebrev. Her lover kongen igjen å opprettholde kirkens rettigheter og gir dessuten erkesetet flere økonomiske privilegier. Hovedinnholdet i dokumentet er likevel løftene om å styre som en rettferdig kristen konge (*rex iustus*) og en lydig kirkens sønn, en forpliktelse som konkretiseres i at Magnus overgir sitt rike til St. Olav og som tegn på det ofrer kronen til domkirken i Nidaros. Fra et rent maktpolitisk synspunkt ga kongen neppe avkall på særlig mye. Det finnes flere parallelle eksempler på slike lensunderkastelser fra andre land[105], og de kan tolkes vel så mye som uttrykk for styrkelse av kongedømmet som svekkelse av det. Situasjonen blir i mange tilfeller avgjørende for tolkningen, og den skal vi se nærmere på i det følgende.

I knappere, men politisk mer direkte forpliktende form kommer kirkelige idealer også til uttrykk i tronfølgeloven av 1163/64[106], som antagelig er blitt til på et møte i sammenheng med kroningen av Magnus Erlingsson. Loven fastsetter individualsuksesjon, motsatt tidligere sedvane om at alle medlemmer av kongeætten kunne kreve tronen og eventuelt dele makten mellom seg hvis det var flere av dem. Den krever at kongen skal være ektefødt, mens uektefødte medlemmer av kongeætten tidligere hadde hatt samme rett som ektefødte. Og endelig innstifter den et valgkollegium, der erkebiskopen og biskopene har det avgjørende ord.[107] Loven gir dermed kirken økt innflytelse over et viktig område. Det er mulig å se den som en tautrekking mellom kirkelige og verdslige interesser. Begge har hatt interesse av enekongedømmet, men kongemakten har vært tilhenger av arveretten, mens kirken har holdt på valgretten. Igjen blir det imidlertid situasjon og bakgrunn som blir avgjørende for forståelsen av interessene bak loven.

ALTARE HOC DEDICATVM EST AB AVGVSTINO ARCHIEPISCOPO ANNO PRIMO EPISCOPATVS EIVS. AD LAVDEM DNI NRI IHV XPI IN HONORE SCI IOHANNIS BAPTISTE. ET SCI VINCENTII MRIS. ET SCI SILVESTRI AN NO AB INCARNATIONE DNI MILLESIMO CENTESIMO LXI SEXTO KALENDAS : DECEMBRIUM. "Dette alter ble av erkebiskop Øystein i hans bispedømmes første år viet til vår Herre Jesu Christi pris, til ære for den hellige Johannes døperen og for den hellige Vincent martyren og for den hellige Silvester, år 1161 etter herrens fødsel, den 26 november." Dedikasjonsinnskrift i Johanneskapellet i Nidarosdomens søndre tverrskip. Her etter Martin Syrett 2002. Foto: Nidaros Domkirkes Restaureringsarbeider.

'This altar was dedicated by Archbishop Eysteinn in the first year of his episcopal office in praise of our Lord Jesus Christ, in honour of saint John the Baptist and saint Vincentius the martyr and saint Silvester, in the year of our Lord 1161 on the 26th November.' Dedication inscribed in St John's chapel in the southern transept of Nidaros Cathedral. .

Guds lov og menneskenes interesser

Kildene fra erkesetets første tid gir et overveldende inntrykk av et stort reformprogram, uttrykt i viljen til å organisere alle sider av samfunnets og det enkelte menneskets liv, fra bispevalg til prestenes antrekk, fra tronfølge til ekteskapsrett og fra drapssaker til knebøyinger i kirken. Hvis vi spurte tidens geistlige hvorfor de søkte å gjennomføre disse bestemmelsene, ville de utvilsomt svare at det var fordi det var i samsvar med Guds vilje. Både samtid og ettertid har imidlertid hatt mistanke om at også andre motiver lå bak. «Man kan gjerne ta samvittighetene med», sa Jens Arup Seip om det sterke engasjementet i kirkens reformprogram. «Så mangt går til hjertet, og mest det en lever av.»[108] Når Guds sak hadde fremgang, ble Hans tjenere her på jorden rikelig belønnet, og ikke bare i form av skatter i himmelen. Det var man også oppmerksom på i samtiden; der er mange klager over geistlighetens rikdom og pengebegjær. «Synder og feiltrinn som folk gjør, blir leid ut mot avgift», heter det i *En tale mot biskopene*[109], og lignende klager går igjen i andre land i samtiden. Geistligheten var en sterk gruppe, som, i likhet med andre grupper, både før og senere, kjempet for sine interesser.

Hvor gikk grensen mellom ideologi og interesse? Hva som egentlig foregikk i hodene på Øystein og andre prelater som ledet kampen for kirkens frihet, vet vi i de fleste tilfeller lite om. På den ene siden er det grunn til å tro at de i høy grad var opptatt av egne interesser. På den andre siden var det religiøse programmet neppe bare en fasade for disse interessene. Det kan ha vært store variasjoner fra person til person, men selve det religiøse verdensbildet må ha vært så integrert i de fleste menneskers tankeliv de neppe har sett noen grunnleggende motsetning mellom det og sine egne interesser. Og som vi også vet fra senere tider, er interessegrupper mest effektive når deres interesser har grunnlag i allment aksepterte verdier.

Dermed må vi se på sammenhengen og ikke bare motsetningen mellom ideologi og interesse. Fra et praktisk og materielt synspunkt var det som skjedde ved kristningen at en billig og ubyråkratisk religion ble erstattet av en dyr og byråkratisk. I det førkristne samfunn var trolig religionen, på samme måte som i kristen tid, grunnlag for politisk makt. Høvdingene oppfattet seg selv som gudenes ætlinger eller spesielt begunstiget av dem, og presiderte ved store offerfester. Men offerfestene var sammenskuddsgilder, trolig slik at høvdingene ytte ekstra mye, og offeret besto i hovedsak i at deltakerne konsumerte det som var samlet inn. I kristen tid ble høvdingene i religiøs sammenheng erstattet av et profesjonelt presteskap, som måtte underholdes av de troende. Det de troende fikk til gjengjeld, var kirkens åndelige skatter, overnaturlig hjelp mot problemer her på jorden og først og fremst hjelp til å nå det evige liv etter døden. Forutsatt at folk trodde på kirkens budskap, fantes det altså et bytteforhold mellom kirkens uendelige overskudd av åndelige skatter og de troendes begrensede overskudd av jordiske skatter. I tillegg hadde kirken inntekter ved at en rekke sentrale og prestisjegivende handlinger og skikker medførte gaver til den: dåp, ekteskap, begravelse, sjelemesser, proventkjøp osv. Samtidig var kristendommen ikke bare kultus, men inneholdt også en presist utformet lære og detaljerte moralske krav, forvaltet av en byråkratisk organisasjon som utgjorde et effektivt styringsapparat. Dette apparatet var gradvis blitt bygget ut i tiden frem til opprettelsen av erkesetet og fortsatte å ekspandere etterpå. Forutsatt at han kunne kontrollere det, var apparatet et nyttig redskap for kongen til å kontrollere befolkningen. Men hvordan kunne han stole på en kirke som hevdet at geistlige var lekfolks hyrder og overhoder og som truet geistlige med avsettelse hvis de hadde mottatt sitt embete fra en lekmann?

Var det kraften i kirkens argumenter som hadde fått en slik ordning i stand? Det kan nok ha hatt betydning, men vi må også, i samsvar med Kohts utsagn om at kirken kunne vinne uten at staten tapte, spørre hva kongedømmet fikk igjen for sine innrømmelser. Her må man ikke forestille seg kongedømmet i tidlig middelalder som noe i retning av senere tiders etablerte statsmakt. Fortsatt manglet kongen et administrativt apparat, var avhengig av «vennskap» og allianser med landets stormenn og kunne lett avsettes eller drepes hvis han fikk mektige krefter imot seg. Under slike forhold ville han, med et godt forhold til kirken, kunne få betydelig støtte av det kirkelige apparat. Den kongsideologi som Magnus Erlingsson bekjenner seg til i privilegiebrevet, understreker nok lydighet og underkastelse under Gud og kirken. Men samtidig understreker den kongens store makt over befolkningen som helhet. Kongen representerer Gud på jorden og har, som det senere heter i *Kongespeilet*, krav på den samme lydighet som Gud selv.[110] Denne tankegangen kommer synlig til uttrykk gjennom kroningen og salvingen, som løftet Magnus opp over vanlige stormenn og rivaliserende pretendenter som Guds utvalgte, som alle måtte bøye seg for. Vi kan dessuten peke på problemer som kirken bidro til å løse. Da Magnus Erlingsson ble kronet i 1163, sto motstanderne fortsatt sterkt, og Magnus' rett til tronen var svak. Hvis privilegiebrevet er blitt til omkring 1170, kan lensunderkastelsen ha vært et våpen mot den danske kong Valdemar, som hadde presset Erling Skakke til å gi seg overherredømme over Viken.[111]

De konkrete interessene kan utdypes ytterligere. Vi har ikke bare å gjøre med en allianse mellom institusjonene kongedømme og kirke, men med et parti, bygget på personlige bånd, der to ledere, Erling Skakke og Øystein Erlendsson, samarbeidet for å befeste sin makt.[112] La oss se nærmere på den som må være hovedpersonen i vår sammenheng, erkebiskop Øystein. Øystein stammet fra en av de mektigste slektene i Trøndelag.[113] Hans oldefar var islendingen Ulv Uspaksson, en av Harald Hardrådes krigskamerater fra Bysants, som senere ble hans stallare og en av de mektigste menn i Norge. Ulvs sønnesønn Sauda-Ulv sluttet seg under konfliktene fra 1130-årene av til Harald Gille og hans sønner. Hans sønn, Peter Byrdasvein, Øysteins tremenning, ble en trofast tilhenger av kong Sigurd Munn, og hans sønn igjen, Ulv Fly, sluttet seg til Sverre og ble lendmann hos ham. Øysteins far, Erlend Himalde (den late), ser ut til å ha holdt seg nøytral; i alle fall er han ikke nevnt i forbindelse med konfliktene. – Er dette grunnen til tilnavnet? Øystein selv har derimot sluttet seg til kretsen omkring kong Inge og vært hans kapellan og fehirde. Dette må rimeligvis ha vært grunnen til at Øystein ble erkebiskop, slik *En tale* hevder.[114] Denne kilden er riktignok klart propagandistisk og kan godt

ha overdrevet det ukanoniske i Øysteins valg, men selve sammenhengen er sannsynlig nok. Det er neppe grunn til å tvile på at Øystein virkelig var i Inges tjeneste, og i det tidsrommet Øysteins valg må ha funnet sted (mellom 1157 og 1161), har Inges parti stått sterkt.

Forholdet til «Magnuspartiet» var imidlertid ikke uten motsetninger. I et brev til Øystein, antagelig fra 1170, omtaler pave Alexander III at biskopen av Oslo er blitt drept og kritiserer kongen for ikke å ha straffet drapet.[115] Dette kan bygge på Øysteins opplysninger og være et forsøk fra hans side på å legge press på kongen, dvs. i praksis hans far, Erling Skakke, ettersom kong Magnus på denne tiden bare var 13 år gammel. Derimot er det ingenting i brevet som tyder på at riksstyret har stått bak drapet. Straffen, at den delen av bispedømmet hvor drapet skjedde, aldri skal besøkes av noen biskop, tyder helst på at det dreier seg om et lokalt opprør. At Øystein omtrent på samme tidspunkt spør paven om han kan bruke pallium ved kongekroning, kan umulig tolkes som uttrykk for at han har overveiet å avsette kong Magnus, slik Vandvik antar, men har snarere sammenheng med at han holdt på med å utarbeide av liturgiske bøker (ovf. s. 58). Hvis Øystein virkelig planla opprør mot den regjerende konge, ville neppe hans første tanke være å spørre paven hva han skulle ha på seg ved kroningen av hans etterfølger.

Det fremste eksempelet på spenning mellom Øystein og Magnuspartiet har vi i opplysningene om bakgrunnen for Magnus' kroning. I Håkon Sverressons forliksbrev til biskopene av 1202 henvises det som rettsgrunnlag for forholdet mellom kongen og kirken til hva «de eder vitner som ble svoret for legaten Fidencius da jarlen reiste strid med erkebiskop Øystein om den hellige kirkes frihet».[116] Andre kilder forteller mer om hva denne striden gikk ut på. Ifølge *Sverres saga* var en av grunnene til striden mellom Sverre og Øysteins etterfølger, erkebiskop Eirik, at erkebiskopen krevde inn bøter etter sølvverdi, mens kongen måtte nøye seg med vanlig myntverdi, som bare var halvparten. Ifølge Sverre var dette noe erkebiskopen hadde fått tillatelse til som vederlag for å krone Magnus til konge. I *Fagrskinna* og *Heimskringla* er dette utbrodert til en dialog mellom Erling og Øystein, som ender med en hestehandel: Erling godtar økningen i bøtesatsene, mot at Øystein kroner Magnus. Historien gir uttrykk for et sentralt element i birkebeinernes propaganda, som går igjen helt frem til *Håkon Håkonssons saga* (skrevet 1264/65): Magnus hadde ingen rett til å være konge, men måtte kjøpe seg kronen til gjengjeld for privilegier til kirken. Disse privilegiene var derfor ugyldige, samtidig som Sverre og hans etterfølgere hadde rett på all den ære som tilkom kongedømmet uten denne typen gjenytelser.

Det er derfor all grunn til å se med skepsis på denne tradisjonen. Som gammel tilhenger av Erling og Magnus hadde Øystein neppe noen motforestillinger mot å krone Magnus. Alt tyder dessuten på at kroningen var forberedt i god tid på forhånd; bl.a. kan legatens besøk ha hatt sammenheng med den.[117] Derimot må opplysningen i forliksbrevet om en strid mellom Erling og Øystein være korrekt. Håkon Sverresson kunne umulig henvise til eder som ble avlagt etter en slik strid uten at den hadde funnet sted. I og for seg er det heller ikke usannsynlig at den dreide seg om bøtesatsene. Og hvis Fidencius i brevet er feil for Stefanus, må striden ha funnet sted omtrent samtidig med kroningen, altså i 1163 eller muligens 1164. Men i stedet for kroningen som betaling for anerkjennelsen av de nye bøtesatsene, må vi tenke oss at det, som ved lignende anledninger senere, har funnet sted forhandlinger om kirkens rettigheter og privilegier i sammenheng med kroningen, og at Erling i denne sammenhengen har gått med på de nye bøtesatsene.

Tronfølgeloven kan delvis sees under samme synsvinkel. Heller enn å se den som resultat av tautrekking mellom kongemakt og kirke eller som uttrykk for et rent kirkelig program[118], kan det være grunn til å betone fellesinteressene, ikke bare mellom kirke og kongedømme som sådanne, men mellom erkebiskopen og det dynastiet som satt ved makten da loven ble til. Loven var nok uttrykk for spesifikt kirkelige idealer, i første rekke når det gjaldt valgbestemmelsene. Det kan tenkes at Øystein har ønsket et sterkere innslag av valg og Erling av arv. Eventuelle meningsforskjeller på dette punkt må imidlertid ha vært uvesentlige i forhold til den veldige vinning loven innebar for begge, at den gjorde partiets kandidat til den eneste lovlige konge og fordømte alle rivaler som kriminelle og opprørere. CN 2, der kirken stiller sine åndelige våpen til disposisjon for kongens kamp mot indre og ytre fiender, kan betraktes som en oppfølging av tronfølgeloven og henviser kanskje til og med direkte til den (ovf. s. 65). I *Sverres saga* hører vi at erkebiskopens menn aktivt deltok i kampen mot Sverre og at han lovet dem som falt i denne kampen det evige liv.[119] Og i *Heimskringla* forteller Snorre, tydelig sjokkert, at Erling lot sine motstandere dømme djevelen i vold.[120] Slik fordømmelse av politiske motstandere var noe helt nytt i Norge på 1100-tallet. Kunne man på denne måten både disponere kirkens ideologiske og militære maktapparat, var både kronofring, mel til Island og avkall på utnevnelse av geistlige vel verd prisen. Tross visse gnisninger var Erling og Øystein knyttet sammen med sterke lojalitetsbånd; innrømmelsene til kirken er ikke bare resultat av et kompromiss mellom kirke og kongemakt, men av en deling av byttet mellom lederne av det seirende parti.

Erkebiskop Øystein: Portrett av en kirkeleder

Reformene og oppbyggingen av erkesetet i siste halvdel av 1100-tallet fremtrer i svært stor grad som én manns verk, erkebiskop Øysteins. Det kan skyldes at så mye av kildematerialet stammer fra ham; vi kan ikke se bort fra at mer er skjedd før hans tid enn det vi vet om, eller at det dreier seg om en kollektiv innsats mer enn en enkelt manns. Uansett har imidlertid Øystein vært en betydelig skikkelse. Som vi har sett, må han ha vært drivkraften bak en stor del av reformverket. Han har vært aktiv som leder, ikke bare av sitt eget bispedømme, men også av hele kirkeprovinsen. Han har samlet biskopene til møter og forhandlinger, og han har grepet energisk inn i islandske forhold. Han har revidert Frostatingsloven, utformet det første norske provinsialstatutt, utarbeidet liturgiske bøker, inngått en nær allianse med kongemakten og skaffet kirken og erkesetet betydelige privilegier, og han har stått i nær kontakt med paven.

Olavantemensalet i Nidarosdomen er fra første halvdel av 1300-tallet. og er trolig malt i et verksted i Trondheim. I midten ser vi helgenkongen med sine atributter, øks og eple, og i sidefeltene Olav Haraldssons ferd mot martyriet på Stiklestad med etterfølgende skrinlegging og helliggjøring øverst i høyre felt. Foto: Nidaros Domkirkes Restaureringsarbeider.

This frontal c. 1300, called "Olavantemensalet", from Nidaros Cathedral, shows the martyrdom of St Olav at the Battle of Stiklestad 1030.

Også på det kulturelle området har han vært en sentral skikkelse. Som flere andre geistlige stormannssønner har han etter all sannsynlighet vært utdannet i utlandet, muligens i Paris.[121] Det har vært vanlig oppfatning at han er forfatteren av *Passio Olavi*, selv om det nylig er blitt reist tvil om dette.[122] Et av de eldste norske historieverkene, Theodoricus Monachus' *Historia de antiquitate regnum Norvagiensium*, er dedisert til ham og muligens blitt til etter hans initiativ. Og sist men ikke minst er han grunnleggeren av den nåværende Nidarosdomen og den som brakte den gotiske stilen til Norge, trolig etter oppholdet i England.[123]

Tradisjonelt har Øystein vært oppfattet som den glødende gregorianer. Senest kommer denne oppfatningen til uttrykk hos Arne Odd Johnsen[124], men den bygger på en lang tradisjon tilbake til 19. årh., da med negativt fortegn, men med positivt hos Johnsen. En nyere oppfatning, som sist og mest utførlig er blitt begrunnet av Erik Gunnes, ser derimot Øystein som den moderate og pragmatiske reformtilhenger, som kombinerer europeisk og norsk tradisjon og som har en klar bevissthet om hva det er mulig å få til.[125] Dette er et bilde som i stor grad bygger på de nyfunne kildene som først er blitt tatt i bruk i etterkrigstiden, *Canones Nidrosienses* og korrespondansen med paven. Dette bildet har også preget den foregående fremstilling. I tillegg har vi møtt Øystein, ikke bare som prelat, men også som stormann, med sterk lojalitet til ett av de stridende partiene i de indre konfliktene i landet.

Som med de aller fleste mennesker i Norge i middelalderen, er det vanskelig å få noe inntrykk av Øystein personlig. Vi har riktignok bevart et ikke helt lite materiale som med større eller mindre sikkerhet kan sies å stamme fra ham, men bare unntaksvis røper det særlig mye personlig egenart. Ved en anledning trer han imidlertid frem og forteller om seg selv, nemlig i *Passio Olavi*, som inneholder et mirakel som Øystein selv har opplevd, fortalt i første person.

Under arbeidet med domkirken kalte byggmesteren ham opp på toppen av muren for å diskutere et spørsmål om byggearbeidet. Da brast broen han gikk på, Øystein styrtet i avgrunnen – som den eneste av de mange som sto på den, for at han, for sine synder skyld, skulle tvinges til større omsorg for sitt liv og det ansvar som var pålagt ham.[126] Han slo seg kraftig mot karet som ble brukt til å male kalk og ble båret nesten livløs til sitt soverom. Der lå han, pint av angst og smerte. Den brukne hoften verket og ikke mindre verket det i sjelen ved tanke på at han ikke kunne være til stede ved festen for den hellige Olav, som skulle feires bare tre dager etter. Øystein ba da inderlig til Olav. Og da festdagen kom, overtalte omgivelsene ham til å la seg bære inn i kirken. Da han kom dit, ble han etter hvert bedre, og til slutt klarte han både å holde en lang preken og å følge hele gudstjenesten uten å bli trett. Gradvis fikk han også styrken igjen i føttene og ble til sist helt frisk.

Særlig mirakuløs er jo ikke denne historien. Øystein har trolig slått seg mindre alvorlig enn han i første omgang har trodd, og den raske helbredelsen ville vi umiddelbart forklare ut fra psykologiske årsaker. Det personlige preget historien har, forteller heller ikke nødvendigvis så mye om kjernen i Øysteins personlighet. Øystein åpner vinduet inn til sitt innerste, men han bestemmer selv hva han vil vise frem. Beretningen i *Passio Olavi* er ikke noe dagboksnotat, men del av en offisiell beretning om helgenens mirakler, skrevet til alminnelig oppbyggelse. Hadde Øystein tenkt på noe annet enn Olav den hellige og festen for ham under sitt sykeleie, ville han sikkert ikke ha fortalt det i en mirakelberetning. Her trer han frem som den fromme erkebiskop, som tolker fallet som et tegn fra Gud og helbredelsen som en gave fra Olav, og som sørger mer over å gå glipp av helgenfesten enn over smertene som følge av fallet. Men rent litterært har Øystein tydeligvis vært opptatt av å skildre miraklet ikke bare som en ytre begivenhet, men å få med sine egne reaksjoner. Han ønsker å fremtre som inderlig grepet av den tro og tilbedelse han står som den offisielle talsmann for. Han gir også uttrykk for et engasjement for kirkebygget og helgenfesten som, selv om det i og for seg ikke er spesielt personlig, kan stå som det offisielle selvbildet hos en prelat på 1100-tallet: Her har vi kjernen i den mangfoldige virksomheten, engasjementet i domkirken og den lokale helgen, som i sin tur leder over til engasjementet i den universelle kirke og dens reformprogram. I *Passio Olavi* skildrer Øystein kampen mellom lys og mørke; her skildrer han sitt eget bidrag til denne kampen på det lokale plan.

De forskjellige skriftene Øystein står bak og de forskjellige aktivitetene han deltok i, gir et sammensatt bilde, så sammensatt at det for moderne mennesker blir vanskelig å finne særlig mye felles i dem. *Passio Olavi* er full av de mest fantastiske mirakler – langt mer fantastiske enn historien om Øystein selv. Mange av de reglene og forskriftene Øystein prøvde å innføre i Norge virker umenneskelig strenge og uten særlig mye fornuftig mening for moderne mennesker. For Øystein og andre samtidige kirkeledere har de vært en del av Guds lov, som menneskene ikke kunne forandre på. Samtidig viser Øystein en klar sans for at reglene også må bestemmes ut fra hva som er mulig å få til og en på mange måter fleksibel og pragmatisk holdning i tolkningen av dem. I likhet med sin rådgiver, pave Alexander III, røper han også en rasjonell juridisk holdning til sine mange påbud og bestemmelser. Han prøver å se enkeltbestemmelser i lys av allmenne prinsipper og skjerpe eller mildne bestemmelsene ut fra handlingenes bakgrunn og omstendigheter.

Endelig er han ikke bare prelat, men også stormann, hvis handlinger bestemmes av rent menneskelige lojalitetsbånd. Hvor langt har han klart å forene disse to rollene? Har han oppfattet sin kamp for Erling og Magnus og sin kamp for kirken som to sider av samme sak, eller har han, som *Sverres saga* hevder, til sist måttet innrømme at han har kjempet for menneskelige interesser mer enn for Guds?[127] Vi vet det ikke. Vi må nøye oss med å konstatere at bildet er sammensatt og at religiøst verdensbilde og verdslige interesser var vevet inn i hverandre på en måte som har vært vanskelig å overskue, både for samtid og ettertid.

Samtidig skal avstanden mellom prelaten og stormannen ikke overdrives. En biskop på 1100-tallet tilhørte det absolutte toppsjikt i samfunnet, mange steder med fyrstelig rang. Han var normalt rekruttert fra aristokratiet, slik Øystein også var. Han disponerte ikke bare politisk, men ofte også militær makt, slik Øystein også gjorde. I motsetning til det samtidige verdslige aristokrati bygget hans makt likevel i større grad på «sivile» aktiviteter, religiøs funksjon, lærdom og rolle innenfor kirkens universelle hierarki. I det norske samfunn utgjorde det kirkelige hierarki en ny type autoritet, en makt som ikke var nedarvet, men som sprang ut av en posisjon i et organisert embetsverk. Etableringen av kirken som institusjon og utbyggingen av det kirkelige hierarki fra opprettelsen av erkesetet og utover bidro til en endring av maktforholdene i samfunnet, en mer abstrakt form for makt, bygget på forestillingen om et embete og dette embetets plass i et organisert hierarki. Dette systemet kom i neste omgang til å bli modell for det verdslig styringsapparatet.

Det er likevel ikke tale om noen fullstendig omveltning. Etter kirkelig teori skulle geistlige ledere være som Melchisedek i Det gamle testamente, uten slekt. Sølibatet var et bidrag til dette og førte i alle fall til at geistligheten ikke hadde legitime arvinger. Men personlige bånd, deriblant slektskap, fortsatte å spille en viktig rolle både hos geistlige og verdslige ledere. Ifølge Snorre var erkebiskop Øysteins mange venner og slektninger i Trøndelag en viktig forutsetning for at han fikk igjennom bestemmelsen om bøter til sølvverdi.[128] Er så disse slektningene og vennene i sin tur blitt belønnet med en andel av de inntektene de nye bøtesatsene innbrakte? Har de fått lukrative ombud i erkebiskopens tjeneste? Det vet vi ingenting om, men det er ikke usannsynlig. I alle fall var det slik biskoper og prelater handlet i resten av Europa. Trolig var det også slik det foregikk under erkesetets senere historie.

Den frafalne prest

Det kirkelige gjennombruddet under Erling Skakke og Magnus Erlingsson er ikke bare uttrykk for en allianse eller avtale mellom to samfunnsmakter, men også for at lederne for det seirende parti deler makten mellom seg. Denne situasjonen endret seg radikalt i neste fase, da «en liten og lav mann fra utskjærene», som Sverre Sigurdsson selv kalte seg, gjorde opprør mot Erling og Magnus og til sist, i 1184, etter seieren ved Fimreite, der Magnus Erlingsson falt, sto igjen som enekonge, i alle fall for en tid. Sverre kom fra det ukjente, ga seg ut for sønn av kong Sigurd Munn (død 1155), en av Magnuspartiets motstandere, og hadde tidligere vært prest, noe som ikke akkurat styrket hans kandidatur i kirkens øyne. Nå hadde kongemakten en annen «partifarge»; de tidligere lojalitetsbånd eksisterte ikke mer, og dermed ble grenseoppgangen et problem i en helt annen grad enn tidligere. Den innrømmelsen sagaen tillegger Øystein på dødsleiet kan nok være uttrykk for birkebeinernes propaganda, men det er riktig at Øystein også var partimann som erkebiskop. Omvendt, når Sverre hadde støtte av den andre ledende ætten i Trøndelag, Reinsætten, kan dette ha sammenheng med konkurranse mellom de to ættene om å være den ledende i området.[129] Mye av støtten til Sverre i Trøndelag kan videre ha sin bakgrunn i motstand mot Øysteins og erkesetets økende makt.

Øystein har øyensynlig holdt seg i ro de siste fem årene av sin embetstid, men forholdet mellom ham og Sverre har neppe vært hjertelig. Flere av hans slektninger deltok i den nye opprørsflokken mot Sverre, kuvlungene (1185–88).[130] Det behøver ikke nødvendigvis å bety at Øystein selv sympatiserte med dem, men når han insisterte på Eirik Ivarsson som sin etterfølger[131], er det i alle fall ikke noe tegn på forsoning. Eirik, biskop av Stavanger, var den av biskopene ved siden av Øystein som hadde vært sterkest engasjert i kampen mot Sverre, og det skulle snart vise seg at han var en steilere motstander enn Øystein selv.

Eirik Ivarsson var sønn av stormannen Ivar Kalvsson Skrauthanke, som deltok på Magnus Blindes og Sigurd Slembes side i slaget ved Holmengrå (1139) og senere ble biskop i Nidaros.[132] Eirik hadde studert ved St. Victor-klosteret i Paris, et av tidens ledende lærdomssentra, der også flere andre høytstående norske geistlige hadde oppholdt seg. Han ble biskop av Stavanger før 1171 og deltok senere aktivt på Magnus' side i kampen mot Sverre.[133] Som i Øysteins tilfelle vet vi ikke hva som gjorde at Eirik sluttet seg til Magnus-partiet. En mulighet er at han har tatt partistandpunktet i arv fra sin far. Det er riktignok vanskelig å peke på noen kontinuitet mellom motsetningene i 1130-årene og 1150-årene. Etter Inges død i 1161 ville det likevel være mer naturlig for gamle tilhengere av Magnus Blinde og Sigurd Slembe å knytte seg til Magnus Erlingsson, som var sønn av Magnus Blindes søster Kristin, enn en som stammet fra fienden Harald Gille. På den annen side tilhørte Ivars bror Jon Kada Haraldssønnenes parti – det var det som reddet Ivars liv da han ble tatt til fange i slaget – så slekten var altså delt i 1130-årene. Dermed kan Eiriks partistandpunkt også være personlig bestemt. I alle fall er det all grunn til å tro at fiendskapet mot Sverre har vært der fra begynnelsen av.

Hvorfor har ikke Sverre klart å hindre valget av Eirik? Ifølge sagaen lot han seg overtale, men det er mer sannsynlig at han ikke var i stand til å tvinge sin vilje i gjennom.[134] Trøndelag regnes som hans hovedområde, men sto han svakere der enn sagaen gir inntrykk av? Eller hadde kirken nådd lenger i uavhengighet enn ved forrige valg? Tidspunktet var i alle fall uheldig fra Sverres synspunkt, under kampen mot kuvlungene, som ble slått ned året etter.

Eirik kom tilbake til Norge sommeren 1189, og ikke lenge etter har striden med Sverre brutt ut. Riktignok har vi bevart en landefredsforordning utstedt av Sverre, Eirik og de øvrige biskopene i 1189/90.[135] Forholdet må imidlertid fort ha forverret seg, og dette førte til at Eirik allerede i 1190 forlot landet og dro til Danmark.

Ifølge *Sverres saga* begynte erkebiskopen straks etter at han var kommet tilbake fra palliereisen å preke mot birkebeinerne og refse dem med harde ord. Deretter oppsto det raskt uenighet mellom ham og kongen. Sagaen nevner i denne sammenheng to saker, bøtene til sølvverdi og patronatsretten, pluss at partene bygget sine argumenter på to forskjellige lover, Sverre på den gamle loven, *Grågås*, erkebiskopen på en lov han selv hadde laget og som ble kalt *Gullfjær*. Saken tilspisset seg da Sverre forbød erkebiskopen å ha større hird enn 30 menn. Sverre skaffet seg medhold på tinget og truet de overtallige hirdmennene med utlegd om de ikke forlot hans tjeneste innen fem dager. Dette førte så til at erkebiskopen forlot landet.[136]

Eirik selv gjør rede for stridsspørsmålene i sitt klagebrev til paven, skrevet straks etter ankomsten til Danmark.[137] Her er hverken bøtene eller hirden nevnt, men derimot patronatsretten. I tillegg kommer strid om bispevalget i Stavanger, der Sverre har forkastet et gyldig kirkelig valg med den begrunnelse at han selv ikke har vært til stede og avlagt den første stemme. Videre skal Sverre, i strid med kanonisk rett, ha krevd domsmyndighet over geistlige. Han skal også ha forlangt at erkebiskopen skulle krone ham. Erkebiskopen påstår videre at Sverre har appellert til paven, samtidig som han har konfiskert alt erkebiskopens gods for å hindre ham i reise til Roma for å tale sin sak der.

Begge kilder er partiske, og det er neppe mulig å få full klarhet over alle stridsspørsmålene. Som helhet er Eiriks brev mest pålitelig, både fordi det er skrevet kort etter begivenhetene og fordi det direkte har til formål å gjøre rede for stridens innhold. Når det gjelder valget i Stavanger, som også er nevnt i sagaen, men uten direkte sammenheng med den generelle striden, er fremstillingen i sagaen påviselig feilaktig. Sagaen hevder nemlig at Sverre motvillig gikk med på valget av Nikolas Arnesson, som imidlertid kort etter ble forflyttet til Oslo.[138] Eirik hevder derimot at han tvang igjennom valget av en annen. Dette må være Njål, som vi vet var biskop av Stavanger samtidig med Nikolas' forgjenger i Oslo, Helge, og som også deltok i kroningen av Sverre i 1194.[139] At Eirik ikke nevner sakene om hirden og bøtene etter sølvøre, kan muligens skyldes at han ønsket å konsentrere seg om det som var klare brudd på internasjonal kanonisk rett. At det virkelig sto strid om disse spørsmålene, er derimot sannsynlig.

Det er vanskeligere å forklare utelatelsene i *Sverres saga.*[140] At Sverre har ønsket å blir kronet allerede i 1189/90, er overveiende sannsynlig, likeledes at erkebiskopen, på grunn av problemene med Sverres byrd, har villet forelegge saken for paven. Her kan sagaen ha ønsket å fortie at det sto strid om dette, for ikke å så tvil om gyldigheten av den kroningen han til slutt oppnådde i 1194. Likeledes kan hensikten med den feilaktige fremstillingen av bispevalget i Stavanger ha vært å få Sverre til å fremstå som mer medgjørlig enn han virkelig var og dempe inntrykket av at det her dreide seg om en strid om kongens medvirkning ved bispevalg. Her blir det likevel så sannsynlig at forfatteren rett og slett har vært dårlig informert. Når det gjelder de prinsipielle spørsmålene, bekreftes erkebiskopens fremstilling av Sverre-partiets eget kamp-

Interiør fra Kapitelshuset i Nidarosdomen. Det ble påbegynt i 1160-årene og sluttført før 1188, da erkebiskop Øystein ble gravlagt her. Kapitelshuset er preget av både romansk og gotisk stil. Foto: Nidaros Domkirkes Restaureringsarbeider.

The construction of the interiors of the Chapter House in Nidaros Cathedral was started in the 1160s and ended before the burial of Archbishop Øystein in 1188..

skrift, *En tale mot biskopene*, som forfekter de synspunktene Eirik tillegger Sverre i enda mer tilspisset form.[141]

Sagaen er selvsagt tendensiøs, men det er ikke hele forklaringen på feilene og utelatelsene. Det er mulig at sagaforfatteren, som trolig skrev i 1220-årene, da Håkon Håkonsson søkte forsoning med kirken, har ønsket å dempe inntrykket av prinsipielle stridsspørsmål mellom kirke og kongemakt. Men forklaringen må også søkes, dels i at han ikke alltid har vært særlig godt underrettet og dels i selve sagenren. Sagaene handler ikke om juridiske stridsspørsmål, men om krig og heltegjerninger og personlige motsetninger. Forfatteren har derfor tatt med det nødvendig antall stridsspørsmål til å bygge opp fortellingen til et klimaks, bruddet mellom parten og erkebiskopens landflyktighet. Han har derimot ikke vært interessert i å gi en fullstendig redegjørelse for alle detaljer partene var uenige om.

At Sverre og erkebiskopen i løpet av striden har hatt ulike oppfatninger av en rekke prinsippspørsmål, er altså klart nok. Men dette forklarer i og for seg ikke at motsetningene ble så bitre og så snart ledet til brudd. Her er det nærliggende å søke forklaringen i gjensidig mistillit og partimotsetninger. Eirik var fra dette synspunkt en av mange stormenn som ikke ønsket Sverre på tronen, mens Eiriks fortid gjorde det vanskelig for Sverre å ha tillit til ham. Hvem som begynte striden, lar seg vanskelig avgjøre. Sagaenes opplysninger om Eiriks prekener mot birkebeinerne bekreftes av et brev der paven, trolig Clemens III (1187–91), svarer på en forespørsel fra erkebiskopen om hvordan han skal forholde seg til voldsmenn og røvere i Sverres hær som nekter å underkaste seg kirkelig bot.[142] Sagaen lar forøvrig flere ganger erkebiskopen anklage Sverres menn for vold og overgrep uten å tilbakevise beskyldningene.

Det fremgår imidlertid både av sagaen og Eiriks klagebrev at det er Sverre som direkte har forårsaket bruddet og tvunget erkebiskopen i eksil. Mye tyder også på at striden for en stor del skyldes en mer offensiv holdning fra hans side. Mens han sto for svakt til å hindre valget av Eirik, var han etter seieren over kuvlungene mot slutten av 1188 ubestridt herre i landet. De følgende årene var de roligste i hans regjeringstid. Det virker rimelig at han nå har benyttet anledningen til å øke sin kontroll over kirken og ta fra den noen av de fordeler den hadde vunnet under hans forgjenger. Tre av sakene, patronatsretten, bøtene etter sølvverdi og erkebiskopens hird, måtte dessuten være godt egnet til å mobilisere befolkningen i Trøndelag til fordel for Sverre. De to siste var selvsagt en økonomisk byrde for befolkningen. Når det gjelder bøtene, var forutsetningen for sympatien for Sverre selvsagt at saken ble løst ved at bøtene til kirken ble redusert og ikke ved at kongen også fikk sine bøter etter sølvverdi, slik sagaen antyder som en mulig løsning fra Sverres synspunkt.[143]

Patronatsretten må åpenbart ha vært en viktig sak, både for Sverre og befolkningen i Trøndelag. I *Sverres saga* heter det at det var gammel lov og sedvane at folk kunne la bygge kirker på gårdene sine på egen kostnad og ha råderetten over dem og sette prester til dem, men at erkebiskopen ville ha kontroll over dem straks de var vigslet.[144] Omvendt klager erkebiskop Eirik over at Sverre regner «dåps- og sognekirker» som ligger på gårdene hans for kongelige kapeller og forlanger å gi dem til hvem han vil. Det dreier seg her om to kategorier kirker.[145] «Dåpskirker» betyr i vanlig terminologi sentralkirker innenfor et stort område, fordi det i eldre tid bare var slike kirker som hadde rett til å forette offentlig dåp. Erkebiskopen må her sikte til fylkeskirkene i Trøndelag, som faktisk lå på kongsgårder, og som kan ha vært grunnlagt av kongen – i alle fall er det sikkert hva Sverre har påstått. De andre kirkene har vært de såkalte høgendeskirkene, dvs. «bekvemmelighetskirker», som stormenn bygget på eller i nærheten av gårdene sine for å slippe å dra lange veier for å komme til kirke. Slike kirker utgjorde det store flertall av kirker utover landet og kom etter hvert til å gå inn i den ordinære sogneorganisasjonen. Kontroll over slike kirker var både økonomisk og prestisjemessig viktig. Hadde man råderett over prestetilsettinger, kontrollerte man en attraktiv ressurs og kunne skaffe seg tjenester av den som fikk den. Dessuten var det vanlig at slike «kirkeeiere» selv innkasserte en stor del av kirkens inntekter. Dette ble særlig aktuelt etter at tienden var innført. Da kunne man investere litt av sin eiendom i å bygge en kirke, og så kunne man legge hånd på en stor del av den tienden bøndene i distriktet ga til kirken. CN 1 tar sikte på å bekjempe slike misbruk og sikre at kirkens inntekter ble brukt til kirkelige formål. Kirkeeierne hadde derimot interesse av å holde på den gamle ordningen, slik at Sverre kunne skaffe seg betydelig oppslutning fra aristokrati og storbønder i Trøndelag gjennom sin kamp mot kirken.

Det sentrale spørsmål fra Sverres synspunkt har antagelig vært kroningen. Den må for det første ha hatt stor ideologisk og symbolsk betydning i forhold til befolkningen, og Sverre må ha håpet at den ville gi ham en avgjørende fordel i forhold til potensielle motstandere. Den ville også være beviset på at erkebiskopen hadde oppgitt sin lojalitet til Magnus-partiet og overført den til Sverre selv. Slik ville han selv kunne nyte godt av tronfølgelovens og CN 2's fordømmelse av opprørere og fredsforstyrrere. Når tradisjonen fra Sverre-partiet fremstiller kroning av Magnus som betalingen for privilegier til kirken, reiser det uvilkårlig spørsmålet om hva Sverre selv var villig til å betale for å oppnå det samme. Så vidt vi kan se av kildene til striden, har han ikke vært villig til nye innrømmelser. Derimot kan hensikten med de øvrige stridsspørsmålene ha vært å få erkebiskopen til å gå med på å krone Sverre mot å få beholde de rettighetene han hadde oppnådd fra Magnus. Det ironiske i denne sammenhengen er at Sverre faktisk ble kronet, men at kroningen innledet den mest kritiske fasen av hans regjeringstid.

De første årene etter bruddet har Eirik ikke utgjort noen trussel mot Sverre. I disse årene har han også klart å plassere noen av sine tilhengere på landets bispestoler. Biskop Njål av Stavanger (1189/90–1207) har åpenbart vært hans mann, selv om vi ikke vet noe mer om ham. I 1194 fikk han sin hirdprest Martein valgt til biskop av Bergen. Derimot måtte han finne seg i valget av Nikolas Arnesson i Oslo i 1190. Nikolas tilhørte en stormannsfamilie som hadde vært sterkt engasjert på Magnus' side, og Nikolas hadde selv deltatt i kampen mot Sverre. Biskop Tore av Hamar, valgt 1189/90, har øyensynlig vært velvillig innstilt til Sverre. Etter hans død i 1196 ble imidlertid hans etterfølger innsatt av den landflyktige erkebiskop Eirik. I mellomtiden var nemlig vendepunktet skjedd, og striden mellom Eirik og Sverre var blitt til en alminnelig kirkestrid.

Etter å ha skaffet seg et velvillig bispekollegium, oppnådde Sverre å blir kronet 29. juni 1194.[146] Alle biskopene var da til stede, og hovedmann ved seremonien var biskop Nikolas, som ifølge sagaen på dette tidspunkt hadde et svært vennskapelig forhold til Sverre og var en av hans ledende rådgivere. En samtidig engelsk kilde, Roger av Hoveden, forteller imidlertid at Nikolas ble truet på livet for å utføre kroningen.[147] Det bør nok tas med en klype salt og kan gå tilbake på unnskyldninger som biskopen selv kom med etterpå. At Nikolas var under press, er imidlertid ikke urimelig. Sagaen forteller at han sto i ledtog med opprørsflokken øyskjeggene (1193–94) og at Sverre hadde rettet harde anklager mot ham, men til slutt hadde tilgitt ham.[148] Hvor mye det er i disse anklagene, er ikke godt å si, men de er i og for seg ikke usannsynlige. Sverre kan derfor ha presset Nikolas, mens de øvrige biskopene har vært velvillig innstilt til ham.

Kort før kroningen, den 15. juni, tok omsider paven, Celestin III (1191–98), stilling til striden mellom Sverre og erkebiskop Eirik i form av en stadfesting av alle den norske kirkes privilegier og rettigheter.[149] Senere, 18. nov. samme år, fulgte han opp med ekskommunikasjon av de biskopene som hadde kronet Sverre.[150] Dette fikk etter hvert biskopene til å forlate landet og forsone seg med Eirik, Nikolas i 1195, Njål i 1197 og endelig Martein i 1199. Det bidro også til den mest langvarige og farlige reisningen mot Sverre, baglerreisningen, som begynte i 1196 med biskop Nikolas som en av lederne. Her har rent kirkelige interesser og i første rekke pavens engasjement vært utslagsgivende for biskopene; de har ikke våget å motsette seg en pavelig ekskommunikasjon. Bare en av dem, Nikolas, har deltatt aktivt i kampen mot Sverre, og han har, som vi har sett, også hatt «verdslige» motiver.

Sverres saga forteller at Sverre sendte biskop Tore av Hamar og Rikard Svartemester, trolig en engelsk benediktiner, til Roma og at de der fikk brev fra paven hvor han ga Sverre rett. Budbærerne døde på tilbakereisen, men brevet ble senere overbrakt Sverre. Sagaen slutter sin fremstilling av konflikten med kirken her og fortier dermed den bitre striden som raste helt til Sverres død.[151] Celestins etterfølger, Innocens III (1198–1216) engasjerte seg enda sterkere i kampen mot Sverre og la også landet under interdikt. Den rimeligste forklaringen på sagaens opplysning om et pavebrev til støtte for Sverre er at det dreier seg om en forfalskning. Innocens nevner direkte dette som forklaring på eventuelle påstander fra Sverre om pavelig støtte.[152]

Kompromiss og ekspansjon

Situasjonen var fastlåst til Sverres død 9. mars 1202, men konflikten ble avsluttet bemerkelsesverdig fort deretter. Etter råd fra Sverre på dødsleiet innledet hans sønn og etterfølger Håkon forhandlinger med biskopene allerede sommeren 1202. Et udatert forliksbrev ble trolig utferdiget da. Håkon lover her å anerkjenne kongenes tidligere løfter og privilegier til kirken «uten skade for mitt kongedømme og all kongelig heder», mot at kirken anerkjenner ham som lovlig konge. Brevet går ellers ikke i detalj om konkrete rettigheter. Det kan derfor neppe tolkes som en kapitulasjon, som enkelte forskere har gjort, men snarere som et kompromiss, holdt i nokså allmenne vendinger som kunne få begge parter til å avslutte konflikten uten å miste ansikt.[153] Sommeren 1203 oppnådde Håkon også forlik med baglerne og var anerkjent som konge over hele landet den korte tiden frem til sin død nyttårsdag 1204. Selv om striden mellom birkebeinere og baglere brøt ut igjen etter Håkons død, var kirkestriden slutt. Med unntak av biskop Nikolas var biskopene nå nøytrale.

Erkebiskop Eirik og de øvrige biskopene vendte tilbake til Norge etter forliket. Eirik må nå ha vært en gammel mann og hadde dessuten i mange år vært blind. Han resignerte derfor som erkebiskop i 1205 – han døde først i 1213. Hans etterfølger ble Tore, tidligere kannik i Oslo og i likhet med Eirik medlem av kommuniteten i St. Victor i Paris. Eirik hadde anbefalt ham som sin etterfølger, noe som, sammen med tilknytningen til St. Victor, antyder at hans kirkelige innstilling har vært tilsvarende Eiriks. Muligens er han til og med identisk med historieskriveren Theodoricus Monachus[154], som tilegnet sitt verk til erkebiskop Øystein, men som kanskje var mindre opptatt av å kjempe for kirkens privilegier enn Øystein og Eirik.[155] I alle fall har Tore holdt seg nøytral i konflikten mellom birkebeinere og baglere.

Ved selve valget ser derimot ikke birkebeinerne ut til å ha oppnådd noe mer i 1205 enn i 1188. Til tross for at Trøndelag det meste av tiden imellom hadde vært en solid bastion for dem, hadde de ikke fått kontroll med erkesetet. En mulig forklaring kan være at også valget i 1205 falt på et uheldig tidspunkt fra deres synspunkt, like etter et omstridt kongevalg, som resulterte i at den nokså svake Inge Bårdsson ble konge, men måtte dele makten med sin halvbror Håkon Galen, som ble jarl. Først i 1214 kom gjennombruddet, med valget av Guttorm Gudmundsson. En tilfeldig passus i *Sverres saga* røper «partifargen». Hallvard Skygna «bror av Guttorm som senere ble erkebiskop», hadde kommandoen i Nidaros da baglerne overfalt og erobret byen i 1197.[156] Av Guttorms holdning under kongevalget i 1217-18, der han støttet Skule[157] er det også nærliggende å slutte at han hadde tilknytning til Reinsætten. Navnet tyder dessuten på at han har tilhørt denne ætten – Inges og Skules bestefar het jo nemlig Guttorm. Guttorms lojalitet mot Reinsætten var imidlertid ikke sterkere enn at han ut fra erkesetets interesser var nødt til å komme til en ordning med den som vant kampen om kongemakten, nemlig Håkon Håkonsson. Som den dyktige politiker han var, har den unge Håkon selv bidratt til dette ved å fornye Magnus Erlingssons myntprivilegium til erkesetet, trolig i 1222. Og på det store møtet i 1223, der tronfølgespørsmålet ble endelig avgjort, skildrer sagaen Guttorm som den som offisielt slår fast at Håkon er den rette konge.[158]

Vi har dermed neppe å gjøre med et like nært forhold mellom erkesetet og en bestemt ætt eller et bestemt parti nå som under Magnus Erlingsson. Langt på vei skyldes dette at partimotsetningene ble mindre skarpe fra begynnelsen av 1200-tallet og til slutt forsvant helt. Men det skyldes også at erkesetet i større grad trådte frem som en rent kirkelig institusjon og geistligheten som en egen stand. Fra pavelig og reformkirkelig hold var det et viktig mål å skape en sterk kirkelig korpsånd gjennom felles utdannelse, hyppig kontakt mellom kirkeledelsen i forskjellige land, felles språk (latin) og felles boklig kultur, som skilte geistligheten fra lekfolket. En slik utvikling har nok også foregått i Norge, selv om vi ikke vet så svært mye om den. Om den reformkirkelige glød er blitt så mye sterkere enn den var på Øysteins tid, er derimot mer tvilsomt; mye taler for at det var hans og Eiriks periode som var den heroiske tid i erkesetets historie.

På 1200-tallet ble imidlertid reformprogrammet forankret i et sterkere organisatorisk apparat, samtidig som erkesetets rikdom fortsatte å øke. Allerede på 1200-tallet var det trolig den rikeste institusjon i landet nest etter kongen.

Dermed var det vanskelig å tenke seg at enkelte stormannsslekter kunne skape permanente allianser med erkesetet eller dominere det. Og selv om et medlem av en stormannsslekt eller en av kongens klienter skulle bli plassert på erkesetet, er det lite sannsynlig at vedkommende ville føle noen permanent lojalitet mot den som innsatte ham. Han kontrollerte nå ressurser som var mye større enn en eventuell «oppdragsgivers» og ville derfor være mer tilbøyelig til å handle som leder av erkesetet og kirkeprovinsen enn som tilhenger av en patron.

I tillegg kommer at erkebiskopens personlige makt ble begrenset ved at domkapitlet vokste frem til en sterk korporasjon, som valgte erkebiskopen og som han måtte dele sin makt med.[159] Dette førte ikke nødvendigvis til at erkebiskoper og kanniker utelukkende ble valgt ut fra fromhet, lærdom eller andre objektive kriterier, men snarere til at det ble erkebiskopen og kannikene snarere enn grupper utenfor kirken som konkurrerte om posisjonene ved erkesetet. I stedet for å være klienter under konge eller verdslige stormenn, ble erkebiskopen og domkapitlet selv de viktigste patronene i erkestiftet, og det meste av det som fantes av stormenn i regionen ble knyttet til erkebiskopens tjeneste.

Denne utviklingen bidrar til å forklare kirkens styrkede stilling i samfunnet utover på 1200-tallet. Biskopene ble nå valgt av domkapitlene, men likevel under en viss hensyntagen til kongens interesser.[160] Kirken beholdt privilegiene fra Magnus Erlingssons tid og styrket ytterligere sin stilling på en del områder. Den utbygget sitt rettshåndhevelse, men kom her i konflikt med kongens, som var i sterk ekspansjon fra omkring midten av århundret.[161] Det er sannsynlig at ekteskapet, etter kirkens definisjon, styrket sin stilling fra 1200-tallet og utover, selv om folk neppe begynte å leve etter kirkens seksualmoral. Frillevesenet ser ut til å ha fått mindre betydning, paradoksalt nok unntatt når det gjeldt kirkens egne tjenere. I praksis førte nemlig sølibatet til at prestene hadde friller i stedet for legitime hustruer.[162] Patronatsretten hører vi lite om på 1200-tallet, og det tyder helst på at kirken nådde frem med sine krav. Dette står i klar motsetning til forholdene på Island, det det sto bitter strid om dette spørsmålet gjennom det meste av 1200-tallet.[163] Forskjellen kan forklares ved at de islandske bispesetene, i motsetning til de norske, var små og fattige og ofte dominert av lokale stormenn. Først da de henimot midten av 1200-tallet kom under norsk kontroll, kunne de sette tyngde bak sine krav. De norske bispesetene og særlig erkesetet var allerede på 1100-tallet langt sterkere. Når den norske erkebiskopen var blitt den sentrale patron for stormennene i Trøndelag, var det neppe taktisk lurt å protestere mot hans kontroll over lokalkirkene, men snarere å skaffe seg del i hans makt og inntekter ved å gå i hans tjeneste.

Kanselli og katedral

Utgangspunktet for det foregående har vært det kirkelige reformprogrammet som ble lansert i Norge i sammenheng med opprettelsen av erkesetet, og som ble utbygget ytterligere i den følgende tiden, i første rekke av erkebiskop Øystein. Tross utfordringen fra kong Sverre ble programmet videreført utover 1200-tallet, og på enkelte områder fikk kirken til og med ytterligere privilegier. For så vidt kan reformprogrammet fra midten av 1100-tallet betegnes som en suksess.

Var det også en suksess i åndelig og religiøs forstand? Her kommer vi igjen inn på motivene bak det kirkelige reformprogrammet på 1100-tallet. Viktigere enn å forsøke å skjelne mellom idealistiske og egoistiske motiver hos de enkelte geistlige er imidlertid spørsmålet om hvilken betydning hele programmet hadde for samfunnet som helhet, både i Norge og i resten av Europa. Det hierarkiske system som Anastasius IV skisserer i fundasjonsbrevet, kom et godt stykke på vei til å prege samfunnet fra høymiddelalderen av, både i Norge og i resten av Europa, om enn langt mindre velordnet og harmonisk enn i pavens idealbilde. Verdslige administrasjoner, både i Norge og andre steder, gjorde utstrakt bruk av geistlige i sin tjeneste og av rettsprinsipper og administrative rutiner utviklet innenfor kirken. Mer grunnleggende var trolig byråkratiseringen av religionen medvirkende årsak til byråkratiseringen av samfunnet som helhet. I denne forstand var programmet en forutsetning for apparatet snarere enn omvendt. Den type religion kirken sto for, var i stand til å begrunne et sterkere administrativt apparat og et sterkere samfunnsmessig hierarki enn den gamle religionen.

Erkesetet er for lengst forsvunnet, og Den katolske kirke i Norge er i dag tallmessig ikke mer enn en sekt, som dessuten ikke kan føre sin direkte historie lenger tilbake enn til 1843. Det byggverket Øystein påbegynte, står imidlertid fremdeles, riktignok med en lang og til dels tragisk historie bak seg av forfall, ombygging og restaurering. Akkurat de delene Øystein direkte kan ha hatt ansvaret for, hører imidlertid til de best bevarte, og leder tanken hen på den ivrige byggherren som diskuterte utformingen av sitt livsverk med arkitekten, da broen han sto på plutselig brøt sammen.

Katedralen, særlig den gotiske, står som det fremste symbolet på middelalderen og er også uttrykk for sentrale trekk i tidens tenkning. De enorme vinduene skulle fange opp lyset, som var symbolet på Gud og som sto i motsetning til mørket, på samme måte som i de kontrastene Øystein skildrer i *Passio Olavi*. De svimlende høydene og oppbygningen av kirken ledd for ledd er uttrykk for den samme hierarkiske tenkning som kommer til uttrykk i pave Anastasius' skildring av kirkens oppbygning. Katedralen Nidarosdomen har til og med direkte vært tolket som et arkitektonisk uttrykk for den skolastiske tenkning[164], som i prinsippet er av samme art som den juridiske tenkning vi har møtt i erkebiskop Øysteins korrespondanse med paven. Og på samme måte som katedralen forener det himmelstrebende og ekstatiske med nøktern kalkyle av proporsjoner og mengder som skal til for å få dette kompliserte byggverket til å stå, forener tidens tenkning troen på himmel og helvete, Gud og Djevel, de mest fantastiske mirakler og en nøktern, tørr, rasjonell juridisk tenkning som søker å utlede presise regler for handling og avgjørelse av enkeltsaker av overordnede prinsipper. Det siste er vel det som i størst grad har preget det samfunn vi i dag lever i; det første det som fascinerer oss mest.

117 Gunnes 1996: 89–98; Sandaaker, HT 77, 1998: 181–96.
118 Mens Tobiassen 1964: 221–58 analyserer loven som uttrykk for kirkelige idealer med vekt på valgkongedømmet, prøver Holmsen 1965 å vise hvor sterkt arveretten tross alt sto, og i denne sammenhengen å vise hvilke deler av loven som skyldtes Øysteins innflytelse og hvilke Erling Skakkes.
119 *Ss.* kap. 38: 42 f.
120 ME kap. 10; Bagge 1991: 122.
121 Gunnes 1996: 31–40.
122 Mortensen 2000 antyder at mirakelsamlingen snarere er et kollektivt verk, der Øystein bare har skrevet en mindre del. Ekrem 2000: 138–41 argumenterer for at hoveddelen av *Passio*, inklusive Olavs vita, er eldre enn Øysteins tid.
123 Danbolt 1997: 83–100 m. henv.
124 Johnsen 1955: 60–140.
125 Gunnes 1996: 170–72 o. fl. st.; jfr. også Skånland 1969: 181–85.
126 «Peccatis meis exigentibus ut uite et iniuncte sollicitudinis cautior redderer, ceteris ponti et machinis adherentibus, solus in precipicium feror»(*Passio Olavi*: 104).
127 Ifølge sagaen innrømmet Øystein på dødsleiet at han hadde «handlet mer ut fra personlig fiendskap enn ut fra det han visste var rett for Gud» («at hann hefði meira af tekit um motgang við sic en sva at hann vissi at þat væri guðrettlict», *Ss.* kap. 107).
128 ME kap. 16.
129 Bård Guttormsson på Rein nevnes første gang som Sverres lendmann under slaget ved Nordnes i 1181 (*Ss.* kap. 54). Han ble gift med Sverres angivelige søster Cecilia, og hans sønner Inge og Skule kom senere til å spille en sentral rolle på birkebeineres side. Inge var konge 1204–17 og Skule tronpretendent 1217–23 og 1239–40 og jarl og senere hertug 1217–39.
130 Munch 1857: 198; Opheim 1996: 76 f. Opheim antyder også at flere av de senere opprørsflokkene mot Sverre, ikke bare baglerne, hadde tilknytning til kirkens menn (*ibid.*: 77 f.).
131 *Ss.* kap. 108: 114.
132 HS kap. 10.
133 Han tok imot Magnus etter nederlaget i slaget ved Nordnes i 1181 og ga ham mannskap så han kunne gjenerobre Bergen (*Ss.* kap. 59: 62).
134 *Ss.* kap. 108: 114.
135 NgL I: 52. Johnsen 1955: 154 ff. mener at forordningen helt eller delvis er en forfalskning, fordi Eirik umulig kan ha anerkjent Sverres kongedømme. Helle 1972: 125–26 argumenterer overbevisende mot dette.
136 *Ss.* kap. 112, 117.
137 LD nr. 28.
138 *Ss.* kap. 111.
139 DN XVIIB: 232 f.
140 For det følgende, se Bagge 1996: 74–80.
141 Gunnes 1969: 149–229; Bagge 1987: 143–45.
142 LD nr. 26.
143 *Ss.* kap. 112: 119.
144 *Ss.* kap. 117: 122.
145 For det følgende se Bagge 1976: 34–43 og Skre 1998: 1–19.
146 *Ss.* kap. 123.
147 *Chronica* 3: 271; jfr. Munch 1857: 277 f.
148 *Ss.* kap. 123.
149 LD nr. 29.
150 Ekskommunikasjonen er nevnt i et brev til paven fra abbed Vilhelm av Ebelholt (LD nr. 30).
151 *Ss.* kap. 124, 128; jfr. Gunnes 1971: 280–83, som ikke utelukker at det kan være noe i denne versjonen.
152 LD nr. 37a (6. nov. 1198). Det heter her at en rekke forfalskere nylig er blitt grepet med falske segl og at slike folk må stå bak eventuelle pavebrev til fordel for Sverre.
153 NgL I: 444 f. Dette er den vanligste oppfatningen (bl.a. Helle 1974: 95 og Bagge 1976: 47 f.). Bugge 1916: 216; Johnsen 1955: 180 f. og Blom 1967: 126 tolker det derimot som en seier for kirken. Brevet regner opp de kildene som skal være retningsgivende for forholdet mellom kirke og kongedømme, i første rekke kongenes anerkjennelsen av kardinalens reformverk i 1152/53, men sier ingenting om innholdet i dem. Det nevner dessuten bare Magnus Erlingsson stadfestelse av disse bestemmelsene, ikke hans egne privilegier. Omtalen av «edene som ble sverget for legaten … da jarlen reiste strid … om den hellige kirkes frihet» kan imidlertid være en anerkjennelse av erkebiskopens rett til bøter etter sølvverdi.
154 Johnsen 1955: 184.
155 Bagge 1989: 129–31 m. henv.
156 *Ss.* kap. 161.
157 *Hákonar saga* kap. 14–16; Helle 1974: 106–08.
158 *Hákonar saga* kap. 100; Helle 1972: 137 og 1974: 110 f.; Bagge 1996: 100 f.
159 Et uttrykk for denne utviklingen er at domkapitlet senest fra 1225 hadde sitt eget segl (Blom 1997: 155). Forholdet mellom erkebiskop og domkapitel kommer ellers særlig klart til uttrykk i striden mellom dem omkring 1300, der domkapitlet seiret. Den er i senere tid behandlet av Joys 1955: 342–61 og Blom 1997: 155–58, men kunne utvilsomt fortjene en grundigere undersøkelse. Jfr. også Hamre, ndf.
160 Joys 1948: 190–247.
161 Bagge 1981: 151–55.
162 Gunnes 1982; Holtan 1996 69–123; Bagge 1998: 123–30, Gunnes 1982; Holtan 1996: 69–123;.Bagge 1998: 123–30
163 Stefánsson, 2000: 9–16 og *passim*.
164 Panofsky 1976.

Summary

This chapter focuses on the first part of the history of the archbishop's see, from its foundation to the end of the church struggle in the early 13th century. The introduction considers two widely discussed issues. The first applies to the background for the establishment of the archbishop's see. A combination of domestic conditions and the policy of the curia is considered. The latter regards the long-term expansion of the organization of the church, rather than the immediate problems in relation to Germany and the archbishop of Hamburg-Bremen, which Arne Odd Johnsen has paid attention to. The second issue concerns the dates of the collection *Canones Nidrosienses*, which includes stipulations about patronage rights, church elections, the exemption of clerics from active duty and prescriptions for the proper conduct of clerics, among them recommendations for the introduction of celibacy. The conclusion is in accordance with the most widely held view in recent research, that Archbishop Øystein is probably the author and that the document was produced during the 1160s, possibly in connection with the coronation of Magnus Erlingsson in 1163 or 1164.

The main part of the chapter discusses the reforms implemented in the first decades following the establishment of the archbishop's see, with emphasis on Øystein's period as archbishop, concluding in an attempt at describing the programme of the church and Archbishop Øystein in his roles as religious reformer and church leader, as well as politician. In both fields, the complexity and diversity is highlighted. The church, represented by the higher clerics, clearly appears as a group whose interests were served by the introduction of the reform programme. At the same time, its policy was rooted in the belief in a programme promoting the coming or reappearance of the right world order, which had a significant appeal outside the group itself. In practical terms, this is most evident in the strong belief in the law. This was not only conceived as a collection of absolute commands with supernatural sanction, but rather a unified system based on rational principles which were to determine the concrete decisions. This was of decisive importance for the later development of the legal philosophy. The relationship between the church, and in particular Archbishop Øystein, and the monarchy must be studied on basis of the reform programme, with Øystein's connection to the party supporting Magnus Erlingsson and his father Erling Skakke being another important factor. This does not merely reflect an alliance between the church and the monarchy, but also the victorious party sharing the spoils.

However, this also provides the background of the conflict with King Sverre, where the monarchy demanded close control of the church, but beneath the surface was the real problem of mutual distrust between the two parties and the unwillingness of the church to give Sverre the same recognition as his opponent Magnus. The death of King Sverre in 1202 solved this problem in many ways, and in the period that followed, the church and the archbishop's see assumed a more neutral attitude towards the internal conflicts. The definite end to its connections with the following of Magnus was marked by the election of Archbishop Guttorm in 1214, who was related to the followers of King Sverre. This still did not mean that the archbishop's see had won a new royal patron. On the contrary, the increasing wealth and organizational strength of the institution made the archbishop himself the primary patron of the secular aristocracy in the region, as the archbishop's see was hardly vulnerable to domination by a secular force, not even the monarchy.

KONKORDAT – KONFLIKT – PRIVILEGIUM

Sættargjerden som indikator på forholdet stat – kirke fra Magnus Lagabøter til Christian I (1273–1458)

Eldbjørg Haug

I januar 1458 holdt kong Christian I et nordisk riksrådsmøte i bispebyen Skara i Sverige.[1] Han hadde nylig avløst Karl Knutsson Bonde som svensk konge og dermed blåst liv i treriksunionen. På møtet deltok selvsagt det norske riksrådet, og en rekke betydningsfulle saker stod på dagsordenen. Viktigst for kongen var det trolig at riksrådet på Skaramøtet forpliktet seg til å velge og hylle kongens eldste gjenlevende sønn når faren døde.[2] Bergenstraktaten fra 1450, som ble inngått mellom det norske og det danske riksrådet med samtykke fra kong Christian, og som skulle komme til å danne det rettslige grunnlaget for unionen mellom Norge og Danmark fram til 1814, hadde gitt riksrådene fritt valg mellom kongens sønner. Den eldste, Olav, var død, og Christian hadde i 1458 bare sønnen Hans.[3] Kong Christians første år som konge hadde vært preget av store konflikter i Norge, ideologiske disputter mellom konge og kirke, væpnede sammenstøt og rene overgrep mot geistlige. Et viktig bidrag til å bilegge disse konfliktene var at kongen på møtet i Skara stadfestet Sættargjerden etter anmodning fra den norske høygeistligheten.[4]

Sættargjerden som ble inngått i Tønsberg sommeren 1277, var et konkordat mellom kongedømmet og den norske kirken. Det var lovgiverkongen Magnus Lagabøter som inngikk denne avtalen med erkebiskop Jon Raude.[5] En rekke spørsmål vedrørende forholdet mellom konge, kirke, aristokrati og folk knytter seg til overenskomsten. Den fikk en levetid på bare tre år; da Magnus Lagabøter døde i 1280 og den mindreårige sønnen var behørig kronet, var neste post på formynderstyrets dagsorden å si opp Sættargjerden. Konflikten mellom kongedømmet representert ved formynderstyret og kirken var så sterk at erkebiskopen fant å måtte dra i landflyktighet. Da han døde, ble erkesetet stående vakant (ledig) i flere år, før man etter hvert fant fram til en modus vivendi. Men kirken kunne ikke nøye seg med at avtalen ble oppsagt og glemt. Tønsbergkonkordatet ble stående på kirkens dagsorden og omtales i en rekke kilder i senmiddelalderen. Stadfestingen i 1458 var en seier for kirken både symbolsk og reelt, og ble fulgt opp overfor Christian Is etterfølgere på den norske trone, Hans (1483–1513) og Christian II (1513–23); begge stadfestet Sættargjerden. Avtalen er således et tilbakevendende tema i norsk senmiddelalderhistorie.

Hvorvidt avtalen av 1277 var et nederlag for kongen eller kirken, og hvorfor reaksjonen kom bare kort etter at den var vedtatt, er noen av spørsmålene som er stilt. Et annet er hvorfor den ble stadfestet av Christian I vel 180 år senere. Noe mindre vekt har vært lagt på den europeiske kontekst som Sættargjerden går inn i. Her vil vi ta noen av disse spørsmålene opp til nærmere drøfting.

Lovgiverkongen og juristerkebispen

Kong Magnus (1261–80) regnes i europeisk historie blant de store lovgiverkongene. Hans lovarbeider nevnes sammen med Liber Augustalis som Fredrik II tok initiativ til på Sicilia og *Las siete partidas*, initiert av Alfons den vise av Kastilla. Det kan være mer enn et sammentreff at kong Magnus' søster Kristina ble gift med kong Alfons' bror Filip i 1257, samme år som hans eldre bror Håkon Unge døde. Interessant er det også at en av kong Håkons og kong Magnus' nærmeste medarbeidere, juristen Lodin Lepp, hadde vært sendemann i Spania. Kanskje har det vært en gjensidig inspirasjon mellom det norske og det kastiljanske kongehus i arbeidet med å reformere landets lover. Men det gjør ikke Magnus Håkonssons innsats mindre. Fordi kong Magnus bøtte lov og rett i landet, fikk han tilnavnet «lagabøter,» heter det i lovtalen ved hans død.[6]

Magnus Lagabøters lovgivningsintiativ sprang ut av den sentrale regjeringskrets. Det er også tydelig at revisjons-, kodifikasjons- og redaksjonsarbeidet er utført av rettskyndige folk med inngående kjennskap både til hjemlig rett, romerrett og kanonisk rett. Formelt ble lovarbeidet satt i gang etter initiativ fra folket selv, som ifølge prologen til Landsloven bad om retterbøter og ga kongen fullmakt til å foreta lovrevisjonen. Og full rettskraft fikk den nye lovboken først ved å bli lovtatt på lagtingene. Lovrevisjonen var antakelig en videreføring av et arbeid som var satt i gang mot slutten av Håkon Håkonssons liv. Gulatingsloven kunne dermed revideres i 1267, de to østnorske lovene, Borgartingsloven og Eidsivatingsloven i 1268 og Frostatingsloven i 1269. Neste etappe var utarbeidelse av samlete rikslover, Hirdskråen 1273, Landsloven 1274, Byloven 1276. Til de to etappene i lovarbeidet svarer de to islandske lovbøkene Jarnsiða 1271 – 73 og Jónsbók 1281. Formelt framsto også de nye lovbøkene som Gulatingslov, Frostatingslov, Bergens bylov osv., men innholdet var det samme i dem alle.

Magnus Lagabøter har av enkelte historikere blitt ansett som en ettergivende monark. Han har neppe vært fysisk sterk og ble ingen gammel mann. Med sine menneskelige kvaliteter ruver han imidlertid høyt både i samtid og ettertid; han må ha vært prototypen på middelalderens ideal om den rettferdige konge, en *rex iustus*. Som embetsutøver var han fredsommelig og samvittighetsfull, med stor omsorg for sine undersåtter. Han må også ha vært en god, from kristen med stor velvilje overfor kirken. For lovgiverkongen måtte det fremstå som rimelig at kirken skulle få sin rett og kunne holde seg til den kanoniske lov; den var guddommelig inspirert, tuftet på Skriften og skulle være universelt gyldig. Derimot er det ingen grunn til å tro at kong Magnus skilte seg fra faren i synet på sin egen kongeverdighet. Og i en tid da pavedømmet stod fram med standhaftige krav om uavhengighet fra verdslige makter, samtidig som de enkelte lands kirker var vokst seg både rike og mektige, da fyrster hadde måttet ta sine land i len fra kirkens overhode, da kanonisk rett fikk gjennomslag og både paver og biskoper var mer preget av juridisk enn teologisk skolering – i denne tiden kunne Magnus Lagabøter ikke gå med på at kongen og kongedømmet skulle være kirken underordnet. Derimot var han innstilt på et samarbeid.[7] Grunnsynet som kommer fram i hans lovgivningsarbeid er at både konge og kirke har sin makt fra Gud; kongen er gitt myndighet i verdslige spørsmål, biskopen myndighet i de åndelige.[8]

Etter Sverres død (1202) kom det til forsoning mellom kongedømmet og kirken. Selv om det fremdeles fantes mer eller mindre manifeste spenninger mellom de to samfunnsmaktene i Norge også under Håkon Håkonsson, kan forholdet likevel stort sett karakteriseres som godt og harmonisk gjennom store deler av 1200-tallet.[9] Dette er også tiden da det sterke, sentraliserte kongedømme vokser fram. Kongen får et embetsverk med syslemenn, lagmenn og tilløp til en sentraladministrasjon. Syslemennene virker som påtalemyndighet, krever inn bøter og forestår oppebørselen av krongodset; kanskje påtar de seg også oppgaver i forhold til kirkegods og tiendeinnkreving. Lagmennene avsier orskurd på lagtingene om hvordan loven er å forstå og bør anvendes. Gamle og for lengst uaktuelle bestemmelser var ikke fjernet i de gamle lagtingslovene, og de kan ikke ha vært enkle å bruke. Lagmannen var ekspert, og hans orskurd fikk stor innflytelse. Et viktig bidrag i utviklingen av det sterke kongedømme var det også at Magnus Lagabøter lyktes i å konvertere leidangen til en fast årlig skatt. Han skaffet på denne måten kongedømmet en fast inntekt som i sin årvisshet er enestående i Europa. Kirkens organisasjon utvikles også i denne perioden; senest fra 1220-årene finner vi proster.[10] Men det må nok også innrømmes at sammenliknet med den ekspansive kongemakten synes kirken å ha kommet litt i bakleksa. Skiftet i forholdet konge – kirke synes å inntre med valget av Jon Raude til erkebiskop (1267). Kanskje er de store konfliktene som nå avtegner seg til en viss grad grunnet i det vi med et moderne uttrykk ville betegne som «dårlig personkjemi» mellom lederne for de to samfunnsmakter. Vi har få samtidige karakteristikker av Jon Raude, bortsett fra at han må ha vært rødhåret. I islandske annaler kalles han også Jón «hinn staðfasti», det vil si den standhaftige. Dette tilnavnet forteller nok om sentrale egenskaper hos erkebispen, både på godt og ondt. «Jon var aggressiv i sin tale, uten måtehold i sine krav, mann for å stile mot det uoppnåelige.»[11]

Viktigere enn Jons personlighet var hans erfaringer fra pavekurien, først i 1266 da han som korsbror i Nidaros hentet erkebiskop Håkons personlige verdighetstegn hos paven, det hvite korsformede palliet som en erkebiskop kun bar over embetsdrakten ved spesielle anledninger, deretter da han etter å ha blitt valgt til Håkons etterfølger på nytt la ut på pallieferd til Roma og synes å ha oppholdt seg en tid ved kurien. Han hadde dermed anledning til å gjøre seg godt kjent med kirkepolitiske forhold i Europa og hvilke krav paven stilte. Av interesse i vår sammenheng er at han har vært i Roma i påsken, ettersom hans senere statuttlovgivning viser godt kjennskap til pavebyens særpregete skjærtorsdagsrituale. På denne høytidsdagen ble botgjørende løst fra ekskommunikasjon og gjenopptatt i kirken, de troendes samfunn. Men i Roma var det fra lang tid tilbake samtidig praksis at paven rettet en offentlig, generell bannstråle mot visse kategorier forbrytelser mot kristendommen og kirken som medførte bannlysing *ipso facto* (ved selve verket). Særlig gjaldt dette kjettere og de som angrep kirkens frihet. En liste over slike bannsmål ble slått opp på Laterankirkens port. Jon Raude har lært denne utenat, eller skaffet seg en avskrift, som han senere brukte.[12] – Han var et barn av sin tid, et typisk eksempel på de juridisk skolerte biskopene som vi også i Norge får en del av. De viser en avgjort uvilje mot alle avvik fra kanonisk rett og en målbevisst vilje til å hevde denne som allmenngyldig i konkurranse med den hjemlige rettsoppfatning. Lars Hamre har således pekt på at erkebiskop Jon

> «*[...] stod fast på det han meinte var rett og rikka seg ikkje frå dette standpunktet. Då reaksjonen mot hans politikk fekk overtaket, drog han heller i utlægd enn å gjeva seg. [...] Ei slik overtyding om at ein har den absolutte rett og sanning kan sjølvsagt gjeva styrke, men kan og lett føra til fanatisme.*»[13]

Selv om det kan ha vært personlige motsetningsforhold mellom erkebiskop Jon og Magnus Lagabøter, var det som i første rekke utløste konflikten mellom dem av politisk art. Det som aktualiserte striden var kongens lovgivningsvirksomhet. Med den fikk også lagmannen sitt endelige gjennombrudd som dommer. Landsloven slo fast at lagmannens orskurd ikke kunne oppheves ved dom av lagtinget. Allerede fra Magnus Lagabøters første år som konge, 1267 og 1268 la han som nevnt fram og fikk vedtatt reviderte lovbøker for Gulating og Borgarting.[14] Bare de nye kristenrettene er bevart for ettertiden; da Landsloven ble vedtatt noen år senere, var det ikke behov for å lage avskrifter av bestemmelser som ikke lenger skulle brukes. Men kongen har regnet med at hans lovkodeks skulle ha sin egen kristenrett, slik vi finner dem i de eldre lagtingslovene.

Nidarosdomens vestskip ved slutten av 1200-tallet her i Marianne Brochmanns strek. Øverst ser vi lektoriet, som skilte skipet fra koret. Se også bilde av grindverksåpningen i det gamle lektoriet nedenfor s. 100.

The western nave of the Nidaros Cathedral at the end of the 13th century, painted by Marianne Brochmann.

Det var Magnus' syn at både kongen og biskopen skulle stå sammen i å utarbeide slike lover.[15] Av den grunn er det rimelig å anta at biskopene Peter av Bergen og Torgils av Stavanger stod sammen med ham på Gulatinget da det vedtok den nye kristenretten, mens det kan være mer usikkert hvordan den biskoppelige medvirkningen på Eidsivatinget og Borgartinget var – biskop Håkon av Oslo ble erkebiskop i 1267, slik at det i tilfelle må ha vært etterfølgeren Andres som deltok. Biskop Gilbert av Hamar stod også kongehuset nær.

Men da kong Magnus ville fremme et tilsvarende lovverk som for Gula- og Borgartinget på Frostatinget i 1269, var den nye erkebiskopen kommet tilbake fra sin pallieferd. Jon Raude satte seg tvert imot kongens arbeid og forlangte selv å utarbeide kristenretten for erkestiftet, som stort sett var sammenfallende med Frostatingslagen.[16] Det gikk kongen med på, men resultatet kunne han ikke godta. Erkebiskop Jons kristenrett var utformet i rent kanonistisk ånd med egne kirkelige domstoler for alle saker som kristenretten omfattet, og ble aldri godkjent av kongemakten.

Et annet konfliktspørsmål ble reist fra pavens side. I 1273 mottok erkebiskop Jon innkalling til allment konsil* i Lyon med oppfordring til, i likhet med de øvrige metropolittene i Europa, å redegjøre for forhold i sin kirkeprovins som trengte reform.[17] For Jon Raude ble dette utgangspunkt til å få i stand et endelig oppgjør med kongen om de stridsspørsmål han mente fantes mellom konge og kirke i landet. Dette fant sted på et riksmøte i Bergen sommeren 1273. Tidligere analyser av konflikten mellom kirken og kongedømmet i disse årene har som oftest tatt sitt utgangspunkt i den fire år yngre Sættargjerden; det var dette dokumentet som ble den

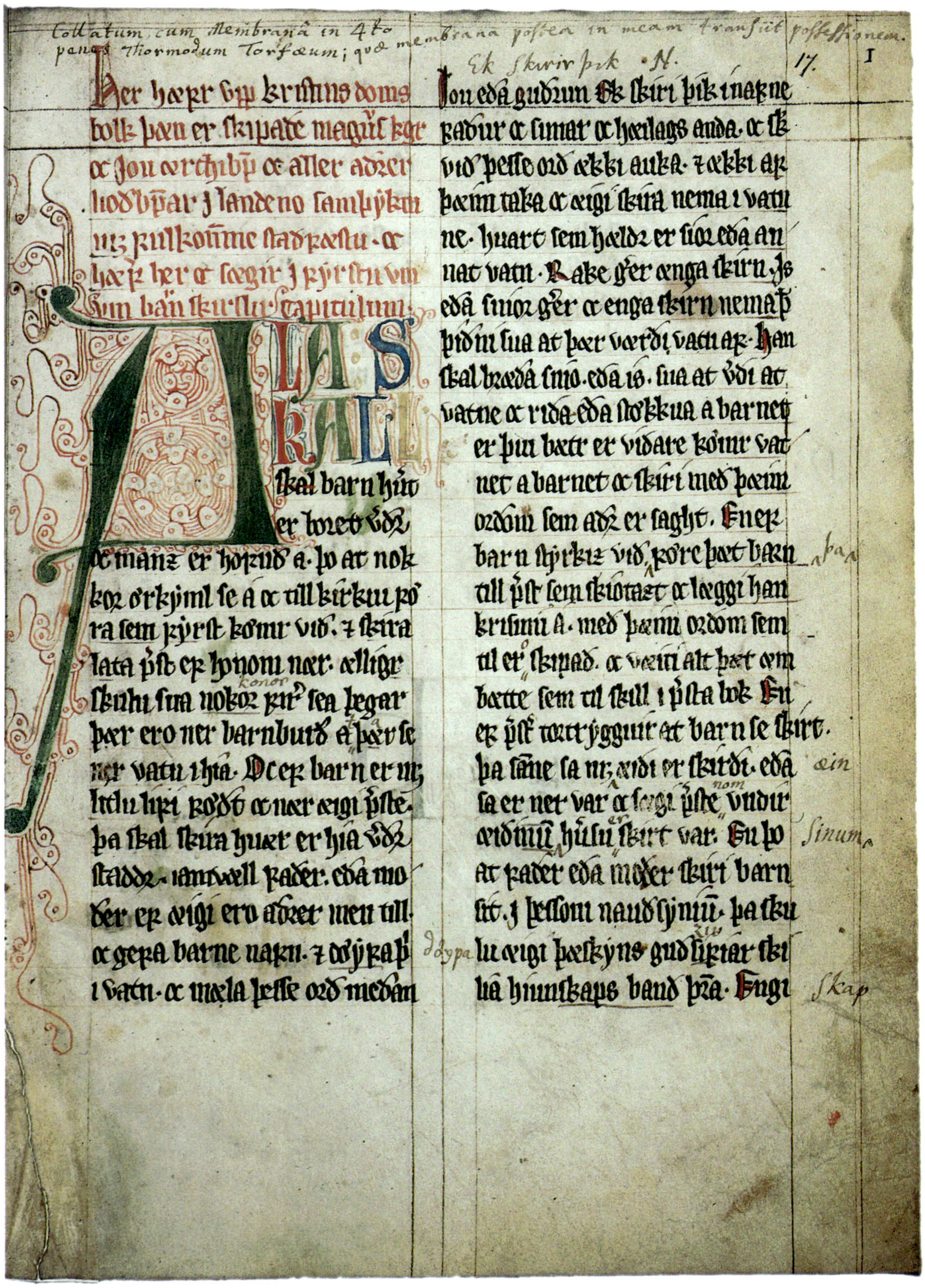

Jons kristenrett i et håndskrift fra 1300-tallet (AM 78 4to, som også inneholder Eldre Borgartings kristenrett), Det arnamagnæanske institut, Københavns Universitet. Foto: Suzanne Reitz og Elin L. Pedersen.

Archbishop Jon's new Church law ("kristenrett") for the judicial district of Frosta (approximately the same territory as his diocese) in a manuscript dating back to the 14th Century.

* *Konsil*: Kirkemøte. Konsilet i Lyon betegnes som 'økumenisk' eller med synonymet 'allmennt'; betegnelsen *general*konsil viser til dets altomfattende karakter.

endelige utgangen på konflikten mellom erkebiskop Jon og kong Magnus; det var også dette forliket som ble kjernen i forholdet mellom kongedømmet og kirken i årene som fulgte. I fortsettelsen skal vi analysere konkordatet og se på situasjonen for dets tilblivelse i Tønsberg 1277; særskilt skal vi ta for oss tienderegulativet som ble nedfelt i oversettelsen av forliket. Vi stiller også spørsmålet om hvorfor baronstyret under Magnus Lagabøters mindreårige sønn Eirik avskaffet Sættargjerden. Også kristenrettslovgivningen etter Tønsbergmøtet 1277 og fram til vi i 1370-årene får et nytt lovverk skal vi se nærmere på, så også dronning Margretes kirkepolitikk. Deretter går vi fram til erkebiskop Aslak Bolts provinsialstatutt av 1436 hvor det vises til Sættargjerden. Den siste delen dreier seg om stadfestingen av Sættargjerden i 1458 og forhistorien til denne. Men for å plassere de enkelte begivenheter i riktig kronologisk rekkefølge, vil vi her først se nærmere på møtet i Bergen og kravene som kirken reiste.

Riksmøtet i Bergen sommeren 1273

Møtet varte i flere uker, fra slutten av juni til midten av august. Mange viktige poster stod på programmet. Magnus Lagabøters mindreårige sønner Eirik og Håkon fikk henholdsvis konge- og hertugnavn, sannsynligvis svithunsmessedagen 2. juli.[18] For kongen har lovgivning i forbindelse med Landsloven ellers vært det viktigste. Tingfarebolken gir sammen med det innledende kongebrev kongen full kompetanse over det juristene betegner som *lex lata* og *lex ferenda*, eller lovens bokstav og lovens forkynnelse. Kongen begrunnet selve plasseringen av kristendomsbolken med konstitusjonelle hensyn. I innledningsbrevet sier han at ved å plassere den først skal folket forstå at kristendommen er grunnvollen og opphavet til alle gode ting. Å adlyde den hellige kirke og dens formenn «er miskunnsomt lys og veiledning til all rettferdighet og sedvane.»[19] Kristendomsbolkens innledning, ofte kalt intimasjonen, er selve trosbekjennelsen, grunnlaget for alle landets innbyggere.[20] Deretter avgrenses kongens og biskopens myndighet, som begge er gitt av Gud:

> *«Nå, fordi Guds miskunn ser til den store daglige trang hos de utallige mennesker og ymse folkeslag, da har han befalt sine to tjenere å være hans synlige ombudsmenn for denne hellige tro og hans hellige lovbud, gode mennesker til vern og rettferd, men onde mennesker til refsing og utrensing. Disse to er: den ene kongen og den annen biskopen. Kongen har av Gud verdslig velde til verdslige formål, men biskopen åndelig velde til åndelige formål; og hver av dem skal styrke den annens velde i rette og lovlige saker og kjenne med seg, at de har sitt velde og øverste myndighet av Gud og ikke av seg selv. Og fordi de er Guds ombudsmenn og dernest fordi alle mennesker innser det, at dem kan vi på ingen måte unnvære, og for det tredje, fordi Gud selv verdiges å kalle seg med deres navn, da er den sandelig i stort ansvar for Gud, som ikke med fullkommen kjærlighet og frykt styrker dem i det velde, som Gud har satt dem til, når de bærer så stor omsorg for landsfolket og ansvar for Gud, aller helst når lover setter faste grensemerker, så hverken høvdingene, når de følger dem, kan plage eller tynge folket med for stor havesyke, og ei heller kan uvitende mennesker nekte høvdingene lovlig tegnskyld på grunn av trass eller kortsynt vankundighet.»*[21]

Deretter følger et avsnitt om falske konger som innledning til tronfølgeloven; vi forstår at det er naturlig at den plasseres nettopp i kristendomsbolken. Tronfølgeloven avsluttes med kapitlet om kongeløftet og de ulike edene som hertug, jarl, baron, lagmann og bonde skal avlegge i forbindelse med et tronskifte.[22] Etter dette har det vært kongens mening at en kristenrett for hele landet skulle få plass. Med Landsloven som kilde viser Gudmund Sandvik hvordan det norske kongedømmet i 1270-årene lyktes i å møte den kirkelige ekspansjonen som er så karakteristisk for hele Europas historie i disse decenniene. Han understreker at selv om Landsloven mangler en kristenrett, kan ikke det anses som noe lyte; det viktige er hva som står i kristendomsbolken: trosbekjennelsen og den tradisjonelle lære om de to samfunnsmakter som også er nedfelt i Kongespeilet.

> *«Men plasseringa er ny, innførd under Magnus. Her, i Landslova, "i første luten av boka," får tankane ei veldig slagkraft som den ypparste grunngjeving for kongens makt over rettslivet i landet, eit legalitetsprinsipp utan like.»*[23]

Den nye tronfølgeloven som ble innført i lovboken, ble sanksjonert på riksmøtet i Bergen. Flere av bestemmelsene i Hirdskråen ble også med sikkerhet fastsatt sommeren 1273. Det synes derfor å være for forsiktig å hevde at «den endelige kodifisering (av Hirdskråen) har […] funnet sted kort tid etter.»[24] Bruker vi Knut Helles oversikt over større politiske møter på 1200-tallet, er det overveiende sannsynlig at loven for kongens hird ble endelig sanksjonert på et riksmøte der de det angikk, landets stormenn, var tallrikt til stede.[25] Og det passer bedre med møtet i Bergen sommeren 1273 enn med noe annet etterfølgende møte som vi kjenner. I en slik sammenheng, der rammeloven for landets verdslige aristokrati skulle skriftfestes, kan det også ha passet med en tilsvarende grenseoppgang for kirkens menn. Men helst hadde kanskje kongen ventet at hans egne jurister og kirkens menn i fellesskap kunne ha kommet fram til et omforent standpunkt for den planlagte kristenretten i Landsloven.[26]

Her kom rikets myndigheter ikke til veis ende, men den viktige tronfølgeloven kom på plass i lovverket. Mens tronfølgeloven fra 1260 var en ren arvelov for kongeættens menn med ektefødsel og primogenitur som bærende prinsipper, fikk kirken i 1273-loven på nytt avgjørende innflytelse på kongesuksesjonen i ett bestemt tilfelle: dersom det ikke finnes arvinger i lovens sytten arveklasser, og heller ikke arvinger etter privat arverett, skal de samme bestemmelsene som i tronfølgeloven fra 1163–1164 gjelde: Hertug og jarl, alle biskoper og abbeder, alle baroner og hirdstjorer med hele hirden skal selvstevnt reise til Nidaros for å samrå seg med erkebiskopen. Hver av biskopene sammen med syslemennene i sine embetsdistrikt skal oppnevne tolv legmenn fra hvert bispedømme til et valgkollegium; de skal avlegge ed på at de tar den til konge som de for Gud synes best skikket; de geistlige avlegger ikke ed, men de skal gi «et sannhets råd i denne sak, ettersom Gud gir dem evne til å se det riktigste.» Blir ikke valgkollegiet enig, skal de ha avgjørelsen «som er de fleste og de forstandigste og som erkebispen og de andre biskopene følger, og som sanner det med sin ed.»[27] Det er dermed helt sikkert at ingen kan velges til konge som kirken ikke vil ha, dersom det ikke skulle finnes arvinger. – Landsloven er gjennomgående sterkt preget av den kristne lovgiverkonge, og det er rimelig å regne med at kirkens menn både har kjent til og vært fornøyd med dette.

Heretter følger så tronfølgeloven med kongeløftet og edsformularer for hertug og jarl, lendmenn, lagmenn og bønder (kap. 3 – 12). Flere av bestemmelsene i loven finnes også i erkebiskop Jons kristenrett, men ikke alle – andre elementer er også kommet til.[28] Fra kongens side har nok planen vært at mer detaljerte bestemmelser for kristenretten skulle følge etter tronfølgeloven, men her ønsket erkebiskopen å få pavens stadfestelse på viktige prinsipper i grenseoppdragingen mellom hans eget og kongens velde.

For kirken var det viktigste som skjedde i Bergen sommeren 1273 at den fikk i stand en overenskomst med det norske kongedømme, som ettertiden bare har kalt «Bergenskonkordatet.» – Betegnelsen 'konkordat' er vanlig for avtaler som kirken inngår; særlig i de tilfeller der Den hellige stol er den ene part. – Det ser ut til at Bergenskonkordatet ble utformet på samme måte som den senere Sættargjerden. Vi kjenner det nå fra den pavelige arkivar Marinis avskrift av Vatikan-arkivets kopibok, der pave Gregors stadfestelse til erkebiskop Jon var gjengitt med tilsynelatende nøyaktig kopi av kongens supplikk (bønnskrift) til paven med anmodning om hans godkjennelse. Etter at denne delen av Vatikan-arkivet ble åpnet, har det vært mulig å kontrollere Marinis avskrift.[29] Torfinn Torfæus gjengir en annen kilde med noe annen ordlyd og har kanskje hatt det originale pavebrevet eller en kopi av det til rådighet.[30]

I intimasjonen til Bergenskonkordatet finner vi referat av standpunktene til de to partene, på den ene side erkebiskopens klage over den rådende rettssituasjon, på den andre kongens forsvar og avvisning av klagemålene. Erkebiskop Jon Raude innleder med at da han hadde fått i oppdrag å være kirkens leder, ville han undersøke hvordan det stod til med kirkens rettigheter, friheter og privilegier. Han hadde da funnet mangler ved kirkens jurisdiksjon. Menn som var i kirkens tjeneste (*homines liberos*) nøt heller ikke godt av friheter, unntatt de som arbeidet i selve kirkene. Men det var også gjort innskrenkninger i «visse av hans kirkes privilegier,» og især i privilegiet fra Magnus Erlingsson om kroneofring, lensunderkastelse og bestemmelsene i tronfølgeloven av 1163. Her sikter erkebiskopen til sentrale elementer i Magnus Erlingssons privilegiebrev om kroningen, hvor kongen lover å ofre kronen til St. Olav, det vil si til helgenkongens grav i domkirken i Nidaros. Videre hadde den mindreårige kongen den gang lovet å ta sitt kongerike i len av St. Olav, også det i realiteten uttrykk for underkastelse under erkebiskopen.[31] Bestemmelsene i tronfølgeloven sikter til den avgjørende innflytelsen kirken hadde på kongevalget etter tronfølgeloven fra 1163 eller 1164. Erkebiskop Jon viser til at paven i sin innkalling til kirkemøtet i Lyon har pålagt ham å undersøke hva som trengtes til reform i kirkeprovinsen, men fordi slike reformer kunne føre til uro og ufred, til skade for mange på sjel og legeme og kanskje til konflikt mellom kirke og konge, hadde han foreslått for kong Magnus at de sammen skulle avgjøre disse spørsmålene. For kong Magnus var imidlertid kravene om kroneofring, lensunderkastelse og ikke minst det å fravike hans egne etterkommeres arverett til kronen en krenkelse av hans kongelige makt og ære; erkebiskopens anliggende i disse henseender ble blankt avvist med klar henvisning til romerretten.

Begjæringene om kroneofring og lensunderkastelse var foreldet fordi de aldri hadde vært i bruk. Kong Magnus vurderte derfor rettssituasjonen slik at erkebiskopens klager representerte en ny art krav. Erkebiskop Jon vurderte saken annerledes, og her gjør to motstridende hensyn seg gjeldende for prelaten. På den ene side er Jon bundet av sin embetsed og -plikter som fordrer at han legger fram kirkens krav, på den annen side vil han ta hensyn til fred og ro i landet. Folk kan komme i konflikt som kan føre til borgerkrig og sette landet under interdikt.* De norske borgerkrigene var avsluttet bare vel tretti år tidligere; vendte man blikket mot Danmark, kunne en slik trussel oppfattes som reell. Erkebiskopen har vært i en vanskelig valgsituasjon, men valgte å fravike sine krav. Han har innsett at ved å avskaffe sedvanen, kunne han komme til å handle ikke bare mot folket, men også mot kongen og riket. Her har altså et hensyn til de skåkalte *iura regni*, rikets rettigheter, gjort seg gjeldende.[32] Derimot ville erkebiskopen gjerne, som det heter, «smykke den (kirken) med større friheter og privilegier i sin regjeringstid.»

Deretter følger i alt tretten bestemmelser som erkebiskop Jon og kong Magnus stod sammen om. Den kirkelige innflytelsen på tronfølgen, som ble vedtatt i den nye loven i Bergen, gjentas. Kirken fikk fastslått rett til å nyte full jurisdiksjon både i klerkemål og i alle saker som vedkom den etter kanonisk rett. Privilegiene som pave Celestin III hadde gitt erkebiskop Eirik i 1193, aksepteres nå i et høytidelig dokument: Kirken trenger ikke lenger å innhente hverken kongens eller andre kirkepatroners samtykke eller forslag ved tilsetting av prester i kirkene som de har grunnlagt; frie, kanoniske bispe- og abbedvalg fastslås; kongen skal ikke forandre landets lover dersom kirkens eller geistlighetens bøteinntekter dermed blir skadelidende; erkebiskopen skal ha rett til å kjøpe falker; kongen skal betale tiende; erkebiskopens rett til kornutførsel til Island og toll fra ett skip som kommer derfra aksepteres; alle pilegrimer skal nyte sikkerhet; blir de forulempet, skal saken føres for kirkelig domstol. Dessuten blir erkebiskopen og de andre biskopene nå formelt sidestilt med det verdslige aristokrati; erkebiskopen får hundre menn fritatt for utbudsplikt og leidangsskatt, og de igjen fritak for to i sin tjeneste. De øvrige biskopene får de samme betingelsene for førti menn, mens sogneprestene får fritak for to. Erkebiskopens menn skal også svare for dennes dom hvis de forurettet hverandre innbyrdes eller på hans skip; skjer overtredelsen et annet sted, kan de velge om de vil ha kongens eller erkebiskopens dom. Dette gjelder imidlertid ikke for drap eller lemlestelse. Det må være erkebiskopens setesveiner denne bestemmelsen sikter til. Videre skal biskoper, klerker og lekfolk i deres tjeneste være unntatt fra alle kon-

* *Interdikt*. kirkestraff som forbyr utførelsen av kultiske handlinger, for eksempel messefeiring. Mer utførlig i Lars Hamres artikkel s. 199 f.

gelige forbud vedrørende kjøp og salg. Endelig får erkebiskopen det samme myntprivilegiet som Håkon Håkonsson tidligere hadde stadfestet.

Et sentralt spørsmål i all politisk analyse, som også stilles til Bergenskonkordatet, er hvem som ga og hvem som fikk, hvem som vant og hvem som tapte på den inngåtte avtalen. Vi kan ikke gå inn på alle disposisjonene som foretas i konkordatet, bare konstatere stor enighet blant historikerne om at det representerte betydelige innrømmelser fra kongens side. Alle som brøt kristenrettens bestemmelser, skulle få sin sak avgjort ved kirkelig domstol, som også skulle være rett verneting for erkebiskopens setesveiner. Selve utformingen av kristenretten sies det ikke noe om, men det regnet man trolig med å ordne når erkebiskop Jon og de andre norske geistlige kom tilbake fra det andre økumeniske konsil i Lyon. Hit ønsket han nemlig å ta Bergenskonkordatet for å få pavens godkjenning, noe kong Magnus gikk med på.

Både for kongen og kirken har det selvsagt vært ønskelig å fremstille det som om rettsgrunnlaget for Bergenskonkordatet var en slags privilegering fra den ene parts side. Et privilegium er en rettighet som kunne gis et begrenset utvalg personer eller institusjoner fra en myndighet som selv antas å besitte rettigheten og kunne gi den til andre, altså en slags nådesakt. I middelalderen lå det dessuten en begrensning i at privilegier fra kongen kun gjaldt i dennes egen levetid. At begge parter ønsket å fremstille seg som den som ga privilegier kommer fram både i Bergenskonkordatets fremstilling av kongen som den part som gir, og i erkebiskopens krav på pavelig stadfestelse. Det kan derfor være på sin plass å gå nærmere inn på hva et konkordat dreier seg om. Formålet i moderne tid er som regel å regulere forholdet mellom kirke og stat innen deres felles territorium. Mens det ble inngått tallrike konkordater i det 19. og 20. århundre, var de relativt sjeldne i middelalderen; et forbehold må likevel tas for tiden etter 1450, da det i mange land ble opprettet konkordatbaserte nasjonalkirker. Vi må selvsagt heller ikke glemme konkordatet i Worms (1122). Både i eldre og nyere tid har det vært forskjellige teorier om hvilken karakter slike avtaler har. En stadfestelse av avtalen fra den ene parts side kan lett få karakter av privilegering, men vanligvis har konkordatene en kontraktuell karakter. En oppfatning man ofte møter er at et konkordat er en konsesjon fra kirken til staten. Det stemmer imidlertid ikke; i realiteten er konkordatet kulminasjonen på en ofte lang og vanskelig forhandlingssituasjon der de to parter gjensidig gir konsesjoner for å oppnå anerkjennelse av det de anser som essensielt. I form nærmer konkordatet seg derfor mer en internasjonal traktat enn en konsesjon.[33]

I samsvar med dette opererer moderne kanonistisk og statsrettslig teori med tre ulike teorier for konkordatenes rettslige karakter. Den første kalles *privilegieteorien* og gir uttrykk for et rent ultramontant* syn på pavemakten. Som innehaver av plenitudo potestatis, den fulle makt over kirken, er det bare paven som kan inngå et konkordat. Rettigheter som staten eller kirken i et land får, er derfor å anse som pavelige privilegier som bare han kan si opp eller trekke tilbake. Det kan han gjøre når som helst; mens staten er bundet.

Den direkte motsetning kalles *legalteorien*. I sin rendyrkede form hevder den at det ikke finnes forskrifter som ikke den lovgivende makt kan endre eller avskaffe, dersom viktige statshensyn taler for det.[34] Legalteorien er derfor i samsvar med den respekt som staten og statsoverhodet har krav på. Et konkordat er etter legalteorien ikke en folkerettslig avtale mellom to likeverdige parter; men en regulering av innenlandske forhold som statsoverhodet har og må ha full suverenitet over. Konkordatet får bare rettskraft ved at staten påbyr at det skal holdes. Både privilegieteorien og legalteorien er formulert av ettertidens jurister og rettshistorikere, men har sammenheng med debatten omkring konkordatet i Worms i 1122 mellom paven og keiseren og læren om de to sverd.

Men det er også en tredje teori; den ser kirken og den verdslige makt som likeverdige parter, der konkordatene er å regne som gjensidig bindende avtaler. Denne kalles derfor *kontraktteorien*. Av den følger at konkordatene ikke kan oppsies ensidig av noen av partene. Dette synspunktet er dels påvirket av privatrettslig avtalerett, dels av folkerettslig tankegang.

Legalteori og privilegieteori avspeiler de mest ytterliggående synspunkter i striden mellom *regnum* og *sacerdotium*, eller kongemakt og kirkemakt i middelalderen, mens kontraktteorien gir det rettsteoretiske grunnlag for reguleringen av forholdet mellom statsmakt og kirkemakt slik det i praksis gikk for seg i de fleste land.[35]

Skal vi forsøke å plassere Bergenskonkordatet i dette skjemaet, kan det med en viss rett hevdes at det baserte seg på privilegieteorien, siden det ble lagt fram for paven til godkjennelse. Man kan undres over at Magnus Lagabøter gikk med på dette. Konkordatet ville være et privilegium som bare paven kunne gi eller ta tilbake. Men kongen regnet sannsynligvis med at Jon Raude ville stå ved det de hadde forhandlet seg fram til; det er skikk og bruk at man ikke gjenåpner forhandlinger når det foreligger en overenskomst. Da ville det ikke være noe problem for kongen å fremstille seg med den vanlige kongetittelen som Magnus av Guds nåde Norges konge, samtidig som han «med sønnlig lydighet» ba om pavens stadfestelse.[36] Det fantes dessuten presedens i Norge for å legge kirkelige avtaler fram for paven. Allerede i fundasjonsbullen for den norske kirkeprovinsen bekreftet pave Anastasius IV hva Nicholas Brekespear hadde fastsatt med hensyn til kirkens organisasjon.[37] Bestemmelsene i privilegiebrevet for den norske kirke, som Bergenskonkordatet stadfestet for ettertiden, var gitt av pave Celestin III og var et vesentlig innhold i den aktuelle avtalen.

Sommeren 1274 presenterte kong Magnus Landsloven for Gulatinget. Senhøstes kom erkebiskop Jon tilbake fra Frankrike. I den ene hånden medbrakte han en gave til kong Magnus fra den franske kongen, en splint av Kristi tornekrone, et kostbart relikvie som fikk en fornem plass i kongens nye kollegiatkirke** i Bergen, Apostelkirken. I den andre hånden hadde erkebiskopen Bergenskonkordatet uten pavens godkjennelse.[38] I stedet var det satt inn en voldgiftsklausul som ikke kan være inspirert av andre enn budbringeren selv: brudd på avtalen fra kongens side ville føre til at bestemmelsene om kongevalg og kroneofring igjen trådte i kraft! Det scenario som pavens klausul stiller i ut-

* *Ultramontanisme*: Retning fra 1800-tallet innen den romersk-katolske kirke som krever fullstendig underkastelse under paven og statens underordning under pavekirken. Retningen vant sin største seier på Vatikankonsilet 1869–70, da dogmet om pavens ufeilbarlighet ble vedtatt.

** *Kollegiatkirke*: Kirke med prestekollegium.

Kjelleren til erkebispegården i Bergen, som i dag befinner seg under Nykirken, var til dels blottlagt fram til brannen i 1756. På denne 1700-talstegningen kan vi se rester etter erkebispegårdens murer til venstre nedenfor kirken. Særlig etter at Bergen på 1300-tallet var blitt stapelplass for handelen med norsk tørrfisk var det viktig for erkebiskopene å være representert i byen. De var nemlig landets fremste fiskegrossister og hadde store økonomiske interesser å vareta overfor de tyske kjøpmennene på Bryggen.

The cellars in the Archbishop's house in Bergen, which are under Nykirken today, were partially exposed until the fire in 1756. We can see some of the ruins in this sketch from 18th century. As Bergen became the centre for trade in stockfish during the 14th century, it was important for the archbishops to be represented in the city since they were among the biggest purveyors of dried fish to the hanseatic merchants.

sikt er, at en påstand fra kirken om at kongemakten har brutt overenskomsten, kunne føre til at Sverredynastiet ble satt til side ved et tronskifte. Tronfølgeloven av 1163 settes opp mot den nylig vedtatte Landsloven.

Her hadde Jon Raude gjort opp regning uten vert. Kong Magnus hadde ikke akseptert disse kravene tidligere, og gikk heller ikke med på dem nå. Prinsipielt kunne han heller ikke akseptere at paven stilte betingelser for et konkordat med kirken ut fra et privilegieteoretisk synspunkt.[39] Bergenskonkordatet var forkastet, og fra kongens side ble all oppfølging lagt til side. Utestående spørsmål og latente konflikter i forholdet mellom konge og kirke i Norge var nå blitt både aktuelle og manifeste. At situasjonen var kommet så langt måtte erkebiskopen selv ta ansvaret for.

Erkebiskop Jon hadde dessuten fått et nytt spørsmål å tumle med. Kirkemøtet i Lyon bestemte at det skulle samles inn en korstogstiende fra alle geistlige inntekter i seks år fra og med St. Hans 1274, og den norske kirkeprovinsen var intet unntakstilfelle. Det var ikke ukjent at deler av tienden, fremfor alt fabricatienden, temporært kunne bli inndratt til andre kirkelige formål, særskilt til dekning av utgifter ved embetsskifter, visitaser eller erkebiskopens pallireise.[40] I erkestiftet fikk sokneprestene hele, senere halve kirkedelen av tienden i de årene som erkebiskopen visiterte kirkene deres. Men nå var altså det gode kirkelige formål krigføring i Det hellige land.

Paven utnevnte erkebiskopen til å forestå innsamlingen fra hele den norske kirkeprovinsen.[41] Den omfattende korrespondansen som fulgte i de følgende år, helt fram til 1295 – flere år etter at erkebiskop Jon var død – gir et lite inntrykk av hvor vanskelig denne innkrevingen ble. Hvorvidt den var en reell ti-prosents avkastning av de geistlige embetsinntektene eller en stipulering av hva man kunne vente seg pr. år, krever nærmere undersøkelse. Et problem var tydeligvis at størsteparten av tienden ble betalt i varer, ikke i lødig mynt, som korstogstienden skulle betales med. Vi skal komme tilbake til flere spørsmål som angår tienden. Her kan det være på sin plass å peke på at hvert tiende kornband ble lagt til side av bonden på åkeren mens innhøstingen pågikk, og også ført i hus og tresket av ham. I etterreformatorisk tid ble kornet lagret i særskilte tiende- eller kasteboder. På 1300-tallet vet vi at oslobiskopen forpaktet bort oppkrevingen av bispetienden. Men det kan tenkes at bonden omkring 1270 leverte årstienden til for eksempel den største jordeieren på bruket, samtidig med at han betalte landskyld. For krongodsets vedkommende ville det i praksis si kongens årmann eller syslemann. Jordeieren har deretter sørget for fordelingen til blant annet de geistlige embeter. Tiendeinntekten til et geistlig embete kan ha gått gjennom mange ledd før den nådde sitt bestemmelsessted. Underveis skulle alle omkostninger dekkes, og det kan ha vært en relativt liten brøkdel av bondens store ytelse til kirken som virkelig kom til sluttleddet. Erkebiskop Jon må ha vært ganske hardt presset som følge av korstogstienden, med trusler om ekskommunikasjon hengende over både seg og sitt presteskap dersom betalingene ikke ble innfridd. I forhold til kongedømmet kom også et annet moment inn: for å kunne overføre den geistlige tienden til paven måtte kongen gi sitt samtykke.

Sættargjerden 1277

Erkebiskopen hadde spent buen for høyt og var nå i situasjonen som demandeur både hva spørsmålet om kristenrettslovgivningen og en nærmere avklaring av kirkens forhold til kongedømmet angikk. Dette kan tale for at det var Jon Raude som satte mye inn på å komme til en forståelse med kongen. Et nytt møte kom i stand i Tønsberg sommeren 1277. Det var på dette møtet lendmennene ble baroner og skutilsveinene riddere. Men forhandlingene om konkordatet ser ut til å ha vært hovedsaken.

Eldre historikere anført av Keyser og Munch så kirken som seierherre i Tønsberg: Sættargjerden «[...] indeholdt [...] saa mange og store Indrømmelser til Kirken, at hierarchene maatte anse sig vel hjulpne med den,» sier Keyser.[42] Oluf Kolsrud mente derimot at kirken alt før 1277 hadde oppnådd utstrakt jurisdiksjon. Halvdan Koht støttet dette synet, og hevdet at Sættargjerden ikke var en avgjørende kirkelig seier over kongemakten, men resultatet av 100 års utvikling og vekst i en periode da kirke og konge for det meste hadde samarbeidet: «kyrkja kan vinne, utan at staten taper».[43] Begrunnelsen var likevel forskjellig, for Koht med sitt nasjonal-marxistiske syn mente at kongen og kirken som samfunnsmakter hadde sammenfallende interesser i forhold til enkeltmennesker, ætter og lokal-samfunn.

Mot dette tok Jens Arup Seip til motmæle i sin doktoravhandling, *Sættargjerden i Tunsberg og kirkens jurisdiksjon* (1942). Han mente liksom de eldre historikerne at kirken også på det jurisdiksjonelle område vant en avgjørende seier i 1277, at kirken offisielt nå for første gang oppnådde domsrett i klerkemål.* Som en helt ny rett fikk kirken også jurisdiksjon i kristenrettssaker. Seips syn representerer imidlertid en minimumstolking av alle tidligere utsagn om kirkelig domsrett, fremfor alt kardinal Vilhelm av Sabinas statuttet han ga den norske kirke sommeren 1247, mens han var i Norge i forbindelse med Håkon Håkonssons kroning, heter det at kirken allerede nøt full jurisdiksjon i åndelige saker og i klerkemål.[44] Mange forskere har derfor hatt innvendinger til Seip. At synspunktene varierer så sterkt har sammenheng med kildesituasjonen.[45] Vi mangler nemlig fullstendig kilder som kan si noe om rettspraksis, noe som igjen kan ha sammenheng med at skriftlige rutiner ennå ikke var godt nok utviklet i slike spørsmål.

La oss se nærmere på den nye overenskomsten mellom konge og kirke. Sættargjerden ble i likhet med Bergenskonkordatet nedtegnet på kirkens språk, latin og omtales i originalen som *compositio*. Selve utformingen viser imidlertid at kongen og erkebiskopen nå var innstilt på å komme fram til en avtale som kunne settes ut i live umiddelbart, uten pavens godkjenning. Tonen i Sættargjerden er en annen enn i Bergenskonkordatet; som politisk avtale er den et mesterverk, både i hva den sier og hva den ikke sier noe om. Det er større balanse i fremstillingen nå enn i 1273, og kong Magnus fremtrer tydeligere. I intimasjonen finner vi som i Bergenskonkordatet referat av standpunktene til de to partene. Erkebiskopen klager som før over den rådende rettssituasjon, men setesveinene er ikke lenger nevnt i intimasjonen. Spørsmålet om rett verneting for setesveinene kan imidlertid tolkes som en mangel ved den kirkelige jurisdiksjon. For øvrig gjør han seg omtrent de samme refleksjoner om de motstridende hensyn han må ivareta. Også kongens forsvar og avvisningen av klagemålene er nærmest uendret. Et nytt moment er imidlertid kommet til for at erkebiskopen kan fravike sine synspunkter: det skjer i tillit til den milde kong Magnus. Her brukes det augustinske begrepet *clementia*, som kjennetegner en *rex iustus*.

Både appellen til Magnus Lagabøters kongeidealer og lovprisingen av ham er svært typiske for middelalderen. I dette tilfelle er det likevel mer enn et munnhell. Erkebiskopens tiltro til kongen var begrunnet, den var vist ofte og tydelig, heter det. Kong Magnus hadde gitt regler om hvordan samfunnet skulle ta seg av fattige, han humaniserte straffe-rettspleien, i Hirdskråen er nedfelt både advarsler mot de syv dødssynder (hovmodighet, misunnelse, vrede, dovenskap, grådighet, fråtseri, usedelighet) og de fire kardinaldyder (rettferdighet, styrke, mot og måtehold).[46] Et halvt år før møtet i Tønsberg, 1. februar 1277, hadde kong Magnus satt opp sitt testamente der han ga store gaver til kirkelige institusjoner og til de fattige i hele landet. Dertil kommer hans grunnlegging av kirker og hospitaler; Apostelkirken i Bergen er allerede nevnt, i tillegg kommer Allehelgens- og St. Katarina-hospitalene. Men fremfor alt viste kongens velvilje seg overfor de regulærgeistlige. De nye mendikantordnene dominikanerne og fransiskanerne var spesielt tilgodesett i testamentet, og etter eget ønske ble han gravlagt i fransiskanerkirken i Bergen. Kirken deres brant i 1270, og i testamentet ga han 700 mark til gjenoppbyggingen. Vi kjenner ingen større enkeltgave til noen kirke eller kloster i Norge i middelalderen.[47]

Sættargjerden er i likhet med Bergenskonkordatet oppbygd som en *notitia*. Dette er dokumenter som gir vitnesbyrd om en rettsgyldig handling. Dokumentet i seg selv er derimot uten betydning for handlingens gyldighet. I de to avtalene omtales begge de kontraherende parter i tredje person, og mottakerne, alle nålevende og fremtidige, blir kun omtalt i publikasjonsformelen. Det fortelles om en handling som har funnet sted. Dette er ingen vanlig form for norsk lovgivning på denne tiden; rettarbøter gis vanligvis som åpne kongebrev, mens geistlige statutter utferdiges av erkebiskopen og de biskoper som er til stede. For begge typer gjelder dessuten at de utstedes som dispositive dokumenter, *chartae*. Selve dokumentet er presentisk, nåtidig, og skaper ny rett. Men også *notitae* kan være rettsstiftende dokumenter. Denne form brukes ofte når partene ikke ønsker å markere nærmere hvem som representerer den dispositive viljen som kommer til uttrykk i det som beskrives

* *Klerkemål*: rettssaker der geistlige var saksøkte eller stod mot hverandre (gno. *klerkamál*).

Det eneste bevarte originaleksemplar av Sættargjerden i Tønsberg, befinner seg nå i Det arnamagnæanske institut. Opprinnelig var 21 segl hengt under dokumentet, men som vi ser finnes det i dag kun rester etter et uidentifisert bispesegl. Sættargjerden ble utstedt i to likeverdige eksemplarer, ett til kongen og ett til kirken. Det bevarte eksemplaret er kongens; opprinnelig er det arkivert i Apostelkirken i Bergen. Foto Suzanne Reitz og Elin L. Pedersen.

The Settlement (ON Sættargjerð) of Tønsberg (1277) is shown here in its original Latin version.

(Hamre). Den viktigste grunnen til at notitiaformen er valgt i dette tilfelle, må være at de to partene skal stå i samme forhold til hverandre og framtre som likeverdige. Analysen av den diplomatariske utformingen av brevet gir således en viktig politisk og ideologisk opplysning: Kong Magnus og erkebiskop Jon har ved forhandlingene lagt kontraktteorien til grunn for konkordatet mellom kongemakten og kirken.

Men også den avsluttende passus om voldgiftsdomstol viser at kirkens øverste leder i Roma ikke skal blandes inn. En pavelig oppnevnt voldgiftsdomstol dersom kongen brøt overenskomsten, slik Bergenskonkordatet bestemmer, er avløst av voldgiftsdommere oppnevnt av henholdsvis kongen og erkebiskopen om det skulle oppstå tvil om noen av bestemmelsene. Ingen overordnet eller utenforstående myndighet skulle ordne opp i dette.

Reservasjonen om pavens godkjennelse av Bergenskonkordatet hadde representert et forbehold fra kirkens side. Nå er dette ikke lenger med, partene godtar hverandre som likeverdige.[48] I 1277 kom begge ut som vinnere.

La oss se nærmere på den store jurisdiksjonsparagrafen i Sættargjerden. Her heter det at kirken skal ha domsrett i åndelige saker, det som på gammelnorsk ble kalt kristenrettsaker, og som etter kirkens lære og kanonisk rett hørte under kirkens myndighetsområde. Det gjaldt brudd på kirkens

lære og praksis, for eks. ekteskap, sacrilegium, incest, mened, åger, simoni, vantro, utukt, hor, kjetteri,* dessuten saker som gjaldt kirkens økonomi og rettsstatus, bl. a. patronatsrett, som er betegnelsen for de rettigheter kirkeeieren (kirkepatronen) hadde til å forvalte sin eiendom. Det viktigste elementet i den kirkelige patronatsretten gjaldt embetstilsettinger. Det kan være grunn til å se de patronatsrettslige saker i sammenheng med tvister om tiende, et område som også skulle høre under kirkens jurisdiksjon; kirkeeieren kan i mange tilfeller ha hatt et ansvar overfor biskopen for bispeluten av tienden i soknet. Til kristenrettssakene hørte videre løfter til fordel for kirken og testamenter. Man finner ikke en uttømmende eller systematisk spesifikasjon, derimot et tillegg om at kirken har jurisdiksjon i alle saker der den har krav etter ublandet rett (*mero iure*). Her synes det å være kommet inn et forbehold fra kong Magnus' side i forhold til Bergenskonkordatet, som på dette punkt refererer til kanonisk rett.[49] Dette innebar en klar godkjennelse av kanonisk rett slik denne var eller ville bli, som gjeldende norsk rett. Både Seip og Helle har ment at uttrykket *mero iure* i Sættargjerden kunne tolkes på flere måter og var et vitnemål om at kong Magnus i Tønsberg viste en fastere og mer restriktiv holdning i forhold til de kirkelige kravene. Dessuten beholdt kongen sin bøterett også i saker under kirkelig domsmyndighet.[50] Disse tilleggssakene faller i to grupper: jurisdiksjon med grunnlag i den aktuelle persons status, de såkalte klerkemål; den andre gruppen gjelder saker som hører under kristenretten, enten det gjelder brudd på kirkens lære eller kirkens økonomi og rettsstilling. Det er således heller ikke i Sættargjerden tale om å frakjenne biskopen retten til å avgjøre åndelige saker som den øverste skriftefar; problemet var biskopens jurisdiksjon over tillegget til de åndelige sakene.[51]

Kirken fikk anerkjent forskjellige økonomiske rettigheter som også var nedfelt i avtalen fra 1273, spesielt utvidet skattefrihet. I hvert fall fra Magnus Erlingssons tid, var geistlige personlig fritatt for militære og økonomiske leidangsytelser. Senere hadde folk i Erkebispegården og arbeiderne på domkirken i Nidaros fått samme fritak. Ellers ble de geistlige fritatt for kongelige handelsforbud, og erkebispen fikk del i sakøret når lekfolk i hans tjeneste forbrøt seg. Erkebiskopen fikk også stadfestet sin myntrett.

I likhet med Bergenskonkordatet ble eldre rettigheter og privilegier for kirken fornyet. Særlig viktig var det at frie bispe- og abbedvalg og fri episkopal kollasjonsrett, eller kallsrett, til alle kirker, herunder de kongelige kapellene, ble prinsipielt fastslått. Kirken fikk dermed godkjent en rekke av de kravene som det hadde stått strid om under kong Sverre. Men fremdeles skulle kongen informeres om valgene før de ble endelig stadfestet.

Stormennene i kretsen rundt kongen og erkebiskopen bekreftet Sættargjerden med korporlig ed; en særlig høytidelig form for edsavleggelse der man la hendene på et relikvie.[52] Konkordatets bestemmelser skulle gjelde for hele kirkeprovinsen. I alt foretas sytten disposisjoner for forholdet mellom kongedømme og kirke i dokumentet. I den grad det er avvik fra Bergenskonkordatet, går de i kongedømmets favør.[53] Felles for alle de seksten bestemmelsene, er at de dreier seg om hvilke rammebetingelser kirken skal operere under i forhold til kongens jurisdiksjon. Sagt på en annen måte: dette er ikke lover som det uten videre kan dømmes etter, det dreier seg om saksfelter og avgrensningen av dem.

Unntaket er den siste artikkelen i Sættargjerden, som først er kommet inn i den gammelnorske oversettelsen, et nytt regulativ for innkreving av tiende. De nye tiendekravene var ikke tatt inn i Bergenskonkordatet. Heller ikke i intimasjonen til Sættargjerden nevnes de. Hvilke økonomiske ytelser kirken hadde krav på ville imidlertid være en sentral del av enhver lov som skulle gjelde kirken. Regulativet er tatt inn i håndskriftene av erkebiskop Jons kristenrett, der det eldste er skrevet av Thorgeir Håkonsson på begynnelsen av 1300-tallet.[54]

* *Kjetteri* er det samme som *heresi*, villfarende lære mot bedre vitende. Den gammelnorske oversettelsen av Sættargjerden tar også med *vantru*, som er det samme som *apostasi*, det kanonisk-rettslige begrep for frafall fra Gud. *Simoni*: handel med sakramenter; *incest*: blodskam. Ingen av disse begrepene er enkelt definert når de skal omsettes til praksis. Det vises til Hamre 1977c, som går nærmere inn på de enkelte begrepene i Sættargjerdens jurisdiksjonsprivilegium.

Deler av marmorkors reist av erkebiskop Jon Raude i 1277, nå i Vitenskapsmuseet NTNU. Ifølge Syrett (2002 I: 389) kan teksten leses som følger: "Er liðnir váru frá burð várs lávardar tólf hundruð vetra ok þrim vetrum miðr en lxxx lét ok Jón biskup reisa kross þenna Guði til lofs svá ok sér til sáluhjálpar ok þeim til gagns er hér fara um bæinn, sem þakki ok syngi fyrir sal hans pater noster" (Da det var gått tolv hundre vintre og tre vintre mindre enn åtti siden vår Herres fødsel lot biskop Jon reise dette korset til Guds pris og for sin sjels frelse og til beste for dem som kommer reisende til byen. Derfor takker vi ham og synger "Fader vår" for hans sjel.). Foto etter Syrett 2002, II: 124f.

Parts of a marble cross erected by Archbishop Jon Raude in 1277. This is now in the Museum of Archaeology and Natural Science at the Norwegian University of Science and Technology in Trondheim.

Det nye tienderegulativet

Den gammelnorske oversettelsen av Sættargjerden med selve regulativet som siste punkt ble trolig satt opp på et møte i Bergen en måned etter riksmøtet i Tønsberg. Formuleringene tyder imidlertid på at spørsmålet var drøftet allerede da, og at det var enighet om hvordan saken skulle håndteres videre. Fra kongens side har det neppe vært noe i veien for at regulativet ble gjort landsomfattende og tatt inn i Landslovens planlagte kristenrett.

Det var et omfattende regulativ som nå ble fastsatt. Tienden er blitt regnet som den tyngste skatten i Norge i middelalderen. I 1277 var den blitt betalt i mer enn hundre år: Ifølge sagatradisjonen skal Sigurd Jorsalfare (1103–1130) ha innført tienden, men denne tradisjonen regnes ikke for helt sikker. Det har imidlertid vært vanlig å regne med at ytelsen ble innført senest med opprettelsen av erkesetet.[55] Før innføringen av tienden ble det betalt *reiða* til biskop og prest, slik at forskrifter om kristenhold kunne opprettholdes og folket få del i frelsen. Tienden skulle også avløse de lovfestede ytelsene for geistlige embetshandlinger. Gulatingslovens Magnustekst, som dateres til Magnus Erlingssons tid (1161–84), har gjennomført årstiende som ytelse over hele Gulatingslagen.[56] Både i denne og de eldste østnorske kristenrettene omtales årstienden som en motytelse for kirkelige tjenester som tingfolket hadde påtatt seg etter avtale med kirkelige og verdslige myndigheter til avløsning av den tidligere reida. Den norske tienderetten bygde således opprinnelig på et kontraktuelt grunnlag mellom geistligheten og tingfolket.

Årstiende var opprinnelig en ren realtiende av avkastningen fra de tre hovednæringsveiene, åkerbruk, fedrift og fiske; korn-, fe- og fisketiende var gjennom hele middelalderen de sentrale og allment godtatte species (vareslag) i Norge. Korntiende ble betalt med tiendeparten av grøden, fetiende (*viðreldistíund*) av avkastningen fra buskapen. Frostatingets kristenrett fastsatte at fetienden skulle leveres av ost som var ystet av melken fra fredag før St. Hans, en betalingsform som slo igjennom over alt.[57] Fisketiende ble gitt med hver tiende fisk som var hengt på hjell.[58]

Det nye tienderegulativet utvidet realtienden til nye vareslag. I tillegg til den sedvanlige ostetienden skulle det av kyr som ikke var utleid gis ost av den melken en fikk fredag før olsok. Det skulle dessuten betales ulltiende av sauer som gikk på øyene, tiende av all frukt, åkergrøde som rug, hvete, hamp, lin, neper og erter, skreitiende og tiende av seler, hvaler, av håkjerringtran og alle sorter fisk. Dessuten skulle det betales tiende av alle former for jakt, av salt og kvernsteinbrudd. Av tjære og jern skulle hver tyvende ask og hvert tyvende pund utredes. Men det kom også til en personaltiende, for håndverk, handel og all slags arbeid. Av særskilt stor interesse, både økonomisk og prinsipielt, var kravet om tiende av leieinntekter fra fast eiendom: gårdleier (landskyld), bryggekjeler, møller, skogleier, bakerovner, badstuer, saltkjeler, garn og nøter, slik at utleieren skulle betale tienden av leieinntekten med fradrag for utgifter. Det skulle ytes tiende fra to tredjedeler av inntektene for skip som gikk i frakt (certeparti) når det var ferdig rigget, mens en tredjedel skulle disponeres til reparasjoner. Her gis det altså anledning til å avskrive en tredjedel av leieinntektene. Av utleiekyr skulle det betales fem veide penninger. Kirken sikrer seg inntekter fra en begynnende kapitalistisk økonomi; stort og smått er kommet med – bare tyttebærskatten fra etterkrigsårene i vår egen tid mangler.

Det nye regulativet ble imidlertid ikke gjort gjeldende for Hamar bispedømme og den del av Oslo bispedømme som tilhørte Opplandene.[59] Grunnen kan trolig søkes i at dette var områder av landet der årstienden fra før ikke stod sterkt. Håkon Håkonsson måtte sommeren 1263 minne innbyggerne i Hamar bispedømme om at tiende skulle betales av korn, fisk, fugl og vilt, likeså hovedtiende, jern- og skinntiende og hva biskopen ellers hadde rett til å kreve på kristendommens vegne. Sønnen gjentok farens pålegg i 1267, men ti år senere er årstienden tydeligvis ikke slått igjennom i de østnorske innlandsområdene, i hvert fall ikke over alt.[60] Verdslige stormenn med store eiendommer på Hedmarken, i Solør, Odalen og på Romerike kan ikke ha vært stemt for det nye tienderegulativet, som nødvendigvis ville redusere deres inntekter.

Fra senmiddelalderen og til oppimot 1800-tallet vet vi også at tiendeplikten ikke gjaldt over alt. Det mest kjente unntaket er «Skattlandet» – Øvre Telemark, men det samme var tilfelle i Øvre Numedal, en del av fjellbygdene som hørte til Hamar bispedømme og et fjerntliggende område som Marker – Rødenes, Øymark og Aremark, birkebeinernes fremvekstområde. I disse bygdene fortsatte man dels å betale *reiða*, dels å betale for geistlige embetshandlinger i form av stolgebyrer gjennom hele middelalderen.[61] Det kan likevel synes som både kirkelige og verdslige myndigheter forsøkte å få til en endring i 1260- og 1270-årene. Foruten de ovennevnte retterbøtene fra Håkon Håkonsson og Magnus Lagabøter er det av særskilt interesse i forhold til de østnorske skog- og fjellbygder at det nye regulativet krevde tiende av brynestein og tyvende av jern og tjære. Man kan finne produksjon av slike varer mange steder i Norge i middelalderen. Men en småskalaproduksjon av jern i slikt omfang at overskuddet er blitt solgt, er det vanskelig å finne andre steder enn i de øvre Telemarksbygdene, rundt Møsvatn og opp mot Hardangervidda.[62] Og det eneste brynesteinbruddet, med produksjon fra vikingtid og gjennom hele middelalderen, ligger i Eidsborg.

Erkebiskop Jons kristenrett har i innledningen til det nye tienderegulativet både en utredning om tiendetypene og mer generelle forskrifter om utregningsgrunnlag og betalingsformer. Det hele bærer tydelig preg av fortrolighet med den kanonistiske tiendesystematikken, som skiller mellom personlig og tinglig tiende. Det heter her at det er to slags tiende. Det ene slaget betales av korn og alle typer grøde. Slik tiende skal betales i soknet der grøden er høstet, uten avkorting for kostnader, landskyld, gjeld eller skatt. Kornet skal tas av stakken og legges i en ny. Den andre tiendetypen ytes av handel, av arbeid og tiltak og av inntekter fra løsøre og rørlig virksomhet. Slik tiende skal hver og en betale til sin sogneprest. Ellers blir det fastsatt at handelstiende skal ytes av fortjenesten. Om man kjøper noe for kapital det allerede er betalt tiende for og deretter selger det videre, har man rett til å trekke fra kjøpeprisen før det betales tiende av transaksjonen. Setter man derimot kapital som det er gitt tiende av i skip, nøter, møller, saltkjeler, hus eller av annen inntektsgivende eiendom, skal man betale tiende av avkastningen uten avkorting for kapitalinnskudd eller kostnader; for de kommer eieren til gode ved å øke verdien av eiendommen.

Slike utvidete tiendekrav vakte selvsagt motstand blant dem som skulle betale, og mest blant dem som måtte yte mest. Spesielt gikk det ut over det verdslige aristokrati, som var store godseiere med fast eller rørlig eiendom som de leide ut, eller som drev en eller annen form for salgsproduksjon. Kongen og hans hird synes opprinnelig ikke å ha vært forpliktet til å betale tiende, men i Magnus Erlingssons privilegiebrev hadde kongen lovet at både han og hirdmennene heretter skulle betale den fullt ut, og dette ble også fastslått i Sættargjerden. «For kongen skal være et mønster på hederlig livsførsel. Han skal ikke avlyse loven, men oppfylle den.» I Hirdskråen er gammel sedvane og birkebeinernes løfter nevnt som hjemmel for tiendeytelser av hirdmennenes lønn.[63]

Hadde kirken rett til å pålegge befolkningen nye ytelser? I Landsloven heter det at bøndene hadde bedt kongen om å bøte lov og rett; dette er den praktiske begrunnelse for at Magnus Lagabøter påberoper seg lovgivningsmyndighet. Kongen kunne derimot ikke kreve ekstraskatter uten samtykke fra tingalmuen. Det kan derfor synes som om befolkningen ikke uten videre ville godta at det skulle betales mer tiende enn før, uten forhandlinger på tinget. Men tienderegulativet hadde solid hjemmel i kanonisk rett. I Bibelen, en av kirkerettens viktigste rettskilder, nevnes tiende som en form for beskatning som israelittene ga sine egne myndigheter.[64] Frostatingslovens kristenrett, som regnes for å være erkebiskop Øysteins verk, og som er gitt noe senere enn Gulatingsloven, bærer preg av påvirkning fra kanonisk rett. Her er tiendeplikten et høytidelig løfte til Gud, ikke en kontrakt som er inngått på tinget. Det neste store fremstøt for tiendebetalingen kommer mot slutten av Håkon Håkonssons regjeringstid. Her er det fullstendig samsvar med kanonisk lov i motiveringen: kongen refererer til gamle vitnemål, guddommelig skiping og hellige menns avgjørelser[65] og understreker at tiende skal betales av all avkastning. I arengaen til rettarboten heter det at «alle kristne konger fra verdens opprinnelse skylder å fremme av sine eiendommer Guds bud med styrke og velde av det som Gud har dem gitt. Og alle har hørt at tiende er påbudt å gi fra verdens opphav av all den avling som Gud gir mennesker.»[66] Tiendeplikten er en rett som gjelder alt og alle. Men det kan neppe hevdes at Håkon Håkonsson påla nye ytelser – rettarboten hadde solid hjemmel i landskapslovene.

Eidsborg stavkirke i Tokke nevnes første gang i 1354, men må være atskillig eldre. Bøndene i Skattlandet, det vil si det historiske Telemark, var ikke akkurat kjent for å være mors beste barn. I et statutt oslobispen Øystein Aslaksson utstedte på Gimsø kloster utenfor Skien 11. november 1395 under visitasferd til øvre Telemark skriver han at drap og hevn var vanligere der enn i andre bygdelag. Og slutter han "Måtte dere som bryter kongens grid kalles gridnidinger og drottensvikere og dele helvetes pine sammen med djevlene, som er fulle av avind og ondskap, og med den fule Judas, som svek herren sin med kyss, som jo gjelder for å være et fredstegn." (NgL 2. r. I:329). Foto Leif Jamtveit.

The stave church at Eidsborg in Telemark is first mentioned in 1354, but there is reason to believe it to be considerably older. According to Bishop Øystein of Oslo, who visited this area in 1395, these isolated rural communities in the interior of southeast Norway gained a bad reputation due to the disproportionately high level of violence and homicide.

For å sette Sættargjerdens tienderegulativ i verk måtte kirken støtte seg til kongens autoritet.[67] I et mandat av 22. september 1277 stilet til kongens frende Erling Alvsson, Tore Biskopsson og Audun Hugleiksson foruten alle syslemenn, håndgangne menn og alle menn i Borgartingslagen stilte kongen seg bak de nye kravene. Dessuten henvendte han seg til vikverjene og opplendingene. Det var gjort et unntak for Hamar bispedømme i selve regulativet, men nå ble alle bedt om å rette seg etter det, også befolkningen i innlandsstrøkene på Østlandet. Til gjengjeld hadde erkebiskopen gitt avkall på hovedtiende i bispedømmet.[68] Den var i prinsippet en frivillig ytelse som skulle vært avskaffet da årstienden ble innført. Men den ble både gitt og krevet, som regel i forbindelse med førstegangs giftermål. Og Magnus Lagabøter hadde sørget for at Landsloven fortsatt sikret kirken denne retten.[69]

Det nye tienderegulativet vakte stor motstand. Kravene representerte først og fremst en sterkere beskatning av dem som hadde inntekter av sin formue – de store jordeierne, eller de som drev handel. Kjøpmennene og det verdslige aristokrati hadde tross dette neppe problemer med å få den ikke fullt så eiendomsbesittende tingallmuen med på å gå i mot en slik utvidelse av ytelsene; skulle den nye loven følges, ville ikke bonden lenger kunne trekke noe fra for sitt arbeid med å dyrke, høste, lagre og treske tiendekornet. Alle ville bli rammet, og erkebiskopen kunne neppe gjøre regning med forbundsfeller ut over sin egen stand i arbeidet for å få gjennomslag for den nye persontienden. Tross alt var det en form for økt beskatning som her skulle iverksettes, og det var ingen tradisjon for at slike krav bare kunne gjennomføres ved dekret, uansett om både konge og erkebiskop stod bak. Og i Telemark kom de fullstendig til kort. I Annales regii heter det under året 1277 at telene forlikte seg med kong Magnus.[70] Det er nærliggende å tolke dette som at det her har vært stor motstand mot i det hele tatt å skulle betale tiende av produksjonen, og at myndighetene har måttet gi tapt overfor gammel sedvane.[71] Men Steinnes har kommet med en viktig tilføyelse; under henvisning til at telene hadde ligget i konstant opposisjon til sentralmakten siden Magnus Erlingssons tid, peker han på kongsskatten som ble betalt fra enkelte gårder i Telemark. Det er rimelig å tolke annalnotisen som at telene i 1277 forlikte seg med kongen, og at kongsskatten var en del av forliket. «Semja i 1277 hev millom anna gjenge ut på at dei skulde sleppa vanleg tiend og gjeva biskops-skatt i staden attåt den gamle prestreida.»[72]

Hvorfor avskaffet baronstyret Sættargjerden?

I mai 1280 døde Magnus Lagabøter, og etterlot seg to mindreårige gutter. Allerede lenge før kongens død var det bestemt at erkebiskop Jon Raude skulle krone den eldste, Eirik, i forbindelse med et riksmøte i Bergen denne sommeren. Møtet i Bergen samme sommer bestod egentlig av tre forsamlinger. Den første var riksmøtet i forbindelse med Eirik Magnussons kroning St. Svithuns dag (2. juli). Den andre var provinsialkonsilet, som erkebiskopen hadde innkalt til. Konsilet startet 16. juni og varte fram til 29. juli. Hele åtte lydbiskoper eller suffraganer var til stede, bl. a biskopen av Sudrøyene. Den tredje forsamlingen var et møte som formynderrådet sammen med en rekke andre stormenn holdt etter salvingen og kroningen. Her gjorde de vedtak uten noen form for geistlig representasjon eller medvirkning. Lovgivningen i Bergen er altså ikke riksmøtelovgivning, men motstridende forordninger fra hver av de stridende partene.[73]

Helt sentralt i hendingene i Bergen sommeren 1280 står kroningen av den 12 år gamle Eirik Magnusson. Kroningsdagen var opprinnelig fastsatt til St. Hans.[74] At tronarvingen ble kronet ennå mens faren var i live hadde presedens i Magnus Lagabøters kroning (1261). Det kan være flere grunner til at høytideligheten ble utsatt fra jonsok. Man kan ikke utelukke at enkelte deltakere hadde problemer med å nå fram til fastsatt tid; mange av dem kom langveisfra. Man har derfor benyttet svithunsmessedagen fordi dette allerede var en merkedag i den unge kongens liv; det var da han hadde fått krigsnavn (s. 87). Men det kan neppe være tvil om at forhandlingene mellom prelatene og det verdslige aristokratiet om garantiene for de kirkelige rettighetene har tatt sin tid.

Møtet i Bergen danner opptakten til en langvarig konflikt mellom kirken og kongedømmet. Historikerne har vært enige om at striden gjelder de særrettigheter og fordeler som den norske kirken hadde oppnådd med sættargjerden i Tønsberg. Derimot har de vektlagt noe ulikt hva som veide tyngst i den videre konflikt. Koht la størst vekt på de økonomiske privilegiene, herunder bøtene og tienderegulativet. Men han fremholdt:

> «*Sættargjerda … er ikkje ein faafengd freistnad paa aa snu um paa norsk statsrett, men ho er den naturlega frukta av samfundsvoksteren, og ho blir grunnlage for kyrkjeretten sidan. Paa denne maaten bli den norske kyrjehistoria minder dramatisk, men visseleg sannare.*»[75]

Seip har fremholdt jurisdiksjonsprivilegiet som den vesentligste nye rettigheten; kirkelig jurisdiksjon i kristenrettssaker førte til at kongens syslemenn fikk sine bøteinntekter vesentlig redusert i forhold til biskopenes proster. Jurisdiksjonen ble dermed også i denne henseende hovedårsaken til at Sættargjerden ble sagt opp. Hamre har fremholdt det nye tienderegulativet som den viktigste grunn til at stemningen fullstendig snudde i forholdet til kirken.[76] Det kan neppe anses som en del av selve Sættargjerden, men var noe av det første baronene vendte seg mot; i dette kunne de også regne med å ha folk flest på sin side.

For baronregjeringen nektet å videreføre de kirkelige rettighetene de få år tidligere hadde vært med på å gi og den gang hadde stadfestet med korporlig ed. Man kan spørre hvordan de ville forsvare å gå tilbake på dette, og dermed risikere å bli oppfattet som menedere. Både i kanonisk rett og i norsk verdslig lovgivning var mened alvorlig og medførte æreløshet. En meneder falt i bann ipso facto og mistet retten til å vitne eller til selv å føre vitner på tinget. Formynderne hadde også avlagt ed på å skulle hjelpe til med å videreføre Sættargjerden i samsvar med den visdom og forstand Gud ga. Dette ga rom for å fortolke konkordatet både ut fra

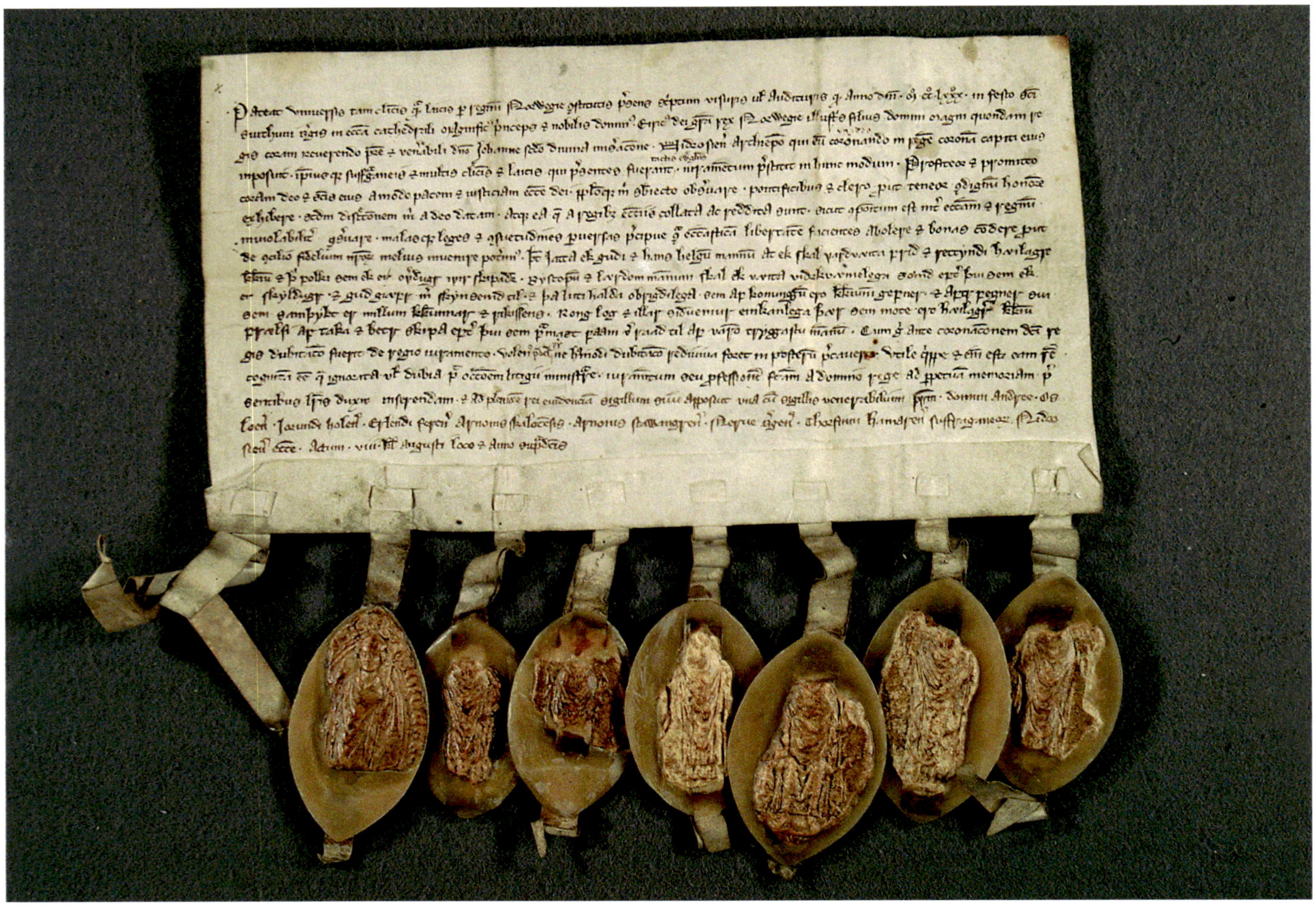

Vitnebrev om Eirik Magnussons kroningsed utstedt i Bergen 25. juli 1280. Her heter det at erkebiskopen hadde ønsket å få eden nedskrevet fordi det hadde vært uenighet om hva den skulle inneholde. Kong Eirik måtte blant annet sverge å overholde Sættargjerden fra 1277. Brevet ble beseglet av erkebiskop Jon og biskopene Andres av Oslo, Jørund av Holar, Erlend av Færøyene, Arne av Skålholt, Arne av Stavanger, Narve av Bergen og Torfinn av Hamar. På bildet mangler erkebiskop Jons segl. Foto: Riksarkivet.

Testimonial letter concerning the coronation oath by King Eirik Magnusson issued in Bergen on 25 July 1280. It states that the archbishop wanted to write the oath (in a diploma) due to disagreement about its content.

norsk statsrettslig praksis og det vedkommende mente ville tjene kirkens og rikets tarv best. Både i middelalderen og helt opp i våre dager har det vært diskutert om en konges eller regjerings handlinger er bindende også for etterfølgerne. Spørsmålet var i middelalderen særlig aktuelt i forhold til len, krongods og andre statlige inntektskilder. Etter kongesagaene skal spørsmålet ha vært aktuelt allerede i Sigurd Jorsalfars og Øysteins tid, uten at det kan sies at saken dermed var endelig avgjort. Først med en riksrådsdom fra 1347 ble det slått fast at den norske kongen ikke kunne gi bort større len og veitsler lenger enn for sin egen levetid. Denne dommen har vært karakterisert som et datidig 'prejudikat' (Hamre), det vil si at lovtolkningen var bindende for tilsvarende fremtidige konflikter. Hva privilegier angår, måtte de normalt fornyes ved tronskifte, noe som var viktig i forhold til Hansaen senere i middelalderen.[77] Slike overveielser må vi regne med at baronene har hatt; var bestemmelsene i Sættargjerden å anse som kongelige privilegier som Magnus Lagabøter hadde gitt personlig, måtte det etter hans død vurderes om den nye kongen skulle fornye dem. Fra et kirkerettslig synspunkt er det som skjer at formynderstyret tolker konkordatet ut fra legalteorien; de kongelige tilsagnene anses som privilegier som ikke er bindende ut over kongens levetid. Erkebiskop Jon hevder derimot i tråd med det kirkelige alienasjonsforbudet at kirkens rett bare kan øke, ikke minke.[78] Det var intet rom for kompromiss mellom partene, og prinsipielle legalteoretiske betraktninger kan være en av årsakene til at baronene avskaffet Sættargjerden.

Allerede før kroningen var formynderrådet i gang med å planlegge tiltak mot de kirkelige frihetene, slik det fremgår av den store rettarboten som er bevart for ettertiden.[79] Dette har erkebiskopen fått greie på med en gang han kom til Bergen (senest 16. juni), og har grepet til det maktmiddel som lå nærmest for hånden i situasjonen: nekte å legitimere den unge Eiriks kongedømme gjennom kirkens innvielse – kongesalving og kroning, dersom han da ikke fikk de nødvendige garantier. Det er ikke bevart noen kroningsordning fra norsk middelalder, men en kongelig ed synes å ha vært en del av seremonien. I kroningseden som den umyndige kongen skulle avlegge måtte han sverge at han skulle «halda ubryteleg ved lag det som av kongane er gjeve og ytt til kyrkjene, slik det er forlikt mellom kyrkja og folket.»[80] Verbet som brukes i kroningsedens latinske tekst (*compositus est*) er motstykket til substantivet *compositio*, Sættargjerdens latinske betegnelse. Eirik Magnusson har med andre ord avlagt ed på å overholde Sættargjerden.[81]

Baronene gikk til motoffensiv. Etter kongens salving og kroning utstedte formynderregjeringen en omfattende retterbot som er bevart i mange avskrifter, og som må ha blitt sendt rundt til alle lagting for å føres inn i lovbøkene.[82] Selve retterboten fremstår som et tillegg til Landsloven, men unnlater å si noe om at den skulle lovtas på tingene. Dette står i motsetning til kong Magnus' lovbøker og henger trolig sammen med formynderregjeringens ultrarojalistiske standpunkt, at kongen var enerådende som lovgiver innenfor sitt territorium.[83] Retterboten refererer heller ikke til at det foreligger en kristenrettslovgivning, eller en overenskomst med kirken. Baronenes standpunkt er utpreget legalistisk; Sættargjerden er et kongelig privilegium som bare er bindende for den kongen som har gitt det. Når retterboten så i en rekke av sine bestemmelser går langt inn i de saksområdene som etter Sættargjerden er forbeholdt kirkelig jurisdiksjon, er det ikke til å undres over at erkebiskop Jon og hans suffraganer har følt sine posisjoner både krenket og truet.

I begynnelsen av Håkon Håkonssons regjeringstid møter vi som tidligere nevnt for første gang en ny type embetsmenn i den norske kirke, prostene. De var biskopens administrative ombudsmenn, særlig i den lokale administrasjon. Seip betegnet prosten som biskopens syslemann. I Norge var prosten en geistlig embetsmann, og i erkebiskop Jons kristenrett er det tydelig at han hadde en plass i jurisdiksjonen. Han kunne dermed kombinere myndighet både som skriftefar og dommer.

Baronregjeringen setter imidlertid opp en skranke for den kirkelige domstols kompetanse med den første bestemmelsen i rettarboten: «Bare de proster skal ha prostedømme som ikke har sognekirke og lønnlige skriftemål.»[84] Formynderne foretar med andre ord en viktig prinsipiell begrensning av prostenes kompetanse der hensikten er å hindre en kombinert geistlig domsmyndighet i de to fora. Dette er et standpunkt som Håkon V senere fulgte opp i en ny skipan.[85]

Men retterboten tar også for seg lokalkirkenes ombudsmenn, det vil si kirkevergene, og fastslår at administrasjonen av fabricaformuen tilkommer verdslige representanter for soknefolket. Også den tredje artikkelen angående betaling av den gamle kirkeskatten olavstoll griper direkte inn i og regulerer forholdet mellom folk og kirke på lokalplanet. Retterbotens ekteskapslovgivning atskiller seg lite fra erkebiskop Jons egen kristenrett, men baronene griper her direkte inn med lovgivning på et område som fra de første norske kristenretter var forbeholdt kirkens jurisdiksjon. Endelig må det også nevnes at retterboten gjør fremstøt mot et av de klerikale immunitetsprivilegier som kirken gjorde krav på og forlengst var blitt innrømmet, nemlig at geistligheten var fritatt for å gjøre krigstjeneste og betale leidangsskatten som var konvertert fra den.

Biskopene svarte på retterboten med et provinsialstatutt, en intern kirkelig lov.[86] Det er ikke den første statuttlovgivning erkebiskop Jon har gitt seg i kast med. Da Arne Torlaksson var i Norge for å bli viet til biskop i Skålholt våren 1269, fikk han med seg tilbake både et sett statutter som vi finner referert i hans saga, og *decretales cum apparatu*: den nye kirkeloven av 1234 med senere lærde kommentarer.[87] Erkebiskop Jons statutt fra 1280 beskjeftiger seg både i form og innhold med bestemmelser som kan leses ut av internasjonal kanonisk rett. Ikke på noe punkt finnes bestemmelser som ikke hadde relevans i Norge, «bare for å importere et stykke kirkerett» (Gunnes u.å.). Tvert om, den lange sakslisten over kirkens jurisdiksjon som vi finner i Sættargjerden og erkebiskop Jons kristenrett, gjentas i statuttet, og det viktige tillegget om alle andre saker etter ublandet rett omformuleres slik at det kommer til å hete «og alle andre saker som er av samme slag, og som det tilhører den hellige kirke å ha dom over etter Guds lov.» Statuttet insisterer også på de geistliges skattefrihet. Dessuten har det en liste med femten grunner til at man kan pådra seg kirkens bann ipso facto. En sammenlikning med konsiltekster og pavelige dekretaler tyder på at erkebiskop Jon har benyttet listen som paven på hans tid proklamerte i Roma på skjærtorsdag, og tilpasset den til norske forhold og den aktuelle politiske situasjon.[88] Det kan nok hevdes at forbud mot handel med sarasenerne* var lite relevant i Norge, men det fantes en utenrikshandel; det første privilegium til utenlandske kjøpmenn ble gitt i 1278. Noen vil også hevde det samme om heresi eller kjetteri**, som det er få kildebelegg for fra norsk middelalder.[89] Men kjetteri var etter kanonisk rett en forbrytelse av en slik karakter at kirken krevde jurisdiksjon over den også når saken ble reist i en ikke-kirkelig domstol. Heresi var brudd på kirkens lære og skulle anses som en ren kirkelig forbrytelse; slike forbrytelser der man var bannlyst i kraft av selve gjerningen, hørte hjemme i en kirkelig domstol. Viktigst av bannsmålene i den aktuelle situasjon var det bann som rammet dem som utferdiget skipaner mot den hellige kirkes frihet. Dette rammet baronene direkte. Den hellige kirkes frihet blir definert i privilegiene, den er gitt i forhold til åndelige saker eller timelige rikdommer, både generelle eller spesielle. «Tiender og førstegrøder og alle offer tilhører kirken. Videre har Gud gitt kirken det privilegium at klerkene har makt og råder over dens gods og rikdommer, og dens styresmenn har å gi lover om åndelige saker, og dømme om dem og annet mer, som står i det nye lovmælet og i det gamle.»

Etter møtet i Bergen kom ytterligere innstramninger fra baronregjeringen. I biskop Arnes saga fortelles det at en rekke baroner og kongsmenn ble bannlyst, og at flere av biskopenes menn ble lyst utlege.[90] Erkebiskop Jon selv fant at han måtte flykte fra landet og dro til bispebyen Skara i Västergötland sammen med noen av sine fremste meningsfeller; kanskje hadde han erkebiskop Eiriks eksempel i tankene. Han døde i eksil i Sverige 21. desember 1282. Men rundt om på tingene forbød representanter for regjeringen allmuen å rette seg etter erkebiskopens tienderegulativ. De verdslige stormennene i formynderstyret overtok også forvaltningen av erkestolens eiendommer og inntekter; baronen Jon Brynjulvsson slo seg ned i erkebispegården. Men denne utfordrende fremferden mot kirkelederne vakte reaksjon, ikke bare blant folk flest, men sannsynligvis også blant enkelte av baronene. I 1283 ble det utferdiget et vernebrev for domkirken i Nidaros, domkapitlet og erkestolens eiendommer i kong Eiriks og hertug Håkons navn. Brevet satte strengt forbud mot at noen forgrep seg på eller dro under seg det som tilhørte kirken og erkestolen uten samtykke fra korsbrødrene. I 1290 utstedte baronregjeringen en retterbot om at forn kristenrett skulle gjelde.[91] Det norske episkop-

* Sarasener brukes helst om alle muslimer i middelalderen, men skal i romersk tid ha blitt brukt om folk fra den syrisk-arabiske ørken.

** Kjetteri og heresi brukes i moderne norsk som synonymer for vranglære.

Grindverksåpning fra lektoriet i Nidarosdomen. Foto: Nidaros Domkirkes Restaureringsarbeider.

Remnants of the old screen between choir and nave (lectorium) in Nidaros Cathedral.

atet måtte gå med på å la det nye tienderegulativet falle. «Forn kristenrett» skulle gjelde for tiendeytelsene heretter, og tiende skulle betales etter gammel skikk, slik folk var vant med før Sættargjerden. Seip fremholder at vitnemål om praksis viser at denne avtalen kom til å stå ved lag.[92] Vi skal komme tilbake til tiendespørsmålet nærmere i forbindelse med provinsialkonsilet 1436.

Både kirkens jurisdiksjon og innføringen av det nye tienderegulativet har vært fremholdt som årsaken til at baronstyret avskaffet Sættargjerden. Men hverken Seip, som setter jurisdiksjonen som primær årsak, eller Hamre, som legger større vekt på tienderegulativet, avviser at begge faktorer har spilt en rolle. Som fremholdt i dette arbeidet kan også mer prinsipielle legalteoretiske overveielser ha vært medvirkende. Baronene kan ha ment at kong Magnus hadde gått for langt i sine innrømmelser overfor kirken i forhold til selve kongedømmets interesser. Det kan vanskelig pekes på én enkeltårsak til at baronstyret avskaffet Sættargjerden etter Magnus Lagabøters død. Selve dynamikken i den politiske utvikling har skrudd det hele til; fremfor å søke forsoning og kompromiss har både prelater og baroner holdt fast på sine prinsipielle standpunkter og nektet å anerkjenne den annen parts interesser. Dermed gikk de som hadde den fysiske makt til slutt av med seieren. At seierens frukter ikke kan ha vært uten bismak, blir underordnet.

Kristenrettslovgivningen

Lovgivningsmyndigheten i kristenrettessaker er et tema som Sættargjerden ikke sier noe om. Det kan ha flere grunner. Trolig har ingen av partene villet fire i dette spørsmålet: Kong Magnus har nok i tråd med læren om de to likeverdige samfunnsmakter ment at lovgivningsmyndigheten i verdslige saker var gitt ham av Gud. Erkebiskop Jon derimot kan i samsvar med nyere kirkelig doktrine ha ment at den verdslige myndighet var underlagt kirken, og at kristenrettslovgivningen var et kirkelig anliggende. En annen grunn kan være synet på rettskildene. For enhver partikulær lov, enten den gjaldt det verdslige eller det kirkelige område, sprang ut av den kristne naturrett som var universell. 'Loven' i seg selv var et guddommelig og uforanderlig ideal. Dette kommer til uttrykk i Magnus Lagabøtes landslov, der de partikulære rettsregler ikke er endelige, men kan rettes for bedre å gi uttrykk for den uforanderlige naturrett i nye og uforutsette situasjoner.[93] Spørsmålet ble under alle omstendigheter forbigått i stillhet.

Jeg pekte ovenfor på at Magnus Lagabøters lovgivningsvirksomhet var en kilde til konflikt i forholdet til kirken, at kongen var innstilt på et samarbeid om en revisjon av kristenrettene, og at erkebiskopen laget en kristenrett for Frostatingslagen som kongen ikke kunne godta. Landsloven fikk derfor ingen kristenrett.

Hva skjedde så med kristenrettslovgivningen? Det synes som om det nye tienderegulativet ble ført inn i lovbøkene for Frostatingslagen etter 1277, sammen med erkebiskop Jons kristenrett.[94] Når det gjelder de andre lagdømmene, regnet historikerne lenge med at det endelige resultat av denne rikslovgivningen ble det som Keyser og Munch kom fram til da de i 1848 utga de gammelnorske lovene. Her «meddelte» de kong Magnus' kristenretter «i tvende, noget forskjellige, Redactioner, den ene for Borgarthinget, den andre for Gulathinget.»[95] De la ett håndskrift til grunn for hver av hovedtekstene, med varianter i noteapparatet. Gustav Storm utga i 1885 supplement og håndskriftsbeskrivelse til de tidligere utgitte gammelnorske lovtekstene, blant annet en fullstendig tekst av det han mente måtte være en variant av Magnus Lagabøters kristenrett for Borgartinget (*NB II*).[96]

Jens Arup Seip så spørsmålet fra et annet metodisk ståsted. I doktoravhandlingen fra 1942 tar han utgangspunkt i manuskriptenes avskriftsforhold og gjør en observasjon: Av ingen gammelnorske lovtekster finnes det så mange avskrifter av som kristenrettene.[97] Disse avskriftene finner vi i samlekodekser som har vært i bruk av lagmannen eller biskopens official. Det dreier seg altså ikke om avskrifter som er gjort av interesse for gamle merkverdigheter. Det er mange slike avskrifter av de eldre kristenrettene som kan dateres til 1300-tallet, ja, for Eidsiva- og Borgartinget er det bare tekstene til kristenrettsbolken i de eldste landskapslovene som er bevart på denne måten.[98] Avskriftene av NB II er derimot få og forekommer først etter 1400.[99] Da kopieres ikke de eldste Borgartings og Eidsivatings kristenretter lenger. Vi må gå ut fra at det ville være unødvendig å ta avskrifter av dem dersom det allerede forelå en nyere versjon.[100] Overleveringsforholdene peker entydig mot at den nyeste østnorske kristenretten er vedtatt ikke så lenge før vi får de første avskriftene.

Hvordan er så denne kristenretten tradert? Og kan vi slutte noe fra arkiveringen av de bevarte håndskriftene? I 1888 var to av dem (variantene *C* og *D* i Norges gamle Love) i den arnamagnæanske samlingen i København. Det kgl. Norske Videnskabers Selskab i Trondheim hadde ett håndskrift (*B*), og ett fragment av loven var i Riksarkivet (*Ca*). Variant *C* finnes imidlertid ikke som et lovhåndskrift fra senmiddelalderen; men er fra 1566 og skrevet på papir. Det er en oversettelse av den gamle lovteksten som oslohumanisten Jacobus Matthias Agricola, alias Jakob Mathiassøn Bonde, har utført. «Oversættelsen nærmer sig ofte næsten til at være Afskrift, idet den hyppigt beholder sin Originale Skrivemaade, Ordstilling og Sprogformer,» bemerker Storm. Dessverre sier ikke Jakob Bonde noe om hvor han har hentet originalteksten fra, men det er interessant at han tar inn kapitlet om tiende fra erkebiskop Jons kristenrett; det ser ikke ut til å ha vært i den opprinnelige loven.[101] Det tyder på at oversettelsen skulle brukes av innflyttede danske embetsmenn som ikke var fortrolige med mellomnorsk. Siden dette håndskriftet er kommet i Arne Magnussons hender, er det rimelig at det har vært oppbevart i et av bispearkivene, sannsynligvis i Oslo, og er lånt ut til den lærde islendingen under hans innsamling av kilder til kirkens historie i Norge.

Ca er et fragment av samme tekst som *C*. Det begynner et stykke inn i kapittel 22 om ekteskap og horskap (*... þa scal biskup þau j ban sætia þer til ath þau komi saman after*) og stanser etter overskriften til kapittel 26. Fragmentet ble funnet som omslag til regnskaper fra Ryfylke fra 1629, og Storm beskriver hånden som «en stiv Frakturhaand fra Slutningen af 14de Aarhundrede.»[102] Så gamle manuskripter skal avleveres til Riksarkivet; derfor oppbevares det der. Det interessante spørsmål er hvorfor fragmentet er brukt som regnskapsomslag i Ryfylke. Seip slutter at fragmentet er kommet fra lagmannen, som har benyttet det på lagtinget – og at loven er skrevet av til bruk også på Vestlandet.

D-varianten, som er det andre håndskriftet i den arnamagnæanske samling, er et pergamenthåndskrift skrevet med en hånd fra midten av 1300-tallet. Det inneholder Landsloven (Borgartingsredaksjonen), Håkon Håkonssons retterbøter til Gulatinget og Magnus Lagabøters retterbøter til Borgartinget. På siste side (44b) har en annen hånd føyd til kapittel 23 av den østnorske kristenretten, som omhandler regler for bryllup. Til dette er det heftet et blad med sitat av hele teksten til oslobiskopen Øystein Aslakssons statutt om bryllup mellom Mari- og Mikkelsmesse fra ca. 1400 («stendr i brefue biskup Øysteins a thenne haat»). Den samme skriveren har også påført marginalnoter i håndskriftet; muligens er det grunnen til at Storm daterer hånden til midten av det 15. århundre[103] (Biskop Øystein ga også et statutt om hovedtiende, som skulle ytes i soknet der bryllupet ble holdt, selv om bruden eller brudgommen ikke hørte hjemme der.[104]) Av arkivsignaturen, AM 63 qv. ser vi at Arne Magnussson har lagt håndskriftet blant Oslo-fasciklene, enten fordi han fant det der, eller fordi han fant det sannsynlig at det tidligere hadde ligget i dette bispearkivet. Siden landsloven for Borgartinget utgjør håndskriftets hoveddel, bør vi kunne regne med at det har vært brukt av prosten i Eidsberg.

B-varianten er det eldste håndskriftet; det daterer seg selv ved et tillegg om biskop Øystein Aslakssons statutt som omtaler biskopen i fromt minne: «*Statutum domini Augustini episcopi pie memorie [...]*»[105] Han må altså være henfaren; dette er skrevet etter hans død i 1407. Det er rimelig å anta at det opprinnelig er skrevet i biskopens eget embetsdistrikt, som omfattet både Borgartingslagen og deler av Eidsivatingslagen. Hoveddelen i håndskriftet er ellers Landsloven for Eidsivatinget, med tillegg for den nye østnorske kristenretten. Begge lovene har vært til bruk på tinget. Dette håndskriftet er kommet til Det Kongelige Norske Videnskabers Selskab i Trondheim, som ble grunnlagt av biskop Johan Ernst Gunnerus og historikerne Gerhard Schøning og Fredrik Suhm. En av dem har sannsynligvis skaffet samlingene håndskriftet. Hadde det tidligere ligget i bispearkivet i Oslo, ville det nok blitt med Arne Magnusson til København. En rimelig hypotese er derfor at det dreier seg om eksemplaret til lagmannen for Eidsivatinget.

Vi må kunne konkludere denne gjennomgangen med at den nye østnorske kristenretten, *NB II*, har foreligget som lovverk mot slutten av 1300-tallet. Det er også grunn til å anta at både biskopens prost og kongens lagmann har hatt bruk for den i sitt arbeid, noe som peker mot delt jurisdiksjon mellom konge og kirke. Vi skal komme tilbake til dette.

Seip nøyde seg ikke med å se på avskriftsforholdene for den nye østnorske kristenretten. For å etablere forholdet mellom de øvrige kristenrettene, kanskje særlig erkebiskop Jon Raudes og biskop Arnes islandske, har han også sett på strukturen i lovarbeidene. Det er den som avgjør om Jons og Arnes kristenretter, som begge må være godkjent på tingene etter kristenrettslovgivningen for Borgartinget i 1268, er eldre eller yngre enn den østnorske kristenretten, hevder han. På dette grunnlaget mener Seip å kunne fastslå at Jons kristenrett er eldst, deretter følger biskop Arnes, og endelig *NB II*. Den nye østnorske kristenretten er skrevet etter samme mønster som Magnus Lagabøters øvrige kristenretter, og har hatt riksdekkende lovgivning som siktemål. Loven anerkjenner kirkens jurisdiksjon i kristenrettssaker, og fordeler de store bøtene og konfiskert eiendom likt mellom konge og biskop. Kongen har gitt opp sin usedvanlig gunstige stilling i Øst-Norge, der kongen før tok alle bøter.[106]

Fordi vi må ha Sættargjerden på plass og det nye tienderegulativet akseptert på Borgar- og Eidsivatingene, er vi tett oppunder 1280 som det tidligste tidspunkt for når kristenretten kan være ført i pennen første gang. Vi vet at de eldre kristenrettene fra både Borgartinget og Gulatinget foreligger i håndskrifter som er eldre enn *B*-varianten av *NB II*; det eldste håndskriftet av Jons kristenrett er datert til litt før midten av 1300-årene.[107] *NB II* må være yngre enn disse håndskriftene, og kan altså ikke være en variant av kong Magnus' lovgivning, simpelthen fordi man ikke ville føre lovstoff som ikke var relevant for lagmannens orskurd inn i lovhåndbøkene.

Følgelig må det dreie seg om en ny kristenrett fra senmiddelalderen. Lovarbeidet inneholder bestemmelser som ikke er kjent fra andre tidligere kilder, blant annet stoff fra en udatert liste nedtegnet i flere lovbøker over «saker som kongen og biskopen eier sammen.» Seip ville henføre disse til «en tapt gjerd» (retterbot) fra kong Magnus Erikssons tid, og daterte opprinnelig selve loven til slutten av 1340-årene, da kong Magnus var ivrig opptatt med lovgivningsarbeid.[108] Asgaut Steinnes, som langt på vei kunne følge Seip, hadde likevel innvendinger mot kronologien. Steinnes mente å kunne påvise at denne yngre kristenretten reflekterte de nyeste satsene for peterspengene, også kalt romaskatten, som ble innført i Norge omkring 1350. Derfor måtte kristenretten være yngre enn 1340-årene, mente han, og foreslo i stedet 1370-årene, fordi det fra denne tiden er kjent i hvert fall to provinsialkonsil, et i 1376 og et i 1380.[109] Seip repliserte at det intet behov var for å ta den nye loven opp i et provinsialkonsil – dette var en kristenrett som var utarbeidet i kongens kanselli og resultat av hans lovgivningsmyndighet. Det nye prinsippet for peterspengebetalingen var heller ikke avgjørende for dateringen av lovfestingen. Tross dette kom Seip, etter å ha sett nærmere på kildens sammenheng med annet relevant materialet, fram til at 1370-årene kunne være en passende periode for kongelig lovgivning av denne art.[110] Dette synspunktet gjenfinner vi også i doktoravhandlingen hans, som fulgte raskt etter polemikken med Steinnes i 1941.[111]

Det er nylig reist tvil om Seips og Steinnes' datering av den yngste kristenretten fra middelalderen, og argumentert for at den opprinnelige dateringen til Magnus Lagabøters tid er riktig. Bjørg Dale Spørck og Anne-Irene Riisøy hevder at *NB II* må være en av Magnus Lagabøters kristenretter, laget til bruk for opplendingene og folk i Viken, mens Håkon Håkonsson har stått for redaksjonen av den eldre *NB I*. De mener å kunne påvise to tilsvarende tekstlag i den nyere Gulatingsloven, og vil tilbakeføre det eldste til Håkon Håkonssons og erkebiskop Sigurds tid. Det materielle innhold i *NB I* og *NB II* viser ikke større forskjeller, hevder de.[112]

Spørck og Riisøy peker videre på at Seip ikke redegjør for sine slutninger; han klargjør ikke hvorfor det nye prinsippet for betaling av romaskatt ikke er et gyldig argument for å datere kristenretten til etter 1350 og han sier heller ikke noe om hvorfor han likevel vil godta Steinnes datering til 1370-årene. Også Hertzberg har pekt på at det ville være umulig for Magnus Lagabøter å fullføre sin lovgivning på så få år om det ikke hadde vært forberedende lovarbeider under Håkon Håkonsson og samarbeid med kirken.

Disse argumentene bør vurderes nærmere. La oss først se på dateringen: Steinnes' argument angående romaskatten som *terminus post quem** forutsetter at det eldste bevarte håndskriftet representerer den aller første skriftfestingen av loven. Er dokumentet derimot en avskrift, vil skriveren sjelden gjengi nøyaktig det som står i forelegget. Når et nytt prinsipp for betaling av peterspengene tas i bruk, vil dette uansett reflekteres i håndskriftet. Dette argumentet kan derfor ikke tillegges vekt. Når det gjelder Seips godtagelse av dateringen til 1370-årene, peker han på bedre klima mellom konge og kirke i Håkon VIs siste regjeringsår. Han ser på alle håndskriftene fra det 14. århundre, som gir et temmelig broket og uoversiktlig inntrykk av hvor de ulike redaksjoner har hatt gyldighet:

> «*Noe klart billede av forholdet mellem lovene kan denne oversikt ikke gi; dertil har opbevaringen vært for tilfeldig. Men man kunde kanskje slutte at de gamle kristenrettene har stått særlig sterkt på Østlandet, mens kong Magnus' nye kristenrett har vært vanskeligere å sette ut av spillet på Vestlandet. En merker sig at det har vært vanlig å anvende utdrag av Jons kristenrett som tillegg i lov bøkene.*»[113]

Alle saker som tas opp i *NB I* gjenfinnes i *NB II*; innholdsmessig er det ikke nevneverdig forskjell mellom de to lovredaksjonene.[114] En innholdsanalyse fører likevel ikke fram for å kunne datere lovteksten. En ting er at det ikke er ventelig å finne store innholdsmessige forskjeller på de to lovene, selv om det skulle være hundre års avstand mellom dem. For kirken har de juridiske problemene knyttet til utviklingen av kanonisk rett spilt en stor rolle i høymiddelalderen. Fremfor alt hadde de store juristpavene Alexander III (1159–1181), Innocens III (1198–1216) og Gregor IX (1227–1241) vært opptatt av å videreutvikle kirkeretten. Ikke minst hadde de mange konfrontasjonene mellom verdslige myndigheter og kirken i løpet av denne perioden gjort juridisk skolering til en nødvendighet for kirkelederne. På 1300-tallet derimot fant det ikke sted kanoniskrettslig nyskaping av tilsvarende omfang; i dette hundreåret var det mer spørsmål om å få gjennomslag for dekretalrettens kanoniskrettslige prinsipper, og få dem gjennomført på lokalt nivå. Det er således ikke merkelig at de to lovene innholdsmessig er ganske like. I mange konflikter var det jo slik at når partene forliktes og kom til enighet, gikk man tilbake til status quo ante bellum.

Det ligger likevel en markant politisk utvikling til grunn for den nye loven. Delvis er bakgrunnen endringer i forholdet mellom pavedømmet og keiserriket. Paven hadde i høymiddelalderen kunnet fremme sine krav om jurisdiksjon og overhøyhet over den verdslige makt i forvissning om at Den hellige stol stod under keiserens beskyttelse. Men i løpet av Avignontiden sank pavedømmets prestisje, til tross for – eller kanskje nettopp på grunn av – den kraftige utvidelsen av beskatningen, denne gang av kirkens egne institusjoner og geistlige embeter og inntekter i de underliggende kirkeprovinsene. Dessuten ble embetsutnevnelsene sentralisert, og etter hvert ble nesten alle bispeseter tilsatt gjennom pavelig provisjon. I Norge skjedde dette i 1350-årene som en følge av at kong Magnus Eriksson i perioden fram til 1350 fører et aktivt diplomati overfor paven for å få tilsatt de kandidater han ønsket, først og fremst på svenske bispeseter. – Skal vi gi en samlet karakteristikk av utviklingen, kan vi si at «kirkens juridiske århundre» (1200-tallet) ble avløst av «beskatningens og byråkratiseringens århundre».[115]

Også i Norge gikk kirken rundt sekelskiftet 1300 inn i en periode preget av intern strid og ytre svakhet. Etter de harde konfliktene med baronstyret og erkebiskop Jons landflyktighet ble erkesetet stående uten biskop i over seks år. I 1290 måtte kirken oppgi Jons kristenrett. Erkebiskop Jørund kom i konflikt med domkapitlet i Nidaros, som appellerte sin sak inn for paven og fikk medhold. Erkebiskop Jørund tok nå den tvetydige, kanskje tunge utvei å søke kongen om bistand. Han avla homagium, den feudale seremonien mellom feudalherre og vassall, og ble kongens jarl. Med kongens mellomkomst kom det deretter til forlik mellom domkapitlet og erkebiskopen i cistercienserklosteret på Tautra i 1297 (se Lars Hamre nedenfor).

Nevnes bør også institusjonaliseringen av den kongelige kapellgeistlighet, som ble opprettet ved pavelig privilegium i 1308 på Håkon Vs initiativ. Dette falt særlig biskopen i Bergen tungt for brystet; prosten i Apostelkirken ble leder for kapellgeistligheten med tittel av kongelig kapellmagister (*magister capellarum regis*) og rettigheter som gikk tett inn på biskopens.[116] Kongen fikk patronatsrett til de kongelige kapellene, i strid med den aktuelle bestemmelsen i Sættargjerden, som paven neppe kan ha kjent nærmere til. Konflikten mellom kapellmagisteren og biskopen i Bergen var særlig intens i de første tiårene av 1300-tallet, og ble ikke endelig bilagt før i 1372.

Erkebiskopens jarleverdighet ble opphevet av Håkon V i 1310 ved en såkalt pragmatisk sanksjon i 1310.** Omstendighetene rundt dette vedtaket krever videre utforskning, men kan vel ses i sammenheng både med opphevelsen av baron- eller lendmannsverdigheten i 1308 og opprettelsen av den kongelige kapellgeistligheten samme år, da også Jørund døde. Forholdet kirke – konge gikk med erkebiskop Eiliv inn i et mer rolig og positivt leie, og i 1323 opptrådte erkebiskopen for første gang i kraft av sin verdighet som «kongemaker». Av skutilsveienene – som siden 1277 var blitt titulert riddere – fikk han overdratt makt og myndighet til å utpeke en som kunne lede formynderstyret under kong Magnus umyndighet. Erkebiskopen pekte på Erling Vidkunsson, som skulle få tittelen drottsete.

* Terminus post quem betyr «tidspunkt etter hvilket», med andre ord det tidligst mulige tidspunkt for tilkomsten av en kilde eller fullendingen av en prosess.

** Gustav Storm betegner denne kilden som 'Kong Haakon Magnussøns pragmatiske Sanction om Ophævelse af Erkebiskopens Lenspligt til Kongen', og betegnelsen benyttes også i selve dokumentet (NgL IV: 366). Betydningen av begrepet *pragmatisk sanksjon* er usikker; det stammer ifølge Salomonsens leksikon fra den senere romerrett, visstnok som en alminnelig betegnelse på et keiserlig reskript utstedt i høytidelig form til en korporasjon, kommune eller provins angående vedkommende institusjons offentligrettslige stilling. I middelalderen anvendtes pragmatisk sanksjon av og til om politisk viktige og i høytidelig form utstedte lover, for eksempel den kjente *pragmatiske sanksjon i Bourges* 1438; et edikt utstedt av kong Karl VII om den gallikanske kirkes friheter. Forut for ediktet var disse friheten blitt vedtatt av en franske nasjonalsynode (cf. s 153).

Av indrekirkelige forhold merker vi oss at det i perioden 1280–1351 for første gang foreligger et omfattende kirkelig statuttmateriale som er oppbevart for ettertiden. Erkebiskop Jons statutt fra møtet i Bergen 1280 er allerede nevnt. Deretter følger ni – ti statutter med opptil femti enkeltbestemmelser som alle stammer fra provinsialkonsiler ledet av en erkebiskop. Hver av erkebiskopene i denne perioden har gitt navn til et provinsialstatutt der erkebiskop Olavs statutt fra 1351 er det siste. Erkebiskop Arne samlet all den foregående statuttlovgivningen i en egen codex, men den er tapt. Erkebiskop Olavs statutt er tross omfanget kun ment som en utfylling til denne. Her nevnes igjen Sættargjerden eksplisitt, hvoretter en rekke bestemmelser innskjerpes; alle kan føres tilbake til konkordatet. Dette siste gjelder også alle de mellomliggende statutter, uten at det i dem er noen konkrete henvisninger til Tønsbergoverenskomsten.[117] Deretter blir det stille. Men den omfattende statuttlovgivningen reflekteres i den nye kristenretten, uten at man av den grunn kan si hva som har kommet først.

Spørck og Riisøy har sannsynligvis rett i at den nye kristenretten er blitt til med kirkens aksept og under kirkelig medvirkning; det gjelder også om den skulle være fra 1370-årene. Grethe Authén Blom har pekt på det samme.[118] Det er også sannsynlig at erkebiskop Trond Gardarson (1371–81), med doktorgrad fra Karlsuniversitetet i Praha, har spilt en aktiv rolle i en slik prosess. Av kildene ser vi at han har deltatt på et møte med begge kongene i Bergen 1373*, og var i den konglige residensbyen Tønsberg i 1374. Trolig har det vært enda mer kontakt mellom kirkeleder og statsoverhode. Visekansler, og senest fra 1378 kapellmagister, Vinald Henriksson, som senere ble erkebiskop, er likevel den som peker seg ut som lovens sannsynlige hovedredak-

I 1328 brant Nidarosdomen, og deler av murverket falt ned, blant annet korbueveggen. Erkebiskop Eiliv satte i gang en innsamlingsaksjon over hele kirkeprovinsen for å få gjenreist kirken, og gjenreisningsarbeidet må ha gått raskt. Den nye korbueveggen, som fortsatt står, og som er i nesten like god stand som da den var ny, ble reist i løpet av få år. Her ser vi en fotogrammetrisk oppmåling av den nye korbueveggen. Korbueveggen, slik den trolig var før brannen, kan ses på Marianne Brochmanns akvarell s. 189. Foto: Nidaros Domkirkes Restaureringsarbeider.

In 1328, Nidaros Cathedral was ravaged by fire and parts of the masonry were destroyed. Archbishop Eiliv subsequently initiated a fund-raising campaign, and the restoration work progressed rapidly. The new choir is almost as firm now as it was after the rebuilding. This is a photogrammatic survey of the restored choir-wall.

* Håkon VI Magnusson var myndig norsk konge fra 1355 til 1380. Faren Magnus Eriksson hadde vært felles konge for Norge og Sverige siden 1319, og regjerte Sverige fram til 1363, da han ble avsatt. Året etter ble han også satt i fengsel av sine politiske motstandere, og han ble sittende til 1371. Resten av livet var han i Norge hvor han styrte sammen med sønnen Håkon. I disse årene oppholdt kong Magnus seg for det meste på Bergenhus. Magnus druknet i Bømlofjorden i 1374.

tør. At klimaet mellom konge og kirke var blitt mye bedre i 1370-årene viser forsoningen mellom biskopen i Bergen og prosten ved Apostelkirken, lederen av den kongelige kapellgeistligheten. Klimaet dem imellom hadde vært kjølig siden kapellgeistligheten ble institusjonalisert i 1308.[119]

Dersom man i 1370-årene ville reformere kristenrettslovgivningen, var det neppe nye kanoniskrettslige bestemmelser fra den næreste fortid som man ville søke å sette ut i live, men heller rettsregler som hadde fått tid til å modnes. Å sammenlikne de to lovredaksjonene er interessant, men fører ingen vei i dateringsspørsmålet. Så lenge det ikke er vist til metodiske svikt i Jens Arup Seips datering av den østnorske kristenretten, er det best å holde seg til den. Dessuten kan det fremføres ytterligere argumenter for at den østnorske kristenretten ble lovtatt i slutten av 1370-årene: I et fragment av en av de eldre islandske annalene, Annalbruddstykket fra Skålholt, finnes to notiser for året 1370 som kan settes i en slik sammenheng. Først heter det med én håndskrift, «9. hånd»:

> *«Da kong Håkons dronning var barnsyk, viste St. Olav seg for henne og sa at dersom hun ville bli frisk, skulle kong Håkon sverge på å holde loven […]»*

Deretter fortsetter en ny hånd, den 10. i annalfragmentet:

> *«[…] som den hellige kong Olav holdt, og når gutten ble syv år gammel, skulle han fare til Nidaros, og der ville helgenkongen vise seg for ham. Etter at dette var sagt, våknet dronningen. Hun ble ikke bedre før Håkon hadde sverget.»*[120]

Vi har god oversikt over hvor dronning Margrete i sine voksne år til enhver tid befant seg, men i mer enn et år mangler det likevel kilder for dette. 8. september 1377 var hun i Lund, mens hun befinner seg på ukjent sted i Danmark 28. november året etter. I mellomtiden får vi vite at hun har vært i Norge i en periode.[121] Spørsmålet man kan stille seg er om hun i denne tiden kan ha vært i Nidaros.

Drømmen som er omtalt i annalnotisen, tyder på at dronning Margrete ble tillagt initiativet til at kristenretten kom i stand; «loven som den hellige kong Olav holdt» kan neppe tydes som annet enn en omtale av kristenretten. Det kan tenkes at beretningen i den islandske annalen er blitt til i et geistlig miljø i forbindelse med forhandlingene om den nye loven. Notisen kan være et vitnesbyrd om at det virkelig ble satt opp en ny kristenrett i 1370-årene. Det er rimelig å tro at den eldste notisen ikke er ført inn før lovteksten var ferdig; tilsvarte notisen ingen realitet, kunne den oppfattes som satire eller kritikk av dronning Margrete. Og fortsettelsen, som omtaler dronning Margretes løfte om å valfarte til Nidaros når Olav ble syv år gammel, er neppe skrevet inn før etter pilegrimsreisen. Det skulle bety at Nyere Borgartings kristenrett er blitt til før 1378.[122]

Vi må kunne fastslå med Seip at den nye kristenretten fra 1370-årene anerkjenner kirkens jurisdiksjon i kristenrettssaker og fordeler de store bøtene og konfiskert eiendom likt mellom konge og biskop. Erkebiskop Jons kristenrett fikk aldri slik anerkjennelse, men var likevel den som ble brukt i erkestiftet. Spørsmålet om jurisdiksjonen i konflikter mellom lekmenn og klerker var derimot ikke avklart.

Dronning Margretes kirkepolitikk

Seip mente at det skjedde en endring i kirkens jurisdiksjon i løpet av dronning Margretes regjeringstid. Kort etter sekelskiftet begynte en periode med enten rent kirkelig eller blandet jurisdiksjon – aldri rent verdslig. «Vendepunktet kort etter 1400 er så klart markert at det vel på en eller annen måte må foreligge en overenskomst.» Kilder for en endret praksis foreligger først på begynnelsen av 1400-tallet, mener han.[123] Grethe Authén Blom hevder derimot at omslaget må ha kommet minst tre tiår tidligere, altså før 1370.[124]

Det kan være et spørsmål om kirken under dronning Margrete har følt behov for noen formell overenskomst som Sættargjerden, ettersom kristenrettslovgivningen nå skulle være i orden for hele landet. Likevel kan det være grunn til å feste seg ved vidimeringen av Celestin III's privilegiebrev som foregikk i kanselliet i Mariakirken i 1399. Vidissen* ble senere oppbevart i dronning Margretes arkiv på Vordingborg, og det kan jo tenkes at det er dette privilegiet som er grunnlaget for en eventuell overenskomst.[125]

Seips begrunnelse for å tenke seg en overenskomst er at tvistemål hvor lekmenn og klerker stod mot hverandre inntil 1400 hovedsaklig ble avgjort ved en verdslig domstol. Under dronning Margrete var det samarbeid mellom kongemakt og kirke om jurisdiksjonen, men dette synes å ha inntrådt tidligere enn 1400, og ses allerede under riksrådsmøtet 1388 som valgte henne til norsk riksforstander. Her fremførte biskop Øystein av Oslo en sak vedrørende ålefisket i Enningdalen, som han hevdet tilhørte bisp og bispesete i Oslo. Dette var altså en sak om kirkens eiendomsrettigheter, som etter Sættargjerden skulle ligge under kirkelig jurisdiksjon. I dette tilfelle ble det utstedt et kongebrev med stevning, som kansleren Henrik Henriksson beseglet.[126] Seks dager senere (19. mars) påla biskop Øystein den lokale prest å lese kongens stevning. Påbudet ble gitt med alle detaljer – brevet skulle leses ord for ord og presten ha med seg to rettskafne lagrettemenn. Når brevet var lest for dem, skulle presten utferdige et brev under sin og lagrettemennenes innsegling.[127] Dette ble gjort, ålefiskerne møtte til stevning og dom ble avsagt i Oslo-bispens favør. Dommen er særlig interessant fordi det her er en parallellisering mellom konge og erkebiskop; dronning Margrete og erkebiskop Vinald stadfester den på vegne av henholdsvis kronen og kirken.[128]

For at lov skal blir rett, må den praktiseres og innskjerpes; det er dette som skaper institusjoner og strukturer. Dronning Margretes store rettarbot fra riksrådsmøtet i 1392, som sannsynligvis ble holdt i forbindelse med Erik av Pommerns norske kroning, ga en rekke presiseringer av den nye østnorske kristenretten. Når noen ble utleg etter denne loven, skulle boten deles mellom kongen og biskopen. Det ble også gitt et viktig tillegg: kirken og kongemakten skulle bruke sin ombudsmann – henholdsvis prost eller syslemann – annenhver gang, slik at ingen av dem tiltok seg den utleges gods foran den andre. Ble vedkommende pågrepet uten å ha fått landsvistbrev**, skulle han refses av kongens ombudsmenn etter loven. Bestemmelsene om ekteskapsbrudd i kris-

* *Vidisse* betegner en bekreftet, pålitelig og fullstendig kopi av et originalt dokument. Denne brevskikken er i bruk i de nordiske land fra og med 1200-tallet; mange eldre aktstykker av vidtrekkende betydning er bare kjent i denne form. *Vidimasjonen* eller *vidimeringen* er bestemt av faste regler og begynner med en protokoll. Denne opplyser om den eller de som har sett og lest det brev som skal kopieres; deretter følger opplysninger om originalbrevets utseende og tilstand, besegling og at ordlyden gjengis ord for ord som følger. Eskatokollen eller sluttprotokollen inneholder bekreftelse ved besegling og opplyser om sted og tid for nyutferdigelsen. Det nye dokumentet betegnes i sluttprotokollen eller i påskrift på baksiden ofte som *transscriptum, transsumptum*, for eksempel DN III 44 av 15. mars 1300 fra abbeden i Tautra m. fl. som vidimerer to pavebrev i forbindelse med Tautra-forliket.

** Landsvistbrev kaltes det brevet drapsmannen fikk når det var godtgjort at drapet kunne avsones med bøter. Når disse var betalt, kunne han igjen nyte kongelig rettsvern som alle andre undersåtter.

tenretten ble også gjentatt, med bøter til konge og biskop. Denne delte bøteretten mellom konge og kirke i kristenrettssaker var en betydelig innrømmelse fra kongedømmets side. Kirkens bøterett ble også gjort gjeldende fra landsende til landsende.[129] På denne måten ble gamle krav, som første gang kom opp i erkebiskop Jons kristenrett, i løpet av de siste decennier av 1300-tallet akseptert av kongemakten og aktivt innarbeidet både av dronning Margrete og kirken.[130]

Under dronning Margrete er det bare to av Sættargjerdens bestemmelser vi sikkert kan si ikke ble fulgt, nemlig biskopenes rett til å utnevne prester til de kongelige kapellene og bestemmelsen om at kongen ikke skulle blande seg i bispe- og abbedvalg. Konflikt om kallsretten til de kongelige kapellene var ikke et stridstema lenger. Det kan tenkes at man har akseptert at de pavelige privilegiene fra 1308 om opprettelsen av kapellgeistligheten på dette punkt satte Sættargjerdens bestemmelser ut av kraft. Først fra 1515 finnes en kilde som kan tyde på uenighet mellom biskopen i Stavanger og kongen om patronatsretten til det kongelige kapellet på Sørbø. Det ser imidlertid ut til at spørsmålet har vært del av en større kontrovers mellom augustinerne på Utstein og biskopen i Stavanger, slik at det på grunnlag av denne ene kilden er vanskelig å si noe mer om det.[131]

Hva gjelder bispe- og abbedvalg, er det allerede nevnt at det pavelige provisjonsinstitutt for bispevalg ble gjennomført i Norge omkring 1350; det første tilfellet gjaldt bispeskiftet i Stavanger. Denne form for bispeutnevnelse innebar ikke, slik det heter i pavebrevene, at biskopene heretter ble utnevnt fordi paven hadde «rettet sinnets øyne» på vedkommende kandidat, slik at valget nærmest via guddommelig inspirasjon falt på ham. Tvert om betydde provisjonsinstituttet at mektige og ressurssterke monarker gjennom samarbeid med pavekurien fikk providert de kandidatene de så seg best tjent med på bispesetene. Dronning Margrete hadde lært hvordan hennes far kong Valdemar Atterdag av Danmark fikk sine kandidater plassert på danske bispeseter på denne måten. Hennes svigerfar Magnus Eriksson fulgte samme politikk i sine riker. Men Margrete kunne virkelig sette et slikt diplomati i system, ikke minst i ly av paveskismaet mellom Roma og Avignon (1378–1417). Fra Pisakonsilets tid (1409) fantes det også en tredje pave, valgt av dette konsilet. Ved å samarbeid med en svak pave om bispeutnevnelsene kunne kirken lettere kontrolleres. Det mest karakteristiske ved biskopene som fikk norske bispeseter i Margretes tid, var deres bakgrunn som tjenestemenn i de kongelige kanselliene i Norge og Danmark, det vil for Norges vedkommende si kapellgeistligheten. Noen konflikt om patronatsretten til de kongelige kapellene var derfor ikke å vente.[132]

En prinsipiell opposisjon fra domkapitlene vedrørende bispevalgene kan heller ikke spores. Det er imidlertid interessant at Tautraforliket mellom erkebiskopen og domkapitlet i Nidaros (1297) fremdeles var en realitet. Etter dette skulle domkapitlet og erkebiskopen i fellesskap velge biskop til bispesetene uten domkapitler, hvilket i praksis innebar alle de oversjøiske bispesetene unntatt Orknøynene. Deretter ble electus innviet av erkebiskopen. Vi ser at noen av disse bispesetene fremdeles ble besatt gjennom en slik prosess under dronning Margrete, lenge etter at alle de andre bispeembetene var reservert for pavelig provisjon.[133]

Seip så forholdet til kongedømmet som avgjørende for utviklingen av kirkens jurisdiksjon: «Et sterkt kongedømme stod hindrende i veien for en uavhengig kirkelig rettspleie. Svekkelse av kongemakten ga presteskapet friere hender.»[134] Dette stemmer imidlertid ikke for den norske kirke under dronning Margrete. Kanskje fulgte hun opp sedvanen fra sitt fødeland Danmark; her var biskopens jurisdiksjon en selvfølge allerede i slutten av det 12. århundre.[135] Det norske episkopatet ble under hennes styre mektigere enn noen gang før, men hun sørget gjennom et aktivt kurialt diplomati for at det bestod av hennes lojalister.[136] Margrete representerte et sterkt, sentralisert, men kanskje også fjernt kongedømme. Nettopp fordi hun kontrollerte kirken på personalsiden kunne den få friere hender. Konklusjonen for hennes regjeringstid må bli den kohtske: «Kyrkja kan vinne, utan at staten taper».

Provinsialkonsilet i Oslo 1436

Ødegårdsprosessen og landskyldfallet i senmiddelalderen gikk ut over jordeierne i Norge. Kirken som den største ble særlig hardt rammet. Men samtidig hadde kirken stor evne til å tilpasse seg de nye forholdene og kom hurtigere på fote enn andre som var avhengige av inntektene fra jordegods. Den nyeste forskning underbygger en hypotese om at folketallet fortsatte å synke i tiårene etter svartedauen (1349–50) og nådde et minimum ca. 1430–1450.[137] Disse årene er samtidig en svært interessant politisk periode i norsk, nordisk og europeisk historie. I nesten alle europeiske land var det såkalte bondeopprør. I Norden ble det motstand mot det sterke unionskongedømme. Kirkemøtet i Basel (1431–1438, i Ferrara 1438–1448) arbeidet for å reformere kirken «på hode og lemmer», og den norske kirken under ledelse av erkebiskop Aslak Bolt søkte å omsette reformene i praksis ved å henvise til god gammel sedvane.

Også Sættargjerden, som ikke er positivt nevnt i kjente kilder etter provinsialstatuttet fra 1351 kommer nå på dagsorden igjen. Aslak Bolt henviser til konkordatet ved en rekke anledninger, og Henrik Kalteisen brukte avtalen da han i 1452 kom til Trondheim for å ordne opp i rotet etter Marcellusskandalen.[138] Vi skal se nærmere på konteksten som omtalen av konkordatet går inn i, og undersøke om avtalen fortsatt har vært en målestokk for forholdet mellom kongedømmet og kirken.

Første gangen vi møter Sættargjerden nå, er i statuttet fra provinsialkonsilet i Oslo før jul 1436.[139] Det har nok vært holdt møter blant biskopene ved flere anledninger etter det forrige provinsialkonsilet på Hamar i 1380, men etter dette finner vi ingen kildebelegg som uttrykkelig bruker denne betegnelsen om slike møter.[140] Provinsialkonsilet 1436 var det andre som erkebiskop Aslak Bolt innkalte til. Det første kirkemøtet fant sted i Bergen i 1435, men her var ingen suffraganbiskoper til stede. Konsilet i Oslo var derimot godt besøkt, bortsett fra biskop Jens av Oslo, kongens kansler, som uteble.[141] Det foreligger også et formular til innkalling til et tredje konsil i Tønsberg.[142] Trolig dreier dette seg om et planlagt konsil i forbindelse med møtet som kong Erik holdt med blant andre det norske riksrådet i Vordingborg 1434

(Hamre). Innkallingene til disse kirkemøtene i 1430–årene skjedde i samsvar med Baselkonsilets dekret fra 1433 om å holde regelmessige provinsialkonsil.

Provinsialkonsilet 1436 er også interessant i politisk sammenheng. I Sverige hadde Engelbrekt Engelbrektsson gjort opprør og hatt fremgang; i Norge hadde Amund Sigurdsson Bolt ledet an. Engelbrekt tilhørte lavadelen, Amund var sønn av en ridder, men han sto utenfor riksrådskretsen. Tross ledernes aristokratiske herkomst, kategoriseres opprøret tradisjonelt som et bondeopprør. Det norske var nok inspirert fra Sverige, i hvert fall hadde Engelbrekt kontakt med Amund Sigurdsson. Men den norske reisningen hadde også en hjemlig bakgrunn; for når krybben er tom, bites hestene. Økonomiske nedgangstider, sosial uro og urimelige futer er fremholdt som årsaker til Amund Sigurdssons opprør. Det startet våren 1436 med stor fremgang. 23. juni ble slottshøvedsmennene på Tønsberghus og Akershus tvunget til våpenhvile. Den skulle vare til 11. november, men ble forlenget i påvente av erkebiskopen, som skulle holde provinsialkonsil i Oslo. Utover senhøsten synes det å ha blitt uro i opprørernes rekker, og innunder jul inntok de bispeborgen i Oslo. Edvard Bull mente opprøret først og fremst var rettet mot kansleren, biskop Jens av Oslo, men angrepet mot bispeborgen kan nok være forårsaket av utålmodighet som følge av en uavklart situasjon. Jo lenger Amund Sigurdssons opprørere måtte vente, jo svakere ble deres stilling.[143] Man tapte momentum, hadde ikke lenger initiativet. Kort etter at bispeborgen var inntatt, måtte opprørerne gi seg. Provinsialkonsilet i Oslo falt i tid sammen med riksrådets oppgjør med Amund Sigurdsson. Han og opprørerne fikk i februar 1437 en god avtale. Kanskje fordi han var en slektning av erkebiskopen, anbefalte riksrådet ham som syslemann på Færøyene. Hans videre skjebne er usikker.[144]

Disse årene er betegnet som den store kirkefrihetsperioden i Norge.[145] Konsilet i Basel i 1430-årene skulle reformere kirken på hode og lemmer. Mens konsilet satte i gang store reformprosjekter av kirkens hode – paven og hans kurie – kunne kirkeprovinser og bispedømmer ta fatt på reformen av dens lemmer. Baselkonsilet forsøkte også å reformere bispevalgene. Erik av Pommern hadde trofast, nærmest mekanisk, fulgt Margretes linje i bisperekrutteringen. I tett samarbeid med paven var lojale byråkrater blitt sikret bispeseter. I 1430-årene var biskop Jens av Oslo samtidig kansler, mens Hamar-biskopene Arnbjørn Sunnulfsson og Peter Boasson tidligere hadde vært kapellmagistre. Biskop Audun i Stavanger hadde også bakgrunn fra kapellgeistligheten som korsbror i Mariakirken i Oslo, mens Olav Nilsson, som blir biskop i Bergen etter Arend Klementssøn, har vært kongens kapellan.[146]

Under Baselkonsilet ble imidlertid samarbeidet mellom unionskongen og paven brutt. Erik av Pommern kan nok ha blitt noe overrasket av konsilets radikale restitusjonspolitikk der frie bispevalg uten pavelig provisjon stod på dagsordenen.[147] Pave Eugen IV kunne ikke lenger handle selvstendig og uavhengig av konsilet og måtte rømme fra Basel i 1434. Peter Boassons provisjon til biskop i Hamar 8. juli 1433 var den siste pavelige provisjonen til et norsk bispesete i konsilets tid. Pavens forsøk på å styre den norske kirken i resten av konsilperioden var små og uten slagkraft.

Det er interessant at hoveddelen av statuttet fra provinsialkonsilet i Oslo 1436 dreier seg om hvordan kirken og geistligheten skulle skaffe seg større inntekter. Kirkens prinsipielle syn var at Guds rett ikke kan tapes. Derfor hadde man ikke kunnet oppgi tienderegulativet fra 1277 for godt. Norske kirkeledere hadde ved flere anledninger prøvd å reise kravene på nytt, om enn ikke så konsekvent som under erkebiskop Jon Raude, og de synes til tider å ha hatt en viss fremgang. Således ble det betalt *kaupeyristíund* av grønlandske varer, og av skrei, tran, svovel og vadmel fra Island.[148] At regulativet har vært en realitet i senmiddelalderen, ses også i avskrifter av tiendebestemmelsene i Jons kristenrett, bundet inn i lovbøkene sammen med kristenrettene.[149]

Det er nødvendig å gå noe nærmere inn på de aktuelle forutsetningene for de økonomiske bestemmelsene i provinsialstatuttet. Aslak Bolt var biskop i Bergen fra 1407,[150] og ble translatert (overført) til erkesetet da erkebiskop Eskill døde i 1428. Det skjedde etter postulasjon (forslag) fra domkapitlet og med Erik av Pommerns samtykke. Allerede fra første stund som erkebiskop satte han i gang med å bringe orden i erkesetets økonomiske og administrative forhold. Resultatet ble Aslak Bolts jordebok, en av de viktigste kildene til senmiddelalderens administrative, topografiske og økonomiske historie. Jordeboken er ikke bare et register, men inneholder også statutter – om hvilke ytelser erkebiskopen hadde krav på i forbindelse med visitas, om at kirkevergene skulle tilsettes med brev på sitt ombud, om betaling av skatten mikkelskorn eller olavskorn i Trøndelag, Herjedalen, Sunnmøre og Nordmøre – alt begrunnet i gammel rett.[151] Jordeboken er også et betydningsfullt innslag i erkebiskopens politikk, som med støtte i de ledende samtidige kirkepolitiske retninger tok sikte på en restitusjon av kirkens, og framfor alt av episkopatets makt. Hele Aslak Bolts erkebispegjerning kan ses som et stort gjenreisningsprosjekt; han ville gjenopprette de gode gamle tilstander med *libertas ecclesiae*, frie kanoniske bispevalg og sterk metropolittmyndighet, slik det hadde vært på 1200-tallet. Erkebiskopen kunne sette sitt program ut i live fordi det tradisjonelle samarbeidet mellom kongemakt og pavekurie gikk i oppløsning. Pavens og kuriens makt ble svekket som følge av Baselkonsilets reformdekreter. Samtidig ble også den sterke nordiske unionskongemakten vingestekket gjennom opprørene mot Erik av Pommern.[152]

Arbeidet med jordeboken var på linje med de andre tiltakene som Aslak Bolt satte i verk fra omkring 1430. Hensikten var å omorganisere kirken og helst øke dens inntekter. Den omtalte ytelsen olavskorn eller mikkelskorn var en avgift som av navn bare er kjent i Frostatingsloven og erkebiskop Jons kristenrett.[153] Etter Frostatingsloven skulle *mikjálskorn* ytes som en almisse til de fattige på Mikkelsmessedag, det vil si 29. september. Etter Jons kristenrett var dette en skatt som skulle gis til biskopen med en skjeppe fra hver fullbonde og en halv skjeppe fra hver halvbonde; også prestene måtte yte slik avgift. I Aslak Bolts jordebok er olavskorn eller mikkelskorn satt til en våg korn, tilsvarende det tidligere rommålet skjeppe, eller to gode fisk. Mikkelskornet gikk imidlertid ikke alltid til erkebiskopen, flere sokn nevner eksplisitt hvilke altre i domkirken som skulle ha ytelsen, det vil i praksis si presten som hadde alterets prebende. Men også andre avgifter var kommet til: «godvilje», «erkebiskopsgave» og olavsfe til kommunet (kapitelsmedlemmenes felles bordhold). I et vitnebrev fra Hitra heter det at bøndene heretter hvert år skal gi en fisk for mikkelskornet, som skulle gå til St. Peters kor i domkirken i Nidaros, og en annen god fisk i olavsfe, som korsbrødrenes kommun i Nidaros skal ha for deres jevnlige messehold, en messe for alle levende mennesker, fred og god åring, en annen for alle kristne sjeler som er fremfarne. Dessuten skal de heretter gi erkebiskopen to gode fisk årlig til gave og godvilje.[154] Erkebiskopsgave og «godvilje» var altså den samme ytelsen. Alt dette er likevel bare småtterier; Steinnes har regnet ut at en våg (korn) tilsvarte 3 lispund eller vel 15 kg. En fisk eller to er heller ikke rare greiene. For allmuen ser det ut til å ha vært en bagatell å utrede.Når Aslak Bolt likevel la så mye arbeid inn i å få orden i disse inntektene, har han nok tenkt at det sammenlagt likevel kunne bli en del. Men også at det å opprettholde de gamle avgiftene til kirken demonstrerte hans makt og myndighet.

Men også suffraganbiskopene var aktive i å ordne sine og bispedømmets inntekts- og eiendomsforhold i disse årene. I Stavanger sørget biskop Audun for at tienden som prestene i bestemte prestegjeld måtte betale av sin utsæd, gikk til navngitte altere i domkirken. Vanligvis skulle ikke geistlige betale tiende av annet enn sitt privatgods, men både her og i erkestiftet er det unntak. I Stavanger stift dreide det seg om tienden fra utsæden på prestegårdene, som ser ut til å ha vært delt i en biskopslut og en prestelut; tienden fra alle andre var som regel delt i fire.[155] I Nidaros gikk denne prestetienden tradisjonelt til pønitentiaren ved domkirken, det vil si den av korsbrødrene som hadde ansvaret for botsdisiplinen. Det er sammenheng mellom biskop Auduns statutt og Aslak Bolts fornyelse av de gamle avgiftene i erkestiftet; behovene for å opprettholde inntektene har vært de samme.

På Romerike, som tilhørte Oslo bispedømme, ble det på et prostestevne i 1444 tatt opp vitneprov om diverse utredsler som er interessante i denne sammenheng. Vitnebrevet er utferdiget av to lagrettemenn i Eidsiva tinglag i prestestua i Nannestad på dagen for den hellige Valentins martyrium (14. februar). De to hadde overvært at prosten på Romerike spurte allmuen om hvordan de pleide å utrede presten tiende, tidekjøp (den gammelnorske betegnelsen på messen) og barselskvinners inngang, eller første kirkebesøk etter en fødsel. De eldste bøndene i sognene svarte at de visste det å være sant for Gud, at i 40 år, og somme også i 50 år, slik de husket, og deres forfedre før dem hadde sagt det samme, hadde tiende, tidekjøp og inngang vært betalt og gitt slik som heretter følger: At når tienden blir liten, skulle presten alltid ha et såld korn (noe i overkant av 109 l) for sitt arbeid og tjeneste fra hvert ektepar, og mer når Gud gir mer. Han skulle også ha en gild ørtug for alle ektepar, som bonden leide for penger. Men huskoner og innensetes folk som ikke hadde noe besådd åkerstykke, skulle gi tolv mark smør eller to mål skurd i arbeidsplikt på prestegården i tidekjøp. Ved inngang skulle det betales tolv mark smør og en øre penger for lys og offer. Ved begravelser (utferd) skulle presten ha et gebyr på en gild øre for et barnelik og to øre for et voksent lik. Det var blitt enighet på et alminnelig Eidsvolls ting at det skulle betales slik over hele Romerike, for at det ikke skulle komme til tvist eller trette mellom geistligheten og allmuen. Lagrettemennene hadde også vært i lag med den ærverdige far biskop Arnbjørn med Guds nåde tidligere biskop i Hamar og hans kanniker med ham og noen kanniker og prester av dette bispedømmet og mange andre gode menn som pleide å søke det ovennevnte ting ved botolfsvake (17. juni), da det var blitt enighet om dette.[156] Dette har trolig skjedd omtrent samtidig som erkebiskopen og stavangerbiskopen satte i gang med sine tiltak for å få orden i økonomien og tyder på at både Oslo og Hamar bispedømme har vært interessert i å få orden og oversikt.

Vedheftet er en rekke vitnesbyrdbrev fra prester på Romerike, samt fra en prestesønn. Disse stadfester stort sett bevisopptaket. Samlet representerer dokumentene et sedvanerettslig og kontraktuelt hjemlet regulativ for tiende og stolgebyrer. I Norge var stolgebyrene i den første kristne tiden en viktig inntektskilde for det lokale presteskap, trolig etter angelsaksisk mønster. Adam av Bremen klager over at geistlige embetshandlinger blir kjøpt og betalt av både nordmenn og daner fordi barbarene ikke vil betale tiende. De eldste kristenrettene er særlig opptatt av betaling i forbindelse med død og gravferd. Sportler for kirkelige embetstjenester kunne lett komme i konflikt med forbudet mot simoni, salg av sakramenter eller de nådegaver som kirken forvaltet. De kirkelige reformbevegelsene i høymiddelalderen hadde vendt seg imot sportlene. Stolgebyrene kunne føre til at fattige ble nektet kirkelige tjenester. Men disse gebyrene var en viktig inntektskilde for soknegeistligheten. I Norge var det meningen at stolgebyrene skulle falle bort da årstienden ble innført, men i praksis skjedde det ikke. Et kanoniskrettslig kompromiss ble funnet av Paris-biskopen Odo av Sully kort før 1200; det kunne ikke reises forhåndskrav om vederlag

A

B

C

D

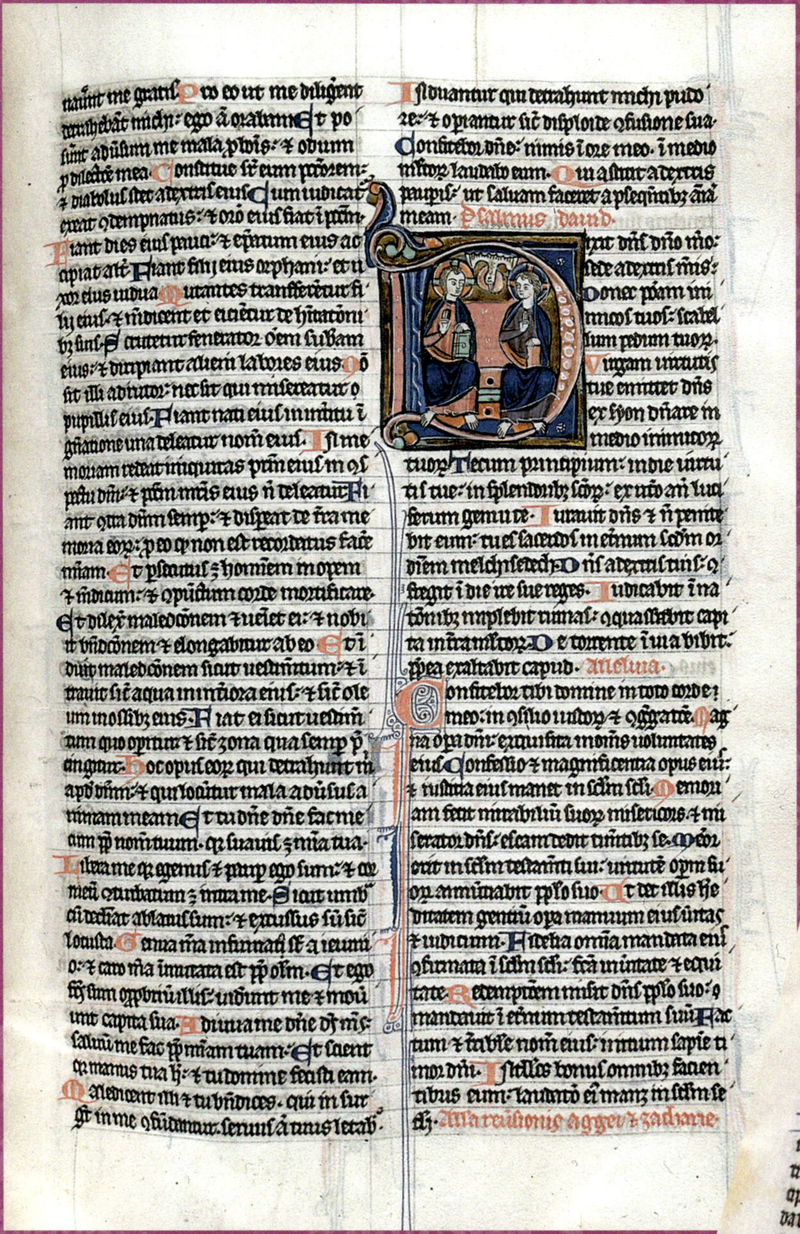

Erkebiskop Aslak Bolt har eid en rekke kostbarheter, blant annet en illuminert bibel, som i dag befinner seg i Deichmanske bibliotek, Oslo. Her ser vi en rekke initialer: A. fra Jobs bok, Job og hans venner, B. fra Salmenes bok, tre syngende geistlige, C. fra Johannesevangeliet, evangeliesymbolet ørnen med skriftsånd, D. kong David spiller harpe. Ellers ser vi på de helsides fotografiene treenigheten og en konge i vann til livet som påkaller Herren.
Foto: O. Væring Eftf. A.S.

This illuminated bible was one of Archbishop Aslak Bolt's several valuable possessions. It is now in the Deichmanske Library in Oslo. .

for geistlige tjenester som dåp, vielse og gravferd. Derimot kunne det etterpå kreves en ytelse i overensstemmelse med lokal sedvane. Fra og med 4. laterankonsil 1215 var dette allmenn kirkerett, og det er dette hjemmelsgrunnlaget presteskapet på Romerike og andre steder kunne påberope seg for fortsatt å kreve stolgebyrer ved siden av tiende. Det avtalemessige grunnlaget for ytelsene slik de fremkommer i vitnesbyrdbrevene kan likevel minne mer om formuleringene i de eldste kristenrettene.[157]

I statuttet fra provinsialkonsilet i Oslo 1436 ble betaling av tiende av handel, omsetning og skipsferd i Nidaros, Bergen og Stavanger bispedømme innskjerpet i samsvar med Sættargjerdens tienderegulativ og Jons kristenrett.[158] Mens de gamle, ørsmå avgiftene i erkestiftet monnet lite, var dette en viktig beskatning av den spirende kapitalistiske økonomien i kyst-Norge. Det er interessant at kirken ser ut til å ha klart å få noe ut av denne, mens kongen måtte nøye seg med avgifter fra privilegiefornyelser o. l.

Men også stolgebyrer er trukket fram i statuttet, slik vi har sett i dokumentet fra Romerike. Deler av Hamar bispedømme og de øvre bygdene i Telemark betalte heller ikke i senmiddelalderen tiende; her er presten hele tiden blitt lønnet med stolgebyrer. Men i senmiddelalderen er det altså kildebelegg for at slike sportler fortsatt ble betalt også i de tiendeytende områdene. Det kan se ut til at dette var en gammel skikk som fortsatte side om side med tiendebetalingen, men som lett kunne komme i strid med det kanoniske forbudet mot simoni. De vanskelige forholdene som befolkningsnedgangen i senmiddelalderen skapte, kan også forklare at kildeopptegnelser om stolgebyrer ble langt hyppigere enn tidligere. I Aslak Bolts provinsialstatutt blir både utferd, tidekjøp, inngang og prestereide nå legitime godtgjørelser til presteskapet.[159]

Kirkemøtet i Oslo trakk altså i likhet med Baselkonsilet fram eldre tiders lovgivning for å begrunne sine radikale tiltak.[160] Sammenhengen mellom den norske kirkepolitikken som Aslak Bolt sto i spissen for og utviklingen i Baselkonsilet ses også etter kirkemøtet i Oslo: Baselkonsilets brudd med paven i 1437 forklarer at forbindelsen mellom den norske kirkeprovinsen og kurien ble brutt under resten av konsilet.[161] Bortsett fra det radikale tienderegulativet i Sættargjerden synes det imidlertid ikke å være andre av konkordatets bestemmelser som er relevante å trekke inn i en vurdering av provinsialstatuttet 1436. Det viktigste ved at Sættargjerden trekkes fram i 1436, ligger mest i at den atter settes på dagsordenen. Aslak Bolt har vært seg bevisst både kirkens rettigheter og sin egen myndighet.

Stadfestingen av Sættargjerden

Christian Is stadfestet Sættargjerden på et riksrådsmøte i Skara på nyåret 1458. I litteraturen betegnes dette møtet ofte også som en 'herredag'. Lars Hamre er den som sist har foretatt en omfattende kildebasert drøfting av stadfestingen med utgangspunkt i diplomatarisk analyse, først i en egen artikkel i Historisk tidsskrift 1946, deretter i jubileumsboken for Nidaros erkesete (1955), og sist i hans norgeshistorie (1971).[162] Også Oluf Kolsrud og Carl Fredrik Wisløff har tatt stilling til stadfestingen i sine oversiktsarbeider om norsk kirkehistorie.[163] I selve stadfestings dokumentet er jurisdiksjonsprivilegiet særskilt nevnt, samtidig som prelatene får medhold i sine tidligere klager. Eldre historikere mente derfor at stadfestingen kun gjaldt jurisdiksjonen, mens man nå mener at den omfattet hele konkordatet.[164]

Det kan være grunn til å stanse opp ved en formulering i Christians stadfestingsbrev fra Skara 1458,[165] hvor det heter her at han «nå på ny stadfester avtalen og forliket som tidligere var inngått mellom den hellige kirke og kongedømmet i Norge, som kalles sættargjerd.»[166] Her siktet kongen til kroningseden som han avla da han ble kronet og salvet som norsk konge i Nidaros 2. august 1450.[167] Dette er den første kroningsed som er bevart etter at erkebiskop Jon Raude lot Eirik Magnussons ed nedtegne 170 år tidligere.

I kampen om Norges trone som gikk forut for Christians kroning, hadde erkebiskop Aslak Bolt satset på en svensk løsning og stått fremst i flokken av Karl Knutsson Bondes norske tilhengere. Aslak hadde senhøstes 1449 også mottatt kong Karl i Trondheim og der gjennomført kongevalg med etterfølgende kroning. I håndfestningen som Karl ga lovet han blant annet å stadfeste Sættargjerden. Det er sannsynlig at Aslak trodde at en svensk løsning på tronfølgespørsmålet ville gi den norske kirken og det norske riksrådet større handlingsrom enn en dansk løsning. Siden våren 1449 hadde nemlig de ledende menn i landet og riksrådet vært delt i to. Den andre delen satset på kong Christian som norsk konge.[168]

Situasjonen med to rivaliserende konger i Norge varte ikke lenge. Karl Knutsson ble tvunget til å avstå sin rett til Norge til fordel for Christian alt i mai 1450. Da Christian kom til Trondheim i august var Aslak Bolt død. Det ble den omstridte Marcellus som salvet og kronet Christian. Han var ved pavelig provisjon blitt innviet til biskop i Skálholt i 1448 etter anmodning fra den nye kongen, men kom aldri til sitt islandske bispesete.[169] Selv om Marcellus var en notorisk svindler, var han i 1448 blitt utnevnt som nuntius og kollektor av paven for å inndrive de pavelige inntekter fra de nordiske land;[170] selv tiltok han seg tittel av pavelig legat.[171] I juni 1450 hadde imidlertid pave Nicolaus V trukket tilbake utnevnelsen som kollektor og nuntius til fordel for erkeprosten i Uppsala.[172] Dette var neppe kjent ennå i Norge, og Marcellus kan ha blitt oppfattet som den med høyest rang blant de norske biskopene. Det bør tilføyes at Christian I var fullstendig dreid rundt av ham; Marcellus lyktes i å overbevise kongen om at han burde postuleres til erkebiskop i stedet for kanniken Olav Trondsson, som domkapitlet hadde valgt.

Etter kroningen stadfestet den nye kongen en rekke privilegier til fordel for blant annet kirken.[173] Flere av dem hører vi her om for første gang; andre var ikke blitt stadfestet siden de ble gitt. Det gjaldt eksempelvis Stavangerprivilegiet fra Håkon Håkonssons tid. Men Sættargjerden nevnes ikke. Hva var kongens motiver for å gå til denne omfattende privilegiefornyelsen, og hva var mottakernes? En viktig grunn kan være at Karl Knutsson Bonde fremdeles spøkte i kulissene som lovlig valgt og kronet norsk konge. Det var viktig for kong Christian å vinne tillit, både blant geistligheten og andre; dessuten var det i kirkens rekker at svenskekongen hadde hatt sine klareste tilhengerne. For mottakerne har det vært viktig å få forsikringer om at deres tidligere rettigheter skulle stå ved lag; situasjonen kan ha vært opplevd som utrygg. Men en helt ny konstitusjonell situasjon er også inntrådt. Det middelalderlige arvekongedømmet i Sverres og Margretes dynastier er avløst av senmiddelalderens valgkongedømme med et nytt dynasti. Løfter må avgis, gamle rettigheter bekreftes eller restitueres. Riksrådskonstitusjonalismen er innført i Norge.

Løftene rakk likevel ikke langt. Det er Christian Is norske kirkepolitikk i hans første år som konge som har fått historikerne til å drøfte spørsmålet om rekkevidden av kongens stadfesting av Sættargjerden i 1458. Styffe reiste problemstillingen; han mente kong Christians stadfesting bare gjaldt kirkens domsrett, i motsetning til den generelle stadfestingen som ble uttrykt i Karl Knutssons håndfesting. Styffe fikk følge av Daae, men ellers har historikerne regnet med at også Christian Is stadfesting gjaldt Sættargjerden i sin helhet.[174] Derimot har de lagt ulik vekt på betydningen av de ulike bestemmelsene i Tønsbergkonkordatet.

Koht var den første som reiste spørsmålet om hvorfor den norske kirkeledelsen ba om å Sættargjerden stadfestet.[175] Ettersom Koht mente at Sættargjerden hadde full «lovskraft» gjennom hele den katolske middelalder,[176] mente han at det måtte være særskilte omstendigheter som gjorde en stadfesting nødvendig. Og det var inngrepene i domkapitlenes frie valgrett som ifølge Koht var bakgrunnen. Forklaringen lå i kongens forsøk på å fremme Marcellus' kandidatur til Skålholt gjennom paven, og dernest på å få ham translatert til erkesetet.

Koht tok imidlertid ikke hensyn til den kirkepolitiske utvikling som Baselkonsilet og konsilbevegelsen hadde medført. Mot slutten av Aslak Bolts archiepiskopat var selve Baselkonsilets rolle riktignok utspilt, men det var skapt en ny kirketype i Vest-Europa, en nasjonalkirke som prøvde å hevde konsiltidens episkopale idéer så langt kongemakten tillot. I Frankrike skjedde dette allerede i 1438 med den pragmatiske sanksjon i Bourges. Men også paven i Roma hadde nådd langt i å nyetablere sin tidligere makt og innflytelse. I Wienerkonkordatet mellom keiser Frederik III 1448 (de tyske fyrstene 1449) og paven ble episkopatets makt fra konsiltiden stort sett erstattet av pavemakten slik den var før kirkemøtet. Keiseren inngikk konkordatet på vegne av «*natio Germaniae*», og paven hevdet at dette også omfattet de nordiske land. Ved inngangen til 1450-årene finner man tre ulike kirketeorier – den episkopale – som nok Aslak Bolt hadde stått for, den som også kalles den landskirkelige, og den kuriale eller papalistiske – som var pavemaktens prinsipale standpunkt.

Motsetningsforholdet mellom kongen og kirken, både til paven og den norske geistligheten, kom særlig tydelig til syne i spørsmålet om kongens rett til å øve innflytelse ved bispevalg. Da Aslak Bolt døde, valgte altså domkapitlet en av sine, Olav Trondsson, til erkebiskop i tråd med Baselkonsilets bispevalgdekret, men Christian ville ha Marcellus, og han hevdet å ha rett til å godkjenne domkapitelsvalget før electus søkte pavelig konfirmasjon. Dette motsatte domkapitlet seg, men gikk med på å nedsette en geistlig voldgiftsdomstol som skulle avgjøre spørsmålene. Kjennelsen var at kongene hadde hatt og fortsatt hadde en samtykkerett ved erkebispevalg. Voldgiftsdomstolen erklærte valget av Olav Trondsson ugyldig. Domkapitlet måtte foreta et nytt valg, og Christian I fikk presset gjennom postulasjonen av Marcellus. Når kongen satte alt inn på at domkapitelvalget skulle underkjennes, og fikk godkjent og fastslått sin samtykkerett, var sannsynligvis grunnen en realpolitisk vurdering av erkestolen som politisk maktfaktor. Erkebiskopen var formann i riksrådet, deltok i alle statssaker og var reell regent når kongen var fraværende. Det var først og fremst i egenskap av riksvikar at kongen måtte vurdere ham.[177]

Konflikten toppet seg da paven uten hensyn til domkapitlets valg og kongens påståtte presentasjonsrett providerte den tyske dominikaneren Henrik Kalteisen til erkebiskop i Nidaros. Hverken kongen eller Marcellus strakte umiddelbart våpen, og i et par års tid var det den nye erkebiskopens forhold til disse to som skulle prege den kirkelige situasjonen.

Henrik Kalteisens møte med Christian I i Bergen 1453 kom til å arte seg som et kongelig retterting med erkebiskopen og Marcellus som stridende parter og kongen som dommer. Kongens hensikt var å høre hvem som hadde rett til erkestolen. Den gamle kurialisten Marcellus forfektet nå et konsekvent nasjonalkirkelig synspunkt med mange forøvrig ukjente henvisninger til kirkeretten, trolig forfalskninger. Hensikten var å bevise at postulasjonen av 1450 var vel fundert. Henrik Kalteisen hevdet på sin side et konsekvent papalistisk syn. Paven hadde *plenitudo potestatis* (maktfullkommenhet) og hadde dermed full rett til å annullere avgjørelser i lavere kirkelige instanser. Han behøvde heller ikke ta hensyn til en påstått kongelig samtykkerett. Kalteisen henviste både til kanonisk rett og partikulær rett, og påsto at Marcellus' postulasjon stred mot *concordia regis*, «kongens forlik», det vil si Sættargjerdens forbud mot kongelig innblanding i kirkelige embetsvalg.[178] Nok en gang sto altså Sættargjerden sentralt, denne gang med henvisning til det frie bispevalg. Hva Kalteisen imidlertid ikke understreket, var at konkordatets frie bispevalg passet inn i en episkopal valgrett, ikke med papalismen, som betydde pavelige provisjoner.

Kalteisen trakk også fram forgjengeren Pål Bårdssons statutt (1334) for å tilbakevise at en geistlig kunne skyte seg inn under verdslig domsmyndighet.[179] Nevnes kan også at Christian Is kroningsed bare er kjent gjennom Henrik Kalteisens kopibok. Grunnen til at han skrev den av kan neppe ha vært noen annen enn at han, i likhet med erkebiskop Jon Raude, fant eden så viktig i den konflikt han stod oppe i, at han av den grunn ville nedtegne den. Ettersom han ikke selv var til stede da Christian ble salvet, må han ha fått teksten av en annen geistlig.[180]

Kalteisen kunne ikke godkjenne kongen som dommer i saken, som han anså som en intern kirkelig sak. Etter hardt press gikk han imidlertid med på å resignere embetet sitt for paven, mens domkapitlet gikk med på å foreta nytt valg av Olav Trondsson, som kongen nå postulerte for paven. Men paven nektet å godta Henrik Kalteisens resignasjon. De sendeferder Christian I hadde til kurien utover i 1450-årene oppnådde intet, hverken for kongen eller Marcellus, som – utrolig nok – fortsatt nøt Christians gunst. Et «Marcelli ministerium» har den danske historiker Johs. Lindbæk kalt det.

Koht mente at geistlighetens motiver for stadfestelsen av Sættargjerden i 1458 kan søkes i de kirkepolitiske stridigheter og den antiklerikale politikken i begynnelsen av Christian Is kongedømme, manifestert i striden om erkesetet. Mot dette pekte Seip på at spørsmålet om frie bispe- og abbedvalg overhodet ikke er nevnt i stadfestingsdokumentet. Det er større grunn til å se brudd på jurisdiksjonsprivilegiet og klagene som hovedårsaken til at biskopene denne gang ville ha en formell dokumentarisk stadfesting, og ikke lenger ville nøye seg med kongens tidligere tilsagn.

Kanskje medvirket en viss uenighet om asylretten til at det legges så stor vekt på jurisdiksjonsaspektet i stadfestingen av Sættargjerden. Kongens sterke uvilje mot den kirkelige asylrett kommer til uttrykk i landefredsforordningen fra 1453, og gjør det rimelig å se bestemmelsene i den som særlig rettet mot geistligheten. Retterboten forbyr bisper, proster og deres ombudsmenn å saksøke kongens undersåtter ut over det «forn kristenrett» bestemmer. Geistlige som tar større sekter og sakøre enn lovbok og kristenrett fastsetter, skal nektes rettens hjelp og dertil bøte fullt brevbrudd.* Forbudet gjennomføres både for geistlige og verdslige.[181] Seip mente «forn kristenrett» på denne tiden «bare var et ekko av gamle talemåter.»[182] Hamre derimot har pekt på at uttrykket «forn kristenrett» egnet seg «utmerket som en hevdvunnen etikett på kongens antiklerikale politikk.»[183] Det kan vel tenkes at også kongen har latt seg inspirere av eldre lovgivning, og da særlig baronregjeringens politikk i 1280-årene.[184] Kolsrud uttrykte det som at både den kirkelige valgrett, jurisdiksjon, eiendomsrett og kirkens helligdommer ble «hardt aatsette fraa verdsleg makt.»[185] Men man merker seg også at det er tale om en 'landefred'. Dette er et rettsinstitutt som var vanlig i Nord-Tyskland, og som Christian I har vært fortrolig med. I Norge hadde det derimot ingen lang tradisjon.[186] En landefred gjaldt for et begrenset tidsrom og bygget på samfunnets selvjustis. Hensikten var å begrense adelens feiderett ved å få i stand «en forhøyet fred» innen et avgrenset landområde eller hele riket, en slags indre våpenstillstand. Straffebestemmelsene for brudd på freden ble skjerpet i et visst tidsrom. Men i videre forstand ville en landefred trygge hele befolkningen mot overgrep, ikke minst under en krigstilstand. Landefreden fra 1453 siktet trolig mot Karl Knutssons tilhengere. Flere prelater kunne dermed komme i søkelyset.[187]

Den antiklerikale politikken var gått så langt at episkopatet klaget til paven over overgrepene. Christian Is landefred bør også tolkes i lys av denne henvendelsen. Det heter i kuriens referat av biskopenes klage, som er datert 15. juli 1453, at noen høvdinger, adelige, riddere og lekmenn glemmer sin sjels salighet slik at de uten å nøle røver, tilegner seg og beholder kirkens, bispenes og andre geistliges gods. De fordriver bisper og andre ærverdige geistlige fra deres residenser, slår seg selv ned der og skalter og valter med deres faste og løse gods. De trekker geistlige for verdslige domstoler, håner dem og dømmer dem urettferdig, driver inn skatt hos geistlige, røver deres gods som om det var i fiendeland, utarmer dem fullstendig ved stadig gjesting, fanger dem og holder dem i fengsel og slipper dem ikke ut før de har eksekvert dem til det ytterste. Flere av disse tyrannene fratar de geistlige deres landskyld, lokker til seg deres tjenere, enda det er knapt om tjenestefolk, nekter å betale tiende, særlig silde- og fisketiende, og andre ytelser til sine kirker. Andre perverse, leke tyranner forordner og disponerer over nonneklostre og andre gudelige stiftelser uten å bry seg om biskopenes myndighet, og de blander seg opp i saker som sorterer under geistlig rett, som testamenter, hor og liknende saker. De krenker kirkenes asylrett, bortfører deres deposita, bryter opp kirkedørene og lar sine drabanter ustraffet holde blodige slag og begå drap i kirker og på kirkegårder.[188] Her refereres det til rettsbrudd som gjenfinnes i Sættargjerdens privilegier om jurisdiksjon og immunitet, og til brudd på selve det kanoniske privilegium.

Det er også nærliggende å se stadfestingen i sammenheng med Hartvig Krummedikes fall. Han hadde vært Aslak Bolts fremste motstandere i riksrådet 1449–50, og var den som sterkest gikk inn for en dansk løsning på tronfølgespørsmålet. Helt siden Christoffer av Bayerns tid (1442–48) hadde Hartvig vært unionsmonarkiets fremste støtte i Norge, og han fortsatte i rollen som Christians lojale mann etter 1450. Siden 1453 hadde han vært rikshovmester i Norge. Episkopatets klage til paven viser tydelig til hans fremferd i disse årene. Foruten erkebiskop Aslak Bolt var han også i konflikt med biskop Jens av Oslo og hamarbispen Gunnar Torgardson.

En voldsdåd fra 1455, som omtales i episkopatets klage, har også en viss relevans for Skaramøtet. Det var i Bergen 1. september det året at den avsatte høvedsmannen på Bergenhus, Magnus Green, hadde ledet et oppløp av hanseater og byborgere mot Olav Nilsson, som nettopp var gjenutnevnt som høvedsmann på Bergenhus. Olav hadde søkt tilflukt i Munkeliv klosterkirke. Men mobben hadde sprengt porten og trengt seg inn i klosteret. Der drepte de biskop Torlaug mens han sto ved alteret, samt kanniker og flere andre som deltok i messen, blant dem herr Olavs sønn Nils. 60 mann skal ha blitt drept før de endelig fikk tak på mannen de var ute etter, Olav Nilsson selv. Han hadde forskanset seg i tårntrappen.[189] Tyskerne satte fyr på tårnet, tvang ham ut og drepte ham. Sønnen Axel Olavssøn beretter i 1477 at flere nonner brente inne i klosteret, og da saken ble tatt opp igjen i Lübeck, ble det hevdet at nonner også var blitt voldtatt.[190] Tyskerne ble lyst i bann og dømt til å gjenoppbygge klosteret, som ble påført store ødeleggelser under brannen.[191]

Underveis til Skara la Christian I veien om Vadstena, som var birgittinerordenens hovedsete. Også Munkeliv tilhørte denne ordenen. Munkelivs konfessor Vilhelm og en ukjent medbroder fra Bergen var også der.[192] Vadstena hadde tradisjonelt hatt unionsmonarkenes bevåkenhet og velvilje, og Christian I fornyet konventets privilegier.[193] Sannsynligvis har også birgittinernes norske konfessor fortsatt videre til Skara for å kunne vitne om omstendighetene i forbindelse med drapet på biskop Torlaug, høvedsmannen Olav Nilsson og alle de andre som døde eller led overgrep under overfallet på Munkeliv. At det var blitt satt fyr på klosteret var også et ankepunkt å følge opp.

* Brevbrudd kaltes boten for ikke å følge kongens påbud (brev). Den var 13 3/4 mark.

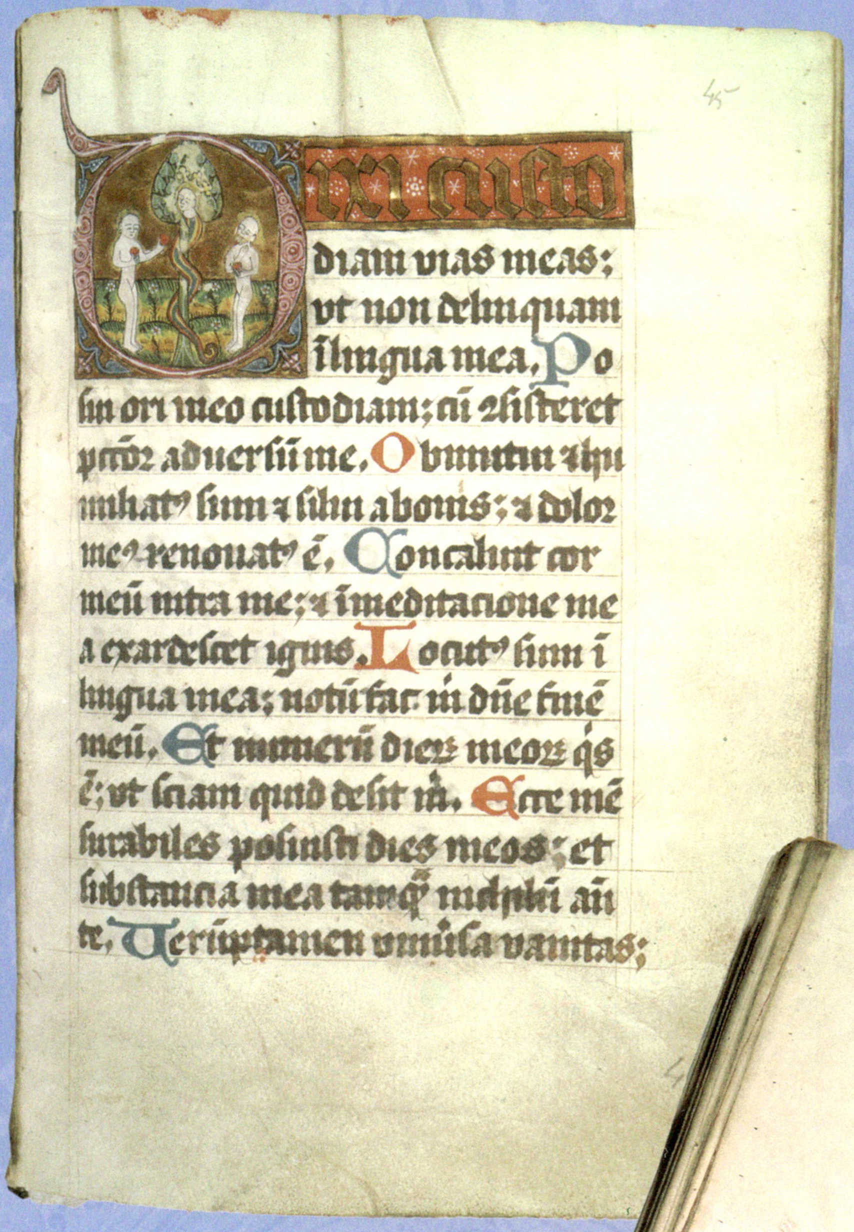

Munkeliv at Nordnes in Bergen was originally a Benedictine convent established by King Øystein Magnusson around 1110. In 1420, the order of St Birgitta received the Pope's blessing to take over the convent. Birgitta was the only Nordic saint who came close to the popularity of St Olav. This shows two pages from the Munkelivpsalter (c. 1450). The manuscript is now in the castle archives in Prague (St Vitus' Main Library).

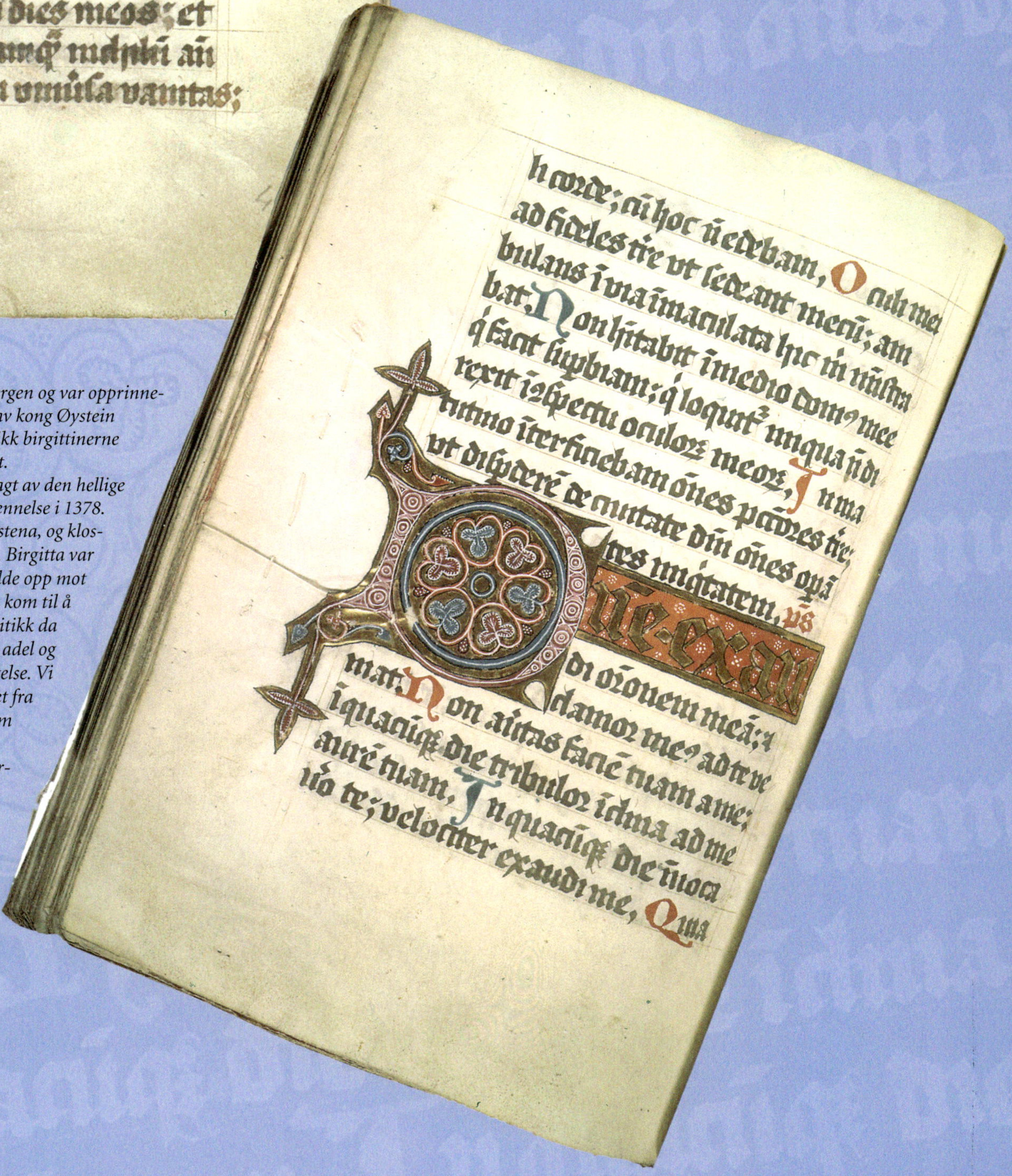

Munkeliv kloster lå på Nordnes i Bergen og var opprinnelig et benediktinerkloster opprettet av kong Øystein Magnusson omkring 1110. I 1420 fikk birgittinerne pavens tillatelse til å overta klosteret. Birgittinerordenen, som ble grunnlagt av den hellige Birgitta, fikk pavens formelle godkjennelse i 1378. Ordenen hadde sitt hovedsete i Vadstena, og klostrene var både for kvinner og menn. Birgitta var den eneste helgen i Norden som nådde opp mot St. Olav i popularitet, og bevegelsen kom til å spille en betydelig rolle i nordisk politikk da den særlig rekrutterte blant nordisk adel og sto under unionsmonarkiets beskyttelse. Vi ser her to sider fra Munkelivpsalteret fra ca. 1450, som viser Adam og Eva som fristes av slangen. Manuskriptet (Codex B 4/1) befinner seg i dag i arkivet på slottet i Praha (Archiv Prazskeho hradu) i manuskriptsamlingen til domkapitlet St. Vitus' hovedbibliotek (Knihovna Metropolitni kapituly u sv Vita).

Christian Is antiklerikale lovgivning nevnes ikke i stadfestingsdokumentet fra Skara, men det var heller ikke å vente. I stedet er klagene rettet mot kongens embetsmenn. Dette forklarer også hvorfor det store prinsippspørsmålet om kongens rett til å øve innflytelse på bispevalgene ikke nevnes. Derimot kan stadfestingen ses i sammenheng med Hartvig Krummedikes forpliktelsesbrev fra samme dag, hvor han lover kongen å gi fra seg alle lens- og pantebrev.[194]

I Skara synes altså klagene først og fremst å ha vært rettet mot Hartvig Krummedike. Hans fall og stadfestingen av Sættargjerden var intet mindre enn et forsøk fra prelatene på å utnytte den politiske situasjon til et oppgjør med hele den antikirkelige politikken som hadde kjennetegnet Christian Is første regjeringsår i Norge. Man fikk fjernet en hovedrepresentant for denne politikken, og gjennom stadfestingen ble også rettsgrunnlaget for en slik politikk fjernet. Til gjengjeld fikk kongen prelatenes stemmer til tronfølgervalget. Også forholdene i Sverige kan ha bidratt til at overgrepene mot kirkens jurisdiksjon kom så sterkt fram i motiveringen for stadfestingen. I Sverige spilte nemlig Christian I rollen som forsvarer av kirkens friheter. De svenske biskopene hadde anført dette til sitt forsvar da de innkalte Christian og vendte Karl Knutsson ryggen: Karl hadde forgrepet seg på kirkens privilegier. Disse forholdene kjente de norske prelatene godt til, og de kan ha spilt inn ved utformingen og motiveringen av deres petisjon til kong Christian. Skaramøtet innledet Christian Is anstrengelser for også å sikre sine etterkommere den svenske kronen, og stadfestingen av Sættargjerden har vært sett i relasjon til tronfølgervalget, der kongens fremste motiv var å sikre seg de høygeistliges stemmer.[195] Og de norske biskopene har nok regnet med tilsvarende belønning som den kirken i Sverige hadde fått høsten i forveien (1457), da Christian ble tatt til svensk konge.[196]

Et siste spørsmål i forbindelse med stadfestingen av Sættargjerden i 1458 er om den hadde sammenheng med at Christian I samme år aksepterte Wienerkonkordatet mellom keiser Fredrik III og paven. Kongens forhold til pavestolen bedret seg etter dette betraktelig. Carl Fredrik Wisløff mente kongen ved å godta Wienerkonkordatet oppga tanken om en direkte innflytelse på bispeutnevnelsene og i stedet vendte tilbake til de metoder Valdemar Atterdag og dronning Margrete med hell hadde brukt. Paven beholdt sin makt uanfektet, men ble betalt for å bruke den etter kongens ønske. Christian I lot konsiliarismens idé om nasjonalkirkelig uavhengighet falle og gjorde felles sak med paven.[197]

Men aksepteringen fikk først og fremst betydning for den danske kirken. I Danmark gjenopptok Christian I tråden fra Valdemar Atterdags og Margretes kirkepolitikk og styrte landets kirke gjennom kurien. Han og etterfølgeren Hans oppnådde etter hvert fullstendig kontroll over embetstilsettingene i den danske kirke, som ble en slags statskirke. At Christian I aksepterte Wienerkonkordatet kan likevel ha hatt betydning for den norske kirke ved at paven nå tok Henrik Kalteisens resignasjon til etterretning og providerte Olav Trondsson til erkebiskop i Nidaros.

Kong Christian forsøkte seg overhodet ikke mer på innblanding i den norske kirkes indre affærer. Kanskje var det de politiske konjunkturene som gjorde dette både unødvendig og lite ønskelig, men stadfestingen av Sættargjerden må ha spilt inn. Det norske episkopat hadde her et sanksjonsmiddel i forhold til kongen. Brøt han sitt løfte til dem, kunne de også bryte sitt løfte til ham. Og et brutt kongeløfte kunne få følger for valg av tronfølger. At kongene aksepterte Sættargjerden ble et viktig bidrag til å gi erkebiskopen en dominerende posisjon i årene som fulgte, både kirkelig, som metropolitt, og verdslig, som riksrådets formann.

Tilbakeblikk

I den perioden av erkesetets historie som her er gjennomgått, har vi fulgt ett enkelt dokument opp gjennom historien. Tønsbergkonkordatet var fra 1280 til 1458 et stadig tilbakevendende tema i forholdet mellom kongedømme og kirke. Mens Seip så Sættargjerden som en stor seier for kirken, har både Hamre og Bagge pekt på at kong Magnus Lagabøter og erkebiskop Jon Raude opptrådte som likeverdige parter. I tilslutning til deres resultater er det her understreket at overenskomsten er et balansert dokument satt opp av to parter som har ansett hverandre som jevnbyrdige. Sættargjerden ble til i samsvar med den kirke- og statsrettslige kontraktteorien. For Bergenskonkordatet fra 1273 har derimot erkebiskop Jon hevdet et privilegieteoretisk standpunkt, som førte til at paven krevde mer enn kongen ville gå med på. I tilslutning til Gudmund Sandvik resultater er det også fremholdt at Magnus Lagabøter i Landsloven hevdet et legalteoretisk syn på sin egen kongeverdighet og myndighet. Det kan neppe være tvil om at kongen likevel har ment at Sættargjerden skulle være en bindende avtale for kongedømmet, men formynderstyret som overtok etter hans død oppfattet avtalen ut fra en legalteoretisk synsvinkel og sa den opp.

Forfølger vi denne tankegangen fram til stadfestingen i 1458, kan det med en viss rett hevdes at Christian I stadfestet Sættargjerden med bakgrunn i legalteorien. Stadfestingen gikk nemlig for seg i former som må ha vært meget akseptable for kongen. Her kan det trekkes en linje til den pragmatiske sanksjon i Bourges i 1438, som ga Baselkonsilets reformdekreter lovs form i Frankrike gjennom et kongelig edikt. På samme måte ble altså Sættargjerden stadfestet ved et kongelig åpent brev. Stadfestingen kan derfor tolkes som en kongelig nådesakt.[198]

En forutsetning for den rettshistoriske legalteorien er imidlertid at staten eller kongen er suveren innen sitt territorium; legalteorien bygger på en romerrettslig forståelse av den verdslige suverenitet, som Jean Bodin (1570-årene) regnes som den første representant for. Når det gjelder middelalderen vil derfor læren om de to regimer eller samfunnsmakter være mer relevant når vi diskuterer spørsmålet om forholdet mellom den verdslige sentralmakt og kirken. Denne debatten er igjen tett sammenvevd med spørsmål som allerede Konkordatet i Worms (1122) reiste om *iura regni*, kongens ære og rikets sedvaner.[199] Mot slutten av høymiddelalderen var det kirken som hevdet å inneha den verdslige suverenitet; problemet med denne posisjonen var at kirken manglet midler til å sette makt bak kravet om overhøyhet.

I senmiddelalderens Norge, fra Erik av Pommerns enestyre de første tiårene av 1400-tallet og fram til selvstendighetstapet i 1536, trer så riksrådet med erkebiskopen som leder fram som en statsmakt likeverdig med kongedømmet. Samtidig kan det se ut til at kirken etter 1458 oppfattet Sættargjerden som et kongelig privilegium, ikke en avtale, ettersom den fant det nødvendig å få overenskomsten bekreftet ved tronskiftene. Men her står vi overfor en utvikling som var ny i seinmiddelalderen sammenlignet med slutten av 1200-tallet: teorien om riksrådskonstitusjonalisme og det senmiddelalderlige valgkongedømmet. Etter denne statsrettslige oppfatning overtok riksrådet suvereniteten ved et interregnum. Dette interregnum skulle benyttes til å sette riket tilbake til god gammel skikk. Den nye konge skulle velges og måtte avlegge en håndsfestning, en samling med løfter vedrørende konstitusjonelle og politiske forhold, som riksrådet forhandlet fram. At kongene i den sammenheng måtte gå med på å stadfeste Sættargjerden, ble neppe oppfattet som noen nådesakt, men snarere som en konstitusjonell sikring av kirkens selvstendighet, og som et ris bak speilet: holdt ikke kongen sine løfter kunne erkebiskopen nekte å salve og krone ham. Kravet om at kongen skulle salves og krones i Nidaros kom inn i Halmstadrecessen (1483), og ble fra da av en nødvendig betingelse for at den nye kongen kunne få legitim adgang til sine land og len. Fredrik Is stadige forsøk på å bli kronet i Norge etter at han ble konge i 1523, og erkebiskop Olav Engelbrektssons stadige utsettelser illustrerer dette poenget.

Noter

1 Takk til Steinar Imsen, Sverre Bagge, Anne-Marit Hamre, Kirsti Kulseth og Frode Hervik for å ha lest gjennom og kommentert en tidligere versjon av manuskriptet. Dessuten takk til mellomfagsstudenter ved Historisk institutt i Bergen 2001 og 2002 for stimulerende samtaler om spørsmål som reises i denne artikkelen.
2 DN III 842.
3 NgL 2. R. II nr. 79. Haug 2001b
4 DN IV 941.
5 Latinsk tekst NgL II: 462–467; gammelnorsk oversettelse NgL II: 467–477; moderne norsk oversettelse med parallelltekst fra NgL II i *NMD* nr. 29: 136–151. Under arbeidet med denne artikkelen har jeg hatt tilgang til Lars Hamres manuskripter til hans forelesninger på Historisk institutt ved Universitetet i Oslo høsten 1977, 1979 og 1980; det siste ligger til grunn for Hamres bidrag i denne boken. Jeg takker for tilgangen til manuskriptene, og håper å kunne utgi en redigert versjon av dem alle. En foreløpig versjon kan fås ved henvendelse til meg.
6 Isl Ann: 484.
7 *Bps* I: 690 – 695; 719 ff.
8 MLL II: 2.
9 Spenningsforholdet kommer derimot tydelig fram i Kongespeilet, cf. Bagge 1987: 113 – 154.
10 Seip 1942: 139 mente prostene først kom til i 1270-årene; dette har vist seg å være feil..
11 Seip 1942: 101 f., se også s. 140.
12 Boúaert III: 132 ff.; Gunnes u. å.
13 Hamre 1977c.
14 MLL I 11, som mangler i Járnsiða og dermed i Magnus Lagabøters første lovrevisjon (Seip 1942: 142, note 1); Isl Ann.: 137.
15 Hamre 1977a.
16 Isl Ann.: 138.
17 DN VI 35.
18 Munch 1852–1863 IV 1: 541.
19 NgL II: 8; Taranger 1915: 3.
20 MLL II 1, NgL II: 22; Taranger 1915: 17 f.; Böttcher 1971: 163–170; Sandvik 1986: 567 ff.
21 NgL II: 23 f.; Taranger 1915: 18 f.
22 Taranger 1915: I–VIII gir full oversikt over Landslovens bolker og kapitler.
23 Sandvik 1986: 568, cf. Böttcher 1971.
24 Blom 1967: 177 f.; Imsen 2000a: 24.
25 Helle 1972: 163 – 166.
26 Nærmere om denne inndelingen i Sandvik 1986: 566.
27 Taranger 1915: 22–23.
28 Cf. kritisk noteapparat i Taranger 1915: 19 – 27.
29 Fotografi i Riksarkivet.
30 NgL II: 455–462; DN I 64 a–b, 65; Torfæus 1711: IV: 354–357; Seip 1942: 105 note 2.
31 Et annet syn hos Tobiassen 1964.
32 Cf. Gunnes 1971: 235–246.
33 Gaudemet 2000: 350.
34 Både privilegieteorien og legalteorien er utviklet og raffinert i forbindelse med diskusjonen om varigheten av konkordatet i Worms 1122. Cf. Gunnes 1971: 237 og Sandvik 1986: loc. cit.
35 Hamre 1977c.
36 Cf. protokollen i oversendelsesbrevet: *Sanctissimo in Christo patri ac domino sacrosancte Romane ecclesie summo pontifici Magnus dei gratia rex Norwagie cum filiali obedientia pedum oscula beatorum.* DN I 64 b.
37 DN VIII 1.
38 *Nulli ergo nostre confirmationis etc.* NgL II: 462.
39 Hamre 1979.
40 Johnsen 1972; Hamre 1974c. Cf. Bugge 1899: 191 f.
41 DN VIII 11a; Munch 1864.
42 Keyser 1856–1858 II: 28.
43 Kolsrud 1913c; Koht. 1916.
44 *... plena quieta et pacifica libertate jurisdictionis omnium causarum spiritualium et omnium clericorum.* DN VIII 6; NgL I: 450 ff.
45 Schreiner 1946; Johnsen 1955; Bagge 1981; Sandvik 1986.
46 Hirdskråteksten i NgL II, kap. 28–29; Imsen 2000a: 108 ff., 115 ff.; Hamre 1977c; Bagge 2001a: 325 – 328.
47 DN IV nr. 3. Augustinerkonventet på Utstein med tilhørende jordegods fra kongsgården regnes også tradisjonelt som en gave fra kong Magnus. Det er imidlertid mulig at Utstein ble anlagt i samme tidsrom som de andre augustinerkonventene i Norge, i siste halvdel av 1100-tallet.
48 Hamre 1977c; Bagge 2001a: 326ff.
49 *... que ad forum ecclesiasticum possent de iure communi quaquomodo spectare.* NgL II: 459 i. i.
50 Seip 1942: 142; Helle 1974: 139.
51 Hamre 1979; Sandvik 1986: 568.
52 Hamre 1979.
53 DN II nr. 3.
54 NgL II: 341–386; IV: 569 cf. 473–476, 477–482; 559 f.
55 Hamre 1974c.
56 Helle 2001: 18.
57 F. II 18.
58 Sogner 1961–1963: 69.
59 Haug 1998b: 139 –145.
60 NgL II: 453–455.
61 Hamre 1972; Holmsen 1982; Haug 1998: 161 f. Mer om stolgebyrer se nedenfor s. 201 f.
62 Cf. Martens 1972; Martens 1988:100–104.
63 H: 21; Imsen 2000 kap. 16: 96—97, note 29.
64 Cf. for eks. 3 Mos 27: 30 og 32; 5 Mos 14: 22, 26: 12; Hebr 7: 2, 4–7.
65 *Forn rek, gudleg skipan, heilagra manna setningar,* NgL 1: 459.
66 *Aller kristnir konnongær fra uphafue hæimsæns af skyldu kononglægrær tignær eygu at flitiæ ok fræmiø Guds bodord med styrk ok vallde þui sem Gud hefuer þæim gefuett. En allær hafua þæt hæyrt at tiundir ero bodnar at gera fra vpphafue hæimsæns af allum rettom afla þæim se Gud gefuer mannenom.* NgL I: 462–463.
67 NgL II: 483 f., cfr. s. 486.
68 NgL II: 483 f.
69 F. IX 4, cf. G 129; L V 21. Hamre 1974c; Haug 1998: 155 – 159.
70 Isl Ann.: 140, cf. id.: 195.
71 Munch 1852–1863 IV.1: 585 f.

72 Steinnes 1930–1933 I: 147.
73 Helle 1972: 171.
74 DN XIX 302; Biskop Arnes saga 1278.
75 Koht 1915; Seip 1942: 107 f.
76 Seip 1942; Hamre 1974c; Hamre 1979.
77 DN I 303; Hamre 1962; Blom 1967: 385 ff.; Hamre 1970b; Gunnes 1971: 252; Hamre 1979.
78 Gunnes 1971: 246–257; Dahlbäck 1977.
79 NgL III: 3–12.
80 DN I 69; Lars Hamres oversettelse.
81 Hamre 1979.
82 NgL III: 3.
83 Cf. *Bps* I: 724, 726.
84 Seip 1942: 169.
85 NgL III: 106.
86 NgL III: 229–241.
87 DI II nr. 7; *Biskupa sögur III*: 13 f.; Gunnes u. å..
88 Gunnes u. å..
89 Kolsrud 1910.
90 *Bps*. I: 690–695.
91 DN II 20.
92 Seip 1942: 149.
93 L X 3, NgL II: 178.
94 Cf. at lovboken for Vågan i Lofoten ble avskaffet av Bjarne Erlingsson, DN III 30.
95 NgL II: 292, cf. IV: XIII.
96 NgL IV: 160–182.
97 Seip 1942: 188 f.
98 Kap. 19–38, trykt NgL IV: 172–181; som variant *B* i NgL II: 300–306, 337. Om selve håndskriftet se NgL IV: 780 Tillæg No. 1127.
99 Seip 1940: 573 ff.
100 Cf. Hamre 1993: 8–15.
101 AM 77 B qv., NgL IV: 567.
102 RA. 18, NgL IV: 768.
103 NgL IV: 556 f.; NgL 2. R. I nr. 146.
104 NgL 2. R. I nr. 202: 398 f.
105 Pergamentcodex nr. 1127, tillegg; NgL IV: 174 note 12.
106 Seip 1940: 597 f., 608.
107 Seip 1942: 188 og note 1; om Jons kristenrett i NgL IV: 559 f.
108 Seip 1940.
109 Romaskatt i NB II 18, NgL IV: 171; Steinnes 1941.
110 Seip 1941: 573 – 626; Seip 1942: 189 f.
111 Seip 1942: 183 – 190.
112 Riisøy og Spørck 2000: 54 – 74.
113 Seip 1942: 189.
114 Ibid. og 190.
115 Mot slutten av 1200-tallet er ikke dette lenger en realitet; da pave Bonifacius VIII kom i konflikt med Filip IV av Frankrike om beskatning av landets kirke, endte det med at han ble tatt til fange. Kirken måtte innse at Roma ikke lenger var et trygt tilholdssted for kirkens overhode, og Bonifacius VIIIs etterfølger slo seg ned i Avignon i Sør-Frankrike under den franske kongens beskyttelse. Slik ble pavens "babylonske fangenskap" innledet, en periode i pavedømmets historie som både i samtid og ettertid er blitt sterkt kritisert; kanskje er kritikken overdrevet. Men de franske pavenes maktesløshet er en medvirkende årsak til at det nå åpenlyst ble stilt spørsmål ved høymiddelalderens monolittiske tankebygning. Samtidig ble den politiske tenkningen mer sofistikert og realitetsorientert.[2] Statsteoretikere som Marsilius av Padua og William Occam kunne bygge videre på et velutviklet juridisk system og resepsjonen av Aristoteles; dermed kunne de bidra med radikale synspunkter om politiske forhold uten å frykte paven.
116 Bagge 1970; Hamre 1970a; Bagge 1976.
117 NgL III: 245–306, erkebiskop Olavs statutt s. 301–306; kirkelig jurisdiksjon art. 15–18, bannsetting *ipso facto* art. 18–21.
118 Blom 1992: 715–718.
119 Haug 1996: 78.
120 Isl Ann.: 229.
121 Lerdam 2001: 274.
122 Haug 2001a; Haug 2002.
123 Seip 1942: 207.
124 Kirkelig formuesforvaltning var en del av biskopens visitasoppgaver fra oldkirkelig tid, cf. Hamre 1978: 4. Det er derfor neppe grunn til å trekke jordeiendomssaker som biskopen tar opp vitneprov om og avgjør under visitas inn i denne sammenheng, slik Blom gjør. Blom 1992: 723; 728, note 8.
125 Vidissen er den eldste bevarte avskrift av privilegiebrevet; originalen er gått tapt.
126 DN II 501.
127 DN II 502.
128 DN II 501, 508.
129 NgL 2. R. I, nr. 16.
130 Haug 1996: 342.
131 DN VII 540.
132 Haug 1996: 103 – 120.
133 Haug 2002.
134 Seip 1942: 231.
135 Koch 1936: 89 f.
136 Haug 1996, passim.
137 Bjørkvik 1996.
138 DN XXI 452, cf. Haug 1998a: 130 note 28; NgL 2. R. II nr. 17 art. 1; nr. 307: 549–556; Bugge 1899: 136.
139 NgL 2. R. I nr. 307: 549–556.
140 DN XXII 159; Pontoppidan 1744: 231; *Annales islandici posteriorum sæculorum*: 12; Haug 1996: 348–349.
141 Erkebiskop Aslak Bolts statutt om lørdagshelg og betleri er datert 24. august 1438, men regnes av Storm og utgiverne av DN VII som en feillesning for m. cd. xxxv. I NgL 2. R. imidlertid innført som nr. 316 med håndskriftets dato som skrevet av Arne Magnusson, cf. s. 566 ff.
142 NgL 2. R. I: 556 f.
143 Hamre 1968a: 109.
144 Bull d.e. 1922: 292–295; Hamre 1968a: 107–113; Imsen 1990: 132; Imsen 1998: 91 f.; Hervik 2002: 63 ff.
145 Hamre 1955: 453 – 467.
146 DN I 747; XVII 426; DN XVII B s. 246, 255 f. Kolsruds plassering av to bergensbiskoper med fornavnet Olav er feil; selv om patronymikonet kan tolkes som to forskjellig personer, dreier det seg om samme mann. Biskop Olav tilegnes patronymikon både fra faren og stefaren. Lars Hamre har gjort meg oppmerksom på dette. Haug 1998a: 131 note 33.
147 Cf. Black 1988: 574, 577–562.
148 DN VII nr. 103–04; II nr. 235.
149 NgL IV passim.
150 Annalnotisen om at han skulle ha vært biskop i Oslo er tilbakevist av Lars Hamre (Hamre 1974a). Aslak Bolt ble selvsagt bispeviet til Bergen i 1407 og «kom til det hellige erkebispesetet i Nidaros fra Bergen i det 21. år etter sin innvielse»; ikke som i Jørgensen 1997: IX f., 2 B.
151 NgL 2. R. I nr. 255 – 257; cf. de følgende vitnebrev om mikkelskorn 268 – 263, 265 – 270.
152 Hamre 1955; Hamre 1956a.
153 F II 33 i NgL I: 142; J 39 i NgL II: 366.
154 NgL 2. R. I nr. 278: 497.
155 NgL 2. R. I nr. 253: 468 f.; cf. NgL III: 310.
156 NgL 2. R. I nr. 330: 580 – 585. Brevet er skrevet på mellomnorsk romeriksdialekt, av Arne Magnusson betegnet som dårlig norsk. Professor emeritus Eyvind Fjeld Halvorsen har vært så vennlig å gi meg en oversettelse av dokumentet. Haug 1998: 133.
157 Hamre 1972 c; Hamre 1978: 19; Haug 1998 b.
158 NgL 2. R. I nr. 307 art. 5: 551.
159 NgL 2. R. I nr. 307: 553 f.; Hamre 1972c.
160 Hamre 1955: 460.
161 Hamre 1968a: 96–97
162 Hamre 1946; Hamre 1955; Hamre 1971a.
163 Kolsrud 1958 (†); Wisløff, 1966.
164 Styffe 1870: CXXXI; Daae 1879b: 39, 149; Taranger 1915–1917,2: 130.
165 NgL 2. R. II nr. 81: 140 – 144.
166 … *en nw a ny* stadfester *den degting ock saatmaal fordhom var giord mellom then helighe kirkiæ ock konwngsdomæne i Norghe som kalles setthegiærd*. DN IV 941; Styffe 1870: CXXXI note 6..
167 NgL 2. R. II nr. 17: 50 f.
168 NgL 2. R. II nr. 11.
169 DN XVII B: 267 f., 278; Kolsrud 1911/1912. Aslak Bolt providerer biskop Gottskalk av Hólar til Skálholt og visitator over hele Island 31. mars 1449 etter oppfordring fra det islandske prestestevnet (NgL 2. R. II nr. 204). Provisjonen er trolig skjedd i samsvar med Tautraforlikets bestemmelser om bispevalg. Kolsrud, som er en av utgiverne av dokumentet, nevner det ikke i bisperegisteret fra 1913.

170 DN VI 512; Kolsrud 1911/1912: 396.

171 *Kollektor*, embetsmann som den hellige stol sender ut for å inndrive dens inntekter fra lokalkirkene. En kollektor fikk samtidig tittelen *nuntius*. Med pavelig *legat* forstår man vanligvis en prelat og sendemann som er utstyrt med mandat fra paven til å handle på hans vegne. *Legati missi* er de egentlige sendemenn som oftest tilhører pavekurien; også *legati a latere* er sendemenn, men denne tittelen er forbeholdt medlemmer av kardinalkollegiet. Vilhelm av Sabina har således denne tittelen. *Legati nati* er residerende prelater som på sitt embetssted og innen sitt embetsområde representerer paven ifølge de utstedte fullmakter. Flere av de norske erkebiskopene i høymiddelalderen bærer tittel av det apostoliske setes legat; erkebiskop Vinald (1387–1402) får denne tittelen på nytt, likeså Aslak Bolt, og fra og med Olav Trondsson til og med Olav Engelbrektsson bærer de norske erkebiskopene denne tittelen.

172 NgL 2. R. II nr. 196, 197, 212; Kolsrud 1911/1912: 390, 445.

173 NgL 2. R. II nr. 18, 19, 22 – 26, 28, 31

174 Styffe 1780 III: CXXXI, anm. 6; Daae 1879b: 149; Hamre 1946: 207.

175 Koht 1930: 75–83.

176 Koht. 1916: 262.

177 Taranger 1915–1917,2: 90; Hamre 1955: 470; Hamre 1968a: 141; Benedictow 1977: 57–58.

178 Bugge 1899: 131 ff., 136; art. 4 i Sættargjerden (Bagges oversettelse): Likeledes innrømmet han at ved valg av biskoper eller abbeder i Nidarosprovinsen skal ingen makt, ingen innflytelse, ingen autoritet fra konge eller fyrste komme imellom, men den skal foretrekkes som de som valget tilkommer, ved visdom og seder finner best skikket for den ledige kirke, idet de før stadfestingen melder resultatet av valget til den regjerende herre konge gjennom kannikene i vedkommende kirke eller ved et verdig og ansett sendebud, om han [kongen] da ikke selv er til stede eller på den vei den valgte vil ta til stadfestingen, slik at denne, som det er skikk, i egen person kan tre fram for kongens åsyn. Hamre 1946: 212.

179 *statuta concilij prouincialis. Presidente antecessore nostro Paulo.* Op. cit.: 91; NgL III: 277 f. Henrik Kalteisen kunne funnet slik henvisning også i andre statutter.

180 Innført på pagina 28a, etter et brev stilet til blant andre biskopen av Bergen. Henrik Kalteisen bad dem i det ivareta hans sak for kongen i forbindelse med hans avskjedssøknad (28a). Brevet kommer før erkebiskopens brev til Christian I i anledning av resignasjonen. Alle tre tekster i Bugge 1899: 149 – 153.

181 NgL 2. R. II Anhang nr. 49; jfr. Bull d.e. 1912: 83; Taranger 1915–1917,2: 120; Hamre 1946: 214.

182 Seip 1942: 189.

183 Hamre 1946: 213 f.

184 Taranger 1915–1917,2: 108–109; Hamre 1946: 213; Hamre 1977a: sp. 91–94.

185 Kolsrud 1958 (†): 304.

186 Jeg har i Oscar Albert Johnsons register til NgL 2. R. I kun funnet Christoffer av Bayerns norske landfredsforordning fra 1442, NgL 2. R. I nr. 106.

187 Brunner 1992: 18 ff.; Fenger 1971: 309 – 321; Mohrmann 1972: 298 f.; Haug 2000: 99 f.

188 NgL 2. R. II nr. 231; DN I 827; Hamre 1946: 216–217. Det er interessant at det henvises til silde- og fisketiende.

189 Om mordet på Olav Nilsson se Hamre 1968a: 122–126, 139–140; Skodvin 1975; Nedkvitne 1992.

190 Lange 1856: 301 note 3 med henvisning til Hanserecesse vol. IV og 86 i Wismars arkiv.

191 Kulseth, 2003.

192 VD nr. 684.

193 VD nr. 686.

194 DN II 822; Hamre 1946: 215–216.

195 Keyser 1856–1858 II: 561; Styffe 1870: CXXX–CXXXI; Daae 1879b: 148–149; Nielsen 1880: 325; Taranger 1915–1917,2: 130; Koht 1930: 80; Seip 1942: 201; Brilioth 1941: 423.

196 Kolsrud 1958 (†): 305.

197 Wisløff 1966.

198 Koht 1930: 80; Seip 1942: 201; Hamre 1946: 205–220; Kolsrud 1958 (†): 305; Hamre 1955: 490; Wisløff 1966: 286; Hamre 1968a: 147.

199 Gunnes 1971: loc. cit.

Summary

On the 21st of January 1458 King Christian I confirmed the Tønsberg settlement (ON: sættargerð). The confirmation took place in a Nordic Council Meeting at Skara in Sweden. On the 9th of August 1277 King Magnus IV The lawmender and archbishop Jon Raude had accepted the Settlement. However, shortly after King Magnus' death the so-called baron government of the minor King Eirik unilaterally revoked the agreement. The church was seriously concerned.

The Tønsberg settlement played a crucial role in the relationship between the monarchy and the church from its annulment until it was confirmed; during the 14th and first half of the 15th C. the Settlement continued to represent a latent conflict.

The Tønsberg settlement was a concordat, an agreement between the monarchy and the church. The Settlement had, however, a predecessor. In the summer of 1273 King Magnus and archbishop Jon agreed to the 'Bergen concordat'. The actual wording of these two agreements shows that the parties are sovereign in their respective domains, enjoying a relationship based on equality. But the Bergen concordat was subject to approval by the pope. One could thus well maintain that the Bergen concordat was based on a theory that holds that the concordat is a papal privilege. And the papal approval did not occur. The Tønsberg settlement was different in this respect. The parties are portrayed as equals, as in the Bergen concordat, but the settlement was not subject to approval by any outside power. The signatories were to settle any conflicts themselves. The settlement is based on contractual theory, seeing the concordat as a contract between the church and the state, and without an external court of appeal.

The settlement in Tønsberg defines the borderline between the authority and jurisdiction of the monarchy and church. It does not actually introduce any significant changes in privileges that had previously been accorded to the church. However, the church has not lagged behind the developments of the monarchy during the reign of King Håkon Håkonsson (1217–63). The active legislation of Magnus the lawmender also meant that it was necessary for the church to define its own rights and demands.

The background to both the Bergen concordat and the Tønsberg settlement was that archbishop Jon Raude demanded the right to draw up a new church law (ON kristinn réttr) for the judicial district of Frosta, roughly corresponding with the archdiocese of Nidaros, something that Magnus The lawmender accepted. However, the King was unable to accept the result. It is not clear whether the surviving version of Jon's church law is the one that was first rejected, or if the oldest manuscript dating from the early 14th Century is a revision prepared on basis of the settlement.

Further regulations concerning the tithes were added to the settlement, greatly extending the sources from which tithes could be collected, among them trade and income from rent. This extension primarily hit the secular aristocracy, though according to the regulations the tithes were to be paid "in full". Thus it was no longer possible for the peasants to deduct their expenses associated with harvesting and processing cereal crops.

Eirik Magnusson was crowned and anointed in 1280, shortly after the death of Magnus the lawmender, and as a part of the crowning ceremony, swore an oath to respect the settlement. He was, however, still a minor and his guardians were all secular men of distinction. A powerful anti-clerical reaction arose, the new regulations concerning the tithes were cancelled, the settlement was disregarded, and the older church law was re-imposed. The government of barons based its decisions on ultra-royalist views and considered the settlement as a royal privilege restricted solely to the period of Magnus the lawmender (the legal theory).

The church could not reconcile itself with such a policy, and both the settlement of 1277 and the ecclesiastical legislation remained disputed in the following years. From 1280 to 1351, a number of provincial statutes have been preserved. Even if this represents internal ecclesiastical legislation, it is clearly stated that those who violated the canonical privileges and the rights of the church, were to be banned ipso facto. Yet the church was unable to mount a powerful struggle, the vacancy at the archbishop's see in the 1280s was partly responsible and an internal conflict between the new archbishop and the Nidaros chapter resulted in continuous unrest from the early 1290s and well into the 14th Century.

The monarchy on its side did not benefit from a lasting conflict with the church, and the question of church legislation was particularly problematic. Jon's church law was to apply to the entire archbishop's diocese. It was not until the 1370s that King Håkon VI formulated a new church law for East Norway and there is reason to believe that this legislation also came to apply to West Norway.

The granting of papal privileges to Norwegian chapels in 1308 and the introduction of papal provisions to the bishoprics from about 1350 rendered several of the clauses in the Tønsberg settlement obsolete. The Avignon Popes (1305–78) were more concerned with taxing local church provinces for their own purposes than with strengthening the authority of each archbishop. Queen Margaret (1353–1412), widow queen from 1380, became the de facto Norwegian regent during the Great Schism. The most distinguished feature of her church policy was her active diplomacy towards the Roman Pope in order to have her most loyal supporters appointed bishops. In other ways, however, the Norwegian church was to enjoy a large degree of domestic autonomy during the rule of Queen Margaret, and its jurisdiction was strengthened.

The Basel Council led to a breach in the diplomatic contacts between the pope and the royal authorities. During his archiepiscopate, archbishop Aslak Bolt (1428–50) in many cases referred to the settlement, and in the last Norwegian provincial statutes of 1436 there are numerous references to the regulation of tithes and the financial privileges of the church.

When King Christopher died in 1448 a struggle for the Norwegian crown ensued. One group, the so-called "Danish faction" wanted to have a common king with Denmark, Christian of Oldenburg, while a "Swedish faction" preferred the Swedish magnate Karl Knutsson Bonde, who was elected

Swedish king in 1449. Initially, Christian prevailed and was chartered in Norway. But, subsequently, Karl Knutsson Bonde too was elected king of Norway; he swore to respect the settlement in his charter. Karl was even crowned and anointed by the old archbishop and as far as we know is the first to have had this ceremony in Nidaros. After Karl had to give up his Norwegian crown, Christian I was crowned and anointed in Nidaros, and his coronation oath can be interpreted to confirm that he too would maintain the settlement. After his coronation, Christian renewed a number of the church privileges, though the Tønsberg settlement was not among them.

A conflict erupted over who was to assume the position of archbishop after the death of Aslak Bolt. Henrik Kalteisen received the papal provision, but the King preferred the swindler Marcellus. Archbishop Henrik based his arguments in the conflict with the King and his candidate on the Settlement, using the old concordat in other contexts as well.

The struggle over the archbishop's see and other anti-ecclesiastical measures during the first years of the reign of Christian I was resolved in 1458 when the King finally confirmed the Settlement. This ratification may have been modelled on the Pragmatic Sanction in Bourges (1438), and one might therefore maintain that the concordat was based on legal theory from then on. However, the church developed a very strong political position in Norway with the archbishop as head of the National Council. In addition, the kings from then on had to issue a coronation charter to be elected, and from 1483 they also had to be crowned and anointed in Nidaros in order to get access to their royal territory. Thus it was no longer a major issue that a new King had to confirm of the Settlement, even though both King Hans and King Christian II did so respectively in 1483 and 1514.

ISLAND OG NIDAROS

Jón Viðar Sigurðsson

Innledning

Når forholdet mellom erkebispestolen i Nidaros og de islandske bispedømmene skal diskuteres er det særlig to spørsmål som melder seg: i hvor stor grad kunne erkebiskopen påvirke den kirkelige utviklingen på Island, og i hvilken utstrekning søkte de islandske biskopene støtte i Nidaros for sin kirkepolitikk? Det er med andre ord forholdet mellom biskoper og erkebiskop som settes i fokus i det følgende. Bispedømmet utgjorde kjernen i kirkens organisasjon og biskopen var dets leder. Han ledet presteskapet og samlet under seg hele kirkestyringen i sin trefoldige myndighet etter kirkeretten; vigselsmyndighet, lære- og lovgivende myndighet, administrativ og dømmende myndighet. Erkebiskopen på sin side hadde det overordnede ansvaret for styringen av erkebispedømmet og skulle blant annet sørge for at geistligheten i kirkeprovinsen levde i samsvar med kirkens lover.

I islandsk historiografi deles kirkehistorien mellom 1153 og 1550[1] som regel opp i fire perioder.[2] Periodeinndelingen er bestemt ut fra hvem som kontrollerte bispevalgene i landet. I

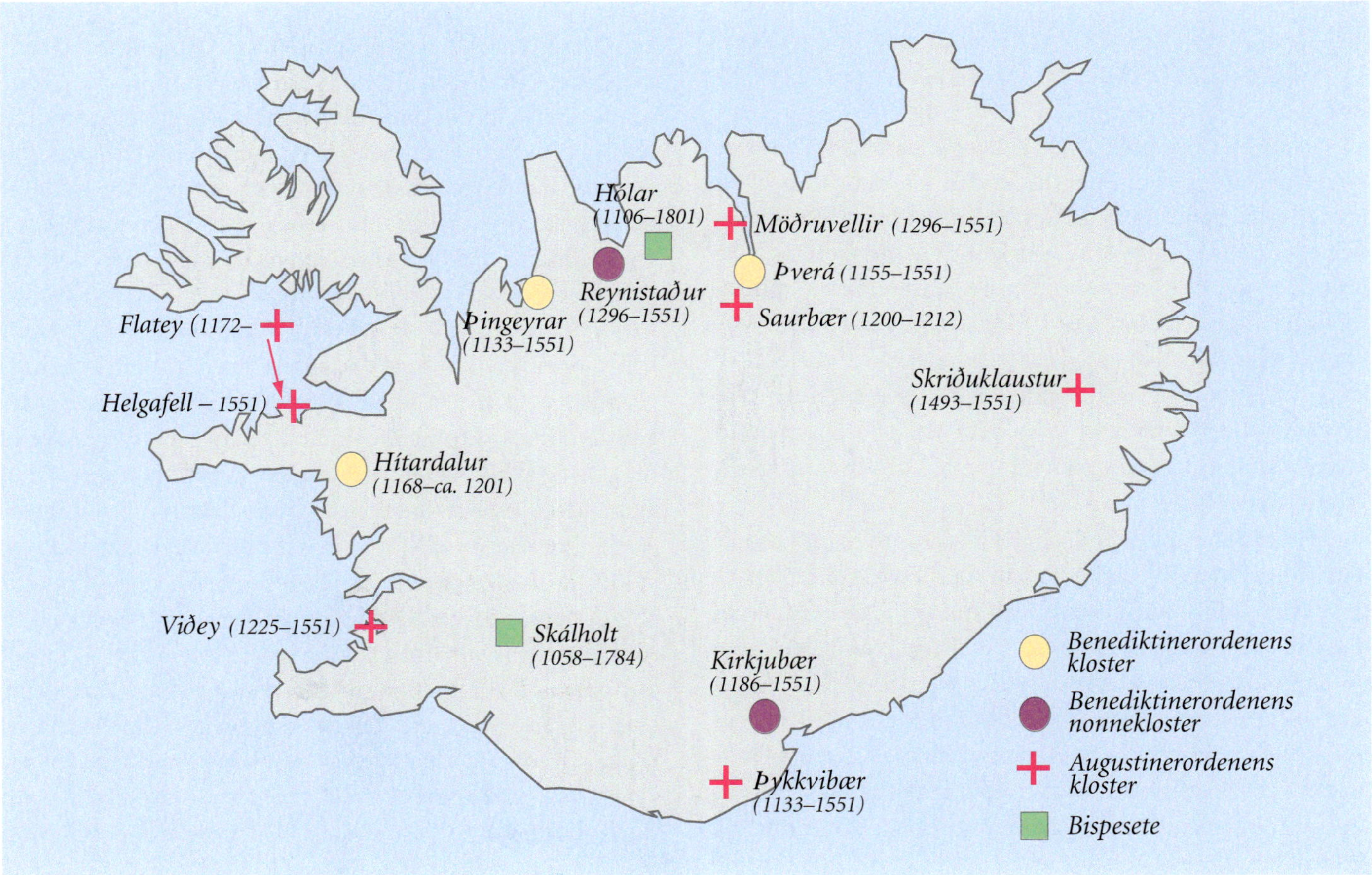

Kart over Island med bispeseter og klostre i middelalderen. Etter Björn Þorsteinsson et al. 1991.

Map of Iceland showing the medieval bishoprics and monasteries.

perioden fram til 1237 valgte islendinger selv sine biskoper, og de var alle islandske. I perioden 1238–1356/81[3] var det erkebiskopen og korsbrødrene i Nidaros som sørget for valg av biskoper, og de var enten norske eller islandske. Perioden 1358/82–1460/65 kjennetegnes av pavens og kongens kontroll over bispevalget, og biskopene var som regel «utenlandske», det vil si de var verken norske eller islandske. I den siste perioden, 1460/66–1541/50, overtok islendingene bispevalget på nytt, og biskopene ble valgt blant islandske og norske geistlige. Denne oppdelingen av den islandske kirkehistorien gjenspeiler faktisk i hovedtrekk forholdet mellom de to bispestolene på Island og erkebispesetet og er derfor godt egnet for vårt formål.

Under godenes ledelse, ca. 1150–1237

Den islandske kirken ca. 1150

Island lå som de andre nordiske landene først under erkebispen i Hamburg-Bremen, senere erkebiskopen i Lund, og kom så i 1152 eller 1153 under Nidaros. Ísleifur Gissurarson ble vigslet til biskop over hele Island i 1055 eller 1156. Han hadde sete på familiens hovedgård, Skálholt. Gissur, Ísleifurs sønn, overtok som biskop etter sin far og gjorde Skálholt til bispesete, og det var han, sammen med landets mektigste høvdinger (godene), som fikk tienden innført i 1096–97. Høvdingene på Nordlandet var misfornøyde med at det ikke fantes bispesete der, og fikk gjennom at det ble opprettet et bispedømme for Norðlendingafjerding med sete i Hólar i 1106. Kort tid etter dette, det vil si i perioden 1122–1133, fikk landet sin kristenrett.

Goder og storbønder hadde allerede på 1000-tallet bygd kirker på sine gårder. Etter at tienden ble innført, begynte mange kirkeeiere og kirkegrunnleggere å donere sine gårder helt eller delvis til den lokale kirken på gården, men på betingelse av at de og deres arvinger skulle ivareta og administrere gaven. Eide kirken hele heimejorden ble den kalt stad (*staðr*), ellers fikk den betegnelsen bondekirke. I noen tilfeller hadde biskopene reell myndighet over stadene, men vanligvis var deres innflytelse over dem ytterst begrenset. De kunne i beste fall velge en innenfor ætten til å bevare og forvalte stadene.[4]

1100-tallet er på Island, som ellers i Norden og Europa, den store kirkebyggingsperioden. Det var da flertallet av landets ca. 330 soknekirker ble grunnlagt. I Skálholt bispedømme var det ca. 1200 omlag 220 kirker, rundt 80 stader og henimot 140 bondekirker. I samme periode fantes det omtrent 115 kirker i Hólar bispedømme, omkring 35 stader og ca. 80 bondekirker.[5] Hvor mange kirker det fantes i landet ca. 1150 er usikkert, men vi kan gjette på 200–250. To klostre ble grunnlagt i Island før 1150, Þingeyrar og Hítardalur, og ett like etter at erkebispesetet i Nidaros ble opprettet, Þverá.[6] Alle tre tilhørte benediktinerordenen, og de ble sikkert grunnlagt for å støtte opp om administrasjonen til de islandske biskopene, en utvikling som ligner på den norske.[7] Ut fra antall kirker og klostre omkring 1150 kan vi regne med at tallet på geistlige ikke har overskredet 300. Av en befolkning på omkring 35–50.000 i utgjorde de geistlige trolig ca. 0,5 %.

Dette er den islandske kirkeorganisasjonen som erkebiskopen i Nidaros overtok ledelsen av i 1152/53.

Staðamál

De islandske kildene er svært sparsomme på beretninger om opprettelsen av erkesetet. *Lögmannsannál* nøyer seg med fire ord: «opprettet erkebispestol i Nidaros».[8] Denne lunkne interessen blant islandske skrivekyndige reflekterer nok blant annet godenes syn på erkebiskoper og erkebiskopenes rolle i den kirkelige utviklingen i landet. Godene bestred ikke erkebiskopens overordnede status, men mente at hans oppgave var å godkjenne deres avgjørelser. De islandske godene hadde vært vant til å styre med kirken mer eller mindre uavhengig av erkebiskopene i Hamburg-Bremen og Lund. For islandske kirkeledere var det imidlertid en fordel at avstanden til erkebiskopen ble kortest mulig, det ville gjøre det lettere for dem å få støtte i kirkepolitiske saker.

Vi vet ikke når de første islendingene dro til erkebiskopen i Nidaros, men det må ha skjedd kort tid etter at erkebispestolen ble grunnlagt. Kontakten mellom Island og Nidaros var fra gammelt av nær, det er derfor grunn til å tro at forbindelsen ble etablert allerede samme år eller året etter grunnleggelsen. Nidaros ble dermed det religiøse senteret for Island og formidler av nye kristne ideer og strømninger.

En viktig årsak til opprettelsen av erkebispesetet i Nidaros finner vi i den kirkelige reformbevegelsen som oppstod i Frankerriket på 800- og 900-tallet. I idealistiske kretser mente man at kirken var blitt for verdsliggjort og at den måtte vende tilbake til sine åndelige bestemmelse. Pave Gregor VII (1073–85), som har gitt navn til reformbevegelsen (gregorianismen), gjorde reformarbeidet til en kampsak for pavedømmet.[9] Etter at paven var blitt bevegelsens leder, gjaldt det å styrke kirkens makt og sikre kirkens uavhengighet i forhold til verdslige makthavere. Reformbevegelsen to politiske mål var: «kirkens frihet» og pavelig overherredømme. Kirkens frihet innebar at kirken skulle ha tilsettingsrett til alle kirkelige embeter, at kirken skulle ha kontroll over sitt eget jordegods, at kirkelig lovgivning skulle atskilles fra verdslig lovgivning og ligge hos kirken, at alle saker som berørte geistlighet og kirke skulle ligge under kirkens jurisdiksjon, at geistligheten skulle fritas for alle forpliktelser overfor fyrstemakten, og at kirkens menn skulle konsentrere seg om den geistlige embetsgjerningen. De skulle befris fra verdslige bekymringer, som f.eks. hensynet til en familie kunne føre med seg. Kravet om pavelig overherredømme innebar at paven alene skulle lede kirken og delegere makt til sine tjenere. For eksempel skulle paven stadfeste valg av erkebiskoper, som igjen på pavens vegne skulle stadfeste valg av biskoper, og biskoper som skulle stadfeste valg av prester. Den internasjonale kirken skulle erstatte de nasjonale kirkene.

I forbindelse med opprettelsen av erkebispestolen i Nidaros gikk den norske kongemakten med på en rekke innrømmelser i pakt med reformprogrammet. Samarbeidet mellom erkebiskop Øystein og Erling Skakke, som dominerte politikken i 1160- og 70-årene, innebar ytterligere innrømmelser fra kongemaktens side, blant annet fikk kirken kontroll over kirker og kirkegodsgods.[10] Spørsmålet om eiendomsretten til kirkene og kirkegodset ble et sentralt punkt i konflikten mellom Sverre og erkebiskopen. *Sverres saga* forteller:

> *«Det var gammel lov og sedvane at kongen og bøndene kunne la bygge kirker på gårdene sine på egen kostnad om de ville; da skulle de rå for disse kirkene og sette prester til dem. Men erkebiskopen sa at han hadde makt og styring over alle kirker straks de var innviet, og alle kirker som han tillot at det ble lest messe i. Kongen krevde at de skulle gå etter loven, men erkebiskopen sa nei.»*[11]

Kong Sverres «En tale mot biskopene» har omtrent den samme formuleringen:

> *»[...] det blir krevd av oss at vi skal bygge kirker, men siden, når de vel er ferdige, blir vi jaget bort fra dem som om vi var hedninger. Vi blir truet til å bære utgiftene, men får ingen rett til å rå over kirken.«*[12]

Her tørnet to ulike syn på eiendomsrett sammen. Ifølge det gamle synet, som vi møter i *Sverres saga* og *Talen*, var det giveren og hans familie som skulle forvalte gaven. Den norske kirken hevdet derimot, i tråd med den internasjonale kirken, at det var den selv som skulle forvalte kirkene og deres gods. Det at kirken sikret seg retten til å forvalte kirkene og kirkegodset fikk store følger, og slik Arne Odd Johnsen hevder i sin bok fra 1945, «Studier vedrørende Nicolaus Brekespears legasjon til Norden», gjorde disse bestemmelsene «slutt på det gamle egenkirkevesenet i Norge og gjorde de norske herredskirkene til kirkelig selveie.»[13]

Etter at erkebiskopen i Nidaros hadde rodd i land seieren og fått kontroll over kirkegodset i Norge, sto Island for tur. På Island var det egenkirkevesenet som dominerte kirkeorganisasjonen. De som styrte stadene og bondekirkene hadde store friheter til å forvalte kirkenes formue og inntekter. De tok imot halvdelen av tienden, kirkens og prestens andel. Dessuten kontrollerte de kirkegårds- og begravelsesavgiftene. Kirkeforvalterne beholdt også overskuddet av gården kirken sto på, eventuelle landskyldinntekter og ytelser. I tillegg kunne biskopen i enkelte tilfelle legge bispe- og fattigtienden til kirkene.[14]

Sist på 1100-tallet og første halvdel av 1200-tallet ble det vanlig at godene fikk hjemmel til stader og bondekirker. Alle stader og bondekirker var imidlertid ikke like viktige eller rike, og det var derfor først og fremst de rikeste av dem godene var på jakt etter. Etter hvert sikret godene seg kontroll over de rikeste stadene og bondekirkene, som ble viktige elementer i høvdingenes økonomi og sikret dem økonomiske resurser de kunne bruke i maktkampene som herjet landet fram til Island ble en del av Norgesveldet i 1262–64.[15]

Det var problematisk for erkebiskop Øystein å nå fram med sine krav på Island, han manglet støttespillere. Både biskop Brandur Sæmundarson og biskop Klængur Þorsteinsson tilhørte mektige godeætter, og på grunn av sin slektstilhørighet var det lite de kunne eller ville foreta seg. Erkebiskopen forsøkte derfor i 1173, i et brev adressert til biskopene, godene og allmuen, å opplyse islendingene om det kirkelige hierarki og peke på områder som var i strid med kanonisk rett. Erkebiskopen understreker at det er hans oppgave å passe på kristendommen i landet, samtidig som han klager over manglende respekt for geistligheten og en slapp seksualmoral blant godene.[16] Øysteins brev markerer et skille i islandsk kirkehistorie, det er ikke bare det eldste bevarte brevet fra en erkebiskop i Nidaros til Island, men også, slik Magnús Stefánsson har påpekt, det første angrepet på den islandske godekirken.[17]

Det var ikke nok for erkebiskop Øystein å sette fram krav i brevs form, han trengte også biskopenes støtte for å få dem gjennomført. Øystein behøvde imidlertid ikke å vente lenge på en støttespiller. Året etter at han sendte sitt brev til Island ble Þorlákur Þórhallsson valgt til biskop, men han ble først vigslet i 1178. Etter at biskop Þorlákur kom tilbake fra sin vigselsreise til Nidaros og samtaler med erkebiskop Øystein stilte han krav om kirkens frihet.[18] Blant annet krevde han at kirken skulle kontrollere sitt eget jordegods. Dette ble innfridd i Austfirðingafjerding, som var den første fjerdingen han visiterte etter at ble biskop. Men da han kom til Sunnlendingafjerding støtte han sammen med landets mektigste høvding, Jón Loftsson, og måtte oppgi sine krav. Konflikten mellom biskop Þorlákur og godene kom i all hovedsak til å dreie seg om stadene og kalles derfor *staðamál*. Þorlákur førte ikke denne kampen videre, blant annet fordi den kirkepolitiske situasjonen i Norge endret seg dramatisk i 1179 da Erling Skakke falt under slaget på Kalvskinnet, og året etter da også kong Magnus Erlingsson led nederlag mot kong Sverre på Ilevollene og erkebiskop Øystein fant det best å søke opphold i England. Dermed var Þorlákurs viktigste allierte satt ut av spill slik at Þorlákur ikke kunne fortsette kampen.

Det ser ikke ut til at biskopen på Hólar, Brandur Sæmundarson (1163–1201), har stilt krav, slik som Þorlákur, om kontroll over stader i Norðlendingafjerding.[19] Det skyldes etter alt å dømme at han, i motsetning til Þorlákur, var av høvdingslekt,[20] noe som medførte at han ikke kunne gå imot sine slektninger og engasjere seg i noen staðamál. Trolig har erkebiskop Øysteins og hans etterfølger Eirik Ivarssons (1188–1213) kamp mot kong Sverre også spilt en viktig rolle. De måtte bruke alle sine krefter på den, og kunne derfor ikke sette noe press på Brandur for å ta opp Þorlákurs kamp.

Begivenhetene som fant sted på Island og i Norge omkring 1180 viser oss sentrale trekk ved forholdet mellom de to biskopene på Island og erkebiskopen. Dersom kirken skulle nå fram med sine reformkrav på Island var det avgjørende at erkebiskopen og de islandske biskopene sto sammen i kampen for å reformere kirken. Det var umulig for erkebiskopen å tvinge gjennom endringer uten biskopenes støtte, og det var like problematisk for de islandske biskopene å få til forandringer uten erkebiskopens hjelp. Erkebiskopenes engasjement i kirkens frigjøringskamp på Island ble imidlertid i høyeste grad bestemt av den politiske situasjonen i Norge. Dersom erkebiskopen var involvert i

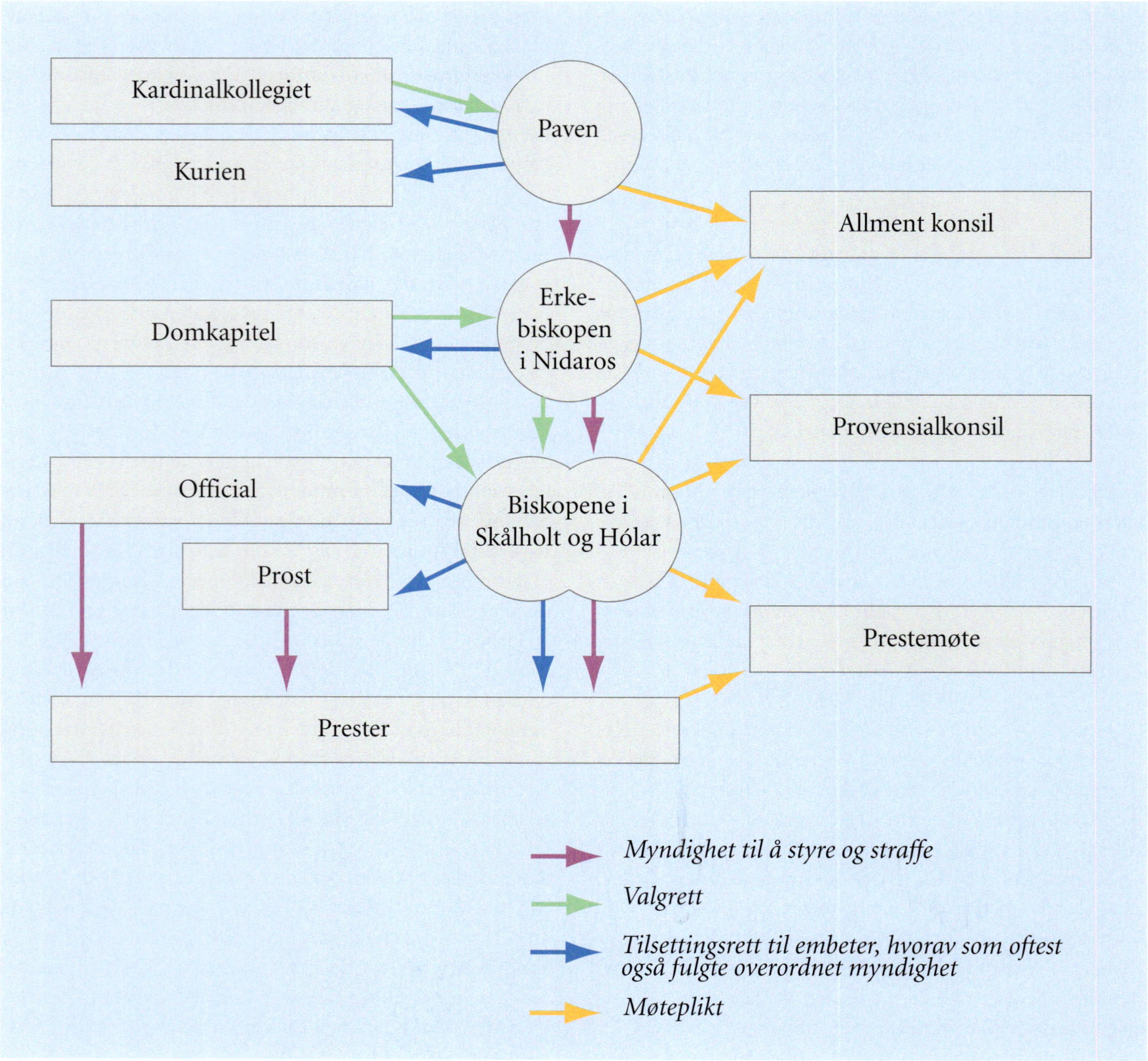

Det kirkelige hierarki etter Magnús Stefánsson 1978.

The church hierarchy.

konflikter Norge, særlig mot kongemakten, kunne han ikke engasjere seg i islandske tvister. Den politiske situasjonen i Norge var derfor avgjørende for den kirkepolitiske utviklingen på Island.

Friller og prester

I erkebiskop Øysteins brev av 1173 uttrykker han sin bekymring for prestenes levesett og godenes seksualmoral, mange av dem, ifølge brevet, bodde både med friller og hustruer på sine gårder. I maktkampene på Island på 1100- og 1200-tallet benyttet godene frilleforhold til å bygge opp og opprettholde sin makt. Ved å ta friller, alltid med familiens samtykke, sikret de seg viktig støtte fra ledende lokale storbondefamilier, hvorfra frillene som regel kom. De bånd som ble opprettet ved disse forholdene var stabile, til og med mer stabile enn ekteskapsallianser, og fortsatte å eksistere selv om goden giftet seg og sendte fra seg frillen. Frillenes familie oppnådde en rekke fordeler gjennom disse forholdene, ikke bare større beskyttelse og mulighet til å klatre opp samfunnspyramiden, de kunne også, det vil si dersom frillen fikk sønn med goden og denne ble en gode, klatre helt til topps.[21]

Det var noe lettere for biskop Þorlákur å angripe høvdingenes seksualmoral enn deres kontroll over kirkene. Læren om sakramentene sørget for det. Her støtte Þorlákur på nytt mot Jón Loftsson i Oddi. Hans frille Ragnheiður, var Þorlákurs søster, og Jón hadde henne i en periode i Oddi sammen med sin hustru.[22] Þorlákur forsøkte å skille de to fra hverandre, men Jón nektet å sende henne fra seg og ble derfor ekskommunisert (bannlyst). Jón og Ragnheiður skilte imidlertid frivillig lag til slutt. Resultatet av biskop Þorlákurs og erkebiskopens kamp mot frillehold blant godene ble magert, og i første halvdel av 1200-tallet utvidet godene frilleholdet for å bygge opp sin makt.[23]

Erkebiskopen forsøkte også å endre prestenes kår og levesett. Prestene skulle gjøres mer fredsommelige, holdes vekk fra verdslige sysler og gis en egen status i samfunnet. I det omtalte brevet fra erkebiskop Øystein til islendingene fra ca. 1173 nektet han prester som hadde begått drap å holde messe og dessuten:

> «[...] *forbyr jeg alle prester å ta på seg søksmål unntatt for gamle alderssvekkede slektninger eller farløse barn eller forsvarsløse kvinner, så sant de mangler gods, og da bare for Guds skuld og ikke av noen annen grunn, samme hva de får for det.*[...] *Hver den som mishandler en prest, er i Guds og pavens bann, og ingen kan få avløsning for drap eller lemlestelse av en prest eller munk uten hos paven, og hos oss for sår og hardere eller lettere slag.*»[24]

I 1189 forbød erkebiskopen prestene å bære våpen.[25] Det tok imidlertid tid å få gjennomslag for dette forbudet.[26] Det var likevel et viktig skritt på veien mot å opprette et skille mellom geistligheten og samfunnet for øvrig. Det viktigste elementet i kampen for avsondringen av prestene var imidlertid å nedkjempe den gamle skikken at godene også kunne være prester. Det hadde nemlig vært vanlig på 1000- og 1100-tallet. *Kristni saga* forteller for eksempel at da Gissur Ísleifsson var biskop i Skálholt (1082–1118), var de fleste av landets gjeveste menn prester selv om de var goder. Sagaen lister opp 10 personer[27], og av disse var 7 goder. Aris register over landets gjeveste prester fra omkring 1143 omtaler 40 stykker, 13 av dem var goder. [28] I samme periode var det omkring 27 goder i hele landet.[29] I 1190 nedla erkebiskopen forbud mot at en god kunne bli prest[30], og etter det hører vi ikke om goder som har fått prestevigsel.[31] I stedet for prestevigsel skaffet godene seg geistlig vigsel av lavere grad, og som før ble mange menn i deres familier prester. Forbudet mot prestevigsel markerer derfor ikke noe endelig skille i godenes kontroll over den islandske kirken. Jón Jóhannesson har påpekt at forbudet dessuten ikke ble lovfestet.[32] Men dette betyr ikke særlig mye ettersom det viktigste for innføring av nye lover, eller rettspraksis, i fristatstiden (930–1262–64) var godenes godkjenning. For dem var det å avstå fra prestevigsel en liten pris å betale så lenge de beholdt makten over bispevalgene.

For erkebiskopen var dette likevel en viktig seier, den understreket hans makt over geistligheten og fastslo at det fantes en grense mellom verdslige ledere og geistlige med vigsel av høyere grad. Og det må ha lettet biskopenes og erkebiskopens kamp for å disiplinere geistligheten. For det første må det ha vært en svært vanskelig og problematisk oppgave for biskopene å hanskes med prester som hadde en gode å takke for stillingen. Dernest må rolleblandingen ha gjort det vanskelig for biskopene å formane de menige prestene til en mer sømmelig livsførsel, hvorfor skulle de oppføre seg annerledes enn godeprestene? For å opprette et skille mellom geistligheten og samfunnet for øvrig og markere deres underordningsforhold til biskopene var det derfor viktig at godene ikke lenger kunne bli prester.

Det var i all hovedsak biskop Þorlákur som førte reformkampen på Island ved slutten av 1100-tallet, biskop Brandur Sæmundarson på Hólar (1163–1201) var heller passiv, i alle fall forteller ikke kildene om noe engasjement fra hans side. Biskopene Brandur og Þorlákur representerer to ulike bispetyper. Brandur den klassiske nasjonale, lojal mot dem som skaffet ham jobben, Þorlákur derimot, representerte den nye type biskoper som kjempet for den internasjonale kirken og dens uavhengighet. Han var derfor en trussel mot godekirken. For godene på Island var det viktig at biskopene de valgte var lojale overfor den islandske kirkeordningen. Høvdingene i Skálholt bispedømme hadde lært sin lekse etter Þorlákur, hans to neste etterfølgere var av henholdsvis Oddaverjar- og Haukdælirfamilien, landets to mektigste familier, og ville aldri ta opp kampen mot godekirken og sine familier. Da det i 1201 skulle velges ny biskop på Nordlandet etter Brandur, ble presten Guðmundur Arason valgt. Han var også av godeslekt,[33] noe som skulle borge for at han oppførte seg i tråd med godenes vilje, og for å sørge for at Guðmundur ikke fant på noe sprell, fikk han med seg goden Sigurður Ormsson av Svínfellingaætten som rådsmann.

Guðmundur góði og kirkens jurisdiksjon

I 1203 ble Guðmundur Arason vigslet til biskop på Hólar av Eirik Ivarsson (1188–1213), og dro tilbake til Island samme sommer. Pave Celestin III hadde i et brev til domkapitlet i Nidaros i 1196 understreket at lekfolk ikke skulle ha domsmakt i åndelige saker, det vil si saker som angikk geistligheten og kirkene.[34] Det er trolig at erkebiskopen informerte Guðmundur om dette da han var i Nidaros og oppfordret ham og biskop Páll, som fikk brev fra biskopen i sakens anledning, til å kjempe for kirkens jurisdiksjon. [35]

Da biskop Guðmundur kom tilbake til Island tok han umiddelbart opp kampen for kirkens domsmyndighet i saker som angikk geistligheten (klerkemål). Ikke uventet møtte disse kravene kraftig motstand fra godenes side. De var ikke villige til å gi fra seg noe av sine gamle rettigheter.[36] I 1205 havnet biskop Guðmundur i en konflikt med den mektigste høvdingen på Nordlandet, Kolbeinn Tumason i Skagafjörður – det var faktisk han som hadde sørget for at Guðmundur ble valgt som biskop – om domsmyndighet i klerkemål. Guðmundur fikk selv dømme i saken, men forliket var kortvarig. Året etter oppsto det en tvist mellom biskop Guðmundur og to høvdinger i Eyjafjörður, Sigurður Ormsson, som Guðmundur hadde kvittet seg med som rådsmann da han kom tilbake til Island, og Hallur Kleppjárnsson. Kolbeinn Tumason ble trukket inn i saken og etter forhandlinger ble partene enige om at stridsspørsmålene skulle legges under erkebiskopens dom.[37]

Dette var en viktig seier for biskopen og erkebiskopen. Blant islandske forskere har dette vært fremhevet som et skjebnesvangert øyeblikk i nasjonenes historie, fordi for første gang i landets historie skulle en sak skulle avgjøres av en utenlandsk domstol.[38] Det kom til et forlik, som imidlertid ikke varte lenge. Erkebiskopen oppfordret biskop Páll (1195–1211) i Skálholt til å støtte Guðmundur, noe han ikke gjorde.[39] Biskop Páll av Oddaverjarfamilien var nemlig bundet på både hender og føtter, han hadde tidligere vært gode, og han var dessuten uektefødt sønn av Jón Loftsson.

Det oppsto flere svært harde og bitre konflikter mellom biskop Guðmundur og godene. Biskopen hadde for vane å ekskommunisere sine motstandere, som til gjengjeld reiste skoggangssøksmål mot biskopens menn. Prestene i Norðlendingafjerding sluttet etter hvert å støtte opp om sin biskop, deres bånd til høvdingene var viktigere. Det førte til at biskopen ble stadig mer isolert og fikk store problemer med å sette sin politikk ut i livet. Guðmundur klarte etter hvert å få de fleste av landets høvdinger mot seg og ble drevet fra Hólar i 1209. Erkebiskop Tore (1206–1214) forsøkte å megle i saken og stevnet seks høvdinger og biskop Guðmundur til seg i 1211. Guðmundur dro først i 1214 og oppholdt seg i Norge i fire år. Da han vendte tilbake hadde han latt kravet om kirkelig jurisdiksjon bli igjen i Norge. Biskopen satte imidlertid ikke lenge i ro. Snart hisset han godene opp igjen, på nytt ble han drevet bort fra sin stol, og han flakket Island rundt med et stort følge. I 1222 sendte høvdingene ham til Norge. Erkebiskop Guttorm (1215–1224) stevnet atter de islandske høvdingene til Nidaros. Men igjen unnlot de å dra. Guðmundur ble i Norge i fire nye år. Det ser ut til at erkebiskopen forsøkte å få ham til å fratre embetet, men uten resultat.

Guðmundur kom tilbake til Island i 1226 med brev om at biskop Magnús i Skálholt (1216–1237) var avsatt, og at han hadde å møte for erkebiskop Peter i Norge samme sommer. Anklagepunktene var etter alt å dømme at Magnús hadde støttet Guðmundurs motstandere.[40] Men Magnús var av Haukdælirætten og derfor knyttet med like sterke bånd til godemakten som sin forgjenger, biskop Páll. Magnús unnlot å dra til Norge da erkebiskop Peter døde samme året. Peters etterfølger Tore, med tilnavnet den trøndske, kom tilbake fra sin palliereise i 1228, og han stevnet til seg biskop Magnús og to islandske høvdinger. Magnús dro i 1229, men ikke høvdingene. Tore døde i 1230, og samme år begynte kong Håkon og Skule jarl å involvere seg i saken. De stevnet islandske høvdinger og biskop Guðmundur til Norge, men verken høvdingene eller biskopen dro. Dette var første gang kongen stevnet islandske høvdinger til Norge, noe han kunne gjøre fordi de fleste av de islandske godene som var involvert i stridighetene var blitt hans hirdmenn.[41]

Guðmundur ble imidlertid hindret i å overta Hólar etter hjemkomsten fra Norge i 1226, og han fortsatte å flakke rundt i landet med stort følge. Kolbeinn ungi i Skagafjörður, som var den mektigste høvdingen i Island omkring 1230, jaget følget vekk og satte Guðmundur i husarrest på Hólar i 1232. Året i forveien var Sigurd Eindridesson blitt erkebiskop (1231–1252), og han fikk til et forlik i den uoversiktlige kirkepolitiske situasjonen rundt Guðmundur. Biskop Magnús beholdt bispetittelen og dro til Island i 1232, og det ble inngått et forlik mellom Guðmundur og de høvdingene som hadde kjempet mot ham. Dette forliket ble overholdt av begge parter, slik at Guðmundur kunne sitte på Hólar fram til sin død i 1237.

Konfliktene rundt biskop Guðmundur dreide seg i begynnelsen om hans kamp for kirkens jurisdiksjon, senere

Antependium (alterbordsforheng) fra domkirken på Holar ca. 1400. Bildet skal forestille de tre mest kjente biskopene på Island i middelalderen, Guðmundur Arason (1201/3–37) og Jón Ögmundsson (1106–21) fra Hólar og Þórlakur Þórhallsson fra Skálholt (1174/78–93). Vi ser dem her i fullt skrud med messehagl, mitra og stav. Þórlakur og Guðmundur var de to biskopene som sto fremst i kampen for å frigjøre kirken, fra godeveldet Þjóðminjasafn Íslands.

Antependium from the cathedral at Holar from around 1400. This portrays the three most famous Icelandic bishops during the Middle Ages.

også om hans støtte til de fattige. Guðmundur samlet rundt seg et stort følge av fattige og brukte bispesetets midler til å brødfø dem. Høvdingene var meget misfornøyde med at bispestolenes midler ble brukt på denne måten. Det var noe av grunnen til at de fordrev ham. Guðmundur kjempet iherdig for kirkens frigjøring og biskopens suverene kontroll over bispestolen. Hans kompromissløse holdning overfor godene var basert på idéen om kirkens og bispesetets uavhengighet. Konfliktene mellom biskop Guðmundur og de islandske høvdingene, og mellom Þorlákur og goden Jón Loftsson er interessante ut fra flere perspektiver. Det var bare disse to biskopene i perioden fram til 1237 som var illojale overfor godekirken, og som samarbeidet med erkebiskopen for kirkens frihet. Resultatet av biskop Þorlákurs og biskops Guðmundurs kamp var heller magert, til det var godemakten for sterk. Deres kamp i perioden ca. 1180–1235 var likevel viktig fordi den satte kirkens frigjøring på dagsordenen, og fordi skillet mellom den verdslige og geistlige makten på Island ble skjerpet.

Det islandske kirkesystemet var basert på at godene kontrollerte bispevalgene og at de biskopene de utpekte enten ikke – eller bare i liten grad – samarbeidet med erkebiskopen i Nidaros om kirkens reformprogram. Fra opprettelsen av bispesetet i Skálholt og fram til 1238 var det fem høvdingætter som dominerte bispevalgene på Island. I Skálholt var det åtte biskoper i denne perioden, derav seks av Haukdælirætten eller deres klienter. De andre to var av Oddaverjarætten. På Hólar var det klienter eller medlemmer av de to overfor nevnte familiene i tillegg til klienter til Æverlingar-, Ásbirningar- og Svínfellingar-ættene som ble biskoper. Ættene som fikk sine klienter valgt, hadde ikke bare økonomiske fordeler av det, f.eks. ved å få tildelt stader som biskopene hadde råderett til, valget kastet også glans over disse ættene.[42]

Det finnes ingen bestemmelser i *Kristendomsbolken* i *Grágás** om bispevalg. I begynnelsen ble biskopene valgt på Alltinget. Men etter opprettelsen av Hólar bispedømme ble det vanlig å henvende seg til den gjenlevende biskopen for råd eller endog samtykke til bispekandidat når den andre bispestolen ble ledig.[43] Dette gir inntrykk av en slags kirkelig delaktighet i nominasjonsprosessen, og bispekandidaten hadde alltid med seg et valgbrev fra den gjenlevende biskopen når han for til Trondheim for å bli vigslet.

Etter opprettelsen av erkesetet i Nidaros begynte erkebiskopen raskt via biskopene Þorlákur og Guðmundur å sette kirkens frigjøringsprogram ut i livet på Island. Sett under ett ser det ut til at erkebiskopene har hatt en langsiktig plan for å knekke den islandske godekirken. Kirkens reformkrav ble introdusert i tur og orden: først kravet om kirkens kontroll over eget jordegods, så kravet om at geistligheten måtte respekteres som en egen stand atskilt fra det verdslige samfunn, deretter respekten for ekteskapet, hvilket betydde å nedkjempe godenes frilleforhold, og endelig kravet om kirkelig jurisdiksjon. Det er riktig nok en viss overlapping i tid mellom innføringen av disse sakene, men erkebiskopen og de islandske biskopene var forsiktige med ikke å kjempe på for mange fronter samtidig. Kirkens frigjøringskamp kunne ikke vinnes i et slag, men gjennom seire i mange småtrefninger. En taktikk som hadde vært benyttet med hell andre steder.

* Grágás kalles den islandske lovboken fra fristatstiden.

Nidaros tar over, ca. 1238–1380

Gudslov foran landslov

Etter at Håkon Håkonsson hadde sikret seg makten i Norge, begynte han å drive en målrettet utenrikspolitikk overfor de norrøne landnåmsområdene fra vikingtiden som ennå ikke var kommet under den norske kongen: Island og Grønland. Håkons vestvendte utenrikspolitikk må også sees i sammenheng med rivaliseringen mellom kongedømmet og kirken i Norge på slutten av 1100-tallet og begynnelsen av 1200-tallet. I denne var kirken den mektigste parten i den forstand at maktområdet til erkebiskopen i Nidaros strakte seg over et større område enn kongens. Dersom kongedømmet skulle framstå som en like mektig som erkebispedømmet, eller helst mektigere, måtte det herske over de samme områdene som erkebiskopen var kirkelig leder for.

I løpet av sin regjeringstid klarte Håkon å sikre seg herredømme over Island og Grønland, slik at hans rike geografisk falt sammen med erkebispedømmet i Nidaros. Det ble en hovedoppgave for etterfølgeren Magnus Håkonsson med tilnavnet Lagabøte (1263–80) å inkorporere skattlandene i det norske riket. Det norske sysselmannssystemet ble tilpasset lokale forhold gjort gjeldene for disse områdene, og den norske landsloven av 1274 ble med nødvendige endringer også gjort gjeldende for Island (kalt Jónsbók).[44] Etter forfatningsendringene, som skjedde i 1271 og 1281, besto kongedømmets embetsverk på Island av en *hirðstjóri* eller *höfuðsmann*. *Hirdstjoren* var leder for kongens hird på Island, og følgelig landets mektigste person. Det var to *lagmenn* etter 1277, de var knyttet til ting- og domsvirksomheten på Alltinget og var formenn i domstolen (*lögrétta*). Den lovgivende myndigheten hadde nå kongen i virkeligheten fått, selv om kongens lover i formen skulle godkjennes av Alltinget. Landet fikk 12 sysler, og syslemennene ble bærere av den offentlige påtale- og eksekusjonsmyndigheten på kongens vegne.[45]

For å sikre seg herredømmet over Island anvendte Håkon Håkonsson en meget målrettet strategi overfor de islandske høvdingene. Hans politikk gikk ut på å knytte godene til seg gjennom hirden som håndgangne menn. Deretter kunne han beordre dem slik det passet ham. Selv om de fleste av de islandske høvdingene var kongens hirdmenn, støttet han bare én til tre om gangen i konfliktene i landet. Dersom høvdingene ikke etterkom kongens ønsker, kunne han beordre dem til Norge og bruke andre høvdinger til å utføre sine planer. For høvdingene var det viktig å ha et godt forhold til de norske makthaverne. Det medførte at de fikk et prestisjeforsprang på konkurrentene, og det som var enda viktigere, en indirekte beskyttelse. Det var vanskelig for en høvding som hadde drept en av kongens hirdmenn på Island å oppnå et godt forhold til kongen. På grunn av det nære samspillet mellom de fleste høvdingene på Island og kongen var det bare et spørsmål om tid før Island ble en del av Norgesveldet.

For å sikre seg kongens støtte i maktkampene i landet ga de islandske høvdingene kongen sine godord (høvdingdømmer), eller de hjemler de hadde fått til dem. Omkring 1250 hadde kong Håkon fått hjemmel til eller eide nesten

Bispevigsel i et islandsk håndskrift fra 1300-tallet. Scenen svarer helt til vigselen av biskop Lárentius til Hólar 24. juni 1324., slik den skildres i Lárentius saga, sannsynligvis skrevet av Lárentius' tidligere assistent Einar Haflidason etter 1346. Lárentius ble ordinert av erkebiskop Eilif Arneson, som til den anledningen kalte biskopene Audfinn i Bergen og Vilhelm på Orknøyene til Trondheim. Ordinasjonen var siste steg i den utnevnelsesprosessen, som startet med valget, og som i tilfelle med biskopene på Island ble foretatt av domkapitlet i Trondheim under medvirkning av erkebiskopen. Når det gjelder Lárentius heter det i sagaen at erkebiskop Eilif sammenkalte domkapitlet for å diskutere kandidat til det ledige embetet på Hólar, og at han valgte og utnevnte broder Lárentius til ny biskop med samtykke av kannikene. Valget ble kunngjort i Nidarosdomen dagen etter. Dette skjedde sannsynligvis på ettervinteren 1322, og den følgende sommeren sendte erkebiskopen bud med brev til Island for å gjøre vedtaket kjent. Valget ble kunngjort fra koret i Hólar kirke 10. august samme år, og i brevet fra erkebiskopen het det at Lárentius så snart som mulig måtte komme til Trondheim for å få bekreftet sin biskoppelige myndighet og bli ordinert. Etter valget ble kandidaten titulert electus, og han fikk et rettskrav (en jus ad rem) på bispeembetet. Ved den etterfølgende erkebiskoppelige stadfestingen av valget fikk electus en jus in re over embetet, det vil si myndighet til å bestyre bispestolens verdslige saker. Lárentius var altså electus da han i 1323 reiste til Trondheim for å bli viet, og før han reiste var han var meget påpasselig med å ikke foreta disposisjoner som gikk ut over den begrensede myndighet han da hadde. Full råderett i både verdslige og åndelige saker fikk den nye biskopen først ved vigselen, noe som sterkt understrekes i Lárentius' tilfelle. Ved vigselen ble biskopen også innlemmet i den apostoliske suksesjon, og han fikk del i de nådegavene som biskopene ifølge tradisjonen hadde fått overlevert fra apostlene gjennom den ubrutte rekka av rett vigslede biskoper opp gjennom århundrene. Her er dette symbolsk framstilt ved Guds og ordinators hender. Bildet, som er hentet fra Nikolas saga, skal egentlig forestille vigselen av St. Nikolas. Foto: Kungl. Biblioteket i Stockholm.

A bishop's consecration from an Icelandic manuscript dating back to the 14th century. The scene corresponds to the ordination of Bishop Laurentius at Hólar on 24 June 1324, as it is described in the saga of Laurentius, written in the 1340s. Only after the consecration did the new bishop gain the authority to rule in temporal *and spiritual matters, and this is clearly underlined in the case of Laurentius. After the consecration, the bishop also joined the apostolic succession and was entitled to his share of the gifts of grace conferred throughout the centuries on the unbroken line of consecrated bishops back to the apostles.*

alle godordene i landet, og i løpet av de neste ti årene sikret han seg kontroll over dem han ikke styrte fra før. I 1258 ga kong Håkon en av sine islandske hirdmenn, Gissur Þorvaldsson, tittel som jarl. Kongen var imidlertid lite tilfreds med Gissur innsats, og i 1261 ga Håkon Borgarfjörður til en annen islandsk hirdmann. Samtidig sendte Håkon den norske hirdmannen Hallvard Gullsko til Island, og han fikk landet tinget under den norske kongemakten i årene 1262–4.

Håkon Håkonssons regjeringstid var preget av et godt samarbeid mellom kongemakt og kirke, og på et punkt hadde de felles interesser: Island måtte bli en del av Norgesveldet. Kirkens støtte til kongemakten skyldes blant annet at kirkens hierarkiske struktur fungerte best når den kunne støttet seg på kongemakten. Kongen kunne sikre kirken økonomisk (donasjoner) og politisk (sørge for fred). Men viktigst av alt var det at kongemakten ble sett på som en styringsform favorisert av Gud, og at det var kirkens oppgave å støtte fyrstemakten i alt som ikke var mot kirken og Guds lov. Det er derfor ikke særlig overraskende at kongemakten og kirken fant tonen her.

I forsøket på å få Island lagt under den norske kongemakten brukte Håkon de norske biskopene på Island til å fremme sin sak. Da både biskopen Guðmundur Arason i Hólar og Magnús Gizurarson i Skálholt døde i 1237 benyttet domkapitlet i Nidaros anledningen til overta valgretten til de islandske bispestolene. Bispekandidater islendingene hadde valgt ble vraket, den ene fordi han var uektefødt, den andre fordi hadde vært gode, ingen av delene var akseptabelt i henhold til kanonisk rett. Nå var det ikke nytt at islandske bispekandidater ikke oppfylte kirkens krav om skikkethet, de fleste hadde faktisk ikke gjort det, men nå satte altså erkebiskopen foten ned.[46] Den viktigste årsaken til at Nidaros overtok kontrollen over bispevalgene på Island i 1238 var likevel ikke at bispekandidatene var uskikket etter kanonisk standard, men at erkebiskopen og korsbrødrene ønsket å demonstrere at valgretten til bispestolene i Skálholt og Hólar lå i Nidaros. På det fjerde laterankonsilet i 1215 var bestemmelsene fra laterankonsilet i 1139 om domkapitelsvalg av biskoper blitt fornyet, og da det ikke fantes noen korsbrødreinstitusjon ved bispestolene på Island, var det kannikene i Nidaros som skulle stå for valg av biskoper til de islandske bispesetene. Når det ikke hadde lyktes å opprette domkapitler på Island skyldtes det trolig at det ikke fantes prebender som korsbrødrene kunne leve av. Enda viktigere var det nok likevel at korsbrødrene og erkebiskopen i Nidaros ikke ønsket domkapitler ved bispestolene på Island. Det ville ha redusert deres makt over landet.[47] To nordmenn ble i 1238 vigslet til biskoper på Island. Ved å innsette norske biskoper i de to islandske bispestolene fikk både erkebiskopen og kongemakten lojale støttespillere som kunne benyttes til henholdsvis å nedkjempe den gamle kirkeordningen og hjelpe kongemakten til å få kontroll over landet.

At det var nordmenn som ble valgt til biskoper i 1238 og ikke islendinger, skyldes altså den aktuelle politiske og kirkepolitiske situasjonen. For erkebispesetet var det dessuten viktig å få bisper som ikke var involvert i de konfliktene som herjet i landet, og som uhindret kunne arbeide for kirkens frihet. «Nasjonalitet» var derimot av underordnet betydning for korsbrødrene og erkebiskopen, det går klarest fram av at de første islandske biskopene som ble vigslet ette at Island var blitt en del av Norgesveldet i 1262/64, var islendinger av herkomst, og at 7 av 18 biskoper som satt på de islandske bispestolene i perioden 1238–1381 var islandske.

I islandsk historie har få hendelser fått så mye negativ omtale som Nidaroskapitlets overtakelse av bispevalgmyndigheten på Island i 1238. Således skriver Jón Jóhannesson i 1958 at «[k]irken ble en stat i staten og fullstendig under utenlandsk dominans»[48], og at hovedgrunnen til at islendinger ikke ble valgt som biskoper var kameraderi («klíkuskapur») innenfor den norske geistligheten. Bispeembetene var lukrative embeter, og embetsinnehaverne tok sjelden hensyn til det innfløkte samfunnsmønster embetet var innvevd i.[49] Det er først med Magnús Stefánssons arbeider på 1970-tallet at det ble tatt et oppgjør med dette nasjonalistiske synet. Han understreker at det var kirkens reformprogram som var den dominerende faktoren bak den kirkepolitiske utviklingen og påpeker at den islandske godekirken ikke passet inn i den nye kirkestrukturen som ble skapt i Europa på 1000- og 1100 tallet, hvor det var bispekirken

Islands biskoper ca. 1238–1380.

SKÁLHOLT		nasjonalitet	HÓLAR		nasjonalitet
Sigvarður Þéttmarsson	1238–1268	norsk	Bótólfur	1238–1247	norsk
Árni Þorláksson	1269–1298	islandsk	Heinrekur Kársson	1247–1260	norsk
Árni Helgason	1304–1320	islandsk	Brandur Jónsson	1263–1264	islandsk
Grímur Skútuson	1321	norsk	Jörundur Þorsteinsson	1267–1313	islandsk
Jón Halldórsson	1322–1339	norsk	Auðunn Þorbergsson	1313–1322	norsk
Jón Indriðason	1339–1341	norsk	Lárentíus Kálfsson	1324–1331	islandsk
Jón Sigurðsson	1343–1348	islandsk	Egill Eyjólfsson	1332–1341	islandsk
Gyrðir Ívarsson	1350–1360	norsk	Ormur Ásláksson	1342–1356	norsk
Þórarinn Sigurðsson	1362–1364	norsk			
Oddgeir Þorsteinsson	1365–1381	norsk			

som dominerte.[50] Magnús Stefánsson linje er blitt fulgt opp av Gunnar F. Guðmundsson som omtaler hendelsene i 1238 i to linjer i sin kirkehistorie *Íslenskt samfélag og Rómakirkja* fra 2000.[51]

Det tok ikke lang tid for de norske biskopene å prege den kirkepolitiske utviklingen på Island. I 1253, i tråd med kirkens reformkrav, fikk de Alltinget til å vedta at i tilfelle av forskjell mellom landslov og gudslov, skulle gudslov gjelde.[52] I perioden 1250–52 var begge biskopene i Norge, og det er ikke usannsynlig at de sammen med erkebiskopen drøftet og planla en revisjon av den gamle islandske kristenretten.[53] Ved å få lagretten på Alltinget til å akseptere prinsippet om at gudslov skulle ha prioritet, var et viktig kirkelig grunnprinsipp blitt fastslått slik at det i neste omgang ville bli lettere å få innført ny kristenrett.

Den mektigste islandske høvdingen på Alltinget i 1253 var Gissur Þorvaldsson, og det er trolig, slik Jón Jóhannesson har hevdet, at han har støttet vedtaket: «[M]en det er vanskelig å forstå hvorfor han gjorde det, for en kan ikke tenke seg at han har likt det mer enn de andre høvdingene.»[54] Hovedgrunnen til Gissurs eventuelle støtte til kirkens krav var at han ikke ønsket å få de to norske biskopene som sine motstandere i maktkampene. Biskopene var ikke bare mektige politiske aktører, deres kontakt med erkebiskopen, men særlig med kong Håkon, kunne resultere i at Gissur mistet kongens støtte og ble stevnet til Norge. I perioden etter 1220 var det svært viktig for godene å ha kongens støtte i de politiske kampene i landet. Uten den var de politisk døde, noe som går klart fram av Snorri Sturlusons skjebne.[55] Han ble som kjent tatt av dage på kong Håkons bud.

Nidaros beholdt kontrollen over bispevalgene på Island i perioden 1238–1356/81, i en kort periode omkring 1300 oppsto det en konflikt mellom erkebiskop Jørund (1287–1309) og korsbrødrene om styringen av erkebispesetet og om bispevalgene i skattlandene. Striden var bitter og uforsonlig, men i det såkalte Tautraforliket i 1297 (se Hamre nedenfor) ble partene enige om at korsbrødrene sammen med erkebiskopen skulle ha råd og samtykke i valg av biskoper til Island, Grønland, Færøyene og Sudrøyene.[56] Kort tid etter forliket blusset konflikten på nytt opp, og denne gangen måtte erkebiskopen avstå mye av sin makt til korsbrødrene. Konflikten resulterte blant annet i at biskop Árni Þorlákssons (1269–98) etterfølger i Skálholt, Árni Helgason, måtte vente i fem år før han ble vigslet i 1304.[57] I perioden 1311–49 var det et godt samarbeid mellom korsbrødrene og erkebiskopen, domkapitlet valgte da en av sine egne som erkebiskop, og i denne perioden var også forholdet til den norske kongemakten godt. Dette gjorde det mulig for kirken å fokusere på indre anliggender, noe vi skal komme tilbake til, og for Nidaros å beholde grepet om den kirkepolitiske utviklingen på Island og dessuten utvide sin makt i henhold til kirkens hovedprinsipp: Guds makt kan bare økes, ikke forminskes.

Hode av bispestav fra Skálholt, sannsynligvis etter Páll Jónsson , som døde i 1211. Han ble etter valget i 1194 først vigslet som prest i Hamar 25. februar 1195. Deretter dro han til Danmark, hvor den norske kirkeledelsen var i eksil. Páll ble vigslet til biskop av erkebiskop Absalon i Lund søndag 23. april, og kom tilbake til Island samme sommer. Foto Þjóðminjasafn Íslands.

Head of a crosier from Skálholt, which probably belonged to bishop Páll Jónsson, who died in 1211.

Friller og sølibat

Som allerede nevnt forsøkte erkebiskopen og biskop Þorlákur å bekjempe det omfattende frillevesenet blant islandske høvdinger. Deres innsats hjalp imidlertid lite. Men omkring 1260 fikk kirken støtte fra uventet hold, en hjelp som faktisk avskaffet høvdingenes frilleforhold. Bistanden kom fra Håkon Håkonsson og var en konsekvens av at Island ble en del av Norgesveldet i 1262–64.

Framveksten av høvdingenes frillevesen var som allerede sagt knyttet til den politiske utviklingen på Island. Gjennom frilleforhold hadde godene sikret seg viktig og lojal støtte hos ledende storbønder. Etter at landet ble en del av Norgesveldet ble det norske administrative systemet innført. Det var kongen som utpekte embetsmenn og disse fikk sin makt fra kongen, som på sin side hevdet å ha sin myndighet fra Gud. Makten kom ovenfra og man trengte ikke lenger å bygget den opp nedenfra, det vil si ved hjelp av gaver og gjestebud.[58] Politisk var frilleforholdet derfor blitt overflødig, og følgelig forsvant det.

Geistligheten på Island kunne gifte seg på 1100-tallet. I brev fra paven til erkebiskopen i Nidaros av 1237 blir det forbudt for geistligheten over hele erkebispedømmet å gifte seg.[59] Forbudet ble gjort gjeldende i Nidaros erkebispedømme ca. 1240, og med biskop Árnis kristenrett fra 1275 ble det også islandsk lov. Det tok litt tid for biskopene i Skálholt og Hólar å få geistligheten til å akseptere dette forbudet. Prestene sluttet imidlertid ikke å ha seksuelt samkvem med kvinner. I stede for å gifte seg begynte de geistlige å holde friller. Biskoper og erkebiskoper forsøkte fra tid til annen å bekjempe dette geistlige frillevesenet, både i høy- og senmiddelalderen, uten stor iver, og uten å lykkes.[60] Uten de uektefødte prestesønnene er det tvilsomt om det hadde vært mulig å rekruttere prester til alle sognene i landet. Det meste av presteutdannelsen foregikk mellom presten og hans arvtager til embetet, som i mange tilfeller var prestens sønn. For å kunne bli prest måtte disse uektefødte prestesønner søke dispensasjon, da de som skulle tjene foran Guds alter ifølge kanonisk rett måtte være ektefødte. Biskopen skulle så eksaminere kandidaten og ordinere ham om han ble funnet skikket. Gjennom vigselen ble prestene i teorien skilt ut fra lekfolket.

Slutt på staðamálene og ny kristenrett

Den kirkepolitiske utviklingen på Island gjenspeilte i stor grad den norske, og det var erkebiskopen som satte dagsordenen for de islandske biskopene, og hans rettesnor var i denne perioden kirkens reformprogram. I Magnus Lagabøtes tid oppsto det en konflikt mellom kongen og erkebiskop Jon Raude (1268–82) om lovgivningen. Magnus Lagabøte mente at kongemakten og kirken sammen skulle ta seg av den såkalte kristenrettslovgivningen. I tråd med gregorianismen mente kirken at kristenrettene utelukkende skulle være et kirkeanliggende. I forbindelse med revisjonen av Gulatingsloven, og Eidsiva- og Borgartingsloven i 1267 og 1268 ble kristenrettene inkludert i tråd med kongens vilje. Da Magnus Lagabøte skulle til å revidere Frostatingsloven møtte han kraftig motstand fra erkebiskopen Jon Raude. Jon satte i gang arbeid med en egen kristenrett for Trøndelag, en kristenrett som var mer i kirkens ånd. Han fikk dermed stoppet kongens planer om en revisjon av trøndernes lovbok. Da Magnus i stedet tok til å utarbeide en felles lov for hele landet (Landsloven) fortsatte konflikten mellom erkebiskopen og kongen. Det er grunnen til at Landsloven ikke har noen kristenrett.[61]

Hendelsene i Norge dannet som før et viktig bakteppe for begivenheter i Island. I 1269 fremmet biskop Árni Þorláksson på vegne av Jon Raude, kirkens krav om herredømme over sine eiendommer. Den andre runden i striden om stadene (staðamál) hadde begynt. Etter langvarig kamp nådde kirken og det islandske aristokratiet fram til et kompromiss i 1297, den såkalte sættargjerden på Avaldsnes. Biskopene fikk kontroll over stadene. Lekfolk beholdt imidlertid myndighet over bondekirkene. Fordi mye sto på spill, var denne konflikten hard og langvarig. For kirken var det viktig å sikre seg kontroll over eget gods og egen formue for å kunne løsrive seg fra de verdslige høvdingene. For høvdingene var det av stor betydning fortsatt å forvalte mest mulig av kirkens gods og de inntekter som fløt av det.[62]

Det var uroen i Norge som førte til at kampen om stadene ble så langvarig og hard. De islandske biskopene var som vanlig svært avhengig av støtte fra erkebiskopen og kongen, i det minste kongens nøytralitet, for å kunne gjennomføre reformer på Island. Ved å sikre seg kongens vennskap kunne de utmanøvrere kongens hirdmenn, som måtte bøye seg for hans avgjørelser. I tillegg forsøkte biskopene i landet ofte å drive en splitt og hersk politikk overfor de verdslige lederne. Det var en nøye sammenheng mellom biskopenes politiske dyktighet og hva de oppnådde av reformer.[63]

I 1271 fikk Island en ny lov, *Járnsíða*. Heller ikke den inneholdt noen kristenrett. I forbindelse med staðamálstriden måtte biskop Árni reise Norge en rekke ganger for å konferere med erkebiskop Jon. I 1273 kom han tilbake til Island med en ny kristenrett som Jon var hjernen bak.[64] Denne ble i 1275 lovtatt med små endringer på Alltinget for Skálholt bispedømme, og skulle gjelde inntil kongen og erkebiskopen hadde utarbeidet en annen kristenrett.[65] Det finnes ingen informasjon om at kongen noen sinne aksepterte Árnis kristenrett; han må likevel ha gjort på et tidspunkt. I alle fall bestemte kong Magnus Eiriksson i 1354 at Árnis kristenrett også skulle gjelde for Hólar bispedømme.[66] Hvorfor den nye kristenretten ikke var blitt innført i Hólar bispedømme tidligere er uvisst. Men trolig skyldes det at biskop Jörundur på Hólar (1267–1313) ikke var i landet da den nye kristenretten ble vedtatt.[67] Jörundur var en like ivrig forkjemper for reformkirken som Árni,[68] og det er derfor trolig at den nye kristenretten i praksis begynte å gjelde også for Hólar bispedømme fra 1275.

Innføringen av den nye kristenretten var en viktig seier for kirken. Den gamle var blitt foreldet på de fleste områder og oppfylte ikke reformbevegelsens krav. Det gjorde derimot den nye. En av de mest sentrale bestemmelsene i den nye kristenretten var at biskopen skulle ha suveren myndighet over kristendommen og kirkene i bispedømmet. Han skulle ha herredømme over kirkegodset, tienden, gaver til Gud og til helgener.[69] Bestemmelsene markerer et sluttpunkt for den gamle godekirken.[70] Den islandske kirken var nå en uatskillelig del av den europeiske hvor makten lå i biskopenes hender.

I 1281 fikk Island igjen en ny lov, *Jónbsók*. I forbindelse med innføringen gjorde biskop Árni et forgjeves forsøk på å få vedtekten fra 1253 om at gudslov skulle gå foran landslov innført i loven.[71] Den hadde naturlig nok vært inkorporert i Árnis kristenrett.[72] På Alltinget i 1281 stilte det verdslige aristokratiet mannsterkt opp, det var derfor umulig for Árni å få tingmennene til å gå med på dette kravet. I praksis betydde det likevel ikke så mye om Árni hadde fått vedtektene fra 1253 innarbeidet i *Jónsbók* eller ei, forholdet mellom verdslige lover og kristenretter forble når det kom til stykket et spørsmål om makt og ikke om jus. Når Árnis kristenrett ikke ble innarbeidet i *Jónsbók*, er det i overensstemmelse med situasjonen i Norge hvor heller ikke Magnús Lagabøtes *Landslov* inneholder noen kristenrett.

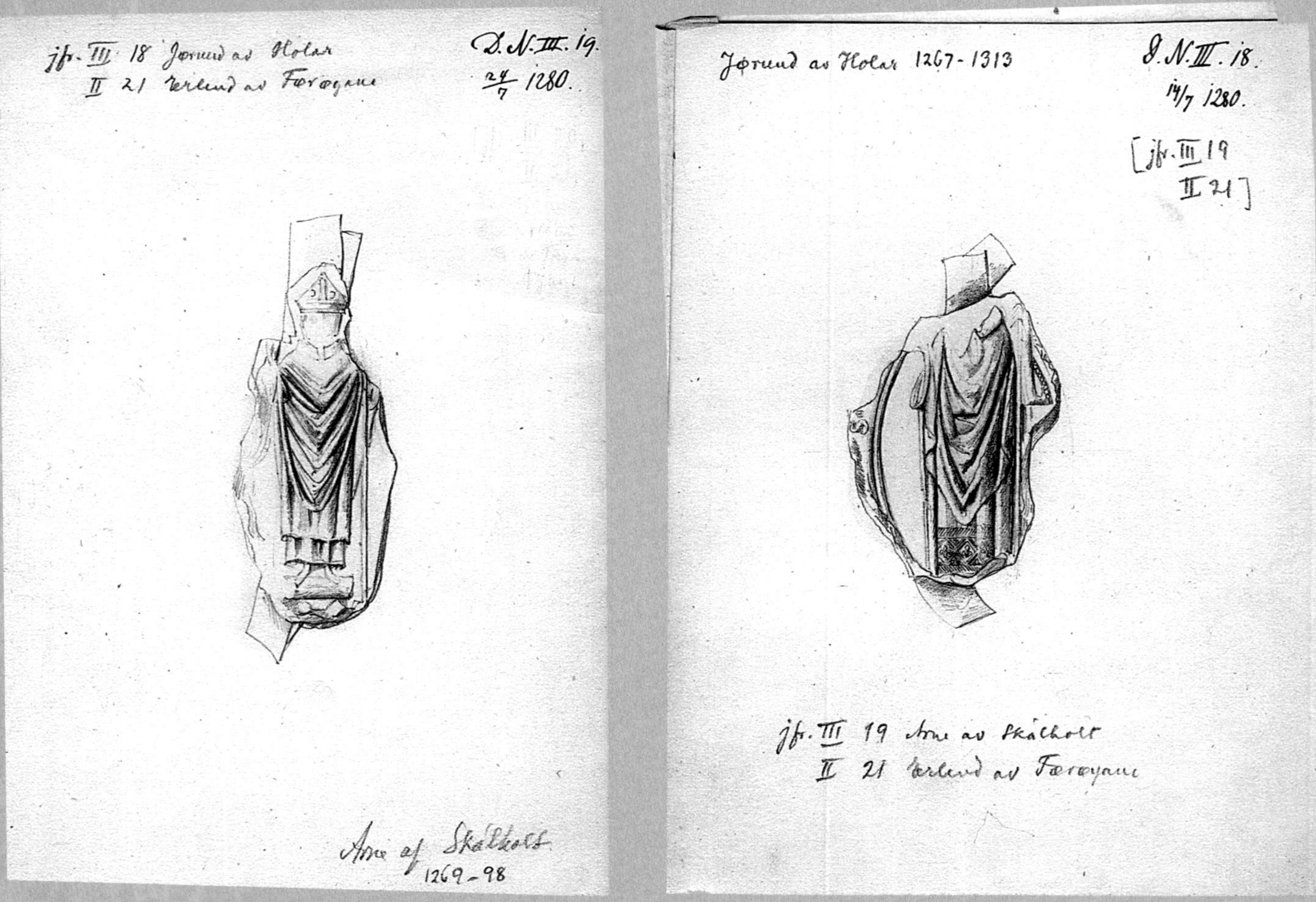

Seglene til biskop Árni av Skálholt og Jörundur av Hólar 1280 (DN III nr. 18) etter tegning i Riksarkivet.

The seals of Bishop Árni of Skálholt and Bishop Jörundur of Hólar date from 1280. After a drawing in the Norwegian riksarkiv.

Statutter

I perioden 1280–1351 ble det avholdt 10 bispemøter (provinskonsiler), de fleste i perioden 1311–51.[73] Grunnen til den store aktiviteten mellom 1311 og 1351 er at i denne perioden satt det tre erkebiskoper i Nidaros som var eksperter på jus, og som samarbeidet godt med domkapitlet. Vedtektene fra provinskonsilene ble samlet i lovvedtekter som har fått navnet statutter eller skipaner.[74] Statuttene ble skrevet på latin, men ble oversatt til norrønt, og det var biskopenes og prostenes oppgave å formidle innholdet til menigmann. Biskopene på Island deltok sjelden i disse bispemøtene, men statuttene kom likevel til å spille en sentral rolle for kirkeutviklingen på Island. Det kan vi blant annet se av at nesten alle bevarte avskrifter av disse statuttene finnes i islandske lovhåndskrifter, og i islandske oversettelser.[75] Provinsialstatuttene fokuserte på tre forhold: 1. Prestenes levesett, embetsførsel og deres forvaltning av kirkens gods. 2. Klostrenes forhold til bispen, samt munkenes og nonnenes levesett. 3. Menigmanns plikter overfor kirken og folks kunnskap om kristendommen.

For biskopene på Island var statuttene en viktig rettesnor i kampen for kirkens frihet, som fortsatte inn i første halvdel av 1300-tallet. Det var erkebiskopens ansvar å sørge for at folk flest og geistligheten i erkebispedømmet levde i tråd med kirkens lover, og at geistlighetens faglige kunnskap var tilfredsstillende. På grunn av størrelsen på erkebispedømmet dro erkebiskopen aldri utenfor Norges grenser, men sendte i stedet sendebud til Island. Slike erkebiskoppelige sendeferder omtales ikke i islandske kilder før utpå 1300-tallet. I 1306 ble det holdt et bispemøte i Norge. De islandske biskopene var ikke til stede. På dette møte ble viktige avgjørelser tatt om prestenes embetsførsel. Året etter sendte erkebiskopen bror Björn til Island. Han dro både til Skálholt og Hólar og hadde møter med begge biskopene.[76] Men slike utsendinger forekom likevel ytterst sjelden og bare i forbindelse med spesielt viktige saker.

Forholdet mellom Island og Nidaros ble kraftig svekket etter svartedauden (1349/50). Den kirkelige administrasjonen i Nidaros ble hardt rammet. Pesten tok erkebiskopen og alle korsbrødene, uten én, med seg i graven, fortelles det. Den ene gjenlevende korsbroren; Lodin, måtte alene stå for valget av en ny erkebiskop.[77] Da ting begynte å normalisere seg ble det atter avholdt bispemøter i Norge, således i 1376, 1380 og trolig i 1405.[78] Det finnes ikke vedtekter fra disse møtene, men trolig har de i hovedsak dreid seg om problemer kirken i Norge sto overfor etter svartedaudens herjinger. Island ble rammet av pesten først i 1402. Det var imidlertid ikke bare svartedauden og problemer med kirkestyret som var årsak til at båndene mellom Island og Nidaros ble svekket, men også en markant nedgang i seilasen mellom Norge og Island.[79]

I sin kirkehistorie fra 1925 oppsummerer biskop Jón Helgason perioden mellom 1264–1387 på følgende måte: «Underkastelse i 1264 indtil Norges Undergang som selvstændigt Kongedømme ved Aar 1387 frembyder ikke noget opbyggeligt Skue. Knyttet til Norge og afhængigt af det maatte Island følge Hovedlandet i dets langsomme, men ustandselige Synken.»[80] Trass i det sterke nasjonalistiske perspektivet er Jón Helgason inne på et vesentlig problem, nemlig at Island, etter at landet var blitt et norsk skattland, ble meget sterkt knyttet til Norge, ikke bare politisk, men også kirkelig. Dermed fulgte utviklingen på Island den norske. På en rekke områder skjedde endringene imidlertid senere på Island enn i Norge. Etter alt å dømme ble nye regler om sjelegaver innført da erkebispestolen ble opprettet i 1152–53. Ifølge disse kunne man gi en tiendedel av sitt arvegods og en fjerdedel av selververvet gods til kirken.[81] Disse reglene ble først lov på Island i 1281. Det er imidlertid trolig at bispemøtene i perioden 1281–1351 har sørget for at den kirkepolitiske utviklingen ble svært like over hele erkebispedømmet.

Under paven, ca. 1380–1460

Med to pavebuller fra 1317 og 1335 ble pavens myndighet over bispevalgene lovfestet. Det oppsto en allianse mellom pave- og kongemakten som medførte at det ble lettere for kongene å få sine menn på bispestolene. Det at pavemakten på 1300-tallet sikret seg kontroll over bispevalgene førte til at forholdet mellom Nidaros og de to islandske bispedømmene ble kraftig svekket. De paveutnevnte biskopene så på paven som sin overordnede og ikke erkebiskopen. I det hele tatt betydde utviklingen at provinsledelsens autoritet ble undergravd de fleste stedene i Europa. En annen viktig årsak til at kontakten mellom Nidaros og de to islandske bispedømmene opphørte nesten helt i denne perioden var den politiske situasjonen i Norden. Norge var kommet i union med Danmark i 1380. Unionskongemakten førte en skandinavisk dynastipolitikk, og var i mindre grad opptatt av de norske skattlandene. Denne situasjonen førte til at paven fikk fritt spillerom på Island. Dermed var veien åpen for en rekke «utlendinger», det vil si verken islendinger eller nordmenn, på de islandske bispestolene.[82]

Islendingene anerkjente pavens myndighet, men var langt fra fornøyd med de biskopene han utnevnte. De utenlandske biskopene skjøttet ikke sine oppgaver vel. De var mer opptatt av å sikre seg rikdommer, noen kom faktisk aldri til Island og sendte i stedet ombudsmenn til å ta seg av embetsforretningene. På Skálholt bispestol satt det biskoper i bare 14 år i perioden 1420–1460, de øvrige 26 årene sto stolen tom. På Hólar bispestol var situasjonen noe bedre i samme periode.[83] Noen av de utenlandske biskopene var meget upopulære blant islendingene, og en av disse, Jón Gerreksson, ble druknet i Brúará av menigheten i 1433.[84] Nederlenderen Godsvin Comhaer, som var biskop i Skálholt i perioden 1437–47, har imidlertid fått godkjent karakter både av så vel samtidens islendinger som ettertidens islandske forskere.[85] De engelske biskopene som satt på Island, f.eks. Jón Vilhjálmsson Craxton, som var biskop på Hólar 1426–1435 og på Skálholt 1435–1436, var mer opptatt av å støtte engelske handelsmenn enn å styre sitt bispedømme.[86] På grunn av denne situasjonen falt det større oppgaver på rådsmennene og officialene. De kom i stor grad til å styre bispedømmene.

Det var imidlertid flere enn islendingene som var misfornøyde med tingenes tilstand. Konsilet i Basel vedtok i 1433 at det den gamle kirkelige bispevalgretten skulle stå ved lag, og det ble satt «ein strek over all innblanding baade fraa paven og fraa kongar eller andre verdslege makter.»[87] Bispevalgdekretet ble straks gjort gjeldende i den norske kirken. To år senere søkte erkebiskop Aslak Bolt (1428–1450) støtte hos Baselkonsilet for å få den gamle ordningen om «øykirkene» stadfestet og fornyet.[88] Det fikk han, men det rådde likevel en uklarhet mellom pave og erkebiskop om utnevnelsene resten av denne perioden, det var f.eks. paven som vigslet dansken Jón Stefánsson Krabbe til biskop i Skálholt i 1462.

Erkebiskop Aslak Bolt forsøkte å gjenreise erkebiskopens makt over lydbiskopene, og han sammenkalte til provinsialkonsil i Bergen i 1435, men bare et fåtall av biskopene

Islands biskoper 1382–1465

SKÁLHOLT		nasjonalitet	HÓLAR		nasjonalitet
Mikael	1382–1391	dansk	Jón Eriksson	1358–1390	norsk
Vilchin Hinriksson	1391–1405	dansk	Pétur Nikulásson	1391–1411	dansk
Jón	1406–1413	norsk	Jón Henriksson	1411–1423	svensk?
Árni Ólafsson	1413–1425	islandsk	Jón Vilhjálmsson Craxton	1425–1435	engelsk
Jón Gerreksson	1426–1433	dansk	Jón Bloxwich	1435–1440	engelsk
Jón Vilhjálmsson Craxton	1435–1437	engelsk	Robert Wodborn	1441	engelsk
Godswin Comhaer	1437–1447	nederlandsk	Gottskálk Keneksson	1442–1457	norsk
Marcellus	1448–1462	tysk	Mattheus	1458–1460	«utenlandsk»
Gottskálk Keneksson	[1449–1457	norsk			
Mattheus	1457–1458	?			
Andreas	1459–1462	islandsk			
Jón Stefánsson Krabbe	1462–1465	dansk			

møtte. Aslak sendte derfor ut et straffedekret mot dem som hadde uteblitt, og stevnet biskopene til nytt møte året etter.[89] De to biskopene på Island, som var blitt providert av paven i Roma, kom ikke, og det var lite erkebiskop Aslak kunne gjøre med dem.

Islandske historikere har ikke vært nådige i sin dom over denne perioden. Således skriver Jón Jóhannesson: «Nå startet den islandske kirkes største nedverdighetsperiode. Det hadde ofte vært ille, da erkebiskopene og domkapitlet valgte biskoper, men nå ble situasjonen enda verre, da paven overtok valgretten.»[90] En viktig grunn til «nedverdighetsperioden» var svartedauden, mindre seilas mellom Island og Norge og den politiske situasjonen i Norden og Europa. Den oppløsning av provinsstyret som den sentraliserte pavepolitikken medførte hadde som konsekvens at den reelle kirkemakten paradoksalt nok ble mer lokal, den ble liggende hos de enkelte biskopene. De var nøkkelpersoner i kirkeorganisasjonen, og deres personlige engasjement var derfor avgjørende for den kirkepolitiske utviklingen. I denne perioden var biskopene på Island i første rekke lojale overfor paven, og ikke erkebiskopen, og på grunn av den store avstanden mellom Roma og Island fikk de paveutnevnte biskopene svært frie tøyler uten at erkebiskopen kunne, og i mange tilfeller ikke ville, gripe inn.

Nidaros overtar på nytt, ca. 1460–1550

Bispevalget

I 1450 kom oldenborgerne til makten og det ble inngått union «til evig tid» mellom Danmark og Norge. Den første oldenborgeren Christian I (1450–81) forsøkte å sikre et «nasjonalt» herredømme over bispevalgene på Island. I 1450 utstedet han den såkalte *Langaréttarbót* hvor det står at det ville være forræderi om islendingene skulle ta seg biskoper uten kongens, erkebiskopens og riksrådets godkjennelse.[91] I 1458 valgte et prestemøte på Víðivellir i Skagafjörður Ólafur Rögnvaldsson til biskop på Hólar. I valgbrevet heter det at de biskopene som har vært av størst nytte («nytteligaster») for den hellige kirke på Island var de som «af waro lande hafua samþykter werit», det vil si valgt av islendingene selv.[92] (Tilsvarende synspunkter var for øvrig vanlige alt tidlig på 1300-tallet, noe blant annet Laurentius saga vitner om.) I Roma hadde man uten å kjenne til valget av Ólafur allerede providert en engelskmann ved navn Paulus til biskop på Hólar. Denne Paulus var en munk og hadde i tillegg en fortid som sjørøver. Da dette ble kjent i Danmark skrev Christian I til paven og en av hans kardinaler og tok til motmæle mot Paulus' utnevnelse og påpekte at på grunn av angrep fra England og kongens stadige fravær trengte Island en biskop som på eksemplarisk måte kunne styre landet («religiose vite et morum ac exemplarem preesse antistitem»).[93] Brevet stoppet Paulus' bispekarriere. Christian I på sin side godtok Ólafur,[94] og det samme gjorde erkebiskopen.[95]

Den notoriske kjeltringen Marcellus, som Christian I hadde tvunget inn på erkestolen i Nidaros etter Aslak Bolts død i 1450, men som etter et par år ble tvunget til å trekke seg, og som i 1448 var blitt utnevnt til biskop i Skálholt, kom aldri til Island. I stedet sendte han sine ombudsmenn dit. Den siste av dem var André som hadde vært vigslet som biskop til Garðar på Grønland.[96] Marcellus druknet utenfor kysten av Sverige i 1462, og etter hans bortgang valgte islendingene Sveinn Pétursson til biskop. Også han ble godkjent av Christian I.[97] Sveinn fikk likevel ikke biskopsembetet fordi paven hadde innsatt dansken Jón Stefánsson Krabbe. Jón døde imidlertid alt i 1465. Da ble Sveinn valgt på nytt og denne gangen godkjent (1466–75). Fram til reformasjonen valgte islendingene sine egne biskoper. I Skálholt bispedømme var alle biskopene islandske, mens det på Hólar satt to nordmenn og en islending.

Jón Jóhannesson hevder at det var en stor seier for islendingene å sikre seg kontrollen over bispevalgene, og et tegn på deres frammarsj i århundret før reformasjonen.[98] Denne «seieren» kan på ingen måte kobles til noen kamp eller nasjonal gjenreisning, men derimot til endringer i den politiske situasjonen i Europa og svekkelsen av pavemakten. Det medførte at erkebiskopen på ny ble reell leder for kirken på Island og at kontakten med Nidaros ble gjenopprettet.

Et tegn på at ting var begynt å normalisere seg var at det på nytt oppsto konflikter mellom verdslige ledere og biskoper i landet om forvaltningen av kirkens gods. Biskop Ólafur Rögnvaldsson ville sikre kirken kontroll over alle halvkirker (ft. *hálfkirkjur*) i bispedømmet. Som navnet tilsier skulle det messes annen hver helligdag i disse kirkene. Halvkirkene fikk kirketiende, prestetiende og *ljóstollar*. Disse avgiftene hadde før tilfalt kirkene som halvkirkene lå under. Sognekirkene mistet derfor inntekter til halvkirkene. Biskop Ólafur Rögnvaldsson mente utfra kanonisk rett og Árnis kristenrett at det var biskopen som skulle rå over alle kirker, og at eierne av halvkirkene skulle ha tilsyn med deres inntekter slik at biskopen kunne kontrollere dem i likhet

Islands biskoper 1466–1550

SKÁLHOLT		nasjonalitet	HÓLAR		nasjonalitet
Sveinn Pétursson	1466–1475	islandsk	Ólafur Rögnvaldsson	1460–1495	norsk
Magnús Eyjólfsson	1477–1490	islandsk	Gottskálk Nikulásson	1496–1520	norsk
Stefán Jónsson	1491–1518	islandsk	Jón Arason	1524–1550	islandsk
Ögmundur Pálsson	1521–1541	islandsk			

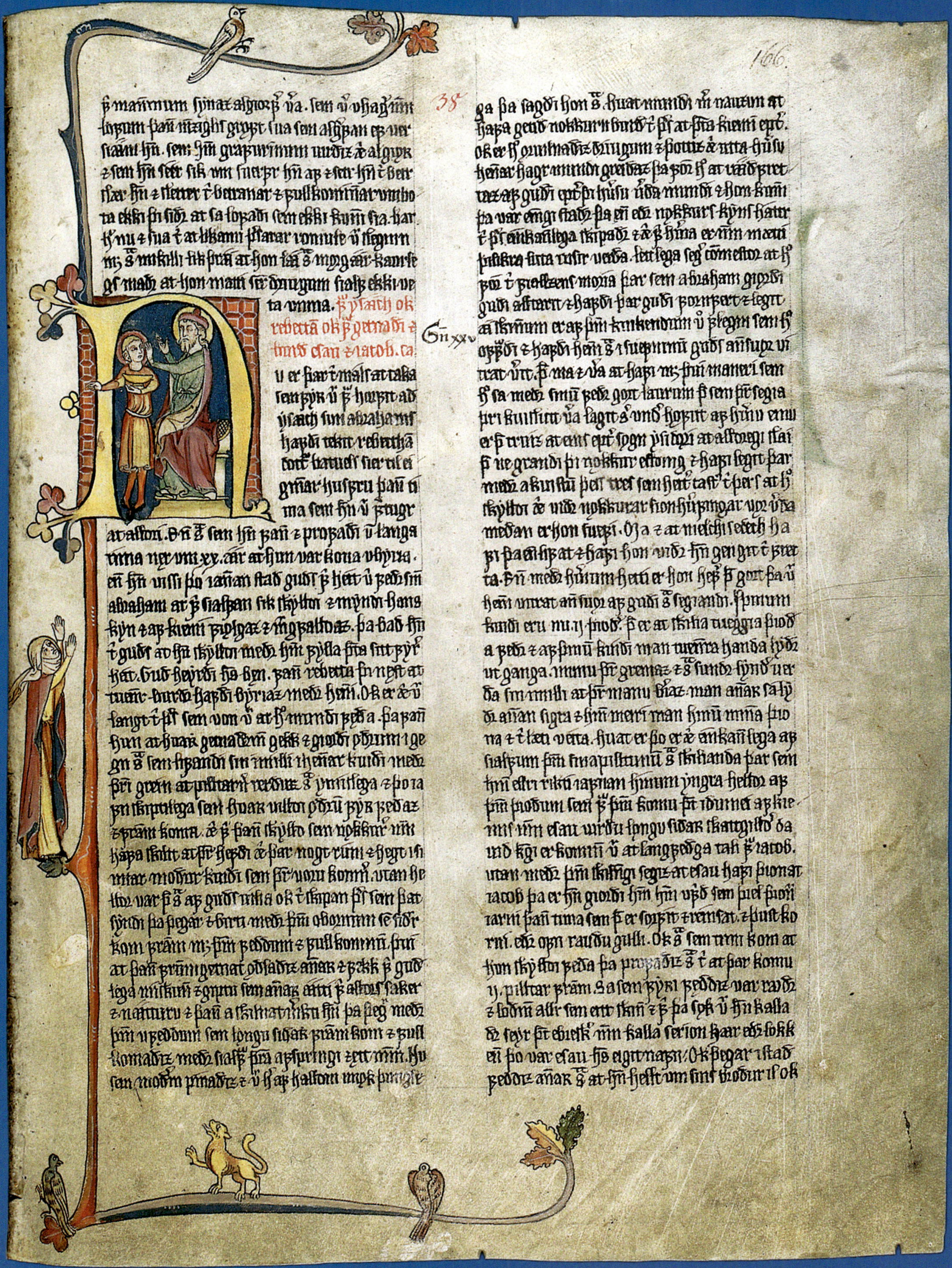

En side fra den norrøne bibelkompilasjonen Stjórn i et islandsk håndskrift fra 1300-tallet (jfr. bildetekst s. 48) Foto: Stofnun Árna Magnússonar.

A page from the Norse bible compilation Stjórn in an Icelandic manuscript from the 14th century.

med *alkirkjur*, det vil si de vanlige sognekirkene. Halvkirkene skulle ikke være noen inntektskilde for de verdslige lederne, mente han. Samtidig forsøkte Ólafur å innføre en skatt på de største halvkirkene. Biskopen skulle kunne overnatte på disse, og dersom han ikke gjorde det skulle det betales 2 hundret til ham.[99]

Ikke uventet møtte biskop Ólafur Rögnvaldsson kraftig motstand fra eierne av halvkirkene, og han måtte søke støtte hos erkebiskopen, som skrev et brev til Nordlendingene. Erkebiskopen påpekte at Ólafurs krav var i samsvar med gjeldende praksis i Skálholt bispedømme, hvor biskopene hadde visitert halvkirkene siden biskops Jón Halldórssons tid (1322–1339).[100] Konflikten løste seg imidlertid da lederen for halvkirkeeierne døde før saken ble avsluttet. Trolig hadde biskopen fått sitt igjennom uansett. Han hadde både loven og makten på sin side.

Kommunikasjonen mellom Island og Nidaros

Vi har vært inne på at de islandske biskopene bare unntaksvis var til stede ved provinskonsilene i Norge. Vedtakene var imidlertid også bindene for de islandske bispesetene, og biskopene fikk statuttene tilsendt. Det gikk ellers en jevn strøm av brev fra Nidaros til de to bispestolene i landet, atskillig sjeldnere ble det sendt brev den motsatte vei. Dersom vi ser på korrespondansen mellom Nidaros og Island slik den gjenspeiler seg i overleverte brev i *Diplomatarium Islandicum* (DI) kan vi registrere at fra periodene 1173–1190, 1273–1351 og 1448–1534 finnes det en rekke brev fra erkebiskopen til Island. De bevarte brevene i DI utgjør imidlertid bare en liten del av korrespondansen mellom Nidaros og Island i middelalderen. Vi vet om en rekke brev som er gått tapt, særlig fra perioden 1190–1273.[101] Det er derfor full grunn til å anta at erkebiskopene har hatt god kontakt med biskopene på Island i hele perioden ca. 1170–1350. Med styrkingen av pavemakten i andre halvdel av 1300-tallet avtok brevstrømmen. Men så snart pavemaktens grep om bispeutnevnelsene ble svekket begynte erkebiskopene på ny å sende brev og instrukser til Island. Som ventet dreier denne korrespondansen seg om mange forskjellige saker, fra forbud om å rane kvinner i Norge[102] til skipaner[103] og domsavsigelser i islandske saker.[104] Det siste brevet vi kjenner fra en erkebiskop i Nidaros til Island et tildelingsbrev utstedet av Olav Engelbrektsson i 1534 angående kirken på Grenjaðarstaðir.[105]

Hovedinndelingen i dette kapittelet svarer således til omfanget av brevskiftet mellom Island og Norge i middelalderen. Det finnes ikke kilder som omtaler brevveksling i perioden ca. 1350–1450, det vil si i perioden da paven dominerte bispevalget, men til gjengjeld finnes det en rekke brev fra Roma til Island, og da særlig i forbindelse med bispeutnevnelser.[106]

Det er problematisk å forklare hvorfor de islandske biskopene skrev så få brev til Nidaros. Trolig henger det sammen med at dersom de trengte å rådføre seg med erkebiskopen, eller få hans dom i kompliserte saker, så dro de til Norge.[107] Det første møtet biskopene hadde med erkebiskopen var som regel i forbindelse med vigselen.[108] De islandske bispekandidater oppholdt seg da som regel noen tid i Nidaros og rådførte seg med erkebiskopen om sine oppgaver og hvordan de skulle stille seg til dagsaktuelle saker. Det fortelles f.eks. at biskop Árni Þorláksson fikk *Decretales cum apparatu* (kirkelover med forklaringer) som gave fra erkebiskop Jon i 1268.[109] En symbolsk gave som understreket hvilke saker Árni skulle arbeide med. Dersom biskopene senere trengte å rådføre seg med erkebiskopen, var det som regel mer praktisk for dem å dra til Nidaros enn å sende brev. Det tok like lang tid, i tillegg kunne biskopene og erkebiskopen på disse møtene diskutere i detalj alle aspekter ved pågående konflikter.

På 1300-tallet ble suffraganbiskopene pålagt å besøke metropolittene (*visitatio ad limina apostolorum*). Slike besøk skulle biskopene, ellers deres stedfortredere, foreta hvert tredje år.[110] Hvorvidt plikten ble overholdt av biskopene på Island kan vi vanskelig vite, men vi kan regne med at i de periodene da Nidaros hadde kontroll over bispevalgene har de islandske biskopene reist regelmessig til Trondheim, eller sendt sine stedfortredere. Om ikke hvert tredje hvert år, så i alle fall når det var nødvendig. I 1349 ble biskopen på Sudrøyene fritatt av paven for denne plikten.[111] Det kan tyde på at erkebiskopen har forsøkt å håndheve påbudet om biskoppelig frammøte ved erkesetet i første halvdel av 1300-tallet. Som allerede nevnt opphørte kontakten mellom Nidaros og de to bispestolene på Island omkring 1350, de paveutnevnte biskoper på Island reiste aldri til Trondheim. Men etter at Nidaros på nytt sikret seg kontrollen over bispevalget begynte biskoper på Island igjen å reise dit. Det er imidlertid høyst problematisk å trekken en grense mellom en liminavisitasjon og andre biskopsreiser til Nidaros. For erkebiskopen må det ha vært viktig at biskopene kom til Nidaros, det lettet styret av erkebispedømmet og ga ham større mulighet til å påvirke utviklingen i de enkelte bispedømmene.

Erkebiskopen skulle også gjennom visitaser og provinskonsiler overvåke og veilede biskopene.[112] Som nevnt reiste erkebiskopen aldri på visitas til skattlandene, og heller ikke ble provinskonsilene avholdt regelmessig. Vi må derfor regne med at de møtene erkebiskopen har hatt med lydbiskopene har vært viktige for utviklingen ute i bispedømmene.

Dersom erkebiskopen mente at biskopene på Island ikke utførte sine oppgaver tilfredsstillende, kunne han stevne dem til seg.[113] Biskopene var i henhold til kirkens lover underlagt en streng lydighet overfor erkebiskopen, og den eden de avla til erkebiskopen bidro til å styrke metropolittens makt over lydbiskopene.[114] Selv om erkebiskopen slik søkte å sikre seg sine biskopenes lojalitet, hadde de likevel ingen garanti for at lydbiskopene samvittighetsfullt og lojalt ville etterfølge deres råd eller ordre. Erkebiskoppelige sendebud kom derfor ut til Island for å påminne og råde menigmann så vel som lydbiskoper når viktige saker skulle gjennomføres.[115]

Erkebiskopen i Nidaros sikret seg etter hvert kontroll over fire sentrale stader på Island, to i hvert bispedømme. Grenjaðarstaðir og Breiðabólstaður i Vesturhóp i Hólar bispedømme, og Oddi og Hítárdalur i Skálholt bispedømme. Når dette skjedde er usikkert, men det ser ut til at erkebiskopen fikk herredømme over Grenjaðarstaðir i den såkalte Sturlungaperioden (ca. 1220–62/4),[116] og de øvrige på 1300-tallet. I alle fall hadde erkebiskopen myndighet over alle disse på 1400-tallet.[117] Der er også usikkert hvordan han sikret seg herredømmet over disse kirkene. I noen av måldagene (register over lokalkirkenes eiendom, inntekter og rettigheter) om disse kirkene heter det at biskopen skulle forvalte dem og ikke giveren og hans familie. Biskopene har trolig overført råderetten over de fire stadene til erkebiskopen og dermed gjort det umulig for høvdingene å sitte på disse stadene. Det å overføre råderett over kirker eller jordegods fra en person til annen var vanlig på Island, særlig i Sturlungaperioden.[118]

Biskopene på Island godtok erkebiskopens kontroll over tre av disse stedene, men om Grenjaðarstaðir oppsto det en tvist mellom biskopen i Hólar og erkebiskopen i 1420-årene. I en attest fra lekmenn og lærde i 1430 ble det stadfestet at råderetten over Grenjaðarstaðir alltid hadde ligget hos biskopen i Hólar og ikke hos erkebiskopen.[119] Biskopens krav førte likevel ikke fram, og erkebiskopen beholdt kontrollen over gården.[120] I et brev fra 1449 ga erkebiskopen imidlertid tildelingsmyndigheten over disse fire gårdene til den norske biskopen Gottskálk Keneksson på Hólar (1442–57), som fra 1449 også var biskop i Skálholt. [121] Ved biskop Gottskálks bortgang ser det ut til at denne retten har falt tilbake til erkebiskopen.

Disse fire kirkene var blant de største og viktigste på Island. Ifølge *Auðunarmáldagar* var Grenjaðarstaðir og Breiðabólstaður blant de aller største kirkene i Hólar bispedømme, Grenjaðarstaðir var den største kirken i bispedømmet med 6–7 geistlige knyttet til seg, Breiðabólstaður hadde 4, like mange som Hrafnagil og Múli.[122] Oddi var landets viktigste kirke, og Hítárdalur hadde tidligere vært kloster. Kontroll over disse kirkene førte til at erkebiskopen direkte kunne påvirke den kirkepolitiske utviklingen i landet. Han innsatte sine klienter på disse kirkene, alle geistlige, som han kunne bruke til å holde oppsyn med bispene dersom det ble nødvendig.[123]

I Danmark var som nevnt lutheranismen på frammarsj i 1520-årene. Da Fredrik I døde i 1533 oppsto det strid om tronfølgen. De katolske biskopene ønsket Frederiks yngste sønn Hans, som var oppdratt i Danmark og dessuten katolsksinnet, som konge, men en minoritet i riksrådet ville ha Frederiks sønn av første ekteskap, lutheraneren hertug Christian av Schleswig-Holstein. Det endte i borgerkrig, og hertug Christian (Christian III 1534/35–59) seiret. Resultatet ble som kjent at den gamle kirken falt, og at reformasjonen ble innført, først i Danmark 1536, så i Norge 1537.

Messehagl fra domkirken på Skálholt. Den er tilvirket av rød såkalt rosenvevd silkefløyel av italiensk opphav fra 1400-tallet. Broderiene på ryggen er imidlertid engelske, trolig fra perioden 1360–90 og viser bilder av Jesus og jomfru Maria samt en rekke helgener så som Katharina av Alexandria med hjul og sverd og apostelen Andreas med korset. Foto: Þjóðminjasafn Íslands.

Chasuble from the cathedral at Skálholt. It is made by red so-called 'rose-woven' silk velvet of 15th century Italian origin.

I et forsøk på å snu stemningen på Island, og slå et slag for katolisismen, forsøkte biskopen i Skálholt og erkebiskop Olav Engelbrektsson å få biskop Guðmundur Arason på Hólar kanonisert 1530-årene, men uten resultat.[124] Politisk var det et klokt trekk, Guðmundur var uten tvil Islands mest populære helgen og kanonisering av ham kunne muligens ha forsinket reformasjonen. Den kirkelige nyordningen lot seg imidlertid ikke stoppe, og i 1537 måtte erkebiskopen som kjent flykte fra Norge. Denne begivenheten omtaler *Skarðsannáll* på samme nøkterne måten som *Lögmannsannál* omtalte opprettelsen av erkebispesetet: «Kongen sendte krigsskip til Norge mot erkebiskop Olav av Trondheim.»[125] Etter Olavs flukt var det bare spørsmål om tid før den gamle kirke ville bli avskaffet på Island, i Skálholt bispedømme skjedde det i 1541 og i Hólar bispedømme i 1550.

Noter

1 Dette året ble den siste katolske biskopen i Island, Jón Arason, henrettet.
2 Se f.eks.: Jón Helgason 1925. Jón Jóhannesson 1956, 1958. Magnús Stefánsson 1975, 1978. Björn Þorsteinsson og Guðrún Ása Grímsdóttir 1990. Gunnar F. Guðmundsson 2000
3 De noe uklare grensene mellom periodene skyldes ulikheter mellom Skálholt- og Hólar-bispedømme angående bispevalget.
4 Magnús Stefánsson 1975: 72–81, 2000: 12–36, 191–216
5 Bps I: 136. DI XII: nr. 1 [ca. 1200]. Magnús Stefánsson 1978: 224–5, 2000: 29, 253–331
6 Janus Jónsson 1887. Jón Jóhannesson 1956: 227–30. Magnús Stefánsson 1975: 81–5. Gunnar F. Guðmundsson 2000: 212–8. Orri Vésteinsson 2000: 133–41
7 Helle 1974: 238–40. Gunnes 1995: 131–46
8 IslAnn: 253, «Settr erkebyskops stoll j Nidarose».
9 For oversikt over kirkens reformbevegelse se f.eks.: Jón Jóhannesson 1956: 212–6. Magnús Stefánsson 1975: 92–6. Hoyt 1976: 279–302. Barber 1992: 85–109. Helle 1995: 26–8.
10 Jón Jóhannesson 1956: 217–8. Helle 1974: 57–68, 1995: 22–31. Magnús Stefánsson 1975: 93–4
11 Ss 122–3, «At þat voru forn log oc siðvenia at konungr oc bøndr scylldu lata gera kirkiur a bøiom sinum oc með sinum kostnaði ef þeir villdi. scylldu þeir raþa fyrir þeim kirkium oc raþa presta til. En erkibyscup lagði sitt valld oc forræði a hveria kirkiu þegar er vigð var oc a ollum þeim er hann lofaði savng at. konungr beiddiz þar laga af. En erkibyscup neitaði.»
12 Talen 2, «Mer erom till þrøngder kirkiur vp at gera en sidan gorfuar værda þa erom ver fra ræknir sæm heidnír menn».
13 Johnsen 1945: 234
14 Jón Jóhannesson 1956: 178. Magnús Stefánsson 1975: 61, 77–8, 111–7, 2000: 191–216. Gunnar Karlsson 1979: 38. Helgi Þorláksson 1989: 88
15 Magnús Stefánsson 1975: 109–19, 2000: 13. Jón Viðar Sigurðsson 1989: 97, 1999: 101–19.
16 DI I nr. 38 [1174/75], *Regesta Norvegica* I, daterer brevet til 1173/74.
17 Magnús Stefánsson 1975: 94–5. Ifølge *Hungrvaka* (Bps I: 84) skrev erkebiskop Øystein et brev til biskop Klængur Þorsteinsson biskop i Skálholt og høvdingene i landet året i forveien i forbindelse med bispevalg.
18 Jón Jóhannesson 1956: 218–20. Magnús Stefánsson 1975: 98–104. Jfr. Helle 1974: 83–4
19 Bps I: 281. Jón Jóhannesson 1956: 218
20 Sts II: 35. ættskrá. Marit Roland Udnæs 2002: 16–7
21 Auður Magnúsdóttir 2001: 47–98
22 Bps I: 289. Kirken forsøkte naturlig nok å nedkjempe slike forhold. DI I: nr. 38 [1173]. Jfr. Jón Jóhannesson 1956: 220–2. Magnús Stefánsson 1975: 104–6
23 Auður Magnúsdóttir 2001: 47–98
24 DI I: nr. 38, « fyribyd ek ollum ken(n)e monnum soknar mal. a hendur sier at taka nema orvøssum frændvm sinvm. eda børnvm. fødvr lausvm. eda konum verndarlausum. og þo felausvm. og fyri gudz saker. og til enskis anars hlutar. hvatke er a fez. [...] þviat hverr er sa j gudz banne og papans er misþyrmer kenne manni med heiptugri hendi. og ma hvergi lavsn taka vm drap. eda afhøg[g] ken[n]e manz eda mungs. nema þar sem papinn er. en af oss fyri sar og lost. eda bardaga.»
25 DI I: nr. 70 [1189]. Guðrún Ása Grímsdóttir 1982: 46–57.
26 Orri Vésteinsson 2000: 182–94
27 Bps I: 29
28 DI I: nr. 29
29 Jón Viðar Sigurðsson 1989: 45–54
30 DI I: nr. 72 [1190]
31 Jón Jóhannesson 1956: 224
32 Jón Jóhannesson 1956: 224
33 Sts II: 40. ættskrá
34 DI I: nr. 74 [1196]. Jón Jóhannesson 1956: 236–53. Magnús Stefánsson 1975: 119–36. Gunnar F. Guðmundsson 2000: 50
35 Guðrún Ása Grímsdóttir 1982: 31–2. Jfr. Latinske dokument nr: 29, 32
36 Magnús Stefánsson 1975: 126
37 Bps I: 491
38 Jón Jóhannesson 1956: 240. Magnús Stefánsson 1975: 124. Men slik Guðrún Ása Grímsdóttir (1982: 40–1) har påpekt er det ikke tilfellet, erkebiskopen hadde tidligere ved en rekke anledninger avgjort islandske saker, f.eks. godkjennelse av bispeutnevnelser, og det ser ut til at erkebiskopen i Lund har påvirket den første kristenretten.
39 Bps I: 141
40 Bps II: 125
41 Jón Jóhannesson 1956: 248
42 Magnús Stefánsson 1975: 91, 137–141. Jón Viðar Sigurðsson 1989: 98–99
43 Jón Jóhannesson 1956: 195–6
44 Helle 1974: 118–22. Magnús Stefánsson 1975: 139–41. Wærdahl 1998: 25–62
45 Björn Þorsteinsson og Sigurður Líndal 1978: 60
46 Jón Helgason 1925: 152–3. Jón Jóhannesson 1956: 253–8. Magnús Stefánsson 1975: 139
47 Magnús Stefánsson 1978: 118–20. Der ser ut til at da engelskmannen Jón Vilhjálmsson Craxton var biskop på Hólar 1425–35, ble det grunnlagt korsbrødreinstitusjon, (Einar Laxness 1995: 61) som bare eksisterte i hans biskopstid.
48 Jón Jóhannesson 1958: 112, «Kirkjan varð ríki í ríkinu og algerlega undir erlendum yfirráðum.»
49 Jón Jóhannesson 1958: 113
50 Særlig Magnús Stefánsson 1978: 248–53
51 Gunnar F. Guðmundsson 2000: 118
52 DI II: nr. 1 [1253]. Bps. I: 718–20
53 Jón Jóhannesson 1956: 258–61
54 Jón Jóhannesson 1956: 260, «en torskilið er, hví hann gerði það, því að ætla má, að hún hafi verið honum miður geðþekk eins og öðrum höfðingjum.»
55 Jón Viðar Sigurðsson 1999: 135–8
56 DN III: nr. 39 [1297]. Magnús Stefánsson 1975: 137–8
57 Helle 1974: 252, 266. Magnús Stefánsson 1978: 227
58 Jón Viðar Sigurðsson 1995: 161. Auður Magnúsdóttir 2001: 95–7
59 DI I: nr. 134 [1237]
60 Jón Jóhannesson 1956: 256–8. Magnús Stefánsson 1978: 123–149. Auður Magnúsdóttir 2000: 135–60
61 Helle 1974: 135–7, 1995: 191–3
62 Jón Helgason 1925: 168–180. Jón Jóhannesson 1958: 89–109. Magnús Stefánsson 1978: 123–226. Jón Viðar Sigurðsson 1995: 156–62. Gunnar F. Guðmundsson 2000: 84–93
63 Jón Jóhannesson 1958: 116–7
64 ÍF XVII: 31–2
65 ÍF XVII: 49. DI II: nr. 57 [1275]
66 DI III: nr. 60 [1354]. Jón Jóhannesson 1956: 192–3. Magnús Stefánsson 1978: 150, 252
67 ÍF XVII: 50. Magnús Stefánsson 1978: 150
68 Magnús Stefánsson 1978: 116–20
69 NgL V: Biskop Arnes Kristenret 11
70 Magnús Stefánsson 1978: 155–66, 234–5, 236–7
71 ÍF XVII: 91
72 NgL V: Biskop Arnes Kristenret 16. Jón Jóhannesson 1956: 258–61. Magnús Stefánsson 1975: 140–1

73 1280, 1290, 1306, 1313, 1320, 1327, 1334, 1336, 1336–45, 1351. I 1436 ble det 11. avholdt. KLNM XII: 21
74 1280 DI II: nr. 79, 1290 DI II: nr. 149, 1306 DI II: nr. 188, 1313 DI II: nr. 214, 1320 DI II: nr. 344, 1323 DI II: nr. 355, 1334 DI II: nr. 450, 1336 DI II, nr: 453, 1342 DI II, nr: 487, 1346–49 DI II: nr. 520, 1351 DI III, nr: 22
75 Jón Jóhannesson 1956: 195. Magnús Stefánsson 1978: 239–40. De islandske biskopene deltok aldri på generalkonsiler (Jón Jóhannesson 1956: 195).
76 Magnús Stefánsson 1978: 229–30. IslAnn: 264. Jfr. IslAnn: 273, 277, 292, 357. ÍF XVII: 268–76
77 IslAnn: 276. Kolsrud 1958: 272
78 Kolsrud 1958: 273, 287–8
79 Magerøy 1993: 88–152. Erkebiskopen fikk ved en avtale med kongemakten i 1273 (DN IV: nr. 64A [1273], NgL II: 455–62) og Sættargjerden i Tønsberg i 1277 (DN II: nr. 65B [1277], NgL II: 468–77) tillatelse til å sende 30 lester med mjøl til Island og krav på landøyrer av et skip fra Island. Bare unntaksvis benyttet erkebiskopen seg av denne muligheten (Magerøy 1993: 122).
80 Jón Helgason 1925: 196–7
81 Helle 1974: 51
82 Kolsrud 1958: 281
83 Björn Þorsteinsson et al. 1991: 168
84 Jón Jóhannesson 1958: 116
85 Jón Helgason 1925: 230. For oversikt over hans livsløp se Piebenga 1987
86 Jón Jóhannesson 1958: 116
87 Kolsrud 1958: 283–4
88 NgL 2r. I: nr. 303. NgL 2r. I: 506. Kolsrud 1958: 283–5. Björn Þorsteinsson og Guðrún Ása Grímsdóttir 1990: 37–42
89 Kolsrud 1958: 288
90 Jón Jóhannesson 1958: 115, «Nú hófst hið mesta niðurlæginatímabil kirkjunnar á Íslandi. Það hafði oft verið illt, er erkibiskupar og dómklerkasamkunda réðu hér biskupum, en nú varð hálfu verra, er páfinn tók fram fyrir hendur þeim og veitti biskupsembættin sjálfur.»
91 DI V: nr. 55 [1450]
92 DI V: nr. 153 [1458]
93 DI V: nr. 155 [1458]
94 Jón Jóhannesson 1958: 120
95 DI V: nr. 170 [1459]
96 Björn Þorsteinsson et al. 1991: 170. For Marcellus karriere og eventyr se Björn Þorsteinsson 1965.
97 DI V: nr. 327 [1462]
98 Jón Jóhannesson 1958: 122
99 Jón Jóhannesson 1958: 125–6
100 DI VI: nr. 153 [1478]
101 Sts I: 255, 256, 337, 360, 400, 528. ÍF XVII: 15, 28. IslAnn: 268
102 DI I: nr. 40 [1176]
103 DI II: nr. 188 [1306]
104 DI IX: nr. 202 [1524]
105 DI IX: nr. 593 [1534]
106 Se f.eks. DI VIII: nr: 13, 15, 19, 26, 27, 28, 33, 37 [1406–1441]
107 Se f.eks. IslAnn: 272, 274, 276, 279
108 Ikke alle biskoper i Island ble imidlertid vigslet av erkebiskopen.
109 ÍF XVII: 13. Geistlige i Island kunne appellere sine saker til erkebiskopen dersom de havnet i konflikter med biskopene i landet. IslAnn: 266
110 KLNM I: 617, 20: 187–8
111 Kolsrud 1958: 285
112 KLNM 20: 187
113 IslAnn: 341
114 Guðrún Ása Grímsdóttir 1982: 32. Jfr. Latinske dokumenter nr. 54. DI I: nr. 38 [1173], 71 [1189]
115 IslAnn: 128, 130
116 Magnús Stefánsson 1975: 141
117 DI IV: nr. 778 [1449]. Jfr. DI V: nr. 93 [1453], nr. 549 [1471]. DI VIII: nr. 139 [1507]. Aslak Bolts Jordebok: 196A–196B
118 Jón Viðar Sigurðsson 1999: 101–19
119 DI IV: nr. 462 [1430]
120 DI IV: nr. 770 [1448]
121 DI IV: nr. 778 [1449]. Jfr. DI V: nr. 93 [1453], nr. 549 [1471]. DI VIII: nr. 139 [1507]. Aslak Bolts Jordebok: 196A–196B
122 DI II: nr. 251, 252, 278, 327 [1318]
123 Sts I: 528. IslAnn 266
124 DI IX: nr. 71 [1522], 201 [1524], 346 [1527] (DN VII: nr. 640). Kolsrud 1958: 353
125 Annálar 1400–1800 I: 97, «Kongur sendi skipaflota til Norges móti erkibiskup Ólafi af Þrándheimi.»

Summary

It has been usual among Icelandic historians to divide ecclesiastical history between 1153 and 1550 into four separate periods. This division reflects the different forces that decided the election of bishops in the country. In the period lasting until 1237, it was the Icelandic representatives who elected their bishops. From c. 1238 to 1380, the electoral right rested with the archbishop and chapter in Nidaros, and the selected bishops were either Norwegian or Icelandic. In the period between c. 1380 and 1460, the right to elect bishops had been transferred to the papal and royal authorities, and the bishops chosen were usually "foreign", which means they were neither Norwegian nor Icelandic. In the last period, between c. 1460 to 1550, the Icelandic representatives once again controlled the elections and the bishops were subsequently picked from Iceland or Norway.

In the first period, the archbishop attempted to implement a reform programme with the help of the Icelandic bishops. However because of the connection between the bishops and the local chieftains, it was hard for the archbishop to be successful. If the Church was to have any luck in its push towards reforms, the joint support of the archbishop and the Icelandic bishops was necessary. It was impossible for the archbishop to succeed with the reforms in Iceland without the backing of the local bishops, and it was equally difficult for the bishops to carry out any changes without the support of the archbishop. The archbishop's involvement in the struggle of independence of the Icelandic Church was still clearly determined by the political situation in Norway. If the archbishop was engaged in conflicts in Norway, particularly against the monarchy, he was hardly able to pay much attention to disputes on Iceland. The political situation in Norway was thus of major importance for how ecclesiastical and political developments progressed on Iceland.

One of the primary objectives of the archbishop of Nidaros was to ensure that he had control of the election of bishops on Iceland. This was successfully managed in 1238. Afterwards, it became easier for archbishops to influence the ecclesiastical and political developments in the country, and during a period of 50 years, they managed to transform the Icelandic Church to a bishop's church which better suited the general ecclesiastical structure that was created in Europe in the 11th and 12th centuries. One of the main reasons for the crises which struck the Icelandic Church be-tween 1358–1382 and 1460–1465 was the Black Death, the decrease in voyages between Iceland and Norway and the political situation in the Nordic countries and Europe in general. The weakened metropolitan authority and the subsequent dissolution of the provincial government, which came as a result of the centralized papal policy, paradoxically led to an increase in the power of the local church, which meant that the position of the bishops was strengthened. During this period, the Icelandic bishops were basically loyal to the Pope, and not the archbishop, but due to the great distance between Rome and Iceland, the bishops could operate quite freely with the archbishop being unable to interfere in most cases.

In 1433, the Council in Basel agreed to renew the old ecclesiastical right to appoint bishops. This, along with the wish of the Danish-Norwegian kings of the Oldenburg dynasty to ensure "national" control of the election of bishops led to a revival of the archbishop's influence on the elections and a strengthening of his position vis-à-vis the Icelandic Church. The prelude to this policy came already in the 1430s, but was confirmed by monarchs with regard to the Nidaros province after 1458. During the time of King Frederik I (1523/24–1533) the ideas of Luther won increasing support, primarily in Denmark, which seriously challenged the relationship between the monarchy and church in Norway, and as is known, resulted in Archbishop Olav Engelbrektsson's struggle for Norwegian ecclesiastical and political independence before he was forced to flee to the Netherlands in 1537. On Iceland, the Catholic Church resisted the Reformation until 1550, when the last Catholic bishop was decapitated.

THE BISHOPRIC OF ORKNEY

Barbara E. Crawford

Introduction

When the diocese of Orkney was brought within the archdiocese of Nidaros in 1152/3, it was perhaps the oldest of the bishoprics to be incorporated. It was certainly – along with the Sudreys – the oldest Christianised territory, for the native Pictish population had been converted in the seventh or eighth centuries, some time before the Vikings appeared on the scene. We know virtually nothing of the ecclesiastical organisation of the population at that time, but the 'papar' who are referred to, along with the Picts, in the twelfth-century *Historia Norvegiae*[1] were probably groups of Celtic priests who lived communal lives preaching and missionising among the islands.[2] There may have been – indeed probably were – bishops of the 'Celtic' type, that is with spiritual authority but little diocesan organisation. Kolsrud's discussion of such bishops did not include the contemporary reference to a bishop in what may be the Orkney Islands mentioned in *Vita Findani* c.860.[3]

However, the disruption of any form of ecclesiastical organisation during the ninth and tenth centuries must have been absolute. The Viking settlement of the Orkney and Shetland Islands brought in new populations, new language and culture, new religious directions, but also a highly mobile and unstable situation. The historical and archaeological question of the rate of decline in pagan beliefs and the process of adoption of Christianity by the Norse settlers is much debated, and not our present concern. It mirrors the whole issue of how 'purely' Norse the islands became, and above all to what extent the Viking leaders of the settlement took on the *mores* of the societies which they became closely associated with, in Pictland, and in the Gaelic-speaking communities of north and west Scotland. Islands lying off the northern coast of Britain are fully in communication with kingdoms and their ecclesiastical structures further south and west. Evidence suggests that the new pagan arrivals into the Celtic world were eager and ready to adopt aspects of these societies, which they admired. Christianity was one of these aspects, although we must never think that the adoption of Christian beliefs was easy or rapid.[4]

'Conversion' of course, however it came, emanated from the already established churches in the British Isles, so that missionaries and priests would have been Irish, Scottish or Anglo-Saxon: this inevitably meant that the islands were drawn into becoming part of western Christendom.[5] The establishment of a church organisation was however both difficult and disputed. Geographically a part of the British Isles, but culturally a part of Scandinavia, control of Orkney was disputed between the powerful archiepiscopal hierarchies in Britain and in north Germany.[6] The archbishops of York claimed supremacy over the Scottish bishops, and included Orkney in that claim, but the archbishops of Hamburg-Bremen also consecrated bishops to the islands because they were the metropolitans for the whole of Scandinavia prior to 1103/4.

Eleventh Century

Most of our information about the church in Orkney in the eleventh century comes from Adam of Bremen, and the first bishop he mentions is Henry (Henrich, Heinrekr), said by him to have been in the Orkneys before he was appointed to the see of Lund c.1060x1.[7] Kolsrud identified him with a Henry who was bishop in Iceland in the 1050s, and the early bishops were probably very mobile about the northern world, rather than being established in one see for any length of time. The most important development in the middle of the century was Earl Thorfinn's initiative in building a church dedicated to Christ for the bishop at Birsay, near to the earl's own residence.[8] This in effect was the first cathedral in Orkney, and in Norwegian terms it was precociously early for a bishop to have a fixed episcopal residence with his own church building.[9]

The role of the earl in church affairs was to continue to be exceedingly important. A perennial weakness of the Orkney earldom was, however, the partible nature of inheritance, so that two or more brothers/cousins could claim to

Birsay (ON Byrgisey), the possible site of Earl Thorfinn's residence and the first episcopal see in Orkney. The church and churchyard seen today is probably of 12th Century date.

Birsay (gno. Byrgisey) utenfor nordspissen av Mainland (gno. Meginland), Orknøyene, var sansynligvis jarleresidens og bispesete før Magnuskatedralen ble bygd i Kirkwall i 1130-årene. Trolig var det her Harald Hårdråde etterlot dronning Ellisiv og deres to døtre da han i 1066 seilte over havet for å erobre England. Foto Charles Tait etter S. Imsen, Våre dronninger.

share power and possessions. After Thorfinn's death his two sons divided the earldom between them, and it was in this period that the archbishops of York appear to have increased their influence over the appointment of Orkney bishops. The situation in which two earls rivalled each other for power encouraged the appointment of rival bishops, so that we find Earl Paul looking to York for confirmation of his choice of bishop prior to 1073, and then clear evidence of rival bishops having been appointed in the second two decades of the twelfth century.[10] The two kings Sigurd Magnusson (1103–1130) and Eystein Magnusson (1103–1123) received letters written by different popes in 1119 and 1128 urging them to support the York-appointed bishop of Orkney.[11] This suggests that the York appointment (Ralph Novell) was having difficulty in getting possession and he probably never did get full possession. The bishop who was firmly established and who plays a big role in events in the saga is William 'the Old' (1102?–d.1168), certainly a Norwegian nominee, and possibly appointed by Magnus Haraldsson *barfót*, or his son Sigurd when they were in control of Orkney in 1102. If he was appointed at that time we do not know by whom he would have been consecrated; there is no evidence that the archdiocese of Lund was ever actively exercising authority in the island diocese, which may explain York's aggressive attempts to impose its candidate. The firm hold, which the Norwegian kings had probably established over the episcopal situation in Orkney, was undoubtedly important when it came to the establishment of the new metropolitan see of Nidaros in 1152/3. Orkney was then recognised as being firmly within the sphere of influence of the Norwegian church.

Twelfth and thirteenth centuries

Bishop William was remembered in northern tradition as the 'first bishop' in the Orkneys[12] and he is certainly the first who was firmly resident in his see, centered on the new Cathedral in Kirkwall, to which the bishop's seat was moved c. 1137. This was the result of momentous developments in the islands, which were going to lead to an enormous increase in status for the earldom dynasty, and for the international reputation of the church in Orkney, from which the bishops also benefited. Another power struggle between the two rival earls and cousins, Hakon Paulsson and Magnus

Erlendsson, had resulted in the latter's murder by the supporters of the former at Easter time (?1116) on the island of Egilsay, where they had gone for a peace meeting, to be held under the aegis of Bishop William. A cult rapidly developed around the memory of the dead earl, and miracles were reported as happening at his tomb in Christ Kirk, Birsay, where he had been buried.[13] Saints are only created with pressure and in this instance the pressure would appear to have been applied by another claimant to the earldom, Rognvald Kali Kolsson. Bishop William is presented in the saga account as being extremely unwilling to support the move to canonise the dead earl, probably because of his concern not to upset Earl Hakon.[14] However, he was convinced of the sanctity of Magnus after experiencing at first hand miraculous happenings, and probably after shrewdly recognising a change in the direction of the political wind with Rognvald's claim to the earldom gaining popular support. Also the situation could be turned very much to the bishop's advantage if the establishment of the cult resulted in the building of a new Cathedral to house the saint's relics, which would be his own power base. This is precisely what Rognvald was urged to do by his father Kol:

Now here's my advice: look for support where men will say the true owner of the realm granted it you, and that's the holy Earl Magnus, your uncle. I want you to make a vow to him, that should he grant you your family inheritance and his own legacy, and should you come to power, then you'll build a stone minster at Kirkwall more magnificent than any in Orkney, that you'll have it dedicated to your uncle the holy earl Magnus and provide it with all the funds it will need to flourish. In addition, his holy relics and the episcopal seat must be moved there.[15]

This is indeed what happened in a very significant political and ecclesiastical development for the islands. The building of the fine Romanesque sandstone Cathedral was a new foundation in a new political and urban environment.[16] The corporeal relics of Magnus, which had been translated and enshrined in Christ Kirk, Birsay, twenty-one years after his death (1137–8), were later (c.1151) removed to the newly-built Cathedral in Kirkwall, forming the kernel of this new enterprise. The episcopal church dedicated to St. Magnus is a monument to the power, prestige, piety-and wealth- of the medieval earldom. It is likely that it continued to be the

St Magnus Cathedral was founded c. 1137 by Earl Rognvald Kali Kolsson following the advice of his father Kol. The choir was probably completed and the relics of the murdered Earl Magnus enshrined before Rognvald went on pilgrimage to the Holy Land in 1151. The masons are thought to have come north from Durham. The choir vault dates from the thirteenth century. Crown Copyright. Royal Commission on the Ancient and Historical Monuments of Scotland.

Etter råd av sin far Kol startet Ragnvald jarl omkring 1137 å bygge Magnuskatedralen. Koret sto sannsynligvis ferdig før Ragnvald for på pilegrimsferd til det hellige land i 1151. Da var også restene etter den myrdede Magnus jarl blitt skrinlagt. Byggmestrene antas å ha kommet fra Durham. Korhvelvet er fra 1200-tallet.

'proprietorial church' of the earls,[17] and certainly their burial place, although the evidence for any such burials in the cathedral today is distressingly small.

The growth of the saint's cult was also a great status symbol and source of income for the bishops. They had the finest church building north of Dunfermline Abbey, which was rebuilt by David I at about the same time as a shrine to his mother, the saintly member of the Scottish royal family. The bishops received great landed endowments from Rognvald, and they had the prestige, and the benefits of controll a centre of pilgrimage. The power and significance of the bishopric was thus greatly enhanced at exactly the time when the metropolitan see of Nidaros was created.

Political considerations

The close relationship of bishopric and earldom is very clear from the developments which have been considered above. This was frequently the case throughout medieval Europe, but with regard to the Orkney situation we are fortunate to have the saga of the earls (Orkneyinga Saga), which recounts the events surrounding the martyrdom of Magnus and the ensuing political and ecclesiastical changes. There can be very few places where the reasons for the building of a cathedral and the control over its location and construction are as well recorded as in Orkney.

The circumstances surrounding the extent of the bishopric are also deeply bound up with the history of the earldom's relationship with the kings of Scotland. The diocese under Nidaros included simply the island groups of Orkney and Shetland, but it is probable that before the mid-twelfth century and the creation of a separate see of Caithness by David I, the northern part of the mainland of Scotland had also come under the jurisdiction of the bishops of Orkney.[18] When Earl Thorfinn built Christ Kirk, Birsay and established his bishop there c.1050, the bishop's authority would have extended over the area of the earl's dominion; that included the two provinces of Caithness and Sutherland in north Scotland, which eventually became the Scottish earldom of Caithness. Indeed, as Thorfinn conquered the Hebrides and the west coast of Scotland, we can imagine that the bishop may have attempted to exercise some authority in these newly-dominated territories also.[19] This situation was undermined when Magnus Olafsson *barfót* agreed to renounce all authority over the Scottish mainland at the very end of the eleventh century.[20]

Then with King David (1124–1153) there was positive determination to extend royal authority throughout north Scotland, and he saw the creation of a Scottish bishopric of Caithness as part of that state-building policy.[21] His ambitions may have extended further for it is recorded by John of Salisbury that David sought papal approval for the inclusion of the see of Orkney in a Scottish church province under an archbishopric of St. Andrews in 1151.[22] Nothing came of this, but it reveals how ambitious Scottish kings could be even at this date with regard to their overlordship of the whole of north Britain, extending perhaps to the Northern Isles. This ambition was probably the spur to David's appointment of the first Scottish bishop in Caithness, Andrew, who appears with that title sometime shortly before 1151.[23] All this aggressive royal expansion meant the contraction of the Orkney bishops' sphere of authority and resulted in some difficult and violent times in Caithness in the late twelfth and early thirteenth centuries.[24] The failure of the Scottish kings to secure their own archdiocese contrasts with the success of the Norwegian kings to do just that a few years later, and the inclusion of Orkney within Nidaros firmly put the ecclesiastical frontier at the Pentland Firth for another three hundred years.

Orkney and Nidaros

The inclusion of Orkney within the Norwegian archiepiscopal sphere of authority during this period of time was therefore of very great importance for the maintainance of Norse culture in the islands, especially Orkney. From the 1220s the inheritance of the earldom was several times passed on to Scottish families,[25] the inevitable effect of which was to 'Scotticise' the population, so that cultural and economic ties southwards grew increasingly stronger. It is of interest to try and understand what sort of counterbalancing effect resulted from the creation of ecclesiastical links eastwards over the North Sea. It is clear that the period before the Black Death was utterly different in this respect from the period after (although we have remarkably little evidence as to what the effect of the plague was on the islands).[26]

There are many questions, which we would like to ask about the period from 1153–1349 in trying to understand the relationship of Nidaros and Orkney. The central ones revolve around the relationship of the church hierarchy with the earl and royal officials, which were very clearly all-important from the point-of-view of peaceful conditions in the islands. Most of the evidence which we have concerns the periods of time when conditions had not been peaceful because of the break-down of relations between secular and ecclesiastical authorities. There seem to have been many tensions in connection with control of appointments and control of resources-as there were in so many other parts of Europe. The particular circumstances where a powerful earl had virtually absolute control made the situation in Orkney rather different from the other skattlands, as did the situation in which Orkney was subject to increasing influence from another culture and country-Scotland.

These problems did not come to prominence in the first half-century after 1153 because the earl still continued to exercise authority over the church and appointments to the bishopric. Indeed Earl Harald and his son John used the bishops as powerful advocates in their quarrels with the kings of Norway (and Scotland). After William 'Senex' died in 1168 he was succeeded by another William, (d.1188) about whom very little is known.[27] Then with the famous Bjarne 'Skald' (1188–1223) we have some confidence in thinking that Earl Harald is likely to have been responsible for his appointment, for Bjarne was a second cousin of the earl, (described as his *kjaerr venn*), and was deeply involved

Map of the principal churches in the diocese of Orkney (Based on Fig. 7.1. in Cant, 1995).

Kart over de viktigste kirkene i Orknøyene bispedømme.

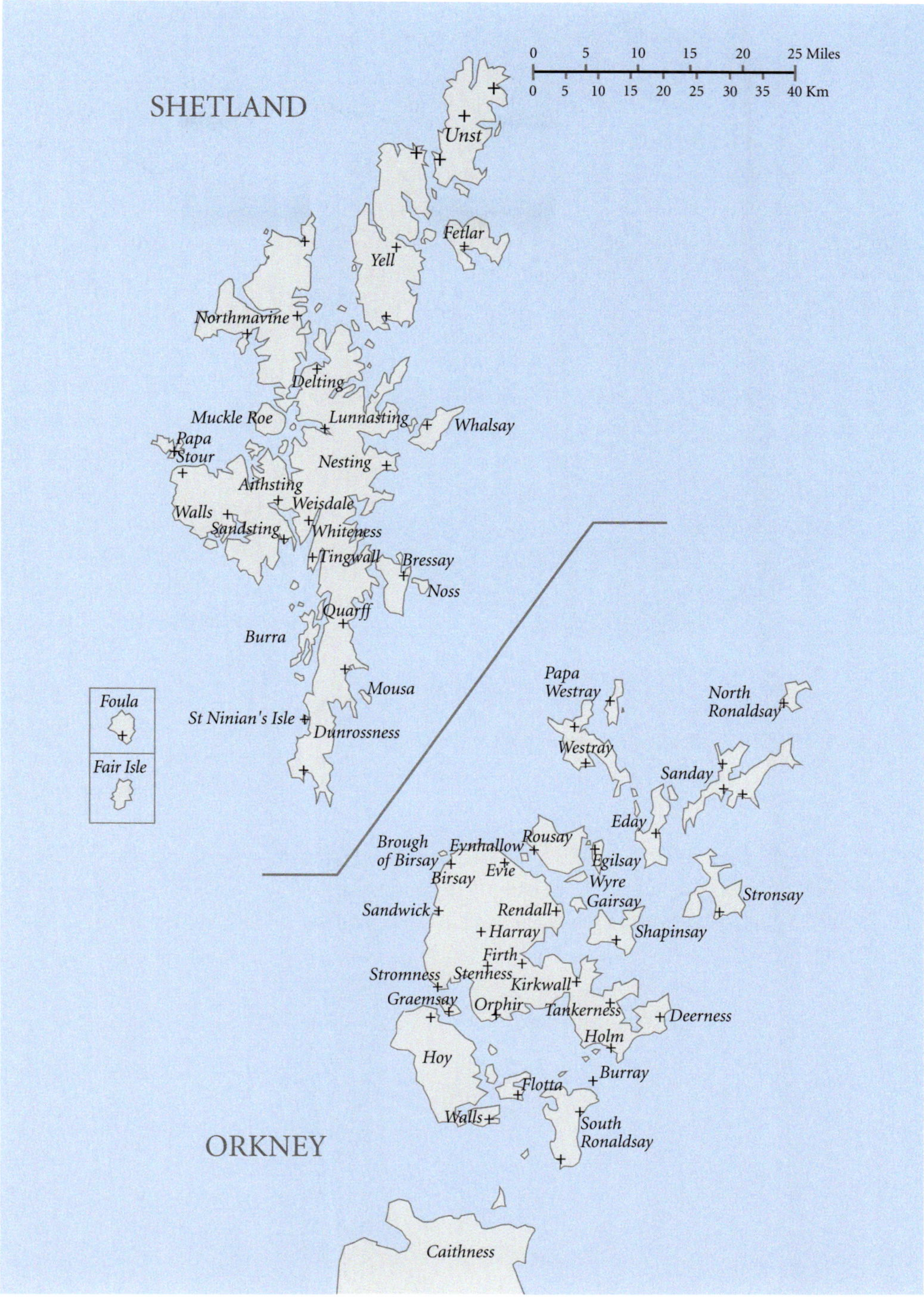

in Harald's and his sons' reconciliations with their Norwegian overlords. He accompanied Harald when the earl submitted to Sverre after the rising of the 'Eyiaskeggjar', and he continued to act as mediator for John and David Haraldsson c.1209–10 after the ending of the civil war.[28]

The canonisation of a second earl, Rognvald Kali Kolsson, who had succeeded in winning the earldom in the name of his murdered uncle, the holy Earl Magnus, and who also died a violent death – while pursuing an outlaw in Caithness in 1168 – further contributed to the status and renown of Kirkwall as a centre of pilgrimage.[29] There is evidence that the east end of the Cathedral was completely rebuilt in the thirteenth century, presumably to house the two shrines, and to allow for the numbers of pilgrims visiting them, but also, it has been suggested, to provide more space for the community of secular canons who preferred their stalls to be east of the crossing.[30] A chapter of secular canons served St. Magnus Cathedral and ran the affairs of the diocese, as had been prescribed by Cardinal Nicholas Breakspear when he set up the archdiocese and laid down regulations for the new province and its constituent bishoprics.[31]

Constitution

There is no evidence as to whether the chapter was of 'synodal' or 'collegiate' character,[32] and there is in fact no evidence for its existence until the appointment of Henry, who was a 'canon of Orkney', to the bishopric in 1247.[33] He was the successor to one 'Jofreyr' (probably Godfrey) who succeeded Bjarne, on the latter's death while attending a Council meeting in Bergen. If this Jofreyr was the same as the provost of Tønsberg, as is generally assumed, then it seems likely that the appointment was made by King Hakon IV immediately on Bjarne's death, filling the vacancy without any

Seal of the Chapter of Orkney (drawing from Craven, 1901).

Domkapitelsseglet fra Kirkwall (etter tegning hos Craven 1901).

delay by promoting Jofreyr,[34] who was also present at the same Council. It would not be surprising if the king should step in at this particular point, for the earl was in deep trouble, both in Caithness, where he was considered blameworthy for the murder of Bishop Adam in 1222, and also with Hakon, who suspected him of plotting with Earl Skule against the king. In 1224 he was summoned to Hakon's presence, with whom he had to leave his son Harald as a hostage.[35] On this occasion it is unlikely that his bishop would have accompanied him as a mediator. However, Bishop Jofreyr cannot have been an active bishop in his see, for by 1237 it was said that he had been incapacitated by paralysis 'for many years', and he was under pressure to resign or accept a co-adjutor.[36] It must have been the case therefore that others replaced him in the administration of the see, and it is indeed very likely that the election of Henry in 1247 was a consequence of him having been in charge of affairs in the bishopric over many years.[37] Interestingly the papal dispensation which allowed him to receive the see, despite his illegitimacy (the natural son of an ecclesiastic), was made on the special recommendation not only of the archbishop, but also of the king and Cardinal Legate William of Sabina.[38]

The thirteenth century therefore was a period when the bishopric appears to have been firmly tied into the Norwegian church structure. Henry was consecrated in Norway in the winter of 1248–9,[39] and he was – in the absence of the earl – closely involved in Hakon's expedition of 1263, along with Bishop Gilbert of Hamar (probably a relative of the earl). These two prelates no doubt accompanied the expedition for their potential usefulness in any negotiations which might ensue between Scotland and Norway,[40] although there is no mention of Henry's involvement in the eventual negotiations which led up to the Treaty of Perth in 1266. The bishop, or in his absence the canons of the church of St. Magnus, were appointed in the Treaty of Perth to receive the annual payments for the king of Norway which the king of Scotland had promised to pay 'in perpetuity'.[41] The next bishop, Peter (1270–1284), had probably been archdeacon of Shetland when elected, but very little is known of him, and even less is known about Dolgfinn/Dolphinn (1286–1309) except that he is said to have been chosen by Andrew, bishop of Oslo, and consecrated by him,[42] which suggests that the chapter of St. Magnus Cathedral may not have had any role in his appointment.

Nothing very much is known about the constitution of the cathedral chapter at this time, and the only known officials are the archdeacons of Shetland (from 1215) and of Orkney (from 1309).[43] It is probable that the former was the senior official and therefore the president of the chapter.[44] By the early fourteenth century there is evidence that members of the chapter, with subordinate chaplainries, numbered nearly twelve. This was the full complement as envisaged by the legatine scheme in 1153.[45] Interestingly, a papal tax list of 1327–8 referring to several vacant prebends connected to parish churches indicates that financial maintainance for some of the Cathedral officials and canons of St. Magnus was by means of parochial teinds (tithes). This suggests that the very Scottish system of appropriating income from the parish tiends for financing Cathedral personnel was already in place in Orkney.[46] Is there a change in process at this date from the former Norwegian method of maintainance by rental income from episcopal estates, or 'stouks'?[47] Is this changed method of financing the cathedral canons significant of cultural changes brought in by Scottish diocesan personnel? If so, it might help explain some of the disputes, which soured the relationship of the bishops and the Norwegian church in the fourteenth century.

Since the end of the old Norse line of earls in 1231 the church in Orkney had been governed without any great disputes between earls and bishops, and we can probably assume that the ecclesiastical situation in the bishopric during the rest of the century was in accordance with the precepts of the archbishop's rule and in conformity with the customs of the Norwegian church. That was all to change with the next bishop, William, who, as archdeacon of Orkney, was elected by the chapter in 1309 and consecrated in 1310.[48]

Fourteenth Century: troublesome bishops

Bishop William III (1310–pre1369)

By 1319 reports of circumstances in the diocese had been such that Archbishop Eilif had instigated a visitation of Orkney by Cormac, archdeacon of the Sudreys and Grim, a prebendary of Nidaros, to investigate the situation. They reported back to the archbishop the following spring, presenting the evidence about the defects in the churches in the islands as more the responsibility of the neglect of the bishop's predecessors, and describing a meeting held with the earl and countess, the chapter and many other worthies, at which Bishop William promised to assign certain of his rents to these churches, as seemed appropriate to him and his chapter, until the defects had been amended.[49] The accusations concerning his evil character which they had been particularly ordered to enquire about from the archdeacon and canons and vicars of the church were entirely false, and as far as the imputation of fornication which had been made against the bishop, the archdeacon, canons and vicars gave special oaths that they had never known, seen or understood that there was any suspicion of such behaviour *postquam fuit in episcopum consecratus*, but rather that they believed and knew such accusations to be entirely false and malevolent.

Despite the apparently moderate tone of this report action was nonetheless taken against Bishop William. On 17 July 1320 in the consistory court at Bergen Archbishop Eilif issued a judicial pronouncement addressed to the bishop, being present, based on the findings of the commission led by Cormac and Grim which showed that he had wasted his episcopal estates by alienation and infeudation, so that the cathedral and bishop's residence were in decay, threatening ruination: he had diverted rents and income from all the other churches which belonged to the rectors for their own maintainance and the upkeep of the buildings, and had applied them to his own irregular usage;[50] he had held back lawful appeals from his subordinates, behaved unsuitably in his private life, was frequently occupied with hawking and hunting and other trifling diversions of such kind (as of others about which the archbishop was keeping silent), and he had maintained in his household notorious excommunicates etc.: as a result of all of which he was suspended judicially from administering the episcopal estates.[51]

On July 28 another archiepiscopal judgement detailed the events of the year 1318 when Engelbert Luning, canon of Orkney, had been imprisoned and his prebend and goods despoiled for trying to collect in Peter's Pence; it was stated that the bishop had failed to pay the said due for the fifteen years during which he had been responsible for its collection, amounting to three marks sterling and five and a half pennies a year. Bishop William was suspended from his episcopal office and put under pain of excommmunication unless he paid back the money amounting to 53 marks within three months; also being required to restore all of the goods which he had despoiled belonging to Engelbert Luning, whom the archbishop re-instated to his prebend and canonry. [52]

On the next day an even more bizarre situation was dealt with when the bishop was ordered, under threat of personal interdict, to ensure that the corpse of Fru Ragnhild, former wife of Ragnvald Aslaksson, was carried to Nidaros for burial before the next St. John's Day at the bishop's own expense. This resulted from his refusal to allow her body to be taken to Nidaros for burial, after she had died in Orkney, even though she had requested that and drawn up a letter detailing her wishes.[53] This was despite the fact that an interdict applied to the church in which her body lay.[54] On Aug. 6th transcripts of these three letters of the archbishop's were drawn up and read out in the consistory court at Bergen by Grim Ormsson before Bishop William of Orkney, and sealed by Bishop Audfinn and the chapter and canons of Bergen.[55]

There are two records of the archbishop making appointments to churches in Shetland in 1321, because the bishop had neglected to make presentations.[56] There is no doubt more to the whole problematical situation than we can understand now, for in 1322 Archbishop Eilif requested that Bishop Audfinn of Bergen will procure some reliable information about his envoys Ingilbert and Grim's procedure in Orkney, in particular about the archbishop's processes against Bishop William and the papal and Orkney church's rights, as their own report had been unsatisfactory.[57] One wonders in what way the active Sir Englebert who appears to have been at the forefront of the campaign against Bishop William had failed to provide a satisfactory report?

Although Bishop William survived this remarkable onslaught, and indeed was called to Nidaros in 1324 to participate in the installation of the bishop of Holar,[58]the affair continued to rumble on. In 1326 a mandate from Pope John XXII referred back to the imprisonment of Englebert Luning, the papal see's collector of annates in Orkney, and the bishop of Hamar imposed fines of 50 marks sterling and 53 marks, also with reference to the fruits of Peter's Pence which had been collected and improvidently retained by the bishop. [59] A year later Bishop William issued an obligation acknowledging that he had placed his goods and rents in Shetland in the hands of Archbishop Eilif until sexennial papal tithes were paid, amounting to 186 marks sterling,[60] and at the same time the papal envoys in Bergen acknowledged that they had received from Bishop William the sum of £6 5s for two years' payments of Peter's pence.[61] In the same year a letter was sent by Bishop Audfinn to Bishop William advising him of the payment of 'Sunnifumiol' paid by the farmers of Shetland to the altar of St. Sunniva in Bergen, and of arrangements which he was making to save the Shetlanders expense in the discharge of their vow.[62] In a letter sent by Archbishop Eilif to Bishop Audfinn on 12 Aug. 1328 concerning the burning of Trondheim Cathedral the last line adds *sendom ver yder ok obligatoriam domini Orchadensis sem ver taladom naerst*'.[63] In the same year the collectors for papal tithes took 93 burnt marks from Orkney,[64] and on Feb.11 1329 113 marks sterling were paid by Bishop William into the Cathedral Sacristy in Bergen in papal sexennial tithes.[65] This suggests that the intransigent bishop had been brought to heel and that the full papal dues from his bishopric had by then been returned, as the arrears presumably had also.

One cannot fail to be impressed with how the ecclesiastical establishment reacted to the threat to its authority. Archbishop Eilif and the bishop of Bergen (who was most closely concerned with the situation in the diocese of Orkney) both acted in concert and in response to the original complaints and report. They stepped in to ensure that benefices were filled, and they probably informed the papacy of the bishop's failure to return all the papal dues, including Peter's pence. The role of the oft-named Englebert Luning, who was a valued papal servant,[66] is certainly important, and much of the trouble may well have originated in a clash of wills between himself and Bishop William.What lay behind this intransigence over the payment of papal financial dues? We do not know anything about Bishop William's background, but one suspects that he may have had some Scottish connections, origin or education leading him to resist payments like Peter's pence, which he may not have been familiar with in Scotland. It has been suggested that 'nationalistic tendencies' were perhaps beginning to manifest themselves within the church in Orkney already at this time (as they certainly seem to have been some decades later).[67] The appropriation of rectors' income from local churches by the bishop, detailed in the 1320 judgement, could also point in this direction, for it suggests that he was altering the situation regarding financial provision for the bishop in a way that made it more in line with contemporary Scottish practice.[68]

But the strength of the archiepiscopal organisation and the determined response of Archbishop Eilif meant that the irregular behaviour of this Orkney Bishop was not tolerated: his survival in office suggests that he had learned to toe the line. The only evidence concerning him after this period is in a letter of Bishop Hakon of Bergen to Sir Arne, canon in Nidaros, asking him if he will meet the bishop of Orkney who was at that time in Bergen. This is thought to date to 1339.[69]

Internal disputes in Orkney: Bishop William IV (x 1369–1382/3)

Some of the circumstances, which probably underlay the troubled rule of Bishop William III, are more clearly in evidence during the reign of his successor William IV (x1369–1382/3). This time the antagonism was between bishop and king, more particularly the royal officials who were put into Orkney during the abeyance of the earldom. [70] The first known evidence of Bishop William's existence dates from 1369 when an agreement was recorded to a document drawn up by a body of twenty-four laymen and clerics from Orkney and north Scotland concerning the disputes between Bishop William and Hakon Jonsson (the royal official) and their men.[71] Several of the names of the twenty-four 'good men' indicate an origin in Caithness or the north of Scotland, notably the first two named, the archdeacon of Orkney, William of Buchan, and a canon of Orkney, Walter of Buchan. Munch noted long ago that Bishop William must have been introducing a large number of Scots into the church in Orkney.[72] It may well be that in this period after the severe impact of the Black Death, and maybe other outbreaks of plague in the Northern Isles, the dearth of native or Norwegian clerical personnel had opened the floodgates to incomers from Scotland who were needed to take up empty holdings in the bishopric. It was firmly stated in 1369 that the lord bishop was to have good native men (*goda men inlenzka*) in Orkney and Shetland in his service, 'as other bishops have had and have in the realm of the king of Norway'.

Difficult economic circumstances may also account for the tensions that clearly existed between the church and the king's representative over payments of financial dues and also renders in kind, such as butter (probably skatt dues, which were mostly taken by the earl). In the absence of an earl the normal financial and judicial boundaries seem to have been overstepped, and both lay and ecclesiastical rulers had apparently tried to fill the vacuum. The old order was to be restored, and there was insistence that the lord bishop and the most powerful men in the land were to be first and foremost in all affairs (*i ollum rað*) 'as regards the king, the church and the people, in accordance with the laws and customs of the land'. This must reflect the local reaction to direct rule from Norway by the powerful Hakon Jonsson, who in the next year was a member of the Norwegian Riksraad.

One factor is clear. The bishop was at this date a very dominant force in the islands, and this situation does not change. Maybe this development was due to the weakness of the earldom in the fourteenth century. But the bishop was challenged by claimants to the earldom when Earl Malise's grandsons came of age, and the evidence suggests that Bishop William had encroached on earldom income and powers which they were trying to re-assert their rights to. There is a specific reference in the document which King Hakon Magnusson issued to the people of Orkney at the time of the appointment of Earl Malise's eldest grandson, Alexander of Ard, as governor of Orkney in 1375, that he was in the middle of a power struggle with the bishop.[73] The bishop's continued encroachment on royal rights and powers is clearly indicated in the installation document of Henry Sinclair as earl in 1379.[74] The situation must have been extraordinarily bad (and surely unusual) for these three documents over a ten-year period to all refer to the bishop being at odds with the secular authorities in the islands. So bad was it, that the new earl probably found ways of getting rid of this intemperate prelate, for in 1382/3 an entry in the Icelandic Annals (*hormulig tidendi gerduszt i Orkneyium at drepinn var Vilialmr byskup*) [75] gives us the briefest information that the bishop came to a violent end. Having ruled the roost in the absence of an earl, it seems that he could not co-exist with a strong one, who had royal authority to compel him to 'do whatever the king required of him'.[76] That such a statement was included in the earl's installation charter gives us a strong hint of the tensions, which the bishop's intransigence must have aroused. This was a highly unusual situation, and the outcome may have been the bishop's violent death.

The rule of the two Bishops William in the fourteenth century raises some important issues about the relationship of the diocese of Orkney with the Norwegian church and secular authorities, but the issues are not easy for us to understand. For these two bishops to have clashed with the 'mother church' and with their royal overlord for most of the century suggests that there were particular circumstances which led them to resist authority and strive to organise the management of their diocese according to their own precepts. From the evidence of the 1369 agreement financial stresses underlay the breakdown of relations with the secular authorities, as well as matters of personnel in the governing of the islands. It is tempting to see this situation as arising out of the incompatibility of the Norwegian structures in place with the preferences of incomers for different ways of organising these structures. But we know so little about the two bishops called William, who they were and where they came from, that it is not possible to pursue that line very far.[77] From our knowledge of the political background in northern Scotland during the abeyance of the earldom in the decades from 1350–1380 we may suspect that influences from those who filled the vacuum in both earldoms of Orkney and Caithness at this time had some role to play in the unstable situation.[78]

The Schism

With the establishment of a schismatic Pope at Avignon the medieval church entered on a very difficult phase. There can have been few places where the difficulties were so pronounced as in Orkney, for the situation there meant that both Roman and Avignon popes attempted to make appointments. This situation arose from the fact that the Roman popes were supported by the Norwegian king and church, and the Avignon by the Scottish, and it is very remarkable that the latter were attempting to make appointments to the Orkney see. In general it seems that the Roman appointments were more successful in getting possession in Orkney, as indeed they should rightly have been, as bishops of the Norwegian province. [79]

The most interesting aspect for the historian of the Northern Isles is to see how the dispute reflects the political situation in the islands, and why the Scottish or the Norwegian appointees should, or should not be, successful in getting hold of power. This must reflect several factors: the strength of different elements within the cathedral chapter which had the right to elect the next incumbent, the influence which undoubtedly would have been brought to bear on the chapter by the powerful elements in Orcadian society, or by the archbishop and the Chapter at Nidaros. Even perhaps the ability of the different popes to install their own nominee, as popes were able to do at this date. But their success or failure must have been dependent on the support which their candidate had within the islands, (so that those bishops who were successful in getting possession perhaps reflect the dominant cultural preferences of the Orcadian population?). Considering that this period of dispute coincided with the arrival of the powerful Sinclair dynasty of earls one would expect that some evidence of their influence might be recognisable.

Not surprisingly the picture that can be gleaned from the surviving sources is confused. On the death of Bishop William there were two successors appointed, one, John, Rector of ?Fetlar (Pentlar), being appointed by the cathedral chapter and then consecrated at the Roman curia soon afterwards;[80] the other, Robert Sinclair, who was provided by the Avignon pope also in 1383, and very clearly must have been a candidate of the earldom family. He never got possession and by 1391 had been transferred to the see of Dunkeld. Bishop John was himself transferred in the early 1390s to Greenland in exchange with a Bishop Henry. It is assumed that he was not acceptable in his diocese, and the transfer to Greenland was merely a fiction, giving him a title which he could use acting as suffragan elsewhere. [81] The difficulties he may have had were probably of the earl's making; this is just the period when Earl Henry was establishing his dominance in both Orkney and Shetland, resulting in the violent attack on his cousin Malise Sperra, who had been given royal authority as sysselman in Shetland.[82]

Bishop Henry was succeeded by a monk of Colchester, John Pak, appointed by Boniface IX on 21 Aug. 1396, who had possession but experienced considerable opposition in Orkney.[83] A later letter from some merchants (1419) refers to negotiations which had been carried on with the former bishops Henry and John over bishopric debts, which suggests that they must have been sufficiently in charge to be able to see to the financial affairs of their bishopric.[84] Clearly some members of the Orkney establishment were supporters of the Norwegian bishops, like James Craigie – married to a member of the earldom family – who describes how he had endured many troubles from the adversaries of Bishop John.[85] It was of course, not necessary for a bishop to be permanently resident in his diocese for the church to continue functioning as normal. The archdeacons would have been able to manage most of the affairs of the diocese, but evidence suggests that even at this level there were disputes among candidates provided by the different popes.[86] The sources simply do not provide us with sufficient information to know how grave the effects of the papal schism were on the ordinary people in the islands, or to what extent it created further polarisation between the established population and the incoming Scots.[87]

The Fifteenth century

The ecclesiastical situation in the islands after the ending of the Schism is simpler, and there is less evidence of reprehensible behaviour on the part of the episcopal incumbents. We now have two bishops who appear to be attending to the affairs of their diocese diligently, who were resident and who were prepared to act responsibly towards their Norwegian superiors. Indeed the history of Orkney to some extent revolves around the Tulloch bishops who were key figures in the momentous political developments of the century. Yet, they were Scottish in origin, and we do not know how or why they came to dominate the church in Orkney.

Thomas Tulloch (1418–1461)

Thomas Tulloch was provided to the see of Orkney by Pope Martin V in 1418, his diocese of origin being Brechin in Angus (E. Scotland). This is indeed the area from where the Tulloch family appears to have originated[88], but why a member of this family should be plucked from obscurity and promoted to the bishopric of Orkney, without any apparent previous connection is not clear.[89] This period also saw problems within the earldom, primarily after Earl Henry II had appointed his brother-in-law, David Menzies of Weem as guardian of his young heir, and he ruled the

Seal of Bishop Thomas Tulloch. Photo: Danmarks Rigsarkiv.

Biskop Thomas Tullochs segl.

islands with a heavy and unjust hand, particularly after the death of the earl c.1420. It must have been on the death of Earl Henry II that the new bishop was brought into the thick of the matter and appointed by King Eirik to hold 'all the Orkneys with all royal rights' *(allar Orknøyar medh allum konungligom raet)*, promising to give law and justice to the people of Orkney according to the law-book and ancient usage.[90] Bishop Thomas' own letter acknowledging his obligations was issued at Vestenskov on June 17th, and the previous week he had been acting in concert with other Scandinavian bishops granting indulgences to those who visited the church of St. Paul in Saxkjøbing.[91]

This development marks a big change in the relationship of the Orkney bishop with his Scandinavian sovereign, and is a significant example of what might have been a successful Church-State partnership. But once more the immense problems that loomed whenever the earldom was in abeyance also came to the fore on this occasion (Earl Henry's heir was under age at this date although would very soon be attempting to claim what were his rights as the only heir to the previous earl). We have plenty of evidence that there were members of the wider earldom kindred who considered that they also had claims to some rights in the islands,[92]especially David Menzies. This is not the place to explore in any detail the ramifications of his rule[93] but we can see from the surviving official documents granting out royal and earldom rights that the situation was far from simple. Only two years after Bishop Thomas had received his grant of 'all the Orkneys with all royal rights' he issued another document acknowledging that he had obtained from King Erik the castle and fortress of Kirkwall 'with the land of Orkney and earldom there' (*medh landet Orknøy oc grevescapit ther same stadhs*).[94] The whole language of this document is far more feudalised than the earlier grant, and it does specifically contain a reference to the earldom, which the other did not. There is also a reference to resignation of the grant, which would include *kirkeraet eller waerilds raet* suggesting that it had included church rights also. It turned Bishop Thomas into a royal officer who was holding a *slottsloven*, along the lines of the local administration in Denmark at the time. But it did not last for long. The very next year the king gave a grant of 'the earldom and country of Orkney, as much as rightly belongs to the crown and kingdom of Norway' to the man who possessed power in practice, David Menzies,[95] a grant which was endorsed by Bishop Thomas. All this evidence certainly suggests that the bishop had failed in his attempt to effectively govern Orkney on behalf of King Erik. But David Menzies was soon removed from the scene, and in 1425 the people of Orkney requested Queen Philippa that the young earl William Sinclair be made their governor and given control over all things which pertained to the king in the islands.[96] In that same letter the bishop and the earl are referred to as the island's 'governors', and they had evidently been at loggerheads. Does this mean that the bishop had received a new grant of authority?[97] We certainly know that Earl William was not officially installed until 1434, and therefore someone must have been given a royal grant during that period, but whether it was Bishop Thomas or an earldom relative, Thomas Sinclair, is quite uncertain.[98]

The compromise solution in this period must have led to an acceptable 'modus vivendi' for all sides, as there is no evidence of further conflict, and we assume that William Sinclair had got possession of what he felt was his rightful inheritance even though he was not formally installed as earl until 1434.[99] In 1426 it was Bishop Thomas who was trusted with leading the Norwegian legation for the renewal of the 1266 Treaty of Perth with the Scottish kingdom,[100] having a special mandate to give his oath on the king's behalf. Young William Sinclair appears to have played no role at all in the negotiations. As far as the renewal of the annual payment was concerned (which the treaty re-affirmed would be fully paid in future), in a separate document issued the previous week in Bergen Bishop Thomas made a strenuous request that the annual payments be made to him on the king's behalf, and he would see that the king suffered no harm (*oc at ether nadhe skall meth gudz hielp wforsymeth blive i thet aerende upa wore weyne oc fore wore schyld*).[101] This would seem to reflect the possibility that a tussle was looming over who had the right to collect in the 'annual' payment, as the treaty allows for it being either the 'official' (*høvitzman*) in Orkney or the bishop and chapter.

Genealogy of the Earls

In another important respect Bishop Thomas shows that he was fully involved in the background to the complex earldom situation in the islands, and fully conversant with the young Earl William's claim to his inheritance. This stems from the surviving text of an important testimony to the heir's just claim to be appointed earl which had been demanded by King Erik, probably in the 1420s, and which has survived in a latin copy of the late fifteenth century and a Scots translation of the mid sixteenth century.[102] It was drawn up by Bishop Thomas and the chapter of St. Magnus' Cathedral and includes a complete Genealogy of the earl's ancestors, apparently derived from Heimskringla, or a version of the saga of the earls of Orkney which must have been in existence in the Orkney islands at that time. It also reveals knowledge of more central texts in medieval learned circles, and gives us a glimpse of the sources which must have existed in the library of the cathedral, or which were in the possession of the clergy in Orkney at the time.[103]

When William Sinclair finally succeeded in being formally installed as earl of Orkney in 1434 Bishop Thomas was present at the ceremony in Copenhagen and sealed the document on behalf of King Erik.[104] Thereafter he was present at the coronation of King Christopher in 1442, but not recorded as being involved in any other events in Scandinavia. He did however keep up his links with the church in his native Scotland and in 1440–1 went to the papal curia where he succeeded in obtaining the archdeaconry of Lothian in opposition to the candidate of the bishop of St. Andrews.[105] But he continued to be bishop for another twenty years, finally resigning his see before 11 Dec. 1461 when William Tulloch, canon of Orkney, was at the curia and provided to the bishopric.[106] Maybe Thomas' resignation was due to the extremely difficult circumstances which had developed in the preceding years, when the Scots had displayed a hardline attitude over the acquisition of Orkney during the political difficulties between Scotland and Denmark-Norway, which the marriage negotiations of 1460 were supposed to resolve.

Bishop William Tulloch (1461–1477)

We can assume that the new bishop was a relative of the former, and he was probably well advised by Bishop Thomas over what position to adopt in the very difficult situation which the negotiations at Bourges had revealed. To begin with he was not able to attend King Christian when summoned, but wrote a conciliatory letter explaining the circumstances in Orkney and promising that both he and the earl would visit Christian as soon as it was possible for them to leave the islands.[107] When he did finally swear fealty to King Christian and Queen Dorothy at Copenhagen on 21 July 1462,[108] it appears to be as a Councillor of State. He acknowledged that he was in receipt of many 'benefits' (*multorum beneficiorum*), which would have included crown rents and rights over all church servants in Orkney,[109] and he also promised to report or plainly signify in word or writing all hidden designs against the person and estate of king or queen.

This last promise relates to the situation regarding the political intentions of the Scottish government towards Orkney and Shetland, which had been clearly revealed in 1460. At this time Christian wrote many letters to the Pope and the king of Scotland saying that Bishop William was 'his *iuratus*, that is his sworn man in respect of Norway'.[110] So the relationship of Bishop William with King Christian was close and the king was using the bishop in the islands as his confidential advisor and the protector of his interests. In 1466 he communicated with the lawman of Orkney and the bishop about the collection of his rents and his rights in the island,[111] and then wrote to the bishop excusing him from going to Copenhagen for *omkaast scyld*. It must have been the bishop's position with regard to King Christian which led to his imprisonment by the eldest son of the earl in the first half of 1467, and the letters which Christian wrote to the Scottish Councillors and then to James III himself complain that the bishop had been taken away from his church, put in prison, bound in chains and finally compelled to take oaths.[112] It was these oaths which Christian was particularly complaining about: for these had infringed the liberty of the Orkney church, abolished the rights of the bishop and his successors, and 'generated scarcely mentionable prejudices' (*vix dicibilia gignuntur preiudicia*). This suggests violent attempts to detach William from Christian's service and prevent Christian from benefiting from the bishop's protection of his rights in the islands. Huitfeldt says that Christian reported the bishop's capture by the earl of Orkney to the pope.[113]

However this event is explained,[114] it must in some way relate to the revival of the marriage question now that James III was of age, a matter which was raised in the autumn parliament of 1466. In Jan. 1468 arrangements were made to send an embassy to Denmark before March or April to choose a bride for James.[115] The 'annual of Norway', which Christian was vociferously demanding, was a very significant part of the negotiations. Not until July did James commission his embassy for the journey to Copenhagen, and a very surprising general member of the Scots embassy was Bishop William Tulloch.[116] As a Councillor of King Christian, who had placed great trust in him, his inclusion in this embassy seems quite inappropriate. He had no official standing in the Scottish kingdom at all, as far as is known, and one suspects that his usefulness as a Danish speaker might have been relevant to this – presumably enforced-membership of the Scottish embassy. Was he only released from imprisonment in Orkney if he agreed to this arrangement? Christian was apparently not particularly offended with Bishop William, for Huitfeldt says that he commended him to James III after the marriage negotiations, and he also requested that the bishop might be with his daughter Margaret after her marriage until she learned the Scots language.[117] Bishop William was later used as an ambassador by Christian in 1472.[118]

The Bishopric post 1468

There is no mention of the church in Orkney in the paragraph in which the islands were pawned in the Marriage Treaty-unlike the treaty of Perth where the right of patronage was specifically transferred to Alexander III. But of course the pledging of royal lands and rights resulted in a completely different legal situation from an outright grant, and left many aspects of the rights of both church and state completely unclear. To what extent were royal rights over the church included in the pledging of 'all and sundry our lands of the islands of the Orkneys with all and sundry rights, services and their rightful pertinents, pertaining or that in whatsoever manner may pertain to us our predecessors kings of Norway, by royal right'?[119] There was evident confusion over some of these rights before the end of the century.

The unpicking of the seams and the loosening of the legal ties went on apace in the years following 1468. In the next year the lands and islands of Shetland were also pledged.[120] In 1470 the earl, whose position had been rendered extremely precarious by the whole transfer process, resigned all his right to the earldom in exchange for the castle of Ravenscraig and other privileges.[121] The annexation of the earldom of Orkney and Lordship of Shetland to the Scottish crown followed in 1472.[122] The eclipse of the old earldom was complete, and the revived earldom one hundred years later was of a very different order. In the immediate interim the man who was entrusted with picking up the pieces in the islands was Bishop William, who was granted the right to the royal revenues (including now the ancient earldom rights and revenues) for a certain payment in a series of short leases ('tacks'), which started in 1472.[123] The anomalous situation thus created, by which a former councillor of King Christian

St. Magnus Cathedral in Kirkwall (ON Kirkjuvágr), here in a drawing by Johan Meyer from Lorentz Dietrichson 'Monumenta Orcadia' (1906).

Magnuskatedralen I Kirkwall (gno. Kirkjuvágr) her i Johan Meyers strek etter Lorentz Dietrichsons "Monumenta Orcadia" (1906).

and a bishop within the archdiocese of Trondheim was turned into a royal official of the king of Scotland did not last long. In the very same year, a papal bull erecting St. Andrews into an archbishopric was issued by Sixtus IV, and included in it were the dioceses of Orkney and Sodor. This must have been at the instigation of the Scottish king, and the coincidence of date with the events in Orkney make it likely that this was part of a planned programme for completing the modern Scottish state with its own territorial and maritime coherence, and its own ecclesiastical sovereignty. Bishop William's role in the islands and the requirement that he be a royal official within a sovereign Scottish church may have been the catalyst which sparked off this long-overdue development. The days of wide-ranging overlordship exercised across open seas and reliant on sea-power, were over. The future lay with the territorially-organised, tightly-controlled and coherent polities of late medieval kingdoms. Orkney was no longer a part of the north Atlantic and North Sea world. The political will of the Scottish kings had seen to that.

Notes

1 See I. Ekrem and L.B.Mortensen, 2003.
2 See many useful discussions of the 'papar' in the papers published in Crawford ed., 2002.
3 O. Holder-Egger 1887: 502–06: see discussion in Thomson 2001: 50. The evidence used by Kolsrud 1913a: 374–8, is all very late.
4 As discussed by Abrams 1998: 109–28, with reference to the wider issue of the conversion of the Vikings.
5 The *Orkneyinga Saga* (chap. 12) treats the conversion of Earl Sigurd II by Olaf Tryggvason in 996 as the beginning of a church establishment in Orkney, which indeed it probably was (Crawford 1987: 68–71). But Christian culture and beliefs had probably influenced the islands long before this.
6 See Crawford 1996: 3, for a fuller discussion.
7 Adam of Bremen, 2002: 192.
8 *Orkneyinga Saga*, chap. 31.
9 Crawford 1983: 104; Andersen 1988: 59
10 Crawford 1996: 10–11.
11 *DN* xvii: nos. 2 and 3.
12 Crawford 1996: 9.
13 *OS*, chaps. 50–52.
14 See my analysis of the role played by political considerations in the development of Magnus' sanctity in 1998a: 23–38; and 1984: 72.

15 *OS*, chap. 68
16 Kirkwall is said to have had only a few houses before this political and ecclesiastical building programme (*OS*, chap. 57). The location was far more central to the islands than the previous cathedral site at Birsay. It was also just within the half of the earldom which had belonged to Magnus and which Rognvald succeeded in claiming.
17 Cant 1995: 105; Andersen 1988: 63 calls it the 'family "chapel" of the earls'. The sole evidence for private possession is the fact that in 1486 James III handed ownership of the cathedral over to the Burgh of Kirkwall which Mooney (1947: 4–7) argued strongly indicates that it could not have been the property of either the Church of Norway or of Scotland.
18 Crawford 1991: 29–31. The bishops of Orkney still collected in skat silver from some estates in Caithness in the 16th century.
19 Crawford 1987: 82; idem. in press.
20 *Heimskringla*, The saga of Magnus Barefoot chap. xi.
21 Crawford 1991: 29.
22 John of Salisbury: 72.
23 Crawford 1991: 31.
24 Crawford 1993: 134–7.
25 Thomson 2001: 134–7.
26 Only the general statement in the Icelandic Annals (Flatø-annaler and Logmanns-annaler) that an 'extraordinary' plague came to Shetland, Orkney, the Hebrides and Faeroes in 1349 (Storm 1888: 275, 404).
27 Crawford 1996: 12.
28 Idem. 13.
29 Crawford 1998a: 33–35.
30 Cant 1988: 129; 1995: 107.
31 Cant 1988: 128, although it is thought that the original idea was for the establishment of a community of Benedictine monks on the Durham model -primarily because there are two doors in the south aisle which would have been intended to open onto a cloister (Watt 1969: 254, quoting Dietrichson and Meyer 1906: 61).
32 Watt 1969: 254.
33 Idem. 250.
34 Cant 1988: 129, where however it is mistakenly assumed that Jofreyr was a royal provost, although the royal collegiate church in Tønsberg was probably not founded until 1247 (info. from editor).
35 Anderson 1873: xlv; Crawford 2000: 6.
36 *DN* i: no.13.
37 Cant 1988: 129.
38 Ibid. *DN* i: no.42.
39 *ES* ii: 551; *DN* xvii B: 291.
40 Thomson 2001: 141.
41 *DN* viii: no.9; *APS* i: 78.
42 *DN* xvii B: 299. Presumably in the absence of an archbishop?
43 Donaldson 1995: 78.
44 See Smith this volume.
45 Kolsrud 1958: 191–5.
46 Andersen 1988: 61–2.
47 Cant 1995: 108. The Old Norse word *stúka*, meaning a wing or chapel, was adopted for the prebends in St. Magnus, which were attached to particular altars (Clouston 1925–6:31).
48 Watt 1969: 250.
49 *DN* ix: 85. This is one of the very few pieces of evidence to show that an earl and countess of the Angus line played any role at all in Orkney affairs.
50 This may be a direct indication of the appropriation of parochial tithes to episcopal requirements, more in accordance with usage in the Scottish cathedrals, as evidenced by the papal tax list of 1327–8 mentioned above.
51 *DN* ix: no.86; *RN* iv: no.56.
52 *DN* ix: no.87, *RN* iv: no.59.
53 *DN* ix: no.88; *RN* iv: no 60.
54 So presumably no interments were supposed to take place there. A fragmentary letter of Archbishop Eilif's is addresssed to the chapter and canons of Orkney, along with the chaplains and vicars of the cathedral, in which he seems to be reprimanding all those at St. Magnus Church who had, despite the ecclesiastical ban, carried out Fru Ragnhild's burial there, and brought on themselves ecclesiastical penalties (*RN* iv: no.61).
55 *DN* ix: no.89; *RN* iv: no.63.
56 *DN* ix: nos.90–92; *RN* iv: nos.130, 131, *Shetland Docs.*, no.5.
57 *DN* vii: no.97; *RN, iv:* no.148 (or the situation was unsatisfactory?)
58 *RN* iv: no.289.
59 *DN* vi: no.124; *RN* iv: no.457.
60 *DN* vii; no.119; *RN* iv: no.533; *Shetland Docs.*, no.7.
61 *RN* iv: no.541.
62 *DN* vii: no.120; *RN* iv: no.561; *Shetland Docs.* no.6.
63 *DN* vii: 127.
64 *RN* iv: no.637.
65 *RN* iv: no.649.
66 Note the provision of a canonry in the cathedral of Caithness for Englebert Luning by Pope John XXII in 1329 with full rights and reserving the first free prebend for him 'despite the fact that he already held a canonry with prebend in the cathedral of Orkney' (*RN*, iv: nos.707, 708). Does this indicate that his position in Orkney had become untenable by that date?
67 Thomson 2001: 155.
68 I am grateful to Steinar Imsen for pointing out to me the practice of similar appropriation of parochial revenues in the diocese of Nidaros to the Cathedral and Chapter in Trondheim c.1300. See Lars Hamre and Lars-Ivar Hansen this volume.
69 *RN*, v: no.272. In the next year a letter of protection from Bishop Hakon was issued for his servants Jon and Helge who were travelling on the bishop's ship and on his business to Orkney (*RN*, v: no. 339).
70 The death of Earl Malise without a male heir in 1350 and the ensuing hiatus while the sons of his daughters all grew to manhood in the following thirty years opened up a dangerous situation, when Orkney was dominated by factions all fighting for the control of power in the islands (Thomson, 2001:157–9).
71 *DN*, i:no.404; *Shetland Docs.*, no.12.
72 Munch 1852–63, v, pt. i, p. 916. If Bishop William had been responsible for the appointment of William of Buchan as archdeacon of Orkney – as he was for his further appointment to the archdeaconry of Shetland – there is evidence that their relationship turned sour. William of Buchan had appealed to Pope Gregory IX before 1372 about the bishop's failure to confirm his appointment and the installation of John Fule in his stead (*DN* vii: 283)
73 *DN* ii: no.438; *REO*: 19–20 and see discussion of this situation in Crawford 1971:173, and Imsen 2000c: 171.
74 DN, ii: no.457, where Earl Henry is strictly forbidden to have any dealings with the bishop at all unless with the specific agreement of the king, and he promised that he would assist the king against the bishop to compel the bishop to do whatever the king required of him.
75 Storm 1888: 282, 414.
76 Alternatively Henry's cousin Malise Sperra, who had also claimed the earldom, may have been the instigator of the violence on the king's behalf. Some years later he was in high regard with the king and probably given royal powers in Orkney or Shetland (see discussion in Crawford, 1971, 242).
77 From the Scottish central records there is evidence that Bishop William IV had an attorney called William Turyne, an Aberdeenshire name (*ER*, ii: 327), which may hint at the bishop's own origins. On the other hand a local Scottish attorney may have been employed for the administration of the annual income to St.Magnus Cathedral from the customs of Aberdeen, which originated in a gift by one of the Scottish kings, perhaps Alexander III (Thomson 2001: 149).
78 The dominant influence of the earls of Ross in the north until 1372 was followed by the take-over of the earldom of Caithness by the Scottish crown in 1375 (Crawford 1971: 30–34)
79 One has some sympathy with the sentiment expressed by Troels Dahlerup on this matter: 'I find it impossible, and probably unproductive, to discover for certain which of the contenders were, in fact, in possession, if any'! Dahlerup 1990:40.
80 Watt 1969: 251. 'Pentlar' is said to be in the diocese of Orkney.
81 Dahlerup 1990:43–4.
82 Crawford 1983: 38–9.
83 Watt 1969: 251–2; Thomson 2001: 183.
84 *DN* i: no.665.
85 *REO*, no.xvi.
86 Watt 1969: 261–2.
87 At least the Scottish appointees, even though never in possession of episcopal income from the islands, were able to collect

the traditional allowance from Scottish crown revenues of Aberdeen, which had been granted since the 13th cent. by the Scottish kings for the bread and wine to be used at St. Magnus' cathedral (see Watt 1969: 251, 252 under Avignon bishops Ro. Sinclair and Alex. Vaus).

88 Ballantyne 1994: 22.

89 Members of theTulloch family are described as being of noble birth on both sides, and some are said to be kinsmen of James I ((1406–37) (ibid.). It may be that the royal connection is a significant factor in Thomas' preferment to the see of Orkney. A very remarkable number of Tullochs came to dominate important positions in the church in Caithness and Orkney in the first half of the 15th cent. (ibid.).

90 *DN* ii: no.657; *REO* p.31.

91 *DN* xvi: no.75.

92 Crawford 1971: 257ff.

93 See Thomson 2001: 174ff for a discussion of the document listing the islanders' complaints against David Menzies.

94 *NgL* 2nd series vol.i: no.56; *DN* ii: no.670; *REO* 32; Crawford 1976: 164.

95 *DN* ii: no.676: *REO* 35. The specific omission of the castle in this grant may reflect representations made to King Erik by the heir to the earldom that this was a family possession which he had no right to grant out: see discussion in Crawford 1971: 258.

96 *DN* vi: no.423.

97 Bishop Thomas is said in the 1425 letter to Queen Philippa to be occupied with his studies at St. Andrews University, see Crawford 1976:177 for more evidence of his association with the university.

98 See discussion in Crawford 1971: 268–74.

99 *NgL* 2r,i: 141.

100 *DN* viii: no 276; *NgL* 2r,i: no.66.

101 *DN* ii: no.689. It is worth noting that Bishop Thomas issued this letter along with John de Tulloch, canon of Scone, who otherwise never appears to have been active in any respect in Scandinavia. This cleric was certainly one of the Tullochs described as kinsman of James I (Watt 1977: 547, and see n.89 above), which perhaps indicates that he was present at the negotiations in Bergen in order to protect the interests of the Scottish king-and in this instance was involved in the attempt to get the annual payments channelled through his Tulloch relative, Bishop Thomas. The role of the Tulloch clerics as promoters of royal Scottish interests in the north may be more significant than has hitherto been assumed.

102 See full discussion and references for all the texts of the Genealogy in Crawford 1976: 156–8 and note 4.

103 Ibid.177.

104 *NgL* iir,i: 141.

105 *DN* xx(i): no.828.

106 *DN* xvii: no.652.

107 *DN* v: no.836.

108 *DN* v: no.842.

109 As we know from a charter of David Sinclair's at the end of the century when it was said that these had been given to Bishop William for life by King Christian (*OSR* p.56).

110 Huitfeldt *Christiern I:* 159.

111 *NgL* iir (ii): 162.

112 Langebek viii: 440.

113 Huitfeldt *Christiern I:* 192.

114 See Crawford 1971: 317–9 for a discussion of the incident and its interpretation.

115 *APS* ii: 90.

116 *ER* viii: lxxvii–lxxxvii; *Dipl.Christierni I*:: 144.

117 Huitfeldt *Christierni I:* 192.

118 *Dipl. Christierni I:* 183.

119 Mooney 1952: 107; See Crawford 1971: 333ff for a discussion of this aspect of the pledging of the islands, also Thomson 2000: 201–2.

120 *NgL* 2r (ii): 184–5; Crawford 1967–8:175–6.

121 *RMS* ii: no.997.

122 *APS* ii: 187.

123 *ER* viii: 224–5.

Sammenfatning

Bispedømmet, som besto av Orknøyene og Shetland, omfattet fra først av også de nordligste delene av Skottland, Caithness (Katanes)og Sutherland (Suðrland), som fram til midten av 1100-tallet var en del av det norrøne jarledømmet. Omtrent samtidig med opprettelsen av erkesetet i Nidaros ble disse nordskotske områdene slått sammen til et bispedømme for seg, kalt Caithness. Orknøyene, som hadde hatt en kristen befolkning (pikterne) før det norrøne landnåmet, ble tidlig på 1000-tallet reinkorporert i en kristen administrativ – det vil si kirkelig – struktur. Orknøyjarlene kom til å spille en avgjørende rolle ved opprettelsen av bispedømmet, noe Orkneyinga saga forteller om.

Ettersom førstefødselprinsippet ikke ble brukt ved arvefølgen til jarledømmet, utviklet det seg et system hvor flere jarler delte jarledømmet, tilsvarende det norske samkongedømme, og i denne situasjonen støttet rivaliserende jarler forskjellige bispekandidater, noen vendte seg til York, andre til Hamburg-Bremen. Begge erkebispestolene mente å ha rett til å utnevne biskoper over øyene. Den norske kongemaktens ekspansjon i Vesterhavet og Irskesjøen fra slutten av 1000-tallet (Magnus Berrføtt 1098–1103) førte til at Orknøyene ble innlemmet i Nidarosprovinsen i 1153. Den kirkelige utviklingen skulle bli overordentlig viktig for å sikre båndene mellom Norge og øyene for resten av middelalderen.

Forholdet mellom konger, erkebiskoper, biskoper og jarler var ikke alltid enkelt og fredelig. Mye av kildematerialet stammer fra perioder med strid og rivalisering. Jarlene dominerte kirken i jarledømmet (begrenset til Orknøyene etter forliket mellom Harald Maddadson og Sverre i 1195), og de hadde trolig avgjørende innflytelse ved utnevnelse av biskoper, i det minste på 1100-og begynnelsen av 1200-tallet. De kan også ha beholdt visse rettigheter til Magnuskatedralen, som ble bygget av Ragnvald Kale Kolsson og dotert av ham. Ragnvalds kanonisering, som fulgte etter kanoniseringen av hans onkel Magnus Erlendsson med tilnavnet «den hellige», ga jarledynastiet en spesiell status og gjorde Kirkwall viden berømt som valfartssted.

Etter 1231, da den norrøne jarlelinjen døde ut og ble etterfulgt av skotske sidegrener, ble jarlene innflytelse over kirke og biskoper svekket. De to Vilhelm-ene som satt på bispesetet på 1300-tallet var sterke personligheter som skapte mye strid og vanskeligheter, både for sine kirkelige overordnede og for arvingene til jarledømmet. Biskop Vilhelm III var en notorisk «bråkmaker», og hans steile kamp mot pavelig skattlegging førte til at han i 1320 ble suspendert fra embetet av et provinstribunal. Biskop Vilhelm IV viklet seg inn i kontroverser med kongens embetsmenn, noe som tok en voldelig slutt i 1382/3.

Noen av disse kontroversene kan skyldes økende skotsk innflytelse, som etter Svartedauden økte betraktelig. Skismaet fra 1378 skapte nye problemer ved at forskjellige fraksjoner satset på henholdsvis Roma og Avignon, og med hver sine bispekandidater. Vi vet ikke om noen av de rivaliserende biskopene noensinne hadde full kontroll over bispedømmet i denne perioden.

Orknøyene var på 1400-tallet dominert av Sinclairjarlene og Tulloch-biskopene. Deres dobbelte tilhørighet til Skottland og til det nordiske unionsmonarkiet skapte store problemer, men fant til slutt en politisk løsning. Ekteskapsavtalen av 1468 mellom Jacob III og Margrete, datter av Christian I, førte til at Orknøyene ble pantsatt til kongen av Skottland, og i 1472 ble bispedømmet overført til det nyopprettede erkesetet i St. Andrews. Politiske realiteter på begge sider av Nordsjøen førte til at Orknøyene endelig ble overført fra den skandinaviske til den skotske verden.

'And what's an archdeacon?'
'A kind of Rottweiler of the church.'
P.D. James, *Death in Holy Orders* (2001)

ARCHDEACONS OF SHETLAND 1195–1567

Brian Smith

'Archdeacons are termed in law the bishops eies,' wrote the Englishman William Harrison in 1577.[1] They were 'the right eye of the bishop', according to Pope Nicholas in a letter of 1450.[2] The archdeacons of Shetland had the same function and performed the same duties as archdeacons elsewhere. They were servants, virtually deputies, of the Orkney bishops, necessary indeed because of the distance and dangerous seas between the two groups of islands. Like archdeacons everywhere they concentrated on the administrative rather than the spiritual side of diocesan affairs. In particular, they kept an inquisitorial eye on the Shetland clergy, although, as with most archdeacons,[3] this is the least well-documented part of their activities.

Lack of records is a major problem in piecing together the story of the Shetland archdeacons. What we would like to know about is the relationship of these important officials with their bishops, and the relationship of both of them with the earls of Orkney and the kings of Norway, Denmark and Scotland; and about how they amassed their impressive estates and revenues. However, it is almost impossible to know these things, because there is a dearth of Shetland and even Orkney documents prior to the sixteenth century.

Here I make the tentative suggestion that the Shetland archdeacons and the Orkney bishops favoured local earls in the fourteenth century, and Scottish kings from the late fifteenth century onwards; but it is not possible to be certain why they did so, or even why they needed to do so.

When Anastasius IV ratified Cardinal Nicholas's arrangements for Nidaros, in 1154, he welcomed the bishops of Oslo, Hamar, Bergen, Stavanger, Orkney, the Faroes, Sodor, Iceland and Greenland.[4] He didn't mention Shetland. There has been speculation from time to time about whether there had been plans, long before Nicholas's time, to establish a bishopric of Shetland. But there is no hard evidence of any such design. Shetlanders were subordinate to the earls of Orkney, throughout the high middle ages, and they became subject to the Orkney bishops as well.

The key date we must consider is 1195. In that year, as is well known, King Sverre Sigurdsson confiscated Shetland from Earl Harald of Orkney, for backing a rebellion by some of the islanders. (There is a little evidence that the Shetlanders had been particularly rebellious.) Henceforth, under the aegis of the Norwegian, and later the Danish and Scottish kings, Shetland's history and institutions would diverge markedly from those of the adjacent group of islands. So during the middle ages, and at the Reformation, virtually the only link between Shetland and Orkney was the church. The archdeacons of Shetland were the chief manifestation of that connexion. There is not much evidence that the bishops habitually came to Shetland. According to *Orkneyinga* Saga Bishop William the Old was storm-stayed there in the 1130s, and Bishop William Tulloch signed a document in the archdeacon's manse at Tingwall in 1467.[5] No doubt the bishops sailed north once in a while, to carry out sacramental duties; but there was much more to keep their attention at home in Orkney, or about public affairs further afield.

As a result, the archdeacons of Shetland were important dignitaries. We don't know exactly how and at what speed the cathedral chapter developed in Orkney, but there is evidence that the Shetland archdeacons, an integral part of it from the outset, were senior to and far better rewarded than the archdeacons of Orkney. We first encounter a Shetland archdeacon in 1215, twenty years after Sverre's confiscation, and an Orcadian one only in 1309.[6] The late Ronald Cant argued cogently that the Shetland archdeacons were the senior dignitaries in the diocese, and that they eventually became presidents of the Orkney chapter.[7] Events much later, as we shall see, seem to confirm Cant's theory.

We know a little about five early archdeacons of Shetland, and, since there are few early Shetland documents extant, this may be proof that the dignity was especially important. These occupants of it seem to have been eminent and able. The death of the earliest, Andres, is recorded in Icelandic Annals.[8] Nicholas, who flourished in the 1220s, attended the famous meeting, in Bergen in 1223, where King Hakon and Earl Skuli came to terms. He accompanied his bishop, Bjarne Kolbeinsson, Earl John of Orkney, and the sysselmann of Shetland; of sixty or so delegates Nicholas is the fifth to be named.[9] Gillibert, who flourished in the middle of the century, became King Hakon's chaplain, and he was the king's choice to become bishop of Hamar in 1260.[10] In 1266 he was present at Hakon's deathbed in Kirkwall.[11]

A few years later Archdeacon Peter of Shetland was in Winchester in England: he was one of King Magnus's main negotiators with Henry III about peace between Norway and England.[12] Peter became bishop of Orkney in 1270, and in 1281 we find him engaging in diplomacy again, this time at Roxburgh in Scotland, on behalf of King Erik and in parley with Alexander III.[13] And finally Sigurd, archdeacon at the very end of the century, was dispatched by Hakon Magnusson as part of a ducal commission about land-rent in the island of Papa Stour in Shetland.[14]

All of them were important clerics, clever men, useful to kings as well as their bishops. No doubt they had a closer relationship with Shetland than appears from the records I've cited. Lack of sources prevents us from observing them at day-to-day work in the northern group of islands, although we meet Archdeacon William Jonsson in 1360, when he witnesses a land transaction in Unst, the northmost island in Shetland.[15] However, it seems clear that in this early period—prior to Norway's medieval depressions—the archdeacons of Shetland spent much time furth of their diocese, on complex work that their successors didn't essay.

The archdeacons of Shetland no doubt had extensive estates and revenues in Shetland, although our sources about these matters date from the sixteenth century. In the absence of documents there is no way of knowing for certain how these lands, or any part of them, came into the archdeacons' hands. In 1429 the archdeacon was said to have a canonry in Shetland, no doubt the important benefice of Tingwall.[16] In 1570 we have for the first time a list of the archdeaconry estates. They were extensive. They included the fertile lands around their manse at Tingwall, right in the centre of the islands, next door to the islands' parliament-field and steeple-church.

The archdeaconry estate in Shetland

	Township	marks of land owned by archdeacon	marks of land in township	percentage of township owned by archdeacon	Parish
1	Tingwall and Griesta	38	38	100	Tingwall
2	'Glesbo'	3	3	100	Do.
3	(North) Setter	9	9	100	Do.
4	South Setter	15	15	100	Do.
5	Kirkasetter	6	6	100	Do.
6	North Garth	9	9	100	Do.
7	Stenswall	7	12	58	Do.
8	Houlland	12	52	23	Do.
9	Utnabrake	6	12	50	Do.
10	Scalloway	12	36	33	Do.
11	Easterhoull	2.5	9	28	Do.
12	Tow	3	6	50	Do.
13	Trondra	2	72	3	Do.
	Hogaland, ?Trondra	2			?Do.
14	Oxna (island)	4	[4]	100	Do.
15	Hildasay (island)	4	[4]	100	Do.
16	Burra	15	15	100	Do.
17	Veensgarth	15	24	62	Do.
18	Uresland	23	32	72	Do.
	Uresland	2.5	32	8	Do.
19	Gott	22	64	34	Do.
20	Belister	10	10	100	Do.
21	Swinister	10	10	100	Do.
22	Strand	3	18	17	Do.
23	Greenwell	3	3	100	Do.
24	Mouswall	2	4	50	Do.
25	South Califf	14	36	39	Do.
26	Kebister	12	12	100	Do.
27	Vatsland	3	3	100	Do.

28	Vatster	3	6	50	Do.
29	Wadbister	4	12	33	Do.
30	Nether Sound	7	42	17	Gulberwick
31	Wick	14 (*sic*)	12	100	Do.
32	Shurton	2	12	17	Do.
33	Sand	2	15	13	Do.
34	Setter	5	26	19	Do.
35	Brindister	3	40	7.5	Do.
36	Nesbister	1	12	8	Whiteness
37	Wormidale	12 (*sic*)	10	100	Do.
38	Ustaness	2	72	3	Do.
39	'Birganes' (? = Binnaness)	3	3	100	Do.
40	Stromness	5	12	42	Do.
41	Brugarth	2	12	17	Do.
42	Hogaland	6	6	100	Do.
43	Hammersland	3	12	25	Do.
44	Olligarth	1	6	17	Do.
45	Breck	.5	18	28	Do.
46	Strom	1	28	4	Do.
47	Haggersta	6	32	19	Do.
48	Hellister	1	9	11	Do.
	?Hogaland	4			Do.
49	Stromfirth	3	24	12.5	Weisdale
50	Cuckron	3	15	20	Do.
51	Moustoft	3	6	50	Do.
52	Tuslafield	2.5	8	31	Do.
53	Housgord	2	12.25	16	Do.
54	Everabister	2	38	5	Do.
55	Kergord	9	24	37	Do.
56	Nether Sound	1.5	24	6	Do.
	Digron (in Everabister)	1	38	3	Do.
	?Westbister	1			Do.
57	'Selchiskelly' (island)	3	3	100	Nesting
58	Bixter	1	12	8	Aithsting
60	?Linksetter	6			Dunrossness
61	Blosta	6	18	33	Do.
62	Ringista	5	16	31	Do.
63	Cross Island	2	?	100?	Do.

The table shows the parcels of land and small islands, which comprised the archdeaconry estate in Shetland in 1570. It is compiled from a feu charter by Jerome Cheyne, archdeacon of Yetland, to his cousin Patrick Cheyne of Essilmouth (Ballantyne and Smith 1999, no 185). In that edited version of the document punctuation is inserted carefully to clarify the whereabouts of some of the parcels of land. Spellings of the place-names are modernized here. The lands are measured in marks of land, a valuation unit native to Shetland and Orkney. A mark of land was about an acre of arable, with a proportionate share of grass and pasture land. The majority of the lands were in the parish of Tingwall, and in that parish the archdeacons owned sizeable proportions – often 100 per cent – of townships, especially those near his manse. They also had significant parcels in the adjoining parishes of Gulberwick, Whiteness and Weisdale. On the other hand, they only had fragments of lands in other parishes, and next-to-no possessions in the northern half of the islands. Some of the parcels are not now recognisable, or there is doubt about where they are. In such cases the name is preceded by a question-mark. I have hazarded a guess that 'Birganes' = Binnaness in Whiteness. Although 'Glesbo', sometimes rendered 'Clisbo', is not now known, it is said in a document of 1690 to have been adjacent to North Setter.

Tabellen viser erkedekanatets jordegods på Shetland ca. 1570. Opplysningene stammer fra erkedekanen Jerome Cheyne (se Ballantyne and Smith 1999 nr. 185). Interpunksjonen i den redigerte utgaven av dokumentet har til hensikt å klargjøre hvor de enkelte delene av godset hørte hjemme. Stedsnavnene er modernisert. Eiendomsverdien er oppgitt i mark land, som var vanlig på Orknøyene og Shetland. En mark land tilsvarte omtrent en "acre" (d.e. noe i overkant av fire mål) dyrket mark, samt en relativ andel beiteland. Mesteparten av jordegodset var i Tingvoll sogn, hvor erkedekanen også sto for den største eierandelen i township'ene, ofte 100%, særlig i de som lå nærmest hans egen setegård. Erkedekanatet hadde også betydelige eierandeler i de tilgrensende sognende Gulberwick, Whiteness og Weisdale. På den andre siden eide erkedekanatet bare mindre andeler i de andre sognene, og nesten ingenting i de nordlige øyene. Noen av eiendomspartene kan ikke lenger identifiseres, eller det kan være tvil om hvor de var. I disse tilfellene er det satt spørsmålstegn ved navnet. Jeg kan gjette på at 'Birganes' er Binnaness i Whiteness. Og selv om 'Glesbo' – noen ganger gjengitt som 'Clisbo' – ikke lenger er kjent, heter det i et dokument fra 1690 at denne gården lå i nærheten av North Setter.

The rents of these Shetland lands, payable in cloth and butter, were lucrative. Around 1500 an average mark of land in Shetland paid two ells of cloth and eight marks of butter in rent. Another valuable possession was the islet called Selchiskelly, now called Muckle Skerry, where numerous seals basked and could be hunted.[17] The archdeacons naturally had teinds (tithes) from their archdeaconry: 27 barrels of cornteind, five barrels of butter in bowteind or cattle-teind, and other revenues.[18] They also had estates in the island of Sanday in Orkney, which rendered 48 'meils' of bear, five 'leispounds' of butter and a cow.[19] Finally, they enjoyed the parsonage of Holy Trinity in South Ronaldsay in Orkney.[20] The Shetland archdeacons were very well maintained, by Scottish standards. '[I]t is clear', as Gordon Donaldson has said, 'that the Shetland archdeaconry was a benefice to be sought after by careerists and one which a well-qualified man would not despise.'[21] The archdeacons whom we have met so far probably fall into both those categories.

During the period from the mid-fourteenth century onwards the church in Orkney became heavily influenced by Scottish personnel and policies. This process is often said to have been initiated by the Sinclair earls of Orkney, especially the first of them, Earl Henry. The events are very hard to disentangle, but they can safely be said to have begun before Henry came on the scene. By that time the chapter of St Magnus Cathedral was well-established and organized.[22]

Ironically, this is the period when our sources are most pedestrian and confused. We have the names of many of the Shetland archdeacons, with few gaps, thanks to the efforts of Donald Watt and Athol Murray. But it is difficult to see much pattern in their appointments and activities. I suspect that this is a period when they concentrated on Orkney affairs. It is at precisely this time that the bishops of Orkney can be found siding with local interests against Norwegian crown representatives.[23] But the Scots incomers in Orkney, and eventually the Sinclair earls, don't seem to have had much impact in Shetland.

From the 1360s onwards virtually all the archdeacons of Shetland had Scottish surnames, and it might be argued that during the Great Schism it was the Avignon popes, backed of course by Scotland, who had more success in installing their Shetland officials (although not perhaps their bishops: see Crawford in this volume). William Buchan and Walter Buchan, presumably natives of north-east Scotland (as their surname suggests), managed to hold on to the archdeaconry from the 1360s to the 1390s. On the other hand, Adam Easton, the well-known Benedictine scholar, was nominated by Rome on more than one occasion, without success; it is safe to say, as Gordon Donaldson points out, that he never set eyes on his Shetland benefice[24] (although I don't suppose he lost much sleep over it, since he simultaneously became a cardinal).[25]

I suspect, although we don't have much information, that the Buchans came to favour Earl Henry I, and that their successors backed Henry's descendants. Walter Buchan witnessed an important document for Earl Henry at Kirkwall in 1391.[26] In the early 1420s, when David Wemyss was in charge of Orkney, that unpleasant gentleman impounded the Orcadian seal. Earl Henry's grandson, collecting information to sustain his claim to the earldom, asked for the seal, with a view to authenticating the evidence that he had assembled. Only two people assisted him: a relative, and Angus Kirkness, the then archdeacon of Shetland.[27] Kirkness was almost certainly a native Orcadian, and held the archdeaconry for more than thirty years. There is a little evidence that the Kirkness family had interests in Shetland, but I suspect, as I said before, that this is a period when the archdeacons of Shetland were interested in the affairs of the Orkney chapter, and Sinclair politics, to the exclusion of virtually everything else.

Later, it may be the case that bishops and archdeacons gradually began to move their allegiance from the Sinclair family to the crown. Three members of the Tulloch family held the archdeaconry from 1430 to 1457: presumably relatives of Thomas Tulloch and William Tulloch, the contemporary bishops, who were loyal servants of Norwegian and later Scottish kings.

Frustratingly, there is little to say about the period around 1468–72, since we don't even have the names of the Shetland archdeacons from that period. As everyone knows, the king of Denmark mortgaged his royal rights and lands in Orkney and Shetland to the king of Scotland, in 1468 and 1469, and in 1472 the bishopric of Orkney and Shetland was transferred from Trondheim to St Andrews. Soon afterwards we encounter a new species of bishop, and soon after that a new kind of Shetland archdeacon: officials who owed their positions and loyalty to the kings of Scotland rather than local noblemen. In 1478 Bishop Andrew Pictoris came on the scene. Scholars of a former age thought that he must be a Scot, a member of the Painter family, but the evidence was staring us in the face that he was in fact a German, the same person as Andrew Alamani, a doctor, astrologer and clergyman who performed great services for King James III of Scotland. He got the see of Orkney as a reward.

Andrew had an illegitimate son, Henry Phankouth.[28] Again, the surname has puzzled historians; but Henry was a German too, with the not uncommon surname Pfannkuch, pancake or pancake-maker. He may be the Henricus Pankuken who appears in the matriculation register of the university of Cologne in 1488. At the end of 1499 the archdeaconry of Shetland became vacant, and Andrew secured the appointment for his offspring, by then legitimated, probably through his contacts with the Scottish court. At the same time, however, a cleric called Magnus Herwood applied to the king of Denmark for a presentation to the benefice. Clearly there was still uncertainty about the constitutional situation of Shetland. The king of Scotland exploded. He attacked Herwood for 'temerarite and presumption', as he put it, and instructed his sheriffs to block his appointment, because, as he put it, 'the presentation thairof concernys to our soveran lordis heretage'.[29] There are no further references to Herwood's claim.

What is especially interesting about these events is that bishop and archdeacon, backed by the crown, seem to have been enemies of Henry Lord Sinclair, the most important magnate in Orkney. These events give us a glimpse of how appointments to the archdeaconry were made, but they also show that by 1500 the king of Scotland had consolidated his power in the Northern Isles, particularly at the expense of

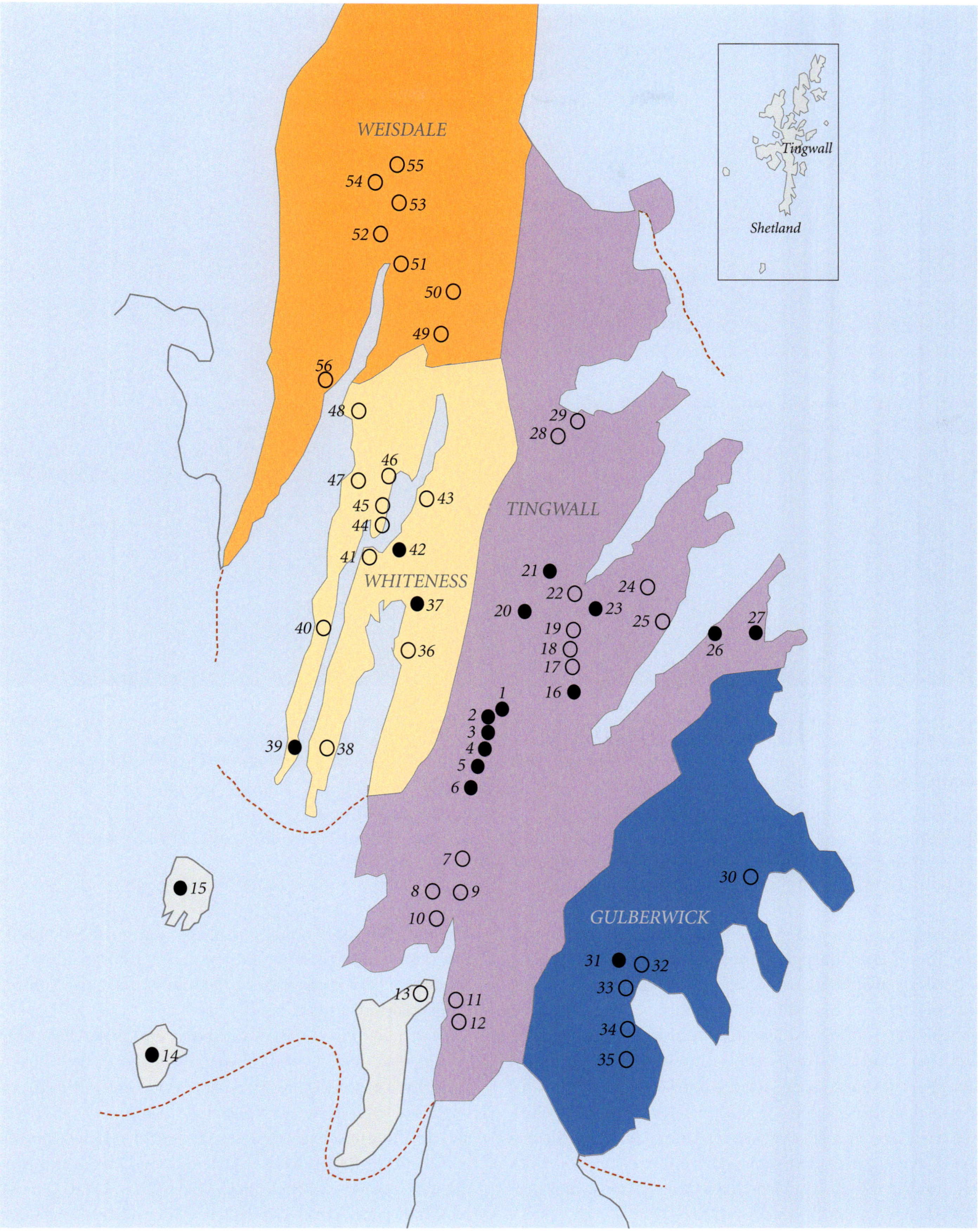

Centrally located parcels of land belonging to the archdeacons of Shetland.
The map shows the whereabouts of 56 parcels of land and small islands belonging to the archdeacons of Shetland in central parishes of Shetland – Tingwall, Gulberwick, Whiteness and Weisdale – numbered to refer to the table above (p. 162 f.). Places where the archdeacons owned the whole township are denoted thus:●. Places where they owned less than 100 per cent are denoted thus:○ It should be kept in mind, however, that in these parishes there were in all about 110 townships: i.e. the archdeacons had no land at all in half of them. The parish boundaries shown are those on the first edition of the Ordinance Survey map (c. 1880). They may be slightly anachronistic.

Kartet viser beliggenheten til 56 av erkedekanatets jordeiendommer i de sentrale sognene Tingwall, Gulberwick, Whiteness og Weisdale på Shetland. Nummereringen samsvarer med tabellen ovenfor. Steder der erkedekanen eide et helt township er merket●. Steder der erkedekanen eide mindre enn 100% er merket ○. Det var i alt 110 "townships" i disse sognene, hvilket betyr at erkedekanatet i halvparten av dem ikke eide noe jord. (Begrepet township er skotsk og har ingen norrøn ekvivalent, men det er grunn til å tro at township'et har svart til de gamle mangebølte navnegårdene, som vi kjenner fra Vestlandet.) Sognegrensene svarer til førsteutgaven av "Ordinance Survey map" fra omkring 1880, og kan være noe anakronistiske.

The centre of the Shetland archdeacons' possessions, in the valley of Tingwall, taken from the east in October 2002. The steeple church of Tingwall and the archdeacons' manse was a clump of buildings at the north of the loch, on the right of the photograph. On the west side of the loch is North and South Setter and the archdeaconry farms. The lawthing holm, Shetland's medieval parliament site, juts into the north end of the loch. Photograph copyright Neil Anderson.

Tingwall-dalen utgjorde sentrum i erkedekanatets godskompleks, her sett fra øst i oktober 2002. Kirken med klokketårnet og erkedekanens residens besto av en klynge hus på nordsida av sjøen, til høyre i fotografiet. På vestsida av sjøen er Nord- og Sørsæter og erkedekanens gårdsbruk. Lagtingsholmen, hvor shetlendernes fellesting ble holdt i middelalderen, løper ut i nordenden av sjøen.

the Sinclair family, and that he had the support of the archdeacons of Shetland and bishops of Orkney.

Henry Phankouth is the first archdeacon of Shetland whose career we can follow in some detail. He had a house in Kirkwall, and we find him from time to time acting as arbiter in Orkney legal cases. However, he seems to have taken his Shetland duties seriously. He built up a small personal estate in Shetland, mainly in the centre of the islands (where the archdeaconry estates were also situated), and there is good evidence that he had a close family relationship with an important local family, perhaps through his own illegitimate daughter.

Amazingly, archaeologists discovered Henry's teindbarn in the Shetland township of Kebister a few years ago, with his preposterous coat-of-arms over the door, and his motto 'Sine paulisper' ('let me for a few minutes'), apparently a ribald quotation from the Latin comedian Terence.[30] Kebister is on the coast of the archdeaconry parish of Tingwall, convenient for boats and ships, which might carry off the cloth and butter in which the archdeacons' rents and teinds were paid.

It was during Phankouth's long career as archdeacon that strife between branches of the Sinclair families in Orkney, Shetland and Caithness, came to a head. Phankouth seems to have thrown in his lot with the most important local family. After 1529, when he demitted office, there was relative peace in the islands.

It seems to have been at this point that the ecclesiastical polities of Orkney and Shetland finally drifted apart. Phankouth's successor as archdeacon was Malcolm Halcro, an Orcadian, a graduate of St Salvator College at St Andrews, and an almost exact contemporary there of his diocesan superior, Bishop Robert Reid.[31] It was Reid and Halcro who dismantled the old constitution of Kirkwall cathedral, and removed the archdeacons of Shetland from it, after several hundred years as integral parts of it. By devising a new constitution for the chapter in 1544 they were no doubt responding, in an organizational sense, to calls for reform of the kirk.[32] Their plan was simple. They appointed Halcro as provost of the reformed chapter, let him retain the archdeaconry of Shetland during his lifetime – it was not, however, named in the new constitution – and assigned to the provost the prebend of Holy Trinity in South Ronaldsay, which Halcro and his predecessors as Shetland archdeacon had long enjoyed.[33] It looks as if Reid had decided that there was no practical reason to have a Shetland archdeacon who spent half his time in Orkney.

There was an interregnum, during Halcro's lifetime, when there were still contacts between the cathedral chapter and Shetland, in his own person. He had had and continued to have friendly and business relations with officials in Shetland.[34] But when he died, in 1554, the link between the chapter and the Shetland church was weakened. This is not to say that there weren't energetic and useful archdeacons in Shetland after Halcro. His successor, Jerome Cheyne, a cleric from Aberdeenshire, was a servant of Bishop Reid, and was with him in France when he died.[35] Cheyne took up his new post with alacrity. He immediately leased the archdeaconry estates to the foud of Shetland and the minister of the parish of Nesting, and complained vociferously when they defaulted on the lease payments, and let his manse fall down.[36] This suggests that Cheyne wasn't based in Shetland, or at least not at Tingwall, during his first years as archdeacon. But when a new bishop, Adam Bothwell, came on the scene, in 1559, he used Cheyne as his trusty servant in driving forward the Reformation in Shetland. This was of course the most wide-ranging and testing project that any archdeacon had ever had to essay in Shetland. Only a few existing clerics in Shetland conformed to the new faith, and Cheyne had to find new personnel. He had to locate energetic men who were sympathetic to the new ecclesiastical regime, and examine and admit them. By and large he did so, quickly and efficiently.

But when the task was done, Cheyne had less to do. He would have had responsibility for the few parishes still without ministers, but increasingly his duties were confined to his own parish of Tingwall.[37] With Jerome Cheyne, then, after a burst of activity in the early 1560s, the archdeacons of Shetland ceased to be important officials. They had been the trusted servants of kings in the high middle ages, and had become embroiled in local politics in Orkney and Shetland in the fourteenth, fifteenth and early sixteenth centuries. But after the completion of Scotland's long-delayed Reformation, around 1567, they became mere parish ministers at Tingwall, albeit well-off and extremely litigious ones.[3839]

Archdeacon Henry Pfannkuch's armorial stone, discovered at Kebister in 1986. Crown copyright, reprinted courtesy of Historic Scotland.

Steinen med erkedekanen Henry Pfannkuchs våpenskjold ble oppdaget i Kebister i 1986.

Notes

1 William Harrison, *Description of England*, 1577, Book 2, chapter 5.
2 '*dexter episcopi oculus*': *Diplomatarium Norvegicum* [*DN*], xvii, no. 590.
3 Einar Molland, 'Ærkedegn (Norge)', *Kulturhistorisk Leksikon for Nordisk Middelalder*, xx, cols. 573–4.
4 *DN*, viii, no. 1; Arne Fjellbu et al. eds, *Nidaros Erkebispetol og Bispesete 1153–1953*, Oslo 1955, pp. 51ff.
5 Alfred W. and Amy Johnston eds., *Orkney and Shetland Records*, i, 1907–13, no. 31.
6 For references to known Shetland and Orkney archdeacons see D.E.R. Watt and A.L. Murray eds., *Fasti Ecclesiae Scoticanae Medii Aevi ad annum1638*, Edinburgh 2003, pp. 339–43.
7 As reported in Watt, *Fasti*, p.255.
8 Gustav Storm, *Islandske Annaler indtil 1578*, Christiania 1888, p.124
9 Gudbrand Vigfusson ed., *Hakonar Saga*, London 1887, chapter 86.
10 *Hakonar Saga*, chapter 302; Knut Helle, *Konge og Godemenn*, Oslo 1972, pp. 135–7.
11 *Hakonar Saga*, chapter 329.
12 *DN*, xix, no. 284.
13 *DN*, xix, no. 385.
14 Brian Smith, *Toons and Tenants*, Lerwick 2000, chapter 1.
15 John H. Ballantyne and Brian Smith eds., *Shetland Documents 1195–1579*, Lerwick 1999, no. 11.
16 Ian B Cowan, *The Parishes of Medieval Scotland*, Edinburgh 1967, p.197.
17 Brian Smith, 'Waithing and waith in Shetland', *Shetland Folk Book*, 9, 1995, p.106.
18 Gilbert Goudie, *The Celtic and Scandinavian Antiquities of Shetland*, Edinburgh and London 1904, p.156 (citing document of c.1612).
19 *Shetland Documents 1195–1579*, no. 185.
20 J. Storer Clouston ed., *Records of the Earldom of Orkney*, Edinburgh 1914, no. xxxviia.
21 Gordon Donaldson, 'Archdeacons of Shetland', in Barbara E. Crawford ed., *Northern Isles Connections: essays from Orkney and Shetland presented to Per Sveaas Andersen*, Kirkwall 1995, p.80.
22 The canons of Kirkwall Cathedral had a small estate in Shetland: *Shetland Documents 1195–1579*, nos. 63, 102.
23 *Shetland Documents 1195–1579*, no. 12.
24 Donaldson, 'Archdeacons', p. 81.
25 *Dictionary of National Biography*.
26 *Shetland Documents 1195–1579*, no. 15.
27 *DN*, ii, no. 691.
28 For extensive references to Bishop Andrew and Archdeacon Henry see Brian Smith, 'In the tracks of Bishop Andrew Pictoris of Orkney and Henry Phankouth, archdeacon of Shetland', *Innes Review*, xl, 1989, pp. 91–105.
29 *Shetland Documents 1195–1579*, no. 35.
30 Olwyn Owen and Christopher Lowe, *Kebister: the four thousand-year-old story of one Shetland township*, Edinburgh 1999, pp. 297ff.
31 Ronald Cant, 'The constitution of Saint Magnus cathedral', in Barbara E. Crawford ed., *Northern Isles Connections: essays from Orkney and Shetland presented to Per Sveaas Andersen*, Kirkwall 1995, p. 109.
32 As suggested by Gordon Donaldson, *Reformed by Bishops*, Edinburgh 1987, p. 20.
33 *Records of the Earldom of Orkney*, no. ccxxxvi.
34 *Shetland Documents 1195–1579*, nos. 55, 80.
35 For biographical information concerning Cheyne see Donaldson, *Reformed by Bishops*, p.29.
36 *Shetland Documents 1195–1579*, no. 137.
37 Gordon Donaldson, 'The archdeaconry of Shetland in the sixteenth century', *Shetland News*, 3 October 1946.
38 John H. Ballantyne and Brian Smith eds., *Shetland Documents 1580–1611*, Lerwick 1994, pp. xvi–xvii.

Sammenfatning

Orknøyene og Shetland utgjorde fram til 1195 et jarledømme med en løs føydal tilknytning til det norske monarkiet. Som følge av den såkalte øyskjeggreisningen mot kong Sverre, og opprørernes nederlag i slaget ved Florvåg i 1194 ble jarledømmet fastere knyttet til det norske riket, og Shetland lagt direkte under kongelig norsk styre. Det felles bispedømmet med sete i Kirkwall (gno. Kirkjuvágr) på Orknøyene, som i 1152/53 var blitt en del av Nidarosprovinsen, kom derimot til å bestå, selv om det kan ha vært planer om å opprette et eget bispedømme for Shetland. Kirken ble for resten av middelalderen det eneste bånd som bant de to hoveddelene av det gamle jarledømmet sammen. Erkedekanatet ble den viktigste manifestasjonen på denne forbindelsen.

Bispesetet i Kirkwall var det eneste utenfor fastlands-Norge som fikk fast domkapitel i middelalderen, og erkedekanen på Shetland ble den fremste blant kannikene og leder for domkapitlet. Også etter at kildene fra 1309 av kan fortelle om et eget erkedekanat for Orknøyene, beholdt erkedekanen for Shetland sin posisjon som førstemann blant korsbrødrene. Erkedekanatet nevnes første gang i 1215, og bakgrunnen for opprettelsen av stillingen kan ha vært den store avstanden mellom de to delene av bispedømmet og behovet for å sikre bispedømmets integritet og interesser på Shetland. Her retter Smith søkelyset mot forholdet mellom erkedekanatet på Shetland og 1. biskopene i Kirkwall, 2. jarlen på Orknøyene, 3 de norske kongene og endelig 4. de skotske kongene. Det er hans tese at erkedekanene – og biskopene – støttet den norske kongemakten fram til begynnelsen av 1300-tallet, at de favoriserte lokale jarler fra begynnelsen av 1300-tallet og fram til andre halvdel av 1430-tallet, og at de deretter ble viktige støttespillere for kongedømmet, først det norske, men snart det skotske.

Kildene er sparsomme for høymiddelalderen og tida fram til ca. 1500. Vi kjenner navnet på fem erkedekaner før 1300, hovedsakelig fra norske diplomer, kongesagaer og islandske annaler. Alle fem har vært nær knyttet til den norske kongemakten og utført oppdrag på kongenes vegne, som sendemenn, som medlemmer av kongelige utvalg, som takst- og ligningsmenn m.m., og de har vært til stede på norske riksmøter og ved viktige politiske anledninger. En av dem, Gilbert, ble også kongelig kapellan, og etter anmodning fra Håkon Håkonssons ble han valgt til biskop på Hamar av erkebiskop Einar i 1260. Han reiste så til Roma, hvor paven konfirmerte valget. Ordinasjonen skjedde først i Nidaros 4. mars 1263. Gilbert var også til stede ved kongens dødsleie i Kirkwall i det året. Kolsrud regner med at den samme Gilbert oppholdt seg i England 1273–76, og at han ble begravd ved karmeliterklosteret i Norwich 1287.

Etter 1350 ble geistligheten i bispedømmet Orknøyene stadig mer skotsk. Skottifiseringen har ifølge Smith likevel ikke hatt særlig betydning for Shetland, i alle fall ikke i første omgang. Den var på 1300-tallet primært et Orknøyfenomen. Det samme gjaldt de nye Sinclair-jarlene, som ble investert med jarledømmet av de norske kongene fra 1379. De hadde ingen befatning med Shetland før ca. 1420. Likevel finner vi i økende grad shetlandsdekaner med skotske navn etter 1360. Særlig skulle skismaet fra 1378 komme til å skape problemer for forbindelsen mellom Shetland og Nidaroskirken. Under skismaet forekom det at pavene i Avignon plasserte sine folk i erkedekanatet. En av dem besøkte ikke engang Shetland. Erkedekanatet på Shetland var, målt med skotsk standard, meget rikt og attraktivt for geistlige karrierister. På grunnlag av 1500-tallskilder rekonstruerer Smith erkedekanatets gods og inntekter, og påviser blant annet godsets strategiske plassering på øyene, og med setegården midt i sentrum som nærmeste nabo til Tingvoll, hvor shetlendingenes viktigste domstol og politiske representasjon møttes. Fra begynnelsen av 1420-tallet kan vi likevel observere at erkedekanene, som nå rekrutteres fra den lokale eliten på Orknøyene, står fram som faste støttespillere for Sinclair-jarlene.

Et skifte kom i 1430-årene, da Tulloch-familien fikk hånd om både bispestillingen på Orknøyene og erkedekanatet på Shetland. Liksom de to Tulloch-biskopene (se Crawford ovenfor) skulle erkedekanene vise seg som solide støttespillere for kongemakten, først den norske, og etter 1469 den skotske. Disse prelatene har også det felles at de hadde kongemakten og takke for sine stillinger. Kongemakten kunne derfor regne med deres lojalitet. Av de kongelige gunstlingene som ble belønnet med erkedekanatet fantes det også menn av tysk herkomst. Med reformasjonen falt grunnlaget for det tradisjonsrike erkedekanatet sammen, og fra ca. 1560 opphørte erkedekanene å være fremtredende tjenestemenn i kongedømmets tjeneste. I stedet skulle de fra nå av hovedsakelig yte shetlandssamfunnet geistlige tjenester.

THE DIOCESE OF THE SUDREYAR

Alex Woolf

The history of the Diocese of the Suđreyar or 'Sodor' as it became known in English reflects the history of the kingdom it was created to serve. The dynasty claiming descent from the legendary Ivarr hinn beinlausi had at one time controlled much of northern England and south-western Scotland as well as the Norse towns of Ireland, but by the early twelfth century their dominion was for the most part confined to the Islands stretching from the Isle of Man in the South to Lewis in the North. In their charters and on their seals the kings used the style Rex Insularum. Throughout the twelfth and thirteenth centuries the kingdom faced continued pressure from the neighbouring realms of Norway, Scotland and England whose rulers promoted internal dissension within the kingdom. Establishing an independent diocese was part of the programme of the Kings of the Isles to be recognised as independent rulers, but ultimately the diocese suffered the same fate as the kingdom and was torn apart in the three cornered struggle for supremacy in the region.

Out of chaos? The diocese of Sodor in the web of Hiberno-Norse-Scottish politics in the 11th and 12th Centuries.

While archaeology and Irish hagiographical texts make it clear that Christianity was well established in the Isles in the late pre-Viking Age, no record of episcopal succession survives between the mid ninth and the mid eleventh centuries. The account of the episcopal succession is taken up by the *Chronicle of Man* both in its main text and in an addendum account of the bishops. *The Chronicle*, which is a product of the thirteenth and fourteenth centuries, begins its narrative of the Island's history with the career of Godred Crób bán who reigned over the kingdom of the Isles from 1079 to 1095. Although Godred's reign is unlikely to have marked a major break in the cultural or political trajectory of the kingdom, he was the apical figure, the common ancestor, of all subsequent successful claimants to the kingship and was thus fetishised by his descendants in order to legitimise their exclusion of other kinsmen from the succession. Consequently the *Chronicle*'s account of the bishops also starts in the latter part of the tenth century, but this should not be taken to mean that there was necessarily a reorganisation of the Church at this period.[1]

The first bishop to appear in the *Chronicle* account is one Roolwer. This rather odd- looking name probably stands for the Scandinavian name Hrólfr (Rolf) or something similar. We are told that he was the first bishop before Godred Crób bán began to rule and this has been taken to mean that he had died before Godred's accession.[2] This may be the case but it might simply mean that he was incumbent at the beginning of Godred's reign. We are told nothing more about Roolwer save that he was succeeded by one William. It seems likely from his name that this William was French, and his appearance may indicate something about the relations established between Godred Crób bán and his neighbours, the new Norman dynasty in England. Those who believe that Roolwer was the first bishop after a Viking Age break in the succession (and it should be emphasised that this is not implied at all by the *Chronicle*) link his episcopate with the near contemporary episcopate of Dúnan, generally termed bishop of Dublin (†1074).[3] Dúnan is the first recorded 'bishop of Dublin', and it is usually assumed that he was the first bishop there. Since in the early to mid eleventh century Man and Dublin were ruled by the same dynasty it may be, the argument runs that the sees were established at the same time. In fact this is not at all certain. Dublin, so far as is known, had never previously been an episcopal centre, so this was a new see. Man had, however, had bishops since antiquity and there is no reason to suppose that pagan Norse political occupation would certainly put an end to the see. This does seem to have been what happened at York or in Orkney. Indeed give the fact that the bishops of Sodor seem to have possessed a diocese coextensive with the kingdom of the Isles it seems most likely that Dublin owed its elevation to its separation from the kingdom of the Isles. Dúnan himself is called simply *ardespoc Gall* – 'high-bishop of the Foreig-

The St Germans Cathedral was consecrated by the Norwegian archbishop in 1226 and was the centre in the bishopric Man and the Hebrides. Here we see the ruins of the old fortification and the royal residence on St Patrick's Island – the centre of Christianity on the Isle of Man from the 6th century and through to the Viking age. This was also the centre of the Norse kingdom from 1079 to 1265. Photo: Manx National Heritage.

St. Germanskatedralen på Patriksholmen ble vigslet av den norske erkebiskopen i 1226. Patriksholmen ble også fast bispesete for biskopene på Man og Sudrøyene i løpet av 1200-tallet. Her ser vi ruinene etter den gamle borgen på Patriksholmen, som fra 1079 til 1265 også var sentrum i det norrøne kongedømmet på Man og øyene. Domkirken finner vi i venstre hjørne. Øverst i høyre hjørne ser vi rundtårnet fra 1000-tallet. Øya skal ha vært sentrum for kristendommen på Man helt fra 500-tallet, og forble det ubrutt også gjennom vikingtida.

ners' — in his obit in the Annals of Ulster and the first allusion to Dublin specifically comes with his successor Patrick or Gilla Pátraic, who was sent to Lanfranc of Canterbury for consecration by Toirrdelbach of Munster, at that point the most powerful ruler in Ireland, and his Dublin sub-king Godred, grandson of Ragnaill (a cousin of Godred Crób bán).[4] It may well be that the death of Dúnan in 1074 opened the way for Toirrdelbach to create a new see in Dublin, which he had conquered in 1071, thus separating the Ostmen* of the city from those of the Isles. If this interpretation is correct, then Dúnan, as 'high-bishop of the foreigners', may well have been Roolwer's predecessor in the Isles. The establishment of the see of Dublin, in this scenario, would thus mark the recognition that the town was now firmly part of the Irish political scene, and no longer an integral part of the Uí Ímair** imperium.

Roolwer then, may have commenced his episcopacy c.1074 and died sometime between 1079 and 1095. William whose episcopacy ran its course entirely within the reign of Godred Crób bán must have also died in or before 1095 when he was succeeded by Hamond son of Iole, who the *Chronicle* tells us was a Manxman.[5]

* *Ostmen*, from ON *Austmenn*, is a term used to distinguish those of Norse origin from the Gaelic population of Ireland, ON *Vestmenn*.

** *Uí Ímair* – grandsons of Ivarr – is the Irish designation of the dynasty that claimed descent from Ivarr hinn beinlausi and ruled the Isles and Ostmen towns from the early tenth century.

As we enter the twelfth century, however, our records become very confusing. The episcopal list attached to the *Chronicle* claims that Hamond was succeeded directly by an Englishman named Gamaliel. Records from York make it clear that a bishop Gamelin, presumably the same man, was consecrated by Archbishop Roger (1154–81).[6] It is very unlikely that Hamond if he was consecrated in Godred Crób bán's time, held the bishopric for fifty years, so the Manx record is apparently inaccurate.

A letter survives from Godred's son, King Olaf, (c.1113-1154) to an Archbishop 'G' of York, asking him to consecrate Olaf's bishop.[7] 'G' has been identified as Archbishop Gerard who reigned from 1100 to 1108,[8] but current thinking would place the beginning of Olaf's reign at 1113.[9] There is no York record of a consecration at this period. The simplest way out of this conundrum is to suggest that the initial 'G' is the result of miscopying, and originally represented a letter to one or other of the bishops who were in office during Olaf's reign; Thomas II (1109–14), Thurstan (1114–40), William (1141–47), Henry (1147–53), and Roger (1154–81). A 'T' for Thomas or Thurstan would seem the most likely.

Our period of uncertainty enters a new phase with the remarkable career of Bishop Wimund. Our best account of Wimund comes from the northern English chronicler William of Newburgh (1136–98), who was acquainted with Wimund in the latter's old age.[10] According to William, Wimund was a monk of Furness abbey (now Cumbria) who went to Man with some of his *fratres*. Furness was founded in 1127 by the Savignac order (which later merged with the Cistercians). In 1134 King Olaf, as we have seen, granted the church at Rushen to the monks of Furness, and this is likely to have been the occasion of Wimund's arrival in Man. The grant of Rushen was connected with a further grant to Furness of the right to elect a bishop for the kingdom since, Olaf complained, episcopal authority was divided amongst foreigners.[11] Olaf's grant to Rushen was confirmed by his son King Godred in 1154, by his grandson King Rognvald between 1188 and 1190, and by the Pope in 1195.[12] Shortly after Olaf first made this grant he confirmed the monks of Furness' choice of one of their own number, presumably Wimund.[13] Assuming that we have not lost some vital link in the chain, it seems likely that Bishop Hammond had died at some point, perhaps not too long before 1134, and that episcopal duties in the kingdom had fallen to various neighbouring bishops. A vacancy of a few years in a see was no unusual thing in the twelfth century, particularly in the neighbourhood of northern Britain and Ireland where the metropolitan provinces were still not firmly established and the rights to consecrate new bishops were in dispute. Wimund it should be noted is almost certainly the same bishop as the Wimund whose profession of obedience to Archbishop Thomas (1109–14) is recorded by late twelfth century York source.[14] Wimund's consecration by Thomas is not recorded in Hugh the Chantor's account written in 1127[15], and it seems likely that once again we have a false assumption of the full form represented by an initial, in this case 'T' being taken for Thomas rather than Thurstan by our source. The fact that Wimund in his profession describes his see as the *sancta ecclesia de Schith* — the holy Church of Skye — simply serves to emphasise that in the early twelfth century the seat of the diocese was not yet fixed in Man.

William of Newburgh's account of Wimund goes on to say that the bishop behaved in a very unepiscopal fashion and invaded the territories of the king of Scots claiming to be the son of an unnamed earl of Moray. After unsuccessfully attacking a Scottish bishop, Wimund eventually gained from King David I of Scotland (1124–53) a province to rule which included Furness *(then temporarily in David's hands)*. Most commentators have presumed that Wimund's putative father was that Oengus earl of Moray, who was killed at Stracathro in 1130.[16] The fact that Wimund was born in England, however, that he professed at Furness, and that he received a province adjacent to Furness from King David suggests an alternative identification. The most likely province in the region of Furness for a man with links to the Isles to receive would seem to be Copeland (also Coupland), now the west coast of Cumbria. For much of David I's reign the lord of Copeland was David's nephew William fitzDuncan, who held the lordship in the right of his wife Alicia, the daughter of William de Meschin. Now, although this William invariably appears in Scottish royal acts as 'the kings nephew' or 'my nephew', there is one thirteenth century Cumbrian genealogy, dealing with the descent of the lords of Copeland and Allerdale which refers to him as earl of Moray.[17] While this genealogy remains unsupported, there seems no reason for the claim to be invented. William's status as a member of the royal house has certainly masked any titles or lordships that he may have held in Scotland, despite his clear position as a man of the first rank in the kingdom. If Wimund was in fact claiming to be the son of William fitzDuncan, then his invasion of Scots territory must surely be dated to after the death of his 'father'. William fitzDuncan's death is not noted by any chroniclers, but he disappears from the witness lists of charters by 1147. He was certainly dead by the time his widow founded Bolton Priory in Wharfedale in 1151.[18] Nevertheless there is a curious reference in John of Hexham's chronicle under the year 1152 that associates the visit of the papal legate in that year with an expedition by king David to 'confirm his nephew William fitzDuncan in the Honor of Skipton and Craven'.[19] Now although William fitzDuncan was actually dead by this time, his recognised heir in his northern English lands was his son by Alicia, also named William, and it would require little emendation to see John's account as the confirmation of this William's rights, and as the final suppression of Wimund. Wimund's story, as told by William of Newburgh, ended when he was betrayed by his own followers and handed over to king David. He ended his days blinded and mutilated in the abbey of New Byland in Yorkshire.

We can thus tentatively summarise the episcopal succession in the early twelfth century by suggesting that Hamond son of Iole occupied the see from c.1090 to some time in the twelfth century, perhaps c.1125 (the re-establishment of Whithorn in 1128 may be a response to a vacancy in the Isles, see below). At some point in or shortly after 1134 Wimund was elected by the monks of Furness and subsequently consecrated by Thurstan. At some point between 1147 and 1151 Wimund attempted to seize territory under the control of David I of Scotland and, after temporary success, was captured and mutilated in 1152.[20]

It must be assumed that Wimund's bid for secular power led to his abandonment of his see. King Olaf seems to have tried to persuade the dean and chapter of York to accept his candidate for consecration, one Nicholas. The fact that Olaf addressed the dean would suggest that this occurred during the interregnum between the deposition of Archbishop William fitzHerbert (1147) and the return of the new Archbishop, Henry Murdac, from his consecration in Rome (1148).[21] Olaf seems to have failed in his attempt to get Nicholas consecrated, possibly because the Wimund situation was still unresolved. Henry Murdac waited until 1152 before consecrating a new bishop, described by the chronicler Robert of Torigni as the 'second bishop' (presumably the second consecrated by an archbishop of York), John, a Benedictine monk from Normandy.[22] John, however, does not appear in the Manx list and was therefore probably unacceptable to the Islesmen and may never have entered his see.[23]

From York to Nidaros or from chaos to confusion, 1153–c. 1220

On the 30th November 1154 the papacy approved the establishment of Nidaros (now Trondheim) as a metropolitan see and the transfer of the diocese of Sodor into the province of the new metropolitan. The next bishop whom we hear of, however, Gameliel an Englishman, was consecrated in York by Archbishop Roger, who himself only took office in October 1154.[24] One might imagine that news of the papal confirmation may not have reached York or Man until the new year, and so Gamaliel's consecration probably took place between October 1154 and the first few months of 1155. Since Gamaliel is recognised in both English sources, where he is called Gamelin, and in the Manx list, it is safe to infer that he took up his office, and the switch of metropolitans need not have interfered with his own ministry. His place of burial is recorded as Peterborough[25], which does suggest that he may have retired from

Byland Abbey in Yorkshire where Vemund ended his life blind and castrated somewhere between 1147 and 1151. He paid heavily for his political ambitions which involved him in an unsuccessful campaign to secure the legacy of the Earl of Moray.

Byland Abbey i Yorkshire hvor Vemund døde en gang mellom 1147 og 1151, gjeldet og blindet. Hans skjebne var således identisk med den samtidige norske kongen Magnus Sigurdsson Blinde (1130–35/39), som endte sine dager på Nidarholm kloster utenfor Trondheim. Vemunds skjebne har, som Woolf gjør rede for, sammenheng med hans politiske ambisjoner. Han krevde nemlig arven etter jarlen av Moray, og reiste en flokk som herjet landet. Det var kong David I av Skottland (1124–53) som sørget for Vemunds tragiske sorti.

his see at some point, although he may have died whilst on a journey. We know from Robert of Torigni that a bishop of the Isles visited Mont St Michel in the company of William I of Scotland in 1166[26].

Gamliel's successor Rognvald is described as a Norwegian by the *Chronicle*, and was probably nominated by the archbishop of Nidaros. He may be the same man as the Reinar (for Ragnar (?) a name conflated with Rognvald in the Gaelic world) mentioned in the Icelandic annals s.a. 1210 as having died about forty years previously.[27] If this identification is correct then Rognvald must have died c.1170. His episcopacy must have seen the break up of the kingdom into two parts following the death of Somerled when Godred Olafsson returned from Norway (1164). From this time forth the kingdom of the Isles was divided between regions owing allegiance to the descendants of Somerled, whose wife had been a daughter of King Olaf, and who had been asked to take control of the kingdom by discontented nobles in the late 1150s, and those recognising the claims of his brother in-law, Godred Olafsson, and his heirs.[28] This dispute has been dealt with in detail elsewhere but we must here consider its implications for the Church.[29]

At first the struggle between Somerled and Godred must have seemed to be a succession dispute like so many before hand. Uí Ímair kings rarely rose to the kingship without some conflict. As the twelfth century drew to a close, however, it must have become clearer and clearer that a permanent division of the kingdom was likely, and this had implications for the diocese. In the Gaelic and Scandinavian worlds it was still very much the case that ecclesiastical provinces mirrored political ones, and the idea of a bishop administering to a flock engaged in long term internal conflict was barely acceptable.[30] At some point in the late twelfth century Clann Somerled (the descendants of Somerled) seem to have received a bishop for their territories. Somerled's rapid rise to power in the 1150s had been at the expense of the Scottish Kingdom as well as of the Kingdom of the Isles. Most of his mainland acquisitions were parts of the diocese of Dunkeld (in modern Perthshire) and the new bishopric of Lismore (or, as it was to be called eventually, Argyll) seems to have included these portions of the mainland. The appropriation of Dunkeld territory was probably facilitated by the long vacancy of that see following the death of bishop Richard (1178) and the disputed election of his successor John Scot, who though recognised by the Pope in 1183 did not gain full royal recognition until 1188. The see of Lismore was certainly in existence by 1193.[31] The see was not mentioned in the papal bull *cum Universi* of March 1192 which named all nine Scottish sees.[32] This, if not a simple error, may suggest either that Harald, if already bishop at this point, was claiming to be bishop of the Isles, or that Lismore was not at this point recognised as being within the kingdom of the Scots. The effects of the foundation of the see of Lismore, with its chief seat on the island of Lismore in the Firth of Lorn, on the bishops of Sodor was that they became increasingly identified with the Isle of Man. This process may already have begun in bishop Rognvald's time. The episcopal list attached to the *Chronicle* claims that he was the first bishop to receive the 'thirds' (a third part of the tithes) of the churches of Man from their incumbents, so "that from that time on they could be free from all episcopal demands".[33] This looks very much as if a peripatetic episcopacy was finally settling down and establishing centres of consumption and administration. We might imagine earlier bishops sailing constantly from island to island with a chief church in every district from which they administered their episcopal duties. It is interesting to note that both Lismore and Rushen, the premier churches of the two sees, shared the same dedication, to Mo-Lúóc (a sixth-century monastic founder, contemporary with Saint Columba), as did several churches in the north end of Skye, another region closely associated with the bishopric.

The Icelandic annals claim that after the death of 'Ragnar/Rognvald' the see of the Isles lay vacant for forty years, until the consecration of John in 1210.[34] The Manx records, however, name two intermediate bishops between Rognvald and John. The first of these is Cristinus, who is said to be an Argyll man, and who was buried at Bangor (interestingly the monastery in which Saint Mo-Lúóc was said to have been trained). It is perhaps worth noting that the bishop of Whithorn from 1154 until his death in 1186 was also called Cristinus.[35] Given not only the cultural and linguistic links between Galloway and Man, but also the close kinship between Roland of Galloway and Godred son of King Olaf, his first cousin, it is quite possible that the bishop of Whithorn administered part of the diocese during this confused period.

Michael, whom the *Chronicle* names as Cristinus' successor, was said to have died in 1203 and been buried at Fountains in Yorkshire.[36] His place of burial suggests that he was a Cistercian, and therefore probably a monk of Rushen (the Savignac order had merged with the Cistercians in 1140[37]), and Watt suggests that he is the unnamed Cistercian monk expelled from the Order in 1194 for accepting consecration whilst his successor still lived.[38] If the suggestion that Cristinus was in fact the bishop of Whithorn and not formally bishop of the Isles, then he cannot be the predecessor referred to in the Cistercian judgement. Possibly the contender was Harald, allegedly the first bishop of Lismore, though not reliably attested before 1228 he is generally thought to have acceded before 1189.[39] Harald's name suggests that he may have been of Norwegian extraction, and the beginning of his episcopacy, if it is indeed 1186x9, may have coincided with a period when Rognvald son of Somerled appeared to be the dominant king in the Isles. If so Harald may have been sent from Nidaros but thrown his lot in with Clann Somerled rather than the Manx branch of the dynasty.

To summarise a complex period once again, it might be suggested that after Rognvald's death the see lay vacant and was administered by Cristinus of Whithorn. On his death in 1186 Harald, or an unknown predecessor, was elected by clergy loyal Rognvald Mac Somerled, but after Rognvald's fall from power in 1192 Rognvald, son of Godred, secured the election of Michael. The Cistercian Order expelled Michael for assuming the episcopacy whilst Harald was still in

King and Queen from Lewis (ON Ljoðhus). Part of a set of chess pieces carved from the tusks of walruses that are now in the National Gallery, London. Probably produced in Trondheim. Photo Aschehoug forlag, Oslo.

Konge og dronning fra Lewis. Disse sjakkbrikkene, som utgjør del av et helt sett, er tilvirket av hvalrosstann, og mest sannsynlig er de kommet fra et verksted i Trondheim. Brikkene befinner seg nå i National Gallery, London. Foto Aschehoug Forlag.

Map of the church organization in Scotland and the neighbouring areas c. 1300.

Kart over kirkeorganisasjonen i Skottland og naboområdene ca. 1300.

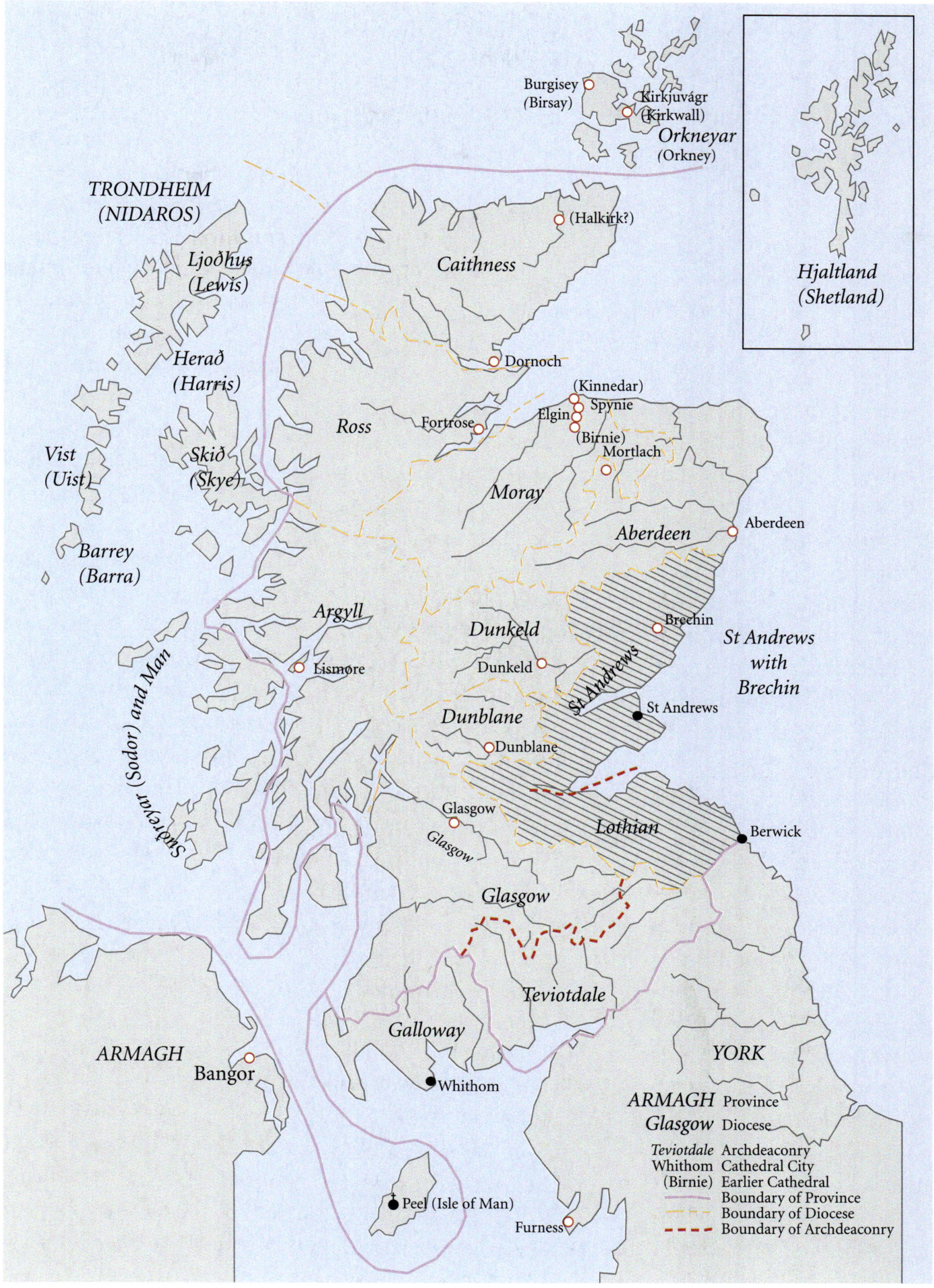

office, but the papacy regularised the situation by recognising the see of Argyll/Lismore.[40]

The vexed problem of metropolitan jurisdiction is complicated in this period due to the fact that successive archbishops of Nidaros fell out with the Norwegian kings. Archbishop Øystein was in exile in England between 1180 and 1183, and his successor Erik was in exile in Denmark from 1190 to 1202. Even when they were in Norway both Øystein and Erik were frequently in conflict with the Crown and sometimes in open warfare with it.[41] In a situation like this it is hard to tell whether the intervention of the province of York in the person of archbishops, and perhaps the bishop of Whithorn, reflects conflict with the claims of Nidaros or simply a response to the vacuum at metropolitan level created by these conflicts. It may well be that necessity made a virtue out of vice, and the Church of York was able to pursue its own agenda whilst appearing to act charitably.

After Bishop Michael's death in 1203 we next hear of the consecration of Bishop Nicholas, called Koli, in the Icelandic annals under the year 1210.[42] What the situation was between these two points is unknown. The most likely alternatives would seem to be:

1. The see lay vacant from 1203-10.
2. The see was administered from Lismore during the ascendancy of Aonghus of Somerled (d. 1210).[43]
3. Nicholas was elected shortly after Michael's death but did not receive consecration in Nidaros until 1210.

There seem to be no good reason for preferring any one of these alternatives over the others. Nicholas died in 1217 and was buried at Bangor in Ulster. Bearing in mind the close relations between Ulster and the Isles in both political and religious terms there is no reason to believe that Nicholas' death there indicates that he was in exile.

Ecclesiastical stabilisation under the metropolitan see of Nidaros, though still a piece in regional British politics, c. 1220–1340

The next bishop was a grandson of king Godred called Rognvald. He appears not to have been elected by the monks of Furness since they elected a rival, Nicholas II, whom they sent to Dublin for consecration. King Rognvald refused to accept this candidate, obviously preferring his nephew, and the pope had to issue a mandate (9 Nov. 1219) ordering him to do so. The king, however, does not seem to have been alone in his support for Bishop Rognvald for as late as May 1224 the Pope had to issue a second mandate, this time to the archbishop of York, ordering the recognition of Nicholas.[44] Despite papal backing Nicholas is not recognised in the list of bishops attached to the *Chronicle,* and so was probably never accepted in his see.

Bishop Rognvald is the first bishop after Wimund whose activities in the diocese we can say anything about. The *Chronicle* tells us how on a visit to Lewis he called a synod to annul the marriage of Olaf the Black, King Rognvald's brother. The grounds for this annulment were that Olaf had previously kept a first cousin of his wife as a concubine and was therefore, technically, committing incest. This seems an extremely nice distinction for medieval Gaeldom, and the sequel to this story probably explains the real motive. On being released from his first marriage to Lauon, a daughter of a nobleman in Kintyre, Olaf married Christina the daughter of Ferchar earl of Ross.[45] Lauon's father is nowhere named in our sources, but it is likely that he was Ruaídrí son of Rognvald son of Somerled who ruled Kintyre in the early thirteenth century. Ruaídrí appears to have lost his lands, and perhaps his life, in the course of the Scottish king Alexander II's expediton(s) to the west in 1221 and/or 1222.[46] Following its account of Olaf's marriage to Christina, the *Chronicle* tells us that Lauon's sister, queen to king Rognvald, provoked Rognvald's son Godred into attacking his uncle Olaf. Despite initial discomfiture, Olaf, with the help of earl Ferchar, overcame his nephew. This incident is dated to the year 1223.[47] The dating would suggest that it was the collapse of Ruaídrí's position in Kintyre that led Olaf, now based in the North, to seek a more appropriate ally in Ferchar. If this interpretation of events is correct then we should see bishop Rognvald as the tool of Olaf's policy rather than as an officious reformer. It would be interesting to know whether the Mac Ruaídrís owed their later position of strength in Garmoran and the Long Island to Olaf's patronage.

Bishop Rognvald, as we have seen, appears to have been still active c.1222 and his successor but one, Simon, was consecrated in Bergen by the Bishop of Nidaros in Autumn 1226. The intervening incumbent John son of Herfare is known only from the list in the *Chronicle* in which he is said to have been buried at Jervaulx after being burned to death in an accident, presumably in Yorkshire.[48] It would be tempting to surmise that John never visited his see, but his inclusion in the Manx list suggests otherwise. Perhaps he was a monk of Rushen, elected by Furness and accepted in Man, who was on his way to York for consecration at the time of his death.

Simon was a far more successful incumbent, who not only held his see for eighteen years but also, following Harald's demise, administered the see of Argyll between c.1230 and c.1238.[49] This period of joint administration, coinciding with a low point in the fortunes of Clann Somerled, is perhaps further evidence that Argyll and the Isles were in origin a single diocese. In 1238 William, chancellor of the diocese Moray, was elected bishop of Argyll and he held the see until his death in 1241, after which time at least part of the see was administered by Clement of Dunblane.[50] Simon was an Argyll man by origin and is credited by the *Chronicle* with the building of St Germans cathedral.[51] This may mark the final settling of the episcopal seat at Peel.

After Simon's death in 1248 the *Chronicle* records that the see was vacant for 'about six years'. Simon's archdeacon, Laurence, was elected bishop by the chapter of Man and went to Norway for consecration. Harald, king of the Isles, had been in Norway at the court of King Hákon since the previous fall. He refused to allow the archbishop of Nidaros to consecrate Laurence because of a letter he had received denouncing him. It was agreed that Laurence should return to the Isles with the king to be elected publicly. Leaving Norway towards the end of September the King and bishop-elect with all their retinue were drowned in a shipwreck off Shetland.[52]

It was not until early 1253 that a new bishop was finally consecrated. It is possible that once again the irregular position in the Isles can be explain with reference to the see of Argyll. As we have seen Simon of the Isles held episcopal authority in Argyll until c. 1238. He relinquished this authority to William of Moray who was consecrated in 1240 but was dead by the end of 1241. After Bishop William's death the see of Argyll remained vacant for the duration of Simon's life, but sometime between 1248 and 1250 one Alan was elected as bishop there. This election may have been connected to Alexander II of Scotland's ill-fated expedition to Argyll in 1249.[53] Alan continued in office until his death in 1262.[54] In this light it is interesting that when the election of a new bishop of the Isles occurred, in 1253, it happened when the archbishop of Nidaros was actually in Rome. The new bishop was a canon of St Andrews (in Scotland), who had been working in the Curia for some time.[55] It may be that the archbishop of Nidaros had complained at the interference in his province by the Scottish Church. And that the Pope had achieved a compromise by providing a candidate for the cathedral at Peel, who was acceptable to Scottish royal interests, if not necessarily to Clann Somerled, and who was known to himself personally. Once more we seem to see relations between the sees of Argyll and the Isles mirroring the relationships between Clann Somerled and the descendants of Godred Olafsson.

Bishop Richard was an Augustinian canon. He ruled the diocese for twenty-three years and dedicated the new church of St Mary at Rushen in 1257.[56] He died in Copeland returning from a Church council in 1275 and was buried at

Furness.[57] Richard's episcopacy saw the Treaty of Perth (1266) between Norway and Scotland and the Scottish conquest of Man, and though there is no record of his involvement in these great affairs of state, it is hard to imagine that he did not have some part to play in them.

On Richard's death, however, the tensions of the new political situation revealed themselves. The clergy and people of Man elected Gilbert abbot of Rushen to succeed as bishop, but Alexander III, King of Scots, vetoed the election and instead sent his own nominee Mark of Galloway to Nidaros for consecration.[58] The Manx refused to accept him for three years, and an interdict was placed on the Island.[59] Mark ruled the diocese until 1303 and died, blind and aged but well loved. He was buried at St Germans.[60]

In 1305 Anthony Bek, the bishop of Durham, who held the Lordship of Man under the English crown, imposed another Galwegian, Alan on the chapter. Alan like earlier Galwegian bishops was a Gaelic speaking native of the province of York. He died in 1321 and was buried at Rothesay on Bute. His successor Gilbert MacLellan (1325–8) was also a Galwegian and was also buried on Bute.[61] This association with Bute may mark the growing influence of another secular force, the House of Stewart, in the outer Clyde.

This Stewart connection can perhaps also be detected in the election, late in 1327 or early in 1328, of Bernard abbot of Arbroath and Chancellor to Robert I of Scotland. Bernard had first risen to prominence as abbot of Kilwinning in Ayrshire, within the Stewart sphere of influence, and returned there to be buried in 1331. This Scots intervention seems to have been resented by some at least of the clergy in the Isles and at some point after Gilbert's death the canons and clergy of Snizort in Skye elected one Cormac as bishop and, on Bernard's death, sent to Nidaros for confirmation of his election.[62] They do not seem to have been successful in their bid, and Cormac does not appear in the *Chronicle*.

The next Scottish candidate was Thomas, notable for introducing a tithe on the herring fishery. He also introduced a twenty-shilling 'procuration' fee, which he levied from the churches of Man.[63] It is not clear if this was a one off payment or a regular levy. Thomas ruled the diocese from June 1331 until his death in September 1348. the fact that he was buried at Scone may suggest that he was an Augustinian canon.

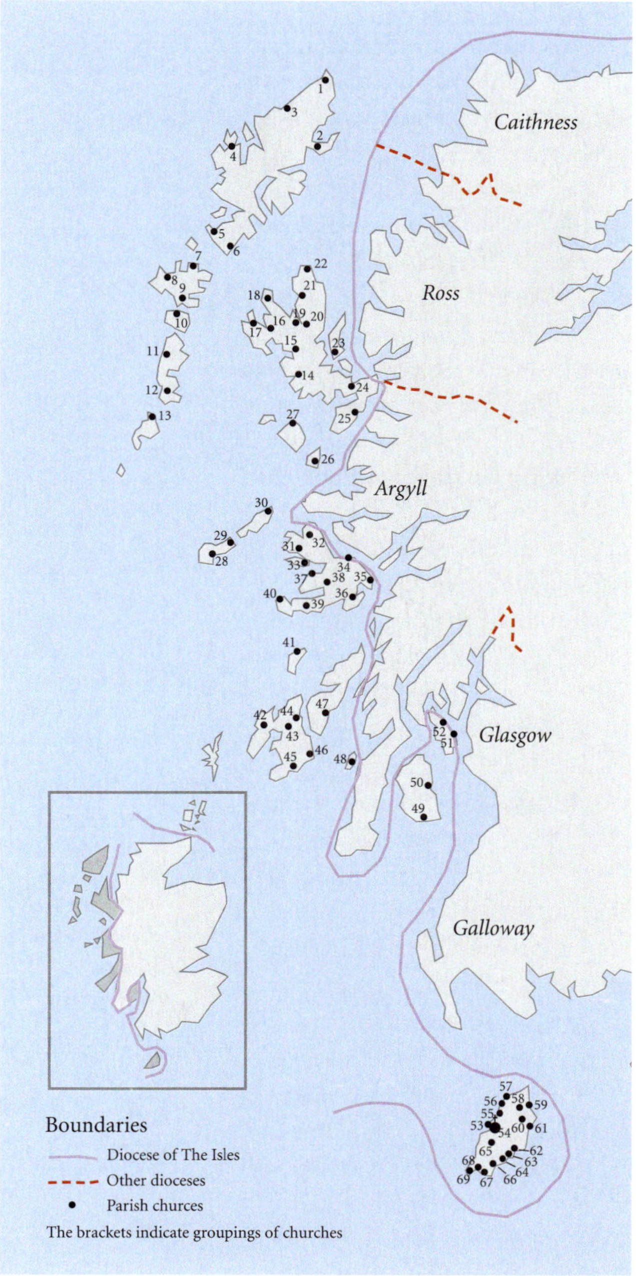

1 Ness (Lewis)
2 Eye (Lewis)
3 Barvas (Lewis)
4 Uig (Lewis)
5 Kilbride (Harris)
6 Rodel (Harris)
7 *Sand* (N. Uist)
8 Kilmory (N. Uist)
9 Careinish (N. Uist)
10 Benbecula
11 *Howmore* (S. Uist)
12 *Kilpheder* (S. Uist)
13 Barra
14 Minginish (Skye)
15 Bracadale (Skye)
16 Kilmory-Vaternish (Skye)
17 Glendale-Duirinish (Skye)
18 Trumpan (Skye)
19 Snizort Cathedral (Skye)
20 Snizort, St Columba (Skye)
21 Uig-Trotternish (Skye)
22 Kilmaluag (Skye)
23 Raasay
24 *Strath* (Skye)
25 *Sleat* (Skye)
26 Kildonan (Eigg)
27 *Canna*
28 Soroby (Tiree)
29 Kirkapoll (Tiree)
30 *Coll*
31 *Kilninian* (Mull)
32 Kilcolmkill (Mull)
33 Ulva
34 Pennygown (Mull)
35 *Killean-Torosay* (Mull)
36 Laggan (Mull)
37 *Inch Kenneth*
38 *Kilfinichen* (Mull)
39 *Kilvickeon* (Mull)
40 *Iona*
41 *Colonsay*
42 Kilchoman (Islay)
43 Kilarrow (Islay)
44 Kilmany (Islay)
45 Kilnauchtan (Islay)
46 Kildalton (Islay)
47 Jura
48 Gigha
49 Kilmory (Arran)
50 Kilbride (Arran)
51 Kingarth (Bute)
52 Rothesay (Bute)
53 Kirk Patrick
54 Peel Cathedral & Kirk
55 Kirk Michael
56 Ballaugh
57 Jurby
58 Andreas
59 Kirk Bride
60 Lezayre
61 Maughold
62 Lonan
63 Onchan
64 Braddan
65 Marown
66 Santon
67 Malew
68 Arbory
69 Rushen

Map of the parish churches in the bishopric of Sodor.

Kart over sognekirkene i bispedømmet Sodor.

Between Scotland and England and towards a partition of the bishopric of Sodor, the late middle ages

Thomas was the last of the Scottish bishops and was succeeded by William Russell, allegedly a Manxman, who had been abbot of Rushen since about 1330. He was elected by the Manx clergy and sent to Avignon for consecration by Clement VI in April 1349. He died in 1374 and was buried at Furness Abbey.[64]

William's successor, John Donkan, was the last bishop of the united see of Sodor. He was a Manxman by origin, but was an archdeacon in the diocese of Down in Ireland at the time of his election. He was sent, like his predecessor, to Avignon for papal confirmation. This he received but was delayed in his return to his see when imprisoned in Boulogne. Upon being ransomed he returned to Man and was installed in his cathedral in 1377.[65] Ten years later the see was split when John sided with the English Church and Crown in the Great Schism, recognising Urban VI as Pope while the Scottish crown, together with the Lord of the Isles, recognised Clement VII. Clement ordered John's deposition and in the Scottish territories he was replaced by Michael of Cashel.[66] From that time forth the bishops in Man became increasingly bound into the English ecclesiastical hierarchy.

The diocese of Sodor was always a problematic diocese. As we have seen it seems to have originated as the pastoral aspect of the *imperium* of the Uí Ímair dynasty, and as this *imperium* crumbled so the diocese itself fragmented. The establishment of sees at Dublin (1074), and Lismore (c.1189) as well as the ultimate separation of the Isles from Man in the fourteenth century reflect the increasing political fragmentation. It may even be the case that the re-establishment of the see of Whithorn in 1128 likewise signals the removal of Galloway, or the western portion of it at least, from Uí Ímair control.

We have little evidence of how the diocese was organised, but what hints survive suggest that different regions with their own distinct cultural traditions probably had their own head churches which formed the basis for episcopal visitations. Rushen on Man, Kingarth on Bute, Snizort on Skye and perhaps Lismore seem to have been among these regional centres, and there may perhaps have been others. We should probably imagine ordinations and confirmations for each region, taking place at these centres. Just as the kings of the Isles began to lose control over the outlying parts of their realm as they became more closely identified with Man, so the diocese probably became more difficult to control as the episcopal centre became more permanently fixed at St Germans. Wimund, as we have seen, was a monk of Rushen but was still able to operate from Skye as an episcopal centre. As time went by, however, the clergy in places like Snizort and Bute probably began to feel that their interests were not served by a Chapter based at Peel. If the hypothesis put forward here about the origins of the see of Argyll is correct, it seems that the clergy of Lismore, with appropriate secular backing, eventually decided to elect their own bishop. The church at Snizort attempted the same thing in the fourteenth century, first with the abortive episcopacy of Cormac and subsequently, with more success, during the great schism.

In the eleventh and twelfth centuries it seems likely that the bishops would have circulated between these major churches, possibly appearing at a different place for each of the major festivals of the year. We might expect the bishop to travel in company with an extensive retinue, including warriors as well as clerics, living off the tithes that would be collected at the episcopal centres. From Olaf the Red's reign (1113-54) onwards the creation of extensive estates in Man and eventually the development of money renders reduced the need of the bishops to engage in a peripatetic lifestyle in order to support their household. The long term trend, through the course of our period, was for the increasing territorialisation of the diocese and the establishment of an episcopal centre on Man, first at Rushen and then at St Germans, which made the bishops of Sodor look and behave much more like the rank and file of bishops in western Christendom. As in the secular sphere the economic development of the Isle of Man led to a withering away of influence in the outlying parts of the episcopal *regnum*.

Notes

1 Chron. Man, f. 50v ff.
2 E.g. D. E. R. Watt 1994, 99-119, at 109-110.
3 S. MacAirt and G. MacNiocaill 1983, s.a. 1074.
4 J. F. Kenney 1997, 758-9. See also S. Duffy 1992, 93-133, at 102 and n.45
5 *Chron, Man*, f.50v.
6 J. Raine 1879-94, ii, 462.
7 J. R. Oliver 1860-2, ii, 7.
8 E.g. Watt 1994, 110.
9 Duffy 1992, 102.
10 P.G. Walsh & M.J. Kennedy 1988, Book 1.
11 Oliver 1860–2, ii, 1-3.
12 Watt 1994, 111-115.
13 *Op. cit.*, ii, 4-6.
14 Raine 1879-94, ii, 372.
15 C. Johnson 1961.
16 E. van Houts 1992, OV, 8.xxx.
17 J. Wilson 1915 532, discussed in G. W. S. Barrow 1971, 12-13.
18 A. C. Lawrie 1905, 271-3.
19 T. Arnold 1885, ii, 326.
20 This reading of Wimund's career has benefited from discussion with Alasdair Ross and Richard Oram.
21 Oliver 11860–2, ii, 49-52. Discussed by Watt 1994, 116 and n.5.
22 R. Howlett 1884-9, iv, 167.
23 Watt 1994, 117.
24 James Raine 1879–94, ii, 462.
25 *Chron. Man.* f. 50v.
26 Howlett 1884–9, iv, 228-9.
27 *IslAnn.*
28 See the contributions by McDonald below.
29 C. Etchingham 1999, 105-147.
30 P. Fabre and L. Duchesne 1889, i, 230-2.
31 R. A. McDonald 1997, 211-12.
32 *Chron. Man.* f. 50v.
33 IslAnn.
34 J. Stevenson 1835, s.a. 1154 and 1186. Cristinus bishop of Candida Casa [Whithorn] also witness an act of Roland of Galloway c. 1176-85, for which see K. Stringer 2000, 203-34, at 217-18.
35 *Chron. Man.* f 50v.
36 See the contribution by Casey below.

37 Watt 1994, 119, citing J.-M. Canivez, *Statuta Capitulorum Generalium Ordinis Cisterciensis,* (Louvain 1933), i, 179.
38 D. E. R. Watt 1969, 26.
39 For the complex politics of the period see McDonald 1997.
40 B. Sawyer and P. Sawyer 1993, 117 and 226.
41 *IslAnn.*
42 *Chron. Mann.* f. 41r.
43 Watt 1969, 200.
44 *Chron. Mann.* f.42r.-f.42v.
45 A. A. M. Duncan and A. L. Brown 1957, 192-203, at 200. W. D. H. Sellar 2000, 187-218, at 201.
46 *Chron. Mann.* f.42v.-f.43r.
47 *Chron. Mann.* f.51r.
48 Watt 1969, 26.
49 Watt 1969, 26.
50 *Chron. Mann.* f.51r.
51 *Chron. Mann.* f46v.
52 I owe this suggestion to Stephen Boardman.
53 Watt 1969, 26.
54 Watt 1969, 201.
55 *Chron. Mann.* f.49v.
56 *Chron. Mann.* f.51 r.
57 Watt 1969, 201.
58 *Chron. Mann.* f.51r.
59 *Ibid.*
60 *Chron. Mann.* f.51.v.
61 Watt 1969, 201-2.
62 *Chron. Mann.* f.51.v.
63 *Ibid.*
64 *Ibid.*
65 Watt 1969, 202.
66 Watt 1969, 128, and D. Brooke 1994, 78.

Sammenfatning

Bispedømmet Sodor var det som kulturelt og politisk sett lå lengst vekk fra Nidaros. Det besto av Sudrøyene (Hebridene) og Man, i perioder kanskje også deler av Irland, ettersom Dublin fram til c. 1070 hørte under kongehuset på Man. Ifølge Woolf kan opprettelsen av et eget bispedømme i Dublin c. 1070 henge sammen med at Dublin da ble revet løs fra manxdynastiet. Også områder i Skottland kan ha ligget under biskopene av Sodor, men falt så fra etter hvert som kongedømmet over «Man og øyene» gikk i oppløsning. Manxbispedømmets eldste historie lar seg vanskelig dokumentere. Samtidskildene er sparsomme, og historikerne er i stor grad henvist til yngre kilder, først og fremst Manxkrøniken (Chronicles of the Kings of Man and the Isles) fra 1200-1300-tallet. Den begynner sin beretning med kong Gudrød Crovan (Godred Crób bán) fra Sudrøyene som erobret Man. Han regjerte fra 1079 til 1095, og regnes i dag som stamfar til kongene over «Man og øyene», skjønt selv regnet manxkongene sin slekt fra den legendariske Ivar beinlaus (hinn beinlausi). På irsk gikk dynastiet under navnet Ui Ímair, Ivars sønnesønner. Selv om bispedømmets historie knapt kan følges lenger tilbake enn til 2. halvdel av 900-tallet, mener Woolf at de hedenske vikingenes erobring neppe betydde noe brudd i den politiske og kulturelle utviklingen på øyene, og at bispedømmet har hatt en ubrutt historie siden den tidligste kristne tid på de britiske øyer. Dette til forskjell fra Orknøyene hvor den kristne piktiske befolkningen trolig ble utryddet av de norrøne landnåmsmennene, og hvor hedendommen overtok.

Bispedømmet Sodor var et blandet norrønt-keltisk samfunn. Det keltiske innslaget, som i vikingtiden og de nærmeste hundreårene etter vikingtiden ble tvunget på defensiven, skulle i løpet av senmiddelalderen igjen bli dominerende. Enkelte områder, så som ytre Hebridene, beholdt likevel sitt norrøne preg nokså lenge, noe blant annet stedsnavnene den dag i dag vitner om. Det var likevel de politiske forholdene i Irskesjø-området, og ikke tilknytningen til Norge, som i middelalderen skulle utgjøre den viktigste rammefaktoren for den kirkelige utviklingen: det vil si kampen om makt mellom norrøn-keltiske småkonger og høvdinger, og etter hvert et samlet Skottland og et England med storbritiske ambisjoner. Fra slutten av 1100-tallet, med Magnus Berrføtts erobringer fra Orknøyene til Irland, ble også det norske rikskongedømmets nærvær mer merkbart, skjønt Norge lå helte tiden langt unna, og ved freden i Perth i 1266 ble Suderøyene og Man avstått til Skottland. Før det hadde kongene over «Man og øyene» i prinsippet anerkjent en slags norsk overhøyhet, skjønt stort sett hadde de styrt seg selv, og til forskjell fra jarledømmet på Orknøyene ble de aldri forsøkt integrert i den norske middelalderstaten.

Kong Gudrøds reise til Norge i 1152/53 og Sodors innlemmelse i den nyopprettede Nidarosprovinsen er blitt forstått som uttrykk for manxkongens ønske om beskyttelse mot truende naboer, i første rekke Dublin. Norge var samtidig langt nok unna til at den norske beskyttelsen neppe ville være plagsom for manxmennene. (Ian Beuermann 2001). Samtidig synes det klart, som også Barbara Crawford viser, at på dette tidspunktet har pavedømmet akseptert en slags norsk suverenitet over de norrøne områdene vest for Skottland.

Innlemmelsen av bispedømmet Sodor i Nidarosprovinsen fikk få umiddelbare følger, noe Woolf dels tilskriver de norske borgerkrigene og det forhold at både erkebiskop Øystein og erkebiskop Eirik i perioder levde i eksil. Fram til ca. 1220 fortsatte dermed York å være det viktigste kirkelige tilknytningspunkt for biskopene på Man og Suderøyene. Særlig skulle forbindelsen til de store klostrene i Yorkshire og Cumbria, så som Byland Abbey, Foutains Abbey og Furness Abbey fortsatt spille en stor rolle ut over 1100-og 1200-tallet. Det kan for øvrig nevnes at det også var nær forbindelse mellom den norske kirke og klostrene i dette området, og at erkebiskop Øystein i deler av sin eksiltid bodde i Fountains Abbey, hvorfra vi har et av de viktigste manuskriptene med Olavslegenden (Passio Olavi). Det var også i York at manxbiskopene fram til begynnelsen av 1200-tallet ble vigslet.

Forbindelsen mellom Norge og Nidaros tok seg opp etter 1200, noe både Baglersagaen og Håkon Håkonssons saga beretter om, for ikke å nevne de berømte sjakkbrikkene fra Lewis (Ljoðhus) i ytre Hebridene, som trolig er blitt tilvirket i et verksted i Trondheim. Og fra 1220-åra er det opprettet normal kirkelig kontakt med Nidaros. Fra nå av og fram til ca. 1340 er manxbispene som oftest blitt konfirmert og viet av biskopene i Nidaros, og de har besøkt Nidaros, om ikke regelmessig, så trolig én gang i løpet av sin embetstid, slik loven krevde. Også etter at øyene i verdslig forstand var blitt overdratt til Skottland, fortsatte den kirkelige forbindelsen. Etter 1220 er det også blitt mer orden i selve bispedømmestyret, og biskopen, som tidligere kan ha fartet mellom hovedkirkene, ser nå ut til å ha fått fast residens i Peel på Man, hvor også den nye domkirken reises.

Selv om freden i Perth 1266 ikke fikk umiddelbare konsekvenser for forholdet til Nidaros, skulle det på sikt få stor betydning for bispedømmet Sodor, som nå kom i klemma mellom kongedømmene Skottland og England. Dette ble forsterket under skismaet fra 1378, da skottene valgte å forbli under avignonpavenes obediens, mens engelskmennene valgte romapavens. Sodor ble nå kløyvd i to bispedømmer, Man-delen (episcopatus Sodorensis in Man) fulgte England, mens Sudrøyene (epsicopatus Sodorensis sive Insularum) fulgte Skottland. Etter 1350 ble i virkeligheten forbindelsen mellom Nidaros og Peel så godt som brutt. Alt i 1349 hadde pave Clemens VI fritatt sodorbispen fra én gang i løpet av sin embetstid å besøke Nidaros. Den skotske delen av det opprinnelige Sodorbispedømmet ble i 1472 overført fra Nidaros til det nyopprettede bispedømmet i St. Andrews. Så sent som i 1500 protesterte erkebiskop Gaute Ivarsson mot dette, men uten resultat. Man-delen skulle vekselvis bli liggende under erksetet i York og erkesetet i Canterbury. I 1513 ble det igjen sagt å høre under Nidaros (Kolsrud 1913b), men opplysningen kan knapt tillegges noen betydning. Senest i 1555 lå manxbispedømmet under Canterbury.

Bispedømmet

Her skal det handle om erkestiftet. Sverre Bagge og flere med ham sammenligner erkebiskopen med en fyrste, og sammenligningen er ikke ueffen. Bispedømmet var erkebiskopens domene, og liksom de fleste av middelalderens fyrster, enten det var den tyske keiseren eller kongen av Frankrike, var det først og fremst i sitt hjemmeområde at erkebiskopen måtte skaffe til veie de materielle ressursene som trengtes for å finansiere styringsverk, byggeprosjekter og reformarbeid, alt det som vi i sin alminnelighet kan kalle kirkens åndelige og samfunnsmessige oppgaver. Det var bare i bispedømmet erkebiskopen hadde umiddelbar kontroll over det kirkelige administrasjonsapparatet: der var det han som tilsatte prestene og viet kirker og kirkegårder, der var det han som førte tilsyn med kirkeombudsmennenes forvaltning av bygdekirkene, og der bant han seg nettverk av storbønder og lavadel som ble satt til å styre med bispestolens jordegods, kreve inn bispetienden og andre biskoppelige inntekter, og i det hele tatt vareta kirkeledelsens interesser, fra Møre til Varanger. Liksom kongen hadde erkebiskopen hird og væpnede sveiner, og han reiste rund med fyrstelig følge. I seinmiddelalderen skulle han også få rett til å tildele adelskap, og han kunne prege sin egen mynt. Etter hvert fikk erkebiskopen også festningsverk, orlogsskip, kuler og krutt.

Her skal hovedtemaet være bispedømmestyringen og det materielle grunnlaget for kirkeledelsen i Trondheim. Og det faller naturlig å begynne på toppen med biskopen og hans nærmeste medarbeidere ved domkirken, korsbrødrene og deres fellesskap domkapitlet. Et hovedproblem mot slutten av 1200-tallet var om bispemakten skulle utøves nærmest eneveldig eller kollegialt, og hvordan erkesetets store tilganger skulle fordeles blant den geistlige eliten i byen.

Visitasen var biskopens fremste styringsverktøy. Gjennom den kom han i direkte kontakt med bygdefolk og bygdeprester. Bispevisitasen var for øvrig en av de kirkelige ordninger som ble videreført etter reformasjonen, selv om de lutherske superintendentene langt fra kunne gå til verket med de katolske biskopenes autoritet. Nær knyttet til biskopens lokale styringsmyndighet - og muligheter - var utviklingen av faste geistlige embetsdistrikter med menighetskirker, med andre ord av et sognevesen med biskopen aller øverst. Som Brendalsmo skriver, skulle sognedannelsesprosessen i Trøndelag bli både langvarig og tung da sterke lokale krefter lenge sto imot de kirkelige sentraliseringsbestrebelsene.

Vi skal også se på forholdet mellom bispesetet og de delene av stiftet som grenset opp mot den greske kristenhet, og som ved slutten av middelalderen fortsatt var å betrakte som misjonsmark. Og vi vil gjøre det ved å rette søkelyset mot Trondenes prestegjeld, som i løpet av middelalderen kom under lederen for domkapitlet i Trondheim, dekanen. Den praktfulle kirken utenfor dagens Harstad var den største i Nord-Norge, og prestegjeldet der det rikeste. Gjennom Trondenes-gjeldets historie brytes mange av de viktigste temaene i norsk kirkehistorie og samfunnshistorie mer allment i middelalderen. Og sist, men ikke minst skal vi se på grunnlaget for trønderkirkens timelige tarv.

Grong var i middelalderen et selvstendig sogn; etter reformasjonen skulle det bli anneks under Overhalla prestegjeld i Øvre Namdalen (Nord-Trøndelag). Sognet har navn etter gården og kirkestedet. På Grongs nabogård Medjå holdt ifølge Jørn Sandnes det gamle bondegildet til, og til sammen dannet disse to gårdene et religiøst og sosialt sentrum i bygda med røtter tilbake til førkristen tid. Selv om Grong kirke ikke kan dokumenteres med sikkerhet før mot slutten av middelalderen, har den i alle fall eid kirkekunst som kan dateres tilbake til 1200-tallet, blant annet en madonnafigur og en olavsfigur. (Sandnes 1965: 229, 257f.) Her ser vi et seinmiddelaldersk alterskap, som fortsatt befinner seg i Grong kirke, og som tyder på at bygdefolket trass i økonomisk kries og vanskelige tider har sett seg råd til å koste på kirken sin. Skapet er trolig fra slutten av 1400-tallet, og man antar at det er skåret av den lokale svenske mesteren Haaken Gulleson. Grongskapet med sin noe naive figurframstilling er et interessant eksempel på møtet mellom utenlandske forbilder og folkekunst. Skapet viser oss jomfru Maria flankert av Sta. Katharina og Sta Barbara. Foto: Riksantikvaren.

This late medieval altar cabinet from the church at Grong (in the Namdal valley, Trøndelag), *proves that a poor and small congregation far away from Trondheim were willing to invest in the beautification of their church. The cabinet, which was made by the Swedish masterbuilder Haaken Gulleson, shows an interesting mixture between local popular art and foreign influence.*

This part deals with the archdiocese. Sverre Bagge and several others have compared the archbishop with a prince, and such a comparison is not unjustified. The bishopric was the domain of the archbishop and like many medieval princes, whether the German emperor or the king of France, it was basically in his home territory that the archbishop had to find the material resources necessary for financing the administration, building and construction projects and reform work, in fact everything that can be referred to as the spiritual and social responsibilities of the Church. It was only in the bishopric that the archbishop exerted immediate control of the administration of the Church. It was here that he appointed the priests and ordained the churches and graveyards, supervised the church ombudsmen and their administration of the parish churches and created a network of wealthy farmers and lower nobility. Representatives of the latter were in turn selected to manage the property and estates of the bishopric, collect the tithes and other parts of the bishop's income, and generally protect the interests of the leadership of the Church from Møre to Varanger. Just like the king, the archbishop had his own retainers and armed squires, and when he travelled he was accompanied by a princely entourage. In the late medieval period he also gained the right to grant titles of nobility, and he coined his own mint. Eventually, he also had fortifications, ship of war, bullets and gunpowder at his disposal.

The main topic here will be the management of the bishopric and the material foundations for the leadership of the Church in Trondheim. It is only natural to start at the top with the bishop and his closest co-workers at the cathedral, the members of the chapter. One of the main issues in the late 13th century was whether the execution of the bishop's power should be done autocratically or through a collegium. A secondary matter was how the rich supplies to the archbishop's see should be distributed among the members of the town's ecclesiastical elite.

The visitation was the most important administrative tool of the bishop. It was through this that he came directly in touch with parishioners and parish priests. The visitation was otherwise one of the institutions, which was maintained after the Reformation, even if the Lutheran bishops lacked the authority of their Catholic counterparts. Closely related to the bishop's local administrative authority – and possibilities – was the development of local government church districts with parish churches, in other words a parish system under the authority of the bishop. As Brendalsmo writes, the creation of parishes in Trøndelag was both lengthy and difficult as local forces were able to resist these attempts at centralization by the Church.

We will also consider the relationship between the archbishop's see and the parts of the diocese bordering on the Greek-Orthodox Christianity. In the late medieval period this was still a missionary field with a considerable pagan Lapp population. We will focus on Trondenes parish, which during the Middle Ages came under the authority of the head of the chapter in Trondheim, the dean. The beautiful church outside current Harstad was the greatest in northern Norway, and its parish the wealthiest in the region. The history of Trondenes parish reflects many of the most important topics in Norwegian Church history as well as general social history in the Middle Ages. Last, but not least, we will look at the basis for the temporal needs of the Church in Trøndelag.

SIGILL CAPITVLI

STRIDEN MELLOM ERKEBISKOP JØRUND OG DOMKAPITLET I NIDAROS

Lars Hamre

I 1290-åra loga ein stor strid opp mellom erkebiskop Jørund av Nidaros og domkapitlet ved erkesetet. Denne langvarige interne kontroversen har ein sentral plass i soga til den norske mellomalderkyrkja, men har ikkje fått like stor merksemd frå historikarane som striden mellom konge og kyrkje under Magnus Lagabøtar og formyndarane for sonen hans, Eirik, i 1270-80-åra. Men sidan både paven og kongemakta vart blanda inn, fortener den lokale striden i Trondheim i 1290-åra også ein viktig plass i rikshistorisk samanheng. Dessutan galdt den viktige prinsipielle kyrkjerettslege og kyrkjepolitiske spørsmål, som ei gjennomgåing av konflikten gjev høve til å koma inn på.

Dei fleste kjeldene til striden mellom erkebiskop Jørund og domkapitlet finst framleis i original. Det er dokument som Ární Magnusson i si tid fekk frå Trondhjems stiftskiste, og som no er i vårt riksarkiv. Forliksdokumentet frå Tautra, eit av dei dokumenta som vi skal sjå nærare på her, finst i *British Library*. Dokumenta er utgjevne i *Diplomatarium Norvegicum*, dei gamalnorske breva frå før 1300 er også utgjevne i faksimile og med transkripsjon i Finn Hødnebøs utgåve av gamalnorske diplom fram til 1300. Ei livfull skildring av striden sett med augo til ein av tilhengjarane til erkebispen finn ein i den islandske soga om biskop Laurentius i Hólar. *

Den interimistiske styringa av erkesetet

Erkebiskop Jon Raudes aktive og målmedvitne kyrkjepolitikk kulminerte med Sættargjerda i Tunsberg i 1277, med det nye utvida tiendregulativet og med hans nye kristenrett. Denne politikken førte etter Magnus Lagabøtars død i 1280 til ein kraftig antiklerikal reaksjon. Formyndarstyret gjekk til aktive mottiltak mot kyrkja og brydde seg ikkje om kyrkjelege sensurar. Dette førte til at erkebiskop Jon sjølv, som ikkje på nokon måte ville bøya undan, måtte draga i utlægd til Skara i Sverige, der han døydde 21. desember 1282. Freistnadene hans på å engasjera pavestolen til aktiv innsats på si side hadde heller ikkje ført fram.

Etter at erkebiskop Jon var dregen i eksil, var det dei verdslege stormennene i formyndarstyret som overtok styringa også av erkestolens eigedomar og inntekter. Ein av dei, baronen Jon Brynjulvsson, tok bustad i Erkebispegarden. Men denne harde framferda mot kyrkjeleiarane synest å ha ført til ein viss reaksjon mellom folk flest og truleg også blant somme av dei styrande. I 1283 vart det i namnet til kong Eirik og hertug Håkon utferda eit vernebrev for domkyrkja i Nidaros, for domkapitlet og erkestolens eigedomar. Brevet tek desse i kongeleg vern og set strengt forbod mot at nokon forgrip seg på eller dreg under seg det som høyrer kyrkja og erkestolen til utan samtykke frå korsbrødrane (kannikane). Det vert i brevet endefram sagt at dei skal styra med dette inntil Gud gjev dei ein ny forstandar for den norske kyrkja, dvs. ein ny erkebiskop.[1] Dette er heilt ut i samsvar med føresegnene i kanonisk rett som fastset at domkapitlet skal ta over stiftsstyringa når det ikkje er nokon biskop. Dette gjeld både når det er vakanse fordi ein biskop døyr, og dersom biskopen er hindra frå å utføra sine embetsplikter. Det var det siste som var tilfelle medan Jon Raude var i eksil; etter hans død vart erkesetet rekna for vakant. I båe høve var det etter kyrkjeretten domkapitlets oppgåve å syta for mellombels stiftsstyring. Dette hadde med vernebrevet også fått kongeleg godkjenning, og kannikane hadde dermed ein solid heimel for sine styringstiltak. Desse styringstiltaka kunne sjølvsagt berre gjelda på dei område som fell inn under den episkopale jurisdiksjons-myndigheita, *potestas iurisdictionis*. Dei andre biskoppelege funksjonane kunne berre ein innvigd biskop utføra. *Potestas iurisdictionis* femnde ikkje berre om den episkopale domsretten, men også om forvaltning på det økonomiske område, altså om temporalia i vidaste forstand. Den mellombels stiftsstyringa gav såleis domkapitlet eit godt grunnlag for å freista å utvida makta si.

Men dette var på ingen måte tenkt som nokon varig skipnad. Dei kyrkjelege lovgjevarane rekna alltid slik

* Dette kapitlet byggjer på manuskriptet til Lars Hamre sine førelesingar ved Historisk institutt, Universitetet i Oslo, hausten 1980. Eldbjørg Haug har reinskrive manuskriptet, sett til notar og skrive «Sluttord». Sverre Bagge har gått gjennom sitata frå latin, Else Mundal har gjort det same med sitata frå gamalnorsk; ho har og hjelpt til med målforma slik vi trur Lars Hamre ville ha ønskt henne. Steinar Imsen og Eldbjørg Haug har saman redigert heile kapitlet.
Vi har valt å publisera dei to mest sentrale dokumenta i Lars Hamre si omsetjing – vitnemålsbrevet frå 1294 og forliksbrevet frå 1297 – av di sentrale delar av teksta er forma som ein analyse av desse aktstykka.

stiftsstyring for å vera av klårt mellombels karakter, den var interimistisk, og det vert gjerne streka under at det er ei naudløysing for å hindra at kyrkja skal lida skade på sine interesser. Difor er det i slike høve ei sentral og viktig plikt for domkapitlet å syta for at kyrkja får ein ny biskop. Dersom kannikane drog tida ut slik at eit stift vart ståande biskoplaust i lengre tid, kunne det vera grunn for metropolitt eller pave til å gripa inn. I dekretalretten vert det difor fastsett at om dei som det tilkjem å velja eller peika ut forstandar for ei domkyrkje eller ei regulær kyrkje, forsømer å gjera dette innan tre månader, går tilsetjingsretten over til deira næraste overordna. Denne har også ein tre månaders frist til å syta for tilsetjing og er elles heimfallen til straff. I siste instans fell tilsetjingsretten til paven. I den ålmenne motiveringa for dette påbodet vert ei biskoplaus domkyrkje samanlikna med ei enkje, og det vert sagt at det vert gjeve «for at ikkje den rovgriske ulven skal fara laus på Herrens hjord fordi denne er utan hyrding, og for at kyrkja i sin enkjestand ikkje skal lida tungt tap på sine midlar.» Tankegangen er sjølvsagt den at når bispestolen stod ledig, ville det vera lettare for dei som ynskte det, å skada kyrkja. Sameleis kunne bispeløysa føra til at den kyrkjelege økonomien kom i ulage. På den andre sida er det klårt at nettopp den interimistiske stiftsstyringa var eit særs brukbart middel for domkapitla til å auka og utvida makta si, og ein slik maktauke er eit markant trekk i den kyrkjehistoriske utviklinga i 1200-åra både her heime og i Europa elles.

Domkapitel og stiftstyring

Domkapitla var opphavleg det presteskapet som var knytt til domkyrkja.[2] Desse geistlege var samstundes biskopens rådgjevarar, og dei levde saman etter ein viss regel (*canon*). Alt Augustin skal etter ein kyrkjeleg tradisjon ha skipa ein slik regel. Normgjevande for den vidare utviklinga vart den *Regula canonicorum* som vart gjeven av biskop Chrodegang av Metz ca. 760. I nær samanheng med denne stod den såkalla *Aachen-regelen* som også var kjend på nordisk område. Alt frå første stund var det såleis tendensar til at somme av domkapitla fekk eit munkelivliknande, regulært preg. På 900-talet slutta dei fleste kapitla med dette, dei vart sekulære, det vil seia av denne verda. Den kyrkjelege reformrørsla førte til ein renessanse for dei regulære domkapitla, og mange av dei levde etter augustinar- eller premonstratensarregelen. Men i 1100-og 1200-åra var dei aller fleste domkapitla på ny sekulære, dei vende attende til verda, og det er framom alt i denne tida at makta deira aukar. Kapitla vert i denne tida fasttømra korporasjonar med krav om makt og kompetanse overfor biskopane. Kannikane nøyer seg ikkje lenger med å gjeva råd når dei vert spurde om dette av biskopen, men deira rådgjeving vert obligatorisk ved dei fleste avgjerder. På ei rekkje område, særleg av økonomisk karakter, må biskopen også ha samtykke av sitt kapitel. Difor heiter det stadig at ein skipnad er gjord med råd og samtykke frå domkapitlet (*cum consilio et consensu capituli*). Rettane som kapitla hadde, var dels av ålmennrettsleg karakter, altså *ius commune* i kanonistisk språkbruk, dels særrettar som dei einskilde domkapitla hadde oppnådd kvar for seg, (*ius particulare*). Slike partikulære rettar kunne dei ha fått med paveleg eller kongeleg privileg eller av sin eigen biskop. For det hende ofte at nye biskopar måtte gå med på såkalla valkapitulasjonar. Dei svarar på mange måtar til seinmellomalderens kongelege handfestingar, og den nyvalde bispen sikra i dei domkapitlets eldre og nyare rettar og privileg. Når myndige og maktglade bispar prøvde å setja seg ut over dette eller å avgrensa rettane til kapitlet, førte det lett til opprivande stridar. I slike hende det ofte at begge partar fann det opportunt å alliera seg med verdslege makthavarar eller appellera til deira avgjerd.

Ein føresetnad for denne utviklinga var den sentrale plassen domkapitla hadde fått som einaste valkorporasjon ved bispevala. Dette var resultatet av ei heller lang utvikling bort frå den nokså uklåre føresegna om at valretten låg hos *clerus* og *populus*. Føresegna om at valretten låg hos domkapitla vart endeleg fastslått som ålmenn kyrkjerett av det fjerde Laterankonsilet i 1215. Dette gav sjølvsagt domkapitla eit solid maktgrunnlag både i høve til biskopen og til den verdslege statsmakta. Men dette grunnlaget vart sterkt redusert eller fall heilt bort då Avignon-pavedømet (1305–1378) tok til med sin provisjonspolitikk.

Dei norske domkapitla vart grunnlagde så seint at dei vart sekulære. Men det synest å ha eksistert eit slags regulære parallellinstitusjonar i augustinarkonventa Elgeseter i Nidaros og Jonskyrkja i Bergen. Dei fleste norske domkapitla synest å ha hatt sams bordhald for dei residerande kannikane, det vil seia dei som var til stades i stiftsstaden. Dette var vanlegvis prelatane og ein tredel av dei andre kapitelsmedlemmene. Dei fleste kannikane var samstundes sokneprestar i prestegjeld som domkapitlet hadde kallsrett til, dei såkalla kapitelsgjeld eller kannikgjeld. Særleg dei yngre kapitelsmedlemmene var ofte ute på studium i utlandet, og i norsk provinsiallovgjeving først i 1300-åra vart det fastslått at dei i slike høve skulle ha fulle og uavkorta inntekter av prebenda sine. Vikarane deira skulle lønast av kommungodset.

Forutan domkapitla fanst det i mellomalderen også kapitel ved somme andre kyrkjer. Slike kapitel vart kalla for kollegiatkapitel, og dei var særleg vanlege ved kyrkjer i dei større byane. Her i Noreg var fire av dei kongelege kapella kollegiatkyrkjer: Apostelkyrkja i Bergen, Mariakyrkja i Oslo, Mikalskyrkja i Tunsberg og Olavskyrkja på Avaldsnes. Dessutan var det også før reformasjonen eit kollegiatkapitel ved Laurentiuskyrkja i Tunsberg.

Under ei interim stiftsstyring grunna sedisvakans overtek domkapitlet mellombels den styrings- og domsmakt som biskopen har som *iudex ordinarius*. Heimelen for dette vert i kyrkjeretten kalla *iurisdictio quasi ordinaria* eller *vicaria*. Den kyrkjelege lovgjevinga set tronge grenser for domkapitlets kompetanse i slike høve. Som hovudnorm gjeld at når bispestolen står tom, må det ikkje gjerast nyskipingar (*sede vacante nihil innovetur*). Under lange sedisvakansar var det likevel ikkje så lett å følgja denne maksimen; tilhøva kunne vera slik at endringar tvinga seg fram.

Koret i Nidarosdomen slik det truleg såg ut i erkebiskop Jørund si tid. Koret var i fyrste rekkje for presteskapet, og var i katolsk tid fysisk skilt frå resten av kyrkja med eit såkalla lektorium (sjå bilete s. 85, 100). Lekfolket skulle halda seg i tverrskipet og vestskipet. Her ser vi korleis Marianne Brochmann har tenkt seg korsbrødrane (kannikane) sessa på korstolar av det slaget vi kjenner frå til dømes engelske katedralar. Brochmanns rekonstruksjon er basert på Gerhard Fischers sitt store arbeid om Nidarosdomen (1965, I: 229).

The choir in Nidaros Cathedral as it probably looked at the time of Archbishop Jørund.

Om forma for interimistisk stiftsstyring fanst det i mellomalderen ikkje ålmenngyldige og bindande reglar, det kom først ved Tridentinum, den katolske kyrkja sine reformkonsil i Trient 1545-47, 1551-52 og 1562-63. Ymse styringsformer er kjende. Vedkomande domkapitel kunne styra samla som korporasjon, men kunne og skipa det slik at dei einskilde kannikane eller eit utval av desse styrde i tur og orden (*per turnum*), eller det kunne delegera styringsmakta til ein eller fleire personar. Ved Tridentinum vart domkapitla tilplikta å oppnemna ein administrator innan åtte dagar etter at stiftet var blitt vakant.

Etter kvart vert domkapitla eit klårt oversjikt innanfor presteskapet, og svært ofte vert bispane rekrutterte blant kannikane. Vilkåra for å verta opptekne i domkapitla varierer frå det eine bispedømet til det andre og er altså av partikulærrettsleg art. Stort sett vart det kravt meir studium enn av dei andre geistlege. Talet på kanonikat var avhengig av talet på altar med tilhørande prebende og retta seg altså etter inntektene. Elles gjorde to motstridande tendensar seg gjeldande. På den eine sida var mange medlemer eit uttrykk for at kapitlet var mektig, på den andre sida kunne det føra til mindre prebende og dermed til mindre inntekter for kannikane. Stort sett prøvde kannikane å avgrensa talet på kanonikat, og ein får det ein kallar *capitula clausa*, altså attlatne kapitel med eit fast tal plasser. I fleire land fekk adelen makt over domkapitla og brukte prebenda til forsyting for yngre søner som gjekk den geistlege vegen. Ein fekk då adelseksklusive kapitel. Uadelege fekk då berre kanonikat om dei hadde doktorgrad. Ei slik utvikling fekk ein aldri hos oss.

Frå slutten av 1100-talet vert dei høgste stillingane i domkapitla kalla dignitetar eller også prelatur. Titlane på dei kan variera. Etter Chrodegangs regel skulle formannen for eit kapitel vera ein prost (*prepositus*). Men i dei norske domkapitla heiter leiaren for domkapitlet i Nidaros i seinmellomalderen *dekanus*, i Bergen og Stavanger *archidiaconus* (sameleis i Kirkjuvágr/Kirkwall) og i Oslo erkepresbyter.

Sentralt i domkapitelsorganisasjonen står prebenda.[3] Eit prebende er ei samling av jordegods eller av inntektsrettar knytt til eit altar. Den som får eit prebende, får dermed plikt til å utføra dei gudstenestlege handlingane i samband med altaret. Inntektene av prebenda er hovudgrunnlaget for økonomien til dei einskilde kannikane. Men forutan prebenda finst det og ein felles formue i domkapitlet. Hovudføremålet med denne er å skaffa til vegar det som trengst til sams utgifter, I Noreg er dette framom alt det sams bordhaldet, *mensa communis*, det vil seia at kannikane har sine måltid i fellesskap. Men av kommunet kan det også verta stilla pengar eller naturalia til dei einskilde medlemmene. Både i Noreg og i andre land vert det vanleg at kannikane samstundes er sokneprestar, vanlegvis i store og gode kall. Resultatet av dette er at dei periodevis er borte frå stiftstaden. I seinmellomalderen og reformasjonstida residerer dei vanlegvis berre kvart tredje år. Dermed er det jamleg berre ein tredjepart av kapitelsmedlemmene pluss prelatane som alltid er til stades. Svært ofte er også kannikar ute på studium. Dei har då rett til å få fulle prebendeinntekter, og vikarar vert lønte av kommunet.

Dei einskilde prebenda kunne ha ulik storleik. Somme av dei største var gjerne knytte fast til visse dignitetar. Når det galdt dei andre, var det i mange kapitel gjennomført eit system med opsjon, det vil seia at dei kannikane som hadde høgst ansiennitet, hadde høve til å reservera seg betre prebende etter kvart som slike vart ledige. I Noreg vart opsjonsretten avvist i 1312, men den var gjennomførd i seinmellomalderen i alle høve i Oslo og Hamar. Prebenda var eigne rettssubjekt, og dei kunne ha namn anten etter vedkomande helgen som altaret var innvigt til, etter den plass innehavaren hadde i koret, etter hovudgarden eller etter gjevaren. Somme prebende kunne kongane ha presentasjonsrett til. Elles vart kanonikata tilsette av bisp og kapitel i fellesskap (*ius simultaneae collationis*).

Kannikane bar ei særskild embetsdrakt, nemleg ei lang svart korkappe over den kvite messeskjorta. På hovudet hadde dei vintersdag ei hette, om sommaren ein svart barett.* Dei viktigaste standsrettane deira er fast plass i koret i domkyrkja (*stallum in choro*) og plass og røysterett ved alle kapitelsmøte (*locus et votum in capitulo*).

Storleiken på dei norske domkapitla ser ut til å ha variert. I reformasjonstida hadde domkapitlet i Nidaros tjugefire medlemer, i 1309 vart tolv medlemer nemnde som det vanlege i Bergen, og det same talet har ein visstnok også å gjera med i 1474. Også i Stavanger reknar ein med at det skal ha vore tolv kanonikat, i 1446 er det nemnt åtte i samband med bispevalet, i 1522 ti. I Oslo var det i 1400-åra seksten prebende, men talet på kannikar er uvisst. I Hamar synest det å ha vore åtte til ti korsbrødrar.

Dei viktigaste kyrkjeleg-liturgiske oppgåver som kannikane hadde, var forutan tenesta ved dei altara prebenda var knytte til, plikt til å vera med i den daglege korbøna i domkyrkja og sameleis til å vera med ved dei store høgtidsgudstenestene i domkyrkja. Dette er truleg grunnlaget for den retten som korsbrødrane hevdar at dei har til å få utbetalt pengar og voks frå høgaltaret. Ved dei store høgtidsgudstenestene kom det alltid inn både pengar og voksljos i offer, og det er rimeleg at korsbrødrane som var med på gudstenesta, meinte at dei hadde krav på sin part av dette.

Erkebispevalet

Kyrkjeleg lovgjeving sette såleis særs tronge grenser for kor lenge eit domkapitel kunne utøva interimistisk stiftsstyring. Men dei kyrkjepolitiske tilhøva førte til at erkestolen stod ledig i over seks år etter at erkebiskop Jon var driven i utlægd. I den første tida var erkesetet under verdsleg administrasjon, men frå 1283 av overtok altså domkapitlet styringa av erkestiftet. Dei reint kyrkjelege handlingane som var reserverte for ein bispevigd person, måtte korsbrødrane få ein slik til å utføra utan at vi kjenner nærare til korleis det vart ordna. Vigsel av suffraganbispar, som var ei oppgåve for erkebispen, vart no utførte av den eldste av suffraganane, biskop Andres av Oslo. Men alle dei økonomiske og rettslege sidene ved stiftsstyringa tok korsbrødrane seg av.

* Dei latinske namna for dei einskilde plagga i embetsdrakta: korkappe = cappa choralis; messeskjorte = superpellicum; hette = almuticum, capulium; barett = biula.

Det er tydeleg at det i denne tida fanst ei rekkje framståande medlemer i domkapitlet ved erkesetet, menn som både hadde vilje og evne til makt, og som var særs kunnige i kyrkjeretten. Somme av dei hadde såleis studert i sjølve sentret for kanoniske studiar, ved universitetet i Bologna. Dei måtte difor også vera fullt klår over at det var deira plikt å skaffa erkestolen ein ny erkebiskop. I 1284 vart biskop Narve i Bergen av domkapitlet vald til ny erkebiskop, og som det heiter, samrøystes.

Dette verkar noko suspekt; Narve som tidlegare var dominikanar, var ein personleg ven av kongen og truleg den mest lojale av alle dei norske bispane. Det er difor rimeleg å tru, slik alt Keyser og Munch har peika på, at dette valet er skjedd etter påtrykk frå dei verdslege makthavarane, og at korsbrødrane har visst å nytta dei kyrkjerettslege reglane til å hindra valet.[4] Narve som alt var biskop, kunne ikkje veljast utan pavens samtykke. Etter kyrkjeleg tankegang vert ein biskop ved ordinasjonen knytt til domkyrkja si med band som berre paven kan løysa. Ein som alt er biskop, kan difor ikkje veljast; men domkapitlet må retta ei motivert bøn til paven om å få han til biskop. Dette vert kalla å *postulera*, og det er ei rein paveleg nådesak om han vil gå med på det eller ikkje. Gjer han det, skjer det i form av ein bulle der paven først løyser vedkomande frå den kyrkja han er knytt til, og deretter overfører han til den nye kyrkja. Ei slik overføring heiter i kyrkjerettsleg samanheng *translasjon*.

Til å leggja fram saka for paven valde domkapitlet korsbrødrane Sigvat Lande og Audun Torbergsson med tilnamnet Raude.[5] Dei hadde båe vore med erkebiskop Jon under tingingane i Tunsberg, og hadde like eins vore med på å innsigla og gjera eid på Sættargjerda. Under striden etterpå hadde dei vore i konflikt med framståande representantar for det antiklerikale formyndarstyret. Det kan såleis snautt vera tvil om deira standpunkt i konflikten. Sigvat Lande hadde også før vore brukt i sendeferder til pavestolen og hadde som representant for biskop Arne av Skálholt vore til stades på generalkonsilet i Lyon i 1274. Deira verksemd i Roma resulterte i at paven gav pålegg om nye og inngåande granskingar for å røkja etter om Narve verkeleg var skikka til embetet. Vi kjenner ikkje noko meir til resultatet av desse granskingane, men paven kasserte postulasjonen og påbaud nytt val. Domkapitlet valde då kanniken Eindride Arneson til ny erkebiskop. Denne Eindride hadde vore ein ivrig talsmann for og tilhengjar av erkebiskop Jon, som han følgde i utlægd. Han levde på denne tida i Bologna. Dette valet må frå domkapitlets side ha vore meint som ein demonstrasjon; for det var sjølvsagt lite truleg at dei verds-

Nidaroskapitlets segl teikna etter eit diplom frå 14. mars 1280 (DN III 16). Vi ser Olav den heilage på trona med dei kongelege verdigheitsteikna sine. I omskrifta står det "SIGILL. CAPITVLI. ECL(es)IE S(an)C(t)I OLAWI. REGIS. ET. MARTIRIS:" (seglet til kapitlet ved kyrkja til St. Olav konge og martyr). Foto: Riksarkivet.

This drawing of the seal of the Nidaros chapter is based on a diploma dated 14 March 1280.

lege makthavarane ville late ein av Jon Raudes støttespelarar få erkestolen etter han. Difor fekk den sendeferda som drog til pavestolen fullmakt til å peika ut ein annan, anten ein av sendelaget eller den dei fann best skikka, til ny erkebisp om valet av Eindride ikkje førte fram. I sendelaget var Sigvat Lande, Audun Torbergsson, Jon Gudmundsson Elg og ein annan kannik. Eindride Arneson nekta å ta imot valet, utsendingane peika då ut biskop Jørund av Hamar som ein høveleg kandidat, og paven utnemnde denne til erkebiskop 15. februar 1287.[6] Men på grunn av eit paveskifte, som førte til eit langt interregnum, vart han først iførd palliet 10. oktober 1288. Den norske kyrkjeprovinsen hadde på nytt ein metropolitt.

Erkebiskop Jørund

Vurderinga av erkebiskop Jørund synest å ha variert mykje både i samtida og hos seinare historikarar. Det kan sjå ut til at viljen til makt har vore større enn evnene hans. Han hadde som føremannen høge tankar om den posisjonen kyrkja og tenarane hennar burde ha, og han må ha sett det som ei hovudoppgåve å skaffa den norske kyrkja oppreising for den medferd erkebiskop Jon hadde lide. Han sette difor i gang ymse tiltak mot leiarane for den antiklerikale reaksjonen mot føremannen. Men desse førte berre i liten mon til resultat så vidt ein kan sjå. Samstundes tok han opp arbeidet med å styrkja den indre disiplin og organisasjon i kyrkja med tanke på å sikra biskopane ein sikker posisjon innetter. Her kom kyrkjeretten til hjelp, og innføringa av offisialombodet og provinsiallovgjeving vart viktige verkemiddel. Denne politikken vart førd vidare med større kansekvens og meir realpolitisk sans av dei næraste ettermennene hans.

Jørunds embetsverksemd og kyrkjepolitiske tiltak synest å ha vore hemma av at han var stridig og lite smidig. Det synest å vera dette som framom alt har ført til den hardsette og vondlynde striden mellom han og hans eige kapitel. I denne konflikten ser det ut til at domkapitlet har fått brei tilslutning frå andre geistlege. I Laurentiussoga, som er særs venleg stemt mot erkebiskop Jørund, vert det såleis sagt at «alt byfolket gjekk saman med dei (korsbrødrane), heile skulen og abbeden på Holmen. Det kom dit at ingen av dei lærde torde eller ville bera fram frå erkebispen nokon bodskap som var imot korsbrødrane». Den same kjelda seier også at usemja mellom erkebiskop og korsbrødrar voks såleis at ho snudde seg om til fullt hat.

Striden mellom erkebiskop Jørund og domkapitlet skal ha teke til alt i 1291; men først frå 1293/94 får ein kjeldemateriale til den. Det er mogeleg at vonbrotet over at den nye erkebispen ikkje makta å føra vidare den aktive kyrkjepolitikken til føremannen, har vore ein medverkande faktor til å løysa ut striden.

Domkapitlet ved erkesetet hadde alt i Håkon Håkonssons tid synt at det var ein sjølvstendig institusjon som i visse høve kunne gå imot erkebispen. Det ser såleis ut til at korsbrødrane har slutta opp om hertug Skule, sjølv om erkebiskop Sigurd Eindridsson (1230 – 1252) var venlegsinna mot kong Håkon. Av dei seinare erkebispane synest Einar Smjorbak å ha ført ein restriktiv politikk mot domkapitlet. Etter hans bortgang vart det klaga over at han hadde teke frå det eigedom og rettar, med vanvyrdnad for den rettslege orden, dels med list og dels med makt. Med dei andre erkebispane synest korsbrødrane å ha stått seg godt. Særleg synest dette å ha vore tilfelle under Jon Raude då det ser ut til at erkebiskop og kannikar har samarbeidt om å føra ein aktiv kyrkjepolitikk. Som vi skal sjå, vert under stridane i 1290-åra tilhøva i erkebiskop Jons tid sette opp som mønster og førebilete. Det er då også tydeleg at Jon Raude i korsbrødrane har hatt dugande og pålitelege medarbeidarar som heilt ut delte hans synsmåter på tilhøvet mellom kyrkje og stat. Det var dei same mennene som styrte erkestolen gjennom dei vanskelege 1280-åra, og dette måtte i høg grad tena til å auka sjølvkjensla og maktviljen deira og gjera dei mindre villige til å bøya seg for maktkrava frå den nye erkebispen, særleg når denne ikkje var i stand til å føra vidare lina frå føremannen.

I striden som no loga opp, prøvde båe partar å utnytta kyrkjeretten til sin føremon. Det galdt både sjølve det kanoniske lovverket og dei kanoniske prosessreglane. Til det trongst det juridiske kunnskapar og lærdom. Som alt nemnt, fanst det i domkapitlet menn som hadde studert ved sjølve hovudsetet for den tids rettsvitskap, universitetet i Bologna. Der studerte elles også kong Eiriks kanslar, Bjarne Lodinsson, som er den eldste kjende norske *dr. iuris.* Erkebiskop Jørund prøvde på si side å skapa motvekt mot denne juridiske kunnskap og innsikt hos motstandarane. Han knytte difor til seg ein utanlandsk juridisk rådgjevar. Det var klerken Jon Fleming, det vil seia at han var frå Flandern. Han hadde studert i Paris og Orleans. Orleans var det nye store sentret for rettsstudiar som konkurrerte med Bologna. Om denne Jon Fleming fortel Laurentiussoga at han var «så stor ein jurist at det ikkje fanst hans like i Noreg»,[7] men hans skort på kunnskapar i norsk valda vanskar. Han synest å ha undervist i kanonisk rett ved erkesetet mellom anna til den seinare biskop Laurentius i Hólar.

Stridspunkta*

Eit dokument frå 1294, som er ein leivning frå striden mellom domkapitlet og erkebiskop Jørund, oppsummerer dei viktigaste stridspunkta.[8] Det dreier seg om eit vitnemål om dei rettane domkapitlet i Nidaros har i høve til erkestolen og erkebispen. Forutan dette brevet finst det også eit anna samtidig brev med nokolunde same innhald, men utferda av andre personar. Det er her såleis tydelegvis tale om eit systematisk bevisopptak frå domkapitlets side. Det ville då liggja nær å tenkja seg at desse dokumenta har vore meinte som prov i ein kanonisk prosess; den kanoniske sivilprosessen føregår ordinært i skriftlege former. Det som talar mot dette, er at dokumenta er på gamalnorsk medan dei seinare prosessdokumenta i all hovudsak er skrivne på latin. Forklaringa er truleg at ein har rekna med å kunna omsetja dei om det trongst. Men på ymse tidspunkt vart kongen blanda inn med di båe partar søkte støtte hos han. I ein slik

* Gjennomgangen av dei enkelte stridspunkta s. 194 viser til oppsett og rekkjefølge i den omsette teksten.

Erkebiskop Jørunds segl. Her teikna etter eit diplom frå 1292 (DN II 31). Laurentius saga fortel at Jørund fekk godhug for islendingen Laurentius Kálfsson, den seinare biskopen i Hólar, og utnemnde han til pønitentiarius. Frå før hadde han fått ansvaret for Olavskyrkja av erkebiskopen. Laurentius måtte lida for lojaliteten til Jørund. Mellom anna vart han sett i fengsel av kannikane, og måtte også elles tola mykje vondt frå korsbrødrane. Laurentius saga fortel også om Jon Fleming at han hadde ei frille som var så umåteleg stygg at det knappast fanst noko meir vanskapt. Ein dag hadde Laurentius spurd Jon korleis han kunne få seg til å liggja med eit slikt utyske. Då svarte Jon at han var så bråsint av seg at han ikkje ville tole at nokon tok frilla hans frå han, og at han difor hadde teke seg ei kvinne som ingen annan mann ville ha. Elles kan vi merka oss at Laurentius saga ikkje seier eit ord om Tautraforliket, men derimot fortel at Håkon V Magnusson forlikte erkebiskopen og kannikane då han vart krona i Nidaros etter at broren Eirik døydde. Truleg har forfattaren vore feilinformert. Men på den andre sida har nok hatet og fiendskapen mellom erkebiskopen og kannikane halde seg, sjølv om dei vart forlikte i sak, slik også Laurentius saga fortel. Foto: Riksarkivet.

This drawing of the seal of the Nidaros chapter is based on a diploma dated 14 March 1280.

samanheng var sjølvsagt den gamalnorske språkforma mest brukeleg. Her vil i all hovudsak ei omsetjing til moderne norsk leggast til grunn, men sidan dokumenta truleg er utforma med tanke på ein kanonisk prosess, er det relevant å syna dei latinske nemningane for dei same fenomena, slik ein møter dei i tilsvarande konfliktar i samtida i andre land.

Brevet er utferda av seks sokneprestar, tre i byen og tre ved soknekyrkjer i landdistrikta. Det dreier seg om Ogmund ved Klemetskyrkja, Erlend ved Andreaskyrkja, Arne ved Krosskyrkja, Jon på Olvishaug (Alstadhaug i Skogn), Bergsvein på Sorshaug (Sakshaug i Inderøy) og Kolbjørn i Njardøy (Nærøy på Namdalskysten), truleg personar som sjølve ikkje er direkte impliserte i striden, men som har kjennskap til tilhøva. Påskriftene syner at seinare kannikar har teke godt vare på brevet.

Sidan brevet er eit vitnesbyrd om det som har gått for seg, er eller har vore gjeldande rettstilstand, har brevet ingen eigenleg dispositio; hovudinnhaldet er av klårt forteljande, narrativ karakter. Brevutferdarane skipar ikkje noko nytt rettshøve eller nokon ny rettstilstand i og med utferdinga av brevet, dei berre vitnar om korleis situasjonen har vore.

Vitnemålet refererer til ein rettstilstand som er så gamal at ein ikkje kan minnast noko anna. Derimot nemner det ikkje nokon viss heimel i form av gåvebrev, kyrkjeleg lovgjeving eller liknande. Det er difor rimeleg å tru at dei reknar med ein bruk frå alders tid i god tru, slik at det for lengst er ein hevda rett. Spørsmålet er då berre om ikkje erkebiskopen kunne hevda at dette kom i strid med det kyrkjelege avhendingsforbodet eller alienasjonsforbodet som spelar ei så stor rolle i samtida.

*Vitnemål om domkapitlets rettar, udatert (ca. 1294) Nidaros**

I Guds namn amen. Med di at det er sjelebot å seia sanninga, og det ikkje er mindre synd å løyna det som er sant enn å retta seg etter eller bera fram falske vitnemål, seier vi lærde menn i Nidaros erkebispedøme, som vert nemnde seinare i brevet, med reint samvit og vitnar med dette brevet at vi veit at det er sant **1.** *at korsbrødrane i Nidaros utan noko motmæle har hatt og fritt sete inne med så lenge at det no er or manns minne, retten til kvar å få årleg utbetalt av høgaltaret ei mark brent sylv og eitt pund voks. Sameleis (har dei hatt retten til) årtidssylv for sjela til alle erkebispane og til nokre kongar og bispar, og nokre merker voks til kvart sidekapell i Kristkyrkja, men til Maria-altaret skal ein få årtidsljos til kvar årtid som til kvar onnor kyrkje ute i byen. (Dei hadde også rett på underhald) 14 dagar i jola og 4 dagar i påsken; kvitsundagen, trinitatismessedagen, båe olavsmessedagane og vekedagen etter olavsmessa, og skjærtorsdag, fotvaskedagen, hadde korsbrødrane 20 engelske penningar kvar. Alt dette fekk liksåvel dei som var borte som dei som var heime, sjuke som friske; for kvar fekk jamleg si matetling og drykk heimbore or bispegarden utan hinder, anten erkebispen var heime eller borte. Dette høyrde vi at ein har retta seg etter alltid. Fem av dei beste penningar som kjem på høgaltaret, utan gull, skal kvar korsbroder som har messeveka, ha kvar dag, og sameleis kvar prest ved kvart altar han syng ved.* **2.** *Nikulaskyrkja har korsbrødrane alltid ått, og Haugs kyrkja gav erkebiskop Håkon dei, slik brevet hans og herre pavens stadfesting vitnar er sant. Heilag Olavs kyrkje i Nidaros gav vår herre Jon erkebiskop i sælt minne til korsbrødrekommunet, og etter brannen hadde dei alle utlegg til oppbygging og oppattnying av henne, kjøpte klokka og alt som ho trong etter gamal skipnad.* **3.** *Dei har alltid ått og teke inntektene av kvart prebende som har vorte ledig i koret i Kristkyrkja, og vi har høyrt at etter sedvane har dei teke inntekta så lenge eit prebende har vore ledig, og jamleg har dei då rådt for dei husa som høyrer til prebenda til ein ny korsbroder er komen til, lovleg vald av erkebiskop og kapitel.* **4.** *Det veit vi og vitnar med dette brevet at erkebiskop Jon, sælt vere minnet hans, gav og skipa prebende og kyrkjer i by og herad, mindre og større, anten det høyrde sokn til eller ikkje, og (sameleis) altar i Kristkyrkja med råd og samtykke av korsbrødrane i Nidaros.* **5.** *Sameleis vart òg all avskiping av geistlege frå embete og beneficia gjord og gjennomførd med deira vilje og samtykke.* **6.** *All refsing (hirting), også av geistlege, og domar om dei, vart sette i verk med samtykke av kapitlet i Nidaros, og ingen mann, lærd eller lek, vart sett eller lyst i bann utan deira råd, vilje og samtykke. Aldri visiterte erkebiskop Jon kloster eller kyrkjer, nære eller fjerne, utan han hadde med seg nokre av dei mest dugande i kapitlet, to eller fleire.* **7.** *Dei hadde all jurisdiksjon over lærde og leke og skulle høyra og dømde i alle saker som ligg under kyrkjeleg domsmakt kvar gong erkebispen ikkje var heime. (Då) skulle dei òg setja prestar til kyrkjene om dei vart prestelause, og dei måtte gjeva sine brev på alt dette, gjeva løyve og ordna med provføring og eider, med kyrkjegarden og med makeskifte ved kyrkjene der det kunne gjerast slik at det syntest dei tenleg. Dei måtte òg halda synode (prestemøte) og setja vikariar til og frå tenest i koret som om erkebispen sjølv var til stades. Dette veit vi har vore gjort i alle våre dagar, og slik har vi høyrt at det har vore gjort i alder og æve. Om alt dette vitnar synodeakter, gamle lovbøker og dei serskilde føresegnene til kyrkja her. Sameleis skulle korsbrødrane skipa prestar til Olavsgildet og andre gilde saman med erkebiskopen når han var til stades, men åleine når han var borte.* **8.** *For kvart lik som kom til Kristkyrkja, skulle korsbrødrane ha rett på ei mark brent sylv til årtidhald og to gode og gilde øre for å gå liket i møte. Denne skyldnaden har alltid vore påakta, og dei som ville gjeva meir, kunne gjera det. Men dette har vore ei plikt sjølv om den avlidne ikkje hadde gjeve noko påbod om det, når dei likevel førde liket hans til Kristkyrkja. Det har vi òg høyrt og held for å vera heilt sant at erkebiskop Jon, sælt vere minnet hans, gav dei til kommunet Mære kyrkja i Sparbu, og at dei hadde henne fullt ut i si varetekt og tok inntektene nokre år til klokketårnet fall ned. Sidan gav erkebiskop Jon dei atter ombodsbrev til ålmugen at dei skulle hjelpa dei som korsbrødrane gav ombod til det, med å byggja opp att klokketårnet.* **9.** *Like eins stadfeste han med råd og samtykke av domkapitlet i Nidaros bispar som alt var valde, der det finst kapitel, og sameleis abbedar og abbedisser. Men der det ikkje er kapitel eller konvent, tilsette han med deira samtykke og råd, dei hadde her båe rådrett og føretok val. Erkebiskop og kapitel i Nidaros hadde tilsyn med Kastelle kloster i aust og med Elgesæter og tilsette formann slik dei tykte best. Og slik har vi høyrt at andre erkebispar og korsbrødrar har gjort dette frå gamal tid, og dei har gjort alt dette utan strid. Når det galdt tilsetjing av skulemeister, rådsmann på erkebispegarden, tilsynsmann for den heilage Olavs gods, for den øvre kyrkja, og stundom, omfram den som hadde tilsyn med steinhoggararbeidet, også tilsynsmann for skrudhuset og andre ombod og embete i kyrkja, slik som skiping av gudsteneste og skriftemål og disponering av vikariar, kyrkjedeknar og klokkarar, så vart alt dette skipa med deira vilje, og ingen vart vald til desse gjeremåla og alt som no er omtala, til korsbrødrar, til kyrkjer eller til andre ombod om korsbrødrane mælte i mot. Det høyrde vi òg at korsbrødrane ofte let taka styrlause klerkar og tukta dei slik dei tykte var rett anten erkebispen var til stades eller ikkje, og* **10.** *at av alle testament som var gjevne til den heilage Olav eller til kyrkja, tok dei halvparten kvar, dersom gjevaren ikkje hadde bytt dei. Når det galdt (opptak av) inventarium over skrud i sakristiet og andre kostnadsting i kyrkja eller ved ombyte av rådsmenn på erkebispegarden, baud han straks korsbrødrane gå med seg og akta på saka, og stundom slik at han sjølv ikkje var med. Til vidare vitnemål om at dette er sant som vi no har sagt, set vi som heretter vert nemnde, segla våre for dette brevet. Eg Ogmund ved Klemetskyrkja, Erlend ved Andreskyrkja, Arne ved Krosskyrkja, Jon på Alvishaug, Bergsvein på Sakshaug, Kolbjørn i Nærøy.*

Bakpå brevet:
Merk godt vitnemål om rettane til herrar kannikar i Nidaros at … mark brent for gravferder etc. Jon, erkebiskop i Nidaros. Vitnemål om gamal rett for kapitlet i Nidaros.

* (Omsett av Lars Hamre etter DN III nr. 34, avsnitta er markerte av redaktøren)

Nokre økonomiske rettar (1)

Brevet startar med nokre økonomiske rettar som kannikane meinte å ha krav på: Det gjeld retten til å få utbetalt ein viss sum av høgaltaret i domkyrkja. Det dei krev rett til å få utbetalt, i praksis av domkyrkjekassa, var ei mark brent sylv og eitt pund voks.* Det er her tydelegvis tale om ein partikulær sedvanerett. Nettopp om slike inntekter finst det mykje partikulærrettsleg utvikling. Retten det her er tale om, må truleg ta sitt utgangspunkt i den plikt korsbrødrane hadde til å vera med i visse høgtidsgudstenester i domkyrkja forutan plikta deira til messehald ved det altar som var knytt til deira eige prebende.

Her er óg nemnt somme helgedagar: *hvitasunnudagr*, som kjem frå angelsaksisk og tyder pinsedag. Trinitatis sundag er sundag etter pinse. Olavsmessedagane er det fleire av: Olavsmessa fyrri er 29. juli, martyriet; *Olavi inventio* eller Olavsmessa sidari er 3. august; oktavane kjem åtte dagar etter desse høgtidsdagane, 5. og 10. august. Fotvaskedagen er det same som skjærtorsdag (*skirþórsdag, coena domini* lat.)

Det er i brevet tale om *årtidssylv* for sjela til alle erkebispane og for nokre kongar og bispar. Difor er det også tale om relativt mange pengar. Årtid er den gamalnorske omsetjinga av det latinske *anniversarium*, årsdagen for dødsdagen til ein avliden person, den dagen då dei årlege sjelemessene for vedkomande vart haldne. Det var vanleg at folk i testament eller i gåvebrev gav føresegner både om gravstad og om sjelemesser, om *ártiđarhald* som det heiter på gamalnorsk.[9] Betalinga for gravstaden i eller utanfor kyrkja gjekk normalt til den kyrkja eller den kyrkjelege institusjon der dei skulle gravleggjest, medan betalinga for å halda dei årlege sjelemessene på dødsdagen gjekk til presteskapet som skulle halda dei. Det er denne betalinga, som vert kalla *ártiđarsilfr*, det her er tale om. Til vanleg fekk det embetet som hadde ansvaret for messehaldet, ei viss mengd jordegods. Godset vart då tillagt vedkomande *beneficium* (embete/prebende) og avkastinga av dette var øyremerkt for messehald.

Gåvene til messehald er gjevne med vilkår (*cum condicione, cum modo, med skilorđ*); difor kunne dei etter reformasjonen i visse høve krevjast attende.[10] For å holda greie på alle slike messer, vart det ved domkyrkjene og innan større institusjonar halde eigne bøker, *bibli anniversarii*, gamalnorsk *ártiđarbók*. Difor vert det ofte i testamenta sagt at vedkomande gjev slik og slik mot skråsetjing i årtidarboka og messehald. Omfanget av messehaldet var sjølvsagt avhengig av kor mykje den avlidne hadde hatt til disposisjon til føremålet. I samband med messehaldet kunne det også vera avsett midlar til ymse gode gjerningar, til dømes utdeling av mat til fattige og trengande. I hertug Skules gåvebrev til domkapitlet i Nidaros er det fastsett kor mykje kvar korsbror skal ha i pengar og voks, og dessutan fastsette han at alle korsbrødrane skulle sitja saman og gjera seg glade til minne om han på dødsdagen hans.[11] Særleg vanleg er det at vedkomande betalar for klokkeringing på dødsdagen. Ringing med alle klokkene i vedkomande by synest å ha vore eit merke på høg stilling. Såleis fastset dronning Isabella Bruce (enke etter Eirik Magnusson) i sitt testament frå 1316 at på dødsdagen hennar skal alle klokker i Bergen ringja kveld og morgon «som det skjer etter andre hovdingar».[12]

Uttrykksmåten «nokre merker voks til kvart sidekapell»** viser til nisjar og tilbygningar i murane i domkyrkjene. Kvar av desse hadde sitt altar med tilknytt prebende, og *'stuka'* kan difor også verta brukt i tydinga altar, som i 'Mariastuka'. Det var sjølvsagt opphavleg meininga at innehavarane av kanonikata skulle utføra prestetenesta ved dei altara som prebenda deira var knytte til. Men det vanlege var at dei let sine vikarar, leigeprestar, gjera dette. Dei vart til vanleg lønte etter avtale med vedkomande kannik, gjerne med ein viss del av prebendeinntektene og dessutan ymse tilfeldige inntekter. Dette var gjerne stillingar for folk som nyleg var blitt geistlege. Ein ser at det i slike høve som det her er tale om, må ha vore lese messer ved alle altar i domkyrkja. Truleg var det i dei kongelege og erkebispelege donasjonane fastsett kor mykje som skulle brukast både av pengar og av voks. Det er då strid om kven som skal ha dette, anten korsbrødrane eller erkebispen. For Mariastuka vert det gjort unntak, utan at ein kan seia noko visst om kvifor dette er gjort.

Det neste punktet i brevet gjeld den retten korsbrødrane hevdar at dei har til å få mat og underhald og dertil utbetalingar frå erkebispegarden på visse heilagdagar. Slike rettar til «skylddagar» som dei gjerne vert kalla, er også kjende frå dei andre norske bispeseta, og det er tydeleg at dette er rettskrav som har vore eigna til å skapa ymse problem. På det siste norske provinsialkonsilet i Oslo i 1436 vart det fastsett at alle bispar i heile kyrkjeprovinsen skulle bera utgiftene for dei kannikar og andre geistlege som var til stades ved gudstenestene i domkyrkjene jol, påske og på dei andre store høgtidene.[13] Føresegna syner at desse skylddagane har vore meinte som ei godtgjersle til dei geistlege som har vore med biskopen og celebrert messa på dei store høgtidsdagane. Retten må ha vore kjend som byrdefull av bispane, og vi ser at i Stavanger fekk biskop Audun i 1445 i stand ei ordning med domkapitlet sitt. Den gjekk ut på at kannikane gav opp retten sin til skylddagar i bispegarden mot at biskopen gav opp sin rett til visitasprokurasjon av dei kyrkjer og soknekall som kannikane hadde.[14] Men den kjelda vi her har for oss, syner at korsbrødrane ved erkesetet kravde dette som ein rett for alle anten dei var til stades og med på gudstenesta, eller om dei var fråverande.

Offergåver, *oblationes*, var i den eldste kristne tida det sentrale grunnlaget for den kyrkjelege økonomien, og det var biskopen som disponerte dei. Ved erkesetet har det tydelegvis utvikla seg den praksis at celebrantane, som held messa, har krav på ei viss mengd av offergåvene til vederlag for sitt arbeid. Dette gjeld både for dei korsbrødrane som i tur og orden gjer teneste ved høgaltaret i domkyrkja, og for dei prestane som utfører messehaldet ved altara i sidekapella: «Fem av dei beste penningar som kjem på høgaltaret, utan gull, skal kvar korsbroder som har messeveka, ha kvar dag, og sameleis kvar prest ved kvart altar han syng ved.» Av uttrykksmåten «har messeveka» ser ein at det må ha vore eit fast turnussystem slik at korsbrødrane i tur og orden har hatt altartenesta ved høgaltaret når ikkje erkebispen sjølv celebrerte. For dette skal dei ha fem av dei beste pengar som

* 1 mark brend = 214,32 gr. brent eller reint sylv, oftast med 90 – 95 % sylvinnhald. Opphavleg var 1 mark brend = 1 mark vegen og 1 mark tald à 240 penningar. Men seinare vart den talde marka eller myntmarka på grunn av dårleg utmynting redusert til 1/8 mark brend. Dette var såleis tilfelle kringom 1290 og truleg på den tid brevet er skrive. Pund er ikkje noko eintydig omgrep, men her er det truleg tale om eit bismarpund, altså 5,14 kg. Eit skålpund (428 gr.) er vel for lite og lispund (9,26 kg.) og skippund (185 kg.) for mykje.

** Merker: bismarmark 214 gr.

vert gjevne i offer, men ikkje gull; det må vera reservert til disposisjon av erkebiskop og kapitel. Det må såleis vera tale om dei beste sylvpengane som vedkomande sjølv kunne peika ut. Det er etter alt å døma ikkje tale om fem pengars verd av dei beste norske pengar, men heilt konkret om dei beste myntane som kom inn. Bakgrunnen for dette er sjølvsagt at det til Nidaros kom folk frå ei rekkje land, og at det i samtida var stor skilnad mellom god og dårleg mynt. Stort sett var vel likevel dei fleste lands mynt betre enn den norske, som nettopp i denne tida syner stor nedgang i sylvverd. Framand mynt, til dømes engelsk og lybsk, vart då også godteke i handel og vandel her heime.*

Domkapitlet i Nidaros gjorde altså krav på rettane til å få utbetalt visse ytingar frå domkyrkja og erkebispen. Dels er det tale om ytingar frå høgaltaret, dels om inntekter av sjelemesser og endeleg av ein rett til underhald og pengeytingar frå erkebispegarden på visse høgtidsdagar. Retten til ytingar frå høgaltaret og skylddagane synest å vera basert på dei gudstenestlege pliktene kannikane hadde, retten til årtidssylv på at det var domkapitelsmedlemmene som i stor mon hadde ansvaret for at sjelemessene vart haldne. Det ser ut til at det er domkapitlet som har hatt ansvaret for føringa av årtidarboka, boka som dei ulike messehaldspliktene er innførte i med oppgåve om dødsdag. I samanheng med dette står retten til å få del i offergåver for kannikar og messeprestar når dei har teneste i tur og orden. Alt dette er såleis heimla i dei gudstenestlege funksjonar som korsbrødrane hadde, og rettsgrunnlaget står i nær samanheng med dei oppgåvene domkapitlet har.

Tilsynet med kyrkjer og kyrkjegods (2)

Det neste avsnittet er av ein noko annan karakter. Det er særleg tale om donasjonar frå avlidne erkebispar, og kannikane kan konkret visa til heimelen for somme av gåvene. Her vert det rekna opp nokre kyrkjer som domkapitlet «eig,» det vil seia at dei har fått erkebiskopens styringsrett over kyrkjene og kyrkjegodset, og først og fremst har dei fått hans kallsrett til at dei kan plassera dei prestar dei vil ved desse kyrkjene. I praksis vil vel det seia at dei anten gav kyrkjene til sine eigne medlemer eller også let presteinntektene koma kommunet til gode medan dei leigde ein vikar til å utføra dei prestelege arbeidsoppgåvene. Nikulaskyrkja i Nidaros var grunnlagt av Øystein Magnusson. Korleis domkapitlet har fått ho, veit vi ikkje. Erkebiskop Håkons gåvebrev til det felles bordhald i kommunet av 16. august 1267 gjeld St. Andreas kyrkja på Haug i Verdalen.[15] Paven stadfeste dette 11. august 1268; erkebispen var då avliden, og det er truleg Jon Raude som har bede om stadfestinga på vegner av korsbrødrane.[16] Heilag Olavskyrkja i Nidaros er vel den Olavskyrkja som Magnus Olavsson let byggja og Harald Sigurdsson fullføra. Mære kyrkje er og nemnd lenger nede i vitnemålet som ei kyrkje som erkebiskop Jon gav til kommunet. Gåvebrevet på kyrkja er datert Tønsberg 10 juli 1277 og finst i original.[17] Brevet om at klokketårnet var falle ned, er og bevart i ei vidisse frå 1302; den inneheld eit pålegg om at kyrkjene i Øvre Sparbu halvfylke skal gjeva halvparten av inntektene sine til oppattbygginga.[18]

Det er rimeleg å tru at ein her finn opphavet til dei såkalla kapitelsgjelda eller kannikgjelda som spela ei stor rolle i domkapitelsøkonomien i seinmellomalderen. Det kunne vera prestegjeld som anten var inkorporerte i eller unerte med visse embete. Men storparten var prestegjeld som domkapitlet hadde patronatsrett til. I den eigenskap kan dei også ha hatt styringa av den kyrkjelege bygningskassa (fabrica), den som elles kyrkjeverjene hadde.[19]

Det kan vera grunn til å stilla spørsmålet om kven som til vanleg hadde tilsyn med kyrkjer og kyrkjegods, og kven det var som hadde byggje- og vedlikehaldsplikt.[20] I oldkyrkja vart biskopen rekna for styrar av den kyrkjelege formuen, elles var dei einskilde kyrkjer eigne rettspersonar. I dei nye germanske rika var det annleis. Etter germansk rett var det berre fysiske personar som kunne eiga noko, omgrepet 'juridisk person' var ukjent. Difor måtte også kyrkjer og kloster ha ein eigar. Ein kyrkjeleg institusjon kunne ikkje eiga seg sjølv, den var ein «formuesmasse som trengte en ejer» for å sitera Hal Koch.[21] Stiftelsesomgrepet var ukjent. Det er denne situasjonen ein har kalla for det germanske eigenkyrkjesystemet. Sjølve dette namnet er nytt, skapt straks før siste hundreårsskifte av den tyske rettshistorikaren Ulrich Stutz.[22]

Det var mot dette systemet at den kyrkjelege reformrørsla retta seg på det økonomiske og organisatoriske planet. Det førte som kjent til harde stridar; men resultatet vart at eigenkyrkjesystemet vart avløyst av patronatssystemet. Den som bygde og doterte ei kyrkje, vart ikkje lenger kyrkjeeigar, men kyrkjepatron. Han fekk patronatsrett med dei rettar og plikter dette innebar.

Samstundes vart kyrkjegodset delt i det som skulle brukast til bygging og vedlikehald av kyrkja og det som skulle gjevast som underhald til presten. Ein skil mellom *fabrica* og *mensa*. Båe desse godsmassane er eigne rettssubjekt. Mensalgodset var prestens beneficium og han styrte det med dei rettar som ein benficiar har, dvs. at han fekk alle inntekter og kunne disponera fritt over dei. Derimot måtte han ikkje minka godset og rettane på nokon måte. Dette er ein konsekvens av det kyrkjelege avhendingsforbodet.

Fabricagodset skulle etter kanonistisk teori styrast av presten, og inntektene skulle brukast til bygning og vedlikehald. Men kringom i dei fleste land får vi ei utvikling som går på tvers av teorien. Styringa av fabrica vert overteken av representantar for soknefolket, det vi kallar kyrkjeverjer, sjølv om dette først vert godteke ved Tridentinum. Ein viktig føresetnad for dette er at soknefolket har ei direkte interesse av at fabricagodset vert brukt til sitt eigentlege føremål; for dersom avkastinga av det vert for lite, har kyrkjelyden ei subsidiær byggjeplikt. Difor er soknefolket interesserte i å ha full kontroll over dette sjølv. Kyrkjeverjene står under oppsyn av biskopen som kontrollerer rekneskapane deira.

Her i Noreg hadde soknefolket opphavleg ei prinsipal byggje- og vedlikehaldsplikt både når det galdt fylkeskyrkjene, og når det galdt heradskyrkjene. Denne plikta må i første omgang ha kome i staden for den godsmassen, *dos*, som elles vart kravd for at ei kyrkje skulle bli godkjend og få vigsel. Når det gjeld fylkeskyrkjene, dei gamle hovudkyrk-

* I engelsk penning = 6 norske dvs. at 20 engelske = 120 norske. 5/9 mark. Det svarar til 1/8 mork brend på denne tida.

jene, er det rimeleg å tru at det er kongemakta som har fått denne byggjeplikta lovfest. Ved heradskyrkjene må ein tru at biskopane har sett slik byggjeplikt som eit vilkår for å få kyrkja godkjend og vigsla. Desse kyrkjene må i all hovudsak vera bygde av soknefolket sjølv. Dei er *Genossenschaftskirchen*. Den tredje typen av kyrkjer som vi kjenner frå norsk mellomalder, høgendiskyrkjene, var reine privatkyrkjer, og her var det kyrkjegrunnleggjaren som hadde byggje- og vedlikehaldsplikt åleine. I seinare mellomalder vann kanonisk rett inngang samstundes med at kyrkjegodset auka. Det vart difor også her viktig for folk flest å syta for at fabricagodset berre vart brukt til å halda kyrkjebygningen ved like. Dette vart ei oppgåve for kyrkjeverjene, som vi får også her til lands. Bispane godtek dette, men prøver å tena på det. Kyrkjeverjene disponerer inntektene av kyrkjegodset og kyrkjeparten av tienda til å halda kyrkja ved like. Berre når desse inntektene ikkje strakk til, kunne dei krevja hjelp frå soknefolket. I Frostatingslova (XIV.3) er det fastsett at ein kyrkjepatron skal ha ombod over kyrkjeeigedomen, med andre ord har han oppgåver som kyrkjeverje. Det må vera i denne funksjonen at domkapitlet byggjer opp att Olavskyrkja etter brannen. Elles fastsette den store rettarbota til kong Eirik Magnusson frå 1280 at kyrkjeverjene skulle vera to velsituerte bønder.[23] Her er det tydelegvis tale om ein *ius patronatus plenum* som domkapitlet har fått med biskoppeleg privileg saman med kyrkja.

Interkalarinntekter (3)

Neste punkt i vitnemålet er av reint beneficialrettsleg karakter; spørsmålet om kven som skal ha inntektene av ledige prebende var av stor økonomisk rekkevidde: «Dei har alltid ått og teke inntektene av kvart prebende som har vorte ledig i koret i Kristkyrkja, og vi har høyrt at etter sedvane har dei teke inntekta så lenge eit prebende har vore ledig, og jamleg har dei då rådt for dei husa som høyrer til prebenda til ein ny korsbroder er komen til, lovleg vald av erkebiskop og kapitel.»

Inntektene av ledige *beneficia* vert i beneficialrettsleg samanheng kalla interkalarinntekter, *fructus intercalares*. Det latinske verbet *intercalare* tyder å skyte inn i mellom, og i klassisk latin blir adjektivet *intercalarii* brukt om dei dagar eller månader som blir innskotne for å jamna ut tidsrekninga, dies *intercalaris* eller det vi kallar skotdagar. I vår samanheng refererer det altså til mellomrommet mellom to embetsinnehavarar. Spørsmålet om kven som skulle ha inntektene den tid eit embete stod ledig, vart jamleg kopla saman med spørsmålet om kven som skulle ha formuen etter avlidne klerkar, også eit av dei store stridsspørsmåla i tilhøvet mellom stat, kyrkje og pavemakt i mellomalderen. Sidan presteskapet skulle leva i sølibat, hadde avlidne klerkar ikkje born med arverett, dei næraste arvingar var sysken og foreldre. Men frå kyrkjeleg hald vart det hevda at den luten av formuen som skreiv seg frå kyrkjelege inntekter, burde koma kyrkja til gode. Som innehavar av kollasjonsretten (retten til å tilsette prest) gjorde bispane krav på å få overta formuen etter avlidne klerkar. Men også mange fyrstar gjorde krav på det same. Pavane gjorde alt tidleg krav på formuen etter klerkar som døydde ved kurien, på same vis som dei då kravde rett til å tilsetja embeta etter dei. Den sterke utvidinga av den pavelege kollasjonsretten i seinmellomalderen førte til at pavane også gjorde slike krav gjeldande for klerkar som døydde utanfor kurien. Resultatet av striden vart stort sett at dei geistlege fekk høve til å testamentera eller lata etter seg til sine arvingar det dei åtte mot at dei tilgodesåg kyrkja med ein viss part. Dette var ofte ein firedel av det dei åtte; men norsk provinsiallovgjeving nøyer seg med å krevja som eit minimum ein tidel av det dei hadde samla av kyrkjelege inntekter.

Når det gjeld inntektene av ledige beneficia som vi her har å gjera med, må dette problemet ha gjort seg gjeldande alt på eit tidleg tidspunkt, truleg etter kvart som den kyrkjelege formuen voks og dei kyrkjelege krava om sjølvstende auka. I alle høve var dette eit av dei spørsmåla som vart førelagt kardinallegaten Vilhelm av Sabina i 1247 (då han vitja Noreg for å krona kong Håkon Håkonsson). Han forbaud at biskopane eigna til seg inntektene frå ledige beneficia til eige bruk. Dei skulle i framtida styrast av ein prokurator som skulle samla inn inntektene til nytte for den komande innehavaren. Dette fekk også kongeleg godkjenning, og det er rimeleg at det har vorte praktisert ved soknekyrkjene.[24] Men spørsmålet om inntektene av ledige domkapitelsprebende er, som vi ser, eit aktuelt stridsspørsmål 50 år seinare, og då den lærde kanonisten Henrik Kalteisen i 1452–53 hadde si gjesterolle som erkebiskop i Nidaros, var spørsmålet om biskopens disposisjonsrett over interkalarfruktene eit av dei kyrkjerettslege spørsmåla han fekk å svara på.[25]

I den striden mellom erkebiskop og domkapitel som vi her talar om, gjer altså domkapitlet krav på å få alle interkalarinntekter av dei prebende som vert ledige i koret i Kristkyrkja. Som tidlegare nemnt, er eit prebende ei samling av jordegods eller inntektsrettar knytte til eit kanonikat eller til eit altar. Dei einskilde prebenda er eigne rettssubjekt. Forutan prebenda det her er tale om, fanst det også andre som vart brukte til avløning av vikarier og til innehavarar av ymse officia. Men det korsbrødrane som kollegium, og korporasjon, gjer krav på interkalarinntektene av, er dei prebenda som beinveges er knytte til embeta deira. Uttrykksmåten refererer til at domkapitlet, i samsvar med ålmenn kyrkjerett har plass i koret i domkyrkja. Embeta deira er definerte med sete i koret, *stallum in choro*. Det er med denne heimelen, og ut frå den generelle regelen om samanhengen mellom officium og beneficium at prebenda vert rekna for å vera knytte til den faste plassen vedkomande kanonikat har i koret.

Korsbrødrane har altså teke interkalarinntekta frå eit prebende så lenge ho har vore ledig, anten det har skjedd ved død, overflytting eller på annan måte, og inntil den nye innehavaren hadde overteke styringa av prebendet sjølv. Dei har også rådt for husa som har vore inkluderte i dei ymse prebenda. Det er her tale om dei husa som i etterreformatoriske kjelder vert kalla kannikresidensane i Trondheim. Når desse her vert spesielt nemnde, er det rimeleg å tenkja seg at dette har vore bygardar som kunne gjeva leigeinntekter forutan husrom til prebendeinnehavaren når han hadde residensplikt.

Tilsetjing i kanonikat (4)

Vi får også ei viktig opplysning om korleis tilsetjing i kanonikat har gått for seg. Det vert utan vidare sagt at ein ny korsbroder vert vald av erkebiskop og domkapitel; her har korsbrødrane hevda ein absolutt samtykkerett. Dette var også normal praksis i dei fleste land, og denne sams valretten er kjend i kyrkjerettsleg samanheng som *ius simultaneae collationis*. Nettopp denne retten til sjølve å ha det avgjerande ordet når det galdt rekrutteringa til domkapitlet, var sjølvsagt svært viktig. Det gav grunnlag for framvoksteren av eit øvre sosialt lag innanfor presteskapet slik vi kjenner det frå seinmellomalderen. Denne grupperinga disponerte både dei store godsmassane som prebenda representerte, og etter kvart var også dei største og rikaste soknekalla reserverte for medlemer av domkapitlet. Desse kannikgjelda synest i erkestiftet å ha blitt til ved ei vidtgåande anneksering. Såleis hadde det store Trondenes prestegjeld, som i seinmellomalderen høyrde til dekanatet og seinare etter reformasjonen til bispestolen i Trondheim, fjorten kyrkjer og kapell, og jamvel etter reformasjonen hadde det ni prestar utanom soknepresten.[26] Med sin rett til å velja erkebiskop og sine store økonomiske resursar var såleis domkapitlet ved erkesetet ein maktfaktor av rang sjølv om den pavelige provisjonspolitikken i seinmellomalderen førte til ein viss maktmink; det vart vanleg at pavane tok til å gjeva bort kannikdøme med provisjonar og ekspektansar. Men domkapitla heldt fast på at dei hadde ein godkjenningsrett, og det galdt også dei kanonikata som kongar og stormenn hadde presentasjonsrett til (*receptio canonicorum*). Til opptaket knytte det seg visse seremoniar (*admissio canonici*) med avlegging av embetseid m.m. At domkapitla sjølv hadde avgjerande innverknad på si eiga samansetjing, var sjølvsagt noko som i høg grad tente til å auka makta deira i tihøvet til biskopen. Det ser ut til at kannikane, i alle høve i seinmellomalderen, kom frå ei sosialgruppe som representerer eit oversjikt i bygder og byar, det vi gjerne plar kalla knapeadel. Her er det såleis ein markert skilnad til dømes frå Danmark der bispane i tida nærast før reformasjonen i stor mon kom frå høgadelen.

Domkapitlet som erkebispens råd (5)

Det neste avsnittet gjeld den makt og innverknad domkapitlet har hatt i eigenskap av erkebispens råd. Det refererer såleis til det andre punktet i dei generelle kannikprivilegia, *locus et votum in capitulo*, altså plass og røysterett i rådsmøta. Det er her tale om forvaltninga av den biskoppelege kollasjonsretten og installasjonsretten, det vil seia retten til å tilsetja og innsetja i geistlege embete. Denne retten hadde biskopane etter kyrkjeleg oppfatning, og det var nettopp på dette området at striden mellom dei verdslege makthavarane og den kyrkjelege reformrørsla var særleg sterk i tidleg høgmellomalder. Den episkopale kollasjonsretten kunne vera sterkt avgrensa ved verdsleg patronatsrett. Her ser vi ei avgrensing frå kyrkjeleg hald; når det gjeld sine eigne embete, krev korsbrødrane å få del i kollasjonsretten med di nye korsbrødrar skal veljast av biskop og domkapitel. Dette gjeld anten det var sokn til eller ikkje, det vil seia om det høyrde nokon kyrkjelyd til eller ikkje. Distinksjonen svarar såleis til den kanoniskrettslege mellom embete med og utan sjelesorg, *cura animarum*. For alle andre geistlege embete krev dei ein rådgjevings- og samtykkerett. Det er klårt at denne samtykkeretten i realiteten også representerer ein *vetorett* overfor erkebispens vedtak. Dette gjeld alle prebende og kyrkjer i heile erkestiftet og sameleis altar i domkyrkja.

Heile provførsla tek såleis sikte på å visa at stiftsstyringa har vore ei sams sak, eit condominium, for erkebiskop og domkapitel. Det dei vitnar om, er administrativ praksis i erkebiskop Jons tid, medan dei i andre saker har gått attende til mykje tidlegare tid, så langt attende at ingen kan minnast noko anna. Når dei her nøyer seg med å referera til erkebiskop Jons tid, kan det ha fleire grunnar. For det første kan administrativ praksis festna seg og skapa presedensar lenge før enn ein kan hevda eigedoms- eller bruksrett. Men dessutan hadde den framlidne erkebispen sjølvsagt eit stort namn i kyrkjelege krinsar nettopp som ein ivrig forsvarar av rettane til kyrkja. Når Jon i dokumentet vert tillagd epitetet «*goðrar aminningar*»,[27] er det eit uttrykk for hans posisjon.

Sams for alle desse stridsspørsmåla i tilhøvet mellom erkebiskop Jørund og domkapitlet hans var at dei må seiast å vera av beneficialrettsleg karakter. Dei gjeld formues- og inntektsrettane til kapitlet og disponering av kyrkjer og prebende i heile erkestiftet. Her kjem altså kapitlets medverknad i stiftsforvaltninga også inn, og det vert slått uttrykkeleg fast at erkebiskop Jon Raude alltid hadde utøvd sin kollasjonsrett og sin rett til å tilsetja og innsetja i geistlege embete, installasjonsretten, med råd og samtykke frå domkapitlet, ei beinveges omsetjing av det latinske *consilium et consensus*. I realiteten vil det seia at biskopen på eit av dei aller viktigaste styringsområda er heilt ut avhengig av eit godt samarbeid med domkapitlet og dermed har fått makta og kompetansen sin sterkt avgrensa. Det er klårt at ein slik samtykkerett har domkapitla i mange høve etter kanonisk rett. Men når det gjeld stillingar og prebende plar denne vera avgrensa til stillingar i kapitlet og til omgjering, skiping og avskiping av embete. Krava frå kapitlet på dette området synest såleis å femna sers vidt.

Den kyrkjelege og ålmenne strafferettspleia (6)

Heretter fylgjer eit avsnitt om den medverknad domkapitlet meiner å ha krav på i den kyrkjelege strafferettspleia. Det kan vera grunn til å sjå noko på den kyrkjelege strafferettspleia i det heile.

Det finst to hovudtypar av kyrkjelege straffer. Den første gruppa er *poenae vindicativae*, dei eigentlege straffene. Dei har til føremål å refsa, hemna det brotsverket som er gjort. Dei svarar såleis til den strafferettsmaksimen som kyrkja hadde frå romersk rett: *poena est noxae vindicta*, straffa er hemn for brotsverket. Men heilt frå første stund la kyrkja særleg stor vekt på ei anna side ved straffa. Straffa skulle tena til å gjera forbrytaren til eit betre menneske, få han til å snu bort frå sine vonde vegar og venda attende til kyrkja. Denne gruppa er *poenae medicinales* eller *censurae*, som har ein nær samanheng med botsdisiplinen. Etter vanleg kyrkjerettsleg og teologisk tankegang er skilnaden mellom dei to at i botsdisiplinen er det den angrande syndaren som frivillig vedkjenner seg sine misgjerningar og tek på seg botsgjerningar. Bot, *poenitentia*, er eit særskilt sakrament, som etter katolsk tankegang fell i tre delar: *contritio cordis, confessio oris* og *satisfactio operis* (anger i hjartet, skrifte med ord og oppretting i gjerning). Ein plar seia at botsdisiplinen, botsgjerninga, går for seg *pro foro interno*, for den interne domstol, det vil seia ved skriftemålet. Normalt er dette ei oppgåve for vedkomande persons sokneprest, men somme saker er også her reserverte for biskopen eller jamvel for paven. I alle høve er botsdisiplinen konsentrert om skriftemålet og normalt ei sak mellom den botferdige og skriftefaren.

Kyrkjelege straffer derimot vert idømde eller pålagde av den kompetente kyrkjelege domar. I regelen er dette biskopen, som har den fulle *potestas iurisdictionis* i sitt bispedøme, eller den som han delegerer dette til, til dømes officialen. Men saka kan appellerast til paven, og visse saker er reserverte for han.

Elles er det viktig å leggja merke til at *poenae vindicativae* berre kan ileggast etter føregåande rettsleg gransking og ved dom. Ein person har i slike tilfelle krav på å forsvara seg og på å få ta til motmæle mot dei klagemål som vert reiste mot vedkomande. *Poenae medicinales* eller *censurae* kan derimot verta ilagde disiplinært, eller dei kan oppstå ved sjølve gjerninga. Ein skil difor mellom *censurae ferendae*, sensurar som må ileggast og kunngjerast for vedkomande av den rette, kompetente domar, i regelen biskopen, og *censura latae sententiae*, sensurar som oppstår ved sjølve gjerninga, *ipso facto, af sjólfa verkini*. *Censurae ferendae* er sjølvsagt den normale form for sensurar. Sidan føremålet med dei er å få syndaren på rett veg, kan dei berre ileggjest når den skuldige nektar å avstå frå sine misgjerningar og viser seg forherda. Han syner då trass mot kyrkja, *contumacio*. I samsvar med dette må syndaren først få ei rekkje påminningar om å avstå frå sine vonde gjerningar, i regelen er det tale om to. Den første har ei mildare form, og vert difor gjerne kalla *monitiones paternae*, faderlege påminningar; medan den siste vert gjeven i bydande form, og difor vert kalla peremptorisk. Først etter at desse påminningane eller åtvaringane er gjevne, kan vedkomande sensur setjast i verk. Dersom det vert gjort formelle feil i denne samanhang, eller det vert gjeve for stutte terminar, kan sensuren verta ugyldig. Kanonisk rett innskjerpar i høg grad krava om korrekt og feilfri saksgang ved bruken av sensurar. *Censurae latae sententiae* er brotsverk som er spesielt nemnde i lovgjevinga eller i særskilde privileg.

Elles skil ein mellom sensurar som er detaljert fastsette i lova, og dei som vert ilagde etter domarens skjøn, *censura iuris sive arbitraria*. Dei kyrkjelege sensurar (*poena medicinales*) er ekskommunikasjon, interdikt og suspensjon. Av desse kan suspensjon etter sin natur og verknad berre brukast mot geistlege. Det er difor ein *censura particulare*. Ekskommunikasjon og interdikt kan derimot brukast mot alle medlemer av kyrkja, og vert difor kalla *censurae communes*.

Ekskommunikasjon, *excommunicatio*, tyder eigentleg utestenging frå fellesskapen, og det er også det som skjer ved denne sensuren. Den bannsette, ekskommuniserte, vert sett utanfor den kyrkjelege fellesskapen slik at han ikkje lenger får nyta godt av dei nådemidlar kyrkja forvaltar. Spørsmålet om ein ekskommunisert framleis høyrer til kyrkja, har vore omtvista, ettersom vedkomande har fått ein *character indelibilis* ved dåpen. Ein talar om to typar *excommunicatio, minor et maior*, det vesle og det store bann. *Excommunicatio minor* stengjer berre vedkomande ute frå nattverdssakramentet og frå retten til å ha kyrkjelege embete. *Excommunicatio maior* derimot, det store bannet, set den ekskommuniserte heilt utanfor den kyrkjelege fellesskapen. Vedkomande får ikkje høyra messa (men preika), får ikkje sakrament og han vert nekta kyrkjeleg gravlegging. Ekskommuniserte geistlege må ikkje halda messe eller dela ut sakramenta. I så fall vert dei irregulære. Også i verdsleg samanheng skaper bruk av bannsetjingsinstituttet store problem; for den bannsette vart rekna for å vera ufør til ei rekkje oppgåver også i verdsleg samanheng, mellom anna som lærar, domar, advokat og vitne. Dessutan burde dei truande halda seg borte frå ein bannsett, elles kunne dei sjølve falla i det mindre bann. Vi har også frå norsk område ei rekkje døme på dette. Mellom anna vert det i soga om biskop Arne fortalt at han kom i kongens fylgje til den bannsette baronen Jon Brynjulfsson som hadde laga til gjestebod for dei. Men bispen nekta å sitja til bords med den bannsette etter mønster av Jon Raude som hadde gjort det same ved bryllaupet til kong Eirik med omsyn til Hallkjell Ogmundsson.[28]

Men desse føresegnene skapte også problem for kyrkja, og dekretalretten gjev difor ei rekkje unntak. I 1418 skapte Martin V skiljet mellom *excommunicati vitandi* og *excommunicati tolerati*. Kyrkjeleg praksis synest alltid å ha lagt stor vekt på excommunicatio som ei *poena medicinalis*. Så snart vedkomande gav opp trassen sin, var kyrkja villig til å ta han inn att i kyrkja. Det galdt til dømes biskop Audfinn i tiendstriden i Bergen om gardtiend. Ein av leiarane var Svein i Grisen, og ved bannsetjinga av han har bispen gjeve uttrykk for den gamle tanken at *excommunicatio* er ein lynstråle som råkar den skuldige *(Sentencia excommunicationis contra eundem fulminata)*. Men seinare skriv han at «no har Svein vendt seg på den rette veg til nådefanget åt den heilage kyrkja og gjenge til sann lydnad».[29]

Interdikt tyder eigentleg forbod, og i denne samanhengen forbod mot å halda gudsteneste og utføra kyrkjelege handlingar.[30] Interdikt femner i kyrkjeretten om ei rekkje ulike sanksjonar av særs ulikt omfang og verknad. Ein skil mellom *interdictum lokale* og *personale* etter som interdiktet rettar seg mot stad eller person, mellom *interdictum generale* eller *speciale* etter som det gjeld eit heilt land, ein provins, ein diocese (bispedømme) eller ei einskild kyrkje, og *locale* eller *patriale* etter som interdiktet gjeld alle gudstenestlege handlingar eller berre somme. Ei særs vanleg form for *interdictum partiale* er *interdictum ab ingressu ecclesiae*, på gamalnorsk *útsetningar pína*. Det vil seia at ein ikkje får lov å koma inn i kyrkja. Dette er særleg aktuelt i samband med klerkar. Når dei vert utestengde frå kyrkja, kan dei ikkje oppfylla sine gudstenestlege plikter og vert dermed irregulære, det vil seia at dei er ute av stand til å ha geistlege embete.

Ved *suspensjon* vert vedkomande mellombels fråteken retten til å utøva sitt embete og til å få inntektene av det. Vedkomande misser altså ikkje rettane sine, men mellombels retten til å bruka dei. Suspensjon kan gjelda utøving av vigselsmakt; ein talar då om *suspensio officio*, det kan vera *suspensio ab iurisdictione*, domsmakt, og endeleg *suspensio ab beneficio*, inntekter, men det kan og gjelda alle desse. Ein talar då om *suspensio ab officio et beneficio*, suspensjon frå embete og inntekter eller berre om suspensjon. Ved delvis suspensjon er det berre den spesielle delen av funksjonen sin vedkomande misser. Men ein som er suspendert frå embete og inntekter, kan heller ikkje i suspensjonstida få ei høgre vigselsgrad, eit høgre embete eller eit nytt beneficium. Suspensjon kan gå over til å verta *poena vindicativa* om den vert gjord varig. På den andre sida kan den også vera ei reint administrativ rådgjerd som vert sett i verk medan vedkomande er innblanda i ein prosess.

Når det gjeld dei eigentlege straffene, *poena vindicativae*, fanst det mellom anna ei rekkje slike både for klerkar og lekfolk, til dømes bortvising frå landet eller bispedømet, bøter, fengsel i kyrkje, fengsel eller tvangsplassering i kloster, konfiskasjon av formue, infamia, ærestap, tap av embete. Derimot har kyrkja ikkje teke i bruk dødsstraff eller lemlesting. *Ecclesia non sitit sanguinem* – «kyrkja tørstar ikkje etter blod.»

Av vindikativstraffer for geistlege er særleg å nemna for det første tvangsflytting til eit dårlegare beneficium, for det andre fråtaking og tap av beneficium, *privatio beneficii*. Vedkomande misser dermed det embete han har. Men han har framleis sin *ordo* i behald, og kan få eit nytt embete dersom han ikkje også vert erklært uskikka til eit slikt. Den tredje vindikativstraffa er avsetjing og degradasjon; *depositio* og *degradatio*. Opphavleg var desse straffene det same, men etter kvart kom det eit skilje. Dette var særleg aktuelt når det galdt klerkar som hadde gjort seg skuldige i forhold som statsmakta kravde å få straffa. Ved deposisjon vert ein klerk avsett frå embetet og erklært uskikka til å ha geistleg embete i det heile. Men han har framleis krav på *privilegium fori*. Ved degradasjon misser vedkomande sin klerikale status, og kan som *laicus* (lekmann) utleverast til den verdslege makt.

I vitnemålet krev domkapitlet at den kyrkjelege strafferettspleia skal gjennomførast med deira råd, vilje og samtykke og refererer til Jon Raude. Det er først og fremst tale om saker mot geistlege, altså kyrkjelege disiplinærsaker i vidaste omfang; i den andre perioden høyrer vi også om tiltak mot lekfolk. Om «avskiping av geistlege frå embete og beneficia» tyder suspensjon eller deposisjon eller begge delar er ikkje lett å avgjera. Men ei samanlikning med neste periode, der det vert sagt at det vart kravt samtykke frå kapitlet til bannlysing, tyder avgjort på at det her er tale om begge delar.

At ingen vart lyst i bann utan domkapitlets råd, vilje og samtykke er ei særs viktig opplysing. Sidan bannlysing utan all samanlikning var det viktigaste våpen kyrkja hadde, var det sjølvsagt grunnleggjande at domkapitlet hadde samtykkerett her. Det er rimeleg å tru at det her er tale om straff i form av fengsel og liknande.

«Det høyrde vi og at korsbrødrane ofte let taka styrlause klerkar og tukta dei slik dei tykte var rett anten erkebispen var til stades eller ikkje, ...» Som ordinarius i sitt stift er det normalt biskopen som kan setja i verk slike tiltak. Han har den øvste domsmakt i straffesaker, og han har også den øvste eksekutive makt, slik at domsfullbyrdinga skal skje etter hans ordre. Dersom andre skal setja i verk straffedomar, må det i tilfelle skje med delegert makt. Men her hevdar altså domkapitlet at dei har ei sjølvstendig refsingsmakt anten erkebispen er til stades eller ikkje. Dette synest å gå ut over kanoniske prinsipp som vel kunne godta ein viss sjølvjurisdiksjon, men elles måtte ein slik rett vera basert på delegasjon eller vera av reint temporær karakter i samband med mellombels stiftsstyring. Det må difor anten vera tale om eit særleg privileg eller ein hevdvunnen rett, og dei klerkane det er tale om, må vera slike som var knytte til domkyrkja som vikarar. At denne refsingsretten vart praktisert, har vi eit godt døme på frå Laurentiussoga der det vert fortalt at korsbrødrane sette Laurentius Kalvsson i mørkestova, det vil seia i fengsel.

Det er klårt at med dei mange oppgåvene som ein stiftsbiskop i mellomalderen hadde, kunne det vera vanskeleg for han å makta oppgåva som den kompetente kyrkjelege domar personleg. Alt i tidleg mellomalder hadde lokale archidiaconar fått ein benefisert jurisdiksjon som førte til makt- og kompetansereduksjon for bispane.[31] Mellom anna som eit ledd i arbeidet på å skaffa ei motvekt mot dette, vart *officialembetet* skipa. Officialen hadde ingen beneficiert jurisdiksjon. Han var tvert imot ein biskoppeleg tenestemann som biskopen delegerte si domsmakt til for så lang tid som han sjølv ville. Officialen var ein juridisk fagdomar, og J. A. Seip har peika på den markante parallelliteten med kongens lagmann.[32] Skipinga av officialembetet fører til ei sentralisering av den kyrkjelege rettspleia til officialdomstolen. Elles er det i denne samanhengen nærliggjande å peika på at fyrstane i sitt arbeid på å overvinna føydalismen prøver å skaffa seg embets- og tenestemenn som berre har sin kompetanse i kraft av deira vilje og med maktdelegasjon som basis.

I Noreg vert officialembetet nettopp innført i denne tida. Det er nemnt første gong i erkebiskop Jørunds provinsialstatutt frå 1290, og det er grunn til å tru, slik J. A. Seip har peika på, at eit bortkome avsnitt i dette statuttet inneheld eit påbod om at kvar biskop i kyrkjeprovinsen skulle ha sin official.[33] Det er rimeleg å tru at skipinga av officialembetet i den norske kyrkjeprovinsen nettopp har hatt til føremål å ta bort grunnlaget for kravet frå korsbrødrane om å ha rett til å gjeva råd og samtykke ved utøvinga av den kyrkjelege jurisdiksjonen. I første omgang synest også skipinga av officialiatet å ha styrkt bispemakta overfor domkapitla. Men i 1400-åra har kannikane fått eit nytt grunnlag for sin medverknad i den kyrkjelege rettspleia. Dei er då jamleg med som domsmenn i officialdomstolen, og i provinsialstatuttet frå 1436 vert det fastsett at ekteskapssaker og endå større saker som sacrilegium og simoni var reserverte for biskop og official med samtykke av domkapitlet.[34] Rettsmøta i officialdomstolen vert også i denne tida jamleg haldne i kommunstova til korsbrødrane.

Skal vi samanfatte det vi her har gjennomgått i forhold til vitnemålet frå 1294, ser vi at domkapitlet ved erkesetet i Nidaros kravde full medverknad i den kyrkjelege straffe-rettspleia både når det galdt reine straffesanksjonar og ved bruken av sensurar. Erkebispen skulle i si verksemd som *judex ordinarius* vera bunden av deira råd, vilje og samtykke. I alle høve hevdar dei at dei har hatt denne retten i erkebiskop Jon Raudes tid. Domkapitlet har nok her strekt sine krav vidare enn det som var fastsett i ålmenn kyrkjerett.

Domkapitlets rettar når erkebiskopen ikkje var til stades (7)

Kvar gong erkebispen ikkje var til stades i stiftstaden, eller av ein eller annan grunn var hindra i å utføra sine funksjonar i stiftsstyringa, hadde domkapitlet all styringsrett. Fråvær kunne vera at erkebiskopen var på visitas, utførte kongsteneste etc. Styringsretten var også aktuell ved vakanse.

At domkapitlet slik hadde all jurisdiksjon må gjelda tilhøva før officialembetet vart skipa; officialen synest til vanleg å ha vore stasjonær i stiftstaden, og det same gjeld poenitentiarien. Sidan den episkopale domsretten, *iurisdictio ordinaria*, ikkje er avhengig av *ordo*, av konsekrasjon, kan denne retten verta forvalta også av dei som ikkje har bispevigsel, til dømes officialen. Difor kan denne retten og forvaltast av domkapitlet, og dei hevdar at heile rettargangen, høyra og døma, har lege under dei. Høyra refererer til sjølve saksførehavinga, døma til domsavseiinga.

At dei utferda brev, er ein konsekvens av at dei har mellombels stiftsstyring. Det same gjeld at dei kan gjeva løyve, dispensera, ordna med provføring og eidar. Det som er nemnt om kyrkjegarden, tyder at dei har rett til å gjeva løyve til gravstad, eventuelt til gravlegging i tvilstilfelle. At kannikane skulle halda synode og setja vikarar til og frå tenest i koret, må og vera ved vakanse eller om erkebispen er i kongens ærend. Dei vanlege stiftssynodane vart haldne ved St. Hans tid. Når dei seier at dei har før gjort dette i alder og æve, viser dei til alders tids bruk. Det gjeld å visa at ein har å gjera med hevdvunnen administrativ praksis. Det same gjeld utsegna om synodealtar, gamle lovbøker og særskilde føresegner. Her vert det berre vist til partikulære rettskjelder, ikkje til ålmenn kanonisk rett. Dette samsvarar med at beneficialrettslege tilhøve særs ofte er regulerte med partikulærrettslege føresegner.

«Dei skulle og setja prestar til ...» Her er det på nytt tale om forvaltninga av den episkopale kollasjonsrett, der vi har sett at domkapitlet gjorde krav på råd- og samtykkerett. Her vert det altså hevda at dei har øvd denne retten når erkebispen ikkje var til stades, noko det var heimel for i kyrkjeretten. Dette galdt også Olavsgildet («Mikalsgildet», «Krossgildet») i Trøndelag, som hadde eigen kyrkje og eigne prestar. Det hadde medlemer rundt på heile Trøndelag, mellom andre var Olav Kyrre og hertug Skule medlemer.[35]

Sameleis kravde dei rett til å gjera ei rekkje forvaltningstiltak i samband med gudstenestehaldet i domkyrkja og gravlegging, dessutan foreta makeskifte og halda synode. Mykje, eller det aller meste, av desse krava er i samsvar med ålmenn kyrkjerett, men somt går nok litt vidare. Det er då også typisk at det i denne samanhengen berre vert vist til sedvane og til partikulære rettskjelder. Særleg vert det lagt vekt på å syna at dette er vel etablert sedvane, ein fast *usus* som gjev grunnlag for at når det ikkje er tale om alders tids bruk, *consuetudo immemorialis*, vert det jamleg nemnt at slik var det i erkebiskop Jons tid. Dette heng saman med at *consuetudo* som grunnlag for rettsskiping berre kan vera gyldig når denne finst i eit område som står under ein kyrkjeleg leiar som kan skapa seg rett, det vil i praksis seia ein biskop eller ein erkebiskop. Innanfor eit kapitel eller ei kyrkjesokn kan det berre vera tale om ein observans som då berre har rettskraft innanfor den avgrensa krinsen og inkje overfor andre.

Stolgebyr og nokre andre økonomiske rettar (8)

Medan korsbrødrane som tidlegare nemnt kravde rett til å få utbetalt årtidssylv for å halda oppe sjelemesser for erkebispar og kongar som var gravlagde i domkyrkja, er det her tale om betaling i samband med gravferder reint generelt. Det kannikane gjer krav på, er dels betaling for årtidhald, det vil seia for å lesa sjelemesser, dels for det som i gamalnorsk nemnast *mótiganga*. Det vil seia at ein geistleg prosesjon går liket i møte med song og andre liturgiske handlingar. Taksten som her er oppførd, er tydelegvis å rekna som ein minimumstakst for dei som ynskte gravferd ved domkyrkja under medverknad frå korsbrødrane.[36]

Spørsmålet om betaling for kyrkjelege tenester skapte i mellomalderen strid og store vanskar både innanfor kyrkja sjølv og i høve til folk flest. Heilt frå den eldste tid hadde det vore vanleg at folk i samband med visse gudstenestlege handlingar bar fram offergåver. Både i lovgjevinga og i teorien vart det innskjerpa at dette var frivillige gåver som ikkje kunne krevjast som vederlag for kulthandlingar. Men litt etter kvart kom presteskapet til å sjå på desse ytingane som noko som dei hadde rett på og som ein legal del av embetsinntektene sine. I kyrkjeleg terminologi vert slike ytingar gjerne kalla for stolgebyr eller *iura stolae.* Namnet refererer til den geistlege bruken av stolaen ved kulthandlingar. Medverkande til utviklinga synest eigenkyrkjesystemet å ha vore; det hende heller ofte at kyrkjeeigaren tok til seg den luten av tienda som presten skulle ha til å leva av. Dermed vart stolgebyra, betaling for geistlege tenester, ein særs viktig del av eksistensgrunnlaget for den presten som heldt oppe gudstenesta ved kyrkja. For å sikra seg slike ytingar hende det difor at prestane slutta å utføra vedkomande geistlege handling før dei hadde fått betaling eller vedkomande hadde gjeve garanti for betaling (*pactio*). Dette var sjølvsagt eit system som kunne føra til store misbruk, og det kunne gjeva høve til kritikk både frå soknefolket og frå opposisjonelle krinsar innanfor kyrkja

Innarganga eller inngang, i nyare tid også kyrkjegang, heitte det når ei barselkvinne vart høgtideleg førd inn i kyrkja av presten. Kvinnene det galdt vart kalla inngangs- eller kyrkjegangskoner. I kyrkjeretten kallast instituttet «introductio mulieri». Skikken hadde samanheng med urgamle førestellingar om at barselkvinna var urein og difor måtte halda seg vekk frå kyrkja i barseltida, vanlegvis seks veker. Skikken heldt seg etter reformasjonen til langt opp i vår eiga tid mange stader i Noreg. Her har Harriet Backer måla inngangskoner frå Tanum kyrkje i Bærum i 1892. Bergen kommunes kunstsamlingar. Foto: Geir S. Johannessen.

(Church) 'entrance' (ON innarganga) was the term used "introductio mulieri", for leading a woman ceremoniously into the church by the priest after having given birth to a child. This custom is based on an ancient tradition that a woman was not presentable until 6 weeks after giving birth. Painting by Harriet Backer, Tanum church in Bærum outside Oslo.

sjølv. Fordi stolgebyra var eit såpass viktig ledd i inntektene til dei vanlege sokneprestane, er dette også eit moment for å skjøna den sterke uviljen desse viste mot medlemer av dei nye tiggarordenane då desse fekk høve til å utføra kyrkjelege handlingar ubundne av soknebandet. Ein konsekvens av det økonomiske verdet stolgebyra hadde for det vanlege presteskapet, var også kravet om at sokneprestane eller deira vikarar alltid skulle haldast skadeslause om kyrkjelege embetshandlingar vart utførde av andre geistlege.[37]

Dei kyrkjelege reformrørslene i høgmellomalderen kom til å venda seg mot stolgebyra, som reformvenlege krinsar såg på som handel med nådegåver. Desse rørslene gjorde seg gjeldande alt på 1000-talet. Men motviljen var sterk, og først i 1200-åra kom det til ei kyrkjerettsleg regulering av tilhøva, i første omgang på det partikulærrettslege planet. Særskilt viktige i denne samanhengen var dei føresegner som biskopen av Paris, Odo av Sully, fekk i stand straks før år 1200. Her vart det slått fast at det ikkje kunne reisast noko krav om vederlag på førehand for å yta geistlege tenester som dåp, vigsel og gravferd. Men etterpå kunne det krevjast ei yting i samsvar med alt som var hevdvunnen god sedvane. Rettsutviklinga gjekk vidare på denne vegen. Å stilla førehandskrav vart forbode med trugsmål om suspensjon. Men etterpå kunne ein krevja godtgjersle så sant det fanst ein sikker partikulærrettsleg heimel for det. Denne reguleringa vart godkjend som ålmenn kyrkjerett på det 4. laterankonsilet i 1215. Dermed hadde kanonistane funne fram til ei løysing på eit uhyre intrikat problem for kyrkja både i juridisk og teologisk samanheng. Den nye legale formuleringa skulle hindra at fattigfolk vart nekta sakrament eller anna kyrkjeleg teneste; men det vart samstundes teke omsyn til at stolgebyra var ein viktig del av det økonomiske grunnlaget for parochialpresteskapet (sokneprestane). I samsvar med synet på *iura stolae* som ei *laudabilis consuetudo*, ein rosverdig sedvane, vart heretter både dei geistlege embetshandlingane, som det skulle betalast gebyr for, og storleiken på gebyra fastsette med partikulærrettslege føresegner. Difor er det også maktpåliggjande for korsbrødrane i denne samanhengen å få fastslått at dette er gamal sedvane som alltid har vore påakta, og at dei som ville gjeva meir, kunne gjera det. Også dei frivillige offergåvene vart etter kvart rekna saman med stolgebyra som pliktytingar. Av ein noko annan karakter er dei inntektene partane hadde av å lesa messer som var tinga av private for seg sjølve eller andre. Godtgjersla for slike messer vart sett på som eit særskilt offer, men vert etter kvart rekna for betaling.

I Noreg var stolgebyra i den første kristne tida ein viktig del av løna til presteskapet. Det geistlege lønssystemet bygde dels på ei mindre fast årleg avgift frå folk, *reiða*, dels på betaling for dei ymse geistlege tenestene, og her reknar kristenrettane opp ei rekkje ulike handlingar som det var faste tariffar for. Difor klagar ein forfattar som Adam av Bremen (ca. 1040-85) over at geistlege embetshandlingar hos danar og nordmenn vert kjøpte og betalte fordi barbarane ikkje vil betala tiend.[38] Absalon Taranger har ført fram sterke grunnar for at dei norske føresegnene på dette området er etter angelsaksisk mønster. Dei eldste kristenrettane er særleg opptekne av betalinga i samband med død og gravferd, slik som *oleanarkaup*, *líksǫngskaup* og *legkaup*. Då tienda vart innførd, skulle dei eigentleg falla bort; men som i dei fleste andre land heldt dei fram som stolgebyr med heimel i god gamal sedvane. Tapet av stolgebyra var også her til lands ei viktig årsak til at sekulærpresteskapet var så negativt innstilt til tiggarordnane. Retten til stolgebyr, særleg til utferd (gravferd) var også eit av tvisteemna i striden mellom biskopen i Bergen og presteskapet ved Apostelkyrkja og dei andre kongelege kapella i Bergen. Når spørsmålet om retten til å få betaling ved gravferder er noko av det domkapitlet vil skaffa seg vitnemål om, kan grunnen vera at dei ålmennkyrkjelege prinsippa var innskjerpa i erkebiskop Jørunds statutt frå 1290. Her vart forbodet mot å setja vilkår for å utføra kyrkjelege tenester understreka, og det vert hevda at ein avtale om slikt gjer vedkomande geistleg uskikka (irregulær) til å utføra den etterfylgjande kyrkjelege handlinga.[39] Forbodet mot å stilla vilkår vart oppatteke i erkebiskop Påls statutt frå 1336.[40] Men betaling etterpå i samsvar med sedvane var lovleg, og i tilfelle kunne også tvangsinndriving takast i bruk. Dei vanlegaste formene for stolgebyr i Noreg i seinare mellomalder er *útferð*, eller *sálugipt*, *innarganga* (den høgtidelige innføring av barselkoner i kyrkja, vanlegvis seks veker etter fødselen); etterreformatoriske kjelder nemner *pusafé* (ektevigsel).[41]

Men eit domkapitel kan ikkje alltid velja ny bisp og få valet stadfest av erkebispen. Dersom den dei vel, er biskop frå før, slik som biskop Jørund av Hamar, eller abbed, slik som erkebiskop Olav (1351 – 1370), som var abbed i Nidarholm, er dette pavelege reservatkasus der kapitlet ikkje kan velja. Det same gjeld dersom den dei ynskjer, er irregulær, som regel grunna at han er født utanfor ekteskap. Han kan då ikkje få vigsel til dei høgre gradane utan å ha motteke ein dispensasjon frå paven. Domkapitlet har i slike tilfelle høve til å koma med ein postulasjon, eit forslag. Erkebispen og domkapitlets rett til å velja der det ikkje var domkapitel eller konvent, gjeld Island, Færøyane og Grønland; her har domkapitel og erkebiskop valretten saman.

Erkebispen har som stiftsbiskop rett til å stadfesta abbed- og abbedisseval i sitt eige stift. Dette gjeld for dei mannlege ordenane som ikkje er eksempte, slike som benediktinarar og augustinarar; for nonneklostra har biskopen også stadfestingsrett. I erkestiftet gjeld det benediktinarklosteret på Nidarholm, ofte omtala berre som Holm, augustinarkorherrar på Elgeseter eller Helgeseter, benediktinarsøstrene i Bakke og augustinarinnene i Rein; ingen av desse var eksempte. Slike kloster finn vi på Tautra og Munkeby, som var cisterciensarar. Leiarane for dominikanarane og franciskanarane var priorar; også desse ordenane var eksempte og unnatekne frå erkebiskopen sin tilsyns- og stadfestingsrett. Augustinarkonventet Kastelle i Båhuslen låg i Oslo bispedøme; når det er nemnt at det var erkebiskop og domkapitel som hadde sams råderett og val her, er det fordi det vart fundert av erkebiskop Øystein Erlendsson som kan ha hevda kollasjonsretten for erkesetet.

Deretter vert det rekna opp nokre særskilte funksjonsområde for tenestemenn ved erkesetet, skulemeister, rådsmann på erkebispegarden, tilsynsmann for den heilage Olavs gods, for den øvre kyrkja, tilsynet med steinhoggararbeidet, tilsynsmann for skrudhuset og andre ombod og embete i kyrkja slik som skiping av gudsteneste og skriftemål, disponering av vikariat, kyrkjedeknar og klokkarar.

Skulemeisteren har vore ved skulen som nok fanst ved dei fleste domkapitel heilt frå dei vart skipa. Vidare er det tale om ein rådsmann, det vil seia han som stod for hushaldet i bispegarden og svara for den økonomiske sida ved drifta, også kalla *oeconomicus*. Så kjem tilsynsmannen for den heilage Olavs gods og han som stod for steinhoggararbeidet. Det er uvisst om det her er tale om hyttemeisteren, det vil seia han som var ansvarleg for bygghytta og dermed alle byggarbeida på domkyrkja. Dinest kjem ordning av gudstenesta ved domkyrkja og disponering av det geistlege personalet som fanst til dette. I alt dette og meir til skulle korsbrødrane høyrast; dei hadde ein rett til å mæla imot, og dermed hindra tilsetjing.

Om bispeval, abbedval m.m. (9)

Metropolittens rett til stadfesting av bispeval innanfor provinsen skjer ved at domkapitlet ved bispekyrkja vel, medan erkebispen stadfestar valet. Erkebispen sjølv vert vald av domkapitlet ved erkesetet og valet stadfest av paven.

Testament og inventar (10)

Korsbrødrane hadde rett til å få halvparten av alle testament, det vil seia testamentariske gåver til den heilage Olav eller kyrkja, dersom ikkje gjevaren hadde fastsett noka anna fordeling.[42] Det er då tale om testament som ikkje gjev faste føresegner om korleis gåvene skal bytast. Slike gåver, sjelegåver, gjevne uspesifisert til ei kyrkja eller til andre kyrkjelege institusjonar, var vanlege i tidleg mellomalder. Bakgrunnen for dette er nok i stor mon det faktum at det lenge var stor tvil og usemje både innanfor og utanfor kyrkja om kven det var som eigentleg åtte kyrkjegodset. Det er mellom anna dette som vert avspegla her når det vert tala om gåver til den heilage Olav. Som nemnt kjende ikkje germansk rett til omgrepet juridisk person eller stiftelse. Alt gods måtte ha ein person som eigar, og kyrkjer og andre kyrkjelege institusjonar tilhøyrde privatpersonar. Dette vende den kyrkjelege reformrørsla seg imot, og det vart dels avskipa, dels avløyst av patronatsretten. Men framleis var det diskusjon om kven som eigentleg åtte kyrkjegodset. Somme hevda at det tilhøyrde Kristus, andre Jomfru Maria og somme dei fattige. Sers vanleg var det å hevda at det tilhøyrde den helgenen som vedkomande kyrkje eller kloster vart innvigd til. Først etter at studiet av romarrett hadde fått sin store renessanse, kom ein fram til det som seinare har vore ålment godteke, at dei ulike kyrkjelege godsmassar er eigne rettspersonar. Dette skjer samtidig med at det går for seg ei spesialisering av kyrkjeformuen etter funksjon. Ein får først og fremst ei deling mellom *fabrica* og *mensa*, bygningsformue og embetsgods *beneficium*. I 1290-åra var denne oppdelinga vel kjend, men mellom folk flest var nok tanken om helgenar som eigarar framleis levande. Difor kunne det i testament verta gjeve gåver til St. Olav. Og dette heldt seg lenge i terminologien. Ennå i Olav Engelbriktssons jordebok vert erkestolens jordegods kalla «St. Olufs jorder».

Testamentet er eit rettsinstitutt som i mellomalderen aldri fekk offisiell godkjenning i norsk rikslovgjeving, men som likevel kom til å spela ei viktig rolle i den tids samfunn. Den einaste lovkjelda som nemner testament, er typisk nok Jon Raudes kristenrett. Testamentet er eit av dei rettsinstitutt som kyrkja tok opp frå romersk rett, men i ei sterkt forenkla form. Sjølve den tanken at ein skulle lata etter seg arv til andre enn sine slektsarvingar var ein ukjend tanke i germanske samfunn. I Noreg oppnådde kyrkja i samband med Nikolas Brekespears legasjon retten til tiend- og fjerdingsgåve, og dette vart også innskjerpa som gjeldande rett ut etter mellomalderen. Men under den store framstøyten for kyrkjelege rettar under Jon Raude gjekk dei kyrkjelege krava mykje vidare. Særleg i provinsialstatuttet frå 1280 vert det reist krav om uavgrensa testasjonsfridom; dette går langt ut over føresegnene også i kanonisk rett, men samsvarar med ideane hos somme dekretistar.[43] Motstand mot testasjonsfridom vart i det same provinsialstatuttet teke med i katalogen over bannsverk. Om dei legale grensene for testasjonsretten alltid vart overhaldne i seinmellomalderen, let seg vanskeleg avgjera. Føremålet med det romarrettslege testamentet var vanlegvis å etablera ein universalsuksesjon. Men dei testamenta vi kjenner frå norsk mellomalder, har til føremål å sikra ei rekkje einskilde gåver, legat, og ein må rekna med at det normalt er disposisjonar innanfor grensene av tiande- og fjerdeparten av formuen det er tale om.

Domkapitlet har hatt ein funksjon som tilsynsmenn og revisorar ved embetsskifte og elles ved kontroll av at inventaret er i orden: Slike inventarlister ser det ut til har vore førte ved alle kyrkjer. Det eldste vi no kjenner i original, er eit inventarium for kyrkja i Hålandsdal som er skrive på eit blad av ei messebok som finst i Universitetbiblioteket i Bergen.[44] Desse inventara var jamleg innførte i messebøker, og dei vart kontrollerte ved visitas. Også ved ymse embete fanst det tilsvarande inventar som vart kontrollerte ved visitas og embetsskifte. Bakgrunnen for denne skarpe kontrollen og for inventariseringa i det heile er då det kyrkjelege avhendingsforbodet. At domkapitlet har ein sentral plass i tilsyn og kontroll med erkestolens formue, er rimeleg. Domkapitlet er det konstante, medan erkebispane skifter.

Striden held fram

Striden og motsetningane mellom erkebiskop og domkapitel som brevet frå ca. 1294 ber bod om, vart ikkje mindre i åra som fylgde. Erkebiskop Jørund synest å ha vore ein svært råderik mann og samstundes stridlynt og lite smidig. Men i domkapitlet fann han motstandarar som heller ikkje var så lette å ha med å gjera. No bør ein vera merksam på at ikkje alle dei harde påstandane og skuldingane eller trugsmåla om kyrkjelege sensurar treng å vera heilt så ille meinte som det høyrest ut til; her må ein tenkja på dokumentfunksjonen. Det galdt om å stella motparten i eit så uheldig lys som råd var.

Eit moment som alt Keyser og Munch la vekt på, er at korsbrødrane eller i alle høve leiarane deira, synest å ha hatt gode kontaktar ved kurien, i alle høve betre enn erkebispen sjølv.[45] Dette hadde sjølvsagt samanheng med at fleire av korsbrødrane hadde vore med på sendeferder til kurien nettopp i samband med tiltaka for å skaffa ein ny erkebiskop under den lange vakansen etter Jon Raudes død. Erkebiskop Jørund derimot synest å ha vore utan kontaktar ved pavehoffet. Det var tre av leiarane for korsbrødrane, Sigvat Lande, Audun Torbergsson Raude og Jon Gudmundsson Elg som hadde utverka den pavelege provisjonen av Jørund i 1287, og det var jamvel den same Sigvat Lande som på hans vegner hadde henta palliet for han i Roma slik at bispane i Stavanger og Oslo kunne iføra han det etter paveleg fullmakt.[46] Det er også tydeleg at domkapitlet disponerte over ein solid kyrkjerettsleg ekspertise, med di det fanst medlemer som hadde studert i Bologna. Dei mange rettslege tiltak frå begge sider med appellar til paven gjorde slik kanonistisk ekspertise særskilt verdfull. Det må ha vore tanken på dette som fekk erkebiskop Jørund til å knyta til seg ein utanlandsk klerk, Jon Fleming. Han hadde vanskar med språket slik det vert fortalt døme på i den nyssnemnde soga. Difor trong han til ein hjelpesmann, og dette vart då den islandske klerken Laurentius Kalvsson som i 1295 kom i erkebispens teneste og etter hans initiativ studerte kanonisk rett under Jon Flemings leiing. Jon Fleming og Laurentius Kalvssons deltaking i striden får som rimeleg kan vera, ein brei plass i Laurentiussoga; men glimrar med sitt fråvær i dei dokumentariske primærkjeldene til striden.

Det er i denne samanhengen ikkje grunn til å gå inn på alle detaljane i striden. Dette gjeld både dei ymse prosessuelle tiltaka og andre detaljar av hendingsmessig karakter. Men det kan vera grunn til å nemna at i 1295 stemnde erkebiskop Jørund korsbrødrane til å møta på Hålogaland der erkebispen då var, truleg på visitas, anten personleg eller med ombodsmann. Dette nekta kannikane fordi det var så lang veg og fordi det ikkje var fastsett nokon viss dag eller stad i stemninga. For dette ila erkebispen dei ei bot på 1000 mark sylv og synest også å ha truga med bannsetjing om ikkje bota vart betalt. Han nekta også å godta dei ombodsmenn som korsbrødrane peika ut, og ville sjølv råda for kven som skulle vera fullmektig for domkapitlet i striden.[47]

Då erkebiskop Jørund vende attende til Nidaros, søkte korsbrødrane å få i stand eit forlik med han med hjelp av tre verdslege meklarar, Eiliv Lagmann, Nikolaus av Husaby og Vilhjalm av Torgar. Saman med fem korsbrødrar møtte då desse fram hos erkebispen; men det førte ikkje til noko resultat. Motsetningane stod sterkt mot kvarandre. Erkebiskop Jørund var stri og ubøyeleg på alle punkt, og nekta å rekna korsbrødrane for anna enn bannsmenn. For dei var det då ikkje anna å gjera enn å appellera til paven. Appell til høgre rettsinstans har i kanonisk rett både det ein kallar devolutiv og suspensiv verknad. Bannlysinga vart derfor mellombels sett ut av kraft sjølv om erkebispen protesterte.[48] Det verkar i det heile som om korsbrødrane har hatt langt større evne og vilje til å gjere bruk av dei middel som den kanoniske retten baud på, enn erkebispen, som på alle måtar prøvde å opptre som sjølvherskar. I tillegg til den ålmenne striden om kompetansetilhøva mellom erkebisp og kapitel kom det til ei rekkje einskildsaker mellom anna mellom erkebispen og kanniken Jon Elg. Erkebispen hadde avsett presten til Alstadhaug i Skogn, Jon, som vi møtte som utferdar av vitnemålet om rettane til korsbrødrane.[49] I staden hadde han sett inn ein annan geistleg, Pål Bjert. Som paveleg delegert domar dømde Jon Elg denne Pål frå embetet, og då han ikkje lystra, let han Pål bannlysa. Dette førte sjølvsagt til at tilhøvet mellom Jon og erkebispen vart endå verre. Som *iudex delegatus* påla Jon Elg ni namngjevne sokneprestar i Nidaros at dei under bannsstraff skulle forkynna bannlysinga av Pål Bjert i kyrkjene kva sundag med klokkeringing og sløkte ljos inntil syndaren bøygde seg.[50] Men dette la erkebiskop Jørund ned forbod mot, og dei ni sokneprestane kom i ein særs vanskeleg situasjon då dei fekk motstridande pålegg.

Sjølve hovudstriden hadde korsbrødrane appellert til paven, og pave Bonifacius VIII gav med mandat 1. februar 1297 korsbror i Bergen, Bård Serksson, i oppdrag som *iudex delegatus* å døma i saken.[51] Domen skulle vera inappellabel, og Bård Serkson fekk også i oppdrag å setja domen i verk med paveleg myndigheit. Denne *iudex delegatus* var ingen kven som helst. I det pavelege mandatet vert han kalla cononicus Bergensis; om dette refererer til Bergen domkyrkje eller Apostelkyrkja, er uvisst. I alle høve i 1291 er han kalla kannik ved Apostelkyrkja, men det er mogeleg at han har hatt embete båe stader, samstundes eller etter kvarandre. Hovudsaka er at han var kong Eirik Magnussons kanslar, i alle høve frå 1287. Han hadde altså ein heilt sentral posisjon i styringsverket, og ein kan vanskeleg skjøna anna enn at kongen må ha vore vel orientert om appellsaka og ha samtykt i valet. Med dei gode kontaktane som korsbrødrane må ha hatt ved kurien, er det også grunn til å tru at dei har vore vel nøgde med det. Når Bård Serksson vart vald, kan det ha samanheng med at det sommaren 1296 må ha kome i stand eit førebels forlik mellom dei stridande partane under kongeleg mekling. Dette vert det vist til i Tautraforliket som seier seg å vera ei «utskyring», det vil seia ei utgreiing om eller tolking av det førebels forliket.[52] Vi veit ikkje kven det er som har fått saka inn for kongen. Men det førebels forliket førte ikkje til at appellen til paven vart dregen attende. Det er difor rimeleg at korsbrødrane har ynskt å få oppnemnd ein paveleg domar for å ha dette som eit pressmiddel mot erkebispen. Det ser ut til at erkebiskop Jørund no må ha vore klår over at han var komen i ein særs vanskeleg situasjon. Det må vera dette som ligg bak viljen hans til å gå med på forlik, og at han gjekk med på å gå kongen til hendar, yta homagium og bli hans jarl mot å få eit len.[53] Tidleg på våren 1297 drog erkebiskop Jørund sørover til kongen. For han måtte det vel på dette tidspunktet vera heilt avgjerande å sleppa å underkasta seg ein dom som han vel rekna med ville gå han imot. På si sida måtte det for kongen og mange av hans rådgjevarar stå som eit prestisjeskapande fenomen, men også som ein reell maktauke at Jon Raudes ettermann no måtte beda dei verdslege makthavarane om hjelp, og jamvel var villig til å yta kongen homagium. Som kongens jarl kom erkebispen i eit underordnings- og avhengigheitstilhøve til kongen som var i den rakaste motstrid med Jon Raudes kompromisslause krav om likestilling, forrang og kyrkjeleg fridom.

Tautraforliket*

Tidleg på sommaren 1297 kom kong Eirik til Trøndelag, og var til stades på Frostatinget som tok til Botolvsmessedagen, 17. juni. Det er mogeleg at det var i samband med Frostatinget at erkebiskop Jørund vart kongens jarl. I samband med tinget må også dei endelege tingingane som førte fram til forliket i Tautra, ha funne stad. Det er dokumentet som inneheld skriftfestinga av dette forliket vi no skal ta for oss.[54] Med i kongens fylgje var også den pavelege *iudex delegatus*, kanslaren Bård. Situasjonen var då at partane hadde valet mellom å få ei domsavgjerd som ikkje kunne appellerast, eller også å nå fram til eit forlik under kongeleg mekling. Båe partar må ha funne det mest opportunt å få i stand eit forlik, og det er vel rimeleg å tru at Bård Serksson har medverka aktivt til å få dette i stand. Han har også vore med og innsegla det.

Tautra er ei øy i Trondheimsfjorden ikkje langt frå staden der Frostatinget vart halde. Klosteret vart grunnlagt og innvigt 25. mars 1207 av munkar frå Lyse cisterciensarkloster som var grunnlagt av munkar frå Fountains Abbey i Yorkshire 10. juli 1164. Tautra-klosteret var dedisert til St. Maria. I alle høve i åra etter 1300 har abbed Kristian i Tautra vore i kontakt med domkapitlet i Nidaros og er nemnd i samband med dei nye stridane mellom erkebiskop og korsbrødrar.[55]

Forliksbrevet er det som vi i diplomatikken kallar for ei *notitia*. Dokumentet har til føremål å referera det som har gått for seg og heilt særskilt å rekna opp dei vitna som var til stades då dette skjedde. Ei *notitia* fortel såleis om ein rettstilstand som er komen i stand før dokumentet vert utferda. Dokumentet er med andre ord perfektisk i tilhøve til

* Nummerering s. 208 ff. følger inndelingen i den oversatte teksten s. 207.

Tautraforliket, fotografi av originalen i British Library (Add. Ch. 26048). Av dei opphavleg seks segla til kong Eirik Magnusson, herr Bjarne Erlingsson til Bjarkøy, herr Jon Ragnvaldsson, herr Bård kanslar, erkebiskop Jørund og domkapitlet er det i dag berre 3 att. Vi ser kongen sitt segl lengst til venstre og rester av domkapitelsseglet lengst til høgre.

A photograph of the original version of the Tautra settlement, which is today in the British Library. The royal seal is on the far left and the remains of the seal of the chapter house on the far right.

rettsskipinga. Skriftfestinga skaper ikkje noko nytt rettshøve, men gjev auka notoritet og publisitet, og tener dermed til prov for ettertida. Slike dokument i notitiaform vert ofte brukt når partane ikkje ynskjer å markera nærare kven som representerer den dispositive viljen som kjem til uttrykk. Forma gjer det lett å referera resultatet utan å seia for mykje om kven det er som er den avgjerande part. Til overmål vert det i Tautraforliket understreka at avtalen er komen i stand med samtykke og godvilje frå båe partar, og at dei er unøydde. Denne siste formuleringa gjev kan henda grunn til å tru at båe partar har vore utsette for eit visst press frå kongens side for å gå til forlik.

Tautraforliket

I Guds namn, amen. Det skal vera kjent for alle menn at då det var lide 1297 vintrar frå vår herre Jesu Kristi fødsel, vart denne utgreiinga gjord jonsokaftan i Tautra, om den semja som vyrdelege herre Eirik Magnusson med Guds miskunn Noregs konge gjorde mellom åndeleg fader og verdige herre erkebiskop Jørund og korsbrødrane i Nidaros i fjor sumar, med samtykke og godvilje frå båe partar, unøydde både då og no, slik her fylgjer: **1**. *Fyrst at korsbrødrane skal syna herre erkebispen all vyrdnad, lydnad og godvilje slik som deira skyldnad er, og slik lova til den heilage kyrkja vitnar om. Og han skal vera dei ein mild fader, ærleg og godviljug, heidra dei og lata dei få sin heider i alle måtar.* **2**. *Korsbrødrane skal med erkebiskopen ha råd og samtykke ved val og skiping av bispar til Island, Grønland, Færøyane og Sudrøyane cg ved stadfesting av andre bispar i riket, og abbedar, abbedisser og priorar i erkebispedømet. Sameleis skal alle kyrkjer i byen, mindre og større, prebende og alle beneficia i Kristkyrkja, alle veitslekyrkjer i herada og dei beneficia som det ikkje er sokn til, gjevast bort (tilsetjast) med deira råd og samtykke. Men alle andre heradskyrkjer må han gjeva bort og skipa med utan deira samtykke. Avskiping av geistlege frå dei kyrkjer og beneficia som skal tilsetjast med samtykke av korsbrødrane, skal ikkje gjerast utan deira råd og samtykke.* **3**. *All domsmakt skal herr erkebiskopen ha og bruka med råd frå korsbrødrane, og han skal ikkje lysa interdikt over eller bannsetja geistlege eller lekmenn dersom det kan verta ugreie eller skam av det, eller gjera andre slike store tiltak utan deira råd og samtykke. Sameleis skal erkebispen med deira råd og samtykke tilsetja skulemeister, sakristan, den skattmeisteren som tek i mot og tek vare på offer til den heilage Olav og det som kjem til kyrkja, vikariar og deknar.* **4**. *Like eins skal kyrkjeeiga, liggjande fe, bordbunad, gull, kostnadsting, andre verdfulle eigneluter og alt offer gøymast, takast i mot og leggjast på plass med vitende av og samtykke frå kapitlet, og ein eller to av kapitlet skal ha lyklar og ha stadig tilsyn med denne eiga. Heller ikkje skal eigedomen åt kyrkja flyttast bort til andre land eller sendast til ein annan stad, og kyrkja må ikkje setjast i gjeld utan vitende av og råd og samtykke frå korsbrødrane. Av alle dei testamentariske gåver som vert gjevne til Nidaroskyrkja, skal herr erkebiskop ha halvparten og korsbrødrane halvparten, utan dei skulle vera gjevne til vedlikehald av kyrkja, til korsbrødrane for årtidhald eller til erkebispegarden. Men årtidene for kongar, erkebispar og andre som har lagt godset sitt til kyrkja, skal haldast slik det har vore gamal sedvane av korsbrødrar, byprestar og skuleklerkar. Løyve til gravlegging på kyrkjegarden skal ein fyrst få av herre erkebiskopen om han er i byen, og dinest av korsbrødrane; men om han er borte, er det nok med løyve frå korsbrødrane. Men i sjølve kyrkja skal det ikkje vera nokor gravlegging utan samtykke frå båe partar. Så skal òg kvar korsbroder ha ei mark brend og eit pund voks årleg, og den som styrer med offeret og kyrkjeeiga, skal utbetala dette eller anna gods som er jamgodt med brent sylv eller voks, til dei fullt ut dagen nest etter Lavransvokedag, slik at det er utbetalt til alle seinast innan den seinare Marimessa. Men den mark brent og det pund voks som kvar av dei skulle ha i det året som no var, skal no straks utbetalast til dei i brent sylv, voks eller jamgodt gods. Og for det tap kvar av dei har hatt med omsyn til [den årlege utbetalinga av] ei mark brent og eit pund voks sidan [den noverande] erkebispen kom til embetet, og for skylddagane som dei tykkjest ha rett på i erkebispegarden, då gav herr erkebiskopen for alltid til kommunet deira kyrkja på Stein med alle dei erkebispelege innkomene som han hadde rett å ha i hennar sokn, så vidt som kyrkja plar taka. [Sameleis gav han dei] alle dei inntektene presten har krav på der i sokna og andre stader, og [gav dei rett til] fritt å setja ein av sine eigne eller ein annan, om dei så synest, til å halda gudstenesta der, men likevel slik at erkebispen skal gjeva sitt samtykke. Undanteken frå gåva er den avgifta erkebispen skal ha når han visiterer der ei gong i året. Dermed gav han dei òg halve Olavskyrkja, slik at dei no eig heile kyrkja med all presteinntekta, på det vilkår at dei skal halda vikariar så mange dagar som dei var vane å ha skylddagar i erkebispegarden. Ein av dei (korsbrødrane) skal halda gudsteneste der i Olavskyrkja, eller ein annan som dei finn høveleg med samtykke frå erkebispen. På same måte skal dei òg ha Haugs kyrkja. Skattmeisteren skal òg gjera rekneskap for herre erkebiskop og korsbrødrane kvart år, og etterpå skal det setjast opp brev om det som kvar av partane har i si varetekt. Når ein erkebiskop fell frå, skal det jamleg setjast opp inventarlister med vitord av skilrike menn. Men når det gjeld dei kyrkjer og beneficia som erkebispen og korsbrødrane kvar for seg har disponert over, då skal desse disposisjonane stå ved lag i 12 månader, og med dei beneficia som vert ledige heretter, skal ein gå fram slik før er sagt. Denne skipan skal stå ubrigdeleg i hans dagar, men med alle sedvanar og rettar uskadde og uminka på båe sider om den eine parten eller båe vil prøva saka for sin domar. Denne semja var gjord i det år og på den dag og stad som før er sagt, i nærvær av vyrdeleg herre Eirik Magnusson med Guds miskunn Noregs konge, herr Bjarne Erlingsson i Bjarkøy, herr Jon Ragnvaldsson og herr Bård kanslar. Og til sant vitnesbyrd sette desse herrar sine segl for dette brevet saman med segla til herr erkebiskopen og kapitlet. Og det vart gjort tre brev, eitt har herr kongen, eit anna herr erkebispen og det tredje har korsbrødrane for tryggleiks skuld.*

Bakpå brevet: Merk vel denne semja mellom Jørund, erkebiskop i Nidaros, og kapitlet i Nidaros om fleire tungtvegande saker, som vart gjord i nærvær av Eirik Magnus, Noregs konge, og andre stormenn i riket. Og med hand frå 1600-talet:«Forligelse bref mellem erkebispen udi Thrundhiem oc Capitlet ... 1297».

* Omsett av Lars Hamre frå DN III nr. 39, avsnitta er markerte av redaktøren.

Det prinsipielle grunnlaget (1)

Forliket tek til med det vi kan kalla ei prinsippfråsegn: korsbrødrane skal syna erkebispen all vyrdnad, lydnad og godvilje, slik deira skyldnad er, og slik lova til den heilage kyrkja vitnar om. På si side skal han vera dei ein mild fader, ærleg og godviljug, heidra dei og lata dei få sin heider i alle måtar. Alt dette er i og for seg sjølvsagde ting, og ein kan vel seia at det i nokon mon har karakter av fromme ynske. Men ser ein nærare etter, ligg det i formuleringa også ei medgjeving av at partane ikkje tidlegare har handla i samsvar med desse prinsippa for hopehavet mellom biskop og domkapitel. Særleg formuleringa «slik som deira skyldnad er, og slik lova til den heilage kyrkja vitnar om,» synest å vera noko av eit meisterstykke av formuleringskunst. Denne passus har brodd til båe sider og gjev samstundes heimel for gjensidige krav; den kan tolkast både absolutt, «fordi dei er pliktige til det», og relativt, «i samsvar med den plikt dei har.» Neste ledd, «og slik lova til den heilage kyrkja vitnar om», tyder på at det er den siste tolkinga som er den mest nærliggjande. Korsbrødrane skal syna erkebispen vyrdnad, lydnad og godvilje i samsvar med si legale plikt til det. Dei generelle plikter av obediens- og reverensmessig karakter som korsbrødrane har overfor erkebispen, er då avgrensa til det som er fastsett i kanonisk rett. Noko tilsvarande avgrensing for erkebispens plikter overfor korsbrødrane er ikkje teken med. Det synest klårt at desse formuleringane kunne gjeva utgangspunkt for tolkingsstridar i framtida.

Så følgjer dei faktiske, konkrete delar av forliket. Når ein skal sjå på dei, er det naudsynt å ha i minnet påstandane frå korsbrødrane slik vi kjenner dei frå vitnemålet. Det vil gjeva høve til å sjå i kor stor mon dei er blitt oppfylte i forliket.

Tilsetjing i geistlige embete (2)

Første punkt gjeld domkapitlets medverknad i samband med tilsetjing av ymse høge geistlege embete. Det er her tale om «*val og stadfesting av bispar til dei bispeseta som ikkje har domkapitel.*» Her er særskilt nemnt Island, det vil seia Skálholt og Hólar, Færøyane, Grønland og Sudrøyene. Orknøyane hadde domkapitel. Når det gjeld Sudrøyene, var tilhøva noko uvisse. Klosteret Furness i York bispedøme gjorde krav på å ha valrett, og frå midten av 1200-åra synest det også å ha vore eit kapitel ved bispesetet. Dette førte til strid, og i alle høve i 1253 valde erkebisop Sørle ein biskop til Sudrøyene.[56]

Så kjem «*stadfesting av andre bispar i riket*», det vil seia dei andre bispestolane i provinsen som hadde domkapitel, og stadfesting av abbedar, abbedisser og priorar i erkestiftet. For mannskloster gjeld dette dei ikkje-eksempte ordenane, for nonnekloster hadde biskopen også tilsyn med dei eksempte. Vi har døme på dette frå Nonneseter i Bergen. Ved alle desse tilsetjingane av høge geistlege embete får domkapitlet såleis ein samtykke- og rådgjevingsrett som gjev korsbrødrane ein faktisk vetorett i slike saker. Dermed fekk dei avgjerande innverknad på den kyrkjelege personalpolitikken, både i erkestiftet og i provinsen. (Men denne innverknaden vart kraftig redusert med den pavelege provisjonspolitikken som tok til i Avignontida.)

Samanliknar ein med påstandane i vitnemålet frå 1294, vil ein sjå at desse vert heilt ut godtekne i forliket. Men forliket har om mogeleg fått ei endå meir konsekvent, klår og detaljert utforming. Det einaste som er meir detaljert i vitnemålet, er utsegnene om Elgeseter og Kastelle augustinarkloster i Konghelle. Men i alle høve går Elgeseter inn i føresegna om klosterforstandarar i erkestiftet. Kastelle er ikkje særskilt nemnt, men det er truleg inkludert i den same passus. Det kan elles vera verdt å nemna i denne samanhengen, at då erkebiskop Olav i 1354 utferda eit dokument om makeskifte med krona av Kastelles eigedom mot gods i Trøndelag, er domkapitlets samtykke ikkje nemnt.[57] Men det måtte han i alle høve ha etter generell kanonisk rett. Makeskiftet kom elles ikkje i stand.

Neste punkt gjeld den biskoppelege kollasjonsretten, det vil seia biskopens rett til å overdra embete og tilhøyrande beneficium. Det er med andre ord tale om tilsetjing i ymse geistlege embete og tildeling av prebende og andre beneficia. Her vert det kravt råd og samtykke frå domkapitlet i ei rekkje høve: for det første alle kyrkjer i Trondheim by, både større og mindre. Av slike var det ein heil del: Margretakyrkja, Klemenskyrkja, Jonskyrkja, Olavskyrkja, Gregoriuskyrkja, Mariakyrkja, Korskyrkja, Peterskyrkja, Andreaskyrkja og Nikolaskyrkja, altså ti kyrkjer utanom domkyrkja. For det andre vert det kravt råd og samtykke frå domkapitlet i alle saker som gjeld prebende og beneficia i Kristkyrkja; for det tredje alle veitslekyrkjer i herada. Herada vert her brukt om den luten av erkebispedømet som ligg utanfor stiftsstaden; samanstellinga *í kaupangi ok í heraði* i tydinga i byen og på landet er velkjend alt i eldre norsk lovmål og særskilt frå Frostatingsområdet. Her er då først nemnt kyrkjene i byen, prebende og beneficia i domkyrkja og deretter kyrkjer og beneficia på landsbygda. 'Veitslekyrkjer' vert av Hertzberg definert som «kirke, hvis prost havde at modtage og bevare biskopen på dennes visitatsreise.» I praksis vil dette seia hovudkyrkjene der visitasane ofte vart konsentrerte. Vi kjenner desse kyrkjene som skulle yta visitasprokurasjon frå Aslak Bolts statutt frå kringom 1430. Det er hovudkyrkjer, ofte gamle fylkeskyrkjer, som hadde spesielle tiendrettar i samband med dette. Føresegna gjev altså korsbrødrane avgjerande innverknad på kven som skulle få dei beste prestekalla. For det fjerde gjeld kravet beneficia utan sokn til. Det er her tale om kyrkjer som ikkje lenger fungerer som soknekyrkjer, men vel særleg om ymse altarstiftingar der det vert halde messe; men der presten ikkje har sjelesorg, *cura animarum*. Det er her såleis tale om inntektsgjevande stillingar utan særleg arbeid, ofte sinekyrar. Slike embete var det lett å få løyve til å vera borte frå og til å kumulera med andre. Dei var difor ettertrakta. I alle desse fire krava vann domkapitlet fram. Derimot får erkebispen rett til å dispensera over sin kallsrett utan samtykke frå kapitlet når det gjeld alle andre heradskyrkjer, dei små landskyrkjene som var av mindre interesse for korsbrødrane. Om dei her skal takast med på råd, er det ikkje sagt noko om.

Samanliknar vi dette med vitnemålet, vil vi sjå at her går forliket ikkje så langt. I vitnemålet vart det hevda at erkebiskop Jon «... gav og skipa prebende og kyrkjer i by og herad, mindre og større, anten det høyrde sokn til eller ikkje, og sameleis alle altar i Kristkyrkja med råd og samtykke av korsbrødrane i Nidaros». No gjorde forliket dei vanlege soknekyrkjene i landdistrikta til eit område der erkebispen kunne utøva sin kollasjonsrett uavhengig av korsbrødrane. Men den sterke annekseringa i dei store kannikgjelda i seinmellomalderen gjorde at korsbrødrane som sokneprestar i storprestegjelda fekk kontroll også over mange av dei små soknekyrkjene.

I samsvar med den avgrensinga i medverknad ved utøvinga av den episkopale kallsretten som forliket representerer, ser vi at domkapitlets råd og samtykkerett ved avsetjing av geistlege er avgrensa til dei embete og beneficia der dei har den same retten ved tilsetjing. I vitnemålet vert det sagt at «all avskiping» av geistlege vart gjord og gjennomførd med deira vilje og samtykke. Altså på nytt ei lita medgjeving til erkebispen.

Når det gjeld tilsetjing i stillingar ved erkesetet av den typen som i mellomalderen gjerne vart kalla *officia* - det er her tale om skulemeister, sakristan og skattemeister, så er også dette i samsvar med påstandane frå domkapitlet. Men vitnemålet frå 1294 går noko vidare enn forliket og tek med slikt som tilsynet med steinhoggararbeid m.v.

Den episkopale domsmakta (3)

Derimot syner teksten i forliksdokumentet at korsbrødrane har vunne heilt fram med sine påstandar når det gjeld bruken av den episkopale domsmakta anten det no er *pro foro interno* eller *pro foro externo*. Erkebispen skal ha og bruka all domsmakt med råd frå korsbrødrane. Det som er særleg viktig, er at han ikkje kan bruka sensurar som bann og interdikt utan deira samtykke. Dette gjeld anten sensuren er retta mot geistlege eller lekfolk. Av eiga røynsle visste korsbrødrane at erkebiskop Jørund ikkje veik attende for å bruka bannstrålen. Det hadde dei sjølve fått røyna i åra nærast før. Ein kan difor sjå dette også som ein freistnad på å klippa klørne på han med tanke på framtida. Formuleringa «dersom det kan verta ugreie eller skade av det» kan vel peika på at erkebispens bruk av sensurar hadde vore kritikkverdig.

Kyrkjeeigedom, gåver, ymse økonomiske rettar etc. (4.)

Forliket set og forbod mot å flytta kyrkjeeigedom til andre land eller å senda den til andre stader utan at korsbrødrane veit om det og gjev sitt råd og samtykke. Heller ikkje må kyrkjeeiga setjast i gjeld utan at korsbrødrane gjev sitt samtykke. Dette punktet er ikkje særskilt understreka i vitnemålet frå 1294. Men det er i samsvar med ålmenn kanonisk rett, som i det heile gjev kapitla stor innverknad når det gjeld formuesforvaltninga. Det er difor rimeleg at det kjem med her. Bakgrunnen er sjølvsagt doktrinen om at kyrkjeeiga ikkje må minkast eller verta utsett for skade. Sitt sterkaste uttrykk har denne tankegangen fått i forbodet mot å avhenda kyrkjeleg gods. Men også i heimleg rett finn ein føresegner som kan tenkjast å ha influert dette punktet. Det er i kanonistisk teori vanleg å samanlikna den posisjon ein geistleg embetsinnehavar har overfor sitt beneficium med det ein formyndar har overfor godset til den han har verjemål for. No finn ein i Frostatingslova kap. 28 eit forbod mot at ein verje fører myndlingsgods ut av landet eller jamvel ut or lovområdet utan å stilla full panterettsleg sikring i fast eigedom innanfor lovområdet. Gjer han ikkje det, må han overlata verjemålet til neste arving. Denne føresegna, som har ein parallell i Gulatingslova kap. 115, syner ein tankegang som svarar til den som vi finn i denne føresegna i Tautraforliket; her er ho oppatteken etter Gulatingslova. Om dette punktet i forliket er influert av hendingar i åra nærast før, let seg vanskeleg avgjera.

Neste punkt i forliket gjeld fordelinga av testamentariske gåver som vert gjevne til Nidaroskyrkja. Det er såleis tale om gåver som ikkje har eit klårt funksjonsbestemt innhald, men vert gjevne til kyrkja heilt ålment. Desse gåvene skal då delast likt mellom erkebispen og korsbrødrane. Men det vert gjort unntak for gåver som vert gjevne til vedlikehald, det vil seia til bygningskassen, *fabrica*, til korsbrødrane for årtidhald eller til erkebispegarden, det vil seia til erkestolen. For å skjøna dette er det naudsynt å vita noko om sjølve gåveinstituttet i mellomalderen og like eins å vera merksam på den spesialisering av kyrkjeformuen som går for seg i høgmellomalderen. Når det gjeld gåveinstituttet i kyrkjeleg samanheng, finn ei her som så ofte elles, ein konflikt mellom romersk og germansk rettsoppfatning. Den romarrettslege gåva, *donum, donatio*, hadde til føremål ei einsidig auking av formuen til mottakaren, og det er vel stort sett det gåverettssynet som er vanleg i dag. I gamalgermansk rett er derimot ei gåve noko som ein gjev for å få att noko anna. Difor har vi til dømes i gamalnorsk rett omgrepet motgåve, gjerne kalla *laun* eller *gjald*. Dersom ein tok imot ei gåve utan å løna denne, altså gjeva noko att, vart det vanlegvis rekna for at ein gav seg i vedkomandes makt, vart hans undermann.[58]

I kyrkjeleg rettstenking og -praksis går dei to gåvesystema saman. Når det gjeld dei mange gåvene til kyrkja både med testament og på meir formlaus måte, har nok dei fleste karakter av sjelegåver, det vil seia at gjevaren vil syta for si sjelefrelse. Teologisk og religiøst sett er motiveringa for slike gåver den katolske læra om skjærselden og om verdet av gode gjerningar. Rettshistorisk sett er sjelegåva ei vidareutvikling og ei spesialisering av den germanskrettslege gåva. Motgåva er sjelehjelp, og dersom donator gjev gåva for si eiga sjel, kan han ikkje venta å få motgåva i levande live. Konsekvensen av dette er at sjelegåver prinsipielt ikkje kan kallast attende, og dette er stort sett godteke av lovgjevinga. Slike gåver kan altså verta gjevne til ei kyrkja eller ein kyrkjeleg institusjon utan meir spesifisering. Men gjevaren kan også sikra seg innverknad på korleis gåva skal brukast. Han kan gjeva gåva på ein viss måte (*modus, háttr*) eller på visse vilkår (*condicio, skilorð*). Særleg er dette vanleg ved gåver til årtidhald. Gjevaren kan fastsetja kor mange messer det skal haldast, kor mykje ljos det skal brukast, og han kan gjeva føresegner om utdeling av mat og drikke til fattige. Dersom vedkomande geistlege institusjon forbryt seg mot dette, vil dei missa retten til gåva.

Når det her vert gjort unntak for det som vert gjeve til ymse definerte føremål, har dette samanheng med den oppdeling av kyrkjeformuen etter funksjon som går for seg i høgmellomalderen samstundes med at det romarrettslege omgrepet juridisk person vinn inngang, slik at dei ulike formuesmassar får rettssubjektivitet. Dette punktet i forliket er også heilt i samsvar med påstanden frå korsbrødrane, men det er meir detaljert utforma.

Den neste føresegna gjeld årtidhaldet for kongar og erkebispar. Her hadde korsbrødrane hevda at dei hadde retten til «årtidssylv» utan å seia kor mykje. Forliket fastset at desse årtidene skal haldast i samsvar med gamal sedvane av korsbrødrar, byprestar og skuleklerkar, og det må då i praksis tyda at alle desse gruppene får sin del av betalinga. Men som hovudprestar ved dei ymse altara i domkyrkja er det rimeleg at kannikane fekk brorparten. Skuleklerkane hadde truleg plikt til å assistera ved gudstenestene som eit ledd i si kyrkjelege opplæring.

Så kjem det ei føresegn om gravferder ved domkyrkja. Her hadde korsbrødrane hevda at dei hadde rett til visse inntekter av kvart lik som kom dit. I forliket er det ikkje sagt noko om det. I staden vert det fastslått at løyve til gravlegging på kyrkjegarden skal ein få hos båe partar om erkebispen er i byen, elles berre hos korsbrødrane. Dette er i samsvar med deira rett til å styra under vakans. Til gravlegging i domkyrkja trengst samtykke frå både erkebiskop og domkapitel. Føresegnene gav truleg grunnlag for ei todeling av det desse gravleggingane førte med seg av inntekter for kyrkja. Formuleringa her har dermed unngått å seia noko om det litt problemfylte spørsmålet om betaling for geistlege tenester.

Det neste punktet gjeld den årlege utbetalinga til korsbrødrane av pengar og voks. Denne utbetalinga kjenner vi som eit av tvistemåla frå vitnemålet om rettane til domkapitlet. Denne prokurasjonen, som synest å ha vore vanleg ved alle dei norske bispeseta, ser ut til å ha vore rekna som ei godtgjersle til kannikane for deira medverknad ved gudstenestehaldet i domkyrkja. Det er då også den som styrer med domkyrkjeeiga og med det som kjem inn i offer, som skal utbetala henne. Føresegnene i forliket stettar heilt ut dei krava som vi kjenner frå vitnemålsbrevet, og det vert fastsett

Klosteret på Tautra vart grunnlagt i 1207 av cisterciensarmunkar frå Lyse kloster utanfor Bergen. Tautra var eit rikt kloster, og to av abbedane der vart valde (postulerte) til erkebiskopar av korsbrødrane: Sigurd i 1224, men avgjerda vart forkasta av kong Håkon Håkonsson same våren etter råd av biskop Nikolas av Oslo, og Birger 1263, men også han vart vraka av pave Clemens VI i 1265 på grunn av "defectus natalium". I 1531 vart den skandaliserte danske abbeden Mathias Henrikssøn avsett av erkebiskop Olav Engelbrektsson, og den danske adelsmannen Niels Lykke, verson til fru Inger Ottesdatter til Austråt og mågen til riksråden Vincens Lunge, tok over som forstandar for klosteret. Etter det var ikkje lenger Tautra eit sjølvstendig konvent. Herr Niels styrte med kloster og klostereigedom heilt til 1535, då han vart "røykt i hel" av erkebiskop Olav, skulda for blodskam med syster åt den tidlegare kona si. Foto: Riksantikvaren.

Tautra abbey was founded in 1207 by Cistercian monks from the monastery of Lyse outside Bergen. Tautra was a wealthy convent and two of its abbots were elected archbishops by the chapter in Nidaros.

Summary

In the 1290s a vehement conflict erupted between archbishop Jørund and the chapter in Nidaros. The conflict began three years after Jørund had assumed office and involved important issues of principle concerning the relationship between the bishop and the chapter, as well as certain personal disagreements between the bishop and some of the members of the chapter. When archbishop Jørund came to Trondheim in 1288, the archbishop's see had been vacant since 1282, and the Nidaros chapter had been in charge of the provisional government for most of the period. In many ways, the chapter during these years gained the right to fulfil the responsibilities of the bishop in his absence. Problems were therefore inevitable where the bishop's office was assumed by someone who wanted to demonstrate the authority of bishop and at the same time lacked the flexibility necessary to get along with the increasingly powerful and self-confident members of the chapter.

The conflict is well documented in all official documents from the period, as well as in the almost contemporary Icelandic saga of Laurentius Kálfsson, later bishop in Holar, who stayed at the archbishop's see in the late 1290s. In this chapter, the late professor Lars Hamre examines the conflict with a special emphasis on the two most important single events, namely a testimony from 1294, where the alleged rights of the Nidaros chapter are documented, and the conciliatory letter from 1297, the so-called Tautra Settlement, where the most important controversial issues were settled. At the same time, Archbishop Jørund was granted royal protection and appointed earl. Despite these moves towards reconciliation, the problematic relationship between Jørund and the members of the chapter did not improve much, and the saga of Laurentius recounts on-going personal disagreements even after 1300. Jørund died in 1309.

The Tautra Settlement came as a result of the royal intervention in the conflict, and Jørund's main condition to consent to it was that the King's chancellor Bård Serksson as iudex delegatus had been given papal authority to pass an irrevocable judgement in the case. The main issues primarily concerned the participation of the chapter in the appointment and approval of bishops in the church province, as well as abbots, abbesses and priors within the archdiocese itself. In addition, there was disagreement linked to the role of the chapter with regard to the execution of the episcopal collation right, the administration of the episcopal legal authority, the appointment of various ombudsmen such as schoolmaster, sacristan and treasurer, and finally the control of the Cathedral's property.

In most cases the members of the chapter gained ground with their demands and contentions. It was only in the administration of the collation right that the agreement provided little support for the view of the chapter. The members had demanded unrestricted rights to consultation and sanction, but these were now limited to the churches in the town, the main rural churches, all prebends and benefices in the Cathedral and all benefices without a parish.

The documents on which professor Hamre has based his account, cast light on the internal conditions both in the archbishopric and the church province in the late phase of the High Middle Ages. Among other things, we can learn about the relationship between the archbishop's see and the overseas provincial bishops. The Tautra Settlement was highly significant for the late medieval canons, and there is reason to believe that in the churches "owned" by the Nidaros chapter the origins of the so-called kannikgjeld (parishes attached to the canonries) can be found, which played such an important financial role for the chapter during the 14th, 15th and 16th centuries. Even if the chapter lost much of its legal power when the papal provisional institute replaced the free elections of bishops after 1350, the members of the chapter in Nidaros still retained a lot of influence in the administration of the archbishop's see.

VISITASEN

Anne-Marit Hamre

«[...] i år 1432 stimlet mesteparten av allmuen her i Inntrøndelag og noen fra Nordmørafylke sammen til Øretinget [...] og etter at vi merket at de var uvillige til å betale mikkelskorn, slik kristenretten pålegger dem, og likeledes den avgiften som kalles gave, og som de hadde betalt våre forfedre, da bestemte vi erkebiskop Aslak [...] at hver leilending må love at han hvert år til fulle skal betale sitt mikkelskorn, olavskorn, landskyld og gave [...] . [...] at de skal ikke komme sammen til Øretinget, hvis ikke vår ærverdige herre konge, vi (erkebiskopen) eller våre ombudsmenn synes det nyttig eller maktpåliggende. [...]i år 1432 da [...] herr Aslak, erkebiskop i Nidaros, visiterte Hålogaland, hadde han overalt samtaler med allmuen om mikkelskorn, gave og olavskorn [...] Da lovet allmuen at de heretter ville betale (dette) til erkebiskopen.» [1]

«Ærkebiskoppen kaldte hr. Laurentius til sig og meddelte ham at han ville sende ham til Island i visitas med ærkebiskoppelig myndighed [...] Ærkebiskoppen skrev til biskoperne [på Island] og bad dem være ovennevnte visitatores velvilligt instillede og til støtte i udøvelsen af deres myndighed [...] gik visitatores i gang med deres første visitas. Hr. Laurentius undersøgte nøje embedsførselen hos de præster, der havde ringe uddannelse og kundskaber [...] Visitatores tog messesangen og alt præsteligt embede fra Eilif præst, indtil han var blevet embedsfør [...] Laurentius blev af nogle tilskyndet til at påbegynde negotium visitationis (visitasforretningen), og det gjorde han [...] Biskop Jørund blev meget alderssvækket, og han var mest hjemme. Han var ikke meget for at flakke omkring og visitere. Laurentius havde noteret mange sager op, som var blevet meget forsømmeligt behandlet [...] Det var hovedsagelig ægteskabssager». [2]

Emnet og oppgaven

Erkebiskopens rolle i rent kirkelig forstand er dobbel: han er biskop i sit eget bispedømme og har her de samme plikter og rettigheter som de øvrige norske middelalderbiskoper har i sine bispedømmer. Men Nidaros bispedømme er erkestift og biskopen her er derfor også landets erkebiskop med de plikter og rettigheter som påhviler ham etter både kirkelig og verdslig lovgivning. Biskopene utgjør etter katolsk tankegang og lovgivning en samling av likestilte kolleger, hvor alle er sidestilte med hverandre, alle er like – ideelt sett – fra Romas biskop, paven, til en innehaver av et ydmykt bispekall i Gardar på Grønland. Men i praksis, for å kunne få hele denne store internasjonale organisasjon til å fungere og sikre seg at man i alle utkanter av den romerske kirke fulgte de samme regler og påbud, og forkynte på samme måte, måtte noen være hevet over resten av den flate ledelsestopp for å kunne føre kontroll, rapportere til organisasjonens sentrum i Roma, veilede og rette opp feil. Det er denne rolle erkebiskopene inntar i bispekollegiet, han er primus inter pares, den første blant likemenn, for de er alle biskoper og sidestilte, men én er likevel hevet høyt over de andre. I pave Anastasius' fundasjonsbrev av 30. november 1154 for det norske erkebispedømmet heter det derfor:

> *«For mens noen er satt til å ordne og styre enkelte kirker, andre enkelte byer, er det i de enkelte provinser innsatt noen som skal ha det første ord blant brødre, og som skal få seg forelagt undergitte personers tvister og saker til undersøkelse. Men over alle er det kjent at den romerske biskop har den første plass liksom Noa i arken. [...] Og for at Norges provins for fremtiden ikke skal mangle en metropolitans omsorg, gjorde han (Nikolas Brekespeare, biskop av Albano og pavelig utsending til Norge i 1152–53) den trøndske byen, betrodd ditt (erkebiskop Jon Birgissons) styre, til evig metropol for denne provinsen, og fastsatte at bispedømmene Oslo, Hamarkaupangen, Bergen, Stavanger, Orknøyene, Suderøyene, Island og Grønland til evig tid skulle stå under den samme som sin metropol, og at bispedømmene der skulle lyde deg og dine etterfølgere som metropolitan.»* [3]

Det redskap biskopene bruker til kontroll av sine bispedømmer, er det samme som erkebiskopen benytter til kontroll av sine kolleger, og som brukes til å kontrollere ham av den øverste biskop, paven, nemlig *visitasinstituttet*. Det middelalderlige visitasinstitutt avviker en hel del fra vår lutherske visitas. Det minner nok mer om den kontrollfunksjon som utøves i en del internasjonale selskaper med en sterk virksomhetskultur som for eks McDonalds: Hvor i verden du spiser din burger er ingrediensene de samme, den serveres i ens lokaler med det samme smil, de samme kommandoer og både regnskaper og virksomhetskultur revideres og kontrolleres like ofte.

Visitas kommer av det latinske ordet *visitare* som er et frekventativ av *videre* og betyr rett og slett å se ofte, besøke. Ordet kommer dermed til å bli brukt om det tilsyn som kirkelederne har med underordnede geistlige og med menighetene.[4] Visitasene kommer til uttrykk og blir gjennomført på forskjellig vis i det kirkelige hierarki opp gjennom middelalderen. Pavens tilsyn skjer dels ved utsendinger med spesialoppdrag, legater, og dels gjennom den plikt som påhviler biskopene til å møte frem for paven med bestemte mellomrom, *visitatio liminum*. Denne visitasplikten varierte med avstanden fra Roma, fra hvert til hver: tredje år. Men allerede tidlig ble den utført av en fullmektig, en *procurator*, og en må vel nærmest regne med at betydningen dels har vært av økonomisk art, dels symbolsk for å innprente hvem som satt med den øverste myndighet. Tilsvarende hadde suffraganene (lydbiskopene) plikt til å møte regelmessig hos erkebiskopen.

Men av langt større betydning, både for geistlighet og lekfolk, var visitasene som påhvilte biskoper og erkebiskop. Dette kirkelige instituttet har røtter tilbake til aposteltiden og oldkirken, men endrer og utvikler seg både innenfor lovgivning og praksis i takt med forandringer i selve kirken og i det omliggende samfunn. I de gamle bispedømmene som bare bestod av bispebyen med omland var det lettvint selv for en noe tilårskommen biskop å føre kontroll med liv og lære hos presteskap og menigheter. Det ble straks mer problematisk når bispedømmene strakte seg over hele landsdeler. Sideløpende med kirkens geografiske vekst, fikk biskoper og erkebiskop også en større og mer tidkrevende rolle i det verdslige styret.

I det følgende vil jeg gi en redegjørelse for erkebiskopens/biskopens visitas for å vise hvordan dette internasjonale kirkelig institutt, som var så viktig for kirkens kontroll med de bredere lag, utformes og tilpasses en norsk middelaldervirkelighet[5]. Samtidig vil jeg prøve å vise hvordan et kirkerettslig institutt som visitasene, når det først er resipert og eventuelt tilpasset hjemlige behov, brukes som et middel for å skaffe, øke og trygge kirkens økonomiske og politiske makt.[6] Jeg har prøvd å registrere og undersøke hvordan visitasjonsinstituttets former og funksjoner ble omformet og tilpasset norske forhold og dermed forsøkt på å finne ut noe om hvordan en institusjon, in casu den norske middelalderkirken, først kan skaffe seg makt og dernest opprettholde sin makt ved å utnytte, tilpasse og eventuelt omforme de hjemlige og internasjonale rettsregler og bestemmelser etter sitt behov. Sammenfattende vil jeg si noe om hvordan og i hvilken grad et universalkirkelig institutt opptas og eventuelt omformes og tilpasses etter lokale forhold og behov.

Det er i denne sammenheng nødvendig å si noen ord om kildematerialet for undersøkelsen, dets kildemessige karakter og de metodiske problemer som knytter seg til det. For den første del av perioden det vil si fra kristningen og frem til ca. 1300 fins hovedsakelig normative kilder. De allmennkirkelige bestemmelsene finnes samlet i Corpus Juris Canonici.[7] De particulære bestemmelsene for Norge og den norske kirkeprovins finnes først og fremst i lagtingslovenes kristenretter, i de nyere kristenretter og i de geistlige statutter. Alt dette er utgitt i Norges gamle Love.

Kjennskap til praksis får vi først og fremst gjennom diplomene og de geistlige jordebøkene. Derfor har jeg lagt hovedvekten på senmiddelalderen, hvor det er mulig å sammenholde legale bestemmelser og kanonisk doktrine med praksis. Men som for alle områder innen middelalderforskningen er det tallmessige kildematerialet svært lite. Det har derfor vært nødvendig for meg å gå ut fra at visitaspraksis i de norske bispedømmer har vært så vidt ens, at kildemateriale fra hele landet kan brukes til å beskrive en generell tendens i utforming og gjennomføring. Derfor vil henvisningene til forskjellige norske bispedømmer bare bety at kildematerialet for erkestiftet ikke er tilstrekkelig stort til å trekke på det alene.

Det kirkelige visitasjonsinstituttet i sine forskjellige former var et velkjent og veluformet kirkelig fenomen lenge før Norge ble kristnet. Faktisk skriver en stor del av de kirkerettslige bestemmelsene om visitasen seg fra tidlig middelalder. Det synes jo å være slik at alle organisasjoner, i hvert fall de som bygger på et klart ideologisk grunnlag, har et visst behov for å føre kontroll med sine medlemmer. I moderne tid kan en for eks. nevne den praksis som ble fulgt av den tredje Internasjonale med å sende utsendinger rundt til forskjellige land for å kontrollere at underavdelingene holdt seg etter de retningslinjer som var fastsatt fra høyeste hold. Som eksempel kan nevnes Radeks opptreden på Det norske Arbeiderpartis landsstyremøte i 1922. En slik form for kontroll har den katolske kirke gjennom tidene utøvet overfor sine medlemmer gjennom visitasjonsinstituttet. Høyere embetsmenn er, som nevnt, blitt sendt ut til de forskjellige underavdelinger av kirken for å se til at alle ledd eller deler av kirkens legeme fungerte som de skulle i samsvar med bestemmelser og lovgivning gitt fra sentralt eller partikulært hold.

I middelalderen ble visitasinstituttets former og funksjoner grunnlagt og videreutviklet først ved praksis, erfaring og tradisjon, senere ved en lovgivning som nettopp bygget på den erfaring man hadde fått, og som ofte representerte en kodifikasjon av sedvanerett og hevdvunnen praksis. Men det er viktig å ha klart for seg at det kirkelige visitasjonsinstituttet aldri stivner og blir statisk, det er tvert i mot i stadig utvikling. Ettersom samfunnet har skiftet, har også kirkens kontrollapparat blitt endret og omformet for hele tiden å leve opp til nye krav og større effektivitet.

Opphavet

Den første spede begynnelse til visitasjonsinstituttet synes å kunne spores tilbake til aposteltiden. Det virker som om Paulus ved sine besøk hos menighetene utførte flere av de handlinger som den senere kirkelige lovgivning fastsetter skal finne sted under en visitas. Av de brevene som Paulus skriver til menigheter og enkeltpersoner, og også av de enkelte beretninger i Apostlenes gjerninger går det frem at hans reiser blir foretatt både for å forkynne og for å kontrollere. Samtidig kommer utsendinger fra forskjellige steder til Paulus og andre apostler for å rapportere om forholdene i sine menigheter. Han sender også selv avsted utsendinger for å lære, formane og kontrollere at liv og lære er slik det skal være i de menighetene han har grunnlagt eller virket i.[8] Ut fra dette synes det som om den første spede kimen til det universalkirkelige institutt er å finne alt i aposteltiden.

Ellers er kildematerialet til visitasjonsinstituttets historie i de første århundrer av kirkens historie nokså sparsomt. Dette henger sikkert sammen med at grensene for bispedømmer og bymenigheter ofte falt sammen slik at administrasjonen av den episkopale tilsynsmyndighet ikke krevet særlig reisevirksomhet. Men etter hvert som kristendommen vant innpass også i landdistriktene og ikke lenger var en byreligion, kunne kirken ikke lenger føre tilsyn med alle ledd gjennom bisper som satt fast i hver sin by. Det ble behov for et nytt kontrollredskap.

I den østlige kirken treffer man allerede i siste halvdel av 3. årh. de såkalte chorepiscopi eller landbiskoper ute i distriktene. Disse synes fra først av å ha hatt en selvstendig stilling, men ble senere underordnet biskopene i byene og førte da kontroll med de rurale menigheter på deres vegne. I samsvar med et vedtak på konsilet i Laodicea ved midten av 300-tallet som forbød å opprette bispedømmer i landdistriktene, ble de erstattet av de såkalte periodeuter, latin circuitores, som var omreisende visiterende prester som utførte visitas i biskopens navn. En rekke ytringer hos kirkefedrene tyder imidlertid på at det var vanlig at biskopen visiterte selv, og for eks. Augustin legger vekt på bispevisitasens betydning.

Fra Vest-Europa savner man tilsvarende vitnesbyrd om bispevisitaser i oldkirkelig tid, men i den eldste bevarte lovgivning om visitaser fra begynnelsen av det 6. århundre omtales den årlige bispevisitas som en gammel velkjent sedvane, som et fast ledd i kirkens *usus* (sedvanerettslig bruk). Vi må derfor med stor sannsynlighet kunne gå ut fra at også kirken i denne delen av Romerriket fra et tidlig tidspunkt har benyttet seg av det kontrollmiddel som bispenes visitaser representerte. En hel del av de eldste daterbare bestemmelsene om visitaser skriver seg fra konsilbeslutninger på den iberiske halvøy. Disse kom med i forskjellige samlinger av kirkerettslige bestemmelser og også i Gratians *Decretum* (ca. 1140).[9]

Diocesanvisitasen (av mlat. *diocesis*, bispedømme, biskopens embetsdistrikt), den egentlige bispevisitas, er gjennom hele middelalderen den mest sentrale og viktigste form av det kirkelige visitasjonsinstitutt. Som diocesanvisitas må selvsagt også regnes erkebiskopens visitas av sin egen diocese. Det er også disse bispevisitasene som fremfor alt er gjenstand for kirkelig lovgivning og har satt flest spor etter sig i det bevarte kildematerialet.

Diocesanvisitasens innhold synes allerede i tidlig middelalder å ha fått en form som den kom til å beholde gjennom hele middelalderen.[10] Biskopens visitasprogram var omfattende og gikk ut på å føre kontroll med alle sider av lokalkirkens lov og virksomhet. Hans arbeid under visitas omfatter forvaltning av alle de tre episcopale *potestates* eller myndighetsområder (*p. iurisdictionis, p. magisterii, p. ordinis*) og kan inndeles i 5 hovedpunkter:

1. Forkynnelse av evangeliet og kristendomsopplæring for folket og klerkene. Han skulle derfor selv preke og lære folket, men også føre kontroll med klerkene, både når det gjaldt forkynnelse og lærdom.
2. Kontroll med folkets og klerkenes liv og livsførsel. Hvis det forelå brudd på kirkens moralkodeks, skulle biskopen rette på det.[11]
3. Biskopen skulle forvalte de sakramenter som var reservert for ham. I forbindelse med visitasen gjaldt dette særlig konfirmasjon, ferming, som bare kunne utføres av en bispeviet person.
4. I nøye sammenheng med sin forkynnelse skulle biskopen bekjempe hedendom og overtro.
5. Inspeksjon av kirkebygg og tilsyn med den kirkelige formuesforvaltning.

Progresjonen i visitasen skulle være i den rekkefølge som her er nevnt.

Ellers er lovgivningen fra tidlig middelalder særlig opptatt av å innskjerpe plikten til årlige visitaser, regulere størrelsen på biskopens følge og mane til måtehold når det gjaldt størrelsen på de ytelser som den visiterende biskop kunne kreve av de visiterte kirker og geistlige (*procuratio*). At disse bestemmelsene stadig ble gjentatt, kan tyde på at misbruk kan ha forekommet. Forskningen regner med at det finner sted et visst forfall i utførelsen av bispevisitasene i tiden omkring år 1000 samtidig med at biskopenes innflytelse på hele diocesanstyringen minsker, blant annet på grunn av erkediakonenes innflytelse. Dette er også situasjonen for visitasinstituttet da erkesetet i Nidaros opprettes i 1152 eller 1153.

Utviklingen

Bispevisitasen styrkes gjennom 1200-tallets dekretallovgivning. Visitasinnholdet endres ikke, men instituttets sjelesørgeriske betydning fremheves og for første gang understrekes det at visitasen er en episkopal rettighet, mens tidligere lovgivning bare oppfattet den som en plikt.[12] Ellers skjer det en viss oppmykning i det rigide krav om årlige visitaser. Allerede i Glossa Ordinaria til Decretum sies det at en gang hvert tredje år er tilstrekkelig hvis det ikke foreligger en tvingende grunn til hyppigere visitas.[13] Dessuten skaper pave Innocens IVs konstitusjon fra 1246, *Romana ecclesia*, en legal hjemmel for å konsentrere diocesanvisitasen til visse visitasjonssentra, i alminnelighet hovedkirkene. Konstitusjonen fastsetter at om visitator ikke bekvemt eller uten vanskelighet kan nå frem til hver enkelt kirke, skal han legge vekt på å kalle sammen klerker og lekfolk fra flere steder til ett passende sted. Når det gjelder norsk partikulærrett, er det mulig at man har foregrepet denne bestemmelsen noe, Gulatingsloven og Frostatingsloven krever begge at biskopen årlig skal komme i hvert fylke, Eidsivatingsloven til hver tridjung og Borgartingsloven til hver gravkirke.[14] En organisering av visitasene i samsvar med *Ecclesia Romanas* intensjoner synes å foreligge i bestemmelsene om prestenes prokurasjonsytelser i Firdafylke og Sogn i biskop Audfinns tid ca

Prosesjonsfane fra Brekke kirke i Sogn og Fjordane fra ca. 1450 som viser Olav den hellige. Vi ser helgenkongen stående på et fabeldyr beslektet med St. Georgs atributt dragen. Dette dyret ble en fast ledsager for St. Olav i senmiddelalderens ikonografi. Foto: Bergen Museum.

A procession banner from Brekke Church in Sogn og Fjordane (c. 1450) portrays St Olav standing on a mythical monster that resembles St George's dragon.

1322–23.[15] Lignende forhold vil en også finne kildemessige belegg for når det gjelder erkestiftet i Aslak Bolts jordebok og for Oslo stift i Øysteins jordebok og i de bevarte visitasbrev.[16]

De kanoniske bestemmelsene om visitasinnhold- og gjennomføring slik de først og fremst finnes hos Gratian og i *Romana ecclesia*, som ble tatt inn i *Liber Sextus*, gav mulighet for partikulærrettslig utvikling innenfor de enkelte kirkeprovinser og bispedømmer. Først mot slutten av middelalderen kom så en generell, fullstendig visitasjonsordning, *Ordo ad visitandum parrochias* i Pontificale Romanum som ble trykt i 1485 og 1495. Denne ordningen representerer trolig en skriftfesting og standardisering av den visitasjonspraksis som hadde utviklet seg utover i middelalderen. Men først og fremst gir den uttrykk for kuriens syn på hvordan en bispevisitas burde gjennomføres. Den ble derfor normgivende for den videre utvikling på dette området innenfor hele den katolske kirke.[17] Det er også rimelig å anta at bestemmelsene her kan ha fått betydning for norsk visitasjonspraksis i mannsalderen før reformasjonen. Men vi vet ikke noe om det, og vi har i det hele ikke noen virkelig detaljert kjennskap til fremgangsmåten og rekkefølgen ved norske diocesanvisitaser i det hele. Noen norsk visitasordning fra middelalderen i likhet med for eks. en svensk fra Strängnäs stift,[18] er ikke bevart, og visse indisier tyder på at noen slik heller ikke har eksistert. Blant de kirkerettslige quaestiones (spørsmål) som ble forelagt erkebiskop Henrik Kalteisen under hans opphold i Norge i 1450-årene var også spørmålet *Quis sit modus visitandi?* (Hvordan skal man visitere?), og den lærde kanonisten har et langt avsnitt i sin kopibok *De visitatione*.[19] Hans utredning bygger på kanonisk doktrine og romersk rett, og konsentrerer seg først og fremst om kirkerettslig sett kontroversielle forhold som kunne oppstå under visitas. Men noen detaljert redegjørelse for visitasens gang inneholder den ikke, heller ikke noen henvisning til noen særnorsk visitasordning. Nå ser det ut til at Kalteisen under sitt Norges-opphold satte seg inn i partikulær norsk kirkerett. Hans mangelende henvisninger til særnorske bestemmelser på dette område kan derfor tyde på at han ikke har funnet noen. En slik slutning *e silentio* er selvsagt metodisk tvilsom. Men et annet indisium på at Kalteisen ikke har funnet noen partikulær norsk visitasordning, er at han på spørsmålet *Quis sit modus visitandi?* med henvisning til dekretalretten og glossae svarer at man bør holde seg til det som er brukelig i naboprovinsene.[20]

Siden det ikke er bevart noen visitasordning fra norsk middelalder, er det også vanskelig å si noe om den progresjon visitator fulgte, eller med andre ord, rekkefølgen av de forskjellige visitasgjøremål. De diplomer som kan oppfattes som levninger fra biskopenes visitasjonsreiser, gir heller ikke mange opplysninger om dette spørsmålet.[21] Kalteisen har i sitt responsum også drøftet progresjonen. Men også disse forteller vel kanskje mer om forfatterens kanonistiske lærdom enn om norsk visitasjonspraksis. Han innskjerper at klerker og lekfolk skal visiteres hver for seg, først klerkene, siden lekfolket. Kalteisen regner med en todagers visitas. Den første dag skal biskopen først forkynne Guds ord for klerkene, deretter kontrollere deres embetsgjerning i videste forstand. Den andre dagen skal han preke Guds ord for folket, lære det troen og troens artikler, å fly dødssyndene og lære det Guds vilje. Kalteisen er således særlig opptatt av visitators lære- og tilsynsoppgaver. Men undersøkelsen av geitlighetens liv og embetsførsel får størst plass i denne sammenheng, og det drøftes inngående om de som visiteres, kan tvinges til å si sannheten.[22]

Derimot er det påfallende at den visiterende biskops forvaltning av *iura pontificalia* får så liten plass. Fermingen som har en fremtredende plass i lovmaterialet, nevnes ikke, heller ikke biskopens utøvelse av dommer- og meglerfunksjoner som er vel belagt i diplommaterialet. Retrospektiv bruk av etterreformatoriske kilder er i denne sammenheng vanskelig, men en viss sammenligning med de første evangelisk-lutherske superintendentenes visitaser er ikke uten interesse.[23] I Jens Nilssøns visitasbøker (1580–90-årene) beskrives en rekke visitaser av Oslo og Hamar stifter utført av den daværende superintendent Jens Nilssøn. Her begynner alltid visitasen i kirken hvor superintendenten, sognepresten eller en annen geistlig preker. Deretter formaner superintendenten allmuen som han pleier og eksaminerer og overhører ungdommen, men også de gamle. Hvis superintendenten har preket selv, lar han regelmessig sognepresten preke for seg etterpå. Dette skjer ofte etter at visitator på sitt kammer har kalt til seg sognepresten og andre geistlige som er til stede.[24] Dette møtet «på kammerset» representerer vel en spesiell visitasjon av clerus som kan ha forbilde i eldre tiders visitasjonspraksis og er i samsvar med Henrik Kalteisens påbud om at klerker og legfolk skal visiteres hver for seg. En annen praksis som kanskje bygger på gammel sedvane, er at presten i den menighet som skal visiteres, møter visitator underveis og følger ham på veien. Denne skikken ser ut til å ha vært så vanlig at da presten i Tinn, herr Hans, i 1595 ikke møter superintendenten på veien, men først ved prestegården, oppfattes dette som en forsømmelse, og Jens Nilssøn spør ham, hvorfor han ikke har møtt ham på veien slik andre prester pleier å gjøre.[25] Hvis denne møte- og ledsagerplikt går tilbake til katolsk tid er det mulig at den kan oppfattes som en slags rustikk erstatning for den mottagelse med geistlig prosesjon som den visiterende biskop hadde krav på når han kom til en by.

Den norske visitasens universelle og partikulære karakter

Jeg har i det foregående nevnt litt om hvordan det kirkelige visitasjonsinstitutt oppstod og ble utviklet i oldkirken og middelalderen. Jeg har også nevnt hvordan den sedvanerettslige utvikling på dette området etter hvert ble kodifisert i den kanoniske retten. Og dette sett av rettsregler som ble brakt i stand i løpet av høymiddelalderen, ved kompilasjon, ved kodifikasjon og ved ny lovgivning, gjorde krav på universell gyldighet (jfr. s. 310, 317). Dette kravet var også et sentralt trekk i den kirkerettslige doktrine slik den ble utformet i Bologna og andre steder. Slik som troen, bekjennelsesskriftene og liturgien var den samme, skulle også kirkens rettsregler være de sammen. Både i lære og praksis skulle kirken i egentligste forstand være katolsk (allmen). Dette skulle selvfølgelig også gjelde for de episkopale visitaser. Men visitasjonsinstituttet hørte først og fremst hjemme i kirkens hverdag, og denne hverdag ytret seg ytterst forskjellig i de ulike deler av det kristne Europa. Så alminnelige og prosaiske ting som kommunikasjonsforholdene og underholdsmulighetene for biskopen og hans følge, måtte gjøre en visitas i et stort, men grisgrendt norsk bispedømme til noe helt annet enn den tilsvarende handling i en liten, tettbebygget, urbant preget diocese i Italia. Vi kan derfor se at kirkelig-juridisk ønsketenkning og ideell streben krysses av nødvendigheten av å ta hensyn til de eksisterende geografiske, sosiale og økonomiske forhold og av de enkelte lokalsamfunns reelle behov. Det er pavemaktens trang til og ønske om universalisme som her støter mot de enkelte lands, de enkelte kirkeprovinsers, ja. til dels de enkelte bispedømmers partikularisme. En slik partikularisme kan være et utslag av de konkrete behov på det kirkelige området blant vedkommende lands eller dioceses befolkning, men vel så ofte kan den være et uttykk for episkopatets ønske om økt personlig og embetsmessig makt.[26] Også hensynet til verdslige makthavere kunne i denne sammenheng få avgjørende betydning.

Derfor ser vi at visitasjonsinstituttet rundt om i Europa slik som så mange andre kirkerettslige institutter ble tilpasset de lokale forhold og etter de lokale behov. Dette resulterte i praksis i en sedvanerettslig utvikling som av og til ble kodifisert og av og til ikke. En slik partikulærrettslig utvikling ble også godtatt av paven og den kirkerettslige doktrine så sant den ikke var i strid med bestemmelsene og prinsippene i allmenn kirkerett. Hvis biskopene kunne lede denne utviklingen, ville de her ha gode muligheter til å skape et tjenlig middel til å øke sin makt over lekfolk og klerker. Kirkens egen lære om biskopenes myndighet innen diocesen gav dem jo også et gunstig utgangspunkt på dette området. I denne sammenheng kunne biskopene og deres hjelpere dels spille på kravet om kirkelig uniformitet, dels henvise til de gode gamle sedvaner som deres kirker hadde, alt etter som det passet til den aktuelle situasjon. For de fleste mennesker i datidens samfunn var henvisninger til paven i Roma eller til det som var god gammel skikk og bruk viktige og avgjørende argumenter.

Jeg har i det foregående prøvd å vise i hvilken utstrekning norsk lovgivning følger kanonisk rett eller utvikler egne partikulære bestemmelser. Hvis vi sammenholder lovgivning og praksis og undersøker om de opplysninger kildene gir om visitasjonsinstituttet i praksis stemmer med de allmenne og partikulære rettsreglene, skulle vi kunne få et svar på hvilke komponenter som var de mest avgjørende for den kirkelige rettsutvikling på dette området, kirkelig-juridisk ønsketenkning, uniformitets- og maktvilje eller hjemlige samfunnsforhold. En slik undersøkelse vil også kunne gi grunnlag for å si noe om biskopene kan sies å ha brukt visitasjonsinstituttet som et middel til å trygge og styrke sin egen maktstilling både innenfor geistligheten og det norske samfunn ellers. Særlig når det gjelder analysen av visitasjonspraksis slik denne fremtrer i diplommaterialet, har det vært formålstjenlig og nødvendig å foreta særskilte undersøkelser av visitasjonsinstituttets enkelte faser og elementer, slik som *visitasjonsfrekvens, visitastid, kunngjøring av visitas, visitasfølge, visitaskompetanse, -ordning og -progresjon, biskopens forvaltning av de episkopale potestates under visitas, visitasjonsprokurasjon og andre økonomiske sider ved visitasene.*

Pilegrimsmerke fra Trondheim som viser St. Olav med øksa. Foto: Nidaros Domkirkes Restaureringsarbeider.

A pilgrim's mark from Trondheim shows St Olav with his axe.

En undersøkelse etter disse linjer skulle gjøre det mulig å analysere visse sentrale sider ved utformingen og utviklingen av diocesanvisitasene i den norske kirke i middelalderen. Kildematerialets karakter, og først og fremst den splittete og tilfeldige tradering av det, gjør imidlertid at en slik analyse bare får med enkelte og ofte nokså tilfeldige deler av den historiske virkelighet.[27] I noen tilfeller vil dette være klart og innlysende sett fra kildens eget funksjonelle synspunkt. En analyse av lagtingskristenrettenes bestemmelser om visitas viser at disse bestemmelsene tar sikte på å regulere forholdet mellom biskop og bondesamfunn og fastsetter deres gjensidige forpliktelser.[28] Derimot sier disse kildene ingen ting om forholdet mellom biskop og klerker eller om biskopens kontroll av liv og lære. I dette tilfelle er vi klar over at det bevarte kildematerialet bare dekker en del av den historiske virkelighet, og at vi derfor bare kan få en kildemessig begrunnet mening om denne delen av visitasenes innhold og gjennomføring. I andre tilfeller risikerer vi at kildenes taushet eller mangelen på kilder fører til at vesentlige sider av diocesanvisitasen unngår vår oppmerksomhet. Dette gjelder kanskje i litt mindre grad når vi prøver å analysere de kildene som er bevart som levninger fra senmiddelalderlig visitasjonspraksis. Men også her er skriftfesting og tradering av embetshandlinger noe tilfeldig, eller rettere sagt, den er sterkt økonomisk-praktisk betont. Dermed kan vi mangle kildebelegg for viktige episkopale gjøremål.

Et eksempel vil vise dette. Etter kanonisk rett er det bare biskopen som kan utføre konfirmasjon (ferming), forvaltningen av dette sakramentet er reservert ham som *minister ordinarius*. Derfor heter det også *at koma undir biscups hand*. En systematisk undersøkelse av diplommaterialet gir imidlertid bare et enkelt belegg for at biskopen har fermet barn under visitas. I et diplom fra 1. desember 1342 fortelles det om erkebiskop Påls visitas ved kirken på Stein på Byneset.[29] Her nevnes det i en bisetning at ferming skulle finne sted. Erkebiskopen stiller nemlig i en helt annen sammenheng spørsmål til «*boende almennilegha þar komma til kirkiu ok med bornum sinum til ferming.*» Av sitatet går det frem at det var sedvane at bøndene møtte frem til kirken med barn som skulle fermes. Dette dokumentet er den eneste levning vi har om ferming under visitas. Men til tross for den manglende dokumentasjon, kan vi gå ut fra som sikkert at fermingen foregikk i forbindelse med diocesanvisitasene, i Norge som i andre land. For det er vel utenkelig at folk selv skulle reise den ofte svært lange veien til bispebyen med sine barn.

De manglende kildebelegg kan bare ha én forklaring. Det var så selvfølgelig at ferming og en rekke andre kirkelige oppgaver ble utført under visitas, at det ikke føltes som aktuelt og nødvendig å skrive ned at det selvfølgelige hadde

Byneset steinkirke ble reist i 1170-årene. Hit kom Pål Bårdsson på visitas sammen med en rekke korsbrødre og en sekretær (notarius) ved juletider i 1342. I setstua på "kongsjorden" på gården Stein holdt erkebiskopen møte med bøndene og forhørte seg om de hadde noe å klage over hva gjaldt prost, prest eller andre geistlige tjenestemenn. Bøndene sa seg godt fornøyd, og kunne dessuten fortelle at det få år tidligere var blitt skutt to bjørner på Brå. Da hadde sognepresten og erkebispegården fått en "skotbog" hver. Foto: Riksantikvaren.

The church at Byneset, a few miles outside Trondheim, was constructed in the 1170s. Archbishop Pål Bårdsson visited the church with his entourage in 1342 to have talks with the parishioners. Among other things he questioned them about the local clergy. There were no complaints.

funnet sted. Visitasmeldinger med nøyaktige referater er jo nettopp det vi mangler, og ut fra det bevarte materialet må vi helst tro at det som ble skriftfestet og tatt vare på, var det som enten representerte brudd på det vanlige eller som medførte endringer av økonomisk-rettslig karakter for de impliserte. Det er i så måte typisk at det eneste eksempel på at en visiterende biskop foretar rekonsiliasjon av en polluert (besmittet) kirke er bevart i form av kvittering for bøter fra gjerningsmannen. Det er i en kvittering utstedt på Jevnaker 18. august 1404 av biskop Sigurd av Hamar til en mann som hadde skjendet kirkegården i Flatdal (*spilt kirkiu gardenom i Flatdale*).[30]

I tillegg til disse kildemessige og metodiske problemene kommer at det er vanskelig for ikke å si umulig å sette seg inn i og rekonstruere den individuelle og kollektive psyke som er en viktig forutsetning for visitasinstituttets betydning i datidens samfunn. Disse forbehold vil det være nødvendig å ha in mente når man skal prøve å oppsummere resultatene av en slik undersøkelse.

Lagtingslovenes kristenretter

I lagtingskristenrettene har bestemmelsene om diocesanvisitas et klart kontraktuelt preg slik at den årlige bispevisitas fremstår som biskopens motytelse for bondesamfunnets betaling av *reiða* og senere bispetiende. Bøndene gjør krav på dette som en nødvendig forutsetning for sitt *kristindomshald*, det vil si for å oppfylle de krav til kultus og levnet som kirken stiller og som de har gått med på å lovfeste.[31] Det tyder på at disse bestemmelsene skriver seg fra en så tidlig tid at biskopene liksom kongen førte en ambulerende tilværelse.

For en biskop som var på stadig reisefot kunne visitasene inngå som en nærmest naturlig del av deres embetsrutine, og det skapte derfor heller ikke noen uoverkommelige vanskeligheter å godta det kanoniske kravet om årlige visitaser. Senere da biskopene fikk faste residensbyer og så å si ble bofaste menn, ble det vanskelig for dem å visitere hvert år, og det kom inn i kristenrettenes bestemmelser om gyldige forfallsgrunner. Hverken Gulatingslovens Olavstekst, Frostatingskristenretten eller Borgartingskristenretten nevner forfallsgrunner.[32] Derimot regner både Gulatingslovens Magnustekst og likedan Eidsivatingskristenretten med en rekke gyldige forfallsgrunner.[33] Hvis biskopen blir forhindret fra å reise på visitas på grunn av sykdom, skade, bud fra erkebiskop eller konge, skal han likevel få sin årlige tiende. De tre førstnevnte forfallsgrunner finnes også i kanonisk rett. Derimot er bud fra kongen en spesialbestemmelse i norsk kirkerett, selv om det vel kan finnes paralleller i andre land. Bestemmelsen skulle kunne tyde på at i forhandlingssituasjonen mellom folk og kirke stod kongen bak og støttet kirken, han fikk dermed også igjennom en bestemmelse som var i statsmaktens interesse.

Samtidig avspeiler bestemmelsene om forfallsgrunner den utvikling som må ha foregått i den første kristne tid i Norge. Bestemmelsene i kristenrettene avspeiler vel helst forholdene i den aller første kristne tid da biskopen reiste rundt sammen med kongen. Så blir biskop og konge bofaste. De får bispeseter og kongsgårder hvor de oppholder seg det meste av året, og disse oppholdsstedene ligger på forskjellige steder. Når kongen skal rådføre seg med sine geislige rådgivere, må de reise til ham, og det kan de trygt gjøre, for sin tiende får de likevel. Det samme forhold har selvfølgelig også gjort seg gjeldende i forholdet mellom suffragan og metropolitt da Norge gikk over fra å være et misjonsområde eller en del av en annen provins til å bli egen kirkeprovins med et fast organisasjonsapparat. For Gulatingslovens vedkommende er bestemmelsene om gyldige forfallsgrunner lovtatt i forbindelse med lovrevisjonen i Magnus Erlingssons tid. Det er derfor rimelig å se dem som et vitnesbyrd om den økte makt og innflytelse episkopatet hadde fått i denne tiden.

Det kontraktuelle preget gjør altså at visitasen i den eldste kristenrettslovgivningen fremstilles som en episkopal motytelse for den *reiða* eller tiende han får. Dette kommer særlig tydelig frem i en av redaksjonene av Borgartingskristenretten der kapitlet om visitas har overskriften *Hvat biskup er skyldr mote tiund sina.* At det her er en direkte sammenheng med eldre bestemmelser, ser en av at biskopens andel av tienden i teksten faktisk kalles *gift*, den vikske kristenrettens navn på det som ellers kalles *reiða*.[34] Det samme prinsippet kommer også til uttrykk i Gulatingslovens bestemmelser om at biskopen årlig skal komme til hvert fylke og yte folk den tjeneste som tilhører for at han skal gjøre seg fortjent til og bli rettmessig eier av sin *reiða*.[35]

Dette kontraktuelle preget er noe modifisert i Frostatingskristenretten som antas å bygge på erkebiskop Øysteins Gullfjør, og det er helt forsvunnet i erkebiskop Jons kristenrett.[36] Her gis diocesanvisitasen en klart kanonistisk begrunnelse. Den skjer fordi biskopen skal oppfylle sine embetsmessige plikter først og fremst som den eneberettigede forvalter av konfirmasjonssakramentet. Bestemmelsene om bispevisitas er i Jons kristenrett faktisk plassert i et kapittel som ellers handler om ferming.[37] På grunn av fermingen og annen embetsskyldighet skal biskopen visitere den Guds hjord som han med Guds nåde og hjelp plikter å dra omsorg for og lede på rett vei. Visitasjonsrett- og plikt begrunnes her i forsvarlig forvaltning av de episkopale potestates. I kraft av sin *potestas ordinis* skal biskopen ferme barn, og for å utføre dette må han «vitja gudlegrar hjardar». Men han skal også med sin læremakt, sin *potestas magisterii* lede folket på rett vei. Men i de andre kristenrettene fra høy- og senmiddelalderen, det vil si Magnus Lagabøters kristenrettsutkast og i kristenretten fra 1370-årene, går det kontraktuelle prinsippet igjen sammen med kravet om årlige visitaser.[38] I det hele representerer disse kristenrettene lite nytt på dette området i forhold til lagtingskristenrettene, det er mer tale om avskrift enn om revisjon.

Felles for alle kristenrettene er at de først og fremst i forbindelse med visitas er opptatt av biskopens oppgaver i forhold til lekfolket, mens de konsekvent tier om hans kontrollvirksomhet overfor geistligheten og i interkirkelige saker. Dette er for øvrig helt i samsvar med det vi ellers finner og ikke finner i kristenrettene. Man kan si at den nye faktor i samfunnslivet som kirke og kristendom var, ble integrert i det eksisterende lovsamfunn for så vidt som dens virksomhet ble gjenstand for lovgivning på linje med andre sider av samfunnslivet. Men dette gjelder i all hovedsak bare kirkens forhold til den lege omverden. Noen regulering av forholdene mellom klerkene innbyrdes innlater de eldste norske kirstenrettene seg ikke på, og opprettholdelsen av den hierarkiske disiplin er ikke deres sak. Riktignok prøver Gulatingslovens kristenrett å sette strenge grenser for biskopens rett til å flytte prester fra et embete til et annet, men dette motiveres karakteristisk nok med den økonomiske og sosiale plassering de har fått i bondesamfunnet.[39] Lagtingskristenrettenes bestemmelser om straffesanksjoner mot klerker gjelder alle forsømmelser eller overgrep som på en eller annen måte må antas å gå ut over det lekfolket de skal betjene. På en rekke interne kirkelige områder må en imidlertid anta at biskopene helt fra først av kunne treffe avgjørelser og utøve instruksjonsmyndighet overfor sine underordnete geistlige i samsvar med allmennkirkelige rettsregler og praksis, rett og slett fordi disse områdene ikke var berørt av kristenrettslovgivningen. I dette tilfelle skulle en slutning e silentio ha noe for seg.

Dette forhold har en viss betydning for vårt emne. Det vi kan vente å finne om diocesanvisitaser i lagtingslovenes kristenretter er først og fremst bestemmelser om biskopens og folkets gjensidige forpliktelser ved visitasene. Når det gjelder detaljbestemmelser om selve gjennomføringen av visitasen, og kanskje særlig om visitators kontroll av sin geistlighet, kan vi ikke vente å finne noe særlig i de eldste kristenrettene.

Det er et gjennomgående trekk ved kristenrettenes visitasbestemmelser at biskopen skal *veita þjonostu* (yte tjeneste). Ut fra dette kan man kanskje karakterisere lagtingskristenrettenes visitasbestemmelser som et servicetilbud til bondesamfunnet.[40] Til gjengjeld for dette er samfunnet villig til å betale bispetiende og yte fri skyss under visitaser og ved kirkevigsel. Selve prokurasjonen, biskopens og hans følges underhold med mat og husrom synes i samsvar med allmennkirkelig praksis tidlig å ha blitt de visiterte kirkers, klostres og geistlighets oppgave. I hvilken utstrekning de har kunnet få bidrag til dette fra menighetene, er det vanskelig å finne noe kildemessig belegg for. I samsvar med dette finner vi altså i lagtingskristenrettene lite om prokurasjonens størrelse. Dette står i klar motsetning til den kirkelige lovgivning ute i Europa, men også til de detaljerte bestemmelser om de ytelser som biskopen hadde krav på ved vigsel av kirken, ytelser som bøndene selv skulle utrede og dermed hadde økonomisk interesse av å få legalt regulert.

Ut fra lagtingskristenrettenes visitasbestemmelser fremtrer diocesanvisitasen som en episkopal plikt og som et kontraktuelt bestemt servicetilbud til bøndene. Dette inntrykket blir imidlertid endret ved analysen av en annen normativ kilde som det bevarte formularet for påminnelser ved visitas i Oslo bispedømme,[41] og bildet blir et helt annet når en tar for seg senmiddelalderlig visitasjonspraksis. Her må det imidlertid understrekes at dette til en viss grad kan skyldes arten av det bevarte kildematerialet. I dette dominerer aktstykker av rettslig og økonomisk karakter, altså resultater av den visiterende biskops forvaltning av *potestas jurisdictionis*. Denne har satt relativt mange spor etter seg i det bevarte kildematerialet, mens det er lite å finne om hans pontificale og pastorale funksjoner. Vi må likevel ha grunn til å tro at disse også i denne tiden har hatt en sentral plass i visitasene.

En analyse av det senmiddelalderlige diplom- og jordeboksmaterialet synes å vise at det lovfestete, allmennkirkelige kravet om årlige diocesanvisitaser neppe noensinne ble gjennomført i Norge, i hvert fall ikke i senmiddelalderen. Kildematerialet tillater ikke helt bindende slutninger, men det kan se ut til at de sentrale deler av diocesene ble visitert hvert tredje år, mens utkantområdene måtte nøye seg med sjeldnere bispebesøk. Dette var i strid med kristenrettenenes krav om årlige visitaser, men er i samsvar med en allmennkirkelig utvikling og hjemlet i kirkeretten. Et moment som gjorde en lavere visitasjonsfrekvens mulig, var at fremveksten av nye stasjonære embeter med delegert episkopal myndighet, nemlig official og pœnitentiar, sannsynligvis avlastet biskopene for en del av de oppgaver de hadde utført under sine visitaser.[42] Det var blant annet folks behov for å bli pålagt pønitens og få absolusjon i episkopale reservatkasus som hadde ligget til grunn for kravet om årlige visitaser.

Når det gjelder tidspunktet for visitasene, synes praktiske hensyn å ha vært avgjørende. Visitastiden ble bestemt ut fra hensyn til vær og føre og ble gjerne lagt til de årstider da det var rikelig med mat og fôr rundt i distriktene. Høsten, da avling og buskap var kommet i hus, var den foretrukne visitastid i store deler av landet. Men det er visse unntak, i innlandsdistriktene drar biskopen gjerne på visitas om vinteren da sledeføret gir muligheter for en mer komfortabel fremkomstmåte enn ellers. Det er mulig at dette kan ha hatt sitt å si for noe tilårskomne herrer som de fleste biskoper vel var. Det er også umiddelbart forståelig at erkebiskopens visitaser i Nord-Norge synes å ha foregått om sommeren. Årstiden var klimatisk sett den eneste som egnet seg for en lang sjøreise. Dessuten var det nettopp i denne tiden at folk fikk betaling for resultatet av de store vinterfiskerier, da de selv var hjemme, da det var mat nok, og da de kunne betale sine avgifter. Kildene viser også at en visiterende biskop gjerne kombinerte visitasreiser med andre oppgaver, for eks. ser vi at Oslo-biskopen begynte eller avsluttet reiser til unionelle rådsmøter med visitas av passende distrikter.[43]

På visitasreisene var biskopen regelmessig ledsaget av medlemmer av sitt domkapitel og andre geistlige som representerte teologisk og kirkerettslig sakkyndighet. De utgjorde dermed en sakkyndig stab som biskopen kunne rådføre seg med ved utførelsen av de forskjellige visitasgjøremål. Samtidig hadde de anledning til å ivareta domkapitlets og andre kirkelige institusjoners interesse hvis disse skulle komme i konflikt med biskopens egne. Likeledes hadde biskopene med seg kansellipersonale, for under visitasene ble det stadig utferdiget brev, både om de kirkelige embetsanliggender som selve visitasene førte med seg og om andre saker som dukket opp. Den visiterende biskop kunne få brev fra konge, erkebiskop eller kolleger som krevde snarlige svar.[44]

Eksempelvis kan det nevnes at biskop Arne av Bergen høsten 1308 mottok erkebiskop Jørunds innkalling til provinsialkonsil i Nidaros ved kirken på Re mens han visiterte i Nordfjord.[45] Høsten 1326 fikk Arnes bror og etterfølger, biskop Audfinn et brev fra sin kollega i Oslo, biskop Salomon, med anmodning om en kirkerettslig vurdering av de tiltak oslobiskopen hadde satt i verk mot en noe vidløftig geistlig. Brevdrageren traff bergensbiskopen mens han var på visitas i Rugsund i Ytre Nordfjord. Her skrev da den lærde kano-

Seinmiddelaldersk altertavle fra Røst, hvor italieneren Piero Querini forliste i begynnelsen av 1430-åra. Der måtte han oppholde seg vinteren over før han kunne komme sørover igjen. Han forteller entusiastisk om forholdene her nord, og om et lokalsamfunn som på ingen måte sto tilbake for samfunnene lenger sør i Europa. Den høye levestandarden blant menigmann forbauset ham. Og verken før eller seinere har vel fisken betalt seg så godt som i seinmiddelalderen da fiskeprisen stadig steg i forhold til prisen på matkornet, som nordlendingene fikk fra Baltikum via hanseatene i Bergen. Altertavlen her et av mange slike importerte praktstykker fra tysk område. Vi ser Olav den hellige flankert av to biskoper. Foto: Riksantikvaren.

Late medieval altar piece from Røst, in the Lofoten archipelago where the Italian Piero Querini spent a winter after his ship foundered off the coast in the early 1430s. He enthusiastically describes the local communities of North Norway, which he considered to be surprisingly wealthy.

nisten et brev med en motivert redegjørelse for den rettslige situasjon, selv om han med sømmelig *humilitas* unnskyldte seg med at den ikke var skrevet med nok «umhugsam, *þ*i at ver varom vegfarandi».[46] Ellers er det vel rimelig at den visiterende biskop alltid hadde med seg pasjer og brevdragere.[47] Til dette kom så en eskorte av svenner, som må antas å ha variert noe etter tid og omstendigheter. Når Pietro Quirini beretter at erkebiskop Aslak Bolt på sin visitas i 1432 hadde med seg 200 mann på 20 skip, var det vel dels begrunnet i de urolige tider (krig med hanseatene, vitaliebrødrene, klager over engelske overgrep) [48] dels et ønske om å demonstrere sin makt under forhandlingene om gjenopptagelse av eldre kirkelige avgifter.

Visitasenes økonomiske side

Når det gjelder selve gjennomføringen av visitasene, gir det bevarte kildematerialet, som før nevnt, først og fremst opplysninger om forvaltningen av *potestas jurisdiktionis*, både den egentlige domsmyndighet, *jurisdictio judicialis*, og de legislative og administrative gjøremål i videste forstand som ble regnet hit. Men først og fremst ser vi av de bevarte kildene at biskopene på sine visitaser var sterkt opptatt av kirkens økonomiske forhold, både bispestolens egen økonomi og de lokalkirkelige institusjoners. I kraft av den administrative styrings- og kontrollmyndighet som *potestas jurisdictionis* gav, kunne den visiterende biskop kreve å få fremlagt alle lokalkirkelige regnskaper og jordebøker. Dette har tydeligvis hatt stor betydning for de geistlige jordeboksarbeidene i senmiddelalderen, spesielt lar det seg ettervise ved utarbeidelsen av biskop Øysteins jordebok (1390-årene).[49] Også revisjon av kirkevergens regnskaper og kontroll med deres funksjoner utgjorde en viktig del av visitasoppgavene. Når det gjelder omkostningen ved visitasene, må vi anta at de i stor utstrekning ble dekket av geistlighetens prokurasjonsytelser slik at visitasreisene var selvfinansierende.[50] Sportelinntekter fra kirkevergen, bøter, erstatningsbeløp og mer og mindre frivillige gaver kan ha gjort at det også ble økonomisk overskudd.

Aslak Bolts jordebok og de øvrige geistlige jordebøkene fra omkring 1400 passer godt med en endring i visitasinnholdet. Oppnevnelsen av de episkopale embetsmenn officialen[51] og pønitentiaren[52] som skulle ta seg av folks behov for pønitens og absolusjon i episkopale reservatkasus, ville gi kontrollen med kirkens økonomi større plass også i erkebiskopens ansvarsområde. Begge embetsmenn residerte fast i bispebyen. Med opprettelsen av officialembetet fikk biskopene en egen juridisk fagdommer med delegert jurisdiksjonsmyndighet, og det var naturlig at det foregikk en sentralisering av domsvirksomheten i episkopale reservatkasus til officialdomstolen. På samme måte virket selvfølgelig opprettelsen av pønitentiarembetet. Når biskopen visiterte ble de stort sett tilbake i bispebyen, og de forskjellige judisielle funksjoner ble utført av biskopen selv, eventuelt med bistand av de domkapitelsmedlemmer som var med i hans følge[53]. I denne sammenheng er det imidlertid verd å legge merke til at Aslak Bolt i sine første år som erkebiskop hadde sin official, Gudbrand Erlingsson, med på visitasreiser[54]. Det er nettopp i disse årene Aslak Bolt med utgangspunkt i sin plikt og rett til å føre kontroll med alle sider av erkestolens økonomi prøver å bringe orden i inntekter og jordegods på sine visitasreiser i erkestiftet. Med støtte i ledende kirkepolitiske strømninger i samtiden var erkebiskopens politikk en restitusjon av episkopatets og kirkens makt. Jordeboksarbeidet hvis grunnlag er «gamle registre», oppdateres under visitas og er et betydningsfullt ledd i erkebiskopens arbeid for å bringe orden i erkestolens økonomiske og administrative forhold sammen med arbeidet for å få fornyet de gamle avgifter. Under visitasene har erkebiskopen kunnet korrigere og supplere de opplysninger han allerede hadde fra arkivet i erkebispegården, kontrollere kirkevergenes regnskaper, inventariene for avlsgårdene, men han hadde også anledning til å kalle folket sammen for å forhøre seg om økonomiske og rettslige forhold[55].

I nær tilknytning til arbeidet med å skape orden i erkestolens jordegodsforhold står Aslak Bolts intense streben etter å få fornyet de gamle avgiftene til erkestolen, slik som Mikkels- og Olavs-korn og erkebispegave. Dette var alt sammen avgifter som var falt bort og ikke hadde vært betalt på lange tider, men som allmuen nå gikk med på å betale «frivillig» etter at den først hadde vist seg vrangvillig.[56] Det kan diskuteres hvor stor økonomisk betydning disse gamle avgiftene har hatt for erkestolen med sine andre betydelig større inntekter. Derimot må man gå ut fra at de har hatt en viss symbolfunksjon. Det viktigste i denne sammenheng er at den visiterende erkebiskops forhandlinger med sognefolket har vært av betydning i økonomiske saker, og særlig når det gjaldt å få godtatt nye eller gjenopptatt eldre ytelser til kirken. Hensikten med disse forhandlingene har som oftest vært å skaffe en avtalemessig hjemmel for å kunne iverksette finansielle eller administrative avgjørelser. En fremstående kirkeleder som Aslak Bolt har tydeligvis følt behov for å skaffe seg slik hjemmel for sine vedtak som møtet med allmuen under visitasene gav anledning til. Vi ser derfor tydelig i brevene om Olavs- og Mikkels-korn det kontraktuelle preg[57], og ordbruken for øvrig tyder også på at det var bøndene som hadde avgjørelsesmyndigheten.[58] Imidlertid kan det vel stilles et stort spørsmålstegn ved hvor reell en slik myndighet var. Det var neppe helt lett å motsette seg en visiterende erkebiskops vilje, en kirkefyrste med et følge av væpnede svenner.

Med opprettelsen av de to episkopale embetsmenn får biskopene en nødvendig avlastning i deres arbeide. Allerede i den tidlige norske partikulærlovgivning var fravær i kongens tjeneste lovlig forfallsgrunn til ikke å gjennomfør visitas. Frem gjennom middelalderen blir norske biskoper, og ikke minst erkebiskopen sterkt engasjert i riksstyring og politikk. I senmiddelalderen er erkebiskopen ikke bare selvskreven medlem av riksrådet, men også den selvfølgelige leder. I unionstiden hvor kongen i lange perioder var fraværende fra landet, spilte erkebiskopen dermed også en viktig rolle som øverste leder innenlands. Om oppnevnelsen av officialen og pønitentiaren i første rekke kommer som et behov for å være oftere og lengre borte i kongens tjeneste, eller om oppnevnelsen er middelet som har gjort det mulig, er vanskelig å si med sikkerhet. Det som i hvert fall blir resultatet, er at erkebiskopen i senmiddelalderen står langt friere i å bruke sin rett til visitas, når det passer inn i hans egne planer, slik vi nettopp har sett ovenfor.

Tilsynet med provinsen

Erkebiskopen skulle i tillegg til å visitere sin egen diocese på samme måte som sine bispekolleger også føre kontroll med hele kirkeprovinsen. Denne visitasplikt og visitasrett kunne og skulle utøves på tre måter:

1. Direkte visitas av provinsen på samme måte som ved den ordinære bispevisitas.
2. Ved avholdelse av provinsialkonsiler.
3. Ved å ilegge biskopene en møteplikt for erkebiskopen.

Som tidligere nevnt utgjorde metropolitt og suffraganer, erkebiskop og biskoper, et kollegium hvor ingen i teorien var overordnet de andre. Men erkebiskopen ble regnet for den fornemste biskop og han var i realiteten blitt gitt en tilsyns- og kontrollmyndighet i den internasjonale kirkelige lovgivning. Med utgangspunkt i denne lovfestete plikt kunne erkebiskopene styrke sin posisjon både innad i kirken ved å hevde sin rett til å føre kontroll med sine kollegers embetsførsel og ved utad – overfor den verdslige makt – å opptre som talsmann og øverste representant for den samlete kirkeprovinsen.

Det er fastlagt de samme plikter og begrensninger for erkebiskopens visitasutøvelse av sine medbiskopers dioceser, som for diocesanens visitaser. Men i tillegg legges det stor vekt på at en erkebiskop først kan visitere resten av provinsen, når han har visitert sin egen diocese. Biskopen har tilsyns- og kontrollmyndigheten i sitt bispedømme og kanonisk lov fastsetter helt klart at selv om erkebiskopen inntar en overordnet posisjon, skal han ikke blande seg i biskopenes styre av sine dioceser, hvis de ikke gjør seg skyldig i noe ulovlig.

I en kirkeprovins som Norge hvor ikke bare hovedlandet var vanskelig nok å ferdes i for en eldre herre, men hvor også bispedømmer på Island, Grønland og skattlandene var særdeles besværlige å komme til, ser det ikke ut til at klager over for hyppig erkebispevisitas med derav følgende underhold av et stort følge har vært et problem. I Norge har erkebiskopen tilsynelatende selv visitert bispedømmene. Men kildene tyder ikke på at det har vært en hyppig foreteelse. I en tiårsperiode for Bergen bispedømme 1341–1352 er det belagt to visitaser.[59] Men det er umulig å si om hele bispedømmet er blitt visitert, eller om biskopen f.eks. i 1342 bare har visitert de områder av bispedømmet han likevel skulle reise gjennom på sin ferd fra Nidaros til Bergen, hvor han hadde innkalt til provinsialkonsil. Derimot finnes det ingen eksempler på at en norsk erkebiskop har visitert de oversjøiske bispedømmer personlig. Internasjonal kirkerett har bestemmelser som gjorde det mulig for erkebiskopen å gi andre geistlige i oppdrag å visitere for seg. Disse visitatorer ble da utstyrt med de nødvendige fullmakter, men begrenset til et geografisk område og tidsrom. De nyutnevnte biskopene til Gardar ser for eks. ut til å ha gitt seg god tid i Norge etter vigselen til biskop. I flere tilfeller opptrer de som erkebiskopens visitatorer i Norge.[60] Erkebiskopen kan ha vært syk eller gammel, men han kan også hatt andre gjøremål som han var tvunget til eller selv prioriterte høyere som f. eks. kongstjeneste.

Visitatorer sendes også til de oversjøiske bispedømmer, når det var aktuelt med visitas der. Vi har svært få eksempler på visitas av skattlandene. Et kjent tilfelle er i 1319 hvor erkedegnen på Sudrøyene sammen med prebendarius i Nidaros visiterer Orknøyene for erkebiskop Eilif i Nidaros.[61] For samme periode har vi flere eksempler på visitatorer i virksomhet på Island.[62] Om dette skyldes kildesituasjonen alene eller at forholdene på Island, som på denne tiden var svært problematiske sett fra kirkens synsvinkel, krevde en fast hånd og en markering av hvem som bestemte, kan være vanskelig å avgjøre. Men når vi generelt finner langt hyppigere levn etter erkebispevisitas på Island, kan det kanskje også ha sammenheng med en realpolitisk vurdering. De øvrige oversjøiske bispedømmer hadde mindre økonomisk betydning og lå så langt borte fra Norge at den reelle innflytelse og nære tilknytning til erkestolen var umulig å opprettholde.

Erkebiskopen skulle innkalle til provinsialkonsil en gang i året, men utover i senmiddelalderen fastslår kanonisk lovgivning en ordning med hvert tredje år.[63] Biskopene hadde møteplikt, abbedene og representanter for domkapitlene var også til stede som konsultative medlemmer. Møtene er oftest blitt holdt i bispebyene Nidaros, Bergen og Oslo, men det var tydeligvis ikke noe i veien for å holde dem andre steder hvis det var mest hensiktsmessig. Det er også en del som tyder på at i senmiddelalderen holdes provinsialkonsilene i tilknytning til riksrådsmøter og dermed slår man to fluer med et smekk, når de geistlige medlemmer av riksrådet likevel skulle samles ett sted, kunne man like godt avholde det geistlige møtet samtidig, eller omvendt. Allerede i 1342 ser vi at en slik tankegang ikke er fremmed for partene. Kong Magnus Eriksson ber om at provinsialkonsilet flyttes fra Bergen til Konghelle fordi kongen har viktige saker å ta opp til diskusjon.[64]

Det har sikkert vært vanskelig å overholde det ideelle krav om årlige provinsialkonsil i et land som middelalderens Norge. Men en rekke brev tyder på at det har vært i erkebiskopens interesse å få disse møtene avholdt. I innkallelsene vi kjenner til, legges det stor vekt på møteplikten; var man selv forhindret, skulle man sende en stedfortreder. På møtene skulle man «forhandle om bøting av overtredelser og bedring av sedene [...] lese gjennom de kanoniske bestemmelser.»[65] Det ga i realiteten erkebiskopen anledning til å danne seg et inntrykk av provinsens øverste geistlige, til å samtale med den enkelte, en slags utviklingssamtaler, og diskutere i plenum i en lukket forsamling emner som kirken burde vise seg enig i utad. Erkebiskopen som var den eneste som kunne innkalle til provinsialkonsil, som ledet dem, som stod som utsteder for de statutter som ble forfattet med de øvrige biskoper som medunderskrivere, hadde her et godt middel til å minne toppene innen kirkeprovinsens geistlighet hvem som var den virkelige kirkefyrste og leder av Den norske kirkeprovins. Men selvfølgelig styrket ikke dette utelukkende erkebiskopens posisjon innad i hierarkiet. Provinsialkonsilene ga ham også en større mulighet til å få biskopene frivillig, eller under presjon, til å opptre som et samlet kollegium overfor den verdslige makt i situasjoner hvor forholdet mellom kirke og konge var noe spent, som for eksempel sommeren 1280.[66]

Men svært ofte kan man forestille seg at møtene også har vært med til å spre opplysninger fra pavehoffet, de andre provinsene, vedtak som var fattet og hvilke emner man diskuterte. I en tid hvor viten bokstavelig talt vandret og ble overlevert sammen med de mennesker som hadde ervervet den, må slike samlinger virket som en slags seminarer eller kurs hvor ny viten ble utvekslet og diskutert.[67]

Til tross for den muligheten for å føre tilsyn og kontroll med bispedømmene og deres ledere som provinsialkonsilene ga, tyder meget på at suffraganenes årlige besøk i Nidaros var en selvfølge. Kildematerialet er likevel ikke stort nok til å kunne gi et entydig svar, blant annet fordi det ikke er tilstrekkelig levn fra selve møtene. Men en rekke brev nevner i bisetninger som en selvfølge det årlige visitasbesøk.[68] Biskopens årlige pliktige besøk i Nidaros kunne vanskelig kreves av andre enn biskopene i fastlands-Norge. Selv for dem kunne det å reise til Nidaros en gang i året ha vært vanskelig å gjennomføre når alderen begynte å tynge. I flere tilfeller har nok biskopene latt seg representere av stedfortredere, men det er tydelig at dette har vært en plikt som påhvilte dem og en rett som erkebiskopen strengt har håndhevet. Om ikke på noen annen måte, er de norske biskoper på denne måte blitt minnet om hvem som var leder av hele kirkeprovinsen, og sammenligningen med *visitatio liminum* hos paven har vært opplagt.

Sammenfatning

Både i forbindelse med provinsialkonsilene og ikke minst ved bispenes pliktbesøk ved erkesetet har erkebiskopen kunnet føre sin tilsyns- og kontrollmyndighet overfor sine kolleger. Visitasreisene rundt i provinsen gav ikke erkebiskopen rett til å blande seg i biskopenes daglige styring av bispedømmet, og intet i kildematerialet tyder på at det har vært deres interesse. Så lenge diocesanen utøver sitt embete etter lov og sedvane, slik at det ikke innløper klager, blander ikke metropolitten seg. Visitasene utnyttes til å føre et overordnet tilsyn og gir ikke minst erkebiskopen mulighet for å minne om sin rolle som overhode i den norske kirkeprovins, både overfor geistlighet og allmue. Utover i middelalderen skal man heller ikke se bort fra at når kongen i lange perioder var borte fra landet, var en erkebiskop på reise det mest storslåtte og nærværende uttrykk for en maktfull fyrste. Men alt tyder likevel på at i sitt eget bispedømme var biskopen i realiteten konge, og at visitasreisene har hatt størst betydning for erkebiskopen nettopp i hans eget bispedømme, erkestiftet. Sammen med provinsialkonsilene og kollegenes visitasplikt hos ham har de tjent til å underbygge og utvikle hans stilling som den første innenfor en organisasjon, som hevdet en flat ledelsesstruktur.

Vi vet ikke med bestemthet, hvordan den visitasmodellen var som først ble resipert. Senere er det tydelig at kanonisk skolerte kirkeledere som Jon Raude prøvde å bringe norske visitasforhold i samsvar med kanoniske bestemmelser. Det kan vel heller neppe være noen rimelig grunn til å tvile på at det kirkelig-religiøse innhold av visitasene her til lands har vært i overensstemmelse med det som var norm og praksis i den katolske kirke ellers, selv om vi ikke har eksplisitt kildemessig belegg for det. Men når det gjelder selve utformingen av visitasjonsinstituttet og den praktiske gjennomføring av visitasene, synes undersøkelser[69] avgjort å tyde på at hensynet til de topografiske, befolkningsmessige og næringsstrukturelle forhold i datidens Norge har vært av avgjørende betydning. Det er vel også rimelig å tro at kongens rundreise med veitsletaking (*taka veizlu, fara at veizlum*) kan ha influert på den norske utforming av visitasene både som direkte mønster og som parallellfenomen. Både visitasfrekvens, visitaslengde og prokurasjonsformer slik vi møter disse fenomenene i senmiddelalderlig praksis, ser avgjort ut til å være bestemt av lokale hensyn. Gratian hadde sitert konsilbeslutninger fra Braga i 572 som autoritet for at en visitas skulle vare to dager, slik at de geistlige skulle visiteres den første, lekfolket den andre. Den lærde kanonisten, erkebiskop Henrik Kalteisen, gjentok bestemmelsen da han svarte på spørsmålet om fremgangsmåten ved visitas. Men kirkeledere som erkebiskop Aslak Bolt og biskop Øystein av Oslo bestemte visitaslengde og visitasopphold ut fra lokale forhold i samsvar med hevdvunnen praksis. Aslak Bolt kunne dessuten henvise til det han hadde funnet i en gammel bok.[70] I begge de nevnte tilfeller synes det klart at bestemmelsene er utformet etter de lokale forhold og visitators og de visitertes behov, noe som også hadde legal hjemmel i *Romana ecclesia*.

At det kirkelige visitasjonsinstituttet i de norske bispedømmer ble utformet etter landets behov og tilpasset de lokale forhold, er kanskje en av grunnene til at vi kan hevde at visitasjonsinstituttet utviklet seg til et biskopelig maktinstrument. Bestemmelsene i de normative kildene, i lovene, sier helst lite om dette. Her blir biskopens plikt til å *veita þonostu* fremhevet som det sentrale ved visitasen, i lagtingskristenrettene motivert ut fra et *do ut des*-prinsipp, i erkebiskop Jons kristenrett med den spesialkompetanse som hører til *ordo episcopalis*. Men dette bildet blir vesentlig forandret ved en analyse av praksis i senmiddelalderen. Sammenfattende kan vi si at diocesanvisitasen får betydning for biskopens kirkelige og verdslige myndighet på en rekke områder:

1 Sammen med diocesansynoden er visitasene det beste kontrollmiddel biskopen har når det gjelder geistlighetens liv og lære. Det blir dermed også et middel til å opprettholde den hierarkiske disiplin.
2 Visitasene er det viktigste middel biskopen har til å føre kontroll med folkets kristendomshold og med forholdet mellom *clerus* og *populus*. Ved sine visitaser får han ved selvsyn og egne undersøkelser et sikrere grunnlag for utøvelsen av kirketukt og for i det hele å føre Guds hjord på den rette vei «med heilsamlegom kunningum svá sem elskulegr faðr sin barn».
3 Visitasene er et viktig middel til å føre kontroll med den kirkelige økonomi. De er derfor av avgjørende betydning for den biskoppelige styring av denne. Bl.a. ser vi at visitasene har gitt norske biskoper anledning til å føre en aktiv jordegodspolitikk, og de har vært viktige forutsetninger for jordeboksarbeide.
4 Visitasene gav biskopene anledning til å få direkte kontakt med folket i hele bispedømmet.

Dette siste fikk særlig maktmessig betydning i en periode da de norske kirkelederne på nytt fant det både formålstjenlig og nødvendig å vende seg direkte til «grasrota» i sitt arbeid for å gjenreise og sikre kirkens økonomi. Med sine «maktmidler» av åndelig og materiell karakter i bakhånd kunne den visiterende biskop tinge med bøndene for å oppnå det han ønsket. Det er dette som skjer når erkebiskop Aslak Bolt på sine visitasferder holder «samtal» med bøndene i distriktene. «Samtal» er en direkte oversettelse av det middelalderlatinske *parlamentum*, og av de bevarte forpliktelsesbrev ser

Maria og Jesus-barnet fra Mosvik kirke. Vitenskapsmuseet, NTNU. Foto: Riksantikvaren.

The Virgin Mary and Jesus Christ portrayed in Mosvik Church in the Trondheimsfjord region. .

vi at den visiterte menighet opptrer som tingsforsamling, som med «lófatak» vedtar og samtykker i å betale de avgifter erkebiskopen gjør krav på. «Lófatak», «vedtagelse ved håndsopprekning af en beslutning, lov, dom» for å sitere Hertzbergs Glossar til Norges gamle Love, er den gamle form for tingalmuens tilslutning og samtykke, og uttrykksmåten peker avgjort på at både bøndene selv og vel også de tilstedeværende geistlige har oppfattet disse «samtal» som ting. Uttrykksmåten peker også på at det var sognebøndene samlet til ting som her hadde avgjørelsesmyndigheten. Et annet spørsmål er hvor reell denne myndighet var, for det var neppe lett å motstå en visiterende biskops vilje. Slik som kongen hadde han med seg et følge av væpnete svenner. Men langt viktigere var den autoritet han representerte i kraft av sitt embete, og den var bøndene blitt kraftig minnet om både ved selve visitasgudstjenesten og ved de påminnelsene som var gitt i forveien.

5. For erkebiskopen har visitasplikten gitt mulighet for jevnlig, når behovet var der, å minne kollegene om hvem som rangerte høyest.

Overfor den verdslige statsmakt har erkebiskopens rett og plikt til å innkalle til provinsialkonsil gitt ham en mulighet til å fremtre med større tyngde. Han var også en mektig fyrste som innkalte til riksrådsmøter og utstedte statutter som skulle være gjeldende innenfor hans domene, den norske kirkeprovins. Og ikke minst ga muligheten til kontroll og tilsyn med de øvrige biskoper både under provinsialkonsilene og deres pliktige besøk, ham en innsikt i og kjennskap til hele provinsen. Men den hyppige understreking av møteplikt tyder også klart på at erkebiskopen først og fremst var interessert i å kontrollere biskopene, eller rettere minne dem om den skjulte rangordning, enn å blande seg i kollegenes styre av sine dioceser. Det kommer blant annet frem ved Aslak Bolts forsøk på å vekke gamle skatter til live. Det er bare innenfor sitt eget bispedømme han forhandler direkte med bøndene.

Biskopen kommer på denne måten senmiddelalderens norske bondesamfunn langt nærmere enn kongen, som er en fjern person langt borte, ofte utenfor landets grenser. Derimot hadde alle voksne mennesker sett en biskop, og svært mange hadde av en eller annen grunn hatt behov for å ha kontakt med ham flere ganger. Alt i alt gav dette biskopene i det norske senmiddelaldersamfunnet en maktstilling basert på både åndelig og verdslig autoritet. Men kontakten kunne også gi grunnlag for et visst tillitsforhold slik at bøndene fant det naturlig å vende seg til sin biskop og be om hans hjelp når de ønsket å oppnå begunstigelser hos kongen eller hadde klagemål å fremføre. At den visiterende biskop også opptrer som valgt dommer eller meglingsmann tyder også på et visst tillitsforhold, som kanskje kan ha sin bakgrunn i den nære forbindelse mellom bondesamfunnets øverste sosiale lag og høygeistligheten mot slutten av middelalderen.[71]

Sett under ett og i sammenheng må de her nevnte forhold gi fullt grunnlag for å karakterisere visitasjonsinstituttet i senmiddelalderens Norge som et «maktinstrument» i episkopatets hender.

Historikerne legger avgjørende vekt på at kirken langt bedre enn staten berget sin organisasjon uskadd gjennom de

Seinmiddelaldersk altertavle fra Kvæfjord med St. Olav i midten. Foto: Riksantikvaren.

Late medieval altar piece from Kvæfjord, one of the parish churches in the canonry of Trondenes, showing St Olav in the middle.

kritiske årene etter den store manndauden.[72] Nettopp for en kirkeorganisasjon på grunnplanet må den kontroll som visitasene representerte, ha vært av avgjørende betydning. Det kan neppe heller være noen tilfeldighet at de to norske kirkelederne som i kildene nevnes særlig ofte i forbindelse med visitaser, erkebiskop Aslak Bolt og biskop Øystein av Oslo, i norsk historie er blitt stående som de fremste representanter for kirkens organisasjonsmessige og økonomiske gjenreisingsvilje i senmiddelalderen.

Noter

1 AB: 1A–1B f..
2 Højgaard Jørgensen 1982:. 67–83.
3 NMD: 24ff.
4 Niermeyer: *visitare* – to visit, inspect, spec. of a bishop.
5 AB: 1.
6 Se eks. AB: 1.
7 Friedberg and Richter 1879/1959.
8 Eksempelvis 1. Kor. 4,17 og 16,10 om Timotheus' utsendelse til Korint; 2. Kor. 7, 5–7 og 12,18 om Titus' besøk i samme by, 2. Kor. 2,1; 12,14; 13,1–2 med varsel om at apostelen vil komme. Visitatoriske oppgaver synes også å kunne være inkludert i oppdragene: 1. Tim. 1,3–4 og Tit. 1,5.Se også Acta 18,22–23; 19,22.
9 Skånland 1969: 50; Winroth 2000: 122–145.
10 Hamre 1978: 41 f., 49.
11 Se eks. i begynnelsen av Laurentius saga, Høygaard Jørgensen 1982: 79.
12 C 16 X, I, 31; cfr. Gregor IXs dekretaler (1227 – 1241).
13 Gloss. ord. ad. C. X, q l, c.11, s.v.
14 Gtl. 8; Ftl. II, 44; Brtl. I 10, II 19, 22, III 14, cfr. NgL IV: 653 f.; Etl. I 32, II 28.
15 DN VII nr. 98
16 RB: 519 – 572, cfr. NgL 2. R. I nr. 205, 258 – 259, 261 – 262, 266 – 270, 278 – 279, 281 – 283; Hamre 1978: 70 – 73, 133 f.
17 Inger 1961: 444 ff.
18 Cfr. DS 9807; SRA 0101. Inger 1961.
19 Bugge 1899: 72.
20 Ibid.
21 Cfr. Hamre 1991; Hamre 1959.
22 Bugge 1899: 72 – 88.
23 Ang. den etterreformatoriske visitasordning vises til Imsen 1972: 256 – 289 og passim.
24 JN: 254, 354, passim.
25 JN: 368.
26 Se bl. a. Slafkosky 1941: 25; Inger 1961: 424 f.
27 Cfr. Gustav Storms håndskriftsbeskrivelser i NgL IV.
28 Gtl. 8, 9; Ftl. II 44; Btl. I 10, II 19, III 14; Etl. I 32, II 28; Hamre 1978: 22 ff.
29 DN IV nr. 268.
30 DN XVIII nr. 100. En kirke kunne bli polluert (besmittet, utskjemt) på forskjellige måter, særlig hvis det forekom grovt syndige handlinger i kirken (*effusio sive seminis*). Den måtte i så fall reconsilieres, og *reconciliatio* er i likhet med *consecratio*, reservert for biskopen. Hamre 1978: 34, 105.
31 Gtl. 1; *overholdelse av den kristelige religions forskrifter* (Hertzbergs Glossarium under kristindomshald).
32 Gtl. 9; Ftl. II 44; NgL IV: 55.
33 Gtl. 8; Etl. I 32, II 28.
34 Brtl. II 19.
35 Både Magnus- og Olavstekst, Gtl. 8, 9.
36 Ftl. II 18. For Jons kristenrett se Hamre 1977; Hamre 1978: 44 ff.;
37 J 6.
38 Hamre 1978: passim.
39 Gtl. 15.
40 Gtl. 8, 9, 33; Ftl. II 44; Btl. II 27, III 24.
41 NgL IV S. 781.
42 Hamre 1968.
43 NgL 2. R. II nr. 257, cfr. nr. 79, 81; DN XII nr. 485; Hamre 1978: 27, 68, 81 – 84.
44 DN IV nr. 651; NgL 2. R. I nr. 258, 259.
45 DN VIII nr. 26; DN III nr. 73.
46 DN IX nr. 97.
47 Cfr. Inger 1961: 420.
48 Daae 1897: 151; Hamre 1971: 68 ff.
49 Hamre 1991; Hamre 1959.
50 Opplysninger for erkestiftet i NgL 2. r. I nr. 255.
51 Hamre 1967c: 528–539.
52 Gallén 1968.
53 At officialen normalt ikke følger med på visitasreisene, er understreket av Seip 1942: 86 note 1 og Hamre 1967c: 537.
54 NgL 2. R. I nr. 261; AB: 184, 187
55 Munch 1852: 14, 45, 68, 73, 78, 82
56 AB: 1
57 NgL 2. R. I nr 258–263, 265–270, 273–279, 281–283
58 NgL 2. R. I nr 269, 278, 279, 282, 283.
59 DN IX nr. 127, 136.
60 I 1407 visiterer f.eks. biskop Berthold av Gardar i Herjedalen («Lille Herdal») for erkebiskop Eskill. Haug 1996: 364 ff.
61 DN IX nr 85, 86
62 Eksempelvis 1341 kannik i Nidaros (RN nr 521), 1357–58 kannik i Nidaros og kannik i Helgeseter (RN V nr 450, 453), Laurentius Kalvsson og en dominikaner fra Nidaros (Højgaard Jørgensen 1982).
63 Skånland 1968.
64 DN IX 39.
65 Decr. Greg. 5.1.25
66 Cfr. Haugs artikkel i dette verk med henvisninger.
67 Haug 1996: 160 ff.
68 Som eks over en årrekke 1326 DN nr 114, 1337 DN IX nr. 55, 56, 1338 DN VII nr. 1341 DN VII nr. 189
69 Hamre 1978.
70 EJ 519 – 572, gjenopptrykt i NgL 2. r. I nr. 205.Tillæg; op. cit. nr 255.
71 Hamre 1971: 53 ff.
72 Holmsen 1939/1961; Holmsen 1984; Imsen og Sandnes 1977; Bjørkvik 1996.

Summary

In this chapter Anne-Marit Hamre looks at both the bishop's visitation (the diocese visitation) and the archbishop's visitation at the provincial level (the metropolitan visitation). After first describing the visitation's antique origins and its development within the Latin Christianity in the medieval period, she shows how the common ecclesiastical visitation institute adapted itself to Norwegian conditions. In order to explain this, she emphasizes two things; the large size of the Norwegian bishoprics and church province and the extreme climatic conditions. For instance, the diocese of Nidaros extended from Møre in western Norway to the Kola peninsula, and the church province included both Greenland and the Isle of Man. It is uncertain whether the Norwegian archbishops ever personally undertook a visitation in the overseas bishoprics, but according to A.O. Johnsen (Fjellbu 1955: 207) the archbishop of Nidaros in 1226 consecrated the Church of St German in Peel on the Isle of Man. In many cases, the archbishops sent their representatives for visitations in the dioceses outside Norway proper and the journey of one of them is vividly described in the saga of bishop Laurentius from about 1340. The overseas bishops also paid irregular visits to the archbishop in Trondheim, and these visits were modelled after the visitatio liminum of the archbishops to the Holy See. As it would not have been possible to undertake these visits annually, as was officially prescribed, the Pope granted the bishop on the Isle of Man and the Hebrides exemption from the visit to Nidaros in 1349. In addition until about 1350, the Norwegian archbishops held regular provincial councils where the metropolitan was given the opportunity to keep track of the private and religious life of his suffragans. Besides this, there are no essential differences between the metropolitan visitation and the diocese visitation.

When studying the Norwegian Episcopal visitation, one has to rely on a mixture of sources. For the period prior to 1300, we basically have to draw on normative sources which primarily mean the Christian laws for the four Norwegian law-provinces Frostatingslagen, Gulatingslagen, Eidsivatingslagen, and Borgartingslagen, which correspond to the five Norwegian dioceses Nidaros, Bergen, Stavanger, Oslo, and Hamar. The oldest of these lawcodes date back to the end of the 11th century. Here, the focus is on the relationship between the bishops and the common people, and the Episcopal visitation is mainly seen as a favour given to the latter. Subsequently, the Christian laws are particularly pre-occupied with the services of the laity and the tithes. Among the services of the bishop, confirmation is emphasized, as this was a ritual he had the exclusive right to carry out. The relationship between the bishop and the clerics, as well as the private and professional life of the latter is hardly mentioned.

It was only after 1300, the sources start to throw some light on the practice of visitation, which we can get a few glimpses of by consulting letters and property deeds. First and foremost, it is the administration of the bishop's potestas jurisdictionis that these sources yield information, and one gets a particularly good picture of the administration of churches and church property, as well as the moral conduct of the common people. Thus we have a number of sources from the archbishopric which tell us about negotiations between the archbishop and the parish concerning renewal and the payment of various duties to the church during the 1430s. The Italian Piero Querini, whose ship was wrecked outside the island Røst in Lofoten, witnessed a visitation undertaken by Archbishop Aslak Bolt, and tells a story about an archbishop travelling across the land with his princely entourage. The bishopric of Oslo in southern Norway also enjoyed frequent visitations by Bishop Øystein Aslaksson towards the end of the 14th century. In a statute issued in connection with a visitation in Telemark in 1395 he reprimanded the laymen for their immoral behaviour, and in particular their propensity for violence and slaughter. Øystein Aslaksson also used his visitation to get an impression of the church finances of the bishopric, which were registered in the cadastre of the diocese of Oslo, the so-called "Rødebok". Today this is among the most important sources to the economic history of the late medieval period.

The internal control within the church is hardly referred to by the sources, though it must have been a natural part of the visitation, and post-Reformation sources like Jens Nilssøn's visitation books from the 1590s probably bear witness of such a visitation practise within the church in the pre-Reformation period. All in all, Anne Marit Hamre's conclusion is that the visitations along with the diocese synods were the most effective tool the bishops had in order to supervise the life and teachings of the clerics and maintain the church hierarchy. Besides, the visitations could also be used to control the religious piety of the people and the relationship between the clerics and the laymen. Thus the visitation was also the bishop's principal instrument to exercise control over the church finances and come in direct contact with the people throughout the bishopric.

«For det første skal hver fylkeskirke som tar tiende i fylket, gi 2 spann i katedraticum årlig, og alle andre kirker som tar tiende, 1 spann hver. Alle kapeller som ikke oppebærer noen tiende, skal gi 1/2 spann».[1]

«Man skal bygge kirke for Gud og hans hellige menn og ikke til egen makt eller råderett».[2]

KIRKER OG SOGN PÅ DEN TRØNDERSKE LANDSBYGDA CA. 1000–1600*

Jan Brendalsmo

Det første sitatet er fra erkebiskop Aslak Bolts jordebok fra 1432–33, men stammer opprinnelig fra hans synodestatutt 1430, hvor de eldste bestemmelsene om *cathedraticum* for alle delene av erkestiftet ble stadfestet. Cathedraticum var egentlig en avgift til bispestolen, men alt i det første kjente statutt om cathedraticum til erkebispestolen i Nidaros fra 1321, bestemte erkebiskop Eilif at avgiften skulle brukes til domkirkens heder og bygning («heilagre Nidaros kirkiú til æro oc upgerdar»). Det var denne ordning erkebiskop Aslak ønsket gjeninnført idet han påbød samtlige kirker og kapeller i Nidaros bispedømme å svare en årlig avgift til domkirkens vedlikehold. Midlene skulle tas fra kirkenes fjerdepart av tienden (kirkeluten). For de øvrige kirker (det vil si ikke-fylkeskirker) og kapellene skilles det mellom de som tar tiende («andre kirker» og annekskirker) og de som ikke gjør det (kirkebygninger uten sogn, men hvor det tidvis var tjeneste). Når det gjelder kapellene uten tiende, må vi tro at inntektene kom fra en sjelden messe eller hva de besøkende la igjen i offerstokken eller på alteret som gave til kirkens helgen. I praksis vil det si at det var den presten som holdt messe i kapellet som svarte for avgiften.

Erkebiskopens pålegg gir oss nøkkelen til å forstå to sentrale trekk ved kirkebyggingens og kirkeorganiseringens historie i Trøndelag. For det første at det på 1430-tallet (foruten domkirken og klosterkirkene) fantes tre typer kirkebygninger i bispedømmet: Fylkeskirker (hvorav flere tok tiende i fylket), «alle andre kirker som tar tiende» og en gruppe kapeller delvis med og delvis uten sogn. Dette til forskjell fra situasjonen rundt 1260, da Frostatingslovens kristenrett opererer med kun to typer kirkebygninger: Fylkeskirker og høgendeskirker. For det andre at befolkningen i bispedømmet i prinsippet kunne velge hvor de ville svare tiende, ved en fylkeskirke eller ved en annen kirke som tok tiende. Det er ingen henvisninger i den trønderske kristenretten eller andre kilder fra dette landskapet som nevner begrepet sognebånd, det vil si at folk skulle søke kirke og svare tiende og andre avgifter ved nærmeste kirke.[3] Og vi må ta det som gitt at trønderne ikke svarte dobbel tiende.

Det andre sitatet er fra erkebiskop Jons kristenrett fra 1270-tallet. På denne tiden ble det fortsatt bygd kirker uten at erkebiskopen var forespurt, uten at de ble vigslet og uten at det ble lagt jordegods til kirkens og prestens underhold.[4] Etter kanonisk rett var samtlige tre handlinger foutsetninger for at det skulle kunne holdes messe og gis sakramenter i en kirke, at kirken skulle få fulle rettigheter.

Begge sitatene stiller grunnleggende spørsmål ved den rådende oppfatning om middelalderens kristenrøkt og kirkeliv. De samstemmer heller ikke så godt med det hovedsyn som kirkehistorieforskningen har hatt på den norske sognedannelse, innføring av tiende og hvem som lot bygge kirker – det vil si hvem som rådet kristenlivet i Norge i middelalderen. Dette synet har vært og er grunnleggende preget av 1800-tallets nasjonalromantiske og nasjonsbyggende ideologi, som oppfattet kirken som en sterk og effektiv organisasjon allerede på 1100-tallet, i god forståelse med kongen og (de frie) bøndene.[5] Følgelig mente man at den geografisk organiserte sognestruktur vi har i dag, med hoved- og annekskirker og prester i biskopens tjeneste, kan følges nær linjereint tilbake til 1100-tallet (eller ca. 1030) da bøndene i sine bygder skal ha satt seg ned og avgjort hvor deres sognekirke skulle bygges; med unntak av et ukjent antall høgendeskirker** reist av storbønder og et gitt antall fylkeskirker reist i samarbeid mellom konge og bønder.[6] Samtidig har denne protestantiske og nasjonale forskningstradisjonen nær fullstendig sett bort den store flora av andre samtidige typer kirkebygninger som var svært vanlige i middelalderen, som kapeller, bønnehus og korshus.

Det alternative synet som presenteres i det følgende baserer seg på forfatterens arbeid med kirkebygging og kirkeorganisering i Trøndelag i middelalderen.[7] Vi skal konsentrere oss om spørsmålet: Hvem bygde kirker på landsbygda i Trøndelag i middelalderen, og hvorfor? Det har vist seg fruktbart å utvide perspektivet til å omfatte også andre aktører enn konge og erkebiskop, og la disse andre få en langt viktigere rolle enn det som har vært vanlig. Tilsvarende har det vist seg at et bredere kildegrunnlag gir åpning for større nyanserikdom i framstilling og i konklusjoner. Vi skal her se at de tidlige kirkene på landsbygda i Trøndelag ble reist på storgårder, og at dette førte til politisk uenighet mellom kirke, konge og bønder i de neste hundreårene.

* Takk til Jørgen H. Jensenius og Frans-Arne Stylegar for fortløpende diskusjoner rundt dette tema.

** Vanligvis oversatt med 'en kirke, der er opført til bekvemmelighed (for enkelte eller et vist antal medlemmer af en menighed); annexkirke, privatkirke'. Fra kirkens side var alle kirker (vigslede bygninger) per definisjon åpne for alle kristne, men det er helt klart at byggherren i svært stor utstrekning nok oppfattet den kirken han hadde latt reise som sin egen private.

Tre middelalderske kirkesteder i Trøndelag: Halmøy i Flatanger (øverst), nedlagt rundt 1870. Tuftområdet er synlig midt i bildet, og en bauta er reist om lag der koret stod. Vang kirke og prestegård i Oppdal (i midten), med utsikt sørover mot Drivdalen. Dagens kirke på Skei i Ogndal (nederst) ble reist ca. 1700, mens tårnet ble bygd til i 1911. Merk de store gravhaugene i forkant, på en liten åsrygg mellom kirken og gårdstunet. Foto: Forfatteren, 1993.

Three medieval church sites in Trøndelag: Halmøy, Vang and Skei. The map below page 242 indicates the location of the churches.

Om forutsetningene

Det tok lang tid før befolkningen i de landområdene som etter hvert kom til å utgjøre Norges rike kan sies å være kristen eller kristnet. Prosessen var heller ikke rettlinjet. I all hovedsak foregikk religions- eller trosskiftet på to måter: Enten ved at folk ble praktiserende kristne på eget initiativ, eller ved at den enkelte eller grupper av mennesker ble kollektivt kristnet («tvangskristnet»). Tvangskristningen knyttes først og fremst til rikssamlingen og de kongeinitierte kristningskampanjer. Folk i Nordvest-Europa var i stor utstrekning – i det minste nominelt – kristne allerede på 500-tallet, og nordmenn på utenlandsferd var til alle tider i nær kontakt med misjonærer og kristne konger og handelsfolk. Dessuten var det en nær og langvarig kontakt med så vel Bysants som med kristne riker i øst. I tillegg må vi regne med besøk i de norske områder av misjonærer fra så vel kontinentet som fra de britiske øyer i dette tidsrommet.[8] Vi må således forutsette at det i flere hundre år før den «endelige« kristningen ca. 1000 fantes kristne miljøer i Norge fra tid til annen. Dette har trolig vært en svært synkretistisk kristendom*, og de «kristne lommene» har neppe vært av særlig lang varighet.

Den norske elitens kontakt med de britiske øyer var et sentralt element i kristningen av Norge. Harald Hårfagre lot sin sønn Håkon fostre hos Adelstein, konge i Wessex. Adelsteins farfar Alfred hadde i sin tid opprettet en *schola* – en hoffskole for unge menn av fyrstelig herkomst. I de 10 årene Håkon var i Wessex kom han i kontakt med andre fyrstesønner fra kontinentet som ble fostret ved hoffet der, han ble trenet i militær tankegang og våpenbruk, han ble kjent med Adelsteins nyutviklede rådsforsamlinger for kongedømmets høvdinger og biskoper, og som del av det ambulerende hoffet må han ha fått kontakt med datidens sentrale kirkeledere i Wessex. Som påpekt av Torstein Jørgensen ble kontakten med Wessex opprettholdt i over 130 år, idet så vel Olav Tryggvason som Olav Haraldsson hentet sine biskoper der. Wessex var på 900-tallet det ledende teologiske og politiske senter i Nordvest-Europa.[9] Disse kristne norske småkongene, som kjempet for å bli overkonger i Norge, trengte nettopp kristendommen som eneste og legitimerende ideologi i riksbyggingen. Ved å konsentrere den kristne kult til et fåtall sentrale bygninger (kirker) hvor kultlederne var lojale mot kongen, oppnådde man å rive bort noe av maktgrunnlaget for motstanderne mot det nye rikskongedømmet. Dette lå nettopp i tradisjonen fra den hedenske kult på gården, i bygda og i regionen, hvor de lokale og regionale høvdingene hadde spilt en fremtredende rolle.

Kirken i så vel Wessex som i de øvrige konge- og fyrstedømmene i Nordvest-Europa var på 900- og 1000-tallet en utpreget aristokratisk kirke. Dette kan vi avlese både av liturgisk praksis og organisasjon. I Wessex var systemet allerede på 700-tallet slik at kongen hadde latt reise kirker (*mother churches/collegiate minsters*) på sine gårder rundt om i de administrative enhetene (*royal hundreds*) i kongedømmet, og dette systemet med kongelige hovedkirker var i funksjon til det gikk i oppløsning fra slutten av 1000-tallet og på

Den romanske kirken på Gryting i Orkdal etter at et tverrskip mot nord var blitt bygd til på midten av 1800-tallet. Kirken ble revet i 1892, og en ny steinkirke ble bygd på tuftene etter den forrige. Kirken på Gryting var fylkeskirke for Orkdølafylke i middelalderen. Foto i fortidsforeningens eie, fotograf ukjent.

The Romanesque church at Gryting, Orkdal, before it was torn down in 1892.

* Synkretistisk betyr at denne kristendomsformen også inneholdt elementer fra andre religioner, i dette tilfellet fra hedensk praksis og forestillingsverden..

Kart over fylkeskirker i Trøndelag.

Map of the main churches in Trøndelag.

1100-tallet. Formålet for kongen var å kunne kontrollere befolkningen ned til et nivå som tilsvarer de større norske bygdene. Etter hvert som det ble reist kirker ute i distriktene, delvis etter initiativ fra aristokratiet og delvis av prester ved hovedkirken, oppstod det raskt en tendens til løsrivelse fra de kongelige hovedkirkene. Selv om mange av disse nye kirkene i begynnelsen kunne bli betjent fra hovedkirken, ble de langt fleste etter hvert utviklet til regulære egenkirker (*Eigenkirchen*/ høgendeskirker). Både verdslige og geistlige kunne råde over slike kirker; de inn- og avsatte prester og tok inntektene av de kirkelige handlinger og av det jordegods som lå til kirke og prest. I tillegg til kongens hovedkirker og stormenns og presters egenkirker fantes det et mindre antall annekskirker/kapeller som ble betjent fra hovedkirkene. Fra dette systemet med hoved-, anneks- og høgendeskirker utviklet så det engelske middelalderske sognesystemet seg fra midten av 1100-tallet.

Kampen om rikskongedømmet i tiden ca. 900 – 1050 kan på flere vis beskrives som en kamp mellom representanter for hedendommen og kristendommen, men det er riktigere å si at det religiøse bare har vært ett av flere aspekter ved rikssamlingen. Som Snorre skriver, var det jevnt fordelt med både hedninger og kristne i begge hærene på Stiklestad. Enkeltpersoner eller grupperinger rundt en høvding kunne av religiøse, politiske, militære eller andre mer pragmatiske årsaker la seg døpe og opptre som kristne for kortere eller lengre perioder. Det var først da de virkelig mektige høvdingene og kongene tok i bruk kristning som virkemiddel i den politiske og militære kampen at rikssamlingsprosessen skjøt fart. Stiller vi spørsmålet om hvorvidt nordmennene var blitt kristne etter 1030, må svaret bli både ja og nei. De brede lag av befolkningen fulgte nok i all hovedsak opp påbudene om å gå til messe og å ta del i de sakramentale handlinger, men for øvrig har den folkelige religiøsitet levd sitt eget liv parallelt med den offisielle religion. Folkekulturen, derunder religiøsiteten var gjennom middelalderen og langt inn i nyere tid «everyone`s culture; a second culture for the educated, and the only culture for everyone else».[10] Således var kirken i Norge gjennom hele middelalderen i all hovedsak en kanal for elitens sosiopolitiske interesser og behov, selv om den gregorianske reform på 1100-tallet på mange måter og over tid rev kirken løs fra de verdslige herrers kontroll.

Den modell for organisering av rikskongedømme og kirke som kristningskongene hadde med seg fra især England, skulle i Trøndelag innpasses i de gamle fylkene rundt Trondheimsfjorden, i praksis de gamle høvdingdømmene. Ifølge Snorre lot kongene høvdingene drepe og gårdene deres konfiskere. Disse gårdene lå alle sentralt i sine dalfører eller landskap, gjerne ved elvemunningen eller nær til fjorden. Sentrale gårder blant de konfiskerte var Gryting, Steine og Grøtte i Orkdølafylke, Melhus i Gauldølafylke, Værnes i Stjordølafylke, Lade og Logtun i Strindafylke, Alstahaug i Skøynafylke, Haug i Værdølafylke, Sakshaug i Øynafylke og Mære i Sparbyggjafylke. Trolig også Ranem i Naumdølafylke. Om ikke Snorre i sagaene om de eldste rikskongene nødvendigvis beretter den hele og fulle «sannhet» om de 8 konger i de 8 fylker, finner vi uansett disse gårdene igjen som krongods og storgårder i kilder fra seinmiddelalder og nyere tid. Det er også på disse høvdinggårdene at vi finner den trønderske varianten av kong Adelsteins *mother churches/minsters* – fylkeskirkene.

Om forskjelllige typer kirker i Trøndelag

Den eldste samtidige kilden til kunnskap om kirketypene i Trøndelag er Frostatingslovens kristenrett fra ca. 1260. Her omtales fylkeskirker og høgendeskirker. Om førstnevnte heter det at

> *«Bøndene skal lata alle menn i fylket byggja fylkeskyrkje og ha det gjort på tolv månader, eller bøta femten merker til biskopen om ho er av tre. Men om folk vil byggja kyrkje av stein, då skal dei rå som vil det beste og som er klokast, om det er somme som ikkje vil og det er usemje om det»*.[11]

Og dro noen seg unna arbeidet, skulle de bøte og byggematerialene likevel framskaffes. Valget var fritt: Bygg helst i stein, for det gavner kongens og biskopens anseelse; velger dere tre som materiale må dere bøte en ikke uoverkommelig sum penger – men bygges skal det uansett! Stein som byggemateriale kan derfor ikke være et tilstrekkelig kriterium for en fylkeskirke. Hovedsaken var at konge og biskop ville ha fylkeskirker reist rundt om, men det var samtidig grenser for hvor langt de kunne presse bøndene.

Sett i sammenheng med en annen paragraf, må byggepåbudet kunne tolkes dit hen at alle i fylket som eide eller leide jord var pliktige til å hogge tømmer eller bryte stein og kjøre materialene fram til byggeplassen,[12] vogntjeneste med et nyere uttrykk, selv om «sledetjeneste» ville være det faktisk og historisk korrekte. Siden det ikke nevnes noe om dagsverk på byggeplassen, er det rimelig å tenke seg at selve byggearbeidet ble ledet av fagmenn, i den eldste fasen innhentet fra England av kongen, som – hvilket ligger i sakens natur – var fylkeskirkenes reelle byggherre. Tungarbeid som graving av fundamentgrøfter og framføring av byggematerialene ble nok utført av treller og muligens dagløonnere. På 1100-tallet, da nær samtlige steinkirker i Trøndelag ble reist og trolig også de langt fleste trekirkene, var trelleholdet fortsatt utbredt.[13]

Det liten tvil om at idéen om fylkeskirker ble hentet fra Wessex av de tidlige kristningskongene. Fylkeskirkeparagrafen i Frostatingslova har etter all sannsynlighet røtter tilbake til tidlig 1000-tall. Og de fylkeskirkene i stein som vi kjenner i dag, og som nesten uten unntak er reist på 1100-tallet, har trolig hatt sine forgjengere i tre. Fylkeskirkene hadde to funksjoner, hvilke hang nært sammen. De skulle være kongens og kirkens brohoder inn i de gamle hedenske høvdingdømmene i landsdelen. Kongen hadde behov for en kommandopost i hvert fylke, en gård som lå geografisk sentralt og hvor han kunne plassere sine folk som skulle ta seg av rettshåndheving, oppebørsel og andre lokale, administrative oppgaver. Likeledes hadde biskopen behov for en kirke sentralt i hvert fylke, et sted der kirkens rådende lære ble formidlet, og der samtlige innbyggere hadde rett til å få utført sine kirkelige handlinger.[14] Det hele for å styrke sentralkongedømmet, og dermed svekke de mange høvdinger med deres høgendeskirker, dit folk søkte. Og det er da også på de ovenfor omtalte konfiskerte høvdinggårdene rundt om i de trønderske fylkene at vi finner kirker som både ligger på krongods, og som dessuten utpeker seg i de eldste samtidige, skriftlige kilder som kirker med et skolert presteskap (angående dette siste, se nedenfor). Der er også dokumenter blitt utferdiget og avtaler beseglet, og i et flertall tilfeller fra slutten av 1200-tallet av finner vi dem omtalt som kannikkirker, altså kirker liggende til korsbrødrene ved domkirken.

Fylkeskirkene var i utgangspunktet i ordets rette forstand brohoder for konge og biskop inn i et politisk og administrativt heller selvrådig og religiøst temmelig synkretistisk Trøndelag. For på slutten av 1000- og på 1100-tallet kan det se ut til at landsdelen var fullstendig dominert av den andre typen kirker som nevnes i Frostatingslova, høgendeskirkene. Ordet betyr strengt tatt en kirke reist til lettelse for byggherren – lettelse med hensyn til religiøs betjening – eller også for dennes nærmeste krets av frender og støttespillere. Enhver som ville, kunne bygge en slik kirke. Det eneste kravet ifølge Frostatingslovens kristenrett var at biskopen skulle ha bøter dersom eieren lot den forfalle, og vedkommende skulle deretter gjerde inn området.[15] Enda på slutten av 1200-tallet ble det fortsatt bygd høgendeskirker, og erkebiskop Jon fant det i sin kristenrett fra rundt 1270 nødvendig å presisere formålet med slike: «Man skal bygge kirke for Gud og hans hellige menn og ikke til egen makt eller råderett/fordel» (*en eigi ser till afla. ne nokora forræda*).[16] Byggherrene var heller ikke så nøye med å få kirken vigslet: «Men hvis det er tvil om en kirke er vigslet eller ei, da skal en la den vigsle, for ingen kan si at det er gjort opp igjen, som ingen vet er gjort».[17]

Melhus kirke fra andre halvdel av 1100-tallet, revet 1890–91. Gerhard Schøning påpekte i 1775 at "dens Muure hælde smaalig ud over, alt meere og meere, jo høiere de stiger i Veiret". Langveggene var 0,8–0,9 m ute av lodd midt på kort før kirken ble revet. Dette kommer til en viss grad fram på bildet. Foto i Riksantikvarens arkiv.

The late 12th century church at Melhus, before it was torn down in 1890–1891.

Det faller rimelig å se for seg den tidlige kirkebyggingen rundt om på storgårdene i Trøndelag som uttrykk for den lokale og regionale – og til dels også overregionale – elitens politiske, religiøse og økonomiske strategi i en samfunnsmessig brytningsfase. Ikke bare med tanke på hvilke forbilder disse menneskene hadde fra utlandet, men særlig med hensyn til hvordan blant annet en historiker som Snorre beskriver viktigheten av alliansebygging og sosial posisjonering på denne tiden. En kirke med prest ble et middel til å bygge og vedlikeholde relasjoner gjennom liturgiske (kultiske) handlinger. Det økonomiske og politiske kommer tydelig fram gjennom kong Sverres kraftsalver mot biskopene på 1190-tallet:

> *«Tienden vår og andre godgjerninger blir krevd av oss med trusler om bann og fordømmelse. Det blir krevd av oss at vi skal bygge kirker, men siden, når de vel er ferdige, blir vi jaget bort fra dem som om vi var hedninger. Vi blir truet til å bære utgiftene, men får ingen rett til å rå over kirken!»*

Kong Sverre forlangte på vegne av seg selv og alle andre verdslige kirkeeiere å beholde retten til å inn- og avsette prester, å beholde inntekter av eventuell landskyld til kirkenes *fabrica* og prestens *mensa*, å beholde preste- og kirkeluten av tienden, å la være å svare bispeluten av tienden og å beholde de inntekter kirkens prest hadde av sine tjenester. Konflikten mellom kong Sverre og kirken var en følge av at den gregorianske reform av kirken fra rundt midten av 1100-tallet var nådd også Norge med full kraft; og erkebiskopene i Nidaros så det både i kirkens og i egen interesse å følge opp kravene om full løsrivelse fra verdslig herredømme.

Konflikten om hvem som skulle råde kirkene ble i Trøndelag ikke endelig løst før helt mot slutten av middelalderen, først dokumentert etter reformasjonen ved den såkalte Trondhjems Reformats fra 1589. At det drøyde så lenge skyldtes flere forhold. For det første nådde ikke biskopens makt helt ut i alle kroker av bispedømmet og omfattet ikke alle kirkeeiere. Biskopens administrasjon var etter dagens målestokk dårlig utbygd, kommunikasjon til lands var tidkrevende, og fram til godt inn på 1300-tallet forsvarte et flertall av kirkeeierne fortsatt kontroll med kirkene sine – også av økonomiske grunner. For det andre var nok et forsvinnende lite antall – om noen – av prestene ved høgendeskirkene teologisk skolert, og deres lojalitet lå av denne og flere andre grunner hos kirkeeieren snarere enn hos biskopen. Lydigheten overfor biskopen var i praksis nærmest en formalitet, selv om en slik lydighetsplikt ligger i ordinasjonen.[18] Som Magnus Stefánsson beskriver forholdene på Island, måtte et stort antall prester der inngå årskontrakt med gårdeieren på lik linje med andre arbeidsfolk.[19] Kirkehistorikeren Eamon Duffys beskrivelse fra engelsk seinmiddelalder er trolig dekkende også for forholdene på landsbygda i Trøndelag, i den grad prestene her hadde ansvar for driften av et eget bruk:[20]

> *«Most parish clergy were in fact farmers, like their people grubbing out a living from the land, their boots just as clogged with dung, their minds just as preoccupied with the state of the weather or the price of corn, their values and beliefs very much those of their parishoners.»*[21]

For det tredje var det nok også en stor grad av så vel teologisk som verdslig pragmatisme og nøkternhet hos kirkens ledende menn. De rådende forhold tatt i betraktning, var det viktigere å holde en høy standard på liturgisk praksis gjennom systemet med fylkeskirker og fylkesprester, søke å overtale de mer opplyste blant eliten om viktigheten av at deres kirker burde ligge inn under biskopens styre, samt forsøke å få inn mest mulig av tienden, landskylden og andre inntekter. Biskoper og kanniker kom selv fra de velstående og ledende ætter, og deres interesser var ofte vel så mye preget av verdslige som av religiøse verdier.[22] Andre måter for biskopen å få kontroll med høgendeskirkene på var å kjøpe gården der kirken stod, eller ta den som bot for brudd på kristenretten eller som kompensasjon for utestående fordringer.[23]

Den tredje gruppe kirkebygninger kalles i seinmiddelalderkildene for kapeller. Teologisk sett var det en forskjell mellom bygninger eller bygningsledd avsatt kun for bønn (korshus, bønnehus/*oratorier*), bygninger som tidvis eller jevnlig ble benyttet til messe og som i det siste tilfellet kunne sies å ha en menighet (kapeller), og de regulære menighetskirker (kirker, annekser/kapeller) med messe, sakramentale handlinger og gravplass. I praksis var det likevel glidende overganger, og i tillegg kunne et kirkebygg endre status i den ene eller andre retning over tid. På lavadelsgården Skjerdingstad rett opp for Melhus i Gauldal blir det i 1533 omtalt et kapell, men det er også funnet en kirkegård på gårdstunet. Det samme gjelder for gården Lo i Meldal og flere andre med disse rundt om i Trøndelag. Annerledes var det med de få kapellene som ble reist ved helligkilder rundt om i landsdelen, som på Vassfjellet i Gauldal, i Mostadmarka i Strinda eller på Megard i Snåsa. Her var det ingen gravplass, ingen utdeling av sakramenter, kun en messe eller to ble holdt i løpet av sommeren. Tilsvarende gjaldt for kapellene i fiskeværene rundt Hitra og Frøya og i Vikna-skjærgården, der presten holdt messer under fiskeriene. En tredje type kapeller eller korshus ble reist for dem som for langs hovedfartsårene gjennom landskapet, som på Kolvereid, ved Stavåa og Vindøla i Oppdal og trolig en rekke andre plasser.

At den ovenfor skisserte inndeling av kirketyper i Trøndelag i middelalderen høyst trolig er korrekt, og at den skisserte hovedutvikling med hensyn til utviklingen av kon-

Værnes kirke. På denne tegningen får man nesten inntrykk av å være tilbake i tidlig middelalder, da Stjørdalselva fortsatt hadde sitt løp i en stor slynge rundt Værnes gård og kirke slik at det ble skapt en stor odde sørøst for kirken. Blyanttegning signert M. St. 1865, Riksantikvarens arkiv.

Værnes church is the oldest and largest stone church in Trøndelag outside Trondheim, built during the 12th century. This drawing is one of a series made by an unknown artist, dating from the period 1855–1872.

flikten om hvem som skulle råde kirkene nok også er i samsvar med de faktiske historiske forhold, kan vi lese av en rekke dokumenter fra slutten av 1200-tallet og fram til nærmere 1600.

Fylkeskirker og høgendeskirker nevnes i så vel Frostatingslovens kristenrett (1260) som i erkebiskop Jons kristenrett (ca. 1270), i et «Anhang» («Om prestestevner») trolig til erkebiskop Eilifs tredje statutt (1320), i Aslak Bolts jordebok (1433/34), og de leses indirekte i cathedraticumlistene fra 1533 og 1548/49.[24] Kapellene kommer først inn i 1320. Det samme gjelder begrepet hovedkirke, men dette ser ut til å være et tilnærmet synonym for fylkeskirke, enkelte av dem er kannikkirker rundt 1300.

Konflikten om hvem som skulle råde kirkene var fullt levende også etter 1190-årene. I Frostatingslovens kristenrett heter det at biskopen skal råde for alle kirker og all kristendom og tilsette de prester som han vil og samtidig gi bøndene de prestene de vil ha – men prestene skal kunne «si rette teneste».[25] Dette siste betydde kort og godt at prestene skulle kunne lese latin, hvilket jo var en forutsetning for å kunne holde messe og dele ut sakramentene. Latinen var det dårlig med også i England i seinmiddelalderen: «The overwhelming majority of clergy acquired the rudiments of clerical knowledge by simple apprenticeship, picking up pidgin Latin and some knowledge of liturgical practicalities from a local priest (often a relative and, in the earlier Middle Ages, possibly their father)», skriver Eamon Duffy. Samme situasjon finner vi i Norge omkring 1320. De strenge bøtene som listes opp i erkebiskop Eilifs anhang «Om prestestevner» viser at han i første halvdel av 1300-tallet forsøkte å skape eller utvikle en organisasjon av prestene i bispedømmet. Målet var at alle som var innkalt til prestestevne møtte opp og var til stede hele tiden, at alle hadde det foreskrevne messeutstyr i orden, at de gjennom året opplyste sin menighet om de rette helligdager, at de på møtet unnlot å æreskjelle hverandre uten skjellig grunn, at de etter møtet overholdt taushetsplikten, og at de i det daglige utviste lojalitet til biskopen og de andre prestene når det var påkrevet. At det skulle være nødvendig med et slikt skriv, der det blir listet opp saftige bøter for en lang rekke forseelser, viser at det må ha stått dårlig til med så vel sivil som kirkelig disiplin. Når vi så kommer inn på 1400-tallet er det derimot lite i kildene som tyder på konflikt om retten til å råde. Tvert om antyder Aslak Bolts jordebok at erkebiskopen nå var i ferd med å få et relativt godt grep om den kirkelige organisasjon, og diplomene og cathedraticumlistene fra første halvdel av 1500-tallet viser til et temmelig strømlinjeformet system av fylkes-/hovedkirker og underliggende kapeller (annekskirker). I 1589 er det kun et lite fåtall kirker som benevnes «øde bondekirker» eller «ølkirker» – nok de siste rester av tidligere høgendeskirker – men disse blir da også bestemt nedlagt av den kongelig oppnevnte kommisjon samme år.

Kirken på Vang i Oppdal, bygd 1650–51 til erstatning for en temmelig liten og ombygd stavkirke dedisert til St. Edmund. Trolig hadde et bondegilde sitt tilholdssted på Vang, da en åker tett ved tunet tidligere ble kalt Gildeskålsåkeren. Blyanttegning signert M. St. 1859, Riksantikvarens arkiv.

A new church was built at Vang, Oppdal, in 1650–1651, as a replacement for the medieval stave church dedicated to St Edmund.

Nesta prestegård med kirke, Selbu. Nesta ble ikke prestegård før i 1541, som følge av et makeskifte. Kirken ble trolig bygd i flere etapper og stod ferdig kort før 1200, men den er nok påbegynt allerede på 1120–30 tallet. Et uvanlig trekk ved kirken er at tårnet ikke er murt i forband med skipet – det er nær 1 meter mellom de to bygningsleddene. I Selbu skal det i "tidligere tider" ha vært så mange som 6–7 kirker, ifølge lokal tradisjon. Blyanttegning signert M. St. 1863, Riksantikvarens arkiv.

The tower of the 12th century church at Nesta in Selbu is separate from the rest of the church, with an opening of about 1 metre between the two buildings.

Om hvem som lot bygge kirke

Det viser seg at de aller fleste kirkene på landsbygda i Trøndelag, gjennom hele middelalderen, ble reist på den største eller en av de største gårdene i bygda. Om vi med historikerne sier at en trøndergård med landskyld på 3 spann eller helst noe mer teknisk sett kan karakteriseres som en høvdinggård,[26] faller et klart flertall av gårdene med kirke innenfor denne kategorien gårder. Nå er det store forskjeller mellom en storgård i kyst- eller fjellbygdene og en storgård i breibygdene, så vi må justere for denne type særegenheter og se de enkelte gårder med kirke i forhold til gårdsstørrelsen i herredet. Resultatet blir da at 73 % av gårdene med kirke var blant de 10 største i herredet, 25 % av gårdene var den største i herredet.

Nå er det slik at vi ikke mekanisk kan regne et 1:1 forhold mellom en gårds størrelse, målt ved landskylden, og eierens sosiale status. På gården Gryting i Orkdal, der en av fylkeskirkene ble bygd, og som i middelalderen svarte den ringe skyld på 2 spann, plasserer Snorre høvdingen Kår. Han var én av de 8 høvdingene som rådde mest for blotinga i hele det gamle Trøndelag, med andre ord den største høvdingen i Orkdølafylke i andre halvdel av 900-tallet. Selv om det kan være at Kår er en fiktiv person, må vi likevel tro at gården Gryting var et gammelt høvdingesete. Forklaringen er trolig at Gryting på 900-tallet var hovedgården i et større godskompleks, at en rekke gårder i nærområdet hørte inn under Gryting, og at bøndene der stod i et tett avhengighetsforhold til høvdingen. For adelsgården Rein på Rissa, med en rekke underliggende gårder, som på tidlig 1200-tallet ble gitt klosteret samme sted, er det høyst rimelig å se for seg en tilsvarende situasjon. Rein var også en storgård som ble konfiskert under rikssamlingen, men som i stedet for å bli liggende som krongods ble gitt til en kongetro lendmann. Et annet eksempel på et godskompleks er trolig gården Egge ved Steinkjer. Etter at kong Olav Haraldsson hadde drept høvdingen Olve på Egge og en rekke andre høvdinger og storbønder i de indre bygdene, lot han lendmannssønnen Kalv Arnesson få overta «all den eigedommen som Olve hadde hatt». Det kan godt være at dette uttrykket er ment å bety «gården Egge og alt løsøre», men mer trolig betyr det (hoved-)gården Egge med underliggende gårder. Da lendmannen Sigurd Ullstreng kort etter 1100 opprettet et kloster på Holmen rett ut for Nidaros, la han et stort jordegods til dette. Hovedgården var Viggja i Børsa, og nærmere 70 % av klosterets samlede landskyld ble hentet nettopp fra gårder i denne bygda.[27] Kjernen i dette jordegodset kan være av det slaget det er snakk om her.

I tillegg til størrelsen på kirkestedsgårdenes landskyld, som indirekte og med de nevnte forbehold gir opplysninger om gårdeierens status, forteller sagaene og diplomene i flere tilfeller direkte om hvem som eide en gård hvor det stod kirke. Dersom vi fra disse opplysningene trekker fra gårder som var eid av kronen (derunder gårder med fylkeskirke),

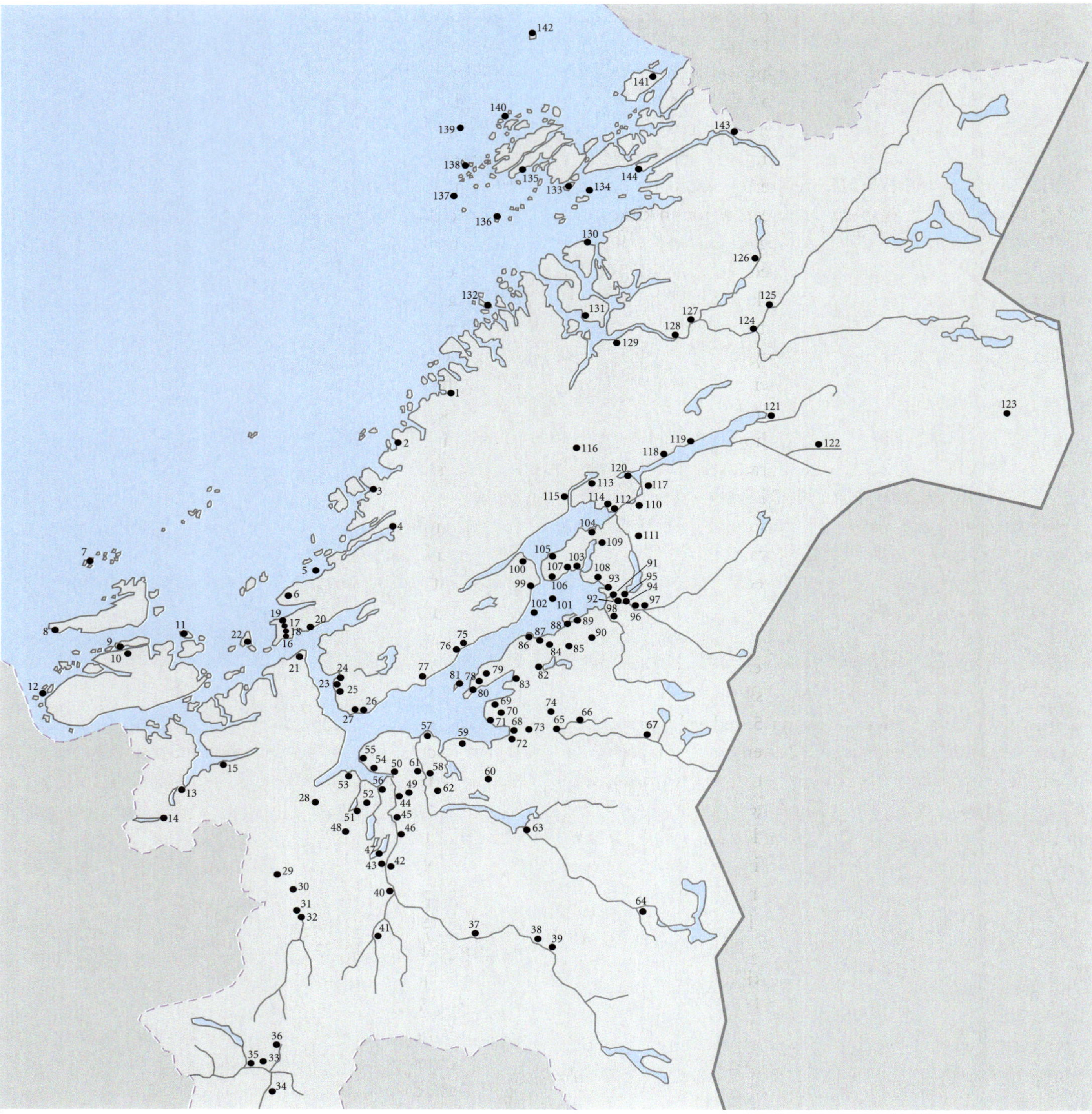

SØR-TRØNDELAG
1 Osen
2 Roan
3 Stokksund
4 Åfjord
5 Jøssund
6 Nes
7 Sula
8 Titran
9 Hitra
10 Undås
11 Ulvan
12 Kvenvær
13 Hemne
14 Vinje
15 Selnes
16 Veklem
17 Vik
18 †Hårberg
19 Uthaug
20 Austrått
21 Agdenes
22 Storfosen
23 Rissa
24 †Naust
25 Rein
26 Stadsbygd
27 Alshaug
28 Orkdal
29 Lo
30 Meldal
31 Vold
32 Flå
33 Oppdal
34 Lo
35 Ålbu
36 Stavå
37 Singsås
38 Holtålen
39 Ålen
40 Støren
41 Soknedal
42 Foss
43 Grinni
44 Melhus
45 Skerdingstad
46 Flå
47 Grøtte
48 Kolbrandstad
49 Vassfjellet
50 Leinstrand
51 Skaun
52 Huseby
53 Viggja
54 Byneset
55 Hangran
56 Buvik
57 Lade
58 Bratsberg
59 Malvik
60 Mostad
61 Tiller
62 Klæbu
63 Selbu
64 Tydal

NORD-TRØNDELAG
65 Hegra
66 Ådalen
67 Meråker
68 Værnes
69 Fløan
70 Skatval
71 Auran
72 Lånke
73 Voll
74 Skjølstad
75 Leksvik
76 Grandan
77 Hindrem
78 Logtu
79 Vangberg
80 †Hernes
81 Tautra
82 Vang
83 Lo
84 Veie
85 Svengård
86 Jevik
87 Gustad
88 Alstahaug
89 Levanger
90 Munkeby
91 Haug
92 Stiklestad
93 Leklem
94 Lyng
95 Auglen
96 Auskin
97 Vuku
98 Hallan
99 Mosvik
100 Verran
101 Eid
102 Røvik
103 Sakshaug
104 Hustad
105 Kirknes
106 Ulven
107 Kvistad
108 Salberg
109 Mære
110 Skei
111 Henning
112 Egge
113 Solberg
114 Lagtu
115 Reit
116 Elden
117 Stod
118 Kvam
119 Ol
120 Føling
121 Vinje
122 Megard
123 Sørli
124 Grong
125 Gløshaugen
126 Romstad
127 Ranem
128 Skage
129 Klinga
130 Fosnes
131 Vik
132 Halmøy
133 Nærøy
134 Varøya
135 Vikna
136 Sørgjeslingan
137 Nordøyan
138 Fråholmen
139 Hommelværet
140 Frelse
141 Leka
142 Sklinda
143 Foldereid
144 Kolvereid

Kartet viser de kirker / kirkesteder som med sikkerhet kan belegges på den trønderske landsbygda, og som er eldre enn ca. 1600. Kristne gravplasser hvor det ikke er dokumentert en kirke er markert med kors i stedslisten. Tegner: Elin Jensen 1998.

Medieval church sites in the countryside of Trøndelag. Cemeteries where no church can be documented, are indicated in the list by a cross.

klostre eller sentralkirkelige institusjoner, står vi tilbake med 93 % av gårdene med kirke som har tilhørt den verdslige samfunnselite. Det være seg en lendmann, en høvding eller en lokal storbonde. Vi får dermed bekreftet at det var den nasjonale, regionale eller lokale eliten som lot bygge kirker på gårdene sine. At det dreier seg om høgendeskirker får vi en indikasjon på ved den tidligere siterte passasje fra erkebiskop Jons kristenrett, hvor han presiserer at før en kirke kunne vigsles og tas i bruk, skulle det legges jordegods til så vel kirke som til prest. At dette var et reelt problem for kirken bekreftes ved en undersøkelse av kirkenes landskyld på reformasjonstiden. Det viser seg da at for 29 % av samtlige kirker har det ikke ligget noe landskyld til vedlikehold (*fabrica*); for 38 % av kirkene ingen eller mindre enn 1 spann; og for 53 % av kirkene ingen eller mindre enn 2 spann. Kun ved fylkeskirkene og de noe yngre hovedkirkene finner vi landskyld til fabrica i noen særlig grad, spesielt gjelder det de kirkene som var kannikkirker. Til Sakshaug lå det drøye 20 spann, til Stiklestad nær 15 spann og til Værnes rundt 8 spann. Andre fylkeskirker som ikke var kannikkirker hadde derimot lite landskyld til kirkens vedlikehold: Melhus og Steine (Byneset) nærmere 5 spann og Gryting (Orkdal) drøye 2 spann.

Av de 141 middelalderske kirkesteder som kan kildebelegges med sikkerhet på den trønderske landsbygda ble 124 reist på gårdstun, 12 i fiskevær og 5 ved valfartsmål eller langs en hovedvei. Undersøker vi hvem som eide stedet på byggetidspunktet, og dersom vi går ut fra at det var den som rådet grunnen som stod bak byggingen, får vi følgende tall for hvem som lot bygge kirker i Trøndelag: Kongen stod bak 17 kirker (12 %) hvorav 12 var fylkeskirker og de øvrige 5 var kapeller på enkelte av gårdene hans; erkebiskopen lot reise 3 (2 %) kapeller i tillegg til domkirken; kanniker ved domkirken nybygde 1 og ombygde nok en (1,5 %); klosterkommuniteter stod bak byggingen av i alt 3 kirker (2 %); representanter for den nasjonale og regionale verdslige eliten kan med rimelig grad av sikkerhet sies å ha latt bygge 30 kirker (21 %) og representanter for den regionale og lokale verdslige elite stod bak byggingen av 78 kirker (55 %).[28] Interessant å merke seg er dessuten det forhold at mens det var den verdslige elite på nasjonalt, regionalt og lokalt nivå som lot bygge kirker i tiden fram til ca. 1300/1350, var det geistlige ledere – erkebiskopen, kanniker – som stod bak byggingen etter ca. 1350. Allmuens deltagelse ved byggingen av fylkeskirker må regnes for om ikke tvangsarbeid, så i alle fall pliktarbeid om en skal ta kristenretten bokstavlig. Det er kun for de 12 kapellene i fiskeværene (8,5 %), som var på kongens eller erkebiskopens hender, at vi finner indikasjoner på frivillig allmueinnsats.[29] Men dette var da også så seint i middelalderen at det er mulig å tenke seg et egennytteaspekt hos de brede lag av befolkningen i denne sammenheng.

Om når kirkene ble bygd

For svært få av de 141 landsbygdskirkene i Trøndelag kan vi med rimelig grad av sikkerhet si når de ble bygd. Ved hjelp av materiale fra arkeologiske undersøkelser, bygningsarkeologiske analyser, årringsdateringer av bjelker fra takverket og stilhistoriske kriterier kan vi si at byggingen av Værnes kirke pågikk fra slutten av 1000-tallet og fram til ca. 1200. Det vil si byggingen av kor, skip og tårn. Deretter skjedde det en del større og mindre endringer med bygningen fram til sakristiet ble reist rundt 1500, og også i tiden etter dette er det blitt utført arbeider ved kirken. Ved hjelp av de samme typer kilder lar det seg gjøre, med forskjellig grad av sikkerhet, å datere samtlige 25 steinkirker i Trøndelag (se side 244). I tillegg er det bevart 5 trekirker eller deler av slike, og ut fra årringsdateringer eller stiltrekk lar det seg gjøre å tidfeste også disse med temmelig stor grad av sikkerhet.

For et mindre antall kirker finnes det opplysninger i de skriftlige kilder om når de ble reist. Kong Håkon Håkonsson skal således i sin regjeringstid ha latt bygge kirke på gården Lo i Oppdal, og på Storfosen i 1236, mens kong Øystein skal ha vært mannen bak kirken på Agdenes tidlig på 1100-tallet. For de langt fleste kirkene må vi derimot gå indirekte til verks. Dedikasjonen av den lille kirken i Mostadmarka til Sta. Maria Magdalena er en sterk indikasjon på at den ble bygd i seinmiddelalderen da denne helgen ble brakt i popularitet av tiggermunkene. Og når tuftene etter kirken på Megard viser et rektangulært grunnplan der det østre partiet er hevet noe opp i forhold til resten av bygningen, er det en god indikasjon på at kirken ble bygd etter ca. 1300 da den rektangulære planløsning ble vanlig. Videre vet vi at det kommersielle torskefisket var en realitet langs den trønderske kysten først etter ca. 1300, hvilket gir god grunn til å anta at kirkene i fiskeværene her ble reist etter dette tidspunktet. Når det så er bevart kun seinmiddelaldersk inventar fra disse fiskeværskirkene, kan det støtte opp om en slik datering.

For svært mange kirker har vi likevel ingen av disse indikasjonene til å hjelpe oss, og eldste omtale i skriftlige kilder finner vi gjerne ikke før på 1400- eller 1500 tallet. Da er det en utvei å forsøke å fastslå hvor på tunet kirken ble satt opp og relasjonen til gårdens gamle hedenske gravfelt. For det første er det rimelig å tenke seg at mange av de som tidlig tok kristendommen lot seg gravlegge der gårdsfolket alltid var blitt gravlagt, på ættebakken. I forhold til rådende teologi eller liturgisk praksis var det intet i veien for en slik løsning, det interessante er snarere at det var sammenfall mellom katolsk teologi og hedensk tro når det gjaldt viktigheten av å hedre slektens og gårdens døde. Forfedrekult var et vesentlig element i hedendommen, og gravhaugene eller området rundt var viktige kultsteder. Den middelalderske messen på sin side var historisk sett en sosial institusjon som blandet sammen tradisjonen med offentlig kult utøvet av hele samfunnet, og den private kult utøvet lokalt av familie eller slekt. Messer for avdøde slektninger eller venner hadde som formål å hjelpe den døde til å unngå helvetes evige pinsler.[30] En slik tankegang kan ikke ha ligget særlig fjernt fra den norske hedendommens ideer om å regulere forholdet mellom de levende og de døde. Dermed må det også av denne grunn ha falt helt naturlig å la den første kirken bli reist som del av gårdens hedenske gravfelt. Kirken hadde på sin side ingen prinsipielle innvendinger mot en slik praksis; kun dersom en hedning ble gravlagt i vigslet jord måtte vedkommende fjernes og kirken eller kirkegården vigsles på nytt.

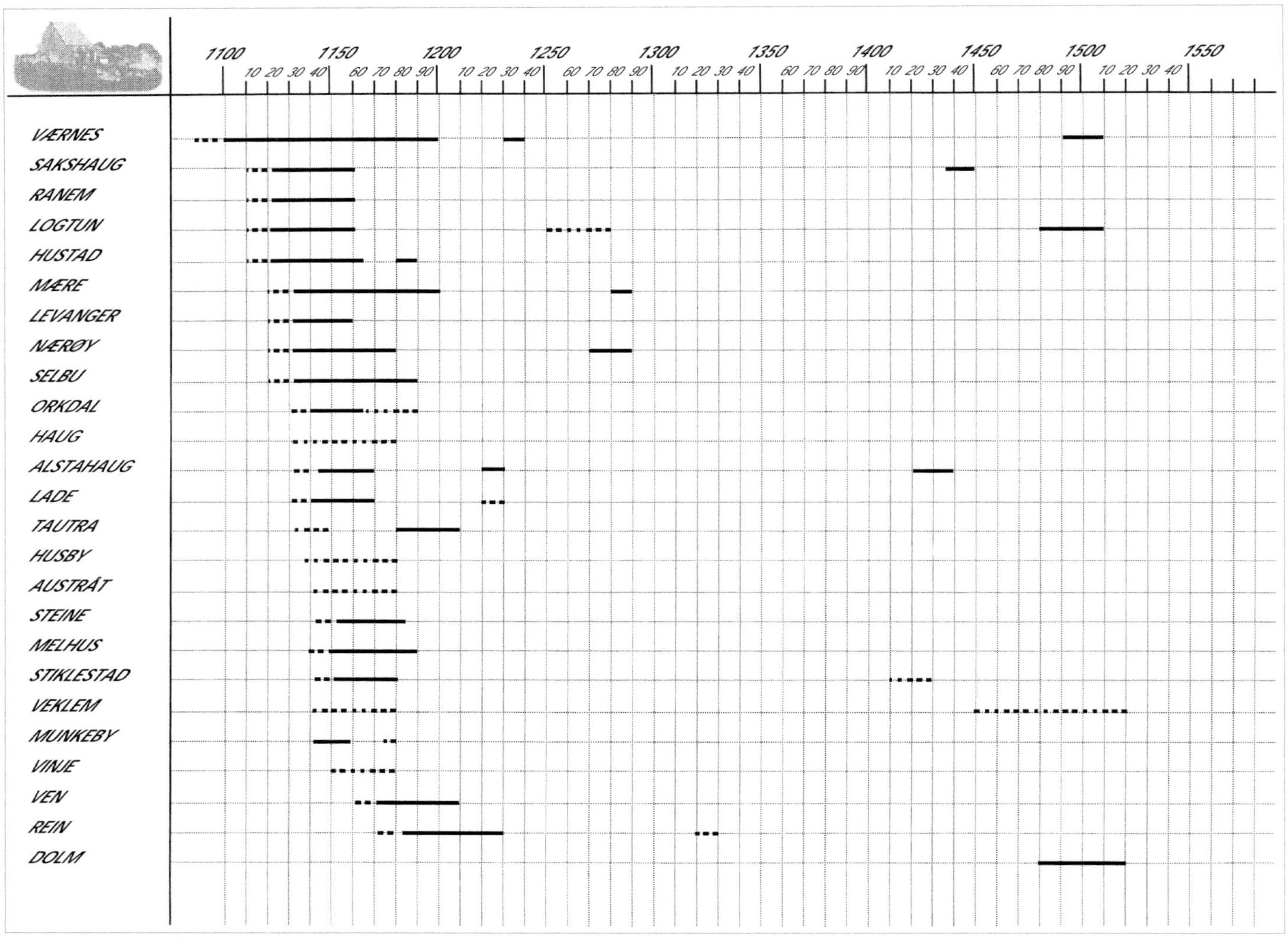

Tabellen gir en fremstilling av byggeperioden for de trønderske steinkirkene på landsbygda. Stiplede linjer i begynnelsen av heltrukken linje antyder tidsrommet mellom antatt start for planlegging av byggingen og eldste daterende stilelement, gjerne korportalen. For kirkene på Haug i Verdalen, Husby i Skaun og Veklem på Ørlandet vet vi såpass lite om bygningene at en byggeperiode kun lar seg antyde med noe usikkerhet. Ved flere av kirkene er det i løpet av middelalderen blitt utført større byggearbeider, vist ved heltrukne eller stiplede linjer. Kirkene på Værnes i Stjørdalen, Sakshaug på Inderøy og Alstahaug i Skogn fikk alle bygd til et sakristi i stein i seinmiddelalderen.

Trolig opphørte skikken med å reise kirke i gårdsgravfeltet i andre halvdel av 1100-tallet. Det skyldtes nok i første rekke det almene teologiske opplysningsnivået hos den kirkebyggende elite, ved det at dette sjikt av samfunnet etter hvert sluttet å bygge høgendeskirker og i stedet lot reise små kapeller eller bønnehus på gårdene sine. Erkebiskopen og hans menn la fra 1150-tallet av stor vekt på å søke støtte hos den verdslige elite i sin kamp for kirkens selvstendighet, og hva var vel bedre argumenter enn sjelens frelse gjennom høvisk livsførsel eller også store donasjoner til kirken. Om overbevisningen kom gjennom teologiske utlegninger eller straff for brudd på kristenretten, kan i det lange løp ha vært av mer underordnet betydning. Trolig ble synkretismen – koblingen mellom hedenske og kristne kulthandlinger i forhold til de døde – hos eliten gradvis borte i løpet av 1100-tallet. Den teologiske avklaringen i det 12. århundre på spørsmålet om sjelens renselse som ledet fram til konsilvedtaket om skjærsilden i 1274, må ha virket inn på kirkens utlegning av messen. Og det var nettopp utover i andre halvdel av 1100-tallet at kirken begynte å fokusere på messen som et anliggende ikke primært for ætt og nære venner, men for hele samfunnet av kristne – menigheten i vid betydning. Ut fra denne forståelsen er det rimelig å anta at de kirkene som har vært bygd i eller ved et hedensk gravfelt, er reist seinest i løpet av andre halvdel av 1100-tallet. Dette gjelder i alt 60 % av de kirkene som ble bygd på gårder. Interessant nok finner vi nesten alle de kirkene som kan dateres til før ca. 1200 i eller ved gårdens gravfelt.

Ved hjelp av de ovennevnte kilder kan kirkene på den trønderske landsbygden plasseres i tre hovedgrupper med hensyn til når de ble bygd. Tallene må likevel ikke oppfattes som absolutte, da det hefter en rekke usikkerheter ved dem. Usikkerheten kan bli redusert gjennom arkeologiske undersøkelser på stedet.

Med dette som utgangspunkt viser det seg at av de 141 landsbygdskirkene i Trøndelag ble høyst sannsynlig 118 (84 %) bygd i tidsrommet ca. 1000–1200, 4 (3 %) i tidsrommet ca. 1200–1400 og 19 (13 %) i tidsrommet ca. 1400–1600. Det er ovenfor argumentert for at 12 av dem var fylkeskirker, alle bygd før ca. 1200; 3 var klosterkirker, reist i tiden ca. 1140–1220; 108 var høgendeskirker bygd i tidsrommet før ca. 1200; de øvrige 18 var kapeller og bønnehus, i hovedsak bygd på 14- og 1500 tallet men også enkelte så tidlig som på 1100-tallet.

Om hvorfor man bygde i tre eller stein

De eneste betingelser kirken satte for at det kunne holdes tjeneste (messe, sakramentale handlinger), var at bygningen var vigslet av biskopen og at den (dermed) var avsatt kun for slik bruk – en kirke. Materialvalget, bygningens størrelse eller kvaliteten ved utførelsen kan på denne bakgrunn ikke ha vært av betydning, og det var da heller ingen offisielle, kanoniske eller liturgiske krav fra kirkens side om at det for eksempel skulle bygges i stein.[31] I samtiden finner vi argumenter som at stein gjenspeilte Guds tusenårsrike, eller at stein var St. Olav til behag, slik erkebiskop Eystein i andre halvdel av 1100-tallet formulerte det i denne helgens *vita*. At en steinkirke for eksempel skulle være mer brannsikker enn en trekirke, har ikke vært noe argument. En kunne kanskje tenke seg at det kunne bygges større om en bygde i stein. For så vidt er dette et argument når det gjelder den tekniske konstruksjonen, dersom en ønsket å oppnå stor bygningsbredde slik at flest mulig skulle kunne være nær koret. Men trolig er forklaringen på valg av tre eller stein, praktbygg eller ikke praktbygg, verken av teologisk eller praktisk art. Snarere bør vi søke forklaringen i sosiale og politiske forhold.[32]

Den mest rimelige forklaringen på valget av stein framfor tre må være at det ga et meget tydelig signal om byggherrens makt og posisjon. Bruk av hugget stein var på slutten av 1000-tallet noe helt nytt som forutsatte tilgang til utenlandsk ekspertise (se ellers Storemyr nedenfor). Bare en person som hadde forbindelser, som hadde de nødvendige ressurser i form av arbeidskraft og materiale, og som visste å bruke disse ressursene på en måte som alle la merke til, kunne få seg til å reise ei steinkirke.

På denne måten lar det seg også gjøre å forklare hvorfor de opprinnelige byggeplaner ved mange av (stein-)kirkene ser ut til å være endret underveis. Ved bygningsarkeologiske undersøkelser viser det seg noen ganger at byggherren har bestemt seg for å gjøre skipet lengre, bygge til et vesttårn eller et galleri i skipets vestvegg. Slike og andre justeringer kan således forklares ved at mange byggherrer stod i en så intens kamp for å markere sin status eller bedre denne, at det hele tiden var nødvendig å holde et godt øye med konkurrentene for alltid å forsøke å overgå disse.

Denne forklaringsmodellen kan også benyttes når det gjelder forskjeller de enkelte kirker i mellom med hensyn til inventarets mengde og kvalitet. Enkelte kirker hadde i middelalderen kun det nødtørftigste og foreskrevne liturgiske utstyret, nemlig alter- eller prosesjonskors og kalk/disk. I andre kirker fantes det sidealtere, flere helgenskap og figurer både enkeltvis og som kalvariegruppe, kostbare lysestaker, store krusifikser av ypperste handverksmessige kvalitet, alterskap, ciborier, røkelsekar og alterfrontaler. I tillegg kunne kirkene være prydet med store veggmalerier eller veggtepper. Samtlige av disse fenomenene kan oppfattes som materielle ytringer av et behov for å vise et sosialt demonstrativt forbruk, all den tid de ikke var

Kirken i Buvika bygd 1819, den tredje på gården Husby. I middelalderen stod kirken rundt 100 meter sørøst for der hvor dagens kirke står. Ny kirke ble reist samme sted i 1658, men på grunn av leirras som tok med seg deler av kirkegården ble den demontert, flyttet og bygd opp igjen nærmere fjorden – på et sted som i dag kalles Kjerkhaugen. Da denne så stod til nedfalls ble det bestemt å bygge ny kirke etter modell av kirkene i Klæbu og på Støren. Denne stod ferdig i 1819 og er fortsatt i bruk. I bakgrunnen Steine kirke på Byneset. Blyanttegning signert M. St. 1870, Riksantikvarens arkiv.

The wooden church at Husby, Buvika, built 1819. This was – at least – the fourth generation of churches on this farm, a rather common situation when wooden buildings are not tended to.

nødvendige eller påkrevet for å kunne holde messe eller gjennomføre sakramentale handlinger. Givere kunne være så vel kirkeeieren som menneskene i kretsen rundt denne; spørsmålet var vel snarere hvis kirke man ønsket å vise deg fram i og hva som var formålet med det. Gud, helgenen eller kirken til ære, javel, men trolig like mye giveren til evig minne. For som det er argumentert for ovenfor, bør nok bygging så vel som bruk av kirker i middelalderen ses i sammenheng med det som skjedde i samfunnet for øvrig, og da ikke minst spørsmålet om prosessene bak innføring av tiende og utviklingen av sognet.

Om sognet og tienden

For å kunne trenge inn i sogneordningen slik den kan leses av Aslak Bolts satser for cathedraticum, må vi se på hovedtrekkene i sognets og tiendens historie i Trøndelag. Eldste skriftlige omtale av sogn i Trøndelag finner vi for Ranem kirke i Namdalen i 1326; tienden nevnes første gang i et diplom fra 1253. Likevel er det rimelig å anta at begrepene og fenomenene fantes også i andre halvdel av 1100-tallet, da eldre varianter av Frostatingslovens kristenrett slik vi kjenner den fra 1260 har eksistert på denne tiden.

Ordet sogn har ifølge etymologene grunnbetydningen *å søke*, det har i første rekke vært personrelatert, dernest områderelatert. Med tanke på at modellen for organiseringen av kristenlivet ble hentet fra England, kan det være at også innholdet i det å søke er hentet derfra, slik blant andre Absalon Taranger har hevdet.[33] Andre forskere har ment at sognebegrepet opprinnelig stammer fra nordisk område, og at lånet fra England/Danelagen er et lån tilbake. I tråd med dette synspunktet hevder Per Hovda at begrepet *sókn/sækja* i Norge er langt eldre enn innføringen av kristendommen og den seinere kirkelige inndelingen i sogn.[34] Uansett er kjernen i begrepet sogn, slik vi finner det på engelsk område på 900- og 1000-tallet, et distrikt av bønder, fri og ufri, som søkte stedets stormann og hans ting, som ytte ham forskjellige tjenester og arbeidsytelser, svarte ham visse økonomiske ytelser, søkte hans mølle og beiteområder – og som det sist tilkomne og ikke minst viktige bånd, søkte hans kirke.[35] Paralleller til glidningen i innholdet av begrepet sogn, fra å være person- eller funksjonsrelatert til å bli områderelatert, finner vi i ordene *syssel* og *herred*. Ifølge Anders Andrén refererte også disse i utgangspunktet til funksjoner, og det var først på et langt seinere tidspunkt at funksjonene i tillegg fikk en klar geografisk avgrensing.[36] En slik beskrivelse av sognebegrepets opprinnelse og utvikling passer godt til de skiftende politiske og sosiale alliansene Snorre beskriver i Norge og islendingesagaene beretter om fra Island. Som nevnt må kirke og religion ha spilt en viktig rolle i maktspillet både i tidlig- og i høymiddelalder.

Den form for kirkesøking som har sitt utgangspunkt i kirkeeieren blir i nyere forskning karakterisert som *det sosiale sogn*. Motsetningen er det geografiske eller økonomiske sognet, der sognet, som var entydig avgrenset i landskapet, og der det var kirken med prest som skulle søkes med utgangspunkt i geografisk nærhet. I Danmark var det først på 12- og 1300 tallet at sognet ble brukt som lokaliseringsgrunnlag. På Island, hvor det i middelalderen ikke ble skapt en stat, fikk sognene i prinsippet heller aldri faste grenser, selv om det tidlig utviklet seg et geografisk kjerneområde rundt den enkelte kirke. For Sverige konkluderer Thomas Lindkvist med at sognet i middelalderen framtrer «snarare som ett kollektiv än som en territoriell enhet», uttrykt gjennom begreper som *sockenmän* eller *kyrkomän*. Ordet sogn betegnet ofte et kollektiv, men det finnes også eksempler på at det kunne gjenspeile et område og da oftest i fiskal eller kirkelig organisasjonssammenheng. Lindkvist viser videre til kilder hvor det antydes at sognemennene var begrenset til dem som eide jord – altså at sognet kunne ha en til dels eksklusiv karakter. Han mener også å finne en viss overensstemmelse for de forskjellige svenske landskap mellom en svak kongemakt og en relativt større betydning for sognet som profant fellesskap. Men selv om sognet kunne være et kollektiv, var det aldri en prestasjonsenhet, idet tienden påhvilte den enkelte jordbruker – ikke sognet.[37]

Tienden var en skatt på produksjon og fortjeneste (en tiendedel) som alle skulle svare. I Frostatingslagen var tienden delt i fire mellom presten, kirken, biskopen og de fattige. De første forsøk på å innføre tienden i Norge antas å ha funnet sted under kong Sigurd Jorsalfar i første halvdel av 1100-tallet. Tienden oppfattes likevel ikke å være noe så nær alminnelig utbredt over det meste av riket før inn på 1200-tallet ifølge Arne Odd Johnsen,[38] mens andre forskere hevder at dette skjedde i forbindelse med kongenes innrømmelser overfor kirken i 1152/53 og utover mot slutten av 1100-tallet.[39] Og dette er rimelige slutninger om en vurderer spørsmålet om tiende med utgangspunkt i rikskongenes kristningsverk og forholdet mellom konge og kirke. Det var kirken som presset på for å innføre tienden, og de kirkevennlige kongene støttet dette. Blant annet ut fra denne tankegangen er det at kong Sverre har fått stempel som noe kirkefiendtlig, selv om han skal ha vært presteutdannet. Trolig skyldes Sverres holdning til kirken snarere det at han representerte det gamle systemet der de verdslige herrer rådet for kirke og prest enn prinsipiell kirkefiendtlighet. (En annen sak er det selvfølgelig at han var motstander av den gregorianske reform, i det minste deler av reformprogrammet, slik det ble fremmet av representanter for den norske kirken.) Kirkeeierne ville helst ikke få redusert sine inntekter fra kirkene ved å måtte yte biskopen en fjerdedel av tienden, og de ville ikke gå glipp av det å råde for kirke og prest som et viktig virkemiddel i kampen om posisjoner. Det er i denne sammenheng rimelig å forstå Peter Sawyers standpunkt at tienden i Norge, liksom tienden i de angelsaksiske områdene, opprinnelig var blitt innført av kirkenes byggherrer etter stor motstand fra bøndene, som nok allerede betalte for de tjenester de fikk utført.[40]

Det fantes mange mennesker i Norge som praktiserte sin kristendom lenge før Håkon den gode og de to olavene bygde sitt enekongedømme ved hjelp av engelske biskoper i andre halvdel av 900-tallet og på tidlig 1000-tallet. Hvordan kirkens menn ble lønnet før systemet med årstiende ble vedtatt på lagtingene er noe usikkert, men ut fra kildene ser det ut til at biskop/prest tok en årlig avgift, en utreidsle – *reide* – av bøndene. Reida var en fast avgift som ikke var knyttet til gårdens produksjonsevne/størrelse, men som likevel bør

Prestegjeld og annekser i Trøndelag ca. 1900, der navnet på prestegjeldet (som gjerne var identisk med navnet på hovedkirken) er påført. Tilnærmet de samme prestegjeld og hovedkirker fantes også i 1589 og på 1770-tallet. Det meste av denne sogneinndelingen har trolig sin opprinnelse i seinmiddelalderen. Tegner: Elin Jensen 1998.

The parishes of Trøndelag in about 1900 were approximately the same as the parishes of 1589 and the 1770s. Many may have their roots in the 14th and 15th centuries.

kunne oppfattes som en form for skattlegging – til fordel for et presteskap (i praksis kirkeeierne). Ordet og fenomenet indikerer et visst element av tvang overfor bøndene, og forutsetter at dette var noe de ikke nødvendigvis var positive til.

En annen beskrivelse av forholdet mellom prest og allmue ligger i stolgebyrene. Også dette var en avgift, lagt på de enkelte embetshandlinger geistligheten utførte og som bøndene måtte svare, så som *oleanarkaup* (den siste olje), *líksongskaup* (dødsvigilier) eller *legkaup* (gravsted og gravferdsmesser). Alle disse ytelsene kom i tillegg til årsavgiften *reida*, som altså var eldre enn tienden. Det var videre vanlig at kvinner måtte svare en avgift (*innarganga*) for å bli introdusert i kirken igjen etter en fødsel.

Da tienden ble innført skulle denne avløse så vel *reide* som de forskjellige typer *kaup*.[41] Likevel godkjente erkebiskop Eilif i sitt tredje statutt i 1320 at dersom bøndene fra gammelt av hadde kjøpt prestenes tjenester, skulle prestene få lov til å beholde disse kjøpene i tillegg til tienden. Kirken oppfattet bøndenes gaver til prestene for utførte tjenester som en god gjerning, men dersom presten på forhånd forlangte betaling, ble dette sett på som simoni, noe som kvalifiserte for streng kirkelig straff, hvilket også erkebiskopen understreket.[42] Da tienden så ble introdusert vet vi at det medførte protester fra bøndene, som mente de allerede betalte for prestetjenestene. Også på kontinentet var det ifølge Catherine Boyd mange og store konflikter om betaling av tiende. Dens allmenne innføring på slutten av 500-tallet, i form av en skatt til kirken, medførte protester og betalingsnekt ikke bare fra bøndenes side, men rimeligvis også fra kirkeeierne.[43]

I deler av Norge ble tienden aldri innført fullt ut. I øvre Telemark svarte bøndene *reide* helt fram til 1897, og landskapet ble derfor kalt *Skattlandet*, i motsetning til *Tiendetaket*, nedre Telemark. Mindre kjent er det trolig at fra et stort antall av sognene i Stavanger bispedømme, så vel i de øvre som i de ytre bygder, og så vel i Rogaland som i Valdres, Hallingdal og på Agder, ble det ytt flere former for *reide* ennå på 1620-tallet.[44]

Vi bør derfor kunne tillate oss å stille spørsmål ved de rådende oppfatninger om bakgrunnen for tiendens innføring i Norge, både når det gjelder tidspunktet for innføringen og spørsmålet om hvordan det skjedde. Alternativet til læren om den konge-/kirkeinitierte tienden i Norge på 1100- eller tidlig 1200-tallet er muligheten for at tienden allerede var innført av private kirkeeiere, og at en del av konflikten mellom kong Sverre og biskopene på 1190-tallet gikk ut på at biskopene nå ville ha sin fjerdedel av tienden – hvilket Sverre og andre kirkeeiere sterkt motsatte seg. Videre at tienden/reida – og til en viss grad også stolgebyrene – gjennom hele middelalderen ble sett på som utidig skattlegging fra bøndenes side. Kirken klarte på slutten av 1200-tallet å presse igjennom tiende også for andre områder enn åkerbruket, fedrift og fiske, men dette møtte store protester og ble kort etter opphevet. Interessant å merke seg med hensyn til reida, stolgebyrer og tiende er at samtlige er former for avgifter. Verken betegnelsene eller de bevarte kildene gir antydninger om at de fra bøndenes side ble oppfattet som gave (*gjof*) til presten mot gjengave i form av en embetshandling. Det eneste spor av et slikt gavesystem måtte i så fall være det offer som de tilstedeværende la på alteret i forbindelse med messen.

Vi har ikke kilder som kan hjelpe oss til entydig å avklare sognets karakter i Trøndelag i tidlig- eller høymiddelalder, hvorvidt det var person- eller områderelatert. Ei heller for tienden har vi gode kilder til den tidligste tiden, men mye peker i retning av at det var klare tvangsaspekter overfor bøndene når det gjaldt avlønning av presteskapet – snarere enn et sinnelag av gjensidig velvilje mellom bonde og prest preget av gave og gjengave. Dette støtter godt opp under argumentet om en opprinnelig sterkt aristokratisk kirke, og et kristenliv der en synkretistisk folkelig religiøsitet fikk temmelig fritt spillerom. For sognets del finnes det i seinmiddelalderen en rekke indikasjoner på at begge former for sogn forekom så seint som på 1400- og trolig også tidlig på 1500 tallet. Skillet hos erkebiskop Aslak Bolt mellom «fylkeskirker som tar tiende i fylket» og «alle andre kirker som tar tiende» kan leses slik at det fortsatt på 1430-tallet forelå en reell – om enn i virkeligheten trolig begrenset – valgmulighet med hensyn til hvor bøndene kunne eller ville svare sin tiende. *Enten* ved fylkeskirken, som var kirker der alle hadde lik rett og plikt, *eller* ved en høgendeskirke eller et kapell med sogn. Hvor utstrakt valgmuligheten var, lar seg likevel vanskelig avgjøre. De kirkelige statuttene og annet relevant materiale tyder imidlertid

Levanger kirke fra rundt 1150, revet 1868. Erkebiskop Aslak Bolt skaffet seg kontroll med gården Levanger på 1430-tallet og gjorde den til sin avlsgård (grangia Curie). På denne tiden var det en form for bymessig bebyggelse ute på halvøya ved kirken og gårdstunet. Kildene omtaler en almenning, enkelte bygårder og åkerlapper tilhørende bymennene, i prinsippet identisk med hvordan også Nidaros var strukturert. Dagens kirke i Levanger er reist på tuftene etter middelalderkirken. Foto i Fortidsforeningens eie, fotograf ukjent.

Levanger church was built around 1150. In the 15th century Levanger had become a settlement.

Logtu kirke på Frosta sett fra en noe uvant vinkel. I bakgrunnen bergknausen Logsteinhaugen. I området ved kirken, eller nedunder åsen samlet 485 representanter for lovområdet (Frostatingslagen) seg på forsommeren hvert år. Kirken som den står i dag er resultatet av en kraftig ombygging rundt 1500, den første steinkirken på Logtu stod nok ferdig allerede kort etter 1150. Blyanttegning signert M. St. 1858, Riksantikvarens arkiv.

The lawthing (legal assembly and representative body for all rural communities in Trøndelag) gathered every year at Logtu, Frosta, either by the church or further down towards the fjord. The first stone church, probably finished around 1150, was completely rebuilt c.1500.

på at de geografisk avgrensede sognene kanskje kan se ut til å ha blitt relativt vanlige mot slutten av 1200-tallet.

Som nevnt fantes det i 1433/34 kun tre kirketyper, hvorav et ukjent antall kapeller ikke tok tiende. Vi må gå ut fra at bøndene ikke betalte dobbel tiende, og at de enten har sognet til en fylkeskirke eller til en nærmere liggende høgendeskirke. Aslak Bolts tredeling av cathedraticumsatsene finner vi igjen i de bevarte oversikter over innbetalt cathedraticum fra 1533 og 1548/49. Da var høgendeskirkesystemet og det valgfrie sognet noe nær en saga blott, for det kan dokumenteres at tilnærmet samtlige kirker på listene i slutten av katolsk tid var en del av erkebiskopens system med hovedkirker, annekskirker og (til dels ubetjente) kapeller, slik det muligens også var i Aslak Bolts tid. Likevel eksisterte tredelingsprinsippet fortsatt, og trolig var de «øde bondekirker/ølkirker» nevnt 1589 de siste – og til dels forfalne – rester av et opprinnelig nesten altomfattende «system» av høgendeskirker. Anne-Marit Hamre hevder det samme, og mener i tillegg at disse kirkenes beliggenhet i de sentrale jordbruksbygdene avgjort peker i retning av høgendeskirker bygd og fundert av «lokale matadorer».[45] Også i Frostatingslovens kristenrett finnes det innslag som kan sies å dokumentere kirkeeiernes rett til å råde. Det heter her at eiere av høgendeskirker kunne nekte visse folk gravplass, men de som nektet (det vil si kirkeeieren eller presten på stedet) måtte da besørge transport av liket til fylkeskirken, hvor alle hadde rett til en grav.[46]

Nok en indikasjon på det sosiale sognet finner vi i et diplom fra 1391 vedrørende landskyld fra gården Krokstad i Skaun. Gården lå da i *Husabyr kirkiu sokn j Skaun j Orkodals fylki*.[47] Det interessante er at Krokstad ligger drøye 500 m rett sør for middelalderkirken på Ven (Skaun), som igjen ligger rundt 1 km sør for Husby kirke. Siden Ven er nevnt med eget sogn samme året i et annet diplom, kan vi ikke utelukke at sognetilhørigheten for bøndene på Krokstad var resultat av at de søkte kirkeeieren på Husby og hans kirke, og ikke en konsekvens av geografisk nærhet – da de i så fall burde ha sognet til kirken på Ven. I erkebiskop Jons kristenrett fra rundt 1270 heter det at tienden er av to slag; den ene går av utsæd og all slags avling og skal svares i det sognet der jorda ligger, den andre går av handel og næringsinntekt og all slags lovlig innkomst: «Enhver skal svare denne til sin sogneprest.»[48] Jon skapte sin kristenrett i opposisjon til kongens kristenretter, og det er mulig å lese dette som at han har ønsket å understreke at det var presten, uansett ved hvilken kirke han sang, som skulle ha tienden, og ikke kirkeeieren. Interessant nok har trøndernes rundt 10 år eldre kristenrett, som kong Håkon Håkonsson fikk istand, ingen eksplisitte formuleringer med hensyn til hvor tiende skulle svares, eller til hvem.[49]

Det er fortsatt mye uklart med hensyn til sognedannelsen i Trøndelag. Visse hovedtrekk lar seg likevel skissere. I Trøndelag ble fylkeskirkene reist på kronens sentralgårder i hvert av de 8 gamle fylkene. Det er således innlysende at

Rundt 70 % av de kirkene som i middelalderen ble bygd på gårder, ble samtidig bygd i eller i kanten av det hedenske gravfeltet. Ved Alstahaug kirke (nederst), som ble påbegynt på 1130 – 1140-tallet, finnes en meget stor gravhaug rett ved kirken. Da Gerhard Schøning besøkte stedet i 1774 beskrev han en lang rekke gravhauger der. Funn fra dette gravfeltet viser at det går tilbake til 400-tallet. Kirken på Egge (øverst) ble i sin tid reist i nedkanten av et stort og rikt gravfelt, og en av de gamle bautasteinene står fortsatt inne mellom vår tids gravmarkeringer. Gravfeltet går tilbake til 200-tallet. Foto: Forfatteren, 1994.

About 70 % of the churches built on farms in Trøndelag in the Middle Ages, were erected in or close to the farm's heathen cemetery. The grave mound at Alstahaug is still enormous, and the bauta (single upright stone, marking a heathen grave) at Egge is one of the largest in this area.

fylkesgrensene var identiske med disse kirkenes sognegrenser, på samme måte som de fleste av de norske bispedømmenes grenser i all hovedsak ble sammenfallende med lagdømmenes grenser. Fylkeskirkene hadde sin funksjonelle rolle i forhold til riksbygging og kristning, de var på en måte redskaper for rikskonge og kirke i strid med regionale småkonger og høvdinger om herredømme. Fylkeskirkene var ment å være kongens og kirkens påbud og tilbud til fylkesmennene – «kirke for de som hører til i et fylke». At det kunne være flere enn én fylkeskirke i hvert fylke, slik vi trolig finner det i østlandsområdet,[50] bare understreker dette forholdet. En slik beskrivelse av fylkeskirkenes rolle utelukker ikke at det samtidig som disse ble bygd, allerede fantes en rekke høgendeskirker rundt om på gårdene, snarere tvert imot. Disse var reist av andre mektige menn som på et eller annet plan kan ha vært i opposisjon mot kongen. Det kunne være en lokal storbonde eller høvding som ville beholde sin ledende posisjon i bygda eller dalføret, og som ved å bygge kirke håpet å fortsette som bygdeleder og beskytter for de øvrige bøndene; eller det kunne være en storhøvding eller småkonge som på ingen måte ville finne seg i at en annen konge kom utenfra og oppkastet seg til overkonge i hans rike.[51] Og alle lot de bygge kirker, i tillegg til at de sloss militært.

En slik forklaring på den tidlige kirkebyggingen og fylkeskirkenes funksjon faller svært rimelig ut fra hva vi vet om viktigheten av å være kultleder i hedensk tid, og om sammenhengen mellom politisk og religiøst lederskap. I hedendommen var det et klart skille mellom det vi kanskje kan kalle «offentlig» og «privat» kult, selv om kultformene og formålene mye kunne være de samme. Den «offentlige» kulten skjedde på sentrale steder/gårder i bygda eller regionen (riket), den «private» på den egne gården. De to kultuttrykkene supplerte hverandre, da den «offentlige» var innrettet på den større sosiale enheten og den «private» på ætten og kretsen rundt denne. Begge var ment å sikre opprettholdelsen av liv og virke, fruktbarhet og livsevne. Vi ser da også at det som *forbys* i det middelalderske lovverkets kristenretter er den «private» kult, det som *påbys* er den ene kulten som var for alle, og i den forstand offentlig, og denne ble ledet av rikskongens presteskap. Men det var en hårfin balanse. Kongen og kirken alene var ikke i stand til å bygge opp et riksdekkende nettverk av kirker, slik at de kunne følge opp kravet om kristendommen som eneste legitime religion: «Og det er kristen rett at kvart eit barn som vert født, skal alast opp, kristnast og førast til kyrkje om det er mannehoved på det».[52] De var avhengige av allierte i kampen mot hedendommen, at alle som hadde midler til det lot bygge kirke og sette prest til den. Men i og med at den kristne kult på mange vis ble innpasset i de tradisjonelle samfunnsstrukturer, der kulten ble utøvet av en lang rekke ledere på en lang rekke steder, ble disse kirkebyggerne konkurrenter til kongen og hans biskoper. Veien å gå for kongen ble – trolig noe motstrebende – å støtte kirken i dens kamp for frihet fra verdslig herredømme, gjennom blant annet å anerkjenne kirkens rett til å «rå for alle kyrkjer og all kristendom [og tilsetting] av dei prestar som [biskopen] vil».[53] Det kongen da på den annen side fikk å kjempe med, var en kirke som hva religionen angikk mente seg å stå mellom kongen og Gud. Det er på bakgrunn av dette tresidige konfliktforholdet at det kan være fruktbart å se prosessen med innføringen av tiende, utviklingen av de to typer sogn og den varierte type kirkebygging. Og spørsmålet om hvem som lot bygge kirker, da særlig i den tidlige del av middelalderen, er kanskje vel så mye et spørsmål om det vi i dag kaller politisk makt som om «religiøs inderlighet» – et begrep som snarere hører hjemme i norsk 1800-tall, enn på 1000- eller 1100 tallet. Alt dette harmonerer også bra med det at kirkene ble reist av representanter for den verdslige elite og på deres gårder.

Om kjøp og salg av kirker

Det var en kombinasjon av flere forhold som var avgjørende for at nær samtlige stormenn ga opp kirkene sine i tiden etter ca. 1350, noen også tidligere. For det første svartedauden. Denne medførte en halvering av befolkningen, hvilket reduserte kirkeeiernes inntekter både fra kirkelige handlinger, fra tiende og fra jordegods under kirke og prest. For det andre prestemangel i pestbølgenes kjølvann, hvilket nok medførte at de langt fleste bønder søkte fylkeskirkene hvor de var sikret kirkelig betjening. For det tredje at tiden nå trolig var løpt fra det å råde egen kirke som en egnet religiøs, politisk og økonomisk strategi i det maktpolitiske og sosiale kappløpet innenfor samfunnseliten. Norges konge satt etter 1380 i Danmark, og erkebiskopen i Nidaros var på mange måter den fremste i riket innenlands i og med sin rolle som leder av riksrådet. De var få om noen i bygdenorge som ville eller kunne motsette seg kirkens krav om full kontroll over den lokale kirkeorganisasjon og det lokale kirkehold i seinmiddelalderen. Også den kongelige kapellgeistlighet kom i økende grad under biskopens kontroll.

Det ble likevel en «kortvarig seier» for erkebiskopen og kirken. Med reformasjonen slo kongen under seg det som var av kirker og klostre i Norge. Mens klostrene ble lagt ned og deres jordegods sekularisert, fikk bygdekirkene beholde landskylden til så vel kirke som prest, og det var nå i prinsippet kongen som inn- og avsatte prestene og rådet kirkene og kristenlivet – på mange måter temmelig identisk med situasjonen før den gregorianske reform på 1100-tallet. I 1720 solgte kongen alle landsbygdskirker i Norge helt opp til Nordland, 630 i tallet. De ble solgt med sine faste inntekter, både jordegods og bygsel, tiende og messeoffer. Det var embetsmenn, byborgere og grupper av velstående bønder som kjøpte dem. Prestene var de ivrigste blant embetsmennene, mens de sivile embetsmennene kjøpte de mest verdifulle kirkene. Fra slutten av 1700-tallet, og særlig i første halvdel av 1800-tallet, gikk den lokale embetsstand samt gruppen av jordeiende og –leiende bønder i bygda sammen og kjøpte kirken fra dens private eier.[54] Omtrent samtidig (rundt 1850) vokste den privatiserte, borgerlige religiøse kultur fram i Norge, og dermed trakk eliten seg ut av kirkerommet og overlot plassen til den øvrige befolkning. Det var for den lokale eliten – etter rundt 1000 år – ikke lenger interessant eller nødvendig å verken la bygge, eie eller la utsmykke gudshusene.

Noter

1 P.A. Munch 1852: 114, jfr. *KLNM* II: 542f
2 J8, oversatt sitat etter Jørn Sandnes.
3 Derimot har det vært et problem med prester som 'beitet i andres åker', dvs prester som overtalte jordeiere på dødsleiet til å gi dem hovedteienden, i stedet for presten «ved kirken i det sognet vedkommende døde» (erkebiskop Eilifs tredje statutt, 1320). Det er viktig å understreke allerede her at når det gjelder kristenrettene, så føres diskusjonen i denne artikkelen med utgangspunkt i Frostatingslova og andre relevante «trønderske» kilder. Holdningen er at det ikke lar seg gjøre mekanisk å sammenligne med de andre norske kristenrettene, slik bl.a. Lars Hamre (1971c) gjør, da hver av disse er utformet under de rådende samfunnsforhold innen det enkelte lagdømme. På den ene siden gjenspeiler de kulturelle særtrekk ved landsdelen, og på den andre siden det maktpolitiske forholdet mellom rikskongene/kirken og bøndene i respektive landsdeler. I tillegg er de bevarte/kjente kristenrettene av forskjellig alder. Et lovverk må derfor i første rekke oppfattes å ha utsagnsverdi og -relevans for angjeldende lovområde på det tidspunkt det redigeres og framover så lenge det er i bruk. Se utdyping i Brendalsmo 2001, jfr. også Iversen 2001.

4 jfr. J8, 11
5 jfr. McNicol 1997
6 Dette er en sterkt firskåret og forenklet framstilling av forskningsstatus til inn på 1990-tallet. For en utdypning og nyansering se Sveaas Andersen 1995:301ff og Helle 1996 (1974):237ff med referanser.
7 Kun i spesielle tilfeller vil det her bli referert til forfattere eller kilder, generelt henvises det til Brendalsmo 2001.
8 St. Kentigern (ca. 518–603), biskop av Glasgow i andre halvdel av 500-tallet, skal ha sendt misjonærer til blant annet Orknøyene, Norge og Island. Ifølge Bowen (1969:83) var St. Kentigern «probably the most important of all the northern saints of Britain».
9 Jørgensen 1995, jfr. også Taranger 1890:253ff, Bang 1912:31f.
10 Burke 1994:270f, 23ff
11 F II:7
12 F VII:26
13 jfr. Iversen 1996
14 Plikten til å søke kirke, slik den er formulert i Frostatingslovas kristenrett, gjaldt kirker generelt og ikke fylkeskirkene spesielt.
15 F II:13.
16 J8, oversatt sitat etter Jørn Sandnes.
17 J11, oversatt sitat etter Jørn Sandnes.
18 Problemet kommer tydelig fram i erkebiskop Eilifs tredje statutt (1320), hvor det bl.a. heter at det er tjenestebrudd dersom «noen har *unnlatt eller glemt å motta vigsel* [min uth.], eller uten tillatelse har latt seg vie av andre enn sin egen biskop».
19 Stefánsson 1997:153
20 Det kan i ytterst få tilfeller belegges at prestene ved høgendeskirkene i Trøndelag hadde eget bruk av gården der kirken stod, og som de drev selv, langt mindre en egen prestegård. Selv ved fylkes- og hovedkirkene ser det ut til at det gikk heller lang tid før prestene her fikk egen prestegård. Kongen beholdt gårdene som fylkeskirkene ble reist på, og prestegården ble etter hvert et bruk eller en gård ikke langt unna.
21 Duffy 1996
22 I seinmiddelalderen utviklet det seg en tendens til at så vel biskoper som de øvrige kapitelsmedlemmer ble rekruttert fra storbøndenes og lavadelens (knapene) rekker. Jfr. Daae 1890.
23 jfr. Dybdahl 1996a
24 NgL II:339–386, NgL III:307–310 (Anhang), Munch 1852, OE, NLR VI:163–165 (cathedraticumlistene).
25 F II:11
26 Jfr Dybdahl 1989:223f, samt Sandnes 1969:122. Alle skyldverdier i denne artikkelen er såkalt ny skyld.
27 Dybdahl 1989:228ff
28 På grunn av det sviktende kildematerialet er det ikke mulig å fastslå en mer nøyaktig foreling mellom de tre hovedgruppene innenfor den verdslige elite, enn den her angitte.
29 Det finnes ingen steder i det trønderske kildematerialet opplysninger som skulle tilsi at vanlige bønder, eller grupper av bønder har stått bak – eller ble forventet å stå bak – kirkebygging, selvsagt med unntak av deres lovpålagte innsats ved bygging av fylkeskirker.
30 Selv om begrepet skjærsild og læren om denne først ble offisielt akseptert og vedtatt i 1274, hadde kirkens teologer allerede fra 300-tallet befattet seg med spørsmålet om renselse av sjelen etter døden gjennom prøvelser. På 1100- og 1200 tallet ble således disse spørsmål avklart, hvilket skjedde i første rekke på grunn av press fra de brede lag av befolkningen.
31 Jensenius 1997
32 Dette avsnittet bygger på Veblen 1998.
33 Taranger 1890
34 Hovda 1978
35 Aakjær 1927, som mener at ordet sogn på nordisk grunn, som annensteds (dvs. «de nordvestgermanske» områder), har tre betydninger: «1. Søgning, 2. Søgsmaal for Retten; ogsaa Jurisdiktion, 3. Retskreds, Landområde, som søger samme Ting». I England, særlig i Danelagen ble sogn benyttet først og fremst om godsdistrikter: «Et socna behøvede ingenlunde at være udelukkende befolket med sochemanni, det var kun Tilfældet med yderst faa af dem, men naturligvis var Byrderne af Arbejde, Penge og Naturalier langt ringere for sochemanni i socna end for villani», dvs de ufrie. En slik beskrivelse er ikke ulik hva som fantes i deler av Sverige (se referanse til Lindkvist, nedenfor).
36 Andrén 1987, jfr også Aakjær 1927
37 Lindkvist 1991
38 Johnsen 1955
39 Sveaas Andersen 1995:335
40 Sawyer 1988
41 Jfr. Hamre 1974c, 1972c, 1960b og Bjørkvik 1969.
42 NgL III:246–277 (Eilifs tredje statutt, oversatt av Trygve Lysaker 1991)
43 Boyd 1946
44 Grágás
45 Hamre 1983:30f (Trondhjems Reformats)
46 F II:16, drøftet nærmere i Brendalsmo 1999
47 DN II:522
48 J18, oversatt sitat etter Jørn Sandnes.
49 Når det gjaldt sjelegave kunne donator gi denne til «kven han vil», i betydningen hvilken prest han ville, så lenge denne kunne «gjera sjelegåve for han» (F IX:17). Når det gjaldt fattigfolks fiske til eget bruk på visse helligdager, skulle tienden deles «halvt med fattigfolk og halvt med kyrkja i kyrkjesokna der det vart fiska» (F II:27). For giving av hovedtiende på sotteseng (F II:17) fantes det klare regler om fordeling av denne mellom fylkesprest og høgendesprest, avhengig av hvilken av de to som var til stede og ga den siste olje, og hvorvidt den døende til vanlig svarte tiende til fylkespresten eller ikke – «elles skal det greiast ut etter tilhøva». For øvrig heter det i diverse paragrafer kun at tiende skal svares – i verste fall spilte man «gods og rettstrygd for biskopen» (F II:18).
50 jfr situasjonen med to fylkeskirker i Ranrike henholdsvis Vingulmork og Vestfold på 1000-tallet
51 En undersøkelse av forholdet mellom sted for bygdeting og sted for kirkebygging har ikke latt seg gjennomføre i denne sammenheng. Temaet er likevel svært interessant.
52 F II:1
53 F II:11
54 Sandvik 1987

Summary

The early medieval churches in Trøndelag were constructed on the large estates and until the end of the 12th century were always located near the pagan burial-ground. With the possible exception of some late medieval chapels in the fishing communities, there is hardly any evidence that indicates that the construction of churches were communal projects carried out by the ordinary farmers. The private ownership of the privately built churches created a lot of political disagreement and disputes between the church, the monarchy and the peasantry through the subsequent centuries. When the king initiated the construction of churches in the Trøndelag region, probably in the first half of the 11th century, he attempted to create a counterbalance to the *Eigenkirchen* of the powerful farmers and regional chieftains by raising ministers on confiscated farmland in the central parts of the old provinces. A number of important traits of the old Christian life clearly indicate the English influence, notably from Wessex of the 10th and 11th centuries.

In the century following the Black Death (c. 1350), Achbishop Aslak Bolt (1428–50) managed to rebuild the church organization and extend the influence of the church. In addition, in the period from about 1350 to 1500 the owners of farms with private churches ceased to consider church ownership to be a condition for upholding their leading positions in the local community. The plague had halved the population, which led to a shortage of clergymen and a sharp reduction in the revenue from the farmland and church services. At the same time, the Norwegian king and his court took up residence in Denmark and the nobility generally became more oriented towards developments abroad.

The pre-Christian practices, which lived side by side with the new religion long after the country had officially become Christian, were also replaced by the accepted teachings and practices of the church among the members of the higher social strata. Churches that were referred to as "beer-churches" by a Royal Commission in 1589 and prohibited by the authorities were owned by local people and represented the last remnant of a formerly comprehensive system of *Eigenkirchen*. There is also reason to believe that it was the owners of the private churches who introduced the tithes, in the same way as the early formation of parish churches can be traced back to local patron-client relations rather than the rigid geographically-based system organized by the church. Still, a lot remains unclear about the development in the oldest period, and as the parish and tithes are mentioned in written sources from the 14th century, it seems likely that the basic traits of the geographical-administrative parish system that we are familiar with from the 15th and 16th centuries may already have been in place a century or two earlier.

TRONDENES KANNIKGJELD*

Lars Ivar Hansen

Innledning

Trondenes prestegjeld i Sør-Troms fremstod i seinmiddelalderen som det mest inntektsbringende «kannikgjeldet» innenfor Nidaros erkestift. Kannikgjeldene var prestegjeld hvor korsbrødrene ved domkapitlet i Nidaros hadde slått inn under seg kallsretten *(ius patronatus)* til sognekirkene og utnevnt en av sine egne til titulær sogneprest. Derved overtok de embetsrettighetene og inntektene fra vedkommende prestegjeld, mens sjelesorgen, messeholdet og de øvrige embetsgjerningene på stedet ble skjøttet av en vikar på fast lønn. Kannikgjeldene kunne enten disponeres av domkapitlet i fellesskap eller av enkelte kanniker, eventuelt ved at inntektene ble fast knyttet til ett kannikembete som del av dets prebendegods.** Ved utgangen av katolsk tid fantes det trolig om lag 20 kanniker ved domkapitlet, med et tilsvarende antall kannikgjeld rundt omkring i hele erkestiftet.[1] I Nord-Norge hadde domkapitlet sikret seg ni–ti sognekall som kannikgjeld: *Tromsø, Trondenes, Andenes* (inntil 1540), *Lødingen, Vesterålen, Lofoten, Salten, Rødøy, Alstahaug* og *Brønnøysund.* I praksis dekket de altså det meste av landsdelen. Ut fra etterreformatoriske kilder (Reformatsen av 1589) var Trondenes det rikeste, og fra 1430 hadde det vært fast knyttet til dekanembedet (formannsstillingen) ved domkapitlet. På reformasjonstida var enkelte av de andre nordnorske kannikgjeldene også fast knyttet til de høyeste embedene (prelaturene) ved domkapitlet: For eksempel var Troms prestegjeld tidlig på 1400-tallet blitt lagt til dekanatet, men ved reformasjonen var det erkediakonen som satt med området, hvorpå det seinere ble skiftet ut med Lofoten.[2]

Når Trondenes-gjeldet var så innbringende, hang det for det første sammen med at det dekket hele Sør-Troms fra Kvæfjord i sør til områdene opp mot Malangen i nord – et vidstrakt område hvor kirken allerede før 1350 hadde skaffet seg eiendom i en rekke gode jordbruksgårder. I tillegg kom området til å stå sentralt under den oppblomstrende høykonjunkturen for det kommersielle eksportfisket som satte inn fra slutten høymiddelalderen. Seinmiddelalderen – fram til første del av 1500-tallet – var kulminasjonen av «storfisketida» nordpå. Takket være det avtakerapparatet for tørrfisk som hanseatenes kontor i Bergen etablerte, vokste det fram spesialisert fiskeværsbosetning som trakk folk til seg – i Finnmark, i ytre deler av Vesterålen og ikke minst på yttersida av Senja, som falt inn under Trondenes sitt område. Også for de delene av befolkningen som fortsatt holdt fast ved en kombinasjon av åkerbruk, februk og lokalt heimefiske, kom deltakelse i de kommersielle sesongfiskeriene til å bety mye økonomisk.

I fjordene på yttersida av Senja ble det reist en rekke nye kirker i løpet av seinmiddelalderen. Før 1350 hadde Trondenes-kirken vært den fremste av i alt sju kirker som lå i indre fjordområder, rundt Vågsfjorden og nordover langs den indre leia mellom Senja og fastlandet: *Kvæfjord, Sand, Bjarkøy, Ibestad, Tranøy og Lenvik.* Ved reformasjonstida var det kommet til seks kirker på ytre Senja: *Torsken, Gryllefjord, Berg, Mefjord, Øyfjord og Baltestad.* I tillegg hadde *Dyrøy* i det indre fjordbassenget fått kirke. I seinmiddelalderens kannikgjeld var det altså 13 annekskirker som skulle betjenes ut fra hovedkirken på Trondenes (se kart). Den rike avkastningen av fiskeriene må ha gitt betydelige tiend-inntekter, noe som ikke minst gjenspeiles i den kostbare, sengotiske kirkekunsten av nordtysk opphav, som både Trondenes og de «underliggende» kirkene ble utsmykket med. I et pavebrev fra 1500 blir hovedkirken omtalt som «parrochialis ecclesia Sancti Nicolai de Trondenes».[3] I *Trondenes bygdebok* har Trygve Lysaker påpekt at både St. Nicolaus og St. Margaretha må ha spilt en sentral rolle som kirkens skytshelgener, siden begges navn finnes inngravert på kirkens storklokke, og de samtidig inntar sentrale posisjoner i forhold til et krusifiks over alterskapet på hovedalteret.[4] Kirken synes altså å ha vært ha vigslet til *St. Nicolaus av Myra*, som jo ble særskilt æret som skytshelgen for sjøfarende, fiskere og kjøpmenn, ved siden av folk i fangenskap og unge klerker. St. Nicolaus skal ha blitt svært populær i Vest-Europa – ikke minst i England og Norden – fra slutten av 1000-tallet, etter translasjonen fra Myra til Bari i Sør-Italia i 1087. Bare i England skal om lag 400 kirker ha blitt dedisert til St. Nicolaus.[5]

Trondenes-kirken utgjør fortsatt et majestetisk skue der den ligger sentralt plassert og dominerende ut mot Vågsfjorden. Erik Hanssøn Schønnebøl, som var fogd i

* Takk til Reidar Bertelsen for kommentarer til en tidligere versjon av denne artikkelen.

** Prebende kalles en samling jordegods, gjerne i form av en alterstiftelse, utlagt til underhold av prestene ved et domkapitel.

Trondenes kirke sett sørfra. Foto Alvin Jensvoll.

The church at Trondenes seen from the south.

Lofoten/Vesterålen, skildret den i 1591 som den vakreste nordenfor Trondheim: «… och findis der ingen skiøner kierke norden for Thrundhiems by end som fyndis her paa Thrundenes, thi hun er opmuret med herlig sten och haffuer werret herlig bepridet wdj gamlle dage.»[6] Ved siden av Ibestad-kirken i fjordene straks innenfor, var Trondenes den nordligste av de i alt 11 steinkirkene som vi vet ble reist i Nord-Norge i løpet av middelalderen.[7] Den nåværende steinkirken behøver ikke å ha vært den første på stedet. Nyere undersøkelser tyder på at kirkens bygningshistorie er komplisert, og at den kan ha strukket seg over et lengre tidsrom. Daterte tekstilrester brukt som tetningsmiddel mellom takbordene samt dendrokronologiske undersøkelser av takverket peker i retning av at den endelige murkronen og takkonstruksjonen først er blitt ferdig i 1400-tallets første tiår. Det synes rimelig å tenke seg en trinnvis byggeprosess med avbrekk, hvor murene er ført et stykke opp før den endelige murkronen og takkonstruksjonen kom på plass. Murene i skipet kan også ha vært ført opp omkring et tidligere kirkebygg – muligens av tre – mens det nåværende koret fungerte som kirke.[8]

I dette kapittelet skal vi se nærmere på enkelte trekk ved prestegjeldets historie, både i høymiddelalderen og seinmiddelalderen. To hovedtema vil ligge i bunnen av fremstillingen: For det første *den lokale kirkeorganisasjonen i Sør-Troms som helhet* med forskjellige utforminger i ulike faser. Dernest *forholdet mellom den lokale kirkeorganisasjonen og erkestolen*, slik dette også gjennomløp ulike faser, fra den første kirkebyggingen til etableringen av seinmiddelalderens kannikgjeld og domkapitlets dominans. I tillegg til den særegne tilpasningsformen med sterk vektlegging på fiske som vokste fram fra seinmiddelalderen, er det én annen av de lokale forutsetningene som bør tillegges særlig vekt: Så langt tilbake som det er mulig å ha noen oppfatning om det, har Sør-Troms fremstått som et fleretnisk og flerkulturelt område, hvor nordmenn og samer delvis var bosatt i skilte områder, men også delvis om hverandre. Med et visst unntak for Sand og Bjarkøy var alle middelalderkirkene i området anlagt i fjordstrøk med tildels betydelig samisk bosetning ved siden av den norske. De fikk dermed en misjonsfunksjon og -fase som strakte seg utover et mye lengre tidsrom enn sør i landet, faktisk langt inn i etterreformatorisk tid og fram til den pietistisk inspirerte misjonsoffensiven tidlig på 1700-tallet.

Gangen i fremstillingen vil ellers bli slik: Først vil organiseringen av *kirketjenesten i seinmiddelalderen* bli belyst. Dernest vil vi gi en kort presentasjon av *de seinmiddelalderlige eiendomsregistrene for Trondenes*, som utgjør en sentral kilde, også for retrospektive slutninger om *kirkeorganisasjonen i første del av høymiddelaleren.* For selve hovedkirken Trondenes sitt vedkommende gir kildedrøftingen også inntak til en mer finslepen *kronologisk analyse av godstilveksten i tiårene rundt 1300.* Til slutt vil vi komme inn på *kannikgjeldets betydning som ettertraktet inntektskilde i seinmiddelalderen*, og hvordan det ble brennpunkt for stridende interesser gjennom 1400-tallet.

Kollegiatkirke i sein-middelalderen

Det synes nå klart at Trondenes-kirken i seinmiddelalderen fungerte som *en kollegiatkirke**, som tilholdssted for et prestekollektiv som bodde og virket sammen, og hvor medlemmene reiste ut i det vidstrakte prestegjeldet på sognebud og for å holde messe i de øvrige, underliggende kirkene.[9] Denne ordningen er for det første omtalt i etterreformatoriske kilder. Biskop Erik Bredal skrev således i samband med kirkeregnskapene for 1666 at «Alle Kirketienere holdt tilforn til paa Trundenes, og derfra ble ført og hentede af Almuen hvor de behøvedes».[10] Opplysningen samsvarer med de opplysninger presten Oluf Feld hadde gitt et par år tidligere, om at det i den siste katolske tiden bodde 6–7 prester på Trondenes, «som naar begierdis aff Almuen blev her og der i Gieldet udsendt, dem at betjene.» Feld omtalte også noen «Lossementer» fra pavedømmets tid på prestegården, som bolig for prestekollegiet.[11] Om lag hundre år tidligere, i 1559 og 1561, hadde biskop Hans Gaas fastsatt at prestekollegiet skulle oppløses, og at kapellanene skulle bosette seg i sine respektive menigheter.[12] Omtrent samtidig omtalte biskop Gaas «een from Mand som jeg hafde til Capellan paa Trondenes,» som var «drucknet paa en liden Baad.»[13]

Dette bildet av Trondenes som hovedkirke og de øvrige kirkene som underordnede *kapeller* som ble betjent fra Trondenes, samsvarer også med ordlyden i det fyldigste eiendomsregistret som er bevart fra seinmiddelalderen, utstyrt med domkapitlets segl. Her omtales Trondenes-kirken og «þæira flæira capellukirkna sem vndir hona liggia.»[14] Men som Lysaker har påpekt, finnes det ingen samtidige, skriftlige kilder som direkte omtaler et prestekollegium eller «konvent» på Trondenes.[15] Lysaker har imidlertid trukket frem en rekke trekk ved *kirkens innredning* som peker i retning av at den må ha fylt funksjoner langt utover de vanlige for en sognekirke. Det fremste vitnesbyrdet er 12 kunstferdig utskårne stoler som var plassert i koret – seks på hver side – som vi kjenner til takket være biskop Fredrik Nannestads opptegnelser fra 1750 og som han der sammenliknet med middelalderinnredningen i Aarhus domkirke, hvor han tidligere hadde vært prost: «ligesaa udskaarne som Aarhus Domkirke og kunstigere, med gammeldags Snitverk.»[16] Av en innskrift på stolene på sørsiden fremgikk det at stolene var blitt til på oppdrag fra dekanen Svein Eiriksson (1430–80). I tillegg fantes to ekstra forseggjorte stoler med baldakiner og utskårne våpenskjold, beregnet for kongen eller hans representant og for dekanen selv.[17] (En rekonstruksjonstegning ved Arne Berg av hvordan korets seinmiddelalderlige innredning med korstolene kan ha sett ut, er gjengitt i nedenfor s. 259, etter Gjone 1981.) Kirken hadde tilsammen åtte altre i kor, skip og sakristi. Både korstolene og altrene må antas å ha fylt liturgiske funksjoner og skulle betjenes til visse tider. I tillegg til den rike, sengotiske kirkekunsten fra Nord-Tyskland, peker Lysaker også på selve utformingen av *sakristiet*, hvor man under restaureringsarbeidene påviste et gulv av glasserte, grønne og brune teglfliser. Hulrom (repositorier) i veggene viser at sakristiet har tjent som oppbevaringssted for kirkens klenodier.[18] Endelig bør en også merke seg at fysiske bygningsrester etter de «losjementene» som Oluf Feld omtalte allerede i 1660-årene, også er blitt påvist og kommentert av forskjellige iakttakere fram gjennom 1700-tallet og begynnelsen av 1800-tallet. Særlig disse bygningsrestene i form av murer og «rudera» synes å ha ligget til grunn for en seinere folkelig tradisjon om at det skal ha stått «et kloster» på Trondenes.[19] Således skrev grensekommisæren major Peter Schnitler i en beretning fra 1744: «Tæt ved Kirkegaarden har været 4 murede Kjellere, hvori Munkerne have haft deris Cellulas, og Superieurs oventil resideret».[20] Ruinene ble nevnt av Nannestad i samband med hans befaring i 1750, og i en rapport innsendt til biskop Gunnerus noen år seinere.[21] Også prosten Simon Kildal, som i 1810 skrev en innberetning om «antikviteter» i sognet til Commisionen for Oldsagers Opbevaring, omtalte «En grundmuret Kjelder, afdelt i to Rum.»[22]

Krusifiksgruppe over hovedalterskapet i Trondenes kirke. Figuren til venstre forestiller St. Margaretha *og biskopsfiguren til høyre er identifisert som* St. Nicolaus. *Figurene har trolig tilhørt et annet alterskap tidligere, og har først seinere fått den nåværende plassering (Jan von Bonsdorff). Foto Lars Arvid Oma.*

A group of crucifixes located above the main altar in the church at Trondenes.

* Kollegiatkirke var en kirke der de tjenestegjørende prester levde og virket sammen i et kollegium, på same måten som medlemmene av et domkapitel, men uten tilsvarende rettigheter.

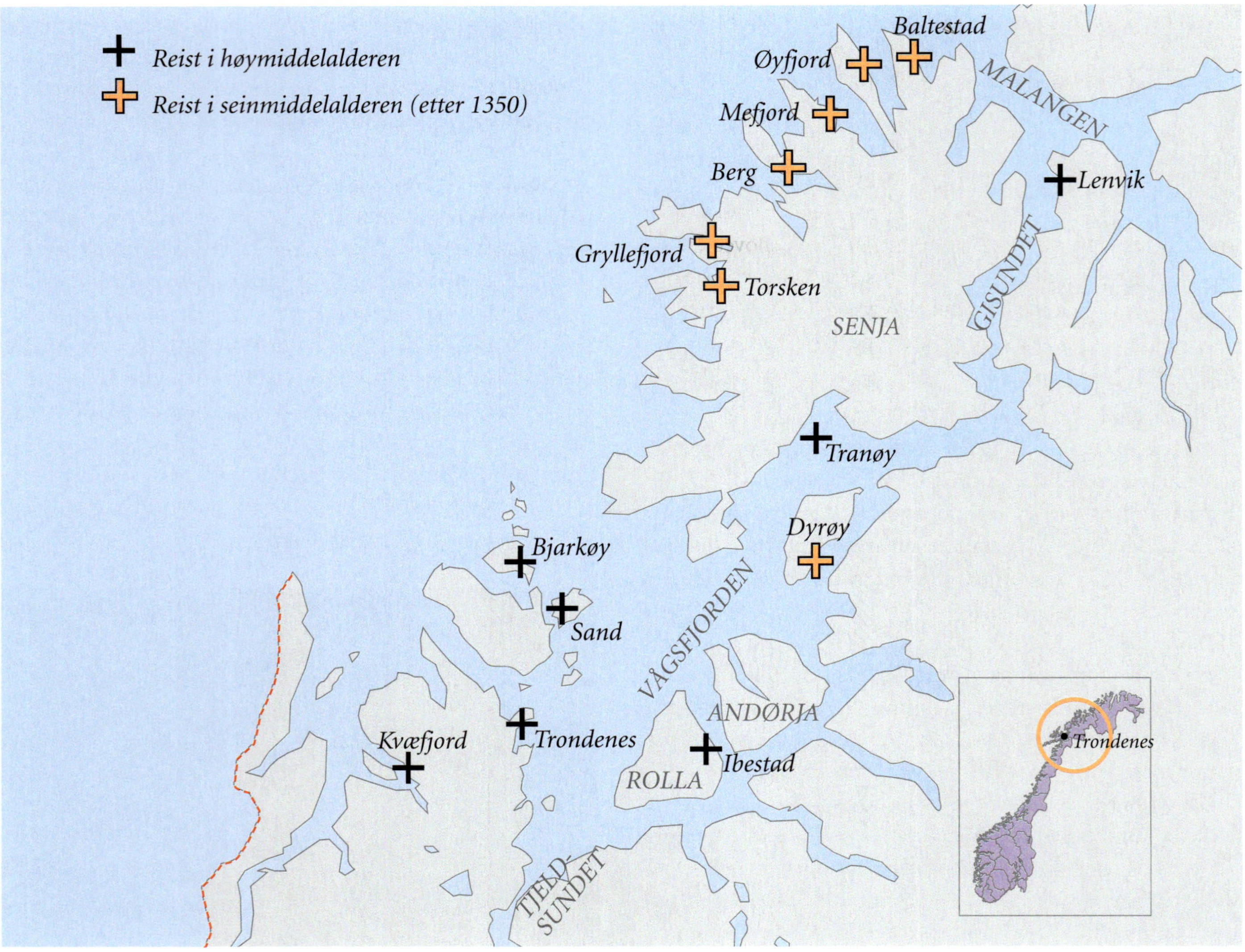

Kirker i Trondenes kannikgjeld

Churches in the canonry of Trondenes

Det synes derfor utvilsomt at prestene som betjente hele det vidstrakte prestegjeldet bodde sammen på Trondenes ved utgangen av katolsk tid, og at de gjorde ved midten av 1400-tallet, da dekanen Svein Eriksson fikk gjennomført omfattende arbeider med innredningen. Men når var denne ordningen kommet i stand og hvorfor? Av de bevarte eiendomsregistrene for kirken som kom i stand i tiårene rundt 1400 (de såkalte «Trondenes-jordebøkene» se nedenfor), fremgår det at fem av de seks underliggende kirkene var utstyrt med hvert sitt «ából» eller «åbøle», dvs. prestegård. I høymiddelalderen bodde tydeligvis prestene ved sine respektive menighetskirker. Trygve Lysaker har reist som hypotese at ordningen ble innført i tiårene etter 1349, som et tiltak for å møte den utrygge situasjon som både befolkningsreduksjonen og andre faktorer skapte.[23] Én ting var at pestepidemiene i seg selv gjorde innhogg både blant menighetene som skulle betjenes og blant presteskapet som skulle stå for tjenestene. I tillegg førte tallrike innfall av russere og karelere fra slutten av 1200-tallet av, til en stadig mer utrygg situasjon. I tidsrommet 1250 – 1385 kjenner vi til åtte slike episoder, og dessuten to på 1400-tallet.[24] Av de islandske annalene fremgår det at Bjarkøy-ættas setegård ble brent i 1323, i Erling Vidkunnssons tid som drottsete.[25] Og i 1349 omtales «Ofridr micill j Noregs kongs riki af Rysvm, eytt og brent Haloga land nordan at Biarcey.» Enten i samme år eller i 1386 ble kirken og prestegården i Lenvik brent, noe som også kommenteres i jordebøkene («Abølet … er Kyrialer brændo»).[26] Et gjenværende, fysisk uttrykk for denne ufredstida er de befestningsverkene som fortsatt i dag kan iakttas rundt Trondenes kirke og som trolig ble reist i denne tida. Det er derfor naturlig å tenke seg at prestene har søkt sammen på Trondenes, som var befestet og bød seg frem som et atskillig tryggere oppholdssted enn de enkelte prestegårdene rundt omkring i bygdene. Hver for seg kunne menighetene vanskelig mobilisere særlig mange mann til forsvar, bosetningsreduksjonen og folketapet tatt i betraktning. Russernes og karelernes tokt bunnet i norsk-russiske konflikter om handels- og skattleggingsrett, som trolig ble skjerpet av den tiltakende norske fiskeværskoloniseringen i kyst-Finnmark og hadde sine paralleller i tilsvarende norske ekspedisjoner den andre veien, mot Kvitsjø-området.[27] De væpnede aksjonene fra russernes og karelernes side synes derfor i stor grad å ha vært innrettet mot institusjoner og innretninger som ble oppfattet som uttrykk for norsk stats- og kirkemakt.

Men om nå bakgrunnen for kollegiatkirke-ordningen i seinmiddelalderen synes klar, – hvordan var det egentlig med den lokale kirkeorganisasjonen her nord i høymiddelalderen, og særskilt i den første perioden etter etableringen av kirken på Trondenes? Er det mulig å si noe om hvilke rammer de kirkelige tjenestene ble utøvd innenfor i denne tidlige fasen? Og hvordan var egentlig forholdet mellom Trondenes-kirken og de andre kirkene i området, som fra andre halvdel av 1300-tallet ble betraktet som «underliggende kapellkirker»? Kan det rett og slett tenkes at kollegiatkirkesystemet fra seinmiddelalderen også hadde forbilder i eldre lokal kirkeskikk, hvor én eller flere kirker til tider ble betjent ut fra en «hovedkirke»? Det er slike spørsmål vi skal ta med oss, når vi nå retter blikket mot den eldre perioden. I denne analysen er vi i stor utstrekning nødt til å basere seg oss på retrospektive slutninger ut fra strukturtrekk i de bevarte «Trondenes-jordebøkene». Vi starter derfor med en kort presentasjon av dem.

«Trondenes-jordebøkene»

De registrene som ofte går under navnet «Trondenes-jordebøkene» er fire lister med jordeboksopptegnelser som alle er trykt i *Diplomatarium Norvegicum, bd. VI* (nr. 198, 274, 302 og 356). De er dessuten gjengitt i faksimile og transkripsjon ved *Didrik Arup Seip* i det lokalhistoriske tidsskriftet *Håløygminne* for 1954. Kun én av listene – nr. 356 – inneholder noen direkte tidfesting, i og med at den selv relaterer seg til år 1400: «Anno domini m° c°c°c°c°». Det dreier seg om en ubeseglet liste over hvilke gårder som ble overdratt til selve hovedkirken mens *Gudmund Petersson* var prest der. Mens de tre andre registrene oppgir både gammel skyld og ny,

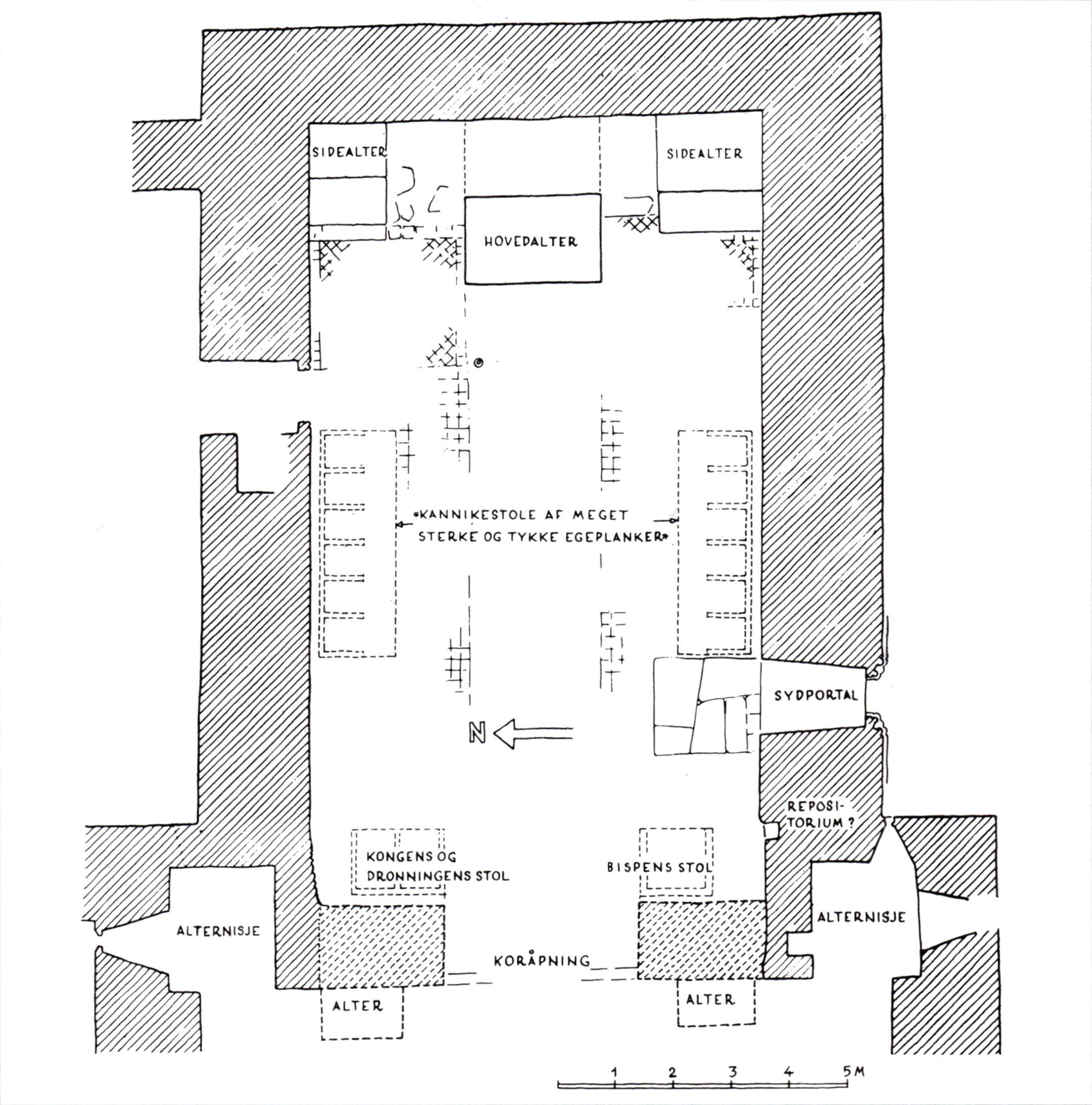

Grunnplan av koret i Trondenes kirke rekonstruert av Arne Berg, med seinmiddelalderens inventar inntegnet. (Gjengitt etter Årbok for Foreningen til norske fortidsminnesmerkers bevaring 1981.)

The ground plan of the choir in the church at Trondenes reconstructed by Arne Berg indicating the interiors of the late medieval period.

nedskrevet skyld for en rekke gårders vedkommende, opererer denne listen bare med én type skyldoppgaver. Siden «Guðmundr prestr a Þrondar nese» også er kjent fra et diplom utstedt i samband med et bryllup i Vågan i 1335,[28] dreier det seg trolig om en seinere avskrift av notater satt opp under eller rett etter Gudmund Peterssons funksjonstid på 1330- og trolig 1340-tallet.[29]

De tre andre registrene skiller seg fra denne listen ved at de også omfatter eiendommer tilhørende de andre middelalderkirkene i Sør-Troms, i tillegg til Trondenes. Det mest utfyllende i så måte er DN VI, nr. 302 – som har form av et åpent brev utstedt av domkapitlet i Nidaros, og med domkapitlets segl vedhengende. Det oppgir også jordegodset til *Ibestad, Kvæfjord, Bjarkøy, Tranøy, Sand* og *Lenvik* kirker, som presenteres som «underliggende kapellkirker». Etter registrets egen ordlyd omfatter det eiendommer som «gefnar varo firir stora mandaudhan.» De eiendommene som var blitt overdratt etter pestkatastrofen står derimot oppført i årtidsboken og messeboken der nord, heter det: «En þær jarder som eptir stora mandaudan vaaro giæfnar, standa þar norder scrifwader jnne j alltiids bookene oc messo bookene». Forøvrig er oversikten over hovedkirkens gods redigert slik at det til sist inneholder en liste over de eiendommer som kom under Trondenes mens presten «sira Juar frugge sang þar.» En av de siste innførslene i denne delen av registret lar seg indirekte, ved sammenlikning med Aslak Bolts jordebok henføre til erkebiskop *Jørunds* styringstid 1287–1309.[30] Kombinert med opplysninger om andre presters funksjonstid gir dette grunnlag for å plassere Ivar Frugges periode til en gang mellom 1291 og 1321.[31] Disse separate oversiktene fra de to prestenes embedstid gir dermed for hovedkirkens vedkommende mulighet for å følge forløpet av godstilveksten mer i detalj gjennom de siste 50–60 år før Svartedauen (mer nedenfor, s. 267 f.).

De to øvrige listene fremstår som *partielle redigeringer* av oversiktene i de to første dokumentene. DN VI nr. 274, som også er utstyrt med domkapitlets segl, gir en oversikt over godsmassen til *Trondenes, Tranøy* og *Lenvik* kirker. For de to sistnevnte kirkene opererer denne listen med flere og kraftige skyldnedsettelser enn både nr. 198 og 302, så det er rimelig å anta at dette registret reflekterer et seinere stadium, da ettervirkningene av folketapet hadde ført til en ytterligere reduksjon av inntektene.[32] Listen skjelner for enkelte gårders vedkommende mellom fabrica- og mensal-gods og takserer det sistnevnte («presttaka») i penger.* Det er også verdt å merke seg at denne listen inkluderer de fleste gårdpartene som ble donert i Gudmund Peterssons embedstid, mens den ikke har med noen av de overdragelsene som skal ha skjedd i Ivar Frugges tid. Dette tyder på at det har eksistert et eldre, separat forelegg over gods som var ervervet av Trondenes-kirken *før* Ivar Frugges periode, og som har vært tilgjengelig både ved utarbeidelsen av nr. 274 og 302, – men samtidig må Ivar Frugge-oversikten også stamme fra en separat kilde, eventuelt i form av innførsler i en messebok eller liknende. For Lenvik kirkes vedkommende dateres det siste notatet i dokumentet til 1347.[33]

Den siste registret, nr. 198, som også er uten segl, omfatter eiendommer tilhørende *Trondenes, Sand, Tranøy* og *Lenvik* kirker. Godsmassen er langt på vei samsvarende med den vi finner i det fyldigste registret (nr. 302). Listen utmerker seg ved å inkludere alle de eiendommene (på én nær) som er omtalt i Ivar Frugge-fortegnelsen, samt sju av 18 eiendomsparter i Sør-Troms som ble overdratt i Gudmund Peterssons tid.[34] De forelegg som har vært anvendt synes derfor i prinsippet å ha vært de samme som var tilgjengelige for domkapitlet da det utformet sitt åpne brev med den fyldigste oversikten. Men nr. 198 skiller seg fra de øvrige registrene ved at det oppviser den desidert største lokalkjennskapen. Gårdene og eiendomspartene relateres ofte til hverandre, og samtidig til mer overordnede område- eller fjordnavn. For Trondenes-kirkens vedkommende opererer listen dessuten med en helt annen rekkefølge på eiendommene enn de øvrige, nemlig etter geografisk beliggenhet. Registret synes derfor å være satt opp av person(er) med god kjennskap til den lokale geografien, og trolig av folk bosatt i gjeldet eller med lang tjenestetid der.

Både i nr. 302 og nr. 274 er derimot rekkefølgen på innførslene slik at eiendomsparter uten proveniensopplysninger føres opp først, med opplysninger om gammel (og ny) skyld), samt tidvis angivelse av hvor stor andel av gården eiendommen utgjør (eks.: «tweir luter eignar», «fimtunger eignar», «half eign»). For hver kirkes eiendomsoversikt opptrer innførslene med de rikholdigste proveniensopplysningene – om hvem som har overdratt eiendommen og hvorfor – mot slutten. Dette gir grunn til å tro at listene for hver kirkes vedkommende stort sett reflekterer en kronologisk rekkefølge, etter tidspunkt for eiendomservervelsen. En innførsel under Bjarkøy kirke i nr. 302 gir holdepunkt for en absolutt datering. Her opplyses det nemlig at én part i gården *Leirvåg* (Bja. 19) var blitt overdratt i 1264, som sjelegave fra lendmannen *Erling Ivarsson* av Bjarkøy-ætta.[35] Deretter var det blitt betalt for denne eiendomsparten i tretten vintre. Det opprinnelige notatet som lå til grunn for innførslen, kan på denne måten dateres til 1277. Dette gir grunn til å tro at de overdragelsene som er best belagt med proveniensopplysninger, stammer fra siste halvdel av 1200-tallet og seinere.

Hittil har vi drøftet *registrenes tilblivelseshistorie* og *den indre sammenhengen mellom deres ulike deler*. En må imidlertid til en viss grad skjelne mellom denne diskusjonen og en datering av selve de overleverte dokumentene, slik de nå er bevart som hele eller delvise avskrifter av tidligere forelegg. Selve tidfestingen av de tre udaterte dokumentene slik de er trykt i diplomatariet har også vakt atskillig diskusjon. Utgiverne daterte selv nr. 198 (den «lokalkjente») til omkring 1350, nr. 274 til ca. 1370 og nr. 198 (domkapitlets åpne brev) til tidsrommet 1370–80. Alle som har gransket dokumentene i ettertid, slik som *Oluf Rygh, Gustav Indrebø, Didrik Arup Seip, Eirik Kårstad* og *Andreas Holmsen*, har imidlertid konkludert med at de må være yngre, til dels avskrifter fra tidlig 1400-tall av tidligere dokumenter.[36] Til grunn for dette ligger både en analyse av selve *skriften* og av *målformen*, hvor særlig nr. 198 viser mellomnorske trekk. Ut fra slike kriterier plasserte Seip i «Håløygminne»-artikkelen fra 1954 både nr. 198 og nr. 274 som «sikkert yngre enn 1400.»

I sin undersøkelse for Det nordiske ødegårdsprosjekt konkluderte Kårstad med at *registrene må ha blitt til en gang mellom 1370 og 1400*.[37] Til støtte for dette pekte han på at godsfortegnelsene sannsynligvis må ha blitt til i periode da domkapitlet i fellesskap rådet over gjeldet, det vil si før kan-

* Fabricagods var jordegods øremerket til vedlikehold av en kirke, til forskjell fra det såkalte mensalgods (av lat. mensa = bord) som lå til prestens embete – prestebordet, og hvis avkastning skulle gå til underhold av presten.

niken Eskills tid, siden han satt med Trondenes som prebende på det tidspunkt han ble utnevnt til erkebiskop. Mer presist fremhevet Kårstad tidsrommet 1382–1402 som særskilt aktuelt, siden erkebispembedet da var bekledd av utlendinger, og domkapitlet må antas å ha tatt seg av de administrative gjøremål i erkestiftet. Nr. 274 og nr. 302 kan da etter hans mening tentativt dateres til de siste to tiårene før 1400, mens nr. 198 – som ut fra språklige kriterier synes noe yngre – kan være fra omkring 1400.[38]

I en artikkel fra 1978 synes Andreas Holmsen på generelt grunnlag å være enig i Kårstads datering, men samtidig gikk han et skritt videre og søkte en enda mer presis tidfesting for et par av dokumentene.[39] For det første trakk han fram at nr. 198 («den lokalkjente listen») trolig måtte være yngre enn avskriften av Gudmund Petersson-oversikten (nr. 356), siden den derfra hadde hentet eiendomsopplysningen om gården lille Skånland, som mangler i de to andre dokumentene. Dernest fokuserte han på opplysningen om karelernes brenning av Lenvik prestegård. Skulle denne opplysningen ha noen mening i en jordeboks- og inntektssammenheng, måtte det etter Holmsens oppfatning være fordi det fortsatt hadde betydning for en vurdering av gårdens verdi, og det kareler-angrepet det siktes til, kunne derfor ikke søkes så langt tilbake som i 1323 eller 1349. I steden ville han sette det i samband med et tilsvarende herjingstokt, omtalt i annalene for 1386.[40] Siden opplysningen om brenningen finnes i nr. 198 og nr. 302, men ikke i nr. 274, kunne dette gi i en *terminus ante quem** for sistnevnte avskrift. På dette grunnlaget satte Holmsen nr. 274 i samband med domkapitlets begynnende arbeid med å omdanne Trondenes til et kannikgjeld i 1380-årene. Den tidligere nevnte vurdering av *presteinntektene* som dokumentet omfatter, fremstår dermed som et naturlig ledd i domkapitlets undersøkelser av hvor innbringende prestegjeldet var, og denne innsnevringen av det aktuelle tidsrommet samsvarer godt med Kårstads mer generelle daterings-begrunnelse. Den «lokalkjente» listen nr. 198 vil Holmsen derimot knytte til Eskills tid, trolig istandbragt rett etter 1400 eller i løpet 1400-tallets første tiår, som et hjelpemiddel for ham. (Eskill var på forøvrig på visitas i Hålogaland allerede i 1408.[41]) Ut fra en generell realhistorisk vurdering, som knytter an til det som foran er anført når det gjelder bakgrunnen for opprettelsen av kannikgjeldet og etableringen av prestekollegiet på Trondenes, fremstår både Kårstads datering og Holmsens presiseringer som plausible.

Kirkegodsets og kirke organiseringens tidlige historie

En opprinnelig kjerne av tidligere høvdinggods?

I analysen av kirkegodsets tilkomst og den tidligste kirkeorganisasjonen i Sør-Troms blir det i første rekke «Trondenes-jordebøkene» vi må forlite oss på. Spørsmålet blir hvilke tilbakeskuende slutninger det er mulig å trekke m.h.t. opphavshistorien ut fra studier av kirkegodsets seinere struktur. I denne sammenheng må vi også trekke inn Aslak Bolts jordebok fra 1432–35 med dens oversikt over erkesetets eiendom «J Throndaness fylke». Det er svært sparsomt med skriftlige kilder som uttaler seg direkte om kirkenes tilblivelseshistorie eller tidlige historie. Det innskrenker seg til to kildesteder. For selve Trondenes-kirkens vedkommende dreier det seg om et utsagn i håndskriftet «Morkinskinna». I den versjonen av «mannjevningen» mellom kongene Sigurd Jorsalfare og Eystein Magnusson som dette sagaverket bringer, legges kong Eystein følgende ord i munnen: «*A Þrandarnesi let ek oc kirkiu gøra oc lagðag fe til.*»[42] Det er imidlertid bare Morkinskinna som bringer denne opplysningen. I de øvrige sagaverkene som har tilsvarende oppsummeringer av Eysteins innsats, slik som Fagrskinna, Theodoric munks verk og Heimskringla er det bare tale om de øvrige tiltak som blir tilskrevet kongen: Munkeliv kloster med Mikaelskirken, byggearbeider på kongsgården i Bergen med Apostelkirken, Nikolaskirken i Nidaros, Vågan kirke, samt kirke, befestningsverk og havn ved Agdenes.[43] Faktisk er det bare befestningsverket eller skansen på Agdenes og kirken i Vågan som nevnes i alle fire verk.[44] En kan derfor ikke se bort fra sammenblanding, særlig siden flere av sagaversjonene har tilsvarende formuleringer for Agdenes' og Vågans vedkommende som den Morkinskinna benytter om Trondenes.[45] De fleste later likevel til å ha akseptert Morkinskinnas opplysning.[46] Som *Håvard Dahl Bratrein*[47] har påpekt, kan en heller ikke utelukke at Morkinskinna kan ha fanget opp en korrekt tradisjon, siden dette sagaverket også er alene om å tilskrive Eystein to andre tiltak, nemlig bygging av rorbuer i Vågan, og overdragelse av gods til Munkeliv, der det siste blir bekreftet av diplommateriale.[48] Eystein står dessuten sammen med sine brødre om utstedelsen av en rettarbot til håløygene vedrørende avgifter på Lofotfisket og almenningene på Hålogaland.[49] Sammen med den uomtvistede kirkebyggingen i Vågan og i Bergen synes dette tiltaket å bære bud om et generelt engasjement for den ekspanderende tørrfiskproduksjonen nordpå og samkvemmet med Bergen.[50] Ut fra en slik generell vurdering er det derfor ikke urimelig at Eystein har engasjert seg i å få reist en kirke på Trondenes også.

Det andre kildestedet med relevans for den tidlige kirkeorganiseringen i Sør-Troms, er en passus i det kompilatoriske islandske håndskriftet «Rímbegla», som tradisjonelt dateres til ca. 1170, eller i hvert fall før 1200. Her heter det under en oppramsing av «eyjar fyrir Hálogalandi» at Lenvik kirke betraktes som den nordligste i verden («Fyrir sunnan Malangr stendr kirkja, er heitir i Lengjuvik, er menn hyggja norðasta i heiminum»).[51] Anleggstiden for Lenvik kirke må således seinest kunne settes til de siste tiår før 1200.

På grunn av den sparsomme kildesituasjonen har vi heller ingen direkte utsagn om at Trondenes i utgangspunktet hadde status av *fylkeskirke* eller *hovedkirke*. Flere forfattere, deriblant Trygve Lysaker, har imidlertid gått ut fra det, og det finnes flere seinere indikasjoner som gjør det rimelig. I seinere kilder, som f.eks. Aslak Bolts jordebok, blir hele Sør-Troms – fra Kvæfjord og Tjeldsundet i sør til Gisundet i nord – kalt «Throndaness fylke» med navn etter den seinere hovedkirken. I «Þingasaga», som skildrer begivenheter som skal være omtrent samtidige med kirkeetableringen, karakteriseres også «Þrandarnesþing» som et fylkesting, selv om det der er uklart hvor omfattende «fylket» er, og om forfatter-

* Terminus ante quem betyr «tidspunkt før hvilket», – med andre ord det seinest mulige tidspunkt for tillkomsten av en kilde eller for fullendingen av en prosess.

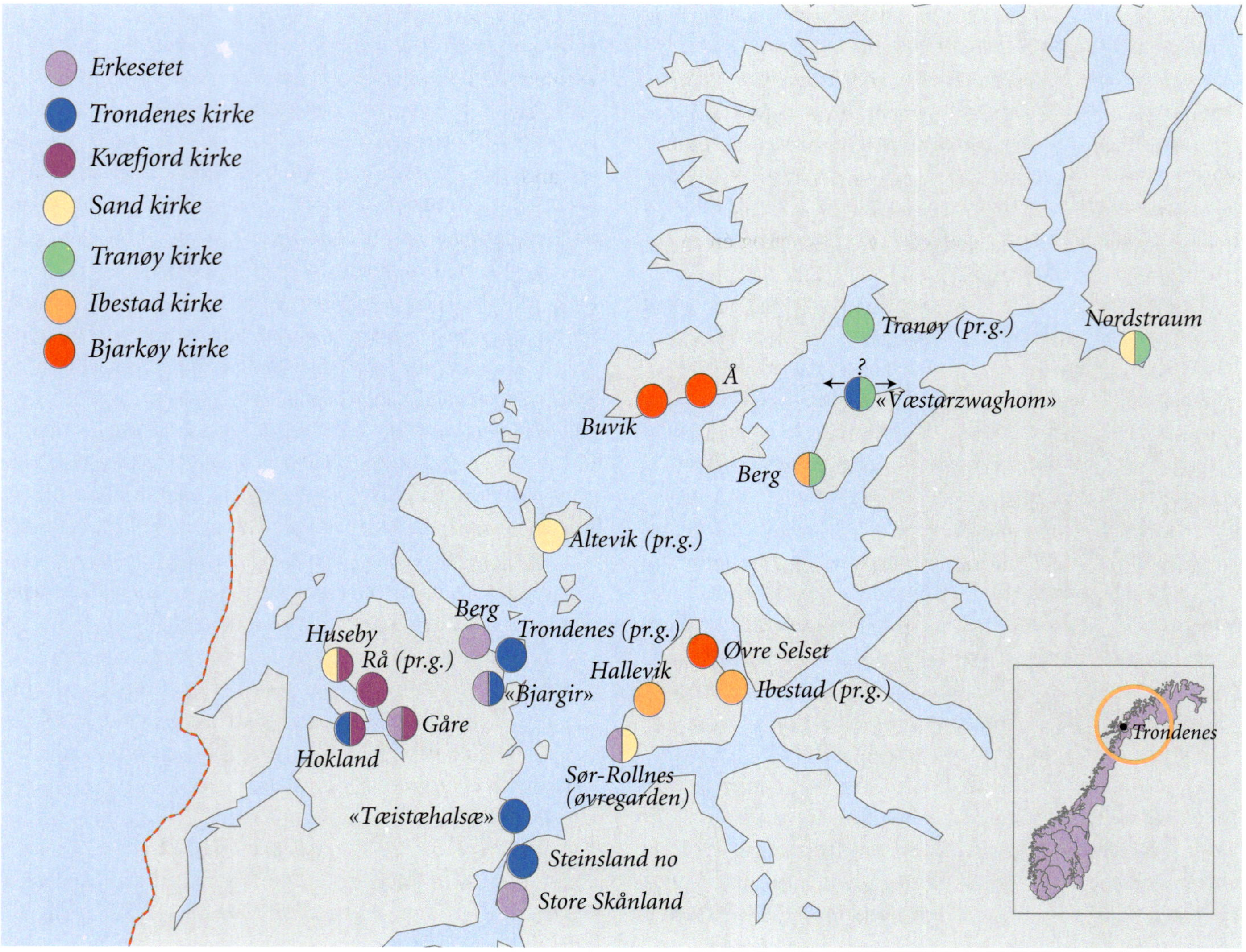

Kirkelig heleie og kombinert eie i Sør-Troms

Landed property under full church ownership and mixed ownership in South Troms.

en antar at Trondenestinget kan ha hatt funksjoner for hele «Hålogaland fylke» som sådan.[52] Trolig har det på det tidspunkt sagaen ble skrevet, hersket uklarhet om utviklingen av fylkesskipnaden på Hålogaland.[53] Som vi skal se nedenfor, finnes det i tillegg trekk ved kirkegodsets struktur som synes å indikere at Trondenes fra starten av fylte rollen som *hovedkirke*, med omtrent tilsvarende funksjoner som fylkeskirkene i Trøndelag.

Ifølge sagamaterialet (Heimskringla) var Sør-Troms ved inngangen til historisk tid dominert av én høvdingeslekt, delt i to greiner som hadde tilhold henholdsvis på Bjarkøy og på Trondenes. I henhold til Snorres beretning om den såkalte «Selsbane-episoden» kom arvtakeren til høvdingsetet på Trondenes, *Asbjørn Sigurdsson*, på kant med kong Olav Haraldsson som hadde nedlagt forbud mot korneksport nordover, noe som førte til at Asbjørn drepte kongens årmann på Avaldsnes. Til gjengjeld ble han selv drept av kongens styringsmann på Hålogaland. På bakgrunn av denne episoden har flere forskere sett det slik at Trondenes-greinas eiendommer og underliggende herligheter ble konfiskert av rikskongen i samband med dette oppgjøret, og at det var noe av dette godset som Eystein Magnusson seinere overdro til Trondenes-kirken i samband med opprettelsen tidlig på 1100-tallet.[54]

Spørsmålet blir derfor om noe av dette opprinnelig dotert* godset lar seg etterspore ad retrospektiv vei? Med utgangspunkt i de metodiske prinsipper som Andreas Holmsen og Halvard Bjørkvik har etablert og benyttet ved andre rekonstruksjoner av tidlig krongods og sannsynlig konfiskert stormannsgods, skulle vi forvente å finne slikt gods i form av gårder i *kirkelig heleie*, lokalisert rundt de antatte tidligere stormannsgårdene.[55] Dersom vi nå gjennomgår «Trondenes-jordebøkene» på utkikk etter gårder som *eies fullt og helt av én enkelt kirkelig institusjon*, blir imidlertid resultatet noe blandet, med både noen store, sentrale gårder og noen middels, uten påfallende konsentrasjon om det tidligere høvdingsetet (tabell neste side). Med unntak av selve Trondenes-gården og de fem andre gårdene som var utlagt som prestegårder for de enkelte kirkene, er det kun tre gårder langs Tjeldsundet, noe sør for Trondenes som merker seg ut med noen størrelse: *nordre Steinsland*, *store Skånland* og den forsvunne «*Tæistæhalsæ*» (ved Halsebø). Men i tillegg eies nabogården *Berg* ved Bergsvågen straks vest for Trondeneshalvøya fullt og helt av erkesetet, i følge Aslak Bolts jordebok. Og det samme gjaldt trolig én av de tre *Harstad*-gårdene, – enten *nedre* eller *nordre* Harstad.[56] De øvrige gårdene i kirkelig heleie utmerker seg hverken ved særlig størrelse eller konsentrasjon omkring det tidligere høvdingsetet, men ligger spredt omkring.

* Dotering eller dotasjon betyr forœring, gave, og brukes vanligvis for å betegne det opprinnelige jordegodset overdratt til en kirke eller kirkelig institusjon i samband med grunnleggingen.

Men bildet blir annerledes når vi utvider perspektivet og trekker inn gårder med *kombinert kirkelig eie*, det vil si de tilfellene hvor *to kirker eller kirkelige institusjoner i fellesskap eier gården(e) fullt ut.* I et slikt perspektiv må vi for det første inkludere eiendommer som ligger til nabokirkene Kvæfjord, Sand og Ibestad, men ikke minst må vi trekke inn erkesetets gods slik det er dokumentert i Aslak Bolts jordebok, og se på hvilke gårder som eies i fellesskap av erkesetet og én av lokalkirkene. Seinere overdragelser, hvor vi har dokumentert proveniensen, må selvsagt holdes utenfor. Tabellene s. 264 viser hvilket resultat vi da kommer til.

På kartet, s. 262 er det gitt en oversikt over hvilke gårder som kommer ut som kirkelig heleie, når en på denne måten legger til grunn både de som eies fullt ut av én kirke eller institusjon, og de som eies av to og to kirker/institusjoner i lag. Det er i første rekke regionens sørvestre hjørne, rundt selve Trondenes-gården, nedover i Tjeldsundet og i den sentrale delen av Kvæfjord som peker seg ut som interessant, i tillegg til enkelte gårder rundt Vågsfjordbassenget. Det er tydeligvis her vi må søke kjernen i kong Eysteins dotering. I tillegg til den omtalte Berg finner vi i Trondeneskirkens umiddelbare nærhet to (av i alt tre) bruksenheter av den forsvunne gården «*Bjargir*», som må ha ligget ved Harstad og Sama.[57] Lengre sørover, ved utløpet av Tjeldsundet eide Trondenes-kirken hele den forsvunne «*Tæistæhalsæ*», trolig et delingsprodukt av en opprinnelig gård «Halsar», hvor navnet er bevart i den seinere formen Halsebø. I tillegg kom trolig «Øvergården» av *Sør-Rollnes* på Rolla, hvor erkesetet og Sand kirke synes å ha eid hver sin halvpart. Ellers kan man også merke seg *Altevik* på Sandsøya, som i jordebøkene figurerer som prestegård til Sand kirke.

Et interessant trekk ved flere av disse gårdene er det som framtrer som *et komplementært sameie eller andelseie* mellom lokalkirkene Trondenes, Kvæfjord og Sand på den éne siden, og erkesetet på den andre. Særlig klart kommer dette til uttrykk gjennom en forholdsmessig fordeling av eierandelene i de to like store delingsproduktene av den opprinnelige gården «Bjargir», som på dette tidspunkt må ha vært tredelt. Her disponerte erkesetet en femtedel av «*Samabiorghom*» og Trondenes-kirken de øvrige 4/5, mens forholdet var omvendt i «*Midbiorghom*».[58] Noe liknende var tilfelle med kirkens eiendom i «*Gotastadhom*» i Kvæfjord, en gård som i nyere tid ble kalt *Gåre* og utgjorde to matrikkelgårder. Forholdene i middelalderen er likevel ikke så oversiktlige som for «Bjargirs» vedkommende. Også denne gården ser ut til å ha vært delt i tre driftsenheter.[59]

Dette peker i retning av et opprinnelig «hopehav» for deler av den opprinnelige overdragelsens vedkommende. Sett i lys av Eysteins og Sigurds generelt positive politikk overfor kirken[60], kan en godt tenke seg etableringen av kirken på Trondenes som et samarbeidsprosjekt mellom kongen og Nidaros-bispen.[61] Kongen kan da i denne sammenheng ha overdratt gods til kirken og bispestolen under ett, eller med en viss fordeling mellom dem.[62] Hopehavet kan også ha forbindelse med at det i denne fasen måtte herske et særlig forhold mellom biskop og fylkes-/hovedkirkene, som jo utgjorde et nøkkelledd i den regionale kirkeorganisasjonen som biskopene søkte å bygge opp. Den mer eksakte fordelingen mellom lokalkirkene og bispestolen kan ha blitt gjennomført seinere, muligens etter opprettelsen av erkesetet og eventuelt i samband med en reorganisering av de lokale kirkeforholdene seinere i århundret.

Gårder eid fullt og helt av én kirke/kirkelig institusjon (lokalkirke eller erkesetet)

Herred:	*Gnr.:*	*Gårdsnavn:*	*Eier:*	*Eiendomsandel:*	*Hma.-landskyld:*
Trond.	16.	Skånland store	AB	2/3 av *hele navnegården**	13 sp.
Trond.	58.	Harstad nedre?	AB	1/1 ?	9,5 sp.
Trond.	76	Berg	AB	1/1	12 sp.
Trond.	12	Steinsland	Tro. krk.	1/1	?
Trond.	39	Halsebø («Tæistæhalsæ»)	Tro. krk.	1/1	12 sp.
Trond.	64.	Trondenes(pr.g.)	Tro. krk.		12 sp.
Kvæ.	54	Rå (pr.grd)	Kvæfj.krk.		12 sp.
Bja.	2	Buvik	Bjrk.krk.	1/1	3 sp.
Bja.	30	Altevik(pr.grd)	Sand krk.		7 sp.
Ibst.	93	Selset øvre	Bjrk.krk.		5 sp.
Ibst.	88–90	Ibestad(p.grd)	Ibst.krk.		9 sp.
Ibst.	101	Hallevik	Ibst.krk.		1 sp.
Tranøy	12	Å	Bjarkøy krk.	1/1	6 sp.
Tranøy	18	Tranøy(p.grd)	Tranøy krk.		9 sp.
Len.	36	Lenvik(p.grd)	Lenvik krk.		8 sp.

* I AB er Skånland nevnt først blant erkesetets eiendommer «J Throndaness fylke», med opplysning om at landskylda 13 spann utgjør «ij luter eignar». Siden både OE og seinere kilder godtgjør at erkesetet eide *hele* store Skånland (gnr. 16), sikter opplysningen trolig til 2/3 av den opprinnelige navnegården lille og store Skånland (gnr. 15/16). Dette stemmer omtrent med skyldoppgavene, både fra hma. og etterreformatorisk tid; henholdsvis 13 av minimum 17 spann i alt (maks. 74 %), og 4,5 av i alt 6,5 våger (69 %). Størstedelen av lille Skånland ble i hma. overdratt til Trondenes-kirken.

Gårder eid fullt og helt av to kirkelige institusjoner i fellesskap (lokalkirke + erkesetet)

Herred:	*Gnr.:*	*Gårdsnavn:*	*Eier:*	*Eiendomsandel:*	*Hma.-landskyld:*
Trond.	62/63	«Samabiorghom»	AB	1/5	1 sp.
			Tro.krk.		4 sp.
Trond.	62/63	«Midbiorghom»	AB		4 sp.
			Tro.krk.	1/5	1 sp.
Kvæ.	51	«Gotastadhom»	AB		5,25 sp.*
		«af nedrag.»	Kvæfj.krk.		1,5 sp. (?)
Kvæ.	51	«Gotastadhom»	Kvæfj.krk.		3,5 sp.
Kvæ.	51	«Gotastadhom»	AB		0,5 sp.
		«af øfrag.»	Kvæfj.krk.		4 sp.
Trond.	1	Sør-Rollnes ?	AB		4 sp.**
		«j øfra grd.»	Sand krk.		4 sp.

* Kvæ. gnr. 51 Gåre, identisk med jordebøkenes «Gotastaðir», synes i høymiddelalderen å ha vært delt i tre bruksenheter, hvorav to («øfragarð» og «nedragarð») var eid i fellesskap av Kvæfjord kirke og erkesetet. I den tredje ervervet erkesetet seg seinere 5,5 spannsleier ved kjøp.

** Trond. 1 Sør-Rollnes synes allerede fra høymiddelalderen å ha vært delt i to bruksfellesskap: «Øvergården» og «Nergården» (Lysaker 1956:11). I «øfra gardenom» eide *Sand kirke* i følge DN VI mr. 198 en part på 4 spannsleier, som utgjorde 1/3 av eiendommen. I DN VI nr. 302 oppgis imidlertid andelen til 1/4 av eiendommen. I AB henføres erkesetets part på 4 spannsleier til Rollnes «sydra vel nørdra», noe som tyder på at delingen i to bruksenheter hadde ført til usikkerhet og mulig sammenblanding med Nord-Rollnes (Ibst. gnr. 99). Dersom andelsopplysningen i DN VI nr. 302 er korrekt, kan Sand kirke og erkesetet ha delt «Øvergården» mellom seg. Alternativt kan de ha hatt eiendom knyttet til hver sin av de to bruksenhetene.

Gårder eid fullt og helt av to kirkelige institusjoner i fellesskap (2 lokalkirker)

Herred:	*Gnr.:*	*Gårdsnavn:*	*Eier:*	*Eiendomsandel:*	*Hma.-landskyld:*
Kvæ.	41	Hokland	Tro.krk.		2 sp.
			Kvæfj.krk.		1,33 sp.
Kvæ.	55	Huseby	Kvæfj.krk.		4,5 sp.
			Sand krk.		1 sp.
Dyr.	?	«Væstarzwaghom»	Tro.krk.		1 sp.
			Tranøy krk.		1 sp.
Dyr.	40	Berg	Ibst.krk.		3 sp.
			Tranøy krk.		1 sp.
Sørr.	16	Nordstraumen	Sand krk.		3 sp.
			Tranøy krk.		1 sp.

Den tidlige kirkeorganisasjonen i Sør-Troms

Når en skal vurdere hvordan kirkelivet i Sør-Troms ble organisert i det første tidsrommet etter etableringen av Trondenes, er det tre forhold som springer i øynene ut fra en analyse av kirkegodset:

For det første synes kirken på *Bjarkøy* i utgangspunktet å ha vært anlagt som en *høgjendis-kirke*, altså en privat «bekvemmelighetskirke» for stormannsslekten på det tidligere høvdingsetet. Til støtte for dette taler for det første at kirken i de seinere eiendomsregistrene ikke er oppført med noen egen prestegård («ából»). En annen indikasjon ligger i det sammensatte eiendomsforholdet til et par gårder i Ibestad (Astafjord). Gårdene *Vik* og *Laupstad* ble begge eid delvis av Bjarkøy-kirken. Samtidig viser både skiftet etter Hans Sigurdsson i 1490[63] og etterreformatoriske kilder at de *øvrige partene* av begge disse gårdene fortsatt var *adelsgods* i seinmiddelalderen og tidlig nytid, slik at de trolig også i middelalderen hadde tilhørt Bjarkøy-ætta. Eiendomsfordelingen tyder derfor på at begge gårdene opprinnelig var blitt øremerket til vedlikehold av kirken på setegården og til underhold av en prest som inngikk i stormennenes felles husholdning. Utskillingen av særskilte skyldparter til vedlikehold for kirken kan ha foregått som ledd i en seinere omorganisering, hvor det ble trukket opp fastere rammer for hva som skulle regnes som *fabrica-gods* for hver enkelt kirke.

For det andre har *Sand kirke* en avvikende eiendomsstruktur i forhold til de øvrige. Den eier gårder og gårdparter over hele Sør-Troms, langt utenfor sitt topografiske nærområde, som med rimelighet kunne tenkes å ha utgjort et geografisk avgrenset sokn for den. Sand kirke har eiendom så langt unna som i *Tennskjær* ved Malangen, *Gibostad* i Gisundet, *Nordstraumen* i Sørreisa samt *Huseby* og *Øynes* i Kvæfjord. Dessuten eide den som vi har sett også en part av *Sør-Rollnes* på sørvestenden av Rolla. Faktisk besitter den relativt lite gods i sitt umiddelbare nærområde, det innskrenker seg kun til tre gårder: Ved siden av prestegården *Altevik*, har den parter i *øvre Fenes* og *Leirvåg* på Grytøya. Mønstret er desto mer avstikkende, all den stund de fire øvrige kirkene (Kvæfjord, Ibestad, Tranøy og Lenvik) i hovedsak har sitt gods konsentrert til nærområdene. Dette bringer oss til å spekulere på om Sand kirke kan ha hatt sentrale funksjoner i en tidlig fase, *før* den geografisk definerte sokne-inndelingen var blitt gjennomført. Alternativt kan en tenke seg at Sand var blitt tilført gods av en eier med interesser spredt ut over hele fylket.

Det tredje forholdet gjelder fem gårder som eies fullt og helt i fellesskap mellom to og to kirker (se tabell s. 264). Slikt *sameie* eller *andelseie* var altså ikke innskrenket til de tilfeller hvor erkesetet var med i bildet. Av slike sameieforhold deltok Trondenes, Kvæfjord og Sand kirke i to hver, mens Tranøy var implisert i tre, og Ibestad kun i ett. Det er grunn til å understreke at dette gjelder gårder hvor de to kirkenes eiendom til sammen utgjorde hele eiendommen, og hvor vi ikke har seinere proveniensopplysninger som viser at eiendomspartene er akkumulert over tid. På sin side var hverken Lenvik – eller Bjarkøy kirke som vi har antatt hadde opprinnelig høgjendis-status – delaktige i slike parvise andelseieforhold. Samlet synes denne eiendomsstrukturen å peke i retning av at *en kjerne i den godsmassen som seinere var relatert til hver enkelt av de fem første kirkene, på et visst trinn i organiseringen er blitt betraktet under ett*, og at den mer eksakte fordelingen mellom de enkelte kirkene skjedde på et seinere tidspunkt.

Den beste forklaringen på disse observasjonene synes å være at minst to av kirkene i Sør-Troms også i grunnleggingsfasen fungerte som *underordnede kapeller under Trondeneskirken*, etter at den var blitt etablert og utpekt som kirkelig sentrum i fylket. Trondenes kan dermed ha hatt en hovedkirkefunksjon som minner om de engelske «minsters» fra tidlig middelalder, eller kontinentets «dåpskirker» fra enda eldre tid. Slike kirker var som kjent bemannet av flere klerker som bodde i kommunitet og drev pastoralt arbeid i områdene omkring, uten den klare inndelingen i geografiske ansvarsområder og den administrasjon som vi kjenner fra seinere de-

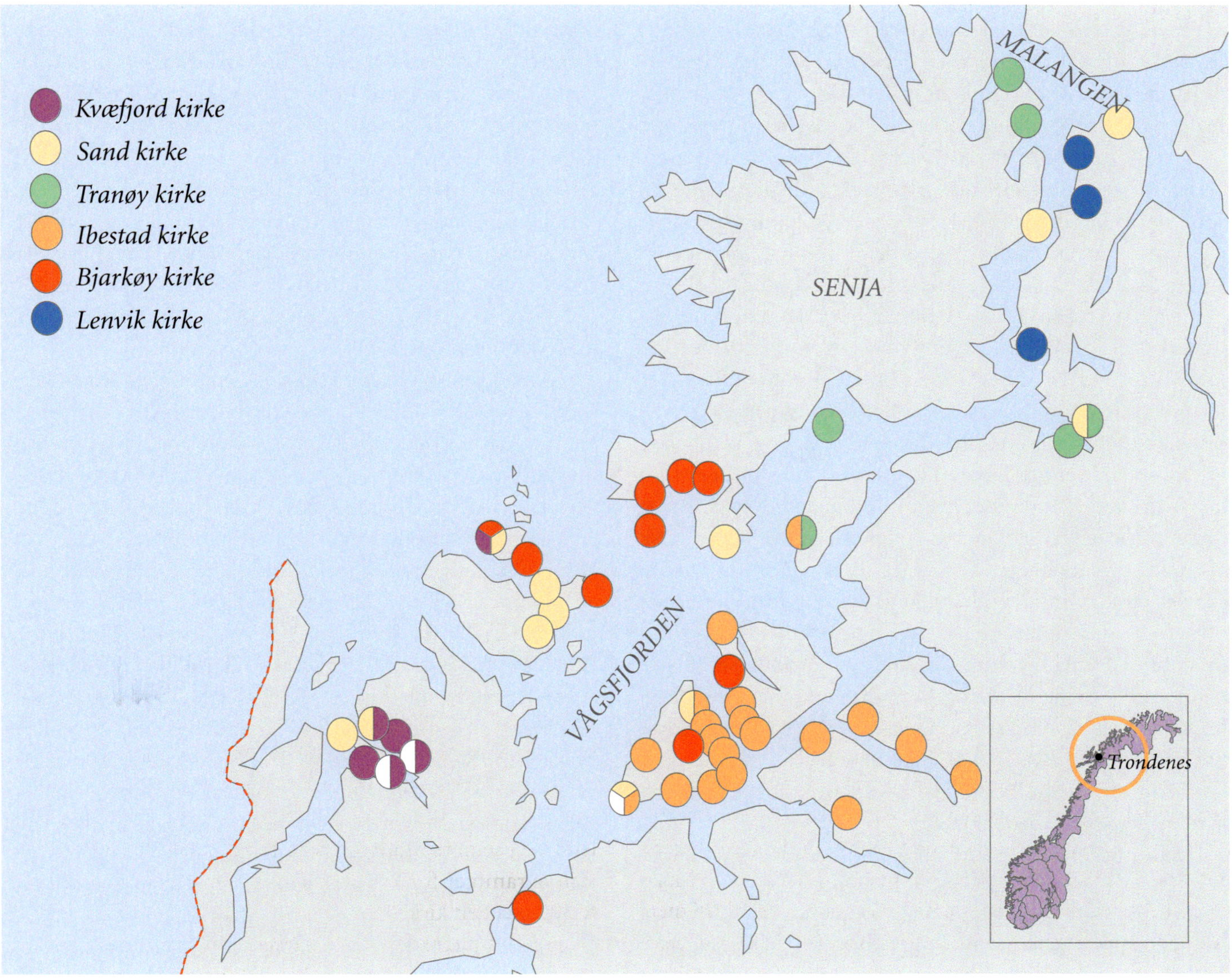

Trondenes kannikgjeld. Fordelingen av de underliggende kirkenes eiendommer.

The canonry of Trondenes. Distribution of landed property among the chapels of ease (subordinate chapels).

ler av middelalderen. Allerede Absalon Taranger, som var den første til å gjennomføre en omfattende studie av den tidlige kirkeorganisasjonen i Norge, betonte den angelsaksiske påvirkningen også i organisasjonsspørsmålet, og trakk en klar parallell mellom det engelske «minster»-systemet og det norske systemet slik han så det, med «gamle hovedkirker, yngre parochialkirker og privatkirker».[64] Gulatings- og Frostatingsloven opererer som kjent med én hovedkirke innenfor hvert fylke, Borgartingsloven med to, og Eidsivatingsloven med tre (én i hver tridjung). De fleste forskere synes også være enig med Taranger i at de såkalte «fjerdingskirker», «åttingskirker» og «herredskirker» som dessuten nevnes i Gulatingsloven, er å oppfatte som yngre soknekirker, eller i hvert fall har gått over til bli det, med tiden.[65] Ute i Europa regner man med at det gamle «dåpskirke-» eller hovedkirkesystemet var forlatt i løpet av 1100-tallet, og erstattet med det seinere soknekirkesystemet, basert på faste, geografisk avgrensede sokn.[66] Denne utviklingen settes i samband med innføringen av *tienden*, som innebar en ny regulær inntektskilde for den lokale prest og kirke. I forhold til Vestlandet synes imidlertid soknesystemet å ha slått igjennom noe seinere innenfor Frostatings område, noe som bl.a. vises ved at det omtales relativt få steder i Frostatingsloven.[67] I løpet av 1100- og 1200-tallet skjedde det imidlertid også her en oppsplitting.[68] Men så seint som i 1190 benyttet erkebiskop Eirik termen «ecclesiae baptismales» eller «dåpskirker» om fylkeskirkene i Trøndelag, da han under striden med Sverre sendte klagebrev til paven straks etter tilflukten til Lund.[69] «Ecclesiae baptismales» var den gamle tekniske betegnelsen på hovedkirker som hadde store distrikter med flere mindre kirker under seg, og selv om dette systemet var forlatt på kontinentet, måtte det som Sverre Bagge har påpekt, ut fra en reell vurdering falle naturlig for en nordmann å bruke denne termen om noe som faktisk langt på vei tilsvarte de gamle dåpskirkene.[70]

Det engelske «minster»-systemet har i de seinere år blitt underkastet fornyet granskning bl.a. gjennom arbeidene til John Blair og P.H. Hase,[71] noe som igjen synes å ha virket inspirerende på nyere nordiske og norske undersøkelser av tidlig kirkeorganisering. Både for Romerikes og Trøndelags vedkommende er det gjennomført større undersøkelser som bl.a. har klarlagt forholdet mellom tidligere hovedkirker og underordnede kirker, ikke minst når det gjelder økonomisk grunnlag og inntekter.[72] For begge disse regionene foreligger det også et omfattende kildemateriale, i form av tiendoppgaver eller opplysninger om andre kirkelige avgifter (bl.a. cathedraticum), som ved siden av jordegodset tillater økonomiske beregninger og samtidig dokumenterer seinmiddelalderlige omdisponeringer av inntektsgrunnlaget mellom de eldre hovedkirkene og de nyere soknekirkene. I Sør-Troms er vi imidlertid p.g.a. kildesituasjonen avskåret fra å benytte tilsvarende metoder.

Det finnes imidlertid tre holdepunkter for å anta at det også her har eksistert en tilsvarende struktur, med Trondenes som hovedkirke eller «minster» og underliggende kapeller: For det første det påviste hopehavet i kirkenes gods, med de parvise andelseiene. Slikt hopehav skal være typisk for forholdet mellom moderkirkene og de mindre kirkene innenfor «minster»-systemet.[73] Dertil kommer et påfallende trekk ved navngivningen av de enkelte kirker og prestegårder: Mens kirke og prestegård i de fleste tilfeller har sammenfallende navn, er dette ikke tilfelle for Kvæfjord og Sands vedkommende, slik oversikten nedenfor viser:

Prestegård:	*Kirke:*	*Tinglag:*
Trondenes (Tro. 64)	Trondenes	Fauskevåg
Rå (Kvæ. 54)	Kvæfjord	Kvæfjord
Altevik (Bja. 30)	Sand	Sand
Ibestad (Ib. 88-90)	Ibestad	Astafjord
Tranøy (Tra. 18)	Tranøy	Dyrøy
Lenvik (Len. 36)	Lenvik	Gisund

Både Kvæfjord og Sand kirker er altså utstyrt med *områdenavn* (Sand etter den 10,8 km^2 store Sandsøya), mens de øvrige kirkene har fått navn etter de *gårdene* som de ble anlagt ved, og som ble utlagt som prestegårder. De to kirkene synes altså ikke å ha hatt egen prestegård i starten. Kvæfjords og Sands karakter av områdenavn understrekes ytterligere av at disse også ble tatt i bruk som tinglagsbetegnelser fra 1500-tallet og fremover, mens tinglagene hvor de andre kirkene ligger, ikke har sammenfallende navn med kirkene.

For det tredje er det grunn til å minne om at det bare var disse to kirkene som ved siden av selve Trondenes hadde *delt eieforhold i gårder i lag med erkesetet* (tabell s. 264). Endelig kan en også peke på at det er disse to kirkene som har kortest geografisk avstand til Trondenes-kirken. Alt i alt synes det derfor å være mye som peker i retning av at Kvæfjord og Sand i den første tida etter grunnleggelsen av Trondenes har fungert som underordnede kapeller, uten egen prest på stedet. Opprettelsen av kapellet på Sandsøya, i det som må regnes som Bjarkøys umiddelbare nærområde – men likevel et stykke unna selve setegården – kan muligens oppfattes som tiltak for å markere den «offentlige» kirkeorganisasjonens tilstedeværelse og nøytralisere egenkirken på Bjarkøy.[74]

Lenvik kirke opptrer på sin side i en desidert annen posisjon. Med den klare geografiske arronderingen av godset til de nordligste delene av fylket – hvorav noe til og med på nordsida av Malangen – samt den totale mangelen på andelseie i fellesskap med andre kirker, er det rimelig å anta at dens anleggstid er seinere, og tilhører en periode hvor den faste, geografisk definerte sokneinndelingen var slått igjennom.

Tranøy og *Ibestad* kirker kommer trolig også i samme kategori som Lenvik. Riktignok har de ett trekk til felles med Sand og Kvæfjord, de fremviser noen tilfeller på andelseie sammen med andre kirker. Men har samtidig sitt gods klart avgrenset til det umiddelbare nærområdet. Når en i tillegg trekker inn samsvaret med prestegårdsnavnene og mangelen på tilknytningspunkter til erkesetets gods, er det rimelig å anta at de i likhet med Lenvik er blitt anlagt i epoken med fullt geografisk soknesystem. For Ibestad-kirkens vedkommende må det også innskytes at den ble anlagt i en etnisk og kulturell grensesone, med kontaktflate mot det indre fjordområdet som i tidlig middelalder var klart dominert av samisk bosetning. Det er derfor grunn til å tro at den også fylte rollen som misjonskirke, i tillegg til å tjene som vanlig soknekirke for den norske befolkningen, som var tettest bosatt i ytre deler av soknet.

Når kan så overgangen til det geografisk avgrensede soknesystemet ha funnet sted i Sør-Troms? Her må en langt på vei støtte seg til almenne resonnementer basert på det vi generelt vet om soknesystemets fremvekst og tiendens innføring på landsbasis. Men samtidig har vi én lokal indikasjon å gå ut fra. Håndskriftet Rímbeglas opplysning om Lenvik gir en *terminus ante quem* for denne kirkens grunnlegging, og dermed for soknesystemets definitive gjennomføring. Med grunnlag i sagaopplysningene knyttes gjerne innføringen av tienden til Sigurd Jorsalfars styringstid, og enkelte forfattere antar at den ble forsøkt gjennomført i tidsrommet 1120–1140, muligens først i Nidaros bispedømme. Med Magnus Erlingssons lovgivning på 1160-tallet fikk den trolig gyldighet for hele landet.[75] Samtidig må vi tro at selve opprettelsen av den egne norske kirkeprovinsen og erkesetet i 1152/53 også har ført til en intensivering av arbeidet med å utvikle kirkeorganisasjonen i distriktene, med en tillempning av de styringsprinsippene som lå i det universalkirkelige programmet.

Sammenholdt med Rímbeglas opplysning om Lenvikkirken, blir det derfor mest sannsynlig at *utviklingen av faste, geografiske sokn i Sør-Troms har foregått i samband med en omorganisering av de lokale kirkeforhold fra midten av 1100-tallet og fremover mot 1200.* I løpet av denne prosessen er trolig Kvæfjord og Sand blitt etablert som selvstendige kirker med nærmere avgrensede sokn, og blitt utstyrt med egne prestegårder. I denne sammenheng kan begge kirker ha fått skilt ut noe av det konfiskerte høvdingegodset som opprinnelig var lagt til Trondenes. Likeledes er både Tranøy, Ibestad og Lenvik blitt grunnlagt – kanskje nettopp i denne rekkefølgen – med klart avgrensede sokn etterhvert som de etablert.[76] Samtidig har trolig også høgjendis-kirken på Bjarkøy blitt fastere innlemmet i kirkeorganisasjonen, med klarere struktur på fabrica-godset som en følge. Seinest i løpet av denne prosessen må også erkestolens gods ha blitt formelt skilt ut, om det da ikke var skjedd tidligere, f.eks. i samband med opprettelsen av erkesetet.

Kirkegodsets tilvekst i høymiddelalderen

Ovenfor (s. 260) har vi sett at enkelte diplomopplysninger gjør det mulig å gi en avgrense funksjonstida til de to prestene *sira Ivar Frugge* og *Gudmund Petersson*, – til henholdsvis perioden 1291–1321 for den førstnevntes vedkommende, og 1330/1340-årene for den sistnevnte. Med utgangspunkt i de to separate oversiktene som knyttes til disse to prestenes tid, åpner det seg dermed muligheter for å presentere en mer finslepet kronologi for hovedkirkens godservervelse, slik det er gjort i tabellen nedenfor. For de andre, «underliggende» kirkene mangler vi imidlertid tilsvarende holdepunkter.

Det mest bemerkelsesverdige ved det forløpet som her avtegner seg, er at *såpass mye som 45 prosent av det godset Trondenes-kirken satt med ca. 1349, var ervervet som individuelle sjelegaver siden begynnelsen av 1290-årene, altså i løpet av de to siste mannsaldrene før Mannedauen.* Dette samsvarer med, og synes å konkretisere den almenne religiøse utviklingen man har ment å kunne påvise i middelalderen, nemlig at den sterkere betoningen av det individuelle ansvaret for egen sjels frelse vant fram også i bredere lag av bondesamfunnet gjennom 1200-tallet. En følge av dette var at sjelegaver ble vanligere også blant selveiende bønder, og at donasjoner til kirkelige institusjoner ikke lenger i samme grad var forbeholdt stormenn og representanter for kongemakten.[77] Selv om adgangen til fromme gaver var blitt styrket allerede med gaverettsstatuttet av 1152/53, må det i denne sammenheng også ha spilt en rolle at de konkrete oppfatningene om *skjærsilden* først fikk sitt virkelige gjennombrudd innenfor teologien på slutten av 1100-tallet.[78] Innenfor norsk lovgivning ble sjelegavenes rettsvern styrket gjennom siste halvdel av 1200-tallet, da det ble fastslått at de skulle prioriteres ved arveoppgjør, så-

Kirkegodsets tilvekst gjennom siste del av høymiddelalderen (oppgitt i spann smør)

Kirke:	*Godsmasse før I. Frugges tid:*	*Overdratt i I. Frugges embedstid:*	*Overdratt i G. Peterssons embedstid:*	*Sum ca. 1349:*
Trondenes	55,33	20,50	25,33	101, 17 sp
Kvæfjord				28, 17 sp
Sand				39, - sp
Bjarkøy				42, 17 sp
Ibestad				54, - sp
Tranøy				27, - sp
Lenvik				39, 42 sp
I alt:				330, 92 sp
Erkesetets gods i Trondenes fylke før 1349 (iflg. AB):				min 104, 25 sp
Trondenes lokalkirke-gods i etterreformatorisk tid:				
ifølge Reformatsen 1589:				164 v
ifølge Garnisons-skattemanntallet 1626:				163,67 v

ledes i Landsloven av 1274, i Eirik Magmussons store rettarbot av 1280, og i erkebiskop Jon Raudes statutt fra samme år.[79]

Etter jordeboksoppgavene disponerte altså kannikgjeldet Trondenes et jordegods som før 1350 representerte *et inntektsgrunnlag på godt og vel 330 spann smør.* Til sammenlikning eide erkesetet ved samme tidspunkt et gods innenfor samme område på om lag *104 spann.* Trondenes med underliggende kirker var altså den desidert største jordeieren i Sør-Troms, og det var i første rekke hovedkirken på Trondenes og til en viss grad enkelte av de andre lokalkirkene som ble tilgodesett med sjelegaver fra lokalbefolkningen. Den alt overveiende delen av de 47 oppgavene med proveniensopplysninger i Trondenes-jordebøkene dreide seg om gaver (44 stykker), og derav var 27 uttrykkelig *sjelegaver.* Dessuten var det to tilfeller av *jordsalg,* ett *kjøp av legstad* (gravplass) og ett tilfelle av *makeskifte.* Av de 27 eksplisitt omtalte sjelegavene var giverens navn oppgitt i 21 tilfeller. Det gjaldt 17 menn og 4 kvinner, som fordelte seg på følgende måte når det gjaldt slektsrelasjoner til den gaven gjaldt:

Gitt sjelegave for:	*Menn:*	*Kvinner:*
Seg selv:	9	-
Ektefelle:	3	2
Barn:	4	2
Frende:	1	-

De 15 proveniensopplysningene* som Aslak Bolts jordebok bringer fra «Throndaness fylke» viser en annen fordeling. Her dreide det seg om *4 gaver* (hvorav én uttrykkelig sjelegave), 5 tilfeller av *kjøp,* ett *makeskifte,* og 5 former for *betaling* av forskjellige utestående fordringer (bl.a. tiende og sakefall). Selv om tallmaterialet er lite, kan jordkjøpene tyde på at erkesetet – i hvert fall i perioder – var ute etter å utvide sitt godsgrunnlag i Sør-Troms. To av jordkjøpene knyttes til *Jon Raude* (1268–1282) og ett til *Jørund* (1288–1309). I tillegg må det ha forekommet makeskifter mellom erkestolen og domkapitlet. Mellom erkebiskop Gautes tid (1474–1510) og Olav Engelbrektsson ser det således ut til at erkestolen byttet bort sin eiendom i *Sør-Rollnes* på sørvestspissen av Rolla, mot halvparten av *Årstein* inne i Gratangen.[80] Det kan tyde på at erkesetet var interessert i å etablere et støttepunkt inne i innfjordområdet, som nettopp på denne tida utgjorde en sentral kontaktflate mellom norsk samfunnsmakt og den samiske befolkningen. Såvel misjonsaspektet som handelen med samenes produkter kan ha spilt en rolle i denne sammenheng. Både før og etter reformasjonen må det dessuten ha forekommet flere andre makeskifter. En rekke gårder hvor erkesetet har eiendom på begynnelsen av 1400-tallet, er eid av «kannikene i Thrundhiem», når vi møter dem igjen i 1500- og 1600-tallets jordebøker. Det samme gjelder gårder som bevislig lå til Trondenes eller de andre lokalkirkene ca. 1400, og som etter overdragelsen av kannikgjeldet til den nye lutherske biskopen ved reformasjonen, burde vært å gjenfinne som «bispegods» i de etterreformatiske kildene.[81]

I tida etter 1350 foregikk det selvfølgelig store endringer i kannikgjeldets inntektsgrunnlag gjennom landskyldreduksjon og midlertidig eller permanent ødelegging, men også fordi kirkegodset fikk ny tilvekst, både gjennom fortsatte donasjoner og som følge av det faktisk også foregikk en viss nyrydding allerede på 1400-tallet, ved opptak av norske gårdsbruk i tidligere samiske områder.[82] Skal en følge denne utviklingen på nært hold, forutsetter det detaljerte bosetningshistoriske undersøkelser hvor også arkeologisk prøvemateriale trekkes inn for datering, men slik granskning er foreløpig bare foretatt for deler av Sør-Troms.[83] Vi har ingen skriftlige kilder som direkte belyser den videre tilveksten i kirkegodset fram mot 1400, da nedskrivingen av Trondenes-jordebøkene foregikk. Som vi tidligere har sett, ble eiendomsoverdragelsene etter mannedauen notert lokalt, i «årtidsboken og messeboken». De første oversiktene fra etterreformatorisk tid som kan brukes til sammenlikning, består av reformatsens samle-overslag i 1589, og de generelle jordebøkene fra første halvdel av 1600-tallet.[84] I tillegg gir selvsagt *leidangslista fra 1566–67* beskjed om hvilke gårder som var i drift ved dette tidspunkt, når vi ellers kjenner eiendomsforholdene fra andre kilder.[85]

På dette grunnlaget har *Eirik Kårstad* studert tilveksten i kirkegodset i seinmiddelalderen, fram mot to måletidspunkt, henholdsvis 1567 og 1661, da en har fullstendig oversikt i landkommisjonens jordebok. Kårstad fant at kirkegodset oppviste en høy grad av stabilitet: De bevarte deler av det gamle godset utgjorde i 1661 64 gårder, med en samlet skyld på ca. 88 våger. 19 gårder eller parter var gått tapt. Men samtidig var det kommet 81 nye gårder i tillegg, med en samlet skyld på rundt 97 våger. Hele 51 av de 81 nye gårdene var kommet til før 1567, etter Kårstads mening trolig før reformasjonen. Fram til 1567 foregikk tilveksten hovedsaklig i de sørlige delene av regionen: i midtre og indre deler av Ibestad og langs leia opp til Sørreisa. Etter 1567 var veksten derimot konsentrert mot nord: i Sørreisa og i Lenvik.[86]

Landskyldreduksjonen er også utførlig behandlet av Kårstad. Som nevnt registreres i det selve Trondenes-jordebøkene et foreløpig landskyldfall som *målt på gårdsnivå* blant gårder som fortsatt var i drift, utgjorde gjennomsnittlig 45 prosent av høymiddelalderens nivå. Ved sammenlikning med den etterreformatoriske fiskeskylda har Kårstad videre beregnet at den nye, permanente skylda lå på et dramatisk lavere nivå; om lag 11 eller 8 prosent av høymiddelalderskylda, alt etter hvilket verdiforhold mellom smørspannet og fiskevågen som legges til grunn ved beregningene.[87] Seinere undersøkelser har også i hovedsak bekreftet Kårstads resultater, selv om beregningsmåtene kan variere.[88]

Dersom vi skal få inntrykk av hva jordegodset til Trondenes kannikgjeld representerte for embedsinnehaverne på 1400-tallet, synes det bedre å ta utgangspunkt i den samlede summen for landskyldinntektene i etterreformatorisk tid, der effektene av landskyldfall og ødelegging er balansert mot virkningene av nyrydding, videre donasjoner og andre former godserverv. Da får vi et mer reellt uttrykk for hvilket inntektsgrunnlag eiendommene representerte, sett fra synsvinklen til de kirkelige dignitærene som dro nytte av kannikgjeldet for sitt underhold og sin embedsførsel. Dette

* Proveniens betyr opphav, bakgrunn.

uttrykket kan dernest brukes til sammenlikninger – både med høymiddelalderens inntekter og med inntektene av andre kirkelige godssamlinger i samtida.

Ved omregning av de 164 vågene fiskeskyld må vi imidlertid ta hensyn til at verdiforholdet mellom fiskevågen og smørspannet varierte med arten av transaksjoner. Generelt ble 1 spann regnet for jevngodt med 2 våger tørrfisk i landskyldregningen i Nord-Norge.[89] Men spør vi oss hva inntektene kunne representere for godseierne, dersom de solgte noe av landskyldvarene på markedet – slik det trolig skjedde – blir vi samtidig nødt til å ta hensyn til *omsetningsprisen*. Regnskapstall tyder på at smørspannet og fiskevågen kunne bli betraktet som likeverdige helt fram på 1500-tallet, og så seint som 1569/70 synes prisforholdet å ha ligget på 1 spann = 1,5 våger.[90] I forhold til det faste forholdet i landskyldregningen kunne dermed godseierne øke sine inntekter med en tredjedel, i forhold til om leilendingen først hadde solgt fisken selv, og deretter brukt bytteverdien til å betale landskylda med.

Alt etter hvilken regnemåte vi nå benytter, får vi at de 164 vågene landskyld av Trondenes-godset representerte en inntekt tilsvarende *82 eller 109 spann smør*. Med andre ord lå inntektene av kannikgjeldet mot slutten av seinmiddelalderen på *25 eller 33 prosent av hva det samme kirkegodset hadde kastet av seg i årene rett før 1350*. Inntektene lå altså langt over det selve landskyldfallet på de bevarte gårdene i det opprinnelige jordegodset skulle tilsi, noe som selvfølgelig hang sammen med den sterke tilveksten etter 1350, grunnet nyrydding og fortsatte overdragelser. Til sammenlikning hadde det prebendegodset som domkapitlet i 1558 disponerte i selve Trøndelag et omfang på *godt og vel 700 spann* (703–710 spann).[91] Derav utgjorde kommungodset, som lå til kannikenes felles bordhold, om lag 175 spann. I forhold til domkapitlets egentlige prebendegods representerte altså Trondenes kannikgjeld *et tilskudd på 12–15 prosent*. Trondenes-gjeldets jordegods lå faktisk på et nivå som tilsvarte 1/5 eller 1/6 av det godset som i seinmiddelalderen lå til Oslo bispesete, ca. 520 spann.[92] Nå må det riktignok innskytes at Oslo ved siden av Stavanger var blant de bispestolene som var dårligst bevendt med jordegods. Men ikke desto mindre står det klart at Trondenes-godset i seg selv må ha representert en betydelig inntektskilde utover 1400-tallet, da godseierinntektene generelt hadde stabilisert seg på et lavmål. I tillegg innkasserte innehaveren(e) av et kannikgjeld også *halvparten av tiendinntektene*, nemlig de to fjerdedelene som ut fra regelverket var øremerket for lokalkirkene og soknepresten. For middelalderens vedkommende mangler vi fullstendig holdepunkter for å gi noen overslag over tienden. Men i følge etterreformatoriske kilder kan *fisketienden* i sin helhet ha variert *mellom 400 og 1350 våger*.[93] I sum kan det derfor ikke være tvil om at Trondenes kannikgjeld i seinmiddelalderen fremstod som et meget lukrativt beneficium som ble ettertraktet av en rekke kirkelige dignitærer, såvel av dem som var sentralt plassert i den internasjonale kirkeorganisasjonen, som av kannikene ved domkapitlet i Nidaros. For domkapitlet må det ha fortonet seg som helt imperativt å beholde kontrollen med dette kannikgjeldet. Den dragkampen som dette førte til, skal vi se nærmere på i neste avnitt.

Trondenes som ettertraktet beneficium på 1400-tallet

Første gang kildene omtaler Trondenes som kannikgjeld er i årene rett etter 1400, da den seinere erkebiskopen *Eskill* var kannik ved domkapitlet og satt med Trondenes som prebende. Ved utnevnelsen til erkebiskop i 1404 ville han beholde prebendet, men kom dermed i strid med *Johannes de Bortzow*, som var sekretær ved kurien og hadde søkt paven om å overta Trondenes straks Eskill var forfremmet. Paven, *Innocens VII*, utnevnte i 1406 de Bortzow til kannik og overdro Trondenes-gjeldet til ham. I denne sammenheng ble verdien av kannikembedet med tilhørende prebende og Trondenes kannikgjeld taksert av kurien til 20 mark sølv.[94]

Trondenes-gjeldet og den formelle sokneprestverdigheten der var altså trukket inn blant de inntektsbringende prebendene som sentralt plasserte geistlige ved kurien i Roma interesserte seg for, og som de søkte paven om å få overta. Fra høymiddelalderen av hadde nemlig den praksis vokst fram at paven kunne reservere seg tilsettingsretten til enkelte kirkelige embeder og prebender, og ved såkalt *pavelig provisjon* utpeke nye embedsinnehavere direkte, uten hensyn til de lokale kirkelige organ i provinsen som i utgangspunktet hadde valgretten. Dette var ledd i den pavelige sentraliserings- og finanspolitikken som særlig ble aksentuert i Avignontiden, fra tidlig på 1300-tallet til 1378.[95] I utgangspunktet var det i første rekke høyere embeder, som biskopsstillinger og abbedier, som pavene hevdet tilsettingsretten til, i en rekke konkrete og spesielle tilfeller: når forrige embedsinnehaver hadde trukket seg tilbake, var blitt forflyttet eller forfremmet, eller rett og slett var død under opphold ved kurien.[96] Men etterhvert utviklet pavene en generell reservasjonsrett til bestemte embeder, og også lavere kirkelige embeder og prebender ble gjenstand for pavelig provisjon. Således hadde både pave *Bonifacius IX* (1389–1404) og etterfølgeren *Innocens VII* (1404–06) forbeholdt seg retten til å besette alle kannikembeder, prebender og beneficier. Saken hadde også en økonomisk side, fordi paven krevde avgifter for tilsetting i de ulike embedene; såkalt *servitium* for bispeseter og *annater* (første års avkastning) av andre embeder.[97]

Når det gjaldt bispetilsettinger ble domkapitlenes opphavelige valgrett sterkt underminert.[98] Mange tilsettinger foregikk likevel i praksis på den måten at paven automatisk vraket eller «kasserte» domkapitlets valg under henvisning til reservasjonen, men deretter selv utpekte domkapitlets kandidat.[99] Til tross for dette førte denne sentraliseringspolitikken til spenninger mellom kurialistene i Roma og provinsgeistligheten, som ofte så sine rekrutteringsveier og opprykksmuligheter sperret. Systemet åpnet for det første for økt innflytelse fra verdslige makthavere, som kunne få fremmet sine egne kandidater gjennom samarbeid med paven og kurien over hodet på provinsgeistligheten. Dernest åpnet det for at de sentralt plasserte geistlige ved kurien, som hadde god kontakt med paven og holdt seg løpende orientert om alle ledigheter, kunne skaffe seg fjerne embeder og høste avkastningen av dem, uten noensinne å oppholde seg i det området hvor beneficiet eller prestegjeldet lå. De daglige oppgaver ble skjøttet av en vikar på stedet. Johannes de Bortzow, som i 1406 fikk overdratt Trondenes, fremstod som prototypen på en slik «embedssamler». Ved siden av sitt sekretærembede ved kurien var han i tillegg utnevnt til kannik både i Hamburg, Schwerin, Lübeck og Roskilde, og samtidig var han også sokneprest i Vogdhagen.[100]

I striden mellom de Bortzow og Eskill ble det avsagt dom i førstnevntes favør.[101] Likefullt ser det ut til at Eskill satt med Trondenes-gjeldet også etter sin forfremmelse til erkebiskop.[102] Men i tillegg kan det ha vært andre interessenter. *Nicolaus Rugemann* fra Schwerin søkte om å få overta Trondenes med den begrunnelse at det var blitt ledig etter *Aslak Bolt*, som i 1408 var blitt biskop i Bergen. Rugemann fikk faktisk også overdratt kannikgjeldet i 1424, mens både Johannes de Bortzow og Eskill fortsatt var i live. Avkastningen av Trondenes alene ble nå vurdert til 20 mark (rent) sølv.[103] Vi kjenner ikke til om Rugemann faktisk oppebar inntekter fra kannikgjeldet og det finnes ingen ting som kan bekrefte at Aslak Bolt har sittet med Trondenes. Forklaringen kan imidlertid være at domkapitlet har ønsket å tildele ham kannikgjeldet etter Eskills innsettelse som erkebiskop, men at dette ønsket er blitt tilsidesatt gjennom pave Innocens VII's provisjon av de Bortzow.[104]

Johannes de Bortzow døde i 1427, og *Svein Eiriksson*, en klerk som tjenestegjorde i Skara bispedømme og som på dette tidspunkt oppholdt seg i Roma, søkte om og fikk overdratt sokneprestembedet til Trondenes.[105] I stadfestelsesbullen av 10.09.1427 var det også tatt inn en passus om at erkebiskop Eskill urettmessig hadde beholdt prebendet. Inntektene ble nå anslått til 30 mark sølv. Året etter døde Eskill og domkapitlet samlet seg raskt om valget av Aslak Bolt til etterfølger. To år seinere var Svein Eiriksson på nytt i Roma, denne gang som én av to Nidaros-kanniker som var sendt ned for å fremme den nyvalgte erkebiskopens kandidatur ved kurien, og oppfylle hans økonomiske forpliktelser.[106] Mens de to oppholdt seg ved kurien, døde også domkapitlets dekan, Ivar Gunnarsson. Det later til at både Svein Eiriksson og ledsageren satte seg i bevegelse for å få tildelt embedet, men kappestriden endte tydeligvis til Sveins fordel, for seinhøstes samme år opptrer han sammen med andre geistlige som «dekin j Nidros» ved en kunngjøring angående betaling av Mikkelskorn.[107] Fra 1430 ble altså den praksis innledet som kom til å gjelde fram til reformasjonen, nemlig at *Trondenes-gjeldet fulgte dekanembedet som fast prebende*. Som dekan overtok Svein Eiriksson i tillegg Mariahospitalet på Ilevollene ved Nidaros, som også tidligere hadde ligget til dekanatet, men da i kombinasjon med Tromsø som kannikgjeld.[108]

Det er grunn til å tro at Svein Eiriksson var av islandsk herkomst.[109] Trygve Lysaker antar at han muligens tilhørte en islandsk gren av adelsslekten Fridland, noe som baserer seg på analyse av hans eget våpenskjold, samt det faktum at Islands våpen – en kronet torsk på blå bunn – var plassert sentralt i kirken, over kordøren.[110] Han var en aktiv kirkepolitiker og en av Aslak Bolts mest betrodde menn. I tillegg var han medlem av riksrådet, trolig fra begynnelsen av

Koret i Trondenes kirke, med hovedalteret og sidealtrene. Foto Jan von Bonsdorff.

The choir in the church at Trondenes, with the main altar and the side altars.

Hovedalterets altertavle. Foto Jan von Bonsdorff.

The altar piece of the main altar.

1440-årene til om lag 1460.[111] Etter Christoffer av Bayerns død i 1448 stod han på samme side som Aslak Bolt når det gjaldt å støtte Karl Knutsson Bondes kandidatur i striden om den norske tronen og deltok ved Karls kroning i Nidaros i 1449. Også etter Karls Knutssons nederlag og Christian Is seier var Svein Eiriksson aktiv. Han tok del i striden om Aslak Bolts etterfølger på erkestolen i tidsrommet 1450–58, der ulike kirkepolitiske interesser tørnet sammen: pavelige, universalkirkelige interesser, territorialkirkelige aspirasjoner fra kongemaktens side og provinskirkelige standpunkter. Endelig deltok han også på det norske riksrådsmøtet i Skara i 1458, som markerte den endelige seieren for Christian I i de nordiske tronstridighetene, og hvor samtidig kirkestriden ble avblåst gjennom stadfestingen av den gamle Sættargjerden fra 1277.[112]

Svein Eiriksson bekledde dekanatet og satt med Trondenes kannikgjeld i en lengre periode enn noen annen embetsinnehaver i seinmiddelalderen, – i hele femti år fram til han i 1480 trakk seg tilbake, med en pensjon på 10 mark sølv av embedets inntekter.[113] Særlig fra ca. 1460 og til 1472 synes han å ha hatt en rolig periode hvor han viet seg til ombygningsarbeider og utsmykning av kirken. Han hadde likevel engasjert seg i kirkens vedlikehold også tidligere, noe en bevart tømmermannskvittering fra 1442 vitner om.[114] Som nevnt fantes det på de omtalte korstolene en inskripsjon som biskop Nannestad registrerte i 1750, og som knyttet dette innredningsarbeidet til Svein Eiriksson i 1465.[115] Dekanen later også til å ha ha et godt samarbeid med den seinere erkebiskopen, *Gaute Ivarsson* (1475–1510), som i 1476 innviet et alter i kirken til Kristi legeme, apostelen Andreas og St. Olav.[116] Det er derfor grunn til å anta at en vesentlig del av de rike kunstverkene i kirken er kommet til i Svein Eirikssons periode. Denne utsmykningen er imidlertid gitt en bred belysning i flere tidligere fremstillinger, i første rekke av *Johannes Brodahl*, *Trygve Lysaker* og *Asbjørn Eidnes*.[117] Vi vil derfor ikke komme nærmere inn på den i denne sammenheng.

Ved Svein Eirikssons avgang ble dekanatet og sogneprestverdigheten til Trondenes overdratt til kanniken *Trond Ivarsson*, som var brorsønn av den tidligere erkebiskopen Olav Trondsson.[118] I denne forbindelse ble inntektene av kanonikatet og soknekirken med anneksene, igjen oppgitt til tredve mark sølv i landets vanlige penger, som ble sagt å tilsvare 33 rhinske gylden (floriner). I Trond Ivarssons periode blusset det opp en strid mellom dekan og erkebiskop, som kaster interessant lys over de kirkelige organisasjons-

Den middelalderlige steinkirken på Ibestad, med påbygd kor og sakristi fra 1778–79. Kirken ble revet i 1880. (Ukjent fotograf, trolig før 1872, her reprodusert av Alvin Jensvoll etter kopi hos Riksantikvaren.)

The medieval stone church at Ibestad, with choir and sacristy added in 1778–79, was torn down in 1880.

forholdene lengst i nord, i Finnmark. I takt med den norske fiskeværskoloniseringen som fant sted på ytterkysten fra slutten av 1200-tallet, var det her blitt etablert en rekke mindre kirker i en del av værene. Men helt fram mot reformasjonstida var det enda ikke blitt etablert noen fast sokneorganisasjon i området, og kirkene ble fortsatt på 1480-tallet kalt «kapeller», og hadde hverken fabrica-gods eller tienderett.[119] Midt på 1480-tallet ser det ut til at dekanen forsøkte å slå disse kapellene inn under soknekirken på Trondenes, og tilegne seg inntektene fra dem. Erkebiskop Gaute klagde imidlertid til paven, og ved pavebrev av 20.05.1488 fikk han medhold i at kapellene i Finnmark rettmessig tillå erkebiskopen.[120] I pavebrevet, som gjengir hovedpunktene i Gautes supplikk, beskrives organiseringen av kapellene i Finnmark slik: «... i den delen av Nidaros diocese som ligger mot russerne og kalles Finmarchia, og består av øyer og øde [steder], og hvis innbyggere for størstedelen er fiskere som snart bor på ett sted og snart på et annet for å kunne utøve sitt fiske, og hvor det ikke finnes noen soknekirke, pleier de [erkebiskopene] å la skikkede kapellaner, som flytter etter deres påbud, forvalte alle kirkelige sakramenter for innbyggerne på denne måten og feire messer i noen kapell som er opprettet på disse stedene, og til gjengjeld motta fra dem tienden og alle soknekirkelige rettigheter fra uminnelige tider».

Fiskeværskirkene i Finnmark later altså til å ha stått direkte under erkebiskopens myndighet, i mangel av noen stedlig sokneorganisasjon. Forøvrig er det verdt å merke seg at den samlede tienden fra disse kirkene – som på dette tidspunkt kan ha utgjort 17 stykker[121] – i 1488 ble anslått til 9 mark sølv, mens altså de samlede inntektene av dekanatet med Trondenes kannikgjeld lå på 30 mark. Dette stiller det inntektsgrunnlaget som Trondenes utgjorde i et visst relieff, selv om oppgavene unndrar seg en mer presis sammenlikning med andre kjente størrelser, bl.a. jordegodset som vi har kartlagt ovenfor. For det første varierer uttrykksmåtene i pavebrevene slik at det er usikkert om det kun er Trondenes-gjeldet det siktes til, eller om inntektsoverslagene gjelder dekanatet med eventuelle prebender i Trøndelag inkludert. I tillegg til at sølvprisen uttrykt i nominell pengeverdi steg markant gjennom første halvdel av 1400-tallet, hersker det også usikkerhet om den sølvmarken det regnes med, ble talt eller veid. En sammenlikning med de «presteinntektene» for Trondenes-gjeldet som oppgis i eiendomsregistret DN VI, nr. 274, vanskeliggjøres også ved at disse oppgavene kun gjelder hovedkirken og to av de underliggende kirkene, samtidig som vi ikke har holdepunkter for å beregne tienden.

Med hensyn til embedstilknytning og kompetanse synes den videre historien til Trondenes kannikgjeld å forløpe roligere i tida fram mot reformasjonen, uten tilsvarende tautrekking som det som kjennetegnet 1400-tallets første tiår. Tilknytningen til dekanatet i Nidaros synes å ha ligget fast. Imidlertid kom det til et mellomspill i 1499–1500, da den daværende dekanen, *Sakse Gunnarson*, ble midlertidig avsatt fordi han etter pavens mening hadde oppgitt for lave inntekter av embedene, og betalt for lite annater. I henhold til pavebrevene ble da de samlede inntektene av dekanatet, kannikembedet med prebende og beneficiet Trondenes anslått til over 60 mark sølv.[122] Etter ett år ble imidlertid Sakse Gunnarson tatt til nåde igjen og fikk sine embeder tilbake. Muligens hang dette sammen med en Romaferd som Sakse gjennomførte i 1500 (eller 1501), sammen med sin mor, to brødre og deres hustruer. I alle fall ble alle disse fem samt en annen kannik i Nidaros ved denne anledning opptatt i Helligånds-ordenens broderskap («confraternitas») i Roma.[123] Selv hevdet Sakse at inntektene av Trondeneskallet ikke oversteg *9 mark sterling*. Forøvrig er det verdt å merke seg den beskrivelsen av kannikgjeldet som Sakse Gunnarsson ga, og som tydeligvis skulle tjene til å understreke de særegne funksjoner som soknekallet måtte fylle, i egenskap av misjonsmark og nordligste utpost for den vestlige, katolske kristenhet. Med tilslutning av erkebiskop Gaute søkte han om bli providert på nytt med «... den omtalte soknekirken ved kristenhetens grenser mot de skismatiske, vantro russerne, hvor det også finnes visse samer [«Lapones»], mennesker som er fulle av magiske kunster og påfører de kristne skade og forfølgelse i stort monn.» Derfor trenges det en moralsk rettskaffen og lærd mann som «motstår dem og deres villfarelser og underviser [dem] i den katolske tro.»[124]

Etter Sakse Gunnarsson ble *Knut Pedersson* den siste katolske dekan som satt ned kannikgjeldet. Ved en overenskomst i 1538 måtte han overlate dekanatet med Trondenes og Nærøy prestegjeld til *Torbjørn Olavsson Bratt*, som fire år seinere ble valgt til den første protestantiske superintendent.[125]

Avslutning

Vi har ovenfor fulgt noen hovedtrekk ved kirkeorganisasjonens utvikling i Sør-Troms – det gamle «Throndaness fylke» – gjennom et tidsspenn på mer enn firehundre år, fra tidlig på 1100-tallet til de første tiår av 1500-tallet. Gjennom hele perioden fungerte Trondenes som et *regionalt sentrum*, et lokalt sentrum i den nordligste periferien av middelalderens vestlige kristenhet. Sentrumsfunksjonene var knyttet til ulike sektorer, slik som de *interne kirkelige organisasjonsforhold*, med utviklingen av den lokale kirkeorganisasjonen, *misjonsarbeidet* overfor samene, og den *religiøse og politiske grensemarkeringen* i forhold til den østlige, ortodokse kristenhet representert av konkurrerende russiske og karelske interesser fra øst. På det lokale kirkelig-organisatoriske plan kan vi konstatere en pendelbevegelse – fra Trondenes-kirkens etablering som *hovedkirke* med underliggende kapeller på begynnelsen av 1100-tallet høymiddelalderen – over høymiddelalderens fast opptømrede system av *geografisk baserte sokn med hver sin soknekirke* – og til et nytt hovedkirke-

Trondenes kirke (tegning av C.O. Carlson, gjengitt etter N. Bardal red.: Trondenes kirke, 1931).

The church at Trondenes.

system i seinmiddelalderen, denne gang i form av et *kannikgjeld* med betydelige jordegodsinntekter som følge av sjelegaver. I tråd med den almenne stats- og kirkepolitiske utviklingen hadde det samtidig foregått kvalitative endringer i det regionale sentrets relasjoner utover og oppover – både i forhold de høyere trinn i kirkeorganisasjonen og i forhold til den verdslige politiske makt. Etableringen av Trondenes som hovedkirke i første del av høymiddelalderen var trolig ledd i et felles «prosjekt» fra *kongemaktens* og *Nidaros-bispens* side for å konsolidere kristendommen og kirkeorganisasjonen i landsdelen, samtidig som det tjente til å markere de to riksomfattende samfunnsmaktenes posisjon i et område som i tidlig middelalder hadde vært dominert av regional høvdingmakt. I seinmiddelalderen var derimot spørsmålet om kontrollen med Trondenes kannikgjeld et rent kirkelig anliggende, der tautrekkingen foregikk både internt mellom to sentral-organene til den norske kirkeprovinsen – erkesetet og domkapitlet – og mellom disse instansene og toppnivået i den internasjonale kirkeorganisasjonen.

Noter

1 En kilde fra 1616 oppgir antallet kannikgjeld ved reformasjonen til 24, mens to dokumenter fra henholdsvis 1540 og 1554 regner opp 19–20 kanniker (DN XII, nr. 597 og 654). Trygve Lysaker anser det siste for å være mest realistisk (Lysaker 1987a:24; 1987b:340). Jfr. «Erklering aff Trundhiembs Capitel Om Canicke gield til forne Capitel», dat. Kbh. 28.04.1616 (Da. kanselli, tillegg til skapsaker, pk. 1).

2 DN XVII, nr. 386; DN XII, nr. 597; «Erklering aff Trundhiembs Capitel Om Canicke gield ... 28.04.1616»; jfr. Lysaker 1987a:26 og L. Hamre 1977b.

3 DN XVII, nr. 787, 15.12.1500.

4 Lysaker 1958:121.

5 Farmer 1997:364–365; T. Gad: «Nicolaus af Myra», KLNM bd. 12, sp. 288–291. Det er fristende å betrakte valget av St. Nicolaus på bakgrunn av den nære forbindelsen til England som preget det tidlige kristningsarbeidet i Norge, og som trolig også satte spor etter seg i strukturen til den tidlige norske kirkeorganisasjonen, noe vi skal komme tilbake til og drøfte særskilt nedenfor.

6 «Lofotens och Vestrallens beskriffuelse 1591», trykt hos Storm 1895: 180.

7 Liepe 2001.

8 Storsletten 1988; Trædal 1998; Nils Ryjord referert av Lysaker 1958:110 og av Eidnes 1993:16–17; dessuten pers. meddelelse Reidar Bertelsen.

9 Lysaker 1987b; Svartvasmo 1988.

10 Lysaker 1958:156; jfr. «Superintendentens vdi Trundhiem Mag: Erik Bredals Erkleringer anlangende Hans Jndkombster af Trundenes och Lødingens Prestegielder vdi Norlandene, 28.04.1666», Vedlegg til Sogneprestenes mantall 1664–1666, Bd. 36, Rentekammeret.

11 Svar på kirkekommisær Titus Bülches spørsmål, Vedlegg til Sogneprestenes mantall 1664–1666, Bd. 36, Rentekammeret; jfr. Lysaker 1958:119, 156.

12 Danske kanselli, skap 14, pk. 157–158, lit. H.

13 Forord til oversettelse av den gamle norske kristenretten, gjengitt av Kolsrud 1917:196.

14 DN VI, nr. 302.

15 Lysaker 1987b:339.

16 Biskop Fredrik Nannestads visitas-almanakk, oppbevart ved Statsarkivet i Trondheim, Personalia, 31; jfr Lysaker 1958:119.

17 Lysaker 1987b:342; Jfr. «Rekonstruksjon av koret med senmiddelalderens inventar inntegnet» ved Arne Berg, gjengitt i Gjone 1981:111.

18 Lysaker 1987b:339.

19 Drøftet og avvist av Lange 1856:78, 256.

20 Lysaker 1987b:344.

21 Ibid.

22 Svartvasmo 1988:429; jfr. Lysaker 1958:107 og 1976:395.

23 Lysaker 1987b:338.

24 Hansen 1996:61.

25 Isl.Ann. 346 (Gottskalks Annaler).

26 Jfr. Lögmanns-annál under 1386: «Striddu Ruzar a Noreg nordan ok drapa kallmenn en hertoku konur ok born en ræntu penningum,» Isl.Ann. 283.

27 Således i 1419 og 1445, jfr. Hansen 1996:61.

28 DN IV, nr. 217.

29 Denne dateringen av notatet om ervervelsene i Gudmund Peterssons tid synes å få støtte av at det omtaler en viss «Hakon hiælter» som giver av 3 spannsleier i gården Vik (74) i Hadsel. En «Håkon hjalt» er nemlig også nevnt i brev fra 1336 og 1342, utstedt i Nidaros. (DN V, nr. 112, og DN II, nr. 246; jfr. Seip 1954:148.)

30 En viss «Skotbratter» som i følge Ivar Frugge-fortegnelsen overdro jord i Gullholmen (23) i Kvæfjord, blir av de fleste identifisert med den «Thorgyls skotbrot» som i følge AB solgte en part i Utstrand (60) i samme fjord til erkebiskop Jørund (1287–1309). Jfr. Seip 1954:146–47 og Kårstad 1975:436.

31 Slik Eirik Kårstad har påpekt, kan Ivar Frugges funksjonstid trolig sirkles inn relativt nøyaktig – til en gang mellom 1291 og 1321: En «Sira Audun» (= Audun Torbergsson Raud) nevnes som prest på Trondenes i 1291 (DN III, nr. 30), mens en «Ogmundr prest a Þrondanese» er omtalt i to brev fra 1321 (DN I, nr. 63 og II, nr. 144). Jfr. Kårstad 1981:436–37. Presterekken kan dermed ha vært følgende: Audun Torbergsson Raud (1280–og første del av 1290-årene), Ivar Frugge (1290-årene – ca. 1320), Ogmund (ca. 1321–første del av 1330-årene), Gudmund Petersson (seinest 1335–1340-årene).

32 På basis av de tre listene som gir opplysninger om skyldreduksjoner, har Eirik Kårstad beregnet at ny landskyld varierte mellom 33 og 63 prosent av høymiddelalderskylda, med et gjennomsnitt på 45 prosent. Skyldfallet fortsatte imidlertid, slik at den nye landskylda først stabiliserte seg henimot 1500, på et nivå som tilsvarte 11 eller endog muligens 8 prosent av den opprinnelige. «Trondenes-jordebøkene» gir altså inntak til å studere den prosessen som landskyldfallet innebar, på et tidligere trinn enn det som reflekteres av Aslak Bolts jordebok og sammenlikning med etterreformatoriske oppgaver. For noen nordnorske regioner synes faktisk landskylda å ha steget noe igjen i løpet av tidsrommet 1430–1530 (Kårstad 1981:437–446).

33 «Aa kirkia til vpheldis j Maranese yttra .xviij. marka læigu er gaf Berdor skræppohæster anno domini millesimo trecentesimo quadragesimo septimo,» – DN VI, 274 (s. 321).

34 Oversikten fra Gudmund Peterssons tid inneholder i tillegg fem gårdparter i Nordland (Hadsel og Steigen).

35 Se slektsoppsett over Bjarkøy-ætta hos Eidnes 1954.

36 Merknad av Karl Rygh i bd. 17 av «Norske Gaardnavne», Kra. 1911, s. 1; Indrebø 1951:156; Seip 1955:233; Kårstad 1975, kap. II, s. 4; Holmsen 1978:117ff.

37 E. Kårstad: Ødegårder og oppgangstid i Trondenes, Punktundersøkelse for Det noridske ødegårdsprosjekt, manus 1975, kap. II, s. 4.

38 Jfr. Kårstad 1981: 436.

39 Holmsen 1978:117–119.

40 Isl.Ann. (utg. ved G. Storm 1888), s. 283 (Lögmanns-annáll).

41 NgL, 2. rekke, I, s. 409; DN XIII, nr. 67.

42 Morkinskinna, i utg. ved C.R. Unger, Chra. 1867, s. 187.

43 Fagrskinna, (Jónsson 1902–08:333; Munch & Unger 1847:162); Historien om de eldste kongene (Salvesen 1969:86): Heimskringla, Magnussønnenes saga, kap. 14 og 21.

44 En skal være oppmerksom på at Fagrskinna på dette punkt har en lakune, slik at oppsummeringen av Eysteins tiltak bare er delvis gjengitt (Fagrskinna, (Jónsson 1902–08:333; Munch & Unger 1847:162).

45 Jfr. Fagrskinna: «Hann let oc gera virkit við Agðanes, oc kirkiu norðr i Vagom. oc lagðe eignir til.» – Heimskringla: Magnussønnenes saga, kap. 14: «... hann lét ok gera kirkju i Vágum á Hálogalandi ok lagði prófendu til.»

46 Således Holmsen 1976:153, Helle 1982:116.

47 Bratrein 1970:71.

48 «Norþr i Vagom setta ec fiskimanna vist, at fatøkir menn metti

nørasc til lifs oc hialpar. þar let ec oc kirkio reisa, oc settag þar prestvist oc lagþag fe til kirkiogerþar.» Morkinskinna (Unger 1867:187); DN XII, nr. 12.

49 Rettarbøter fra kongene Sigurd, Øystein og Olav Magnussønner (1103–07), NMD nr. 4, s. 20–22.

50 Jfr. Helle 1982:116. Her refereres en seinere tradisjon om at Eystein også skal ha stått bak grunnleggelsen av Nikolaikirken i Bergen, noe som er interessant på bakgrunn av at Trondenes-kirken også var vigslet til denne helgenen. Har Eystein grunnlagt kirker vigslet til St. Nicolaus både i Bergen, i Nidaros og på Trondenes?

51 Alfræði Íslenzk III, s. 6.

52 Sigurd Ranessøns Proces, udg, af Gustav Storm, Kra. 1877, s. 11, 50.

53 «Þingasaga» kjenner bare til tre lagting i landet, mens den kortere versjonen «Þingaþáttr» også direkte plasserer Hålogaland under Frostatingslag (Storm 1877:37). Det synes derfor rimelig at Hålogaland i utgangspunktet ble regnet under Frostatingslag. At den omtalte rettarbot fra Magnussønnene av 1103–07, om fiskeavgifter og almenninger på Hålogaland, som var stilet til «alle håløyger», ble inntatt i lovboken for Frostating, støtter dette (NMD nr. 4, s. 20–22). I løpet av første halvdel av 1100-tallet synes landsdelen å ha blitt reorganisert som et eget lagtings-område med fire fylker. Historia Norvegiae (1150–1170) regner Hålogaland for et eget lagdømme, og Odd Munks saga om Olav Tryggvason fra 1190-tallet forutsetter fire fylker, noe som kan passe med de senere enhetene Helgeland, Salten, Lofoten/Vesterålen samt Trondenes. (Se Hansen 2000:127–130.)

54 Lysaker 1958:74, 109; Bjørkvik 1968:124f.; Holmsen i forelesning ved Univ. i Oslo 25.09.1974.

55 Holmsen 1941:217f.; Holmsen 1976:128–132; Bjørkvik 1995, særskilt s. 62 – 71.

56 AB oppgir eiendommen «af nædra Harstadhom» med en skyldstørrelse på 9,5 spann, mens både OE og listen over «Stictenns lanndscyld» i lensregnskapet av 1567 (NLR V, s. 216), fører opp «Harstad» alene, uten nærmere angivelse. Som konfiskert erkebispegods skulle vi i etterreformatorisk tid forvente å gjenfinne nedre Harstad som krongods. I jordebokene fra 1626 og 1647 er det imidlertid nordre Harstad (Tro. 60) som oppføres som krongods, mens både nedre og øvre Harstad (Tro, 58 & 59) er bispegods. Lysaker (Gårdhistorie for Trondenes herred, 1956) antar at det har skjedd et makeskifte. En annen mulighet er at det er feilskrift i AB.

57 Rygh XVII, s. 21 og 27; Lysaker 1956:66. I følge Bertelsen (1973:63 og 102) er det påvist tre gårdshauger på matrikkelgården Sama (Tro.62/63) – på brukene «Samagården», «Nålaua» og «Samamoa» – som trolig kan knyttes til de tre delingsproduktene «Samabiorghom», «Midbiorghom» og «Øfrabergha» av den forsvunne «Bjargir». Dessuten finnes det en gårdshaug på nabogården Bergseng (Tro. 68). Flere av disse tunene har imidlertid en utypisk lokalisering, og Bertelsen antar at det har foregått en administrativ omorganisering av bosetningen i kirkens umiddelbare nærhet (Pers. meddelelse).

58 Uttrykk i jordebøkene, som ved siden av selve landskylda spesifiserer andelen av eiendommen, – i form av så og så mange «luter eignar» kan synes å gå tilbake til en eldre form for eiendomsregning som med tiden er blitt komplettert med skyldoppgavene. Slike uttrykk for eierandeler forekommer i første rekke ved de delene av eiendomsregistrene som trolig gjenspeiler eldre kronologiske lag. Det er typisk at av 18 slike andelsopplysninger forekommer bare to i den typen innførsler som inneholder utførlige proveniensopplysninger, og som må antas å stamme fra siste del av høymiddelalderen – bl.a. ut fra direkte refererte dateringer til henholdsvis 1264 og 1347 (jfr. foran, s. 260).

59 Det er også verdt å merke seg at flertallet av de gårdene som erkesetet eier i fellesskap med Trondenes- og Kvæfjord-kirkene står oppført innledningsvis i AB, foran en lang rekke gårder med tildels detaljerte proveniensopplysninger om hvordan de er kommet i erkesetets eie.

60 Sveaas Andersen 1977:180–181; jfr. Bjørkvik 1995:68.

61 Muligens Simon, jfr. Kolsrud 1913b, s. 199.

62 Det er mulig vi står overfor noe liknende i tilfellet med Harstad-gårdene. Ut fra de etterreformatoriske eiendomsforholdene kan en tenke seg en situasjon hvor alle tre Harstad-gårdene var blitt konfiskert, og overdratt under ett til kirke og bisp. På et seinere tidspunkt kan de så ha blitt fordelt med to til soknekirken og én til erkesetet. I mot denne hypotesen taler det imidlertid at vi ikke finner noen av de tre gårdene oppført i Trondenes-jordebøkene, slik at et eventuelt eieforhold fra Trondenes-kirkens side ikke kan bekreftes for perioden før 1350. En mulig erververlse kan derfor ha skjedd suksessivt i løpet av seinmiddelalderen, eventuelt ved makeskifte.

63 DN VIII, nr. 426.

64 Taranger 1890:252ff.

65 Smedberg 1973:59; Helle 1995:156–157.

66 Bagge 1976:36; Skre 1995:182, 1998:80; Brendalsmo 2001:136.

67 Bagge 1976:39; Brendalsmo 2001:153; jfr. Frostatingsloven (Hagland og Sandnes 1994), II 17, II 22 og II 27.

68 Brendalsmo 2001:185.

69 NMD nr. 12, s. 62–66.

70 Bagge 1976:40.

71 Blair 1988; Hase 1988.

72 Skre 1998a; Brendalsmo 2001.

73 Hase 1988:57.

74 Jeg takker Reidar Bertelsen for diskusjoner om dette punktet.

75 Sveaas-Andersen 1977:335; Helle 1974:237; Skre 1998:78.

76 Siden Ibestad-kirken eide noen gårdparter innenfor Tranøy-kirkens sokn, og Tranøy-kirken noen gårdparter helt nord ved Malangen, innenfor Lenviks nærområde, kan en slik rekkefølge synes plausibel.

77 Helle 1995:131 og 163f.

78 le Goff 1981:209–240.

79 MLL V, 21, NgL II, s. 90; NgL III, s. 6 og 236; jfr. Hamre 1970d og 1958c.

80 Innlagt seddel fra erkebiskop Gautes tid, i Aslak Bolts jordebok (Jørgensen 1997:168 A-B); OE: 22.

81 Eks.: Berg 5. Steinfjorden, Kvæ. 47. Voktor, Kvæ. 55. Huseby, Tro. 89. Harbakken og Ib. 105 Ytre Å; jfr. Jordebok i Trondheims domkapitels bok, 1558, trykt i: NRJ V, 2: 385, 388; jfr. Skattematrikkelen 1647, bd. XVII,.

82 Hansen 2000:216–222.

83 Se Hansen 2000, særskilt s. 341–350.

84 Jordebok 1624–26, Statthaldararkivet, D IX Jordebøker, Pk. 64; Skattematrikkelen 1647. Som nevnt gjenfinnes kirkegodset til Trondenes og de underliggende kirkene i disse oversiktene som «bispegods».

85 «Leidinngenn aff Seniенn leenn aff 1567», NLR V: 185–197.

86 Kårstad 1981:456–457.

87 Kårstad 1975, kapitlet om landskyldfallet; idem 1981:441–445. Se nedenfor, s. 269.

88 Hansen 2000:233.

89 Se Dybdahls artikkel. – Forholdet 1 spann = 2 våger gjaldt også for domkapitelsgods, mens det ellers i Senja len ble tillempet en særskilt norm for erkebispegods, krongods og borgergods, nemlig 1 spann = 3 våger.

90 Hansen 2000:231.

91 NRJ V, 2 (1972), s. 363–397. Jfr. Lysaker 1987a:24 og Dybdahl nedenfor.

92 Egentlig 260 skippund mel/malt, som tilsvarte 520 lauper/spann smør, etter omregningsforholdet 1 skippund mel/malt = 2 lauper smør. Overslag av Arnved Nedkvitne basert på beregninger av Hallvard Bjørkvik, se Nedkvitne & Norseng 1991:351 og 436.

93 Reformatsen av 1589 (NKJ II, s. 90) oppgir «Prestens og kirckernes» andel av fisketienden (- dvs. 2/3 siden tienden nå ble delt i tre -) til 266 våger «i dett ringiste» og 900 våger «i dett høyeste.» Det ujevne tallet 266 tyder på at man ved anslaget har lagt til grunn en rund sum og tatt hensyn til tredelingen.

94 DN XVII, nr. 338.

95 Imsen 2000b:180ff.

96 Haug 1996:55; Nielsen 1968.

97 Imsen 2000:181; Nielsen 1968, sp. 535.

98 Hamre 1955:454; 1971:53.

99 Nielsen, 1968, sp. 535.

100 Haug 1996:273.

101 DN XVII, nr. 462.

102 DN XVII, nr. 463. I et seinere pavebrev av 15.12.1500 (DN XVII, nr. 787) ble det også hevdet at Trondenes om lag hundre år tidligere var blitt lagt til erkebiskopens bord, men likevel var blitt overdratt til andre de siste femti år. Det har vært foreslått at ordningen muligens var ment å verne besittelsen av kannikgjeldet mot kurialistenes embedsjakt, eller at domkapitlet i disse årene var uten dekan, slik at erkebiskop Eskill disponerte kannikgjeldet som en slags de facto formann for domkapitlet (Haug 1996:273f.).

103 DN XVII, nr. 424.
104 Haug 1996:273.
105 DN XVII, nr. 460 og 461.
106 DN XVII, nr. 472–474.
107 Brodahl 1925:101; DN V, nr. 601.
108 DN XVII, nr. 386 (1419); DN XVII, nr. 614.
109 Brodahl 1925:110.
110 Brodahl 1925:109–110; Lysaker 1958:114,119.
111 Larsen 1970:75.
112 Brodahl 1925:102–105; Hamre 1971a:1–2, 52ff.
113 DN XVII, nr. 715.
114 Lysaker 1958:116.
115 Ibid.:118.
116 DN XVIII, nr. 100.
117 Brodahl 1925; Lysaker 1958:115–128; Eidnes 1987:346–360, 1993a:93–104 og 1993b:56–65, 110–124.
118 DN XVII, nr. 717.
119 Hamre 1977d:30.
120 DN XVII, nr. 746.
121 Reformatsen 1589, Hamre 1983 (NKJ II), s. 92.
122 DN XVII, nr. 766 og 777.
123 DN XVII, nr. 1155.
124 DN XVII, nr. 787, jfr. NgL, 2. rekke, III, s. 443.
125 DN XII, nr. 584; Lysaker 1987a:29–30, 44.

Summary

This chapter considers the development of the church in the canonry of Trondenes, in the southern part of Troms County in northern Norway, from the beginning of the 12th century until the Reformation. Along with the neighbouring church at Ibestad, Trondenes was the most northerly stone church in the western European, Catholic Church throughout the Middle Ages. It subsequently had an important role due to its missionary activities towards the Sami people and also through its position as a point of religious and political demarcation towards Eastern Orthodox Christianity, represented by the Russians and Karelians. Through the late medieval period, Trondenes and 13 subordinate chapels made up a canonry, which meant that the canons in the Nidaros chapter had taken over the right to fill the position of parish pastor and appointed one of their own as titular rector. In this way they gained control of the income from the main church in the canonry and the chapels, while the parish functions and the local pastoral work were carried out by a substitute. In northern Norway, nine or ten parishes were in the canonry in the late medieval period.

The landed property in the canonry of Trondenes from the medieval period was itemized in from four partially overlapping property registers, which most probably were created in the period c. 1370–c. 1410. Hansen shows how the registers were created as well as their context. When analysing the structure of the church property, there is also an original type of property compared with other available sources, which probably represents a royal donation given in connection with an initiative by the king and the Nidaros bishop to establish a main church at Trondenes. This donation is likely to have consisted of farms that had been confiscated from one branch of a family related to the earlier rulers in the area near Trondenes. It is also probable that early in the 12th century the church at Trondenes functioned as the main church and had two or more chapels in the area under its authority – without any regular clergy – a system equivalent to the English "minster" arrangement. From the middle of the 12th century up to 1200, the church organization was rearranged, and as many as six parish churches were built in Trondenes, each having their own clearly defined geographical areas and local parsonages. This arrangement seems to have remained unchanged until Trondenes was transformed into a canonry towards the end of the 14th century.

This reorganization, which implied a return to the old system that started with the establishment of the canonry in the late medieval period, must to some extent be viewed in light of the general structural rationalization which the church resorted to in order to compensate for the reduction of population and income in the wake of the Black Death. While at the same time, there was a period of prosperity following the breakthrough of commercial fishing and stockfish exports from northern Norway. The rich proceeds from the fishing and the significant income received by the church through the tithes and other duties, is reflected in the costly late Gothic church art of North Germanic origin which has been preserved until today in the church at Trondenes and other medieval churches in northern Norway. During this period, Trondenes had the function of a collegiate church, which meant that it was a common resort for a collective body of priests travelling around to hold masses in the subordinate chapels.

During the first decades of the 15th century, a conflict erupted between the archbishop and the chapter concerning who should control the Trondenes canonry and its income. At times, ecclesiastical officers with important positions within the international church hierarchy, some of them belonging to the curia in Rome, received papal provision to manage the canonry. However, from 1430 and until the Reformation, Trondenes was laid out as benefice for the dean at the Nidaros chapter. After the Reformation, the landed property of the canonry was put at the disposal of the new Lutheran superintendent in Nidaros who succeeded the dean as chairman of the chapter.

NIDAROS ERKESETES ØKONOMI

Audun Dybdahl

Innledning

Å skulle skrive om de økonomiske forhold ved Nidaros erkebispesete gjennom en periode på bortimot 400 år, fortoner seg i utgangspunktet som en temmelig vanskelig oppgave. For det første er det en lang periode med store endringer i de politiske og økonomiske rammevilkår for både erkesetet og landet som helhet. Fra en historikers ståsted vil det alltid være viktig å peke på de endringer som fant sted og søke etter bakenforliggende årsaker. Det gjelder på et økonomisk makroplan – hva innebar det f. eks. at erkebispene i senmiddelalderen ble lensherrer med et betydelig verdslig forvaltningsansvar i Midt-Norge – men også på et mikroplan: hvilke poster kunne man finne i erkesetets regnskapsbøker over tid?

Det er også et faktum at kildematerialet setter klare begrensninger for mange temaer man kunne ha ønsket å ta opp. Det kunne ha vært svært interessant å studere varestrømmen innenfor erkesetets økonomiske system nærmere, men det lar seg dessverre ikke gjøre. Det er bevart lønningslister fra Olav Engelbriktssons tid, men det eksisterer ingen årsregnskaper for hele institusjonen. Lensregnskapene fra etterreformatorisk tid kan imidlertid si en hel del om erkesetets inntektspotensiale i senmiddelalderen. Arkivet etter erkesetet er heller ikke spesielt rikt på enkeltdokumenter med relevans for økonomiske forhold. Til gjengjeld er det bevart flere jordebøker og eiendomsfortegnelser fra de siste hundre år av erkesetets eksistens. Ikke minst er Aslak Bolts jordebok en nøkkelkilde til de økonomiske og demografiske forhold i Trøndelagsregionen i senmiddelalderen.

Da inntektssiden for en stor del baserte seg på avgifter som kom inn i form av naturalia, må det på generelt grunnlag være grunn til å anta at det stort sett var balanse mellom verdien av inntekter og utgifter i erkebiskopens årlige hovedregnskap. Utgiftssiden i regnskapet vet vi ikke så mye om, men fortsatt står ruvende byggverk igjen etter institusjonen (Nidaros domkirke, Erkebispegården og Steinvikholmen). Domkirken er relativt sett det mest kostbare bygg som noen gang er reist i Norge; det sier seg selv at erkebispen måtte ha mange folk på sin lønningsliste.

I fremstillingen nedenfor vil jeg vektlegge erkesetets inntektside: Hvilke typer inntekter hadde Nidaros erkesete over tid? Hvordan endret disse inntektskildene seg? Er det mulig å tallfeste de viktigste inntektskildene med basis i en generalnevner? Kan man danne seg et bilde av jordegodsets omfang og avkastning før mannedauden? Hva innebar den såkalte agrarkrisen i senmiddelalderen for erkesetet?

Som kirkens høyeste embete i Norge og skattlandene kunne erkesetet i Nidaros aggregere betydelige økonomiske ressurser av forskjellig slag og fra høyst ulike kilder. Erkebispen hadde da også et stort behov for midler når kirkens og provinsens strategier skulle settes ut i livet, samtidig som den daglige drift i en omfattende og uensartet virksomhet skulle ivaretas.

Allerede før en erkebiskop mottok palliet ble han konfrontert med behovet for økonomiske midler i form av krav om betydelige avgifter til paven og kardinalkollegiet.[1] Slik var det i alle fall fra andre halvpart av 1200-tallet, da hovedavgiften, *servitium commune*, skulle tilsvare en sjettedel av embetets virkelige inntekter. Dessuten skulle det betales 5 *servitia minuta* til de underordnede embetsmenn i Roma. Omkring 1300 var hovedavgiften av Nidaros stift 800 gylden, mens de tilsvarende tall for Lund var 4000 og for Uppsala, Roskilde og Slesvig 1000 gylden. De øvrige stift i Norden ble vurdert til 50–660 gylden. Selv om nok også betalings*viljen* kunne spille inn, kan erkesetets regnskapsmessige balanse med pavestolen si en del om den økonomiske situasjonen lokalt. Før den store mannedauden ser det ikke ut til at det har voldt erkebispene større problemer å betale avgiftene til Roma. Da erkebiskop Vinald skulle tiltre embetet i 1387, var imidlertid situasjonen en ganske annen. Han måtte utstede en obligasjon for avgiftene, samtidig som han forpliktet seg til å overta gjelden etter forgjengerne Trond og Nikolaus.[2] Vinalds gjeldsbyrde oversteg dermed 2000 gylden. Han slet med å betale denne gjelden i hele sin embetstid, men klarte ikke å komme ajour. Utover 1400-tallet ser situasjonen ut til å ha bedret seg, da både Aslak Bolt og Gaute Ivarsson betalte hovedavgiften ved tiltredelsen.[3]

Erkebiskop Arne Vada var en av mange geistlige som døde under mannedauden. Vi ser her hans testamente, datert 23. september 1349. Original i Riksarkivet, Oslo. Trykt versjon med oversettelse i Dybdahl 2002.

Archbishop Arne Vada was among the numerous victims of the Black Death. His will is dated 23 September 1349. Icelandic annals tell that there was only one of the canons left in Trondheim to elect a new archbishop.

Dessverre er det ikke bevart andre regnskapsbøker for erkesetet enn de som stammer fra Olav Engelbriktssons embetstid, da situasjonen på mange måter var spesiell. Likevel er det mulig å danne seg et visst bilde av ressursbehovet ved et kirkelig sentrum som Nidaros erkebispesete. Først og fremst må det ambisiøse byggeprogrammet i høymiddelalderen ha kostet mye. Domkirken var trolig på det nærmeste ferdig utbygd da den ødeleggende brannen kom i 1328.[4] Erkebispens residens i stein kom på plass allerede i Øysteins tid; Erkebispegården ble senere bygd ut i flere etapper.[5] Byggearbeider pågikk mer eller mindre kontinuerlig ved erkesetet middelalderen ut. Peder steinhogger, som var en av Trondheims rikeste menn i 1520, hadde trolig tjent sin formue som entreprenør for erkebispen.[6]

Bygging og vedlikehold av katedralen og boliger og verksteder til alle de som hadde sin tjeneste ved erkesetet veide nok svært tungt i erkebispens regnskaper. En annen betydelig utgiftspost var inventar og utstyr til Erkebispegården og Domkirken. Her var bare det beste godt nok; i gode tider ble betydelige beløp anvendt på dyrebar «kunst»,[7] bøker, liturgiske gjenstander av edle metaller og kostbare tekstiler til paramenter, veggtepper og klær. Erkebisp Erik Valkendorf skal ha kjøpt en edelsten til hellig Olavs skrin for den nette sum av 20 lester smør.[8] Det er i alle fall ingen tvil om at Olavsskrinet og de to andre skrinene i Nidarosdomen var svært påkostet.[9]

Med et bispedømme som rakk fra Sunnmøre til Finnmark var det også et stort behov for transportmidler. Transport av mennesker og varer over store avstander gikk for det meste med skip. Å gå til anskaffelse av fartøyer som f. eks. kunne seile til Island, var en betydelig investering. Vanligvis hadde erkesetet flere skip under seil. Sendebud til mer eller mindre fjerne strøk var også en betydelig utgiftspost.[10]

En annen hovedpost i regnskapet var personalkostnadene. Her var det behov for både lærd og leg arbeidskraft. Et kanselli tok seg av alt skrivearbeid som måtte utføres ved et erkebispesete.[11] Til Domkirken ble det knyttet et betydelig antall geistlige som skulle ta seg av de kirkelige handlinger og fungere som rådgivende organ og stedfortreder for erkebispen (et domkapitel). I 1252 opprettet erkebisp Sørle et *mensa communis* ved domkapitlet og la til det bispetienden av 4 kirker.[12] Flere erkebisper så nødvendigheten av å utvide kannikenes inntektsgrunnlag ved å legge tienden av bestemte kirker til domkapitlet,[13] opprette nye prebender[14] eller legge andre former for inntekter til alterene i Domkirken.[15] Kannikegjeld,[16] jordegods og andre inntektskilder gjorde etter hvert domkapitlet økonomisk uavhengig av erkesetet. Til tider oppstod det konflikter mellom erkebispen på den ene side og domkapitlet på den andre, slik det f. eks. gjorde under erkebisp Jørund.[17] Dokumenter fra disse stridighetene forteller en hel del også om de økonomiske relasjoner mellom erkesetet og domkapitlet.[18]

Når det gjaldt personalutgifter, var de i første rekke knyttet til verdslige funksjoner. Erkebispen hadde folk fra en rekke yrker på sin lønningsliste. Det var bl. a. behov for rettslærde, skrivekyndige, rådsmenn, sveiner og ombudsmenn som ivaretok oppebørselen, kjellermestere, kokker, stallfolk, skippere og sjøfolk, håndverkere av mange slag, vaktstyrker etc.[19] Lønningene ble utbetalt i form av mat, klær og penger.[20] Da erkebispen på 1400-tallet også gikk inn i funksjonen som lensherre i ett av de norske hovedlen, ble den verdslige delen av virksomheten ytterligere styrket. Til tider holdt erkebispen seg med betydelige militære styrker, særlig mot slutten av middelalderen, da han forberedte seg på om nødvendig å forsvare kirken også med militær midler mot unionskongemakt og vranglære.[21]

Det er ikke mulig å danne seg et noenlunde pålitelig bilde av erkesetets utgiftsside uten å gå veien om inntektssiden. Stort sett må vi anta at erkesetet har satt tæring etter næring. Oppføringen av en katedral skjedde ikke ved at man prosjekterte og satte opp et lånefinanisert bygg innenfor en relativt kort tidshorisont, det var snarere slik at man utvidet ambisjonsnivå og bygningsvolum i takt med de økonomiske rammevilkår. Etter alt å dømme har utgiftene knyttet til de betydelige bygningsmessige arbeidene ved Domkirken vært en integrert del i erkesetets totale økonomi. Nidaros domkirke fikk aldri noe fabricagods av betydning.[22] Dette i motsetning til f. eks. domkirkene i Uppsala og Oslo som eide langt mer gods enn det som lå til bispesetene samme sted.[23]

Denne illuminasjonen fra et fransk manuskript forestiller byggingen av Babels tårn, men gir samtidig et innblikk i bygningsteknologien på 1200-tallet. Legg merke til den avanserte heiseanordningen.

Construction work on a medieval cathedral.

Estimater av erkesetets innkomster – mål og problemer

Med de begrensninger som settes av et fragmentarisk kildemateriale, vil det i denne fremstillingen bli gjort et forsøk på å identifisere og kvantifisere etter en enhetlig standard erkesetets viktigste inntektskilder. Dermed har man et grunnlag for å rangere de inntektstyper som betydde mest. En del typer inntekter som pilegrimsgaver og offer lar seg ikke kvantifisere, de vil likevel bli behandlet ut fra det konkrete kildemateriale som foreligger.

Da erkesetet som institusjon eksisterte i bortimot 400 år, vil det selvsagt være av stor interesse å forsøke å spore det kronologiske forløp i inntektsutviklingen. Ingen inntektstyper lar seg imidlertid følge fra år til år; av de viktigste inntektskildene er det også bare landskylden som kan kvantifiseres med en viss sikkerhet før mannedauden 1349. Verre er det med de uvisse inntekter som tiende og bøter, der vi ikke har adekvat kildemateriale fra middelalderen i det hele tatt. Oppgaver fra tidlig nytid kan likevel gi grunnlag for sammenlignende undersøkelser av de viktigste inntektskilder i senmiddelalderen.

På grunn av kildematerialets og inntektstypenes heterogenitet har jeg valgt å studere hver inntektstype for seg. Forholdet er nemlig det at avgiftsfloraen endret seg over tid, at nivået på avgiftene endret seg både absolutt og relativt og at erkebispen kunne omdisponere gamle avgifter til nye formål. Til slutt vil så de viktigste avgiftstypene bli stilt sammen og vurdert ut fra den økonomiske betydning de hadde. I den sammenheng vil det også bli sett nærmere på de reelle innbetalinger som erkesetet mottok i form av naturalia (og til en viss grad penger).

Det økonomiske systemet i Nidaros erkebispedømme – i likhet med landet for øvrig – baserte seg på varepenger, der mengder av ulike typer naturalia og penger kunne omregnes etter bestemte faktorer. I landskyldregningen ble spann smør den dominerende regneenhet i senmiddelalderen. Da praktisk talt alle avgifter ble betalt med naturalia, er det nærliggende å bruke spannet som en felles måleenhet. Stort sett var det bare bøter som ble betalt med penger.

Jordegodset

Innledning

Ved utgangen av middelalderen var erkesetet i Nidaros den overlegent største godseier i Norge. I Trøndelag ble det svart landskyld (årlig leie) av omtrent 1/4 av all jord til metropolitten i Nidaros.[24] Gjennom Aslak Bolts og Olav Engelbriktssons jordebøker får vi et godt bilde – ofte med en detaljeringsgrad helt ned til det enkelte bruk – av denne viktige inntektskilde i senmiddelalderen. Fullt så enkelt er det ikke å etablere en sikker kunnskap om det kronologiske forløp i godsdannelsen og hvordan erkesetet fikk hånd om godset. Foruten den utveksling som fant sted ved makeskifter, var det i middelalderen tre hovedtyper av godsoverføringer til geistlige institusjoner.[25]

For det første var det temmelig vanlig at geistlige institusjoner mottok gaver i form av fast eiendom. Det er grunn til å tro at kongemakten donerte bispesetet et fundasjonsgods ved opprettelsen, men storparten av gavene har nok kommet til etter hvert med visse betingelser knyttet til seg. Betingelsene var gjerne knyttet til motytelser i form av visse kirkelige handlinger. Det kunne f. eks. inngås avtaler om at det skulle holdes sjelemesser eller at giverens årtid skulle feires på hans dødsdag. I mange diplomer omtales også gravsted.[26]

Etter de eldste norske lover var det ikke tillatt å gi gaver til skade for arvingene. I forbindelse med opprettelsen av den norske kirkeprovins i 1152/53 fikk den pavelige legat Nicolaus Brekespear også gjennomført en del reformer som tok sikte på å styrke kirkens økonomiske stilling. Størst betydning fikk utvilsomt det nye gaverettsstatuttet som slo fast at enhver kunne gi kirken en tiendedel av arvet og en fjerdedel av selververvet gods uten arvingenes samtykke.[27] Ifølge eldre lov kunne man bare gi bort en tiendedel av kapitalen (hovedtiende). Denne utvidelse av gaveretten fikk utvilsomt stor økonomisk betydning for det nyopprettede erkesetet og domkapitlet i Nidaros.

Ikke sjelden ble fast eiendom benyttet som betalingsmiddel i økonomiske mellomværender mellom privatpersoner og kirkelige institusjoner.[28] Det kunne f. eks. være at en person som krevde opp tiende eller forvaltet erkesetets jordegods salderte sitt regnskap ved å avstå jordegods. Det var heller ikke så få som måtte kvitte seg med jordegods for å betale bøter de var ilagt for brudd på kristenretten.

For kirken var det også gunstig å bygge opp en «portefølje» av jordegods som kunne gi en rimelig sikker avkastning over tid. Erkebispen fikk f. eks. hvert år inn store verdier i form av tiende, avgifter og bøter. Det var naturlig å plassere det årlige resultat i fast eiendom som kunne gi avkastning på kapitalen. Investering i jordegods var nesten det eneste alternativ, da kirken tok avstand fra å låne ut penger mot renter. Om eiendommen ble solgt eller pantsatt spilte mindre rolle, da det i begge tilfeller ble betalt landskyld av den.

De kirkelige institusjoner kunne også i likhet med andre jordeiere bytte til seg jordegods gjennom *makeskifter*. Bak makeskiftene kan vi i mange tilfeller skimte en mer aktiv godspolitikk. Man kan f. eks. ha ønsket å oppnå en bedre godsmessig arrondering, men siktemålet kan også ha vært å bygge seg opp i områder som fortonet seg som spesielt attraktive ut fra økonomiske betraktninger. For geistlige institusjoner med store behov for naturalia kunne det også være ønskelig med en viss spredning til ulike næringsgeografiske områder for å få inn et variert sortiment av landskyldvarer.

Av dette følger at erkesetet kunne erverve faste eiendommer både *passivt* og *aktivt*. Erkesetet kunne sjelden fremme egne preferanser når det fikk eiendommer som gaver eller betalingsmidler for økonomiske avregninger eller bøter. På den annen side kunne erkesetet i kraft av sitt solide økonomiske fundament være en betydelig aktør på eiendomsmarkedet. Vi vet imidlertid svært lite om det totale utbudet av jordegods i middelalderen, mange av erkesetets kjøp kom nok i stand etter henvendelser fra personer som hadde gods å selge. Ut fra erkesetets dominerende stilling i bispedømmet spilte godsets geografiske beliggenhet knapt noen avgjørende rolle. Det viktigste var at godset ga en sikker og rimelig avkastning i naturalia eller penger. Vi kan likevel peke på noen områder hvor erkesetet etter alt å dømme ønsket å innta en sentral posisjon.[29]

Aslak Bolts jordebok, en nøkkelkilde

Aslak Bolts jordebok (heretter AB) er en av de aller viktigste kilder til Trøndelags historie i middelalderen.[30] Selv om boken kan anvendes som kilde i mange sammenhenger, er den først og fremst den sentrale kilde til erkesetets økonomi i senmiddelalderen. I jordeboken sies det innledningsvis at det bare fantes et gammelt papirhefte da den nye erkebispen (Aslak Bolt) kom til Nidaros.[31] Det kan f. eks. tenkes at mye materiale hadde gått tapt ved en av de mange branner som hjemsøkte Domkirken og byen.

AB er primært en fortegnelse over Nidaros erkebispesetes omfattende jordegods. Jordeboken følger en klar geografisk inndeling. Først kommer de 8 gamle trønderske fylker, dernest følger Nordmøre, Romsdal, Sunnmøre, Namdalen og Nord-Norge før man går over til de andre stiftene. Inndelingen i fylker, skipreider, åttinger mm. gjør AB til en hovedkilde når det gjelder den administrative inndeling i bispedømmet i middelalderen.

Det sies ikke direkte når jordeboken er ført i pennen, men mye tyder på at den kan dateres til 1432/33.[32] Med unntak av en inventarfortegnelse synes hele boken å være skrevet med én hand. Mellom de ulike administrative enheter er det avsatt god plass for senere tilføyelser.

Tiden da jordeboken ble til var ikke spesielt gunstig for godseiere. Mannedauden 1349 hadde revet bort en stor del av landets befolkning. Tusenvis av gårder lå for fefot eller grodde helt til. Undersøkelser viser at markedsmekanismene slo til med full styrke.[33] I en tid da storparten av befolkningen var leilendinger, var det nærliggende å søke seg til de største og beste gårdene, som for en stor del lå ved fjorden. Mange fjell- og dalbygder ble nærmest folketomme. Landskylden av de gårdene det lyktes å leie ut falt også sterkt, gjerne til omtrent 1/ 4 av det den hadde vært tidligere.

I denne situasjonen var det klart at hundrevis av erkesetets eiendommer ikke kastet noe av seg på Aslak Bolts tid. Vi må derfor glede oss over at AB er en «ekte» jordebok i den

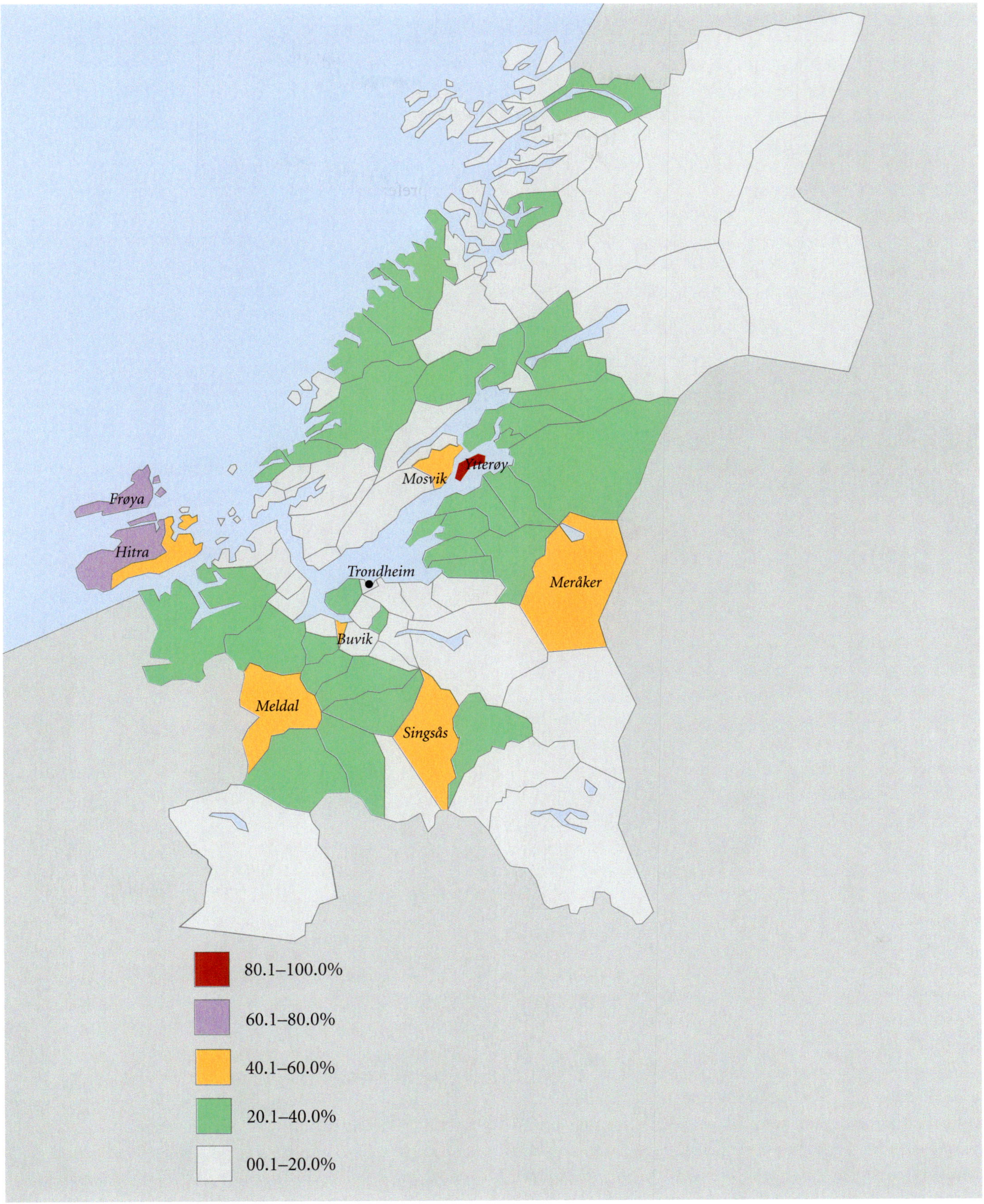

Kart som viser stiftets (tidl. erkesetets) prosentvise andel av jordegodset i Trøndelag ca. 1550. Etter Dybdahl 1989: 221.

Map showing the estate of the former archbishop's see as a percentage of all landed property in Trøndelag c. 1550.

forstand at den sikter mot en fullstendig registrering av alle eiendommer uten hensyn til gårdsbrukenes økonomiske eller befolkningsmessige status.

Eiendommene identifiseres vanligvis ved gårdsnavn. Av og til gir også AB opplysninger om at en gård har vært delt i to eller flere *bruk* ved anførsler som øvre, vestre, øfste, midtre o. l.[34]

Etter navnet følger i regelen det som kan betegnes som enhetens bolmål eller gamle landskyld. I det ligger at alle bosetningsmessige enheter hadde en offentlig takst allerede i høymiddelalderen.[35] Taksten baserte seg på eiendommens produksjonskapasitet i et normalår og ble uttrykt som forventet årsinntekt ved bortleie.

Dette makeskiftebrevet fra 6. mai 1432 er en viktig kilde til dateringen av Aslak Bolts jordebok. Partene i makeskiftet var erkebispestolen og Hospitalet på Ilevollen. Originalen er i Riksarkivet, Oslo.

This letter of exchange from 6 May 1432 contains the clue to finding the exact date of Aslak Bolt's cadastre.

Hvis skylden av en eiendom oppgis til 1 markebol (= 8 øre) vil det si at den årlige leie kunne betales med en mark penger eller tilsvarende verdi (eksempelvis 3 spann smør a 15,43 kg smør).[36] AB er også vår beste kilde til kunnskap om landskyldenhetene som ble benyttet i Nidaros bispedømme i høymiddelalderen. I Trøndelag oppgis den gamle landskylden vanligvis i enheter av penger, smør eller korn. Skyldenhetene som ble brukt kan si noe om den vekt som ble lagt på fedrift og åkerbruk i ulike regioner.[37]

I noen tilfeller knyttes merkelappen «oll eign» til en eiendom, det vil si at erkesetet eide hele driftsenheten uten medeiere. Det gamle norske bygselsystemet kan i tråd med Andreas Holmsen karakteriseres som et *skyldeiesystem*. I det ligger at om det var to eller flere eiere til ett og samme bruk, kunne ikke hver enkelt eier peke ut i marken hva han eide. Eiendomsretten var ideell og innebar i praksis at de enkelte eiere var berettiget til en viss brøkdel av landskylden.

Etter gammel skyld følger vanligvis «b(ygt) f(irir)» og en skyldoppgave, dvs. den nye skylden eiendommen var bygslet bort for på den tid jordeboken ble skrevet ned. Den nye skylden blir for Trøndelags vedkommende standarisert til spann, øre og marklag (1 spann = 3 øre = 72 marklag), en regnemåte som først ble forlatt ved de nye matrikuleringer på 1800-tallet. Det at smørskyld slår igjennom som regneenhet betydde likevel ikke at landskylden utelukkende ble betalt med smør; fra andre kilder vet vi at det også kom inn andre naturalia som kjøtt, kornprodukter og fisk.[38]

Sammenligninger av gammel og ny skyld gir oss et grunnlag for å beregne landskyldfallet i senmiddelalderen. I det opprinnelige Trøndelag (uten Fosen og Namdalen) har jeg på grunnlag av AB beregnet at nyskylden bare utgjorde 24–30 % (fylkesvise variasjoner) av den gamle (se s. 289).

Det er ikke så få bruk som i AB har fått etiketten «aut», noen gjennomført registrering av ødelagte driftsenheter er det likevel ikke tale om.[39] Konvergerende linjer markerer at to eller flere bruk i mange tilfeller ble leid bort samlet for en felles landskyld. Noen gårder i Trøndelag skiftet i senmiddelalderen navn til Aunet o. l., som bent frem betyr «Ødegården». I noen tilfeller gir AB oss også de gamle navnene på gårder som har skiftet navn. Andre gårder er kun nevnt i AB; de har forsvunnet sporløst.

Proveniensopplysningene i AB

Hvis man vil forsøke å skaffe seg innsikt i hvordan erkesetet fikk hand om sine faste eiendommer, blir Aslak Bolts jordebok den viktigste kilde også for disse forhold.[40] Det er nesten ikke bevart diplomer som omhandler overføringer av gods til erkesetet.[41]

I det følgende skal vi forsøke å finne ut hvordan godstilveksten fordelte seg på de fire hovedkategorier gave, betaling, kjøp og makeskifte. I praksis er det likevel i mange tilfeller ikke så helt enkelt å si om det er det ene eller andre; terminologien er i mange tilfeller mindre distinkt enn ønskelig. Eiendommene i AB kan også spaltes i to grupper alt etter om det gis proveniensopplysninger eller ikke. På generelt grunnlag må man anta at eiendommer uten kjent proveniens i de fleste tilfeller har kommet i erkesetets eie tidligere enn de med kjent proveniens. Knyttes ervervelsene til en navngitt erkebiskop, er det da også nesten uten unntak tale om Aslak Bolt selv eller hans forgjenger Eskill.[42]

I jordeboken finner vi bare 15 proveniensreferanser som viser til erkebiskoper som satt i embetet før Eskill.[43] Dette er et svært lavt tall, da jordeboken har 90 slike referanser til Eskill og hele 186 til Aslak Bolt selv. I forhold til funksjonstiden er det altså omtrent dobbelt så mange proveniensopplysninger knyttet til Aslak Bolt som til Eskill.[44] Nedenfor er det satt opp en tabellarisk oversikt over frekvensen av de ulike typer proveniensbelegg som forekommer i erkebispens eget bispedømme.

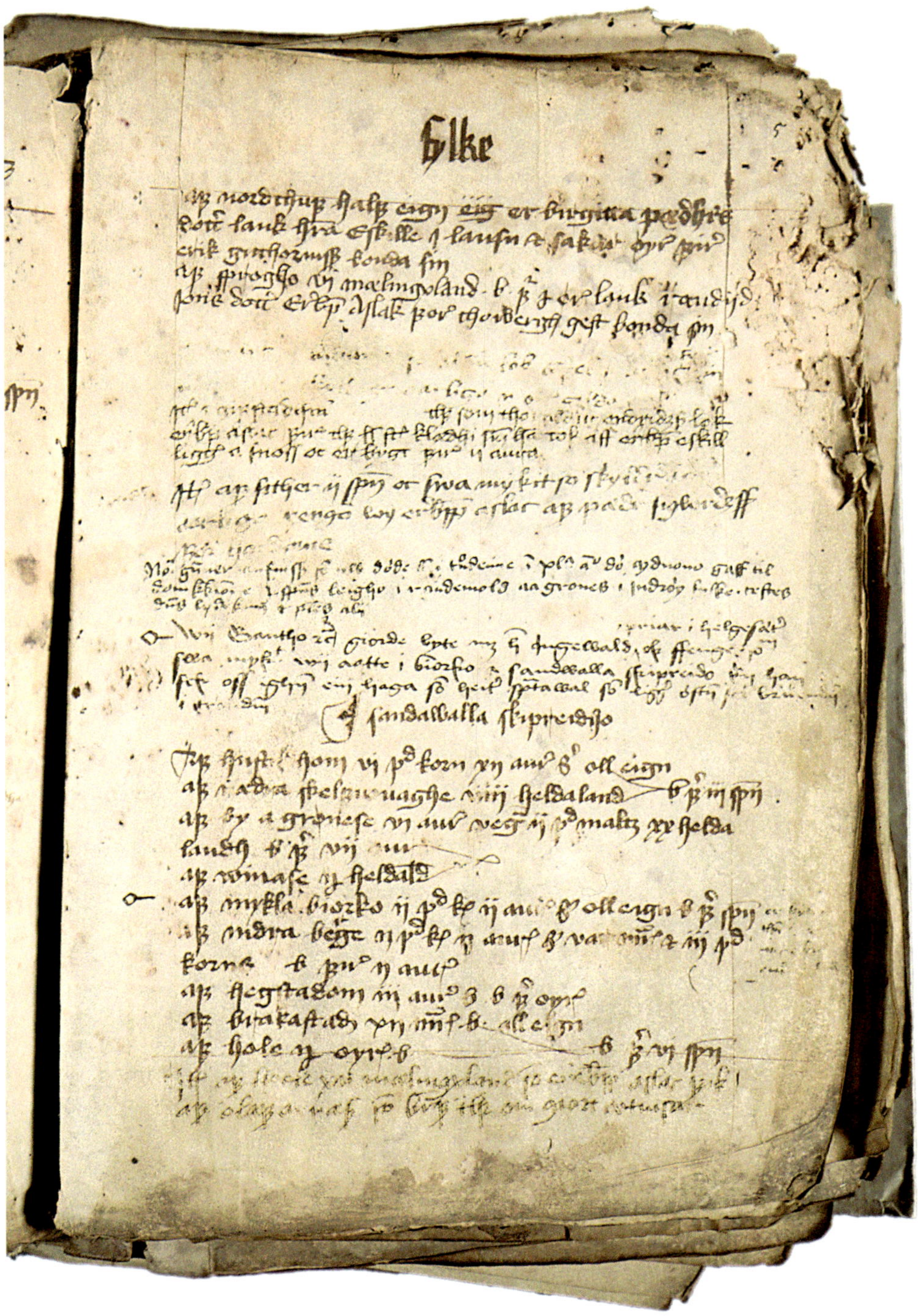

Side 5 i Aslak Bolts jordebok fra 1432. Vi ser overgangen fra Beitstad til Sandvollan skipreide. I mellomrommet er det flere tilføyelser. Legg merke til henvisningstegnene som knytter to innførsler sammen. Jordeboken, som er i en temmelig dårlig forfatning, er nå i Riksarkivet, Oslo.

Page 5 in Aslak Bolt's cadastre, from 1432.

Proveniensreferanser i AB til eiendommer i Nidaros bispedømme

Provenienstype	Sum oppgaver
Gitt erkesetet uten nærmere spesifikasjon	207
Gitt i sjelegave (15) og testamente (9)	24
Gaver i alt	**231**
Betalt uten spesifikasjon	146
Betalt for lovbrudd	70
Betalt i landskyld (7), kirkeregning (8), regnskap (9) og tiendeverd (14)	38
Annet: Betalt i åbotsfall (1), for prostedøme (1) og frikjøp av fange (4)	6
Betaling i alt	**260**
Kjøpt uten spesifikasjon	49
Kjøpt i Aslaks embetstid (24) og Eskils embetstid (44)	68
Kjøpt under Olav, Jørund og Jon	4
Kjøp i alt	**121**
Makeskiftet uten spesifikasjon	9
Makeskiftet i Aslaks embetstid (39) og Eskils embetstid (2)	41
Makeskifte i alt	**50**
Lå før til Domkirken	36
Lå før til lokalkirker	35
Før fabrica i alt	**71**
Tidligere eiere kjent	27
Proveniensopplysninger i alt	**760**

Når det gjelder godsoverføringer knyttet til Aslak Bolt og Eskill, kan vi observere betydelige forskjeller hva proveniens angår. Fordelt på hovedkategorier kan vi sette opp tabellen nedenfor på grunnlag av opplysningene i AB.

Inkludert i disse summene er 11 eiendommer som Aslak Bolt ifølge jordeboken har fått hand om utenfor sitt eget bispedømme og et tilsvarende antall for Eskill på 16.

Forskjellen mht. proveniens til godset som ble ervervet i de to erkebispenes embetsperioder, er ganske tydelig. Skjevfordelingen kan for en del bunne i særegenheter ved det overleverte materialet, men det står likevel fast at det ble kjøpt forholdsvis mange eiendommer i Eskills tid som erkebiskop. I Aslaks periode kom en spesielt stor del av godservervelsene inn som betalingsmidler. Aslak Bolt var utvilsomt en dyktig administrator. Det høye tallet i denne provenienskategorien kan derfor avspeile hans dyktighet til å hevde erkesetets rettigheter og til å kassere inn utestående fordringer. Materialet tyder også på at Aslak i langt større grad var involvert i godsarronderinger gjennom makeskifter enn sin forgjenger.

I et tidligere arbeid har jeg koblet proveniensopplysningene i Trøndelag til skyldmengder (nederste tabell).

For eiendommer med gammel skyld er det forbausende godt samsvar mellom den prosentvise fordelingen av provenienstyper etter antall og skyldmengde. Det viser at det ikke var noen vesentlig strukturell forskjell på gods som ble ervervet på den ene eller andre måte. I gjennomsnitt lå overføringene på 2.25 spann pr. bruk; høyest lå gruppen gaver med nesten 3 spann. Her kan det nok ha hatt noe å si at landskylden av 1 markebol tilsvarte 3 spannsleier. Avviket for fabrica-godsets vedkommende har for en stor del sammenheng med at denne godstypen har en overrepresentasjon av eiendommer med bare nyskyld (se nedenfor).

Det er grunn til å anta at en god del av gaveoverføringene i realiteten skulle ha hatt en annen merkelapp. Ofte var en gave som tidligere nevnt gitt med en spesiell betingelse (*condicio* eller *modus*). Mange donasjoner til erkesetet var

Antall eiendomserverv eksplisitt koblet til erkebispene Eskill og Aslak Bolt

Erkebiskop	Gaver	Betaling	Makeskifte	Kjøp	Sum erverv
Eskill	21	12	4	53	90
Aslak Bolt	44	71	42	29	186
Sum	**65**	**83**	**46**	**82**	**276**

Erkesetets gods i Trøndelag ca. 1450. Eiendommer med kjent proveniens[45]

Provenienstype	Eiendommer		Gammel skyld		Kun nyskyld	
	Ant.	%	Spann	%	Spann	%
Gaver	143	26,5	350	28,9	11	25,6
Betaling	193	35,8	454	37,6	6	14,0
Kjøp	106	19,7	262	21,7	4	9,3
Makeskifte	39	7,2	73	6,0	5	11,6
Lå før til kirker	58	10,8	70	5,8	17	39,5
Sum	**539**	**100**	**1209**	**100**	**43**	**100**

gitt med forbehold om sjelehjelp, det nevnes eksplisitt ved 15 skyldparter. En innførsel i AB forteller f. eks. at Erik av Pommern ga en skyldpart i gården Fosnes i Beitstad for «sal sina».[46] Jordeboken gir også en del eksempler på eiendommer som ble testamentert til erkesetet. I noen tilfeller ble gaven knyttet opp mot gravsted ved katedralen.

I høymiddelalderen ble tydeligvis en god del gods avhendet til Domkirken og geistligheten der uten nærmere øremerking. Et par bevarte diplomer viser at erkebisp Pål og domkapitlet fordelte en rekke felles eiendommer på 1330- og 1340-tallet.[47] Donasjoner for årtidhold tilfløt nok helst kannikenes prebende- og kommun-gods, da de hadde hovedansvaret for tjenesten ved de mange altere i Domkirken. Salg av provent ser også ut til å ha sortert under domkapitlets domene.[48]

Proveniensopplysningene tyder på at omtrent en tredjedel av godset har kommet inn som betaling. I de fleste tilfeller gis det ingen nærmere spesifikasjon, men enkeltoppgaver tyder på at det dreier seg om to hovedkategorier. Utestående fordringer ble i mange tilfeller gjort opp med jordegods, det samme ble bøter som var ilagt for brudd på kristenretten.

For det første foretok erkesetet jevnlig avregninger med en lang rekke setesvenner og andre ombudsmenn som var spredt utover det langstrakte bispedømmet. Som innkrevere av skatter og avgifter fikk erkesetets representanter ganske sikkert tilbud om å overta jordegods til dekning av fordringer eller å kjøpe gods på vanlig måte. Mye av det godset som har kommet erkesetet i hende som vederlag for landskyld, tiende eller andre former for oppebørsel har nok kommet fra lokale ombudsmenn.

Som et eksempel på en ombudsmann som har utlagt jordegods til erkesetet, kan vi ta Øystein på Grande i Overhalla som avstod flere eiendommer i Namdalen i «tiendeverd».[49] Amund Olavsson betalte halvparten av Uksvika i Stranda sogn (på Sunnmøre) i regnskap for sin far.[50] Amunds bror, Guttorm, betalte den andre halvparten. En halv spannsleie i gården Krabbset i Leksvik fikk erkebisp Aslak fra Eskill Andresson for landskyld med mer.[51]

Det er heller ikke vanskelig å finne eksempler på jordegods som kom erkesetet i hende som betaling for bøter. Svært ofte står det at NN «lauk i abrot sin» (dvs. betalte for sine rettsbrudd). Eksempelvis betalte Anders Kampe 5 heldaland i Bunes i Verdal for sine overtredelser.[52] Enda mer interessant blir det når vi også får spesifisert lovbruddets art. I mange tilfeller dreier det seg om «hordøme» eller andre brudd på seksualmoralen. Ivar Toresson måtte betale 13 heldaland i Kjenstad (Snåsa) for hor.[53] Eskill Sigurdsson betalte hele 23 heldaland i Åsan i Stod i «hordøme».[54] Vi finner også et par eksempler på at det ble avstått jordegods i bøter for incest.[55]

Noen proveniensopplysninger reflekterer andre sider av mentalitet og kirkelig domsmyndighet i middelalderen. Torstein Ulfsson måtte bøte 1 øre i Nåsveddet i Snåsa fordi han ikke hadde overholdt fastebestemmelsene. Hans brøde var at han hadde spist kjøtt før han tok «gudz likam».[56] Hermod Torsteinsson måtte betale 2 heldaland i Oppem i Sparbu for å ha brutt julefreden med slåssing.[57] Jakop i Altra ble erkebisp Eskill 100 nobeler skyldig for hordøme og det sakrilegium at han hadde tatt stein fra Herøy kirke og bygd seg en ovn av.[58] Som så ofte ellers, ble gjelden gjort opp med jordegods.

Hvis vi ser nærmere på erkesetets kjøp av jordegods, ser det som nevnt ovenfor ut til at Eskill har vært mer om seg til å kjøpe gods enn Aslak Bolt. Det kan være flere grunner til det. Eksempelvis kan den ødeleggende brannen i Domkirken på starten av Aslak Bolts embetstid ha ført til at det ikke ble så mye ledig kapital til investering.[59]

Ellers er det ikke så lett å øyne noen klar godspolitikk på grunnlag av de eiendommer som kom erkesetet i hende ved kjøp. De 24 eiendommene Aslak Bolt kjøpte i sitt eget bispedømme lå i 19 ulike skipreider. De tilsvarende sifrene for Eskill er 44 eiendommer fordelt på 25 skipreider. Som påpekt av Lykke, lå en relativt stor del av eiendommene ervervet under Eskill i Stjordølafylket.[60] Muligens har dette en sammenheng med erkesetets nærvær på setegården Fløan. For øvrig spriker materialet nær sagt i alle retninger uavhengig av parametre som geografisk beliggenhet, demografisk status, forholdet heleie/deleie etc. Ut fra dette ser det ut til at erkesetet har fungert mer som en passiv kredittinstitusjon enn en dynamisk godssamler med en bevisst politikk. Man kan likevel ikke utelukke at lokale representanter til tider kan ha hatt stående ordre om å kjøpe opp jordegods for å plassere erkesetets ledige kapital.

Referanser til makeskifter i Eskills periode er nesten fraværende, mens Aslak Bolt ifølge hans egen jordebok fikk 39 eiendommer i eget bispedømme gjennom makeskifter. Et nærmere studium av makeskiftene viser at andre geistlige institusjoner var motpart i de fleste tilfeller.[61] Av privatpersoner finner vi både verdslige og geistlige stormenn.[62] Da begge parter i et makeskifte må ha sett noe fordelaktig i transaksjonen, er det ikke så helt enkelt å avgjøre hvem som har vært initiativtaker. Det er likevel verdt å merke seg at det er et gjennomgående trekk ved eiendommene som ble makeskiftet inn på Aslak Bolts tid, at erkesetet praktisk talt uten unntak har hatt eiendom i de berørte gårder på forhånd. I noen tilfeller har makeskiftene berørt flere eiendommer på begge sider. Materialet tyder ikke på at Aslak Bolt har vært spesielt opptatt av å arrondere erkesetets gods på det mer generelle plan; det er først og fremst attraktive enkelteiendommer han har vært ute etter. Et typisk eksempel i så måte er gården Fånes på Frosta, hvor gods ble ervervet i flere omganger med tanke på at det skulle anlegges en setegård der. Sannsynligvis har også erkesetet vært den offensive part i makeskiftene som berørte gården By (senere Hommelvik) og et par gårder på Ytterøya.

Med tanke på godsets omfang og splittede struktur så vel geografisk som eiendomsmessig, er det forbausende få makeskifter å spore. Til en viss grad har nok det sammenheng med erkesetets dominerende stilling i bispedømmet. Erkesetet hadde *noe* gods i de fleste bygder. Organisasjonen var godt utbygd med lokale og regionale representanter som tok seg av oppebørselen.

En god del eiendommer i den ordinære delen av AB har fått merkelappen «thet som før lag til Domkirken» e. l. Dette er noe underlig, da den samme jordeboken avslutningsvis har en separat fortegnelse over Domkirkens gods. Forklaringen kan være at Domkirken i likhet med Korskirken har hatt et felles mensal- og fabrica-gods som ikke ble delt før på 1400-tallet.[63] Oversikten ovenfor viser også at en stor del av disse eiendommene bare er registrert med ny skyld. Trolig har det sammenheng med at erkesetets del av godset er blitt registrert med utgangspunkt i en oppdatert jordebok eller et regnskap.

I Aslak Bolts jordebok inkluderes også godset til noen lokale kirker som hadde lidd en vanskjebne. Det gjelder f. eks. Selnes kirke i Hemne «som nv er nider fallen».[64]

Godset til disse kirkene er registrert i Aslak Bolts jordebok med hjemmel i erkebispens *potestas jurisdictionis* som ga ham rett til å foreta de formuesrettslige disposisjoner for kirkegodset han fant mest tjenlige.[65] En primær oppgave var å forhindre *alienasjon* av kirkens gods uten at dette grunnet seg på tvingende nødvendighet *(urgens neccesitas)*, åpenbar nytte *(evidens utilitas)* eller kristen kjærlighet *(christiana caritas)*.[66] Kirkebyggene det gjelder hadde trolig blitt ødelagt av brann eller manglende vedlikehold.

Skyldoppgaver er selvsagt et viktig element når man skal studere de enkelte eiendommer i et gods i senmiddelalderen, men forhold som demografisk og økonomisk status påkaller også interesse.[67] Ved tilførsler som «audn», «aut», «aut i allmerki» osv. gir AB en rekke eksempler på bosetningsenheter som stod folketomme. Noen ødegårder kastet litt av seg som underbruk til bebodde gårder, men landskylden av slike eiendommer falt enda mer en skylden av bruk som opprettholdt bosetningen.

Det kan derfor være av interesse å studere de ulike former for aksesjon i relasjon til de demografiske forhold på eiendommene som ble ervervet. Var det f. eks. slik at de donasjoner erkesetet mottok for en stor del gjaldt ødegårder som kastet lite av seg? Da erkesetets jordebøker bare gir sporadiske opplysninger om eiendommene hadde bosetning eller ikke, er det ikke uten videre så enkelt å svare på det. Trekker vi inn regnskapene for den såkalte tiendpengeskatten 1520, kan vi likevel danne oss et brukbart bilde av bosetningen på navnegårdsnivå.[68] Koblingen mellom de to kildene gir som resultat at 25 % av erkesetets eiendommer med kjent proveniens lå i gårder som lå øde i senmiddelalderen.[69] Nært opp til dette gjennomsnittet lå også ødefrekvensen på de gårdene erkesetet hadde ervervet eiendom i ved gaver eller betaling. Ødefrekvensen for de kjøpte eiendommene var noe høyere (31 %), mens gods som var makeskiftet inn kom best ut (16 %). Det viser helst at det ikke var så attraktivt å makeskifte til seg ødegårder. De gårdene som hadde ligget til Domkirken skiller seg som før nevnt ut fra det øvrige godset ved at opplysningene trolig stammer fra et oppdatert register.

Det er også visse muligheter til å undersøke om proveniensen til erkesetets gods endret seg fra første halvpart av 1400-tallet til slutten av katolsk tid. Et legg på to ark regist-

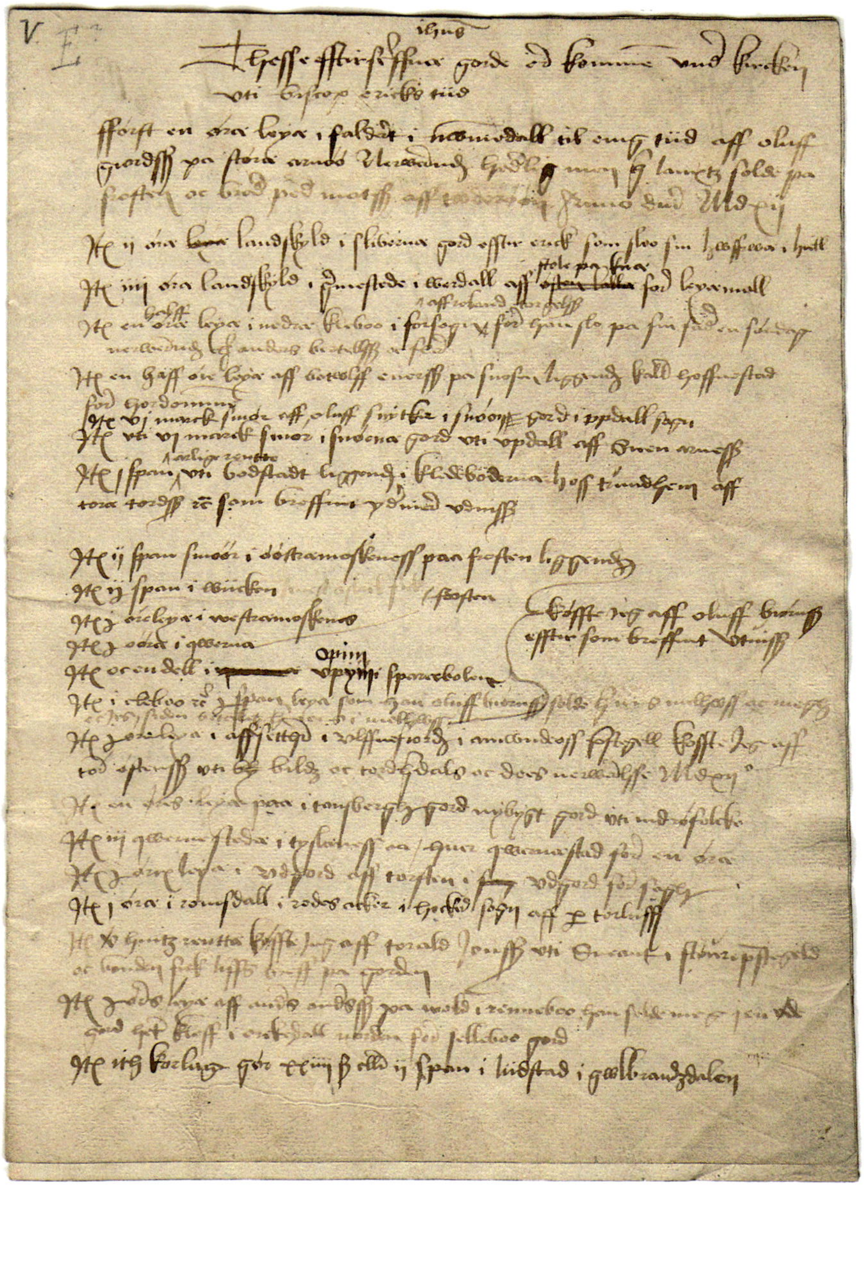

Et løst legg på to folioark som regner opp eiendommer som hadde kommet i erkesetets eie på Erik Valkendorfs tid. Originalen er i Riksarkivet, fortegnelsen er trykt i OE s. 90 ff.

Two sheets of folio from the cadastre of Olav Engelbrektsson recording the property acquired by Erik Valkendorf during his archiepiscopacy (1510 – 1522).

rerer gårder som var kommet under kirken i Erik Valkendorfs tid.[70] Han var erkebiskop i perioden 1510 – 1522. Fortegnelsen inneholder 68 eiendommer. Av de 36 eiendommer med oppgitt proveniens var 8 kommet inn som gave til «sancte Oluff», 7 var bøter for forbrytelser og 21 kjøpt. Den geografiske spredningen var svært stor, nesten halvparten lå utenfor de nåværende Trøndelags-fylkene. Det hadde selvsagt sammenheng med at det på denne tiden ikke var så mye privateid gods i behold i sentrale strøk av Trøndelag. Det er ellers verdt å merke seg det store innslaget av kjøpt gods. Hvis listen er fullstendig, ervervet altså Erik Valkendorf 5–6 eiendommer årlig i gjennomsnitt.

Godsmengde og landskyldinntekter

Aslak Bolts jordebok er en fortegnelse over enkelteiendommer, i jordeboken blir det ikke gjort noe forsøk på å summere opp godset. Uten videre er det ikke så helt enkelt å gjøre det i dag heller; en del verdienheter er det problematisk å tallfeste med sikkerhet. I de aller fleste tilfeller lar det seg likevel gjøre å regne om skyldoppgavene til smørskyld. Beregningene nedenfor baserer seg på en elektronisk versjon av AB, der det ved kodingen er tatt sikte på å bevare mest mulig av informasjonsverdien. Alle mengder av penger og naturalia som kan verdsettes i forhold til smør, er gitt en omregningsfaktor i basen. Det gjør det mulig å generere landskylden i smørmengder på ulike administrative nivåer. Tabellen nedenfor oppgir total gammel skyld i spann smør og en prosentvis skyldfordeling mellom hovedkategoriene penger, smør og kornprodukter. Det kan gi visse indikasjoner på næringsstrukturelle forhold, selv om landskylden ikke nødvendigvis ble betalt med enhetene som er registrert i jordeboken.

Nyskyld-prosenten i siste kolonne gjelder eiendommer der både gammel og ny skyld er oppgitt i enheter som lar seg omregne til smørskyld. Det vil altså si at det dreier seg om den nye skylden av bortleide bruk. For godseierne var bildet i realiteten enda mørkere. Det var jo ikke så rent få gårder som ble liggende øde både i demografisk og økonomisk forstand og følgelig ikke ga eieren noe som helst. Til tallene i tabellen må det gjøres enkelte påplussinger for lakuner i jordeboken. Totalt sett kan det dreie seg om bortimot 100 spann i ny skyld.[72] I bispedømmene Hamar, Stavanger og Bergen eide Nidaros erkesete et forholdsvis begrenset jordegods. I tabellen nedenfor har jeg beregnet total skyldmengde av eiendommer med oppgitt gammel skyld.

Nidaros erkesetes gods sør for erkestiftet ca. 1450

Hamar	bispedømme	ca. 368	spann
Stavanger	»	ca. 14	»
Bergen	»	ca. 207	»
Sum utenfor erkestiftet		**ca. 589**	**spann**

Legger vi sammen landskyldsummene for hele landet og legger til 400 spann for lakuner i AB, får vi altså en *summa summarum* på ca. 9350 spann. Nå er heller ikke dette den hele og fulle sannhet, all den stund gammel skyld ikke er oppgitt for en del av eiendommene som er registrert i AB. Vi gjør derfor trolig ikke noen stor feil om vi sier at erkesetet ved Aslak Bolts død i 1450 disponerte over et jordegods som i høymiddelalderen var vurdert til omtrent 10.000 spannsleier. Det er vanskelig å beregne tilveksten i hundreårsperioden før 1450, men det skulle være grunn til å anta at den var minst like stor som før mannedauden, dvs. at erkesetet ved utgangen av høymiddelalderen hadde et gods på ca. 7000 spann.

Erkesetets jordegods i Nidaros bispedømme ca. 1450 i spann smør[71]

Område	Gammel skyld	% pengeskyld	% smørskyld	% kornskyld	Ny skyld	Ny sk. i %
Øynafylke	493	76	3	21	117	26.4
Sparbyggjafylke	458	54	5	42	104	26.5
Verdølafylke	294	69	1	30	83	26.1
Skøynafylke	728	81	3	16	211	28.5
Strindafylke	528	64	7	29	131	23.6
Stjordølafylke	416	56	19	25	99	29.9
Orkdølafylke	1525	7	92	2	288	25.8
Gauldølafylke	624	11	79	10	136	24.0
Fosen	417	18	81	1	83	21.0
Nordmøre	972	0	100	0	148	27.3
Romsdal	266	84	8	8	73	20.4
Sunnmøre	476	0	100	0	125	47.5
Naumdølafylke	228	26	74	0	36	31.5
Hålogaland	940	0	100	0	104	21.5
Nidaros bispedømme	**8365**	**30**	**60**	**10**	**1737**	**24.7**

Erkesetets godsutvikling AB – OE for Trøndelagsområdet

Fogderi	Antall eiend. AB	% uten ny skyld	Antall gårder	% øde 1520	Sum ny skyld AB	Sum skyld OE
Orkdal	208	40	137	52	168	144
Gauldal	148	44	97	51	107	116
Strinda	233	43	163	43	202	155
Stjør-/Verdal	452	32	333	37	351	362
Inderøy	366	36	283	37	336	418
Namdal	95	63	87	61	36	71
Fosen	117	58	100	35	80	131
Til s.	**1619**	**40**	**1200**	**42**	**1280**	**1400**

I et tidligere arbeid (tabellen ovenfor) har jeg beregnet erkesetets godsutvikling fra AB til Olav Engelbriktssons tid for fogderiene i Trøndelag.[73]

Det som da mangler for å kunne studere erkesetets godsutvikling i senmiddelalderen i sin helhet er landskyldsummene for områdene sør for Fosen og nord for Namdalen i OE. For disse områdene kan vi sette opp følgende tabell:

Erkesetets godsutvikling AB – OE utenfor Trøndelagsområdet

Område	Ny skyld ifølge AB		Skyld etter OE	
Sunnmøre	125	spann	196	spann og 1 tønne laks[74]
Romsdal	73	»	149[75]	»
Nordmøre	148	»	156	»
Nord-Norge	104	»	201[76]	»
Hamar bispedømme	70	»	117	»
Stavanger »	14[77]	»	27	»
Bergen »	39	»	85	»
Sum	**573**	**spann**	**931**	**spann**

gods. Det er et problem her at Aslak Bolt mangler et blad på overgangen mellom bispedømmene Hamar og Stavanger og at slutten av Bergen bispedømme mangler.

Olav Engelbriktssons jordebok viser altså at det har vært en kraftig vekst i godsmengden i områdene som lå lengst fra Trondheim. Tabellen viser at det både gjaldt Nord-Norge, Romsdal, Sunnmøre og trolig også bispedømmene Hamar, Stavanger og Bergen.

Totalt stod altså erkesetet i senmiddelalderen som eier av et jordegods innenfor erkestiftets grenser som år om annet ga over 2100 spann i landskyld. Dertil hadde erkesetet et gods i tre andre bispedømmer som tilsvarte ca. 230 spannsleier. I Oslo bispedømme hadde erkesetet trolig ikke noe gods.

Det kan også være interessant å se litt nærmere på de reelle landskyldinnbetalingene av det tidligere erkesetegodset i Trøndelag i lensregnskapet 1548/49. De viktigste vareslagene fordeler seg som følger etter mengde og verdi.

Hovedbestanddelene i «Stigtens» landskyldinntekter 1548/49

Vareslag	Mengde	Mengde i kg	Dalerpris	Dalerverdi	%
Naut	166 stk.	Ca. 13300	3	498	27
Sau, geit	494 stk.	Ca. 5900	1/4	123 1/2	7
Smør	222 spann	3423	1 1/2	333	18
Mel, malt	414 vetter	46004	1 1/2	621	34
Fisk	225 1/2 våger	4176	1	225 1/2	12
Annet				28	2
				1829	

Oversikten viser tydelig at mel, malt og slaktenaut var de viktigste landskyldspesiene i Midt-Norge med over 60 % av landskyldinnbetalingene regnet etter verdi. Smøret, som står frem som det viktigste verdimål i senmiddelalderen, stod ikke for mer enn 18 % av verdiene som kom inn. Det er kanskje noe overraskende, men her må man også ha konserveringsproblemene i mente. Nesten alt smør ble produsert i beitesesongen og salt av god kvalitet falt relativt dyrt. Ellers er det grunn til å merke seg at praktisk talt all landskyld ble betalt med naturalia; penger forekommer nesten ikke i landskyldregnskapene.

Erkesetet var uten sammenligning den betydeligste godseier i landet på reformasjonstiden. Verken konge, stormenn eller andre geistlige institusjoner kunne måle seg med en magnat som trakk inntekter fra et gods som omregnet i smørskyld ga ca. 2330 spann. Til sammenligning kan nevnes at Nidaros domkapitels kommun- og prebendegods etter en jordebok fra 1558 var på omtrent 703 spann.[78] Vender vi blikket mot de andre bispedømmene i landet, ser det ut til at erkebispen ved reformasjonstiden rådet over et gods som kastet over dobbelt så mye av seg som det bispene i Bergen og Hamar satt med.[79] Dårligst stilt var bispene i Oslo og Stavanger; grovt regnet lå deres mensalgods på omtrent 500 spann. Til gjengjeld var kapitelsgodset i Oslo over dobbelt så stort som det i Nidaros.

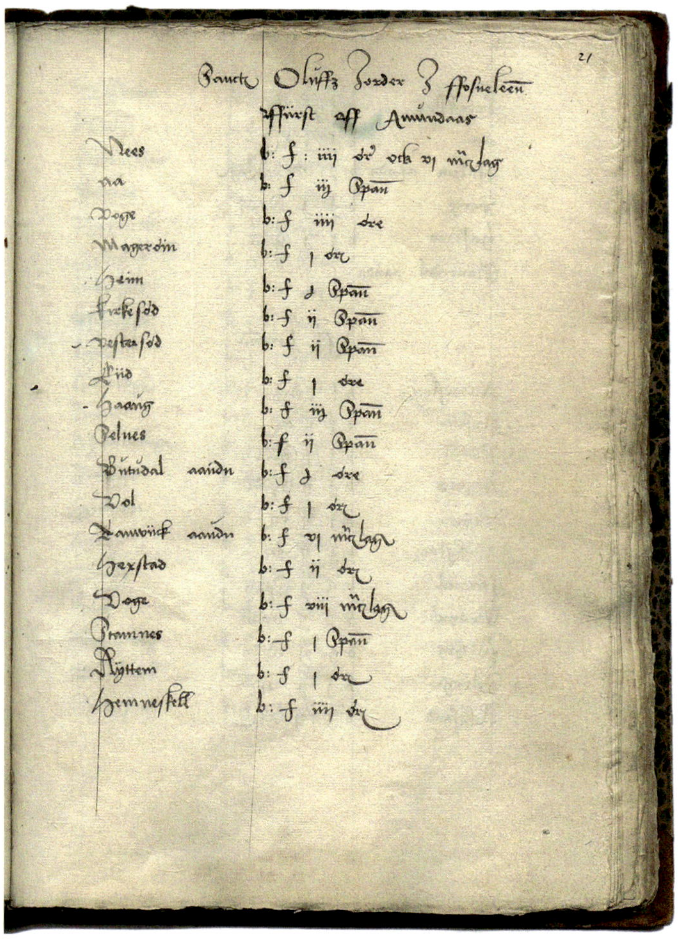

En side av Olav Engelbriktssons jordebok fra 1533. Vi ser her begynnelsen av registeret for Fosen, i den trykte utgaven gjengitt på s. 9. Originalen er i Riksarkivet, Oslo.

One page from Olav Engelbriktsson's cadastre (1533).

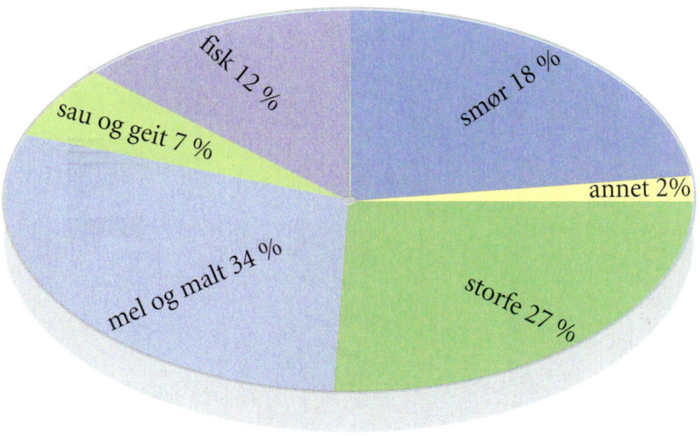

Dette diagrammet viser den relative verdien av de ulike vare-typer og -mengder som ble betalt i landskyld av det tidligere erkebispegodset i lensregnskapet 1548/49.

This diagram is based on the county accounts from Trøndelag 1548/1549 and shows the relative value - and quantities - of the different goods paid as rent from the land formerly belonging to the archbishop's see.

Andre jorddrottlige inntektskilder

Leilendingene i Norge hadde en relativt fri stilling så lenge de betalte sin landskyld og overholdt åbudsplikten.[80] Det innebar likevel ikke at de fritt kunne disponere over alle tilliggende herligheter. Skogsdrift var f. eks. begrenset til brukets eget behov. Det er likevel umulig å verdsette den økonomiske gevinst erkesetet kunne hente fra sine skogeiendommer. Tømmer på rot hadde nok ingen særlig verdi i middelalderen. For en institusjon med store byggeprosjekter kunne det likevel være en fordel at man slapp å kjøpe tømmer.

Som vi finner en god del eksempler på i Aslak Bolts jordebok, ble en del herligheter skilt ut fra gårdene og drevet for eierens egen regning eller skyldsatt for seg. Det gjaldt f. eks. flere laksevarper i Hasselvika.[81] Noen fullstendig oversikt får vi likevel ikke, da store deler av Fosen mangler grunnet en lakune i jordeboken. Sannsynligvis organiserte de geistlige institusjoner en del av laksefisket selv.[82] Den yngste jordeboken for erkesetet viser likevel at storparten av varpene er blitt leid bort.[83]

For en del områder gir Olav Engelbriktssons jordebok malende beskrivelser av tilliggende herligheter av forskjellig slag. I mange tilfeller dreier det seg om elver og bekker med laks og ørret, men her nevnes også rørfiske, ålefiske og makrellvåg.[84] I de fleste tilfeller ser det ut til at disse registreringene er foretatt som en påminnelse for egen del, leien er i de aller fleste tilfeller bakt inn i den ordinære landskylden.

Under Hitra er det i OE ført opp en rekke eggvær som det er betalt avgift av i form av fisk.[85] Også på Helgeland blir det i denne jordeboken registrert en god del spesielle herligheter under erkesetets gårder.[86] Ikke minst adgang til kobbeveide kunne være en verdifull ressurs.

Under Meråker nevnes spesielt de gode muligheter til jakt og fangst.[87] I Funesdalen var det ifølge jordeboken anlagt 60 dyregraver for elg og rein. Muligens hadde også erkebiskopen jegere på sin lønningsliste.

En spesiell form for jakt var jakten som ble drevet ved hjelp av falker og hauker. Jaktfuglene var svært verdifulle, og var en svært populær gave konger og andre stormenn imel-

Et kobbeveide var en herlighet som ble høyt verdsatt i middelalderen. Vi ser her steinkobbe på Været, en del av øygruppen Tarva i Fosen.

Sealing was a highly valued privilege in the middle ages.

lom. Falkefangst ble tidlig et kongelig regale, men det ser ut til at erkesetet fikk spesielle rettigheter allerede ved opprettelsen. I et pavebrev fra 1194 stadfestes de rettigheter erkesetet tidligere har oppnådd, bl. a. retten til å kjøpe hauker og falker.[88] Salg av jaktfugler til utlandet kunne nok være en lukrativ forretning i forhold til vekt og volum. Frostatingsloven fastsetter en drøy bot for en som dreper en hauk på annen manns hand.[89] Den samme loven har også en bestemmelse om at det er jorddrotten som eier gåshauker som ikke er flygeføre.[90] I Landsloven blir det slått fast at landdrotten eier alle gåshauker og falker som hekker i fjellene. Kongen har forkjøpsrett og kan fange falker hvor han vil. Kildene tyder på at det gikk tilbake med falkefangst i Norge i senmiddelalderen.[91] Aslak Bolts jordebok gir visstnok ingen hentydninger til slik jakt, men i fortegnelser over erkesetets rettigheter på Olav Engelbriktssons tid nevnes falkeleier (lokaliteter som egnet seg spesielt til falkefangst) på Grande, Uthaug og Val i Fosen; det var også falkeleier på Nordmøre, i Namdalen og i Alstadhaug prestegjeld.[92] I 1548 betalte Adrian Falkener 8 dobbeltdukater og 2 rhinsgylden for 5–6 falkeleier i Fosen og på Nordmøre.[93]

Landvarde var også en avgift erkesetet kunne kassere inn i egenskap av grunneier. Avgiften landvarde er ofte blitt slått i hartkorn med landslott, men som påvist av Olafsen og Foss er det to forskjellige avgifter.[94] Opprinnelig ser det ut til at landvarde var en avgift på all utror etter skrei, pålagt av kongen. Etter hvert utkrystalliserte det seg landvardevær i områder med årvisst skreiinnsig. Landvarden gikk over fra å være en allmenn avgift på alle som drev skreifiske til å bli en avgift som skulle utredes av dem som hadde sin utror fra bestemte fiskevær. Ble slike vær overført til privatpersoner eller kirkelige institusjoner, fulgte tydeligvis retten til å kreve opp landvarde av eiendommen med. Dermed utviklet landvarden seg til å bli en grunneierrettighet.[95]

Ifølge AB betalte fiskerne på Vågsvær (Frøya) landvarde.[96] Det samme gjorde fiskerne i to vær på Helgelandskysten (Husøya og Sande på Træna) og to vær i Lofoten (Nusfjord og Ballstad).[97] Selv om erkesetet bare eide et fåtall landvardevær, var avkastningen betydelig. I AB blir det ikke sagt noe om hvor mye landvarden av Vågsvær, Husøya og Sande kunne innbringe, men av Ballstad og Nusfjord kunne erkesetet år om annet få 800 fisker fra hvert av værene. Hvis Foss har rett i at det dreier seg om skrei av beste kvalitet som det gikk maksimum 12 på vågen av,[98] ga altså de to værene i Lofoten omtrent 130 våger råskjær i landvarde årlig. I verdi tilsvarte dette nesten like mye som all bokført ny landskyld i hele Nord-Norge (se s. 289).

I den yngste jordeboken for erkesetet nevnes landvarde bare sporadisk; det kan skyldes at man først og fremst har tatt sikte på å registrere landskyldinntektene. Tilførsler viser at det fortsatt ble betalt landvarde av Husøya og Sande.[99] Av Håøya i Troms hadde erkesetet 1/2 landvarde, mens de som

Klimaet i Nord-Norge egner seg godt til å tørke skreien på hjell. Foto fra Henningsvær i Lofoten.

The climate in northern Norway makes it natural to use drying racks for cod.

fisket fra Grip skulle betale 1/2 våg fisk hver.[100] En løs seddel viser at det normalt ble betalt henholdsvis 1 våg for en seksring og 2 pund for en færing som hadde utror fra Vedøya i Bjørnør.[101] I lensregnskapet 1548 blir ikke erkesetets tidligere landvardeinntekter spesifisert, alt sorterer her under kronen.[102]

Elver med laks var en verdifull ressurs; det var også elver med fosser som egnet seg til å drive kverner. Kvernstøer kunne også bli skilt ut og skyldsatt for seg. En møllestø på søre bredden av Hopla i Åsen var på Aslak Bolts tid bygslet for 5 vetter mel.[103] *OE* lokaliserer en lang rekke kvernstøer, men det var vel de færreste som var særskilt skyldsatt.[104]

Det ser ut til at Mannedauden og den minkende etterspørsel etter jord i senmiddelalderen førte til at jorddrottene mistet muligheten til å kreve bygselavgifter ved siden av landskylden. Etter Landsloven skulle brukene normalt festes for en periode på tre år. Praksis var da at leilendingen i forbindelse med fornyelsen av kontrakten stelte i stand en «veitsle» for jordeieren eller hans representant med følge. Da etterspørselen etter jord tok seg kraftig opp på 15- og 1600-tallet, ble det mulig for jordeierne å kassere inn betydelige bygselsavgifter i form av veitsle (alias tredjeårstake) og gårdfesting (alias førstetake). Den siste avgiften hadde sammenheng med at livstidsfeste var vanlig praksis i senmiddelalderen. Jordeieren krevde en drøy engangsavgift av leilendinger som bygslet et bruk for første gang.

Da det ikke ser ut til at disse bygselavgiftene hadde noen særlig betydning for erkesetet i senmiddelalderen, skal vi ikke gå nærmere inn på lovgivning etc. på dette feltet. Regnskapet for Erkebispegården i Bergen 1536 viser at det kom inn 8 våger fisk i landboveitsle (tredjeårstake) fra Vesterålen. Regnskapet for Steinvikholm len 1548 viser at «gårdfesting» var blitt en betydelig inntektskilde for kronen, men da var man allerede inne i en sterk bosetningsmessig ekspansjon. Det overleverte kildemateriale gir i alle fall ikke grunnlag for å hevde at bygselavgiftene betydde særlig mye økonomisk for erkesetet.

Tienden

Den eldste kjente form for tiende i Norge var den såkalte hovedtiende. Det var en tiende av formue som ble betalt en gang for alle.[105] Da den årlige tiendeplikt var innført, utviklet hovedtienden seg vesta- og nordafjells seg til å bli en frivillig ytelse. Det var først og fremst som sjelegave hovedtiende ble ytet i Nidaros bispedømme i høy- og senmiddelalder.[106]

Årlig tiende av produksjon ble ifølge sagaen innført av Sigurd Jorsalfar.[107] Kongen skulle ha lovet dette da han var i Jerusalem. Tienden var en ytelse fra bønder og andre som vederlag for kirkelige tjenester. Denne utredselen kom i stedet for «reiða», som sammen med betalinger for geistlige embetshandlinger, utgjorde det økonomiske grunnlaget for bisper og prester i den første kristne tiden.

Tresking med sliul var et langdrygt vinterarbeid. Lyskilden er et fyrfat. Stikk av Olaus Magnus fra midten av 1500-tallet..

Threshing with a flail was a tedious job in the winter season.

En middelaldersk ku var liten av vekst i forhold til nåtidens NRF-fe. Materialet fra Erkebispegården i Trondheim viser at gjennomsnittlig skulderhøyde bare så vidt oversteg 1 m. Tegning av Anne Karin Hufthammer.

Cows were much smaller in the Middle Ages than today. Evidence from the archbishop's residence tells of a shoulder height of about 1 m.

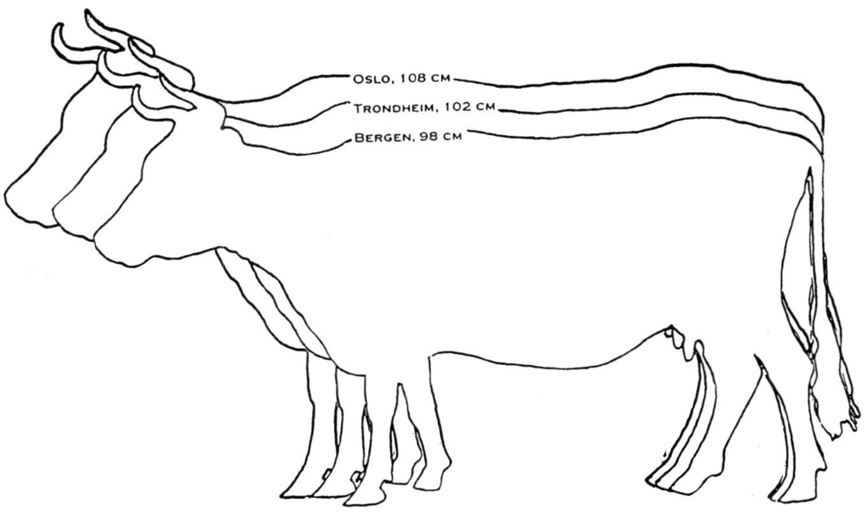

Gjennom hele middelalderen var det åkerbruk, feavl og fiske som ga de viktigste tiendeinntektene. Av kornavlingen skulle det ytes en tiendepart, som bonden selv måtte treske.[108] Da kornet ble tørket på staur, var det ikke så lett å skjule avlingen. Loven foreskrev strenge straffer for dem som unndrog seg helt å yte tiende eller forsøkte seg på andre former for tiendesvik. En som ikke betalte tiende på fire år, hadde ifølge Frostatingsloven forspilt sitt gods til bispen.[109]

Korntienden var langt viktigere enn tienden av feholdet. Opprinnelig ble visstnok fetienden betalt med levende dyr. Allerede Frostatingslovens kristenrett slo imidlertid fast at det skulle leveres ost av melken man fikk fredag før St. Hans.[110] Selv om melkeproduksjonen var konsentrert til beiteperioden på sommeren, innebar dette selvfølgelig at tienden av feavlen ble langt lavere enn 10 %. Når det gjelder reelle betalinger, svikter materialet fra middelalderen, men lensregnskapet fra 1548 viser at fetienden fortsatt ble betalt med ost.[111]

Fisketienden var selvsagt også en viktig økonomisk ressurs i et bispedømme som strakte seg fra Sunnmøre til sivilisasjonens utposter lengst mot nord. Her sies det i Frostatingsloven at skreitiende skulle tas fra hjellen.[112] Da fisken måtte ha en viss tørketid, var det ikke så enkelt å holde fangsten skjult for de geistlige, særlig da også den lokale prest skulle ha sin del. Fisketienden varierte etter sin natur ganske mye fra år til annet. Det er likevel ikke vanskelig å forstå at dette var en svært viktig inntektspost, ikke minst av den grunn at tørrfisken var et populært bytteobjekt som direkte eller indirekte kunne utveksles med andre varer eller tjenester som det var behov for i erkesetets mangslungne virksomhet.

For kirken var det selvsagt viktig å presisere skattegrunnlaget best mulig, folk har til alle tider visst å utnytte uklarheter til egen fordel. Det var også viktig å holde seg a jour med utviklingen i næringslivet, slik at utøvere av nye næringer også måtte yte sin tiende i likhet med dem som var knyttet til primærnæringene. I neste omgang måtte det foretas tilpasninger i lovverket for å møte de nye realiteter.

Jon Raudes kristenrett representerer på mange måter et høydepunkt i erkebispens kamp for kirkens autonome stilling både på den åndelige og verdslige arena. Kristenrettens form og innhold viser at profesjonelle jurister har vært i arbeid for å bringe lovverket mer i takt med kanonisk rett. Den lokale tilpasning viser seg bl. a. i tiendebestemmelsene, som avspeiler hvilke former for næringsmessig aktivitet det kunne være aktuelt å kreve tiende av i andre halvpart av 1200-tallet. Vi skal derfor se nærmere på bestemmelsene i Jon Raudes kristenrett og hva som er nytt i forhold til Frostatingsloven.

Innledningsvis har kapitlet om tienden en redegjørelse for ulike tiendetyper og mer generelle utsagn om beregningsgrunnlag og betalingsformer. Det heter her bl. a. at det er to typer tiende. Den ene ytes av korn og all slags avling. Denne tienden skal ytes i det sogn jorda ligger uten at det tas unna såkorn eller gjøres fradrag for produksjonskostnader eller avgifter. Den andre tiende svares av handel, arbeidsinntekt og næring og all slags lovlig innkomst. Her er det ganske detaljerte bestemmelser for tiende av handelsvirksomhet. Hvis man solgte videre noe man hadde kjøpt for kapital det tidligere var betalt tiende av, skulle man bare betale tiende av den fortjeneste man hadde på transaksjonen. Om man derimot investerte kapital det tidligere var betalt tiende av i produksjonsmidler som «skip eller mølle, saltkjelhus eller annet til vinning for seg og til eie»,[113] skulle det uten avkortning betales tiende av hele avkastningen uten fradrag for kapitalinnsatsen.

Etter de nye bestemmelser skulle det betales tiende av leieinntekter av gårder, bryggekjeler, møller, brødovner, badstuer, saltkjeler, garn og nøter. Den som leide bort noe skulle betale tiende av leieinntektene, leieren av fortjenesten etter at leie og andre utgifter var trukket fra.

Nøye forskrifter beskrev hvordan tienden av leie av skip og kyr skulle betales. Det heter videre at det skulle betales tiende av ull og utgangersauer og av all frukt. I likhet med tidligere praksis skulle det betales tiende av all sæd, rug, hvete, lin, hamp, neper, erter, skrei, sel, hval, tran, håkjerring og all slags fisk. Belagt med tiende var også salt, tjære, jern, kvernsteinsbrudd, handelsvarer, jakt og all slags gårds- og håndverksarbeid.

Erkesetet fikk imidlertid erfare den gamle sannhet om at intet tre vokser inn i himmelen. Blant forskerne har det vært reist tvil om Jon Raudes kristenrett overhodet har vært gjeldende rett. Den ble imidlertid tatt opp i den såkalte Sættargjerden i Tunsberg, som ble til etter drakamp mellom konge- og kirkemakt i 1277. Tiendefremstøtet ble likevel ikke det avgjørende økonomiske løft for erkesetet det kunne ha blitt. Formynderstyret etter Magnus Lagabøtes død tok et kraftig oppgjør med kirkens makt og myndighet generelt og de nye tiendebestemmelsene spesielt. Endskapen ble at det norske episkopatet i 1290 måtte gå med på å sette en strek over Jon Raudes tienderegulativ. Det forhindret likevel ikke at kirken senere forsøkte å holde fast ved – tydeligvis også med et viss hell – enkelte tiendebestemmelser som kan spores tilbake til Jon Raude.

Fra første halvpart av 1300-tallet er det bevart tre interessante diplomer om kjøpmannstiende med relevans for erkesetet. I 1325 klaget biskop Audfinn i Bergen til erkebisp Eiliv over at en del kjøpmenn fra Trondheimen, som hadde vært på handelsferd til Grønland, nektet å betale tiende til geistligheten i Bergen.[114] For å unngå tvist med kirken i Nidaros, hadde biskopen deponert tienden i Erkebispegården i Bergen. Biskop Audfinn imøteså et svar fra erkebispen som slo fast at kirken i Bergen skulle ha sin rett i samsvar med gammel sedvane og kirkens lov. I sitt svarbrev konkluderte erkebispen med at trøndere som handlet på Grønland alltid hadde betalt sin tiende i erkebispedømmet.[115] De burde gis anledning til å betale tienden der de oppholdt seg på den tiden kjøpmannstienden pleide å bli betalt i hver kjøpstad i Norge.

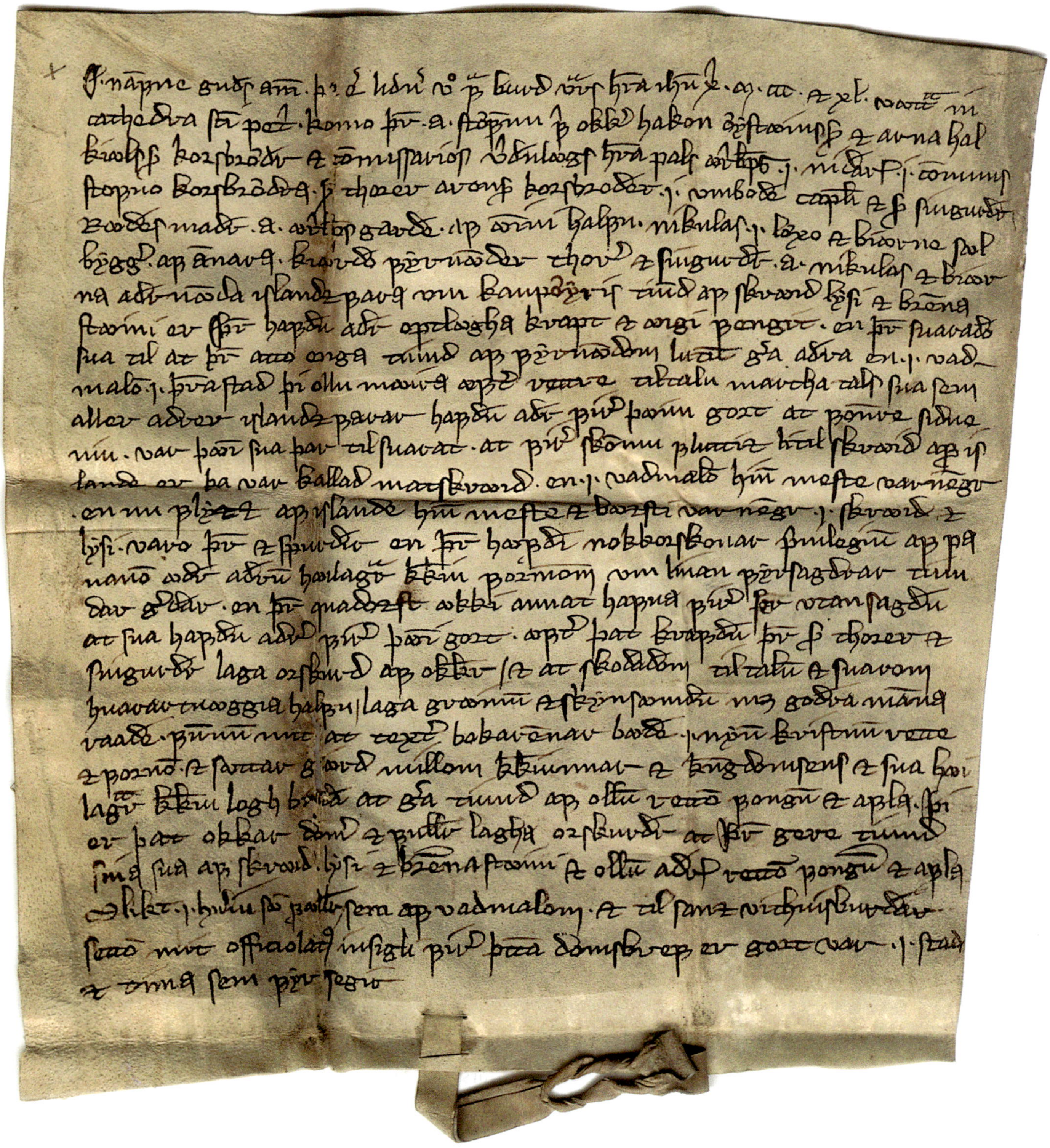

Dommen i tiendesaken mellom Nikolas i Leksa og Bjarne Selbygg på den ene side og erkebiskopen på den andre. Diplomet fra 1340 er nå i Riksarkivet, Oslo.

Letter of verdict from a dispute between two merchants, Nikolas in Leksa and Bjarne Selbygg, and the archbishop, Pål Bårdsson (1340).

I 1340 dømte to kanniker i Nidaros på erkebispens vegne i en sak om tiendeytelser fra islandsfarerne Nikolas i Leksa og Bjarne Selbygg.[116] To ombudsmenn for erkesetet og domkapitlet krevde at det skulle betales kjøpmannstiende av skrei, tran og svovel, mens Nikolas og Bjarne hevdet det etter gammel sedvane bare skulle betales tiende av vadmel. De som reiste saken hevdet i sin tur at det tidligere bare ble innført mindre kvanta skrei ('matskrei') fra Island; nå var de viktigste innførselsvarene derfra skrei og tran. Da de to islandsfarerne ikke kunne vise til særskilte privilegier, ble de i henhold til «forn og ny kristenrett, sættergjerden og kirkeloven» dømt til å svare full tiende av alle varer. Domsbrevet ble beseglet med officialens segl. Her ser vi altså en geistlig domstol i full sving. Saken viser klart hvor viktig det var for kirken å følge med utviklingen i handelsnæringen.

I forbindelse med en bispevisitas på Byneset i 1342 spurte kanniken Gløder Tordarsson bøndene om de pleide å betale tiende.[117] Bøndene svarte at de bare hadde avlingene av jorden og eventuelt fisket å yte tiende av. De fortalte at for noen år siden hadde de drept to bjørner ved gården Brå. En «skotbogher» av den ene ble sendt til Erkebispegården i tiende, mens en tilsvarende part av den andre ble sendt til presten på Stein.

Et diplom fra 1435 forteller at den driftige Aslak Bolt hadde brakt i orden kvalvågen i Straumøy som lenge hadde vært forsømt av hans forgjengere.[118] Erkebispen donerte domkapitlets kommune bispetienden av hvalen som ble fanget der mot sjelehjelp og bønnehold.

I tidens løp oppstod det nok mange diskusjoner knyttet til selve beskatningsgrunnlaget. Konflikter om *hvem* som var pliktige til å yte tiende dukker også opp fra tid til annen. Det ser ikke ut til at kongen og hirden fra først av var pliktige til å yte tiende. I sitt privilegiebrev til kirken lovet Magnus Erlingsson imidlertid at «vi frå no av vil svare full tiend av jordene og gardane våre etter Guds lov».[119] Kongen lovet også at hirdmennene skulle betale tiende av lønnen sin til bispen i det bispedømmet der de oppholdt seg ved juletider. Hirdmennenes tiende skulle deles mellom alle bispene.

Ellers vitner kildene om at biskopen i Bergen hadde sitt svare strev med å få de tyske vintersitterne til å betale tiende.[120] Her ble biskopen støttet av statsmakten. Som vi har sett ovenfor, kunne det også bli strid om *hvor* tienden skulle betales. Bergensbispen mente at trønderske grønlandsfarere som la til i Bergen, skulle betale tiende der, mens erkebispen hevdet at det skulle gjøres på hjemstedet.

Tienden skulle deles i fire like store parter med en del til (erke-)bispen, en del til sognepresten, en del til kirkebygget og en del til de fattige i sognet.[121] Etter dette skulle altså 2.5 % av produksjonen i Nidaros bispedømme normalt tilfalle erkesetet i tiende. Tienden av lønnen til hirdmennene skulle deles i tre med en tredjepart til bispene, en tredjepart til hirdpresten og en tredjepart til johanitterklosteret på Varna.[122]

Vi vet ikke så mye om hvordan tienden ble krevd inn i praksis. På Østlandet ble det allerede på 1300-tallet fastsatt takster for såkalte tiendekjøp.[123] I det lå at en mellommann betalte de kirkelige institusjoner en årlig fast sum mot at han fikk retten til å kreve opp den reelle tienden. Det kunne også være slik at bøndene i et sogn kjøpte seg fri fra tiendeytelsene mot å betale en fiksert årlig avgift i form av penger eller naturalia. I 1475 ga erkebiskop Gaute Ivar Trondsson på Aspa fullmakt til å kreve opp landskyld og tiende på Nordmøre på «Hellig Olav Domkirkes vegne».[124]

I senmiddelalderen var det øyensynlig slik at bøndene i Sunnmøre, Romsdal og Nordmøre kjøpte bispetienden for en fast sum. I Olav Engelbriktssons jordebok finner vi ytelsene fra de enkelte sogn på Sunnmøre rubrisert under overskriften «sognekjøp», mens det i Romsdal tales om «åttingsfisk» etter den administrative enhet som der ble lagt til grunn.[125] I de 20 sognene på Sunnmøre varierer den stipulerte avgiften fra 1/2 til 3 kyrlag. Åttingene i Romsdal synes å ha vært ganske likeverdige med utgangspunkt i tiendepotensialet, idet syv av åttingene figurerer med et sognekjøp på 7 våger fisk. Større spredning på ytelsene var det på Nordmøre, der ytelsene pr. sogn varierte fra 4 til 10 våger.[126]

Totalt ga sognekjøpene i den sørligste delen av bispedømmet følgende inntekter:

Erkesetes inntekter av sognekjøp etter OE

Sognekjøp av Sunnmøre	37.5 kyrlag
Åttingsfisk av Romsdal	53.5 våger
Sognekjøp av Nordmøre	65.0 våger

Lensregnskapet for Trondheim len 1548/49 viser at sognekjøpet inkluderer både oste- og korntiende.[127] En sammenligning sogn for sogn mellom oppgavene i den yngste jordeboken for erkesetet og lensregnskapet viser praktisk talt fullt samsvar.[128] Det viser at disse ytelsene hadde festnet seg på linje med f. eks. landskylden.

Da jordebøkene for erkesetet bare oppgir sognekjøp fra de nevnte områder på Vestlandet, blir lensregnskapene fra tidlig nytid viktige kilder til estimater av tiendeinntektene i senmiddelalderen. I tabellen nedenfor er stilt sammen kronens tiendeinntekter for Trondheim len 1548/49 og «de nordlandske len» og Finnmark 1566/67.[129]

Det som mangler av erkestiftet i disse lensregnskapene er Sunnmøre, men her gir jo sognekjøpet i OE en pekepinn. Selvsagt kan man ikke uten videre legge disse oppgavene fra lensregnskapene til grunn for en situasjonsbeskrivelse på 1530-tallet. Det er en kjent sak at 1500-tallet var preget av en sterk bosetningsmessig ekspansjon. På den annen side må man ha lov til å slutte at det nok kom begrensede tiendeytelser fra gårder under rydding. Ett moment som det er viktig å ha klart for seg, er at innbetalingene gjelder to aktuelle år og at utsagnskraften for gjengs tiende på slutten av katolsk tid er avhengig av hvordan de to årene plasserte seg på en klimamessig skala i forhold til normalen. En annen viktig faktor er effektiviteten i tiendeinnkrevingen før og etter reformasjonen. Her kan det neppe være noen vesentlig forskjell, da den verdslige lensherren gikk inn i den geistlige lensherrens (erkebispens) rolle; det som i tidlig nytid bokføres som kronens tiende var jo også erkebispens tiende før reformasjonen. Likevel kan vi ikke bruke kongstienden i lensregnskapene fra etterreformatorisk tid til å beregne erkesetets tiendeinntekter uten å legge inn en del korreksjoner. Etter reformasjonen ble det i Trondheim len dannet et par

Kronens tiendeinntekter ifølge lensregnskapene 1548/49 og 1566/67

Område	Penger-mark	Ost-våger	Malt/mel-tønner	Korn-tønner	Fisk-våger	Annet
Strinda		5 .5	22	4		
Gauldal	16 .5	6 .5	88	20		0.5 tønne tjære
Orkdal		4 .5	80			
Sparbu	6	6 .5	145			3 mårskinn
Inderøy		7	159			
Fosen		8 .5		76	33	
Namdal		18 .5		121	15	5 selspekk, 11 huner hvalspekk
Skogn-Verdal		13	100			
Nordmøre					62 .5	
Romsdal					66 .5	
Herjedalen	4 .5					436 pund jern
Stjørdal		12	81	10		34.5 tn. sild, 6 tn. salt og 1 mårskinn
Andenes[130]					62	25 rav, 1.5 kipper rekling
Rødøy				14	8	
Alstadhaug				60	1 .5	
Brønnøy		6		40	1	
Vesterålen[131]		17 .5		27 .5	677	23 rav
Lødingen		4		16	41 .3	
Steigen		4		24	0 .5	
Salten		5		40	0 .6	
Gildeskål					1	
Senja-Troms		8		69	315	
Finnmark					430 .5	
Sjøfinnene	69					
Sum	**96**	**126.5**	**675**	**521 .5**	**1715 .5**	**5 selspekk, 11 hvalspekk, 48 rav, 1.5 kipper rekling, 34.5 tn. sild, 436 pd. jern, 6 tn. salt, 4 mårskinn, 0.5 tn. tjære**

klosterlen (Bakke og Rein). Oppsitterne på bruk klosterlenene hadde bygselretten til svarte sin tiende til klosterlenets ombudsmann. Av den grunn må det for enkelte områder gjøres betydelige tillegg til tiendeoppgavene i det ordinære lensregnskapet. Før vi går videre med dette, skal vi imidlertid se på en annen sentral kilde til tiendeytelsene i Nidaros bispedømme på 1500-tallet, nemlig den såkalte *Trondhjems reformats* av 1589 (motstående side).

Reformatsen gir den eldste enhetlige oversikt over tiendeinntektene i Nidaros bispedømme.[133] Selv med de reservasjoner som bunner i en sterk bosetningsmessig ekspansjon på 1500-tallet, må også denne kilden tillegges betydelig vekt når man forsøker å danne seg et bilde av situasjonen et halvt århundre tidligere. Da det her dreier seg om prestenes fjerdepart av tienden, skulle den være identisk med de mengder erkebispen ville ha mottatt om ikke reformasjonen hadde medført konfiskasjon av både gods- og tiendeinntekter.

Etter denne presentasjonen av de viktigste kildene til tienden fra 1500-tallet, skal vi forsøke oss på en komparasjon. Som nevnt er ikke tienden av de to klosterlenenes gods inkludert i lensregnskapene. På bakgrunn av kilder fra 1600-tallet kan man danne seg en oppfatning av hvor store tillegg det eventuelt må gjøres i de ulike områder. Sandnes har beregnet den totale tiende i det egentlige Trøndelag med Fosen og Namdal til 5848 tønner i 1548, dvs. 1462 tønner på hver fjerdepart.[134] Hvordan harmonerer så det med Reformatsens oppgaver? Korntienden her er stipulert til 1534 tønner korn i det samme området. Det gir en prosentvis økning på bare 5 % 1548–1589. Når det gjelder de gjennomsnittlige årlige innkomster av korntiende og ost mot slutten av katolsk tid, skulle vi derfor kunne danne oss et brukbart bilde ved å ta utgangspunkt i Reformatsen og gjøre et fradrag på 10 %, i alle fall når det gjelder tienden av de agrare næringer. Vi får da en tønneverdi på korntienden i hele erkestiftet på ca. 2100. Omregnet til smørverdi skulle det bli 1400 spann.[135] Av ost kan det etter en tilsvarende beregning ha blitt svart ca. 225 våger. Prisen på ost og smør var trolig ikke så forskjellig.

Større problemer volder det naturlig nok å gi noenlunde sikre talloppgaver for verdien av fisketienden. I Reformatsen blir fisketienden stipulert til 1742 våger, mens summeringene i lensregnskapet ender på 1715. Det sier seg selv at skreitienden må ha variert svært mye etter innsiget. Hvis vi gjetter på et tiendegjennomsnitt i slutten av katolsk tid på ca. 1500 våger råskjær, tilsvarte det i verdi omkring 1520 like mange spann smør hvis vi tar utgangspunkt i prisene i

Prestegjeld, kirker og tiende etter Reformatsen 1589

Prestegjeld	Hovedkirke	Annekskirker	Korn, tn.	Ost, våger	Fisk, våger	Annet
Strinda	Lade	3	60	2 1/2		
Klæbu	Klæbu	1	30	2		
Byneset	Stein	2	70	7		
Melhus	Melhus	4	100	7		
Støren	Støren	3	105	9		
Haltdalen	Haltdalen	2	26	7		
Oppdal	Oppdal	0	40?	5		
Meldal	Meldal	1	48	7		
Orkdal	Orkdal	1	86	5 1/2		2 pd laks
Frosta	Loktu	4	80	5		
Ytterøy	Eid	2	59	2 2/3		
Beitstad	Solberg	3	40	3		
Snåsa	Snåsa	3	43	2		
Stod	Stod	2	52	3 1/2		
Sparbu	Mære	2	40	5		
Inderøy	Sakshaug	5	90	6		
Verdal	Stiklestad	6	100	6		
Skogn	Alstahaug	5	100	6		
Stjørdal	Værnes	6	110	6		
Selbu	Nesta	1	30	2		
Herøy	Herøy	4	50	6	10	Evt. sild
Volda	Volda	4	75	9	2	
Borgund	Borgund	4	60	5	13	
Ørskog	Ørskog	7	70	8 1/2	1	
Aukra	Aukra	6	20	3	30	2 pd laks, 1–2 spekk
Veøy	Veøy	8	80	6	20	
Grytten	Grytten	4	20	5		
Kvernes	Kvernes	3	35	2 2/3	44	
Tingvoll	Tingvoll	2	27	3 1/2		
Sunndal	Sunndal	3	30	2 1/2		
Stangvik	Stangvik	5	42	6 2/3		
Aure	Aure	4	24	3 1/3	34	
Stadsbygd	Stadsbygd	1	40	4		4 våger laks
Ørland	Viklem	1	18	2	2	4 våger laks, evt. sild
Bjørnør	Roan	2	20	3	13	
Åfjord	Å	1	20	2	5	2 våger laks
Hitra	Dolm	6	24	3 1/2	40	
Nærøy	Nærøy	3	40	4	50	4 spekk
Overhalla	Ranem	4	40	3 1/2	1 1/3	1–2 tall laks, 2 dynevær
Fosnes	Fosnes	3	23	3 1/3	25	
Brønnøy	Brønnøy	5	50	6	30	5–6 tall laks, 2 kobber
Alstadhaug	Alstadhaug	7	50	10	50	
Rødøy	Rødøy	3	24	3	40	
Gildeskål	Gildeskål	0	12	1 1/2	20	
Salten	Bodø	3	40	6 1/2	40	3–4 tall laks, kobbe og hval
Steigen	Steigen	2	25	3 1/2	38	3–4 tall rav
Værøy	Værøy	1		1/2	24	2 kobbespekk
Lofoten	Buksnes	4	4	4	200	12 tall laks, rav, rekl., hval, kobbe
Lødingen	Lødingen	5	15	5	100	
Andenes	Andenes	2		2	80	Hval
Vesterålen	Hadsel	9	15	10	100	3–4 tall laks, 3 våger rekl., 50 tall rav
Trondenes	Trondenes	13	40	12	600[132]	90 rav, 10 kipper rekl., hval og kobbe
Troms	Tromsø	7		1	130	4–5 våger hval, 15 kobber
Sum	53	192	2342	250	1742	

Denne illustrasjonen fra den islandske lovboken Jonsbok (i en utgave fra 1500-tallet) viser hvalflensing. Hvalen ligner mye på en fisk!

The flensing of a whale is portrayed in an Icelandic manuscript from 16th century. Here in a chapter from Jonsbok, the lawcode of Iceland from the end of the 13th century to the beginning of the 19th century.

Bergen.[136] Når man også tar med tiende av kveite, laks, sild, hval og sel, må det være grunn til å anta at erkesetets samlede tiendeinntekter (brutto) i årene før reformasjonen må ha ligget på over 3000 spann smørverdi. Foran ble inntekten av landskylden beregnet til 2330 spann. Tienden og landskylden var utvilsomt de viktigste pilarene i erkesetets økonomi.

Cathedraticum og brevavgift

Cathedraticum kommer av lat. *cathedra*, biskopsstol, og betegner en avgift som alle kirkelige institusjoner som lå under en biskops jurisdiksjon skulle yte.[137] Avgiften kan følges tilbake til den spanske kirken på 500-tallet. På konsilet i Braga 572 ble det vedtatt en forordning om at ingen biskop på visitas skulle kreve noe annet fra kirkene enn hedersgaven til bispesetet, dvs. 2 solidi. En synode i Toledo 646 innskjerpet den samme bestemmelse. I middelalderens autorative bok i kirkerett, *Decretum Gratiani* fra ca. 1140, ble bestemmelsene fra de to nevnte konsiler tatt inn. Gjennom et dekret fra paven 1218 ble så cathedraticum innført for hele kirken.

De første belegg for avgiften cathedraticum i norske kilder er fra 1300-tallet.[138] I 1321 bestemte erkebisp Eiliv med samtykke av en del geistlige at på Hålogaland i Nidaros erkestift skulle hver prest årlig betale 20 fullgode tørrfisker, det samme skulle hver kirke yte av sine vedlikeholdsinntekter. Fisken skulle leveres til erkebispen eller hans ombudsmann ved sommerstevnet i Vågan.[139]

Denne bestemmelsen ble stadfestet i Aslak Bolts synodalstatutt fra ca. 1430. Her ble også eldre bestemmelser om ytelse av cathedraticum i de andre delene av erkestiftet stadfestet. Statuttet foreskriver følgende ytelser:[140]

Fylkeskirker med tiendeinntekter:	2 spann årlig
Andre kirker med tiendeinntekter:	1 spann årlig
Kapeller uten tiendeinntekter:	1/2 spann årlig

Hvis en sogneprest var tillagt inntekter av kirketienden, skulle han betale differansen, slik at cathedraticum ble betalt fullt ut.

I erkebiskop Eilivs skipan fra 1321 heter det at cathedraticum skal betales Nidaros domkirke til heder og bygning, det ser altså ut til at avgiften gikk inn i kirkens fabrica. Dette synes å bli bekreftet av et kongebrev fra etterreformatorisk tid.[141] Mye tyder imidlertid på at erkebispene i senmiddelalderen ikke holdt noe særlig skarpt skille mellom erkesetets embetsinntekter og Domkirkens fabrica.[142]

Når det gjelder konkrete opplysninger om betaling av cathedratica, gir Olav Engelbriktssons jordebok en oversikt over hvor mye de enkelte kirker i storparten av det historiske Trøndelag skulle yte.[143] I selve jordeboken mangler opplysninger om cathedraticum fra Inderøy og Beitstad; ytelsene fra kirkene i disse to prestegjeldene går imidlertid frem av en annen samtidig kilde.[144] OE spesifiserer også «sognekjøp» av Sunnmøre og Nordmøre (uten Fosen) og «åttingsfisk» av Romsdal,[145] men yngre kilder viser at dette er et estimat av bispens tiendeinntekter.[146] Vi er derfor henvist til å beregne cathedratica for størstedelen av Nidaros bispedømme. Visse opplysninger kan vi også finne i lensregnskapene fra nyere tid.[147]

Av jordebøkene fra senmiddelalderen ser vi at også denne avgiften har sunket i senmiddelalderen. Ifølge OE ble det vanligvis betalt 1 spann av hovedkirkene, mens avgiften av annekskirker i de fleste tilfeller var 1 øre, men 1/2 spann forekommer også. På slutten av katolsk tid utgjorde verdien av cathedratica i det egentlige Trøndelag ca. 40 spann.[148] På grunnlag av oppgavene over hovedkirker og annekskirker i Reformatsen 1589 (se ovenfor) kan cathedratica fra resten av bispedømmet ha kommet opp i bortimot 80 spann.[149]

I sin jakt på gamle avgifter som kunne kalles til live, fant Aslak Bolt bestemmelser i en gammel jordebok som gikk ut på at kirkeverger som ble innsatt i ombud skulle ha et dokument til bekreftelse på det.[150] I avgift (brevløsning) for ombudsbrevet skulle vergen betale 1/2 spann hvis det dreide seg om en kirke med tiende, 1 øre hvis det var et kapell. Når regnskapet for ombudsperioden var gjort opp, skulle det utstedes et kvittansbrev. For et slikt brev skulle det av fylkeskirker betales 1 spann, av andre kirker og kapeller 1/2 spann. Trolig var det prostens oppgave å utstede slike brev.[151] At erkesetet har vært mer direkte engasjert i ordningen, går også frem av Aslak Bolts jordebok. Vi finner her flere eksempler på at personer har avstått jordegods til erkesetet i «kirkeregning».

Logtu kirke på Frosta ga som hovedkirke 1 spann smør i cathedraticum (15,4 kg) til erkesetet årlig.

The church at Logtu at Frosta paid an annual amount of 1 pail (15.4 kg) of butter in cathedraticum to the archbishop's see.

Mikkelskorn, Olavskorn og andre olavsskatter

Frostatingsloven har en del bestemmelser om at det skal ytes almisser på visse messedager.[152] Det heter her bl. a.:

> «*[..] Og alle menn som eig gard og buskap, skal gjeva sælegåve i korn på mikkjelmessedag (29.9), kvar fullgild bonde ei skjeppe, men einvirken mann ei halv skjeppe; det gjeld presten likeins som andre menn. Han skal som bonden bera si almisse til kyrkja [...]*
>
> *[...] Same straff fører det og med seg om ein mann ikkje greier ut olavskorn [...]*»

Opprinnelig var disse ytelsene altså almisser til de fattige, som hver og én enten skulle gi eller ta imot, som det heter i loven. Da Aslak Bolt revitaliserte disse ytelsene i senmiddelalderen, ble formålet endret, idet inntektene ble lagt til altere i Domkirken (se nedenfor) hvor det skulle leses sjelemesser.

Hellig Olavs navn er også knyttet til andre former for kirkelige avgifter. *Ólafssád* ser ut til å ha vært et element i den gamle *prestereiða*.[153] Denne avgiften, som bl. a. nevnes i den eldre Borgartingslagen, holdt stand middelalderen igjennom i visse områder på Østlandet der den ordinære korntienden aldri vant gjennomslag.

Av større interesse for erkebispen i Nidaros var avgiften *Olafs skot*. I en udatert retterbot fra Håkon Håkonsson slås det fast at «Mann etter mann skal i all ettertid gi en talt penning for hvert dyr det er bedre å ha på båsen enn å miste.» Olafsskot var altså en skatt av fehold. Avgiften skulle fordeles med 2/3 til St. Olavs kirke i Nidaros og 1/3 til St. Halvards kirke i Oslo. Et løst blad i Olav Engelbriktssons jordebok gir en oversikt over de ulike typer inntekter som erkesetet hadde i senmiddelalderen.[154] Blant inntektskildene her nevnes «Oluffz skotth» av hele Oslo stift, hele Hamar stift, Stavanger bispedømme, hele Island, Hjaltland og Færøyene.[155] Olavsfe var en avgift som kom hvert tredje år fra Gudbrandsdalen.

På 1430-tallet gikk Aslak Bolt hardt inn for å restituere en del gamle avgifter som tydeligvis stod svakt i folks bevissthet. I forbindelse med visitaser eller andre sammenkomster tinget erkebispen og hans representanter med allmuen om betaling av mikkelskorn, olavskorn, olavsfe og erkebiskopsgave. I alt er det bevart 22 originale overenskomster fra bispedømmet som omhandler disse ytelsene.[156] Avgiftene allmuen forpliktet seg til å utrede er gjengitt i oversikten nedenfor.

Mikkelskorn nevnes i flesteparten av de bevarte avtaler. I det egentlige Trøndelag ble det tydeligvis ikke krevd inn

Ifølge dette dokumentet fra 1430 forpliktet sognepresten og fem lagrettemenn på vegne av allmuen i Beitstad seg til å yte Mikkelskorn til Mikaels alter i Domkirken årligårs.

According to this document from 1430 the parish priest and five jurors commit themselves on behalf of the common people at Beistad to render grains – called Mikkelskorn – to the altar of St Michael in the Nidaros Cathedral every year.

noen former for olavsskatt. Dokumentene fra Nord-Norge omtaler både mikkelskorn og olavskorn eller olavsfe. Den siste benevnelsen benyttes bare i avtalen fra Steigen. Så langt nord var det da heller ikke naturlig med kornytelser. Overenskomstene som ble inngått på strekningen Fosen – Sunnmøre foreskriver ytelser i mikkelskorn og olavsfe. Det er imidlertid vanskelig å fastslå om det er noen historisk begrunnelse for differensieringen mellom olavskorn og olavsfe, det hele kunne bero på hva kirkens representant satte på pergamentet.

De avtalene som ble inngått i 1431 og senere nevner også «godvilje» eller «giof» til erkebispen. Fra starten av må dette ha vært en frivillig ytelse. Som så ofte ellers utviklet den frivillige gaven seg til å bli en fast avgift. Sannsynligvis er det allmuens plikt til å skaffe erkebispen kost under visitasene som ligger til grunn for dette kravet.

I de områdene der ytelsene tallfestes, settes summen av mikkelskorn og olavskorn eller olavsfe til 1 våg korn, 2 fisker eller 1 øre pr. skattyter. Erkebiskopsgaven var jevnt over halvparten av dette.

Det er ikke så mye å finne om denne type innbetalinger i kildematerialet. I 1439 bestemte imidlertid erkebispen at «Olafs tollen» av Skøynafylket skulle legges til den gamle skolemesteren Jens Olavsson som en livsvarig pensjon.[157]

Erkesetets inntekter av mikkelskorn, olavskorn, olavsfe og «gave»

Område	Mikkelskorn	Olavskorn	Olavsfe	Erkebiskopsgave
Selbu	Uspesifisert			
Klæbu	»			
Beitstad	»			
Strinda	»			
Byneset	»			Uspesifisert
Sparbu	»			»
Rennebu	»			
Brønnøy		1 våg korn		1/2 øre
Rødøy		2 fisker		1 gild sperrefisk
Bodin		1 våg k. el. 2 fisker		1 gild sperrefisk
Steigen		2 fisker (i M+O.fe)		1 gild sperrefisk
Alstadhaug		2 fisker		1 gild sperrefisk
Stjørdalen	Uspesifisert			Uspesifisert
Frosta	«			«
Åsen	«			«
Inderøy	«			«
Verdal	«			«
Titran	1 fisk		1 fisk	2 gilde fisker
Herøy	1/2 øre		1/2 øre	2 engelsker
Hallkelsvik	1/2 øre		1/2 øre	1/2 øre
Borgund	1/2 øre		1/2 øre	1/2 øre
Ørskog	1/2 øre		1/2 øre	1/2 øre

Ofring og avlat

Det kan knapt være tvil om at hellig Olavs skrin i Nidarosdomen var det viktigste pilegrimsmål i Norden i middelalderen. I dette lå naturlig nok både en utgifts- og inntektsside. Fornøyde pilegrimer var den beste reklame for et valfartssted. Derfor måtte det gjøres bygningsmessige grep som bedret logistikken inne i katedralen, kirken og Olavsskrinet måtte fremstå med en prakt som var nasjonalhelgenen verdig og de kirkelige ritualer måtte være på høyde med det man kunne forvente å finne ved en metropolitankirke. Alt dette kostet selvsagt betydelige beløp, ikke minst gjaldt det investeringer i kirkebygget og alt utstyret som skulle til. Geistligheten ved Domkirken fikk etter hvert sin egen selvstendige økonomi.

Selv om det ikke er mulig å ha noen sikker formening om omfanget av pilegrimstilstrømningen til Nidaros – tidligere har man trolig hatt overdrevne forestillinger om det – står det fast at de tilreisende må ha brakt betydelige verdier til erkesetet og kirken gjennom ofring og kjøp av avlatsbrev. Erkebisp Arnes statutt fra tiden like før den store mannedauden sier at etter evangelielesningen skal mennene føre sitt offer til alteret «for derved å hedre den hellige messetjeneste og Guds kjød og blod».[158] I striden mellom erkebisp Jørund og hans domkapitel omkring 1300 ble det i domkapitlets prosesskrift hevdet at erkebispen hadde tatt fra kannikene deres del av offerpengene og sjelemessegavene.[159] Ifølge et vitnesbyrd fra ca. 1294 hadde fra gammelt av den kannik som gjorde daglig tjeneste i messeuken rett til «fem peninger av de beste, som kommer til høyalteret, unntatt gull».[160] Det samme gjaldt prestene som gjorde tjeneste ved de andre alterene i Domkirken.

Kanskje kan vi indirekte spore strømmen av pilegrimer fra øst gjennom den pavelige generalkollektors regnskaper for Norge 1358. Av Clemes VIs fireårstiend betalte erkebispen og domkapitlet inn vel 973 mark, av dette ble nesten tredjeparten betalt i svenske penger.[161] Noe annet enn en indikasjon på at det også havnet svenske penger på alterene i Domkirken er dette likevel ikke. Det er likevel grunn til å tro at de fleste pilegrimer brakte med seg noe de ville gi til hellig Olavs kirke ved reisens mål.

I senmiddelalderen bekreftet paven erkebispens rett til å gi avlat også til pilegrimer, en rett som etter alt å dømme fikk en viss økonomisk betydning. Allerede på 1290-tallet hørte *poenitentiarius* ved Nidarosdomen med til dignitetene,[162] noe som ikke var så underlig ved en valfartskirke.

Det finnes ingen regnskaper som kan fortelle noe om hva formidling av avlat kunne kaste av seg. Fra etterreformatorisk tid har vi imidlertid et interessant utsagn som nok er temmelig tendensiøst, men som likevel kan ha en kjerne av sannhet. Peder Claussøn Friis forteller at Olavsskrinet ble båret i prosesjon av 60 mann,[163]

> *«oc Kisterne omhengde met smaa Posser, som mand lagde Offeret udi, oc ofuen paa Kisten stod poenitentiarius oc udrobte Pafuens Afflad til dem, som offrede, oc med saadan Abespil finge de stundum 4 eller 5000 Marck Sølff paa en Dags Tid.»*

Med mark sølv må det her menes mark penger; hvis vi regner om etter forholdene i tidlig etterreformatorisk tid, vil det oppgitte beløp tilsvare 1500 daler. At ofring/avlatssalg på en eneste dag kunne kaste av seg verdier tilsvarende ca. 1000

På et lite relikvieskrin fra Hedal stavkirke , Sør-Aurdal, er fremstilt et møte mellom en pilegrim og hellig Olav.

This small reliquary from the stave church at Hedalen depicts a meeting between a pilgrim and St Olav.

spann smør (eller nesten halvparten av det erkesetet fikk inn i årlige landskyldinntekter), har jeg vanskelig for å tro. Jeg tror vi må nøye oss med å si at det kunne komme inn betydelige verdier ved ofring og innrømmelse av avlat, særlig må det ha vært tilfellet omkring Olsok, da ekstra mange pilegrimer oppsøkte hellig Olavs skrin.

Visitas og natteleier

I prinsippet skulle biskopen med tre års mellomrom visitere alle prestegjeld i bispedømmet. Dette var ikke gjennomførbart i praksis; spesielt i områdene lengst mot nord var det nok på langt nær så ofte man hadde besøk av erkebispen i egen høye person.

Under visitasene var det den lokale befolkning som hadde ansvar for å skaffe til veie kost og losji for erkebiskopen og hans omfattende følge. Hvor mange som fulgte erkebispen, er ikke så godt å si. Den skibbrudne italieneren Quirini forteller at Aslak Bolt visiterte Hålogaland med et følge på over to hundre mann i 1432,[164] men det må helst være en betydelig overdrivelse. Etter Gulatingsloven skulle biskopen ha rett til skyss og underhold for et følge på 30 mann når han var på reise for å innvie kirker.[165] Fra 1320-tallet har vi en fortegnelse over det bispen og hans følge krevde i forbindelse med en 24 dagers visitas i Sogn og Fjordane. Døgnrasjonene lød på 4 tønner bjor (sterkøl), 6 tønner munngått, 1/2 tønne vin, 1 skippund flatbrød og uspesifiserte mengder hvetemel, smør, kjøtt og krydder.[166] Trolig har A. M. Hamre rett i at det her må dreie seg om proviant som også skulle rekke til reisen prestegjeldene imellom og til og fra stiftsstaden.[167] Prokurasjonen har nok også dekket gjestebud som ble holdt i forbindelse med visitasene.

Aslak Bolts jordebok har også med et avsnitt som regner opp hvor mange overnattinger biskopen hadde rett til ute i distriktet og klostrene som lå under hans myndighetsområde. Summene er som følger:

Erkebispens «natteleier» etter Aslak Bolts jordebok[168]

Område	Antall overnattingssteder	Antall natteleier
Trøndelag	16	69
Fosen	4	16
Nordmøre	5	20
Romsdal	3	13
Sunnmøre	4	15
Namdalen	2	11
4 klostere	4	4
Sum	**38**	**148**

Hålogaland (Nord-Norge) og Herjedalen er ikke tatt med i Aslak Bolts normerte oppstilling. I disse områdene skulle erkebispen overnatte der det var mest praktisk.[169] På grunn av den lange veien og værforholdene kunne han ikke visitere disse områdene hvert tredje år.

Det er lite trolig at erkebispens «kostøre» under visitasene ga noe overskudd av betydning som kunne føres på plussiden i regnskapet. Hadde erkebispen imidlertid et stort antall reisedøgn (f. eks. 60) i året, tæret han desto mindre på sine egne matforråd. Dette førte i sin tur til at erkebispen kunne selge eller avhende på annen måte en større del av de naturalia som kom inn til erkesetet.

Geistlig jurisdiksjon og bøteinntekter

I den første kristne tiden gjorde ikke kirken forsøk på å etablere selvstendige organer for å ivareta den kirkelige jurisdiksjonen.[170] Man benyttet seg av de rettslige instanser som allerede fantes; ting og dóm kunne uten problemer behandle saker som omhandlet brudd på kristenretten eller *klerkemål* (saker der geistlige var involverte). Etter hvert ble imidlertid en stadig større del av sakene avgjort ved såkalt *sáttmál* (forlik) mellom den saksøkte og en representant for konge eller kirke.

Mye tyder på at kardinal Nicolaus gjorde visse fremstøt for å fremme kirkens domsmyndighet i den nyetablerte kirkeprovinsen.[171] En notis i et islandsk håndskrift fra 1300-tallet beretter at kirker, kirkegods og prester etter kardinalens bønn kom inn under biskopenes myndighet og dom i Norge.[172] Kirken krevde domsrett over alle geistlige som hadde forbrutt seg, også de som hadde krenket verdslig lov. På dette stadium ser det likevel ikke ut til at kirken reiste krav om domsrett i kristenrettssaker.

I Jon Raudes tid som erkebiskop (1268 – 82) oppstod det store stridigheter mellom kirken og kongedømmet om grensene for den kirkelige jurisdiksjon. Som en ivrig forkjemper for kirkens frihet (*libertas ecclesiae*), hadde Jon programfestet kirkelig domsmyndighet både i klerkemålssaker og i kristenrettssaker.[173] Han hevdet til og med lovgivende myndighet i kristenrettssaker. Av den grunn mangler kristenretten i Magnus Lagabøtes landslov. Jon Raude utarbeidet en ny kristenrett som var mer i samsvar med kanonisk lov enn den eldre kristenretten. Etter harde forhandlinger ble denne kristenretten vedtatt ved en overenskomst mellom stat og kirke 1277 (sættergjerden i Tunsberg).[174] På kort sikt fikk likevel ikke den nye kristenretten noen særlig betydning. Et formynderstyre, som kom til makten etter Magnus Lagabøtes død 1280, gjeninnførte den gamle kristenretten, hevdet kongens lovgivningsrett i kristenrettssaker og bød lagmennene å dømme i klerkemål og kristenrettssaker.[175] I perioden frem mot Svartedauden var det sterk tautrekking mellom konge- og kirkemakt om felter innen jurisdiksjonen.[176] Lagmannen oppgis som rettsbelærer og dommer ved brudd på kristenretten i flere retterbøter og avtaler mellom kongedømmet og kirken i perioden 1316 – 1337.[177] Provinsialstatuttene viser at kirken arbeidet målbevisst for å reservere kristenrettssaker for kirkelige instanser. I praksis var nok dette likevel ikke så enkelt å få til; de kognitive kilder tyder helst på at de statlige myndigheter nødig ville gi fra seg saksområder som ga bøteinntekter.[178] Fra et kirkelig synspunkt var den midlertidige avtalen som erkebisp Pål inngikk med Magnus Eriksson i 1337 etter alt å dømme et foreløpig høydepunkt.[179] Avtalen, som omhandler kristenrettens bøtesaker, hadde Nidaros by som sitt virkeområde. Officialen og lagmannen skulle dømme annenhver gang, men retten skulle settes i Kongsgården.

Omslaget til kirkens fordel kom ifølge Seip for alvor i andre halvpart av 1300-tallet, da kongedømmet var sterkt svekket.[180] Andre forskere har også kommet til at kirken styrket sin jurisdiksjonsutøvelse i kristenrettssaker i senmiddelalderen.[181] Ut fra sin analyse av det bevarte diplommaterialet finner Riisøy grunn til å korrigere dette bildet.[182] Saker vedrørende ekteskap og helligbrøde ble i hundreårsperioden etter 1349 i hovedsak avgjort av kirkelige instanser. Når det gjaldt saker knyttet til tiende og seksualitet, var bildet ifølge Riisøy atskillig mer blandet. Hun baserer seg da på det bevarte diplommaterialet, som er svært sparsomt for erkestiftets del. Aslak Bolts jordebok viser imidlertid at det kom inn dusinvis av jordeiendommer til erkesetet som bøter for brudd på kristenretten i denne perioden.[183]

I 1458 ble Sættargjerden fra Tunsberg stadfestet av Christian I. Samme konge utstedte 20 år senere en retterbot som ifølge Seip gikk lenger enn noen annen i å skille statlig og kirkelig jurisdiksjon i kristenrettssaker og styrke kirkens rettsgrunnlag for sin jurisdiksjon. Kongens ombudsmenn skulle ikke befatte seg med frillelevnet, hor og skyldskap i tredje og fjerde ledd. Selv i saker der bøtene skulle deles mellom kongedømme og kirke, skulle kirkelige institusjoner dømme. Christian IIs antikirkelige lovgivning fra 1514 og 1521 endret på dette, men disse lovene ble i sin tur satt ut av kraft allerede ved Frederik Is norske håndfesting i 1524. En ting er hva de normative kildene sier, noe annet hva som var den reelle praksis. Som påvist av Riisøy, utøvde statlige instanser jurisdiksjon i kristenrettssaker både før og etter 1524.[184]

Fra 1475 og middelalderen ut var erkebispen i Nidaros den øverste verdslige myndighet i Trondheim hovedlen. Denne enestående posisjonen innebar trolig at erkebispen kunne sikre sine formelle rettigheter og inntekter som fulgte av det uten særlige problemer. For erkesetet ble det derfor av mindre betydning om det var verdslige eller geistlige instanser som dømte og krevde inn bøtene i slutten av middelalderen.

Når kardinal Nicolaus i forbindelse med opprettelsen av erkesetet også skal ha organisert tre erkediakonater innenfor domkapitlet, må han ha hatt den kirkelige rettsutøvelsen i tankene.[185] Vi må imidlertid vente til senmiddelalderen før de bevarte kilder på ny omtaler en erkediakon i Nidaros.

På 1200-tallet dukker *prostene* opp i kildene,[186] de hadde i likhet med den kongelige syslemann myndighet når det gjaldt påtale, dom og oppgjør på det lokale plan. Et formular for et fullmaktsbrev fra erkebisp Eilivs kopibok (fra 1320-årene) omtaler ombudet som «profastdoeme».[187] Prosten skal reise søksmål og bringe saken til avslutning. I et statutt

Syndefallet, slik det ble malt i taket på Ål stavkirke i Hallingdal omkring 1300. Brudd på vedtatt seksualmoral ga erkesetet betydelige inntekter i middelalderen.

The fall of man painted on the roof of the stave church at Ål in Hallingdal around 1300.

fra 1344 nedla erkebispen forbud mot at en legmann skulle fungere som prost,[188] men vi har flere konkrete eksempler på det både før og etter 1344.[189]

Lagmannens lovutlegging (orskurd) resulterte i at han også fikk domsmyndighet. Hans kirkelige motstykke ble *officialen*, som på slutten av 1200-tallet trer frem som bispens jurisdiksjonelle stedfortreder ved bispesetet.[190] Tittelen dukker først opp i erkebisp Jørunds statutt fra 1290.[191] Embetet ble trolig opprettet som en motvekt til domkapitlet.

Det gamle straffesystemet bygde på duodesimalsystemet med en gradering av bøtene i henhold til de antatte skadevirkninger.[192] Det maksimale beløp for brudd på kristenretten var egentlig 3 merker (24 øre). Boten for mindre overtredelser som leiemål eller hor var gjerne 3 øre. Bøter på 3 merker kunne idømmes for bigami og forskjellige former for ran. I særlig graverende tilfeller kunne det ilegges bøter på 15 eller 40 merker. Bøter av denne størrelse var av senere opprinnelse; de kunne komme i stedet for utlegd (alvorlige forbrytelser som kvalifiserte for formuesinndragelser og landsforvisning).

Alle pengebøter for brudd på kristenretten opp til 3 mark var fra starten bispens eiendom. Når det gjaldt utlegdssakene, var det duket for en tautrekking mellom konge, bisp og bønder om retten til den utlæges gods. Praksis her endret seg både med tid og rom; etter Frostatingsloven skulle biskopen ha det hele. Jens Arup Seip mener at denne ordningen ikke kan være yngre enn erkesetet.[193] Senere ble det en ens praksis over hele landet som innebar at kongen og biskopen delte sakefallet i utlegdssaker. Dette prinsippet slås fast i en retterbot fra 1392.[194] Et klart eksempel på at tvedelingen også ble gjennomført i Frostatingslagen, finner vi i to diplomer som ble utstedt i 1403.[195] Assur Anundsson betalte 13 mark til prosten i Nidaros for det «skadfelle» han var kommet i for en kvinne og det samme beløp til sysselmannen.

Fra katolsk tid er det ikke bevart regnskaper som kan fortelle noe om hvor mye erkesetet fikk inn i bøter år om annet. Som tidligere nevnt, er det i AB en god del opplysninger om gods som er kommet i erkesetets eie som en følge av brudd på kristenretten. Bare i ett tilfelle blir størrelsen på boten oppgitt og hva den betalt med. Olav Andorsson ble idømt en bot på hele 20 merker; han avstod flere eiendommer med en (ny) skyld på 2 spann 1 øre.[196] Vi kan imidlertid ikke være sikre på at hele boten ble betalt med jordegods. En annen som ble hardt straffet var Gudbrand Niklisson, som måtte gi fra seg flere eiendommer i Trøndelag med en samlet skyld på 2 1/2 spann.[197] I senmiddelalderen var det likevel bare unntaksvis at eiendommer som ble overført erkesetet som betaling for bøter hadde en avkastning som oversteg 1 spann ny skyld. I de tilfeller nyskylden er oppgitt, ligger den gjerne på 1/2 eller 1 øre. Det ser ut til at gjennomsnittsstørrelsen på de eiendommer som ble avstått var mindre på Aslak Bolts tid enn den hadde vært under hans forgjengere. Dette kan ha sammenheng med at det utover i middelalderen ble mindre gods på private hender. Kanskje ble også rettshåndhevelsen mer effektiv under Aslak Bolt.

Et bevart regnskap fra Erkebispegården i Bergen gir noen konkrete eksempler på bøteinntekter som har kommet fra Nord-Norge i 1536.[198] En Oluf Tordsson i Lødingen betalte 2 våger fisk.[199] Et langt større beløp kom inn fra presten Jens Tykesson i prostesak, nemlig 43 1/2 lodd sølv.[200] Fra Vesterålen kom det inn 26 våger i sakefall foruten den ene vågen som kom fra presten Oluf Willhelmsson. Herr Nils Jemt i Trondenes sendte 4 våger. Disse innførslene viser at det var prestene som krevde inn sakefallet i denne landsdelen. Hvis vi også tar med de 14 vågene som kom inn i sakøre fra Troms, har vi referert alle innførsler av denne typen i regnskapet. Den totale inntekt i form av bøter var atskillig større, da leveransene fra store områder ikke blir nærmere spesifisert.

Ifølge dette brevet fra 1403 måtte Assur Anundsson betale en drøy bot til prosten på erkebispens vegne for sin ugjerning mot Sigrid Bårdsdatter.

According to this letter from 1403 Assur Anundsson had to pay a heavy fine to the archbishop for his 'misdeeds' against Sigrid Bårdsdatter. It was collected by the provost who was the main representative of the archbishop in the countryside.

Dessverre er ikke stiftets sakefall tatt med i det fyldige lensregnskapet for Trondheim len 1548–49.[201] Det skulle likevel være mulig å danne seg et bilde av omfanget på denne tiden gjennom Evert Bilds regnskapsekstrakt for året 1557–58. I dette regnskapet summeres det som hadde kommet inn «till kirchenns sager» i Trondheim len til 362 1/2 daler, 10 lodd sølv og 9 mark penger.[202] Det skulle tilsvare vel 370 daler. Kronens sakefall fra det samme lenet var til sammenligning snaut 680 daler.[203] Året etter utgjorde «kirkens» saker 434 1/2 daler, 35 1/2 lodd sølv og 205 mark penger.[204] Trondheim len omfattet på denne tiden det historiske Trøndelag, Namdalen, Fosen, Nordmøre og Herjedalen.[205] Det vil si at vi mangler oppgaver for en del av Nidaros bispedømme lengst mot sør, nemlig Sunnmøre og Romsdal.

I de nordnorske len og fogderier fra Helgeland til Finnmark resulterte «stigtens» saker i 1567 i innbetalinger på til sammen 558 daler, 165 1/2 lodd sølv og 3 1/2 våg fisk.[206] I dette regnskapet blir også forbrytelsenes art og størrelsen på bøtene spesifisert. Stort sett dreier det seg om brudd på den vedtatte seksualmoral. De fleste slapp med en bot på 1/2 eller 1 daler for frillelevnet, men man kan også finne eksempler på bøter av en helt annen dimensjon. Et søskenpar som hadde avlet barn sammen innbrakte hele 143 daler og 10 lodd sølv.[207]

Selv om sakefallsinntektene etter sin natur er uvisse og problematiske å beregne, skal vi med utgangspunkt i de nevnte lensregnskaper gjøre et forsøk på å estimere hvor mye erkesetet kunne få inn i form av bøteinntekter år om annet i slutten av katolsk tid. Innbetalingene til Trondheim len for årene 1557–59 blir i gjennomsnitt 445 daler.[208] For Nord-Norge har vi bare en årsoppgave å holde oss til og det er vanskelig å vite hvor representativ den er. Omregnet blir summen for denne landsdelen 644 daler.

Skal vi forsøke oss på en retrospeksjon for Nidaros bispedømme i slutten av katolsk tid, er det flere ting vi må ha i mente. For det første har det utvilsomt vært en relativt kraftig befolkningsvekst i tidlig nytid. I motsatt retning trekker det faktum at vi mangler oppgaver for Sunnmøre og Romsdal. Så usikre som tallene uansett vil måtte bli, kan vi nøye oss med å si at erkesetet i slutten av katolsk tid har hatt årlige sakefallsinntekter i størrelsesorden 1000 daler. I landskyldvarer ville det etter takstene i lensregnskapet 1548/49 tilsvare 1000 våger fisk eller 667 spann smør.[209] Ut fra dette er det ikke vanskelig å se at bøteinntektene ga et betydelig bidrag til erkesetets totale økonomi.

Handelsvirksomhet

Som vi har sett i det foregående, mottok erkesetet hvert år betydelige mengder naturalia. En del av dette ble konsumert direkte av erkebispens folk eller overført til ombudsmenn som hel eller delvis lønnsutbetaling. Overskuddet måtte erkebispen selge eller bytte i varer eller tjenester institusjonen kunne nyttiggjøre seg. Erkesetet hadde også behov for å kjøpe men luksuspregede varer fra utlandet. Det gjaldt f. eks. vin, tøyer og bøker.

Det er ingen særlig overraskelse at nettopp erkebiskopen nevnes i den eldste omtalen av handel mellom England og Trondheim. I 1203 ga kong Johan erkebiskop Erik og hans etterfølgere rett til å skipe en last av korn og andre matvarer avgiftsfritt fra England til Trondheim.[210] Privilegiet var tydeligvis en stadfestelse på eldre privilegier innrømmet erkebispen i Nidaros av Johans forgjengere Henrik II og Richard I. Privilegiet ble senere fornyet under Henrik III i 1241.[211]

Vi har også flere konkrete eksempler på at erkebispen benyttet seg av sin rettighet.[212] I 1223 hadde både den norske kongen og den norske erkebiskopen skip i Lynn.[213] I 1226 ble erkebispens skip røvet, noe som førte til at den engelske kongen grep inn og sørget for at erkebispen fikk erstatning.[214] To kilder fra henholdsvis 1233 og 1236 viser at erkebispen i Nidaros hadde to skip i engelske farvann.[215]

Etter dette tier de bevarte kilder til begynnelsen av 1300-tallet. Et brev fra kong Edward til øvrigheten i Lynn 1306 refererer et brev han hadde mottatt fra erkebisp Jørund.[216] Erkebispen hadde klaget over at det var tatt beslag i en del av hans varer på skipet «Help Sancti Olaui». Skipet ble ført av «Siward Scalderoth».[217] Koblingen mellom bussen «Hellig Olavs Hjelp» og erkesetet er viktig, da den sannsynliggjør at erkesetet har hatt skip i Lynn både i 1303 og 1304.[218] Som påpekt av Søholt, kan det knapt være tvil om at skipsnavnene «Help», «Olausbusce» og «Scalrothbusce» refererer seg til ett og samme fartøy.[219]

De viktigste varene erkebispens skip førte til England var trematerialer, tørrfisk og tran. Returlasten bestod gjerne av varer som tøyer, malt, honning og krydder. Skipene fra Trondheim gikk for det meste til Lynn, hvor det ser ut til at en kjøpmannsfamilie med røtter i Trondheim hadde etablert seg på slutten av 1200-tallet.[220]

Når kildene tier om skipsanløp fra Trondheim i engelske havner etter 1325 og 150–200 år fremover, er nok det i hovedsak en gjenspeiling av de faktiske forhold, «en talende taushet».[221] Alt i alt ser det ut til at erkebispens og trondheimskjøpmennenes handel på England var nokså tilfeldig. En topp i 1304–05 kan bero på at den hanseatiske handelen på Norge ble redusert på denne tiden, samtidig som Hansaens skip ikke kunne gå til Lynn. Erkebispen og andre kjøpmenn i Trondheim sendte da sitt overskudd av tørrfisk til engelske havner.[222]

Vi må tro at erkebispen benyttet seg av sitt privilegium som gikk ut på at han kunne utføre en skipslast korn til Norge hvert år. I 1226 var hans menn i Lynn for kjøpe korn og hvetemel. Når erkebispen først på 1300-tallet importerte malt og honning, var det de sentrale ingredienser i den populære drikken mjød.

I andre halvpart av 1200-tallet hadde tyskerne skaffet seg en ledende stilling i den bergenske utenrikshandelen.[223] Kongedømmet styrket residensbyens posisjon som stapelplass gjennom lovgivning og privilegier. Omkring 1300 kom det klare forbud mot at utlendinger førte varer eller drev handel nord for Bergen eller i de norske skattlandene.

For en institusjon med så sterke interesser i fjernhandelen som erkesetet ble det helt nødvendig å ha et solid støttepunkt i Bergen. Senest fra begynnelsen av 1300-tallet hadde erkesetet i Nidaros sin egen bygård ute på Strandsiden i

Dette store og flotte drikkehornet fra 1300-tallet blir gjerne knyttet til erkebiskop Aslak Bolt. Vi kan ikke sikkert si at hornet har vært i Aslaks eie, men våpenskjold viser at det har tilhørt noen av hans slekt.

This large elegant drinking horn from the 14th century can be linked to the family of Archbishop Aslak Bolt by its coat-of-arms.

Bergen.[224] I de fleste tilfeller måtte det ut fra logistiske hensyn være mest fornuftig å sende erkesetets tørrfisk og andre fiskeprodukter for eksport direkte til Bergen uten omlasting i Nidaros. Sannsynligvis ble naturaliene samlet opp i mindre kjøpsteder som Vågan i Lofoten, Borgund på Sunnmøre og Veøy i Romsdal.

Kildene gir bare spredte glimt av erkesetets befatning med tørrfiskomsetningen. I 1405 forpliktet erkebisp Eskill seg til innen tre år å levere 14 lester skrei av god og gild håløygsk kvalitet til en viss Tideke Sæm.[225] Som sikkerhet for oppgjøret stilte den høyadelige Hans Sigurdsson sitt jordegods på Senja og i Troms sogn i pant. Erkesetet skulle ha inntekten av dette godset til utlegg og omkostninger i forbindelse med transaksjonen var dekket.

Det er først helt mot slutten av middelalderen vi kan danne oss et bilde av de varemengder som ble omsatt gjennom Erkebispegården i Bergen. Til alt hell er en regnskapsbok for året 1536 bevart.[226] Innførsler viser at det er blitt ført lignende bøker for tidligere år. I denne boken summeres inntekten på fisk og en del naturalia slik:

Varer omsatt gjennom Erkebispegården i Bergen etter regnskap 1536

Tørrfisk: 1960 1/2 våg
Ufs: 37 1/2 våg
Laks: 40 tønner
Lyse: 2 tønner
Rav: 6 stk
Rekling: 24 kast
Spekk: 238 stk.
Huder: 35 stk.
Kalveskinn 19 1/2 deker
Oterskinn: 2 stk.
Saueskinn: 10 stk.
Vadmel: 5 1/2 pakke
Tjære: 1 tønne
Sølv: 43 1/2 lodd

Dessverre gir ikke regnskapet en fullstendig proveniens for varene, særlig gjelder det det viktigste vareslaget, nemlig tørrfisken. Bare en knapp fjerdedel av fiskemengden blir spesifisert; av dette var det aller meste tiende, men det var også en del landskyld og sakefall. Det aller meste av tørrfisken kom fra Nord-Norge. Herfra kom også trantønnene, ravet og reklingen. Brorparten av spekket kom fra Helgeland, men en god del kom også på et skip fra Trondheim. Laksen kom fra kystområdene fra Nordmøre til Rødøy. Tønnen med tjære, saueskinnene etc. stammet Nordfjord. Fra skattlandene Hjaltland og Færøyene kom kalvskinnene og vadmelet.

Det er vanskelig å si noe sikkert om hvor representativt året 1536 er i forhold til normalen i senmiddelalderen. På grunn av den spente politiske situasjonen i landet, hvor erkebispen var en av hovedaktørene, kan man tenke seg at det grunnet høy militær beredskap ble mindre naturalia til overs for salg enn det vanligvis ble i fredelige tider. Sett i relasjon til de tiendeanslag som er gjort foran harmonerer likevel oppgavene i regnskapet rimelig bra med hva man kunne forvente å finne på denne tiden.

Bergensregnskapet gir gode holdepunkter for hvilke vareslag som ble ført til Bergen for videresalg. Det var nesten uten unntak fisk, fiskeprodukter og spekk. Nedkvitne har ikke funnet noen indikasjoner på at erkesetet engasjerte seg i fiskeoppkjøp for videresalg.[227] Det kan se ut til at erkesetet har nøyd seg med å omsette de naturalia som kom inn i avgifter og bøter. En mer aktiv rolle i denne handelen har nok

Tegning av handelsskip i et tysk håndskrift fra 1441. Man kan tenke seg at fartøyer som dette fraktet tørrfisk fra Bergen til kontinentet. Etter Aschehougs Norges historie bd. 4 s. 88.

A drawing of a merchant ship in a German manuscript from 1441.

erkesetets lokale representanter i Nord-Norge, setesvennene, spilt.[228] Utstyr til fiske og sjøhyrer som ble sendt nordover fra Bergen er imidlertid en indikasjon på at erkesetet har utredet fiskere; utgangspunkt for dette fisket var sannsynligvis Vardø.

Det er verdt å merke seg at det ikke ble sendt smør, kjøtt eller kornprodukter fra Nidaros til Bergen. I den utstrekning erkesetet hadde et overskudd på disse produktene, må det ha blitt avhendet i byen eller i fiskeværene vest- og nordpå.

Mye av erkesetets transportbehov på kysten ble dekket av egne skip. Fra Erkebispegården i Bergen ble det i 1536 sendt varer nordover på i alt 12 forskjellige skip, av disse tilhørte 5 etter alt å dømme institusjonen selv.[229] På 1530-tallet omtales i flere tilfeller erkesetets skip i eller på vei til Bergen. I 1532 hører vi at erkesetets skip i tillegg til egne varer også førte last for setesvenner og kanniker og byborgere i Trondheim.[230]

Å anskaffe et fartøy var en betydelig investering. I 1528 kjøpte erkebiskop Olav skipet Peter fra skotten David Falkoner.[231] Erkebispen betalte 1500 rhinsgylden for fartøyet. Dette tilsvarte omtrent like mange våger råskjær.[232]

Erkebispens myntslagning

Retten til utmynting var fra gammelt av betraktet som en spesiell kongelig rettighet, et regale. Olav Tryggvason var den første norske kongen som slo mynt, trolig skjedde det i Nidaros like før det første tusenårsskiftet.[233] Med tiden kunne også erkebisper og andre høye geistlige få rett til å slå mynt og vinne inntekter på denne måten. Det er eksempler på det både i England og Norden.[234] I Norge var det først i begynnelsen av 1220-tallet at erkebispen i Nidaros fikk myntrett. Trolig er det en viss sammenheng mellom denne kongelige innrømmelsen og de indrepolitiske forhold i Norge på denne tiden. For Håkon Håkonsson var det viktig å sikre seg erkebispens støtte i maktkampen mot Skule jarl foran riksmøtet i Bergen 1223.[235]

I kongebrevet heter det at erkebispene får ha en myntslager og en svenn for å slå sølv av den finhet og vekt som kongemakten til enhver tid bestemte.[236] Myntproduksjonen skulle dekke behovet i bispedømmet. Erkesetets rett til utmynting ble senere stadfestet i den tidligere omtalte sættargjerden i Tunsberg 1277. Det gikk imidlertid ikke mer enn 4 år før denne overenskomsten ble satt ut av kraft.

Om omfanget av erkesetets myntproduksjon på 1200-tallet, vet vi svært lite. Til våre dager har det bare overlevd 18 kvartpenningbrakteater med bispehode i to varianter. Ut fra stilhistoriske trekk etc. finner Skaare det rimelig å sette disse brakteatene i forbindelse med erkebiskop Jon Raude, altså helt på slutten av den første perioden erkesetet hadde rett til å slå mynt.[237]

Etter tilbakekallingen av erkesetets myntrett i 1281 skulle det gå lang tid før erkesetet på nytt fikk denne rettighet. Det skjedde først i 1458, men fra da av hadde alle erkebisper i Nidaros denne retten.[238] I praksis ser det likevel ut til at det bare er de tre siste erkebisper som har benyttet seg av retten til å slå mynt, nemlig Gaute Ivarsson, Erik Valkendorf og

Mynter slått i verkstedet i Erkebispegården i Trondheim. Øverst en skilling fra Erik Valkendorfs tid, nederst en mark fra Olav Engelbriktssons tid. På adversen av skillingen øverst til venstre er gjengitt erkebispestolens våpenskjold, mens reversen til høyre har erkebisp Erik Valkendorfs private våpenskjold i midtfeltet. Marken har hellig Olav på adversen, mens reversen har et firedelt våpen, erkebispestolens i 1. og 4. felt, Olav Engelbriktssons slektsvåpen i 2. og 3. felt.

Coins struck in the workshop at the Archbishop's residence in Trondheim during the archiepiscopacies of Erik Valkendorf and Olav Engelbriktsson (1510 – 1537).

Olav Engelbriktsson.[239] På denne tiden fikk erkebispene utvidet makt og myndighet som verdslige fyrster. Erkebispene ble lensherrer over Trondheim len, de hadde en dominerende posisjon i det norske riksrådet osv.

I Gaute Ivarssons embetsperiode ble det bare fremstilt såkalte hvider og hulpenninger.[240] En hvid hadde en verdi på 4 penninger. Erkesetets mynter hadde et preg som viste proveniensen. Hviden hadde en innskrift som sa at det var erkesetets mynt på reversen og «San[ctus] Olavus Rex» med riksvåpenet på adversen. Hulpenningene hadde brakteatpreg med én øks, to økser eller to økser og kors.

Erik Valkendorf myntet ut skillinger (à 12 penninger), hvider og blafferter (à to penninger).[241] Våpenskjold, innskrifter og symboler for erkesetet knytter myntene til hans embetsperiode. Avslørende i så måte er også myntene som ble preget av Olav Engelbriktsson. Fra hans tid er det bevart markstykker (tre eksemplarer bevart) og skillinger.[242]

Det ser ut til at det har vært en ganske omfattende produksjon av skillinger i de siste par tiår av erkesetets funksjonstid. Å tallfeste omfanget er ikke enkelt, men nøyaktige registreringer av antall forskjellige stempler kan trolig være til en viss hjelp.

Det å mynte ut penger hadde trolig en stor symbolverdi i middelalderen, den som hadde denne retten hadde på en måte oppnådd en posisjon på nivå med kongen selv. Mer interessant i vår sammenheng er likevel hvor lukrativ denne geskjeften var. Hva ble nettogevinsten av virksomheten etter at utgiftene til metaller, lønninger, produksjonslokaler osv. var trukket fra?

Erkesetets økonomiske og administrative organisasjon – ombudsmennene

Det sier seg selv at erkesetet måtte ha et betydelig mannskap for å skjøtte alle oppgaver i Erkebispegården og ute i distriktet. Hans representanter skulle bl. a. kreve inn, ivareta, transportere og eventuelt selge store mengder naturalia.

Tradisjonelt hadde erkesetet leidangsfrihet for et visst antall hirdmenn. Som påvist av Ludvig Daae, var de såkalte setesvennene medlemmer av den hirden som erkebispen og bispene fikk privilegier for ved overenskomstene mellom konge og kirke på 1270-tallet.[243] Ifølge Sættargjerden i Tunsberg 1277 skulle erkebispen ha skattefritak for 100 mann.[244] Hirdmennene av høyest rang, skutilsvennene, skulle ha fritak for seg selv og to andre menn, mens de øvrige skulle ha slikt fritak for en mann i tillegg til seg selv. Aslak Bolt henviste til denne bestemmelsen da han i 1449 utstedte et verne- og privilegiebrev for Steinar Øysteinsson og gjorde ham til «helgha nidross Domkirkens tiænistomand ok vor sven, saa at han skall vare ein af the hundradha setho svennæ».[245]

Ellers viser innførsler i Aslak Bolts jordebok at han som fersk erkebiskop etablerte et par nye avlsgårder i Inn-Trøndelag, samtidig som han rustet opp de eksisterende både bygnings- og utstyrsmessig.[246] Rørvik på Ytterøya, Sundnes i Inderøy og Fløan i Skatval var tydeligvis gamle *grangiae* (hovedgårder) med en sentral posisjon i erkesetets

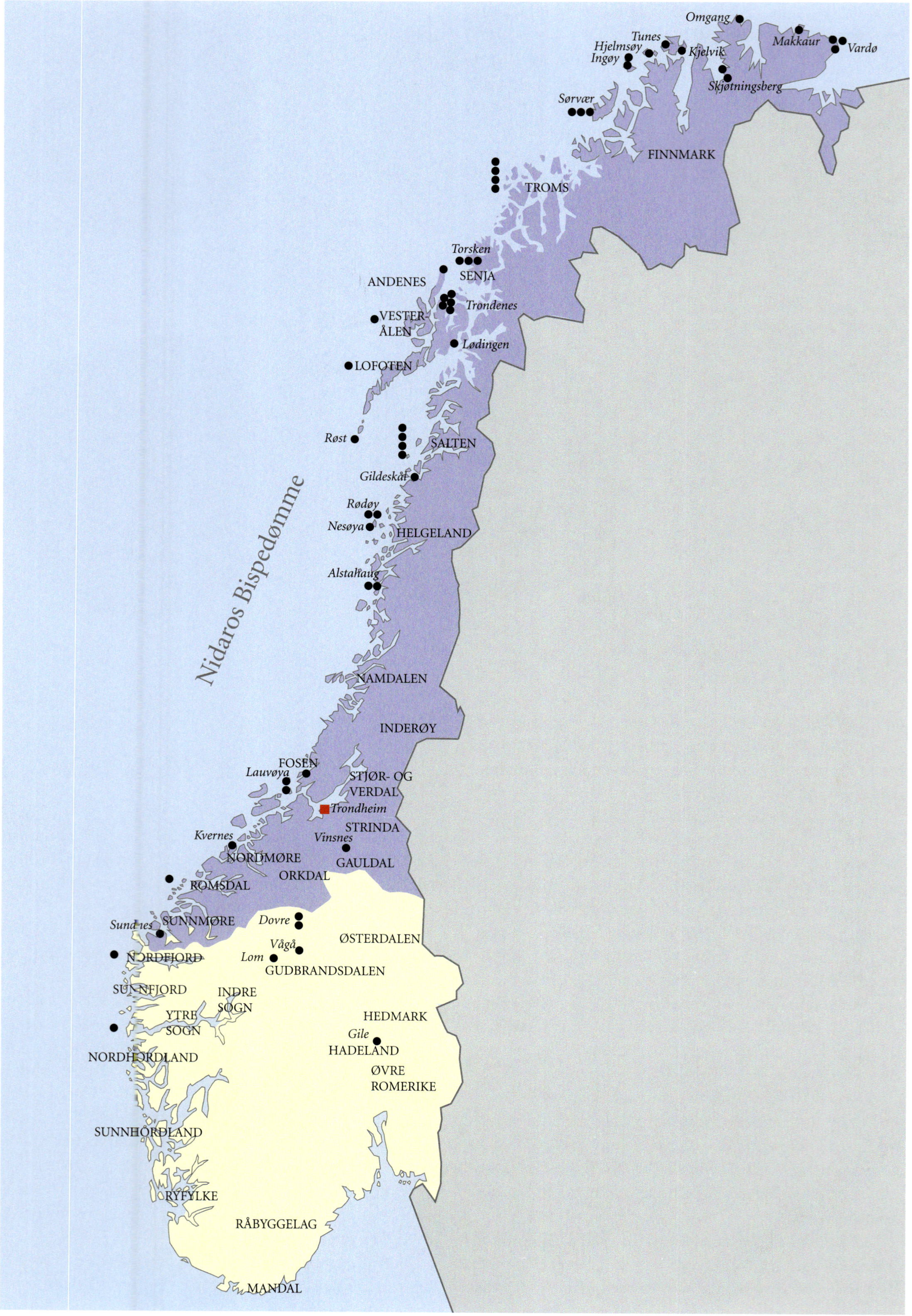

Kart som viser setesvennenes lokalisering på reformasjonstiden.

Map showing the location of archiepiscopal stewards at the time of the Reformation (c. 1537).

forvaltningsapparat. I Levanger og Fånes på Frosta erhvervet erkebispen landskyldparter for å bygge opp nye avlsgårder fra grunnen av.[247] På Fånes hadde det tidligere vært et sælehus ved sjøen. Erkebispens interesse for Levanger hadde ganske sikkert sammenheng med at han ønsket å etablere et brohode nært opp til den sentrale markedsplassen her.

Det er først mot slutten av middelalderen at det er mulig å danne seg et noenlunde klart bilde av hvordan systemet med setesvenner var utbygd i erkestiftet. På den tiden ble betegnelsen setesvenn brukt om erkesetets representanter med administrative, økonomiske og vel også militære oppgaver ute i distriktene. Heldigvis er det bevart en fortegnelse over setesvennene og deres tilholdssteder fra 1533.[248] Av de 69 setesvennene som nevnes, bodde 18 i Finnmark, 17 i Troms, Trondenes, Torsken og Andenes, 4 i Vesterålen, Lofoten, Røst og Lødingen, 10 på strekningen fra Salten til grensa mot Namdalen, 3 i Fosen, 2 på Nordmøre og 1 i hvert av områdene Sunnmøre, Romsdal, Nordfjord, Sogn, Gauldalen, Dovre og Lom. Dessuten nevnes lagmannen på Island og 7 personer som det er vanskelig å lokalisere. Det er helt tydelig at setesvennene i Nord-Norge for en stor del var lokalisert til fiskevær hvor erkesetet hentet betydelige mengder tiendefisk. Vi gjenfinner flere av setesvennene som er oppført i denne fortegnelsen blant de mest formuende skatteyterne i listene over betalt tiendpengeskatt 1520(–21).[249] Det er grunn til å tro at storparten av setesvennene eide egne jekter.[250] Selv om ingen av setesvennene er oppført med bosted i Bergen eller Nidaros, er det tydelig at flere har hatt eiendom og økonomiske interesser i disse byene.

Mellom erkesetet og setesvennene må det ha eksistert et symbiotisk forhold. Skattefritaket erkesetet kunne tilby inngikk i lønnen for arbeidet de utførte som lokale representanter. Setesvennene ble øyensynlig rekruttert fra de høyeste sosiale lag; som nevnt hadde flere eiendommer i byene og drev fraktefart med egne jekter. En god del tilhørte de samme lavadelige slekter som rekrutterte mange høyere geistlige til Domkirken.

Vi kjenner også til et tilfelle der erkebisp Erik Valkendorf har tildelt kirkelig adelsskap. I 1517 ble Simon Sveinsson forlent med Vinje gods i Mosvik, tildelt skjold og hjelm og gjort til «St. Olav, den hellige kirkes og vår fri mann».[251] Trolig har erkebispen tatt kopi av Lund erkesetes såkalte «frimenn» på Bornholm. Simon Sveinsson nevnes senere som rådmann i Trondheim, og var en av byens rikeste menn på denne tiden. En annen person som fikk et gods på vel 20 spann i forlening av Erik Valkendorf var Olav Mogensson, som etter reformasjonen ble lagmann.[252] Kildematerialet gir imidlertid ikke sikre indikasjoner på at også han ble adlet.[253] Det samme er tilfellet med finnmarksfareren Sjur Olsson, som påberopte seg erkebispens «fryheth» da han ble satt «i tårnet» av Vincens Lunge.[254]

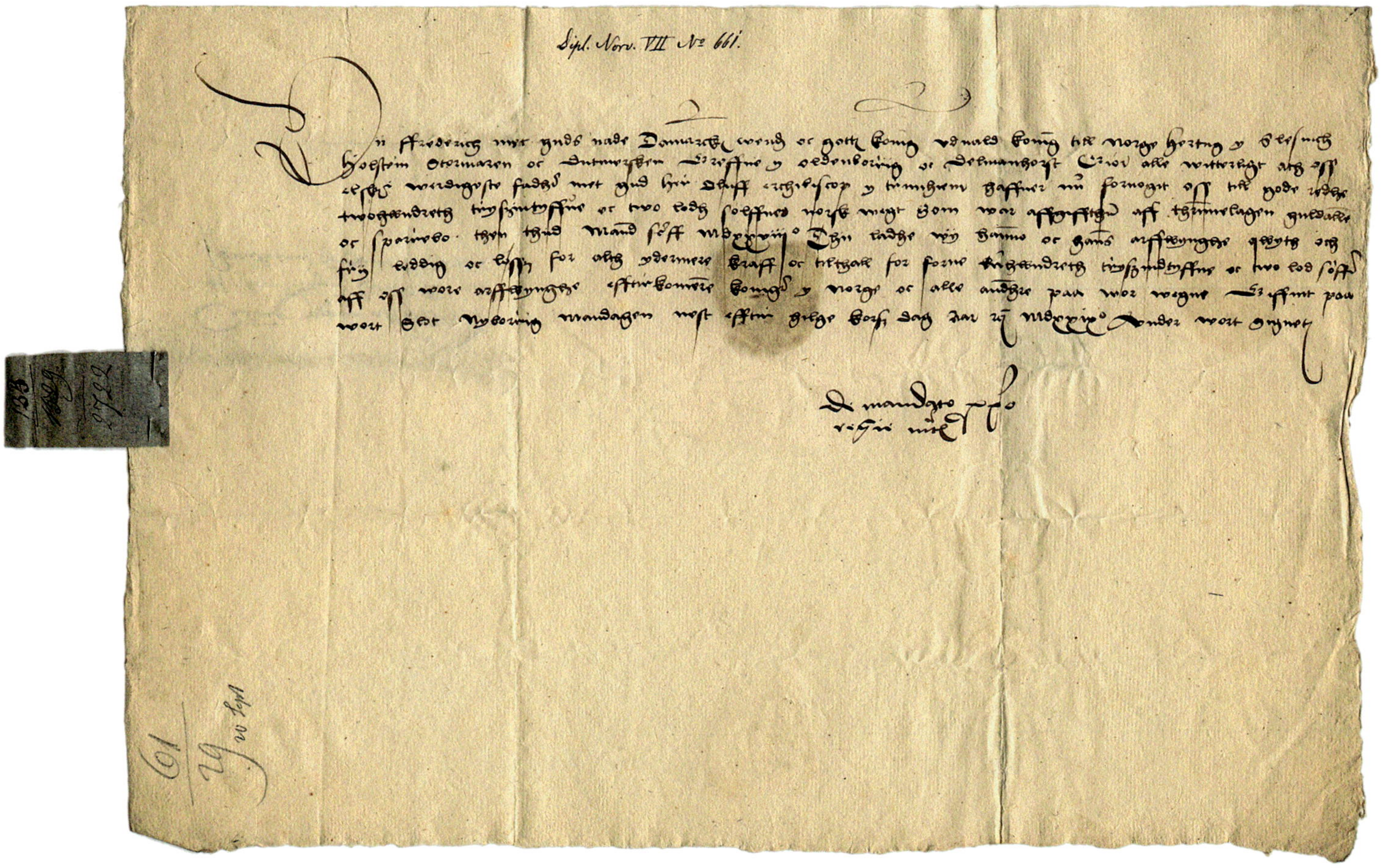

Frederik Is kvittering til erkebisp Olav Engelbriktsson for 262 lodd sølv, som var lensavgiften for 1528.

A receipt issued by King Frederik I to Olav Engelbriktsson in 1528 for 262 lodd (ca. 3.5 kg) silver, which was the annual fee paid by the archbishop in his capacity of being a royal officer and crown representative in parts of Trøndelag.

Erkebispen som lensherre

Erkebispens unike posisjon førte også til en utvidelse av hans verdslige oppgaver i nærområdet mot slutten av katolsk tid. Da Gaute Ivarsson ble erkebiskop i 1475, ble han også lensherre over Trondheim len.[255] Det samme var tilfellet med de etterfølgende erkebiskoper. Lenet omfattet i 1475 fem av de åtte fylkene i Trøndelag. Sparbu og Gauldal, som ofte ble forlent bort sammen, var vanligvis håndgitt verdslige stormenn,[256] det samme var Stjørdal len.[257] Gauldal ble i 1525 gitt i len til erkebisp Olav Engelbriktsson.[258] For året 1528 betalte erkebispen avgift for lenene Trøndelag, Gauldal og Sparbu; sannsynligvis satt han siden med disse lenene (dvs. hele det historiske Trøndelag minus Stjørdalen) middelalderen ut.[259] Det ser også ut til at erkebisp Olav hadde Jemtland i len en periode omkring 1530.[260]

Ytterøya hadde en helt spesiell stilling i senmiddelalderen, da det er mye som tyder på at erkesetet fikk Ytterøya med fulle kongelige rettigheter av kong Magnus Eriksson (1319–55).[261] Det skulle da tilsi at erkesetet fikk både leidang, sakøre og andre kongelige inntekter fra denne øya, hvor han også eide det aller meste av jorden. Det blir bekreftet av flere kilder fra senmiddelalderen at erkesetet hadde Ytterøya og noen øyer på kysten med «al konge rente».[262]

Å ha et len «kvitt og fritt» som Ytterøya var selvsagt det mest lukrative for lensherren. Lensbrev og kvitteringer viser imidlertid at erkebispen vanligvis måtte betale en avgift til kongen av de områder han hadde i forlening. I 1527 betalte erkebiskop Olav 100 rhinske gylden av Trøndelag, 15 gylden av Gauldal og 16 gylden av Sparbu på Håkon Torsteinssons vegne.[263] På nyåret 1529 betalte erkebispen 230 lodd sølv til en representant for kronen, et beløp som ble sagt å være den årlige avgift av Trøndelag og Gauldal.[264] Trolig gjaldt denne innbetalingen året 1527, 10. mai 1529 betalte nemlig erkebiskopen 262 lodd sølv i avgift av Trøndelag, Gauldal og Sparbu for året 1528.[265] I 1530 betalte erkebispen 100 rhinsgylden for Trøndelag og 15 gylden for Gauldal for året før.[266] Helt regelrett betalte så Olav 460 lodd sølv i 1532 i lensavgift av de samme lenene for to år.[267] Han fikk samme år brev på Trøndelag, Trondheim by, Gauldal og Sparbu for 3 år mot vanlige avgift.[268]

Man kan så spørre seg om hvor lukrative erkebispens forleninger var. En avgift på 262 lodd sølv av Trøndelag minus Stjørdalen i 1528 var ikke spesielt mye, selv om kronens inntekter heller ikke var så store før de omfattende konfiskasjoner av kirkelig gods og rettigheter som fulgte reformasjonens kjølvann. Den viktigste inntektsposten i kronens regnskap var leidangen, som i 1548/49 beløp seg til ca. 54 mark penger, 445 spann smør, 239 vetter mel, 30 våger fisk og noe skinn.[269] Omregnet i smør etter gjengse priser tilsvarte verdien av disse ytelsene vel 700 spann.[270] På grunnlag av innbetalingene i regnskapet kan krongodset på samme tid settes til ca. 160 spann.[271] I landvarde fikk kronen inn 140 våger som skulle tilsvare vel 90 spann smør i verdi. Kronens sakefall innbrakte 222 daler, 171 mark og 74.5 lodd sølv foruten litt naturalia. Hvis vi setter 1 lodd sølv likt med [illegible] mark, får vi en verdi av sakefallet på vel 300 daler eller 200 spann smør. Dette var selvsagt en inntektspost som kunne variere mye fra år til år, i 1557–58 var kronens sakefall snaut 680 daler og «kirkens saker» vel 370 daler.[272] Grovt regnet kan vi si at kronens inntekter i Trondheim len på reformasjonstiden tilsvarte ca. halvparten av det erkesetets jordegods kastet av seg.

Sammenfatning og konklusjon

Selv om det var et bispesete i Nidaros på forhånd, er det tydelig at opprettelsen av en ny kirkeprovins med metropolitansete fikk stor betydning for alle sider ved det kirkelige liv i byen. Økonomien må ha vært relativt god i høymiddelalderen; det nye gaverettsstatuttet gjorde sitt til at de kirkelige institusjoner ble jordegodseiere av stort format. De omfattende byggearbeider som ble gjennomført må ha lagt beslag på betydelige ressurser, men er samtidig et vitnesbyrd om at et solid ressursgrunnlag har vært til stede. Kanskje har erkesetet ved utgangen av høymiddelalderen stått som eier til et jordegods på omtrent 7000 spann.

Erkesetet – og dets etterspørsel etter varer og tjenester over et bredt spekter – må ha fungert som en økonomisk motor i regionen og var så desidert selve hjørnesteinsbedriften i Nidaros. Institusjonen var på mange måter en stat i staten, men hadde et bredere virkefelt en staten gjennom sitt religiøse og kulturelle engasjement.

1300-tallet brakte store ulykker. For det første ble Domkirken rammet av en ødeleggende brann i 1328. Den store katastrofen kom likevel med mannedauden i 1349. Over halvparten av befolkningen i landet og nesten alle geistlige i Nidaros ble revet bort i løpet av noen måneder. Virkningene av mannedauden kan spores på mange måter, en tilbakegang i aktivitetsnivå kan bl. a. spores i kulturlagene i Trondheim. Tusenvis av gårder ble lagt øde og landskyldinntektene krympet betraktelig. I løpet av de tre mannsaldrene som fulgte etter mannedauden stabiliserte den nye landskylden av bortbygslede gårder seg på omtrent en fjerdedel av det den hadde vært. Selv om nye eiendommer ble ervervet, kom landskyldinntektene i senmiddelalderen aldri opp mot det nivå de hadde ligget på før mannedauden. Det samme var tilfellet med andre avgifter som var en funksjon av folketall og produksjon i primærnæringene. For kirken bød det på store problemer å skaffe kvalifisert personale, men det hjalp selvfølgelig at den var forankret i en stor internasjonal organisasjon.

Med Aslak Bolt kom en dyktig administrator på erkebispestolen. Han forsøkte gjennom forhandlinger med allmuen å revitalisere gamle skatter og avgifter som dels hadde gått i glemmeboken. Gamle avgifter kunne også bli anvendt til nye formål. Som et viktig ledd i sitt opprydningsarbeid fikk han satt opp en fortegnelse over erkesetets jordegods og andre inntektskilder. Han forsøkte også å stille krav om rydding etc. til bønder som ønsket å leie erkesetets eiendommer.

På slutten av middelalderen ble erkebispens rolle som verdslig fyrste styrket. Ikke bare var han den ubestridte leder av riksrådet, fra 1475 var han også lensherre i Trondheim len. For å styrke sin stilling militært bygde han omkring 1530 en borg på Steinvikholmen.

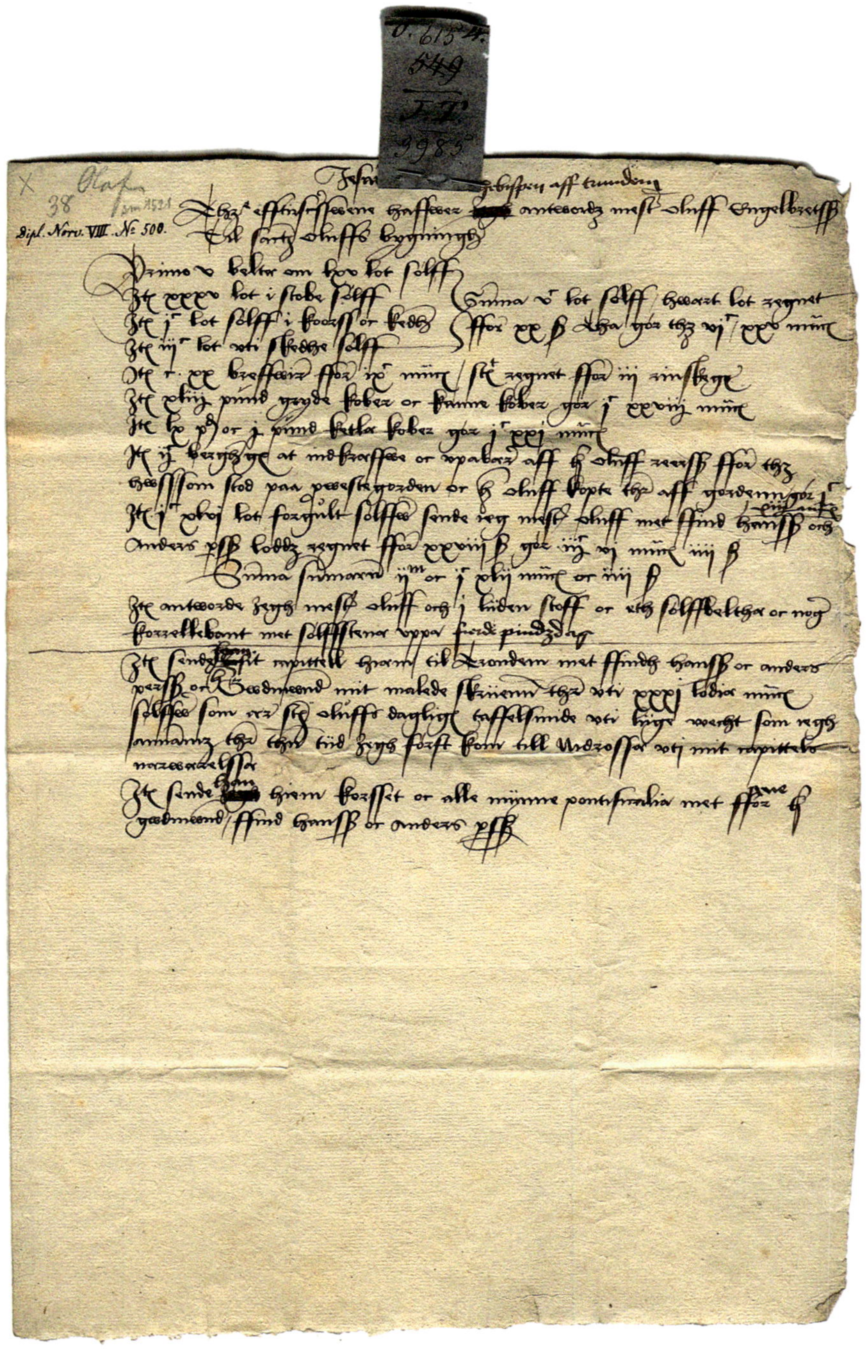

En fortegnelse over verdisaker som Erik Valkendorf dels overlot Olav Engelbriktsson da han forlot Trondheim, dels sendte hjem fra Nederlandene. Midlene skulle benyttes til å finansiere byggearbeidene på Domkirken. Det største aktivum var 120 breviarier som erkebispen hadde fått trykt i Paris et par år tidligere. Trykt versjon av fortegnelsen med oversettelse i Dybdahl 2002.

A list of valuables which Erik Valkendorf left the dean Olav Engelbriktsson upon his departure for Rome in 1521. In 1523, Olav Engelbriktsson succeeded Erik Valkendorf as archbishop of Nidaros.

Når det gjelder omfanget av de ulike typer inntekter, er det på grunn av det tilfeldige kildematerialet først i senmiddelalderen vi kan ha noen begrunnet oppfatning av det. Analysen ovenfor gir et visst grunnlag for en rangering etter inntektstype. Konklusjonen må bli at tienden var den viktigste inntektspost i erkesetets regnskap etter mannedauden. Prinsippet for tiende av åkerbruk, fedrift og fiske endret seg ikke, selv om ødelegging og innskrenking av åkerareal førte til minskede kvanta av naturalia i senmiddelalderen. Gode fiskerier og gode priser på tørrfisken i senmiddelalderen virket gunstig i økonomisk henseende. Omregnet til smør kan verdien av erkesetets tiendeinntekter ved reformasjonstiden settes til vel 3000 spann smørverdi.

Landskyldinntektene kommer ikke så langt etter tiendeinntektene når det gjelder stipulert verdi i senmiddelalderen. Ødelegging og fall i inntektene av bortbygslede eiendommer førte som nevnt til at inntektene av en og samme godsmengde sank til under en fjerdepart av det de hadde vært før mannedauden. På den annen side fikk også erkesetet hånd om nytt gods i senmiddelalderen. Netto tilvekst i godsmengde ble likevel ikke så stor, da en del gods ble lagt ut til prebender for å styrke økonomien til domkapitlet. Ved utgangen av middelalderen trakk erkesetet inntekter av et gods som var verdsatt til 2230 spann smør.

På tredje plass etter sin økonomiske betydning kom sakefallet. Det varierte selvsagt sterkt fra år til år, og det er ikke bevart adekvat kildemateriale fra katolsk til. På grunnlag av de kilder som finnes, kan kirkens sakefall i senmiddelalderen anslagsvis settes til 6–700 spann smørverdi på årsbasis.

Ofring og avlatssalg kan kanskje ha innbrakt mer enn sakefallet, men igjen svikter kildematerialet. Cathedraticum kan år om annet ha innbrakt ca. 120 spann og har i likhet med en del andre inntektskilder ikke betydd så mye i den store sammenheng. Tiende- og landskyldinntektene var uten tvil selve ryggraden i erkesetets økonomi. Disse inntektskildene ga bokstavelig talt erkebispen og hans menn det daglige brød, samtidig som betydelige overskudd kunne selges for å kjøpe inn alt som trengtes ved et kirkelig senter.

Noter

1 Se f. eks. H. Nielsen 1970.
2 *Afgifter*: 8 f.
3 *Afgifter*: 16 f., 20 f.
4 Se skisser av de viktigste etappene i Domkirkens bygningshistorie i Ekroll 1995: 38.
5 Nordeide 1995: 47 ff.
6 Blom 1997: 318 ff.
7 Vårt kunstbegrep har ikke rot i middelalderens forestillingsverden.
8 Hamre 1943: 57. Hvis vi med Steinnes 1936:108 går ut fra en tønnestørrelse på 6 spann, tilsvarer dette en smørmengde på over 22 tonn. Prisen virker urimelig høy, ikke minst på bakgrunn av at erkesetet på langt nær kan ha fått inn en slik smørmengde på ett enkelt år.
9 Jfr. Ekrolls fremstilling i denne boken.
10 Nissen 1998: 19.
11 I 1532 nevnes hele 22 skrivere, men en del av disse var nok knyttet til lensadministrasjonen. Jfr. Lykke 2000: 119 f.
12 *DN* II nr. 9. *DN* III nr. 4.
13 Se forrige note og *DN* I nr. 61.
14 Dybdahl 1989: 289 ff.
15 Se lenger ut om Mikkelskorn og Olavsskatt.
16 Dybdahl 1989: 188 ff.
17 Fjellbu1955: 342 ff.
18 Se f. eks. *DN* III nr. 32, 34, 35 og 39.
19 Se f. eks. Nissen 1998: 9 ff.
20 Op. cit.: 17 ff.
21 Nissen 1998: 11 f.
22 Dybdahl 1989: 199 ff.
23 Dybdahl 1996: 119 f.
24 Dybdahl 1989: 269 ff.
25 Dybdahl 1996: 104 ff.
26 Strømme 1995: 109 ff.
27 Se f. eks. Johnsen 1945: 230 ff.
28 Fremstillingen i det følgende baserer seg i stor grad på Dybdahl 1996a.
29 Dybdahl 1989: 322 f. Jfr. kartet s. 221, som viser at erkesetet hadde en spesiell sterk stilling på Frøya og Ytterøya.
30 Om kilden, se Jørgensens «Innledning» til *AB*: IX ff.
31 *AB*: 2 f.
32 Sandnes 1971: 100. Dybdahl 1989: 299 f., Lykke 2000: 42 f. Nøkkelen til dateringen ligger i en komparasjon mellom AB og et diplom av 5. mai 1432, *DN* V nr. 614, som omhandler et makeskifte mellom erkesetet og Hospitalet. Da eiendommene som erkesetet fikk nevnes i AB, har de fleste forskere ment at AB må være ført i pennen etter diplomets datering. Som påpekt av Lykke, er imidlertid bare en av de fire innførslene integrert i den opprinnelige teksten, de andre tre er føyd til senere. Lykke forklarer dette med at det kan ha vært to separate makeskifter, der det ene ble gjennomført før jordeboken ble renskrevet, det andre etter. Han konkluderer med at jordeboken sannsynligvis ble renskrevet «i løpet av de første månedene av 1432». Noe mer enn en mulighet er likevel dette ikke, til det er kildematerialet for problematisk.
33 Sandnes 1971: 195 ff.
34 Sandnes 1971: 57.
35 Sandnes 1971: 64 ff. med anført litteratur.
36 Jfr. Steinnes 1936: 142 ff.
37 Sandnes 1971: 66. Se også tabellen her s. 289.
38 Se oppsummeringen i *NLR* VI: 136.
39 Sandnes 1971: 106 ff.
40 I *OE*: 90 ff. er trykt noen løse blad som regner opp gods som hadde kommet til under Erik Valkendorf og Olav Engelbrektsson.
41 Dybdahl 1989: 298, note 1539.
42 Jfr. Dybdahl 1996: 110.
43 Det gjelder Øystein (1), Jon (2), Jørund (1), Pål (3), Olav (4), Trond (2) og Vinald (2).
44 Eskill var erkebisp 1402 – 1428, Aslak 1428 – 1450.
45 Dybdahl 1996: 113.
46 *AB*: 3.
47 *DN* V nr. 112 og II nr. 272.
48 Pettersen 1992: 86 ff.
49 *AB*: 142.
50 *AB*: 134.
51 *AB*: 42.
52 *AB*: 25.
53 *AB*: 13.
54 *AB*: 12.
55 *AB*: 96.
56 *AB*: 9.
57 *AB*: 23.
58 *AB*: 35. Det er J. Sandnes som har identifisert gården til gnr. 22 i Alstahaug.
59 Jfr. innledningen til *AB*: 1. Det ser ut til at Domkirken brant i 1432.
60 Lykke 2000: 71.
61 Det gjaldt klostrene på Holm, Bakke, Rein og Tautra, Hallvardsstuken i Domkirken, Korskirken, Hospitalet og lokalkirkelig gods i Verdal, Nærøy og Tingvoll.
62 Lagmann Jon Niklisson, Torberg Berdorsson, Benkt Harniktsson, Pål Olavsson, Andor Teiste og Ivar Steinarsson, Sakse Gunnarsson, Jon Torleifsson. Geistlige: Kannik Helge Andorsson, Narve sakristan.
63 Dybdahl 1996: 115.
64 *AB*: 62.
65 Hamre 1970b: 359.
66 Dahlbäck 1977: 83 ff.
67 Se Sandnes 1971: 106 ff.
68 Denne kilden opplyser vanligvis ikke om gårddeling.
69 Dybdahl 1996: 117.
70 Trykt i *OE*: 90 – 94.
71 Her er tatt med de opprinnelige innførsler og de innførsler som stammer fra Aslak Bolts egen funksjonstid.
72 Jfr. tabell hos Dybdahl 1989: 308 f. Områder som helt eller delvis mangler grunnet lakuner er merket med stjerne.
73 Dybdahl 1989: 309.
74 Oppsummert skyld i *OE* for Sunnmøre : 50 kyrlag, 25 huder, 15.5 spann smør, 1 pund fisk, 28.5 mællag, 1 geit, 1 sau og 1 tønne laks. Ved omregningen er 1 kyrlag satt til 3 lauper (eller spann) i likhet med tradisjonell landskyldregning, mens 1 hud er satt likt med 1 laup. Verdien av 1 våg fisk er satt til 2 pund smør etter *Gørvel Fadersdatters regnskap 1563*. Etter det samme regnskapet gikk det 1 våg fisk av en eiendom på 4 mællag (s. 23). 1 geit og 1 sau er her vurdert til 1 spann til sammen.
75 Oppsummert skyld i Romsdal er 36.5 kyrlag, 78.5 Romsdalsøre, 4.2 pund smør og 4.5 våger fisk. Av *Gørvel Fadersdatters regnskap 1563*: går det frem at det av 1 pund smør gikk 1/2 våg fisk, av 1 tveite smør 1/2 pund fisk. 1 Romsdalsøre svarte til 1 1/3 Trøndelagsøre. Jfr. *OE*: 98.
76 I Nord-Norge er skylden oppgitt i enheter av smør og fisk. Etter total verdi var begge vareslag like mye brukt (beregningsgrunnlag 1 spann = 2 våger fisk i landskyldregningen).
77 Det er uklart om skyldoppgavene i Stavanger bispedømme gjelder gammel eller ny skyld.
78 *NRJ* V: 367 ff.
79 Dybdahl 1989: 218 med henvisning til Bjørkvik.
80 Dvs. vedlikeholdt bygningene.
81 *AB*: 99.
82 *AB*: 99. I Skarberget vorpe fisket erkesetet og korsbrødrene i Nidaros henholdsvis 4 og 3 dager hver.
83 Se *OE*: 3, 14, 15, 17, 22, 37, 47, 69, 70, 98, 104 og 105.
84 Se sakregisteret i *OE*: XXXVII ff.
85 *OE*: 11.
86 *OE*: 13 ff.
87 *OE*: 47 f.
88 *DN* II nr. 3.
89 *F.* XI. 25.
90 *F.* Landsleiebolken XIII. 5..
91 Bø 1959: 151.
92 *OE*: 36 og 79.
93 *NLR* VI: 68.
94 Foss 1979 har en grundig utredning om «Landvorda» s. 80–114.
95 Foss 1979: 113 f.
96 *AB*: 101: «Af Vagxvere, all eign, sitia j fiskimen oc gera landuordo».
97 *AB*: 149, 158 og 159.
98 Foss 1979: 104. Såkalte «Königslobben» etter hanseatenes standard.
99 *OE*: 17 og 18. Jfr. *OER*: 132.
100 *OE*: 22 og 41.
101 *OE*: 99 f.
102 *NLR* VI: 67 ff. De fiskevær som her regnes opp er Titran, Vågsvær, Sula, Tian, Froan, Halten og Vedøya i Fosen og

Veidholmen, Brattvær, Odden og Grip.
103 *AB*: 46.
104 *OE*, register: XXXVIII over «Kværnstøde».
105 Hamre 1974c: 280 ff.
106 Jfr. *F* II 17, III 17, IX 4.
107 Snorre forteller at Sigurd svor å innføre og selv yte tiende da han fikk en spon av Kristi kors. Snorre: 614.
108 *F* II 18 i Haglands og Sandnes' oversettelse: «Det har menn lova Gud at dei skal gjeva tiend av alt dei sår og av all rett fengd tolvte kvar månad og taka dette fra stakk og leggja i lad».
109 *F* II 18.
110 I samme paragraf heter det om fetienden: I staden for tiend av avkom etter bufe skal det gjerast ost av all den mjølka det vert på fredagen før jonsmesse«.
111 *NLR* bd. VI: 166 ff.
112 *F.* II 19.
113 J. Sandnes' oversettelse.
114 *DN* VII nr. 103, *RN* IV nr. 358.
115 *DN* VII nr. 104, *RN* IV nr. 362.
116 *DN* II nr. 235, *RN* V nr. 295.
117 *DN* IV nr. 268, *RN* V nr. 593.
118 *DN* V nr. 649.
119 Vandvik 1959: 63.
120 Hamre 1974c: 284 f.
121 Jfr. f. eks. *F.* II 18.
122 Hirdloven: 96 f.
123 Steinnes 1933: 144 – 153.
124 *DN* X nr. 249. Prestegjeldene som navngis er Tingvoll, Sunndal, Stangvik, Kvernes og Aure. Jfr. kvitteringsbrev *DN* X nr. 269, 261, 269.
125 *OE*: 4 og 8.
126 *OE*: 40 f.
127 *NLR* VI: 167 f.
128 Unntaket danner Stangvik, som har 5 våger i *OE*: 40 og 4 1/2 i *NLR* VI: 167.
129 Trykt i *NLR* VI: 166 ff. og *NLR* V: 217 ff. Da Andenes sorterte under Trondheim len i det eldste regnskapet, er ikke oppgaven *NLR* V: 218 tatt med i oversikten.
130 Tiendeinntektene i Trondheim len avsluttes med Andenes. Her er ikke tatt med halvparten av kirketienden som tidligere hadde ligget til Elgeseter kloster, *NLR* VI: 169. Tienden av Andenes er også registrert i regnskapet for Bergenhus 1566/67, men sløyfet her for å unngå dobbeltføring. *NLR* V: 218.
131 Med Lofoten, Værøy og Røst.
132 600 våger er her brukt som et gjennomsnittstall. I kilden står det at tienden kan variere mellom 266 og 900 våger fisk. *NKJ* bd. 2: 90.
133 Trykt i *NKJ* bd. 2: 39 ff.
134 Sandnes 1971: 315.
135 Fladby, 1963: 34, Prisen på en tønne korn er satt til 1 mark, 1 spann smør til 1.5 mark.
136 1 våg tørrfisk ble omkring 1520 betalt med 1,5 mark (24 skilling) i Bergen, på 1530-tallet var prisen gjerne 2 mark. Nedkvitne 1983: 597 f.
137 *KLNM* II: 540 ff.
138 Se Hamre, *Op. cit.*, sp. 542.
139 *AB*: 190 f.
140 *NgL* 2. rk. I: 255.
141 Se f. eks. *NRR* bd. I: 153 f, der Domkirkens dårlige tilstand behandles. Det heter her bl. a.: »Sammeledes skal og Cathedraticum over hele stiftet udgives til samme Kirkebygning [...] dog undtaget deraf saameget, som Behov gjøres til Viin og Oblat.
142 Dybdahl 1989: 199 f.
143 *OE*: 26 (Orkdal), 31 (Gauldal), 35 (Strinda), 46 (Sparbu, Stod og Snåsa), 52 (Frosta, Stjørdal), 62 (Skogn), 63 (Verdal), 65 (Ytterøya).
144 Løst blad trykt *OE*: 83 ff. Dekker prestegjeldene Skogn, Verdal, Sparbu, Stod, Snåsa, Beitstad, Inderøy, Ytterøy og Frosta.
145 *OE*: 4, 8 og 40.
146 *NLR* bd. VI: 167 f.
147 *NLR* bd. VI: 163 ff.
148 Summert på grunnlag av opplysningene i *OE*.
149 33 hovedkirker og 136 annekskirker.
150 *AB*: 191.
151 Jfr. Sandvik 1965: 42 f.
152 *F.* II, 33. Jfr. *Bjarkøyretten* kap. 18.
153 *KLNM* XII: 553 ff.
154 Trykt i *OE*: 78 ff.
155 *OE*: 80.
156 Trykt som *DN* V nr. 598 – 602, 607, 610, 613, 616 – 619, 622 – 624, 626, 627, 630 – 634.
157 *DN* V nr. 679. Det er rimelig å anta at «Skøynefylke Yttrøy oc Mosawik» tilsvarer Skøynafylket. Jfr. Dybdahl 1997: 219.
158 *NgL* III 299.
159 *DN* II nr. 50.
160 *DN* III nr. 34; *CCN* nr. 37.
161 *DN* VIII nr. Jfr. Blom 1992: 28.
162 *KLNM* XIII: 175 ff.
163 Friis 1881: 349.
164 Wold 1991: 144.
165 *Gtl.* 11, 14, 33.
166 *DN* VII nr. 98.
167 Hamre 1978: 147.
168 *AB*: 188 ff.
169 *AB*: 190.
170 Hamre 1963a: 37 ff.
171 Helle 1974: 50 f.
172 Johnsen 1945: 264.
173 Seip 1942: 229.
174 Helle 1974: 139 f.
175 Seip 1942: 143 ff. Jfr. *DN* III nr. 30. Det går frem at sira Audun på Trondenes har krevd inn bøter for hor.
176 Seip 1942: 197.
177 Riisøy 2000: 80.
178 Riisøy 2000: 84.
179 *NgL* III: 161 f.
180 Seip 1942: 230.
181 Haug 1996: 346 f. I motsetning til Seip finner hun imidlertid et sterkt og sentralisert kongedømme. Jfr. Blom 1992: 718 ff.
182 Riisøy 2000: 84 ff.
183 Se Riisøy 2000: 154 f.
184 Riisøy 2000: 94.
185 Nevnt i pavebrev 1196. *DN* I nr. 1.
186 Seip 1942: 67 ff.
187 *DN* XVIII nr. 8.
188 *NgL* III 281.
189 Se f. eks. *DN* II nr. 468.
190 Hamre 1967c: 536 ff.
191 *NgL* III: 242. Fra 1318 er det bevart en kvittering som er beseglet av officialen i Nidaros. *DN* IV nr. 126. Det er også bevart et vitnebrev om at officialen dømte i en sak i 1333. *DN* III nr. 167. Jfr. *DN* V nr. 343 (1390).
192 Seip 1942: 48.
193 Seip 1942: 52.
194 Haug 1995: 502.
195 *DN* II 573 og 574.
196 *AB*: 9, 16 og 32.
197 *AB*: 44, 53, 55, 56 og 58.
198 *OER*: 131 ff.
199 *OER*: 133.
200 Ibid.
201 Trykt i *NLR* VI.
202 *NLR* VI: 186.
203 Fladby 1963: 90, note 7: 202.
204 *NLR* VI: 208.
205 Dvs. det området der skattelistene for skipsskatten 1557–59 er bevart. *NLR* VI: 229 ff.
206 *NLR* V: 236.
207 *NLR* V: 232.
208 Verdiforholdene som er lagt til grunn for beregningen: 1 daler = 3 mark = 2 lodd sølv = 1 våg fisk = 3/4 spann smør.
209 Fladby 1963: 84.
210 *DN* XIX nr. 80.
211 *DN* XIX nr. 138.
212 Nedkvitne 1983: 234.
213 *DN* XIX nr.
214 *DN* XIX nr. 180 – 184, 186
215 *DN* IXI nr. 210 og 222.
216 *DN* XIX nr. 445, jfr. nr. 446.
217 *DN* XIX nr. 446.
218 *DN* XIX nr. 422 og 436. Jfr. Blom: 211.
219 Søholt 1980: 65.
220 Bugge 1914: 346, Søholt 1980: 69.

221 Blom 1956: 376.
222 Søholt 1980: 72.
223 Helle 1982: 385.
224 Helle 1982: 353.
225 *DN* I nr. 603 og 604. Det gir ikke et helt korrekt bilde når Blom 1997: 281 sier at erkebisp Eskill disponerte så mye fisk «at han uten vanskeligheter kunne sende 14 lester skrei direkte nordfra til en navngitt hansekjøpmann i Bergen».
226 Trykt i *OER*: 131 – 152. Jfr. innledningen om manuskriptet:13* ff.
227 Nedkvitne 1983: 301 f.
228 Nedkvitne 1983: 305 ff.
229 *OER*: 147 ff. Nedkvitne 1983, note 326.
230 *DN* IX nr. 703.
231 *DN* VIII nr. 570. Jfr. nr. 571, som omhandler lasten.
232 Dybdahl 1981: 32.
233 Skaare 1995: 38 ff.
234 Skaare 1995: 105 ff.
235 Skaare 1995: 107.
236 *DN* III nr. 1, de viktigste avsnitt i oversettelse i Skaare 1995: 107.
237 Skaare 1995: 108.
238 *NgL*, 2. r., II: 81 f.
239 Skaare 1995: 109 ff.
240 Skaare 1995: 109.
241 Skaare 1995: 109.
242 Skaare 1995: 109 ff.
243 Daae 1890: 22 f.
244 *NMD* nr 29: 144 f.
245 *DN* XXI nr. 452.
246 *AB*: 183 – 188. Avsnittet er trolig ført i pennen av officialis Gudbrand Erlingsson. Jfr. *AB* note 405.
247 *AB*: 9, 10, 30, 43 og 185.
248 Trykt i *OER*: 40 ff.
249 Nedkvitne 1983 navngir 11 slike personer s. 305. I tillegg til disse kan også nevnes Anders Amundsson på Lauvøya (Fosen) og Mads skriver i Troms. Jfr. Dybdahl 1981: 33 f.
250 Nedkvitne 1983: 305 ff.
251 *DN* X nr 315.
252 *DN* X nr 718 og 738 (s. 806).
253 Slik Blom 1997 hevder: 312 og 384.
254 *DN* IX nr. 625.
255 *Nye Danske Magazin* VI: 322 og 326. Jfr. jordeboken over krongodset som Gaute fikk tatt opp da han tiltrådte embetet i 1475, trykt i *OE*: 122 ff.
256 Utne 1972–73: 64. Skevik 1997: 354 sier at Vinald Henrikssen satt med Sparbu len i 1386, men referanse på det har jeg ikke funnet.
257 Utne 1972: 62 f.
258 *NRR* I: 9
259 Fladby 1963: 55 og note 90.
260 Fladby 1963: 56.
261 Skevik 1997: 355.
262 Skevik 1997: 355 f.
263 *DN* VII nr. 642.
264 *DN* VII nr. 659.
265 *DN* VII nr. 661.
266 *DN* VII nr. 678 og 679.
267 *DN* VIII nr. 706.
268 *DN* XII nr. 526.
269 *NLR* VI: 56.
270 Jfr. Fladby 1963: 99.
271 *NLR* VI: 17. Fladby 1963: 85.
272 Fladby 1963: 90, note 7.

Summary

It is not an easy task to account for the economic situation in the archbishop's see of Nidaros during a period of almost 400 years. The political and economic framework changed markedly during this period, though relatively speaking the archbishop's see had gained a far more prominent position towards the end of the Middle Ages than it had had a few centuries earlier. In the late medieval period, the archbishop exerted a strong influence through his positions as church leader, royal officer, and chairman of the Council of the Realm. In the meantime, the Black Death of 1349 to 1350 had reduced the population to at least half its size, while later epidemics held the population figures low until approximately 1500. The archbishop's see did not escape the economic crisis which hit all institutions that based their activities on income from landed property, agricultural production, fisheries etc. and duties of different kinds, though clever archbishops such as Aslak Bolt, to some extent managed to diminish the damage.

The study of the flow of agricultural products within the financial system of the archbishop's see is both interesting and impossible. On the other hand, the landed property of the see has been well documented. With the help of documents from the post-Reformation period we can also learn a great deal about other important sources of revenue.

With the exception of the duties paid to Rome, it is impossible to find the exact size of the different items of expenditure in the records of the archbishop's see. The construction and furnishing of such monumental buildings as the Nidaros Cathedral, the Archbishop's Palace and Steinvikholm castle certainly demanded enormous resources, as did the maintenance of a bureaucracy, servants and soldiers. In general terms it is fair to assume that there was a certain balance between expenditure and income. Here attention has mainly been paid to the different sources of income and how these developed in the course of time. The main problem has been to establish a common criterion to quantify the most important sources of revenue towards the end of the Middle Ages.

Aslak Bolt's cadastre from the 1430s is the most vital source about the estate of the archbishop's see, both past and present. The cadastre for instance reveals a lot of information about the provenience of the estate. Of the 186 pieces of landed property acquired at the time of Aslak Bolt, 44 were gifts, 71 were payments, 42 were traded and 29 were purchased. Aslak's predecessor, Archbishop Eskill, gained at least 90 pieces of property, of which half were purchased. Aslak Bolt's cadastre also gives the best documentation of the decline in rents in Norway. Roughly, property revenues were only a quarter of what they had been before the Black Death, and some deserted farms yielded no income at all.

Around 1530, the archbishop disposed of a landed estate, which yielded an annual rent that corresponded to 2230 pails of butter (each of 15.43 kg). This was the largest estate in Norway before the Reformation. In Trøndelag the archbishop's see owned about a quarter of all taxable land.

The most important source of revenue was still the tithes paid from agriculture, cattle farming and fishing. As bishop in the Nidaros bishopric, the archbishop received one quarter of the tithes. Although the increase in the number of deserted farms and the shrinking agricultural fields led to a reduced income from grain, the favourable prices of fish, mainly dried cod (stockfish), produced for export in northern Norway helped to decrease the losses. Calculated in butter, the income of the archbishop's see from the tithes is estimated to about 3000 pails at about the time of the Reformation.

The third most important source of income came from imposed penalties. Here, we lack documents from the medieval period, but based on more recent sources the annual income can be estimated to about 600–700 pails of butter. Sacrifices and sales of indulgences probably accounted for more than this, but again the sources are insufficient. Cathedraticum may have yielded about 120 pails a year, but like other sources of income was probably of minor significance.

During the Reformation, the property and privileges of the archbishop's see and the monasteries were confiscated by the monarchy, which drastically improved the financial position of the Crown in Norway.

Olavskulten og kultursenteret

Hellig-Olav er den sentrale skikkelsen i norsk middelalder. Han var landets evige konge – rex perpetuus Norvegiæ – og han var verner om lov og rett. I det løftet kongen avga ved kongehyllingen heter det: «Da lover jeg Gud og hans hellige menn, og derfor hans folk som jeg uverdig er blitt satt til å styre over, at jeg skal holde den kristne lov, som kong Olav den hellige gjorde opptaket til, og som under hans etterfølgere er blitt samtykket mellom kongene og deres undersåtter som bygger landet – med begge parters samtykke.» I seinmiddelalderen var det som oftest St. Olavs lov bøndene viste til når de reiste seg til motstand mot urett og overgrep. I den grad vi hadde et nasjonalt symbol i middelalderen, var det martyrkongen fra Stiklestad.

Men det var kirken som hadde skapt olavskikkelsen, og som forvaltet helgenen og arven etter ham. Således heter det i Magnus Erlingssons store privilegiebrev: «Til Gud [gir jeg] da i dag på denne herlige oppstandelsens dag, meg selv med riket til evig tid, og til den herlige martyr kong Olav, som jeg nest Herren, med særlig hengivelse overdrar Norges rike fullt og helt. Og så langt Gud vil, skal jeg forestå dette riket som denne herlige martyrs arvelige eiendom, under hans overhøyhet og som hans stedfortreder, og holde det av ham. […] Og uansett hvilken vanskelighet, nød eller trengsel som kaller på meg, vil jeg uten frykt, trygg ved Guds og hans (Olavs) vern, med ham som fører og som hans stridsmann, gå i striden for å kjempe i hans hær for å opprettholde lov og rettferd, for å verge landet som St. Olavs eiendom. […] Og til vitnesbyrd om evig underkastelse innrømmer jeg denne metropolitankirken dette privilegium […] og stadfester med mitt beseglede brev at etter min bortgang skal kongekronen, både min som jeg i dag ofrer til det hellige alter til skrinlegging, og alle mine etterfølgeres, overgis til denne kirken.» (NMD: 50ff.)

Denne teksten er sannsynligvis forfattet av erkebiskop Øystein Erlendsson og viser hvor kløktig den nye kirkeledelsen visste å utnytte olavskikkelsen både til kirkens og til kongedømmets beste. Underkastelsen under St. Olav og kroneofringen uttrykker på en og samme gang både kirkens opphøyde stilling og kongemaktens ukrenkelighet, i alle fall så lenge kongen kjempet for lov og rett og for kirkens og landets frihet.

Den nye erkesetet bygde i bokstavelig forstand på Hellig-Olavs grav, og fra erkebiskop Øysteins tid ble arbeidet med å fremme olavsdyrkelsen intensivert, både ideologisk og på det praktiske plan. Vi skal her ta for oss noen sider ved dette, først helgenkongens grav, Olavs skrin og utformingen av kirkerommet til hans ære og pris. Så skal vi se på arbeidet med å bygge det ideologiske fundamentet for olavsdyrkelsen, martyrkongens offisielle helgenhistorie, som ble skrevet på latin – Passio Olavi – og helgenkongen slik vi møter ham i norrøn litteratur. I den sammenheng vil det være naturlig også å se på erkesetet som et laboratorium for utviklingen av en norsk skriftkultur. Men i Trondheim ble det ikke bare skrevet på pergament, det ble også skåret i tre og hogget i stein, og alle de innskriftene vi har med latinske bokstaver rundt i byen, på vegger og gravsteder, gir et interessant bilde av kultur og samfunn i den norske kirkehovedstaden i middelalderen.

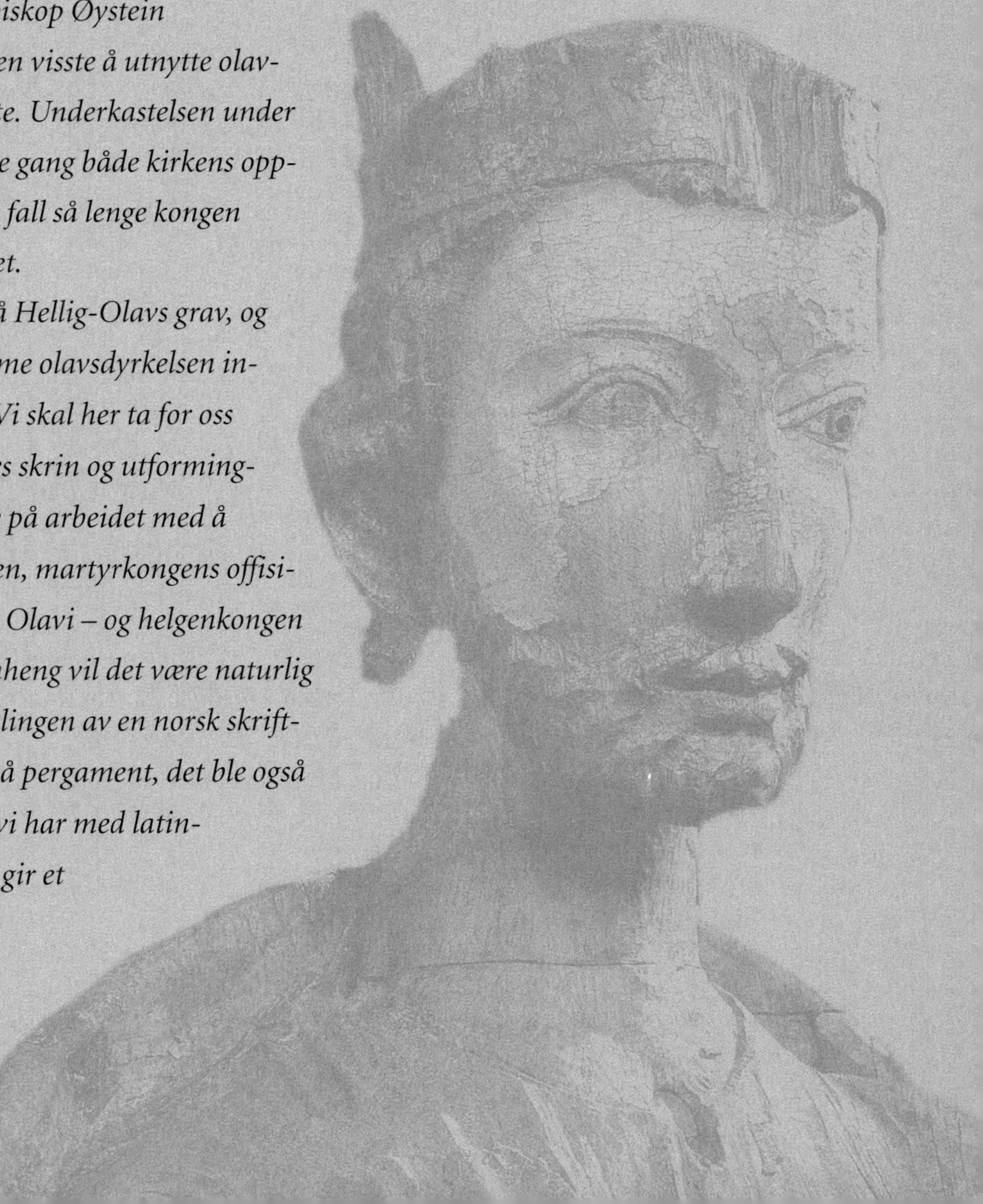

St Olav is the key figure in Norwegian medieval history. He was the eternal king of the country – Rex perpetuus Norvegiæ – and the guardian of law and justice. The oath sworn by the king at his accession to the throne sounded like this: "I promise God and his holy men, and thus His people over whom I have undeservedly been chosen to rule, that I will obey Christian law, as King I am the first to do, and which has been agreed between kings and their subjects who build the country – with the consent of both parties." In the late medieval period, the peasants often justified their uprisings against injustice and oppression by referring to the law of St Olav. The martyr king from Stiklestad is the closest we come to a national symbol in Norway in the Middle Ages.

But it was the church which had created Olav, the saint, and it was the church that guarded his body and his legacy. Thus, we can read in the great letter of privilege issued by Magnus Erlingsson in 1165: "To God [I give] today on this day of glorious resurrection, the kingdom and myself for all eternity, and to the holy martyr St Olav, to whom I only second to the Lord entrust the Norwegian kingdom with particular devotion. And as far as God allows, I will manage this kingdom as the hereditary property of the holy martyr, under his authority and preserve it for him.[…] And regardless of what difficulty, need or troubles may call for my attention, I will without fear, safely under God's and his (St Olav's) protection, with him as my leader and as his soldier, enter his army to uphold law and justice, to protect the country as the property of St Olav.[…] And as evidence of eternal submission, I grant this privilege to the metropolitan church […] and with my sealed letter I confirm that after my demise, the royal crown, both my own which I today sacrifice at the holy altar to be enshrined, and the ones of my successors, is surrendered to this church."

This text is probably written by Archbishop Øystein Erlendsson and shows how shrewdly the new church leadership was able to use the figure of St Olav both to the benefit of the church and the monarchy. The submission to St Olav and the sacrifice of the crown at the same time expresses both the elevated position of the church and the inviolability of the monarchy, at least as long as the king undertook to fight for law and justice, as well as for the freedom of the church and the country.

The new archbishopric was literally constructed above the grave of St Olav, and from the time of Archbishop Øystein the work to promote the cult of St Olav was intensified, both ideologically and practically. Here, we will first discuss some problems concerning the grave of the royal saint, the shrine of St Olav and the shaping of the church interiors in Nidaros cathedral to honour his memory. Thereafter, we will consider the ideological basis for the cult of St Olav, the official story of the martyr king, written in Latin – Passio Olavi – and the saint king as we meet him in the Norse literature. In this connection, it would also be natural to look at the archbishop's see as a laboratory where the Old Norse literary tradition was developed. In Trondheim, one did not only write on parchment, but carved in wood and rock as well, and all the Latin inscriptions seen in Trondheim, on walls and in gravestones, produce an interesting picture of culture and society in the medieval church capital of Norway.

Denne olavsfiguren fra Fresvik kirke i Leikanger (Sogn) er en av de mest uttrykksvare vi har bevart. Den er datert til ca. 1250 og holdt i såkalt unggotisk stil. Foto: Universitetets kulturhistoriske museer, Oldssaksamlingen.

Few other figures of St Olav are as expressive as this one found in the church at Fresvik in Leikanger (Sogn, West Norway), in Early Gothic style and dated to c. 1250.

ST. OLAVS SKRIN I NIDAROS

Øystein Ekroll

Innleiing

Uttrykket «St.Olavs skrin» har sterke assosiasjonar i Noreg. Historia om lagnaden til dette helgenskrinet vart på 1800- og 1900-talet brukt i Noreg som døme på alt som gjekk galt med landet på 1500-talet. St.Olavs skrin levde og lever enno sitt liv i litteraturen og folkefantasien. Det eksisterer også eit velkjent sagn om at ein stor del av Nidarosdomen sine skattar gikk tapt i eit forlis ved Agdenes i munningen av Trondheimsfjorden.[1] Dette sagnet står så sterkt i folkefantasien at det fleire gonger er blitt sett i gang leiting etter skatten, seinast i 1997.

Det er i det heile eit interessant fenomen at ein kunstgjenstand kan vekke så stort engasjement over 450 år etter at den vart øydelagt, og det fortel kanskje litt om den rolle Olavsskrinet spelte i folkefantasien i Noreg, i eit land der det var lite gull og sølv. Førestillinga om den prakt og rikdom som var samla i Nidarosdomen finn vi også nedfelt i folkevisene, som i balladen om Bendik og Årolilja, der kongen svergar på at Bendik skal døy:

«Olavskyrkja i Trondheim, ho glimar av gull,
Bendik skal inkje livet nyte, var ho enn tri gonger full»

Det er derfor på tide å prøve å skrelle bort seinare myter og teoriar og gå tilbake til dei primære kjeldene til skrinet sin historie og utsjånad opp gjennom mellomalderen og fram til det vart øydelagt. Dessutan kan det vere opplysande å sjå på skrinet sin arkitektoniske plassering, og kva denne kan fortelje om skrinet. Dette er aldri gjort før, for tidlegare forsøk på å beskrive skrinet er gjort utan å sjå det i samanheng med det byggverket skrinet sto i – Oktogonen – og Oktogonen er på si side stort sett blitt analysert reint arkitektonisk, utan å sjå byggverket i lys av det formålet det var bygd for.

St. Olav og hans skrin er hovudgrunnen til at Nordens største katedral vart reist i Trondheim, og at denne byen vart sete for den norske erkebispen i staden for Bergen eller Oslo. Olavsskrinet var det religiøse og arkitektoniske midtpunktet i katedralen, og spelte ei sentral rolle i det liturgiske livet der. Skrinet var også målet for pilegrimar som søkte til Trondheim over store avstandar. Det var også mobilt innanfor det liturgiske landskapet som Trondheim var i mellomalderen, særleg i den store prosesjonen på Olavsdagen, men også ved kongehyllingar på Øyretinget på Brattøra nede ved fjorden og seinare på Domkyrkjegarden. Skrinet kunne også berast ut ved spesielle høve, t.d. for å prøve å stoppe ein far-

Oktogonen etter restaurering, fotografert 1906. Nidaros Domkirkes Restaureringsarbeiders arkiv nr.1545.

The Octagon after its restoration.

leg brann i byen. Dei siste åra før øydelegginga sto skrinet i hovudtårnet på Steinvikholm, erkebiskopen si borg aust for Trondheim. Til slutt vart den nakne trekista ført attende til katedralen, og liket av helgenkongen fekk sin endelege kvilestad i ei anonym grav der.

Dei fire skrina

Dei overleverte skriftlege kjeldene gir opplysingar om at det har eksistert heile fire ulike skrin omkring liket av St. Olav. Dei tre første sto utanpå kvarandre, medan det fjerde kom til etter at dei tre første vart øydelagde:

Skrin 1

Dette skal etter den historiske tradisjonen, slik han er formulert av Snorre Sturlasson omkring 1230, vere den enkle trekista som liket av Olav vart lagt i etter slaget på Stiklestad den 29. juli 1030. Det må vere den same kista som han vart gravlagt i nokre dagar seinare utanfor den vesle husklynga som var kaupangen Trondheim, på den staden der Nidarosdomen står i dag. Då han vart gravd opp igjen i 1031, vart den same kista kledd med *pell*, ein kostbar tekstil. Kista eller skrinet vart sett over altaret i Klemenskyrkja, og over den vart det hengt ein baldakin av *gudvev*, ein annan kostbar tekstil. Klemenskyrkja var den einaste kyrkja i Trondheim på denne tid og sto i Olavs eigen kongsgard.[2]

Seinare er denne kista blitt kledd med forgylte metallplater, slik som t.d. også skrina til St. Knut og St. Benedikt frå omkring år 1100 i Odense var det. Denne første kista ser ut til å ha overlevd heilt fram til 1565, då ho var blitt så skrøpeleg at ho vart erstatta av ei ny. Etter ei augevitneskildring frå 1520–30-åra blir dette innerste og eldste Olavsskrinet skildra av Peder Claussen Friis som «*uden omkring beslagen met Guld og Sølff og besætte met dyrebare Stene*».[3]

Sett i samanheng med samtidige europeiske gullsmedarbeid, så er det kanskje dekorasjonen av dette første og indre skrinet som er Magnus sitt verk. Dersom dette var ei kiste som målte t.d. 1,8 x 0,4 x 0,4 m, så ville dei fem synlege sidene ha ei overflate på ca. 2,5 m^2. Å dekke ei så stor flate med forgylte, uthamra sølvplater og edelsteinar ville vere eit stort dekorasjonsarbeid ved midten av 1000-talet, også i europeisk målestokk. Det kan derfor vere at minnet om Magnus sitt arbeid er blitt blanda saman med eit seinare, større og prektigare skrin utført av andre.

Skrin 2

Det er dette helgenskrinet som blir rekna som det eigentlege Olavsskrinet, takka vere Snorre Sturlason si skildring av det. Det ser ut til å ha romma det eldste skrinet eller kista. Snorre fortel omkring 1230 at det var Magnus den gode, sonen til Olav, som fekk laga skrinet etter at han vart norsk konge i 1035. Magnus var på dette tidspunkt berre ca. 10 år gammal, så skrinet kan knappast ha blitt utført før på 1040-talet, etter at Magnus delte kongemakta med farbroren

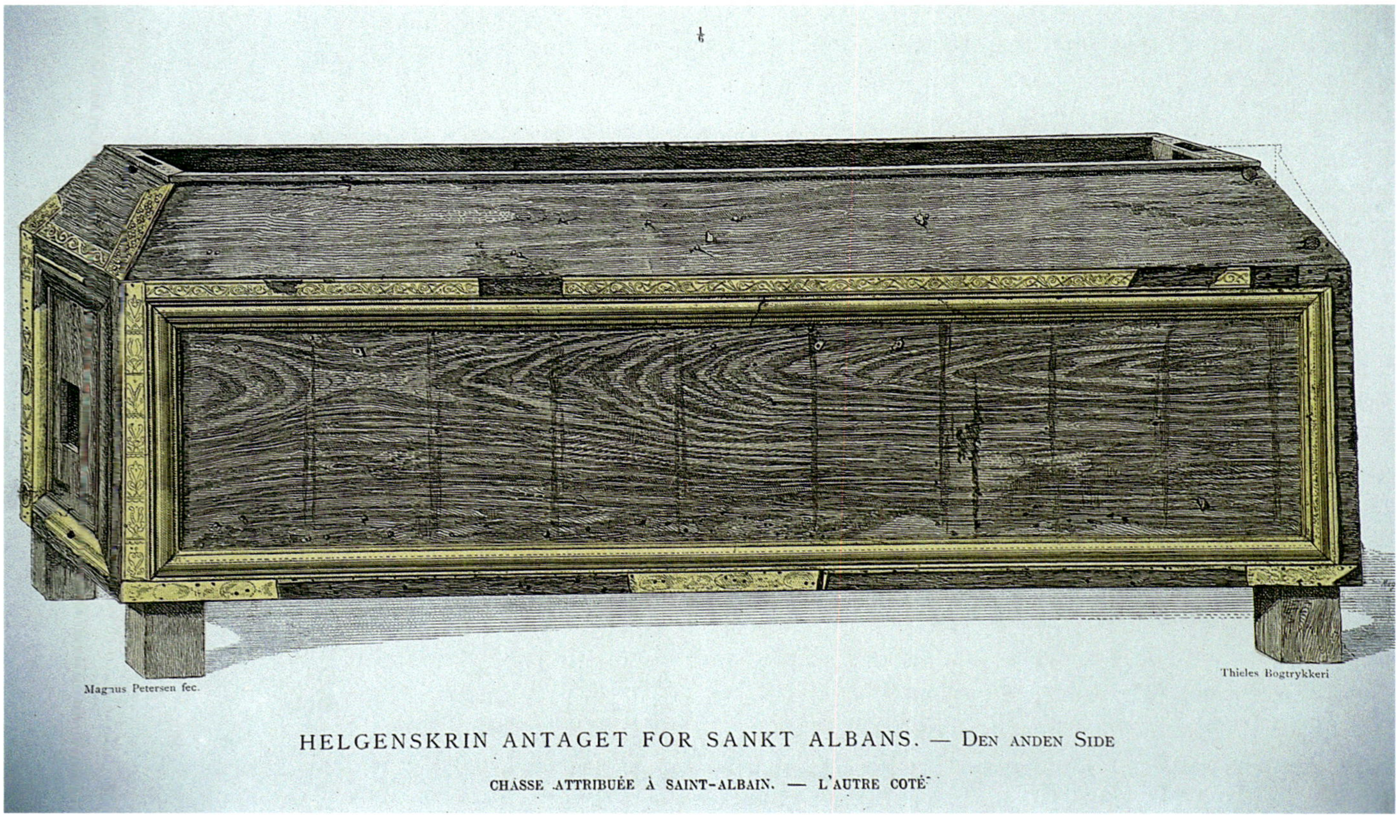

St.Benedikts skrin i Odense frå ca.1100 (tidlegare tolka som St.Albans skrin). Litt av dei forgylte metallplatene som tidlegare dekte heile skrinet er enno bevart på dette skrinet. Lengde 150 cm. Etter Burman Becker 1886.

The shrine of St Benedict in Odense dates back to about 1100.

Relikvieskrinet frå Thomaskyrkja på Filefjell, frå 1200-talet. Foto: Ann-Mari Olsen, Bergen Museum, Universitetet i Bergen.

The 13th century reliquary from the church of St Thomas at Filefjell, Central Norway.

Harald Hardråde, og før han døde i 1047. Harald kom i 1042 attende frå Konstantinopel med ein stor formue, som han delte med Magnus mot å få halve riket. Snorre si skildring lyder slik:

> *«Kong Magnus lot gjere eit skrin, og han lot det pryde med gull og sølv og glimesteinar. Dette skrinet var gjort liksom ei likkiste både i storleik og i skapnad, men det var ei sval under, og oppå var det eit lok, som var gjort liksom eit tak med møne og hovud på. Det er hengsler bak på loket og hesper framme, som dei låser med ein lykel. Kong Magnus let leggje dei heilage leivningane til kong Olav i dette skrinet.»* [4]

Snorre fortel også at skrinet vart opna ein gong i året, og håret og neglane til helgenen klipte, ettersom begge delane heldt fram med å vekse. Dette skal ha skjedd siste gongen i 1066, då Harald Hardråde utførte ritualet, men så kasta Harald nøklane i Nidelva på veg til England og sin død i slaget ved Stamford Bridge.[5]

Vi kan sannsynlegvis stole på Snorre sin beskrivelse av situasjonen då han skreiv dette omkring 1230, for han har utan tvil sett skrinet fleire gonger under sitt opphald i Nidaros vinteren 1219–20. Snorre si datering er derfor blitt ukritisk akseptert av dei fleste.

Men dette skrinet skal ha blitt utført nesten 200 år før Snorre såg det, og vi må derfor stille oss kritiske til tradisjonen om at det verkeleg var Magnus den gode som fekk utført skrinet. Eller har Snorre fått seg fortalt ein historie om skrinet av dei katedralgeistlege i Trondheim, ein historie som var ein del av myteoppbygginga omkring helgenen?

Men kven har i så fall fått utført dette skrinet, og når? Dersom det var skjedd i Snorre si levetid, ville han utan tvil ha visst om det. Det kan knappast heller ha blitt utført under kong Sverre, for i så fall ville eit slikt storverk ha blitt omtalt i soga hans. Sverre låg også i konflikt med erkebiskopane heile si regjeringstid. Ein tenkeleg kandidat kunne vere Magnus Erlingsson, konge 1163–84, som i motsetning til Sverre hadde eit nært forhold til erkebiskop Øystein og St. Olav, som han tok riket i len av. Det kan tenkast at Magnus Erlingsson ville sementere dette forholdet gjennom å gje helgenkongen eit nytt skrin, prektigare enn det namnebroren hadde gitt. Dette er likevel ein hypotese. Erkebispen og kannikane kan også ha stått bak dette ar-

St.Knuts skrin i Odense frå ca.1100. Skrinet har vore dekt av forgylte metallplater, og avtrykka etter disse er enno synlege. Utforminga av lokket er ukjent. Lengde 150 cm. Etter Burman Becker 1886.

The shrine of St Knut in Odense dates from about 1100.

beidet på eiga hand. Det sterke sambandet mellom kongemakta og St. Olav gjer det likevel sannsynleg at ein av kongane var involvert i arbeidet.

Det er Snorre si skildring av dette skrinet som har ført til at ei gruppe små, husforma relikvieskrin som er bevart i Noreg, Sverige og Island, blir sett på som kopiar eller miniatyrutgåver av det store Olavsskrinet.[6] Forma på skrinet, med «svalgangar» eller bogar i nedre delen, gjorde at det var muleg å sjå og kanskje ta på den indre kista (skrin 1) der liket av helgenen låg. Denne gruppa med skrin er kjent frå Noreg, Island og Nord-Sverige.[7]

Disse skrina, med svalgang under og gavltak med mønekam og drakehovud, utgjer ei så homogen gruppe at det må ha eksistert eitt eller fleire skrin som var modell for denne typen. Thor Kielland peikte ut Olavsskrinet som denne modellen,[8] sjølv om Sunnivaskrinet i Bergen og Hallvardsskrinet i Oslo teoretisk også kunne ha vore modellar. Forma på disse to skrina kjenner vi dessverre ingenting til. Denne «drakeskrintypen» er likevel heilt klart nordskandinavisk; dei bevarte skrina frå Danmark har ikkje disse formene. Dei danske skrina har same hovudforma som bevarte skrin på Kontinentet.

Eit interessant døme på kor sterk denne skrintradisjonen sto, er det vesle relikvieskrinet frå Trönö i Hälsingland i Sverige. Det er eit emaljert metallskrin produsert i Limoges i Frankrike etter ein standardisert modell med gjennombroten mønekam med kors. I Sverige har skrinet fått påmontert drakehovud på gavlane. Den mest sannsynlege forklaringa på endringa er at folk i Nord-Skandinavia meinte at eit skikkeleg relikvieskrin *skulle* ha drakehovud for å bli fullstendig. Når relikvieskrin frå både Island og Nord-Sverige har den same, karakteristiske forma, er det vanskeleg å tenke seg eit anna sams utgangspunkt enn Olavsskrinet i Nidaros.

Eit skrin som skulle romme liket av ein voksen mann, måtte vere mellom 1,8–2,0 meter langt og minst 50 cm breitt og høgt. Snorre fortel at Olav ikkje var særleg høg, men at namnet Olav Digre viste til magemålet. I «Passio Olavi» er han omtalt i eit syn som «ven å sjå på og berre måteleg høg».[9]

I ei seinmellomaldersk svensk Olavssoge på rim, blir Magnus sitt skrin omtalt slik:

«Af Silfwer och Gull han Skrinit giorde/
Som Olafz Been i hwijlas borde/
Med dyrom stenom och fullstort/
Aldrig war tolckit förra giordt.» [10]

At skrinet er «fullstort» kan tolkast som at det var like stort som Olav sjølv, og siste linja som at dette var eit storverk som aldri tidlegare var utført.

Den eldste samtidige skildringa av Olavskulten er omtalen i Adam av Bremen sitt verk frå omkring 1070–75 om erkesetet i Hamburg/Bremen. Her er det også eit kapittel om Norden. Adam har fått sine opplysingar frå samtidige, men andrehands kjelder. Den korte teksten viser likevel at Olavskulten alt på denne tid var godt etablert, og at helgenen var blitt eit valfartsmål:

«Nordmennenes viktigste by er Trondheim. Den er nå prydet med kirker og besøkes av mange mennesker. Der ligger den høysalige konge og martyr Olavs legeme. Ved hans grav virker Herren den dag i dag de største helbredelsesundere. Og folk som tror at de (kan) hjelpes gjennom den hellige manns fortjenstfulle gjerninger, strømmer dit langveisfra». [11]

Det er ingenting i Adam si korte skildring som tyder på at det på hans tid eksisterte eit så stort og rikt helgenskrin i Trondheim som det skrinet Magnus skal ha fått laga.

Adam klagar også over at Harald Hardråde, som han gir ei skurkerolle i bokverket sitt, røva dei gåvene som pilegrimar hadde gitt til St. Olav. Pengane brukte han til å betale sine eigne menn med. Indirekte viser dette at kulten omkring St. Olav spelte ei økonomisk rolle ved bispestolen i Nidaros berre 40 år etter helgenkåringa.

Den neste samtidsskildringa finn vi i «Passio Olavi» (*Passio et miracula beati Olavi*). Her blir det fortalt at Olav kviler i eit skrin (*scrinum*), og at skrinet etter fast sedvane vart frakta ut av kyrkja på visse festdagar og sett ned på kyrkjegarden.[12] Passio Olavi inneheld ingen meir detaljerte skildringar av korleis skrinet såg ut, noko ein kunne vente dersom det var stort og prektig og kasta glans over helgenen.

Dei få andre historiske framstillingane frå same tid som er skrivne i Noreg før 1200, er alle svært knappe i forma, og ingen av dei omtaler Olavsskrinet i det heile, sjølv om to eller kanskje alle tre truleg er skrivne i Trondheim. To av dei er på latin og skrivne for ein internasjonal lesarkrins: Det gjeld *Historia Norwegie* (Norges historie) som truleg vart skriven ca.1150[13], og *Historia de antiquitate regum Norvagiensium* (Historia om dei eldste norske kongane) som vart skriven i Trondheim ca.1170–80. Den tredje, skriven på norrønt mål, blir kalla *Ágrip* (Utdrag) og er truleg skriven i Trøndelag ca.1190. Ingen av dei har den store rikdomen på detaljar som sogene frå 1200-talet, og siterer knapt ein einaste replikk, i motsetning til Snorre sine dramatiske samtaleframstillingar som han sjølv stort sett har konstruert.

Det er også først med Snorre at det store Olavsskrinet dukkar opp i kjeldene. Det gir grunn til å stille spørsmålet om dateringa av dette skrinet på nytt. Var det verkeleg laga under Magnus den gode, eller stammar det frå ei langt seinare tid?

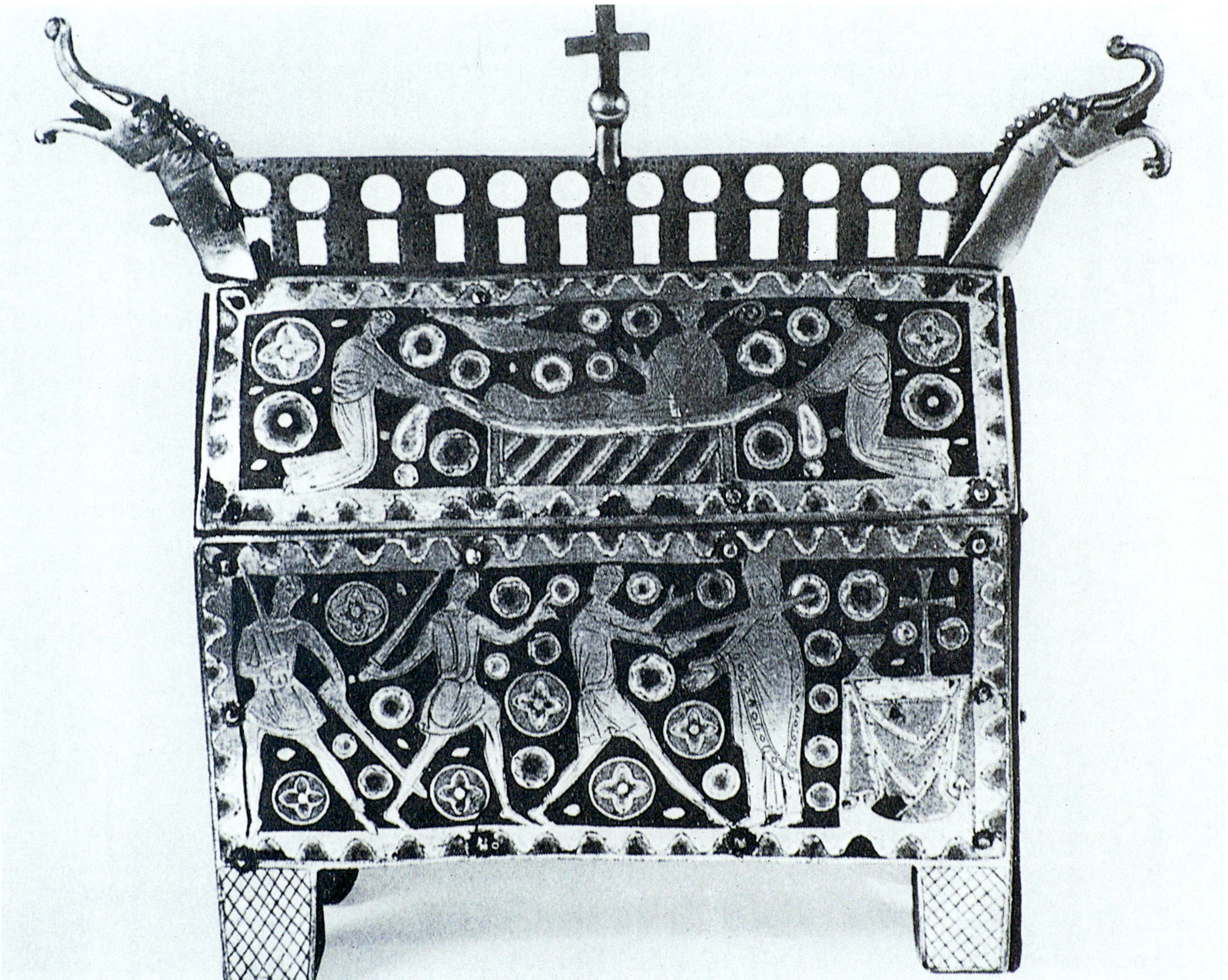

Relikvieskrinet frå Trönö kyrkje i Helsingland i Sverige. Limoges-skrinet har fått påsett drakehovud. Etter Gaulthier 1983.

The reliquary from the church at Trönö in Helsingland in Sweden.

Liket av St. Olav

I 1567 skriv bergenshumanisten Absalon Pederssøn Beyer, truleg etter sjølvsyn, at liket av St. Olav var heilt bevart; berre nasetippen mangla. Ingen såg på 1500-talet ut til å tvile på at dette var det same liket som vart skrinlagt i 1031 og hadde overlevd i meir enn 500 år. Grethe Authén Blom har stilt kritiske spørsmål til denne tradisjonen, og peikt på at skildringa av Olav hos Snorre slett ikkje samsvarer med denne og ei anna skildring frå reformasjonstida. Tre hundre år tidlegare hevdar Snorre at Olav var heller kort av vekst og tjukk, og han hadde ikkje hakeskjegg, men stor bart (munnskjegg) «som dei brukte den tida».[14] Det går ikkje fram kva Snorre bygde dette på, om det var ein munnleg tradisjon, ei biletframstilling eller ei opning av Olavsskrinet.

Denne framstillinga av Olav endrar seg etter Snorre si tid. Framstillingane av Olav i måleri og skulptur fra 1200-talet og framover, til dømes på Olavsfrontalet i Nidarosdomen frå 1.halvdel av 1300-talet, viser nesten alltid ein høg og nokså slank mann med fullskjegg og halvlangt hår. Dette er den standardiserte framstillinga av Olav i dei mange seingotiske framstillingane, sjølv om det også finst ei anna og mindre gruppe framstillingar av Olav utan bart og skjegg. Før ca.1250 er det bevart få eller ingen biletframstillingar av St. Olav, så det er usikkert korleis han vart framstilt i romansk tid.[15] På seglet til Nidaros domkapittel frå midten av 1200-talet er Olav framstilt heilt skjegglaus. Endringa i framstillinga av Olav kan kanskje forklarast med ei generell endring i måten å framstille helgenar på, eller at kunstnarane sto fritt til å utforme mannen så lenge attributta stemte. Likevel er det påfallande kor ulik Snorre si skildring er frå dei 300 år yngre skildringane.

Ei bevart augevitneskildring frå reformasjonstida skildrar Olav som ein lang mann utan skjegg. Skildringa er anonym, men ifølge det norske Riksarkivet viser handskrifta at skildringa er ført i pennen av erkebiskop Olav Engelbrektsson personleg.[16] Skildringa må vere gjort ved ei opning av skrinet, kanskje etter brannen i 1531 for å stadfeste at liket av helgenen var godt bevart? Det kan også ha skjedd før 1522, då Olav var dekan i domkapitlet og ansvarleg for katedralen. Det første ordet «item»(også/likeså) tyder på at dette berre er eitt punkt i ei lengre liste, kanskje ein gjennomgang av alle relikviane i heile katedralen:

«Item Sancte Oluffz skriin som beslaget var med Sylff, ther var inggen botn vdi vden thet var vden vdaaffuer ij anden skrin og vdi thet innestæ skrin laag Sancte Olufz lekame

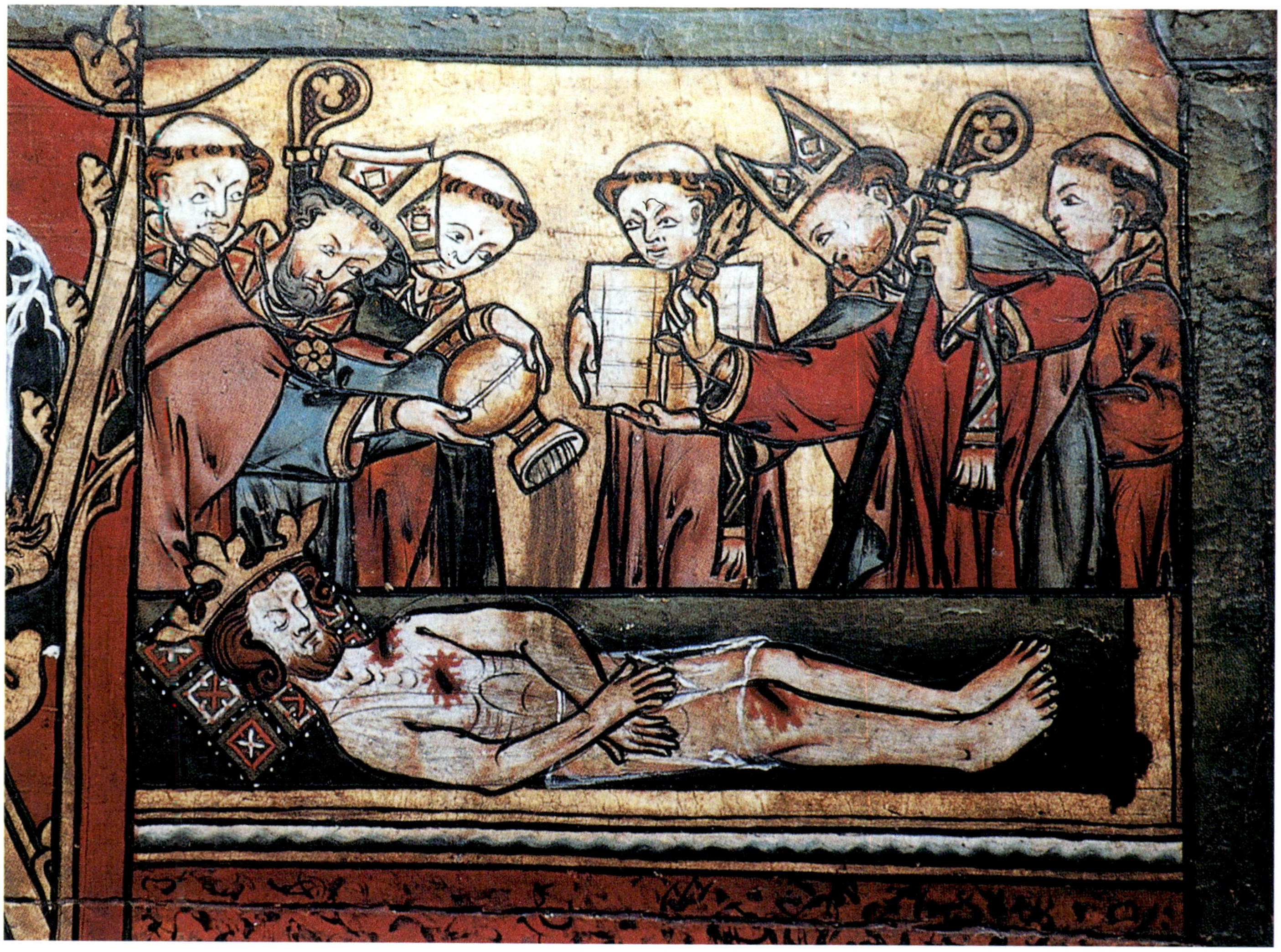

St.Olavs skrinlegging, framstilt på Olavsfrontalet frå ca.1300. Liket er avkledd, bortsett frå eit lendeklede. Olav ber krone, og hovudet kviler på ei brodert pute. Ein biskop heller olje over liket, medan ein annan dynkar det med vievatn. Foto: Nidaros Domkirkes Restaureringsarbeider.

The St Olav altar frontal from about 1300 shows St Olav being enshrined.

heel med hwld och hwd och bein Saa ath inthet ledemaat war skildt iffra thet anned och war lekamen swebt i dubbelt lerret. thet lerret som war nest kroppen thet war naaged mørtt mend thet anned lerret war aldeles sterkt och øfferst øffwer all likamin war breidt eit silkestycke gult och røtt med blomster fformenckt som war till ath see med snarheidt som eit gyllenstycke och waer thet aldeldes vffordorffwid och syntes som thet hade ecke warid tre aar gamelt och myt paa same silkestycke langs efter vore .ij.(= 2) kors aff røtt karmesi. Ansikted paa Sancte Oluff war aldeles heilt med køtt och hwd. Øgen wore naaged sunkne ind i hoffwidid haaren paa øgnebraarne syntes granneligæ, bruskin fremst paa næsen war naaged fforswunin lipperne wore naaged opkrymtnæ tennerne stode i theres skick och wore hwidæ haken war heill i alle maade mend inthet skeg war ther oppaa, ther man tog paa laaren paa honom tha kendes køtt och hwld granneligæ, paa ffotebladid syntes och granneligæ allt hwld teerne och senerne vffordorffnæ mend naar mand tog paa ternæ da kendes the like som the wore wistnedæ ein good lufft gek ther aff och war ther inggen vederstyggelse med, thette hær saage the alle aabenbarligæ som ther wore hoos och haffwer hand varit .j.(= 1) lang mand.» [17]

Denne lange, skjegglause mannen minner lite om Snorre si skildring av Olav Digre. Dei tre dødelege såra som Olav fekk på Stiklestad, er heller ikkje omtalt, sjølv om dei skulle vere godt synlege, slik dei t.d. er framstilte på Olavsfrontalet. «Gyllenstykket» kan vere eit kostbart silketeppe av den typen som leivningane av St. Knut var sveipte i og som det enno er bevart eit stykke av.

Utsnitt av eit bysantinsk silketeppe frå ca. 1100 som skjelettet til St.Knut var innsveipt i. Dette var dei finaste tekstilane samtida kjende, og liket av St.Olav kan ha vore sveipt i eit liknanade teppe, jfr. uttrykka "pell" og "gudvev". Etter Burman Becker 1886.

Section of a Byzantine silk carpet from about 1100 in which the skeleton of St Knut was draped.

Skrin 3

I løpet av seinmellomalderen skjer den siste utbygginga av skrinet, men det er uvisst akkurat når dette skjer. Utbygginga består i at eit nytt, tredje skrin blir sett utanpå dei to eldre skrina som Snorre Sturlason skildra omkring 1230. To kjelder fortel om dette tredje skrinet. Den første er erkebiskop Olavs eiga skildring frå 1520–30-åra. Den andre er agderlagmannen Jon Simonsson (1512–75) sine minne frå då han var korgut ved Nidarosdomen i 1520-åra. Han hadde også ein bror, Hans, som var kannik ved domkyrkja seinast frå 1539 til han døde i 1550, og sokneprest til Salten. I 1537 var han i erkebispens teneste i Nordland.[18] Hans måtte derfor også ha hatt god kjennskap til tradisjonane ved erkesetet. Jon fortalte som eldre mann sine minne frå Olavsfesten til presten Peder Claussøn Friis (1545–1614), som har inkorporert skildringa i manuskriptet til sin «Norges Beskrivelse», trykt i 1632.

Erkebiskop Olav, før 1537: *«Item Sancte Oluffz skriin som beslaget var med Sylff, ther war inggen botn vdi vden thet var seth vden vdaaffuer .ij(= 2) anden skrin, oc vdi thet innestæ skrin laag Sancthe Oluffz lekame heel…»*

Friis 1632: *«..huoraff de ocsaa hafue forbedrit S.Olufs Kiste, oc lagt hannem i et Sølffskrin, dog der var oc to Trækister, uden omkring beslagen met Guld oc Sølff oc besætte met dyrebar Stene».* [19]

Disse to skildringane samstemmer altså i at det var *tre* skrin, og det tredje og ytterste må vere det yngste. Opplysinga til erkebiskop Olav om at det ytste ikkje hadde botn, er svært interessant og viktig og gir haldepunkt for å sette skrinet inn i ein større, europeisk samanheng. Begge er samstemte om at skrinet var kledd med sølvplater – Jon Simonsson har oppfatta det som at skrinet var heilt av sølv, medan erkebiskop Olav meir korrekt skriv at det var ein trekonstruksjon kledd med sølvplater. Han har sjølvsagt ved opninga sett skrinet frå innsida, i motsetning til skuleguten Jon.

Ei tredje, tilfeldig opplysing er eit brev frå erkebiskop Aslak Bolt datert 1429, første vinteren etter at han vart vald til erkebiskop i Nidaros. Rett etter at han kom til Trondheim sende han kapellanen sin, herr Vilkin, til Sverige med 18 halvstykke klede (217 m) *«at köpa med kopar til kirkionna behof vppa hufuona ofuer sancti Olafs skriin»*.[20]

Dette ordet *«hufe»* er blitt tolka som ein baldakin eller tak over skrinet. Ei slik *«hufa»* er også omtalt i Holar domkyrkje på Island.[21] Men det kan også like gjerne tolkast som ei overdekking i form av eit «hylster» eller lokk utan botn, som kunne hevast og senkast over dei to gamle skrina.

I tillegg til sjølve fundamentet eller sokkelen kan altså skrinet hatt eit overbygg med kopartak. Eit slikt overbygg er

Maleri frå altarskap i Stralsund, som viser pilegrimar i bøn ved Olavsskrinet. Skrinet er opna, og nedre halvdel av helgenliket er synleg. Skrinet er dekt av ein baldakin. Etter Lidén 1999.

A painting from an altar cabinet in Stralsund shows pilgrims praying before the shrine of St Olav.

avbilda på eit fragmentarisk alterskap i Stralsund, som viser Olavslegenden.[22] Kunstnaren har likevel knappast hatt sikker kunnskap om korleis skrinet og baldakinen i Trondheim såg ut, og nokon vidare kjeldeverdi kan derfor biletet ikkje tilleggast. Kunstnaren kan likevel ha fått munnlege opplysingar om at eit slikt kopartak eksisterte over Olavsskrinet i Trondheim, og har måla eit slikt etter sin eigen fantasi.

Det kan argumenterast for at ordet «*hufe*» kan bety heile Oktogonen, ikkje berre ein baldakin. Til det er å innvende at mengda av klede som herr Vilkin fekk med seg på ingen måte er stor nok til å kjøpe så mykje kopar som skulle til for å tekke Oktogonen.

Det tredje Olavsskrinet var altså forma som eit lokk eller dekke som sto over dei eldre skrina og skulle beskytte dei.

Fleire slike «lokk» er kjent frå England, og dei tente fleire funksjonar:

- verne det gamle, verdfulle helgenskrinet mot skade og tjuvar
- presentere eit moderne skrin utan å gjere inngrep i det gamle, ærverdige skrinet
- gi plass til fleire gaver, meir utsmykking og gi helgenen større prestisje
- skape meir teater omkring framvisinga av helgenskrinet på dei store festdagane.

Felles for mange slike ytre skrin er at dei ikkje vart sende med på prosesjonar, men dei vart heisa opp for å vise det eigentlege skrinet. Dei store engelske skrina ser aldri, i motsetning til Olavsskrinet, ut til å ha blitt tekne ned frå sokkelen sin og sende ut på prosesjonar. Dette er ein viktig skilnad mellom Olavsskrinet og dei fleste andre store helgenskrin.

Frå katedralen i Durham, som var kvilestad for St. Cuthbert, den viktigaste helgenen i Nord-England, finst det ei unik skildring av eit slikt ytre skrin og kva som skjedde når skrinet til St. Cuthbert skulle visast:

> *« I midten av feretoriet stod det eigentlege skrinet, løfta opp av ein utsøkt gjort konstruksjon av kostbar, grøn marmor, og forgylt med gull. Det hadde fire sitteplassar under skrinet, der pilegrimar og andre, og særskilt dei sjuke og lamme, kunne kvile når dei knelte og gjorde sine offer og bad bøner til Gud og St. Cuthbert om hjelp. På St. Cuthberts dag og visse andre festdagar, under messa, brukte ein å løfte dekket på St. Cuthberts skrin.*
>
> *Dette dekket var laga av tre og i kvart hjørne var det festa ein jernkrok der det var festa tau som gjekk saman over dekket. Til disse taua var festa eit sterkt tau som kunne hevast og senkast gjennom ei talje som var festa i kvelven over skrinet, og den andre enden av tauet var festa i den nordre pillaren. Seks sølvbjeller var festa til dette tauet, slik at når dekket vart heist opp, varsla den vakre lyden i bjellene alle som var i kyrkja, så dei kunne kome og be ved skrinet til Gud og St.Cuthbert og sjå dei herlege dekorasjonane på det.*
>
> *Dekket hadde i kvart hjørne to ringar som kunne gå opp og ned langs fire jernstenger som var festa til kvart hjørne av marmormonumentet som Cuthbert si kiste kvilte på. Dekket var forgylt over det heile og på kvar side var malt bilete, levande og interessante å sjå på. På den austre enden var malt eit bilete av Vår Frelsar som sat på ein regnboge og dømde, medan det på vestre side var eit bilete av Vår Frue med Frelsaren på kneet. På toppen, frå gavl til gavl, gikk ein mønekam av tre der det var skåre ut dragar og andre dyr. Innvendig var dekket malt i ein fin, raud farge. På kvart hjørne av dekket var ein lås for å halde det stengt bortsett frå til slike tider når det var passande å vise det fram.»* [23]

Det er usikkert om også det ytterste Olavsskrinet vart båre rundt i prosesjonen på Olavsdagen. Den einaste kjelda til dette spørsmålet er den einaste skildringa av Olavsprosesjonen i seinmellomalderen som er bevart. Skildringa er gitt oss av lagmann Jon Simonsson via Peder Claussøn Friis:

> *«Oc naar Erckebispen gick i Proces oc lod bære S.Oluffs Skrin omkring, da hafde hand en Choerkaabe paa aff gyldene Stycker, oc paa Ryggen et Billede af Guld, effter som mand maler den hellig Trefoldigheds Lignelse. S.Oluffs Skrin var indluct i tuende Trækister, den ene uden ofuer den anden, oc den yderste offuertact met Guld oc Sølff, huilcken Kiste 60 Mænd skulde bære i Processen; oc Kisterne omhengde met smaa Posser, som mand lagde Offeret udi, oc ofuen paa Kisten stod pænitentiarius*[24] *oc udrobte Pafuens Afflad til dem, som offrede, oc med saadan Abespil finge de stundum 4 eller 5000 Marck Sølff paa en Dags Tid.»* [25]

Teksten er her litt uklar om det var to eller tre skrin som var med på prosesjonen. Det er likevel svært tvilsamt om skrin 3 var med på prosesjonen rundt om i byen. Konstruksjonen med manglande botn var skapt for å hevast og senkast. Derfor måtte i så fall skrin 3 på nytt senkast over skrin 2 etter at det var løfta ned frå sokkelen og båre ut frå oktogonen. Dette ville medføre kompliserte tekniske løysingar. I likskap med dei engelske parallellane har etter mi meining skrin 3 berre vore skapt for å hevast og senkast, ikkje for å flyttast.

Pønitentiarius kan knappast ha stått oppe på sjølve skrinet, slik Friis skriv, men vel på den plattforma som skrinet sto på, og som vart båre av heile 60 mann, dersom Jon Simonsson ikkje overdreiv. Synet måtte i alle fall vere imponerande.

Dette tredje skrinet veit vi ingenting meir om enn at det var rikt dekorert med gull og sølv, truleg i form av tynne plater med dekorasjonar. Dersom det var laga etter midten av 1200-talet var drakesymbolikken gått av moten. I staden ville det ha hatt ei utforming meir i pakt med dei andre store skrina i Vest-Europa frå denne tid. Det ville vere forma som eit hus med mønekam, men utan svalgangar og drakar. I sta-

Moderne rekonstruksjon av St.Thomas Becket-skrinet i Canterbury, med dekket under oppheising for å vise det eigentlege skrinet inni. Etter Butler 1995. Foto: Nidaros Domkirkes Restaureringsarbeider

A modern reconstruction of the shrine of St Thomas Becket in Canterbury.

den kan det ha stått kuler på gavlane, og i kvitteringa for metallet frå Olavsskrinet frå 1540 er det nemnt to store, forgylte «knappar» av sølv med harpiks inni, og ein blå stein med gull omkring og med ein spikar gjennom. Disse kan ha pryda mønekammen på skrinet.

Ein annan indikasjon på utforminga av det tredje skrinet er skrankeveggen omkring midtrommet i Oktogonen. Toppen på skranken er forma som eit saltak, med «takflatene» forma som liggande treplankar, og ein gjennombroten mønekam med firpassopningar. Dette ville også vere ein tenkbar takform på eit helgenskrin frå 13–1400-tallet. Arkitekt Chr. Christie har brukt dette motivet i utforminga av høgaltaret frå 1882, som er ein parafrase over Olavsskrinet slik han tenkte seg det såg ut.

Skrin 4

Mellom 1565 og den endelege gravlegginga i 1568 kvilde liket av St. Olav i ei fjerde kiste. Etter at liket var ført attende til Trondheim «med stor proces» 8.juni 1564, var den over 500 år gamle indre kista svært skrøpeleg. Året etter lot lensherre Herluf Skave mure ei grav i Domkyrkja til helgenlekamen. Ei gamal segn frå Bremen, trykt i 1845, fortel at eit skip frå denne byen kom til Trondheim i 1565. Skipstømmermannen Karsten Tidemann fekk i oppdrag å lage ei ny kiste til helgenen, med vakre utskjeringar og framstillingar av historier frå helgenen sitt liv. Helgenlekamen vart lagt i denne kista, og kista sett ned i den mura grava. Det er ofte hevda at grava stod open, men kjeldene fortel berre om den mura grava. Ingenting talar mot at grava vart dekka med ein gravstein. Ei open grav ville vere eit svært uvanleg arrangement.

Tidemann stakk til seg to bitar av den gamle kista, som han tok med seg til Bremen. Men i staden for å gje han medgang slik han hadde vona, opplevde han tvert imot mykje motgang som ikkje stoppa før han gav kistebitane til katedralen i Paderborn.[26] Utan at kista er nærare skildra, kan vi gå ut frå at ho var utført i renessansestil, som var den rådande stilen på denne tid. I 1568 vart grava fylt med jord etter kongens ordre, og kista og helgenlekamen har vel deretter gradvis gått i oppløysing.

Skrin 1 var trekista som Olav Haraldsson vart gravlagd i, og som året etter vart kledd med tekstil. Seinare vart kista kledd med gull- og sølvplater og edelsteinar. Skrin 2 var skrinet som Snorre såg i 1220, og som var forma som ei stavkyrkje. Skrin 3 var laga i seinmellomalderen, og var eit skrin utan botn som kunne heisast opp for å vise dei to eldre skrina. Skrin 4 var ei kiste, truleg i renessansestil, laga i 1565.

Høgaltaret i St.Denisklostret ved Paris, med skrina til St.Denis og to andre helgenar innfatta i eit større husforma skrin, utført på 1100-talet. Øydelagt under den franske revolusjonen. Rekonstruert av Viollet-le-Duc etter eldre bilete og skildringar. Etter Dictionnaire de l'Architecture francaise: Autel.

The high altar in the Abbey of St Denis near Paris in the 12th century, as reconstructed by Viollet-le-Duc.

Når vart skrin 1, 2 og 3 utført?

Det har ikkje lukkast å finne dokumentasjon på tilsvarande store relikvieskrin som skrin 2 i Nordvesteuropa i samtida eller tidlegare. Ingen av dei karolingiske eller ottonske relikvieskrina som det er bevart opplysingar om, har tilnærma slike dimensjonar, og enno på 1000-talet var ikkje relikvieskrina særleg store. Ein av grunnane kan vere at det eksisterte svært få helgenrelikviar i form av eit heilt menneske. Dei fleste relikviane besto i beste fall av eit skjelett eller ein kroppsdel, som ein arm, ein fot eller ein hovudskalle, men som regel var dei enno mindre: ein knokkeldel, ein tekstilbit e.l. Det var enno på 1000-talet svært få lokale helgenar i Nord-Europa, og nesten ingen som kunne skrinleggast i form av ein heil lekam. Heilt bevarte helgenlekamar var svært uvanlege i mellomalderen, sidan svært få vart gjort til helgen rett etter sin død. Dei fleste helgenar kunne berre skrinleggast i form av skjelett fleire tiår etter at dei døde.

Dei aller fleste relikviar som var kjende i Europa på 1000-talet, stamma frå bibelske personar eller martyrar frå oldkristen tid. Dei var importerte frå eldre kristne område lenger sør i Europa og var derfor i forma små. I andre tilfelle kunne det vere snakk om at helgenen hadde vore død og gravlagd i lengre tid, og det var derfor snakk om eit skjelett som kunne rommast i eit mindre skrin. Slike skjelettrelikviar kunne også lettare splittast opp.

Utsnitt av Bayeuxteppet frå slutten av 1000-talet, som viser Harold Godwinsson som sverjer ein eid på to relikvieskrin. Det eine er tydeleg laga for å berast i prosesjon.

Section of the Bayeux tapestry from the end of the 11th century, where Harold Godwinsson swears loyalty to William on two reliquaries, one of which is intended to be carried in processions.

St.Olavs skrinlegging, der ein avdød vart omgjort til ein relikvie så kort tid etter sin død, ser faktisk ut til å vere det første eksemplet på dette i det nordlege Europa. Når det gjeld den danske St. Knud og den svenske St. Erik, ser det ut til å ha gått så lang tid mellom dødsfall og translasjon – 15 år for Knud og kanskje 60 år for Erik – at det er snakk om skjelett, som også dei bevarte relikviane av disse to kongane viser. Erkebiskop Øystein Erlendsson i Nidaros vart tatt opp av grava og skrinlagt i 1229, 40 år etter at han døde, og då utan tvil som skjelett.

Så store skrin som Olavsskrinet ser ut til å dukke opp først på slutten av 1100-talet og omkring 1200, som t.d. Karlsskrinet i Aachen (1215), Heilagtrekongarskrinet i Köln (1164–1225) og St. Gjertrudskrinet i Nivelles (etter 1272). Også på Island har det eksistert lekamsstore skrin. Helgenbiskopen St. Thorlak, som døde i 1193, vart skrinlagd fem år seinare i Skålholt domkyrkje. Skrinet var bevart heilt til slutten av 1700-talet, og er skildra slik i 1756: «*Skrinet er bygget som et Hus, 3 1/2 islandske Alen langt, 2 1/2 Al. høit og 1 1/2 Al. bredt, overtrukket med sort beredet Læder, og beslaget med emailleret Messing*».[27]

Dei store engelske skrina slik vi kjenner dei gjennom omtaler frå reformasjonstida, var også utført på 1200-talet:

- St.Edward Bekjennaren i Westminster Abbey, utført under Henry II i 1163 og på nytt under Henry III mellom 1241–70
- St.Thomas Becket i Canterbury frå 1220
- St.Hugh i Lincoln frå ca.1220
- St.Edmund i Bury St.Edmunds, utført under Henry III i 1269

Ein grunn til å akseptere Snorre si framstilling, er at Olav sin lekam vart flytta fleire gonger dei første 50 åra etter at han døde, og at han derfor måtte ligge i eit skrin eller kiste. Men det er den same Snorre som gir oss opplysingane om disse flyttingane, så dette blir ei sirkelslutting. Det må likevel ha eksistert ein sterk tradisjon i Trondheim om Olavsskrinet si flytting. Dei to første kyrkjene eksisterte på Snorre si tid, og Mariakyrkja var flytta berre nokre tiår tidlegare.

Snorre fortel at kista til Olav etter oppgravinga i 1031 først vart ført til Klemenskyrkja lengst nord i kaupangen. På slutten av 1040-talet skal helgenen ha blitt ført til Olavskyrkja, som Magnus den gode lot bygge litt lenger sør i byen, og her vart også Magnus gravlagt etter at han døde i Danmark i 1047. Etter eit par tiår skal ferda ha gått vidare, til Harald Hardråde si Mariakyrkje. Denne kyrkja skal ha stått rett ved sidan av der Nidarosdomen står i dag. Til Mariakyrkja vart også Harald sitt lik brakt året etter at han vart drepen i slaget ved Stamford Bridge i 1066. Grava hans vart hundre år seinare, på 1180-talet, flytta saman med kyrkja til det nyoppretta Elgeseter augustinarkloster på hi sida av Nidelva.

Det siste kapitlet i Olav si ferd gjennom Trondheim skjer med Harald sin son og etterfølgar, kong Olav Kyrre (1066–93). Ifølge Snorre lot Olav Kyrre reise ei stor steinkyrkje med altaret sett over den staden der Olav hadde hatt si grav i eitt år. Kyrkja var vigd til Trinitatis, men vart i det daglege kalla Kristkyrkja. Denne kyrkja skal ha stått ferdig då Olav Kyrre døde i 1093 i Båhuslen, og han vart frakta den lange vegen rundt kysten av Noreg til Trondheim for å bli gravlagd her. Olavsskrinet var då på plass over altaret, og Magnus den gode si grav var også flytta hit, slik at gravene til alle kristne norske kongar var samla i to kyrkjer som stod tett inntil kvarandre. Kristkyrkja er den einaste av kyrkjene det er funne sikre restar av.

Det ser ut som det frå Olav Kyrres tid var ei klar målsetjing å skape eit kongeleg mausoleum i Kristkyrkja, sentrert omkring St.Olavs grav. Opp gjennom 1100-talet blir alle dei norske kongelege gravlagde i Kristkyrkja, som gradvis blir utbygd til ein romansk katedral etter at Nidaros vart erkesete i 1152/53. Med kongesogene som einaste kjelde får vi vite at dei kongelege vart gravlagde i veggane i koret, med St. Olav som midtpunkt. Både hos Snorre og i seinare kongesoger blir det presisert at alle kongelege blir gravlagde *inne* i veggen, ikkje under golvet.[28]

Å bli gravlagd i steinveggen og ikkje under golvet var tydeleg eit kongeleg privilegium i tidleg mellomalder. Då Snorre var i Trondheim i 1219–20, var imidlertid det gamle koret med dei kongelege veggravene nyleg erstatta av Oktogonen, og vi har ingen opplysingar om kva som skjedde med disse gravene. Dei er utan tvil blitt respekterte og flytta til ei ny lokalisering innanfor domkyrkja, men denne er ukjent. I den nye Oktogonen var midtrommet reservert for høgaltaret, Olavsskrinet og geistlege aktivitetar, og omgangen omkring midtrommet måtte vere open for å ta imot pilegrimar. Den fullstendige mangelen på graver under golvet i Oktogonen viser at dei ikkje vart gravlagde her.

Eit indisium på den nye plasseringa kan vere at kong Inge Bårdsson og hertug Skule, bror hans, begge truleg vart gravlagde i søndre tverrskip i 1217 og 1240. Ved restaureringa i 1890-åra vart det funne restar av to veggraver her, og ei av dei kan vere Inge si grav. Soga seier tydeleg at han vart gravlagd inne i veggen. Det kan tyde på at denne korsarmen, som var den mest avskjerma delen av domkyrkja, var staden der kongegravene vart samla. Inntil vidare er dette likevel ein rein hypotese.

St.Edmund-skrinet i Bury St.Edmunds slik det vart utforma i 1269, etter ein handskriftsminiatyr frå 1400-talet. Den bedande kongen er den unge Henry VI (1421–71). Etter Strong 1990.

The shrine of St Edmund in Bury, St Edmunds, as it was constructed in 1269.

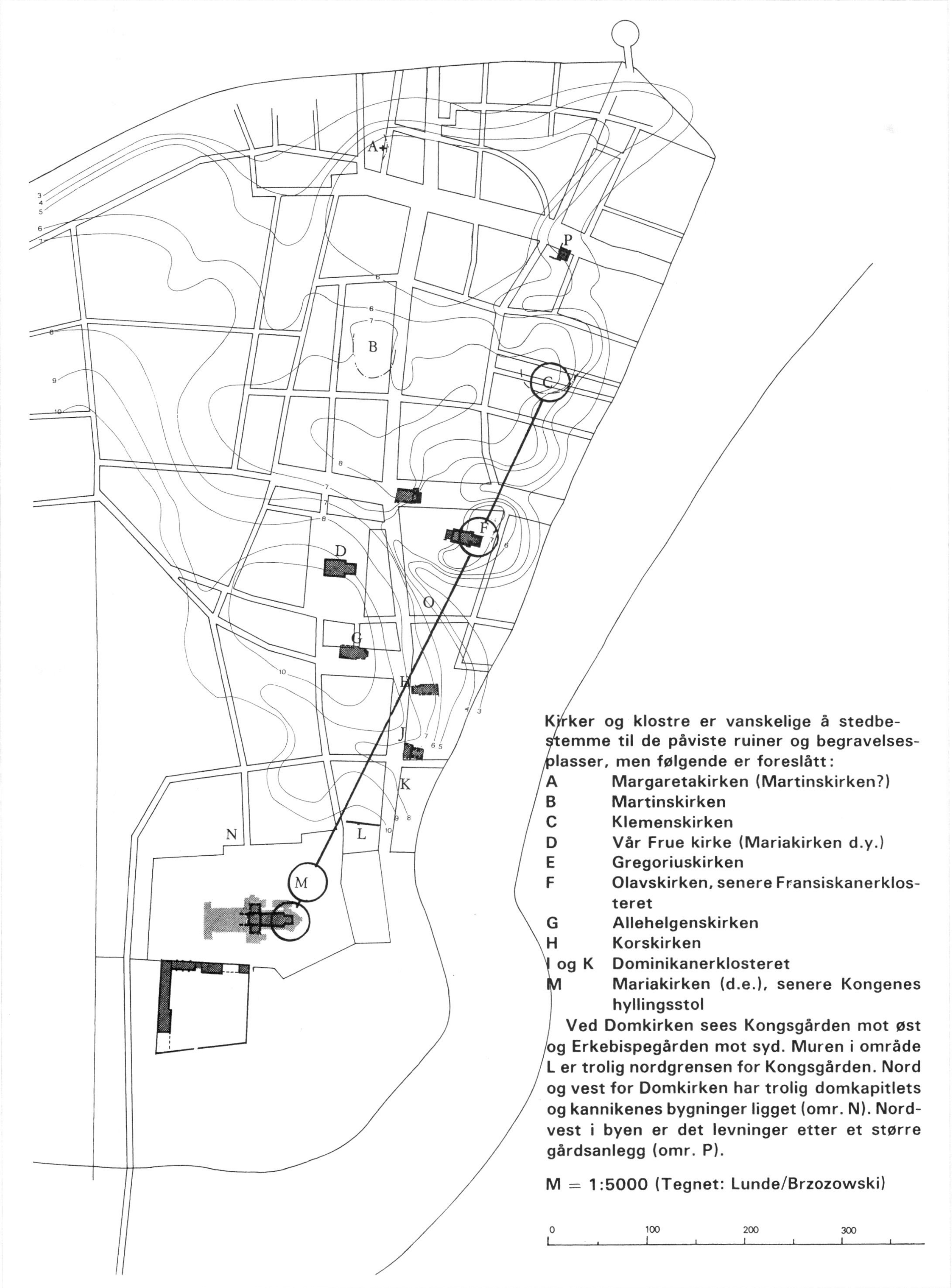

Olavsskrinet si flytting gjennom Trondheim på 1000-talet. C er den trulege plasseringa til Klemenskyrkja, der skrinet sto først. F er truleg Olavskyrkja der skrinet sto mellom ca.1050–1065 (kyrkjeruinen 50 m mot nordvest kan *også vere Olavskyrkja). M er den tradisjonelle, men usikre plasseringa av Mariakyrkja, der skrinet sto ca.1065–1090, før det vart flytta over til Olav Kyrres Kristkyrkje ved sidan av. Etter Lunde 1977.*

The various locations of the shrine of St Olav in Trondheim during the 11th century. C indicates its original position in St. Clemens' Church, while F marks its location between about 1050 and 1065 in St. Olavs' Church and M its position around the last third of the century in St. Mary' Church, before it was finally brought to the cathedral c. 1090.

Oktogonen

Starten på ei meir aktiv utvikling av kulten omkring St. Olav er markert av to hendingar som har samanheng. I 1179 sto eit slag på Kalvskinnet utanfor Trondheim mellom kong Magnus Erlingsson og tronkrevjaren Sverre Sigurdsson. Magnus tapte, og dette vart det avgjerande vendepunktet i kampen mellom han og Sverre. Erkebiskop Øystein Erlendsson (1161–88), som var ein sterk støtte for kong Magnus, drog i 1180 i eksil til England, og kom attende først i 1183. Disse hendingane markerte separasjonen mellom kongemakt og kyrkjemakt i Trondheim. Frå no av vart alle kongelege personar med unntak av kong Inge og hertug Skule gravlagde i Bergen i over hundre år framover, inntil Oslo vart kongeleg gravstad etter 1300. Trondheim vart erkebiskopen sin by i sterkare og sterkare grad, og kongane kom sjeldnare til byen.

Det er ikkje tilfeldig at Olavskulten ser ut til å få eit stort oppsving i regi av dei geistlege etter at Nidaros vart erkebispesete. Erkebiskop Øystein redigerer Passio Olavi omkring 1180, og i same tiåret startar han truleg bygginga av eit heilt spesielt åttesidig byggverk over og omkring helgenkongen si grav og relikviar, det vi i dag kjenner som Oktogonen. Det må likevel understrekast at det finst ikkje ei einaste direkte omtale av Oktogonen før tidleg på 1500-talet, og hypotesen om at bygginga starta under erkebisp Øystein byggjer på eit svakt grunnlag. Det er heller ikkje bevart eit einaste originaldokument frå denne erkebispen si hand, så nesten all vår kunnskap om han stammar frå sekundære kjelder. Det mest direkte vitnemålet han har etterlate seg, er innskrifta på latin som er innhoggen rundt veggane i Johanneskapellet, til minne om at han vigsla dette kapellet den 26.november 1161.

Medan erkebiskop Øystein var i eksil i England i 1180–83, budde han eit halvår både i klostret Bury St. Edmunds i Aust-England og ved bispesetet i Lincoln. Han fekk dermed førstehands kjennskap til disse to viktige stadane. Klosteret i Bury var gravstaden til helgenkongen Edmund, som vart drepen av vikingar i november 869 eller 870. Legendene omkring St. Edmund har nokre trekk som også minner om legenda om St. Olav.

Edmund døde som ein sann kristen, utan å gjere motstand. Etter lang tortur vart han halshogd og hovudet kasta bort. Lekamen vart funnen att året etter. Då vart hovudet ved eit mirakel på nytt festa til kroppen. Han vart gravlagd og eit lite trekapell reist over grava, og det skjedde fleire mirakel der. Ein kveld kom ein blind, gamal mann og ein liten gut til kapellet, og trudde det var eit skur der dei kunne overnatte. Eit lys fylte rommet, og om morgonen hadde den blinde mannen fått att synet. Omkring år 900 vart helgenen flytta til ei større kyrkje. Kista vart opna, og liket av helgenkongen låg der som om han var nettopp død. Ei kvinne som heitte Oswene, brukte resten av livet ved skrinet i faste og bøn, og kvar skjærtorsdag opna ho skrinet og klipte håret og negla til helgenen, som heldt fram med å vekse. Desse relikviane vart lagt i eit eige skrin ved sidan av.[29]

Den blinde mannen som fekk att synet, det velbevarte liket og hår og negler som heldt fram med å vekse, er trekk vi også finn att i legendene omkring St. Olav. Erkebiskop Øystein kan ha henta fleire av disse trekka frå St. Edmundlegenden og overført dei til legenden om St. Olav, ein annan martyrkonge. Edmund var kjent i Noreg alt før 1150. Den eldste klosterkyrkja på Hovedøya frå omkring 1100 var vigd til han. På Vestlandet var han kjent som Jetmund, og Åheim kyrkje frå 1100-talet var dedisert til han. Truleg er det Albanusklosteret på Selja som var mellomleddet her.

Kong Knut den store bygde mellom 1020–32 ei rundkyrkje - ein rotunde - i klosteret i Bury som kvilestad for liket av St. Edmund. Dette var delvis som soning for at far hans, Svein Tjugeskjegg, hadde prøvd å presse pengar ut av klosteret. Svein døde kort tid etter, og samtida oppfatta dette som ei velfortjent straff. Denne rotunden var omlag 10 m i diameter, dvs like stor som midtrommet i Oktogonen. I 1095 vart skrinet til St. Edmund overført til koret i den nye klosterkyrkja vegg-i-vegg, men rotunden ser ut til å ha blitt ståande fram til 1275.[30] Erkebiskop Øystein har altså opplevd denne rotunden under opphaldet sitt i Bury St. Edmunds.

I litteraturen omkring Nidarosdomen er Oktogonen blitt framstilt som det første steget i den totale fornying av katedralen i gotisk stil.[31] Dette er ikkje rett. Oktogonen er derimot avsluttinga av den romanske katedralen slik han vart planlagd omkring 1150, og oppført med tidleg-gotisk arkitektur med seinromansk dekor. Ved å studere grunnplanen er det også heilt klart at Oktogonen var planlagt og bygd inntil det einskipa skipet i Olav Kyrres Kristkyrkje. Ingenting tyder på at arkitekten hadde planlagt at Oktogonen skulle knytast saman med eit treskipa kor. Dersom eit slikt basilikalt kor var planlagt då bygginga starta, ville utan tvil ambulatoriet eller omgangen ha blitt planlagt slik at det ville vere direkte samband mellom sideskipa i koret og ambulatoriet i Oktogonen. Slike korløysingar med omgang og kapellkrans som heng organisk saman med resten av katedralen, vart utvikla i Frankrike alt ved midten av 1100-talet, og erkebispen må ha blitt kjent med dei på reisene sine.

I staden oppsto den upraktiske og klossete løysinga som har skapt kommunikasjonsproblem fram til i dag, ved at sideskipa i koret endar blindt mot aust, og dei besøkande blir tvinga inn i korets midtskip for å kome vidare til oktogonomgangen. Erkebispen og arkitekten hans må derfor ha hatt ein god grunn for å velje nettopp denne planforma: Dei hadde ikkje tenkt seg det treskipa koret, men ville behalde det einskipa skipet frå Olav Kyrres tid som langkor i den romanske katedralen.

I si opphavlege utforming skulle Oktogonen vere synleg og dominerande i eksteriøret på ein heilt annan måte enn han vart etter at det gotiske koret vart bygd. Den innvendige diameteren er 14,8 m, og kvelven i midtrommet er heile 18 m høg. Toppen på spiret ligg 35 meter over bakken. Oktogonen skulle heve seg over det lågare skipet på vestsida og markere Olavs grav på lang avstand. Mønet på dette skipet var like høgt som veggen i Oktogonen sitt midtrom. Resultatet av bygginga av det basilikale, gotiske koret er blitt at Oktogonen sitt arkitektonisk uttrykk er blitt heilt endra. I dag ser den ut til å «henge» på koret og er klemt

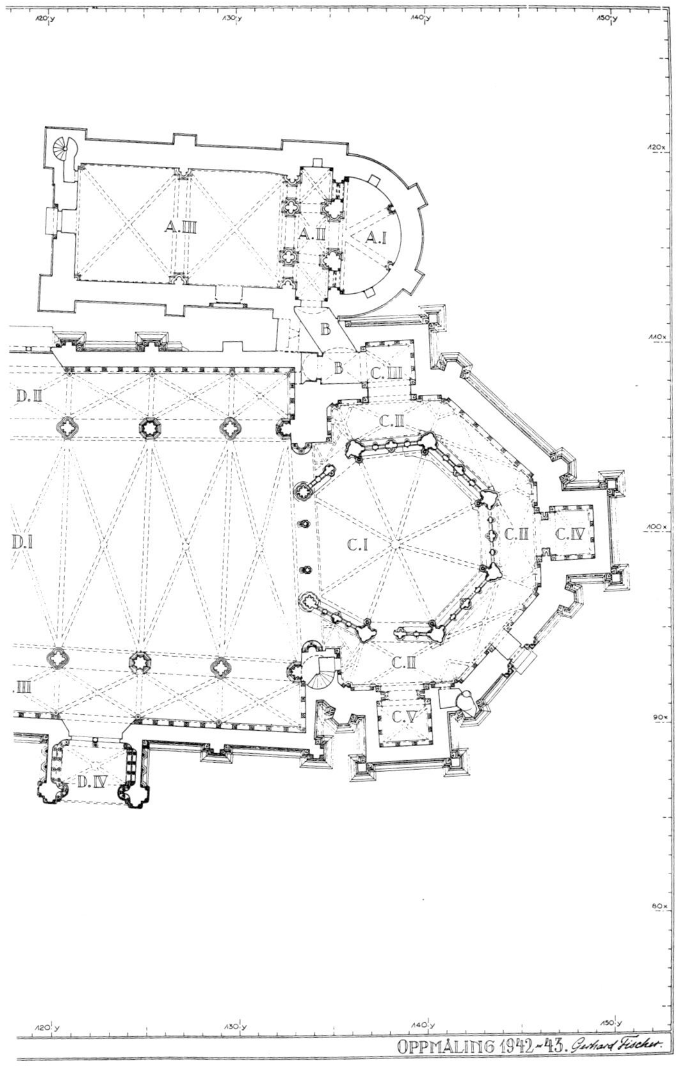

Oktogonen og austre del av koret i Nidarosdomen. Oppmåling av Gerhard Fischer. A.I-III: Kapitelhuset("Skrudhuset/Mariakapellet"). C.1: Midtrommet i Oktogonen. C.II: Oktogonomgangen. C.III: Nordre oktogonkapell. C.IV: Austre oktogonkapell. C.V: Søndre oktogonkapell. D.I-IV: Koret. Etter Fischer 1965.

The Octagon and the eastern part of the choir in Nidaros Cathedral.

inntil dette, og det arkitektoniske inntrykket blir alt anna enn elegant.

Det er også sannsynleg at korveggen mellom resten av kyrkja og Oktogonen i denne første fasen før koret vart bygd, var langt mindre open enn vi ser det i dag. Den noverande korbogeveggen er utforma etter brannen i 1328, og er ei ombygging av veggen som vart bygd samtidig med det gotiske koret frå omkring 1230. I dei første 50 åra, då Oktogonen var bygd inntil skipet i Olav Kyrres kyrkje, er det svært sannsynleg at den 4,5 m breie korbogen frå Olav Kyrres tid vart ståande, slik at Oktogonen i langt større grad hadde karakter av eit lukka sentralrom enn i dag, med ein form for lektorium mot skipet på høgde med triforiet. Inngangen til ambulatoriet kan ha skjedd gjennom separate portalar på kvar side, kanskje gjennom eldre sidealternisjer, som nesten alle steinkyrkjer i Trøndelag har. Oktogonen var også meir heva over golvet i resten av kyrkja. I dag ligg golvet i Oktogonen fire trinn over korgolvet, men dette ligg to trinn over golvet i tverrskipet, som viser golvnivået på 1100-talet. Golvet i Oktogonen låg derfor opphavleg ca. 1 m høgare enn resten av kyrkja.

Midtrommet i Oktogonen hadde frå først av eit langt opnare preg enn i dag. Skrankeveggen som i dag deler midtrommet frå ambulatoriet er oppført etappevis frå 1328 til 1520. Før brannen i 1328 var det andre og spinklare søyler som bar midtrommet. Vi kan anta at det var skrankar av smijern eller tre mellom midtrommet og ambulatoriet, men under arkadane kan også steinkistene til dei gravlagde kongane ha stått, slik det er kjent frå franske og engelske kyrkjer, t.d. Westminster Abbey frå slutten av 1200-talet.[32]

Mot sør, aust og nord er det tre små utbygg som opnar seg mot ambulatoriet. Dei har ei indre grunnflate på ca. 2 x 2,5 m, og blir omtalt som kapell, sjølv om dei manglar alle trekk som tyder på at dei var kapell, som t.d. repositorier, dedikasjonsinnskrifter, spor etter alter, piscina o. l. Den minimale grunnflata gjer det også vanskeleg å tenke seg dette som regulære kapell med plass til alter og nok geistlege til å feire messe.[33]

Det søndre rommet er i 1678 omtalt, tilsynelatande etter ein før-reformatorisk tradisjon, som «erkebispen sitt palliumskapell».[34] Sverresoga fortel også at erkebiskop Øystein etter at han døde 25.januar 1188 vart gravlagd i «skrudhuset» (*scruð-husino*).[35] Dette «skrudhuset» er tidlegare blitt tolka å vere kapittelhuset på nordsida av Oktogonen. Ei minnetavle om denne hypotetiske gravlegginga vart lagt ned i golvet her i 1953.

Det omfangsrike islandske sogehandskriftet «Flateyarbok», skrive omkring 1380, fortel at Magnus den gode vart gravlagd ved Kristkyrkja utanfor koret, «men no er den staden innfor koret framfor romet åt erkebiskopen».[36] Dette passar godt med at Magnus vart gravlagd på sørsida av koret i Olav Kyrres Kristkyrkje, under takdryppet heilt innmed veggen. Dette var den finaste staden å bli gravlagt på utanfor ei kyrkje. Ved bygginga av Oktogonen hundre år seinare vart grava hans dermed liggande under golvet i oktogonomgangen, rett framfor inngangen til søndre oktogonkapell.

Det er dermed gode haldepunkt for å identifisere dette rommet med «romet åt erkebispen», som truleg betyr at det var her han hadde sitt liturgiske utstyr eller skrud. Det viktigaste av dette var nettopp palliet, det kvite ullbandet som var teiknet på embetet hans og det som skilde han frå ein vanleg biskop. Det er derfor tenkbart at Øystein i 1188 vart gravlagd nettopp under golvet i dette søndre rommet, i det nyaste byggverket hans. Vel 40 år seinare, i 1229, vart leivningane hans tekne opp av grava og skrinlagt. Han vart rekna som helgen i Trondheim, men vart aldri formelt gjort til helgen av paven, sjølv etter fleire framstøytar. Kanskje var det også i dette rommet skrinet hans sto fram til reformasjonen?

Store husforma skrin av den typen Snorre skildrar var svært uvanlege i heile Europa på 1000-talet. Dei eldste parallellane oppstår i andre halvdel av 1100-talet og på 1200-talet. Skrinet var midtpunktet i eit kongeleg mausoleum før Oktogonen vart bygd. Denne vart utforma med Olavsskrinet som midtpunkt. St. Edmundskrinet og kulten omkring dette kan ha vore ein inspirasjon for erkebiskop Øystein.

Skrinet i Oktogonen

Opplysingane om at høgalteret i domkyrkja står på same stad der Olav Haraldsson fekk si grav, er nedskrivne av Snorre Sturlason først 200 år etterpå. Det reelle grunnlaget for denne tradisjonen er derfor nokså svakt. Oktogonen med høgaltaret ligg på det høgaste punktet på halvøya der Trondheim ligg, og er godt synleg frå alle kantar. Busetnaden i 1030 låg maksimalt 5–600 m unna. Ei lys julinatt i Trøndelag ville dette vere den siste staden å gravlegge ei likkiste i løynd. I tillegg består grunnen av hard leire, medan Snorre fortel at kista vart gravd ned i ein sandmæle. Det ville derfor vere meir logisk og naturleg at grava var nede ved Nidelva, på den sandflata som elva har lagt opp, og der båten og mannskapet ville vere i skjul bak elvesvingen. I dette området spring det også fram ei naturleg kjelde som etter gammal tradisjon er kalla Olavskjelda. Snorre knyter også framkomsten av ei kjelde til Olav si grav, og rundt om i landet er det kjent fleire titals Olavskjelder.

I den harde leira ved Oktogonen er det slett inga naturleg kjelde. For å finne vatn måtte det derfor gravast ein brønn med mura veggar som var nesten 12 m djup, eit imponerande teknisk arbeid. I nyare tid har det berre så vidt stått vatn over botnen i brønnen, truleg fordi grunnvatnet i området står lågare enn før på grunn av dreneringsarbeid rundt kyrkja.

Snorre sin påstand om at høgaltaret ligg på same stad som Olav si grav, er stort sett blitt akseptert ukritisk fram til i dag.[37] Det kan like gjerne tenkast at plasseringa av Olav si grav vart eit dilemma då det skulle byggast ei stor og permanent steinkyrkje her mot slutten av 1000-talet. Denne kunne ikkje plasserast på ein sandbanke nede ved elva. Kan det i så fall tenkast at det har skjedd eit «fromt bedrag», ved at staden for Olav si grav er blitt «relokalisert» opp til den noverande plassen? Den manglande kjelda er i så fall erstatta av ein brønn, slik at historia om det undergjerande vatnet ville vere like sann for tilreisande pilegrimar.

I det første koret frå Olav Kyrre si tid kunne pilegrimane kome heilt attåt skrinet og be og våke der, i alle fall ved dei store høgtidene.[38] Vi må rekne med at Olavsskrinet skulle stå ved høgaltaret i midtrommet i Oktogonen, og at bygningen sin arkitektur er spesielt utforma nettopp med tanke på dette. Det er foreslått diverse førebilete for utforminga, frå Kristi Gravkyrkje i Jerusalem, Karl den Store sitt palasskapell i Aachen og kapellet Becket's Crown i Canterburykatedralen, i tillegg til fleire mindre kjente byggverk. Ingen av disse er så like Oktogonen at det kan vere snakk om rein kopiering, men symboltanken bak er tydeleg nok. Kristkyrkja er dessutan heilt uvanleg ved at ho var reist *over helgenen sin gravstad*, med høgaltaret rett over grava. Det var derfor svært viktig å halde fast på denne kombinasjonen også ved ei ombygging, og altar og grav kunne derfor ikkje skiljast ved at skrinet vart plassert i eit feretorium (gravkor) bak alteret. Dei fremste døma på denne kyrkjer med «høgaltar ved grav» er Kristi gravkyrkje og Peterskyrkja i Roma, reist over grava til apostelen Peter.

Vi har berre nokre få og indirekte opplysingar om korleis skrinet var plassert inne i Oktogonen. Eit karakteristikum ved Olavsskrinet var at det skulle fraktast ut og inn av Domkyrkja minst ein gong kvart år på Olavsdagen. Kjeldene fortel dessutan at skrinet vart båre ut ved kongehyllingar, når ein ny erkebiskop kom til byen, men også ved trugande farer som t.d. brann i byen.

Under den dramatiske situasjonen i 1239, då hertug Skule Bårdsson hadde gjort opprør mot svigersonen sin, Håkon Håkonsson, og utropt seg sjølv til konge, bad hertugen kannikane om at Olavsskrinet skulle berast ned til Øyretinget. Skule hadde kalla saman tinget for å ta kongsnamn der, og då måtte han ha skrinet der for å sverge kongeeiden på det og dermed få legitimitet. Kannikane sette seg mot dette, og skrinet vart derfor henta ut av kyrkja med makt av Peter, sonen til Skule, og mennene hans. Det står:

> *«Dei gjekk da attåt (altaret) og ville ta ned skrinet. Da sira Øystein såg det, gjekk han fram for høgaltaret og sa: Det vil vi alt folk skal vite, at vi lyser alle dei i bann som ber ut skrinet utan samtykke frå oss brørne.» Peter svarar: «Vi tykkjer det ser ut til at du byd oss på mjød-drikking. Vel tala! Ta no ned skrinet og ber det ut!». Dei tok fatt, men skrinet sat fast. Peter sprang da opp på altaret og sette knea imot og flytte såleis skrinet frå plassen sin. Sidan tok dei utstyret og stelte med det slik som skikken var. Da vart óg den krossen utboren som lignum domini var i, og øksa og spydet til den heilage kong Olav.«*[39]

Denne teksten er nedskriven ca. 25 år etter hendinga, og må vere bygd på opplysingar frå augevitne, sidan faktaopplysingane verkar sannferdige nok. Skrinet var altså plassert høgare enn alteret, og over eller i bakkant av det. Derfor måtte Peter hoppe opp på alteret og bruke kneet for å losne skrinet. Skrinet ville i så fall stå omtrent ei mannshøgde eller litt meir over golvet. Ettersom det skulle løftast opp og ned kvart år, kunne det ikkje stå høgare utan å skape problem for kyrkjetenarane.

Kreftings utgraving i 1872

Den einaste arkeologiske undersøkinga inne i Oktogonen vart utført i 1872/73 av kaptein Otto Krefting, som var inspektør ved restaureringa av domkyrkja. Dette skjedde i samband med restaureringa av Oktogonen, då grunnmurane skulle undersøkast og styrkast. I motsetning til resten av katedralen vart det ikkje gravd ut kjellar under Oktogonen. Både ved denne og ved ei tidlegare utgraving i koret i 1865–66 fann han grunnmurar frå Olav Kyrres Kristkyrkje, og kunne dermed rekonstruere det meste av grunnplanen. Ved den siste undersøkinga kunne han grave i midtrommet i Oktogonen, og fann der restar av to altarfundament, begge før-reformatoriske etter storleiken å døme. Det underste tolka han som fundament for altaret i Olav Kyrres kyrkje frå 1000-talet. Det målte 9 fot (270 cm) i diameter og var 3 fot (90 cm) djupt. Under det låg tre store, parallelle steinheller, 7 fot lange og 3 fot breie (210 x 90 cm). Ved å grave 6 fot (180 cm) under hellene vart det berre funne stiv leirjord.[40]

Fig. 2.

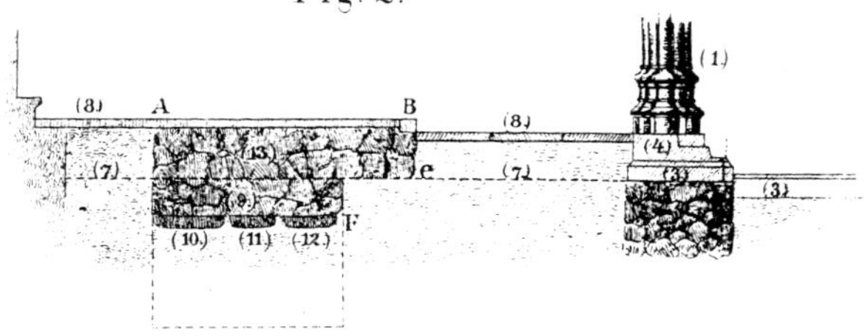

Snit af Muren under Domkirkens Höialtar

Fig. 1.

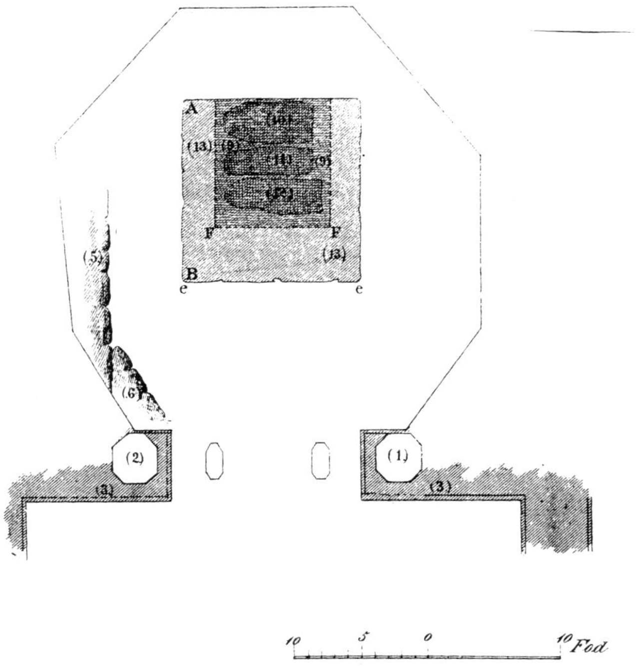

Otto Kreftings oppmåling av altarfundamenta i midtrommet i Oktogonen, med korbogen i Olavs Kyrres Kristkyrkje (3) og fundamenta til nordveggen i koret (5). Det yngste altarfundamentet (AB) ligg over det eldre (FF) som kviler på tre parallelle steinheller (10-11-12). Etter Krefting 1873.

Plan and section of the altar foundations in the central section of the Octagon carried out by Otto Krefting in 1872.

Direkte oppå dette fundamentet, med same avgrensing mot aust men større mot nord, vest og sør, låg eit altarfundament som var 2 fot (60 cm) tjukt og målte heile 14 fot (4,20 m) i firkant. Det er same breidde som korbogen i Olav Kyrres kor. Krefting tolkar dette som fundament for «det senere Alter» utan å datere det nøyare, men det verkar som han meiner den nybygde Oktogonen. Dette øvre fundamentet besto både av gråsteinheller, marmorfliser, kalk og litt teglstein, men det har også utan tvil vore reparert fleire gonger.

Dette øvre fundamentet på 4,2 x 4,2 m (17,6 m^2) er stort nok til å gje plass til både ein underbygning for Olavsskrinet med 2–3 trinn omkring, eit altar på vestsida og ein prest framfor altaret. Det eldre fundamentet på 2,7 x 2,7 m (7,3 m^2) kan derimot berre ha gitt plass til sjølve skrinet og eit altar framfor. Ein prest som skulle feire messe ved dette altaret, ville måtte stå vest for fundamentet. Det er verd å merke seg at dette punktet, midt på vestre kant på det eldste fundamentet, er midtpunktet i Oktogonen. Ein person som står her, er fullstendig i sentrum av arkitektur-

Sokkelen til Olavsskrinet? Delar av ein murt underbygning, funne under restaureringa av Nidarosdomen og rekonstruert. Etter brannen i 1983 er steinane på nytt skilde frå kvarandre. Foto: NDRs arkiv, foto nr.1103.

Parts of a elaborately carved substructure found during the restoration of Nidaros Cathedral might have been the pedestal of St Olav's shrine.

Høgaltaret i Notre-Dame i Paris før Revolusjonen, med skrinet til St.Marcel over og bak altaret, dekt av ein baldakin. Rekonstruert av Viollet-le-Duc. Etter Dictionnaire de l'Architecture francaise: Autel.

The high altar in Notre-Dame in Paris before the Revolution.

en, ved det viktigaste altaret i landet. Men dette punktet var også midtpunktet i Olavs Kyrres kor, så langt grunnplanen til dette kan rekonstruerast. Det kan dermed tenkast at det eldste altarfundamentet er blitt brukt også etter at Oktogonen vart bygd, ettersom det viktige midtpunktet er nøyaktig det same.

Kan det yngre, større altarfundamentet i så fall ha samband med ei utvikling både av Olavsskrinet og rammene omkring det, altså med tilkomsten av skrin 3?

I Nidarosdomens stein- og skulptursamling er det bevart ei gruppe med steinar som tidlegare er tolka som delar av ein sarkofag eller eit alter. Steinane vart sterkt skada ved brannen i Erkebispegarden i 1983 og skilt frå kvarandre. Etter ei ny undersøking av steinane, og samanlikning med bevarte underbygningar til engelske helgenskrin, kan det slåast fast at disse steinane like gjerne kan stamme frå sokkelen til eit stort helgenskrin. Det er fleire trekk som tyder på dette:

- Dekoren er svært rik og detaljert, og viser at denne konstruksjonen var påkosta og hadde høg status
- Steinane viser at konstruksjonen var massiv, og dermed ingen sarkofag. Det er heller ikkje kjent altar med liknande rik steindekor i Noreg. Mellomalderske altar var som regel enkle og firkanta steinkasser, som skulle dekkast med tekstilar eller malte frontaler.
- Steinane har grunne nisjer langs utsida. Slike nisjer finst også på alle kjende engelske underbygningar til helgenskrin. Det er «bedenisjer» for dei som ville be ved skrinet.

Slike nisjer viser at pilegrimar kunne kome heilt inntil skrinet og be der, i alle fall til visse tider. I *Passio Olavi* er fleire omtaler av folk som vakte og bad ved skrinet nettene før høgtidsdagar. Dersom folk skulle kome inntil skrinet, trong det eit vern i form av eit dekke eller lokk. Slike lokk utan botn var svært vanlege i England, medan dei var uvanlege på Kontinentet. Der var det til gjengjeld svært vanleg med ein baldakin eller eit ciborium over helgenskrina. Dei engelske ytre lokka skulle kunne hevast opp for å vise sjølve helgenskrinet. Dermed måtte det vere fritt rom over skrinet, slik vi høyrer det var i Durham, der heisemekanismen var festa i kvelven over skrinet. Liknande heisearrangement var det t.d. også i Canterbury, i Westminster Abbey og St.Albans.[41]

I England dukkar slike massive underbygningar, med trinn omkring og eit altar på vestenden, opp ved midten av 1200-talet.[42] Den bevarte underbygningen i Westminster er

Skrinet til St.Thomas Becket i Canterbury, etter ei teikning frå reformasjonstida. Ho viser det enkle, ytre dekket som skjuler sjølve skrinet, plassert oppå ein høg mursokkel med bedenisjer. Etter Strong 1990.

The shrine of St Thomas Becket in Canterbury portrayed in a pre-Reformation drawing.

Høgaltaret i Westminster Abbey i London, med skrinet til St.Edward Bekjennaren. Underbygningen frå midten av 1200-talet. Skrinet frå midten av 1500-talet. Etter Strong 1990.

The high altar in Westminster Abbey in London with the shrine of St Edward the Confessor t.d. heile 2,7 m høg, trinna inkludert.[43] Den vanlege høgda på engelske skrinbasar av denne typen var ca. 8 fot (2,4 m).[44] Steinane frå Trondheim kan stilmessig daterast til ei seinare tid, truleg 1.halvdel av 1300-talet, kanskje etter 1328-brannen.

Dette er alt som bevarte kjelder fortel om Olavsskrinet gjennom heile 12- og 1300-talet. Skrinet er merkeleg nok aldri nemnt direkte i dei bevarte testamenta som inneheld gåver til Nidarosdomen. Brannen i 1328 førte til langvarige reparasjonsarbeid på katedralen, også på Oktogonen. Det er etter denne brannen at nokre av dei opphavlege pillarane rundt midtrommet blir skifta ut, og skrankeveggen av stein mellom pillarane blir påbyrja. Årsaka til denne ombygginga kan vere brannskadar og svekka stabilitet i murane. Gjennom den same ombygginga blir likevel Oktogonen opna enno meir mot koret ved at veggen mellom koret og Oktogonen blir gjort spinklare og meir gjennomsynleg.

I to eller tre etappar vart midtrommet i Oktogonen heilt omramma av steinskranker, som gjorde det muleg å sjå inn, men heldt folk ute. Det var jerndører i dei to døropningane, og smijernsportar i bogane mot koret, slik at midtrommet kunne isolerast fullstendig. Omkring 1510–20 vart denne prosessen fullført gjennom erkebiskop Erik Valkendorf sine byggjearbeid. Dette viser at det gjennom 200 år var ein medveten plan om å endre omgjevnadene til Olavsskrinet og isolere det meir frå folket. Kvifor skjedde dette?

Ei forklaring kan vere at tilstrøyminga av pilegrimar faktisk minka sterkt frå 1300-talet og utover. Dette gjeld mange av dei «gamle», tidleg-mellomalderske helgenane. Dei vart utkonkurrerte av meir moderne valfartsstader der det skjedde fleire mirakel. Det er ikkje omtalt eit einaste mirakel utført av St.Olav etter 1200, i motsetning til dei mange som er omtalt i *Passio Olavi*. St.Olav ser i staden ut til å få ei sterkare rolle innanfor det liturgiske livet ved domkyrkja. Rett nok blir det fleire gonger på 13–1400-talet lova avlat til dei som drog til St.Olavs skrin, men det kan like gjerne oppfattast som ein freistnad på å motverke det minkande talet på pilegrimar. Brannane i 1328 og 1432 sette økonomien til domkyrkja på sterke prøver, med minkande inntekter frå jordegodset og store utgifter til gjenoppbygginga.

Den opphavlege grava til Olav i ein sandmæle bør heller søkjast nede ved Nidelva. Under golvet i Oktogonen er det funne to gamle altarfundament. Etter at Oktogonen vart bygd, sto skrinet på ein høg sokkel bak høgaltaret, etter engelsk mønster. Restar av ein slik sokkel kan truleg identifiserast i steinsamlinga. Frå 1328 og fram til reformasjonen vart midtrommet gradvis stengt med ein skrankevegg.

Øydelegginga av Olavsskrinet

Olavsskrinet sto truleg på erkebiskopen si nye borg, Steinvikholm, frå brannen i Nidarosdomen i 1531 og fram til reformasjonen. I alle fall sto skrinet der då kongens menn inntok borga i 1537. Etter den øydeleggande brannen i 1531 var Domkyrkja under full gjenoppbygging, og det var derfor ingen plass for skrinet her. Heile Trondheim by og alle kyrkjene var brent ned i same brannen, så det var heller ingen andre kyrkjer der skrinet kunne plasserast. Det var også farlege tider med strid mellom konge og erkebiskop. Etter at også Erkebispegarden vart overfalt og brent av kongens menn i 1532, har erkebiskopen i praksis residert på Steinvikholm. Borga hadde utan tvil eit kapell der skrinet kunne stå, sjølv om eit slikt ikkje er direkte omtalt i skriftlege kjelder.[45]

Etter at erkebiskop Olav Engelbrektsson forlot landet i april 1537, vart Steinvikholm innteke av kongens menn den 29.mai etter ein månads beleiring. Dei fekk dermed også kontrollen over Olavsskrinet. I den inventarlista som vart sett opp 3. juni 1537 av den nye lensherren, Christopher Huitfeldt, er m.a. opprekna:

> *«wdj tornett som kallis bondhenn,*
> *Sancte Oluffs skrin som han liggher wdj,*
> *Sanctj Augustini skrin som er aff sølffuer,*
> *ith helligdoms skrin som er aff kopper oc er forgillt,*
> *en Sancte Oluffs bolde som er aff trææ oc er beslagen mett sølffuer,*
> *en liden bolde aff trææ som er beslaghen om breddenn mett sølffuer,*
> *en lidten tretaffle som er beslaghenn mett sølffuer»* [46]

Det ser ikkje ut til at det har skjedd noko med skrinet med det første. Dette var sikkert ein delikat situasjon for kong Christian III, ettersom det var knytta så mange kjensler til skrinet og St. Olav. Olav var ikkje berre ein helgen, men også ein konge som var ein viktig historisk person og eit nasjonalt symbol for nordmennene. Olav var også eit symbol på den danske kongen sin arverett til den norske krona, og ein fjern forfader. Helgenskrina vart derfor inntil vidare ståande i tårnet «Bonden», som var hovudtårnet på Steinvikholm med ein utvendig diameter på 20 m og murar som er over 5 m tjukke. Ingen stad nord for Dovre var sikrare og mindre tilgjengeleg enn dette tårnet, som kunne forsvarast med kanoner i alle retningar. Det einaste tårnet i Noreg i samtida som kunne måle seg med Bonden, var «Vågehalsen», hovudtårnet på Akershus festning frå omkring 1300. Det målte ca.17 m i firkant og hadde 3 m tjukke veggar, men var ikkje bygd for å forsvarast med kanoner.[47]

Ved si flukt i 1537 tok erkebiskop Olav med seg ei stor kiste og ei tønne fylt med paramenter og klenodier. Det meste må stamme frå Domkyrkja, sjølv om ein del kunne stamme frå hans eigne kapell på dei fem setegardane, på Steinvikholm og i Erkebispegarden. Der var m.a. St.Olavs sølvbeslåtte øks, St.Olavs kammar, to høge kroner av forgylt sølv og eit St. Olavs-bilete på fot.[48] Det er ingenting i listene som ser ut til å stamme frå sjølve Olavsskrinet. Erkebiskopen kan likevel ha forsynt seg med edelmetall frå skrinet for å betale dei store utgiftene han hadde hatt, m.a. til dei hollandske soldatane og sjømennene som brakte han til Nederlandene, og til andre utgifter etter alle ulykkene som hadde ramma erkesetet.

Først i 1540 eller 1542 ser Olavsskrinet ut til å vere øydelagt, og heldigvis er det bevart ei kvittering frå kongens rentemeister Jochum Bech i København:

«Vi Christian med Guds Naade Konge til Danemarch og Norge etc. Giöre alle vitterligt, at Os elskelige Christopher Huitfeldt, vor Mand, Tiener og Embeds-Mand paa vort Slot Bergenhuus, haver nu, med Os elskelige Jens Tillövsen vor Mand og Tiener, ladet fornöye og antvorde Os ind udj vort eget Kammer disse efterskrevne Trundhiems Stifftes og Klosterets Sölf og Klenodier, som var paa wort Slot Steenvigholm, som er först St: Olufs Skrin, halvsiuvende tusinde Lod forgyldt Sölv. Item toe store forgyldte Knapper af Sölv, som er inden til med Harpejtz, og iche derfor bliver vejede, Item halvandet hundrede og tiuve Christal-Steener, smaae og store, som staar i forgyldt Sölv, som veje tilsammen baade Steenene og Sölvet, siuw hundrede, siuw og förretyve Lod. Item endnu elleve Steene, som affuldte den Tiid St: Olufs Skrin blev sönderslaget, Item blaae Steen, som er Guld omkring, og er en Jern-Spiger igiennem, som veje tilsamen halv femtte Lod. Item endnu et lidet Stycke Guld, som hengte der sammesteds, halftredie qvintin, paa St Olufs Skrin. Item af det Skrin, som St: Olufs Skiorter i laag, halvandet hundrede ni-tiuve Lod Sölf forgyldt, der til fire Lod og et qvintin i Guld udj tynde Skiver, som haver været amelerit. Item af St Augustini Skrin otte hundrede og sexten Lod forgyldt Sölv. Item af en Træe-Tavle og nogen Stycher af et Driche Horn beslaget, halv hundrede og halvtredije Lod Sölv. Item en Lysestage, ameleret med smaae Steener. Item et Kors af Cristal, beslaget med forgyldt Kaaber. Item et tusinde, tre hundrede sex og tyve Lod forgylt Kaaber, som var af St: Bernhardi Skrin, gamle Monstrandser og nogle Driche-Horn, var aldt sammen dette foreschrevne, Guld, Sölv, Kaaber og Steener, vejed med Holansk Vegt. Thi lade vi fornevndtte Christopher Hvidfeldt og Jens Tillövsen og deres arvinger qvit og frie, leedig og lös for alle ydermeere Krav, Tiltale eller efftermaning af os, vore arwinger, effterkommere, Koninger i Danemarch og alle andre, fornevntte Guld, Sölv og Clenodie, som fore skrevet staar i alle maader. Givet paa vort Slot Kiöbenhavn, Torsdagen effter dyre vor Frue-dag, Aar MDXLII. Christian R. Jochum Bech Rente-Mester.» [49]

Dei 6500 lodd med sølv frå Olavsskrinet utgjer heile 95 kg, dei 170 store og små krystallsteinane som sto i forgylt sølv med vekt 747 lodd utgjer 10,9 kg. Den blå steinen med gull omkring og ein jernspikar gjennom, 4,5 lodd (65,7 g), og gullstykket som hang på skrinet, 2,5 quintin (9 g). I den samla sølvmengda må vi vel rekne med at metallet frå alle dei tre skrina er slått saman. Vi skulle kanskje vente oss mange fleire edelsteinar og gullstykker. Har erkebiskopen forsynt seg med dette då han flykta til Holland, t.d. den blå safiren som forgjengaren hans, Erik Walkendorf, betalte 20 lester smør (240 tønner) for?

Den samla vekta på dei verdisakene som kom til København, var ca. 106 kilo. Dette var berre metallet og steinane. I tillegg kom vekta av dei tre kistene som var trekonstruksjonar og vekta av helgenen sjølv, som var utan økonomisk interesse. Til saman må derfor dei tre Olavsskrina ha hatt ei samla vekt på minst 200 kg. Saman med plattforma skrinet sto på, presten som sto på plattforma m.m. er vi oppe i ei samla vekt på minst 3–400 kg som skulle berast i prosesjon. Jon Simonsson si forteljing om dei 60 mennene som bar skrinet rundt i Trondheim, er kanskje derfor ikkje så langt frå sanninga likevel?

Den siste resten av Olavsskrinet? Den slipte bergkrystallen som vart funnen i rom 101 på Steinvikholm. Foto: Per F. Fredriksen, Vitenskapsmuseet, NTNU.

This cut rock crystal is probably the last remnant of the shrine of St Olav. It was found at Steinvikholmen Castle, where the shrine was destroyed in 1540 or 42.

Kanskje eksisterer det enno ein liten bit av Olavsskrinet? Ved utgravingane på Steinvikholm mellom 1886–93 vart det gjort ei stor mengde gjenstandsfunn. Rom 101, som er det rommet i sørfløyen som ligg inntil «Bonden», er eitt av dei få romma som vart utgravd ned til fjellet. Her vart det funne ei 2 cm stor flat «glasperle», som ingen feste seg vidare ved og som enda opp i museumsmagasinet.[50] Ved ein ny gjennomgang av funnmaterialet kunne det slåast fast at dette ikkje var glas, men ein slipt bergkrystall som har hatt metallinnfatting. Slike slipte bergkrystallar vart mykje brukt som halvedelsteinar i tidleg mellomalder fram til 1200-talet, men ikkje på 1500-talet då Steinvikholm vart bygd. Denne steinen måtte derfor stamme frå ein eldre gjenstand som har enda opp på borga.

Tankane går då til kvitteringa for verdisakene på Olavsskrinet, der det er nemnt 170 krystallsteinar som var innfatta i forgylt sølv, og «*endnu elleve Steene, som affuldte den Tiid St:Olufs Skrin blev sønderslaget*». Det betyr vel at 11 steinar losna frå innfattinga under den brutale handsaminga. Er dette den 12. steinen som forsvann ned gjennom ein sprekk i golvet og vart liggande der i 250 år? Eller har ein av knektane skaffa seg eit suvenir som han så har mista att? Ingen av dei andre skrina eller dyrgripane ser ut til å ha hatt krystallsteinar, så Olavsskrinet er den mest sannsynlege løysinga.

Den innerste og eldste kista med liket av helgenen vart ståande på Steinvikholm lenge, men ribba for metallplatene. Det var tydeleg at ingen av dei styrande var sikre på kva som burde skje med helgenkongens lik. Eit notat frå 1552 av den lutherske superintendenten Hans Gaas, som skulle møte kong Christian III i København, listar opp som ei av sakene han skulle ta opp med kongen: «*Om St.Oluffs Lig maa begraves i Domkirken. Det kan Kongl. Majestæt selve betenke med de lærde i Riget hvad hans Naade selv gjøre vil*».[51] Visstnok kom det ingen ting ut av dette møtet. Det var gått 15 år etter reformasjonen, og St. Olav var enno eit problem, både politisk og religiøst. Kongen har truleg frykta sterke reaksjonar i folket dersom liket av helgenkongen vart øydelagt.

Under sjuårskrigen 1563–70 vart Steinvikholm erobra av svenske styrker i 1564, og det er under denne okkupasjonen at den berømte hendinga skjer med den svenske soldaten som dreg dei siste sølvnaglane ut av kista. Olav vart deretter gravlagt i eit lite kapell nær borga på garden Fløan. Ei seinare krønike fortel med skadefryd at den mannen som stal sølvnaglane, seinare vart sett på stegle og hjul utanfor Stockholm som straff for denne og andre synder.[52] Disse naglane var etter alt å døme ikkje spikar som heldt kista saman, men små sølvstiftar brukt til å feste dei forgylte sølvplatene som pryda kista. Då platene vart rivne av, vart nokre av stiftane ståande att. Slike små sølvstiftar står enno att på St. Knutsskrinet i Odense.

Etter det svenske tilbaketoget i 1564 vart liket til Olav gravd opp, og deretter ført til Trondheim 8. juni 1564, etter 33 år på Steinvikholm, «*og der begravet med stor proces*» ifølge ei samtidig anonym skildring.[53] Absalon Pederssøn Beyer skriv i manuskriptet til boka «Om Norgis Rige» frå 1567 at Olav vart gravlagd «*med stor herlighed*».[54] Peder Claussøn Friis skriv litt meir utfyllande at Olav vart «*hederlig begravet i Domkirken udi en muret grav*».[55]

I 1565 lot lensherre Herluf Skave liket ta opp av grava og legge det i ei ny kiste, som vart sett i ei mura grav i Domkyrkja under store seremoniar. Dette er skildra slik av Absalon Pederssøn Beyer:

> *«Fremdeles er det icke det minste ornament, som Norge er med begavit, at St Oluff kongis legome findis end paa denne dag ved domkirken helt oc huldit, som haver der legit oc ligger uforkrenkit udi fem hundrit oc 37 aar, som man nu skriver paa dette nerverendis aar 1567 efter Christi byrd .... oc er atter igjen optagen af erlig oc velbyrdig Herluff Skaves til Eskelstrup, kong. majestets befalingsmand til Trondhjems len, tilstedelse, er dog St Oluffs legome icke forrodnet, uden brusken af nesen oc nogit af lippen er bort fallit, de andre ledemoder ere endnu udi deris form oc fassun, som de have verit udi mange hundret aar».* [56]

Absalon var i Trondheim etter gjenerobringa i 1564 og hadde gode kontakter i byen. Han må derfor oppfattast som ei svært påliteleg kjelde. I ei av avskriftene av manuskriptet hans står det meir presisert at Herluf Skave «*lod mure en grav til den salige herres og fyrstes legeme*».[57]

Men i 1568 kom ein delegasjon danske riksrådar til Trondheim for å halde herredag (domstol). Dei har tydeleg ikkje likt det dei såg. Det var stadig ein viss valfart til St. Olav, og folk skal ha dyrka han enno. Riksrådane fekk derfor grava fylt att og sletta, og det er det siste vi høyrer om St. Olav:

> *«Anno 1568 hafuer Her Jørgen Lycke Ridder, som den Tid drog her op i Riget, effter Kongens Befaling ladet skiude Jord i Grafuen til S.Oluffs Lijg».* [58]

Deretter er det heilt stille i kjeldene om Olav og grava hans. Kjennskapen til grava ser ut til å ha gått tapt svært fort. Vi skal likevel legge merke til at det er ikkje snakk om ei øydelegging av helgenkongen sitt lik ved brenning eller liknande demonstrasjon, slik det ofte skjedde i reformasjonstida. I staden vart grava anonymisert gjennom ei diskret sletting av alle synlege spor på overflata. Dette vart tydeleg gjort på kongens ordre, og meininga var å unngå ein konflikt ved å slette alle synlege spor etter helgenkongen. Situasjonen har ein viss parallell til relikvieskrinet til St. Knut i Odense, som vart innmura omkring reformasjonstida, og først henta fram i 1833, sjølv om det hadde vore synleg både i 1582 og 1696.[59]

Alt på 1500-talet oppsto det segner og historier om kva som hadde skjedd med Olavsskrinet. Det oppsto ein seigliva tradisjon om at skipet som skulle frakte skrinet til Danmark, forliste ved Agdenes i munningen av Trondheimsfjorden. Denne segna er først nedskriven av Peder Claussøn Friis, og har deretter levd sitt eige liv i folkefantasien.[60] På grunnlag av denne sterke tradisjonen er det fleire gonger leita etter skatten med dykkarar og undervasskamera, seinast i 1997.

Ved reformasjonen sto Olavsskrinet på Steinvikholm, i alle fall skrin 1 og 2. Det vart plyndra i 1540 for m.a. 95 kg sølv og 182 bergkrystallar. Berre det inste skrinet sto att med liket av helgenen. I 1564 vart dette skrinet ført attende til Domkyrkja og sett ned i ei mura grav, som i 1568 vart fylt med jord og sletta. Dette var kanskje i eit av dei tre oktogonkapella.

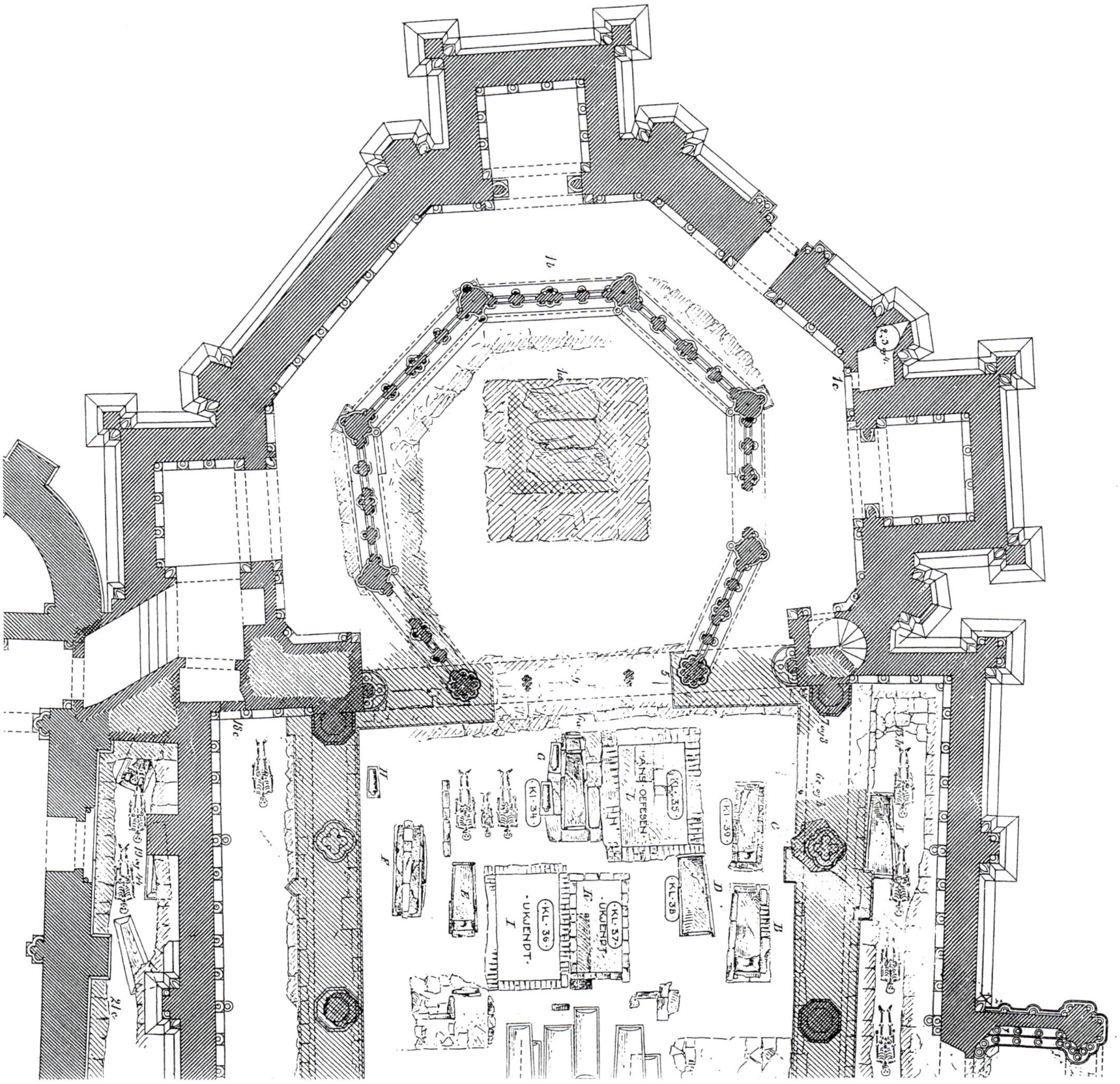

Graver og grunnmurar under Oktogonen og austre del av koret i Nidarosdomen. Gravene A-H er mellomalderske graver for erkebiskopar og kongelege. Grav K (KL.37 Ukjendt) er graver som Lysaker m.fl. har identifisert som St.Olavs grav etter 1564. Samanteikning av resultata frå utgravingane på 1800-talet, utført av arkitekt Nils Ryjord i 1901. Teikning nr.2903 i NDRs arkiv.

Tombs and foundation walls located below the Octagon and the eastern part of the choir in Nidaros Cathedral. Tombs 'KL.37' has been suggested as the last tomb of St.Olav from 1564, but this author suggests that a location in one of the small Octagon 'chapels' is more likely.

Den siste gravstaden: Teoriar og arkeologiske undersøkingar

Ved restaureringa av Nidarosdomen på 1800-talet vart heile grunnen under kyrkja systematisk gravd ut. Det var ikkje krypt eller kjellar under nokon del av kyrkja i mellomalderen, men golvet låg rett på bakken. Der var derfor liten teknisk skilnad på graver utvendig og innvendig, bortsett frå at dei inne i kyrkja hadde mura sider. Det kan også utvendige graver ha hatt, utan at vi kjenner til slike i dag.

Ved utgravingane viste det seg at både tverrskipet og det meste av koret var så oppfylt med graver frå 16–1700-talet at alle spor etter graver frå mellomalderen var borte. Unntaket var oktogonen og den austre fjerdedelen av koret, der det var få eller ingen etter-reformatoriske graver. Det var denne delen av kyrkja som utgjorde korområdet etter reformasjonen. Det er derfor også i dette området ein skulle vente at St. Olav hadde si grav i tida 1564–68.

Korområdet vart undersøkt i to omgangar, først av Otto Krefting i 1860-åra, og sidan i 1880-åra under leiing av Wilhelm Bergstrøm. Ved den siste undersøkinga vart alle kulturlag fjerna og den noverande kjellaren bygd. Dei sju bevarte mellomalderske steinkistegravene vart bevarte ved å bli innebygde i pillarane som ber golvet i koret, og er i dag markerte med små kors i golvhellene. Ingen av disse peikte seg ut som St.Olavs grav. Dels låg det gjenstandar i gravene som viste at det var erkebiskopar som kvilde her, og dels var steinkistene etter form og materiale tydeleg laga på 11–1200-talet.

Spørsmålet om ei av desse gravene kan identifiserast med Olav si grav, vart først diskutert i full breidde av Trygve Lysaker i 1973. Han foreslo at «grav K», som låg i midtaksen i koret, var identisk med Olav si grav.[61] Ved utgravinga i 1866 låg det fleire lik i denne grava. Øvst låg liket av Thomas von Westen, som døde i 1727, og under han liket til Sidsele Thott, som døde i 1621. Under hennar kiste låg det minst to lik til, men begge hadde ifølge Krefting parykkar, og kan derfor ikkje vere frå mellomalderen.[62] Alle fire lika kan derfor vere flytta hit i samband med graving av nye graver ein annan stad i koret. Dette var ikkje uvanleg. Det liket som grav K i så fall var bygd for, fann Krefting ingen spor etter.

Wilhelm Bergstrøm (1832–1905), som var byggmeister 1876–1904 ved restaureringa av Nidarosdomen, var levande opptatt av arkeologiske funn. Gjennom hans dagbøker kjenner vi ei mengde observasjonar og funn gjort under restaureringsarbeidet.[63] Særleg var Bergstrøm opptatt av graver og gravminne. Kvar einaste grav som vart avdekt og fjerna, vart dokumentert i dagbøkene. Bergstrøm nemner likevel merkeleg nok aldri spørsmålet om grava til St. Olav i dagbøkene.

Det er i det heile påfallande at offisielle dagbøker, innberetningar og korrespondanse i løpet av restaureringa er fullstendig tause om dette spørsmålet. Årsaka kan delvis vere religiøs – at helgenen passa dårleg inn i den lutherske samtida - og delvis politisk: Leiinga ved restaureringa var politisk sterkt konservativ og unionsvennleg, og nært knytta til kong Oscar II. Den politiske venstresida i Noreg tok i bruk St. Olav som symbol på nasjonal fridom og norskdom, og gjorde han derfor vanskeleg å bruke for dei konservative. Dette kulminerte med striden omkring gjenopplivinga av Olsokfeiringa ved byjubileet i 1897, då biskopen sette forbod mot å halde Olsokgudsteneste i Nidarosdomen. Bjørnstjerne Bjørnson og den politiske venstresida heldt i staden eit stort folkemøte på Ilevollen, der fleire titusenar var til stades.[64]

Wilhelm Bergstrøm har derimot etterlate seg eit privat notat som viser at han var levande opptatt av spørsmålet om kvar Olav si grav låg.[65] Han hadde utvikla sin eigen teori om dette: Grava låg i det nordaustre hjørnet av koret, i nordre sideskip. Der er det restar av rike dekorasjonar frå tida etter brannen i 1531, og på veggen står innrissa *Olaus Halvardus*. Bergstrøm tenkte seg at her var den staselege grava der Olav vart sett ned i 1564, men at liket vart flytta til ei anonym grav i 1568. Ved utgravinga under golvet i dette området vart det likevel ikkje funne spor etter ei mura grav, men tvert imot var grunnen sterkt omrota. Bergstrøm tolka dette som at det var gjort ein medviten freistnad på å fjerne spora etter grava i 1568. Dei bevarte kjeldene gir ingen haldepunkt som kan støtte ei slik tolking. Tvert imot fortel den einaste kjelda at grava vart fylt med jord og anonymisert, truleg ved at det vart lagt golv over grava.

Det er ingen andre funn eller observasjonar som støtter opp omkring Bergstrøm sin teori. Men etter 25 års arbeid i domkyrkja var dette den einaste staden han meinte var sannsynleg som Olav sin siste gravstad. I 1680 vart området forsegla ved at generalmajor Reinhold von Hoven lot bygge eit gravkammer i dette hjørnet som sto til 1861.[66] Det unngikk dermed å bli øydelagd ved den store gravleggingsperioden på 1700-talet, då det meste av grunnen under golvet i koret og tverrskipa var utgrave for private gravkammer.

Lysaker si identifisering av «grav K» som Olavs grav byggjer særleg på denne grava si plassering i midtaksen sentralt i koret, dvs. det som vart skipet etter brannen i 1531. Denne sentrale plasseringa kan likevel tale imot at «grav K» var Olav si grav. Det er vanskeleg å tenke seg at det nye lutherske presteskapet skulle ha interesse av å gi Olav ei meir sentral plassering enn før reformasjonen, då skrinet sto bak hovudalteret. Reint liturgisk ville også ei helgengrav midt i kyrkja vere vanskeleg å forklare, sjølv om domkyrkja enno ikkje var soknekyrkje – det skjedde først i 1585.

Men kvar var i så fall Olav si grav etter 1564? Nesten 30 år etter reformasjonen var dei aller fleste relikviar i Danmark-Norge øydelagde eller gravlagde anonymt. I Odense vart relikviane av St. Knut innmura i ein vegg i løynd og dermed redda frå øydelegging. Presteskapet i Trondheim må ha visst at å gje grava til St. Olav ei altfor framståande plassering ville provosere mange, også i Danmark. Bergstrøm hadde derfor truleg rett i at grava ville ligge utanfor sjølve kyrkjerommet, for ikkje å snakke om midt i det. Ei tenkeleg plassering er derfor ein stad inne i Oktogonen. Det kunne kjennast naturleg å slutte krinsen ved å gje helgenen ei permanent grav så nær som muleg den staden han hadde kvilt i 500 år. Det var dessutan god plass her utan erkebiskopen og den omfangsrike katolske liturgien, og dette var enno dei geistlege sin del av domkyrkja. T.d. sto alle dei tre oktogonkapella ubrukte, og ei grav kunne lett murast under golvet i eitt av dei. Disse tre kapella vart på slutten av 1600-talet omgjort til gravkammer for bispar og offiserar, så alle eldre graver ville ha blitt øydelagde då. Det var likevel vanleg å samle eldre lekamsrestar og berre grave dei ned enno djupare. Ved restaureringa av Oktogonen 1872–77 vart ikkje disse familiegravene øydelagde, men restane lagde i nye kister og sette ned att i gravene, der dei ligg enno i dag. Ei undersøking i framtida kan derfor gje svar på spørsmålet.

Konklusjonen må derfor bli at til i dag er inga grav funnen som kan identifiserast som St. Olav si grav i perioden 1564–68 og seinare. Sannsynlegvis er denne grava blitt rasert ved anlegget av ei av dei mange familiegravene frå perioden 1625–1805, då privatpersonar kunne kjøpe seg gravplass under golvet i heile domkyrkja. Dersom grava var i eitt av oktogonkapella, kan restar vere bevart til i dag.

Noter

1 Daae 1879a: 73. Bakgrunnen for sagnet er at eit skip med konfiskerte norske kyrkjeskattar på veg til København i 1543 vart erobra av hollandske fribyttarar og ført dit, under sjøkrigen mellom Christian III og keisar Karl V. Lagnaden til denne skipslasten og kva den inneheldt er ukjent.

2 Noregs kongesoger II (Olav den heilages saga kap.244).

3 Friis 1881(1632): 348.

4 «Þa er Magnus konongr Olafsson hinn (gode) uar til konungs tekinn j Noregi let hann gera skrin ok bua gulle ok silfri ok stæinum. er skrin þat giort suo sem likkista bæde at mikillæik ok ad odrum uexti en sualer undir nidri en yfir uppi uar uaxit sem rafr ok þar upp af hofut ok bust a uettinu. lamar a bak en hespur a firir ok þar læst med lukli. Sidan let konungr leggia j skrinit helgan dom Olafs konungs». *Olafs Saga hins helga. Flateyarbok II*: 378

5 Noregs kongesoger II (Soga om Harald Hardråde kap.80)

6 Slike skrin er m.a. bevart frå Tomaskyrkja på Filefjell, Fortun i Sogn og Hedalen og Vatnås i Buskerud.
7 Frå Island er m.a. bevart eit skrin frå Keldur kyrkje, frå Sverige skrinet i Trönö kyrkje i Hälsingland og i Frösö kyrkje i Jämtland.
8 Kielland 1927: 49ff.
9 Passio Olavi: 76.
10 Hadorph 1675: 76
11 Adam av Bremen, bok 4, kap.33: «Metropolis civitas Nortmannorum est Trondemnis, quae nunc decorata ecclesiis magna populorum frequentia celebratur. In qua iacet corpus beatissimi Olaph regis et martyris. Ad cuius tumbam usque in hodiernum diem maxima Dominus operatur sanitatum miracula, ita ut a longinquis illic regionibus confluant hii, qui se meritis sancti non desperant (posse) iuvari».
12 Metcalfe 1881: Passio et Miracula Beati Olavi, s.80: «et ecce exeuntem de scrinio uidet hominem statura mediocrem», s.80: «memoriam martiris», s.80: «sepulcrum martiris», s.84: «et scrinium martiris», s.87: «preciosus thesaurus reliquarium beati martiris olaui», s.91: «Nam cum beati martiris olaui corpus gloriosum in processione extra ecclesiam portaretur [...] Cumque feretrum de loco, quo steterat, ad reportandum leuaretur, eidem se loco contulit, quo martiris corpus quieuisse conspexerat[...]»; s,92: «Die quoque sequenti, cum processionis offitia solempniter agerentur, et in cimiterio feretrum ex more deponeretur[...]»; s.103: «unde scrinium, in quo sanctissium corpus iacet, aperiunt. Quo aperto, tanta suauitatis fraglantia totam perfudit ecclesiam[...]»; s.106: «subtus ipsum scrinium cecidit».
13 Ekrem 1998: 79. Tidlegare forsking har gjerne datert Ågrip til 1220-talet eller seinare.
14 Soga om Olav den heilage, kap.244.
15 Lidén 1999: 49–54
16 Blom 1994: 7
17 Blom 1994: 29f.
18 Daae 1863: 219 og DN XII: nr.593
19 Friis 1881 (1632): 348
20 DN V: nr.586
21 Wallem 1927: 17
22 Lidén 1999: 163 pl.22
23 Austin 1995: 5. «The Rites of Durham» vart skriven mot slutten av 1500-talet av ein anonym forfattar som fram til reformasjonen var tilknytta katedralen, og gir eit einestående innblikk i kulten ved denne katedralen i tida like før reformasjonen.
24 «Pænitentiarius», av latin: *pænitentia* (bot, straff). Ein geistleg som lova avlat for synder mot betaling til Kyrkja eller mot botsøvingar o.l. Sjå også *KLNM*: Bot
25 Friis 1881 (1632): 349
26 Lysaker 1973: 19. Først publisert i Wagensfelds «*Bremens Volkssagen*» I i 1845, og gjort kjent i Norge av L.Daae 1879a.
27 Magnussen 1836: 362.
28 I tillegg til St.Olav kjenner vi følgande kongelege graver i Nidarosdomen: Magnus Olavsson (d.1047), Olav Kyrre (d.1093), Håkon Magnusson (d.1094), Olav Magnusson (d.1115), Øystein Magnusson (d.1123), Håkon Herdebrei (d.1162), Cecilia Sigurdsdotter (d.1185) og Bård Guttormsson (d.1194), Guttorm Sigurdsson (d.1204), Inge Bårdsson (d.1217) og hertug Skule Bårdsson (d.1240). Fleire av disse kan ha hatt ektefeller og barn som også var gravlagde her, men utan at det er bevart opplysingar om det.
29 Matten 1996
30 Whittingham 1999: 5 og 8.
31 Fischer 1965: 130f.
32 Binski 1995: 90f.
33 Nordre kapell har i austveggen to opphavlege søyler med kvar sin utsparte «konsoll», som kanskje kunne støtte ei alterplate. Dette er likevel berre ei av fleire mulege løysingar.
34 «*in capella pallii Archi-Episcopalis puteo S.Olai proxima*». Trondheim Statsarkiv, Kirkehistoriske samlinger, 4, R, bd.II. Lektor Trygve Lysaker har gjort forfattaren merksam på denne kjelda.
35 Sverris saga kap.107: «*Eysteinn erkibyskup. anda iz hina næsto nott eptir Pals-meso. var groptr hans buin i scruð-husino i Cristzkirkiu*» (Eystein erkebiskop døydde natta etter Pålsmesse, og grava hans vart gjort i stand i skrudhuset i Kristkyrkja)
36 «*Likith var jardath ath Kristkirkiu fyrir vtan kor enn nu er þath jnnan kors fyrir rume erkebyskups*». Flateyarbok bd. III: 334.
37 Krefting 1890: 4f, argumenterer for at Olavskjelda låg rett nord for oktogonen, der han meinte Harald Hardrådes Mariakyrkje låg. Denne argumentasjonen kviler også på eit svakt grunnlag.
38 T.d. *Passio Olavi:* 46
39 Noregs kongesoger IV (Soga om Håkon Håkonsson kap.198).
40 Krefting 1873: 8
41 Coldstream 1976: 25
42 Nilson 1998:45
43 Ibid.:46
44 Nilson 1998: 48
45 18.juli 1897 vart det på botnen i brønnen funne ei lita kleberplate med fem kors som har vore ein altarstein (*altare portabile*) eller dekkplate (*tabula*) over eit relikviegøyme (*sepulchrum*) i eit alter. Plata ligg i dag i Vitenskapsmuseet (T.5178)
46 Etter avskrift i det norske Riksarkivet av originalen i det danske Rigsarkivet. Privatarkiv 2133 Truid Gregersen Ulfstand, B II. Takk til Hallvor Kjellberg som har skaffa meg denne avskrifta.
47 Sinding-Larsen 1925: 9ff.
48 Lysaker 1973: 10f.
49 Avskrift frå 1700-talet i Vitenskapsselskapets manuskriptsamling, qMS 174 a-c. Ei anna avskrift av dette dokumentet er også trykt i Gerhard Schøning 1762, Anhang s.84 nr.101, men med mange feil og endringar. Schøning har også med eit objekt som er utelate i denne avskrifta: «Item en St.Olufs Træbolde uden Log, beslaget uden paa med Sölv».
50 Bergkrystallen er oppbevart i Vitenskapsmuseet og har nr.T.4699a. Funnen 21.juni 1894 i rom 101
51 Lysaker 1973: 18.
52 I bid. s.18. Det er den norskfødde jesuitten Laurits Nielssøn (Klosterlasse), som budde i Sverige 1576–80, som fortel dette i eit katolsk propagandaskrift. Sjå også Schøning 1762: 163.
53 Lysaker 1983: 18
54 Ei anna avskrift har: «med stor proces, pragt og herlighed udi en stor forsamling». Norske Magasin I, s.94
55 Friis 1881 (1632): 92
56 Beyer 1567 (1928): 53–54.
57 Lysaker 1973: 18f.
58 Friis 1881 (1632): 354 og Lysaker 1973: 23
59 Friis 1881 (1632): 351: «Saa borttog mand den Tid S. Oluffs Skrin, met huis Sølff oc Guld oc dyrebar Steene som paa hans Kister vaare, met den skiøne Steen, som Erckebiscop Erick Valckendorp kiøbte, oc var sæt i den ene Ende paa S. Oluffs Kiste, oc hafde gifuit derfore 20 Læster Smør. Disligeste det store Sølffkors, som bleff baaret for S. Oluffs Skrin, hvilcket 3 Karle motte bære; saa oc Kalcke oc Diske oc Monstrantzer oc andre Kirckens Klenodier, en Part aff Guld, oc en Part aff Sølff, met anden Skat oc Rijgdom, baade aff Capittel oc *communet; item*, Edelstene aff Altertafler, met Klocker oc andet saadant Kirckens Gods, huilcket en Part blef indskibet paa et stort Skib, oc skulde nedføris, men sanck ved Agdenæs oc bleff der borte, oc en Part var tilforn afført oc optaget aff de Hollandske Fribyttere Anno 1541.»
60 Vellev 1982.
61 Lysaker 1973: 25
62 Krefting 1866: 15f
63 Dagbøkene er oppbevart i NDRs arkiv
64 Lysaker 1987 bd.II: 192
65 Notatet («En Hypothese om Olav den Helliges siste Hvilested af W. Bergstrøm Trondhjem 1901») er skrive etter at heile grunnen under domkyrkja var ferdig utgravd og alle graver undersøkte. Notatet er i privat eige. Forfattaren har kopi av notatet.
66. Lysaker 1973: 107

Utrykte kilder:

Inventaret på Steinvikholm 3. juni 1537. Danmarks Rigsarkiv. Privatarkiv 2133. Truid Gregersen Ulfstand B II.

Copie af Konning Christian den Trediyes Qvitantz for St. Olufs Skrin med mer. Vitenskapsselskapets Manuskr. qMS 174 a-c. Gunnerusbiblioteket, NTNU, Trondheim.

Kirkehistoriske samlinger, 4.R, bd. II. Trondheim Statsarkiv.

Summary

Nidaros Cathedral was constructed over the tomb of the canonized King Olav Haraldsson (995–1030), and according to tradition, the high altar is located right above the tomb. The body of St Olav was placed above this altar around 1070 and gradually entombed in three shrines covered with silver. This was the greatest and most beautiful piece of art to have ever been produced in the Nordic countries during the Catholic period.

Shrine 1 was probably the coffin in which Olav was buried. It was later covered in gilded silver plates, a work most probably carried out by his son, King Magnus Olavsson (1035–47).

Shrine 2 was a great, house-like casket that was described by Snorre Sturluson around 1220. It looked like a house, with a roof, ridge and a dragon's head on the gables, as well as small arches on its lower section that made it possible to look into the first casket. In spite of Snorre's statement, it is dubious whether King Magnus had this reliquary made, as caskets of this size were not produced in Europe at the time. Instead, the son of the Saint may have been confused with King Magnus Erlingsson (1163–84), who would have been more capable of having the shrine made. A number of small reliquaries in Norway, Iceland and northern Sweden have exactly the same shape as they were probably modelled after the one in which St Olav rested.

Shrine 3 was produced during the late medieval period and is only referred to at the time of the Reformation in the 1520s and 1530s. It had no bottom, which means that it could be raised and lowered to display the two oldest shrines on special occasions such as the proclamation of a new king and on St Olav's Day (29 July), when the reliquary was paraded through the town.

A random reference to the reliquary in connection with a royal proclamation in 1239 tells us that it was placed on a pedestal as high as a man and behind the high altar. This way of situating a reliquary is typical of Western Europe, and especially England, in the period 1000 – 1300. The shape of this third shrine, which could be raised and lowered, is particularly characteristic of England and reminds us of the reliquaries of St Thomas Becket in Canterbury and St Cuthbert in Durham. The author has identified some stones in the stone collection at Nidaros Cathedral, which probably belonged to the pedestal.

From the 1180s, the old square chancel was replaced by an octagonal high choir, a central building with a high altar and the shrine of St Olav was located in the central room, surrounded by an ambulatory. It was thus possible for the pilgrims to circulate around the reliquary. The shape of this construction is unusual and the architect may have been inspired by the chapel of Charlemagne in Aachen and the Church of the Holy Sepulcre in Jerusalem. Archbishop Øystein Erlendsson (1161–88) was responsible for this work, which was not finished until 1210–20. During his exile in England (at among other places Lincoln and Bury St Edmunds) in 1180–83 he gained important impulses with regard to the latest development in architecture and the worshipping of saints.

During the time of the Reformation, the shrine of St Olav was transferred along with other reliquaries from the cathedral to the archbishop's castle, Steinvikholm, to the east of Trondheim. This is where it was located when Archbishop Olav Engelbrektsson fled to the Netherlands on 1 April 1537 and when the castle was surrendered to the army of King Christian III on 29 May 1537. In 1540 or 1542, the shrines were destroyed and the metal as well as the precious jewels were sent to the royal treasury in Copenhagen, where the metal was melted down to be made into coins. According to the sources, 95 kg silver, 181 crystals and some pieces of gold were taken from the shrine of St Olav. The body of St Olav remained untouched in the innermost wooden casket until 1564, when the castle was conquered by Swedish troops. Upon their retreat, they buried the body of the saint in a nearby chapel. Right after the liberation, the body was triumphantly taken back to Trondheim and placed in a bricked tomb in the cathedral. In 1568, a member of the Danish Council of the Realm, Jørgen Lykke, ordered the tomb to be filled with earth, and since then nobody has managed to indicate the exact location of Olav's body. Most probably the tomb was destroyed during the process of digging one of several hundred tombs in the cathedral from 1625 to 1800. A rock crystal that was discovered during the excavations carried out at Steinvikholm during the 1890s is probably the only part of St Olav's shrine that has been preserved until today.

ERKEBISPESETET I NIDAROS – ARNESTAD OG VERKSTAD FOR OLAVSLITTERATUREN

Lars Boje Mortensen og Else Mundal

Innleiing

I 1152 eller 1153, sannsynlegvis i samband med opprettinga av erkebispestolen eller like etter, sa den islandske skalden Einar Skuleson fram diktet *Geisli* i Kristkyrkja i Nidaros. Av diktet går det fram at han har laga diktet på oppmoding av kong Øystein, og erkebiskop Jon saman med kongane Øystein, Sigurd og Inge var til stades då diktet vart sagt fram. Diktet markerer ikkje berre ein ny epoke for den norske kyrkjeorganisasjonen, det set også eit skilje for litteraturforskarane. Det vi veit om Olavslitteratur før 1152/53 er – når vi ser bort frå nokre få skaldedikt – svært fragmentarisk. Frå tida etter 1152/53 har vi mange og innhaldsrike kjelder, ein del av desse kan ein – med relativt stor visse – tid- og stadfeste, nokre kjenner ein også forfattarane til.

Utforskinga av desse verka har oftast hatt karakteren av enkeltstudiar (t.d. Sigurður Nordal 1914, Bjarni Aðalbjarnarson 1937), og føremålet har ofte vore av tekstgenealogisk art: kva for ei soge er den mest opphavlege? Kva for ein versjon av den latinske Olavslegenda (*Passio Olavi*) kom først, og kven skreiv den? Korleis skjedde utviklinga frå ei kyrkjeleg til ei verdsleg framstilling? Slike spørsmål er fasinerande, og dei er viktige, og vi vil også til ei viss grad kome inn på dei i det følgjande. Men når materialet, trass i at det har eit betydeleg omfang, ikkje utan vidare kan takast som representativt i og med at mange verk og storparten av dei handskrifta som ein gong fanst, har gått tapt, kan slike spørsmål ha ein tendens til å generere stadig nye intertekstuelle hypotesar i staden for å analysere dei institutionelle og ideologiske rammene for tekstproduksjonen og -reproduksjonen som vi faktisk veit noko om.

Vi ynskjer derimot å gjere greie for dei viktigaste tekstane innanfor Olavslitteraturen ut frå nokre relativt skarpe kronologiske og geografiske avgrensingar av materialet. Sjølv om representativiteten stadig er eit problem, meiner vi at det i alle fall er verdt å prøve å dele stoffet inn på ein måte der vi i utgangspunktet ser bort frå om språket er norrønt eller latin og om holdninga til Olav er kyrkjeleg eller verdsleg. Vi legg heller mindre vekt på å etablere den nøyaktige tekstgenealogiske rekkefølgja mellom tekstar, eller følgje ei eintydig litterær utvikling frå tidleg til sein mellomalder. Slike spørsmål vil vi kome inn på under vegs, men det primære målet vårt er å gje karakteristikkar av tre litterære «tilstandar», der kvar av desse er kopla til sin eigen litteraturspråklege situasjon, sine eigne sirkulasjonsmekanismar, sine eigne ideologiske mål og institusjonelle og politiske referanserammer. Olavstekstane vil vi behandle i følgjande kronologiske grupper:

1. Litteraturen i tida før opprettinga av erkebispesetet.
2. Nidaroslitteraturen – tyngdepunktet for den litterære produksjonen er perioden ca. 1150–1200.
3. Dei norsk-islandske kongesogene – slutten av 1100-talet til 1230-åra. Perioden då denne litteraturen vart produsert, overlappar delvis med føregåande gruppe, og eit par tekstar er det naturleg å sjå i samanheng med begge miljøa.

Grunnen til at desse kjeldegruppene kan tene som overskrifter, vil vi grunngje i artikkelen. Men vi vil innleiingsvis i særleg grad peike på eit institusjonelt-komparativt aspekt som har vunne fram i forskinga i seinare år. Dette kan ein kanskje illustrere best med eit sitat av den siste utgjevaren av den angelsaksiske evangelieomsetjinga frå 800-talet:

> *«[...] the best hypothesis to account for the evidence may be that O[ld] E[nglish] Gospels, like many medieval works of art, were produced at one centre and in a relatively short time by the corporate and coordinated efforts of several associates whose relative homogeneity masks, but does not entirely obliterate, the traces of their individuality.»*[1]

Ut frå ein slik institusjonell synsvinkel, som også har vunne fram i granskinga av Olavslitteraturen, finst det gode argument for å sjå på Nidaroslitteraturen i siste halvdel av 1100-talet som ei slik felles satsing på skriftkultur. I løpet av nokre få tiår vart det produsert ei heil rad av sentrale verk, og denne produksjonen går hand i hand med ei satsing på kyrkjebygging, det vart sett saman eit liturgisk program, kyrkjelege institusjonar vart grunnlagde, og vi får kyrkjeleg lovgjeving.

Dersom ein aksepterer at det fanst ein slik sterk ekspansiv litterær fase i Nidaros i siste halvdel av 1100-talet, vil resten av Olavslitteraturen naturleg gruppere seg i det som – bortsett frå skaldediktinga – må karakteriserast som ein temmeleg ukjend fase, og den store sagalitteraturen, som i tid stort sett vil falle etter den mest aktive litterære perioden i Nidarosmiljøet. Endeleg har vi eit etter måten lite utforska tekstlandskap i dei par siste hundreåra før reformasjonen, som vi vil gje ei kort omtale til slutt.

Slik vi deler inn Olavslitteraturen, kjem den svært sentrale rolla det litterære miljøet i Nidaros spelte for framveksten av denne litteraturen, tydeleg til syne. Litteraturen i den eldste perioden er islandsk, men reflekterer ein munnleg legendetradisjon som veks fram i og spreier seg frå Nidaros. Vi finn det naturleg i denne samanhengen å fokusere spesielt mot Nidarosmiljøet og mot literaturen som vart skapt i dette miljøet på slutten av 1100-talet. Vi vil også synleggjere den viktige rolla det litterære miljøet i Nidaros framleis spelte for produksjon av Olavslitteratur på byrjinga av 1200-talet då Island elles hadde fått ei klart leiande stilling i produksjonen av kongesagalitteratur.

Olav den heilage er ikkje berre ein hovudfigur i norsk mellomalderlitteratur, men også i biletkunsten. Vi vil difor syne nokre gode døme på korleis vår nasjonalhelgen vart framstilt frå høgmellomalderen og fram til reformasjonen. Her ser vi ein olavsfigur frå Tanum kyrkje i Brunlanes datert til mellom 1250 og 1280. Foto. Riksantikvaren.

St Olav is not only the main character in Norwegian medieval literature, but also in pictorial art. This is from Tanum church in Brunlanes, in the Oslofjord region, dated between 1250 and 1280.

Olavslitteraturen i tida før opprettinga av erkebispesetet

Skaldedikt som kjelde til Olavs-kulten i den eldste tida

Tittelen på diktet, *Geisli*, tyder 'stråle', og den *geisli miskunnar sólar*, 'stråle frå miskunns sol', som diktet handlar om, er Olav den heilage. I diktet seier skalden at folk veit at Olav lyser med sine under vidt under himmelen (str. 7).[2] Han reknar så opp 14 under, frå synet av himmelstigen til eit under som skulle ha skjedd nyleg, og seier mot slutten av diktet (str. 67) at han har rekna opp berre nokre få av kongens mirakel.

Men *Geisli* er ikkje det første skaldediktet som fortel om under som skal ha skjedd i tilknyting til Olav den heilage. I *Glælognskviða*,[3] som Torarin Lovtunga i følgje Snorre og *Fagrskinna* dikta til Svein Alfivason,[4] og som i tilfelle må ha vorte til før 1035, og i *Erfidrápa Óláfs helga*[5] av Sigvat skald, som skal vere frå rundt 1040, vert det også fortalt om mirakel og pilegrimar som strøymer til kongens grav.

At *Erfidrápa* verkeleg er dikta av hovudskalden til Olav den heilage, er det liten tvil om. Nøyaktig når kvadet vart til, veit vi ikkje. Sigvat skald døde etter alt å døme i 1043, kanskje eit eller to år seinare, så diktet må ha vorte til før det. Diktet er, som tittelen seier, eit såkalla ervekvad, eit minnedikt over ein død, og minnedikt vart gjerne dikta ikkje så svært lenge etter dødsfallet. Om ein held seg til den allment aksepterte tidfestinga for *Erfidrápa*, rundt 1040, så har diktet vorte til ca. 10 år etter kongens død. Det er ein relativt lang periode mellom dødsfall og minnedikt. Nokon grunn til at diktet skulle vere yngre enn rundt 1040, er det såleis vanskeleg å sjå.

Sigvat fortel i *Erfidrápa* at sola vart borte frå den skyfri himmelen under slaget på Stiklestad, han fortel at håret på den døde kongen veks som på levande menn, og at det håret som voks på hovudet til han som gav Valdemar i Gardar synet, enno held seg. Han fortel at kongen kviler i eit gullsmykka skrin, og at mang ein går frå kongens grav med friske augo som kom dit blind.

Glælognskviða skal altså i følgje opplysningar i seinare skriftlege kjelder vere eldre enn *Erfidrápa*. *Heimskringla* og *Fagrskinna* fortel at kvadet er dikta til kong Svein, son til Knut den mektige og Alfiva. Svein og Alfiva etablerte seg i Noreg kort tid etter at Olav den heilage var fallen, men måtte gje opp å halde på makta i landet i 1035 då Magnus, son til Olav den heilage, vart henta frå Gardarike. Dersom ein godtek opplysningane i dei seinare skriftlege kjeldene, set det ganske trange grenser for når diktet kan ha vorte til, og vi får eit svært tidleg vitnemål om Olavskult.

Glælognskviða nemner ingen under i samband med kongens død, men nemner at hår og negler veks som på ein levande mann, at klokker ringjer over kista eller skrinet hans av seg sjølv, lys flammar opp over altaret, underforstått av seg sjølv, og hærskarar (*herr manns*) kneler der den heilage kongen er, og blinde og stumme går bort friske.

Men *Glælognskviða* er ikkje ei heilt uproblematisk kjelde. Det går ingen stad fram av sjølve diktet kven diktet er retta til. Steffan Hellberg (1984) som er den siste som har granska diktet inngåande, kastar fram den teorien at dei bevarte strofene av det diktet som i kjeldene vert kalla *Glælognskviða*, tilhøyrer to dikt. Strofene frå og med str. 2 – i alle fall frå og med str. 3 i utgåvene – tilhøyrer eit anna dikt enn str. 1. Hellberg kallar dette diktet «Olavskvida». Om dette diktet er dikta av Torarin Lovtunga, let han vere eit ope spørsmål. Han meiner diktet, dvs. «Olavskvida» har vorte til i samband med ein translasjon. Då er det fleire tidspunkt som kan kome på tale. Den første translasjonen galdt overføringa av kongens lik frå sandbanken der kista først var graven, til Klemenskyrkja.[6] Magnus byrja på ei Olavskyrkje, som vart fullførd av kong Harald Hardråde, og i følgje Snorre stod Olavs skrin i Olavskyrkja medan Mariakyrkja vart bygd, då let Harald skrinet flytte dit. Kristkyrkja, der skrinet vart ståande ut mellomalderen, vart bygd av Olav Kyrre. Translasjonen til Kristkyrkja kan ha funne stad først eit stykke ut i denne kongens styringstid. Hellberg kjem ikkje fram til nokon klar konklusjon. Han ser ingen ting som talar mot at diktet vart til i samband med den siste, eller ein av dei seinare, translasjonane, men hallar likevel til den oppfatninga at diktet vart til i samband med den første translasjonen til Klemenskyrkja. Men Hellberg stiller seg skeptisk til at Svein og Alfiva har hatt noko med den første translasjonen til Klemenskyrkja å gjere, dels fordi det er vanskeleg å sjå kva interesser dei skulle ha i helgenkulten av Olav, dels fordi dei ikkje er nemnde i samanheng med translasjonen i sogene og krønikene før *Fagrskinna*. Den første translasjonen til Klemenskyrkja meiner han mest sannsynleg har funne stad i samband med at Magnus den gode overtok trona i 1035, altså ikkje så tidleg som i 1031.[7]

For spørsmålet om *når* kulten av Olav den heilage voks fram, spelar det lita rolle om strofene som i kjeldene er overleverte som del av *Glælognskviða* har vorte til tidleg i styringstida til Magnus den gode eller i styringstida til kong Svein. I begge tilfelle har vi i desse strofene sterke indisium på at kulten har vakse fram svært kort tid etter kongens død. Derimot er det eit ganske interessant spørsmål for å kunne vurdere styrken i Olavskulten i den eldste tida om dei strofene som er kjende som *Glælognskviða*, har vorte til i eit miljø som hadde interesse av å fremje kulten av Olav den heilage, eller om dei har vorte til i eit miljø som ikkje hadde politiske interesser av denne kulten. Vi skal difor sjå litt nærmare på argumenta for at *Glælognskviða* ikkje er eitt, men to dikt, at dei strofene som fortel om kongens under, har tilknyting til ein translasjon, og at skalden i nest siste strofa vender seg til Magnus den gode, og ikkje til kong Svein.

Slik vi har *Glælognskviða*, må ein medgje at det er berre første strofa, som fortel om ei ferd av danar, som synest å høve svært godt i eit kvad om og til kong Svein. Det er langt vanskelegare å sjå korleis strofene som fortel om kong Olavs mirakel, kan høve inn i eit dikt til den same kongen, og slik vi har *Glælognskviða*, er det strofene om mirakela som dominerer diktet. Det er også vanskeleg å sjå korleis tittelen på diktet, som truleg tyder 'havstillekvadet', høver på diktet slik vi har det. Den kunne høve på eit dikt som m.a. skildra ei reise til sjøs (jfr. innhaldet i str. 1), men er vanskeleg å få til å passe på eit dikt som fortel om helgenkult og mirakel. Men Snorre, som siterer strofene om mirakela, og seier at desse strofene er or *Glælognskviða* som Torarin Lovtunga dikta til kong Svein, uttrykkjer seg på ein måte som gjer det klart at han siterer berre ein del av diktet, *ok eru þessar vísur þar í*,[8] 'og desse strofene er i kvadet', seier Snorre, før han siterer strofene om Olavs under. Det vil også seie at kvadet som heilskap kan ha hatt ein heilt annan karakter enn det dei bevarte strofene gjev inntrykk av. Strofene om kong Olavs under kan godt ha vore avslutninga på eit langt dikt der dei fleste strofene er tapte.

Kven som er omtala som *þjóðkonungr*, 'folkekonge', i str. 2, er viktig for spørsmålet om *Glælognskviða* som vi har kvadet, er restar av eitt eller to dikt. Om denne kongen vert det sagt at han har *sér til sess hagat í Þrándheimi*, 'innretta eit sete for seg i Trondheimen', og der vil han *æ ævi sína byggðum ráða*, 'heile sitt liv råde over bygdene'. Dei fleste har meint at den kongen som her er omtala, er kong Svein, men det er også dei som har hevda at denne folkekongen er Olav den heilage, og at vi her har førestellinga om Noregs ævelege konge[9]. Men at *æ ævi sína* her står for 'æva', er ikkje særleg sannsynleg, spesielt ordet *sína* høver dårleg inn i ei slik tolking. Denne strofa kan ein heller ikkje sjå lausriven frå neste strofe som vert innleia med: *Þars Áleifr áðan byggði, áðr hann hvarf til himinríkis,* 'Der Olav for kort tid sidan bygde, før han for til himmelriket.' Konstruksjonen der *no* og *før* vert sette opp mot kvarandre, gjer det lite sannsynleg at det er den same kongen som er omtala i begge strofene, og dersom det ikkje er Olav den heilage som er omtala i str. 2, så vert det meir sannsynleg at den *þjóðkonungr* som er nemnd her, er den same kongen som er nemnd i str. 1 av *Glælognskviða*, som trass alt er omtalt som eitt dikt av ein skald i kjeldene. I alle fall vert kongen i str. 2 den same som i nest siste strofe av diktet vert oppmoda om å be helgenkongen at han *unni þér grundar sinnar*, 'unner deg sitt land'. Om ein går ut frå at diktet har vorte til i 1030 åra, er det kongane Svein og Magnus som er aktuelle. Hellberg fann ikkje heilt å kunne sjå bort frå ei seinare tidfesting på grunnlag av språklege kriterium. Men sannsynlegvis kan argumenta for den tidlege tidfestinga som innsnevrar alternativa til Svein og Magnus, styrkjast.

Str. 3 vert innleia med *Þars Áleifr áðan byggði*. Adverbet *áðan* har dels overlappande tyding med *áðr*, 'før', men ein kan neppe bruke *áðan* om det som hende for lenge sidan. Ordet *áðan* brukar ein om den nære fortida. Sjølvsagt er uttrykket relativt, men *áðan*, 'for kort tid sidan', ville neppe kunne brukast om Olav den heilage si levetid meir enn relativt få år etter hans død.

Når ein samanliknar *Glælognskviða* og Sigvats *Erfidrápa*, gjev *Glælognskviða* berre eit bilete av Olav som helgen, medan *Erfidrápa* gjev eit bilete av Olav både som verdsleg krigar og som helgen. Dette kunne vere eit argument for at *Glælognskviða* tilhøyrer eit seinare stadium i utviklinga av

Olavstradisjonen enn *Erfidrápa*, og altså er yngst av dei to dikta. Men dette ville vere eit argument berre dersom *Glælognskviða* var eit dikt om Olav den heilage. Om diktet er om og til ein annan konge, der Olavs helgenry vert omtala fordi dette på ein eller annan måte er noko som er viktig for denne kongen, så vert samanlikninga med *Erfidrápa* på dette punktet irrelevant. På andre område kan det vere interessant å samanlikne med *Erfidrápa* for om mogeleg å finne haldepunkt for den relative dateringa av dei to dikta i forhold til kvarandre.

Erfidrápa nemner som det første under at sola vart borte frå den skyfri himmelen under slaget på Stiklestad (str. 15). Ein skal sjølvsagt vere varsam med å dra slutningar på grunnlag av det som ikkje står i *Glælognskviða*, også fordi diktet sannsynlegvis er ganske fragmentarisk. Men den kortfatta omtalen av kongens død i str. 3 kan indikere at skalden ikkje har nemnt solformørkinga under slaget, og då truleg heller ikkje har kjent dette underet. *Glælognskviða* nemner på den andre sida klokker som ringjer av seg sjølv og lys som vert kveikte av seg sjølv over skrinet. Det er under som Sigvat ikkje nemner. Men dette må vel seiast å vere mindre spesielle under enn solformørkinga på Stiklestad. Solformørkinga med det bibelske mønsteret er eit så markert under at ein skulle tru ein skald som kjende dette underet, ville få det med i kvadet. At solformørkinga ikkje er med i *Glælognskviða*, vert altså eit indisium på at dette diktet er eldre en *Erfidrápa*.

Truleg gjev også *Erfidrápa* eit hint om når dette underet har kome med i tradisjonen. Sigvat seier om solformørkinga: *frák austan orrostu atburð*, 'eg høyrde austfrå om denne hending under slaget' (str. 15). Ordet *austan* gjev oss eit hint om kvar Sigvat er då han høyrer om solformørkinga og diktar kvadet. Vi veit svært lite om dei siste leveåra til Sigvat. Han må ha vore i Noreg då han dikta *Berrsǫglisvísur* til kong Magnus, sannsynlegvis i 1038. Deretter vert Sigvat borte frå kjeldene. Men uttrykket *frák austan*, 'eg høyrde austfrå', dvs. frå Noreg, kan tyde på at Sigvat då han dikta *Erfidrápa*, oppheldt seg på Island.[10] Først der, ein gong etter 1038, ikkje medan han var i Noreg, har han høyrt om solformørkinga under slaget på Stiklestad. Det verkar sannsynleg at solformørkinga under slaget, som ikkje er historisk,[11] ville trenge ein 10 års tids avstand til hendinga før underet kunne slå rot i tradisjonen. Kanskje slo dette underet for alvor rot i tradisjonen først på Island i ukritisk avstand til det historiske slaget på Stiklestad. *Glælognskviða* har mest sannsynleg vorte til i eit miljø som låg så nær den historiske hendinga på Stiklestad både i tid og rom at solformørkinga ikkje enno var eit truverdig under.

Det er også verdt å leggje merke til at kongens kiste eller skrin i *Glælognskviða* er omtala som *borðveggs sæing*, 'seng av plankeveggar' (str. 6).[12] Dette vil seie at kongen enno ligg i ei trekiste. I Sigvats *Erfidrápa* ligg helgenkongen i *gollit skrín* (str. 24). Den heller upynta kista i *Glælognskviða* er eit ganske sterkt indisium på at kvadet ikkje berre er eldre enn *Erfidrápa*, men at kvadet gjev eit bilete av kulten på eit svært tidleg stadium.[13]

Kor sannsynleg er det så at *Glælognskviða* har vorte til i samband med ein translasjon? Innhaldet i dei strofene som fortel om undera, gjev etter vårt syn ikkje støtte til denne teorien. Skalden skildrar undera som skjer, og som etter konteksten å døme ei tid har skjedd, ved skrinet som alt er på plass over altaret.

Dei fleste strofene i diktet, eller i den delen av diktet vi har overlevert, fortel om mirakela til kong Olav den heilage. Men sjølv om diktet kan vere svært fragmentarisk overlevert, har vi likevel nok overlevert til å kunne seie at fokus i diktet har ikkje ligge på Olav den heilage, men på ein annan konge. Den kongen som står i fokus for diktet, sjølv slik vi har det, er den *þjóðkonungr* som har innretta seg ein sess i Trondheimen, og som der – etter skalden sitt optimistiske syn – skal råde over bygdene i heile sitt liv. Denne kongen vert i nest siste strofa av diktet oppmoda til å be til Olav den heilage om at helgenkongen unner han sitt rike. Dersom det ikkje er gode argument for at det som er str. 1 i *Glælognskviða*, og resten av strofene har tilhøyrt to ulike dikt, så må den *þjóðkonungr* som er nemnd i str. 2, og kongen som er nemnd i nest siste strofa i diktet, vere den same som kongen som er nemnd i første strofa.

Dersom *Glælognskviða* hadde vorte til i samband med ein translasjon, så skulle ein vente at fokus i diktet låg på Olav den heilage og mirakela hans. Hellberg tenkjer seg at «Olavskvida» har vore eit dikt til sonen Magnus i samband med den første translasjonen, og at både far og son såleis har vore æra i diktet. I denne tolkinga passar ikkje str. 1 inn. Har denne strofa vore del av diktet, er det sannsynleg at den kongen skalden vender seg til, er kong Svein.

I nest siste strofa kjem skalden med følgjande oppmoding til den kongen diktet vender seg til: *Bið Áleif, at hann unni þér grundar sinnar*, 'be til Olav at han unner deg sitt land'. Spørsmålet er kven av dei to kongane, Svein eller Magnus, som høver best inn i denne konteksten. Magnus var Olavs son, og at helgenkongen ikkje skulle unne sin einaste son riket, verkar så usannsynleg at oppmodinga ikkje høver i ein slik kontekst. Derimot var Svein ein framand, han kunne ha god grunn til å be om det som ikkje tilkom han som arv. Har alle strofene i *Glælognskviða* tilhøyrt same diktet, er det også overvegande sannsynleg at det er Torarin Lovtunga som er skalden, slik dei seinare skriftlege kjelden seier. Torarin Lovtunga er elles kjend som skalden til kong Knut, all anna dikting etter Torarin er til kong Knut. Han er ingen stad nemnd som skald hjå Magnus den gode. Dette indikerer også at diktet er retta til kong Svein, og vi har i tilfelle eit skaldedikt som fortel om Olavs mirakel frå før 1035.

Kva kan vi så utleie av desse skaldedikta om framveksten av Olavs-kulten i den eldste tida? Torarin Lovtunga har etter den overleverte skaldediktinga å døme tilhøyrt partiet til Knut og Svein. Dersom vi kan halde det for overvegande sannsynleg at det er denne skalden som har dikta *Glælognskviða*, så indikerer det at kulten av kongen rundt midten av 1030-talet er noko meir omfattande enn ein kult som er fremja av ein liten skare tilhengjarar. Dersom kulten opphavleg vart fremja av nokre få sentrale personar i den nære krinsen kring kongen, har dei på kort tid hatt stort hell med seg. Dei seinare kongesogene gjev det biletet at hardstyret til Svein og Alfiva gjorde sitt til at folkemeininga snudde, og at dei som hadde vore Olav sine motstandarar, viste misnøyen med Svein og Alfiva ved å fremje kulten av

Olav. *Fagrskinna*, kap. 42, siterer ein replikk av Einar Tambarskjelve, som sjølv om den skulle vere forma av ein seinare sogeforfattar, kan gje eit godt bilete av situasjonen. Einar skal ha sagt som kommentar til dei dårlege tidene under Svein og Alfiva at «eg var ikkje ven til kong Olav, men trønderane var dårlege kjøpmenn då dei selde kongen sin og fekk ei merr med føl.»[14]

Også eit anna forhold kan ha vore med på å fremje kulten av Olav i den tidlege fasen, som indirekte har samanheng med hardstyret under Svein og Alfiva. I samanlikning med desse herskarane kunne Olav i ettertid framstå som ein konge som sikra *ár ok frið*. I *Glælognskviða*, str. 9, seier skalden om kong Olav: *hann of getr af goði sjǫlfum ár ok frið ǫllum mǫnnum*, 'han får av Gud sjølv år og fred for alle menneske'. Ved å bruke dette uttrykket knyter Torarin førestellingar om helgenkongen til gamle norrøne førestellingar. Kongar som var kjende for at dei i live gav år og fred, vart truleg også, nettopp av denne grunnen, dyrka etter sin død. Så tidleg som i 1030-åra må gamle heidne førestellingar ha levd side om side med kristne idear. I dyrkinga av kongen som gav år og fred kunne gamle norrøne førestellingar og kristne førestellingar om helgenkongen som kunne gå i forbøn hjå Gud, flyte saman, og fremje kulten i eit samfunn der dei heidne førestellingane enno var levande.[15]

Mirakela i *Glælognskviða* er, bortsett frå at helgenkongens hår og negler veks som om han var levande, svært generelle. Dei blinde og dauve som vert lækte, er sedde som ein anonym skare, ikkje enkeltindivid som kan identifiserast. Det som er oppsiktsvekkjande, er at *Glælognskviða* kan rapportere om stor tilstrøyming av pilegrimar, uttrykket *herr manns* kan ikkje forståast på annan måte. Skalden kan sikkert overdrive for å gjere kong Svein merksam på alvoret i situasjonen. Rådet til Torarin er sannsynlegvis: If you can't beat them, join them.[16]

At pilegrimane som søkjer til kongens grav for å få lækjedom, er mange, vert også stadfesta i Sigvats *Erfidrápa*. Mang ein mann (*margr hrings meiðr*) går frå den reine kongens kvilstad med friske augo som kom dit blind, seier Sigvat (*Erfidrápa* str. 24). Men i tillegg til denne typen svært generelle og heilt anonyme mirakel har Sigvat fått med solformørkinga under slaget, og han nemner også eit mirakel kongen skal ha gjort i levande live til beste for ein namngjeven person, Valdemar i Gardar (str. 23). Mellom dei to skaldedikta kan det vere om lag fem år, og vi ser konturane av ein helgenkult i rask utvikling. Det er verdt å leggje merke til at det første underet som vert rapportert i tilknyting til ein namngjeven person, skal ha hendt Valdemar i Gardar, dvs. i Gardariket. Gardariket låg langt borte frå kultsenteret i Nidaros, og var såleis vanskeleg å kontrollere. Sigvat rapporterer truleg frå Island om solformørkinga under slaget. Han seier han har høyrt om dette frå Noreg (*austan*). Det kan han sjølvsagt ha gjort, men i tilfelle ville det som kanskje var noko berre få ville tru i Trøndelag då *Erfidrápa* vart til, på Island mykje lettare verte godtekne som sanning fordi få ville kunne kontrollere det. At kongen sjølv og venene hans ferdast så vide, ser vi kunne verte ein faktor som ikkje berre var med på å spreie kulten i ein tidleg fase, men som også kunne gje gode vilkår for framveksten av mirakelforteljingane.

Olav den heilage var også ein populær helgen elles i Norden, ikkje minst i Austersjøområdet. Her ser vi eit fint eksemplar frå Väte kyrkje på Gotland frå ca. 1275–1300, truleg framstilt i ein lokal verkstad. Foto: Statens Historiska Museum, Stockholm.

St Olav also enjoyed great popularity in the other Nordic countries, especially those in the Baltic Sea area. From Väte church on Gotland, dated between 1275 and 1300.

Dei eldste tapte islandske verka om norske kongar

Den eldste verdslege litteraturen om norske kongar, som også må ha omfatta Olav den heilage, er tekstar som har gått tapt. Vi veit at islendingen Sæmund Frode (1056–1133) skreiv om norske kongar. Sidan Snorre Sturlason opplyser i prologen til *Den særskilde Olavssoga* og i prologen til *Heimskringla* at Are Frode var den første som skreiv *fræði* på norrønt mål, kan vi gå ut frå at Sæmund skreiv på latin. Sidan verket har gått tapt, har vi ikkje detaljkunnskapar om det, men det anonyme skaldediktet *Noregs konunga tal* frå ca. 1190 gjev eit hint både om kva periode verket har omfatta, og kva som har vore fortalt om kvar konge. Dette skaldediktet er eit hyllingsdikt til den islandske hovdingen Jon Loptsson. Mor til Jon var dotter til den norske kongen Magnus Berrføtt, og farfaren var Sæmund Frode. Skalden hyllar Jon ved å rekne opp dei kongelege forfedrane hans, og æra vert ikkje mindre ved at han byggjer omtalen av dei norske kongane på Sæmunds verk. Etter omtalen av Magnus den gode seier skalden (str. 40) at han har rekna opp ti kongar som alle stamma frå Harald, og han har fortalt om livet deira etter det Sæmund Frode fortalde. Dersom ein kan feste lit til at diktet byggjer på Sæmund, så har Sæmund fortalt om Olav den heilage at han kom til landet med ein liten hær frå England, han har fortalt om kampane med Håkon og Svein jarl, at han styrte landet i fred i 15 år, at Knut den mektige muta norske bønder og hovdingar til å gå mot kongen, og at han fall på Stiklestad. Deretter fortel diktet *Noregs konunga tal* at det snart viste seg at den heilage kongen var Kristus kjær, og at eit heilagt skrin som omsluttar Haralds arving, står midt i Kristkyrkja. *Noregs konunga tal* viar heile 7 strofer til å fortelje om Olav den heilage. Dette er godt over gjennomsnittet i diktet, nærmast kjem Håkon den gode med 6 strofer og Olav Tryggvason og Harald Hårfagre med 5. Sæmund Frode må ha skrive sitt verk tidleg på 1100-talet. Den plass Olav den heilage har i diktet *Noregs konunga tal*, kan indikere at kongen på grunn av sitt helgenry på det tidspunktet Sæmund skreiv sitt verk, er i ferd med å få ein framtredande plass i den norske kongerekkja også på Island der Olav Tryggvason elles var den store helten mellom dei norske kongane. Men den plass Olav den heilage får samanlikna med andre «populære» kongar er likevel enno ikkje særleg markert.

Are Frode (1067–1148) har også skrive om dei norske kongane. *Konunga ævi*, som er nemnd i *Íslendingabók*, er ikkje bevart, difor er det uklart kor stor del av kongerekkja han har skrive om, like eins kor fyldig han har fortalt, men sannsynlegvis har både Sæmund og Are skrive svært knapt og kortfatta. I soga om Olav den heilage i *Heimskringla* og i *Den særskilde Olavssoga* finst det to direkte tilvisingar til Are. Den eine tilvisinga gjeld framstillinga av hendingane som fører til at Olav den heilage må forlate landet og dra til Gardarike,[17] den neste tilvisinga til Are gjeld alderen til Olav den heilage då han fall.

Kulten spreier seg

I Sigvats *Erfidrápa* er Olav den heilage framstilt som krigersk vikingkonge og helgen på same tid.[18] At *Glælognskviða* berre gjev biletet av Olav som helgen, har vi sett har si naturlege forklaring ut ifrå den funksjon Olav spelar i diktet. Vikingkongen og helgenen var i samtida ikkje usameinelege ideal. Dei to bileta av Olav kunne stå side om side, og begge gav uttrykk for ei positiv oppfatning av kongen, kvar på sin måte.

Biletet av helgenkongen i den eldste islandske historieskrivinga er det sjølvsagt umogeleg å seie noko sikkert om sidan desse tekstane har gått tapt, men dersom vi tek innhaldet i strofene i *Noregs konunga tal* som ein indikasjon på kva Sæmund har skrive om kongen, så har det vore lagt vekt på kampen mot Håkon og Svein jarl. *Noregs konunga tal* fortel også at Olav den heilage kom vestfrå med ein liten hær. Det er difor også sannsynleg at Sæmund har sagt noko om Olavs vikingferder før han vart konge i Noreg. Vikingen og helgenen har i tilfelle stått side om side også her.

Det er islandske skaldar og forfattarar som gjev det eldste litterære biletet av Olav den heilage. Men *Glælognskviða* etter Torarin Lovtunga er sagd fram i Nidaros, og både Torarin og Sigvat skald skildrar ein kult i sin første fase som veks fram i Nidaros og Trøndelag.

Dei som arbeidde for å etablere og spreie kulten, må ha vore dei som hadde størst interesser i kulten, krinsar som stod kongen nær, og sentrale personar innanfor den unge norske Kyrkja som såg at ein heimleg kult kunne fremje kristninga. Kor raskt kulten av Olav den heilage spreidde seg i Noreg, er det vanskeleg å fastslå. Det faktum at kulten galdt ein konge, og at helgenkongen vart etterfølgd av sonen sin og seinare av andre slektningar som hadde interesse av å fremje kulten, la forholda til rette for at kulten kunne spreie seg. At kongemakt og kyrkjelege krinsar hadde felles interesser i Olavs-kulten, verka i same retning. I skaldedikt utover på 1000-talet vert helgenkongens ry sporadisk brukt til å kaste glans over dei seinare norske kongane, t.d. i eit runhent dikt til Harald Hardråde av skalden Tjodulv Arnorson,[19] og i *Óláfsdrápa* (til Olav Kyrre) av skalden Stein Herdisson.[20] I det siste diktet (str. 10) vert Olav den heilage framheva som ein mektig hjelpar for dei norske kongane i striden med danskane. Han vil unne si slekt heile Noreg og forby at Svein (Ulvsson) får hans odelsland, seier skalden.

Når det gjeld spreiinga og spreiingsvegane til kulten i den eldste tida, veit vi kanskje vel så mykje om spreiinga av kulten i utlandet som i Noreg. Spreiinga av kulten til Island har vi truleg dokumentert i Sigvats *Erfidrápa*. Når Sigvat seier i *Erfidrápa* str. 25: *Oss dugir Áleifs messu fagna mainalaust í mínu húsi*, 'vi bør feire Olavs messe utan mein i mitt hus', så har dette vore teke som prov på at det har vore halde Olavsmesse i den norske kyrkja rundt 1040 [21]. Hellberg les dette som propaganda for helgenkulten[22]. Formuleringa *í mínu húsi* høver ikkje godt inn dersom Sigvat snakkar om Olavsmessa som den vart feira i Noreg.[23] Men dersom Sigvat er tilbake på Island då han dikta *Erfidrápa*, gjev formuleringa god meining. Strofa vert då eit belegg på at Sigvat introduserer Olavsmessa på Island rundt 1040 som ein privat kult.

I England finst det svært tidlege kjelder som nemner Olavs-kult og eit Olavs-officium frå rundt 1050.[24] Det kan vere grunn til å tru at Olavs-kulten spreidde seg til England med biskop Grimkjell, Olavs tidlegare hirdbisp. Seinare sagalitteratur framstiller han som ein som med iver fremja Olavskulten medan han var i Noreg. Han må ha reist tilbake til England relativt tidleg i styringstida til Magnus den gode, for han er truleg identisk med ein biskop Grimkillus i Selsey, Sussex, som er nemnd i eit engelsk dokument frå 1038.[25]

På slutten av 1000-talet har det funnest ei Olavskyrkje i Novgorod.[26] Adam av Bremen, som *skreiv Gesta Hammaburgensis Ecclesiae* rundt 1075, kjenner godt til Olavs-kulten i Nidaros.[27] Det samme gjer – utan å kjenne til Adam eller hans kjelder – den normanniske historikaren William av Jumiéges omkring 1070.[28] Seinare skriftlege kjelder omtalar ei Olavskyrkje som skal ha funnest i Miklagard i keisar

Kirjalax tid (Kyrios Alexios 1, 1081–1118),[29] og *Geisli* nemner under i Miklagard som folk talar mykje om. *Geisli* fortel også at kong Olav er høgtideleg feira over heile Danmark.[30] Olavs-kulten i eit fjernt område som Miklagard er ein kult mellom dei nordiske væringane, og i mange tilfelle må ein vel rekne med at Olavs-kulten vi har dokumentert i fjerne område, har eit svært avgrensa omfang.[31]

Sjølv om samtidige kjelder gjev få haldepunkt for å kunne følgje utviklinga av Olavs-kulten i detalj i det første hundreåret etter at kulten vart etablert rundt grava til kongen i Nidaros, så kan vi slå fast at på det tidspunktet Einar Skuleson sa fram diktet *Geisli*, har Olavs-kulten vorte ein mektig og samlande nasjonal kult. Når han seier at Olavs herlegdom er utbreidd over alt under himmelen (str. 51), så er dette nok ei overdriving av den typen som vi kan vente i eit slikt dikt, men som vi har sett, ikkje heilt utan ei kjerne av sanning. Men i Noreg er no Olav sikkert etablert som Noregs ævelege konge, *Rex perpetuus Norvegiæ*. Skalden gjev i diktet uttrykk for det synet at når Nidaros vart erkebispesete, skjedde dette ikkje minst på grunn av at byen var sentrum for Olavs-kulten.

Olavslitteraturen i Nidarosmiljøet

Med grunnlegginga av erkebispesetet vart ein intensiv periode for skriftkulturen i Nidaros innleia. Litterært sett står diktet *Geisli* som vart framført av den islandske skalden Einar Skuleson i Kristkyrkja i Nidaros, truleg i samband med opprettinga av erkebispesetet, som det første i ei lang rad av litterære tekstar som på ulik måte er sentrerte rundt helgenkongen, og som har vorte til i eller i umiddelbar relasjon til erkebispesetet i Nidaros.

Sjølv om overleveringa av desse tekstane er dårleg, og kanskje heller ikkje representativ, anar vi her likevel Noregs tilskot til den latinske renessansen på 1100-talet. Det er ikkje umogeleg at det var lagt eit visst grunnlag for Olavslitteraturen alt i tiåra før 1152/1153. Det er t.d. rimeleg å tru at dei 7 undera som *Geisli* fortel om og som også finst i seinare legendesamlingar, har skalden, Einar Skuleson, kjent frå ei skriftleg mirakelsamling, t.d. frå 1130- eller 1140-åra.[32] Frå denne perioden byrjar ei litterær ekspansjonstid, og samstundes har vi store byggeprosjekt i Nidaros. Same kva forholdet mellom val av erkebispesete og byggesatsinga i Nidaros måtte vere, så er det naturleg at ein må sjå dette i samanheng. Ei stor investering i byggeverksemd, fysisk så vel som institusjonelt, ei oppgradering og internasjonalisering av personale, liturgi osv., var ein opplagd grobotn for lokal litteratur med utanlandsk inspirasjon.

Dei tre viktigaste skriftene vi kjenner frå Nidarosmiljøet frå siste halvdel av 1100-talet, er *Passio et miracula beati Olaui* (*PO*) – også kalla *Olavslegenda* (i fleire versjonar), *Historia de antiquitate regum Norwagiensium* av Theodoricus Monachus og det anonyme verket *Ágrip af Nóregskonungasǫgum*. Vi kjenner dessutan til eit tapt verk. I *Historia de antiquitate regum Norwagiensium*, kap. 20, viser Theodoricus til *Catalogus regum Norwagiensium* – sannsynlegvis ei svært kortfatta liste over norske kongar frå Harald Hårfagre.[33] Også to verk som vart til tidleg på 1200-talet, kongesoga *Fagrskinna* og *Den legendariske Olavssoga*, er det naturleg å sjå i samanheng med det litterære miljøet for Olavslitteratur i Nidaros (sjå nedanfor). I siste halvdel av 1100-talet, men i

Olav den heilage med bokrull frå Lunner kyrkje, ca. 1250. Foto: Riksantikvaren.

This figure, which shows St Olav with a scroll, is found in Lunner church and dates from about 1250.

eit anna norsk miljø, vart det skapt eit verk som er endå meir ambisiøst enn dei som kan knytast til Nidarosmiljøet. Dette verket er den anonyme *Historia Norwegie.*[34] Berre byrjinga av dette verket er bevart. Den fragmentariske teksten endar med at Olav den heilage går i land i Noreg i 1015 for å krevje trona. Verket høyrer likevel med i ei framstilling av Olavslitteraturen, fordi forteljinga om den norske fortida her, så vidt vi kan sjå, er bygd opp på den same måten som hjå Theodoricus og i *Ágrip* med Olav som det symbolske midt- og vendepunktet i historia.

Sjølv om *Passio et miracula beati Olaui* er kjend i fleire versioner (sjå nedanfor) og det innbyrdes forholdet mellom desse er vanskeleg å vurdere, er det ingen tvil om at størstedelen av den latinske grunnteksten må vere forfatta i Nidaros på 1100-talet. Erkebiskop Øystein har utan tvil forfatta eit par av dei seinare mirakela, men som verket framstår, er det eit institusjonelt produkt som har vorte til gradvis over fleire tiår og er ført i pennen av meir enn ein forfattar.[35] Dei to kjende norrøne parafrasane i *Gamal norsk homiliebok* og i fragmentet AM 325 IV a 4to (berre mirakel) er avhengige av den latinske teksten, men dei kan ikkje daterast meir presist enn at dei er yngre enn den (ca. 1150–1180). Det bevarte handskriftet av *Gamal norsk homilebok* er frå rundt 1200, fragmentet frå rundt 1250.[36]

Historia de antiquitate regum Norwagiensium [Historia om dei gamle norske kongane] av Theodoricus Monachus er tileigna erkebiskop Øystein, og verket er skrive rundt 1180. Det er overlevert fullstendig, og dekkjer perioden frå Harald Hårfagre og fram til Sigurd Jorsalfars død (1130).

Ágrip af Nóregskonungasǫgum er skrive kring 1190. Tittelen «Utdrag av soga til dei norske kongane» er gjeven i nyare tid. Byrjinga og slutten av soga manglar, og det finst lakuner under vegs. Vi kan følgje forteljinga frå Halvdan Svarte til Sigurd Munn, Inge og Øysteins regjeringstid rundt 1140, men verket har truleg omfatta perioden fram til kong Sverres regjeringstid. Det byggjer mellom anna på verket til Theodoricus.

Desse tre tekstane, *Olavslegenda, Historia de antiquitate regum Norwagiensium* og *Ágrip*, er uhyre viktige vitnesbyrd om den litterære kulturen, og står kvar på sin måte sentralt i den seinare lærdomstradisjonen. Men den liturgiske og administrative delen av skriftkulturen var den som dei lærde i samtida oftast kom i kontakt med. Sjølv om Olav her ikkje var gjenstand for ei grundig litterær behandling, er det viktig å minne om Olavsofficiet[37] og dei ulike latinske songtekstane som også vart komponerte i andre halvdel av 1100-talet, sannsynlegvis i Nidaros – den mest kjende sekvensen er *Lux illuxit*. Også den kyrkjelege lovgjevinga i *Canones nidrosienses* og diverse korrespondanse (m.a. med pavestolen) vitnar om framveksten av ein omfattande skriftkultur i Nidaros under erkebiskop Øystein.

Før vi ser på nokre karakteristiske trekk ved tekstane og det biletet dei gjev av Olav, kan det vere grunn til å gå litt inn på den kultiske bakgrunnen og rammene for litteraturen, dvs. den institusjonelle tilrettelegginga av dyrkinga og feiringa av dei jordiske restane til helgenkongen. I denne samanhengen står *PO* i ei særstilling både som kjelde og som litterært produkt. Denne teksten representerer den primære myten om helgenkongen Olav slik denne vart utarbeidd i direkte samspel med kulten. På ein måte har vi her den klassiske problemstillinga om forholdet mellom (skriftleg) myte og ritual, og slik det oftast er tilfelle, må vi også her nøye oss med å konstatere eit dialektisk forhold mellom utviklinga av dei to. Det er i alle høve korkje tale om ei opphavleg kjerneforteljing eller ein tekst frå midten av 1000-talet som så først dukkar opp i vår overlevering hundre år seinare, eller om ei nøytral rapportering av mytiske og mirakuløse hendingar som har foregått uavhengig av og utan påverknad på iscenesetjinga av kulten i perioden til erkebiskop Øystein. Kompleksiteten i tekstoverleveringa er i seg sjølv eit vitnemål om tekstane sitt dynamiske liv i vekselverknad med liturgisk og annan institusjonell praksis.[38]

Dei tre historiografiske verka, Theodoricus, *Ágrip* og *Historia Norwegie,* fell i ein annan tekstkategori. Dei er alle signifikante symptom på kor uomgjengeleg Olav den heilage hadde vorte i ei kronologisk og genealogisk framstilling på slutten av 1100-talet. Men desse tekstane vart ikkje framførte, refererte eller kopierte på langt nær så mykje som (delar av) *PO*. I den følgjande framstillinga vil det difor vere naturleg først å omtale den tekstlege og rituelle verda som *PO* viser oss. Deretter vil vi sjå på dei historiografiske tekstane dels som sekundære vitnemål om den same diskursen, dels som primære vitnemål om ein lærd historisk diskurs.

Den kultiske bakgrunnen – Olavsfesten

Slik det går fram av mange av mirakela i *PO*, viste helgenen seg verksam først og fremst på dødsdagen, den 29. juli. Dødsdagen vart også kalla fødselsdagen (*natalis dies / natalitium*) fordi helgenen gjennom martyriet vart gjenfødd til det ævelege livet. Tekstane fortel at mange menneske har kome til Nidaros i dagane før den store festen (*festum / festiuitas / sollemnitas*) fulle av forventningar. Festen varte i alt 8 dagar, frå den 28. juli til den 5. august.[39] Det er typisk at dei sjuke som ønskte å verte lækte, har fasta natta mellom den 28. og 29. så nær det heilage skrinet som mogeleg:

> *«Oppfordra av desse orda gjekk ho saman med mannen sin til kyrkja åt den heilage martyren, og dei tok med mange ljos, og vakte den heilage natta og fasta på frommaste vis saman med andre som hadde ymse sjukdomar. For neste dagen var fest- og offerdagen for sjølve martyren. Etter at kannikane hadde lese nattgudsteneste, slik det sømer seg på høgtida der Kristi ærefulle stridsmann vart kruna med martyriet, vende ho derfor heim; og fekk i tida som følgde full helse.»* [40]

Sjølve høgdepunktet på festdagen var prosesjonen som bar skrinet ut av kyrkja på ei slags båre (*feretrum*), helgenens epifani (tilsynekomst) kunne ein seie:

> *«Mellom dei var ein blind som under sjølve nattmessa til martyren gjorde seg fortent til å verte trøysta med synets glede. Og neste dagen, då rituala knytte til prosesjonen vart gjennonførte med høgtid, og skrinet etter skikk og bruk vart sett ned på kyrkjegarden, då fekk ein mållaus mann talegåva, og glad løyste han med tungas gåve, som lenge hadde vore borte, lovprisingar til frelsaren.»* [41]

Olav den heilage frå Dale kyrkje ca. 1250 er liksom figuren frå Fresvik i Leikanger (ovanfor) prega av tidleg gotikk. Båe syner ein alvorleg og tenksam Olav. Foto: Bergen Museum.

Like the figure of St Olav from Fresvik in Leikanger (above p. 322), this one from Dale church is characteristic of the early Gothic style. Date approximately 1250.

Denne store iscenesetjinga har sjølvsagt skapt ein enorm forventningshorisont år etter år, og folk har nok hatt eit lag til å tolke også mindre endringar til det betre i helstilstanden som eit resultat av at helgenen var nærverande. Erkebiskop Øystein tek sjølv ordet i eit av mirakela, noko som er heilt spesielt i den samtidige mirakellitteraturen. Han hadde kome stygt til skade på grunn av eit fall frå eit stillas under inspeksjon av byggjearbeida, og trudde ikkje at han kunne verte frisk til den store dagen:

> *«Nesten livlaus vart eg førd bort av prestane mine, og då krafta kom att etter ei kort stund, vart eg førd til soveromet, mykje angstfull og oppreven av dobbel uro. For ribbeinsbrotet gjorde vondt, og ikkje mindre uroleg var eg for årsfesten for martyren som eg no ikkje kunne delta i. Tre dagar seinare var det nemleg fødedag for martyren med store folkeskarar som kom langvegs frå. Og då eg vart pint av desse lekamlege og åndelege plagene, søkte eg i bøn til vernaren min, Olav den heilage, sjølv om eg ikkje hadde tillit til mine eigne forteneste, var eg likevel full av tru. Og som det skulle vise seg, så gløymde han ikkje sine, men hjelpte den som ropte. For då høgtidsdagen rann opp, og folk, som skikken var, vart kalla til høgmesse med klokkeklang, då drøfte eg med dei som var til stades, om eg skulle la meg bere til kyrkja, sjølv om eg var svak. Dei oppmoda meg til det, og oppmodinga tok eg med glede imot for viljen drog meg dit. Men då eg kom inn i kyrkja – eg som tidlegare hadde ottast at kreftene skulle svikte under messehøgtida, og ikkje våga å delta – byrja eg, då smerten avtok litt, og både lekamleg og åndeleg styrke litt etter litt kom attende, no tillitsfull å våge trua på å klare noko meir. Eg bed om å verte kledd om i all hast for at eg kan vise meg i prosesjonen saman med kannikane. Og då eg kom til staden der prosesjonen brukar å stogge for at det kan haldast preike, våga eg ikkje å preike. Likevel prøvde eg med nokre få ord å forkynne syndstilgjevinga og ettergjevinga av bot frå Herren Paven. Men då kreftene voks under talen, heldt eg ei vanleg, men uventa lang preike. Og såleis fullførte eg alle plikter under messehøgtida slik at møda ikkje gjorde meg meir trøytt, men trøyttleiken hjelpte meg til full lækjedom, og sjølv om smerten aldri var heilt borte, fekk ribbeina likevel full styrke, og den fulle lækjedom kom straks.»* [42]

Det sentrale i kulten var mirakel av denne typen som fortalde om at sjuke fekk lækjedom når helgenen var nærverande i samband med festane den 29.juli. Såleis er det ikkje noko uvanleg ved Olavs-kulten samanlikna med kulten ved andre store pilegrimsmål. For å kunne ta mot alle dei sjuke fanst det ofte hospital på valfartstaden – det høyrer vi også om i *PO*.[43] Så gode fasilitetar har utan tvil tiltrekt seg fleire håpefulle.

Men mirakel hende likevel i følgje *PO* også ved andre Olavskyrkjer, t.d. på Stiklestad eller i det fjerne Novgorod, og på andre tidspunkt enn den 29 juli. Endeleg høyrer vi også om det som kallast distansemirakel, dvs. under som skjer utanfor dei spesielt heilage stadene og tidene, når helgenen vert påkalla i ein kritisk situasjon. Når slike mirakel er rapporterte i *PO*, er bakgrunnen likevel gjerne at dei har ei sekundær tilknyting til helgenstaden. Til dømes hadde ein irsk hovding fått hjelp av Olav til å vende krigslukka til sin fordel:

> *«Han oppnådde altså uventa siger og vende heim med mykje krigsbytte og stor glede, og let gjere ein sølvkross av uvanleg storleik, mykje større enn menneskekroppen, og sette den i denne kyrkja til den heilage martyren ved sida av lekamen hans, som eit minne om den guddommelege triumf og uventa siger som han fekk ved hans kraft.»* [44]

Når ein bad ein helgen om eit under, gav ein også – eksplisitt eller implisitt – eit votum, dvs. ein lovnad til helgenen om gjengjeld for at han var mellommann hjå Gud. Takka var ei votivgåve til ein av heilagdomane til helgenen, og særleg heilagdomen i Nidaros fekk naturleg nok store gåver.

Passio Olaui som gjev oss opplysningar om kulten, var sjølv ein del av den – på to måtar. For det første foregjekk den sentrale rapporteringa og nedskrivinga av mirakel ved domkyrkja.[45] Der har det truleg funnest eitt eller fleire særleg fine autentiske eksemplar av denne boka som sjølv må ha utstråla ei heilag kraft, og som berre særleg utvalde kannikar eller skrivarar har hatt tilgang til. Bøkene har vore heilage klenodium på same måten som dei votivgåvene ein kunne sjå i kyrkja og som teksten forklarte opphavet til (særleg den første gruppa av mirakel, nr.1–11, i *PO* kan ein lese som ei mytisk forklaring på dei votivgåver alle kunne sjå i domkyrkja). For det andre var *PO* utgangspunktet for dei lesetekstar og dei songtekstar som inngjekk i Olavsofficiet.[46] Det er desse to funksjonane som har gjort overleveringa etter måten rik, men som samstundes fortel oss at mengda av kopiar og tekstversjonar i mellomalderen må ha vore så utruleg stor at det er heilt usannsynleg at det skulle vere mogeleg å stille dei eksisterande fragmenta og handskrifta opp i eit eintydig stemmatisk forhold til kvarandre.

Vi skal ikkje her gå inn på detaljar i overleveringa, men berre minne om eit par viktige skilje. For det første kan dei relevante bøkene frå mellomalderen (eller fragment av slike bøker) som inneheld tekstar om helgenar, og som kan gje opplysningar om kulten, grovt sett delast i to grupper: liturgiske og ikkje-liturgiske. Den første gruppa har vore den langt mest utbreidde i mellomalderen – alle kyrkjer måtte i utgangspunktet ha eit visst minimum av liturgiske tekstar[47] – det er også ein slik type tekst, breviariet, som har gjeve ei stor mengde av fragment med tekstar frå Olavslegenda. Teksten er her skoren til etter ein liturgisk funksjon, dvs, den har vore delt inn i korte lesestykke (*lectiones*) med tilhøyrande songtekstar, og ofte melodiar. Dei ikkje-liturgiske bøkene, t.d. samlingar av legender i legendarium, hadde i prinsippet ikkje funksjonelle avgrensingar, og både når det gjeld form og funksjon er skiljet uskarpt mellom ei legende om ein heilag konge og ei kongesoge med eit legendarisk preg. Ei helgenlegende kunne fylle alt frå ei til hundrevis av sider. I større legendarium er det likevel teke visse plassomsyn. Tekstane i slike bøker inngjekk ikkje direkte i gudstenesta. Funksjonen var både dokumenterande, litterær, og ikkje minst oppbyggjeleg. Ei fullt utbygd og retorisk velpolert legende kunne tene som oppslagsverk og dokumentasjon på den guddommelege krafta til ein helgen, t.d. i ein kanoniseringsprosedyre, og legenda kunne vere underhaldningslitteratur og oppbyggjeleg litteratur ved kloster, bispesete og i verdslege miljø. I praksis var legenda med si lange «uavgrensa» form oftast det tekstlege utgangspunktet for dei liturgiske lesetekstane og songane. Men ein skal ikkje gløyme at utan velfungerande relikviar, utan mirakel og festdagar, har det ikkje funnest noko eksistensgrunnlag for ei velskriven legende.[48]

Dei beste kjeldene våre til Olavslegenda er to ikkje-norske handskrift frå ca. 1175–1200, som ofte vert omtalte som Douai-handskriftet og Oxford-handskriftet fordi dei no er å finne i bibliotek på desse stadene. Eigentleg burde dei kallast Anchin-handskriftet og Fountains Abbey-handskriftet fordi dei har vorte til høvesvis i det nordfranske benediktinarklosteret og i cisterciensarklosteret i Yorkshire.[49]

Eit anna viktig skilje ligg i den fulle tittelen til *PO*: *Passio et miracula beati Olaui*. Denne inndelinga i ein *passio*-del og ein mirakeldel finn vi ofte i den høgmellomalderske hagiografien. Kvar helgen har likevel si særeigne teksthistorie, og vi finn også lange livsskildringar som vantar ein særleg mirakeldel, og lange sjølvstendige mirakelsamlingar. Sjølv om det er klart at personalet ved domkyrkja i Nidaros opphavleg tok initiativet til å utforme begge hovuddelane av *PO*, og at det – etter dei liturgiske fragmenta å døme – har vore ein tekstleg konsistens i lesestykke frå både vita, (dei første) mirakela og songtekstane, har kopiering, oppdatering og omredigering, både i Nidaros og utanfor, ført til ein del variasjon i det overleverte materialet som det ikkje er enkelt å gjere greie for.

Mirakela

Lat oss sjå på mirakela først. Kultisk og funksjonelt har dei ei primær stilling, nokre av dei sannsynlegvis også tekstkronologisk i forhold til vitaet.[50] Fountains Abbey-handskriftet er det mest omfattande av alle kjeldene våre sidan det inneheld 49 mirakel, mellom dei det sjølvbiografiske mirakelet av erkebiskop Øystein som er sitert ovanfor (nr. 37). I andre latinske kjelder møter vi elles berre dei 21 første mirakela (pluss eit som ikkje finst i det engelske handskriftet), eller eit utval av dei.[51] Såleis gjengjev Anchin-handskriftet desse 21 (+1), medan dei liturgiske lesestykka oftast har bygt på kapittel frå vitaet (sjå nedanfor) og eventuelt dei første 3 – 4 mirakela, i nokre tilfelle heilt opp til nr. 11. Hymnen *Rex Olauus Gloriosus* fortel t.d. om mirakela nr. 2, 6 og 9.[52] Også *Homilieboka* og Olavssogene frå 1200-talet fortel ofte om dei 21 første mirakela. Eit første blikk på overleveringa tilseier i det minste at det går eit skilje etter mirakel 21.[53] Ser vi på innhaldet, kan vi konstatere at det går eit skilje mellom det 10. og det 11. mirakelet. Berre mirakela nr. 1 og 10 hender medan Olav lever, og nr. 2 hender like etter at han er død; nr. 3–9 er ikkje nærmare tidfeste, men dei kan godt lesast som om dei skulle ha funne stad på 1000-talet med votivgåvene som det som knyter dei til «her og no». I nr. 11 derimot vert det forsikra at dette underet vart fortalt for *archiepiscopo et fratribus*, 'erkebiskopen og kannikane'. Desse møter vi også i fleire av dei følgjande mirakela, og det er svært nærliggjande å sjå mirakela 11–49 som mirakel som er rapporterte og komponerte ved erkebispesetet med ein intens aktivitet i Øysteins periode.[54]

Det interessante er no at det ikkje berre er ein del variasjon i den latinske tradisjonen (og innanfor den norrøne parafrasen av denne), men at fleire mirakel berre finst i kongesogelitteraturen og i norrøne skaldekvad. Nokre av desse er posthume mirakel i form av visjonar som vert fortalde i samband med seinare kongar, t.d Magnus Olavsson som ser far sin i eit syn før slaget på Lyrskogsheia, og Harald Hardråde som mirakuløst får hjelp til å flykte frå fengsel i Miklagard.[55] Det er ikkje vanskeleg å sjå korleis slike historier kan ha oppstått når slektningane til Olav skulle ha sine ærefulle soger eller kvad – og den åndelege kontakten med helgenen skulle understrekast. Det er ikkje noko som knyter desse hendingane til Nidaros i form av votivgåver eller liknande, og dei kan ha begynt å sirkulere både før, samstundes med og etter den offisielle mirakelrapporteringa ved domkyrkja.

Det er vanskelegare å forklare den manglande omtalen i legenda av spektakulære hendingar i samband med sjølve martyrdøden: Negler og hår voks på liket (*Glælognskviða*, *Erfidrápa*, Olavssoger), Tore Hund såg sjela til Olav verte førd til himmelen av englar (Olavssoger), der stråla lys over den døde kongen (*Geisli*, Olavssoger) og lys vert kveikte og klokker ringjer av seg sjølv over skrinet (*Glælognskviða*), og ikkje minst solformørkinga som er nemnd ovanfor (*Erfidrápa*, *Geisli*, Olavssoger). Slik vi har legenda, fortel ho berre om nokre få mirakel som fann stad medan Olav levde eller rett etter at han døydde: (nr. 1) Draumesynet der Jesus trøystar Olav natta før martyriet og viser han himmelstigen; (nr. 10) Tresponmirakelet der Olav gjer bot for at han har spikka tre på ein søndag; (nr. 2) «Protomirakelet» der ein blind får att synet etter å ha tørka seg rundt augo med Olavs blod på hendene. Nokre av desse mirakela som legenda ikkje brukar, var i alle fall kjende av Einar Skuleson på det tidspunktet erkebispesetet vart oppretta, og nokre er nemnde i skaldedikt så tidleg som i *Glælognskviða* og i *Erfidrápa*. Litt skjematisk kan ein tenkje seg tre ulike forklaringar på at desse mirakela ikkje har fått plass i legenda:

1. Dei har vore med i den latinske legenda, men berre i versjonar som vi ikkje kjenner.
2. Legendeforfattarane har ikkje kjent dei.
3. Legendeforfattarane har ikkje godkjent dei.

Når det gjeld den første mogelege forklaringa, skal vi hugse på at granskinga av legendematerialet har bode på mange overraskingar sidan Storms utgåve kom ut i 1880,[56] og som nemnt ovanfor kan det overleverte materialet ikkje utan vidare takast som representativt. Men sett i lys av at det temmeleg store fragmentmaterialet som Østrem har analysert – over 40 mindre eller større fragment, mange frå 1200-talet – inneheld mange variantar både når det gjeld tekstutval og ordlyd (sjå også nedanfor om vitaet), er det konsekvente fråværet av desse mirakela unekteleg påfallande. Desse mirakela ville det vere naturleg å plassere først i ei samling, og dei ville såleis ha ein god sjanse til å kome med i tekstlesingane. Heller ikkje i dei eigentlege legendehandskrifta er det det minste spor av dei.[57] Ein variant av denne forklaringa kunne ta utgangspunkt i eit ofte sitert avsnitt hjå Theodoricus der han seier at han ikkje vil gå nærmare inn på korleis Gud straks let Olav vise krafta si ved å gje blinde synet og utrette mange andre under ved lækjedom, og på korleis biskop Grimkjel fekk overført den heilage lekamen til Nidaros året etter slaget på Stiklestad – for det har andre jo skreve om.[58] Dette har vore tolka som ei tilvising til ei latinsk translasjonsforteljing. Det kan ikkje vere tvil om at Theodoricus talar om noko som er nedskrive (*memorie tradita sunt*), men det treng ikkje ha vore eit sjølvstendig verk,[59] det kunne vere ein versjon av *PO* som vi ikkje kjenner. Den første delen av sitatet frå Theodoricus kunne høve til dette. Men igjen må vi seie at dersom ein slik versjon, eller ei heil translasjonsforteljing, også hadde innehalde alle dei norrøne mirakela som vi har nemnt, må ein undre seg over at slike tekstar slett ikkje har sett spor etter seg – i alle fall dersom det er tale om liturgiske tekstar.

Ein kombinasjon av den andre og den tredje mogelege forklaringa er vel meir sannsynleg, men vanskeleg å vurdere fordi vi korkje kan datere utbreiinga av munnlege tradisjonar eller den første nedskrivne mirakelsamlinga med tilnærma presisjon. Sjølv om nokre av forteljingane kan ha vorte til kort tid etter Olavs død, kan det, som vi har peikt på ovanfor, vere tale om islandske eller ikkje-lokale tradisjonar som kanskje først vart «gesunkenes Kulturgut» i Nidaros etter at vi fekk ei intensivering av Olavsdyrkinga med auka byggjeverksemd i 1130- og 1140-åra og med opprettinga av erkebispestolen i 1152/53. I tilfelle vil det ulike utvalet av mirakel i den latinske Olavslegenda og dei tekstar som går attende på den, på den eine sida og i skaldedikt og sagalitteratur på den andre, reflektere ulike tradisjonar ved ulike institusjonar og i ulike litterære miljø. I lys av at *Geisli* rapporterer om nokre av undera og av at vitaet kunne ha vorte omskrive etter at erkebispesetet vart oppretta (sjå nedanfor), vert også spørsmålet om «offisiell» godkjenning relevant. Ein kunne tenkje seg at den «offisielle mirakelboka» (med mirakela nr. 1–10) var frå byrjinga av 1100-talet, og var halden høgt i ære då den neste redaksjonsfasen byrja midt på 1100-talet. Ein har då ikkje vilja endre på den gamle grunnstamma av mirakel, og har late dei andre forteljingane om under leve vidare som apokryfe forteljingar, i den forstand at dei ikkje har fått eit godkjennande stempel frå domkapittelet. Det har neppe på nokon måte vore motstand mot innhaldet i dei «apokryfe» mirakelforteljingane – solformørkinga ville passe godt inn i den offisielle legenda. Men ein kan ha følt at dokumentasjonen var for dårleg dersom ein heldt seg til ei gamal og aktverdig liste over opphavlege mirakel.

Ein kan også drage ein parallell til det kunsthistoriske materialet. Den store systematiske granskinga til Anne Lidén (1999) av biletframstillingar av Olavsmirakel viser ein svært brokut og kreativ tradisjon. Rett nok kjenner vi ikkje biletlege framstillingar av mirakel frå før 1200 – og langt dei fleste er frå seinmellomalderen – men det er slåande kor mange «nye» mirakel frå Olav sitt liv som vert framstilte: ulike mirakel frå då kongen segla til Noreg, han lækjer ein gut med halsbyll, han vert martyrkrona osv. Nesten alle desse mirakela finst også i sagalitteraturen, men Olav vert dessutan framstilt i nokre situasjonar som det ikkje finst belegg for i tekstane. Dersom det over hovudet finst eit mønster her når vi samanliknar med dei latinske mirakelsamlingane, så er det at dei mirakela frå desse som *er* representerte i biletframstillingane, alle tilhøyrer dei første 21, nærmare bestemt dei første 13. På same måten som i sagalitteraturen får ein det inntrykket at det vart etablert nokre sentrale mirakel på eit tidleg tidspunkt (kort før og etter 1152/53), og at ein seinare ganske fritt kunne tilføye alle slags eventyrlege historier om Olavs liv og død – som altså ikkje fekk innpass i den etablerte latinske samlinga. Omvendt gjeld det også at mirakela nr. 22–49 korkje vert tekne opp i sagalitteraturen eller i biletkunsten.

Det er av mange grunnar vanskeleg å seie noko om dialogen mellom den latinske og den norrøne litteraturen i den tidlege perioden, m.a. av den enkle grunn at den norrøne litteraturen enno ikkje var skriven. Derimot brukte legendeforfattarane utan tvil ulike utanlandske latinske førebilete. Vi skal sjå på eit enkelt døme frå mirakela som m.a. illustrerer redaksjonsprosessen i perioden til Øystein.

Det tiande mirakelet fortel om Olav som gløymde seg og spikka tre på ein søndag. Då ein av mennene hans taktfullt minner han om kviledagen, tek han all sponen i handa si og brenner dei – utan å få mein av det. Særleg i dei ti første mirakela gjev Fountains Abbey-teksten nokre mindre tilføyingar og lagar litt meir glidande overgangar samanlikna med den litt eldre tekstversjonen vi finn i Anchin-handskriftet. Her lyder eit forklarande tillegg: *obseruant enim in Noruegia cum magna diligentia festos dies, nec ullus aliquid operis magni uel parui facere presumit*, 'i Noreg er ein nemleg påpasselege med å halde kviledagane heilage, og ingen dristar seg til å gjere noko arbeid, stort eller smått'. Det finst sterke argument for å tru (sjå nedanfor) at redaktøren av denne teksten har teke utgangspunkt i legenda om Knut den heilage av Ælnoth, som var skriven ca. 1122 i Odense. Her forklarar den engelske munken nemleg at danskane rett nok vart kristne seint, men at dei er eit steg framom islendingane og nordmennene, som m.a. på grunn av det ugunstige klimaet ikkje var i stand til å halde det uomgjengelege påbodet i den nye trua, fasten.[60] Når det vert understreka at nordmennene er påpasselege med å kome kviledagen i hug, kan det oppfattast som ein replikk til den type skepsis som Ælnoth gjev uttrykk for. Tillegget frå *PO*-redaktøren viser at han har eit blikk både på eit framant publikum og på den internasjonale hagiografiske litteraturen, sjølv om teksten nok først og fremst skulle fungere lokalt. Det var viktig å overtyde seg sjølv om at ein var ein fullverdig medlem av det kristne fellesskapet.

Også dei norrønspråklege tilpassingane av *PO* hadde denne funksjonen. For mirakeldelen har vi som nemnt to tekstar frå rundt 1200, *Homilieboka* og nokre fragment (ofte kalla «7. og 8. brotstykke», i handskriftet AM 325 IV a 4to). Visse ting kan tyde på at fragmentteksten er nærare knytt til Nidaros enn *Homilieboka*, men vi kan ikkje bestemme tid og stad med større presisjon. Vi kan likevel godt tillate oss å sjå desse tekstane som prov på at Olavsmirakela også danna grunnlag for folkespråklege preiker, både i og utanfor Nidaros. *Homilieboka* omfattar – i tillegg til ein lang *passio*-del – dei 21 første mirakela, og fragmenta av ei mirakelsamling ligg også innanfor dei 21 første mirakela (vi har overlevert fragment av mirakel nr. 2, 3, 5, 6, 8, 17). Sjølv om dei norrønspråklege mirakela utan tvil er tekstleg avhengige av *PO*, er det meir tale om pedagogiske tilpassingar eller parafrasar enn omsetjingar i moderne forstand.[61] Vi finn m.a. utelatingar eller klargjeringar av bibelreferansar og ulike narrative forenklingar. Fleire gonger utelet også

Homilieboka den stadlege referansen til Nidaros. Eit døme er mirakel nr. 3 om hovdingen i Irland, Olavs systerson Guttorm, som til gjengjeld for den hjelp han hadde fått frå helgenen, gav eit stort sølvkors til «denne kyrkja» (sitert ovanfor). Ein liknande «her og no- referanse» til sølvkorset i Kristkyrkja finst naturleg nok også i *Geisli* (str. 31–34), men i *Homilieboka* heiter det berre «at det no pryder den heilage mannens hus».[62] Teksten i fragmentet seier berre at etter sigeren let Guttorm lage det store sølvkorset. I mirakel nr. 5 vert det fortalt om brød som vart til stein – fordi dei var bakte på ein søndag – og her avsluttar *PO* igjen med ein votivreferanse: *Adhuc ex illis lapidibus unus in miraculi testimonium et memoriam in beati basilica reseruatur martiris,* 'enno vert ein av desse steinane gøymd i den heilage kyrkja til martyren som eit vitnemål og til minne om dette underet'. Her tilføyar *Homilieboka* dei avslørande orda: *í Þrondhæimi norðr*, 'nord i Trondheimen'.[63]

Dei norrøne tekstane, i særleg grad mirakela i fragmentet AM 325 IV a 4to, er også prega av ein trong til å konkretisere forteljingane ved å nemne tid, person og stad. Dette ser vi alt i *Erfidrápa* (str. 23) av Sigvat skald. Han nemner ved namn ein Valdemar i Gardar som hadde fått att synet ved helgenkongens hjelp. I *Geisli*, som fortel underet om hovdingen i Irland, vert det nemnt kvar slaget fann stad, og i miraklet i legendefragmentet vert også, i motsetning til i den latinske teksten, mor til hovdingen, Gunnhild, namngjeven. Mest slåande er kanskje denne tendensen der fragmentet fortel det korte og i den latinske teksten heilt anonyme og tidlause mirakelet om ein mann som vart lækt, nr. 7 – «Ein mann som hadde fått tunga skoren av». Her får vi vite at mannen heitte Halldor, og at mirakelet fann stad medan kardinal Nicholas Brekespear var i landet.[64] Tendensen til å nemne tid, stad og namn kan ein ta som uttrykk for at den folkespråklege teksten hadde eit behov for fleire «tillitsmarkørar» enn den latinske som på grunn av sin heilage status – både språkleg og ved den privilegerte oppbevaringa i kyrkjene – vart vurdert som overtydande sjølv i dei tilfella han berre hevda at «det var ein gong ein blind mann». Kanskje kan ein her også ane den genealogiske og kronologiske interessa som seinare kjem fullt til uttrykk i kongesogene.

Passio

Mirakela vert i vår overlevering, så vel i lesestykka som i ulike versjonar av den fullstendige legenda, innleia av ein vitadel, eller rettare, av lidingssoga til helgenkongen, *passio*. Denne delen av teksten har av fleire grunnar ein annan karakter enn mirakela. Han skulle ikkje ved konkrete døme på at helgenen gav lækjedom, dokumentere den krafta helgenen hadde, men skulle snarare forklare, ved å fortelje om Olavs liv, bakgrunnen for at han etter sin død hadde så stor ære i himmelen at han kunne gå i forbøn for menneske hjå Gud. Den retoriske oppgåva vart altså å framheve den ekte trua til Olav, misjonsiveren og martyrdøden – alt saman på ein latin som heilaggjorde objektet sitt på uttrykksplanet ved hjelp av bibelspråk, på innhaldsplanet ved hjelp av parallellar til den bibelske forteljinga. Dette var ein velkjend metode til å framstille den lokale delen av den heilage historia både som ei utviding av bibelhistoria og som ei gjentaking av denne. I motsetning til det som er tilfelle med mirakela, er det her altså tale om ei samla retorisk oppgåve – ikkje i utgangspunktet ein tekst som kunne skyte knoppar når det kom nye prov på den makta helgenen hadde. Men, som når det gjeld mirakelsamlinga, har vi å gjere med eit institusjonelt produkt, sannsynlegvis med Øystein som initiativtakar og teamleiar, men ikkje naudsynleg som eineforfattar slik ein ofte har meint.

Det var altså ikkje meininga å skrive ein detaljert biografi. På den andre sida måtte forfattarane av ein *passio* trass alt ta omsyn til og byggje på det som var vanleg kjent om fasane i livet til Olav, og det dei eventuelt sjølve kunne finne ut ved å bruke munnlege så vel som skriftlege kjelder. Etter *Passio* å døme synest det ikkje som miljøet i Nidaros har hatt særleg mange haldepunkt i Olavs liv 130–140 år etter at han fall på Stiklestad. At teksten ikkje har så mykje konkret av historiske opplysningar å kome med, kan som nemnt ha samanheng med dei retoriske krava. Men til og med ein del trekk som var viktige for denne retorikken – omvending og dåp, årsaka til den siste kampen og datoen for martyriet – ser det ut for at det litterære miljøet i Nidaros, famlande og usikkert, fann fram på dette tidspunktet.

Før vi ser på innhaldet, skal vi kort kome inn på forholdet mellom den såkalla korte (ca. 1 side) og den lange *Passio* (ca. 4 sider). Dei er begge representerte både i legendariske og liturgiske kjelder. Dessutan har vi forkorta versjonar både av den lange og den korte *Passio*, og dessutan ein tredje og ein fjerde *passio*-tekst, sannsynlegvis av svensk opphav.[65] Anchin-handskriftet er den eldste kjelda til den korte versjonen. Den teksten vi finn i dette handskriftet, kan ikkje vere mykje eldre enn handskriftet, sannsynlegvis frå 1170- eller 1180-åra.[66] Den same tidsramma må vi setje for Fountains Abbey-teksten, som er den eldste kjelda vi har for den lange *Passio*. Sjølv om vi ikkje på nokon måte kan stille opp eit stemma som viser det genealogiske forholdet mellom alle kjeldene, er likevel den korte og den lange tekstversjonen i seg sjølv så stabile at det gjev meining å operere med desse to storleikane og å samanlikne dei. Det har først vore gjort av Ekrem (2000) og deretter av Østrem (2000 og 2001), som kjem til ulike resultat. Ekrem meiner at den korte versjonen er opphavleg og – slik som mirakelsamlinga – etter kvart har vorte utvida. Østrem meiner at dei er samtidige og skrivne i det same miljøet, men til ulike føremål. Den lange versjonen har likevel tent som eit utgangspunkt for den korte – som særleg skulle brukast til kortare lesingar.[67] Østrem har sterke argument for dette synet, m.a. på grunnlag av komparativt materiale og kjeldetypar. Vi skal ikkje gå nærmare inn på denne argumentasjonen her. Men korkje Ekrem eller Østrem har lagt vekt på tekstinterne argument, sjølv om ein faktisk kan peike på to, og det andre av desse er etter vår meining avgjerande.

Det første tekstinterne forholdet som kan seie noko om kva for ein tekst som er opphavleg, har samband med bruken av bibelstader. Den korte *Passio* er ein *tour de force* av bibelstader – som alle også finst i den lange. I den lange er der likevel til dels nokre retoriske pausar mellom dei, noko som gjer at dei verkar sterkare. Men fleire av bibelstadene er brukte meir utførleg i den lange. Det ville vere mykje meir komplisert å gå frå ein kort versjon til ein lang der ein skal reaktivere ei rad med bibelstader og bruke dei på ein ny – og meir effektiv – måte, enn berre å skjere bort ein stor del tekst.[68]

Det mest opplysande tekstinterne forholdet er knytt til passasjen nedanfor. Då Olav har bestemt seg for å forlate Russland og vende tilbake til Noreg – til det som skulle verte endelykta hans, høyrer vi om reaksjonen frå fiendane. Først i den lange versjonen:

> *«Iført ei brynje av tru og omspent med det åndelege sverdet, som er Guds ord, sådde den gode forkynnaren så ivrig ord fulle av tru over alt på vegen, gjennom vanære som ære, gjennom lovord og audmjukingar, med rettferds våpen både på høgre og venstre side*[69]*, budd til å tåle kva liding som helst for Kristus. Av fri vilje utsette han seg for farar, og avslo ikkje martyriet dersom Gud ønskte det.*
>
> *Og ettersom arbeidaren har fortent si løn, ønskte Gud endeleg å føre stridsmannen sin ut av fangenskapet i kjøtet slik at han kunne få den fulle og rike løn for strevet sitt, og kongen kunne sjå kongen i all si prakt. Det var ein del av landet, der den heilage lekamen hans no kviler, der folket var hardnakka og gjenstridige i vondskapen sin, upåverkelege fiendar av sanninga, og derfor av kongen sjølv. Til dette området kom Kristi martyr for å forkynne Guds miskunn for dei vantru menneska. Då fiendane av sanninga hadde fått dette å vite, kalla dei saman eit gudlaust ting, og dei samla seg mot Herren og hans salva.»* [70]

Den korte versjonen lyder slik:

> *«Iført ei brynje av tru utsette han seg av fri vilje for farar, og avslo ikkje martyriet dersom Gud ønskte det. Då fiendane av sanninga hadde fått dette å vite, kalla dei saman eit gudlaust ting, og dei samla seg mot Herren og hans salva.»*[71]

Det som er glidande og logiske overgangar i den lange versjonen, har vorte heilt ulogisk i den korte. Olav sine fiendar må sjølvsagt ha fått vite at Olav er komen til denne delen av Noreg (*in hanc partem uenit*) før dei legg opp råd mot han. At dei legg opp råd mot han, kan ikkje logisk knytast til at han ikkje avslo martyriet dersom Gud ønskte det. Sjølv om redaktøren av den korte versjonen har hatt ei heldig hand med saksa, meiner vi denne tekststaden avslører at han har vore litt snar når han har kutta tekst. Det er utenkjeleg at dette er den opphavlege teksten, og at den lange versjonen er ei genial omredigering samstundes som den klossete ordlyden frå den korte versjonen er bevart – overgangen i form av den absolutte ablativen, *Quo comperto*.

Med dette skulle også synspunktet til Østrem vere underbygt. *Passio*-delen er komponert i Nidaros som *ein* prosess i Øysteins periode. Den lange versjonen skulle tene som referansepunkt for produksjon av andre tekstar – også songtekstar – og den korte versjonen har vorte til i det same forfattarmiljøet, og er primært tenkt for korte liturgiske lesestykke. Dette støttar også synspunkta som har vore sette fram tidlegare,[72] nemleg at det er ein intens aktivitet rundt arbeidet med å setje saman ei legende i perioden ca. 1150–1180, og at dette er gjenspegla i Anchin- og Fountains Abbey-handskrifta som med omsyn til tid, involverte personar og mellomliggjande kopiar ligg nær den teksten som vart forfatta i Nidaros i denne perioden. Dei er altså gode kjelder, men det kan ha funnest ti gonger så mange gode handskrift frå denne perioden.

Vi kan no vende attende til kva vi får å vite om Olav i *Passio*. Fountains Abbey-teksten (den lange) kan ein dele i følgjende element:

1. Det kalde Nord (Aquilo) og omvendinga i dette området.
2. Olav vert omvend i England og døypt i Rouen – Olav er rein.
3. Misjonen i Noreg.
4. Motstanden mot Olav.
5. Olav er ivrig og lukkast med misjonsverksemda.
6. Lovgjeving, rex justus-idealet.
7. Olav må flykte til Russland.
8. Olav kjem attende til Noreg.
9. Motstandarane til Olav (mellom dei Knut den mektige), slaget på Stiklestad.
10. Martyrdøden 1028.

I den korte versjonen er dette forkorta til:

1. Olav vert omvend i England og døypt i Rouen.
2. Olav må flykte til Russland, og kjem attende.
3. Motstanden mot Olav (Knut den mektige), slaget på Stiklestad.
4. Martyrdøden 1028.

Den bibelske retorikken om den fromme fyrsten og den nye statsteoretiske diskursen på 1100-talet om den rettferdige kongen (*rex justus*) som inkluderer alle, høge og låge, i rettferda, fungerer som nemnt mest effektivt i den lange versjonen, men eigentleg er der ingen skilnad når det gjeld bodskapen, mellom dei to versjonane. Innprentinga av dette idealet og understrekinga av den innsatsen som Olav gjorde for å kristne Noreg, som grunnlaget for kulten i samtida, har vore hovudføremålet med *PO*. Men det har trass alt vore forfattarane si oppgåve å seie noko om dei avgjerande momenta i Olav sitt kristne liv: kvar og når vart han omvend og døypt? kva var bakgrunnen for at han måtte flykte og for at han leid nederlag på Stiklestad? Når og korleis fall han?

Skal ein døme etter *PO* og samtidig historiografi i Nidaros (sjå nedanfor), har ein, som nemnt, stått på temmeleg berr bakke. Det som vi ser som dei beste tidlege kjeldene til Olavs historie, Adam av Bremen, William av Jumièges og skaldevers, ser ikkje ut for å ha spelt noka rolle for teamet til erkebiskop Øystein.[73] Som vi kjem tilbake til under omtalen av Theodoricus, byggjer opplysninga om at Olav vart døypt i Rouen, faktisk på ei framifrå kjelde – eit forskingsresultat som dei seinare kongesogeforfattarane ignorerte. Men elles er *PO* svært vag når det gjeld opplysningar om livet til Olav. Vi vert orienterte berre med nokre få setningar om flukta til Russland etter fleire sider om den vellukka kristninga og det rettferdige styret: «men han leid på den andre sida også mykje vondt, og hadde mykje motgang frå dei [landsmennene], og då han ikkje kunne stå imot overmakta deira, flykta han til Russland».[74] Ein har neppe sett det som relevant å nemne ei mengde namn på motstandarane til Olav, men forfattarane av *PO* har sannsynlegvis heller ikkje hatt detaljert kunnskap om dei kampanjane mot han som dei seinare Olavssogene fortel om. Forfattarane av *PO* vik ikkje attende for å nemne eit par namn i det følgjande. Vi får vite at Jaroslav tek godt imot Olav, og då Olav får det kallet at han skal reise attende til Noreg, er leiaren av motstanden mot han «ein viss Knut», som har kjøpt vonde menneske med pengar. Korleis Olav fall, vert heller ikkje vist større interesse, men det vert slage fast at han døydde på Stiklestad, onsdag den 29.juli 1028.

Dette narrative skjelettet har først vorte etablert på 1100-talet, og sjølv dei få historiske detaljane det inneheld, synest å ha vore mottakelege for diskusjon og justeringar. Det er såleis interessant å lese dei alternative *Passio Olaui* som Østrem har oppdaga og analysert.[75] Dette er fragmentariske liturgiske tekstar av svensk proveniens. Songtekstane stammar frå *PO* som vi kjenner det, men lesetekstane viser oss eit par ukjende versjonar av Olavs lidingssoge. Fragmenta kan daterast til andre halvdel av 1200-talet – fragmentet som inneheld den eine av dei nye versjonane, kan vere eldre. Men det finst gode argument for at dei nye tekstane må ha vore skrivne alt rundt 1200, sannsynlegvis i Sverige. I den versjonen som er best overlevert, den Østrem kallar «Knuts-vitaet», møter vi den same strukturen og retorikken som i *PO*, og det er all grunn til å tru at *PO* har vore det tekstlege utgangspunktet. Den bibelske retorikken er den same, sjølv om det delvis er andre bibelske parallellar som vert aktiviserte. Dei historiske detaljane er bygde ut og vinkla på ein litt annan måte. Mest slåande i denne samanhengen er omtalen av Knut som her ikkje berre er «ein viss Knut», men er kongen til danskane og engelsmennene, og som sjølv er svært aktiv og målretta i kampen mot det gode. Dette er kanskje ein svensk synsvinkel – i alle fall ikkje ein dansk. I nokre danske Olavsofficium vert rolla til Knut ignorert eller neddempa.[76] Olavs død vert meir utmalt. Han vert gjennombora av lansane til sitt eige folk – noko som vert kopla til forklaringa av namnet Stiklestad som 'dolke'- eller 'snikmordarstaden' (*locus pugionum uel sicariorum*).[77] Endeleg vert det sagt at ein har rekna ut at dødsåret er 1030. Vi kan diverre ikkje sjå kva ein her meiner å vite om omvendinga og dåpen til Olav, sidan det første lesestykket manglar i fragmenta.

Trass i dei innbyrdes motsetningane – som vitnar om ein svak historisk tradisjon om Olav – er alle dei ulike versjonane av *PO* heilt samde om å teikne ein Olav som ikkje berre fekk noko avgjerande å seie for Noreg, men som vart ein bibelsk figur med ei kosmisk rolle. Her var det ein stor fordel å kunne presentere helten sin på det heilage språket latin. I ein vev av allusjonar og assosiasjonar gjenoppfører Olav ulike gammal- og nytestamentlege drama. I eliadesk forstand er Olavs heilagdom eigentleg berre gyldig som ein kopi – som ein gjenkomst, noko som vert klart understreka i det språklege uttrykket. Vi skal her nøye oss med å gje eitt døme på denne tilknytinga til bibelhistoria.

Første avsnitt av den lange *Passio* opnar med å setje Noreg på verdskartet. Det er eit svært stort land mot nord (*terra pregrandis uersus aquilonem locata*) som til for kort tid sidan var innhylla i heidne vrangførestellingar. Slik er landet også omtala i Bibelen, nærmare bestemt i Jeremias 1.13–14 og Isaias 14.13. Hjå Jeremias vert nordavinden (Aquilo) omtala, som alt vondt skal kome frå på heile jorda,[78] dvs norden er Den Vonde sjølv. Hjå Isaias er det Djevelen som talar og hevdar at han vil setje trona si i dei nordlege områda (*in lateribus Aquilonis*). Denne fiendsleg kulden har Olav omskapt med varmen frå trua til eit mildt og kriste land. Det er tydeleg at forfattaren har gått langt for å finne referansar til Noreg i Bibelen. At Aquilo hjå profetane skulle vise til Noreg, finn vi alt hjå Ælnoth i føreordet hans til *Passio Canuti*. Det er neppe tvil om at *PO* har teke utdangspunkt i dette.[79] Ein skulle tru at det ville vere meir nærliggjande å forkaste identifikasjonen, men ved hjelp av retoriske

Olav den heilage frå Tyldal i Østerdalen ca. 1250. Foto: Riksantikvaren. Vi ser her helgenkongen med sitt truleg aller mest kjende atributt, nemleg øksa. I dette tilfellet er øksa noko yngre enn sjølve figuren. Nationalmuseet i København. Foto: Riksantikvaren.

St Olav seen with his most known attribute – his axe, from Tyldal in Østerdalen from about 1250.

krumspring klarer *PO* å skape ei høgst verdifull forankring i den store heilage historia. Slik som Adam av Bremen uttrykkjeleg seier at profetiar i det gamle testamentet vert oppfylte her og no under misjonsverksemda frå Hamburg-Bremen,[80] slik skaper også *PO* kontinuitet mellom det lokale og det universelle og heilage.

Homilieboka innleier også med å plassere Noreg ved hjelp av tekststaden frå Isaias om «dei skrytande orda frå Djevelen» medan Jeremias-teksstaden om nordavinden kjem fram indirekte ved at kulde/varme-metaforikken vert brukt på same måten som i *PO*. Her kan ein sjå korleis latinen lettare kan brukast til å skrive vidare på den heilage historia. Ordet for 'nord', *Aquilo*, skaper direkte samband med bibelteksten. Det same litterære grepet i innleiinga vert også brukt i Olavssekvensen *Postquam calix Babylonis*.[81] Denne tekststaden meiner vi også er eit sterkt argument for at den norrøne teksten i *Homilieboka* var omsett frå latin, og ikkje omvendt. Det har det vel aldri vore større tvil om, men det har heller aldri vore prova. Det er usannsynleg at ein norrøn forfattar finn fram to bibelstader, siterer den eine og brukar metaforikken frå den andre, og at omsetjaren til latin finn fram den andre bibelstaden, siterer den direkte, og samstundes er så heldig at metaforikken høver mykje betre på latin (*Aquilo*, 'den kalde vinden frå nord' *og* 'Den Vonde – fråværet av tru'). Det må vere den norrøne parafrasen som berre brukar Jeremias-teksten indirekte fordi metaforikken i den latinske originalen ikkje let seg gjengje.

I lidingssoga til Olav i *Homilieboka* ser vi på ny ei forskyving i dei få historiske opplysningane: Hovudfienden til Olav er no ikkje Knut den mektige, men Kalv Arneson, som ikkje er mindre vond. Det vert gjeve meir detaljerte opplysningar om korleis Olav døyr. Tidspunktet er i *Homilieboka* sett til onsdag den 29. juli 1024, men det er grunn til å oppfatte årstalet 1024 i handskriftet som feil avskrift av 1028, altså same årstal som i *PO*.[82]

Dei historiografiske verka

Theodoricus vesle noregshistorie har ofte, med rette, vore sett i samband med *PO*. Der er ofte samsvar både i innhald og ordlyd, t.d. vert det også hjå Theodoricus sagt om Olav at han opplyste det barbariske nord (*Aquilo*), men først og fremst viser teksten eksplisitt til Nidaros-miljøet ved dedikasjonen til erkebiskop Øystein. (Det er dessutan svært sannsynleg at Theodoricus sjølv var den seinare erkebiskop Tore Gudmundson, 1206–1214). Desse forholda har gjeve grunn til å diskutere kven som brukte kven: hadde Theodoricus lese *PO*, hadde Øystein, som normalt har vore oppfatta som eineforfattar til *PO*, late seg inspirere av Theodoricus, eller er likskapane meir tilfeldige?[83]

Eit slåande døme er diskusjonen hjå Theodoricus av kvar Olav vart døypt (kap. 13). Nokre hevdar at han var døypt i Noreg, andre i England, «men i tillegg har eg sjølv lese i historia til normannarane at han vart døypt i Normandi av Robert, erkebiskopen av Rouen».[84] Denne opplysninga finn vi som nemnt også i *PO*, og der vert dette slege fast som eit faktum. Men Theodoricus nemner dette berre som det mest sannsynlege – rett nok tydeleg stolt over oppdaginga si. Opplysninga har Theodoricus funne i verket til William av Jumièges, *Gesta Normannorum ducum* (som vart skrive i løpet av 1050- og 1060-åra), og tekstbiten frå William er, interessant nok, også kopiert i Anchin-handskriftet like etter *PO* med same hand. Som det er argumentert for i eit tidlegare arbeid,[85] kan opplysninga berre stamme frå William av Jumièges, og *PO*, Theodoricus og kopisten av Anchin-handskriftet har altså alle, sannsynlegvis om lag på same tid (ca. 1170–1180) sett Williams historie i samband med diskusjonen av kvar Olav vart døypt. Dette meiner vi best kan tolkast som uttrykk for felles innsats *innanfor* det snevre Nidarosmiljøet, som resultat av et teamwork, ikkje *ein* forfattar som låner av ein annan.

Theodoricus går også inn på problema kring kronologien. Han kjem, under litt tvil, fram til at Olav døde onsdag den 29. juli 1029.[86] Men dette gjev han høve til ein lenger ekskurs om den uvisse som knyter seg til overleverte årstal. På same måten som han, når det galdt Olavs dåp, fann trøyst i at dei gamle lærde også var usamde om omstenda kring dåpen til Konstantin den store, såleis finn han her trøyst i at tala for alderen på verda ikkje stemmer over eins hjå dei store grunnleggjarane av kristen kronologi, Eusebios, Hieronymus, Isidor og Beda. Også på dette punktet er Noregs historie modellert over kyrkjehistoria! Det Theodoricus ikkje tvilar på, er den heilt sentrale posisjonen Olav den heilage hadde i den norske kongerekkja. I tillegg til den store plassen som vert brukt på historia hans, er der også ein påfallande høg bruk av lærde ekskurs i tilknyting til skildringa av Olav. Bruk av lærde ekskurs er eit litterært kjenneteikn hjå Theodoricus. Det er på ingen måte unikt innanfor den latinspråklege historieskrivinga på 1100-talet, men omfanget av dei i den relativt korte teksten er påfallande.[87] Lat oss sjå på korleis historia om Olav er strukturert hjå Theodoricus – vi kan bruke hans eigne kapitteloverskrifter:

13. *Kva ulike menn meiner om dåpen til Olav den heilage.*
14. *Om Olav Tryggvasons død.*
15. *Om at Olav den heilage kjem tilbake frå England til Noreg.*
16. *Om at Olav den heilage flyktar til Russland.*
17. *Om naturen til Charybdis og om langobardane og hunarane.*
18. *Olav den heilage kom attende til heimlandet; og om menneskekroppen som minka.*
19. *Olav den heilage fall i kamp som martyr.*
20. *Om ulike måtar å telje åra på frå verdas opphav.*

Det narrative skjelettet kjenner vi att frå *PO* – misjonen, lovgjevinga, *rex justus*-idealet og den personlege audmjukskapen vert også tematiserte (kap. 16 og 19) – men her kjem også fram ein del ulikskapar, både når det gjeld omfang, detaljar og struktur, som ein delvis kan forklare generelt på bakgrunn av at eit historiografisk verk har andre oppgåver enn *PO*, delvis kan ein sjå dei som uttrykk for korleis Theodoricus spesielt har valt å løyse desse oppgåvene.

For det første har Theodoricus prøvt å gje ei kronologisk framstilling, vi høyrer t.d. om at Olav Haraldsson vert døypt, før det vart fortalt om at Olav Tryggvason døyr. Dette er ein freistnad på å kome bort frå ei forteljing som berre er ei samansetjing av kongebiografiar, sjølv om kongane likevel står i det narrative fokus. For det andre er her litt meir kjøt på beina i forteljinga om krigane og slaga til kong Olav, fleire namn vert nemnde, og vi får opplysningar om motstanden mot kong Olav. Knut den mektige er med sine amoralske imperiale ambisjonar bakmannen bak den motstanden som er leia av Erling Skjalgsson, Kalv Arneson og Tore Hund (kap. 16 og 19). Slaget på Stiklestad vert også skildra meir utførleg (kap. 19), sjølv om Theodoricus må melde pass når det gjeld spørsmålet om kven som vart kong Olavs banemann – det er det nemleg altfor mange meiningar om. Den historiografiske oppgåva fører også med seg at vi får ei konstatering av kva som vart utfallet av slaget etter kongens død: ingen av partane sigra – det er noko som ikkje høver å nemne i legenda. Vi finn ikkje ein eigentleg politisk eller militær analyse av hendingane. Theodoricus nøyer seg med ei moralsk fordømming av Knut og dei nordmennene som let seg kjøpe av han. På denne måten kan ein godt tale om eit hagiografisk program hjå historikaren, men han finn trass alt plass til fleire namn og detaljar enn i *PO*. Her byggjer han sannsynlegvis på dei munnlege islandske kjeldene som han nemner i føreordet, og truleg også på norsk tradisjon sidan han skriv i eit norsk miljø. Men framstillinga er enno svært spinkel og kortfatta samanlikna med den seinare sagalitteraturen.

For det tredje kan vi konstatere at verket til Theodoricus har nokre strukturelle trekk som det er verdt å leggje merke til. Forteljinga om Olav den heilage utgjer heile sju kapittel av dei 34 som dekkjer perioden ca. 900–1130. Vidare er denne forteljinga plassert midt i verket. Forteljinga er innhaldsmessig så vel som strukturelt omdreiingspunktet i kongerekkja. Endeleg er denne forteljinga utsmykka og framheva med fleire og viktige ekskurs. Diskusjonen i kap. 17 om Charybdis, det mytiske havsvelget, har utgangspunkt i forteljinga om eit skipbrot i Petlandsfjorden ved Orknøyane. Via kjelda si, Paulus Diaconus (ca. 730–800), vert forfattaren førd vidare til hunarane si herjing og den mirakuløse redninga av Köln frå barbariske heidningar ved at fromme jomfruer greip inn. I kap. 18 konstaterer Theodoricus at i den tida Olav levde, må folk ha vore større enn «idag». Det gjev høve til ei lang forklaring, med støtte i stoisk og platonsk tankegods, av korleis menneskekroppen gradvis vart mindre. Til slutt får vi den omtalte kronologiske diskusjonen i kap. 20.

Denne innblandinga av kosmiske dimensjonar i den historiske forteljinga fungerer narrativt som eit crescendo og ei fortetting. Universelle perspektiv høyrer saman med framstillinga av Olav som ein from mann og som martyr. Samanflettinga av den vesle og den store verda, av det lokale og det universelle, har eit dobbelt siktemål: det encyklopediske vert overført til ei lokal bok og gjev lærdom lokalt om dei store samanhengar i verda, men det universelt sanne vert også utvida med Olavs martyrium, som med dette kjem til å få ein sentral plass i verdas gang.

I *Ágrip* er forteljinga om Olav om lag av same omfang som hjå Theodoricus, dvs. svært kortfatta samanlikna med seinare sagalitteratur. Verket er strukturert på følgjande måte (kapitla er av svært varierande lengde, og har ingen overskrifter, men dei byggjer på inndelinga i det einaste eksisterande handskriftet):[88]

22. *Den svake stillinga til kristendomen etter at Olav Tryggvason var død; Olav Haraldsson gjenopprettar den stilling kristendomen hadde.*
23. *Avstamminga til Olav Haraldsson; han kjem heim frå vikingtokt, og tek makta i Noreg.*
24. *Dei første åra hans som konge. Motstanden mot han.*
25. *Ekteskapet med Astrid; kongens utsjånad.*
26. *Knut den store mutar motstandarane til Olav; Olav flyktar til Russland etter å ha styrt Noreg i 14 år.*
27. *Knut set inn familiemedlemar som regentar i Noreg.*
28. *Danskane dominerer i Noreg.*
29. *Harde skattar.*
30. *Ingen torer å gjere opprør.*
31. *Olav vender tilbake til Noreg; slaget på Stiklestad.*
32. *Uår etter at Olav er død.*
33. *Årstalet for Olavs død (1029), alder og regjeringstid.*

Forteljinga fyller ein relativt stor del av dei 60 kapitla som vi har overlevert av *Ágrip*. Men på grunn av den fragmentariske overleveringa er det ikkje mogeleg å seie noko sikkert om kor stor plass soga om Olav har hatt i heilskapen. Biletet av Olav er ikkje så klart litterært markert som hjå Theodoricus, men det han etter Guds plan fekk å seie for innføringa av kristendomen – eller rettare sagt: for at nordmennene heldt fast på kristendomen – kjem sjølvsagt tydeleg fram. I grove trekk ligg forteljinga nær framstillinga i *PO* og hjå Theodoricus. Men *rex justus*-idealet kjem ikkje klart fram. Olav vert eigentleg berre teikna som ein god konge som misjonerte for den rette trua. *Ágrip* står på overgangen mellom krønike og norrøn saga. I den objektive stilen i sagalitteraturen vert personane – i alle høve hovudpersonane – teikna som runde karakterar. Også i biletet av helgenkongen vil difor *Ágrip* – og seinare verk innanfor sagalitteraturen – få fram at Olav var eit menneske med gode, og kanskje nokre mindre gode, sider. Vi møter også fleire andre nye element. Vi møter t.d. dei første spor av ein intern kronologi i Olavs regjeringstid – i kap. 24 vert det t.d. nemnt kvar han oppheldt seg den første vinteren. Også interessa for korleis Olav såg ut, er noko nytt innanfor Nidaroslitteraturen.[89] Forklaringa på motstanden mot Olav går ikkje utover det moralske: han misjonerte for kristendomen, og det var ikkje populært. Sviket frå Knut vert nemnt, men ikkje forklart – heller ikkje i moralske termar. Til gjengjeld vert bakgrunnen for at Olav hadde støtte då han vende heim, utmala: det indirekte hardstyret til Knut i Noreg var tungt å bere både økonomisk og juridisk – han var ein framand herskar som undertrykte dei lokale stormennene. Likevel møtte Olav motstand frå Kalv Arneson, som fordi han var stridlyndt og uvenleg stemd mot kristen misjon, samla fleire hovdingar til kamp, særleg frå Trøndelag og det nordafjellske, Tore Hund, Erland frå Gjerde og Aslak frå Finnøy. Olavs fall i slaget på Stiklestad framstiller forfattaren av *Ágrip* på ein heilt annan detaljert og sikker måte enn *PO* og Theodoricus: Olav kjempa utan hjelm og brynje; han vart først såra i kneet og deretter drepen av Tore Hund og Torstein Knarresmed. Nokre slike konkrete opplysningar kan stamme frå skaldestrofer, nokre kan eventuelt stamme frå eldre skriftlege kjelder eller frå munnleg tradisjon. Forfattaren let seg ikkje påverke av at Theodoricus tvilar.

Flateyarbók (GkS 1005 fol) er ein av dei aller viktigaste islandske sagakompilasjonane, og den mest omfattande, og dessutan eit av dei vakraste handskrifta frå Island. Det er skrive av prestane Jon Tordarson og Magnus Torhallsson i 1380-årene. Magnus har illuminert handskriftet. Boka vart truleg skriven på oppdrag frå den rike bonden Jon Håkonarson i Videdalstunga (1350-ca. 1416). Her ser vi Olav den heilage få banesår på Stiklestad. Foto: Stofnun Árna Magnússonar, Reykjavík.

The Flateyarbok is one of the oldest and most comprehensive compilations of Icelandic sagas. It is also one of the most beautiful illuminated manuscripts to have been produced on Iceland. The illumination shows St Olav mortally wounded at Stiklestad.

Det gjer han heller ikkje når det gjeld dødsåret, 1029, som han faktisk har overteke frå Theodoricus.

Samanfattande kan ein seie om Theodoricus og *Ágrip* i forhold til *PO* at begge fører inn nytt og meir konkret stoff. Bakgrunnen for dette er den historiografiske oppgåva dei har og kanskje inspirasjonen frå skaldedikt. Når det gjeld ideologien, er det inga usemje mellom forfattarane av desse verka: Olav er det guddommeleg inspirerte vendepunktet i den norske kongerekkja, og mirakel han gjer i samtida, viser oss igjen og igjen at han *var* utvald. Særleg viktig for dei to historikarane – i motsetning til *PO* – er det å understreke at gjennom Olav er lina attende til Harald Hårfagre sikra. Retorikken i dei to verka er derimot ulik. Med den latinske språkforma kan Theodoricus spele direkte på det «gjentakingstema» han kjenner frå *PO*, han til og med utvidar det frå å gjelde bibelhistoria til å omfatte kyrkjehistoria og den romerske historia: Så vel Noreg som Olav gjenoppfører og reinkarnerer den store gamle historia.[90] Det latinske språket legg i seg sjølv opp til eit slikt spel – dei same orda, omgrepa, metaforane og dei narrative strukturane let seg bruke på nytt for å uttrykkje det nye, som altså eigentleg er gamalt. *Ágrip* let oss heller ikkje vere i tvil om dei frelseshistoriske perspektiva, men den retoriske strategien er her i langt høgre grad å understreke det individuelle ved personane og det unike i historia. Der *Ágrip* taper truverde med omsyn til relasjonen mellom Olavshistoria og den store heilage historia, vinn verket truverde ved å mane fram for augo på publikum konkrete bilete av personane og hendingane. Utsjånaden til Olav, våpena hans, banemennene, alt saman er individuelt, og ikkje typisk.

Det er nærliggjande også å sjå på eit tredje samtidig historisk verk, nemleg det verket som er kalla *Historia Norwegie*, sjølv om det har vorte til utanfor Nidarosmiljøet – truleg har det vorte skrive på Austlandet mellom ca. 1160 og 1175.[91] Her er det endå vanskelegare å døme om framstillinga av Olav den heilage fordi berre ein del av første bok er overlevert, og teksten sluttar der Olav reiser til Noreg for å krevje trona i 1015. Verket må ha vore vesentleg meir omfattande sidan det har gått opp til samtida til forfattaren. Den store innleiinga om geografiske forhold i Noreg og den latinske høgstilen tyder på eit ambisjonsnivå som overgår det vi finn hjå Theodoricus og i *Ágrip*.

Historia Norwegie sluttar seg, som dei andre tekstane, til ideen om Olav som det frelseshistoriske vendepunktet og det patriotisk-genealogiske faste punktet i kongerekkja som fører attende til Harald Hårfagre. Men forfattaren av *Historia Norwegie* synest rett nok å gjere Olav Tryggvason nesten like betydningsfull. Første gongen Olav den heilage er nemnd (XV 3), er i ein genealogisk samanheng, og her heiter det i eit høgtideleg bibelspråk: «for frå deira slekt kom namnebrørne, dei to Olavane, som kom med frelse og opplyste fedrelandet, slik som dei skinande lys på himmelen, med lyset frå den heilage trua.»[92] Lysa (*luminaria*) viser til skapingshistoria med dei to lysa på himmelen, sola og månen. Kort etter vert Olav omtala som «*perpetuus rex Norwegie*», eit uttrykk vi også kjenner igjen frå dokument i tilknyting til kroninga av Magnus Erlingsson (1163) der kongane no skal ta landet i len frå Noregs ævelege konge.

Det ville ha vore interessant å sjå korleis *Historia Norwegie* gjennomførte det frelseshistoriske perspektivet i Olavsforteljinga, men det er vi diverre avskorne frå. Skal vi døme etter korleis teksten framstår generelt og etter den behandlinga Olav Tryggvason får, skulle vi vente ei noko meir omfangsrik og ambisiøs framstilling enn det vi finn hjå Theodoricus og i *Ágrip*. Det er ikkje umogeleg at heile den andre boka var via til Olav den heilage. Den vesle delen av historia hans som vi har bevart i *Historia Norwegie*, står til gjengjeld i ei særstilling mellom dei tidlege norske kjeldene. På dei tre bevarte sidene som fortel om Olav den heilage, vert det berre fortalt om vikingkarriren hans før 1015. Dette er eit punkt der dei andre norske kjeldene frå 1100-talet er tause. *PO* interesserer seg i det heile ikkje for kongens krigerske ungdom. Theodoricus nemner (kap. 15) at han kom frå kampar i England, og *Ágrip* (kap. 23) går så langt som til å seie at det er fortalt mykje om vikingtoktene hans, men gjengjev ikkje noko av dette.

Først høyrer vi om Olavs eventyr på det baltiske området (XVIII 1–7). Det vert ikkje lagt skjul på korleis han set skrekk i det meste av Baltikum med utgangspunkt i basen sin i Novgorod. Deretter (XVIII 8–12) vert han invitert av Svein Tjugeskjegg til eit vikingtokt mot England saman med son til Svein, Knut (den mektige). Etter at Knut har vorte einekonge, inngår han eit forbund med Olav den heilage og den svenske Olav Skottkonung om å erobre England, og saman går dei til eit større åtak mot kong Edmund i London (XVIII 13–18). Åtaket er vellukka med Olav den heilage som den store helten (XVIII 19–24). Krigen mot Edmund vert likevel avslutta først då han brått døyr, og Knut står att som eineherskar. Her vert dei to Olavane svikta. Dei får ikkje nokon del i erobringa. Endeleg høyrer vi om ekteskapsforhandlingane til Olav den heilage (XVIII 29–32), og til slutt – etter ei lakune som vi ikkje kjenner omfanget av, og der det må ha stått noko om Olav sitt forhold til kristendomen – vert det slege fast at han vender attende til Noreg med fire biskopar.

Også når det gjeld litterær strategi, skil denne teksten frå *Historia Norwegie* seg frå dei vi har omtalt til no. Ein kan nærmast seie at teksten uttrykkjer ein syntetisk posisjon – sjølv om han nok er eldre enn dei tekstane han framstår som ein syntese av. Vi veit som sagt ikkje korleis forfattaren har framstilt Olavs martyrium. Men ser vi på historia om Olav Tryggvason, er det liten tvil om at heile det bibelske apparatet må ha vore brukt. Retorikken knytt til «den ævelege gjentaking» har truleg vore gjennomarbeidd med den bibelske klangbotnen. Samstundes har stilen truleg også hatt visuelle og individualiserande trekk. I den bevarte teksten får militære og «sosiale» detaljar lov til å kome fram. Dei vert ikkje utviska til fordel for enkle moraliseringar. T.d. vert bakgrunnen for vikingkarrieren til Olav forklart: han hadde tapt farsarven, og var derfor tvungen til å verte viking.[93] Det finst også vesentleg meir krigersk ethos i skildringa enn i dei andre verka. Militær dugleik vert framheva som noko eintydig godt, medan det er sterkt nedtona i *PO* og hjå Theodoricus. Forteljinga i *Historia Norwegie* på fleire måtar påfallande, både når det gjeld innhald og form. Samanlikna med *PO* og Theodoricus gjev dette verket også ei anna framstilling av forholdet mellom Olav og Knut. *Historia Norwegie* kan for-

Olav den heilage frå Helgøy kyrkje. Figuren er truleg eit tysk arbeid frå ca. 1500. Vi ser her helgenkongen med alle sine attributt, øksa, eplet og dyret med kongehovud som han står på. Denne figuren vart meir eller mindre fast følgjesvein for Olav den heilage i seinmellomalderens ikonografi. Foto. Riksantikvaren.

St Olav from Helgøy church. The figure, which portrays the saintly king with his most famous attributes, is probably of German origin and dates back to around 1500.

telje at Olav opphavleg støtta Knut i hans kampar for å vinne England, og fortel at Olav og Knut til og med vart fosterbrør.[94]

Men no er det faktisk fleire kjelder som fortel at Olav hadde hjelpt Knut til å erobre England. Denne opplysninga finn vi i *Gesta normannorum ducum* (5. bok) av William av Jumièges frå byrjinga av 1070-åra. Adam av Bremen gjev om lag samstundes den framstillinga i *Gesta Hammaburgensis ecclesiae pontificum* (2. bok, kap. 51 og 52) at både Knut og Olav – som han rett nok seier er son til Olav Tryggvason – var med i hæren til kong Svein i hans kamp om England, men seinare skilde dei lag. Dei engelske krønikene som nemner Olav, fører i hovudsak vidare biletet frå *Gesta normannorum ducum*. Den eldste danske kjelda, *Roskildekrønika*, følgjer Adam av Bremen i si framstilling av forholdet mellom Olav og Knut. Saxo (frå ca 1200) fortel at Knut etter farens død var fast bestemt på å vinne England og Noreg tilbake, men torde ikkje straks å gje seg i kast med desse mektige fiendane. Han løynde hatet mot Olav, og fekk han til å hjelpe seg i kampen mot den engelske kongen, for å bruke den eine fienden mot den andre (10. bok).[95]

Olavs kampar i England før han vart konge i Noreg, er også omtalte i samtidig skaldedikting. Det er *Víkingavísur* etter Sigvat skald og *Hǫfuðlausn* etter Ottar Svarte som er kjelde til desse kampane. Dessutan er kampar i London omtalte i dei strofene som går under namnet *Liðsmannaflokkr*.[96] Desse strofene er i følgje nokre kjelder (t.d. *Legendariske saga*)[97] alle dikta av kong Olav sjølv etter at han hadde vunne London, etter andre kjelder er strofene dikta av *liðsmenn*, menn i følgjet til Knut – som Olav skal ha vore ein av. Om desse, eller nokre av desse strofene som omtalar kampar i England, verkeleg er dikta av Olav Haraldsson, er vanskeleg å seie, men i tilfelle viser dei at Olav kjempa på Knut si side mot engelskmennene. Dei aktuelle strofene etter Sigvat skald og Ottar Svarte, er ikkje heilt eintydige. Dei fleste av dei synest helst å støtte det synet at Olav kjempa på dansk side. Men alt sagaforfattarar i mellomalderen har sitert same strofe som belegg på ulike oppfatningar av kva parti Olav støtta.[98]

Av dei andre verka som har vorte til i Nidarosmiljøet, nemner også *Ágrip* at Olav hadde støtta Knut, men utan å gje detaljar.[99] Verk frå den norsk-islandske kongesogelitteraturen, som vert fyldigare omtalte nedanfor, gjev også grunn til å tru at denne framstillinga har vore kjend i dei eldste islandske sogeverka. *Legendariske saga*, som er eit norsk handskrift av den islandske Olavssoga som går under namnet *Eldste saga*, gjev den framstillinga at Olav hjelpte Knut til å ta London, men i ein litt annan versjon enn *Historia Norwegie*. *Legendariske saga* fortel at Olav gjekk med på å hjelpe Knut til å ta London mot at han gav opp alle krav på Noreg (kap. 10). Sigurður Nordal (1914: 69ff. og 89ff.) meiner at eit avsnitt i den redaksjonen av Olavssoga som står i *Flateyjarbók*,[100] som også gjev den framstillinga at Olav støtta Knut, skriv seg frå Styrmes tapte soge om Olav den heilage.[101] Moberg hevdar, med støtte i Sigurður Nordal,[102] at sidan den framstillinga at Olav hjelper Knut til å vinne London, har stått både i *Legendariske saga* og i Styrmes tapte soge, må det ha stått i den redaksjonen av *Eldste saga* som begge desse verka gjekk attende på (den Sigurður Nordal kalla *Mellomste saga*, sjå nedanfor). Men faktum er at ein treng ikkje byggje på ei usikker identifisering av eit tekstutdrag i *Flateyjarbók* som eit fragment av Styrmes tekst for å finne sterke argument for at sagatradisjonen som går attende på *Eldste saga* har hatt denne framstillinga av forholdet mellom Olav og Knut. Det tredje fragmentet av *Eldste saga* endar med ei formulering som klart viser at Olav har kjempa på Knut si side. Her seier forfattaren at Knut trådde etter Olavs ære, og den største æra som hadde vorte Olav til del, var den han vann for Knut.[103] Dette kan ikkje peike attende på noko anna enn forteljinga om at Olav vann London for Knut.[104]

Det ser altså ut for at den framstillinga at Olav opphavleg hadde støtta Knut, og at det kom til eit brot mellom dei fordi Olav kjende seg sviken av Knut, har funnest i dei eldste verdslege saga- og krøniketekstane både i Noreg og på Island. Denne framstillinga av forholdet mellom Olav og Knut er ikkje nødvendigvis i konflikt med framstillinga i *PO*, men legenda har naturleg nok hatt eit anna fokus enn å forklare grunnane til fiendskapen mellom Olav og Knut. At den verdslege konge- og krønikelitteraturen derimot interesserte seg for dei personlege grunnane til fiendskap mellom dei to kongane, er naturleg. At Knut ikkje heldt lovnaden sin til Olav og at han misunte Olav den ære han vart vist – som er grunnen til fiendskapen i dei fleste soger – eller at Knut tok Olavs frille, den vakre Alfiva, frå han, som er den grunnen til fiendskap Saxo oppgjev, er den typen motiv med kausal samanbindande funksjon som ein kan vente å finne i sagalitteratur og i fyldige krøniketekstar.[105]

Den variasjonen vi her har sett innanfor Olavslitteraturen, er eit resultat av mange ulike forhold, t.d. val av litteraturspråk, genre, kva samanheng litteraturen skulle brukast i, førebilete og kjelder, ulike institusjonelle og lokale synsvinklar, og endeleg forfattarpersonlegdomen. Trass i desse ulikskapane er det likevel heva over tvil at Olav var eit heilagt fast punkt i den norske fortida: Han var den endelege og avgjerande årsaka til kristninga av landet, og den nasjonale statusen vert framheva av den direkte slektslina attende til Harald Hårfagre. Ein viktig grunn til denne massive konsensus i andre halvdel av 1100-talet må ha vore at Olav den heilage først og fremst også var eit heilagt fast punkt i notida – ein kunne få lækjedom ved skrinet hans. Og at det hende mange mirakel i Nidaros, kan ein i siste instans føre attende til den institusjonelle satsinga frå første halvdel av hundreåret som la grunnen for dei store Olavsfeiringane i andre halvdel av 1100-talet då mirakela vart rapporterte.

Dei norsk-islandske kongesogene

I dei tapte verka til Sæmund Frode og Are Frode må Olav den heilage ha vore omtalt som ein av fleire kongar i ei kongerekkje. Også Theodoricus og forfattarane av *Historia Norvegie*, *Ágrip* og den tapte *Catalogus regum Norwagiensium* skreiv om lengre periodar i norsk historie. Fram til ein gong i siste halvdel av 1100-talet var det berre innanfor legendelitteraturen ein fann verk som konsentrerte seg om Olav den heilage åleine. Verdslege kongesoger som berre fortel om livet til Olav den heilage, kjem som noko nytt innanfor den Olavslitteraturen vi har kalla dei norsk-islandske kongesogene og i den perioden som er karakterisert av denne litteraturen.

Soger som konsentrerer seg om livet til ein konge, får vi fleire av på slutten av 1100-talet. Islendingen Karl Jonsson skreiv første del av *Sverris saga*, *Grýla*, i 1180-åra.[106] Rundt 1190 skreiv munken Odd Snorreson ei soge om Olav Tryggvason i klosteret på Tingøyrar på Island, og klosterbroren hans Gunnlaug Leifsson skreiv også ei soge om den same kongen få år seinare.[107]

Den eldste biografien om Olav den heilage er den såkalla *Eldste saga*. Dette er eit anonymt islandsk verk. Dateringa er usikker, verket har vore datert så tidleg som rundt 1155 og så seint som rundt 1200.[108] Samanlikna med sagastilen har verket alderdommelege stilistiske trekk som at forfattaren fleire gonger talar i første person, og han synest å knyte seg til tradisjonen frå dei frode menn når han seier at han ikkje kan fortelje om det han ikkje har sikre vitne til. Fragmenta av soga inneheld fleire skaldestrofer, men i dei fragmenta vi har, er skaldestrofene aldri brukte som dokumentasjon på det fortalde, som vart den vanlegaste funksjonen til skaldestrofer i kongesoger på 1200-talet. Fragmenta av *Eldste saga* indikerer høg alder, men kor gamal soga er, er det likevel vanskeleg å seie noko sikkert om. På grunn av den usikre dateringa er det umogeleg å fastslå om det var biografien om helgenkongen Olav den heilage som var den eldste i den rada av kongebiografiar som vi får på slutten av 1100-talet. Når biografiane som skildrar livet til ein einskild konge, no vert ganske dominerande innanfor kongesogelitteraturen, kan dette ha fleire grunnar. Denne typen kongebiografiar fanst også innanfor den europeiske krønikelitteraturen, og biografien om *ein* konge kunne sjølvsagt vere svært veleigna i politisk propaganda (*Sverris saga* er det naturleg å sjå i ein slik samanheng). Kongebiografiane om Olav den heilage, Olav Tryggvason og Sverre (*Grýla*) er etter alt å døme eldre enn skriftlege verk innanfor dei andre islandske sagagenrane, så skriftlege islendingesoger, samtidssoger eller fornaldarsoger, som også kunne setje *ein* helt i sentrum, er neppe det litterære mønsteret. Derimot er det svært rimeleg å sjå legender om heilage kongar, eller rett ut legendene om Olav den heilage, som nærliggjande mønster. Ein skulle tru at Olavslegender ville vere eit spesielt nærliggjande mønster for verdslege soger om Olav den heilage, men forholdet er likevel det at dei seks fragmenta vi har overlevert av *Eldste saga*, ikkje kan seiast å liggje spesielt nær legendelitteraturen. Soga om Olav Tryggvason etter Odd Snorrason har langt klarare legendariske trekk, og *Den store soga om Olav Tryggvason* viser at det har også soga etter Gunnlaug hatt. Ludvig Holm Olsen har også påvist legendariske trekk i *Sverris saga*.[109]

No kan sjølvsagt andre delar av *Eldste saga* ha hatt eit meir legendarisk preg enn dei bevarte fragmenta.[110] Soga har sjølvsagt fortalt om Olavs død, og kan ha fortalt om under i samband med døden og seinare mirakel. Men soga kan også, som Theodoricus verk og *Ágrip*, berre ha nemnt at det skjedde mirakel etter kongens død meir generelt. I dei bevarte fragmenta er kongen ikkje ein gong omtalt som heilag. Det første brotstykket av soga inneheld ein karakteristikk av kongen som kan ha lånt drag frå eit *rex justus*-bilete, m.a. at han behandla mektige og mindre mektige menn likt, men generelt kan ein ikkje seie at forfattaren av *Eldste saga* har vore oppteken av å framstille Olav den heilage som *rex justus*. Dei bevarte brotstykka av soga gjengjev anekdotar, fleire av dei fortel om kongens forhold til islendingar. Biletet av kongen i dei bevarte fragmenta av denne soga er teikna frå ein klart islandsk synsvinkel. Kongens funksjon i fleire av anekdotane er å kaste glans over dei islandske heltane i forteljinga. Tåttar som fortel om islendingar hjå den norske kongen – av den typen ein har spesielt mange av i kongesoga *Morkinskinna* – er den typen litteratur som fragmenta av *Eldste saga* minner mest om.

Eit klart legendarisk preg får vi derimot i den Olavssoga som vert omtalt som *Legendariske saga*. Denne teksten er ein redaksjon av *Eldste saga*.[111] Teksten i *Eldste saga* er generelt forkorta, og samstundes er soga utvida med nytt stoff som ikkje har stått i *Eldste saga*. Det legendariske preget får denne redaksjonen av Olavssoga først og fremst ved at soga vert avslutta med ei mirakelsamling, og dermed får same komposisjonen som ei legende, vita + miracula. Mirakel-samlinga i *Legendariske saga* står svært nær mirakelsamlinga i den norske *Homilieboka*, og må vere kopiert inn av den norske redaktøren av denne Olavssoga. Også «mirakel» av ein type som har høyrt til i ein folkeleg segntradisjon har fått plass, t.d. forteljinga om kongen som segler over turt land ved Agnafit slik at der seinare var eit sund (kap. 16). Overnaturleg stoff av ein noko annan type er representert ved tåtten om Olav Geirstadalv.[112] I denne tåtten vert det fortalt at då Åsta, mor til Olav den heilage, skulle føde, vart ikkje barnet forløyst. Då viste Olav Geirstadalv, ein tidlegare konge i hårfagreætta, seg for Rane, den framtidige fosterfaren til kongsbarnet, og bad han gå og bryte gravhaugen hans og ta ut eit belte og eit sverd. Sverdet fekk kongen seinare, men beltet skulle Rane leggje over Åsta slik at ho kunne føde. Det er også interpolert stoff som fortel om kongens kristningsverk. Ein reknar med at forteljingane som er knytte til Olavs kristningsverk er interpolerte i *Legendariske saga* frå ei tapt skriftleg kjelde, som gjerne er omtalt som *Kristni þáttr* (forteljinga om t.d. kristninga av Dale-Gudbrand er teken inn i *Legendariske saga* frå dette verket). Også denne såkalla *Kristni þáttr* har vore rekna for eit norsk verk.[113] Også forteljingar om kongens privatliv og hans forhold til kvinner får noko plass, m.a. siterer soga ei skaldestrofe etter kongen som må karakteriserast som ei kjærleiksvise (visa til Ingebjørg Finnsdotter[114]).

Det mangesidige stofftilfanget gjev også eit mangesidig bilete av kongen, og soga gjer det også klart at folk i samtida vurderte han ulikt.[115] Olav er vikingkonge, han er også ein god kristen som står tidleg opp for å gå til messe – i motsetning til kong Knut (kap. 12–13), han er skildra med typiske kristne dygder som at han hjelper fattige, farlause og enkjer (kap. 28). Han gjev gode og kristne lover, han er kristningskongen som fullfører kristningsverket, men om nødvendig på ein hardhendt måte med å drepe dei som ikkje vil bøye seg, han er den joviale kongen i flokken av islandske heltar, han er segnhelten med overnaturlege evner, som når han segler skipet sitt over fast land ved Agnafit og lagar eit sund (kap. 16), og han er sjølvsagt helgen.

Legendariske saga finst overlevert berre i eit norsk handskrift frå ca 1250 (Uppsala De la Gardie 8), og språkforma har vorte bestemt som trøndersk. Denne redaksjonen av Olavssoga må ha vorte til tidleg på 1200-talet. Verket viser også tilknyting til det norske litterære miljøet i Nidaros ved at dødsåret til Olav den heilage vert sett til 1029,[116] som truleg var rekna som det offisielle synet ved det kyrkjelege senteret i Nidaros etter Theodoricus, og på den tida *Legendariske saga* vart skriven.

Ei tredje Olavssoge som er tapt, men som vi veit ein del om fordi stoff frå denne soga kan identifiserast i seinare skriftlege verk, er Olavssoga til islendingen Styrme Kåreson som vart skriven ca. 1220 eller kort tid før.[117] Utgangspunktet til Styrme har vore ein redaksjon av *Eldste saga* som han har interpolert med tradisjonsstoff han har samla frå ulike kantar. Medan redaktøren av *Legendariske saga* har interpolert forelegget sitt med forteljingar om norske forhold, har Styrme, å døme etter dei tekstfragment som med visse kan identifiserast som fragment av Styrmes bok, interpolert ein del fleire anekdotar om kongen og islendingar, men også anna stoff. M.a. har Styrme fortalt meir om kongens forhold til ulike kvinner enn *Legendariske saga*, og artiklane etter Styrme i *Flateyjarbók*, siterer fleire av kongens glødande kjærleiksdikt. Samstundes ser vi i artiklane frå Styrmes saga at helgenkongens erotiske dikting og verdslege liv avføder moraliserande kommentarar. Svært ulike sider ved kongens liv og karakter får kome fram, men – i alle fall i nokre krinsar – er dette ikkje lenger uproblematisk.[118] Styrme har i det heile vore lasta for at han var ukritisk og har teke med all slags tradisjonsstoff han har kome over om Olav den heilage. Vi veit at Styrme budde ei tid på Røykholt hjå Snorre Sturlason, og har truleg arbeidd for han som prest eller sekretær eller begge delar. Snorre brukte seinare Styrmes verk i utarbeidinga av si særskilde Olavssoge, og det kunne vere freistande å sjå på Styrmes verk meir som ei materialsamling for Snorre, men skrivaren som har først inn artiklane frå Styrme i *Flateyjarbók* omtalar Styrmes Olavssaga som eit sjølvstendig verk. Han seier at desse artiklane *standa i sialfri lifssaughu hins heilaga Olafs konungs Haralldzsunar þeirri saumu er Styrmir prestr hinn frodi hefir saman sett*,[119] 'står i sjølve livssoga til den heilage kong Olav Haraldsson, den same som Styrmer prest den frode har sett saman.'

Også i den såkalla *Fagrskinna* (fra ca 1220 eller 1220-åra), som fortel om perioden frå og med Halvdan Svarte til slaget på Re (1177), inngår ei Olavssoge. Denne relativt kortfatta Olavssoga fortel først om Olavs vikingferder i ungdomen, her byggjer forfattaren på skaldedikt, særleg *Víkingavísur* etter Sigvat skald. Kongen, som ofte er omtalt som Olav Digre medan han er i live, er altså framstilt som ein sigerrik vikingkonge. Om kristningsverket vert det kort fortalt at Olav la så stor vekt på at alle skulle vere kristne at dei som ikkje ville det, måtte late livet eller fare or landet. Karakteristikken av kongen som den rettferdige som felte same dom over mektige og mindre mektige, er overteken frå ein redaksjon av *Eldste saga*. Det legendariske stoffet er fråverande i Olavssoga i *Fagrskinna*.[120] At det skjedde under etter kongens død, er berre heilt kort nemnt til slutt i denne Olavssoga: *Eptir fall Óláfs konungs var lík hans flutt út til Kaupangs ok þar jarðat, ok urðu þá margar jartegnir hvárt-*

tveggja af blóði hans ok líkami, 'Etter kong Olavs fall vart liket hans flytt ut til Kaupang og jorda der, og det skjedde då straks mange mirakel både av blodet hans og lekamen.'

Det har vore diskutert om forfattaren av *Fagrskinna* er norsk eller islandsk, men i alle fall er det svært sannsynleg at soga er skriven i Noreg, truleg i Nidaros. Alfred Jakobsen (1970) har gjeve sterke argument for at soga ikkje berre er skriven i Noreg, nærmare bestemt i Trøndelag, men at det også er sannsynleg at ho er skriven av ein nordmann, og han konkluderer med at denne norske kongesogeforfattaren har vore å finne i krinsen rundt kong Håkon Håkonsson.[121] Eit trekk ved denne soga som også kan indikere at soga er norsk, er at anekdotane om islendingar som er store heltar i krinsen kring den norske kongen, er fråverande i denne soga.

Med *Den særskilde Olavssoga*, som har vore rekna som Snorres verk,[122] truleg frå slutten av 1220-åra, når kongesogeskrivinga om Olav den heilage eit høgdepunkt – og eit førebels sluttpunkt. Snorre har kjent og bygt på det meste som tidlegare hadde vore skrive om Olav den heilage. Sigurður Nordal (1914) viste at i motsetning til det som tidlegare var synet, skreiv Snorre *Den særskilde Olavssoga* først av kongesogene. Seinare vart den opphavlege Olavssoga innarbeid som den sentrale soga i *Heimskringla*. I dag torer vi ikkje vere så sikre på at det var Snorre sjølv som redigerte saman Olavssoga med kongesogene før og etter til det verket vi kjenner som *Heimskringla*,[123] men om redaktøren for denne redaksjonen av kongesogene skulle vere ein annan, kan Snorre likevel vere forfattaren.

Snorres Olavssoge (eller Olavssoger) har vore karakteriserte som historiske i motsetning til *Legendariske saga*. I dette ligg at Snorre gjev eit meir realistisk og rasjonalistisk bilete av Olav den heilage enn den legendariske litteraturen. Til ei viss grad er dette rett. Snorre har dempa dei overnaturlege innslaga, eit godt døme på det er forteljinga om kva som hende ved Agnafit, som også *Legendariske saga* fortel. Der siglde kongen over turt land og laga eit sund, Snorre let kongen grave ein kanal. *Rex justus*-biletet er også dempa, like eins skildringane av kongens kristne dygder. Men *Den særskilde Olavssoga* har likevel komposisjonen frå legenda med ei mirakelsamling etter et det er fortalt om kongens død. I Olavssoga i *Heimskringla* kjem dei posthume mirakela i dei seinare kongesogene der dei kronologisk høyrer heime. Det gjer mønsteret frå legendekomposisjonen meir uklar. På den andre sida kjem rolla til helgenkongen som ei verksam kraft som kan gripe inn i historia, dess klarare fram. Framstillinga av Olav som eit midtpunkt og eit vendepunkt i den norske historia, som vi fann alt i litteraturen innanfor Nidarosmiljøet, byggjer Snorre ut – delvis på ein annan måte – men med eit sikkert kunstnarleg grep. Forteljingane om fortida peikar framover mot Olav den heilage, hans kome er varsla alt i draumane til dronning Ragnhild og Halvdan Svarte. Forteljingane om tida etter Olav den heilage, peikar m.a. gjennom mirakela attende til helgenkongen. Dette er tydeleg i *Den særskilde Olavssoga*, og kanskje endå tydelegare i Olavssoga i *Heimskringla*.

Også Snorre gjev eit bilete av Olav den heilage som har mange og ulike sider. Når han likevel får det til å verke konsist, er det dels fordi han dempar *rex justus*-biletet, som likevel er der, og like eins dempar han skildringane av kongens kristne dygder. Det andre grepet er at han let ulike sider ved kongens karakter dominere på ulike stadium i livet. Vi har først vikingen, så kristningskongen og kongen som gjev lover og byggjer landet, og til slutt får vi helgenen.[124] Ei vanleg oppfatning har vore at Snorre i det biletet han gjev av Olav den heilage, har skildra karakterutvikling. Den andre oppfatninga, at Snorre viser ulike sider ved Olav til ulike tider, og at karakteren er uendra, er nok meir i samsvar med norrøn tankegang.[125] Vi såg at for Sigvat skald, var vikingen og helgenen ikkje usameinelege ideal. Det er dei neppe heller for Snorre.

Olav den heilage på seinmellomaldersk prosesjonsstav frå Ørskog kyrkje. Foto: Bergen Museum.

St Olav on a late medieval procession stave from Ørskog church, Sunnmøre (West Norway).

Dei norsk-islandske kongesogene og Nidaros-miljøet

Olavssogene i den norsk-islandske kongesogelitteraturen er i det vesentlege islandsk litteratur. Men den store interessa for Olav den heilage som vi ser i islandsk litteratur frå slutten av 1100-talet og i dei nærmaste tiåra, er det rimeleg å sjå i samanheng med den omfattande litterære produksjonen av Olavslitteratur som vi finn i Nidaros i siste halvdel av 1100-talet. Nidaros var også erkebispesete for Island, og den omfattande litterære verksemda som foregjekk i dette miljøet i siste halvdel av 1100-talet, og spesielt produksjonen av Olavslitteratur, har truleg auka den islandske interessa for Olav den heilage. Ein del av den norske litteraturen vart kjend på Island, og islandsk litteratur vart eksportert tilbake til Noreg og det litterære miljøet i Nidaros. Eit handskrift av ein redaksjon av *Eldste saga* må ha funnest i det miljøet der *Legendariske saga* vart skapt.[126] *Legendariske saga* kan karakteriserast som ein norsk redaksjon av eit i utgangspunktet islandsk verk. I mellomalderen var det ei flytande grense mellom avskrift, avskrift med endringar som var så store at vi har ein eigen redaksjon av eit verk, og verk som er å sjå som originale verk, men som i lange parti kan vere avskrift av eldre verk med små endringar. Dei interpolasjonar som er gjorde i *Eldste saga* og som gav den redaksjonen av Olavssoga som kallast *Legendariske saga,* må for det aller meste vere interpolasjonar av norsk tradisjonsstoff og truleg er der – som vi har sett – også interpolasjonar frå norske skriftlege verk. Desse interpolasjonane som endra karakteren til *Eldste saga* og som gav eit anna bilete – eller andre aspekt til biletet – av Olav den heilage, er gjorde for å imøtekome smaken og behova i eit norsk miljø. Biletet av Olav den heilage som kristningskonge er sterkt framheva i *Legendariske saga* samanlikna med *Eldste saga.* På Island hadde Olav Tryggvason vore den store kristningskongen. Sogene om denne kongen av dei islandske munkane Odd og Gunnlaug, som framhevar kristningsverket til Olav Tryggvason, kan ha gjeve den ukjende norske redaktøren av *Legendariske saga* ideen å til å omarbeide *Eldste saga* i den retning han har gjort, for å gje Olav den heilage sin rettkomne plass som norsk kristningskonge i sagalitteraturen.

Fagrskinna må helst karakteriserast som eit norsk verk anten forfattaren er norsk eller islandsk, og det er på mange måtar naturleg å sjå verket i samanheng med dei norske kongekrønikene som vart skrivne i Noreg og i Nidarosmiljøet på slutten av 1100-talet. Det er ikkje naturleg å sjå eit verk som *Fagrskinna* i nær samanheng med dei geistlege miljøa i Nidaros som var senter for produksjon av Olavslitteratur i siste halvdel av 1100-talet. Men dei litterære miljøa innanfor Kyrkja må ha stimulert det litterære livet i vidare krinsar. Eit eldre verk som *Ágrip* er det naturleg å sjå som eit resultat av litterære interesser i eit trøndersk miljø som har vore stimulert av den litterære aktiviteten ved det kyrkjelege senteret i Nidaros, og det same kan gjelde *Fagrskinna.*

Styrmes Olavssaga har lite truleg hatt noka utbreiing utanfor Island. Men Styrmes verk, som truleg har innehalde alt det stoff om Olav den heilage som Styrme kunne kome over både frå islandske og norske kjelder, skriftlege som munnlege, er eit vitnemål om den felles islandsk-norske kulturen som denne litteraturen vart til i, sjølv om nokre verk vart skapte i Noreg, andre på Island.

Også Snorres Olavssoger står i høgste grad i ein felles norsk-islandsk tradisjon. Snorre skreiv si særskilde Olavssoge truleg nokre år etter eit opphald i Noreg (1218–20). Vi veit ikkje om han skreiv på oppdrag, t.d. frå kongen eller krinsar som stod kongen nær, men vi må rekne med at Snorre skreiv med eit norsk publikum i tankane. Den påfallande sterke konsentrasjonen av islandske heltar rundt den norske kongen, som vi finn i nokre av dei islandske kongesogene, *Morkinskinna* er det mest typiske dømet, finn vi også ein del av hjå Snorre, men aldri slik at kongen vert biperson i si eiga soge. Denne ballansen mellom islandske og norske interesser kan også indikere at han har eit dobbelt publikum i tankane. Vi veit at seinare i mellomalderen var fleire handskrift av Snorres kongesoger i Noreg. Snorre hadde i endå høgre grad enn tidlegare forfattarar tilgang til ein omfattande litteratur om Olav den heilage, både norsk og islandsk. Og mange av dei norske kjeldene hans kan med større eller mindre visse førast attende til eit trøndersk litterært miljø.

Olavslitteraturen i seinmellomalderen

Dei islandske interpolerte Olavssogene frå seinmellomalderen

Det overleverte tekstmaterialet tyder på at *Den særskilde Olavssoga* til Snorre langt på veg «utkonkurrerte» dei eldre sogene om helgenkongen. Medan vi for soger og krøniker før Snorre kan tale om bortkomne verk, fragment av verk og verk som vi har i eitt eller to handskrift, har vi mange handskrift som inneheld *Den særskilde Olavssoga.* Dei overleverte manuskripta og manuskriptfragmenta kan i alt overvegande grad karakteriserast som islandske etter språkform og proveniens,[127] men proveniensen for nokre handskrift har vore omdiskutert, og grunnen til det er at fleire av handskrifta inneheld ikkje så reint få norvagismar. Norvagismar i handskrift der hovudnorma synest å vere islandsk, kan forklarast på fleire måtar. Særleg vanlege forklaringar dei siste tiåra har vore at norsk språk hadde prestisje og at islandske skrivarar medvete brukte norske former i handskrift som var skrivne for å eksporterast til Noreg.[128] Men desse forklaringane strekk ikkje alltid til. Det er eit faktum at Snorre også brukte norske kjelder, og norvagismar, i nokre tilfelle klart trønderske former som i fragmentet AM 325 VII, 4to, kan vere ei påminning i skrifttradisjonen lenge etter Snorres tid om den rolla Nidarosmiljøet opphavleg spelte for framveksten av Olavslitteraturen.[129] Vi veit også at fleire handskrift av Snorres kongesoger var i Noreg i mellomalderen, og det kan sjølvsagt ha funnest norske avskrifter som i nokre tilfelle kan forklare norvagismar i seinare islandske handskrift. I seinmellomalderen var Olav den heilage ein svært sentral helgen i heile Norden, og den fellesnordiske interessa og marknaden for sagalitteraturen om helgenkongen gjenspeglar seg også i handskriftmaterialet av dei verdslege

Etter reformasjonen galdt det for statsleiinga i København å få slutt på dyrkinga av Olav den heilage, som ikkje berre var det fremste merket på norsk nasjonalitet, men også hadde vore eit viktig symbol for den norske kyrkja. Nye bilete av helgenkongen er ikkje kjende frå tida etter 1537. Her ser vi Olav den heilage i eit islandsk manuskript frå 1600-talet. (Uppsala R 685 fol. 3 v). Ein reknar med at også biletet er kopiert etter eit eldre handskrift.

This drawing of the canonized king St Olav is from a 17th century Icelandic manuscript.

Olavssogene. Eit godt døme på dette er handskriftet Perg. 4to nr. 2 (Kungliga biblioteket, Stockholm) som vart skrive på Island på slutten av 1200-talet. Det var i Noreg på midten av 1300-talet, og det kom til Sverige på midten av 1400-talet der det, truleg på slutten av 1400-talet, vart lagt til grunn for ei svensk rimkrønike, *Historia sancti Olai.*[130]

Overgangen frå saga til rimkrønike gjenspeglar smaken i det svenske litterære miljøet i den aktuelle perioden. I det islandske litterære miljøet ser vi også ei vidareutvikling av Olavssoga som er styrt av interesser og smak i dette miljøet. Vi har overlevert – eller har avskrift etter – seks islandske handskrift av *Den særskilde Olavssoga* som er interpolerte handskrift.[131] Denne encyklopediske tendensen til å samle tekstar som passar saman i større og større verk er i tråd med ein trend i den europeiske litterære utviklinga i mellomalderen.[132] Innanfor Olavslitteraturen kulminerer denne tendensen til å støype saman gamle kjelder til store og omfangsrike verk med Olavssoga i *Flateyjarbók* (1380-åra). Her finn vi den mest omfangsrike av alle Olavssoger.[133] Ikkje uventa er soga om Olav den heilage kombinert med soga om Olav Tryggvason,[134] den store kristningskongen i den islandske tradisjonen, i tre av dei interpolerte islandske Olavssogene (*Flateyjarbók, Bergsbók* og *AM 61 fol.*). Dei interpolerte redaksjonane av *Den særskilde Olavssoga* hentar stoff frå andre Olavssoger, m.a. er det i desse handskrifta vi kan få eit visst inntrykk av Styrmes tapte verk. Folkloristisk segnstoff finn vegen inn i desse Olavssogene i høgre grad enn i tidlegare Olavssoger. Men først og fremst er det tendensen til å inkludere stoff om islandske heltar, ein tendens vi har sett gjer seg gjeldande alt tidleg i den islandske kongesogeskrivinga, som her viser seg heilt uhemma. Medan dei eldre islandske kongesogene kunne inkludere episodar og tåttar der islandske heltar stod i sentrum, kan dei islandske interpolerte Olavssogene frå seinmellomalderen inkludere heile lange islendingesoger som fortel om heltar med ei viss tilknyting til helgenkongen.

Utviklinga av Olavslegenda i seinmellomalderen

Samstundes med at det vart forfatta kongesoger om Olav den heilage på 1200-talet, må den latinske legenda ha spreidd seg i Noreg, i resten av Norden og, meir sporadisk, til ulike stader rundt kysten av Nordsjøen og til Baltikum. Vi har ei ganske stor samling av fragment av lesetekstar frå legenda frå denne perioden, men bortsett frå dei noko avvikande svenske vitatekstane som er nemnde ovanfor, kjenner vi ikkje til noka eigentleg vidareutvikling av legenda frå denne perioden. Ei slik vidareutvikling kan vi derimot skimte på 1300-talet, rett nok gjennom overleveringar frå 1400-talet. Denne perioden var, som tidlegare nemnt, også rik på kunstnarlege framstillingar av Olav i heile det nordiske og nordtyske området.

I Nidaros, som i seinmellomalderen var eit stort kultsenter, også i europeisk samanheng, og pilegrimsmål for Olavskulten, må vi tenkje oss eit relativt rikt tekstlandskap i desse hundreåra, men Olavsliturgien og -legendene kjenner vi stort sett berre gjennom *Breviarium Nidrosiense* som vart trykt i 1519. Kva som fanst i norske bibliotek i seinmellomalderen, har vi ikkje noko sikkert innblikk i. Olavstekstane i *Breviarium Nidrosiense* er fyldigare enn i andre samtidige trykte breviarium, og det er naturleg sidan Nidaros var erkebispesete og hadde Olav som sin særlege helgen. Men elles ser det ut som andre nordiske og nordtyske miljø og andre faktorar enn kyrkjeorganisatoriske no vart med på å bestemme den litterære utviklinga. Når det gjeld tekstversjonar og -relasjonar til Olavslegenda i seinmellomalderen, er kartlegginga enno mangelfull, og her skal vi avslutningsvis berre gje nokre hovudmoment.[135]

I tillegg til den allmenne kultiske interessa for Olav og den munnlege forteljetradisjonen i Noreg og heile det nordiske området, kjem Olav i seinmellomalderen i fokus i to nye samanhengar, ein rikshistorisk og ein hanseatisk. Med unionen mellom Noreg og Danmark med Olav Håkonsson som konge av Danmark (frå 1375) og sidan med Sverige i Kalmarunionen (frå 1397) opplevde dei heilage nordiske kongane frå tidleg mellomalder ein renessanse – som var styrt ovanfrå. Dette er tydeleg med den danske Knut den heilage, og særleg med den svenske Eirik den heilage. Den siste vart lansert med kraft på 1400-talet som eit samlande symbol for Sverige.[136] Olav kom dermed til å inngå i eit slagkraftig rikshistorisk trekløver. Han kom også til å få ein viktig plass i helgengalleriet for mange nordtyske kjøpmenn.[137]

I tillegg til desse nye impulsane førte den intensiverte skriftkulturen i seinmellomalderen til at vi møter forteljingar om Olav den heilage i nye samanhengar. Sjølv om det ikkje synest å gjelde for norsk litteratur, vart det generelt skrive meir i seinmellomalderen enn tidlegare, og folkespråka vart på mange måtar ein reell konkurrent til latinen. I samband med Olav kan vi såleis konstatere at det vart skrive preiker og legendeversjonar m.a. på gammalsvensk og plattysk.[138] Men latinske legender vart også omskrivne, og inngjekk i ein ny type av bøker, dei nye ambisiøse legendaria. Ideen å samle «alle» helgenbiografiar etter kyrkjeåret i ei bok eller eit fleirbindsverk går heilt attende til karolingisk tid, og vi har nokre fine eksemplar frå høgmellomalderen både frå England, Frankrike og dei sydtyske områda. Sjølvsagt er ingen av desse fullstendige, dei har alltid ei viss slagside mot eit lokalt utval av helgenar. Det er difor verdt å leggje merke til at Olav den heilage, som vi i Norden ofte framstiller som ein helgen med europeisk utbreiing, ikkje er med i nokon av desse store europeiske legendesamlingane frå høgmellomalderen – den mest kjende av desse var samlinga til Jacob av Voragine, *Legenda aurea.*

I seinmellomalderen skjer det ei «effektivisering» av denne bokproduksjonen.[139] For å få plass til fleire helgenar forkorta og omskreiv ein i vesentleg grad tidlegare legender, eit par sider vart sett av til kvar. Frå nedertysk område kjenner vi frå 1400-talet tre legendarium av denne typen som har innehalde ei Olavslegende.

Dei ulike versjonane av Olavslegenda frå seinmellomalderen kan ein sjå i samanheng både med den generelle utviklinga av legendelitteraturen i perioden, med den litterære smaken i det miljøet der den nye legendeversjonen vart til, og ikkje minst: med avstanden til kultsenteret i Nidaros.

Den folkespråklege Olavslegenda frå 1400-talet i *Fornsvenska legendariet* byggjer på den latinske *PO*, men har ein sterkt forkorta tekst, noko som er heilt i tråd med utviklinga innanfor legendelitteraturen i seinmellomalderen.

Frå Island har vi derimot ei folkespråkleg Olavslegende frå seinmellomalderen der utviklinga går i ei anna retning. Eit islandsk legendarium som har tilhøyrt kyrkja i Skålholt (AM 235 fol., frå ca. 1400), inneheld ei Olavslegende som ikkje byggjer på *PO*, men på sagalitteraturen, nærmare bestemt på *Den særskilde Olavssoga* til Snorre. Det legendarisk farga stoffet er drege ut og brukt til å komponere eit nytt vita. Dette vitaet legg vekt på kongens liv frå han må røme landet og reise til Gardarike. Slaget på Stiklestad får stor plass, like eins forteljingane om dei mirakel kongen utfører medan han er i live. Denne legenda gjenspeglar den litterære smaken i eit miljø som dyrka sagastilen. Hagiografien må her vike for episk handling, og samanlikna med *PO*, også den lange varienten, vert vitaet ikkje forkorta, men utvida.

Olavslegendene som er kjende frå nedertysk område, er derimot svært kortfatta tekstar. Det eine handskriftet, Böddeken-legendariet frå Paderborn stift i fleire bind, er delvis bevart. Den delen som omfattar 29. juli, har gått tapt, men det vart nytta av den katolske hagiografiske forskingsgruppa, bollandistane, til det store verket *Acta Sanctorum*. Bindet som inneheld Olavslegenda, kom i 1741.[140] Olavslegenda i dette legendariet var ein sterkt forkorta versjon av *PO*.

Samstundes med Böddeken-legendariet vart også eit anna legendarium sett saman rundt 1460 av Herman Greven i Köln, og dette finst i dag komplett i Berlin.[141] I dette store (30 x 21 cm) og tettskrivne papirhandskriftet i eitt bind (278 foliar, dvs. 556 sider) får ein eit godt inntrykk av proporsjonsforholda: Legendariet omfattar 256 helgenar, mest engelske, franske og tyske. Olavslegenda opptek plassen på 2 foliar (168r–169v). Eit tredje handskrift, Utrecht-legendariet, har gått tapt, men det er omtalt i *Acta Sanctorum*, og vi kan difor sjå at det har hatt den same versjonen av legenda som Greven.[142]

Når dei tyske legendarieredaktørane på midten av 1400-talet kjende til Olav, må grunnen vere at denne helgenen hadde relevans for hanseatane, og dermed for heile det tyske området. Dette var også det tidspunktet då boktrykkjarkunsten slo gjennom, og den førte sjølvsagt til ei ny effektivisering i utbreiinga av desse omfattande samlingane. Legendaria som vart trykte i Köln i 1483 og i Leuven i 1485 (*Historie plurimorum sanctorum*) inneheld begge Grevens versjon av Olavslegenda. Denne versjonen – som i forskinga vanlegvis går under namnet Leuvenleganda fordi Storm ikkje var merksam på det tidlegare handskrivne legendariet til Greven – inneheld fleire interessante nye trekk.[143]

Sjølv om Jemtland høyrde til erkebispesetet i Uppsala, var Olav den heilage ein populær helgen både der og i andre delar av den svenske kyrkjeprovinsen. Her ser vi Olav med karolinarhatt, påsett på 1700-talet, og med nye fargar. Figuren, som kan vere av trøndersk opphav, er i Åre kyrkje nær riksgrensa. Foto: Statens Historiska Museum, Stockholm.

St Olav was a popular saint in the Swedish church province as in the rest of Scandinavia. The figure here is from a church in Jemtland, central Sweden.

Denne versjonen av legenda byggjer på *PO*, og om lag halvdelen og teksten stammar ordrett frå den. Men etter innleiinga vert det introdusert ein ikkje namngjeven vond og heiden bror som kjempar med Olav om makta i Dacia – Danmark. Her finn vi også den populære forteljinga om Olav som segla gjennom bergklippa – kjend frå kunstnarlege framstillingar, Olavsballadar osv. Mest slåande er likevel skildringa av Olavs martyrium. Natta før slaget førebur Kristus han på martyriet. Det viser seg å verte ei korsfesting med alle dei kjende ingrediensane frå Kristi lidingssoge! Olav må lide dette som ein konsekvens av ein rein truskamp med broren og dei heidne kampfellane hans (m.a. Knut). På korset bed Olav for motstandarane sine og for «handelsmenn som påkallar han i fare på havet.»[144] Dette er ein utvetydig referanse til hanseatiske kjøpmenn. Den opphavlege grunnideen som kom til uttrykk i *PO* frå Nidaros, nemleg at den heilage historia vart gjenoppførd på norsk grunn, vert her tydeleggjord i ein seinmellomaldersk *imitatio Christi*. Grevens versjon av Olavslegenda er også den legendeversjonen som vart omsett til plattysk.

Ei siste Olavslegende frå seinmellomalderen skal nemnast, den såkalla Ribelegenda. Denne vart skriven av Petrus Mathie i Ribe (ca. 1460–65).[145] Også denne versjonen av legenda tek utgangspunkt i *PO*, men her vert temaet med den vonde broren introdusert nesten med det same, og i ei meir utbrodert form. Vi får først fortalt ei lita romantisk novelle om faren, Harald, og hans platonske sidesprang på ei pilegrimsferd til Santiago de Compostella. Men Olav vert fødd av den rette, ektevidde kona i Nidaros, under alle gode teikn. Like etter vert broren, som her har namnet Harald, fødd som ein diabolsk skapning. Dette motsetningsforholdet mellom brørne går att gjennom heile legenda, som både fortel tresponmirakelet, ei lang utgåve av mirakelet om Olav som segler gjennom bergklippa, og som framstiller Olav som den store lovgjevaren. Som eit litterært produkt med ei samanhengande plott fell Ribelegenda, det yngste skotet på stammen av den mellomalderske legendelitteraturen om Olav den heilage, ikkje dårleg ut.

Felles for fleire av dei nye seinmellomalderske versjonane av Olavslegenda er at dei har vorte til i eit miljø som har distanse til kulten i Nidaros. Det islandske miljøet stod rett nok det norske miljøet nær. Men det seinmellomalderske islandske «sagavitaet» er det naturleg å sjå som eit produkt frå eit litterært miljø der sagatradisjonen no stod sterkare enn den litterære tradisjonen frå Nidaros. Det islandske folkespråklege vitaet som ikkje byggjer på *PO*, men på sagalitteratur, demonstrerer også klart at skiljet mellom legendetradisjonen og sagatradisjonen aldri hadde vore skarpt, dei to greinene av Olavslitteraturen levde heile tida side om side og påverka kvarandre.

Men felles for Leuvenlegenda og Ribelegenda er at dei har avstand til Nidaros både geografisk og kulturelt. Desse legendeversjonane viser inga interesse for dei mirakela som har ein klar kultisk relasjon til Nidaros. Sjølv om fleire av dei narrative elementa godt han ha sitt opphav i Nidaros og Noreg, vitnar desse to versjonane om ein levande tradisjon om Olav i heile det baltiske og nedertyske området. Olav stod no så sterkt i den kyrkjelege og historiske tradisjonen i heile Norden og innanfor det hanseatiske området at det vart maktpåliggjande å omtolke han i samsvar med dei endra geografiske, politiske og religiøse forholda. Han kunne ikkje berre gjenbrukast i den skapnad han først hadde vorte lansert i av den norske sentralmakta på 1100-talet – som katalysator for erkebispesetet i Nidaros og som norsk nasjonalsymbol.

Berre eit nytt religionsorganisatorisk initiativ ovanfrå – reformasjonen – kunne gjere slutt på kulten, og dermed var også livsnerven for dei forteljingane som var knytte til kulten, legendene, kutta av. Men Olav levde vidare som ein historisk konge, og ikkje minst som ein segnhistorisk helt i den munnlege tradisjonen.

Notar

1 Liuzza (ed.) 2000: 119.
2 Tilvising til strofenummer og sitat frå skaldestrofer gjeld Finnur Jónssons utgåve frå 1912–1915. Diktet *Geisli* står i Finnur Jónsson 1912–15 IB: 427–445.
3 Finnur Jónsson 1912–15 IB: 300–301.
4 Handskrift A av *Fagrskinna* siterer som belegg på at kong Svein kjem til Noreg, det som i Finnur Jónssons utgåve av skaldedikta er str. 1 av *Glælognskviða*, og seier at skalden er Torarin Lovtunga. Snorre siterer i den same konteksten den same strofa, og oppgjev namnet både på skalden og diktet. Snorre siterer like etter resten av dei bevarte strofene, strofene som fortel om kongens mirakel, som ei utfylling til str. 25 av Sigvats *Erfikviða*.
5 Finnur Jónsson 1912–15 IB: 239–245.
6 Det er den translasjonen som etter dei seinare skriftlege kjeldene fann stad alt året etter kongens død, 3. august 1031.
7 Seinare har Claus Krag argumentert for det same synet (Krag 1995: 162).
8 Soga om Olav den heilage i *Heimskringla*, kap. 245.
9 Hellberg 1984: 26.
10 Forma *austan* tyder primært 'frå aust'. Ei mindre vanleg tyding er 'i aust'. Legg ein denne mindre vanlege tydinga til grunn, kunne *frák austan orrostu atburð* tyde 'eg høyrde om hendinga under slaget i aust', som igjen kan bety at Sigvat høyrde dette i aust eller at slaget fann stad i aust. Men anten vi legg den vanlege tolkinga av *austan* til grunn eller den mindre vanlege, tyder formuleringa i alle fall på at Sigvat her ser Noreg frå Island.
11 Solformørkinga fann stad 31. august 1030.
12 Dei aller fleste som har tolka strofa, har teke saman orda *borðveggs* (som står med enkel g i handskrifta) og *sæing*, og tolka dette som ein kjenning for kista. Nokre andre tolkingar, som vi ikkje ser nokon grunn til å gå inn på her, er drøfte av Magerøy (1948: 25).
13 Faktisk stemmer det biletet *Glælognskviða* gjev av helgenkongens kiste ganske godt med Snorres framstilling. Han fortel at då kista vart boren inn i Klemenskyrkja, vart ho sveipt i pell. I følgje Snorre (*Magn. goð.*, kap. 10) var det Magnus som let gjere det gylte skrinet etter at han vart konge. Hellberg (1984: 21–22) meiner det har føregått ei merkeleg splitting av translasjonsakta i tradisjonen. Translasjon til Klemenskyrkja og skrinlegginga i det gylte skrinet meiner han må ha skjedd samstundes. Men dei to dikta *Glælognskviða* og *Erfidrápa* gjev faktisk støtte til framstillingane i den seinare kongesogelitteraturen.
14 *«Ekki var ek vinr Óláfs konungs, en þó váru þrændir ekki þá kaupmenn, er þeir seldu konung sinn ok tóku við meri ok fyl með.»*
15 Om kontinuiteten i førestellingar knytte til kongen i heiden og kristen tid sjå også Steinsland 2000.
16 Hallvard Magerøy oppfattar diktet som eit «bersøgleskvæde», dvs. eit kvede der skalden seier si ærlege meining og gjev kongen eit råd som han godt veit kongen kan mislike (Magerøy 1948: 42f).
17 Snorres formulering er ikkje heilt klar på dette punktet. Han skriv: *Þess grein konungdóms hans ritaði fyrst Ari prestr Þorgilsson inn fróði*, «Om denne bolken av kongedømet hans har presten Are Torgilsson først skrive». Men kor stor den bolken var, som Are var den første til å skrive om – i følgje Snorre – er uklart.
18 Skildringa av kongen som krigar i dette kvadet, som også framstiller han som heilag, skil seg ikkje frå krigarskildringane i skaldedikt som var dikta om kongens krigerske bragder medan han var i live, og før det fanst eit helgenry å ta omsyn til, t.d. Sigvats *Vestfararvísur* (Finnur Jónsson 1912–15 IB: 225–228) og Ottar Svartes *Hǫfuðlausn* (Finnur Jónsson 1912–15 IB: 268–272).
19 Finnur Jónsson 1912–15 IB: 338–339.
20 Finnur Jónsson 1912–15 IB: 379–383.
21 Holtsmark 1956.
22 Hellberg 1984: 19.
23 Hellberg (1984: 26) finn også formuleringa «förbryllande».
24 Om dette sjå Østrem 2001: 28ff, her understrekar han at officiet ikkje var samansett av nykomposisjonar, men berre tilpassa Olav til eksisterende tekstmateriale.
25 Sjå Hellberg 1984: 22; Johnsen 1975: 22–34, Østrem 2001: 29ff.
26 Sjå Melnikova 1997: 457.
27 Sjå Bok 4, kap. 33.

28 *Gesta Normannorum ducum* V.12: *Qui [Olauus], postea a suis proditus et a perfidis iniuste peremptus, celestem regiam intrauit rex et martyr gloriosus, choruscans nunc apud gentem illam prodigiis et uirtutibus.*

29 Sjå t.d. *Upphaf Hákonar herðibreiðs* (i *Heimskringla*), kap. 20.

30 Sjå Nyberg 1997. Han set dei tidlege Olavskyrkjene i Danmark i samband med styret til Magnus Olavsson.

31 Sjå Likevel Melnikova (1997) som argumenterer for at Olavskulten i Novgorod på eit tidleg tidspunkt spreidde seg til den lokale russiske folkegruppa.

32 Anne Holtsmark har argumentert for at det fanst ein skriftleg «*Translatio Olavi*» på latin alt på den tida Sigvat dikta *Erfidrápa* (Holtsmark 1956b) [1938]). Dette synet vil dei fleste stille seg skeptiske til i dag.

33 Sjå Ellehøj 1965: 182–184.

34 Utg. av Ekrem og Mortensen 2003.

35 Tanken om Øystein som eineforfattar til *PO* vart lansert av Metcalfe (ed.) 1881, teorien vart vidare underbygd av Skard 1932, og støtta av Gunnes 1970a og 1996. Når det gjeld problema som knyter seg til dette synet, sjå Ekrem 2000, Mortensen 2000b og 2002.

36 Sjå Louis-Jensen 1970: 43.

37 Sjå Østrem 2001.

38 Sjå Mortensen 2000b+c.

39 For liturgien sjå Iversen 2000; Lidén 1999: 57–59; Østrem 2000: 186–88; og særleg Østrem 2001.

40 Mirakel 14 (Metcalfe 1881: 88): *His autem ammonita uerbis simul cum marito ad ecclesiam beati martiris ambo conueniunt, et allatis copiosis luminaribus illius sacre noctis excubias cum aliis diuersis inualitudinibus oppressis tota deuotione ieiuni peregerunt. Erat namque die sequenti ipsius martiris uotiua solempnitas. Celebrato itaque a fratribus nocturnali offitio, uti solempnitati competebat, qua gloriosus Christi athleta martirio coronatus est, domum reuertitur ex temporis successus approbatione perfectam sospitatem consecuta.*

41 Mirakel 19 (Metcalfe 1881: 92): *Erat namque inter eos quidam cecus, qui in ipsa martiris uigilia uisionis leticia meruit consolari. Die quoque sequenti, cum processionis officia solempniter agerentur, et in cimiterio feretrum ex more deponeretur, mutus quidam locutionis recepit gratiam, et diu detenta lingue offitia in laudem saluatoris gaudens laxauit.*

42 Mirakel 37 (Metcalfe 1881: 105): *Deferor itaque manibus meorum quasi exanimis, et post interuallum redeunte uigore ad cubiculum deducor, anxior anxiatus et duplici contritione conteror. Dolet enim costarum confractio, nec minus animum instans martiris, set negata, sollempnitas; post triduum enim futurum erat martiris natalitium longe lateque populorum accessibus frequentatum. Cumque inter has (has: hec O) corporis animique molestias perurgerer, ad patronum meum beatum Olauum, licet de propriis meritis diffidens, plena tamen fide, precibus confugio; et, ut rerum experientia monstrat, suorum non immemor clamanti affuit. Cum enim festiuitatis dies illuxisset, <et> ad missarum sollempnia signorum sonitu populus ex more uocaretur, confero cum his, qui aderant, si ad ecclesiam pro uirium defectu sustentari deberem. Hortor ab his et amplector, nam uoluntas trahebat. At cum ecclesiam ingrederer, qui prius missarum sollempnitatibus uirium defectum metuens uix interesse presumpseram, lenito aliquantulum dolore et uigore quodam animi uiriumque robore paulisper collecto ad pociora speranda iam fidentius presumebam. Ocius igitur reuestiri quero, ut cum fratribus in processione appaream. Cumque ad locum uentum esset, ubi pro sermone fatiendo processionis stacio fieri solet, de sermone non presumens tamen indultam a domino papa peccatorum et penitencie remissionem paucis exprimere conabar. At cum in oratione ad uotum uires accrescerent, solitum, set inopinatum, exhortationis protraxi sermonem. Sicque missarum tociusque sollempnitatis officia compleuimus, ut non labor fatigationem, set fatigatio recreationem perfecte ministraret, et, licet ad plenum nondum dolor recessisset, ossa tamen ad plenum sunt consolidata, et perfecta sanitas sensim est consecuta.*

43 Mirakel 49 (Metcalfe 1881: 115): *Cum in hospitali eiusdem ecclesie, quod infermis deputatum est, requiesceret [...].*

44 Mirakel 3 (Metcalfe 1881: 76): *Inopinata ergo potitus uictoria et cum multis spoliis et leticia magna reuersus, crucem fecit argenteam noue magnitudinis, longe humani corporis modum excedentem, et posuit eam in hac ecclesia beati martiris ad corpus eius in diuini triumphi et inopinate uictorie, quam per merita eius obtinuerat, monimentum.*

45 Sjå Mortensen 2000b.

46 Sjå Østrem 2001.

47 Sjå Helander 1993 og Østrem 2000.

48 Sjå Østrem 2001: 49.

49 Douai, Bibliothèque municipale 295, fyldigare omtale og analyse finst i Mortensen 2000c. Teksten i handskriftet har aldri vore utgjeven i sin heilskap, men Østrem 2001 legg det meste av det til grunn for sine fragmenttranskripsjonar, s. 266–280. Oxford, Corpus Christi College 209 er omtala og utgjeve av Metcalfe 1881.

50 Vi byggjer i det følgjande særleg på Lunde 1994, Jørgensen 2000, Mortensen 2000b, og Østrem 2001. Nummerering av mirakela finst ikkje i utgåva til Metcalf. Her følgjer vi lista i Ekrem 2000: 112–113. Denne nummereringa er også brukt av Østrem 2001 og Mortensen 2002, og vil liggje til grunn for ei komande utgåve av *PO (Mortensen et al.).*

51 Det einaste unntaket er nr. 23 som finst i *Breviarium Nidrosiense.*

52 *Analecta Hymnica* vol. 11, no. 383 (Leipzig 1891).

53 Dette svarar til inndelinga I–III og IV–VI i Jørgensen 2000: 162.

54 Om rapporteringa sjå nærmare Mortensen 2000b.

55 Magnus får hjelp: *Geisli* str. 28–30; Theodoricus kap. 24; *Ágrip* kap. 37; *Den særskilde Olavssoga* (*Den store saga om Olav den hellige*) kap. 265; *Magn. góð.* i *Heimskringla*, kap. 27–28. Harald får hjelp: *Morkinskinna*, s. 80–83, *Fagrskinna* kap. 51, *Har. harð.* i *Heimskringla*, kap. 14.

56 Sjå Mortensen 2002.

57 Unntaket er ei ung islandsk norrønspråkleg legende som byggjer på det legendariske stoffet i sagalitteraturen (sjå nedanfor).

58 Kap. 20: *Quomodo vero mox omnipotens Deus merita martyris sui Olavi declaraverit cæcis visum reddendo et multa commoda ægris mortalibus impendendo, et qualiter episcopus Grimkel — qui fuit filius fratris Sigwardi episcopi, quem Olavus filius Tryggva secum adduxerat de Anglia — post annum et quinque dies beatum corpus e terra levaverit et in loco decenter ornato reposuerit in Nidrosiensi metropoli, quo statim peracta pugna transvectum fuerat, quia hæc omnia a nonnullis memoriæ tradita sunt, nos notis immorari superfluum duximus.*

59 Sjå kritikken frå Østrem (2001, 34–35) av det tradisjonelle synet: Det er ingen ting som tyder på at Theodoricus viser til ein liturgisk tekst, berre til ulike skrifter som nemner desse hendingane.

60 Ælnoth, *Passio Canuti regis* (red. M. Cl. Gertz), i *Vitae Sanctorum Danorum* 1908–1912: 84.

61 For det følgjande byggjer vi på ei hovudoppgåve om forholdet mellom *Homilieboka* og *PO* av Lene Dåvøy, innlevert ved Universitetet i Bergen, september 2002: *Den latinske og den norrøne Olavslegenden. Tekstversjoner og oversettelsespraksis.* Vi takkar Lene Dåvøy for at vi har kunna bruke denne hovudoppgåva.

62 *Gamal norsk homiliebok*, Indrebø red. 1931: 113: *ok pryddi Þegar þes hælga manz hús...* Mirakelet om Guttorm er gjengjeve i *Geisli* (str. 31–34) og i det sjuande brotstykket (1r5–9, Louis-Jensen 1970: 35). Frå *Geisli* får vi vite at slaget stod i Ongulsøysundet, og diktaren nemner at sølvkrossen står i Kristkyrkja. I det sjuande brotstykket vert slagstaden nemnd, *angvlseyar sundi* (1r5), og vi får vite at Guttorm var son av Gunnhild, halvsøster til kong Olav (1r6).

63 Sjå Dåvøy 2002: 90.

64 Denne siste opplysinga har vore brukt til å datere teksten til perioden like etter, dvs. ca. 1155–1165, men denne tidfestinga er ikkje udiskutabel, sjå diskusjonen i Louis-Jensen 1970 og Mortensen 2000b: 95–96, n. 8.

65 Sjå Østrem 2001: 62ff. Kjeldegruppene er best dokumenterte i Østrem 2001: 53–56.

66 Sjå Mortensen 2000c.

67 Østrem 2001: 53–58.

68 Dette er også så vidt nemnt av Østrem (2000: 50).

69 Dvs. både til åtak og forsvar.

70 Metcalfe 1881: 72: *Indutus igitur lorica fidei et accinctus gladio spiritus, quod est uerbum Dei, per infamiam et bonam famam, per gloriam et ignobilitatem, per arma iusticie a dextris et a sinistris, orator egregius fidei uerbum constanter ubique disseminabat, in uia paratus pro Christo <pati> quaslibet persecutiones. Obiciebat se sponte periculis martirium, si Deo placuisset, suscipere non recusans.*

Et quoniam dignus est operarius mercede sua, tandem Domino placuit agonistam suum de carcere carnis educere, ut plenissimam et superhabundantem laborum suorum reciperet mercedem, et regem rex uideret in decore suo. Erat quedam pars illius terre, in qua modo sacratissimum corpus eius requiescit, cuius incole indurati et pertinaces in malicia sua ueritatis, et ideo regis, hostes erant inexorabiles. In hanc uenit prouinciam Christi martir forte Dei gratiam populis incredulis predicaturus. Quo comperto ueritatis hostes conuocauerunt concilium iniquitatis, et conuenerunt in unum aduersus Dominum et aduersus Christum eius.

71 Douai, Bibliothèque municipale, f. 94r (jamfør Østrem 2001: 272): *Indutus igitur lorica fidei obiciebat se sponte periculis martirium, si Deo placuisset, suscipere non recusans. Quo comperto ueritatis hostes conuocauerunt concilium iniquitatis, et conuenerunt aduersus Dominum et aduersus Christum eius.*

72 Sjå Mortensen 2000b og c.

73 Erkebiskop Øystein og andre i Nidarosmiljøet kan sjølvsagt ha kjent skaldedikt, men når det galdt Olavs *liv* før martyriet kan desse kjeldene ha gjeve opplysningar som var lite relevante for utarbeidinga av eit kyrkjeleg vita. Det er neppe nokon grunn til å tru at legendeforfattarane har granska skaldedikt med tanke på å bruke dei som kjelde. Det er ein aktivitet som vi først kan belegge mellom saga- og krønikeforfattarar på slutten av 1100-talet.

74 *Set e conuerso perpessus est ab eis tribulaciones multas et malas, donec illorum multitudini resistere non ualens secesit in Rusiam.*

75 Østrem 2001: 62ff.

76 Sjå Østrem 2001.

77 Sjå Østrem 2000: 196.

78 *et dixi ollam succensam ego video et faciem eius a facie aquilonis, et dixit Dominus ad me ab aquilone pandetur omne malum super omnes habitatores terrae.*

79 Sjå Skånland 1956, som rett nok ikkje er overtydd om at *PO* brukar Ælnoth direkte.

80 I 26: Gog og Magog hjå Ezechiel refererer ikkje til dei gamle gotarane, men til svenskane i samtida.

81 *Postquam calix Babylonis / illudentis fel Draconis / ebulliuit penitus, olla feruet aquilonis / oleo deuotionis / per Olauum celitus* (*Analecta Hymnica* vol. 55, no. 272). Når det gjeld det fortetta biletspråket, sjå Kraggerud 2002: 108–115. Også hymnen *Rex Olauus gloriosus* brukar allusjonen i str. 3: *Omne malum aquilonis / aufertur de medio / Gentem durae regionis / mollit predicatio* (*Analecta Hymnica* vol. 11, no. 383).

82 Handskriftet har *.x.hundreð vettra. ok iiii. vetr ok .xx.* Firetalet, iiii, har høgst sannsynleg kome til ved ei feillesing av viii. Årstalet 1034, som vi finn i den norske omsetjinga av *Homilieboka* (omsett av Astrid Salvesen og utgjeven av Erik Gunnes 1971), har ikkje grunnlag i teksten i handskriftet.

83 For eit oversyn over diskusjonen sjå Østrem 2001: 61–62, med referansar.

84 *sed et ego legi in Historia Normannorum, quod a Roberto in Normandia Rothomagensi metropolitano baptizatus fuerit.*

85 Mortensen 2000c.

86 Kap. 19: *Occubuit autem beatus Olavus quarto Kal. Augusti, quod tunc erat quarta feria, anno ab incarnatione Domini millesimo vicesimo nono, ut nos certius indagare potuimus.*

87 Om ekskursane, meining og struktur, sjå Bagge 1989 og Mortensen 1993.

88 Sjå innleiinga til Driscoll i utgåva 1995: xxiii.

89 Om intern kronologi og ytre personskildring, som er vanleg innanfor sagalitteraturen, har funnest i eldre islandsk litteratur om Olav, er vanskeleg å seie. Fragmenta av *Eldste saga*, som mange har meint er eldre enn *Ágrip*, har tilløp til ein indre kronologi, men viser ingen døme på ytre personskildring i dei bevarte fragmenta.

90 Sjå Mortensen 1993.

91 *Historia Norwegie* er ein konstruert tittel. Historia Norwagensium, 'nordmennenes historie', ville ha vore rettare. For dette spørsmålet og for argumenta for datering og lokalisering sjå innleiing og kommentar til den nye utgåva ved Ekrem og Mortensen 2003.

92 *quippe cum de illorum progenie sint progressi illi salutares equiuoci duo Olaui, qui quasi clara celi luminaria suam sacre luce fidei illustrabant patriam.*

93 XVIII 2: *Hic, quia herili solo priuatus erat, pyraticam excercere necesse habebat.*

94 XVIII 14: *Qui inter se adoptiue fraternitatis fedus pepigerunt.*

95 Ove Moberg gjer greie for framstillinga av forholdet mellom Knut og Olav i dei kjeldene som er nemnde ovanfor (Moberg 1941: 53ff.)

96 Finnur Jónsson 1912–15 IB: 391–393.

97 *Legendariske saga* siterer ein del fleire strofer som skal ha tilhøyrt den flokken Olav dikta etter å ha vunne London, enn dei Finnur Jónsson har teke med i diktet *Liðsmannaflokkr*, som han fører opp som anonymt dikt (Finnur Jónsson 1912–15 IB: 391–93).

98 Utførlegare om dette i Moberg 1941: 25ff.

99 Sjå kommentarane til *Historia Norwegie* av Ekrem og Mortensen (2003: 150) og til *Ágrip* av Driscoll (1995: 98).

100 *Flateyjarbók* II: 22f.

101 *Flateyjarbók* gjev den framstillinga at Olav støtta kong Adalråd medan han levde, og vann London for han. Seinare ovartalte Kong Knut Olav til å hjelpe seg å vinne London mot at han skulle få det riket i Noreg han meinte å ha krav på, og Olav vann London ein andre gong for Knut. *Flateyjarbók* inneheld også som eit vedlegg til soga om Olav den heilage nokre såkalla artiklar frå Styrmes tapte soge. Av dese går det fram at Styrme har gjeve den opplysninga at Olav vann London, men ikkje for kven. Men ein parallelltekst til tekstutdraget frå Styrme gjev den opplysninga at Olav vann London for kong Adalråd (sjå *Den store saga om Olav den hellige*, s. 683 og 695 (red. Johnsen og Jón Helgason)).

102 Moberg 1941: 64.

103 *Ok girndisk sá annars sœmd er þá hafði mesta hlotit, er hann vann til handa honum* (normalisert) (Storm, red. 1893: 8).

104 *Legendariske saga* som langt på veg har same tekst som *Eldste saga* på dette punktet (kap. 64) har ei mindre klar formulering.

105 I historieforskinga har det biletet Snorres Olavssoger gjev av permanent fiendskap mellom Olav og Knut vore det dominerande. Men i seinare tid har nokre forskarar argumentert for at det kan vere grunn til å lite meir på den versjonen av forteljinga som m.a. finst i *Historia Norwegie* enn den versjonen Snorre har gjeve autoritet, sidan den kan vere ei rasjonalisering i ettertid i lys av plottet i legenda (Krag 1995: 137–141, sjå også Østrem 2001: 5–7).

106 Karl Jonsson returnerte til Island i 1188.

107 Odd Snorreson skreiv si soge opphavleg på latin. Den latinske teksten er tapt, men soga finst i norrøn omsetjing. Gunnlaug Leifsson skreiv også på latin. Soga er tapt, men delar av teksten har gått inn i *Den store soga om Olav Tryggvason.*

108 Gustav Storm som gav ut fragmenta av *Eldste saga* i 1893 (Storm 1893), daterte soga til perioden 1155–1180. Men Storm byggjer si datering i stor grad på dei to siste fragmenta han gav ut som del av soga (AM325 IV a 4to). Jonna Louis-Jensen har seinare vist (Louis-Jensen 1970) at desse fragmenta ikkje er del av *Eldste saga*, men har tilhøyrt mirakelsamlinga i ei Olavslegende. Berre dei seks første fragmenta som Storm gav ut (NRA 52), er delar av *Eldste saga.* Dei fleste litteraturhistoriske framstellingar har datert *Eldste saga* til perioden 1160–1180. Jónas Kristjánsson (1976) argumenterer for at *Eldste saga* vart skriven i perioden 1190–1210, eller rundt 1200. Denne tidfestinga byggjer delvis på at Jónas Kristjánsson meiner forfattaren av *Eldste saga* har brukt *Ágrip* som kjelde.

109 Holm-Olsen 1953.

110 Mange forskarar har rekna med at *Eldste saga* har hatt noko av det same legendariske preget som *Legendariske saga.* Dette synet møter ein tydelegast hjå G. Turville-Petre (sjå Turville-Petre 1953:179).

111 *Legendariske saga*, og andre soger på 1200-talet som har bygt på ei eldre Olavssoge, kan ha bygt på ein variant av *Eldste saga* som har skilt seg noko ut frå den redaksjonen av soga som vi har i dei seks bevarte fragmenta. Sigurður Nordal (1914) lanserte termen *Mellomste saga* for det han meinte var ein tapt redaksjon av Olavssoga. Det vi kan gå ut frå som heilt sikkert, er at ulike handskrift av den eldste Olavssoga har vore meir eller mindre ulike, for avskriving i mellomalderen var sjeldan nøyaktig kopiering. Det er sannsynleg at det fanst variantar av *Eldste saga* som var så ulike dei bevarte fragmenta at det ville vere rett å snakke om ein eigen redaksjon. Men i denne artikkelen vert fragmenta av den bevarte *Eldste saga* og mogelege nærskylde tapte redaksjonar alle berre omtalte som redaksjonar av *Eldste saga.*

112 Anne Heinrichs har granska dei ulike variantane av denne tåtten. Ho hallar til den oppfatninga at denne tåtten er skriven av ein nordmann (Heinrichs 1989: 139; 157–159).

113 Sjå Jónas Kristjánsson 1976: 293.

114 Finnur Jónsson 1912–15 IB: 211–212 (lausavise 8).

115 Sjå Bagge 2002: 200.

116 Etter årstalet for kongen død (kap.101) er det i handskriftet ført inn: *oc .cc. vætra*, 'og 200 vintrar'. Dette må reknast som ein skrivefeil.

117 Sigurður Nordal (Nordal 1914) har skilt ut stoff i seinare Olavssoger som han meiner skriv seg frå Styrme. I *Flateyjarbók*, eit av dei store handskrifta som inneheld ein interpolert redaksjon av Snorres særskilde Olavssoge, står det også etter soga nokre artiklar som skrivaren av handskriftet seier skriv seg frå Styrmes saga. Teksten som skriv seg frå Styrme, er prenta som vedlegg til *Den store saga om Olav den hellige* (Johnsen og Jón Helgason (red.) 1941).

118 Sjå Mundal 1984.

119 Johnsen og Jón Helgason (red.) 1941: 683.

120 Nokre under som fortel at kong Olav kom sonen Magnus og broren Harald til hjelp, er innarbeidde seinare i soga (kap. 50, 51).

121 Jacobsen (1970) går gjennom dei tidlegare argumenta for at soga er skriven i Noreg (Trøndelag), og styrkjer argumentasjonen på dette punktet. Før 1970 var det stor semje mellom forskarane om at forfattaren måtte vere islandsk. Det viktigaste argumentet for dette var at berre ein islending kunne ha den kjennskap til skaldedikting som forfattaren av *Fagrskinna* har hatt. Jacobsen viser at forfattaren av *Fagrskinna* har hatt ein svært stor del av dei skaldestrofene han siterer, frå islandske forelegg (i særleg grad frå *Morkinskinna*), men han peikar også på at ein etter måten stor del av dei skaldestrofene som berre er overleverte i *Fagrskinna*, er strofer av norske skaldar. Det ser han som eit mogeleg argument for at denne skaldediktkunnige forfattaren er norsk.

122 Belegga i dei norrøne kjeldene på at Snorre Sturlason er forfattaren til *Den særskilde Olavssoga* og den samlinga av kongesoger som går under namnet *Heimskringla*, er ikkje så sterke som ein kunne ynskje. Men dei samla indisia er likevel så sterke at få tviler på dette. Ein samla gjennomgang av argumenta finst i Ólafur Halldórsson 1979.

123 Jonna Louis-Jensen har argumentert for at Olavssoga i *Heimskringla* ikkje er innarbeidd i samlinga av kongesoger av Snorre sjølv, men at dette har skjedd først rundt ein generasjon seinare i det handskriftet som kallast *Kringla* (Louis–Jensen 1997).

124 Sjå Bagge 1997: 47.

125 Sjå Bagge 1991: 181–186.

126 Anne Holtsmark har argumentert for at det direkte forelegget til *Legendariske saga* også har vore eit norsk handskrift av ein redaksjon av *Eldste saga* som ikkje kan ha vore særleg mykje yngre enn 1200 (Holtsmark 1956: 9). Også dei bevarte fragmenta av *Eldste saga* frå ca. 1230, som har islandsk språkform, må ha vore i Noreg sidan fragmenta av soga er funne som ryggbind i norske fogderekneskap (Sunnmøre) for åra 1638–41. Sannsynlegvis har *Eldste saga* vore eit vel kjent verk i Noreg.

127 Oscar Albert Johnsen og Jón Helgason har gjeve ein karakteristikk av handskrifta av Snorres særskilde Olavssoge i *Saga Óláfs konungs hins helga. Den store saga om Olav den hellige* (red. Oskar Albert Johnsen og Jón Helgason, 1941) i utgåva s. 871ff.

128 Sjå Stefán Karlsson 1978 og 1979.

129 Sjå Widding 1993. Widding dreg fram norske språkformer i ei lang rad av handskrifta til *Den særskilde Olavssoga.* Hans primære forklaring på fenomenet er at norvagismane kan ha følgt med frå norske skriftlege kjelder som Snorre har brukt.

130 Verket vart trykt av Johan Hadorph først i 1675. Johnsen og Jón Helgason 1941: 879ff.

131 To av desse har felles forelegg, men vi har altså fem ulike redaksjonar av *Den særskilde Olavssoga* som er sterkt interpolerte. Oversyn over desse handskrifta og av innhaldet i dei finst i Johnsen og Jón Helgason 1941: 970ff.

132 Denne tendensen i den litterære utviklinga i europeisk litteratur, som den islandske litteraturen er ein del av, gjer Carol Clover greie for i *The Medieval Saga* (Clover 1982).

133 Eit fullstendig oversyn over innhaldet i *Flateyjarbók*-redaksjonen av soga finst i Kolbrún Haraldsdóttir 2000.

134 Denne såkalla *Store saga om Olav Tryggvason* byggjer på Snorre si soge om Olav Tryggvason, og interpolerer stoff frå andre soger.

135 Sjå også Lidén 1999: 414–415.

136 Lindkvist 1996: 13–33.

137 Sjå Storm 1980: xxxviii.

138 Om desse legendeversjonane sjå Storm 1880: xxxvi og xxxx; om Olavspreiker (på latin) frå Vadstena, sjå Lidén 1999: 400–402.

139 Sjå Philippart 1977: 45–48.

140 Om dette legendariet sjå Moretus 1908: 257–358; Halkin 1934: 321–333.

141 Staatsbibliothek – Preussischer Kulturbesitz, Theol. lat. fol. 706; sjå Becker og Brandis 1985: 247–250.

142 Om denne legenda og om utgjevingshistoria sjå Mortensen 2002.

143 Legenda er utgjeven av Storm 1880: 277–282, og omsett av Gunilla Iversen i Lidén 1999: 410–414.

144 *...orans pro suis crucifixoribus et marcatoribus mare transeuntibus, qui ipsum in periculis inuocant.*

145 Legenda er utgjeven av Storm 1885: 1–19, og omsett av Gunilla Iversen i Lidén 1999: 404–410.

Summary

This article reviews the medieval Latin and Norse literature about St Olav. Our focus is Nidaros' role as 'workshop' of the construction of narratives about the saint king. The literary production was particularly prominent here in the second half of the 12th century, that is the time of Archbishop Øystein. If we view this period as vital for the production of literature about St Olav, the rest of this literature, with the skaldic poems excepted, belongs to a rather unknown phase which precedes the Nidaros literature and the great Norwegian-Icelandic sagas of the kings, the main part of which was produced after the most active literary period in Nidaros. Finally, we have a relatively less explored literary period in the last two centuries before the Reformation.

According to the oldest skaldic poems which portray St Olav as a holy man, the *Glælognskviða* by Þorarinn Loftunga and *Erfidrápa* by the skald Sigvatr, the cult of St Olav developed within a few years in Nidaros. Both these skaldic poems from the first decade following the death of St Olav tell about pilgrims seeking the king's grave in Nidaros. But the lack of sources from the 11th century and the early 12th century makes it difficult to follow the development of the cult of St Olav and get a detailed literary portrait of the saint king. Still, the poem *Geisli* by the skald Einarr Skulason, which was presented in the Church of Christ in Nidaros, probably in connection with the establishment of the archbishop's see in 1152 or 1153, shows that the cult that must have started as a local phenomen in Trøndelag later developed into a national cult and that Olav came to be known as *Rex perpetuus Norvegiæ* – the eternal king of Norway.

The establishment of the archbishop's see marked the beginning of an intensive period of literary production in Nidaros. The three most important pieces of writing we know from Nidaros from the last half of the 12th century are *Passio et miracula beati Olaui* (in a number of versions), *Historia de antiquitate regum Norwagiensium* by Theodoricus Monachus and the anonymous work *Ágrip af Nóregskonungasǫgum*. In addition, we know of a lost work, the *Catalogus regum Norwagiensium*. In another Norwegian environment, most probably in East Norway, the anonymous *Historia Norwegie* was produced during the same period.

The production of the legendary literature about St Olav in Nidaros was most likely initiated and lead by Archbishop Øystein, though not exclusively produced by him, as has often been claimed. Also the activities of Theodoricus, who dedicated his work to Archbishop Øystein, must be seen in light of the institutional literary ambitions of the archbishop's see. A work like *Ágrip* did probably not originate from people associated with the archbishop's see, but should rightly be viewed in connection with the literary impulses generated from this cultural centre.

Judged on basis of the *Passio*, it does not seem that the literary environment in Nidaros had too much information about the life of Olav, 130–140 years after his death at Stiklestad. Information about his conversion and baptism, and even the date of his martyrdom, seemingly remained uncertain and disputed among the literary clerics of Nidaros. The historiographical productions were more comprehensive, even if they were rather brief compared to the real saga literature. We highlight the different literary strategies pursued by Latin and Old Norse authors with regard to rhetoric, models etc. The portrait of the king was also more complex, but even if the picture of the king varies according to the different works, he is continuously portrayed as an unwavering holy institution in Norwegian history and the final and decisive reason why the country turned Christian. The vital context for this consensus was no doubt the institutional success in staging and reporting miracles worked by the saint king, especially during the celebration of his martyrdom on July 29.

The oldest Icelandic saga about Olav is the so-called *Eldste saga*, which probably dates back to the end of the 12th century. This saga can be found in a number of editions. We also have a Norwegian version, the so-called *Legendariske saga*, which is written in the local dialect of Trøndelag. *Fagrskinna*, which also contains a saga about St Olav, also has a link to Trøndelag, and is most probably written in Nidaros. Whether its author is Norwegian or Icelandic has still been disputed. The highlight of the sagas of the kings is marked by Snorre's *Den særskilde Olavssoga*. This saga reinforced the Icelandic dominance within the literary production about St Olav. But as is demonstrated by *Legendariske saga* and *Fagrskinna*, Trøndelag and Nidaros was still a centre of the literature about St Olav in the heyday of the Icelandic production of the sagas of the kings. The great literary interest for St Olav on Iceland should not be seen isolated from the comprehensive production of literature about the saint king in Nidaros at the close of the 12th century.

In the late medieval period we witness that other literary environments than the one associated with Nidaros started to influence the development of the literature about St Olav. On Iceland we are familiar with a legend of St Olav which is not based on *Passio Olaui*, but rather on the saga literature. The main renewal of the literature about St Olav we find in environments with rather weak links to the cult in Nidaros. Both within the Dutch-German and Danish areas we find versions of the legend of St Olav containing new narrative elements.

ROMAN-ALPHABET INSCRIPTIONS

Martin Syrett

Although it would be an exaggeration to say that the Roman alphabet first took root in Norway in the city of Nidaros or Trondheim, the script has a pedigree here at least as ancient as anywhere else in the mediaeval kingdom. Among the very earliest examples of the use of Roman script in Norway consist of coin-legends from the early eleventh century onwards. Although the first issues of kings such as Olaf Tryggvason and Olaf Haraldsson cannot be localised, from the middle of that century the name *Niðarnes*, referring to the Trondheim peninsula, appears as a mint during the reign of Harald hardrada.[1] The city must also have had a mint periodically during the rest of the Middle ages, since various archbishops were intermittently granted the privilege of minting their own coins; however, they did not consistently bear inscriptions until just before the Reformation.

However, it was the Church that was primarily responsible for introducing and popularising the use of the Roman alphabet as opposed to the indigenous runic script, and its actual use accelerated rapidly in the course of the twelfth century. This can in no small measure be attributed to the foundation of the archbishopric around 1152, particularly in terms of literary productions relating to the cult of saint Olaf. The twelfth century was however also a time of great expansion in terms of the construction of stone churches, and many of these seem to have carried inscriptions in the Roman alphabet recording their dedication.[2] It is of course uncertain whether this might have applied to any of the numerous precursors of the mediaeval cathedral, but the only mediaeval parish church still standing in Trondheim, Vår Frue kirke on Kongens gate, is inscribed with such a text on its eastern end. It reads simply:

> *"Hin helga Maria á mik, Bjǫrn Signarsson gerði mik"*
> 'The Holy (Virgin) Mary owns me, Bjorn Signarsson built me'

Such inscriptions recording the founder or builder of the church and the saint to which it was consecrated are common across Scandinavia, although this is the only one left from Trondheim. Aside from a few scattered finds from archaeological excavations across the city, the vast majority of the other Roman-alphabet inscriptions are now associated with the cathedral, for the most part in the form of mediaeval funerary monuments.[3]

Indeed, the three earliest inscriptions from Trondheim from the second half of the twelfth century appear in a similar context; they all record the dedication of altars within chapels of the cathedral itself in fairly straightforward Latin. From a historical or liturgical perspective, it is interesting to note that there is some general agreement that these inscriptions were executed as soon as was feasible, to enable the altars to be functional as quickly as possible. One is found in each of the cathedral transepts on the first floor; what is now called Olavskapellet in the southern transept was devoted to saints Stephen the protomartyr and Olaf Haraldsson himself, while the northern Mariakapellet was dedicated to the Virgin Mary and saint Hippolyte. The saints referred to are not particularly unusual, but the script looks to date from the second half of the twelfth century, at exactly the time that the new Gothic transepts were being constructed.

This speed of consecration even before architectural work was finished is also probably reflected in the most striking of the three dedication inscriptions, which runs around the walls of the chapel now known as Johanneskapellet on the ground floor of the southern transept. The text records the dedication of the altar by archbishop Øystein Erlendsson in 1161 in the following manner:

> *"Altare hoc dedicatum est ab Augustino archiepiscopo anno primo episcopatus eius ad laudem domini nostri Iesu Christi, in honore sancti Iohannis baptiste et sancti Vincentii martyris et sancti Silvestri, anno ab incarnatione domini millesimo centesimo lxi sexto calendas decembrium"*
> *'This altar was dedicated by archbishop Øystein (Augustinus) in the first year of his episcopal office in praise of our Lord Jesus Christ, in honour of saint John the baptist and saint Vincent the martyr and saint Silvester, in the year 1161 after the incarnation of the Lord on the 26th November'*

'Hin helga Maria á mik. Bjorn Signarsson gerði mik.' ('Holy Mary owns me. Bjorn son of Signarr built me'). Dedication/foundation inscription from Vår Frue kirke, Trondheim, early 13th century. Syrett 2002, 1 p. 166, and 2 p. 14.

"Den hellige Maria eier meg. Bjørn Signarsson gjorde meg". Dedikasjonsinnskrift fra Vår Frue kirke, Trondheim, fra tidlig 1200-tall.

Leaving aside unclassical (but typically mediaeval) features such as the phrase *in honore* rather than *in honorem*, this inscription is of great interest. The text was executed in the first year of Øystein's office, and has been interpreted as a public statement of his ecclesiastical policies in the troubled political climate of the time.[4] Both John and Vincent were perceived as symbols representing the struggle of the Church to free itself from the domination of secular tyrants, a theme much in the mind of churchmen of the twelfth century. On the other hand, Silvester was conventionally believed to have been responsible for the baptism of the first Christian Roman emperor Constantine, and correspondence is preserved between Øystein and pope Alexander III discussing and confirming the crucial role played by Silvester in this critical moment in world history.[5] The inscription, therefore, prominently placed around the three walls of the chapel, can be said to reflect Øystein's political philosophy and his hopes of a fruitful union between Church and State, as also reflected in his coronation of Magnus Erlingsson in 1163.[6]

Although not uncommon in mediaeval Europe, such a politicised use of epigraphy is not so clearly reflected in the other inscriptions from Trondheim. There is preserved a large piece of what seems to have been the shaft of a marble cross, which to judge from its inscription was raised by an archbishop in the late thirteenth century to encourage piety in its readers. Although the bulk of the text is left to us, both ends have broken away, and unfortunately neither the archbishop's name nor the date of the erection of the cross are now extant. A plausible, if not necessarily correct, suppletion of the final part of the inscription would have the bishop raise the cross:

> *"[...] Guði til lofs svá ok sér til sáluhjálpar ok þeim til gagns er hér fara um bœinn, sem þakki ok syngi fyrir sál hans 'Pater noster'"*
> *['...] in praise of God and for his own salvation and for the benefit of those who travel here through the town, for which may they give thanks and sing "Our Father" for his soul'"*

Both the sentiments and the phrasing are fairly conventional, but it is tempting to think that much of the intended audience would have consisted of pilgrims visiting the shrine of saint Olaf in Trondheim. Otherwise written material on the cathedral walls is largely personal in nature. Aside from the marks left by stonemasons, who often employ Roman characters, there are only a handful of graffiti in the

Roman alphabet compared to the dozens in runes. Some may reflect the name of the deceased with relation to their burial place in the adjoining graveyard, while others may be the names of visiting pilgrims, but they are very terse. Much the same applies to the few loose artefacts associated with the cathedral, which have inscriptions, which tend to be in Latin and to date from the late Middle Ages. For example, a small bronze cross discovered in 1866 in an archbishop's grave under the chancel carried the legend *Ave Maria gratia plena* 'Haily Mary, full of grace', the opening line of the ubiquitous prayer taken from Luke's Gospel. A gilt silver chalice of the early sixteenth century still in use in the cathedral is incised with the sequence INRI, reflecting another standard phrase *Iesus Nazarenus rex Iudaeorum* 'Jesus of Nazareth king of the Jews', the text set on the cross at the crucifixion according to John's Gospel. These legends in such contexts are so common across the whole of mediaeval Christendom that their presence in Trondheim is no surprise.

The texts mentioned so far all have clear links with the Church, and examples of a more secular kind are less common. The excavations at the site of the current town library in the 1970s brought to light a few artefacts with Roman-alphabet inscriptions, including objects such as a couple of knife-handles and a spindle-whorl.[7] However, they are not only rare but also frequently poorly preserved or apparently incomprehensible, and occasionally seem to be ill-judged exercises in letter cutting rather than attempts to produce meaningful language. When judged from this perspective, the overall impression of Roman literacy from mediaeval Trondheim is therefore quite slight, but this is only half the picture. It would be undeniably tempting to link an ability to read and write Roman script with the ecclesiastical establishment, and to suggest that its application was largely reserved to the clergy rather than the laity. There may indeed be some value in this supposition, but there are also some pointers to the contrary. There is, for example, no consistent correlation between the use of Roman script and Latin, the language of the Church; some Roman-alphabet inscriptions employ the vernacular, while some runic texts are composed in Latin. Indeed, a more reasonable assessment of the status of the two scripts is that they were favoured according to the physical environment of their usage rather than according to language or social background. The Roman script seems to have been understood as the best choice for texts which were intended to last, which had a social function beyond the mere here and now; the runic, on the other hand, was preferred in more ephemeral contexts, at least up until the thirteenth century.[8]

Nowhere does this come out more clearly than in the field of funerary monuments, which account for something like four fifths of all the Roman-alphabet inscriptions preserved from Trondheim before the Reformation. With a single exception, such gravestones are exclusively in the Roman script, and reflect the new epigraphic and artistic impulses that swept across Europe in the High Middle ages. The development of the Romanesque style into the Gothic in the twelfth and thirteenth centuries brought with it new forms of monumental architecture that can (at a pinch) be interpreted as showing the growth of individualism over collectivism; inscriptions celebrating the life, death, and future of the deceased become more common, as do effigies depicting the individual commemorated.[9] The collection of incised grave slabs from Trondheim is a particularly fine one, especially given their comparatively great age, at least within Scandinavia. During a period spanning roughly the thirteenth and first half of the fourteenth centuries, the monumental tradition in Trondheim clearly flourished extensively, and the inscriptions in Gothic majuscules are among the finest to be found in Scandinavia from this period.

Unfortunately, many of them have been heavily damaged and broken up over the centuries. The normal ravages of time are partly to blame, but so also is the recurrent need for stone materials in the mediaeval and early modern city to build new foundations and re-build old ones; mediaeval gravestones were very commonly appropriated, hacked to conveniently sized pieces, and re-used as masonry. Therefore, the fact that so many more inscriptions have been preserved from Trondheim than from other major ecclesiastical centres such as Oslo and Bergen might at first sight seem to imply a greater employment of Roman script in epigraphic contexts in the archiepiscopal see, but this is almost certainly illusory. A more plausible interpretation is that the greater survival rate in Trondheim is a result of a historical accident: it was only here that a mediaeval cathedral survived intact down to the present day, and many of the gravestones were clearly employed as building fabric. The cathedral building itself has proved the most fruitful repository for fragments of older grave monuments, but other pieces have been found further afield, most notably in the neighbouring archbishops' palace. This piece of luck gives us then an insight into the use of Roman script in mediaeval Trondheim which is unparalleled by other Norwegian contexts.

The chief function of inscriptions on grave monuments was clearly as records for posterity, but records with a particular purpose: to preserve the name of the deceased not simply (or even chiefly) for historical interest or out of dynastic or personal pride, but for the explicit hope that those remaining would offer up prayers for their soul to smooth their transition through Purgatory into Heaven. Of particular importance was the notion that such prayers should be spoken on the anniversary of the death of the individual concerned. Accordingly, the memorial inscriptions from Trondheim, like mediaeval inscriptions in general, are generally more concerned with recording the calendar date on which the deceased passed away than with the year in which it took place. This naturally has rather unfortunate ramifications for dating these monuments, in that there are very few fixed points on which to establish a chronology. The methods of reckoning the date vary from inscription to inscription: some use modern terminology such as *quarta dies ianuarii* 'the fourth day of January', others the older classical Roman system of *calendae*, *nonae*, and *idus*, while the custom of relating dates to festivals and saints' days also appears. One inscription notes of the deceased Thrond that *hans ártíð er ... nóttum eptir Páls mes-*

su 'the anniversary of his death is … nights after the feast of saint Paul'. The word *ártíð*, literally 'year-time', is found in such epigraphic contexts throughout Norway, and was intended to establish the anniversary in permanent written form for future intercession.

This mediaeval belief or tradition had deep roots and strong foundations. Around the time of the Black Death in the middle of the fourteenth century, archbishop Arne recommended in his church statute that when attending mass,

> *"gangi hverr til graftar síns fǫður, móður, systkina eða frænda ok vina ok segi þar sína 'Pater noster'*
> *'let everyone go to the grave of their father, mother, siblings, or relations and friends and say their "Our father" there'* [10]

This was certainly a practice that had been encouraged and followed for generations, and provides a neat entry point into the formulaic nature of the memorial inscriptions. Many of them terminate with conventional tags such as 'amen' or *Ave Maria*, but the single most striking phrases are those which directly address the reader and ask them to pray for the soul of the deceased. In Latin texts we frequently find, for example, the brief *pro me, precor, ora* 'pray for me, I beg', although fuller language is sometimes used; one of the hexameter memorials contains the petition *fare pro me requiemque precare dans prece me Christo* 'speak for me and pray for peaceful rest, giving me in prayer to Christ'. However, it is the more stereotypical vernacular inscriptions that seem to chime more harmoniously with the spartan but sincere sentiments of archbishop Arne's statute. The verb *biðja* 'to ask, pray' borders on the ubiquitous in Norse inscriptions, invariably referring to prayers for the deceased and sometimes in full form such as *biðið Pater noster fyrir hans/hennar sál* 'pray "Our Father" for his/her soul'. A full example is the following inscription, which although slightly incomplete can be plausibly interpreted as:

> *"Iesus dróttinn himinríkis blezi sál Brynhildar Rannveigardóttur … er hér hvílir ok gefi henni eilífan fǫgnuðí himinríkis dýrð sine fine, amen; ave Maria"*
> *'May Jesus lord of heaven bless the soul of Brynhild daughter of Rannveig … who rests here and give her eternal joy in the glory of the heavenly kingdom without end, amen; hail Mary'*

It is striking that Brynhild is identified by a matronymic referring to her mother Rannveig rather than the more conventional patronymic. The reasons behind this are lost, but we may speculate that she was illegitimate or that her father had suffered some disgrace. Other gravestones are even less concerned to give full details about the deceased; examples such as the memorial inscription for Asbjorn 'the little' was clearly considered sufficiently informative for those in the know.

In such contexts, the inscriptions employ vocabulary and other material taken straight from the liturgy, in particular the Mass of the Dead. This liturgical background is also strongly represented in the other major component of memorial texts on gravestones, which moves on from the actual act of prayer or petition to its results: the fate of the deceased soul and hopes for its acceptance by divine authorities. Again, the Latin inscriptions tend to show a more varied range of expressions, employing a number of alternatives such as *vivat perpete vita* 'may he live in eternal life', or *tibi sit, rex caelice, gratus* 'may he be dear to you, heavenly king'. This variety is in some respects quite striking. When hunting for signs of more stereotypical formulae such as *eius anima in pace requiescat* 'may his/her soul rest in peace', there is only a single clear example within the cathedral corpus, although this closing tag is attested across mediaeval Christendom in huge numbers. The explanation seems to be that the tradition in Trondheim had peaked already by the early fourteenth century, and that therefore the growing standardisation of language in the late Middle Ages is underrepresented in this material. Instead, the Latin inscriptions from Trondheim, or at least those which are well preserved, show favour to more poetic modes of expression such as *sit felix et benedicta, sanctis iungatur, aeterna pace fruatur* 'may she be happy and blessed, joined with the saints, enjoy eternal peace'.

Ironically, it is again the Norse inscriptions, many of which seem to reflect less prestigious monuments than those in Latin, which provide the clearest signs of formulaic or standardised language in these contexts. Stark phrasing such as *Guð hafi hans sál* 'may God have his soul' has a long pedigree in Norway, and can be traced back to the runic memorials of the missionary period in the eleventh and twelfth centuries. Particularly common are references to the joys of heaven as a reward for the virtuous soul helped on their way by prayers of intercession from those left behind. A frequent collocation is contained in the concept of *himinríkis dýrð* 'the glory of the heavenly kingdom', often elaborated upon by the request that Christ or God *gefi honum/henni eilífan fǫgnuð* 'give him/her eternal joy' there. The frequency of these expressions, many of which are found paralleled in gravestones which have clear other affinities to each other in epigraphy and decoration, may suggest some kind of tradition current within Trondheim during the thirteenth and fourteenth centuries at least. While it would be straining the evidence unduly to suppose that they were the product of any 'school' of artisans following a common model, the inscriptions do show a distinct homogeneity in many respects. However, this is again scarcely unique to epigraphic contexts, and the vernacular vocabulary and clauses embedded in Norse inscriptions reveal strong parallels with liturgical or biblical translations or commentaries, as attested in the written record of homilies. Most notable of all is the paraphrase of the *Credo* or 'Creed' found in mediaeval legal material, which observes that

> *"þeir sem gott hafa gørt þessa heims skulu þá fá ok hafa eilífan fǫgnuð með Guði ok hans helgum mǫnnum í himinríki"*
> *'those who have done good deeds in this world shall then gain and have eternal joy with God and his holy men in heaven'.*[11]

Another final byproduct of the liturgical aspect of memorial inscriptions has a more secular spin to it. By the thirteenth century at least the Norwegian ecclesiastical establishment had largely come to accept the principle that benefactors of the Church could include among their final testaments the choice of a prestigious burial location, often within the actual church itself. A large range of documents are preserved from mediaeval Norway which testify to the reality of this practice for both clergy and laity, and a further large number of burials have been excavated within the floor (and occasionally walls) of Trondheim cathedral to confirm its application here as well.[12] It seems certain that many of the monuments now preserved from Trondheim must reflect such burials, even if it is effectively impossible to reconstruct their original location, since they have all been moved since their original placement. This idea is suggested initially by the splendour of some of these monuments, the elegance of their lettering and the artistry of their iconography. It is however occasionally possible to go further and reconstruct something of the social background which might underlie them.

For example, one of the gravestones records that it was a gift to an otherwise unknown Asgaut from archbishop Jon; this must be Jon *rauði* 'the red', who was in office from 1267 to 1282. We have no idea as to why this gift was made, but presumably Asgaut (who was probably from among the laity) had rendered some service or other. He is however said to have been resident at a place known as Være, which later crops up in Aslak bolt's fifteenth-century cadastre as an estate, which yielded income to the archiepiscopal establishment. Another interesting example is a fragmentary slab which on the basis of older readings can probably be identified as the monument of baron Bjarne Erlingsson, a dominant member of the Norwegian aristocracy around the year 1300. Although Bjarne had suffered excommunication for a while after the death of king Magnus Hakonarson, his testament of 1309 reveals a reconciliation with the Church, exemplified by a long list of donations to the cathedral and monasteries of the Trøndelag and his request for burial in the south-west corner of the nave, referred to as 'dett nye werch'.[13] It can be imagined that by this period someone of Bjarne's standing and wealth would have felt such a privilege to be an obligatory and self-evident part of his social position.

The most famous, and in many ways most interesting, example of this burial dimension is however the gravestone that has been identified as that of duke Skule Bardarson, who was killed outside Elgeseter monastery in 1240 after an abortive rebellion against king Hakon the Old. To judge from its remains, this was originally the single most splendid tomb left to us from mediaeval Trondheim, but unfortunately the slab was hacked to pieces in the Middle ages and incorporated into the fabric of the archbishops' palace, from which only a few small fragments have since been recovered. Indeed, so patchy is the inscription that only the phrase *det ei pacem* 'give him peace' can now be made out in full; it is rather the art-work, depicting a man wearing the 'duke's garland', which reveals the identity of Skule here, and we know from contemporary sagas that he was buried

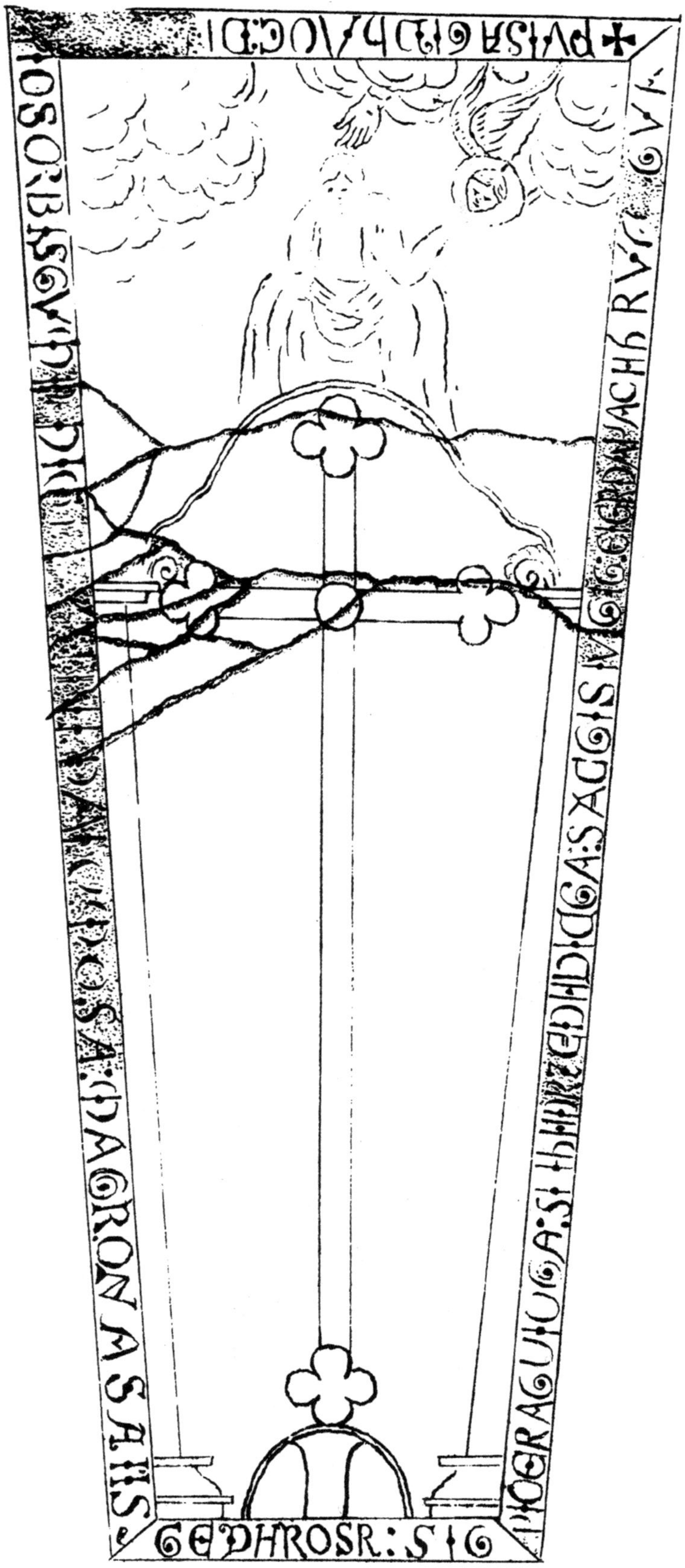

'Pulsat in hac aede flos orbis, tu mihi cede, femina formosa, matrona satis generosa, Sigrid erat dicta, sit felix et benedicta, sanctis iungatur, aeterna pace fruatur.' ('In this chamber implores a flower of the world, believe you me, a lovely woman, a noble lady, Sigriðr she was called; may she be happy and blessed, may she be joined with the saints, may she enjoy eternal peace.') Gravestone mid-late 13th century from the high altar in Nidaros Cathedral, Syrett 2002, 1. p. 175ff, 2 p. 18ff.

«I dette kammer ligger en av verdens blomster i bønn, tro du meg, en vakker kvinne, en edel frue, Sigrid ble hun kalt, må hun være lykkelig og velsignet, må hun komme sammen med helgenene, må hun få evig fred." En alternativ oversettelse finnes hos Ekroll (2001:26): "(Døden) bankar på denne bustad, du blomst på jord, gi etter for meg, ei kvinne ven, ei frue edelbåren, Sigrid var hennar namn, må ho vere sæl og velsigna, samla med dei heilage, og nyte æveleg fred.» Gravstein fra andre halvdel av 1200-tallet funnet ved høyalteret i Nidarosdomen.

in the cathedral.[14] The poor condition of what is left of this stone is a matter of great frustration, but there is clearly a form of revisionism inherent in its production. The image of Skule as a youthful, beardless man, holding what appears to be a model of Rein convent which he founded, combined with the liturgical commendation of his soul and the splendour of his burial fits ill with the notion of a political agitator and rebel brought down by his own hunger for kingship. It is impossible to tell who commissioned Skule's monument and composed his inscription, although the archiepiscopal seat would be a good guess. The combined use of epigraphy and art here can be suspected to have been intended to provide an image of the social ideal rather than the reality.

There are not many other inscriptions that can be definitively linked with individuals or events known from other sources, and accordingly few fixed points for allowing for them to be dated accurately. However, the general impression is that the majority of the grave monuments are the product of a period spanning roughly from the early decades of the thirteenth century to the middle of the fourteenth. This comes out partly from an analysis of their decoration, which can often be identified as typical of a young Gothic style derived at least partly from manuscript illumination; from the form of the stones, which are typically mediaeval with their flat, trapezoidal shape; and from the lettering itself, which for the most part consists of rounded Gothic majuscules. The inscriptions of this period are indicative of a moderately well established tradition in Trondheim, with an internal consistency in many respects. In particular, some of their features are rather unusual, if not unparalleled; this would include the preference for setting the texts on the angled bevel of grave slabs running around the edge of the flat surface, and the fondness for 'outlined' characters, where vertical lines and curves were highlighted by multiple, concentric strokes. The importance of regional practices or choices within mediaeval epigraphy has been emphasised many times, and here (as elsewhere) we can identify a selection of epigraphic choices from the bewildering array of experimental innovation and playfulness that characterised the Gothic majuscules.

Further evidence within the inscriptions themselves that they were following in the footsteps of a well-rehearsed epigraphic tradition is not hard to find. Alongside the use of pan-European liturgical formulae noted above, there are also traces of older models that survived in usage from Classical Antiquity. For example, at least one inscription seems likely to contain traces of the formula *sit tibi terra levis* 'may the earth be light upon you', which is very widely attested from the Classical and post-Classical worlds. Another interesting feature is the appearance of warnings to the reader to ponder their own mortality, and again very conventional language can at times be identified. In particular, the statement *sum quod eris, quid es ipsa fui* 'I am what you will be, what you are I myself once was' can be found (with minor variations in vocabulary) across the whole of Christendom; often leading on to a request for prayers, it clearly represents the deceased speaking through the grave monument for the benefit of both their own soul and that of the reader. Since the composition of epitaphs for the great and the good was a prominent literary industry in the Middle ages, it is no surprise to find such sentiments spreading far and wide across learned circles. In this particular case it is even possible to suggest a partial model, in that something very similar was used in memory of the great Carolingian scholar Alcuin of York, whose epitaph 'became a formula and the model for other epitaphs of the Carolingian age'.[15]

These ancient formulae are for the most part expressed in verse, and this in itself raises other aspects of the longevity and tradition of the monumental epitaph in mediaeval Europe. Around ten or so inscriptions from Trondheim may reflect poetry, although some of them are so fragmentary that this is uncertain. However, those that are unambiguously poetic are in the hexameter verse form, which relied on classical models of syllable quantity that no longer applied in the Middle Ages, and which therefore had to be learnt from reading older authors. Moreover, they tend to represent a particularly common mediaeval development of this tradition, in that they employ internal or end rhyme: the so-called 'leonine' hexameter. An example is the memorial of a certain Thrond, which runs:

"Throndus ego frater Sigvardi praesulis isto
pauso loco; lector, commenda me prece Christo"
'I Thrond, the brother of (arch-)bishop Sigurd, rest
in this place; reader, commend me in prayer to Christ'

The mediaeval Latin usage of *praesul* as a term for an ecclesiastical prelate reflects a semantic shift from the classical, and it can be suggested (as reflected in the translation) that it here refers to archbishop Sigurd Eindridason, who was in office from around 1230 to 1252. These fairly simple lines employ full end-rhyme, but a rather different pattern with internal rhyme appears in the epitaph of a certain Sigrid, who to judge from the vocabulary employed and the splendour of the gravestone must have been of high social standing:

"Pulsat in hac aede flos orbis, tu mihi cede,
femina formosa, matrona satis generosa,
Sigrid erat dicta, sit felix et benedicta,
sanctis iungatur, aeterna pace fruatur"

It has been suggested that the initial *pulsat* is a mediaeval error for *pausat* 'rests', but if we accept the epigraphic reading, then some sense can still be made of the text:

'In this chamber implores a flower of the world, believe you me,
a lovely woman, a particularly noble lady,
she was called Sigrid, (that) she may be happy and blessed,
may she be joined with the saints, may she enjoy eternal peace'

This epitaph is one of the most confident in the corpus, and betrays a rather more vigorous hope for the future of the soul of the deceased than usually found elsewhere.

'Jón erkibiskup gaf þenna stein, sem Guð sjálfr þakki honum; hér hvilir Ásgautr á Verrini, biðið fyrir sál hans.' ('Archbishop Jón gave this stone, for which may God himself reward him; here rests Ásgautr at Verrin, pray for his soul.'). Gravestone late 13th century. The stone was re-used in the post-Reformation period and has a seventeenth-century memorial inscription, Syrett 2002, 1 p. 290f., 2 p. 92f. Photo: Nidaros Domkirkes Restaureringsarbeider.

«Her hviler Asgaut på Være, be for han sjel. Jon erkebiskop ga denne steinen, måtte Gud selv takke ham for det.» Steinen er sannsynligvis reist av erkebiskop Jon Raude rundt 1280. Steinen ble funnet i 1837 innmurt i alteret i Nidarosdomen, og ble fjernet for å gi plass til Thorvaldsens Kristusstatue. Ekroll 2001: 53.

The emphasis on Latin inscriptions should not disguise the fact that those in the vernacular are at least as, if not more, numerous. Moreover, there is no clear divide between the languages that would conform to social status or rank; leading members of the laity such as duke Skule could receive ambitious Latin epitaphs, but clerics could have vernacular inscriptions in their memory. One such is preserved for a certain Arne who is said to have *átti Krosskirkju* '"owned" Cross-church'. This priest must then have been responsible for the mediaeval parish church of Krosskirke, which has now vanished but can perhaps be located around the current junction of Kjøpmannsgate and Erling skakkes gate.[16] A particularly striking example is however a fragment that appears to commemorate a certain Thorgils *kanuk-*; the most natural interpretation of the incomplete epithet is that it reflects Old Norse *kanuki* 'canon', and that this Thorgils was therefore a member of the cathedral chapter. There is a great discrepancy here between such an elevated position within the church hierarchy and the scale and quality of the monument. The script is poor and awkward, the stone lacks any artistic decoration, and from the dimensions of the piece preserved it must have been very small. It has been suggested very reasonably that this can be attributed to the onset of the Black Death, which arrived in Norway in the middle of the fourteenth century and proceeded to decimate the ranks of the clergy along with the rest of the population. At such a dismal time, there can have been little scope and few resources to produce the kind of elaborate monument that can be identified from the preceding century or more.

Indeed, the arrival of the Black Death seems to have had severe repercussions for the history of epigraphy in mediaeval Trondheim, as in all other walks of life. The most characteristic epigraphic development of the fourteenth and fifteenth centuries was the replacement of the traditional majuscules with the minuscules. Essentially akin to the modern distinction between capitals and lower case, the minuscule script was adopted for use in inscriptions from bookhand, the lettering used in producing manuscripts. This innovation spread rapidly across Europe until minuscules were the norm up until the Renaissance. In Trondheim, however, the number of minuscule inscriptions is small, numbering only around six or so, and many of these are only preserved as little fragments. Of these the most striking is on a gravestone that seems to commemorate a certain Matias *lapicida* 'mason'. The particular interest of this inscription comes from two details. In the first instance, it seems that Matias' origin was given as *de colonia*, which seems most probably to be interpreted as identifying the city of Cologne in Germany. Furthermore, the latter part of this wholly conventional memorial inscription seems to place his death in the year 1316. This would make it a remarkably early use of minuscules in an epigraphic context; even in northeastern France and Flanders, where the tradition seems to have originated, minuscule inscriptions are very scarce until the middle of the fourteenth century, and they are largely unknown further north and east. The problem unfortunately arises in the fact that only around two thirds of the original slab are now preserved, and that the end which contained these two precise parts of the text is now only known through older, and quite possibly erroneous, sketches by the military cartographer Lorentz Diderich Klüwer.[17] It remains a tempting speculation that Matias' gravestone may betray a particularly innovative form of script because it was made by craftsmen of his guild who, like him, may have come to Trondheim from abroad, but many difficulties of this inscription remain unsolved.

Such an inscription is however a rarity from late mediaeval Trondheim. Not only does the general quantity of memorials drop from the mid-fourteenth century onwards, but also the quality becomes more variable, and often for the worse. It is admittedly possible that this apparent reduction in output is illusory, since grave slabs from this latter period are more difficult to date than those from the twelfth or thirteenth centuries. Nevertheless, there are some signs that many of the poorest inscriptions in the corpus come from this time. They tend to be characterised by roughly hewn stonework, a lack of decoration, awkward and often corrupt lettering, and a preference for the vernacular Old Norwegian over the Latin. A good example is a very hefty slab laid over a certain Bjarne Ivarsson, who is said to have been resident at a place called *Sopenom*; this place-name appears in the mediaeval bylaws of Trondheim as a gård in the vicinity of the parish church of Krosskirke, although its precise location is uncertain. The layout and execution of the text are highly irregular, the epigraphy sloppy and awkward. It seems most probable that the inscription dates from around the fourteenth century, but the most striking feature is that it can be seen to have been extended with a further line including the name of Bjarne's wife Elin. This is the clearest example in the Trondheim corpus of a further portion of text being added to the original inscription to fit later circumstances, in this case presumably Elin's death some time after her husband's. Like others of its kind (and probably date), this inscription is simple and terse, employing the standard vernacular memorial formula of *hér hvílir* 'here rests' followed by the name of the deceased. That this trend applied to clerics as much as the laity is confirmed not only by the inscription mentioned above in memory of Thorgils the canon but by others as well; another fourteenth- or fifteenth-century thick grave slab employs equally heavy script and the same form of language but was executed for a certain *meistari* 'master' Jofrey Nikulasson, whose title may well imply a university education.

The notion of a cultural decline in late mediaeval Norway is an old chestnut that has not yet died away; a variety of factors have been adduced to demonstrate its apparent reality, while others have argued that it has less genuine weight and is rather a feature of other circumstances such as the economic domination of the hanseatic ports. What does seem to come through from recent excavations is that Trondheim, like most towns, suffered heavily from the Black Death, and that the later mediaeval period may have seem some form of de-urbanisation.[18] It is certainly possible to argue that the apparent lack of high-quality artistic productions after this point can more generally be attributed to cheaper imports from the European mainland, and some of the youngest gravestones in the corpus seem to have been fashioned from imported stone; this contrasts heavily with the fairly consistent use of local marble in the thirteenth century. The epigraphic material, slender though it may be, can however be placed neatly into a very traditional chronological frame. A new spirit burgeoned with the establishment of the archiepiscopal see in the second half of the twelfth century, flourished most brightly during the thirteenth and early fourteenth, and then declined again thereafter. Renewal only came with the new Renaissance impulses brought to Norway around the time of the Reformation, and in this field as elsewhere, those responsible for inscriptions from the early sixteenth century onwards had clearly cut their roots with the past and begun afresh.

Notes

1 See Skaare 1976: 58–64 for the two Olafs, 68–70 and 99–100 for the mint of Trondheim.
2 Ekroll 1998 provides a brief survey.
3 Undset 1888 gives a concise presentation of the mediaeval inscriptions from the cathedral. For a fuller edition by the author, including more detailed commentary and a fair number of new texts, see Syrett 2002.
4 Vandvik 1961.
5 Vandvik 1959: 66–69.
6 See further Helle 1974: 57–69.
7 For a summary of the excavations, see Christophersen and Nordeide 1994.
8 See Hagland 1990 for an overview of runic inscriptions from Trondheim.
9 Greenhill 1976 provides a good survey of the European effigial tradition.
10 NgL III: 298.
11 NgL: 23.
12 Bugge 1924: 10–17.
13 DN XV no. 1.
14 For discussions of this stone, see Suul 1975 and Grønli 1975.
15 Walllach 1955: 367.
16 Lunde 1977: 192–96, 213.
17 Klüwer 1960:10, for cautious discussion, see Undset 1888: 38.39.
18 Christophersen and Nordeide 1994: 289–90.

Sammenfatning

Opprettelsen av Erkesetet i Nidaros skulle få stor betydning for utviklingen av skriftlighet og litterær dannelse. Prosessen kan følges både i håndskrifter og i innskrifter. Etter hvert som den importerte latinske skriften på stadig flere områder trengte tilside runeskriften, kom epigrafikken til blomstre i Trondheim som få andre steder i middelalderens Norge. Selve opprettelsen av erkesetet har satt spor i form av dedikasjonsinnskrifter i tre av Domkirkens kapeller. Disse tekstene er naturlig nok på latin, men på de samme veggen finner vi også et lite antall innskrifter på folkemålet, noen ganger føyd til av pilegrimer på besøk ved St. Olavs grav.

Utgravninger rundt i byen har avdekket forskjellige gjenstander med korte innskrifter som forteller om eierskap eller rommer fragmenter av bønner og lignende. Antallet er ikke stort, men alle feilkilder tatt i betraktning, må funnene likevel kunne tolkes som vitnemål om et moderat skriftlig dannelsesnivå. Dette inntrykket underbygges av gravsteiner, som naturlig nok har stått seg bedre mot tidens tann enn andre artefakter. I Trondheim har vi rester etter rundt 100 innskrifter fra middelalderske gravsteiner (noen intakte, andre bare som fragmenter), og mange flere skjuler seg trolig i den eksisterende middelalderske bygningsmassen, så som Domkirken og Erkebispegården, hvor de er blitt brukt som murverk. Enkelte av disse gravstøttene er svært elegant utført med dekor, mens andre er heller enkle og grove. Alle deler imidlertid en felles hensikt, nemlig å bevare minnet om den avdøde slik at ettertiden gjennom bønn kan hjelpe ham til å nå himmelen.

Innflytelsen utenfra er tydelig både når det gjelder monumentenes dekor og form og selve innskriftene; noen er på vers (for det meste latinske heksametre), andre har et liturgisk opphav, det finnes til og med lån fra klassiske epitafier. Uansett hvilken synsvinkel vi velger, så skinner den religiøse og fromhetsmessige hensikten gjennom, og den varierer fra utførlige beskrivelser av frelsens gleder og ned til den spartanske formelen «må Gud ta imot hans/hennes sjel».

Den økende sekulariseringen av gravsteinsinnskriftene, som vi kjenner fra mange andre steder ved slutten av høymiddelalderen, er heller dårlig representert i trondheimsmaterialet. Dette tyder på at epigrafikken, som en rekke andre overskuddsfenomener, avtok etter pestkatastrofen ved midten av 1300-tallet for først å bli fornyet igjen etter reformasjonen.

Anleggene

Vi skal her se nærmere på hvordan erkesetet gestaltet seg i kirkehovedstaden Trondheim og i Trondheimsregionen. Maktens sete, Erkebispegården, sto i en særstilling i byen. Middelalderens kongsgårder i Trondheim nådde trolig aldri opp mot erkebiskopens gård, og utover i seinmiddelalderen er Kongsgården stadig mindre i bruk for til slutt å forsvinne. Etter 1475 overtok Erkebispegården også de funksjonene som Kongsgården hadde hatt, liksom erkebiskopen kombinerte rollen som kirkeleder med oppgavene som kongelig lensherre for byen og store deler av distriktet rundt. Etter reformasjonen skulle erkebispegården ironisk nok bli kalt for Kongsgården. Spørsmålet er hva Erkebispegårdens bygningshistorie og kulturlagene på «byens beste tomt» kan fortelle om erkesetets og erkebiskopenes historie.

Vi skal videre se nærmere på Olav Engelbrektssons festningsanlegg på Steinvikholmen, som Sæbjørg Walaker Nordeide oppfatter som en regional fortsettelse av erkebiskopenes ombygningsarbeider i Erkebispegården under Gaute Ivarsson (1475–1510) og hans etterfølgere. Det var i denne perioden Erkebispegården ble omdannet til et festningsaktig anlegg. Vi vil også vite noe om virkningene lokalt og regional av erkebiskopenes og kirkens mangfoldige og store byggeprosjekter i stein. Hva kan eksisterende kirkebygg i Trondheim - først og fremst Nidarosdomen - og spor etter uttak av stein rundt i Trondheimsregionen fortelle om det?

Bispesetet Hamar ble opprettet samtidig med erkesetet i Trondheim, og mellom de to bispesetene kan vi øyne et slags skjebnefellesskap. Den siste hamarbispen, Mogens Lauritsson, skulle bli Olav Engelbrektssons nærmeste allierte i det norske riksrådet i kampen for kirkens og landets selvstendighet. Før det hadde biskop Karl jemt i Hamar stått fram som en av Christians IIs fremste motmenn da kongen forsøkte å ta kontroll over den norske kirke. I årevis ble Karl holdt som kongens fange. Helt tilbake til 1430-40-åra er biskopene i Trondheim og Hamar de biskopene som synes å ha hatt best forbindelser til Sverige og til de mer politisk-opposisjonelle kretsene der. Vi har derfor villet se hva en sammenligning mellom Erkebispegården og restene av bispegården i Hamar kan fortelle om kirkelige og politiske forhold i middelalderen, og da særlig i det siste århundret før reformasjonen.

In this part we will consider more closely how the archbishop's see made a lasting mark upon Trondheim and the surrounding areas. The seat of power, the Archbishop's Palace, held a unique position in the town. The King's residence of medieval Trondheim never gained such a position as the Archbishop's Palace, and the royal residence became increasingly insignificant during the late medieval period and literally vanished at the end of the era. After 1475, the Archbishop's Palace also assumed the functions that had been previously held by the King's residence, as the Archbishop came to combine the role of church leader and royal officer. After the Reformation, the Archbishop's Palace was ironically re-named the King's residence. The question is what we can learn about the history of the archbishops and the archbishop's see from what we know about the construction of the Archbishop's Palace and the layers of culture in the prime site in town.

We will have closer look at Olav Engelbrektsson's castle at Steinvikholmen, which Sæbjørg Walaker Nordeide considers as a regional continuation of the archbishop's construction works in Trondheim during the time of Gaute Ivarsson (1475-1510). We will also learn something about the local and regional effects caused by variety of extensive building projects in stone carried out by the archbishops and the Church. What can the present ecclesiastical structures in Trondheim – above all Nidaros Cathedral – as well as traces from the removal of stone in the Trondheim region tell us about this?

The bishopric in Hamar was established at the same time as the archbishop's see in Trondheim, and in certain ways destiny brought the two bishoprics together. The last bishop in Hamar, Mogens Lauritsson, became the closest ally of Olav Engelbrektsson in the Norwegian Council of the Realm as they joined forces to fight for the independence of the Church and the country. Before that, the bishop Karl Jemt in Hamar had distinguished himself as one of the most prominent opponents of King Christian II as the king strove to get control of the Norwegian Church. For years Karl was kept in prison by the king. Right back to the 1430s and 1440s the bishops of Trondheim and Hamar seemed to have had their best connections to Sweden and the political opposition there. Thus we have found it interesting seeing what a comparison between the Archbishop's Palace and the remnants of the bishop's residence in Hamar can tell us about the ecclesiastical and political conditions during the medieval period, and in particular during the century prior to the Reformation.

Brann har herjet Trondheim opp gjennom århundrene, og store materielle og historiske verdier er gått tapt. Til gjengjeld er det blitt byfornyelse og dessuten muligheter for arkeologiske undersøkelser, og dermed økt historisk innsikt i kirkens og byens historie. En av de brannene som i nyeste tid har gjort sterkest inntrykk er brannen i Erkebispegården natta til 18. august 1983. I de to magasinbygningene som da brant ned gikk uerstattelige verdier tapt, så som deler av Domkirkens skulptursamling, gipsavstøpninger fra Domkirken og Domkirkens barokkinteriør. Som kompensasjon fikk anlegget i Erkebispegården nye, vakre og funksjonelle bygninger. Og så ble det gravd. Mengder av funn kom for dagen, og våre kunnskaper om Erkebispegården og byens historie vokste veldig. Utgravningene ble ledet av Sæbjørg Walaker Nordeide, som her presenterer resultatet av det store prosjektet. Foto: Adresseavisen.

Due to the recurring fires in Trondheim, one of which ravaging the Archbishop's Palace in 1983 is probably the most famous fire in the city in modern times, a lot of material of historical value was lost. However, it also made it possible to carry out extensive excavations that have given us valuable knowledge about the history of the Archbishop's Palace and the town. The excavations at the Archbishop's Palace were lead by Særbjørg Walaker Nordeide.

MAKTENS SETE – BISPEGÅRD OG FESTNINGSANLEGG

Sæbjørg Walaker Nordeide

Innledning

Den 18. august 1983 brant store deler av øst- og sørfløyen i Erkebispegården ned til grunnen. Det var stor sorg i byen over at to «vegger» i et så sentralt kulturminne var borte. Etter brannen ble det derfor raskt reist krav om at bygningene måtte gjenreises. Men i tillegg til bygningene som forsvant, ble det også revet bort mengder av materiale av høy kulturhistorisk verdi som var lagret i husene. Blant annet hadde Rustkammeret sine samlinger der.

De tapte gjenstandene var ugjenkallelig borte, men kravet om gjenreisning bød likevel på et lyspunkt i den tragiske hendelsen. Før nye hus kunne reises på branntomten måtte tomten undersøkes med arkeologiske utgravninger. Som et kulturminne beskyttet av Lov om kulturminner var kulturlagene under de brente husene beskyttet som et historisk arkiv. Utgravningene ble gjennomført i 1991–95. Under samme prosjekt ble det også utført nye bygningsarkeologiske undersøkelser i de gjenstående bygningene i vest- og nordfløyen, uført i 1996–97.

Erkebispegården har vært et sentrum og bolig for erkebiskopen som befant seg på maktpyramidens absolutte topp i det norske middelaldersamfunnet. Allikevel var den kunnskapen vi hadde om anlegget før brannen i 1983 minimal. De største undersøkelsene som hadde funnet sted i anlegget tidligere, var ekteparet Gerhard og Dorthea Fischers arkeologiske undersøkelser i 1952–72. Fischers undersøkelser konsentrerte seg til nord- og vestfløyen, og arbeidet ble utført i forbindelse av de store restaureringsarbeidene i gården. Fischers skrev aldri noen rapport fra sine 20 års undersøkelser. En liten populær bok er hovedverket fra dette arbeidet.[1]

Fischers undersøkelsesmetoder kan ikke måle seg med vår tids metoder. Dessverre har kombinasjonen av dårlige metoder og mangelfull rapportering ført til at Fischers' samlede arbeid i anlegget har vist seg å være av liten nytte for vår kunnskap om Erkebispegården. Deres teorier om utgravningsområdet for 1991–95 begrenset seg til at der var rester etter en ringmur som var bygget av erkebiskop Aslak Bolt (1428–1450). Denne muren var synlig før brannen i 1983, som grunnmur under en av de magasinbygningene som brant. Fischers' teori om denne muren viste seg å være feil, som det vil fremgå av teksten under. [2]

Siden kunnskapen om det aktuelle utgravningsfeltet på branntomten var så lite kjent, ble det igangsatt en forundersøkelse i 1985, ledet av Øivind Lunde. Det ble konstatert at kulturlagene i området var ca. 2 m tykke, og funnfrekvensen ble forventet å være lav. Det totale arealet var stipulert til 1600 m^2. «Aslak Bolts ringmur» var for det meste borte i sørfløyen, med unntak av noen meter i det østre hjørnet, og området i østfløyen ble forventet å være mer komplisert og tidkrevende enn sørfløyen.[3]

I 1989 ble det så igangsatt et forprosjekt bestående av en arkeolog (Alf Tore Hommedal) og en historiker (Trygve Lysaker), for å planlegge og forberede det store utgravningsarbeidet. Planene for utgravningsprosjektet ble basert på resultatene fra forundersøkelsen. Den samlede prislappen på det planlagte utgravningsarbeidet ble på drøyt 21 mill. 1989-kroner.[4] Lysaker laget i samme forbindelse en fin oversikt over byggeprosjekter i gården for perioden etter 1537.

Dessverre stemte virkeligheten for utgravningene i 1991–95 dårlig overens med antagelser i forprosjektene, både med hensyn til byggeplaner, arkeologiske forhold og organisering av virksomheten. I virkeligheten var sørfløyen langt mer komplisert enn østfløyen, funnfrekvensen var høy (ca. 160.000 gjenstander), utgravningsarealet ble på 2200m^2, kulturlagene var opptil 4 m tykke, ringmuren ble sporet i full lengde og fikk en annen datering (se under). Dette ble den største utgravning i Trondheim noensinne. Til alt overmål gikk virksomheten i 1994 over fra Riksantikvaren til det nyopprettede forskningsinstituttet NIKU, som hadde andre økonomiske rammevilkår en den rent statlige virksomheten hos Riksantikvaren. Den samlede prislapp ble på 40,5 mill. kroner, anvendt i perioden 1991–2002.

I det følgende vil jeg prøve å vise at den store sum penger har vært en god investering. En del av resultatene og materialet fra prosjektet har allerede lenge vært utstilt i Museet i Erkebispegården. Resultatene fra utgravningene er ellers redegjort for i en større bok fra undertegnede.[5] I denne

Domkirken og Erkebispegården i Nidaros før brannen i 1983. Foto: Aune Forlag
The Cathedral and the Archbishop's Palace in Nidaros (Trondheim).

sammenheng vil det bare presenteres hovedtrekk av utviklingen i middelalderen. Det henvises generelt til den nevnte bok og underliggende rapporter for en mer omfattende redegjørelse for bebyggelse og aktivitet i området.

Før vi ser nærmere på materialet fra 1991–95 er det på sin plass å gjøre oppmerksom på at Erkebispegården i Trondheim bare var ett av erkebiskopens anlegg. På slutten av 1200-tallet bygde erkebiskopen også en gård i Bergen, med en beliggenhet ved Vågen, vis-à-vis kongens og biskopens anlegg på Holmen. Dette anlegget ser ut til å ha fungert i hovedsak som et ledd i erkebiskopens handelsvirksomhet og godstransaksjoner.[6] Erkebispegården i Bergen skal jeg ikke komme nærmere inn på her. Jeg vil imidlertid gå noe mer inn på den borgen erkebiskop Olav Engelbrektsson (1523–1537) bygde på Steinvikholmen, lenger øst i Trondheimsfjorden, fordi dette anlegget i større grad kom til å spille en rolle i forhold til Erkebispegården i Trondheim.

Utgravningsprosjektet på 1990-tallet kunne ikke gå inn med inngående analyser i de stående bygningene, men har prøvd å supplere Fischers undersøkelser der de er svakest. Det samlede resultat fra utgravningene i Erkebispegården 1991–97 sammenfatter også data og teorier om anlegget fra alle tidligere undersøkelser. Men vår kunnskap om utviklingen av gården er langt mer usikker for de delene der vi bygger på eldre undersøkelser. Dette gjelder altså både nord- og vestfløyen. Den øvrige borggården og hele det sørvestre hjørnet av gården vet vi så å si ingenting om.

Med disse forbehold for deler av Erkebispegårdens bebyggelse kan jeg likevel si mye med sikkerhet. Det er for eksempel sikkert at da erkebispesetet i Nidaros ble grunnlagt begynte de straks å bygge en gård for erkebiskopen. De bygde den gamle kirken etter Olav Kyrre om til en domkirke for erkebispedømmet. Hele dette anlegget med bispegård og kirke fungerte som en helhet, som sentrum i kirkeprovinsen. Anlegget skulle framstå som et funksjonelt anlegg, verdig et erkesete. Utviklingen av Erkebispegården var derfor avhengig av utviklingen av Domkirken, og vise versa.

Den lokale plasseringen, organiseringen av folk og aktiviteter inne i gården og bevegelse mellom gården og kirken skulle planlegges og ordnes. Når anlegget skulle være «funksjonelt», skulle det ikke bare fungere praktisk. Det skulle også være monumentalt og underbygge kirkens autoritet, og på alle måter virke til at folk sluttet opp om kirkens ideologiske oppfatning, dens makt og økonomiske virksomhet slik at kirken kunne drive slik den selv ønsket.

Erkesetet har rådd over en svært stor tomt som har gitt en sterk kontrast til de tettbygde, små eiendomsparsellene i sentrum. Tomten hadde en strategisk god beliggenhet i bybildet: det var den tomten som hadde høyest beliggenhet, og den gav derfor god oversikt over omgivelsene og en iøynefallende lokalisering uten å være for lett å angripe. Fra tomten med Erkebispegården og Domkirken faller terrenget bratt ned mot Nidelven, og Erkebispegården ble trukket lengst ut mot skråningen. Gården har hatt en framtoning som et mer eller mindre firkantet, lukket anlegg. Anlegget ble slik gitt en maksimalt ruvende og tydelig framtoning i forhold til omgivelsene. Dertil teller det at den tilhørende havnen har vært god for bruk året igjennom. Den var plassert lengst opp i elven i forhold til byen, noe som gjorde det vanskelig å komme overraskende til gården med båt, og uønskede båter kunne stoppes før de kom så langt.

Kirker skulle bygges i stein så sant det var mulig, og erkebiskopens gård skulle nok helst også ha vært bygd utelukkende av stein hvis det fantes ressurser til det. Men murverk var kostbart. Det krevde svært mange og ulike materielle ressurser som gjerne måtte fraktes langt. I tillegg måtte de ha arbeidsfolk med håndverksmessig kompetanse til både å lage mørtel, bryte og bearbeide bygningsstein, og til å planlegge og mure denne typen byggverk. I virkeligheten ble anlegget i Trondheim bygd i en kombinasjon av stein og tre. Men den ytre fasaden, det vil si ringmur og statusbygg, var holdt i stein.

Det var kun kongen og kirken som hadde tilstrekkelig ressurser til å oppføre slike byggverk av stein og mørtel. Siden alle andre hus var av tre, gav byggematerialet i seg selv slike byggverk status og festningspreg. Byggematerialet gjorde at bygningene automatisk skilte seg ut som sterke og ruvende i landskapet. Steinbygninger var også sterkere og langt vanskeligere å ødelegge enn hus av tre.

Det ser ut til at både kirken og Erkebispegården har ekspandert fra øst mot vest, og Erkebispegården strakk seg opprinnelig atskillig lengre mot øst enn i dag. Samspillet mellom kirken og Erkebispegården blir klart demonstrert ved at hovedaksen i Erkebispegården, med hovedinngangen mot nord (nærmest Domkirken) etter hvert ble lagt langs samme linje som vestveggen i Domkirkens skip. Dette skal ifølge Håkon Håkonssons saga ha skjedd i 1248.

Forholdet mellom Domkirken og Erkebispegården er som forholdet mellom det hellige og det profane: I kirken foregikk de hellige handlinger, mens Erkebispegården skulle romme mer praktiske, hverdagslige gjøremål. Dette gjenspeiles også i arkitekturen: Domkirken fremstår som en arkitektonisk praktutfoldelse, både med hensyn til

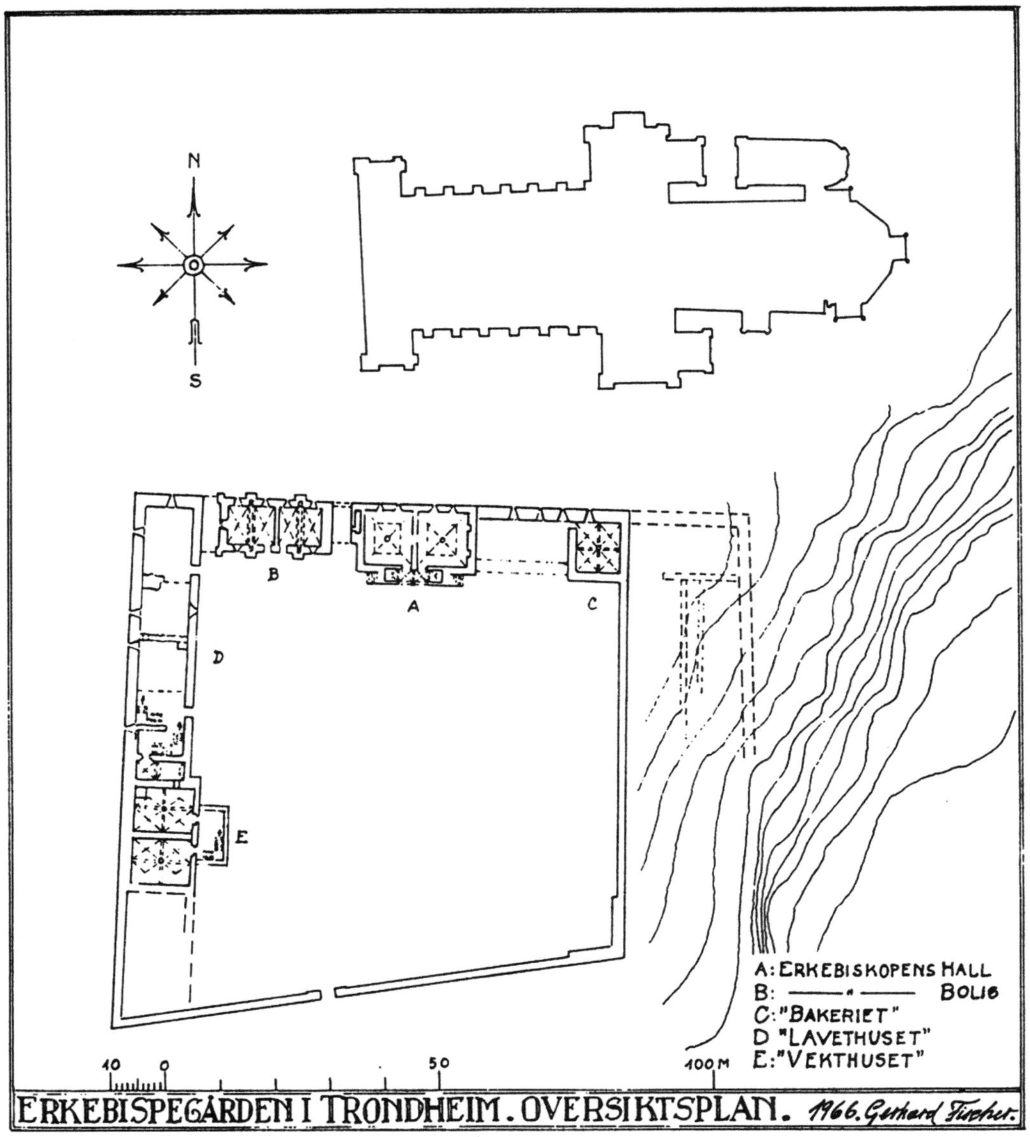

Gerhard Fischers fremstilling av Erkebispegården i middelalderen. I øst- og sørfløyen var kun ringmuren kjent, og denne fikk Aslak Bolt urettmessig æren for.

Gerhard Fischer's ground plan of the medieval Archbishop's Palace. Only the curtain wall was acknowledged to have existed in the east and south range, and this was wrongly dated to Aslak Bolt's period.

skulpturer, ornamentale detaljer og ved arkitekturen som helhet. Erkebispegården har derimot stått som en enkel, tiltalende, men nøktern bygning i forhold til kirken, like uanselig som kirken er praktfull. De viktigste bygningene i Erkebispegården har riktignok vært bygd av stein, men disse har likevel vært bygd med en enkel muringsteknikk, med minst mulig forarbeidelse av mursteinene. Kun hjørner og åpninger (vinduer, dører og lignende) har det vært lagt flid på å gi en ekstra pen utforming, og disse har stått fram i kleber. De andre delene har vært røft utformet. Det var imidlertid ikke meningen at dette murverket skulle synes, for selve veggene var kalket. Samlet sett har det hvite byggverket gitt en fin kontrast til den grå Domkirken. Til tross for at Erkebispegården og Domkirken er deler av ett og samme anlegg, ble de ulike funksjonene med all tydelighet vist gjennom deres framtoning. I dag opplever vi dessverre ikke dette så tydelig fordi den utvendige kalken på Erkebispegården er fjernet. Gården ser nå både grå og unødig tarvelig ut, med murverket i veggene blottstilt.

I noen deler av Erkebispegården har husene stått som sammenhengende rekker, mens i andre deler har husene stått mer enkeltvis. Selv om det innenfor murene i Erkebispegården har vært større og mindre bygninger, har ringmuren likevel vært med på å gi et enhetlig preg utad. I steinhusene har ringmuren alltid vært benyttet som en av ytterveggene, eller omvendt: ytterveggen har inngått istedenfor ringmur. Trehusene har med få unntak ligget fritt innenfor ringmuren, men de har vært orientert mer eller mindre etter ringmurens retning. Bygninger av tre kan ha ligget enkeltvis, eller de kan ha vært satt sammen i flere rekker, som klynger av relativt lave hus.

Erkebispegården i Trondheim skilte seg ikke vesentlig fra andre tilsvarende anlegg i grunnplan, i den grad de er kjent. Det finnes nemlig ingen andre bevarte erkebispeanlegg i nordvestre deler av Europa, og det er svært få undersøkelser i erkebispe- og bispeanlegg som er publisert slik at det gis en god oversikt over dem. Den nærmeste parallelle, erkebispegården i Lund, er for eksempel fjernet fra overflaten, men skriftlige kilder viser at den har vært temmelig lik gården i Trondheim, bare speilvendt.[7] Erkebispegården i Uppsala er det større usikkerhet omkring. De norske bispegårdene er bevart og undersøkt i varierende grad. En sammenligning kan derfor kun skje på et vaklende grunnlag. Det er likevel sikkert at i Norden var det *ikke* noen fast regel for på hvilken side bispegården / erkebispegården skulle ligge i forhold til den respektive domkirken. Dette har nok vært avhengig av den lokale terrengtopografi og hvordan de til enhver tid ville markere seg i bybildet. Men alle anleggene har fortonet seg som mer eller mindre firkantede, mer eller mindre befestede anlegg. Liksom i de andre anleggene lå de viktigste, mest påkostede husene i Erkebispegården nærmest kirken.[8]

Selv om det var fellestrekk mellom de ulike anleggene innen kirkeprovinsen og mellom de nærmeste land vi kan sammenligne med, er det tydelig at det også har vært regionale variasjoner. Innen området til Nidaros bispedømme

Erkebispegården på begynnelsen av 1500-tallet. Rekonstruksjonen v. M. Delden er basert på utgravningsprosjektets eldre teorier, hvorav enkelte deler er endret. Hovedinntrykket er likevel riktig.

The Archbishop's Palace in the beginning of 16th century. The reconstruction is based on theories, which have been slightly changed today. However, the main impression is correct.

Hus i Erkebispegården i tiden ca. 1150 - 1250 (1275).[12]

Buildings in the Archbishop's Palace in the period c. 1150 – 1250 (1275)[12]

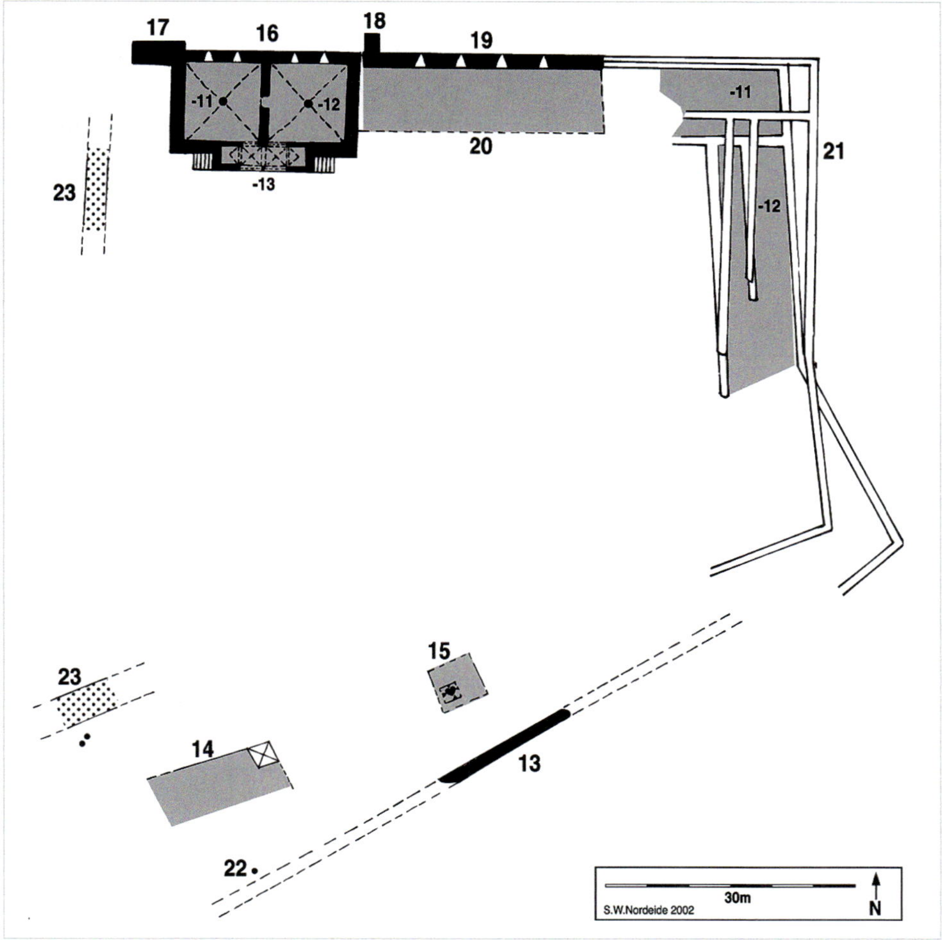

var erkesetet i Trondheim med Erkebispegården og Domkirken naturlig nok det største, mest påkostede og prangende anlegget. Det var også kun i Trondheim det var tårn over hovedporten fram til ca. 1450. Noen steder hadde de enkeltstående boligtårn (i Hamar, for eksempel), de fleste steder ikke. Det kunne faktisk være større forskjeller innad i Nidaros erkebispedømme enn mellom deler av denne og tilgrensende erkebispedømmer. For eksempel har husene i bispegårdene på Grønland og Island på den ene siden vært preget av lokal byggeskikk som skilte bispegårdshusene der kraftig fra dem på fastlandet, og på den annen side ligner østnorsk materiale mer på svenske anlegg enn på anleggene lengre vest.[9]

En litt mer konkret og detaljert beskrivelse av Erkebispegårdens utvikling må gjøres kronologisk. Inndelingen nedenfor følger den naturlige inndeling i det arkeologiske materialet. I beskrivelsen av bebyggelsen peker tall i uthevet skrift til nummererte hus på de respektive figurene.

Den eldste tiden, fram til ca. 1250 (1275)

Allerede ved erkesetets grunnleggelse ble det bygd hus slik at gården fikk en maksimal utstrekning mot nord, øst og sør i forhold til det som er kjent, se figur over. [10] Av disse eldste husene er det kun den gamle hallbygningen (**16**)[11] og deler av ringmuren (**19**) som fortsatt står. Deler av fundamentet under søndre ringmur **13** var også bevart. Den gamle hallbygningen er lett gjenkjennelig på den store dobbelttrappen som leder opp til hallen fra borggården (se bilde av hallbygningen s. 406).

Hallen var et sentralt hus i den gamle Erkebispegården, liksom den var det i tilsvarende anlegg fra samme tid. Den ble derfor prioritert i byggeperioden. I hallen samlet gjerne folk seg til måltider et par ganger for dagen, og slike måltider var sterkt formaliserte. Bordplasseringen var rangpreget, og hva de fikk servert og hvem som serverte gikk også etter rang. Erkebiskopen var selvsagt rangert høyest, dernest biskoper, prester og så videre. Se bare hvordan situasjonen i Erkebispegården er beskrevet i den nesten samtidige «Historien om biskop Laurentius». I dette tilfellet var Laurentius valgt som «bispekandidat» («electus»), men var enda ikke viet til stillingen:

> *«herre electus den vinter sad til bords ved siden av ærkebiskoppen. Hr Egil var bænket sammen med bestyreren, og de øvrige på passende pladser. Electus valgte Stefan Haukson til at bære sit drikkekar og varte sig op, for han var islænder. Han var en stor mester i mange kunster, guldsmedarbejde, gravering og tegning.»*[13]

De med lavest rang fikk gjerne kun servert suppe og satt lengst bort fra erkebiskopens bord, mens andre fikk smake på alle rettene som ble servert og satt ved det gjeveste bordet. Hver gang gårdens folk ble samlet rundt et måltid i hallen ble den enkeltes rang bekreftet på denne måten.

Hallbygningen var delt i to etasjer, og hallen lå i andre etasje. Det var inngang direkte til hallen via en flott, monu-

Den gamle hallbygningen, sett fra borggården. Foto: E. Baker, Riksantikvaren .

The Old Hall. Photo taken from the castle courtyard.

mental trapp fra borggården. Videre var det dør til tilstøtende rom i samme etasje på både østre og vestre side av rommet. I første etasje var det to fine, hvelvede rom som vi er usikker på hva de har vært brukt til. Det ville ikke ha vært unaturlig om det hadde vært kjøkken under hallen, både for å ha kort vei for å servere maten, og for å utnytte varmen fra kjøkkenet til oppholdsrommet over. Slike steinhus er svært kalde, særlig i et klima som i Trøndelag. Men det er ingen spor som tyder på at rommene under hallen har vært brukt til kjøkken, så dette må ha vært andre steder. Det er godt mulig at rommene under hallen heller kan ha vært brukt til administrasjon (møter, skrivestue eller lignende).

Lengst sør i gården ble det bygd en bygning av tre (**14**). Denne var ikke bevart verken i full bredde eller lengde, så dens fulle utstrekning er ukjent. Bygningen så ut til å inneholde et hjørneildsted av det som er en vanlig type for middelalderen, men vi vet ikke om bygningen har hatt flere rom og om altså ildstedet virkelig har ligget i et hjørne. Det ser likevel ut til at dette har vært et bolighus. Dette har i så fall vært ualminnelig stort, i alle fall sammenlignet med andre bolighus. De bevarte restene er alene større enn noe annet bolighus som er kjent fra middelalderens Trondheim.

Det er mange usikkerheter omkring de andre konstruksjonene. Husene i østfløyen (**21**) er kun kjent fra gamle observasjoner som er publisert i 1838.[14] Det ser ut til at det har vært en mer eller mindre sammenhengende husrekke langs ringmuren i nord (**20**) og langs nordre del av østfløyen (**21**), men stort mer er det vanskelig å si om dette området. De gamle tegningene fra 1800-tallet gir ikke grunnlag for å datere og funksjonsbestemme ulike konstruksjonsdeler. Utfra komparative studier av relevante anlegg mener jeg likevel det er sannsynlig at erkebiskopens private kapell har ligget i andre etasje i det nordøstre hjørnet. Hans private bolig har nok på denne tiden ligget mellom det samme hjørnet og hallen, eller eventuelt i østfløyen.

Den eldste ringmuren i sør (**13**) er bare gjenfunnet i form av deler av fundamentet, så det er usikkert hvor stor og sterk denne muren har vært. Det er likevel ingen grunn til å tvile på at det har vært en relativt kraftig fysisk markering rundt gården allerede fra første stund.

Det lille huset **15** har rommet en latrine. Det er spor etter en passasje som har ledet tvers gjennom gården både i nord-sør-retning, fra Domkirken, og i øst-vest retning (**23**). Dette er gamle og usikre observasjoner, så både datering og funksjonsbestemming av disse passasjene er derfor likevel usikker.

Utgravningene i Erkebispegårdens øst- og sørfløy (1991–95) viste at det har vært relativt liten aktivitet i dette området. I alle fall har det ikke vært stor byggeaktivitet, og det har heller ikke vært noen aktivitet som setter rike spor, for eksempel den type håndverk som skaper mye avfall. Det har altså trolig vært relativt få mennesker og derfor liten aktivitet, eller mest av aktivitet som satte få spor, som for eksempel akademisk virksomhet og administrasjon.

Glanstid? ca. 1250 (1275) – 1450 (1475)

«Høymiddelalderen» er et begrep som vanligvis er brukt av historikere om tidsrommet 1130 – 1350. I den periode hadde både kirken og kongemakten stor framgang, og den starter omtrent samtidig med at erkebispesetet ble grunnlagt. Navnet «*høymiddelalder*» kan lett assosieres med en imaginær «topp» i utviklingen; en slags glanstid, bedre enn eldre og yngre perioder. Dette passer kanskje for Domkirken og byen for øvrig i dette tidsrommet, men *ikke* for bebyggelsen i Erkebispegården. Med unntak av etableringsfasen som er beskrevet foran, er dette en tilsynelatende stille periode uten dramatiske endringer verken opp eller ned. I motsetning til de fleste arkeologiske lokaliteter fra middelalder viser Erkebispegården heller en kraftig økning i aktivitetsnivå *etter* denne perioden, både i byggevirksomhet og annen aktivitet.

En redegjørelse for utviklingen av bebyggelsen i Erkebispegården kan bare delvis relateres til historikernes kronologi, som er basert på et *skriftlig* kildemateriale. Utviklingen av Erkebispegården må beskrives i hovedsak på grunnlag av *arkeologisk* kildemateriale. *De* fysiske restene etter virksomheten ved erkesetet må dateres ved de muligheter og begrensninger det arkeologiske materialet byr på, og hvor rikt dette er på detaljer og muligheter for å kunne datere det. I Erkebispegården er det *ikke* påvist stor byggevirksomhet og store mengder rester etter aktivitet fra denne tiden «midt i middelalderen». Det er derfor ikke grunnlag for å skille ut korte tidsavsnitt i gårdens utvikling på grunnlag av det arkeologiske materialet. Det er også vanskelig å beskrive gårdens utvikling i historikerens «høymiddelalder». Etter å ha sett på bebyggelsen fra erkesetets tidligste tid, innbyr det arkeologiske materialet til istedenfor å se på den tidsperioden som strekker seg fra ca. 1250 (1275) til ca 1450 (1475).

Bebyggelsen

På 1200-tallet ble bebyggelsen i hovedsak utviklet som påbygg og tilføyelser til det som fantes fra før. Det kan ikke registreres en omfattende endring i aktiviteten som igjen har ført til store endringer i bygningsmassen. Men like etter midten av 1200-tallet fikk erkebiskopen ny privatbolig (**24**),[15] noe som var med på å trekke hele gården mot vest. Det vil si, det er ukjent hvor langt vest og sørvest bebyggelsen strakk seg fra starten. Kanskje ble ringmuren oppført på samme sted i vest som ytterveggen i dagens vestfløy? Dette er ikke undersøkt ved arkeologiske undersøkelser, og den yngre muren kan ha slettet sporene etter en eldre mur. I sør har gården i alle fall strukket seg lengre mot sør enn i dag, noe som er synlig blant annet ved å studere ringmurene: Den eldste ringmuren (**13** på tegningen ovenfor s. 405) ble revet og fornyet ved en ny mur allerede på 1200-tallet (**30**),[16] og begge disse eldste ringmurene har fortsatt videre mot sør, forbi og utenfor dagens område.

Samtidig som den nye boligen ble bygd, ble hovedporten mot nord, mot Domkirken, fastlagt. Den er i flukt med den vestre veggen i vestskipet på Domkirken, og på den måten ble anleggenes beliggenhet harmonisert i forhold til hverandre. Denne situasjonen har vært uendret i alle år siden.

Den gamle hallbygningen **16** ble ombygd i vest. Ved denne ombygningen ble det etablert en vaktstue av stein i portrommet ved hovedporten (**28**). Over portrommet ble det bygd et tårn som var viktig for sikkerheten i gården, og som dessuten var viktig for kommunikasjonen mellom hallen og boligen. Noen samtidige steinmasser utenfor nordporten har vært tolket som fundament eller lignende (**29**), men det er svært usikkert hva dette egentlig er rester etter. Det er også uklart om den lille murstumpen **27** hører sammen med disse steinene. Dette kan være rester etter en vaktstue, men på ca. samme tid ble det altså også bygd en vaktstue i port-

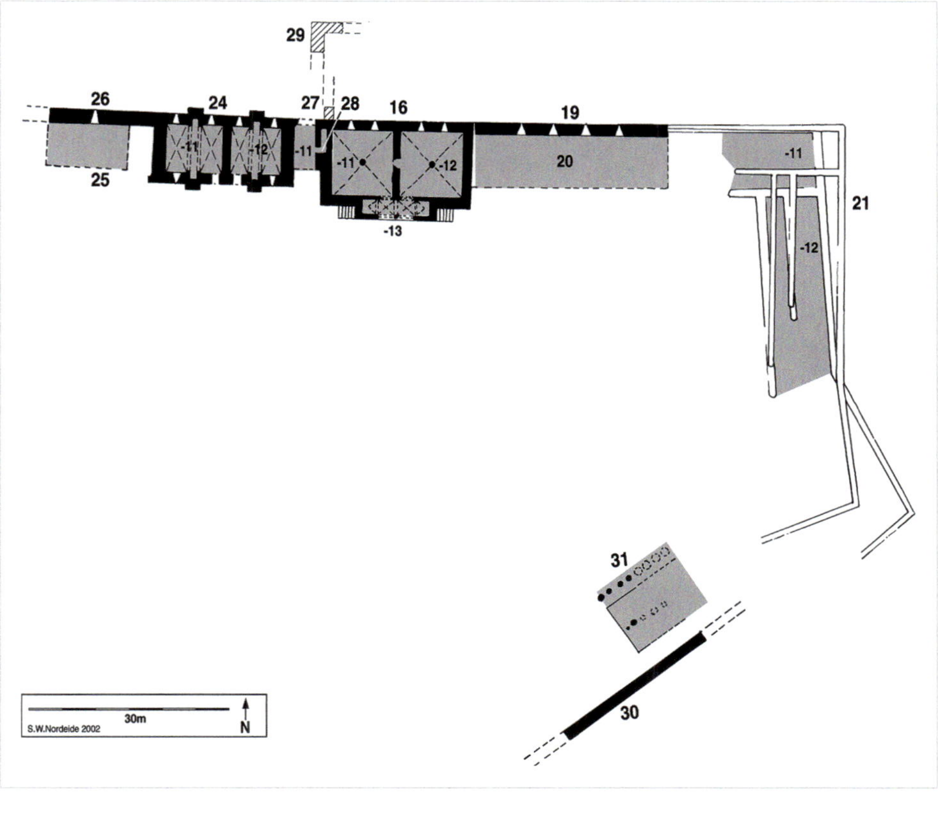

Bebyggelsen i Erkebispegården i andre halvpart av 1200-tallet.

Houses and curtain wall in the Archbishop's Palace in the second part of 13th century.

rommet. Enten har vaktstuene avløst hverandre innenfor et kort tidsrom, eller også må det finnes en annen tolkning. Murrestene utenfor gården kan i så fall også være rester etter et arrangement som har forbundet Domkirken fysisk med Erkebispegården. Dette kan for eksempel ha vært en overbygget gang eller lignende. Slike anretninger er ikke uvanlig ved andre lignende anlegg. Endelig må mulighetene også holdes åpne for andre tolkninger av disse merkelige steinrestene.

Bygningen **31** ble etter hvert erstattet med en temmelig lik bygning. Dette skjedde trolig allerede på 1200-tallet. Av de få spor som fantes i området fra denne tiden var det først og fremst spor etter enkel servering og svært begrenset matlaging. Dette er bakgrunnen for at hus **31** og den etterfølgende på samme sted av samme type begge er tolket som borgstue. Det er i alle fall rimelig å tolke dem som et sted hvor tjenestefolket og soldater i gården kunne komme sammen mindre formelt enn i hallen.[18] Gårdens hovedkjøkken må ha ligget nærmere hallen, som var det viktigste spisestedet. (se under)

Den mystiske boligen

Den nye, private boligen til erkebiskopen har vært det høyeste huset i gården, på to eller tre etasjer. Den øverste etasjen fremstår i dag som to pene, hvelvede rom med flotte kalkmalerier.[19] Maleriene er laget tidlig på 1600-tallet, på lensherrens tid.[20] Lensherrene var kongens representanter i distriktet, og de overtok Erkebispegården på 1550-tallet og ble der så lenge ordningen varte, til 1660. Rommene med de vakre veggdekorasjonene har trolig vært bolig, både for erkebiskopen og senere for lensherrene. Rommene i de undre etasjene er mer kompliserte å tolke. De fremstår i dag som én etasje, men fremspring i veggene og kaminer midt oppe på veggen viser tydelig at disse rommene har vært avdelt horisontalt. Det er likedan i de to rommene i underetasjen (se bilde s. 409).

«Kaminene» er et mysterium. De er omsorgsfullt anlagt, tilpasset arkitektonisk mellom pene hvelvribber, symmetrisk oppstilt og likt i begge rommene. Det er røykkanaler / skorsteiner opp igjennom veggene. Men undersøkelser har vist at kaminene neppe har vært brukt. Forklaringen til dette kan kanskje være at den parvise oppstillingen i rommet ville medføre at den éne kaminen ville trekke luft fra den andre hvis begge kaminene ble brukt samtidig. I så fall ville rommet bli røyklagt.[21] På denne tid var det slett ikke vanlig verken med skorsteiner eller kaminer, så det er ikke så rart hvis de ikke helt har forstått de praktiske konsekvensene av slike løsninger.

At det har vært brukt ildsteder i rommet tyder likevel et solid lag med sot oppunder taket på. På grunn av de tilsynelatende ubrukte kaminene, fremspringet i veggene og sotet oppunder taket har Alf Tore Hommedal fremsatt en hypotese om at rommet ikke har vært helt avdelt i lukkede etasjer, men at det kan ha vært en slags gallerier langs veggene med

Erkebiskopens bolig. Foto: NIKU.

The Archbishop's residence.

Kamin og spor etter en horisontal rominndeling i boligens underetasje. Foto: NIKU.

Fireplace and traces of a horizontal room division. Ground floor of the residence.

kaminene.[22] De kan ha laget mat på grunnplanet og latt røyken trekke opp mellom «galleriene» og videre opp gjennom røykkanalene / skorsteinene.

Det er naturlig å tenke seg at det har vært kjøkken i underetasjen her. Også erkebiskopens bolig i overetasjen ville ha dratt nytte av den varmen som ble produsert i kjøkkenets ildsteder i underetasjen. Med bakgrunn i ovenstående har kjøkkenet trolig ikke vært basert på drift av kaminene, og de virker også for små for matlaging. De har nok funnet andre, ennå ukjente løsninger. Golvet i underste etasje er ikke arkeologisk undersøkt, så her kan det ennå gjemme seg mange hemmeligheter.

Men mysteriene i boligen stopper ikke her. For det kan også forundre oss at vinduene i boligen er, og opprinnelig har vært, rektangulære. Det var absolutt vanligst med buede vinduer i steinhus på 1200-tallet, da den spissbuede, gotiske stil i Norge overtok for de mer butte buene fra romansk stil som var vanlig tidligere i middelalderen. Det har vært ganske store vinduer i nordveggen i undre etasjer, men disse har allerede tidlig vært delvis gjenmurt for å få dem mindre.[23] Dette har trolig vært gjort av hensyn til forsvar: de store vinduene må ha vært et svakt punkt i det forsvaret de ellers har prøvd å bygge ved hjelp av steinmurer i gården.

Rektangulære vinduer er sjeldne både i norsk middelalder og internasjonalt, og dette har forvirret tidligere forskere i forsøket på å datere dette huset. Vinduene er likevel langt fra unike. Det finnes mange eksempler på firkantede vinduer i internasjonal borgarkitektur, fra den samme periode som erkebiskopens bolig.[24] I dag er huset datert ved dendrokronologi utført på treverk fra den opprinnelige forskalingen av hvelvene, og dateringen er altså uavhengig av kunsthistoriske kriterier.

Erkebispegården – et funksjonelt anlegg for erkebiskopen

Den nye boligen til erkebiskopen var en verdig bolig for en med hans status, både i størrelse, form og ved at den var bygd av stein. Blant andre kan en viktig erkebiskop som Jon Raude (1267–1282) ha hatt glede av denne boligen. I sættargjerden i Tønsberg, som erkebiskop Jon inngikk med kong Magnus IV Håkonsson («Lagabøte») i 1277 ble erkebiskopen innrømmet en rekke rettigheter. Blant annet ble retten til å prege mynt stadfestet, som ble gitt erkebiskopen av kong Håkon Håkonsson allerede i 1222. Det er ikke funnet spor etter at de virkelig har preget mynt i Erkebispegården på denne tiden, selv om det finnes mynt som Kolbjørn Skaare har ment skal tilskrives Jon Raude.[25] Det gode forliket mellom kongen og kirken varte ikke lenge: Formynderne for kong Erik Magnusson satte Sættargjerden ut av kraft allerede i 1281 og myntretten ble derved inndratt.

Det er heller ikke sikkert at erkebiskopens mynt ble preget i Erkebispegården på 1200-tallet. Det var fritt opp til erkebiskopen om mynten skulle produseres i kongens gård eller i Erkebispegården. Men de andre av erkebiskopens viktigste behov var nå vel ivaretatt i Erkebispegården. Hvis erkebiskopens private bolig lå i øverste etasje i hus **24** som antatt, var dette rom uten gjennomgangstrafikk, og de hadde altså en skjermet beliggenhet. Han kunne bevege seg tørt innendørs videre gjennom tårnværelset til hallen, hvor dagens måltider og viktige fester ble avholdt. En dør i hallens østvegg viser at det var passasje herfra videre mot øst. I husene mot øst kan erkebiskopens eldre bolig ha ligget, og trolig har også kapellet ligget i øverste etasje her, som før nevnt. Kapellet ble derved liggende slik som det gjerne gjør i tilsvarende anlegg, i retning øst-vest, lengst mot øst slik at østgavlen lå fritt. Kapellet ble derved også spart for gjennomgangstrafikk. Hvis disse antagelsene er riktige, kunne erkebiskopen bevege seg innendørs langs øvre etasje og slik nå alle de viktige rom han trengte til sin virksomhet tørrskodd, og med en kortest mulig passasje videre til koret i Domkirken. Erkebiskopen kom trolig inn i kirken gjennom det som i senere tid har vært kalt «erkebispeinngangen».[26] Den portalen som i dag bærer dette navnet ligger ca. midt på sørveggen i koret, og det er den portal som er rikest dekorert i Domkirken.[27]

Tårnet over nordporten sammen med den nye boligen var viktige bidrag til at Erkebispegården nå hadde fått en svært monumental nordfasade. Denne fasaden, fasaden sett fra Domkirken, var nok svært viktig. Anlegget har stått fram som et relativt firkantet anlegg, omgitt av steinmurer. Sånn sett har anlegget nok fungert bra sett fra erkebiskopens ståsted: han har hatt et anlegg som har vært praktisk, og det har signalisert at han har hatt en lignende status som andre fyrster i samtiden i Europa, dog ikke blant de mest fremtredende. Til tross for at det å bygge i stein enda var sjeldent og kostbart i Norge, fremsto nok Erkebispegården som et beskjedent anlegg i internasjonal målestokk. Men Domkirken har til gjengjeld kunnet hevde seg overfor mange av de litt større katedralene i Europa, om enn ikke de største. Erkebiskopens anlegg som helhet har altså ikke kommet så dårlig ut.

Ifølge skriftlige kilder kunne erkebiskopen holde mellom 90 og 200 menn på denne tiden, og disse kom trolig i tillegg til tjenestefolk i gården. Det er litt usikkert hvor alle disse folkene har bodd, og det er også usikkert i hvor lange perioder erkebiskopen hadde så mange folk i gården. Den gamle østfløyen er som nevnt kun kjent fra nesten 200 år gamle registreringer, men det kan godt ha vært plass for dem å sove der. Hallen kan også ha vært brukt til soveplass.[28] Dessuten er det ikke sikkert at alle bodde i Erkebispegården, for noen kan ha jobbet der uten å bo der.

Erkebiskopens anlegg har trolig både vært praktisk og monumentalt, og har på denne måten bygd opp under erkebiskopens geistlige autoritet. Men detaljer ved organisering av livet i gården har bidratt ytterligere til dette. Det har vært regler for hvem som kunne bevege seg hvor, og hvordan de skulle te seg. Ikke alt er like synlig i det arkeologiske materialet, men ved hjelp av skriftlige kilder finnes det mer opplysninger om dette. De arkeologiske og de skriftlige kildene utfyller hverandre. For eksempel forteller skriftlige kilder at innbyggerne i gården i første halvdel av 1300-tallet måtte følge en viss fargekode for klær. Også dette er beskrevet i biskop Laurentius saga, som er en samtidig kilde:

> *«Hvorfor bærer du for øvrigt røde klæder?» sagde han* (erkebiskopen, min tilf.) *til hr. Laurentius, «når det er klerke forbudt at bære sådanne». «Det er fordi,» sagde han, «at jeg ejer ingen andre.» Så hviskede han noget til en af sine tjenere. Denne gik bort og kom lidt senere ind med dejlige brune klæder, som ærkebiskoppen selv havde båret. Han sagde da til Laurentius: «Bær disse klæder på højtidsdage, og hæv så hos Vor bestyrer på gården penge til at købe Jer sorte klæder for til daglig brug, og giv disse røde klæder til Jeres tjener.»*[29]

Denne koden tilsa at erkebiskopen og de som var nærmest ham i rang skulle bruke brune klær ved høytid og svarte til hverdags, mens andre kunne bruke røde klær. Hvis en forbrøt seg mot viktige regler, kunne en risikere å havne i «mørkestuen», men det er uvisst om brudd på kleskoden var grovt nok til å fortjene en slik straff.[30]

Det var også andre kvaliteter enn farge som var viktig ved klærne. Både råstoff og utførelse kunne signalisere status. Klærne kunne saktens skille seg ut ved sjeldne, importerte eller kostbare råstoff og teknikker. I Erkebispegården er det for eksempel funnet en plaggdel som representerer det eldste strikketøy som er funnet her i landet, fra tiden ca. 1350 – 1450. En annen plaggdel fra begynnelsen av 1500-tallet består av en vevnad som er vevd av en tråd av organisk materiale som har vært omviklet av gullblikk. Dette fragmentet har kanskje vært en del av kirkelig tekstil, for eksempel messehagl.[31]

Svartedauden i Erkebispegården?

Svartedauden i 1349–50 er bare en av flere pestepidemier som hjemsøkte landet på 1300-tallet og i det følgende århundre. Dette kan ha medvirket til en økonomisk og befolkningsmessig nedgang, også for erkebiskopens virksomhet. Svartedauden tok både den daværende erkebiskopens liv, erkebiskop Arne (1346–1349), og førte dessuten til en drastisk reduksjon i befolkningsgrunnlaget i Norge generelt. Kan dette merkes på de fysiske spor i Erkebispegården fra denne tiden?

Det er ikke registrert noen større endringer i bygningsmassen enn det som er skissert ovenfor før siste halvdel av 1400-tallet. Men selv om bebyggelsen ikke ble stort endret, finnes det spor etter enkelte nyvinninger for «vanlige» trehus fra hundreåret etter Svartedauden. For eksempel stammer de første glassrutene fra tidsrommet ca. 1350–1450. Det har nok vært glassruter i kirken og i de viktigste rommene i Erkebispegården før dette. Det tyder blant annet dekorerte fragmenter av glassruter og glassmalerier på som er funnet i yngre lag.[32] Men det er først nå det er tydelige tegn på at trehusene i gården fikk vinduer.

Det er likevel ikke slik at glass i vinduene generelt ble innført fra dette tidsrom, for husene i Erkebispegården er ikke «vanlige» på noen måte. Folk flest fikk ikke glass i rutene før langt utpå 16–1800-tallet, avhengig av status og hvor i landet en befant seg. Dette er bare ett av mange eksempler på at nye materialer og teknikker gjerne først fikk innpass i internasjonale sentra som Erkebispegården. Derfra spredte gjerne impulser seg videre før de, gjerne langt senere, fikk

Vevnad/broderi av tråd omviklet med gullblikk. Funn fra Erkebispegården fra området rundt myntverkstedet fra begynnelsen av 1500-tallet. Foto: P.Fredriksen, Vitenskapsmuseet.

Woven fabric/embroidery of thread with gold plate. Found in the Archbishop's Palace near the mint from early 16th century.

innpass blant bredere lag av befolkningen. Men dette var ikke bare positivt for Erkebispegården. For også skadelige, introduserte arter fra plante- og dyreriket kom gjerne først til Erkebispegården. Disse kom gjerne sammen med importerte varer, og erkebiskopen importerte store mengder gods som matvarer, tekstiler m.m. Et eksempel på dette er at landets eldste funn av husstøvmidd er gjort her, fra begynnelsen av 1500-tallet.[33]

Hele det området som ble utgravd i 1991–95 var preget av at det var få spor etter aktivitet i hele tiden fra erkesetets etableringsfase fram til ca. 1450 (1475). Med andre ord har det enten vært en aktivitet som produserte lite avfall, eller det har vært liten aktivitet i størsteparten av erkesetets virketid. I så måte ser det ikke ut til at livet i gården har forandret seg mye gjennom de første hundreårene, heller ikke etter svartedauden. Men tradisjonen med nyvinninger, og altså impulser fra verden utenfor, har vært holdt ved like. Det er som konklusjon vanskelig og registrere noen påtagelig virkning av svartedauden i det arkeologiske materialet fra denne perioden.

Mot slutten. 1450 (1475)–1532

De største endringene i Erkebispegården inntraff først og fremst i erkebiskop Gaute Ivarssons embetstid (1475–1510). Gården ble tilføyd nye bygninger, hele gården ble komprimert ved at øst- og sørfløyen med ny ringmur og nye bygninger ble flyttet innover i det området som tidligere var borggård. Aktivitetsmønsteret ble vesentlig forandret og omorganisert. Alt skjedde ikke over natten, men som en trinnvis utvikling i løpet av relativt få år.[34]

Allerede ved midten av 1400-tallet ble den tidligere nevnte borgstuen i det sørøstre hjørnet revet. Istedenfor ble det satt opp et steinhus (**38**) i det samme området, som sikkert ble brukt til det samme formål som de tidligere trehusene. Dette huset ble bygd inntil ringmuren slik at ringmuren dannet den ene ytterveggen, liksom flere andre steinhus i gården. Men mot slutten av 1400-tallet, etter at Gaute hadde overtatt som erkebiskop, fikk han bygd en ny ringmur mot øst (**40**).[35] Denne ringmuren var sterkere, tykkere og kraftigere enn den gamle, og den sluttet an mot det ene hjørnet i det nye steinhuset. Hjørnet på steinhuset stakk litt ut i murlivet i den nye ringmuren, men dette ble fylt igjen slik at det ikke skulle kunne tas tak i av fiender som ville rive ned muren ved angrep.

Der hvor den nye ringmuren ville ha sluttet til nordfløyen ble det bygd et nytt firkantet bygg (**43**).[37] Da dette var gjort, rev de hele den eldre østfløyen. Sannsynligvis laget de også en port i den nye, østre ringmuren. Denne førte ut mot en bred, brolagt gate på det som nå var blitt utsiden av gården. Gaten førte fra Erkebispegården mot Domkirken. Det er naturlig å tenke seg at erkebiskopens private kapell nå flyttet vestover. Av samme grunn som tidligere antar jeg at kapellet flyttet inn i en øvre etasje i det nye bygget som nå dannet det nærmeste hjørnet til koret i kirken, men det er altså usikkert. Omtrent samtidig med at den østre fløyen ble flyttet, ble det bygd et nytt hus langs den vestre ringmuren, **47**.[38] Det er rimelig å tenke seg at de funksjonene som tidligere ble dekket av husene i den eldre østfløyen nå ble flyttet til vestfløyen.

Fremdeles dannet den gamle ringmuren en avgrensning av gården mot sør, men like etter at den nye ringmuren mot øst var bygd, ble også sørmuren skiftet. En ny, tilsvarende kraftig ringmur som den nye østmuren ble bygd (**60**), og derved ble også sørfløyen flyttet. Steinhuset **38** ble revet, og på samme tid ble det bygd en ny hallbygning i vestfløyen (**50**).[39] I de nye øst- og sørfløyene ble det satt opp en rekke bygninger av tre. Også i det sørøstre hjørnet ble det lagt ut et kraftig steinfundament til et tårn (**62**), men dette tårnet ser ut til å ha blitt bygd av tre, eller så har de valgt å bygge en lettere trebygning heller enn et tårn. Et eller annet overbygg har det i alle fall vært, for de valgte å finne plass til en do innenfor fundamentet. Med bakgrunn i kunnskap om komparativt materiale fra middelalderens Trondheim og andre steder vet vi at en do ikke har ligget i friluft. Det hører med til historien at vi fant en munnharpe i tilknytning til denne doen. Det kan nok tenkes at et besøk på do bød på en kjærkommen fristund for seg selv, som egnet seg for en liten slått på harpen.

Trehusene i øst- og vestfløyen har, så langt som vi kan forstå, vært brukt til økonomibygninger, så som verksteder og kjøkken. For eksempel har **52** vært et skomakeri, **56** en våpensmie og **58** har vært et myntverksted.[41] De nærmeste bygningene til myntverkstedet har trolig hatt delfunksjoner som har hørt til det komplekset som ble kalt for «Mynten». Dette navnet er anført i Olav Engelbrektssons regnskapsbøker fra 1532–38, altså noe senere.[42] Men navn som Mynten har andre steder og i nyere tid vanligvis vært brukt som navn på myntverk, hvor ulike aktiviteter gjerne er delt på flere bygninger.

Den voldsomme omleggingen av gården, som også omfattet en kolossal byggeaktivitet, fant altså sted under erkebiskop Gaute. Tidligere forskere har som oftest gitt æren for både hjørnekastellet **43**, den nye hallen **50** og ringmuren **40** og **60** til erkebiskop Aslak Bolt (1428–1450).[43] Anton Wilhelm Brøgger gav Aslak Bolt også æren for tårnet over nordporten (**27**) og erkebiskopens bolig (**24**):

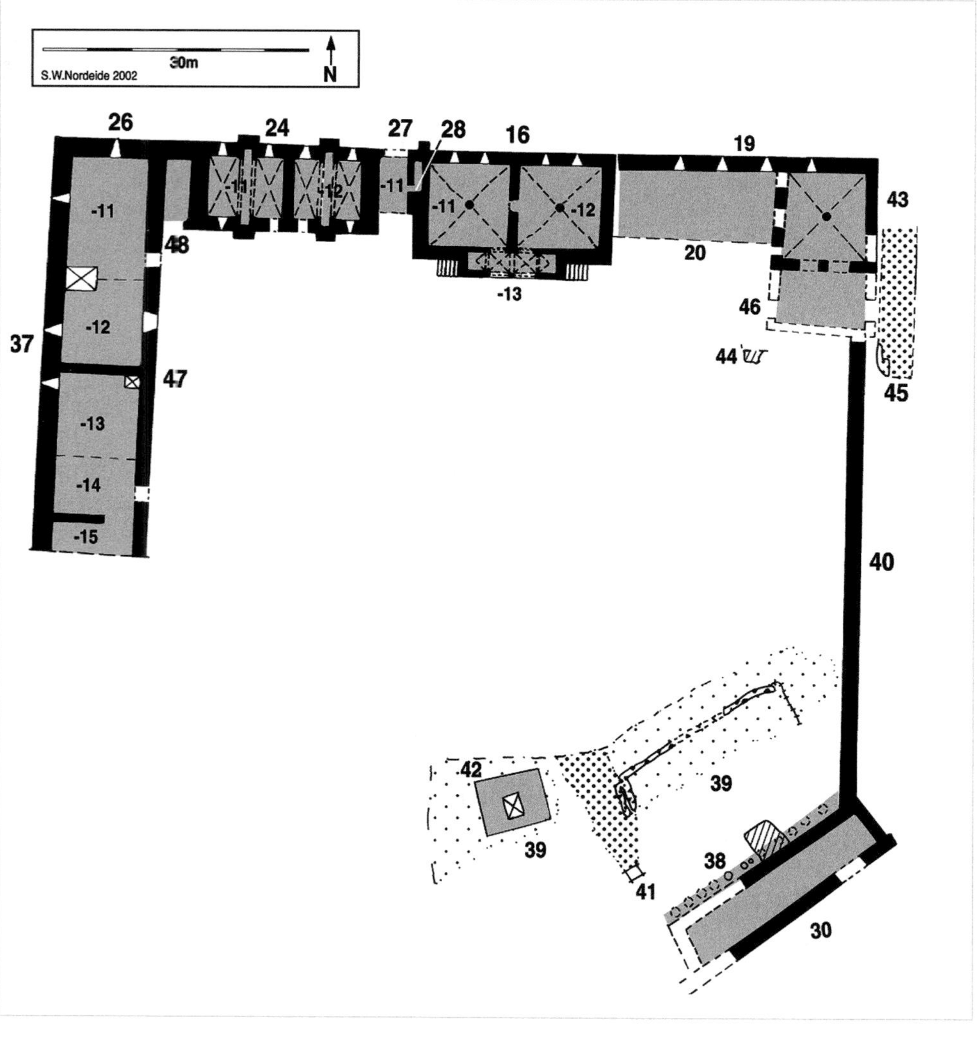

Bebyggelse i Erkebispegården i siste halvdel av 1400-tallet.

Buildings in the Archbishop's Palace in the second half of 15th century.

Erkebispegårdens grunnplan ca 1500.

The ground plan of the Archbishop's Palace c. 1500.

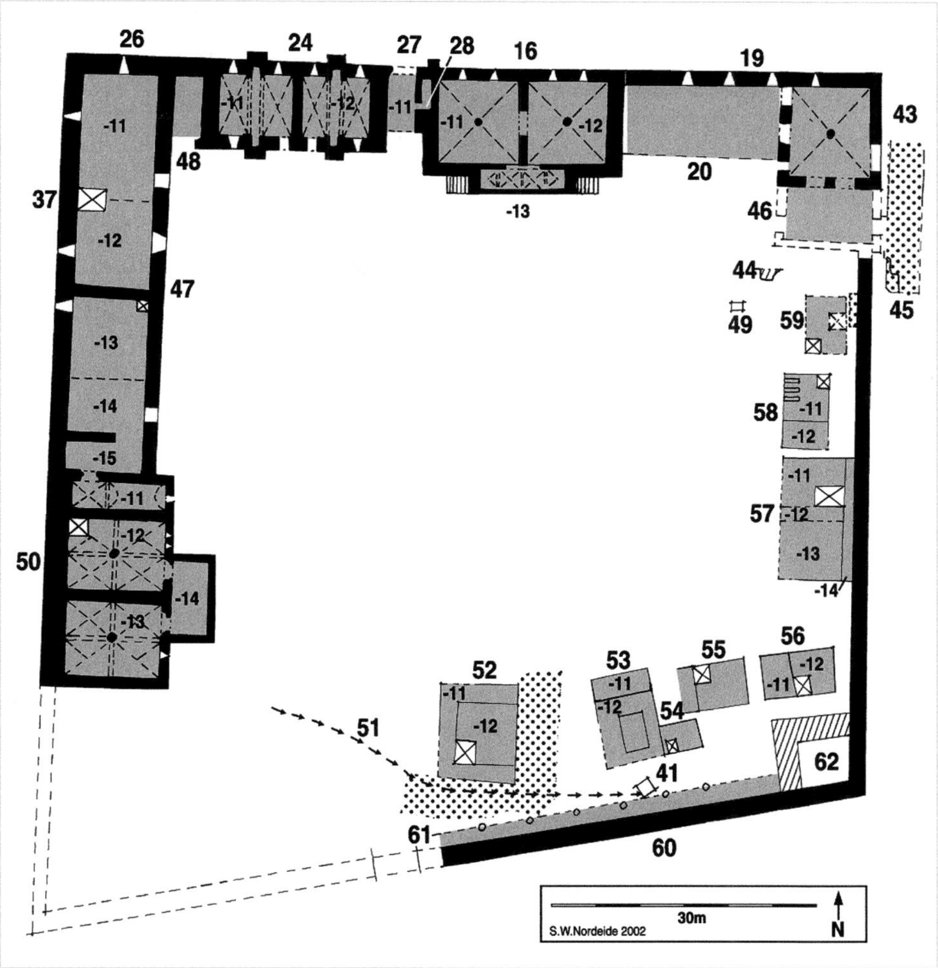

«*Det kan overhodet ikke bli tale om andre enn ham (*Aslak Bolt, min tilf.) *som byggmester, naar vi undtar Gaute Ivarssøn (1475–1510). Men det findes ingen historisk sandsynlighet for noget byggearbeide på hans tid og det er avgjørende for saken.*»[44]

Her tok altså Brøgger feil. Det var ikke Aslak, men Gaute som var den største byggherren i Erkebispegården. Det er det mulig å si med langt større sikkerhet når vi i dag har langt bedre metoder og bedre grunnlag for å kunne datere de ulike bygningene. Selv om det kan være usikkerhet rundt enkeltår, så er det ikke tvil om at hele flyttingen av sør- og østfløyen er gjort under erkebiskop Gaute. Det er også gode holdepunkter for teorien om at den nye hallbygningen og hjørnekastellet skal tilskrives ham. Like godt grunnlag har vi for å si at boligen og tårnet over nordportalen *ikke* ble bygd av Gaute, men langt tidligere.[45]

Brøgger tok også feil når han mente at det ikke fantes historisk sannsynlighet for bygging på Gautes tid. Det er tvert imot mange historiske faktorer som taler for at dette skjedde *nettopp* under Gaute. For det første: Gautes archiepiskopat varte lenger enn noen annen erkebiskops. Han satt i embetet i hele 35 år. Av de andre erkebiskopene var det få som satt lengre enn 20 år, og da maksimum 26 år. Gaute hadde altså lengre tid på seg til å få utrettet noe enn noen annen erkebiskop.

For det andre: Det skjedde også en endring i erkebispens posisjon som gjorde det naturlig og mulig at også Erkebispegården ble forandret. Fra og med erkebiskop Gaute Ivarsson ble det en fast ordning at erkebiskopen både var leder for riksrådet og kongens lensherre for distriktet. Dette gjorde at erkebiskopen i tillegg til å være kirkens primas, også fikk militær autoritet og en økt økonomisk aktivitet. Nå skulle han ikke bare drive inn skatter og avgifter på vegne av kirken, men også på vegne av kongen. Og under tronledighet, var erkebiskopen som leder av riksrådet også leder av riksstyret inntil en ny konge var valgt. Siden Norge var en del av Kalmarunionen fra 1397 og unionskongen hadde hovedsete i København, var erkebiskopen den øverste verdslige leder i det gamle kongeriket «Norge». Hvis Erkebispegården skulle være en funksjonell bolig måtte den tilpasses de behov og muligheter som fantes til enhver tid. De viktige tilleggsoppgavene til erkebiskopens posisjon tilsa at det også var behov og muligheter for å gjøre vesentlige endringer i Erkebispegården.

For det tredje: Økt bruk av kruttvåpen medførte andre behov for taktiske og strategiske grep i det passive forsvar. Selv om kruttvåpen har forekommet tidligere ser de ut til å få gjennomsalg i Norge først rundt 1500. De nye våpnene medførte at forsvarsverket måtte gjøres tykkere og lavere. Det ble også laget anledning for å bruke denne typen våpen, noe som i første omgang stort sett begrenset seg til skyteskår i veggene. Dette medførte også en endring av den fysiske framtoning av anlegget som gjerne ble tettere og mer kompakt i karakter. Denne omleggingen skjer ikke bare i Erkebispegården i Trondheim, men for eksempel også i bispeborgen i Hamar. Også Hamarbiskopens borg ble kraftig forminsket, omtrent på samme tid som Erkebispegården i Trondheim.[46] Men også beliggenheten til anleggene ble vurdert annerledes etter kruttvåpenets inntreden. Det ble for

Den nye hallen i vestfløyen fra ca. 1500. Foto: NIKU.

The New Hall in the west range, from c. 1500.

eksempel en trussel med Domkirken så tett innpå bispegården, fordi det ga anledning til å stille seg med faste skyts oppe i kirketårnene for å skyte direkte inn i gården. Kirken ble altså en trussel for Erkebispegården. I Bergen gikk de så langt at kong Fredrik 1. ble enig med biskopen i 1531 om å rive kirken og bispegården fordi de lå for nært det kongelige slott. Til gjengjeld fikk biskopen Munkeliv kloster til ny bispegård.[47] I Trondheim kan de ha gjort det motsatte: Kongsgården her lå like øst for Domkirken, men er ikke nevnt etter 1454.[48] Den nye utfordringen kruttet bød på kan ha vært utslagsgivende for at Kongsgården i Trondheim ble oppgitt, mens Erkebispegården og Domkirken fikk stå.

Gården rundt 1500

Rundt 1500 har det vært sammenhengende rekker av steinbygninger langs de deler av vest- og nordfløyen som er kjent. I disse husene har den ene veggen inngått i ringmuren. De andre fløyene har hatt ringmuren av stein ytterst, og trebygninger har ligget parallelt på innsiden av muren. Hele anlegget har nok framstått utad som et lukket anlegg, med sterke murer og uten mange åpninger, med lite dekor og få detaljer. Det som har vært av dekor og dekorative åpninger har nok i størst mulig grad vendt innover i gården, og har ligget innenfor ringmuren. Ytterveggen i den nye hallen **50** har også vært ekstra sterk i forhold til de murene som har ligget beskyttet inne i gården. Søndre ringmur har hatt en vektergang langs innsiden av muren. Den nye hallen har hatt to kanonåpninger i østveggen, som nok har beskyttet porter i øst- og sørfløyen. I tillegg har det nye hjørnetårnet i nordøst (**43**) og kanskje i sørøst (**62**) sammen med de nye ringmurene vært en klar styrking av forsvaret av gården. Forsvaret har vært tilpasset det faktum at kruttvåpen var tatt i bruk, og følgelig måtte murene kunne stå imot et angrep med kanoner.

Det økende forsvarspreget på gården henger nok sammen med økende konfliktmuligheter. Når erkebiskopen i tillegg til sin kirkelige topposisjon også fikk verdslige oppgaver med betydelig makt på regionalt og overregionalt plan, fikk han også en langt større politisk og økonomisk betydning. Erkebiskopens stilling ble derved enda mer konfliktutsatt enn den hadde vært før. Selv om Erkebispegården nå hadde et enda mer monumentalt uttrykk enn tidligere, har den likevel ikke hatt et utpreget festningspreg sammenlignet med andre fyrsteboliger i Europa.

Inne i Erkebispegården har det nå vært et yrende liv og røyk fra mange piper.[49] Her var det nemlig trolig skorsteiner i forbindelse med de fleste hus, i motsetning til beboelseshus for folk flest på samme tid. Det ser også ut til at de har hatt glass i vinduene. Noen hus har vært tekket med tegl, men de fleste har nok fortsatt vært tekket med tre og torv. På grunn av alle de nye aktivitetene har ganske sikkert også mange flere mennesker enn før hatt sitt daglige virke i gården. Trondheim ble sterkt redusert etter svartedauden, og den ble fortsatt beskrevet som en liten landsby i 1532.[50] Den økte aktiviteten i Erkebispegården må ha vært desto mer merkbar i byens liv og levnet.

Husene har som i andre tilsvarende anlegg vært rangert slik at de viktigste bygningene lå nærmest kirken, og her vil det si lengst i nord og nordvest. Gården var delt ca diagonalt, slik at alle steinhus og statusbygg lå i den nordvestre halvparten av gården, mens alle de mindre trehusene lå i den sørøstre halvparten. Av verkstedene var det myntverkstedet som lå lengst nord, mens skomakeren og våpensmien var lokalisert til sørfløyen. Myntmesteren var samtidig gullsmed i det «sivile», og hørte til blant borgerne med høyest status i byen. Han arbeidet med edelmetall og viktige objekter som erkebiskopens og kongens stempel, for det ble også produsert mynt for kongen i Erkebispegården.[51] I de andre verkstedene arbeidet de mest med bein, gevir og lær, og de reparerte like gjerne gamle, slitte ting som å produsere nye. Disse andre håndverkerne var derfor ikke så høyt verdsatt som myntmesteren.

Analyser av latrinematerialet bekrefter den rangering ved måltider som ble beskrevet i skriftlige kilder for 1300-tallet (se foran). Disse analysene viser nemlig at diett og helseforhold har vært ulik i ulike deler av anlegget. De som har brukt latrinen ved våpensmien har spist mest grøt, men har til gjengjeld vært fri for parasitter. De som har brukt latrinen ved Mynten har hatt en langt mer variert og eksklusiv diett, men til gjengjeld har de vært plaget med parasitter. Innslaget av parasitter er tolket som at de som har hatt disse plagene er innvandret sørfra hvor slike parasitter var vanlig. Mangel på parasittplager kan tyde på at vedkommende har vokst opp i Trøndelag hvor parasittene hadde problemer med å overleve.

Byggherren, erkebiskopen, har lagt opp til en bebyggelse med omhyggelige tiltak for å sikre rent vann inn i anlegget, og en kontrollert avskaffelse av avfall. Det har for eksempel vært et beskyttet, nedgravd vannrør, mens forurenset spillvann har vært ledet utenom via tallrike dreneringsrenner. Det har også vært latriner på egnede steder. Brukerne av anlegget har likevel bare i varierende grad klart å oppfylle disse intensjonene. Det ser ut til at de som holdt til i sørfløyen var langt mindre hygieniske enn de som holdt til lengre nord. Dette er noen av flere tegn som viser at arealet i Erkebispegården var inndelt i soner med en gradert sosial status, og statusen ble høyere jo nærmere Domkirken en befant seg.[52] I Erkebispegården på denne tiden fulgte det bedre hygiene med høyere sosial status, noe som ikke er en selvfølge.

Arbeidsrommene i trehusene har ikke vært store. Selve arbeidsrommet i myntverkstedet var kvadratisk og kun 25 m^2, der avstanden mellom de tre arbeidsbenkene og ildstedet kun har vært drøyt 2 m. Det har altså vært et hardt og varmt arbeid i trange lokaler. Lignende forhold har det vært i våpensmien, hvor de laget deler til armbrøst, rustninger m.m.

Erkebispegårdens vestfløy sett fra nordvest. Foto: NIKU.

The west range of the Archbishop's Palace.

Skomakerens bygning hadde en uvanlig grunnplan: et relativt stort rom var omgitt på tre sider av en smal gang. En slik grunnplan kjennes ikke fra andre steder i middelalderens Trondheim. Det er mulig at gangen kan ha vært brukt til å henge opp huder og skinn for tørking og bearbeiding, og at det er derfor huset har fått denne spesielle formen. Men gangen kan også ha vært brukt til selve produksjonen, for det lå fremdeles skomakerlester her. Ved siden av lestene ble det også funnet andre redskaper og avfall som tyder på at det både er laget nye og reparert gamle sko. Det er også reparert bokbind og produsert andre ting av lær.

Utenfor skomakeriet var det også spesielle funn. Området mellom skomakeriet og ringmuren har vært fuktig, og de har derfor lagt ned noen kraftige bord for å gå på. Det ene av disse bordene viste seg å være en rikt dekorert planke. Dekoren vendte ned og kom fram når planken ble snudd, så den var godt bevart. I dekoren inngikk blant annet et våpenskjold som kan ha tilhørt Aslak Bolt, eller eventuelt Otte Rømer.[53] Planken er trolig del av et eldre interiør i Erkebispegården.

Skomakerboden har trolig vært bebodd av en familie som også omfattet barn. I alle fall er det i forbindelse med skomakerverkstedet vi har funnet *de eneste spor* etter barn (leketøy, barnesko) og det som tradisjonelt er kvinneaktivitet (vevlodd fra oppstadvev) i Erkebispegården gjennom hele middelalderen. Det er utfra slike og mange andre spor grunn til å tro at Erkebispegården i all hovedsak hadde mannlige beboere og brukere i middelalderen.[54] Dette inntrykket bekreftes fra skriftlige kilder som ikke nevner kvinner overhodet, verken i Erkebispegården eller på Steinvikholm slott, med unntak av fru Inger til Austrått. Hun var da heller ingen hvemsomhelst. Inger Ottesdatter Rømer (ca. 1475–1555) var datter av Otte Rømer som var ridder og riksråd, og som tilhørte noen av de største adelsslektene i Norge. Hun ble også gift med en ridder og riksråd, Niels Henriksson Gyldenløve, som døde i 1523. Da var fru Inger en av de viktigste personene i den norske adelen, med svære landeiendommer i sin besittelse som fortsatte å øke etter mannens død. Fru Inger var også «lensherre» for Møre og Romsdal, Fosen, Rein og andre deler av Trøndelag. Og hun skaffet seg tilsvarende mektige svigersønner som maker til sine døtre.[55] Det var ikke lett for en i en viktig maktposisjon å unngå Fru Inger!

Den nye hallen **50** kan ha overtatt funksjonen til den nevnte mulige borgstuen som tidligere lå i det sørøstre hjørnet. Den antatte borgstuen forsvant fra det sørøstre hjørnet på samme tid som den nye hallen ble bygd. Siden de nå hadde to haller, er det grunn til å tro at hallen nærmest kirken har vært foretrukket for erkebiskopen og hans menn, mens den andre er blitt overlatt til øvrige tjenestefolk og soldater i gården. Dette er i tråd med det vi har tolket som sosial lagdeling i gården. Kanskje måtte de som brukte den nye hallen av den grunn også finne seg i å vokte kanonene. Det er ellers vanskelig å forklare hvorfor de hadde kanonporter inne i en hall som ellers har vært et statuslokale.[56] Men det er også mulig at det har vært enda en etasje på denne hallbygningen, og i så fall kan den øverste etasjen ha vært et rent fest- og møtelokale.

Grunnen til at de bygde en ny hallbygning kan være et ønske om å følge internasjonale trender, også i dette. Det ble nemlig populært internasjonalt å bygge en ekstra hall i seinmiddelalderen. Kravet til privatliv for borgherren økte, og det var etter hvert ikke tilstrekkelig å få privatliv ved å snakke andre språk enn de øvrige i hallen. Den nye hallen har vært langt mer staselig enn den eventuelle eldre borgstuen, og har uansett budt på et litt større, langt nyere og alternativt statuslokale i forhold til den gamle hallen.

Endringer på begynnelsen av 1500-tallet

Gården beholdt den hovedformen og det preget den fikk rundt 1500 fram mot reformasjonen. Den gamle trebebyggelsen fra ca. 1500 har ikke brent. Men i løpet av tiden ca. 1500–1532 ble likevel hele trehusbebyggelsen skiftet ut i øst- og sørfløyen, om enn ikke alt på samme tid. Det hadde da trolig heller ikke gått så lang tid at den var blitt nedslitt. Jeg kan ikke si presis når og heller ikke akkurat hvorfor disse husene ble revet og nye hus reist. Det kunne være naturlig om én av de nye erkebiskopene etter Gaute Ivarsson sørget for en slik fornyelse ved starten av sin virketid, men det er altså uvisst hvem.

Dekorert planke utenfor skomakerboden. Foto: NIKU.

Decorated plank found outside the cobbler's workshop.

Erkebispegården etter at bebyggelsen var skiftet ut i øst- og sørfløyen på 1500-tallet.

The Archbishop's Palace after the replacement of the buildings in the East and the South range in the beginning of the 16th century.

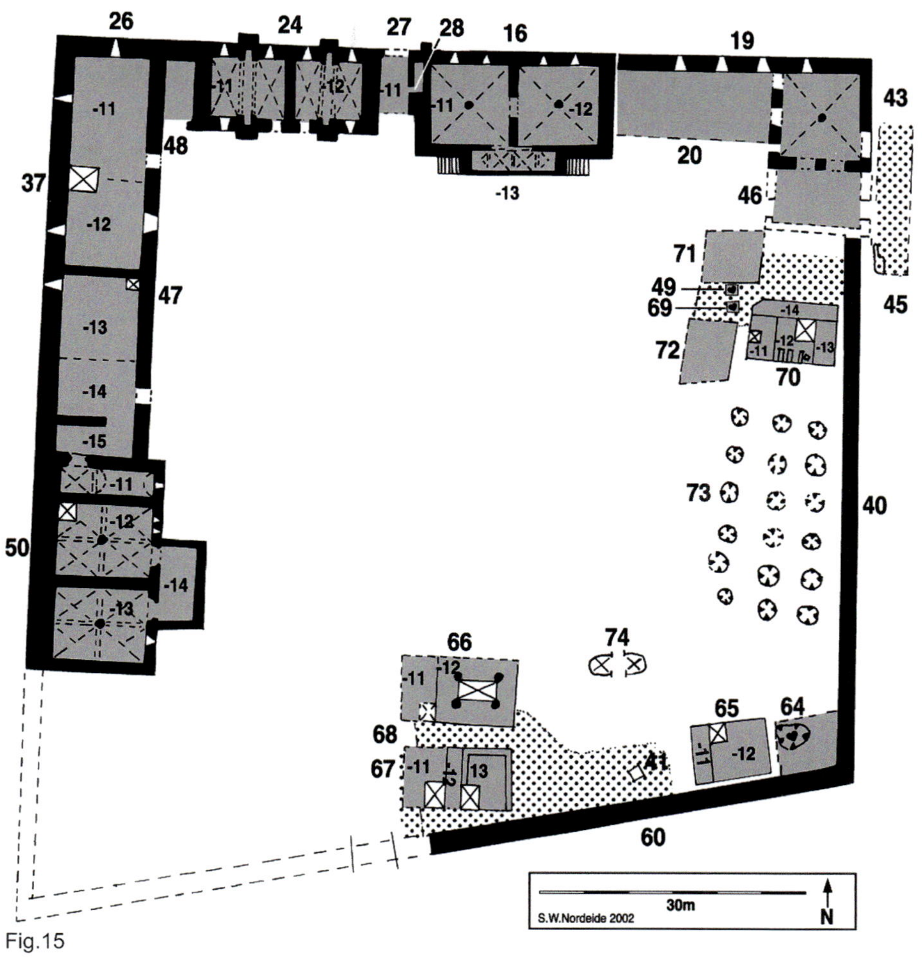

Fig.15

Først ble skomakeriet fjernet, og istedenfor ble det bygd noen bygninger som jeg mener har vært brukt til kjøkken og bespisning. Store mengder dyrebein, spisebrikker, husenes interiør m.m. tyder på dette.[57] Området rundt disse husene ble brolagt med kuppelstein, helt fram til den gamle brønnen **41** fra ca. 1490.[58] Dette viser at rent vann var viktig for aktiviteten i disse husene.

Etter dette ble bebyggelsen i østfløyen omstrukturert. Myntverkstedet ble bygd opp på nytt, men flyttet lenger mot nord. Flere hus ser ut til å ha hørt til i ett samlet kompleks, liksom tidligere, men nå altså organisert på en annen måte. Myntverket ser ut til å ha vært et relativt lukket kompleks, med en intern steinbrolagt gårdsplass, organisert som et atrium.

På plassen til det gamle myntverkstedet, og i hele området sør for dette ble det gravd og anlagt et helt kompleks av groper. Gropene var store, runde og flatbunnede, og de dannet i alt tre rekker. Jeg vet ikke hva disse gropene skulle brukes til, og trolig ble de ikke brukt overhodet. Det er likevel mulig at disse gropenes tiltenkte funksjon forårsaket omorganiseringen. Det var ellers ikke noen klar grunn for at de måtte rive det gamle verkstedet og bygge nytt nesten likedan, for selve myntpregingsrommet har noenlunde samme utforming som tidligere.

Våpensmien ble også fjernet, og etter hvert ble den og nærliggende hus erstattet av en lang rekke rom / bygninger som strakk seg vinkelrett fra østre ringmur **40** nesten fram til kjøkkenet **66**. Det ble ikke lenger produsert armbrøstdeler, men de støpte kuler til kruttvåpen, og de produserte fortsatt gjenstander av jern.

Fra Trondheim til Steinvikholm, 1525–37

Omtrent all brennbar bebyggelse i Erkebispegården som er beskrevet over forsvant på samme tid, for i løpet av sommeren 1532 ble hele gården satt i brann og lagt i ruiner. Brannen ble påsatt av kong Fredriks menn som straff mot erkebiskopen som hadde støttet den avsatte kong Christian IIs gjenerobringsforsøk i 1531–32.

I 1531 hadde nesten hele byen og Domkirken brent, men ikke Erkebispegården. I 1532 brant altså Erkebispegården. Det er ikke så rart om Ziegler beskrev Trondheim som en liten landsby i 1532, for på denne tid kan det ikke ha vært stort igjen av byen generelt, og heller ikke av Erkebispegården.

Den eneste bygningen vi vet er bygget opp etter brannen i 1532 og før erkebiskopen flyktet i april 1537 er selve pregerommet i myntverkstedet. Dessuten taler sannsynligheten for at den nye hallbygningen ble reparert og tatt i bruk igjen. Erkebiskop Olav Engelbrektssons våpenskjold over portalen inn til den nye hallen tyder på det. Disse to lokalene kan ha sikret erkebiskopen et viktig møtelokale og myntproduksjonen, som var av strategisk betydning.

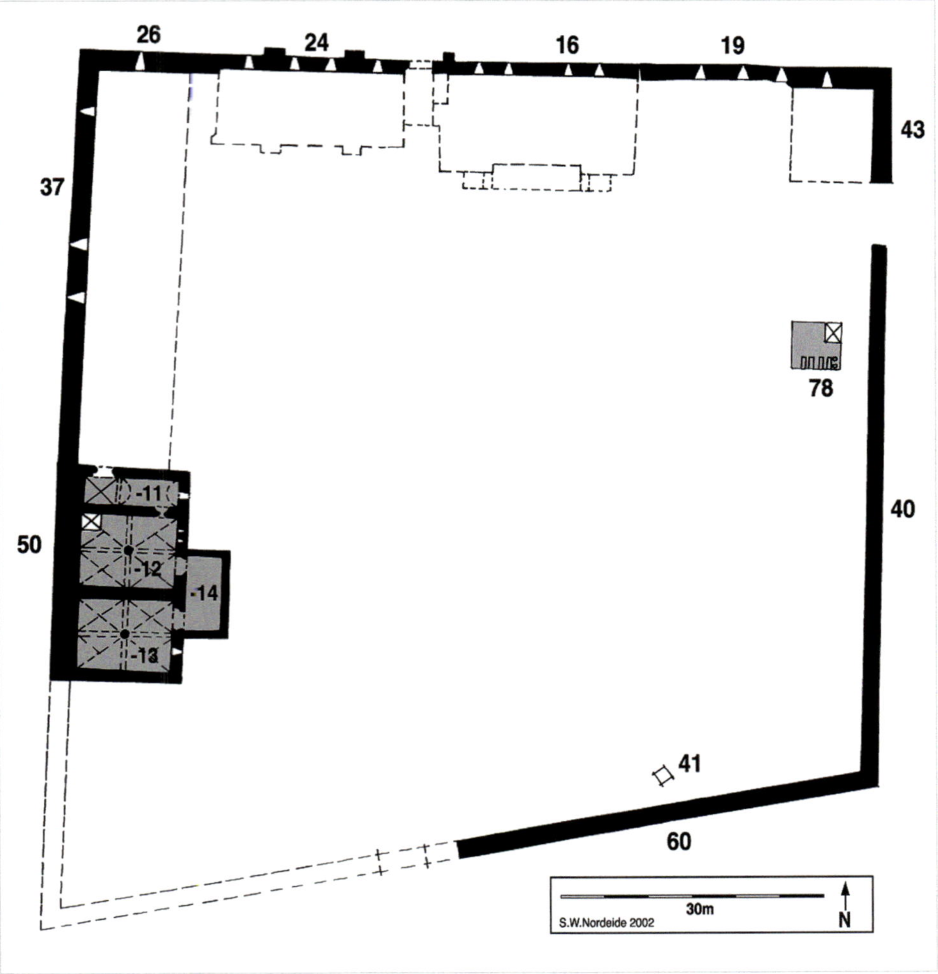

Erkebispegården ved reformasjonen.

The Archbishop's Palace at the time of the reformation..

Steinvikholm slott – ny residens for erkebiskopen

De første tiår av 1500-tallet var turbulente i mange henseende. Internasjonalt var det stridigheter innad i kirken. Den voksende kritikken mot kirken kuliminerte ved reformasjonen. I Norden var det i tillegg strid mellom unionsrikene, særlig mellom Sverige og den felles unionskongen i Danmark, noe som førte til at Sverige gjorde opprør mot kongen og brøt ut av unionen.

Som både erkebiskop og riksrådsformann kom erkebiskopen i en vanskelig dobbeltsituasjon, der kirkens anliggende var de viktigste. Det er ikke tvil om at Olav Engelbrektsson så alvoret i situasjonen. Han kjente til at hans forgjenger, Erik Valkendorf, måtte flykte for sitt liv. Han visste også at kongemakten i 1520 hadde gjennomført en summarisk rettergang i Stockholm hvoretter kongen fikk henrettet nær 100 mennesker, inklusive biskoper.[61] Når tilfeldighetene ville at han skulle måtte bli værende i Roma i nesten et halvår da han skulle hente sitt pallium, har han nok fått full innsikt i den internasjonalt betente situasjonen for kirken, og han har visst å bruke tiden fornuftig. Det later til at han brukte tiden i Roma til å planlegge en ny borg som var bedre enn den gamle Erkebispegården med hensyn til de krav kruttvåpen stilte. En lignende borg til Steinvikholm er nemlig tegnet av Leonardo da Vinci, som var rådgiver for paven i 1513–1516. Erkebiskop Olav reiste tilbake fra Roma på selveste julaften, og hadde tydeligvis hastverk med å komme seg hjem.[62] Mye tyder på at han skyndte seg hjem for å starte på et byggeprosjekt som skulle hjelpe ham til å beskytte sitt eget liv. Og når han kom hjem gikk det fort: allerede i 1527 ble det første brevet signert i Steinvikholm, så deler av slottet må da ha vært brukbart allerede.

For også under erkebiskop Olav Engelbrektsson skjedde det store byggearbeider, men dette skjedde først og fremst på Steinvikholmen, og da Erkebispegården brente i 1532 var det nok både økonomiske og politiske, men også andre grunner til at ikke større deler av Erkebispegården ble bygget opp igjen raskere. På den tiden stod det nye slottet Steinvikholm trolig ferdig. Steinvikholm ble redningen for erkebiskopen og eliminerte behovet for en rask gjenreisning da den gamle gården brant. Han kunne uten problem flytte mye av sin aktivitet til den nye residensen. Verkstedene kan det likevel ikke ha vært plass til der. Selv om Steinvikholm var nytt og fint, var det totale arealet lite og bruksområdet komprimert. All plass på den lille holmen ser ut til å ha vært benyttet til en eller annen aktivitet. Produksjonen i verkstedene må derfor ha blitt særlig lammet da Erkebispegården brente.

Det kan se ut til at Olav opprinnelig har planlagt å beholde den økonomiske aktiviteten i Erkebispegården, mens Steinvikholm skulle fungere ved representasjon og i strid. Han engasjerte flere hundre marinesoldater fra Holland, fordelt på tre skip, som skulle bistå i forsvaret av slottet. Soldatene skulle lønnes i form av mynt, og ikke som mange andre måtte nøye seg med: lønn i form av tekstil, «hoser og trøyer».[64] Dette er forklaringen på hvorfor myntverkstedet var så viktig for erkebiskopen. *Så* viktig at det var det eneste verkstedet som ble bygd oppe etter brannen i 1532. Uten mynt, ingen soldater; og ingen soldater, intet forsvar.

Portalen inn til den nye hallen. Erkebiskop Olavs våpenskjold er plassert over portalen. Foto: NIKU.

The portal to the New Hall. Archbishop Olav's coat-of-arms is seen at the top of the portal.

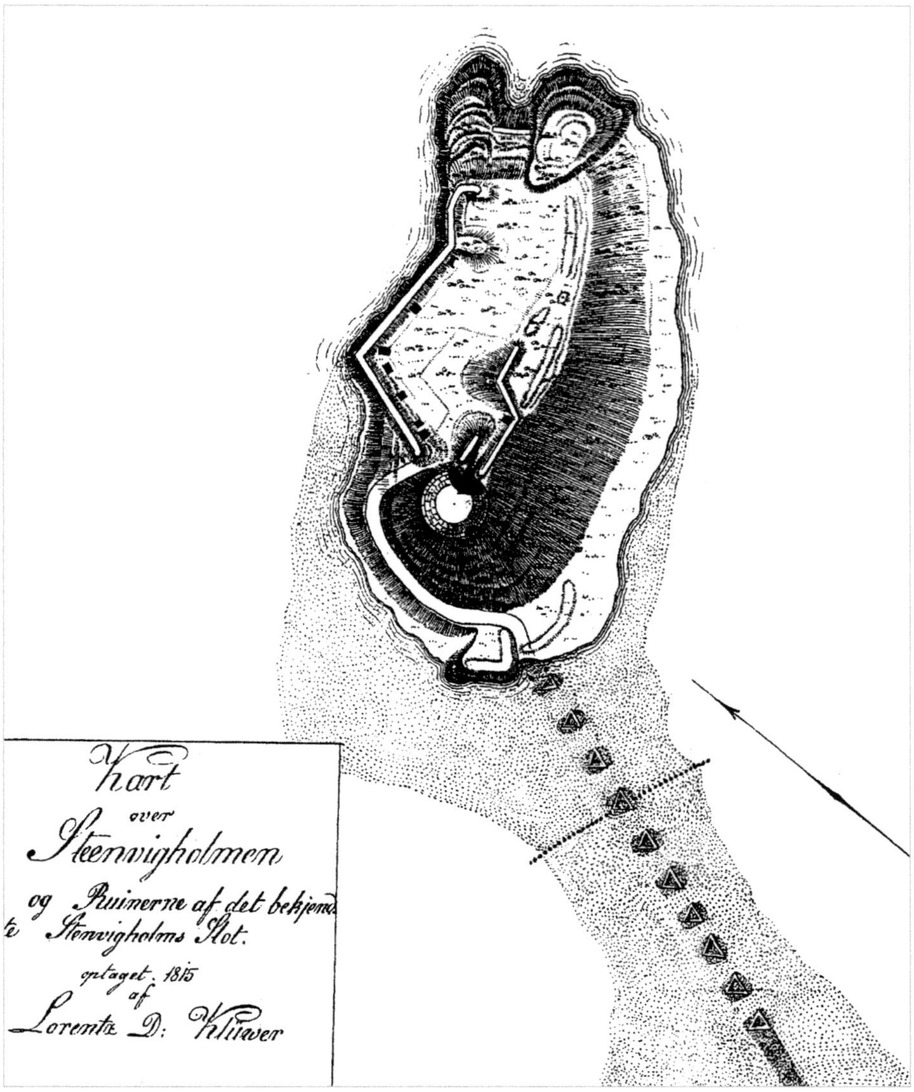

Steinvikholm slott, kartlagt i 1815, da slottet enda lå i ruiner og sjøen stod noe høyere enn i dag.

Steinvikholm Castle in 1815. The Castle was yet not restored and the sea level was higher than today.

Soldatene var innlosjert ved Steinvikholm. Erkebispegården lå nok for langt fra sjøen for å kunne fungere som en marinebase, og var også av flere andre grunner regnet for å være for utrygg som beskyttelse mot kruttvåpen.

Det nye slottet skulle sikre erkebiskop Olav en moderne og representativ bolig, samtidig som det ga ham maksimal beskyttelse etter datidens norm.[65] Jeg kjenner ingen andre borger som er så fokusert rundt nettopp det å beskytte borgherrens liv som Steinvikholm slott. Borgen hadde diagonalt stilte kanontårn, og var både beskyttet mot, og bygget for, bruk av kruttvåpen. Enda hadde ikke bastionene blitt spredt utenfor innovasjonsområdet i Italia, og kanontårnene var en nyvinning innenfor borgarkitektur i vår del av Europa. I tillegg var det sørget for hindringer i form av flere porter som en inntrenger måtte forsere for å nå borgherren. I alt 7 eller 8 slike porter måtte forseres for å nå inn til de indre gemakker. Og borgherren hadde på sin side en beskyttet nødutgang på yttersiden av slottet, vist på tegningen ved piler ut fra slottet.[66]

Steinvikholm slott lå i et distrikt hvor kirken eide store og rike gårder.[68] Ved å bygge slottet her sørget erkebiskopen samtidig for at slottet var sikret forsyninger både av mat og annet. Men det var selvsagt også andre grunner for en slik lokalisering. Holmen ligger like ved en av «hovedveiene» fra Sverige. Han trakk dessuten slottet bort fra byen, noe som gav ham flere fordeler: Flere slott bød på flere angrepsmål, noe som gjorde at en angriper måtte ha større styrker, eller også ble angrepet tilsvarende svakere på hvert sted. Han kunne på denne måten også forhindre at et angrep mot erkebiskopen ville føre til store ødeleggelser i byen. Særlig var han vel interessert i at erkesetet skulle spares, som muliggjorde at erkebiskopen kunne opprettholde sin aktivitet på Steinvikholmen, og fortsatt kunne fungere i sine lederverv i norsk politikk og i Nidaros kirkeprovins. Derved kunne han også holde Norge unna lutheranerne og den danske kongen.

Byggingen av Steinvikholm slott demonstrerer at erkebiskopens store makt, økonomiske ressurser og internasjonale kontakter. Bygget kunne saktens reises ved lokale håndverkere, for etter flere hundre års praksis var det i Trøndelag bygd opp bygghytter med kompetanse til å bygge med stein og mørtel. Mye tyder også på at Steinvikholm har hatt en lignende diagonal inndeling av bruksområder i slottet som i Erkebispegården. Men arkitekturen, med tilpasning til kruttvåpen som det mest moderne innen taktisk byggverk, har Olav trolig som nevnt hentet direkte fra Italia.[69] Det er bare kjent én tilsvarende borg I Europa fra samme tid. Denne er til gjengjeld bygget samme år, og med lignende størrelse. I begge tilfeller har det vært antatt at arkitekturen bygger på forbilder og idé fra Leonardo da Vinci.[70] Tanken bak Leonardos diagonalt stilte kanontårn var at tårnene ikke skulle kunne være en risiko for hverandre. Dessverre skapte de to tårnene alene heller ikke så god beskyttelse, for til forskjell fra de senere bastionene var det mange dødlinjer utenfor kanonenes rekkevidde.[71]

Det sterke forsvaret til tross: erkebiskopen måtte til slutt flykte. Allerede i mars i 1537 planla han hvem som skulle bli igjen i slottet da han forlot landet. Planen var at disse skulle holde slottet til han kom tilbake. Det er likevel usikkert om alle de 110 personene skulle være stasjonert på Steinvikholmen, eller om de også skulle bemanne de andre gårdene til erkebiskopen. Men staben på 110 menn som skulle bli igjen hadde en total sammensetning slik at de skulle kunne dekke den daglige drift i ett slott, og forsvare slottet under beleiring. Listen over mannskapet viser at det var en internasjonal flokk, og den besto utelukkende av menn.

Det er ikke godt å si om Olav Engelbrektsson virkelig hadde tro på at han skulle kunne vende tilbake etter flukten i april i 1537. Datidens borgarkitektur gav ingen initiativ i kampen. Mannskapene kunne kanskje klare å holde slottet, men *de kunne ikke vinne kampen.* Og når slottsherren hadde flyktet, hadde de mistet den siste sjansen til initiativ via forhandlinger. Dette må erkebiskopen ha forstått da han forlot sine trofaste menn på en holme i Åsenfjorden. Den danske kongen overvant Olavs menn, og overtok styringen av det norske riket og kirken. Olav Engelbrektsson døde i Belgia allerede året etter; i 1538. Både Steinvikholm og Erkebispegården ble overtatt av kongen. Steinvikholm fortsatte en kort tid som sentrum i det som het «Steinvikholm slottslen». Lensherrene bodde nok der etter reformasjonen, men i 1556 fikk lensherre Evert Bild kongens tillatelse til å flytte inn igjen til Erkebispegården. Den stod fortsatt utbrent, så de måtte bygge seg et nytt hus av tre for å kunne bo der. En viss bruk var det nok fortsatt av Steinvikholm, og det ble atter en gang beleiret under den svensk-norske sjuårskrigen, før det er omtalt som nedlagt allerede i 1575.

Aslak Bolts mur som Gaute Ivarsson bygde. Et tilbakeblikk.

Utgravningene i Erkebispegården har skapt et vell av data for en periode på ca. 1000 år. Kun hovedtrekk av deler av denne perioden er trukket fram her. De viser likevel at det norske erkesetet fulgte godt med i internasjonal arkitektur. Dette har i og for seg vært kjent tidligere, for vi vet blant annet at gotikken som stilart ble anvendt på Domkirken ved erkesetet allerede lenge før samme stilart ble innført for eksempel til Danmark. Det er likevel grunn til å påpeke at det norske erkesetet har hatt mindre ressurser enn kirkeprovinsene i de langt mer folketette områdene lenger sør i Europa. Standarden i Erkebispegården har vært relativt enkel sett i forhold til mange steder lenger sør.

Det har vært forbausende lite aktivitet i den sørøstre delen av gården, som i senere tid ble brukt til verksteder og uthus. Dette tyder enten på at en relativt liten folkemengde har hatt tilhold i gården, eller at aktiviteten har vært organisert annerledes enn senere. Det er for eksempel kjent at det ble etablert et metallhåndverksstrøk lengst nord i byen på samme tid som erkesetet, og dette kan ha vært drevet av erkebi-

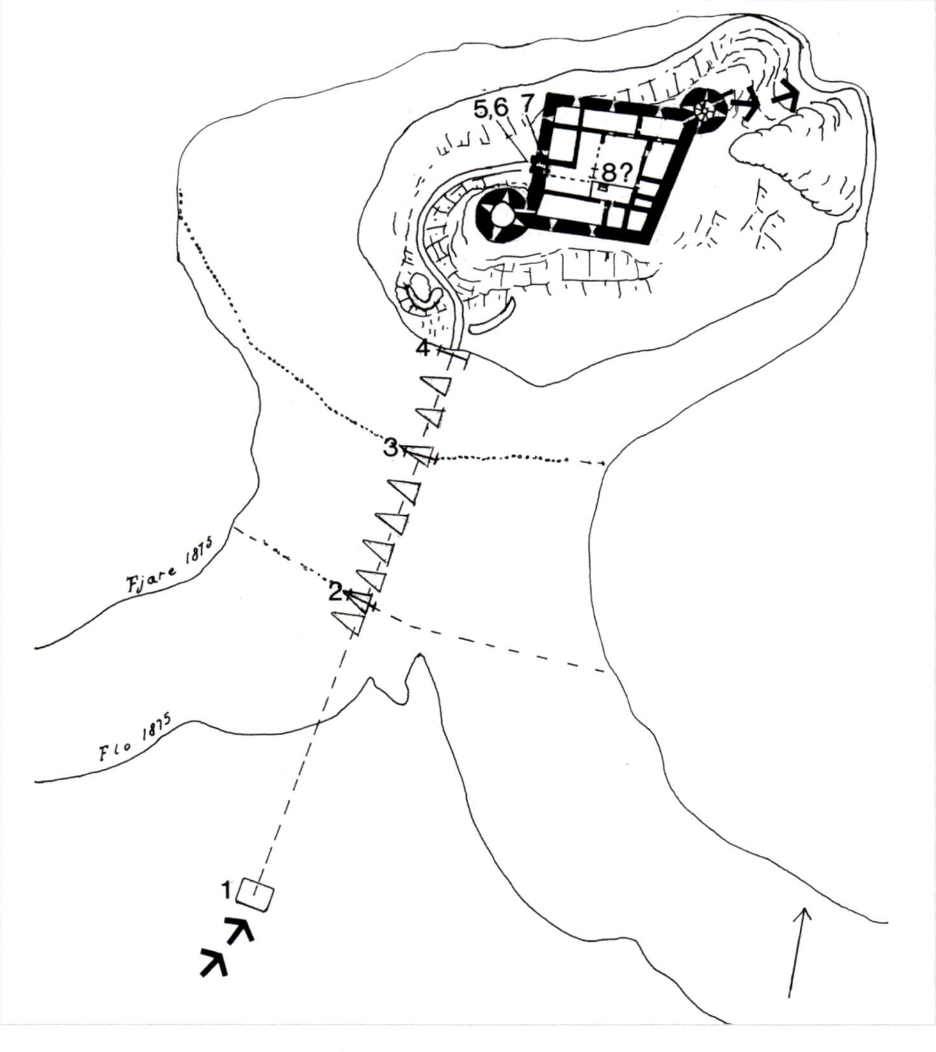

Prinsippskisse over grunnplan i Steinvikholm slott.

Master plan of Steinvikholm Castle.

skopen. Disse verkstedene forsvant ved midten av 1300-tallet, og drøyt 100 år senere finner vi metallhåndverk innenfor murene i Erkebispegården. Vi kan altså ikke se bort fra at erkebiskopens aktivitet kunne ha vært drevet mer desentralisert i den tidlige tiden, mens enkelte håndverk flyttet innenfor murene henimot 1500. Dette kan forstås mot den bakgrunn at konfliktene økte, og viktige aktiviteter trengte kanskje mer kontroll og beskyttelse.

I alle fall er funnmønsteret nesten omvendt i forhold til de øvrige delene av byen: det er færrest spor etter aktivitet i perioden 1150–1450, og en kraftig økning i tiden 1450–1500. I den øvrige byen, som i de fleste byene i Norge med unntak av Bergen, er det størst aktivitet fram til 1350, hvoretter alle spor ser ut til nærmest å dø hen for så å dukke opp igjen først på 1600-tallet. Det er vanlig å forklare denne «funntørken» med at blant annet svartedauden reduserte byene til et minimum.

Utgravningene i Erkebispegården har detronisert Aslak Bolt som den store byggherre og innovatør i Erkebispegården. Gaute Ivarsson har overtatt Aslaks tidligere betydningsfulle plass. Erkebiskop Gaute har både stått for store byggearbeider og omorganisert bebyggelsen. Han fikk også bedret gårdens situasjon i forhold til forsvar mot og med kruttvåpen. Dertil fikk han satt i gang produksjoner av stor betydning for hans sammensatte rolle, så som myntproduksjon og våpenproduksjon. Gaute Ivarssons arbeid ruver, både med hensyn til volum og kvalitet.

Skriftlige kilder har vist at Erkebispegården brant ned i 1532, men de senere års utgravninger har for første gang vist oss hvordan denne brannen rammet erkebiskopen. Den hurtige gjenoppbygningen av myntverkstedet viser med all tydelighet hvilket smertelig tap brannen var. Verkstedet ble nemlig gjenoppbygd som en minimumsløsning, med gjenbruk av gamle strukturer og materialer. Driften måtte sikres en rask gjenopptagelse, selv om det var i en kriserammet form!

Brannen i 1532 lammet erkebiskopens virksomhet i Trondheim. Olav Engelbrektssons menn kunne trekke seg tilbake til Steinvikholm, vingeklippet og med reduserte muligheter for å drive et offensivt spill. Men kanskje var dette aller verst for Trondheim som by: kirkens virksomhet, og i særdeleshet erkebiskopens virksomhet, var viktig for byens puls og levekår. Erkebispegården stod i prinsippet utbrent til begynnelsen av 1600-tallet, og det tok flere tiår etter reformasjonen før det ble noe særlig omfang på liv og virke i gården igjen. Tatt i betraktning at også Trondheim med Domkirken brant i 1531, må 1530-tallet ha fortonet seg som et mareritt for dem som ville bygge opp et livskraftig bysamfunn.

Sette fra kvinners og barns ståsted må historien om Erkebispegården også fortone seg som et trist kapittel. Maktens sete var i all hovedsak blottet for kvinner og barn. Det vil ikke bare si at disse gruppene hadde minimal innflytelse på de viktige avgjørelser som ble tatt der, men samtidig hadde de som tok disse avgjørelsene minimal kunnskap om kvinners og barns levekår. Tvert imot: de ulike vilkår for liv og virksomhet som har preget Erkebispegården og resten av samfunnet har trolig preget kirkens syn på kvinner og barn i negativ retning. For i Erkebispegården fikk alle arbeide konsentrert om sine oppgaver uten å samtidig passe unger. De fikk maten tilrettelagt og barten skåret. De kunne til enhver tid yte sitt beste. Dette i motsetning til den vanlige kvinne i byen som nok måtte drive håndverk og handel samtidig som hun sørget for familiens mat, oppdro barn, og laget klær. Familiens inntekt var basert på en familiebedrift der alle familiemedlemmer måtte yte sin skjerv, uavhengig av alder og kjønn. Det ville være rart om dette ikke gjorde utslag i kvaliteten på det håndverk som ble utført.

Erkebispegården gikk etter hvert over i historien som Kongsgården, fordi de kongelige lensherrene overtok den som bolig fra medio 1500-tallet. Historien som erkebispegård ble glemt. Først på midten av 1800-tallet ble det igjen erkjent at Kongsgården var identisk med den gamle Erkebispegården, som nå kan feire 850-årsjubileum.

Noter

1 Fischer og Fischer 1977
2 Ibid: 11.
3 A.T. Hommedal: Budsjettforslag med bakgrunnsnotat frå Forprosjekt for arkeologiske utgravningar, Trondheim april 1989. Riksantikvarens arkiv.
4 Lysaker 1989
5 Nordeide 2003
6 Kristoffersen 1988
7 Andrén, Carelli & Nilsson 1995
8 Nordeide 2003:133ff
9 ibid.:154ff
10 ibid.:106–119
11 Dette huset har i moderne tid vært kalt for «Østhuset»
12 Periode 3 fase 1 (Nordeide 2003:106)
13 Historien om biskop Laurentius på Holar, s.116
14 Schwach 1838. Disse restene ligger utenfor det område som ble undersøkt i 1991–95, og er i dag kirkegård.
15 Dette huset har i moderne tid vært kalt for «Vesthuset», og det står fortsatt.
16 Også denne muren er synlig i Museet i Erkebispegården
17 Periode 4 fase 1 (Nordeide 2003:120)
18 Nordeide 2003
19 I moderne tid hat disse rommene vært kalt for «Regalierommet» og «Draperirommet»
20 Lysaker 1990:29f
21 Hommedal in prep.
22 Hommedal in prep.
23 Ibid.
24 Toy 1985 (1939):112f
25 Skaare 1992; 1995
26 Nordeide 2003:124ff
27 Søreide 1995
28 Thomson 1995
29 Historien om biskop Laurentius på Holar s.54
30 Historien om biskop Laurentius på Holar ca. 1350; Nordeide 2003:43ff
31 ibid.:129
32 Towle 1995
33 Midden er bestemt av Reidar Mehl, Norsk Folkehelse
34 Nordeide 2003:158ff
35 Ruinen står fortsatt på samme sted. Synlig i Museet i Erkebispegården
36 Periode 5 fase 2 og 3 (Nordeide 2003:166)
37 Dette huset har i moderne tid blitt kalt for «Bakeriet» på grunn av den rolle det har spilt etter reformasjonen, og huset står fortsatt.
38 Dette huset har i moderne tid blitt kalt for «Lavetthuset», og det står fortsatt.
39 Dette huset har i moderne tid blitt kalt for «Vekthuset», og det står fortsatt.
40 Periode 6 fase 1 (Nordeide 2003:172)
41 Myntverkstedet ligger på plass slik det ble funnet, mens våpensmien er rekonstruert på samme sted. Utstilt i Museet i

Erkebispegården.
42 Seip 1936
43 Brøgger 1924; Fischer & Fischer 1977
44 Brøgger, Dagsposten 26/1–1924
45 Hommedal in prep.
46 Se Tor Sæthers innlegg i denne bok
47 Ersland 2000 s.143
48 DN V nr. 785 s. 567.
49 Nordeide 2003:171ff
50 Ziegler 1532 (1878):25
51 Skaare 1995
52 Nordeide 2003:284ff
53 Nissen 1998
54 Nordeide 1999
55 Andersen 1992 s.38
56 Nordeide 2003:173f
57 ibid.:180ff.
58 Nordeide 2000a; Olsson 2000:202
59 Periode 6 fase 3 (Nordeide 2003:183)
60 Periode 7 fase 1 (Nordeide 2003:227)
61 Benedictow 1977:324ff
62 Hamre 1998:256ff
63 Klüwer (1823) 1960
64 Olav Engelbriktssons rekneskapsbøker utgitt ved Seip 1936
65 Nordeide 2000b
66 Nordeide 2000b:52ff
67 Nordeide :225
68 Se Dybdahls nedenfor…
69 Nordeide 2003:217ff
70 Bury 1984; Johnsen 1957
71 Bury 1984

Summary

This chapter discusses the development of the archbishop's residences in medieval Trøndelag. The construction of the Archbishop's Palace started at the same time as the establishing of the archbishop's see in the middle of the 12th century, and from the beginning consisted of stone and wooden buildings, and a curtain wall. The most important buildings were located close to Nidaros Cathedral. It also seems that most of these buildings were located close to the curtain wall. During the first centuries the eastern curtain wall was further to the east than it is today, and old plans indicate long stone buildings along the curtain wall, however this area is not excavated. The buildings in the south range were scattered, but we don't know the full extent of the non-excavated precinct to the southwest. There ate few traces of activity and only the most basic facilities for cooking and feeding were in place.

As far as the Archbishop's Palace is concerned, there were dramatic changes in size, organisation of space, and pattern of activities from the end of the 15th century. The structure was concentrated and made more fortress-like. A new stone-hall was built at the western range, and a new curtain wall replaced the red one at the eastern and southern range. In c. 1500 one to two rows of wooden houses were put up in the east and south range, and these contained a number of workshops, among them a weapon workshop, a shoemaker's workshop and a mint workshop. The honour of the changes in the palace has previously been attributed to the archbishop Aslak Bolt (1430 – 1450), but is now attributed to Gaute Ivarsson, archbishop 1475 – 1510. These changes in the Palace are thus connected with some mayor changes in the role of the archbishop: in addition being an archbishop, Gaute Ivarsson also became a leader of the national council and a royal representative of the district, which also made him the military leader of the Trøndelag region.

From 1524, the construction of the archbishop's castle, Steinvikholm, began further to the east in the Trondheim fjord. The need of a new castle can be interpreted as a response to the increasing level of conflict at the time, both between the church and the monarchy, and within the union of the three Scandinavian kingdoms.

The social space in the Archbishop's Palace seems to have been strictly organised according to social status. The individual's social status has influenced the colour of clothing, location at the table, level of personal service, wages, diet and which parts of the building were frequented by whom. With very few exceptions, it seems that only men had access to the archbishop's buildings.

RUINENE AV HAMAR BISPEGÅRD I LYS AV ERKEBISKOPENS ANLEGG I TRONDHEIM

Tor Sæther

Bispegårdens historie i korte trekk

Der hvor Mjøsa er bredest, rett nordvest for det moderne Hamars sentrum, stikker en lang odde ut i sjøen. På denne odden, med vidt utsyn til Helgøya, Nes og Skreia-fjellene i det fjerne, og med de brede Hedemarksbygdene i ryggen, ligger restene av det som en gang var sentrum i middelalderens store innlandsbispedømme. Her finner vi ruiner etter den mektige domkirken, bispegården, kloster, katedralskole og kannikenes gårder. Under bakken skjuler kulturlagene seg fra den byen som har ligget omkring bispesetet, Hamarkaupangen.

Domkirkeodden. Sentralt i bildet ser vi domkirkeruinen og Storhamarlåven med restene av bispegården.

'Domkirkeodden', the site of the cathedral in medieval Hamar. In the centre of the picture we see the ruins of the cathedral and the barn at Storhamar among the remnants of the bishop's residence.

Ruinene av bispegården sett mot vest. I forgrunnen ser vi restene etter østre ringmur.

The ruins of the bishop's residence seen from the west. In the front we see the remnants of the eastern curtain wall.

Opprettelsen av Hamar bispedømme står i det samme dunkle lys som grunnleggelsen av erkebispesetet i Nidaros. Mye tyder på at bispestolen i Hamar ble opprettet samtidig med erkesetet, som ledd i organiseringen av den nye kirkeprovinsen, og som et forsøk på å stabilisere de politiske forholdene i innlandet. Iallfall starter Hamars bisperekke på denne tiden, og i fundasjonsbrevet for erkebispesetet fra 1154 er bispesetet i Hamarkaupangen med.[1] Oslo domkapitels langvarige motstand mot nyskapningen kan tyde på at delingen av det opprinnelige Oslo bispedømme var en handling først og fremst bestemt av politiske motiver etter ønske fra kongemakten. Det er derfor en mulighet for at det også tidligere kan ha vært forsøk på å etablere et bispesete her ved Mjøsa.

Oppføringen av en bolig for biskopen må ha startet kort tid etter bispesetets grunnleggelse, i likhet med oppføringen av domkirken. Første gang vi hører om bispegården er i Håkon Håkonssons saga. Her står det at Inga fra Varteig kom til Hamar i julen 1205 med sin lille sønn Håkon, og at biskop Ivar inviterte dem til å feire høytiden i bispegården.[2] I diplomataret finner vi den nevnt først i et brev fra 1317 der man er samlet i søndre målstue på bispegården.[3] I tiden framover får vi tilfeldige opplysninger om anlegget i biskopens korrespondanse, men aldri mer enn at man var samlet i et eller annet navngitt rom.

Fra midten av 1400-tallet er kildestoffet noe rikere i forbindelse med ulike krigshandlinger som biskopen er trukket inn i, og der gården blir inntatt, men særlig mye bortsett fra dens eksistens er det ikke å hente her. Fra tiden kort etter reformasjonen har vi en unik kilde, Hamarkrøniken, hvis kildeverdi er sterkt omdiskutert. Den gir en beskrivelse av de ulike delene av bispegården, og gjennom de opplysningene den gir har vi en mulighet til å funksjonsbestemme de forskjellige ruinene i anlegget.

I likhet med erkebispegården blir bispegården på Hamar residens for lensherren etter reformasjonen. Fra denne perioden har vi kilder som forteller om behovet for utbedringer og om byggeaktivitet. Anlegget blir til slutt ødelagt under syvårskrigen, i juni 1567. Det blir aldri bygd opp igjen.

På midten av 1700-tallet blir det adelig herresete Storhamar opprettet. De murene etter bispegårdens hus som fortsatt var brukbare fikk ny funksjon som vegger i driftsbygningene på Storhamar Gård. De høye murene kom under tak, og de lavere restene lå begravd under tykke jord- og steinmasser ute i tunet mellom stall, fjøs og låve. Slik er de blitt bevart fram til vår tid, da arkeologiske undersøkelser har trukket den gamle bispegården fram fra glemselen. I 1967 ble utgravningsområdet åpnet som en del av Hedmarksmuseets utstilling.

Problemstillinger

Erkebispegården i Trondheim og bispegården i Hamar er begge viktige elementer i den omfattende organisasjonen som kirken bygde opp i Norge i løpet av middelalderen. Byggingen av de ulike bispegårdene er stort sett diktert av de samme behov, selv om det neppe eksisterte noen bestemmelser om hvordan en bispegård skulle bygges og innredes. Deres utvikling, både bygningsmessig og funksjonelt, må i hovedsak være en refleks av de samme skiftende historiske forhold, politisk, økonomisk, kulturelt og ikke minst kirkelig, som også medførte endringer i erkebiskopens og biskopenes rolle i samfunnet. Med grunnlag i dette skulle det være mulig i en viss grad å sammenligne de ulike bispegårdsanleggene og bruke dem til gjensidig belysning av hverandre.

Vi må regne med at kontakten mellom bispesetene etter datidens forhold var god, slik at tanker og ideer relativt raskt kunne utveksles. Hamar er vel det bispesetet som kommunikasjonsmessig lå lengst unna der de viktigste politiske begivenhetene fant sted. Hamar bispedømme lå allikevel sentralt på den måten at det grenset til alle de andre bispedømmene i Norge, samtidig som det hadde en lang grense mot Sverige. Vi vet ut fra skriftlige kilder at det har vært særlig gode forbindelser mellom biskopene i Hamar og erkebiskopene i Trondheim. Dette ser vi tydelig i perioden 1450–1537, og særlig under biskop Mogens (1512–1537), i forbindelse med det politiske spillet som førte fram til den katolske kirkes fall og Norges tap av selvstendighet. Som et eksempel kan vi nevne at biskopene i Hamar og Oslo tok initiativet til opprettelsen av en postforbindelse mellom disse bispesetene og Trondheim, selvsagt for å bli hurtig informert om erkebiskopens utspill.[4]

Hovedhensikten med denne artikkelen er å se på en del viktige trekk ved de bevarte restene etter bispegården i Hamar og sammenligne disse med det vi i dag vet om erkebispegården og de øvrige bispegårdene. En slik sammenligning kan bidra til en dypere forståelse av forholdene i Hamar.

Et stort problem her er imidlertid at anleggene står svært ulikt når det gjelder undersøkelsesgrad og dokumentasjon. Erkebispegården i Trondheim er det bispeanlegget i Norge som er best undersøkt og dokumentert. Her foreligger det også, ikke minst takket være den ulykksalige brannen i 1983, helt nye undersøkelser og forskningsresultater. Det er derfor snakk om en sammenligning av ulike størrelser. I og med at vår utforsking av anlegget i Hamar er kommet relativt kort, er dette nødt til å bli en sammenligning av de grove trekk.

Jeg vil her først og fremst vise noen eksempler på hvordan den bygningshistoriske utviklingen ved anleggene i Trondheim og Oslo kan kaste lys over utviklingen i Hamar, og kanskje bidra til å sette spørsmålstegn ved de oppfatningene omkring bygningshistorien som til nå har rådet grunnen.

Både gjenstandsfunn og funn av verksteder forteller om en vesentlig omlegging av erkebispegårdens økonomiske funksjoner, og ikke minst en utvikling i erkebiskopens rolle. Både i bispegården og ute i Hamarkaupangen er det gjort omfattende funn som vitner om ulike håndverksaktiviteter. Et viktig spørsmål er om det er mulig å se en lignende utvikling i kildematerialet fra Hamar.

En sammenligning mellom bispeanleggene i Hamar og Trondheim vil ikke bare være ensidig. Også erkebispegårdens historie kan settes i perspektiv ved dette. Det er for eksempel svært interessant at begge anleggene får en dramatisk omstrukturering i seinmiddelalderen. En viktig del av artikkelen vil derfor være et forsøk på å forklare denne utviklingen ved å sette anleggene inn i 1400- og 1500- tallets politiske miljø.

Materialet fra de arkeologiske utgravningene

Det er først og fremst arkeologien som kan kaste lys over bispegårdsanleggets bygningshistorie. De arkeologiske undersøkelsene startet etter at Hedmarksmuseet overtok driftsbygningen på Storhamar Gård og arealet omkring den i 1945. Fra 1947 og fram til 1959 var det årlige utgravninger. De første årene var det Gerhard Fischer som ledet arbeidet. Senere var det Håkon Christie som overtok den daglige ledelsen. Etter dette har det vært et par større undersøkelser i 1981–83 og 1989–90. Fra utgravningene finnes et stort materiale i form av utgravernes dagbøker, oppmålingstegninger, fotografier og et stort antall gjenstander. Materialet fra undersøkelsene har imidlertid aldri vært systematisk gjennomgått med tanke på å skrive bispegårdens bygningshistorie.

Materialet har mange begrensninger. En av de viktigste er at man stort sett har konsentrert seg om å fjerne rasmassene som dekket det sentrale anlegget etter ødeleggelsene i 1567. Ruinene av de ulike bygningene ble frilagt og tømt, og i området mellom dem ble det gravd ned til den brolegningen som dekket gårdsplassen på 1500-tallet og som var omtrent fullstendig bevart. Vi vet derfor lite om de kulturlagene som ligger under brolegningen. Disse lagene kunne ha fortalt om den aktiviteten som var her gjennom de 400 årene som området var i bruk etter at bispesetet ble grunnlagt. Bare et par mindre undersøkelser er gjort der brolegningen av ulike grunner var forstyrret. Derved er vi også for en stor del avskåret fra den informasjonene som jordlagene omkring bygningene kunne gitt om bygningshistorien. Det vi kan vite om anleggets bygningshistoriske utvikling må derfor i stor grad bygge på det vi kan lese ut av ruinene, i hovedsak måten de er bygd på og hvilke materialer som er brukt. Det er imidlertid vanskelig å trekke for bastante konklusjoner på grunnlag av murverket alene. En sammenligning med andre daterte bygninger i Trondheim eller Oslo kan være vanskelig på grunn av lokale variasjoner i byggeteknikk og på grunn av ulikt steinmateriale som man har hatt tilgang til.

Det materialet vi har i dag er også vanskelig å bruke fordi anlegget ikke er tilstrekkelig undersøkt med tanke på dets utstrekning. Vi vet etter de senere årenes arkeologiske undersøkelser, der det ble funnet restene av to store bygninger utenfor østre ringmur, at bispegården fram til ca 1500 omfattet et større område enn det som i dag er avdekket. Den fulle utstrekningen av dette området kjenner vi imidlertid ikke. Det er vanskelig å tolke bygningshistorien når vi for størsteparten av bispegårdens eksistensperiode bare kjenner deler av anlegget.

Bygningshistorien sammenlignet med erkebispegården

Undersøkelsene i 1940- og 50-årene konkluderte med at steinbygningene i anlegget må ha blitt oppført i perioden 1250 – 1300. Til denne perioden dateres også den godt bevarte ringmuren i vest, mot domkirken. Ringmuren i nord dateres noe seinere, mens den skrå ringmuren mot sydøst først må ha kommet til på 1400-tallet.[5]

Disse dateringene er basert på måten murene er bygd på, utformingen av dør og vindusåpninger og på bruk av teglstein i enkelte av bygningene. Teglstein har neppe vært et vanlig brukt byggemateriale i Norge før etter 1250, selv om eksempler finnes. En datering til annen halvdel av 1200-tallet passer også godt med det som nevnes i Jens Nilssøns fortegnelse over biskopene i Hamar. Her står det at biskop

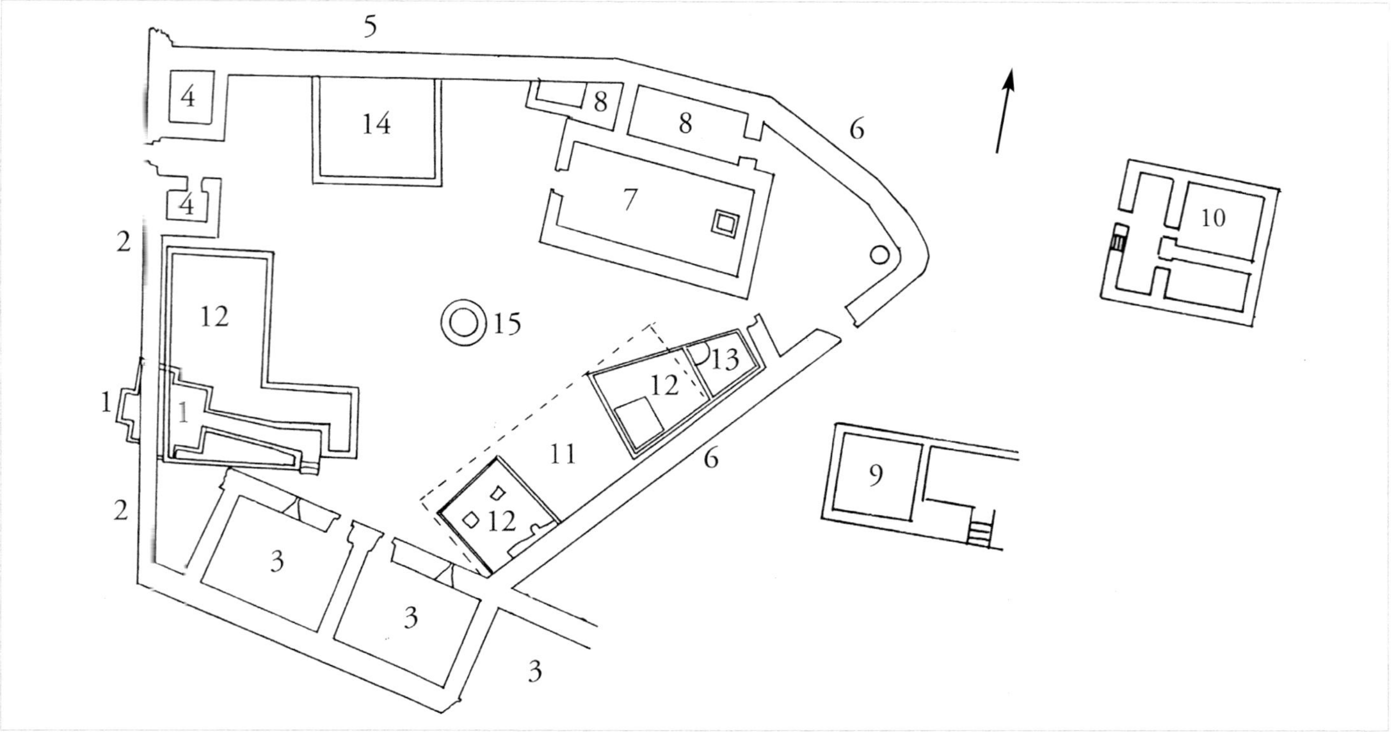

Oversikt over ruinene etter Hamar bispegård.
1.Hvelvkjelleren under vestre ringmur, 2. Vestre ringmur, 3. Sydfløyen, 4. Porttårnet, 5. Nordre ringmur, 6. Østre ringmur, 7. Det store tårnet, 8. Tilbygg på nordsiden av tårnet, 9. Ruin med stor hvelvkjeller, utenfor østre ringmur, 10. Ruin i anleggets nordøstre hjørne. Hjørnetårn?, 11. Syllmurer etter stor trebygning, oppført inn mot østre ringmur, 12. Rester etter bygninger i utmurt bindingsverk, oppført på 1500-tallet, 13. Rom med hvifteformet hjørneildsted. Verkstedrom?, 14. Smie?, 15. Brønn.

View of the remnants of the bishop's residence at Hamar.
1.Vaulted cellar under the western curtain wall, 2. Western curtain wall, 3. Southern wing, 4. Entrance tower, 5. Northern curtain wall, 6. Eastern curtain wall, 7. The great tower, 8. Annex at the northern side of the tower, 9. Ruin with large vaulted cellar outside the eastern curtain wall, 10. Ruins in the north-eastern corner of the building. Corner tower, 11. Sill walls after a large timber building, built against the eastern curtain wall, 12. Remnants of buildings in bricked half-timber construction, erected in the 16th century, 13. Room with fan-shaped corner hearth. Workshop? 14. Smithy? 15. Well.

Peter (1253–1260) startet byggingen av bispegården i Hamar, «fundare curiam episcopalem Hammariæ». Etterfølgeren, Gilbert (1263–1278), fortsatte byggearbeidet, «episcopalem curiam extrui curavit». Jens Nilssøn sikter her helt opplagt til oppføringen av steinhus.[6]

Man har selvsagt vært klar over at dette anlegget med store steinbygninger som man har gravd fram også må ha hatt ulike former for bebyggelse helt fra bispesetet ble grunnlagt. På grunn av de forholdene som er nevnt før, har man lite kunnskap om denne perioden. Noen mindre undersøkelser har avdekket deler av trekonstruksjoner og murer fra nedrevne bygninger som ligger under brolegningen fra seinmiddelalderen. Ingenting av dette er datert, og undersøkelsene er for små til å gi noen oversikt over hva slags konstruksjoner dette kan ha vært.

Når vi sammenligner det vi til nå vet om bispegården i Hamar med anleggene i Trondheim og Oslo, er det en del forskjeller som blir tydelige. En av de viktigste forskjellene er tidspunktet for oppføring av steinbygninger. Erkebispegården i Trondheim og bispegården i Oslo har vokst fram over lang tid, og viktige steinbygninger kommer tidlig. I Trondheim begynner man å bygge en stor steinhall kort etter midten av 1100-tallet. Spor etter en ringmur finnes også fra denne tiden. Når dette skjer her så tidlig skyldes nok det opprettelsen av erkebispesetet og ønsket om en representativ residens for erkebiskopen. Nye steinbygninger følger etter på første halvdel av 1200-tallet. I Oslo bispegård oppføres det store steinbygninger fra begynnelsen av 1200-årene.

På bakgrunn av dette er det naturlig å stille spørsmål ved den tolkningen av bygningshistorien som vi har sett ovenfor. Begynte man først å bygge steinhus i Hamar i annen halvdel av 1200-tallet, og besto bispegården utelukkende av trehus fram til denne tiden?

Det er mye som taler for at også Hamarbiskopen burde ha fulgt de to andre i byggevirksomhet. Trolig er det påvirkning fra den nye erkebispegården som ligger bak utformingen av bispegården i Oslo. Biskopene i Hamar hadde vel så stort behov for bygninger i stein, som både var representative og lettere å forsvare. Bispesetet i Hamar var nyopprettet. Vi har tidligere nevnt at noe av bakgrunnen for opprettelsen kan ha vært de ustabile politiske forholdene i innlandet. Gjennom hele borgerkrigstiden var Hedemarken et viktig tilholdssted for opprørsflokker og tronpretendenter som søkte å etablere seg og vinne støtte. Hamarbiskopene var motstandere av kong Sverre og hans ætt. Dette fremheves i den episoden i Håkon Håkonssons saga, som vi allerede har nevnt, der Inga fra Varteig kommer til Hamar i julen 1205 med sin lille sønn Håkon. Biskop Ivar inviterer dem inn i bispegården til tross for motsetningene, men Inga avslår tilbudet. Inn i dette spillet om innlandet må vi også sette Håkon Håkonssons bygging av et kastell, en steinbygning, på Steinsholmen i Mjøsa oppe ved Moelv i 1230-årene, nettopp for å kontrollere området.

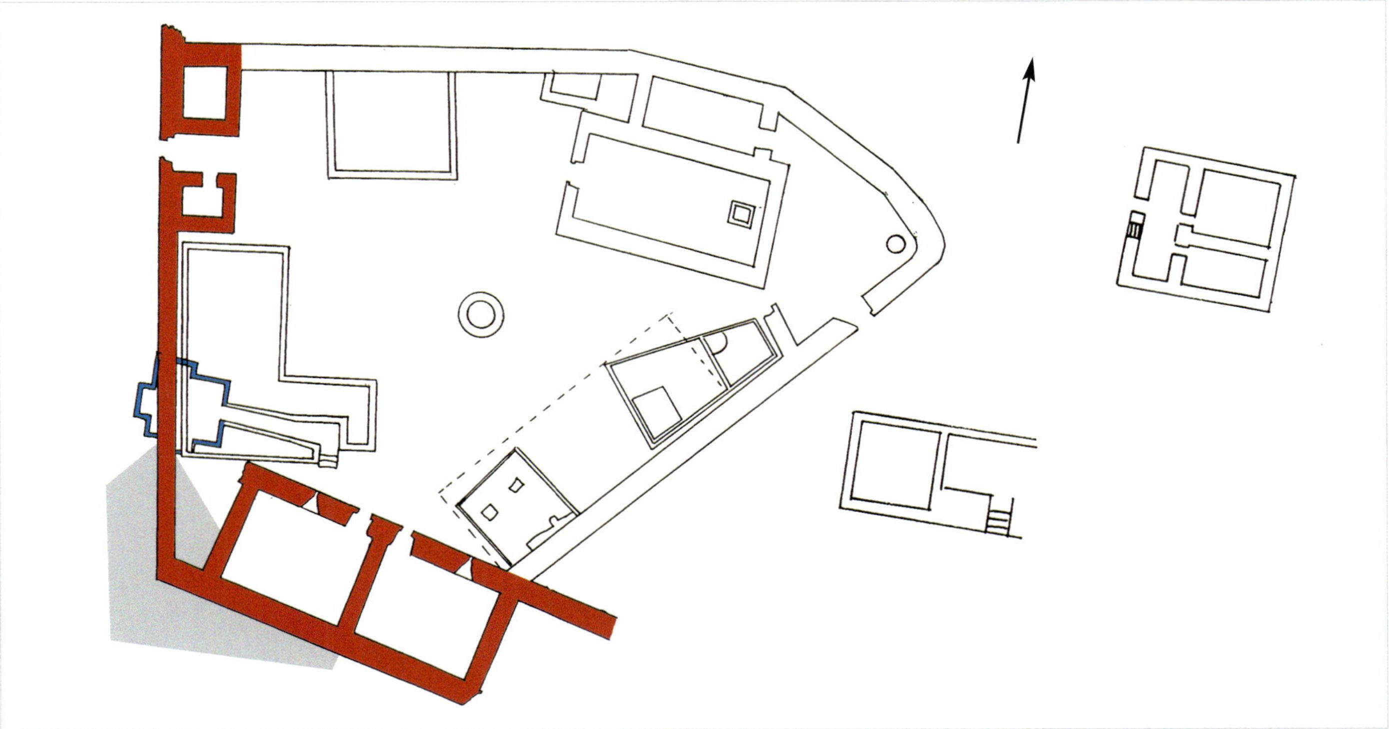

Den bygningshistoriske utviklingen i bispegårdens sydvestre hjørne. Hvelvkjelleren under vestre ringmur og hellelegningen syd for denne er markert med blått. Vestre ringmur og sydfløyen er markert med rødt.

Record of the construction of the south-western corner of the bishop's residence.

Man skulle vente at Hamarbiskopen i slike urotider fikk bygd hus som var lettere å forsvare enn trebygninger. Hvorfor skulle man i Hamar avvike fra det som var vanlig for kirken, nemlig å bygge i stein? Man hadde på stedet en bygghytte som arbeidet på domkirken, og som også må ha hatt en finger med i spillet ved byggingen av et par av sognekirkene i området. På en slik bakgrunn virker det urimelig at bispegården skulle bestå bare av trehus fram til omkring 1300. Trolig var det en blanding av steinhus og trebygninger slik vi også ser det i Trondheim.

For å komme videre med denne problematikken må vi gå litt mer i detalj når det gjelder de bevarte restene. Et godt utgangspunkt for å trenge inn i bispegårdens utvikling er bygningsrestene i anleggets sydvestre hjørne. Her finner vi vestre ringmur, som er bevart i en høyde av ca 6 meter over bakken. Ringmuren knekker mot sydøst, og går over i den store bygningen som vi kaller sydfløyen. Klemt inne mellom ringmuren og sydfløyen ligger ruinen av en kjeller, der hele hvelvingen er bevart. Det er vanskelig å si hva slags bygning som har ligget over kjelleren. Det er ikke bevart grunnmurer av noe slag, og kjelleren er delvis murt inn i bakken. Kjellerens relativt dårlige håndverksmessige utførelse tyder på at det har vært en nokså enkel bygning, trolig en trebygning. Kjelleren og huset har hørt til en eldre fase av bispegårdens historie enn vestre ringmur og sydfløyen. På et tidspunkt ble huset revet og ringmuren ble bygd oppå kjellerhvelvingen. For å skape et godt fundament for den nye muren, bygde man en solid støttemur under kjellerhvelvet. Denne delte kjelleren i to. Den delen av kjelleren som ble liggende utenfor ringmuren ble fylt igjen, mens resten av kjelleren på innsiden ble tatt i bruk i en nyere bygning.

Fra utgravningene i 1948. Vi ser restene etter hvelvkjelleren. Over denne går vestre ringmur. Den delen av kjelleren vi ser her ble ødelagt da ringmuren ble bygd. På innsiden av muren ligger resten av kjelleren. Denne delen ble beholdt som kjeller så lenge bispegården eksisterte.

Excavations from 1948 showing the remnants of the vaulted cellar.

I området syd for hvelvkjelleren ligger et stort hellelagt parti som også må høre til en eldre fase. Vestre ringmur er bygd oppå hellelegningen slik at noe ble liggende på innsiden og noe ute i gateløpet mellom ringmuren og kirkegårdsmuren. Det hellelagte området er også blitt forstyrret ved byggingen av sydfløyen. I området øst for hvelvkjelleren avdekket Gerhard Fischer flere murer, men det er foreløpig umulig å si om disse hører til i fasen sammen med kjellerhuset og hellelegningen.

Vi har altså spor etter en fase som er klart eldre enn vestre ringmur og sydfløyen, men hvor mye eldre er det vanskelig å avgjøre. Murene i hvelvkjelleren er murt på en relativt sjuskete måte, og både i veggene og i hvelvet er det påvist innslag av teglstein som ser ut til å ligge i opprinnelig murverk.[7] Det er derfor vanskelig å datere denne kjelleren tidligere enn midten av 1200-tallet.

Dersom den eldste påviste fasen her ikke kan være eldre enn 1250-årene, er det sannsynlig at ringmuren og de øvrige steinbygningene fra neste fase ble bygd tidligst omkring år 1300. En slik datering kan passe sammen med den omstruktureringen av området som må ha skjedd i forbindelse med utvidelsen av domkirken og byggingen av ny kirkegårdsmur lenger mot øst. De seneste arkeologiske utgravningene omkring domkirkeruinen antyder en datering av utvidelsen til første halvdel av 1300-tallet.[8]

Imidlertid er det flere av de framgravde bygningsrestene andre steder i anlegget som, etter muremåten, kan være oppført tidligere enn vestre ringmur og sydfløyen. De kan være fra samme tid som hvelvkjelleren, eller muligens fra første halvdel av 1200-tallet. Dette gjelder særlig den søndre ruinen utenfor ringmuren i øst, muligens den store bygningen i anleggets nordøstre hjørne og ikke minst den store tårnbygningen.

En vesentlig forskjell mellom bispegården i Hamar og anleggene i Trondheim og Oslo finner vi i deres grunnplan. Bispegårdene i Trondheim og Oslo viser en klar tendens til å orientere bygningene slik at de iallfall i den grad det er mulig danner en firkant. Dette er i tråd med tilsvarende anlegg ellers i Europa. I erkebispegården ligger den sørøstre delen av ringmuren i den eldre fasen svært skjevt i forhold til resten av anlegget, men dette skyldes sannsynligvis en tilpasning til skrenten mot Nidelva. Begge disse anleggene er også lagt rettvinklet i forhold til de respektive domkirkene. Ser vi på de bygningsrestene som er framgravd i Hamar, er det vanskelig å oppdage noen tilsvarende planmessighet. Anlegget ligger også påfallende skjevt orientert i forhold til domkirken. Det vi ser synes å være resultat av et kompromiss mellom nye og gamle planer. Noe har stått der fra før, oppført etter tidligere tiders behov. Behovene har endret seg, og man har bygd videre etter nye planer. I Hamar synes det ikke å være noen terrengmessi-

Fra Gerhard Fischers utgravninger i 1948. Vi ser det store hellelagte partiet som fortsetter inn under den godt bevarte vestre ringmuren. Under overbygningen ligger rester av hvelvkjelleren som stikker fram fra ringmuren.

From the excavation of Gerhard Fischer in 1948.

Hvelvkjelleren i den store bygningen som i 1989 ble gravd ut utenfor østre ringmur. Vi ser at murverket her er relativt presist bygd. Bildet er tatt mot vest.

The vaulted cellar of the large building excavated outside the eastern curtain wall in 1989.

ge grunner til den skjeve plasseringen av vestre ringmur og sydfløyen i forhold til de øvrige bygningene og domkirken slik som i Trondheim. Det er imidlertid mulig at man her har tatt hensyn til en eldre vei, muligens «Klosterstredet» som nevnes i Hamarkrøniken, og bebyggelse langs denne.

Dersom hele komplekset med steinbygninger og store deler av ringmuren er oppført innenfor et relativt kort tidsrom etter midten av 1200-tallet, skulle man forvente at anlegget var utformet etter en plan. Den manglende planmessigheten tyder på at det kan være flere faser i anleggets utvikling, også når det gjelder steinbygningene.

Dersom vi ser på grunnplanen av anlegget, se plan s. 432, er det fire bygninger som ligger tilnærmet orientert i samme retning. Det er de samme bygningene som vi har antydet en noe tidligere datering for enn sydfløyen, porttårnet og vestre ringmur. Det er, foruten hvelvkjelleren som vi har omtalt, ruinen etter det store sentraltårnet og de to bygningsrestene helt øst i anlegget, utenfor østre ringmur. Disse fire har også tilnærmet samme retning som domkirken og den eldre kirkegårdsmuren som er lokalisert ti meter nærmere kirken. Bygningene er gruppert langs en naturlig høyderygg. Mot nord har denne vært forholdsvis bratt, og den har endt ned i et myrlendt område med åpent vann. Dette har uten tvil hatt forsvarsmessig betydning. Det er fristende å bruke også dette som argument for at bygningene tilhører en noe eldre fase. Dersom dette er tilfelle, har tyngdepunktet i bispegården trolig ligget noe lenger mot øst med det store tårnet som det naturlige midtpunkt.

I Trondheim og Oslo er det tydelig at de mest representative bygningene er lagt nærmest domkirken. Kanskje er det et ønske om dette som ligger bak oppføringen av de vestre delene av anlegget i Hamar med hovedinngang mot kirken. Mye taler for at det har vært en broforbindelse fra vestsiden av bispegården over til domkirken, slik det har vært i Oslo og trolig også i Trondheim.

Anleggets utstrekning mot øst, og innskrenkningen i seinmiddelalderen

Det kanskje mest interessante ved en sammenligning mellom bispegården i Hamar og erkebispegården i Trondheim, er at begge anleggene synes å ha en helt parallell utvikling i seinmiddelalderen. I Trondheim ble det på slut-

Ruinen av det store tårnet sett mot øst. Det er bare kjelleren som er bevart. Øst i kjelleren ble det funnet rester av en stokkebrønn. Åpningene i veggene har vært skap med dører av tre.

Only the cellar has been preserved among the ruins of the great tower, which here is seen from the east.

ten av 1400-tallet eller tidlig på 1500-tallet bygd en ny og kraftig ringmur som innskrenket gårdens areal betraktelig mot syd og øst. Det nordøstre hjørnet ble utstyrt med et stort tårn. Et tilsvarende ser ut til å ha vært planlagt også i sydøst. Innenfor de nye murene ble det bygd en rekke trebygninger, og området mellom husene ble etter hvert brolagt med stein. Bispegården i Oslo ser også ut til å ha gjennomgått en større reduksjon i seinmiddelalderen. Mot vest ble det her oppført en ringmur med såkalte rondeller i hjørnene.[9]

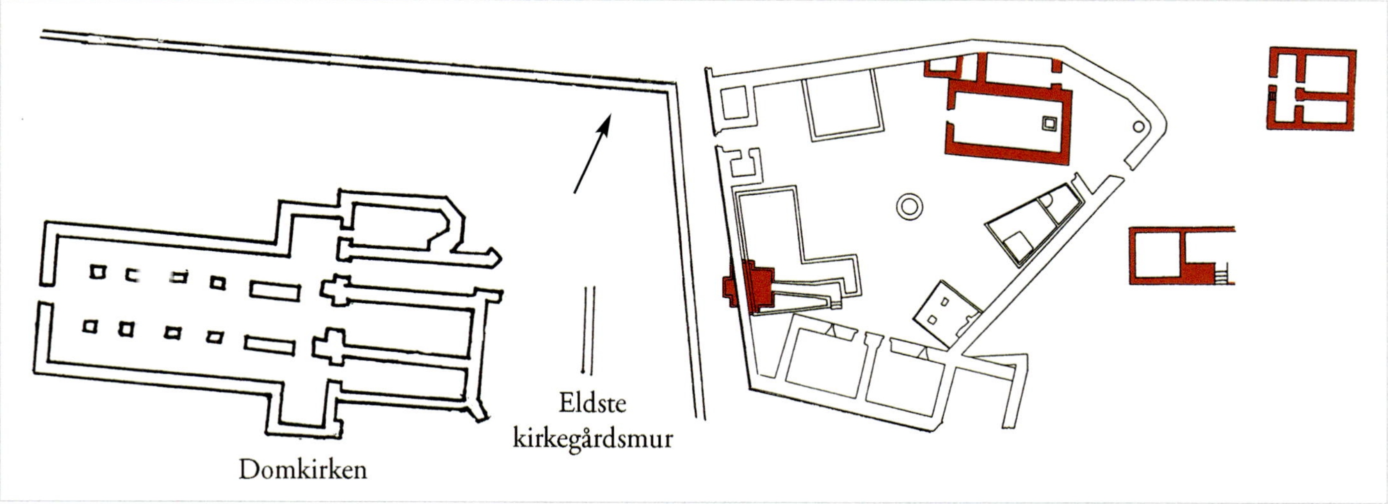

Plan over domkirken og bispegården. De bygningene som kan være eldst er markert med rødt. Disse har tilnærmet samme orientering som domkirken og restene etter den eldre kirkegårdsmuren.

Plan of the cathedral and the bishop's residence.

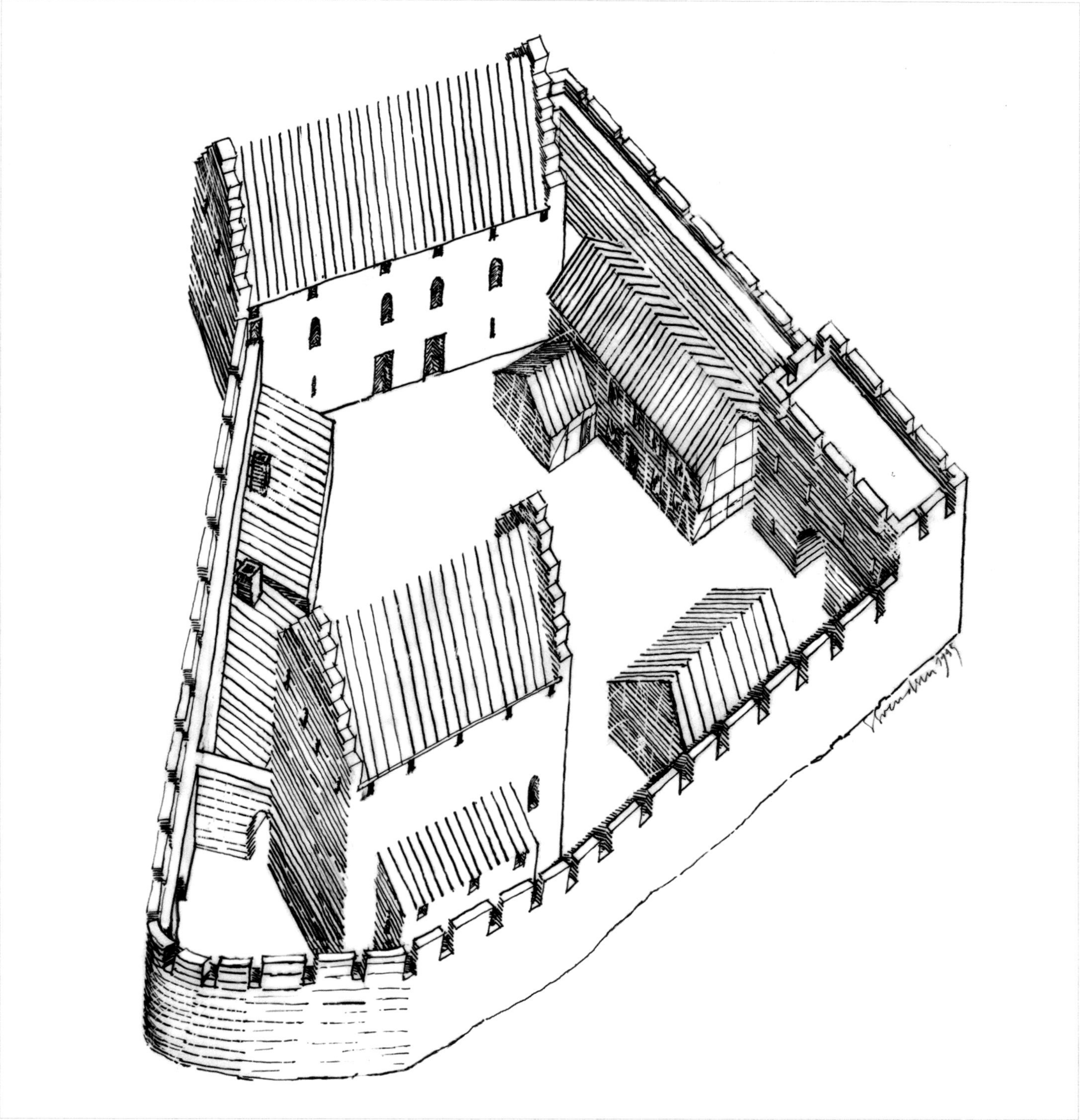

Rekonstruksjon av bispegårdsanlegget slik det kan ha sett ut i seinmiddelalderen, etter at ringmuren mot øst ble oppført. Det store tårnet er nederst i bildet, sydfløyen øverst. Langs yttermurene ligger kjøkken- og verkstedsbygninger i utmurt bindingsverk.

Reconstruction of the buildings around the bishop's residence as it may have appeared in the late medieval period after the construction of the curtain wall to the east..

Også i Hamar er det mye som tyder på at bispegårdens areal ble betraktelig redusert ved oppføring av en ny ringmur mot øst. På samme måte ble det også her bygd trehus langs den nye muren, og hele området innenfor fikk steinbrolegning med renner for å lede vannet bort. Som vi før har vært inne på er bispegårdens østlige områder, områdene utenfor den nye ringmuren, lite undersøkt, slik at vi ikke kjenner anleggets totale utstrekning. Vi har allikevel en del opplysninger som kan underbygge det som er nevnt her.

Den godt bevarte ringmuren i vest og syd er, som vi har sett, med stor sannsynlighet bygd omkring 1300, kanskje et lite stykke ut på 1300-tallet. Det er ikke påvist rester etter ringmurer som kan være eldre enn dette. Ringmuren mot nord finnes stykkevis i Storhamar-fjøsets sydvegg. Etter måten den er bygd på, er den klart senere enn vestmuren. På østsiden er det bevart rester av en ringmur som først går skrått mot øst, deretter gjør den en kraftig sving sydvestover, ned mot anleggets sydfløy.

Dersom vi ser nærmere på denne skrå ringmuren i øst, skiller den seg tydelig fra de øvrige murene i byggemåte. I motsetning til de andre murene er det her blitt brukt mye hoggen stein, også med profiler, som må ha hørt hjemme i nedrevne bygninger. Det er da nærliggende å tenke på bygninger som ble revet da anlegget ble innskrenket.

Langs den skrå ringmurens innside, er det gravd fram rester etter flere bygninger som helt klart må ha vært bygd etter at denne muren sto ferdig. De ligger alle med en vegg inn mot muren. Flere av disse husene er oppført i en teknikk som først blir introdusert i Norge på 1500-tallet, nemlig utmurt bindingsverk, en teknikk som var vanlig for lettere bygninger i Danmark og Sydsverige og lenger sydover i Europa.

En viktig antydning om alderen til østre ringmur får vi også ved å kikke på de myntene som er funnet ved utgravninger i jordlagene som går inn mot denne muren. I det nederste jordlaget som må ha dannet seg etter at muren var ferdig er det funnet to mynter som stammer fra regjeringstiden til kong Hans (1481–1513). Dette betyr at jordlaget iallfall ikke kan være eldre enn 1400-tallets siste del.

Utenfor østre ringmur er det i perioden 1981–1989 gravd fram omfattende rester etter to store steinbygninger. Den bygningen som lå nærmest ringmuren er tydelig bevisst revet og fylt igjen slik at bare kjelleren, som lå under bakke-nivå, er bevart. Den andre bygningen fikk sannsynligvis stå så lenge anlegget var i bruk. Disse to bygningene hører, både etter byggemåte og arkeologiske funn, til anleggets eldre fase. Den bygningen som ble revet lå bare et par meter fra den nye ringmuren, og det var sannsynligvis nødvendig å rive den av forsvarsmessige hensyn. Etter rivingen ble kjelleren oppfylt med avfall. Både gjenstander og atskillige mynter fra avfallslagene daterer oppfyllingen til annen halvdel av 1400-tallet.

Sydfløyen i bispegården strakte seg opprinnelig 10 meter lenger mot øst. Her er det gravd fram fundamenter for et rom med nøyaktig samme dimensjoner som de to andre rommene som er bevart. Denne østre delen av bygningen er tydelig revet i forbindelse med byggingen av den skrå ringmuren uten at man har gjort særlig mye for å fjerne fortanningen som sto igjen etter det østre rommet. Den nye ringmuren ble så bygd skjevt inn mot sydfløyens nye hjørne. Øst for sydfløyens nedrevne del er det også påvist rester av en syllsteinsmur for en større trebygning, som trolig også ble revet.

De tingene som er nevnt her levner liten tvil om at bispegårdsanlegget tidligere strakte seg mye lengre mot øst, og at man foretok en innskrenkning av området mellom 1450 og 1500. Mer usikkert er det om de østlige bygningene også har vært innlemmet i et sammenhengende ringmursanlegg. Foreløpig har vi ikke noen klare spor etter en fortsettelse av nordre og søndre ringmur østover. Rester etter en slik mur kan dukke opp ved videre undersøkelser, men det er selvsagt også en mulighet for at det meste er forsvunnet ved seinere virksomhet i området. Det er derfor et åpent spørsmål om man ikke har maktet å fullføre en ringmur omkring hele anlegget, eller om man har valgt å la gården ligge åpen mot øst og syd fram til annen halvdel av 1400-tallet. Det siste virker usannsynlig i og med at man har valgt å bygge en mur i nord der terrenget tross alt bød på et naturlig hinder mens man mot syd og øst hadde fri passasje.

I seinmiddelalderen ble gårdsplassen mellom bygningene brolagt. I brolegningen er det laget renner av større steiner. Disse skulle lede regnvannet vekk fra gården.

The yard between the buildings was paved in the late medieval period...

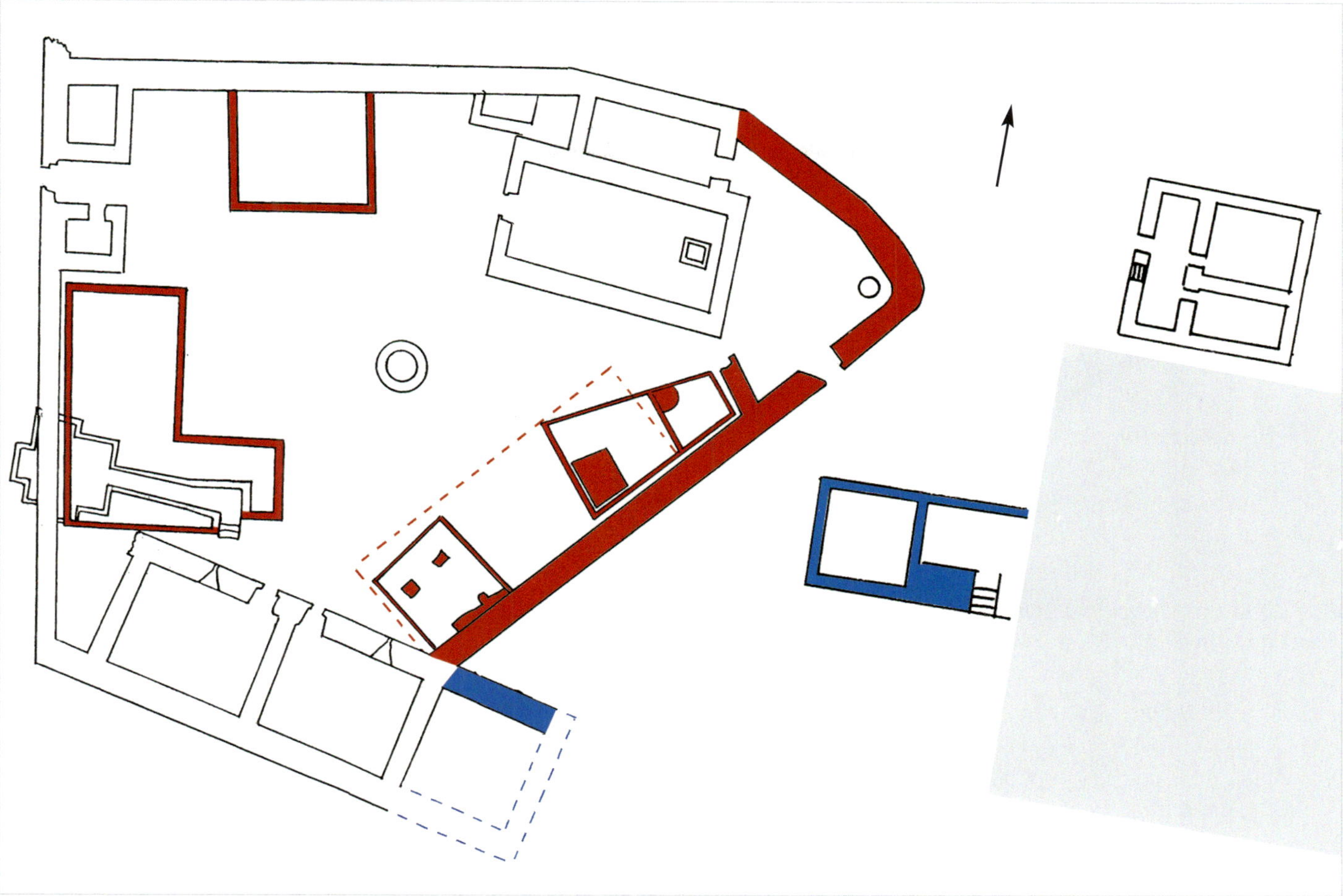

Plan over bispegården med de endringene som ble gjort etter 1450. Nye bygninger er markert med rødt. Nedrevne bygninger er markert med blått. Skravert felt er drengestua på Storhamar Gård fra 1854.

Plan of the bishop's residence with the changes made after 1450.

Bakgrunnen for endringene i seinmiddelalderen

Som vi har sett, er det sannsynlig at erkebispegården, og bispegårdene i Hamar og Oslo gjennomgikk en dramatisk ombygging ved overgangen til 1500-tallet. Hva er bakgrunnen for en slik drastisk endring av anleggene og den store byggeaktivitet som nå finner sted?

Endringene synes å passe godt inn i hele den politiske situasjon fra midten av 1400-tallet og fram i mot reformasjonen. Helt fra dronning Margrethes tid var det vanskelig for kirken å utøve noen særlig selvstendig politisk makt. Dronning Margrete og Erik av Pommern førte begge en politikk der de sørget for å få sine folk ansatt i viktige kirkelige embeter. Dette var mulig gjennom et tett samarbeide mellom pavestolen og kongemakten. 1430-årene er preget av økende motstand mot Erik av Pommern, og han blir avsatt i 1440. Det er erkebiskop Aslak Bolt som leder den norske motstanden mot kongen. Med dette innledes en lang periode med sterk kirkelig selvhevdelse helt fram til reformasjonen i 1537. I bakgrunnen ligger hele tiden kravet om kirkens frihet som ble nedfelt i Sættargjerden i Tunsberg i 1277. Både kong Christian I (1450–1481) og kong Hans (1481–1513) må stadfeste kirkens gamle rettigheter. Blant annet får erkebiskopen tilbake sin rett til å slå mynt i 1458, en rettighet som også biskop Mogens i Hamar senere får for en kort tid. I denne perioden er det også erkebiskopen og biskopene som kommer til å dominere i riksrådet. De sterke erkebiskopene Aslak Bolt, Gaute Ivarsson og Olav Engelbrektssøn opptrer i realiteten som formenn for rådet.

Erkebiskop Gaute Ivarsson blir i 1475 lensherre for store deler av Trøndelag, og biskop Karl av Hamar er høvedsmann på Akershus fra 1481 fram til sin død i 1487. Dette var den viktigste militære og administrative stillingen i landet.

Erkebiskopen og biskopene får tydelig en sterkere rolle som kirkefyrster enn tidligere. Byggevirksomheten og de endringene vi er vitne til henger nok sammen med dette, og avspeiler ulike sider ved denne nye rollen, både på det økonomiske plan og ikke minst forsvarsmessig. Et forhold som sikkert også har spilt inn er den bestemmelsen som dronning Margrethe fikk innført i 1396 om at bare kronen skal kunne bygge befestede anlegg. Denne bestemmelsen ble opphevet i kong Hans' håndfesting i 1483, og gjaldt alle rikene. Opphevelsen førte til en oppblomstring i byggingen av befestede herregårder både i Danmark og Sverige. I Norge kan dette ha ført til en viss byggeaktivitet på de allerede eksisterende bispegårdene.

I løpet av perioden finner vi flere eksempler på at Hamarbiskopen er blandet inn i politiske og militære konflikter. Disse konfliktene illustrerer etter min mening både kirkens selvhevdelse, det store presset mot biskopene og behovet for å øke bispegårdsanleggenes evne til å stå i mot angrep.

Både i og utenfor bispegårdsanlegget er det funnet mange armbrøstpiler. Dette er en type som kalles dalpiler. De er relativt lange, 10–15 cm. Hamarkrøniken forteller at biskop Mogens i 1537 bestilte 6000 slike piler fra Dalarne i Sverige.

Crossbow arrows have been discovered both within and outside the building complex surrounding the bishop's residence.

Ved Christopher av Bayerns død i 1448 oppstår spørsmålet om hvem som skal bli konge i Norge. De norske riksrådene er delt i to leire. En gruppe vil ha hertug Christian av Oldenburg, som også det danske riksrådet hadde gått inn for, og den andre gruppen ønsket at den svenske kongen Karl Knutson Bonde skulle bli konge i Norge. I den siste gruppen finner vi erkebiskopen og Hamars biskop, Gunnar Torgardsson. Dette ønsket om en union med Sverige kan sees som en reaksjon mot den danske innflytelsen som også hadde gjort seg gjeldende ved bispevalgene, for eksempel i forbindelse med valget av biskop Gunnars forgjenger. I 1449 kommer Karl Knutsson til Hamar med 500 mann. Her blir han blir kåret til norsk konge av biskop Gunnar. Karl legger igjen 200 mann i Hamar for å avskjære motstandere fra Oslo, og drar deretter sammen med biskopen til Nidaros der han blir kronet av erkebiskop Aslak Bolt. Flertallet av det norske riksrådet velger imidlertid Christian I til konge. Kort etter dør Aslak Bolt, Hamarbiskopen blir stående alene, og må oppgi sin motstand mot Christian I. Biskop Gunnar undertegner imidlertid aldri unionsavtalen med Danmark.

Karl Knutsson gir seg imidlertid ikke så lett. Han prøver et innfall i Trøndelag i 1452, og på våren 1453 erobrer en svensk hær under ledelse av Karls befalingsmann, Ørjan Karlsson, den befestede bispegården i Hamar. Visstnok uten særlig motstand fra biskop Gunnar. Det er interessant at han tar bispegården. De svenske styrkene må ha vurdert den som et brukbart sted å sette seg fast, som grunnlag for en videre erobring. Dette blir imidlertid en kortvarig episode. Bispegården blir snart erobret tilbake av en styrke sendt ut fra høvedsmannen på Akershus, Hartvig Krummedike. De fleste svenske soldatene blir drept, og bispegården konfiskert med alt det gods som var der.[10] Hartvig Krummedike mistenkte Hamarbiskopen for å stå i ledtog med svenskene, og nektet å gi bispegården tilbake. Etter forhandlinger mellom høvedsmannen, biskopen og kongen får imidlertid biskop Gunnar sin residens tilbake høsten 1453. Han må love å verge bispegården med all troskap slik at det ikke ble til skade for kongen og landet.[11] Vi kan her nærmest høre Hartvig Krummedikes uvilje, men kongen har trolig ikke villet provosere kirken ytterligere. Et brev fra paven klager også over kongens maktmisbruk overfor kirken, og her nevnes blant annet bispegården i Hamar.

Stangbørse med åttekantet pipe funnet inne i bispegården. Den lå like ved smia, nede på brolegningen. Børsa er datert til perioden 1450–1500. Den er en av i alt fem børser av forskjellige typer som er funnet i bispegården.

Gun with octagonal pipe dating from 1450–1500 found within the bishop's residence.

Bak Hartvig Krummedikes og kongens reaksjoner ligger selvsagt erkjennelsen av den fare som var forbundet med at kirkens og riksrådets førende menn satt på befestede, borglignende anlegg. En viktig del av kongenes politikk gikk nettopp ut på å sørge for å ha folk de kunne stole fullt og helt på som høvedsmenn på de store festningene. Erkebispegården i Trondheim og de befestede bispeborgene representerte helt klart også de en trussel dersom det satt folk der som førte en annen politikk enn det kongen ønsket.

Det neste angrepet mot bispegården kommer fra et helt annet hold, nemlig fra stormannen Knut Alvssøn. Han var alliert med en gruppe svenske stormenn som ønsket opprør mot kong Hans, løsrivelse fra unionen med Danmark og at Norge skulle gå i union med Sverige. Knut Alvssøn kontrollerer i en periode både Akershus og Tønsberghus, samtidig som både Stockholm og Bohus festning er under beleiring. I denne sammenhengen er det at han i spissen for svenske tropper i 1502 angriper bispegården i Hamar, tar biskop Herman til fange og forsyner seg med det gods som er på gården.[12] Han har neppe stolt på at biskopen ville støtte hans sak, og selvsagt har han sett det som viktig å skaffe seg kontroll med den befestede bispegården. Knut Alvssøn hadde store eiendommer på Hedemarken, og han har hatt god støtte fra bøndene i området. Hvor lenge bispegården var i Knut Alvssøns vold vet vi ikke, han blir imidlertid kalt til et forliksmøte i Oslo, og der blir han, etter ordre fra Henrik Krummedike, som har overtatt Akershus, brutalt hogd ned den 18. august samme år.

Mordet på Knut Alvssøn dannet grobunn for videre misnøye blant bøndene på Opplandene. Vinteren 1507–8 gjorde de opprør, og Hamarbiskopen, Karl Jemt, ble beskyldt for å stå bak. Påfallende i det som skjedde, er at biskopen var kjent som kongetro, og at han også var rådgiver for Hertug Christian, den senere Christian II. Biskopen hadde imidlertid gode kontakter og slekt i Sverige. Det kan være dette som har gitt mistanke om skumle hensikter. Iallfall blir biskopen tatt til fange og holdt fanget til sin død i 1512 til tross for erkebiskopens klager. Bispegården blir inntatt av hertug Christians styrker og plyndret. Gården ble så overdratt til Knut Knutssøn Båt som hadde vært befalingsmann på Akershus. Hertug Christian uttaler i denne forbindelse at: «hvilken bisp der kommer til Hamar, da kan han få bo i ladegården om han vil, men slott eller murede gårde skal han ikke få sette seg i.»[13] Uttalelsen er betegnende for det store problem som vi allerede har vært inne på, at kongen ønsket full kontroll med de personene som satt på de befestede anleggene rundt om i riket. Dette forteller også at det ikke bare var for å straffe en utro biskop at dette skjedde, men også at hertugen har sett at borganlegget på Hamar var såpass sterkt at det kunne være et problem midt i en potensiell urosone.

Perioden fra 1420- årene til godt inn på 1500-tallet er preget av sterk uro i bondesamfunnet, noe som med jevne mellomrom gir seg utslag i væpnede opprør. Opprørene er først og fremst rettet mot økte skatter og avgifter som ble krevet inn av grådige fogder, gjerne av utenlandsk opprinnelse. Bispegården i Oslo blir inntatt av bondehæren allerede ved opprøret i 1436.

Biskopene står i hovedsak på god fot med bøndene. De fleste biskopene på denne tiden kom også selv fra bondearistokratiet, det samme sosiale skiktet som rekrutterte lederne for bondeopprørene. Biskopene på Østlandet har imidlertid helt fra midten av 1400-tallet forsøkt å få hånd om bondeluten. Det er den delen av tienden som bondesamfunnet selv skulle disponere til fattighjelp. Biskop Mogens klarte også i perioder å sikre seg retten til å disponere denne ytelsen, noe som var til stor irritasjon for bøndene.[14] Det er mulig at Knut Alvssøn spilte på dette da han angrep bispegården i Hamar i 1502. Bondeopprørene forteller om en generell uro i samfunnet. Dette er også en del av det bildet vi må ha i tankene når vi spør om årsakene til ombyggingen og styrkingen av bispegårdene.

Den ombyggingen som skjedde ved bispegårdene besto, som vi allerede har sett, i en reduksjon av det området som var omgitt av en ringmur. I Trondheim har man også oppført et nytt hjørnetårn mot nordøst. Innskrenkningen skjedde sannsynligvis for å få et mer kompakt anlegg som derved ble lettere å forsvare. Selv om man innskrenket arealet, så var imidlertid selve opplegget med ringmur av relativt beskjeden tykkelse og kvadratiske hjørnetårn temmelig akterutseilt i den krigføringen som begynte å bli vanlig på denne tiden. Utviklingen av kanonene stilte etter hvert store krav til borganleggene. For å motstå et angrep av tungt artilleri måtte borgene utstyres både med bastioner og enorme jordvoller. I tillegg måtte borgen bygges slik at det var mulig også for forsvarerne å bruke kanoner. Dette skjedde blant annet ved å oppføre lave runde hjørnetårn der man kunne skyte i mange retninger for å hindre blinde hjørner hvor angriperne kunne sette seg fast. De endringene som ble gjort ved de befestede bispegårdene var altså gammeldags allerede før arbeidene ble utført. Man kan da spørre hva som var hensikten.

Det er tydelig at bispegårdene ikke er beregnet for å tåle tungt artilleriangrep. For Hamars vedkommende var det neppe enkelt med tidens kommunikasjoner å slepe med seg kanoner og ammunisjon på flere hundre kilo langt inn i landet. Dette skjer her først med Erik XIVs angrep mot Hamarhus i 1567, noe som da også førte til borganleggets raske fall og ødeleggelse. Her i innlandet har man nok regnet med angrep av mindre hærstyrker med tradisjonelle våpen. Dalpiler, armbrøst og kastestein er biskopens svar på angrepet i 1537.

Det er vel også tvilsomt om biskopene hadde ressurser til å bygge og bemanne festninger som kunne motstå angrep med kanoner. Den eneste utenom kongen som kunne tenke på noe slikt var erkebiskopen, og han bygger faktisk en moderne festning i Trondheimsfjorden, Steinvikholm, mens selve erkebispegården inne i byen bare får en ombygging på tradisjonelt vis.[15] Verken erkebispegården eller de andre bispegårdene lå slik til at det var praktisk mulig å gjøre dem om til moderne festninger. Her var det andre hensyn som måtte veie tyngre, hensynet til domkirker og til annen kirkelig og verdslig bebyggelse tett innpå.

Det som skjer med bispegårdene er at man gjør det som er hensiktsmessig. De vanskelige tidene krever enkelte tiltak for lettere å kunne verge seg mot angrep enten det er fra opprørske bønder eller mindre hæravdelinger fra Oslo. Hensikten er å avskrekke eventyrere og motstå mindre angrep ikke å vinne en krig.

Håndverksproduksjon under biskopen

Noen av de mest spennende resultatene fra utgravningene i erkebispegården, er den store håndverksproduksjonen som oppstår her i løpet av seinmiddelalderen. Gjenstander og funn av verksteder forteller om dette. Både ombyggingen av gården og den nye produksjonsvirksomheten innenfor murene må sees som et resultat av erkebiskopens økte politiske maktstilling som leder av riksrådet og som lensherre for Trøndelag. Et spørsmål, som det kanskje er vanskeligere å svare på, er om en del av den håndverksvirksomheten som vi nå finner inne på gården tidligere lå utenfor murene, kanskje inne i byen. Kanskje dreier det seg om å flytte en del virksomheter som var vitale både for erkebiskopens husholdning og for hans maktutøvelse innenfor murene.

Som vi har sett er også biskopene i Hamar svært aktive politisk i det siste hundreåret før reformasjonen, og vi finner den samme drastiske ombygningen av bispegården. I lys av det vi nå vet om erkebispegården, er det derfor et interessant spørsmål om man kan finne en lignende utvikling når det gjelder håndverksvirksomhet i Hamar bispegård.

I likhet med det vi har sagt tidligere om ruinene og bygningshistorien, er det vanskelig å bruke det arkeologiske gjenstandsmaterialet til å følge utviklingen av virksomheten i bispegården gjennom de 400 årene den eksisterte. Fra utgravningene finnes det flere tusen gjenstander. De aller fleste er funnet i rasmassene som stammer fra ødeleggelsene i 1567. Disse rasmassene ligger over gårdsplassens brolegning fra begynnelsen av 1500-tallet. Kulturlagene under brolegningen kjenner vi, som tidligere nevnt, bare gjennom mindre undersøkelser. Når det gjelder gjenstandene i rasmassene er det vanskelig å sette dem inn i en sammenheng som kan si noe ut over at de må ha vært der da anlegget ble ødelagt. Det er selvsagt også i de fleste tilfellene vanskelig å skille ut hva som er fra biskopens tid og hva som stammer fra lensherretiden. Vi må regne med at selve sprengningen av anlegget har spredt gjenstander rundt omkring. Massene er også blitt forstyrret og rotet i etter katastrofen. Det er sannsynlig at man da har lett etter brukbare gjenstander, metaller og byggematerialer. Oppføringen av de store driftsbygningene og drengestua på Storhamar Gård har nok også ført til en del omroting av massene. Bygningene er i stor grad bygd av stein som trolig er funnet i rasmassene. I denne sammenhengen har man også planert tunet mellom driftsbygningene og revet oppstikkende murrester. Så sent som i 1849 hører vi om gravearbeider der man fant flere bronsekanoner som ble sendt til Artillerimuseet på Akershus.

Til tross for disse problemene, er det allikevel en del forhold som antyder at også biskopen i Hamar i seinmiddelalderen har hatt flere håndverkere knyttet til seg. En viktig kilde her er Hamarkrøniken. Når biskop Mogens får beskjed om at Truid Ulfstand er i Trondheim med sine krigsfolk, og at han når som helst kunne gi seg av sted til Hamar, da «lod han sine Verksmestere gjøre en hel Hob med Horn Armbrøst, saa store at ingen dem alene kunde spende forud-en Jernpinder, som paa den Tid var brugelig [...]»[16] Denne opplysningen kan tyde på at biskopen hadde et verksted som framstilte våpen. I rasmassene er det funnet

flere metalldeler fra armbrøst, og ved undersøkelsene av den store kjelleren utenfor østre ringmur og i lagene under brolegningen inne i gården, er det funnet flere armbrøstdeler av horn og bein. I og med at de ikke er funnet i tilknytning til bygningsrester som kan tolkes som verksted gir ikke disse gjenstandene alene noe vitnesbyrd om våpenproduksjon. Tre støpeformer til kuler funnet i jordlagene under brolegningen kan da være et bedre vitnesbyrd om at våpen er blitt produsert her også på biskopenes tid.

Ved utgravningene er det funnet bygningsrester som, når vi ser dem i lys av de funnene som er gjort i Trondheim, godt kan tolkes som verksteder. Som vi tidligere har sett ble det etter bispegårdens innskrenkning oppført flere bygninger i

Armbrøst var vel det mest effektive skytevåpenet til langt opp på 1500-tallet. I bispegården og ute i kaupangområdet er det funnet flere deler av armbrøst. På bildet ser vi spennmekanismen til et armbrøst, en såkalt geitfot. Det lille hjulet er laget av bein. Det er en del av avtrekkermekanismen, ei såkalt nøtt.

Parts of crossbow found in the bishops residence.

Form til støping av blykuler. Formen er laget av ei ødelagt kanonkule av kalkstein. Funnet i nærheten av smia inne på gården. Det er funnet svært mange kuler, både til børser og kanoner i bispegården og i kaupangen.

Form used for casting lead bullets..

utmurt bindingsverk langs den nye ringmuren i øst. Disse bygningene har vi tidligere satt i sammenheng med gårdens kjøkken. Alle bygningene har hatt forskjellige ildsteder. Et av ildstedene kan neppe ha vært noe annet enn en bakerovn, men flere av de øvrige rommene i husene her kan ha tjent som verksteder.

I det nederste skiktet av bygninger som har ligget her ble det avdekket et kvadratisk ildsted oppmurt av kalksteinsblokker. Inne i ildstedet ble det funnet klumper av jernslagg. Omkring ildstedet var det et gulv av leire. Oppå leirgulvet var det fullt av aske, sot og trekull. Trolig er dette rester etter ei smie. Dette ildstedet er ikke bevart i dag.

En av husgrunnene har et rom med et lite vifteformet ildsted i hjørnet. Det er oppført av kalkstein og tegl. Gulvet rett framfor ildstedet har bestått av tegl. Hele arrangementet kan minne om de bygningsrestene som i erkebispegården er blitt tolket som verksted for metallarbeider eller våpenverksted. Rommet i Hamar er tidligere blitt oppfattet som et vaktrom på grunn av beliggenheten nær østre port. Ved utgravningen ble det imidlertid ikke registrert noe som ble satt i forbindelse med håndverksvirksomhet.

I tilknytning til den bindingsverksbygningen som er gravd fram i gårdens nordvestre hjørne, ble det funnet en kraftig konsentrasjon av jerngjenstander, våpen og emner til våpen, foruten slagg, trekull og smieutstyr. Det er nærliggende å tolke denne bygningen som ei våpensmie, brukt til å reparere og smi våpen. Det er imidlertid mest sannsynlig at denne smia stammer fra lensherretiden, kanskje er den til og med provisorisk innredet her i den korte tiden da svenskene holdt gården i 1567.

Dersom man ser de bygningsrestene som kan ha vært verksteder og de gjenstandene som kan indikere håndverksaktivitet i sammenheng med hva vi ellers vet om biskopens virksomhet og om håndverket i Hamarkaupangen, blir bildet tydeligere. Ulike skriftlige kilder viser at Hamarbiskopen i likhet med erkebiskopen hadde store

I et av husene som ble bygd inn mot østre ringmur på 1500-tallet, var det et lite rom med et lite hvifteformet ildsted inne i hjørnet. Ildstedet var bygd opp av kalkstein og teglstein, og røyken er blitt ledet ut gjennom en skorstein. Dette kan ha vært et verksted i likhet med tilsvarende rom i erkebispegården.

A small chamber with a vault-shaped hearth in the corner was found in one of the houses built against the eastern curtain wall in the 16th century..

Munnstykke til en smibelg. Det er formet av sammenbøyde jernplater. Funnet i smia inne i bispegården.

Iron mouthpiece belonging to a forge bellows.

interesser innenfor handel og håndverksproduksjon. Hamarkrøniken forteller om biskopens kjøpmenn og håndverkere. Fra diplomene hører vi om biskopens interesser i fiskerier i Mjøsa og Lågen, og vi får rede på at biskopen i seinmiddelalderen har hatt en bygård i Oslo, som trolig har fungert som et handelshus med sjøboder og brygger. Han har også hatt flere skip i Oslofjorden, som trolig har fraktet varer til Danmark og Tyskland. Biskop Mogens hadde, som vi tidligere har nevnt, myntrett for en kort periode, og han har i en tid også hatt rettigheten til Sundberg kobberverk i Seljord.[17]

Blyplombe. Mange slike er funnet i bispegården og ute i kaupangområdet. Disse forteller om import av tekstiler fra Holland og England. De ble festet på stoffpakkene som en garanti for at varen var ekte. Plomben på bildet stammer trolig fra Leyden i Holland.

A number of such lead seals have been discovered within the bishop's residence and in the market town. They reveal that textiles have been imported from England and the Netherlands..

Bakgrunnen for mye av handelsvirksomheten må ha vært landskyldinntektene fra det store bispegodset og inntekter fra bøter og tienden. Mesteparten av dette kom inn i form av varer; korn, mel, smør, malt, huder, pelsverk og ikke minst jern. Hamar var oppsamlingsplass for disse varene. I tillegg vet vi at biskopen har hatt en residens på Storøya i Tyrifjorden, med murte hvelvkjellere, der landskyldsinntektene fra de sydvestre delene av bispedømmet må ha blitt samlet. Herfra kunne varene fraktes den korte veien ned Drammenselva til Oslofjorden.

De funnene som er gjort i Hamarkaupangen synes å fortelle om en stor produksjon av bronsegjenstander. Her finnes alt fra emner og halvfabrikata til ferdige saker som hekter, spenner, beslag til belter og drakter, fiskekroker, synåler og lignende. Det dreier seg først og fremst om små gjenstander, men det er også funnet påfallende mange skår av bronsegryter. Gjenstandene spenner over et tidsrom fra 1200-tallet til 1500-tallet, men hovedtyngden ligger i perioden fra 1400- til midten av 1500-tallet. Store mengder med verkstedsavfall som slagg, metallklumper, støpeavfall og avklipp vitner om selve framstillingen. Slikt verkstedsavfall er også funnet ved utgravninger inne i bispegården. Dette er et gjenstandsmateriale som man ikke finner maken til i de andre byene, og som bidrar til å gi Hamarkaupangen et særpreg. Det dreier seg imidlertid i hovedsak om løsfunn som foreløpig ikke kan knyttes til noe verksted.

Det er vanskelig å forestille seg denne omfattende produksjonen spesielt av bronsegjenstander uten at biskopen på en eller annen måte har medvirket i det. Biskopens interesser i kobberverket i Seljord og Hamarbiskopenes gode kontakter i Sverige, særlig i Dalarne, med den kobberproduksjonen som foregikk der, antyder en sammenheng.

Alt i alt er det mye som indikerer at Hamarbiskopene i seinmiddelalderen var storentreprenører på samme måte som erkebiskopen. Det er derfor også sannsynlig at det i tilknytning til bispegården lå verksteder som har produsert gjenstander som man trengte i dagliglivet og i kirkens virksomhet, som ulike redskaper, sko, bygningsjern, bokbeslag

I Hamarkaupangen er det funnet omkring 50 vektlodd av forskjellig slag. Disse forteller om en aktiv handelsvirksomhet.

Fifty counterweights of different kinds have been found in the market town at Hamar.

osv. Det er sannsynligvis blitt laget og reparert våpen, og det må ha vært en relativt stor produksjon av bronsegjenstander til verdslig bruk. Dette siste kan ha vært en inntektskilde for biskopen. Alle verkstedene behøver nødvendigvis ikke ha ligget inne i selve bispegården. Bispegårdsanlegget i Hamar hadde et nokså lite areal, særlig etter oppføringen av den østre ringmuren på slutten av 1400-tallet. Her har det ikke vært plass til så mye virksomhet ut over de funksjonene som gikk på bolig, representasjon og forsvar.

Store mengder med avklipp av bronse, biter av bronsetråd, og klumper av bronse er kommet for dagen i Hamarkaupangen. Dette er avfall fra en stor produksjon av ulike bronsegjenstander.

Large amounts of remnants of bronze, bronze thread and clumps of bronze were discovered in the market town at Hamar.

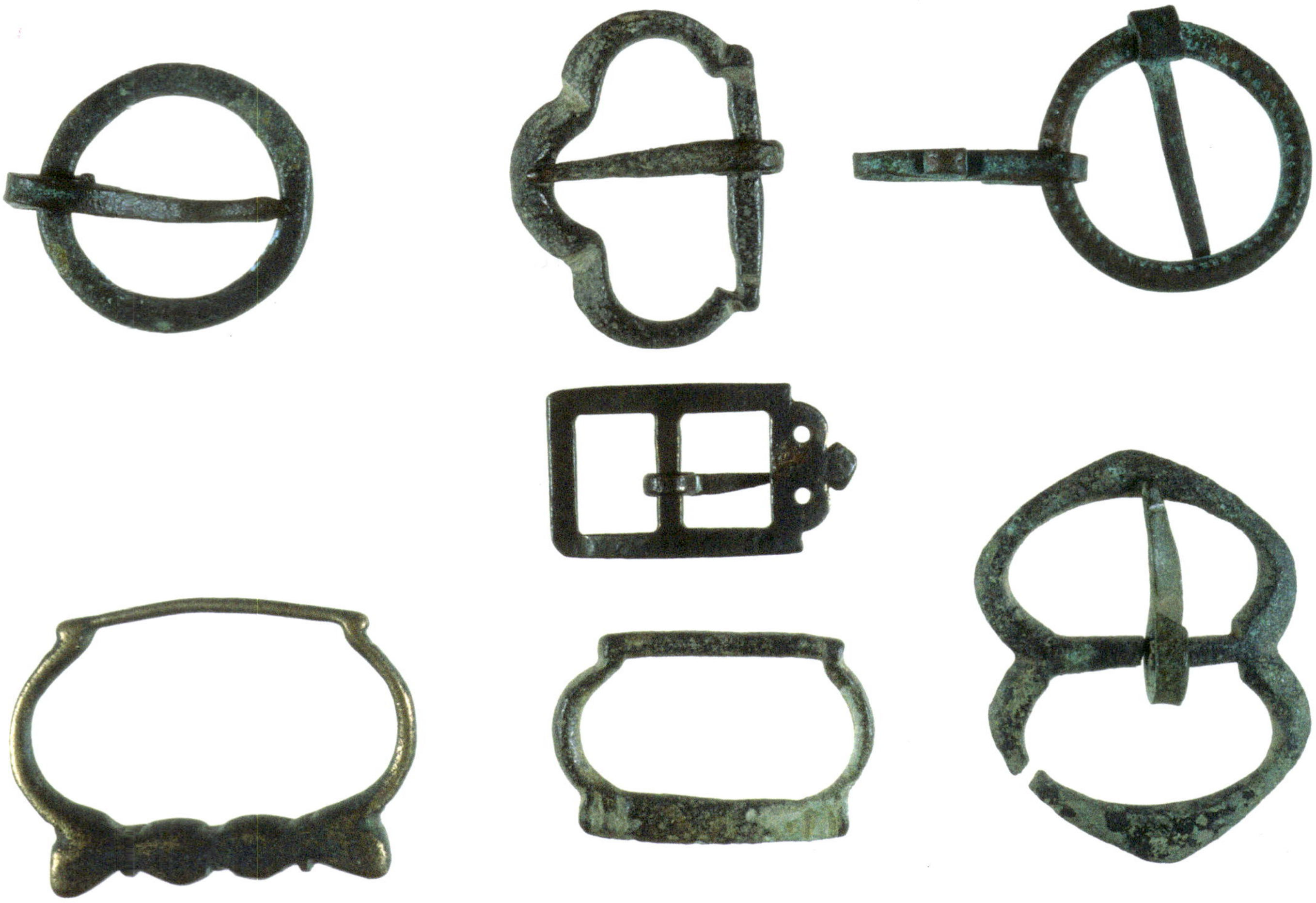

Forskjellige typer spenner til belter og seletøy er blant de vanligste funnene i Hamarkaupangen. Funn av halvfabrikata forteller at disse har vært produsert her. De fleste dateres til 1400- og 1500-tallet.

Different kinds of clasps used for belts and harnesses, most of them dating from the 15th and 16th centuries are among the most common discoveries in Hamar where they were produced.

Konklusjon

En sammenligning av bispegårdsanleggene i Trondheim, Oslo og Hamar har vist seg å gi interessante perspektiver. Vi har sett tegn på at bispegården i Hamar på flere måter skiller seg fra de to andre anleggene. Det gjelder først og fremst anleggets form og dets orientering i forhold til domkirken. Vi har reist spørsmål om det i disse avvikene kan ligge en antydning om et mer komplisert utviklingsforløp der andre hensyn har veid tyngre enn det å få til et velregulert anlegg. Det vil være en vesentlig forskjell mellom Hamar og de øvrige anleggene dersom det er riktig at oppføringen av steinbygninger og ringmur først skjer omkring år 1300. Vi har imidlertid pekt på en del forhold også her som antyder at bygningshistorien kan ha vært mer komplisert enn det man tidligere har ment. Det er kanskje mulig at enkelte av steinbygningene kan være oppført en gang i løpet av første halvdel av 1200-tallet.

Både Trondheim, Oslo og Hamar synes å ha en felles utvikling i annen halvdel av 1400-tallet, med innskrenkning og ombygging av anleggene. Dette synes å ha sin bakgrunn i en midlertidig styrking av kirkens selvhevdelse med en økt konfliktsituasjon mellom kirke og kongemakt som følge. Innskrenkningen av bispegården i Hamar fører til en ytterligere forsterkning av det uregelmessige preget ved anlegget i forhold til de to andre.

Sammen med utviklingen av bisperollen i seinmiddelalderen, må vi også se den håndverksvirksomheten som iallfall for erkebispegårdens vedkommende klart er påvist innenfor murene. Også i Hamar er det funn som tyder på en viss håndverksvirksomhet innenfor ringmuren på 1500-tallet, blant annet kan bygningsrester på innsiden av østre og nordre ringmur kanskje tolkes som verksteder. Også skriftlige kilder gir oss et glimt av Hamarbiskopen som handelsmann og storentreprenør. Store mengder funn fra metallhåndverk i Hamarkaupangen er det også fristende å sette i forbindelse med biskopens virksomhet. Det er mulig at mye av den typen virksomhet som vi ser spor etter i Trondheim kanskje kan ha funnet sted utenfor det befestede bispegårdsområdet i Hamar. Også i Trondheim har man sannsynligvis hatt virksomheter utenfor selve gården eller benyttet håndverkere i byen.

Større klarhet i de spørsmålene som vi har drøftet her kan vi bare få ved videre arkeologiske undersøkelser. Arbeidet med utforskingen av middelalderens bispegård i Hamar er bare i sin begynnelse. Selv om mye er gravd ut er det, som vi har sett, svært mye som fortsatt ligger og venter. Uten at vi får et bedre innblikk i kulturlagene under 1500-tallets brolegning, og uten videre undersøkelser i de østre delene av anlegget, er det vanskelig å sette bygningsrestene i relasjon til hverandre, og det er vanskelig å danne seg et overbevisende bilde av den bygningshistoriske utviklingen.

Et problem er det også at vi vet for lite om det bysamfunnet som bispegården var en del av, og om de andre kirkelige institusjonene som har ligget nær inntil. De eneste utgravningene som har vært i Hamarkaupangens område har skjedd i forbindelse med legging av nye kabler og rør. Større flateavdekninger er ikke foretatt. Alt tyder allikevel på at dette senteret har skilt seg vesentlig fra de byene der de andre bispesetene har ligget. Kanskje ligger også forklaringen på bispegårdens særegenheter her.

Noter

1 DN VIII. 1.
2 Norges kongesagaer 1997 IV: 22 (Håkon Håkonssons Saga).
3 DN XXI. 20.
4 Sandberg, 2000: 79.
5 Eide, 1987.
6 *Biskop Jens Nilssøns Visitasbøger og reiseoptegnelser*: 580.
7 Eide 1984.
8 Pedersen 2000: *197.*
9 Dahlin 1990: 121
10 DN XI. 197
11 DN VIII. 351, 352 *NgL*, 2. rekke, IIa, 99.
12 DN V. 990
13 Hovedkilden her er et brev fra presten i Mora, Arvid Siggesson, av 29.02. 1508. Brevet er gjengitt i C.F. Allen 1870: 576.
14 Sandberg 2000b: 77
15 Nordeide 2000: 20
16 *Hamarkrøniken*: 64
17 DN XVII. 179, DN II. 941, DN XII. 298, DN IV. 715, NRR I. 3

Summary

The building of the different residences for the Bishops in Trondheim and Hamar respectively probably reflect common needs and standards. Their development as building complexes probably bear witness to the changing political, economic and cultural circumstances. This makes it possible to compare the different residences, and elucidate each other.

The bishop`s residence in Hamar was excavated by Gerhard Fischer and Håkon Christie during the period 1947–1963. Some excavations are also performed in more recent years. The residence is nevertheless still not fully excavated. We do not know the eastern parts of it, and the cultural layers under the 16th centuries of paving are not excavated. The history of the complex is therefore mostly based on what can be read from the different ruins, with all the uncertainty which that involves.

The first stone houses in Hamar seem to have been built around 1250–1300, and the ground plan of the complex seems different from what we see in the archbishop's palace in Trondheim and the bishop's residence in Oslo. However like the residences in Trondheim and probably also Oslo, the episcopal residence in Hamar seems to have been drastically reduced during the period 1450–1500, and like the archbishop's palace the late medieval episcopal residence in Hamar now gives a more compact and fortress-like impression. This matter is discussed in the light of the historic developments during the period.

The many objects found during the excavations, fragments of buildings, and written sources indicate a parallel development at Hamar and Trondheim with regard to the financial development of the archbishop's and bishop's estates. This development can be seen in the fact that different workshops are found within the walls of the residences. The bishop of Hamar probably also had a variety of workshops in the town to produce metal objects.

STEIN TIL KVADER OG DEKOR I TRØNDELAGS MIDDELALDERKIRKER – GEOLOGI, EUROPEISK INNFLYTELSE OG TRADISJONER[1]

Per Storemyr

Innledning og forskningshistorie

Den middelalderske steinbruken i Trøndelagsfylkene blir ofte fremstilt som en klebersteintradisjon. Da erkesetet ble opprettet på begynnelsen av 1150-tallet var imidlertid kleberstein bare en av flere ulike steintyper som ble benyttet til kvader og dekor på de mange kirkene som var under oppføring eller snart skulle komme til å bli bygget. På 1150-tallet dominerte grønnskifer og marmor på de romanske byggeplassene hvis man ser Trøndelag under ett. Dessuten ble det til dels benyttet andre klebersteintyper enn de som skulle komme til å bli viktige i det gotiske byggeriet fra 1200 og utover, først og fremst på Nidarosdomen.

Hvor kom alle disse steinene fra? I hvilke kirker er de benyttet og hvorfor dominerer nettopp grønnskifer, kleber og marmor det trønderske middelalderbyggeriet? Hvilken betydning hadde Nidarosdomen for valg av steintyper på de øvrige middelalderkirkene i regionen? Og hvilket forhold er det mellom allerede eksisterende steintradisjoner og importerte tradisjoner og nyvinninger, f.eks. fra England og Normandie, i middelalderen? Denne artikkelen prøver å gi noen svar på disse spørsmålene, først og fremst gjennom å gi en oversikt over hvilke stein som faktisk finnes på de ulike bygningene.

Framstillingen her bygger på en broket forskningshistorie som starter med Schønings beskrivelse av Kristkirken (1762) og hans interesse for stein under reisene på 1770-tallet. Vi kan takke Schøning for vår viten om hvor de aller fleste middelalderbrudd i regionen befinner seg. Da restaureringen av Nidarosdomen startet i 1869 skjøt forskningen fart, ikke minst på grunn av behovet for ny stein. Naturlig nok ble de gamle bruddene utforsket og gjenåpnet, Kaptein Otto Krefting besøkte allerede i 1869 de fleste kleberbrudd i regionen. Senere deltok flere av Norges kjente geologer i arbeidet med steinbruddene: Amund Helland, J.H.L. Vogt og C.W. Carstens.[2] I de senere år er forskningen gjenopptatt, på den ene side knyttet til undertegnedes arbeide med Nidarosdomens forvitring og behov for god restaureringsstein,[3] og på den andre side til Øystein Ekrolls langvarige bygningsarkeologiske interesse for middelalderkirkene i Trøndelag (og i andre deler av landet). Steintypene i de fleste middelalderkirkene i Trøndelag ble sommeren 1998 undersøkt i samarbeide med Ekroll, et prosjekt støttet av Middelaldersenteret ved NTNU. Alle dateringer av kirker i foreliggende artikkel er hentet fra Ekroll.[4]

Vi skal i liten grad stanse opp ved det faktum at murverket i de aller fleste middelalderkirkene i regionen generelt er bygget med helt lokal bruddstein, f.eks. gneis, grønnstein, amfibolitt, metasandstein, slamholdig sandstein osv. Det er stort sett bare Nidarosdomen, Vår Frue kirke og til dels Nærøy kirke som er bygget med kvaderstein. Og selv i disse tilfellene er det benyttet et vell av andre steintyper til selve konstruksjonen.[5] Vi skal med andre ord konsentrere oss om bygningenes kvaderstein, hjørnekvadre, profiler, portaler, vindusomramminger, annen dekor og ikke minst skulptur; dvs. det mest kostbare ved deres bygningsfaste steinbruk. Ei heller gås det inn på bruken av stein i andre regioner i middelalderens Norge, klebergryteindustrien eller døpefontproblematikken.[6] Videre er artikkelen konsentrert om middelalderen, dvs. perioden fra steinbyggeriet startet omkring 1050 til reformasjonen på slutten av 1530-tallet.[7]

Peder Claussøn har i «Norriges Beskriffuelse» (1632) gitt liv til legenden om at stein til Nidarosdomen skal ha vært hentet på Grønland og i Irland. Schøning (1762) betviler ikke denne legenden, men det gjør Carstens. Uansett riktighet av påstanden, gås det ikke videre inn på problemstillingen her fordi (nesten) alle steintyper på Nidarosdomen og andre kirker i Trøndelag har blitt påvist i lokale og regionale middelaldersteinbrudd. Selv om vi ikke har kunnet påvise grønlandsk kleber på Domen, er det likevel en så interessant problemstilling – f.eks. i forbindelse med ballaststein[8] – at den burde vært tatt opp til vurdering ved en senere anledning. Det samme burde utsagn om at kleber skal ha vært fraktet til Trøndelag fra de store forekomstene ved Handdøl i Jemtland.

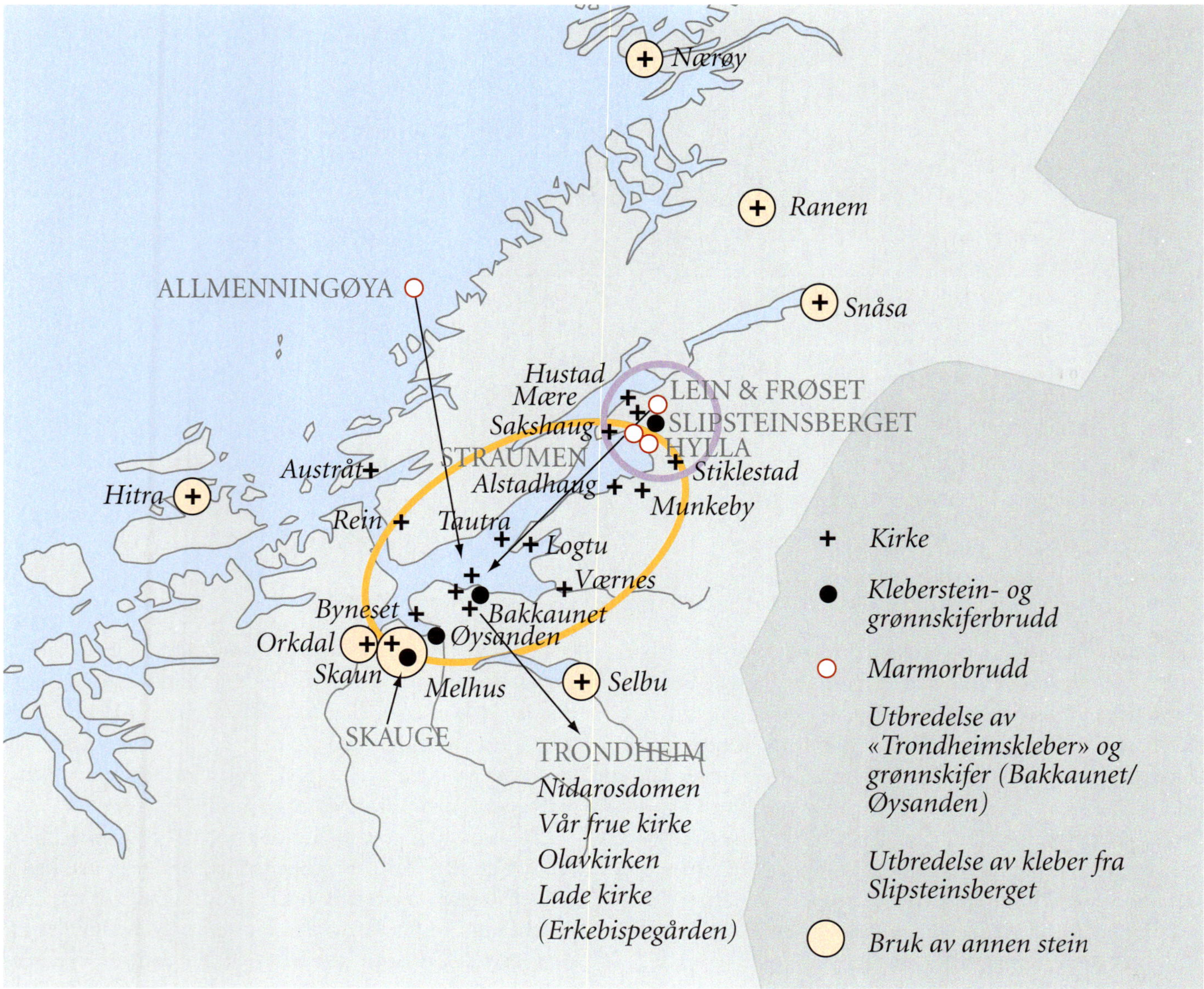

Steinbrudd og steinbygninger i middelalderens Trøndelag

Quarries and stone buildings in medieval Trøndelag.

De kjente steintyper og steinbrudd i middelalderens Trøndelag

Et av de kjente middelalderske steinbruddene i regionen, nemlig Allmenningøymarmor, befinner seg i grunnfjellet utenfor Fosen. Ellers ligger alle kleber- og marmorbruddene i det kambro-silurske eller kaledonske området i det sentrale Trøndelag. Her finnes omdannede (metamorfe) sedimentære og vulkanske bergarter, som f.eks. grønnstein omdannet fra basalt i det såkalte Trondheimsfeltet.[9]

De steintypene vi til i dag har klart å skille ut som egne typer, med egne brudd og som helt sikkert ble benyttet i middelalderen er: 1) Grønnskifer (egentlig klorittskifer), 2) Trondheimskleber, 3) Sparbukleber, 4) Skaunkleber, 5) Allmenningøymarmor, 6) Sparbumarmor (Lein/Frøset), 7) Inderøymarmor, 9) Marmorer ved Snåsa og Ranem. Det ble ganske sikkert også benyttet små mengder av andre klebersteiner og marmorer, muligens også andre grønnskifere og noen få andre steintyper til kvader og dekorasjon. Disse kjenner vi fra bygningene, men bruddene er ennå ikke funnet eller undersøkt.

Metoden for bestemmelse av de ulike steintyper på bygningene har stort sett vært «trynefaktormetoden»: Steinene på kirkene er visuelt sammenlignet med hva vi kan se i bruddene og med prøver fra bruddene. Denne metoden kan brukes fordi flere av steinene, bl.a. grønnskifer, Sparbukleber og Allmenningøymarmor er meget karakteristiske. Svakheten med metoden er at den ikke fanger opp finere nyanser. For å fange opp slike nyanser er det nødvendig å benytte petrografiske og geokjemiske metoder. Noe tynnslipmikroskopering er utført, men geokjemiske metoder er i liten grad tatt i bruk, f.eks. for å prøve å skille ulike klebersteiner og marmorer som visuelt ser temmelig like ut. Trondheimskleber er et spesialtilfelle: Som de fleste klebersteiner er den av ekstremt varierende kvalitet i bruddene, noe som betyr at det til nå ikke har vært mulig å bruddfeste stein vi ser på bygningene. Vi kjenner imidlertid stort sett til de mulige bruddene denne typen kleber kan komme fra; utfordringen i fremtiden blir å prøve å skille disse fra hverandre.

Bygning	Grønn--skifer	Trond-heims-kleber	Skaun-kleber	Sparbu--kleber	Ubestemt kleber	Allmen-ningøy-marmor	Lein/ Frøset marmor	Inderøy marmor	Ubestemt marmor/ kalkstein	Annen stein
Orkdal *Nygotisk*					o Gjenbruk					
Skaun			O Kor, skip 1200-1250							
Melhus *Nygotisk*	o Gjenbruk	o Gjenbruk								
Byneset	O Nedre deler kor + 1150-1200	O Kor, skip 1150-1200								
Rein Ruin	o Kor, tverrskip Ca. 1200	O Hele kirken 1200-1250								
Nidaros-domen *Kvaderkirke*	O Roman-ske og tidlig got. deler 1150-1200	O Gotiske. deler, noe romansk 1150-1520	o? Kor			O Søyler, gulvplater etter 1200?	O Søyler, gulvplater etter 1180			
Erkebispe-gården	o Nordfløy 1150-1250	O Nord-og vestfløy 1150-1450	o? Nord-fløy							
Vår Frue *Kvaderkirke*	O Kor Ca. 1200	O Kor/skip Ca. 1200								
Olavskirken Ruin	O Alt synlig 1150-1200									
Lade	o Kor, skip 1200?	o Kor, skip 1200?								
Værnes	O Kor, tårntrapp 1140-1190	O Tårn-trapp oppe 1180-1190		o Sakristi Ca. 1500						O Hardere sandsteiner kor/skip
Selbu										O Hard sandstein?
Logtun *Ombygd sen-middelalder*	o Gjenbruk				O Vest-portal etc.				O Gjen-bruk, port., hj. kvadre	
Tautra *Ruin*		O Skip 1200-1250							o Få	
Alstadhaug	o Øvre del S-por. skip 1140-1160	O Ribber, bånd, Okt. 1250-1300							O Spes. Skip, kor 1140-1160	
Munkeby *Ruin*					O Diverse 1150-1200				o Usikker, ikke undersøkt	
Stiklestad		o Kor (gjenbruk?) senmid.?		O Kor, skip 1150-1200						
Sakshaug		O Kor 1170-90		o Skip ca. 1150				O Skip, kor 1150-90?		
Mære				O Kor, skip 1150-1200						
Hustad				O Skip 1130-1160					O Kor, skip 1130-1160	
Snåsa *sterkt på bygd, nygotisk*									O Hele kirken	
Nærøy *Delvis kvaderkirke*					O Kor, noe skip, tårn 1200?					

Steintyper til kvader og dekor i Trøndelag. Undersøkte kirker og andre bygninger. **O**=*Hovedstein, o=underordnede mengder benyttet (sett i forhold til byggets størrelse og bruk av øvrig stein).*

Stone types used for ashlar and decoration in medieval Trøndelag. **O**=*Main stone, o=minor amounts (relative to building size and use of other stone types).*

	1050	1100	1150	1200	1250	1300	1350	1400	1450	1500
Grønnskifer	?									
Trondheimskleber		?							?	?
Skaunkleber										
Sparbukleber										
Inderøymarmor				?						
Sparbumarmor				*Kun Nidarosdomen*						
Allmenningøymarmor			?	*Kun Nidarosdomen*						

Tidsrom for bruk av de viktigste steintyper i middelalderens Trøndelag.

Periods in which the most important stone types were used in medieval Trøndelag.

Grønnskifer fra Øye

Det viktigste grønnskiferbruddet, kanskje det eneste, er utvilsomt Øye. Bruddet er nesten 500 m langt og befinner seg i en overgrodd dalside på sørsiden av Øysanden i Melhus, ved munningen av elva Gaula, ca. 17 km sør for Trondheim. De nedre deler av bruddet (det såkalte Svartedammenbruddet) er ødelagt av moderne infrastruktur, men ellers står det hundrevis av kvadratmeter middelalderske huggespor igjen i fjellskrentene her. Grønnskifer er ikke et geologisk korrekt navn på steinen, heller burde man ha benyttet betegnelsen klorittskifer da det dreier seg om en tektonisk omdannet basalt med sterk grønn farge og svært utpreget skifrighet. Noen varianter av grønnskiferen har blåere farge og karbonatårer, noe som gjør at man lett kan mistolke dem for kleberstein. Omkring bruddet finnes det enorme mengder skrotmasser fra den middelalderske driften – skrotmasser som bl.a. inneholder forkastede eller ødelagte, nesten ferdige kvaderstein. Dette viser at man grovbearbeidet steinen i bruddet før transport til Trondheim og andre deler av Trøndelag. [10]

Ut fra dagens kunnskap ser det ut til at grønnskiferen var den aller første stein som ble tatt i bruk til dekor og kvader i middelalderens Trøndelag. Dette er fordi nesten alle tidligromanske dekorfragmenter i Nidarosdomens steinsamling er hugget i grønnskifer.[11] Går vi ut fra at de første steinkirker i Trondheim så dagens lys i andre halvdel av 1000-tallet, betyr det at Øye-bruddet må ha vært i drift fra denne tid.

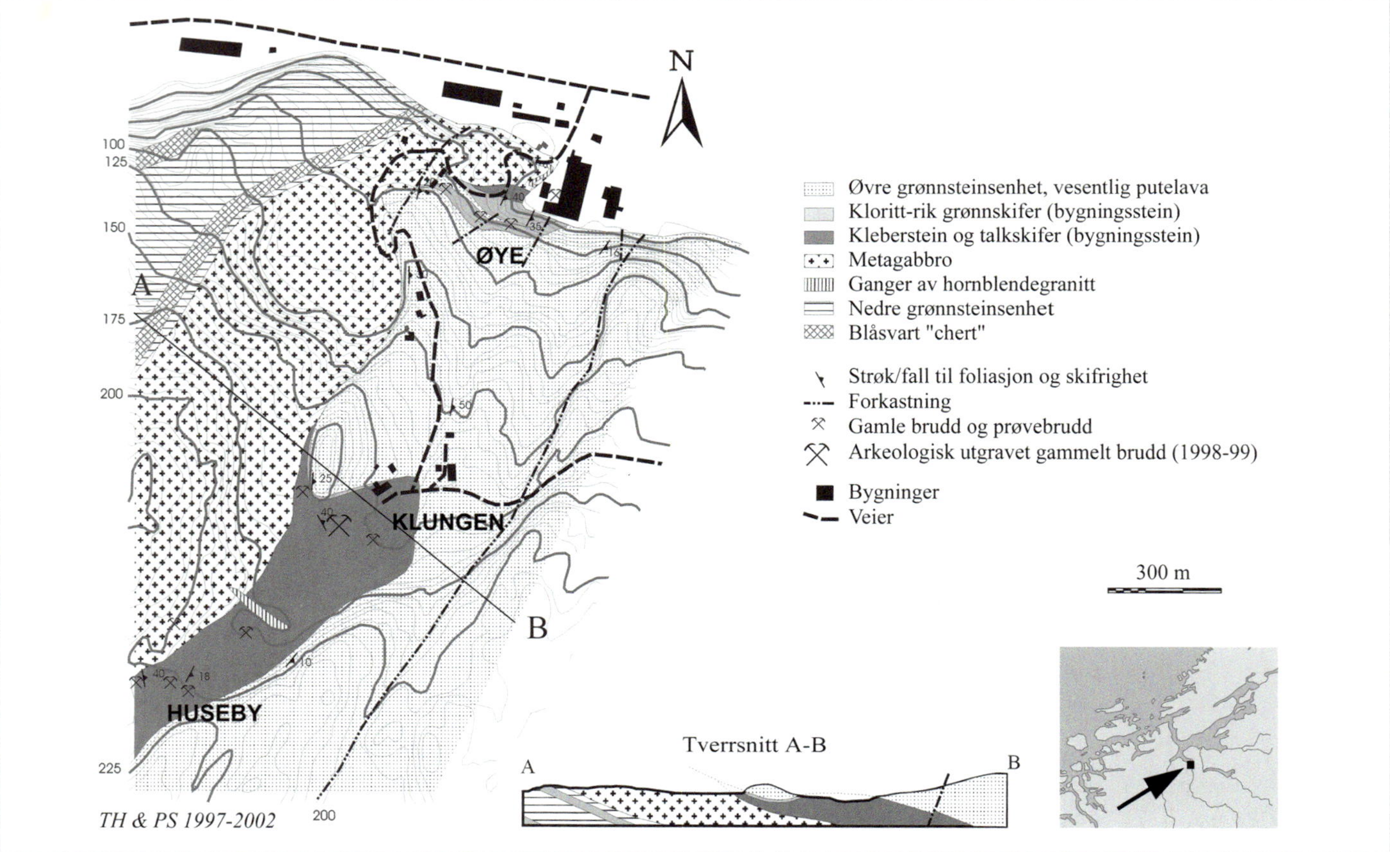

De middelalderske steinbruddene ved Øysanden: Geologi og bruddlokalisering (T. Heldal og P. Storemyr).

The medieval quarries at Øysanden south of Trondheim. (T. Heldal og P. Storemyr).

Parti fra grønnskiferbruddet på Øye – det første steinbruddet som ble tatt i bruk i middelalderens Trøndelag (P. Storemyr).

Part of Øye greenschist quarry – probably the first quarry opened in medieval Trøndelag. (P. Storemyr).

C.W. Carstens var i 1927 den første som påpekte at de romanske og tidliggotiske stående delene av Nidarosdomen (deler av hovedtårnet, tverrskipet, kapittelhuset og oktogonen) i stor grad ikke er bygget av kleber, men av grønnskifer fra Øye. Carstens mente man kunne finne en «tilsiktet» blanding av grønnskifer og kleber i enkelte vegger, men hvorvidt dette er riktig, har vi ikke klart å bringe på det rene. Tvertimot ser det ut til at disse delene av Domkirken i all overveiende grad har grønnskifer, og hvor dette ikke er tilfelle kan det dreie seg om kleberlignende stein fra grønnskiferbruddet selv eller Svartedammenområdet (se under), og om kleber fra restaureringsperioden (spesielt 1869-ca. 1900).

Etter ca. 1200 finner vi ikke grønnskifer benyttet som hovedstein i Nidarosdomen, ei heller i andre kirker i Trøndelag. I Domens kor og skip finnes det riktignok endel grønnskiferkvader, men i helt underordnede mengder, noe som kan forklares ved gjenbruk fra deler av Kristkirken som suksessivt ble revet under byggingen av den gotiske katedralen.

I Trondheims bykirker er grønnskifer benyttet som hovedstein på koret i Vår Frue kirke (sammen med noe Trondheimskleber, ca. 1200) og i Olavskirken (1150–1200, kvader og dekor). Fremfor alt er steintypen brukt på Værnes kirke (1140–90) til skulptur, portaler, hjørnekvadre, nisjer og sokkel, ofte sammen med en hard, mørk sandsteinslignende, trolig lokal bergart. Vi finner videre grønnskifer som hovedstein i de nedre deler av koret på Byneset kirke (1150–1200) og sammen med Trondheimskleber på øvrige deler av Byneset, samt Rein og Lade. Gjenbruk av litt grønnskifer finner vi på Melhus kirke, Logtu og Austrått. I Inn-Trøndelag er steinen sjelden, men finnes f.eks. i den romanske buen på skipets sørportal i Alstadhaug kirke (1140–60).

Trondheimskleber fra Øye, Klungen, Huseby og Bakkaunet

Trondheimskleber benyttes som en samlebetegnelse på den stort sett finkornede, blålige, årete kleberen som er så typisk i Trondheimsregionen. Steinen kan komme fra 3-4 brudd: Bakkaunet ved Kuhaugen i Trondheim, Klungen og Huseby ved Øysanden og trolig også Svartedamsområdet ved Øye grønnskiferbrudd. Selv om vi antar at Trondheimskleber fra Øysanden-bruddene er noe mer skifrig enn den fra Bakkaunet har vi som over nevnt ennå ikke klart å skille kleber fra disse bruddene fra hverandre.

Kleberforekomsten ved Svartedammen (Øye) er liten, men den kan som over nevnt forklare hvorfor vi ofte finner grønnskifer og kleber side om side i kirkene utover i andre halvdel av 1100-tallet – i en periode da grønnskifer fortsatt er den dominerende steintypen. Kleberbruddet på Klungen er vesentlig større – det ligger i dag på innmark og de deler som ikke er arkeologisk utgravet (se under), er skjult av jordmasser. Husebybruddet er lite kjent, trolig fordi det er lite påvirket av 1800-talls drift, men er igjen større enn Klungenbruddet. Det består av minst tre større og et utall mindre bruddfelt som til dels er vanskelig gjenkjennbare i de overgrodde fjellsidene.

Alle bruddfeltene ved Øye, Klungen og Huseby er arkeologisk registrert og området er geologisk kartlagt.[12] Dessuten ble en del av Klungenbruddet arkeologisk gravd ut i 1998-99 i regi av Nidaros Domkirkes Restaureringsarbeider (NDR) og Vitenskapsmuseet. Et nytt forsøksbrudd ble også anlagt i nærheten av det gamle.[13] Det viste seg at den utgravde delen i stor grad var blitt benyttet til restaureringen av Nidarosdomen på 1890-tallet, men likevel fantes det spor vi har tolket som middelalderske. Selv om mye forskning er utført i bruddene ved Øysanden, har området fortsatt et meget stort forskningspotensiale. Det dreier seg jo om et sammenhengende bruddområde på nesten to kilometers lengde – sikkert et av de største middelalderske industri-kulturminner som finnes i Norge. Her må det bl.a. finnes rester av mye infrastruktur (stier, veier, tufter, smier etc.) vi ennå ikke har oppdaget – infrastruktur som kan kaste et svært viktig lys over den middelalderske driften i bruddene.

I motsetning til Øysandbruddene, og til tross for at det befinner seg nær Trondheim sentrum (på Kuhaugen), var Bakkaunetbruddet fra et arkeologisk synspunkt inntil nylig sunket hen i glemsel. Dette skyldes ikke minst at det omkring 1980 ble bygget en stor terrasseblokk midt i bruddet – det ble med andre ord nesten fullstendig rasert. Paradoksalt

Klungen klebersteinsbrudd etter arkeologisk utgravning 1998-99. De slette flatene representerer eksperimentuttak med moderne wiresag (P. Storemyr).

The medieval soapstone quarry at Klungen after archaeological excavation 1998-99. The smooth surfaces represent experimental extraction using modern wire sawing (P. Storemyr).

Lite parti av Bakkaunet klebersteinsbrudd under utgravning (høsten 2002). Blokker av kvaderstørrelse står ferdige til å kiles ut, men er blitt bevart på grunn av et ras (P. Storemyr).

Section of the medieval soapstone quarry at Bakkaunet in Trondheim during archaeological excavation in the autumn of 2002. Blocks have been carved out using picks and are ready for final extraction by wedges. They have been preserved due to a rockslide, which presumably took place during the quarrying.

nok gjennom planene om å bygge nok en terrasseblokk, ble bruddet våren 2002 med ett hentet frem fra glemselen igjen gjennom Vitenskapsmuseets arkeologiske utgravninger. Helt overraskende dukket det umiddelbart opp en mengde, flotte brytningsspor – spor som trolig ble begravet av et steinras allerede i middelalderen,[14] og som dermed ikke ble berørt av brytningen til restaureringen av Nidarosdomen i perioden fra 1869 inntil 1896, da bruddet ble nedlagt for godt.[15] I skrivende stund er utgravningen stoppet for å etter sigende bli tatt opp igjen våren 2003. Allerede nå kan det imidlertid se ut som om man har funnet starten til den ene av de tre sjaktene som i følge Helland og Carstens skal finnes i fjellsidene her.[16] Om disse sjaktene representerer gruvesjakter eller mindre gallerier er ennå ikke klarlagt. Det store omfanget av driften i bruddet bekreftes forøvrig av alle skrothaugene i området: De fleste bolighus omkring bruddet er faktisk bygget på gamle klebersteinstipper. Dessverre kan det se ut til at den planlagte, nye terasseblokken vil komme til å bli bygget og dermed ødelegge bruddet som tolkbart middelalderkulturminne for godt, hvilket utvilsomt er et enormt tap; det viser at man i Norge ikke er kommet særlig langt i bestrebelsene med å bevare industrikulturminner.

Med byggingen av de øvre deler av oktogonen, koret, øvre deler av tverrskipet, skipet og vestfronten på Nidarosdomen mellom 1200 og 1350 (til 1520-tallet når vi inkluderer Valkendorfs restaurering av Oktogonen) tar Trondheimskleber over for fullt i Trøndelag. Det finnes mange varianter av Trondheimskleberen på Nidarosdomen – noen er lyse og gråblå, nesten uten årer av karbonat, andre er mørkeblålige og med et nettverk av karbonatårer som i oksydert form gir overflaten et brunlig preg. Videre finnes det skifrige typer og mer massive, dessuten meget myke typer og hardere som nesten går over i serpentinitt.

De aller fleste av disse typene finner vi igjen i steinbruddene. Carstens mener Trondheimskleber fra Klungen ikke

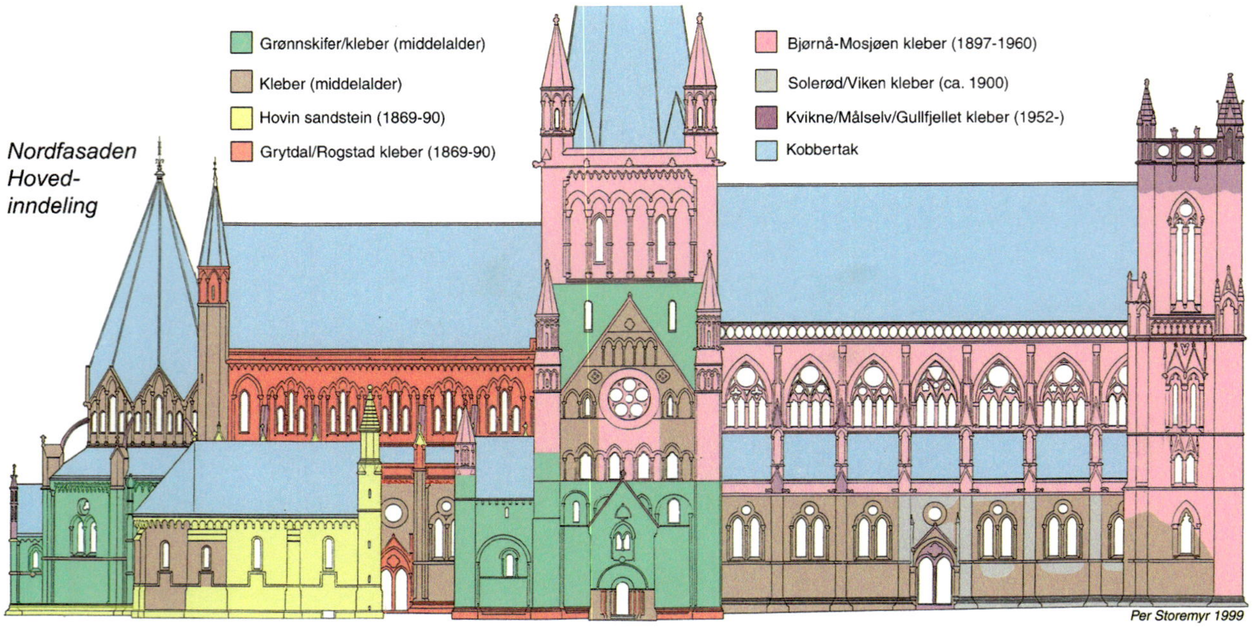

Grovinndeling av steintyper i Nidarosdomens nordfasade (P. Storemyr).

Rough division of stone types at the north façade of Nidaros Cathedral (P. Storemyr).

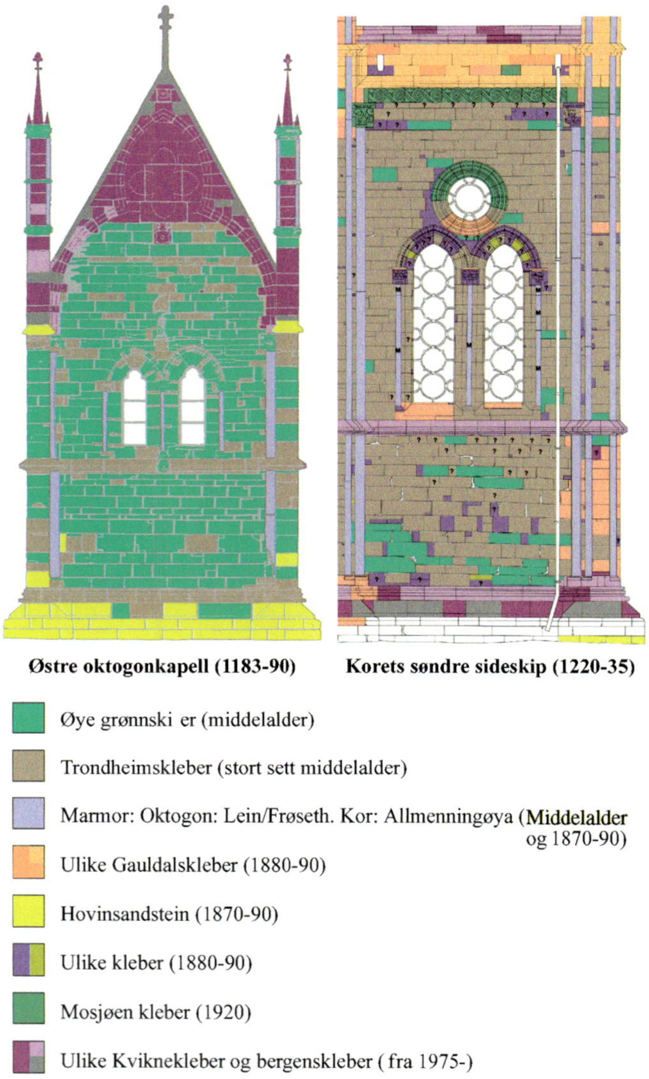

Steintyper på oktogonens østre kapell og korets søndre sideskip, Nidarosdomen. Vi ser at grønnskifer dominerer på oktogonkapellet og kleberstein på koret (P. Storemyr).

Stone types at the east chapel of the octagon (left) and the south aisle of the choir (right), Nidaros Cathedral. Note that greenschist dominates at the octagon chapel, whereas soapstone is most prevalent at the choir (P. Storemyr).

ble benyttet til annet enn skulptur i middelalderen, og at den viktigste kvadersteinen kom fra Bakkaunet. Det er lett å være enig med Carstens siden Klungenbruddet er lite og så gjennomsatt av sprekker at det er vanskelig å få ut større blokk her. Forsøk viser også at steinen egner seg fortreffelig til mindre skulptur.[17] Carstens har imidlertid trolig ikke kjent til det store Husebybruddet – dette kan i tillegg til Bakkaunet kanskje være hovedkilden til det gotiske byggeriet på Domen.

Trondheimskleber finner vi også i Erkebispegården (sammen med litt grønnskifer), på Vår Frue kirke, først og fremst på de middelalderske delene av skipet (etter 1200?), dessuten i Lade kirke (ca. 1200), Byneset kirke (1150–1200), på Rein (1200–1250) og gjenbrukt i Melhus nygotiske kirke. Et interessant tilfelle er Værnes kirke der de romanske, nedre deler av tårntrappen (opp til mønet på skipet) er bygget i grønnskifer, mens de øvre (tidlig 1200-tall) er av Trondheimskleber. Flere kirker i Inn-Trøndelag har også i underordnede mengder stein som ligner Trondheimskleber. På Tautra (1200–1250) virker bruken av Trondheimskleber i vinduer og portaler sikker, likeledes i ribbene i oktogonen på Alstadhaug (1250-1300) og i vinduer og portaler i koret på Sakshaug (1180–90?), samt i vinduer på Stiklestad. I sistnevnte tilfelle kan det dreie seg om ombygging i senmiddelalderen. Om Munkeby også har Trondheimskleber, er vanskelig å avgjøre siden steinen er så tildekket av lav og mose. Den gjenbrukte, gotiske Vestportalen i Logtu har en stein som virker hardere enn de fleste typer Trondheimskleber – kanskje denne steinen er lokal? Vi kjenner til at det må finnes noen få, små kleberbrudd i Inn-Trøndelag (i tillegg til Slipsteinsberget, se under), bl.a. i Kjesbu i Skogn og Mossing i Åsen. Disse bruddene er nevnt i NDRs arkiver fra slutten av 1800-tallet da man befarte en rekke kleberbrudd i Trøndelag. Hvorvidt bruddene ble benyttet i middelalderen vet vi imidlertid ikke.

Grønnskifer og trondheimskleber side om side på Oktogonens sørøstre vegg, Nidarosdomen. Flere av de årete klebersteinene stammer trolig fra restaureringen på 1870-tallet (P. Storemyr).

Øye Greenschist (green) and Trondheim soapstone side by side at the southeast wall of the octagon, Nidaros Cathedral.

Skaunkleber fra Skauge og Eidsli

Flere forfattere nevner alle at det skal finnes kleberbrudd i marka øst for Skaun kirke.[18] Også i arkivene til NDR finnes gamle dagboksnotater om befaringer i kleberbrudd i «Børseskogn». Et av bruddene det siktes til må være Skaugebruddet i Eidslimarka. I nærheten skal det også finnet et annet brudd (Eidsli) med tradisjoner fra middelalderen.

Det lille Skaugebruddet er ut fra huggespor i berget å dømme middelaldersk, men kan også ha vært benyttet i senere perioder. Det inneholder to bruddfelter med to litt ulike typer stein, en blålig, tett og fin kleber og en som går mer over i det grønnlige og ligner klorittskifer. Det finnes merker etter både spisshakker og bredere, meisel- eller bredhakkelignende redskaper i bruddet.

Uten tvil er begge de to variantene Skaunkleber benyttet på Skaun kirke (1200–1250). På utsiden av koret er det i portaler, vindusomramminger og hjørnekvadre mest av den blålige typen, mens skipet har mest av den grønnlige; dette tyder på to byggefaser, der koret er noe eldre enn skipet. Innendørs, bl.a. når det gjelder korbuen og vestportalen, er bildet mer komplekst; det ser ut som om de to typene er benyttet litt om hverandre. Å dømme etter de gjenbrukte middelalderske stein i den nygotiske Orkdal kirke, samt korbuen fra Orkdal i Vitenskapsmuseet i Trondheim, er det mulig, men slett ikke sikkert, at også dette kan dreie seg om Skaunkleber.

Skipets sørportal i Skaun kirke er hugget av finkornet, grønn kleber fra Skaugebruddet rett i nærheten (P. Storemyr).

The south portal of the nave at Skaun church is made from fine-grained soapstone from the Skauge quarry just nearby (P. Storemyr).

Sparbukleber fra Slipsteinsberget

Det eneste godt kjente middelalderske kleberbruddet i Nord-Trøndelag befinner seg rett øst for Sparbu. Her ligger det store Slipsteinsberget-bruddet som har en historie som grytebrudd i det minste siden vikingetiden og trolig mye lenger tilbake i tid.[19] På et par steder langs bruddskrentene (spesielt på vestsiden) kan vi se spor etter uthugging av rektangulære blokker. Disse sporene står i kontrast til de tusenvis av spor etter gryteemner i bruddet, og er etter alt å dømme en indikasjon på at bruddet har vært benyttet til bygningsstein.

Sparbukleberen er en helt annen kleber enn Trondheimskleberen.Ført og fremst er den mye grovere og varierer i farge fra rødlig og gullig (pga. oksydasjon) til grønnlig. Det finnes svært myke varianter og harde typer som grenser mot serpentinittbreksjen midt i forekomsten (forekomsten benyttes i dag som moderne serpentinittbrudd). Alt i alt har vi funnet ca. syv typiske klebervarianter i bruddet, noe som stemmer med Mortensons observasjoner fra 1960 og 70-tallet. Mortenson undersøkte forekomsten først og fremst som råstoffkilde for talk. Bruddet har i den senere tid vært gjenstand for arkeologiske utgravninger og undersøkelser utført av Bodil Østerås i hennes hovedfagsarbeid ved NTNU.

Skipets sørportal i Stiklestad kirke er hugget av den grove klebersteinen fra Slipsteinsberget (P. Storemyr).

The south portal of the nave at Stiklestad church is made from coarse soapstone from the Slipsteinsberget quarry (P. Storemyr).

Vi har funnet Sparbukleberen igjen på fire kirker i nærheten av bruddet: Stiklestad, Mære, Hustad og Sakshaug. Alle disse kirkene er bygget i perioden 1130–1200, hvilket dermed også indikerer hovedbruksperioden for Sparbukleber. I Stiklestads portaler, vindusomramminger og hjørnekvadre forekommer alle de syv typiske variantene fra bruddet, i Mære dominerer de grove, gullige typene, mens det er meget vanskelig å bestemme steinene i Hustad fordi nesten all stein i denne kirken er overkalket. På Sakshaug er det benyttet helt underordnede mengder Sparbukleber. I tillegg er trolig kleberen benyttet på Værnes kirkes sakristi som er bygget mellom 1450 og 1500. Noen få Sparbulignende kleberstein forekommer også på Nidarosdomen, men det er sannsynlig at dette dreier seg om stein fra restaureringsperioden etter 1869.

Marmor fra Inderøya, Sparbu og Allmenningøya

Kvader og dekor i flere av kirkene i Inn-Trøndelag er hugget i lys marmor. Faktisk er det så mye marmor i Alstadhaug, Sakshaug og Hustad at vi kan snakke om en marmortradisjon side om side med Sparbukleber her i andre halvdel av 1100-tallet. I tillegg er marmor gjenbrukt i Logtun kirke (fra en 1100-talls kirke på samme sted), det finnes litt marmor på Tautra, Snåsa kirke er helt bygget i marmor fra et brudd nær kirken, det finnes lokal marmor i Ranem kirke og dessuten er det marmor på Austrått (store blokker i vestveggen i tårnet). Fremfor alt er det brukt svært mye marmor i Nidarosdomen.

Det finnes mange marmorforekomster i Inn-Trøndelag. De som må ha vært viktigst og lettest tilgjengelig i middelalderen (med unntak av marmorforekomstene langs Snåsavannet og i Ranem) ligger i et belte langs Inderøya, ved Levanger, på Ytterøya og ved Frosta. Dessuten finnes det mindre forekomster ved gårdene Lein og Frøset i Sparbu.[20]

På Inderøya finnes det mange brudd, to av de mest kjente er de moderne Hylla og Straumen kalkverk som sikkert har vært i periodevis drift helt siden middelalderen som kilder til bl.a. kalkmørtel. Dette betyr at vi ikke lenger kan skille ut steder i bruddene som kan ha vært benyttet til middelalderens byggeri. I Straumenbruddet finnes imidlertid et sted der det helt tydelig er brutt bygningsstein – kanskje til nye Sakshaug kirke som ligger meget nær bruddet (mindre enn en kilometer unna), og ikke langt fra den middelalderske Sakshaug kirke som trolig også har fått sin bygningsstein levert fra bruddet.

Marmoren i Straumenbruddet er av to typer, en finkornet, blålig, nærmest krystallinsk kalkstein som ikke egner seg godt til bygningsstein og en grovere og lys, til dels hvit marmor som på sin side er en fortreffelig kvader- og dekorstein. Det er sistnevnte vi stort sett treffer på i Sakshaug kirke og lignende typer er benyttet også i Hustad, Alstadhaug og Logtu. I disse tilfellene er det vel lite trolig at Straumen er kilden – det ligger tilsvarende marmorforekomster nærmere de respektive kirkene.

Sparbumarmor fra Lein og Frøset finner vi i følge våre undersøkelser ikke igjen i andre kirker enn Nidarosdomen.

Fra Allmenningøya marmorbrudd. Store kilehull er brukt for å spalte blokk, trolig fra middelalderen (P. Storemyr).

Part of the Allmenningøya marble quarry. Large wedge holes used for splitting blocks are probably from the Middle Ages (P. Storemyr).

Dette er en grovkornet, hvit, såkalt platemarmor med «skyer» av mørkere mineraler og egner seg fortreffelig til søyler, gulvplater og gravstein. Og det er nettopp til dette marmoren er brukt i middelalderen. Den ble trolig tatt i bruk på 1180-tallet til søyler i oktogonen (marmorsøyler forekommer trolig ikke før denne tiden på Domen) og diverse gulvplater inne i kirken. Den skal i middelalderen videre ha blitt brukt som profilerte plater lagt oppå hverandre til hovedpillarene i skipet – dagens skipspillarer er også konstruert på samme måte og med samme stein.[21] Fremfor alt ser den ut til å være hovedsteinen til de flere titalls middelalderske gravsteinene som nå er utstilt i kjelleren under skipet i Domen.[22] En del av Frøsetbruddet ble i 2002 gjenfunnet, halvt ødelagt av E6 som skjærer gjennom den middelalderske virksomheten rett nedenfor gården med samme navn. Steinen kan også studeres i gårdens driftsbygning, hvis nedre deler er bygget i rått tilhugget marmor. Et tilsvarende brudd som skal finnes på gården Lein i nærheten er ennå ikke gjenfunnet. Både Frøseth- og Leinbruddet ble i stor stil benyttet til restaureringen av Nidarosdomen mellom 1872 og 1907.[23]

Det mest spesielle middelalderske steinbruddet i Trøndelag er marmorbruddet på Allmenningøya utenfor Roan på Fosen. Dette er en perle av et steinbrudd der det ligger langs den tykke benken av grovkornet, hvit dolomitt som skjærer langsetter den lille, forblåste øya.[24] Bruddfeltene på øya er sterkt preget av NDRs drift fra 1874 til omkring 1911.[25] På denne tiden ble søyleemner på opptil 6 meters lengde boret og kilt ut fra spesielt den østlige delen av forekomsten. Her finner vi også det største enkeltbruddet. Lenger vestover kommer vi inn i områder som ser mindre påvirket ut av 1800-tallets drift, og på ett sted finner vi en benk med store, uthuggede kilehull som er brukt til å spalte en blokk. Selv om vi ikke kan være sikre, er det sannsynlig at disse sporene representerer middelalderens brytningsmetode for marmoren. Iallefall er det en universell brytningsmetode som er benyttet i det minste siden romersk tid for spesielt granitter og marmorer.[26]

Allmenningmarmoren skiller seg fra Sparbumarmoren ved at det er en dolomitt og ved de godt avgrensede, rødlige slirene av mørkere mineraler som følger lengeretningen i steinen. Derfor er det også lett å bestemme steinen på bygninger, noe som gjør at vi kan være rimelig sikre på at den ikke er benyttet på andre bygg enn Nidarosdomen i middelalderen, kanskje med unntak av to søyler i koret på Alstadhaug kirke. På Nidarosdomen ser den ut til å ha vært tatt i bruk noe senere enn Sparbumarmoren (først på koret?). Den er stort sett benyttet til søyler og trappetrinn, i mindre grad til gulvplater og trolig ikke til gravsteiner. Dette kan forklares ved forekomstens kløv og sprekkemønster som gjør at det ikke er så lett å få ut store, flate stein – Allmenningøya er de lange søylers brudd.

Annen kvader- og dekorstein i Trøndelags middelalderkirker

I tillegg til vanskelig definérbare stein nevnt over, finnes det et par kirker som ikke har Trøndelags «vanlige» middelalderske steintyper, f.eks. Selbu og Nærøy. Andre kirker i periférien - Dolm, Ranem og Ørland - har ikke blitt ordentlig undersøkt i dette arbeidet.

Selbus kirkes kvader og steindekor (vestporalen i skipet, portalen i tårnet etc.) er bygget av en relativt hard, året stein som trolig er en lokal metasandstein. Den ligner også på kleber, og kan ha vært valgt med dette for øye. Nærøys kirkes kvadervegger er bygget av kleberstein som er grovere i strukturen enn den finkornede Trondheimsklebren, men ikke så grov som Sparbukleberen. Kanskje dreier det seg om kleber fra Nordland? Leka med sine talk-rike bergarter er heller ikke langt unna.

I de aller fleste middelalderkirkene finner vi kleberstein fra ulike restaureringsperioder fra slutten av 1800-tallet av. Nidarosdomen har fra denne tiden et vell av kleberstein fra hele Norge og også noe fra Finland.[27] Den mest brukte restaureringssteinen på Nidarosdomen, nemlig den «støvete», grågrønne Bjørnåkleberen fra Mosjøen, er også brukt av Domkirkens steinhuggere på en rekke andre kirker i regionen.

Valg av stein – naturlige og kulturelle forutsetninger

Valg av stein til det trønderske middelalderbyggeriet var som overalt ellers i verden først og fremst avhengig av de lokale og regionale geologiske, topografiske og i noen tilfeller klimatiske forutsetningene: I det gamle Egypt benyttet man kalkstein der det var kalkstein å finne, sandstein der slike forekomster ikke lå langt fra byggeplassene, men også store mengder granitt og andre harde bergarter som ble transportert over svære avstander fordi Nilen i den årlige flomsesongen utgjorde den perfekte transportåre.[28] Likeledes benyttet de gamle grekerne mye marmor fordi det greske fastlandet og øyene omkring er meget rikt på utmerket, hvit marmor. I det antikke Roma finner vi også først og fremst lokale stein som travertin og pyroklastiske bergarter, sistnevnte fra de gamle vulkanene i området. Siden de romerske keiserne i stor grad forbandt spesiell stein med prestisje og makt, er Roma også full av greske og egyptiske bergarter – fraktet fra bl.a. høyst utilgjengelige områder i den egyptiske østørkenen.[29]

Det europeiske middelalderbyggeriet er også preget av den lokale og regionale geologien: Overalt støter vi på kalkstein og sandstein fordi dette er regionens typiske bergarter. I f.eks. Nordvest-Spania finnes imidlertid mye «myk» (dypforvitret) granitt – hele byen Santiago de Compostela er nesten utelukkende bygget av slik granitt. Men også i Europa ble elvene og havet benyttet til transport av stein over ganske store avstander. Enorme mengder Caen kalkstein fra Normandie ble f.eks. fraktet over den engelske kanal for å brukes på engelske katedraler og kirker etter den normanniske erobringen (1066) og frem til senmiddelalderen.[30]

I Norge er bildet tilsvarende: Der det finnes myk kalkstein/marmor, sandstein og/eller kleberstein og grønnskifer i rimelig nærhet ble disse benyttet (bl.a. Østlandet, Trøndelag, deler av Vestlandet). Der slike stein ikke finnes, og berggrunnen består av harde, granittiske eller syenittiske stein, tok man disse i bruk (bl.a. Vestfold og Østfold).[31] I Sverige er dette lokale og regionale perspektivet tilsvarende.[32]

Som eksempelet over fra Roma viser, er det imidlertid ikke nødvendigvis bare de naturlige forutsetningene som bestemmer valg av stein i et bestemt område til en bestemt tid. Når f.eks. steinen kom langveisfra, og siden transport – sjøveis hvis mulig – var den mest kostnadskrevende delen av prosessen med å få frem stein til byggeplassen, må også en rekke andre faktorer tas med for å forklare steinbruken. Generelt kunne vi kalle disse faktorene for de kulturelle forutsetningene, som inneholder aspekter som: tradisjoner, tilgjengelig teknologi (brytning, transporttyper, bearbeiding), infrastruktur (f.eks. tilstedeværelse av veier og handelsforbindelser) og økonomi. Men også popularitet og mote, prestisje og makt er begreper man ikke kommer unna som forklaringsfaktorer, ei heller direkte forbilder fra andre steder.

Grønnskiferen – en «europeisk» stein egnet for store byggeformål?

For Norge og Trøndelag sin del er det opplagt at tradisjonene spiller en vesentlig rolle – eller bedre: mangel på tradisjoner da steinbyggeriet tok til på 1000-tallet. Steinbyggeriet ble innført med kristendommen – før dette fantes det ingen tradisjon for å bygge med stein; Norge var treverkets land. Men steintradisjoner fantes jo likevel – for byggeriets tilfelle var det kanskje den lange klebergrytetradisjonen som kan ha hatt størst innflytelse. Dog er det vanskelig å forestille seg dette som avgjørende for valg av stein til en kirke eller katedral. Dette er fordi vi med sikkerhet kan si at arkitektoniske forbilder, mesterbyggere og håndverkere ble importert fra utlandet fra starten av. For Trøndelags del finnes de vesentlige, men ikke alle, arkitektoniske forbildene i middelalderens England og Normandie, og at utenlandske mesterbyggere og steinhuggere har arbeidet på Nidarosdomen er hevet over tvil.[33]

Det er vel ikke urimelig å tenke seg at også utenlandske forbilder og importerte håndverkere kan ha hatt innflytelse på valg av stein. Det er i denne sammenheng svært interessant å se at det ikke var kleberstein, men grønnskifer som først ble tatt i bruk til arkitektoniske formål i Trøndelag. Grønnskiferen fra Øye har andre egenskaper enn kleberstein – egenskaper som på mange måter ligger nærmere bl.a. de engelske og normanniske kalk- og sandsteiner enn kleber. Til bruk som kvader har grønnskiferen fra Øye hardhet og bearbeidingsegenskaper tilsvarende en typisk sandstein og finnes i en horisontalt liggende forekomst der den sterkt utpregede skifrigheten eller foliasjonen også er horisontal. Dette minner om flattliggende sand- og kalksteinsforekomster med benkning, dvs. ulike sedimentære lag som ligger over hverandre. Dernest kan

Koret på Vår Frue kirke i Trondheim er stort sett bygget av grønnskifer. Trondheimskleber finnes bl.a. omkring portalen, vinduet og en i en gjenfylt åpning (P. Storemyr).

The choir of St. Mary's church in Trondheim is predominantly made from Øye Greenschist (P. Storemyr).

den brytes omtrent som en sand- eller kalksteinsforekomst: Ved hjelp av spisshakker el.l. blir det hugget vertikale kanaler vinkelrett på foliasjonen/skifrigheten/benkningen (eller kløvet) omkring emnet man ønsker å ta ut; dette blir så endelig løsnet fra berget ved hjelp av kiler eller spett langs kløvet.[34] Metoden har vært benyttet fra de tidligste tider for bygningsstein og man finner spesielt mange gode eksempler i velbevarte, opp til 5000 år gamle egyptiske steinbrudd,[35] samt i hele det middelalderske Europa. Metoden var da så vanlig at det ennå i dag knapt finnes gode undersøkelser om og referanser til emnet.[36] I Caen og mange engelske kalksteinsbrudd (bl.a. Portland/Purbeck i Dorset), ble det tydeligvis også benyttet kilespalting i stor stil i middelalderen – sikkert bygget på den tradisjonelle romerske kilespaltingsteknikken.[37] Svært ofte ble det videre ganske enkelt benyttet spett el.l. verktøy for å bryte ut steinen langs naturlige sprekker.

Grønnskiferbruddet på Øye bærer preg av den samme utviklede rasjonalitet i brytningen som et stort, europeisk, nærmest «industrielt» drevet middelaldersk steinbrudd har: Langs lange horisonter i Øyebruddet finner man de typiske «trappetrinnene» som står igjen etter brytningen. Det er denne effektive trappetrinnsbrytningen, dvs. bruddets layout mer enn valg av verktøy for uttak av hver enkelt stein som gjør bruddet så spesielt – og ulikt de fleste kleberbrudd i Norge. Et annet spesielt trekk er at grønnskiferen var vanskeligere å benytte til dekorasjoner og skulptur enn en typisk sandstein eller kalkstein, eller for den saks skyld en kleberstein. Dette er fordi skifrigheten er så utpreget: i bergfuktig tilstand faller det lett biter fra steinen og når den tørker i luft blir den utpreget sprø – den «spretter».[38] At man likevel finner en rekke fantastiske grønnskifer-skulpturer og andre -dekorasjoner fra 1100-tallet og kanskje tidligere, riktignok noe flatere i relieffet enn tilsvarende kleberobjekter fra gotikken, tyder på et særdeles velutviklet steinhuggermiljø på et meget tidlig tidspunkt i Trøndelag.

Det profesjonelle, nærmest raffinerte grønnskifer-håndverket finner man altså igjen over hele linjen – fra brudd til ferdig produkt. Så kan man spørre seg om dette var et lokalt dominert håndverk i den norske steinhistoriens spede begynnelse, eller om man ikke heller må tenke seg at importerte mesterbyggere og håndverkere fant noe i nærheten av det de kjente fra før ved Øysanden. At transportforholdene – trolig med båt rundt Byneset (ca. 35 km) – ikke var avskrekkende, talte til grønnskiferens fordel. I det romanske England finner vi en rekke eksempler på tilsvarende transportdistanser – også over land.[39]

Hypotesen om at Øye grønnskifer er egnet til større byggeformål (Nidarosdomen) og at valget av steinen kan tilbakeføres til hva importerte håndverkere kjente fra før, underbygges av at en tilsvarende, men noe hardere grønnskifer fra Ertenstein på Rennesøy var den første steinen som ble benyttet til det romanske skipet fra første halvdel av 1100-tallet på Stavanger domkirke, en katedral som også er preget av engelsk middelalderarkitektur. Og akkurat som på Nidarosdomen og ellers i Trøndelag var det klebersteinen som tok over på det høygotiske Stavangerkoret, som ble bygget fra 1270-tallet av.[40]

Bruken av Trondheimskleber – nyvinning mer enn tradisjon?

Om grønnskifer er en utmerket bygningsstein – hvorfor er det da slik at kleberstein, etter en overgangsperiode der den tildels benyttes sammen med grønnskifer, tar så totalt over (sett bort fra marmor) fra ca. 1200 i Trøndelag, altså på det tidspunktet gotikken etablerer seg? Vi har ikke noen gode svar på dette fenomenet, spesielt siden Bakkaunetbruddet har vært utilgjengelig for undersøkelser inntil nylig. De pågående arkeologiske utgravningene kan gi flere svar, men i skrivende stund er vi henvist til spekulasjoner.

En av grunnene til at grønnskiferbruddet på Øye ble nedlagt omkring 1200 kan være at det etterhvert ble vanskeligere å bryte stein i bruddet. Etter kanskje så mye som 150 års drift oppsto det høye bruddkanter og farlige overheng, noe som gjorde at den tekonologi som sto til rådighet kanskje ikke var tilstrekkelig til å utvikle bruddet videre.

En annen grunn kan være at klebersteinsforekomster (spesielt Huseby) ligger rett i nærheten av Øye-bruddet og må ha vært godt kjent. Med økende erfaring i steinbryting kan man ha sett det som fordelaktig å for alvor ta i bruk disse forekomstene, i hvilke det etter alt å dømme var vanskeligere å utvikle rasjonelle brudd enn i grønnskiferen. Grunnen til at det ofte er vanskeligere å bryte stein til et byggeformål av Nidarosdomens størrelse i en kleberforekomst, er at slike forekomster typisk har en ekstremt vekslende kvalitet – man klarer sjelden å lage er brytningsopplegg som ser «industrielt» ut. Vekslingene er bl.a. knyttet til sprekketetthet, folding, foliasjon, omvandlingsgrad, hardhet og mineralselskap.[41] I mange mindre bruddkanter i Trøndelags middelalderske kleberbrudd gjenkjenner man ett og annet trappetrinn og den samme brytningsmetoden som ble benyttet til grønnskiferen på Øye (uthakking av kanaler). Men man kan også gjenkjenne forbindelsen til tradisjonelt klebergryteuttak – fremfor alt i den nyutgravde delen av Bakkaunet-bruddet: Her står uthakkede, halvmeterstore bygningsstein på rekke og rad – ferdige til å kiles ut i underkant. Sett på avstand kunne det like godt vært vikingetids gryteemner som sto oppmarsjert, med den forskjell at slike ble hugget runde i formen før de ble kilt ut.[42] Som den tradisjonelle kanalbrytningen for bygningsstein, er også denne tradisjonelle uttaksmetoden for emner til klebergryter universell.[43]

En tredje grunn til at man etterhvert gikk over til kleberen kan være fordi den nye, himmelstrebende gotikken krevde mindre skifrig stein enn det grønnskiferen er, og det romansk, mindre «eksponert» arkitektur kan tåle. Skifrig stein kan lett sprekke opp og falle ned – ingen hyggelig opplevelse når høyden nærmer seg 50 meter. På den annen side er også Trondheimskleberen full av sprekker og kan dermed også lett miste større biter.

Et videre, riktignok lite overbevisende, argument er at man rett og slett ikke kjente til Bakkaunet-forekomsten før omkring 1200. Dessuten er det mulig at eierforhold og rettigheter spiller en rolle – dette vet vi imidlertid ingenting om, annet enn at de fleste (alle?) gårdene på hvilke det finnes steinbrudd som er benyttet i middelalderen lå under erkesetet omkring reformasjonstiden.[44] Det må naturligvis legges til at Bakkaunet bød på en stor fordel da det trengtes svære mengder stein til kor og skip i Nidarosdomen: Det lå bare en kilometers vei fra katedralen og var således å foretrekke fremfor 35 km med båt på Trondheimsfjorden.

Disse grunnene, spesielt at man trengte svært mye erfaring for å drive rasjonelle bygningssteinsbrudd i kleberforekomster, kan imidlertid ikke gjelde for Norge generelt – i f.eks. Bergen tok man i bruk kleberstein i stor stil helt fra starten i romansk tid.[45] Men her er innflytelsen fra utlandet annerledes: Bergen fikk sin arkitekturpåvirkning først og fremst fra domkirkene i Lund og Viborg og i siste instans fra Lombardia. For Oslo-traktene sin del er det imidlertid slik at kleberstein avløste bruk av lokal kalkstein i høymiddelalderen (Lidén 1974). Så selv om også Oslo-området er påvirket av Lund og Viborg, kan man følge en tilsvarende argumentasjon her som i Trondheim (og Stavanger). Men et viktigere argument er kanskje at Østlandet har noe som Bergen ikke har, nemlig lett brytbare kalksteinsforekomster. Og verken Bergen eller Oslo har forøvrig grønnskifer av samme type som i Trondheim og Stavanger. Det skal her legges til at Tom Heldal nylig har funnet diverse kirker og brudd med grønnskifer i Hordaland.

Uansett: Det er interessant å observere at man i store deler av Norge i romansk tid startet det middelalderske byggeriet med mange ulike steintyper, mens man i høymiddelalderen ser en samling mot mer bruk av kleberstein. Dette kan jo bety at mens man i starten var henvist til importert ekspertise for steinbyggeriet, og dermed til bruk av stein den importerte ekspertisen kjente godt, så fant de etterhvert veletablerte bygghyttene – f.eks. i Trondheim – ut at kleberen hadde egenskaper som var bedre enn de norske variantene av «europeiske» bygningssteiner.

Kleber og marmor på bygdene – andre stilimpulser og grytetradisjon?

Trondheimskleber er først og fremst benyttet på Nidarosdomen etter 1200 – på et tidspunkt da oppføringen av de fleste bygdekirkene var ferdig eller nærmet seg sin avslutning. På 1100-tallet finner vi jo også litt kleber i Nidarosdomen og andre bygninger rundt Trondheim, men på denne tiden er det først og fremst i Inn-Trøndelag at kleber, sammen med marmor, har sin «storhetstid». Vi snakker om Sparbukleberen fra Slipsteinsberget, bruken av lokale marmorer, og deres innflytelse i området Alstadhaug-Verdal-Inderøya.

I sterk motsetning til bruddene der det er tatt ut Trondheimskleber, finner vi i Slipsteinsberget en mengde spor som kan fortelle om en intens grytedrift (vi finner overhode ingen grytespor i fast fjell i Trondheimsområdet – Øye grønnskifer er heller ikke egnet til gryter). Under slike forhold er det vel ikke utenkelig at nettopp grytedriften var den viktigste inspirasjonskilden til å i begrenset omfang ta i bruk samme stein til byggeformål. Det viktigste i denne sammenheng er kanskje at det er benyttet lite Sparbukleber på de aktuelle kirkene – man trengte med andre ord ikke å utvikle et stort bygningssteinsbrudd. De fåtallige sporene etter brytning av bygningsstein i Slipsteinsberget forteller da også om uttak som mer eller mindre står i stil med gryteuttakene. Man har nøyd seg med å hugge ut stein der den så bra ut, til dels i bratte skrenter og under overhengende fjell.

Såvidt meg bekjent er det ikke funnet steinhuggermerker som med sikkerhet kan fortelle at håndverkere fra Nidarosdomens bygghytte utførte arbeider på de kirkene der Sparbukleber er benyttet (først og fremst Stiklestad og Mære). Så selv om noen stilimpulser fra Nidarosdomen er sikre[46], kan det være mulig at steinbruken forteller om en bygghytte-lignende tradisjon i området Verdal-Inderøya. Det er i denne sammenheng interessant å legge merke til at koret på Sakshaug kirke rett i nærheten ikke har Sparbukleber, men Trondheimskleber. Og her finner vi også steinhuggermerker som går igjen på Nidarosdomen, samt muligens to marmorsøyler fra Allmenningøya. Til dette spesielle arbeidet kan man altså ha valgt å «importere» kunnskap – eller ferdighugde elementer – fra Trondheim.

At det kan ha vært en bygghytte-lignende tradisjon i Inn-Trøndelag underbygges av den utstrakte bruken av marmor på 1100-tallet. Øystein Ekroll beskriver dette som en marmortradisjon bygget på andre stilimpulser, bl.a. med lite bruk av skulptur og andre ornamenter enn de som var vanlige i Trondheim. Den viktigste grunnen til at man benyttet marmor må også helt klart være dens tilgjengelighet i området – fine forekomster ligger mer eller mindre rett utenfor kirkedørene.

På sør- og vestsiden av Trondheim går Nidarosdomens steintyper igjen: Det er grønnskifer og noe kleber, utvilsomt for det meste fra Øysandenbruddene. At man i Skaun kirke – der forbindelsen til Nidarosdomens bygghytte etter steinhuggermerkene å dømme er helt klar – valgte å benytte den lokale Skaunkleberen, kan forklares ved transportforholdene: Skauge- og Eidslibruddene lå rett og slett mye nærmere kirken (ca. 2 km) enn bruddene ved Øysanden. Landtransport av øysandenstein ville utgjort bortimot 10 km. Det finnes ingen spor etter gryteuttak i Skaugebruddet og huggeporene i fjellsidene minner mye om hva som er observert på Øysanden. Dette kan bety at bruddet ble tatt i bruk spesielt til Skaun kirke og at uttak ble utført av «profesjonelle» steinbrytere.

Marmor på Nidarosdomen – den trønderske Purbeck?

Marmorbruken på Nidarosdomen står i en særstilling i Trøndelag. Men til tross for den overveldende bruken av marmor til søyler, pillarer, gulvplater og gravplater, er bruken lite påaktet og har aldri vært gjenstand for nærmere vitenskapelige undersøkelser. Heller ikke i dette arbeidet har marmorbruken inntatt noen stor rolle.

Likevel må det knyttes noen kommentarer til dette kanskje mest spesielle av alle steinarbeider i Trøndelags, ja hele Norges, middelalder. Først og fremst er det påfallende at marmor ikke ser ut til å ha blitt benyttet før 1180-tallet på Domen, altså i den perioden oktogonen ble påbegynt. I de romanske bygningsdelene finnes det riktignok også søyler, men de som er bevart er alle av grønnskifer og kleber. På tverrskipet, kapittelhuset og oktogonen (innendørs) finnes i dag en

Angel Choir i Lincoln Cathedral med utpreget bruk av mørk Purbeck-"marmor" i søyler og pillarer. Purbeck-søylene står i skarp kontrast til de lyse kalksteinsveggene (P. Storemyr).

Angel Choir in Lincoln Cathedral. Slender shafts are made from dark-coloured Purbeck marble, which forms a contrast to the light limestone walls (P. Storemyr).

mengde metasandsteins-søyler fra Reppe ved Trondheim, men disse ble alle satt inn i restaureringsperioden. Dernest er det påfallende at Nidarosdomens marmorer (Allmenningøya og Sparbu) ikke, eller i ekstremt liten grad, er benyttet til andre byggverk i regionen. Bygghytten/erkesetet kan altså ha lagt restriksjoner på bruken av disse marmorene.

Hvis det er riktig at marmor ble tatt i bruk på 1180-tallet, faller dette sammen med flere viktige begivenheter, nemlig erkebiskop Øysteins eksil, overgangen til gotikken og eksplosjonen i bruk av en annen viktig «marmor», purbeck-«marmoren» i England. Purbeck ligger i Dorset ved den engelske sørkysten og er ikke egentlig en marmor, men en fossilrik kalkstein.[47] Det spesielle er at den lar seg polere og ved sette den inn med bl.a. svinefett, får den en dyp, mørk lilla farge. Steinen ble tatt i bruk allerede av romerne, og i andre halvdel av 1100-tallet fikk den et voldsomt oppsving til bruk i det engelske katedralbyggeriet, først og fremst til søyler og pillarer, men også til gulv- og gravplater. Purbeck-«marmor» ble en typisk mote-stein, og dens popularitet holdt seg langt utover i middelalderen, mellom 1250 og

1350 snakker man om steinens «Golden Age».[48] Et av de mest kjente eksemplene finner man i Lincolns Angel Choir (ca. 1260), der de sorte søylene står som en svært markert kontrast til de ellers lyse kalksteinsveggene. Men purbeck finnes egentlig overalt: Salisbury, Canterbury, Westminster, York, Durham osv.

Der det i England er stor kontrast mellom mørke Purbeck-søyler og lyse vegger, finner vi i Nidarosdomen det motsatte forholdet: Mørke vegger pga. kleberens og grønnskiferens farge og skinnende hvite marmorsøyler – ikke minst i «søsteren» til Lincolns Angel Choir, nemlig skipet i Domen (som riktignok er rekonstruert, men som likevel utvilsomt opprinnelig hadde hvite marmorsøyler). For meg virker det innlysende at det må være en sammenheng mellom bruken av purbeck-«marmor» i England og marmor på Nidarosdomen: Man må ha ønsket å gjenskape et tilsvarende kontrastforhold mellom søyler og vegger i Trondheim. At man gikk til det skritt å finne egnede steintyper som lå henholdsvis 140 km (Allmenningøya) og 100 km (Lein/Frøset) fra byen (de lengste transportrutene fra steinbruddene i middelalderen), viser også hvor viktig oppgaven må ha vært. At purbeck var mote i England, behøver ikke nødvendigvis å bety at det også var slik med hvit marmor i Trondheim. Snarere må vi vel tenke oss at hvit marmor i søyler etc. representerte den prestisje og makt erkesetet la i katedralbyggingen.

At de aktuelle marmorene teknisk sett er svært egnet til søyler talte til deres fordel, men man kunne i stedet ha benyttet f.eks. kleber – ved å sette flere kortere emner oppå hverandre eller ved å benytte halvsøyler, slik det var vanlig med kalkstein og sandstein på hele det europeiske kontinent i middelalderens katedralbyggeri. Med andre ord: Purbeck og Allmenningøya har gitt England og Norge noe andre europeiske land ikke fikk – søyler som har skapt kontrast i arkitekturen.

Hvorfor brukte man ikke sandstein eller marmor til hele Nidarosdomen?

Trøndelag har masse sandstein, riktignok er denne svakt omdannet til metamorf sandstein (metasandstein), men likevel ikke svært mye hardere enn f.eks. grønnskifer og kleberstein. Metasandstein ble også brukt i stort monn på slut-

Skipet i Nidarsdomen – "søsteren" til Lincolns Angel Choir – har søyler av hvit marmor fra Allmenningøya og Sparbu. Disse står i kontrast til de mørke klebersteinsveggene (Nidaros Domkirkes Restaureringsarbeider).

The reconstructed nave in Nidaros Cathedral. Slender shafts and pillars are made from white Allmenningøya- and Sparbu marble, which form a contrast to the dark soapstone walls.(The Restoration Works of the Nidaros Cathedral).

Østre oktogonkapell i Nidarosdomen før restaureringen. Vi ser restene av marmorsøylene som har overlevd de 700 årene siden byggingen (Nidaros Domkirkes Restaureringsarbeider).

The eastern octagon chapel at Nidaros Cathedral before the restoration, which commenced in 1869. Note the remaining medieval marble shafts. (The Restoration Works of the Nidaros Cathedral).

ten av 1800-tallet i Trondheim, også i Nidarosdomen.[49] Forekomstene som på den tid ble benyttet lå på Hovin og ved Lundamo (Hovinsandstein), ved Reppe og i Stjørdalen. Hvorfor ble ikke disse utnyttet i middelalderbyggeriet? Hovin og Lundamo kan vi vel utelukke på grunn av den lange transportveien over land (selv om Gaula kunne ha blitt benyttet som transportåre), likeledes synes det ikke som om Reppe er noen egnet forekomst for de mengdene stein man trengte til Domen, selv om den ikke ligger langt fra byen. Men i Stjørdal burde det ha vært muligheter. Kanskje det er slik at siden det fantes forekomster av egnet stein – grønnskifer og kleberstein – vesentlig nærmere Trondheim, så fant man det ikke for godt å benytte sandsteinene i Stjørdal. Dessuten er det faktisk større likheter mellom europeisk sand- og kalkstein og grønnskiferen på Øye enn de hardere sandsteinene i Trøndelag.

En tilsvarende argumentasjon kan man benytte når det gjelder marmor. De egnede marmorforekomstene til normal bygningsstein ligger i Inn-Trøndelag. Dette ville ha medført lange transportveier. Og så er jo heller ikke marmor benyttet som normal bygningsstein i England og Normandie – vi må til Italia for å finne riktige marmorkatedraler (Pisa, Siena, Milano etc.)

Konklusjoner

Siden bare et fåtall av de trønderske middelalderbruddene i skrivende stund er nøyaktig arkeologisk undersøkt, samt i total mangel på skriftlige kilder og ennå manglende kartlegging av hver enkelt kvader- og dekorstein i Trøndelags middelalderkirker, må argumentasjonsrekkene som i denne artikkelen er utviklet nødvendigvis bli en smule spekulative. Men noen tendenser i steinbruken kan spores – tendenser som peker i retning av sterk europeisk innflytelse.

Det er i Trøndelag, med Nidarosdomen i sentrum, ikke nødvendigvis slik at kleberstein på grunn av sin lange grytetradisjon i Norge hadde en særstilling. Tvert i mot viser det seg at den første steintypen som ble benyttet i Trøndelag, grønnskiferen fra Øye, kan ha blitt valgt av importerte mesterbyggere og håndverkere fordi den lignet på stein de kjente fra før. Øye-steinen var lett brytbar med de teknikker som sto til rådighet, og gjennom den lange bruken (150 år) kan man ha samlet den erfaring som skulle til for å ta i bruk de lokale kleberforekomstene i stor stil. Disse er vanskeligere å bryte, iallefall når man trenger store mengder stein, som til Nidarosdomen. Et helt annet forhold ser vi i det inntrønderske byggeriet på 1100-tallet der lokal Sparbukleber og marmor ble benyttet for mindre byggeoppgaver: Sparbukleber fra Slipsteinsberget er brutt etter samme mønster som man brukte i gryteproduksjonen; man anla ikke et rasjonelt, veldrevet bygningssteinsbrudd.

En indikasjon på viktigheten av engelske/utenlandske forbilder finner vi også når det gjelder den spesielle bruken av marmor på Nidarosdomen. På samme tidspunkt som purbeck-«marmor» ble tatt i bruk til spesielt søyler i de engelske katedralene og raskt ble en motestein av dimensjoner, starter en tilsvarende marmorbruk med stein fra Allmenningøya og Sparbu på Domen. Dette vitner om den makt og prestisje erkesetet la i bruk av «riktig» stein.

Generelt ser vi i Trøndelag en tendens som peker fra mangfold i steinbruk for kvader og dekor i romansk tid til nesten utelukkende bruk av kleber i gotisk tid (unntaket er marmorbruken på Nidarosdomen). Dette kan bety, som Øystein Ekroll påpeker,[50] at ulike lokale, bygghyttelignende tradisjoner med varierende grad av utenlandsk innflytelse vokste opp i starten. Etterhvert som den store bygghytten i Trondheim ble en veletablert institusjon, kan det virke som om den har medvirket til å sentralisere steinproduksjonen. En alternativ, eller en tilleggs-, forklaring kan være at siden Nidarosdomen skulle ha Trondheimskleber som sin viktigste bygningsstein, så ble nettopp slik kleber mote på bygdene også. For en bygdekirke må forbildet Nidarosdomen ha vært like strålende som forbildene Lincoln eller Canterbury var det for Domen!

Til slutt må det knyttes en kommentar til det spektakulære forhold at nesten alle de viktige middelalderske steinbruddene i Trøndelag er bevart. Mange er påvirket av 1800-tallets drift, noen, spesielt Bakkaunet, er halvveis ødelagt av moderne infrastruktur, men fortsatt er bruddene tolkbare. Dette står i motsetning til forholdene ellers i Europa, der de middelalderske steinbruddene ofte er ødelagt av senere brytningsaktiviteter eller ofret på det moderne utbyggingsspøkelsets alter. Bruddene i Trøndelag er dermed betydningsfulle i en langt større kontekst enn bare for å forstå den middelalderske steinbyggingen i regionen. Dette forhold bør utvilsomt bli tillagt stor vekt ved videre undersøkelser og bevaringsbestrebelser.

Noter

1 Jeg vil rette en stor takk til Øystein Ekroll og Tom Heldal for mange fine steinbruddsturer og kirkebesøk og ikke minst for kommentarer til manus. Takk også til Middelaldersenteret ved NTNU for midler til å gjennomføre feltarbeid, og ikke minst til Nidaros Domkirkes Restaureringsarbeider som generøst har støttet mye av min steinforskning i Trøndelag.
2 Helland 1893, Vogt 1896, Carstens 1927, 1928, 1939.
3 Storemyr 1996, 1997 a,b, 2000a.
4 Ekroll 1997 og Ekroll et al. 2000.
5 Om Nidarosdomen, se f.eks. Storemyr 1997a, 2000b.
6 Se heller Lidén 1974, Skjølsvold 1961, Brendalsmo & Sørensen 1995, Ekroll 1997, Solhaug 2001, og Storemyr & Heldal 2002.
7 Om bruk av kleber fra slutten av 1800-tallet, spesielt til Nidarosdomen, se Storemyr 1997a og Storemyr & Heldal 2002,
8 Jfr. Buckland 1990.
9 Om geologien i regionen, se f.eks. Wolff & Roberts 1980, Dahl et.al. (red.) 1997.
10 Storemyr 1996, 1997a,b, Heldal & Storemyr 1997.
11 Jfr. Berentsen Harket 1998.
12 Heldal & Storemyr 1997.
13 Berg 1999, Storemyr 2000a, Storemyr et. al. 2002.
14 Tom Heldal, pers. komm.
15 Opplysninger i NDRs arkiver.
16 Helland 1893, Carstens 1927 og Tom Heldal, pers. komm.
17 Storemyr 2000a.
18 Krefting (1869), Helland (1893), Rød (1975) og Syrstad (1995)
19 Mortenson 1973, Stenvik 1996, Østerås 1999.
20 Vogt 1896, Carstens 1927, Trønnes 1994.
21 Jfr. Carstens 1927.
22 Jfr. Ekroll 2001b.
23 Opplysninger i NDRs arkiv.

24 Vogt 1896, Øvereng 1990.
25 Opplysninger i NDRs arkiv.
26 Ward-Perkins 1971.
27 Storemyr 1997a.
28 F.eks. Storemyr 1999.
29 F.eks. Peacock 1992.
30 F.eks. Parsons 1990, Tatton Brown 1997.
31 F.eks. Lidén 1974, Brendalsmo & Sørensen 1995, Ekroll 1997.
32 F.eks. Friberg & Sundnér 1996.
33 Fischer 1965, Lidén 1974, Ekroll 1997.
34 Storemyr 2000.
35 Klemm & Klemm 1993
36 Se heller Bessac 1996 for beskrivelse av tilsvarende romersk brytning i Frankrike.
37 F.eks. Coppola 1997, Stanier 1995, 2000.
38 Storemyr 1996.
39 Parsons, red. 1990.
40 Storemyr 2001a.
41 Storemyr & Heldal 2002.
42 Se også Skjølsvold 1961.
43 F.eks. Storemyr 1999, 2001b.
44 Jfr. Dybdahl 1996.
45 Heldal & Jansen 2000.
46 Ekroll 1997.
47 Ashurst & Dimes 1990.
48 Ward-Perkins 1971, Parsons 1990, Williams & Peacock 2002.
49 Storemyr 1997a.
50 Pers. komm.

Summary

This chapter reviews the medieval building stone industry in Central Norway. It focuses on stone for ashlar and decoration at the romanesque and gothic Nidaros cathedral in Trondheim and the approximately 25 smaller and larger churches and monasteries in the region.

Due to geological circumstances and the fact that "normal" European building stone like limestone and sandstone is scarce, Norway is the only country in Europe, in which soapstone (steatite) was used both for constructing and decorating medieval buildings. The use of soapstone in medieval architecture has also been viewed as a result of the traditional use of soapstone for pots and vessels. This tradition prevailed from prehistory to the post-Reformation period in Norway.

However, this study shows that the pot-tradition cannot be regarded as decisive for the selection of stone as Christianity got a foothold and the first stone churches were erected in Central Norway in the late 11th century. On the contrary, greenschist, a soft chlorite schist with quarrying and working properties resembling European sandstone/limestone was the first stone to be put in use, perhaps by master builders and masons imported from England. This hypothesis makes sense, since Central Norway is influenced by Norman and English medieval architecture and because there are strong indications that English cathedral builders actually worked in Trondheim in the Middle Ages: The imported craftspeople may have looked upon greenschist as resembling stone, with which they were familiar.

Through the long use of greenschist (150 years), as the cathedral workshop in Trondheim had become firmly established and the gothic cathedral was well underway, skills necessary for starting large-scale quarrying of the local soapstone around 1200 may have been obtained. Due to their complex geology, the local soapstone deposits are more difficult to quarry, particularly when huge amounts of stone are needed.

A different picture can be seen at the country churches to the north of Trondheim. Here local, high quality marble deposits, as well as a local soapstone quarry used for vessels since prehistory, were the first deposits to be put in use in the early 12th century.

An interesting indication of the importance of English ideals can be found in the use of marble columns at Nidaros cathedral. Simultaneously with the exploding use of the later fashionable Purbeck "marble" at English cathedrals in the late 12th century, regional, white marble became popular for slender shafts at Nidaros. There are few – if any – examples of similar uses of marble elsewhere in Europe.

Generally, there is a tendency in medieval Central Norway that moves from a diverse use of stone in the 12th century to an almost exclusive use of soapstone after c. 1200 (except for marble at Nidaros cathedral). This indicates that a variety of workshop traditions developed in the beginning. As the large cathedral workshop in Trondheim became a well-established institution, it may have contributed to centralising stone production. Another – or an additional – explanation may be that the country churches wanted the same soapstone as Nidaros. For them, this cathedral must have been as glorious an ideal as Canterbury or Lincoln was for Nidaros.

LITTERATUR

AB = *Aslak Bolts jordebok*, utg. v. Jon Gunnar Jørgensen, Oslo 1997.
Abrams, Lesley 1998: «History and Archaeology. The Conversion of Scandinavia», i B.E. Crawford 1998b.
Aðalbjarnarson, Bjarni 1937: «Om de norske kongers sagaer», *Skrifter utg. av Det Norske Videnskaps-Akademi i Oslo*, II. Hist.-filos. Klasse 1936.
Adam af Bremen a: Beskrivelse af øerne i Norden. Oversat og kommenteret af Allan A. Lund, Højberg 1978.
Adam av Bremen b: Beretningen om Hamburg stift, erkebiskopens bedrifter og øyrikene i Norden. Oversatt av Bjørg Tosterud Danielsen & Anne Kathrine Frihagen, Oslo 1993.
Adam av Bremen: History of the Archbishop of Hamburg-Bremen, trans. F.T. Tschan with intro by T. Reuter, New York 2002.
Adamus Bremensis: Gesta Hammaburgensis ecclesiae pontificum, utg. v. Bernhard Schmeidler, Hannover & Leipzig 1917.
Afgifter = *Afgifter fra den norske Kirkeprovins til det apostoliske Kammer og Kardinalkollegiet 1311-1523*, utg. v. Gustav Storm, Christiania 1897.
Ágrip af Nóregskonungasögum. A Twelfth-Century Synoptic History of the Kings of Norway, ed. & trans. Matthew James Driscoll (Viking Society for Northern Research. Text Series vol. X) London, 1995.
Ágrip or Noregs kongesoger. Omsett av Gustav Indrebø. Norrøne bokverk 32, Oslo 1973.
Alfræði Íslenzk, Islandsk encyklopædisk litteratur III, utg. v. Kr. Kålund, København 1917.
Allen, C.F. 1870: *De tre nordiske Rigers Historie 1497-1536*, bd. 4,1.
AM = *Arnamagnæanske institut/samling*, Københavns Universitet.
Andersen, Håkon A. 1992: *Austrått*, Trondheim.
Andersen, Per Sveaas 1977: *Samlingen av Norge og kristningen av landet 800-1130*, Bergen - Oslo - Tromsø.
Andersen, Per Sveaas 1988: «The Orkney Church of the Twelfth and Thirteenth Centuries - A Stepdaughter of the Norwegian Church?», i B.E. Crawford,1988.
Anderson, Joseph 1873: «Introduction» to Hjaltalin and Goudie trans. *The Orkneyinga Saga*, Edinburgh, reprinted 1973, Edinburgh.
Andrén, Anders 1987: «Avgränsning eller tillhörighet? - Olika principer för social organisation.» *Nordisk TAG. Rapport fra den første nordiske TAG-konference i Helsingör, 15-17 november 1985*, Kristian Kristiansen (red.), København.
Andrén, A. Carelli, P. & Nilsson, T. 1995: «Lundagård före Hårleman». *Arkeologiska rapporter från Lund*, vol. 9.
Annales Islandici postoriorum saeculorum: annálar 1400–1800. Íslenzka bókmenntafélag, Reykjavík 1922.
Antonsson, Haki Þór 1999: *The Emergence of the Cult and Litterature on St. Magnus of Orkney. The Scandinavian and European Contexts*, St. Andrews.
APS = *The Acts of the Parliaments of Scotland*, edd. T. Thomson & C. Innes, Edinburgh 1814-75.
Arneborg, Jette 1991: «The Roman Church in Norse Greenland», I *The Norse of the North Atlantic*, ed. Gerald F. Bigelow, *Acta Archaeologica*, vol. 61 (1990), København.
Ashurst, J. & Dimes, F.G. (ed.) 1990: *Conservation of Building and Decorative Stone*, vol. 1, Butterworth-Heinemann.
Astås, Reidar 1987: «Om bibelbruk i Kongespeilet», *Arkiv for nordisk filologi*, bd. 102.
Astås, Reidar 1990: «Stjórn - Nytt lys over våre eldste bibeloversettelser», *Bibelselskapets skriftserie* 2.
Astås, Reidar 1991: *An Old Norse Biblical Compilation*. Studies in Stjórn, New York.
Astås, Reidar 1993: «Spor av teologisk tenkning og refleksjon», *Collegium Medievale*, vol. 6, Oslo.
Austin, R.W.J. (ed. & trans.) 1995: *The Rites of Durham*, Durham.

Bagge, Sverre 1970: «Striden mellom kapellmagisteren og biskopen i Bergen 1308-1320». I P. Juvkam (red.) *Bjørgvin bispestol*; Bergen-Oslo-Tromsø.
Bagge, Sverre 1976: *Den kongelige kapellgeistlighet 1150-1319*, Bergen-Oslo-Tromsø.
Bagge, Sverre 1979a: *Den politiske ideologi i Kongespeilet*, Bergen.
Bagge, Sverre 1979b: «Kirken og folket», *Norges kulturhistorie*, bd. 2, Oslo.
Bagge, Sverre 1981: «Kirkens jurisdiksjon i kristenrettssaker før 1277», *HT* bd. 60.
Bagge, Sverre 1984: «Nordic Students at Foreign Universities until 1660», *Scandinavian Journal of History* vol. 9.
Bagge, Sverre 1987: *The Political Thought of the King's Mirror*, Odense.
Bagge, Sverre 1989: «Theodoricus Monachus - Clerical Historiography in Twelfth Century Norway», *Scandinavian Journal of History*, vol. 14.
Bagge, Sverre 1991: *Society and Politics in Snorri Sturlusson's Heimskringla*, Berkeley.
Bagge, Sverre 1995: «The Middle Ages». I W.H. Hubbard et al. (ed.) *Making a Historical Culture. Historiography in Norway*. Oslo-Copenhagen-Stockholm-Boston.
Bagge, Sverre 1996: «Udsigt og innhogg», *HT* bd. 75, Oslo.
Bagge, Sverre 1997: «Saga Psychology: The double portrait of St. Óláfr and Haralðr Harðráði in Heimskringla». *Sagas and the Norwegian Experience. Sagaene og Norge. Preprints 10. internasjonale sagakonferanse*, Trondheim.
Bagge, Sverre 1998: *Mennesket i middelalderens Norge. Tanker, tro og holdninger 1000-1300*, Oslo.
Bagge, Sverre 2001a: «Da boken kom til Norge», *Norsk idéhistorie* bd. 1, Oslo.
Bagge, Sverre 2001b: «Law and Justice in Norway in the Middle Ages: A Case Study», L. Bisgaard et al. *Medieval Spirituality in Scandinavia and Europe. A Collection of Essays in Honour of Tore Nyberg*, Odense.
Bagge, Sverre 2001c: «Ætt, stat og politikk fra vikingtiden til 1200-tallet», *Norsk slektshistorisk tidsskrift* bd. 38.
Bagge, Sverre 2002a: *Kings, Politics, and the Right Order of the World in German Historiography c. 950-1150*, Leiden.
Bagge, Sverre 2002b: «Mellom kildekritikk og historisk antropologi», *HT* bd. 81.
Baldwin, John 1961: «The Intellectual Preparation for the Canon 1215 against Ordeals», *Speculum* vol. 36.
Ballantyne, John H. 1994: «Some notes on early Tullochs», *The Scottish Genealogist*, xli.
Ballantyne, John H. & Brian Smith 1994: *Shetland Documents 1580-1611*, Lerwick.
Ballantyne, John H. & Brian Smith 1999: *Shetland Documents 1195-1579*, Lerwick.
Bang, Anton Christian 1887: *Udsigt over den norske kirkes historie under katholicismen*, Christiania.
Bang, Anton Christian 1912: *Den norske Kirkes Historie*, Kristiania & København.

Barber, Malcolm 1992: *The two cities: medieval Europe 1050–1320*, London.
Bardal, N. red. 1930: *Trondenes kirke*, Harstad.
Barrell, A.D.M. 1995: *The Papacy, Scotland, and Northern England 1342-1378*, Cambridge.
Bartlett, Robert 1986: *Trial by Fire and Water. The Medieval Judicial Ordeal*, Oxford.
Barrow, W.S. 1971: *Regesta Regum Scottorum*, vol. 2, Edinburgh
Becker, G. Burman 1886: *Helgenskrinene i Sankt Knuds Kirke i Odense*, København.
Becker, P.J. & Brandis, T. 1985: *Die theologischen lateinischen Handschriften in Folio der Staatsbibliothek preussischer Kulturbesitz Berlin*, Teil 2 - Ms. Thol. Lat. Fol. 598-737, Wiesbaden.
Benedictow, Ole Jørgen 1977: «Fra rike til provins 1448-1536». K. Mykland (red.), *Norges Historie* bd. 5, Oslo.
Berentsen Harket, A. 1998: «Romanske Dekorfragmenter fra Nidaros domkirkes steinsamling». *Småskriftserien* nr. 17, Trondheim.
Berg, A. 1999: «Ny aktivitet i gammelt steinbrudd». *Spor* 2, Trondheim.
Bergan, Thor Åge 1972: *Biskop Jens av Oslo 1420-53*, hovedoppgave i historie, Oslo.
Berge, Lars Johan 1994: «Kirkehistorisk forskning som kirkelig og vitenskapelig intensjonsfellesskap», *TTK*.
Berman, Harold 1983: *Law and Revolution. The Formation of the Western Legal Tradition*, Harvard.
Bertelsen, Reidar 1973: *Gårdshaugene i Harstad kommune, et bidrag til områdets økonomiske historie I middelalderen*, magistergradsavhandling i arkeologi, Bergen.
Berulfsen, Bjarne 1948: *Kulturtradisjon fra en storhetstid*, Oslo.
Bessac, J.C. 1996: «La pierre en gaule narbonnaise et le carrières du Bois des Lens (Nîmes). Histoire, archéologie, ethnographie et techniques». *Journal of Roman Archaelogy, Supplementary Series* 16.
Beuerman, Ian 2001: *Man amongst kings and bishops. What was the reason for Godred's journey to Norway in 1152/53?*, hovedoppgave, Oslo.
Beyer, Harald (red.) 1928: *Absalon Pedersøn. Om Norgis Rige*, Bergen.
Bing, Just 1910: «Bergens Kalvskind og Kirkemøtet i Bergen 1320, *HT* bd. 21.
Binski, Paul 1995: *Westminster Abbey and the Plantagenets*, New Haven and London.
Biskop Jens Nilssøns Visitatsbøger og Reiseoptegnelser 1574–1597. Utg. v. Dr. Yngvar Nielsen, Kristiania 1885.
Biskupa sögur III, utg. v. Guðrún Ása Grímsdóttir. Íslenzku Fornrit XVII, Reykjavík 1999.
Bjarkøyretten. Nidaros eldste bylov. Omsett av Jan Ragnar Hagland og Jørn Sandnes, Oslo 1997.
Bjørkvik, Halvard 1968: *Det norske krongodset i mellomalderen*. Første utforming (upubl. manus.), Trondheim.
Bjørkvik, Halvard 1969: «Reide», *KLNM* XIV.
Bjørkvik, Halvard 1995: «Kva slags samfunn var det som tok mot kristendommen? Den vestnorske samfunnsstrukturen omkring år 1000», i H.-E. Lidén (red.), *Møtet mellom hedendom og kristendom i Norge*, Oslo.
Bjørkvik, Halvard 1996: «Folketap og sammenbrudd 1350-1520». *Aschehougs Norges Historie* bd. 4, Oslo.
Black, Anthony 1988: «The Concilar Movement», i *The Cambridge History of Medieval Political Thought c. 350–1450*, ed. J.H. Burns, Cambridge.
Blair, John (ed.) 1988: «Minsters and Parish Churches. The Local Church in Transition», *Oxford University Committee for Archaeology, Monograph* No. 17, Oxford.
Blom, Grethe Authén 1956: «St Olavs by», *Trondheim bys historie*, bd.1, Trondheim.
Blom, Grethe Authén 1967: *Kongemakt og privilegier i Norge inntil 1387*, Oslo-Bergen-Tromsø.
Blom, Grethe Authén 1971: [opp. mot] Vegard Skånland «Det eldste norske provinsialstatutt», *HT* bd. 50.
Blom, Grethe Authén 1992a: *Norge i union på 1300-tallet*, Trondheim.
Blom, Grethe Authén 1992b: *Nidaros som pilegrimsby; et utslag av den alleuropeiske pilegrimskulturen*, Trondheim.
Blom, Grethe Authén 1994: «Helgenkonge og helgenskrin. En kongeskikkelse i forvandling fra sagatid til reformasjonstid». *Småskrift* nr. 9, Trondheim.
Blom, Grethe Authén 1997: «Hellig Olavs by. Middelalder til 1537», *Trondheims historie 997–1997*, bd. 1, Trondheim.
Booth, Anette Holst 1998: «Erkebiskopens armbrøstproduksjon». *NIKU Temahefte* 16, Trondheim.
Boúaert, F. Clacys: «Bulle in Coena Domini». *Dictionnaire de Droit Canonique* III.
Bowen, E.G. 1969: *Saints, seaways, and settlements in the Celtic lands*, Cardiff.
Boyd, Catherine E. 1946: «The Beginnings of the ecclesiastical tithe in Italy», *Speculum*, vol. XXI.
Bps. = *Biskupa sögur I-II*, utg. Guðbrandur Vigfússon & Jón Sigurðson, København 1858–78.
Bratrein, Håvard Dahl 1970: «Befolkningsforhold og kirkebygging nord for Malangen i eldre middelalder», *Håløygminne*, bd. 13, 51. årg.
Brendalsmo, A.J. & Sørensen, R. 1995: «Håndverksmessige og geologiske forutsetninger for bygging av steinkirker i Vestfold i tidlig middelalder». *Hikuin* 22.
Brendalsmo, A. Jan 1999: «The Landscape of the Dead. Was burial in the parish churchyard obligatory in the Middle Ages?». «*NIKU 1994-1999. Kulturminneforskningens mangfold*». Grete Gundhus et al. (ed.). *NIKU Temahefte* 31, Oslo.
Brendalsmo, A. Jan 2001: *Kirkebygg og kirkebyggere. Byggherrer i Trøndelag ca. 1000-1600*, Tromsø. Upubl.avh.til dr.philos.
Brodahl, Joh. E. 1925: «Dekanen Svein Eriksson. En trøndersk kirkefyrste på 1400-tallet», i *Tronhjemiana til TH. Petersen paa hans 50-Aars-Dag*, Trondhjem.
Brilioth, Yngve 1941: «Den senare medeltiden 1274–1521». Bd. II i *Svenska kyrkans historia*, red Holmquist-Pleijel, Uppsala
Brooke, Christopher 1991: *The Medieval Idea of Marriage*, Oxford.
Brunner, Otto 1992: *Land and Lordship. Structures of Governance in Medieval Austria*, Philadelphia.
Brøgger, A.W. 1924: «Erkebispegaarden i Nidaros», *Dagsposten*, Trondheim.
Buckland, P.C. 1990: «Ballast and Building Stone: A Discussion.» I Parsons, D. (red.) *Stone Quarrying and Building in England AD 43–1525*, Chichester.
Bugge, Alexander 1899: *Erkebiskop Henrik Kalteisens Kopibog*, Christiania.
Bugge, Alexander 1914: «Norge og de Britiske Øer i middelalderen», *HT* 5. rekke bind 2.
Bugge, Alexander 1924: «Vore gamle gravminder». *Foreningen til norske fortidsminnesmerkers bevaring, aarsberetning*.
Bugge, Anders 1924: «Vore gamle gravminder». *Foreningen til norske fortidsminnesmerkers bevaring, aarsberetning* 1924.
Bugge, Anders 1946: «Oktogonens gåte». I *NTT* bd. XLVI nr. 3-4.
Bull, Edvard 1912: *Folk og kirke i middelalderen*, Kristiania.
Bull, Edvard 1922: «Oslos historie», *Kristianias historie*, bd. 1, Kristiania.
Bull, Francis 1913: *Ludvig Holberg som historiker*, Kristiania.
Bull, Francis 1958: *Norsk litteraturhistorie*, bd. 2, Oslo.
Burke, Peter 1994: *Popular culture in early modern Europe*, Cambridge.
Bury, John 1984: «A Leonardo project realised in Portugal», *Burlington magazine*.
Butler, John 1995: *The Quest for Becket's Bones*, New Haven and London.
Bø, Olav 1959: «Falkar», *KLNM* IV.
Böttcher, Hartmut 1971: *Das Glaubensbekenntnis im Landrecht Magnus Lagaböters*, Berlin.

Canning, Joseph 1996: *A History of Medieval Political Thought, 300–1450*, London-New York.
Cant, Ronald 1972: «The Church in Orkney and Shetland and its relations with Norway and Scotland in the middle ages», *Northern Scotland* vol. I.
Cant, Ronald 1988: «Norwegian Influences in the Design of the Transitional and Gothic Cathedral», i B.E. Crawford 1988.
Cant, Ronald 1995: «The constitution of Saint Magnus cathedral», i B.E. Crawford 1995.
Carstens, C.W. 1927: «En petrografisk undersøkelse av bygningsmaterialet i Trondhjems Domkirke». *Det kongelige norske videnskabers selskabs forhandlinger* 1,1.
Carstens, C.W. 1928: «Petrologische Studien im Trondhjemsgebiet». *Det kongelige norske videnskabers selskabs skrifter* 1.
Carstens, C.W. 1939: «Det faste fjell». *Strinda Bygdebok*, bd. I, Trondheim.
CCN = Corpus Codicum Norvegicorum Medii Aevi. Vol. II. Norske diplomer til og med år 1200, utg. v. Didrik Arup Seip, Oslo 1960.
Christie, Håkon u.å.: *Dagbøker fra utgravningene i Hamar bispegård 1955–69*. Upublisert.

Christophersen, Axel & Sæbjørg Walaker Nordeide 1994: «Kaupangen ved Nidelva: 1000 års byhistorie gjennom de arkeologiske undersøkelsene på Folkebibliotekstomten i Trondheim 1973-1985». Bd. 1-2. *Riksantikvarens skrifter* nr 7, Trondheim.
Chronica magistri Rogeri de Houedene, ed. W. Stubbs (*Rerum britannicarum medii ævi scriptores* 51.1-4), London 1868-71, opptr. 1964.).
Chronicon Roskildense, utg. v. M. Cl. Gertz 1917-22, *Scriptores minores Historiæ Danicæ medii ævi*, vol I, København. (Dansk oversettelse v. Michael Gelting: Roskildekrønioken, Højberg 2002 (1. utg. 1979).)
Chron.Man. = *Chronicles of the Kings of Man and the Isles*, ed. G. Broderick, Douglas.
Clouston, J. Storer 1914: *Records of the Earldom of Orkney*, Scottish History Society 2nd. Series 7, 1299–1614, Edinburgh.
Clouston, J. Storer 1925-26: «The Old Prebends of Orkney», *Proceedings of the Orkney Antiquarian Society* vol. IV.
Clover, Carol 1982: *The Medieval Saga*, Ithaca og London.
Coldstream, Nicola 1976: «English Decorated Shrine Bases», *Journal of the British Archaeological Association* vol. 129.
Coppola, G. 1997: «Carrières de pierre et techniques d'extraction». I Corlet, C. (ed.) *L'architecture normande au Moyen Age*, vol. 1, Caen.
Cormack, Margaret 1994: *The Saints in Iceland: their veneration from the conversion to 1400.* Preface by Peter Foote, Subsidia hafgiographica 78, Bruxelles.
Cowan, Ian B. 1967: *The Parishes of Medieval Scotland*, Edinburgh.
Craven, J.B., the Rev., 1901: *History of the Church in Orkney. From the Introduction of Christianity to 1558*, Kirkwall.
Crawford, Barbara E. 1967-8: «The Earldom of Orkney and Lordship of Shetland: a reinterpretation of their pledging to Scotland in 1468-70», *Saga-Book of the Viking Society*, xvii.
Crawford, Barbara E. 1971: *The Earls of Orkney-Caithness and their relationship with Norway and Scotland 1158-1470*, St. Andrews Univ., unpublished ph. D.
Crawford, Barbara E. 1976: «The fifteenth-century 'Genealogy' of the earls of Orkney and its reflection of the contemporary political and cultural situation in the islands», *Medieval Scandinavia* 10.
Crawford, Barbara E. 1983a: «Birsay and the Early Earls and Bishops of Orkney», i *Birsay: A Centre of Political and Ecclesiastical Power. Orkney Heritage*, ii.
Crawford, Barbara E. 1983b: «The pledging of the islands in 1469: the historical background», i D.J. Withrington ed., *Shetland and the Outside World 1469-1969.* Oxford.
Crawford, Barbara E. 1984: «The Cult of St. Magnus in Shetland», i B.E. Crawford ed., *Essays in Shetland History*, Lerwick.
Crawford, Barbara E. 1987: *Scandinavian Scotland*, Leicester.
Crawford, Barbara E. 1988 ed.: *St Magnus Cathedral and Orkney's Twelfth-Century Renaissance*, Aberdeen.
Crawford, Barbara E. 1993: «Norse Earls and Scottish Bishops in Caithness», i Batey et al. edd., *The Viking Age in Caithness, Orkney and the North Atlantic*, Edinburgh.
Crawford, Barbara E. 1995 ed.: *Northern Isles Connections. Essays from Orkney and Shetland presented to Per Sveaas Andersen*, Kirkwall.
Crawford, Barbara E. 1996: «Bishops of Orkney in the eleventh and twelfth centuries: bibliography and biographical lists», *Innes Review*, 47.
Crawford, Barbara E. 1998a: «St Magnus and St Rognvald - the two Orkney Saints», *Records of the Scottish Church History Society*, 28.
Crawford, Barbara E. 1998b ed.: «*Conversion and Christianity in the North Sea World*». St. John's House Papers no. 8, St. Andrews.
Crawford, Barbara E. 2000: «Medieval Strathnaver», i Baldwin, ed. *The Province of Strathnaver*, Edinburgh.
Crawford, Barbara E. 2002 ed.: *The Papar in the North Atlantic. Environment and History*, St. John's House Papers 10, St. Andrews.
Crawford, Barbara E. in press: «The earls of Orkney and the Hebrides», I M. MacLeod, ed. *The Gall-Gaedheil. The Western Isles in the Viking World.*

Dahl, Ottar 1970: *Norsk historieforskning i 19. og 20. århundre*, Oslo.
Dahl, Ottar 2000: «Edvard Bull»; *Norsk biografisk leksikon* bd. 2, Oslo.
Dahl. R. Svein, H. & Thoresen, M. (red.) 1997: *Nord-Trøndelag og Fosen – Geologi og landskap*, Trondheim.
Dahlbäck, Göran 1977: «Alienationsförbud», *KLNM* XXI.
Dahlerup, Troels 1990: «Orkney Bishops as Suffragans in the Scandinavian-Baltic Area: an aspect of the late medieval church in the North», i G.G. Simpson, ed. *Scotland and Scandinavia 800-1800*, Edinburgh.
Dahlin, Elin 1990: «Med Fischer i middelalderens bispegård i Oslo». *Årbok. Foreningen til norske fortidsminnesmerkers bevaring.*
Danbolt, Gunnar 1997: *Nidarosdomen*, Oslo.
Den særskilde Olavssoga = *Den store saga om Olav den hellige*, utg. v. O.A. Johnsen & Jón Helgason, Oslo 1941.
DI = *Diplomatarium Islandicum. Íslenzkt fornbréfasafn* I-XVI, København 1857-.
Dictionary of National Biography, Oxford.
Dietrichson, L. & Meyer, J. 1906: *Monumenta Orcadia*, Kristiania.
Dipl. Christierni I = *Diplomatarium Christierni Primi*, red. C.F. Wegener, København 1856.
DN = *Diplomatarium Norvegicum*, Chra./Oslo 1849-.
Donaldson, Gordon 1946: «The archdeaconry of Shetland in the sixteenth century», *Shetland News*, 3 October 1946.
Donaldson, Gordon 1987: *Reformed by Bishops*, Edinburgh.
Donaldson, Gordon 1995: «Archdeacons of Shetland» i B. Crawford 1995.
Duffy, Eamon 1992: *The stripping of the altars. Traditional Religion in England 1400–1580*, New Haven & London.
Duffy, Eamon 1996: «Priests for Ever» *Priest & People*, vol. 10,6.
Duffy, S. 1992: «Irishmen and Islesmen in the Kingdoms of Dublin and Man», *Ériu* 43.
Dybdahl, Audun 1981: *Tiendepengeskatten som kilde til formuesforhold i det nordenfjelske Norge*, Bodø.
Dybdahl, Audun 1989: *Jordeiendomsforhold og godseiere i Trøndelag. Fra Aslak Bolt til Landkommisjonen*, Steinkjer.
Dybdahl, Audun1996a: «Proveniensen til erkesetets gods», *Innsikt og utsyn. Festskrift til Jørn Sandnes*, Trondheim.
Dybdahl, Audun 1996b: *Matrikkel over sentraleid jordegods i Trøndelag på reformasjonstiden*, Trondheim.
Dybdahl, Audun 1999: *Helgener i tiden*, Trondheim.
Daae, Ludvig 1863: *Throndhjems Stifts geistlige Historie fra Reformationen til 1814*, Christiania 1863.
Daae, Ludvig 1879a: *Norske Helgener*, Christiania.
Daae, Ludvig 1879b: *Kong Kristian I.s norske Historie 1448-1458*, Christiania.
Daae, Ludvig 1890: «Den throndhjemske Erkestols Sædesvende og Frimænd», *HT*, 11. årgang.
Daae, Ludvig 1897a: *En Krønike om Erkebiskopperne i Nidaros*, Throndhjem.
Daae, Ludvig 1897b: «Erkebiskopperne i Nidaros», Særtrykk af *Throndhjem i Fortid og Nutid.*
Daae, Ludvig 1899: «Om Stavanger Stift i Middelalderen», *HT* bd. 15.
Daae, Ludvig 1901: «Om Bergen Bispedømme i Middelalderen», *HT* bd. 16.
Dåvøy, Lene 2002: *Den latinske og den norrøne Olavslegenden. Tekstversjoner og oversettelsespraksis.* Hovedoppgave ved Universitetet i Bergen.

Eide, Ole Egil 1984: *Hvelvet kjeller i Storhamarlåven. Undersøkelse 1984.* Rapport i Riksantikvarens og Hedmarksmuseets arkiv.
Eide, Ole Egil 1987: *Undersøkelse av ringmuren. Hamar bispegård.* Rapport i Riksantikvarens og Hedmarksmuseets arkiv. Upublisert.
Eidnes, Asbjørn 1987: «Omkring alterskapa I Trondenes kjerke», *Håløygminne*, bd. 17, 68. årg.
Eidnes, Asbjørn 1993a: «Kunsten langs leia i nord», *Håløygminne*, bd. 19, 74. årg.
Eidnes, Asbjørn 1993b: «Trondenes kjerke. 'Den kircke har noget at sige'», *Hålogaland Historielag*, Harstad.
Eidnes, Hans 1954: *Hålogalands historie*, Trondheim.
Einar Laxness 1995: *Íslandssaga A-Ö*, Reykjavík.
Ekrem, Inger 1998: *Nytt lys over Historia Norwegie*, Bergen.
Ekrem, Inger 2000: «Om Passio Olavis tilblivelse og eventuelle for-bindelse med Historia Norwegie», Inger Ekrem et al. 2000.
Ekrem, Inger and Mortensen, L.B, 2003, *Historia Norvegiae, Museum Tusculanum Press, Copenhagen.*
Ekrem, Inger, Mortensen, L.B. & Skovgaard-Petersen, K. red. 2000: *Olavslegenden og den latinske historieskrivning i 1100-tallets Norge*, København.
Ekroll, Øystein (red.) 1995: *Nidaros domkirke og erkebispegården*, Trondheim.
Ekroll, Øystein 1997: *Med kleber og kalk: norsk steinbygging i mellomalderen*, Oslo.
Ekroll, Øystein 1998: «Om arkitekturhistorie, stilhistorie og datering». I *Innskrifter og datering*, red. A. Dybdahl & Jan Ragnar Hagland, Trondheim.
Ekroll, Øystein 2000: «Olavsskrinet - myter og fakta», *Spor* nr. 2/2000.

Ekroll, Øystein og Morten Stige 2000: *Kirker i Norge*, bd. 1: «Middelalder i stein», Oslo.
Ekroll, Øystein 2001a: «Det gløymde inventariet. Steinvikholm 3. juni 1537». *Årbok for Nord-Trøndelag historielag*, Steinkjer.
Ekroll, Øystein 2001b: *Her hvilir: Nidarosdomens gravsteinsutstilling.* Trondheim.
Ekroll, Øystein (i prent): «Magnus den godes grav». I *Danske kongegraver*, red. Karin Krüger.
Elbern, Victor H. 1999: «Liturgisches Gerät und Reliquiare. Funktion und Ikonologie.» I *799. Kunst und Kultur die Karolingerzeit. Karl der Grosse und Papst Leo III in Paderborn*, Mainz.
Eldste saga = *Den eldste saga om Olav den hellige*, red. Gustav Storm, Christiania 1893.
Ellehøj, Svend 1965: *Studier over den ældste norrøne historieskrivning*, København.
En tale = Holtsmark *se Talen* 1931.
ER = *The Exchequer Rolls of Scotland*, edd. J Stuart and others. Edinburgh 1878-1908.
Ersland, Geir Atle 2000: «Kongshird og leidangsbonde», G.A. Ersland & T.H. Holm *Norsk forsvarshistorie*, bd. 1, Bergen.

F = *Frostatingslova*, i oversettelse ved J. Hagland og J. Sandnes 1994.
Fagerskinna, utg. v. Bjarni Einarsson, *Íslenzk fornrit* 29, Reykjavík 1984.
Fagerskinna, Kortfattet Norsk Konge-Saga fra Slutningen af det tolfte eller Begyndelsen af det trettende Aarhundrede, udg. af P.A. Munch og C.R. Unger, Christiania 1847.
Fagerskinna. Nóregs Kononga Tal, udg. v. Finnur Jónsson, København 1902-08.
Farmer, David 1997: *The Oxford Dictionary of Saints* (4. edition), Oxford & New York.
Fenger, Ole 1971: *Fejde og mandebod. Studier over slægtsansvaret i germansk og gammeldansk ret*, København.
Feine, Hans E. 1972: *Kirchliche Rechtsgeschichte. Die katholische Kirche.* 4. utg. Köln - Wien.
Fischer, Gerhard 1950: *Oslo under Eikaberg*, Oslo.
Fischer, Gerhard u.å.: *Dagbøker fra utgravningene i Hamar bispegård 1946–60.* Upublisert.
Fischer, Gerhard 1965: *Domkirken i Trondheim, kirkebygget i middelalderen*, bd. 1-2, Trondheim.
Fischer, Dorothea & Gerhard 1976: «Erkebispegård - Kongsgård - Erkebispegård» *Årbok. Foreningen til norske Fortidsminnesmerkers Bevaring.*
Fischer, Dorothea & Gerhard 1977: «Erkebispegård - Kongsgård - Erkebispegård», *Fortidsminner LXIV.*
Fjellbu, Arne (red.) 1955: *Nidaros erkebispestol og bispesete 1153-1953*, Oslo.
Fladby, Rolf 1963: *Fra lensmannstjener til Kongelig Majestets Foged*, Oslo.
Flateyarbók, bd. 1-3, Christiania 1860-68.
Foss, Johan G. 1979: *Studiar i Frøyas eldste historie*, hovedoppgave i historie, Trondheim.
Friberg, G. & Sundnér, B. 1996: *Stenen i tiden. Från 1000-talet till 1940. Natursten i Byggnader*, Stockholm.
Friedberg, Emil, Aemilius Ludwig Richter eds. 1879/1959: *Corpus iuris canonici.* Lipsiensis secunda 2 vols. Graz.
Friis, Peder Claussøn : *Samlede Skrifter*, utg. ved Gustav Storm, Kristiania 1881.
Fæhn, Helge 1955: «Gudstjenestelivet i Nidaros domkirke i middelalderen» i Arne Fjellbu 1955.
Færden, Gerd 1991: «Serieproduserte håndverksprodukter fra Storhamarstranda». *Fra Kaupang og Bygd. Hedmarksmuseets Årbok.*
Færden, Gerd 1995: «Bokbeslag fra Storhamarstranda». *Fra Kaupang og Bygd. Hedmarksmuseets Årbok.*

Gad, T. 1967: «Nicolaus af Myra», *KLNM* XII.
Gallén, Jarl 1968: «Penitentiarie», *KLNM* XIII.
Gamal norsk homiliebok = Gustav Indrebø, Oslo 1931
Gaudemet, Jean 2000: «Concordat» i *Encyclopedia of the Middle Ages*, ed. A. Vauchez.Paris–Cambridge–Roma.
Gauthier, Marie Madelaine 1983: *Highways of the Faith. Relics and Reliquaries from Jerusalem to Compostela*, Secaucus.
Gelting, Michael 1999: «Peace and the Canonical Incest Prohibitions: Making sense of Absurdity», Mia Korpiola (utg.) *Nordic Perspectives on Medieval Canon Law*, Saarijärvi.
Gelting, Michael 2001: *Roskildekrøniken*, Højberg.
Gjerløw, Lilli 1968: «Ordo Nidrosiensis ecclesiae». *Libri liturgici provinciae Nidrosiensis medii aevi*, bd. 2, Oslo.
Gjerløw, Lilli 1979: «Antiphonarium Nidrosiensis ecclesiæ», *Libri liturgici provinciae Nidrosiensis*, bd. 3, Oslo.
Gjone, Erling 1981: «Trondenes kirke. Et ombyggingsarbeide i 1400-årene», i *Årbok. Foreningen til norske fortidsminnesmerkers bevaring.*
Goody, Jack 1983: The Development of the Family and Marriage in Europe, Cambridge.
Goudie, Gilbert 1904: *The Celtic and Scandinavian Antiquities of Scotland*, Edinburgh and London.
Gravbrøt, Pia Maria 1993: *Steinvikholm. Dokumentasjon av Steinvikholm og dens historie*, Hovedoppgave NTH, Trondheim.
Grágás, Lagasafn íslenska Þjóðveldisins, utg. Gunnar Karlsson et al, Reykjavík 1993.
Greenhill, F.A. 1976: *Incised Effigial Slabs. A Study of Engraved Stone Memorials in Latin Christendom c. 1000 to c. 1700.* I–II, London.
Grg. Ia-Ib = *Grágás*, Islændernes Lovbog i Fristatens Tid, utg. Vilhjálmur Finsen, København 1852–70.
Grg. II = *Grágás*, efter det Arnamagnæanske Haandskrift nr. 334 fol. Starhólsbók. Utg. Vilhjálmur Finsen, København 1879.
Grg. III = *Grágás.* Stykker som findes i det Arnamagnæanske Haandskrift nr. 351 fol. Skálholtsbók og en Række andre Haandskrifter. Utg. Vilhjálmur Finsen, København 1883.
Grímsdóttir, Guðrun Ása 1982: «Um afskipti erkibiskupa af íslenzkum málefnum á 12. og 13. öld», *Saga* 20.
Grønli, Oddvar 1975: «Innskrifta på Skule-steinen». *Årbok. Foreningen til norske fortidsminnesmerkers bevaring.*
Grågås = *Stavanger stifts og domkapitels jordebok 1620*, Hodne 1986.
Gtl. = *Gulatingslovi.* Umsett frå gamalnorsk av Knut Robberstad, Oslo 1937 (nyutgave 1969).
Guðmundsson, Gunnar F. 2000: «Íslenskt samfélag og Rómkirkja». *Kristni á Íslandi* II. Red. Hjalti Hugason, Reykjavík.
Gunnes, Erik 1970a: «Erkebiskop Øystein som lovgiver», *Lumen* 39.
Gunnes, Erik 1970b: «Kirkelig jurisdiksjon i Norge», *HT* bd. 49.
Gunnes, Erik 1971: *Kongens ære. Kongemakt og kirke i «En tale mot biskopene»*, Oslo.
Gunnes, Erik 1973: «Om hvordan 'Passio Olavio' ble til», *Maal og Minne.*
Gunnes, Erik 1974: «Erkebiskop Øystein og Frostatingsloven», *HT* bd. 53.
Gunnes, Erik 1976: «Rikssamling og kristendom», *Norges Historie*, bd. II, red. Knut Mykland, Oslo.
Gunnes, Erik 1982: «Prester og deier - sølibatet i norsk middelalder», *Hamarspor. Festskrift til Lars Hamre*, red. S. Imsen & G. Sandvik, Oslo.
Gunnes, Erik 1987: «Klosterliv i Norge», *Årbok. Foreningen til norske fortidsminnesmerkers bevaring.*
Gunnes, Erik 1993: *Den katolske kirke i Norge: fra kristningen til i dag*, Oslo.
Gunnes, Erik 1995: «Ordner og klostre i norsk samfunnsliv», *Collegium Medievale*, vol. 8.
Gunnes, Erik 1996: *Erkebiskop Øystein. Statsmann og kirkebygger*, Oslo.
Gunnes, Erik 1997: «Varna kloster», *Collegium Medievale*, vol. 10.
Gunnes, Erik u.å.: *Etterlatte papirer.* Riksarkivet, Oslo.
Gørvel Fadersdatters regnskap over Giske og Giskegodset, utg. v. Per-Øivind Sandberg, Oslo 1986.

Hadorph, Johan 1675: *S. Oluffz Saga på Swenske Rijm*, Stockholm.
Hagland, Jan 1990: «Runefunna. Ei kjelde til handelshistoria». 2. utg. *Fortiden i Trondheims bygrunn. Folkebibliotekstomten, meddelelser* nr. 8, Trondheim.
Hagland, Jan og Jørn Sandnes 1994: *Frostatingslova*, Oslo.
Halkin, F. 1934: «Legendarii Bodecensis menses duo in codice Padebornensi», *Analecta Bolandiana* 52.
Hallan, Nils 1957-58: «En Tale og erkebiskop Eysteins klosterbygging», *HT* bd. 38.
Hallan, Nils 1961-62: «Erkebiskop Eystein og stormøtet i Ringsted 1170», *HT* bd. 41.
Halldórsson, Ólafur 1979: «Sagnaritun Snorra Sturlusonar», i *Snorri: Átta alda minning*, Reykjavík.

Hamarkrøniken. Utg. v. Egil Pettersen, Øvre Ervik 1986.
Hamre, Anne Marit 1978: *Bidrag til det kirkelige visitasjonsinstitutts historie i Norge i middelalderen*, hovedoppgave i historie, Oslo.
Hamre, Anne Marit 1983: *Norske kyrkjelege Jordebøker*. Bd. 2: «Trondhjems Reformats 1589. Oslo Domkapitels Jordebok 1595», Oslo.
Hamre, Anne Marit 1991: «Til Rødebokens genesis», *HT* bd. 70.
Hamre, Lars 1943: *Erkebiskop Erik Valkendorf*, Oslo.
Hamre, Lars 1946: «Omkring stadfestingen av sættargjerden 1458», *HT* bd 34.
Hamre, Lars 1953: «Arkivsaker til erkebispens og erkebispedømmets historie utlånt fra Riksarkivet», *Katalog over den historiske utstilling av den norske kirkeprovins 1153–1953*, Trondheim.
Hamre, Lars 1955: «Unionstiden», i A. Fjellbu 1955.
Hamre, Lars 1956a: «Aslak Bolts jordebok», *KLNM* I.
Hamre, Lars 1956b: «Bispearkiv», *KLNM* I.
Hamre, Lars 1957: «Cathedraticum», *KLNM* II.
Hamre, Lars 1958a: «Dei gratia», *KLNM* III.
Hamre, Lars 1958b: «Domkapitel. Norge», *KLNM* III.
Hamre, Lars 1958c: «Donasjon», *KLNM* III.
Hamre, Lars 1959a: «Eysteins jordebok», *KLNM* IV.
Hamre, Lars 1959b: «Fabrica», *KLNM* IV.
Hamre, Lars 1959c: «Fructus», *KLNM* IV.
Hamre, Lars 1960a: «Gudsdom», *KLNM* V.
Hamre, Lars 1960b; «Gåve», *KLNM* V.
Hamre, Lars 1962a: «Iura regni», *KLNM* VII.
Hamre, Lars 1962b: «Jordebog», *KLNM* VII.
Hamre, Lars 1963a: «Jurisdiktion», *KLNM* VIII.
Hamre, Lars 1963b: «Kapellgeistlighet», *KLNM* VIII.
Hamre, Lars 1963c: «Kirkeværger. Noreg», *KLNM* VIII.
Hamre, Lars 1963d: «Kollegiatkapitel», *KLNM* VIII.
Hamre, Lars 1964a: «Kyrkans finanser», *KLNM* IX.
Hamre, Lars 1964b: «Kyrkliga räkenskaper». *KLNM* IX.
Hamre, Lars 1966: «Mensa», *KLNM* XI.
Hamre, Lars 1967a: «Munkelivs brevbok»; *KLNM* XII.
Hamre, Lars 1967b: «Ocker. Noreg», *KLNM* XII.
Hamre, Lars 1967c: «Official» *KLNM* XII.
Hamre, Lars 1967d: «Olav Engelbriktssons jordebok», *KLNM* XII.
Hamre, Lars 1967e: «Oppressio infantium», *KLNM* XII.
Hamre, Lars 1968a: *Norsk historie frå om lag 1400*, Oslo.
Hamre, Lars 1968b: «Kring bispevalet i Bergen 1474», i P. Juvkam (red.) *Bjørgvin bispestol. Frå Selja til Bjørgvin*, Bergen - Oslo - Tromsø.
Hamre, Lars 1968c: «Pant», *KLNM* XIII.
Hamre, Lars 1968d: «Provst», *KLNM* XIII.
Hamre, Lars 1968e: «Prästlön. Noreg», *KLNM* XIII.
Hamre, Lars 1968f: «Registrum», *KLNM* XIII.
Hamre, Lars 1970a: «Kring biskop Audfinns brev frå 27. mars 1320 om sokneband og soknegrenser i Bergen», i P. Juvkam (red.) *Bjørgvin bispestol. Byen og bispedømmet*, Bergen-Oslo-Tromsø.
Hamre, Lars 1970b: [opposisjon] G.A. Blom «Kongemakt og privilegier i Norge inntil 1387», *HT* bd. 49.
Hamre, Lars 1970c: «Setesvein», *KLNM* XV.
Hamre, Lars 1970d: «Sjelegave», *KLNM* XV.
Hamre, Lars 1970e: «Skrocksocken», *KLNM* XV.
Hamre, Lars 1971a: *Norsk historie 1450–1513*, Oslo.
Hamre, Lars 1971b: [opposisjon]Vegard Skånland «Det eldste norske provinsialstatutt», *HT* bd. 50.
Hamre, Lars 1971c: «Sogn», *KLNM* XVI.
Hamre, Lars 1972a: [opposisjon] Erik Gunness «Kongens ære. Kongemakt og kirke i En tale mot biskopene», *HT* bd. 51.
Hamre, Lars 1972b: «Statuter», *KLNM* XVII.
Hamre, Lars 1972c: «Stolgebyr», *KLNM* XVII.
Hamre, Lars 1972d: «Subscriptio», *KLNM* XVII.
Hamre, Lars 1972e: «Subsidium charitativum», *KLNM* XVII
Hamre, Lars 1973: *Stat og kyrkje i seinmellomalderen. Nokre hovudliner*, stensiltrykk, Oslo.
Hamre, Lars 1974a: «Litt kring bispeskiftet i Oslo etter biskop Øystein Aslakssons død», i *Oslo bispedømme 900 år*, red. Fridtjov Birkeli et al., Oslo.
Hamre, Lars 1974b: «Testamente. Norge», KLNM VIII.
Hamre, Lars 1974c: «Tiend. Norge», *KLNM* XVIII.
Hamre, Lars 1977a: «Asyl. Allm. Norge», *KLNM* XXI.
Hamre, Lars 1977b: «Kannikgjeld», *KLNM* XXI.
Hamre, Lars 1977c: *Kring Sættargjerda i Tunsberg*, upubl. manuskript.
Hamre, Lars 1977d: «Litt om kyrkjelege og benefisialrettslege tilhøve i Finnmark i mellomalderen», *Institutt for sammenlignende kulturforskning. Serie A: Forelesninger*, Oslo.
Hamre, Lars 1977e: Sverre Bagge. «Den kongelige kapellgeistlighet 1150–1319», *Heimen*, bd. XVII.
Hamre, Lars 1979: *Møtet i Bergen 1280*, upubl. manuskript.
Hamre, Lars 1980: *Striden mellom erkebiskop Jørund og domkapitlet i Nidaros*, upubl. manuskript.
Hamre, Lars 1993: «Litt om og omkring Håkon V's hirdskipan», *HT* bd. 72.
Hamre, Lars 1998: *Norsk politisk historie 1513-1537*, Oslo.
Hansen, Lars Ivar 1996: «Interaction between Northern European sub-Arctic Societies during the Middle Ages: Indigenous Peoples, Peasants, and State-Builders», i Magnus Rindal (red.) *Two Studies in the Middle Ages* (KULTSs Skriftserie No. 66), Oslo.
Hansen, Lars Ivar 2000: *Astafjord bygdebok, Historie bd. 1, Fra eldre jernalder til ca. 1570*, (utg. av Lavangen kommune).
Haraldsdóttir, Kolbrún 2000: «Innhald og komposisjon i Flateyarbók», *Nordica Bergensia* 23, Bergen.
Harrison, William 1577: *Description of England*.
Hase, P.H. 1988: «The Mother Churches of Hampshire», i John Blair 1988 (ed.) *Minsters and Parish Churches. The Local Church in Transition*, Oxford.
Haug, Eldbjørg 1995: «Erik av Pommerns norske kroning nok en gang», i *HT* bd. 74.
Haug, Eldbjørg 1996: *Provincia Nidrosiensis i dronning Margretes unions- og maktpolitikk*, Trondheim.
Haug, Eldbjørg 1997: «Th Icelandic Annals as Historical Sources; *Scandinavian Journal of History*».
Haug, Eldbjørg 1998a: «Den norske kirkes utvikling fra 1430-årene til stadfestingen av Sættargjerden. En forskningsoversikt», *Collegium Medievale*, vol. 9.
Haug, Eldbjørg 1998b: «Eidsivatingets lagtingsvedtekt fra 1444 om prestenes innkomster. En kilde til kunnskaper om Romerike i senmiddelalderen». *Romerike i Middelalderen. Årbok XIX Romerike Historielag*, Skedsmo.
Haug, Eldbjørg 2001a: «Dronning Margrete og Drotningdalen». *Bøgda Vår. Årbok for lokalhistorie*, Oppdal.
Haug, Eldbjørg 2001b: «Hans», *Norsk biografisk leksikon*, Oslo.
Haug, Eldbjørg 2002: «Muligheter og begrensninger i de islandske annalene», *Forum mediaevale*, Oslo.
Hauge, Toril Hjartåker 1996: *Renleik, respekt, rikdom - grunngjevinga for prestesølibatet i den katolske kyrkja fram til 1139*, hovedoppgave i historie, Bergen.
Hegna, Arne Johnsen 1979: *Den norske kirkeprovins og pavedømmet 1448-1513*, hovedoppgave i historie, Oslo.
Heimskringla, utg. v. Finnur Jónsson, Oslo 1966 (København 1911).
Heinrichs, Anne 1989: *Der Óláfs Þáttr Geirstaðaálfs; Eine Variantenstudie*, Heidelberg.
Helander, Sven 1993: «Böcker och liturgi i medeltidens katolska kyrkja», i *Helgeränet. Från Mässböcker till munkepärmer*, utg. K. Abukhafusa et al., Stockholm.
Heldal, T. & Jansen, Ø. 2000: *Steinbyen Bergen. Fortellingen om brostein, bygg og brudd*, Bergen.
Heldal, T. & Storemyr, P. 1997: «Geologisk undersøkelse og arkeologisk registrering av de middelalderske bruddene ved Øye, Klungen og Huseby i Sør-Trøndelag». *NGU-rapport* nr. 97.
Helgason, Jón 1925: *Islands kirke. Fra dens grundlæggelse til reformationen*, København.
Helland, A. (1893): Takskifre, heller og vekstene, *NGU*, 10
Hellberg, Steffan 1984: «Kring tillkomsten av Glælongskviða». *Arkiv för nordisk filologi* nr. 99.
Helle, Knut 1972: *Konge og gode menn i norsk riksstyring 1150-1319*, Bergen.
Helle, Knut 1974: *Norge blir en stat 1130–1319*, Oslo.
Helle, Knut 1982: «Kongesete og kjøpstad, fra opphavet til 1536», *Bergen bys historie* bd. 1. Bergen - Oslo - Tromsø.
Helle, Knut 1995: «Under kirke og kongemakt 1130-1350». *Aschehougs Norges Historie*, bd. 3, Oslo.
Helle, Knut 1997: «Rettsoppfatninger og rettsendringer. Europa og Norge i middelalderen». *Festskrift til Historisk instituttts 40-års jubileum 1997. Historisk institutt, Universitetet i Bergen. Skrifter*, bd. 2. Bergen.
Helle, Knut 2001: *Gulatinget og gulatingslova*, Leikanger.
Hermanson, Lars 2000: *Släkt, vänner och makt. En studie av elitens politiska kultur i 1100-talets Danmark*, Göteborg.

Hervik, Frode 2002: *Norge og Kalmarunionen 1397–1450. Konfliktlinjer i unionens kritiske faser.* Hovedoppgave i historie, Bergen.
Hildonen, Karl-Arvid 1977: *Metropolitt og suffragan. En undersøkelse av forholdet mellom erkebiskopene i Nidaros og deres suffraganer, særlig biskopene i Bergen ca. 1300-1350*, hovedoppgave i historie, Oslo.
Hinschius, Paul 1869-1897: *System des katholischen Kirchenrechts mit besonderer Rücksicht auf Deutschland*, vol. I-VI, Graz.
Hirdloven til Norge konge og hans håndgangne menn, utg. v. Steinar Imsen, Oslo 2000.
Historia Norwegie, ed. I. Ekrem & L.B. Mortensen with an English translation by P. Fisher, København 2003.
Historien om biskop Laurentius på Holar 1982 (1350). Overs. av J.H. Jørgensen, Odense.
Historien om de gamle norske kongene (Theodericus munk), overs. av Astrid Salvesen, Oslo 1969.
Hjalti Hugason 2000: «Frumkristni og upphaf kirkju». *Kristni á Íslandi* I. Red. Hjalti Hugason, Reykjavík.
Hjelde, Oddmund 1995: *Kirkens budskap i sagatiden*, Oslo.
Hodne, Kåre Oddleif 1986: *Grågås. Stavanger stifts og domkapitels jordebok ca. 1620*, Kristiansand.
Holder-Egger, O. 1887: «Vita Findani», *Monumenta Germanica Historica* XV,1.

Holm-Olsen, Ludvig 1946-48: «Stefnuleiðangr», *HT* bd. 34.
Holm-Olsen, Ludvig 1953: «Studier i Sverres saga». *Avhandlinger utgitt av Det norske Videnskaps-Akademi i Oslo.* II. Hist.-Filos. Klasse 1952, No. 3.
Holm-Olsen, Ludvig 1981: *Lys over norrøn kultur. Norrøne studier i Norge.* Oslo.
Holmsen, Andreas 1939/1961: *Norges historie 1. Fra de eldste tider til 1660.* Oslo.
Holmsen, Andreas 1941 [1961]: *Eidsvoll bygds historie, bd. I,1, Bygdehistorien til omkring 1700*, Oslo.
Holmsen, Andreas 1965: «Erkebiskop Øystein og tronfølgeloven av 1163», *HT* bd. 44.
Holmsen, Andreas 1976: *Nye studier i gammel historie*, Oslo - Bergen - Tromsø.
Holmsen, Andreas 1978: *Hva kan vi vite om agrarkatastrofen i Norge i middelalderen?* Oslo - Bergen - Tromsø.
Holmsen, Andreas 1982: «Integreringen av innlandsdistriktene i det gammelnorske riket», i *Hamarspor. Festskrift til Lars Hamre*, red. S. Imsen & G. Sandvik.
Holmsen, Andreas 1984: *Den store mannedauen*, Oslo.
Holtan, Inger 1996: *Ekteskap, frillelevnad og hor i norsk høgmellomalder*, Oslo.
Holtsmark, Anne 1931: *En tale mot biskopene: en sproglig-historisk undersøkelse*, Oslo.
Holtsmark, Anne 1956a: «Innledning», i *Legendariske Olavssaga* (Corpus Codicum Norvegicorum Medii Aevi), red. Didrik Arup Seip, Oslo.
Holtsmark, Anne 1956b [1938]: «Sankt Olavs liv og mirakler», i *Studier i norrøn diktning*, Oslo
Holtzmann, Walther 1938: «Krone und Kirche in Norwegen im 12. Jahrhundert (Englische Analekten III)», *Deutsches Archiv für Geschichte des Mittelalters*, 2.
Hommedal, Alf Tore 1999: «Hamarbiskopens gard på Storøya i Tyrifjorden». *Fra Kaupang og By. Hedmarksmuseets Årbok.*
Hommedal, Alf Tore 1999: «Utgravningene i Erkebispegården i Trondheim. Stratigrafisk analyse». *NIKU Temahefte* 11, Trondheim.
Hommedal, Alf Tore in prep.: *Bygningshistorien belyst ved bygningsarkeologiske analyser av ståande bygg.* NIKU, Trondheim.
Hovda, Per 1978: «Eldre norske inndelingsnamn», *Namn och Bygd.*
Hovland, Thor Halvor 1997: «Kirkehistorie og universalhistorie», *NTT.*
Hoyt, Robert S. 1976: *Europe in the Middle Ages*, New York.
HS = Haraldssønnenes saga, i *Heimskringla*, red Finnur Jónsson, København 3-1901.
HT = Historisk Tidsskrift.
Huff, Toby E. 1993: *The Rise of Early Modern Science: Islam, China, and the West*, Cambridge.
Huitfeldt, *Christiern I = Historiske Bescriffuelse om huis sig haffuer tildraget under stormectigste Første og Her Christiern den Første*, København 1599.
Hødnebø, Finn ed. 1960: *Norske diplomer til og med år 1300*, Corpus codicum Norvegicorum medii aevi, fol. ser., II, Oslo
Højgaard Jørgensen, Jørgen 1982: *Historien om biskop Laurentius på Holar*, Odense.
Haaland, Kjetil 1998: *Bygdekirkene i stein. Monumenter over Rogalands aristokrati i høymiddelalderen*, hovedoppgave i historie, Trondheim.

ÍF XVII = Biskupa sögur 3. Árna saga biskups. Lárentius saga biskups. Söguþáttur Jóns Halldórsonar biskups. Biskupa ættir. Íslenzk fornrit XVII utg. Guðrún Ása Grímsdóttir, Reykjavík 1999.
Imsen, Steinar 1972: *Arv, annammelse, valg. En studie i norsk tronfølgerett i tidsrommet 1319-1450*, Oslo.
Imsen, Steinar, Jørn Sandnes 1977: «Avfolkning og union», bd. 4 i *Norges historie* red. K. Mykland, Oslo
Imsen, Steinar 1982: *Superintendenten. En studie i kirkepolitikk, kirkeadministrasjon og statsutvikling mellom reformasjonen og eneveldet*, Oslo-Bergen-Tromsø.
Imsen, Steinar 1990: *Norsk bondekommunalisme fra Magnus Lagabøte til Kristian Kvart.* «Del 1: Middelalderen», Trondheim.
Imsen, Steinar 1991: «Reformasjonen i Danmark og Norge - karakter og kontekst». I M. Blindheim et al. (red.) *Tro og bilde i Norden i reformasjonens århundre*, Oslo.
Imsen, Steinar 1998: «...attj wthi act oc mening hade i hiel slagett alle ffogter oc lensmen oc siden reise menig man oc gaa al werden offuer...», i *Konge, adel, opprør*, red. K. Arstad, Oslo.
Imsen, Steinar 2000a: *Hirdskråen. Hirdloven til Norges konge og hans håndgangne menn*, Oslo.
Imsen, Steinar 2000b: *Europa 1300-1550*, Oslo.
Imsen, Steinar 2000c: «Earldom and Kingdom. Orkney in the Realm of Norway, 1195–1379», *HT* bd. 79.
Imsen, Steinar 2002: *Noregs nedgang*, Oslo.
Indrebø, Gustav 1931: *Gamal norsk homiliebok*, Oslo.
Indrebø, Gustav 1951: *Norsk målsoga*, utgjevi av Per Hovda og Per Thorson, Bergen.
Inger, Göran 1961: *Das kirchliche Visitationsinstitut im mittelalterlichen Schweden*, Uppsala.
Ingesman, Per 1990: «Ærkesedets godsadministration i senmiddelalderen». *Skånsk senmedeltid och renessans* 12, Lund.
Ingesman, Per 2000: «Den danske konges repræsentanter ved renessansepavernes hof».
I P. Ingesman et al. (red.) *Danmark og Europa i senmiddelalderen*, Århus.
Inntjore, Hilde 1998: *Nonneseter - et middelalderkloster i Oslo*, hovedoppgave i historie, Oslo.
Isl.Ann. = Islandske annaler, utg. G. Storm, Kristiania 1888.
Iversen, Gunilla 2000: «Transforming a Viking into a Saint. The Divine Office of St. Olav.» I *The Divine Office in the Latin Middle Ages. Methodology and Source Studies, Regional Developments, Hagiography*, edd. M.E. Fassler & R.A. Baltzer, Oxford.
Iversen, Tore 1996: «Bønder og ufrihet i Norge og Vest-Europa i høymiddelalderen.» *Bønder, jord og rettigheter. Rapport fra agrarhistorisk symposium*, Kjell Haarstad og Aud Mikkelsen Tretvik (red.), Trondheim.
Iversen, Tore 2001: «Jordeie og jordleie. Eiendomsbegrepet i norske middelalderlover», *Collegium Medievale* bd. 14.

J = Erkebiskop Jons kristenrett, NgL II: 339-386.
Janus Jónsson 1887: «Um klaustrin á Íslandi». *Timarit hins íslenzka bókmentafélags* 8.
Jensenius, Jørgen H. 1997: «Var det krav om høye steinkirker i middelalderen?», *Viking.*
JN = Biskop Jens Nilssøns Visitatsbøger.
John of Salisbury, *Historia Pontificalis*, ed. M. Chibnall.
Jóhannesson, Jón 1956: *Íslendinga saga* I, Reykjavík.
Jóhannesson, Jón 1958: *Íslendinga saga* II, Reykjavík.
Johnsen, Arne Odd 1945: *Studier vedrørende kardinal Nicolaus Brekespeares legasjon til Norden*, Oslo.
Johnsen, Arne Odd 1947: «Om synet på den norske kirkes innsats i høymiddelalderen», *NTT.*
Johnsen, Arne Odd 1948: *Fra ættesamfunn til statssamfunn*, Oslo.
Johnsen, Arne Odd 1949-51: «Svar på Jens Arup Seips melding», *HT* bd. 35.
Johnsen, Arne Odd 1950: «Når ble erkebiskopstolen i Norge opprettet?», *Det Kgl. Norske Videnskabers Selskabs Skrifter*, 1949 nr. 1, Trondheim.

Johnsen, Arne Odd 1951: «Kongen og de patronatsrettslige bestemmelsene av 1153», *NTT.*
Johnsen, Arne Odd 1955: «Fra den eldste tid til 1252», i Arne Fjellbu 1955.
Johnsen, Arne Odd 1961: «Om erkebiskop Øysteins eksil 1180-1183», *Det Kgl. Norske Videnskabers Selskabs skrifter* 1960 nr. 5, Trondheim.
Johnsen, Arne Odd 1970: «The Earliest Provincial Statute of the Norwegian Church», *Medieval Scandinavia*, vol. 3.
Johnsen, Arne Odd 1971: [opp. mot] Vegard Skånland «Det eldste norske provinsialstatutt», *HT* bd. 50.
Johnsen, Arne Odd 1972: «Subsidium pallium», *KLNM* XVII.
Johnsen, Arne Odd 1975: «Om misjonsbiskopen Grimkellus», *HT* bd. 54.
Johnson, C. ed. 1961: *Hugh the Cantor: The History of the Church of York 1066-1127*, London
Johnson, Dag 1957: «Leonardo da Vinci og Steinvikholm slott», *Volund.*
Johnston, Alfred W. & Amy (eds.): *Orkney and Shetland Records.*
Jónsbók, utg. v. Ólafur Halldórsson, Odense 1970.
Jónsson, Finnur 1912-15 red.: *Den norsk-islandske skjaldedigtning*, København.
Joys, Charles 1948: *Biskop og konge. Bispevalg i Norge 1001350*, Oslo.
Joys, Charles 1955: «Tidsrommet 1280-1450», i A. Fjellbu 1955.
Jørgensen, Jon Gunnar 1997: *Aslak Bolts jordebok*, Oslo.
Jørgensen, Jon Gunnar 2000: «Passio Olavi og Snorre», i *Olavslegenden*, ed Ekrem et al. 2000.
Jørgensen, Torstein 1995: «Kristningen av Norge - naturlig samfunnsutvikling eller resultat av bevisst misjonsstrategi». *Frå haug og heidni.*
Jørgensen, Torstein & Gastone Saletnich 1999: *Brev til paven. Norske forbindelser med Den hellige stol i senmiddelalderen*, Stavanger.

Karlsson, Gunnar 1979: «Stjórnmálamaðurinn Snorri». I *Snorri.* Átta alda minning, red. Gunnar Karlsson & Helgi Þorláksson, Reykjavík.
Karlsson, Stefán 1978: «Om norvagismer i islandske håndskrifter», *Maal og Minne.*
Kenney, J.F. 1997 (reprint): *The Sources for the Early History of Ireland. Ecclesiastical, an introduction and guide*, Dublin.
Keyser, Rudolf 1856-1858: *Den norske Kirkes Historie under Katholicismen*, bd. 1-2, Christiania.
Kielland, Thor 1928: *Norsk guldsmedkunst i middelalderen*, Oslo.
Klemm, R. & Klemm D.D. 1993: *Steine und Steinbrüche im Alten Ägypten*, Springer Verlag.
KLNM = Kulturhistorisk leksikon for nordisk middelalder, bd. 1-22, København-Oslo-Malmö-Helsinki-Reykjavík. 1956-78.
Klüwer, Lorentz D. [1823] 1960: *Norske Mindesmerker, aftegnede paa en Reise igjennem en del af det Nordenfjeldske*, Christiania, Faksimileutgave Trondheim.
Koch, Hal 1936: *Danmarks Kirke i den begyndende Højmiddelalder.* Bd. I-II, København.
Koht, Halvdan 1914: «Sagaernes opfatning av vor gamle historie» Foredrag i Den norske historiske forening 24. nov. 1913, *HT* 5.r. II.
Koht, Halvdan 1916: «Sættargjerda i Tunsberg 1277», *HT* bd. 16.
Koht, Halvdan 1921, *Innhogg og utsyn i norsk historie*, Kristiania.
Koht, Halvdan 1930: «Stadfestinga 1458 på Sættargerda i Tunsberg», *HT* 5.r. 8.
Koht, Halvdan 1954-56: «Kardinal Nicolaus og erkestolen i Nidaros», *HT*, bd. 37.
Kolderup-Rosenvinge, J.L.A. 1824: *Samling af gamle danske Love*, bd. 4, København.
Kolsrud, Oluf 1910: «Kjættarskapen og den norske kyrkja under katolisismen», *Syn og Segn.*
Kolsrud, Oluf 1911-12: «Marcellus», *Syn og Segn.*
Kolsrud, Oluf 1912: «Litt om erkebiskop Olav Engelbrektssons efterlatte kostbarheter», *HT* 5.r. I.
Kolsrud, Oluf 1913a: «The Celtic Bishops in the Isle of Man, the Hebride and the Orkneys», i *Zeitschrift für Celtische Philologie*, 9.
Kolsrud, Oluf 1913b: «Den norske Kirkes Erkebiskoper og Biskoper indtil Reformationen», trykt i *Diplomatarium Norvegicum*, bd. XVIII, Oslo.
Kolsrud, Oluf 1913c: «Kirke og folk i middelalderen», *NTT.*
Kolsrud, Oluf 1914: *Olavskyrkja i Trondheim*, Oslo.
Kolsrud, Oluf 1917: *Den norske Kirkes Mindeskrift ved Reformationens 400-Aars Jubilæum Aar 1917*, Kristiania.
Kolsrud, Oluf 1924a: «St. Olavs kristenrett», *Norvegia Sacra*, bd. 4. Oslo
Kolsrud, Oluf 1924b: «Olav Trondsson», *Norvegia Sacra*, bd. 4, Oslo.
Kolsrud, Oluf 1924c: «Episkopatet i den evangeliske kyrkja i Norden». *Den norske kirkes presteforenings 10de generalforsamling i Bergen 20.-24. oktober 1924*, Bergen.
Kolsrud, Oluf 1925: «Stavanger bispestol», *Stavanger 1125-1425-1925*, Stavanger.
Kolsrud, Oluf 1937: «Nidaros og Stiklestad. Olavs-jubileet 1930. Minneskrift», *Norvegia Sacra* bd. 10.
Kolsrud, Oluf 1937-40 og 1943-46: «Nye dokument til norsk historie mellom 1152 og 1194», Del 1: «Kong Magnus Erlingssons krongs-eid 1163», *HT* bd. 31, Del 2: «Kardinal-legaten Nicolaus av Albano i Noreg 1152, » *HT* bd. 33, Oslo.
Kolsrud, Oluf & John Nome 1943: «Demringstid i Norge. En brevveksling mellom Oluf Kolsrud og John Nome 1943», *TTK.*
Kolsrud, Oluf 1958: *Noregs kyrkjesoga I. Millomalderen*, Oslo.
Kolsrud, Oluf 1962: «Presteutdaningi i Noreg», utgitt posthumt ved Kristen Valkner *Norvegia Sacra* bd. 21.
Kolsrud, Oluf & Helge Fæhn 1962: «Manuale Norvegicum», *Libri liturgici provinciae Nidrosiensis medii aevi*, vol 1, Oslo.
Krag, Claus 1995: «Vikingtid og rikssamling, 800-1130», *Aschehougs Norgeshistorie*, bd. 2, Oslo.
Kraggerud, Egil 2002: «Olavssekvensene - den kjente og den glemte», *Middelalderforum* 2.
Krautheimer, Richard 1989: «Early Christian Architecture». *The Pelican History of Art*, London.
Krefting, Otto 1866: «Indberetning om en antikvarisk Undersøgelse i Throndhjems Domkirke 1865-66». *Årbok. Foreningen til norske fortidsminnesmerkers bevaring* 1866.
Krefting, Otto 1869: «Indberetning om Leverancer til Restaurationen af Domkirkens Sakristi». *Rapport*, Nidaros Domkirkes Restaureringsarbeider (arkiv). Trondheim.
Krefting, Otto 1873: «Supplement til en i 1865 i Throndhjems Domkirke foretagen Undersøgelse». *Årbok. Foreningen til norske fortidsminnesmerkers bevaring.* 1873.
Krefting, Otto 1890: *Undersøgelser i Throndhjem. Indberetning med 5 plancher*, utg. av Foreningen til norske fortidsminnesmerkers bevaring, Kristiania.
Kristjánsson, Jónas 1976: «The Legendary saga». *Minjar og mentir. Afmælisrit helgað Kristjáni Eldjárn 6. desember 1976*, red. Guðni Kolbeinsson, Reykjavík.
Kristoffersen, Siv 1988: «Erkebispegården i Bergen - fyrsteresidens og handelshus», *Årbok. Foreningen til norske fortidsminnesmerkers bevaring* 1988.
Krötzl, C. 1994: *Pilger, Mirakel und Alltag. Formen des Verhaltens im skandinavischen Mittelalter*, Helsinki.
Kvamme, Sigrunn 1981: *Jordegodset til bispestolen i Bergen ved utgangen av mellomalderen*, hovedoppgave i historie, Bergen.
Kårstad, Eirik 1975: «Ødegårder og oppgangstid i Trondenes». *Punktundersøkelse for Det nordiske ødegårdsprosjekt*, utrykt manus., Trondheim.
Kårstad, Eirik 1981: «Ødegårder og oppgangstid i Trondenes. Bosetningen i bygdene opp mot Malangen i senmiddelalderen», i Lars Ivar Hansen (red.) 1981 *Seinmiddelalder i norske bygder*, Oslo - Bergen - Tromsø.

Lamperti Hersfeldensis Annales, i *Lamperti monachi Hersfeldensis Opera*, ed O. Holder-Egger, *Monumenta Historica Germaniae in usum scholarum separatim editi*, Hannover 1894.
Langebek, J. ed.: *Scriptores Rerum Medii Aevi.*
Lange, C.C.A. 1856: *De norske Klostres Historie i Middelalderen*, Christiania.
Larsson, Lars-Olof 1997: *Kalmarunionens tid. Från drottning Margareta till Kristian II*, Stockholm.
Lavold, Bente 1997: *Helgener mot pest I Norge i senmiddelalderen*, hovedoppgave i historie, Oslo.
LD = Latinske dokument til norsk historie, utg. Eirik Vandvik 1959.
Legendariske saga = Olafs saga hins helga, red. O.A. Johnsen, Kristiania 1922.
Le Goff, Jacques 1981: *La naissance du Purgatoire*, Paris.
Lerdam, Henrik 2001: *Kongen og tinget: Det senmiddelalderlige retsvæsen 1340-1448*, København.
Lidén, Anne 1999: *Olav den helige i medeltida bildkonst. Legendemotiv och atributt*, Stockholm.

Lidén, Hans-Emil 1974: *Middelalderen bygger i stein*, Oslo.
Lidén, Hans-Emil 1995 (red.): *Møtet mellom hedendom og kristendom i Norge*, Oslo.
Liepe, Lena 2001: «Medieval Stone Churches of Northern Norway. The Interpretation of architecture as a historical process», *Universitetet i Tromsø (Ravnetrykk nr. 25)*, Tromsø.
Líndal, Sigurður 1974: «Upphaf kristni og kirkju», i *Saga Íslands* I, red Sigurður Líndal, Reykjavík.
Lindkvist, Thomas 1991: «Kollektiv eller territoriell indelning. Socknen som profan gemenskapsform i Sveriges medeltida lagar». *Kyrka och socken i medeltida Sverige*, Olle Ferm (red.), Stockholm.
Lindkvist, Thomas 1996: «Med Sankt Erik konung mot hedningar och schismatiker. Korstågsideologi i svensk medeltida östpolitik», Engman, M. utg. *Väst möter öst. Norden ocg Ryssland genom historien*, Stockholm.
Liuzza, R.M.. (ed.) 2000: The Old English Version of the Gospels, Vol. II: Notes and Glossary, Oxford.
Losman, Beata 1970: *Norden och reformkonsilierna 1408-1449*, Göteborg.
Louis-Jensen, Jonna 1970: «Syvende og ottende bruddstykke. Fragment av AM 325 IV α4to». *Opuscula*, vol. IV (*Bibliotheca Arnamagnæana*, vol. XXX), København.
Louis-Jensen, Jonna 1997: «Heimskringla - Et værk af Snorri Sturluson?» *Nordica Bergensia* 14, Nordisk institutt, Universitetet i Bergen, Bergen.

Lovén, Christian 1996: *Borgar och befästningar i det medeltida Sverige*, Kungl. Vitterhets och antikvitets akademien, Stockholm.
Lunde, Knut 1994: *Katalog over Sankt Olavs mirakler*. Upublisert master's thesis, Universitetet i Oslo.
Lunde, Øivind 1977: *Trondheims fortid i bygrunnen*, Trondheim.
Lunden, Kåre 1998: «Rett og realitet. Rettsreglane i norsk mellomalder på ein kulturell og sosial bakgrunn», *Forum medievale* 1.
Lykke, Christian 2000: *Aslak Bolt og erkesetets økonomi*, hovedoppgave i historie, Trondheim.
Lynch, Michael (red.) 2001: *The Oxford Companion to Scottish History*, Oxford.
Lysaker, Trygve 1956: *Gårdhistorie for Trondenes herred med Harstad*, Harstad.
Lysaker, Trygve 1958: *Trondenes bygdebok. Trondenes sogns historie*, Harstad.
Lysaker, Trygve 1973: *Domkirken I Trondheim 1537-1869*, Trondheim.
Lysaker, Trygve 1976: «En gåtefull periode i nordnorsk historie», *Håløygminne*, bd. 14, 57. årg.
Lysaker, Trygve 1987a: *Nidaros erkebispestol og bispesete 1153-1953*. 1: «Reformasjon og enevelde 1537-1804», 2: «Fra embetskirke til folkekirke 1804-1953», Trondheim.
Lysaker, Trygve 1987b: «Var Trondenes kirke en kollegiatkirke i senmiddelalderen?», *Håløygminne*, bd. 17, 68. årg.
Lysaker, Trygve 1989: «Erkebispegården som residens for lensherren og de første stiftamtmenn». *Trondhjemske Samlinger* 1989.
Lysaker, Trygve 1991: «Erkebiskop Eilifs tredje statutt»; *Nidaros Domkirkes Restaureringsarbeider. Småskriftserien* 1. Trondheim.

MacAirt, S. & G. MacNiocaill ed. 1983: *The Annals of Ulster (to AD 1130)*, Dublin.
Magerøy, Hallvard 1948: «Glælongskvida av Toraren Lovtunge». *Bidrag til nordisk filologi av studerende ved Universitetet i Oslo*, utg. av Sigurd Kolsrud et al., Oslo.
Magerøy, Hallvard 1993: *Soga om austmenn, nordmenn som siglde til Island og Grønland i mellomalderen*, Oslo.
Magnúsdóttir, Auður 2001: *Frillor och fruar. Politik och samlevnad på Island 1120–1400*, Göteborg.
Magnussen, Finn 1836: «Om indenlandske Helgeners Skrinlæggelse og Dyrkelse i Middel-Alderen blant Nordboerne», *Nordisk Tidsskrift for Oldkyndighed*, Tredje Bind, København.
Maleczek, Werner 1990: «Abstimmungsarten. Wie kommt man zu einem vernünftigen Wahlergebnis», *Wahlen und Wählen im Mittelalter*, red. Reinhard Schneider & Harald Zimmermann, *Vorträge und Forschungen* 37, Sigmaringen.
Marteinn Sigurðsson 1996: *The Life and Literary legacy of Jón Halldórsson. Bishop of Skálholt: A Profile of a Preacher in Fourteenth Century Iceland*, University of St. Andrews.
Martens, Irmelin1972: «Møsstrond i Telemark – en jernproduserende fjellbygd før svartedauen», *Viking* 83.
Martens, Irmelin 1988: «En studie i teknikk, bosetning og økonomi», *Jernvinna på Møsstrond i Telemark*, Oslo.
Mathiesen, Henrik 1906: *Steinvikholm slot og dets bygherre*, Kristiania.
Matten, Jo M. 1996: *The Cult of St. Edmund*, Bury St. Edmunds.
Maurer, Konrad 1852: *Die Entstehung des Isländischen Staates und seiner Verfassung*, München.
Maurer, Konrad 1874: *Island von seiner ersten Entdeckung bis zum Untergange des Freistaats*, München.
McNicol, John 1997: «Plasseringen av de første kirkene i Norge i forhold til de hedenske kultstedene. En historiografisk studie omfattende tiden etter 1830». *KULTs skriftserie* nr. 98, Oslo.
ME = *Magnus Erlingssons saga*, i *Heimskringla*, red. Finnur Jónsson, København 1983-1901.
Medieval Scandinavia: an encyclopedia, red. Phillip Pulsiano, New York 1993.
Melnikova, Elena A. 1997: «The Cult of St. Olaf in Novgorod». *Sagas and the Norwegian Experience, Sagaene og Noreg. Preprints 10. internasjonale sagakonferanse*, Trondheim.
MLL = *Magnus Lagabøters landslov* (norsk oversettelse ved A. Taranger 1915, ny utgave 1970).
Moberg, Ove 1941: *Olav Haraldsson, Knut den store och Sverige. Studier i Olav den heliges förhållande till de nordiska grannländerna*, Lund.
Mohrmann, Wolf-Dieter 1972: «Der Landfriede im Ostseeraum während des späten Mittelalters», *Regensburger Historische Forschungen*, bd. 2, Kallmünz.
Molland, Einar 1945: «Oluf Kolsrud som kirkehistoriker», *NTT* 46. årgang.
Molland, Einar 1971: «Bemerkninger til Canones Nidrosienses», *HT* bd. 50.
Molland, Einar 1976a: «Ærkedegn» (Norge), *KLNM* XX.
Molland, Einar 1976b: «Årtidhold», *KLNM* XX.
Molland, Einar 1979: *Norges kirkehistorie i det 19. århundre*, bd. 1, Oslo.
Montgomery, Ingun & Dag Thorkildsen 2000: «Historie og samtidsforståelse», *NTT*.
Mooney, John 1947 (2nd ed.): *The Cathedral and Royal Burgh of Kirkwall, Charters and Records of the City and Royal Burgh of Kirkwall*, Kirkwall.
Moretus, H. 1908: «De magno legendario Bodecensi», *Analecta Bollandiana* 27.
Morkinskinna, utg. V. Finnur Jónsson, København 1932
Morkinskinna, Pergamentsbog fra første Halvdel af det trettende Aarhundrede, i utg. ved C.R. Unger, Christiania 1867.
Morris, Colin 1989: *The papal monarchy: The Western Church from 1050 to 1250*, Oxford.
Mortensen, Lars Boje 1993: «Det 12. århundredes renæssanse i Norge: Theoderik munk og Romerriget». *Antikken i norsk litteratur*, utg. Ø. Andersen et al., Bergen.
Mortensen, Lars Boje 2000a: «The Nordic Archbishoprics as Literary Centres around 1200». I Karsten Friis-Jensen et al. (red.) *Archbishop Absalon of Lund and his World*, Roskilde.
Mortensen, Lars Boje 2000b: «Olav den helliges mirakler i det 12. årh.: streng tekstkontroll eller fri fabuleren», i Ekrem et al. 2000.
Mortensen, Lars Boje 2000c: «The Anchin Manuscript of Passio Olaui (Douai 295), William of Jumièges, and Theodoricus Monachus, New Evidence for Intellectual Relations between Norway and France in the 12th Century», *Symbolae Osloenses* 75.
Mortensen, Lars Boje 2002: «Recent Research in the Legend of Saint Olav». *Lateinische Biographie von der Antike bis in die Gegenwart. Scripturus Vitam. Festgabe für Walter Berschin zum 65. Geburtstag*, ed. Dorothea Walz, Heidelberg.
Mortenson, M. 1973: Talk-serpentinforekomstene i Sparbu, Nord-Trøndelag, *NGU* 290.
Msk. = *Morkinskinna*, utg. Finnur Jónsson, København 1932.
Munch, Peter Andreas 1852: *Aslak Bolts Jordebog*, Christiania.
Munch, Peter Andreas 1852-63: *Det norske Folks Historie*, I, 1-4, II, 1-2, Christiania.
Munch, Peter Andreas 1864: *Pavelige Nuntiers Regnskabs- og Dagbøger*. Kristiania.
Munch, Peter Andreas 1876: *Oplysninger om det pavelege Archiv og dets Indhold*, utgitt posthumt av G. Storm, Christiania.
Mundal, Else 1984: «Heilagmann som sa sex: lausavise nr. 7 etter Óláfr Haraldsson», i *Arbeidsskrift for nordisk språk og litteratur* nr. 42, Oslo.
Mundal, Else 1995a: *Legender frå mellomalderen*, Oslo.
Mundal, Else 1995b: «Helgenkult og norske helgenar», *Collegium Medievale*, vol. 8.

Müller, Inger Helene Vibe 1986: «Hamarkaupangen. Fra kongsgård til bispegård». *Universitetets Oldsaksamlings Årbok* 1984/85, Oslo.
Mæsel, Einar 1974: *Norske historikeres syn på de religiøse og moralske forhold i Norge i senmiddelalderen*, hovedoppgave i historie, Oslo.

Nagel, Anne-Hilde 1980: «Oversikter, årstall, tabeller», *Norges Historie* bd. 15, red. K. Mykland, Oslo.
NBL = Norsk biografisk leksikon.
Nedkvitne, Arnved 1983: *Utenrikshandelen fra det vestafjelske Norge 1100-1600*, Bergen.
Nedkvitne, Arnved & Per Norseng 1991: *Oslo bys historie bd. 1, Byen under Eikaberg, fra byens oppkomst til 1536*, Oslo.
Nedkvitne, Arnved 1992: «Det norske riksrådet og utenlandske kjøpmenn», *Kongsmenn og krossmenn. Festskrift til Grethe Authén Blom*, Trondheim
NgL= Norges gamle Love, bd. 1-5 (til 1387), red. R. Keyser, P.A. Munch, G. Storm, E. Hertzberg, 1846-1895, Christiania, 2. r. 1-4 (1388-1536), red. A. Taranger, O.A. Johnsen, O. Kolsrud, G.A. Blom, H. Kjellberg, F.L. Næshagen, G. Åqvist, 1912-1995, Christiania-Oslo.
Nenseter, Olav 2002: *Å lære andre gjennom ord og eksempel. Augustinerklostrene på Vestlandets religiøse funksjoner*, hovedoppgave i historie, Oslo.
Nielsen, Herluf 1968: «Provisioner, pavelige», *KLNM* XIII.
Nielsen, Herluf 1970: «Servitier», *KLNM* XV.
Nielsen, Yngvar 1880: *Det Norske Rigsraad*, Christiania.
Nilson, Ben 1998: *Cathedral Shrines of Medieval England*, Woodbridge.
Nissen, Harald 1998: «Planken fra Erkebispegården - enda en gang». *Spor*.
Nissen, Harald August 1998: «Arbeidsstyrke og lønnsforhold ved erkebispesetet i 1530-Årene». *Utgravningene i erkebispegården i Trondheim. NIKU. Temahefte* 14, Trondheim.
NKJ = Norske kyrkjelege jordebøker etter reformasjonen. Bd. 1 og 2, Oslo 1929 og 1983.
NLR = Norske lensrekneskapsbøker1548-156 I-VI, utg. av Riksarkivet 1937-43, Oslo.
NMD =: Norske middelalderdokumenter, red. Bagge, Sverre et al. 1973, Bergen-Oslo-Tromsø.
Nordal, Sigurður 1914: *Om Olav den helliges saga. En kritisk undersøkelse*, København.
Nordeide, Sæbjørg Walaker 1995: «Erkebiskopens residens fram til 1537» i Ekroll (red.), *Nidaros domkirke og Erkebispegården*, Trondheim.
Nordeide, Sæbjørg Walaker 1997: «St. Olavs by. Om kirker og klostre i middelalderens Trondheim». I Christophersen, A. (red.) *Fra Nidarnes til Trondheim. Vandringer i et bylandskap*, NINA-NIKU.
Nordeide, Sæbjørg Walaker 1999: «Urbaniseringsprosessen - på kvinners vilkår?». Gundhus, Grete et al. (red.) «*NIKU 1994-1999. Kukturminneforskningens mangfold*». *NIKU Temahefte* 3.
Nordeide, Sæbjørg Walaker (red.) 2000a: «Excavations in the Archbishop's Palace: Methods, Chronology, and Site Development». «*Utgravningene I Erkebispegården i Trondheim*». *NIKU Temahefte* 12, Trondheim.
Nordeide, Sæbjørg Walaker 2000b: «Steinvikholm slott - på overgangen fra middelalder til nyere tid». *NIKU Temahefte* 23, Trondheim.
Nordeide, Sæbjørg Walaker 2003: *Erkebispegården i Trondheim. Beste tomta i by'n.*
Noregs kongesoger = utg. v. Finn Hødnebø & Hallvard Magerøy 1979, bd. 1-4, Oslo 1979.
Norges historie (Historia Norvegiae), oversatt av Astrid Salvesen, Oslo 1990.
NRJ = Norske Regnskaber og Jordebøger fra det 16de Aarhundrede, 1-5, Oslo.
NRR = Norske-Rigs-Registranter, tildeel i Uddrag, bd. 1-12, Christiania 1886-91.
NTT = Norsk Teologisk Tidsskrift.
Nyberg, Tore 1997: «Olavskulten i Danmark under medeltiden», i Lars Rumar red. *Helgonet i Nidaros*, Stockholm.
Nye Danske Magazin, udg. af Danske Selskab, 2. r. København 1794-1836, bd. 6.
OE = Olav Engelbrektssøns Jordebog, utg. Brinchman, Chr. & Johan Agerholt: Oslo 1926.
OER = Olav Engelbriktssons rekneskapsbøker 1532-1538, utg. v. Jens Arup Seip, Oslo 1936.
OH = Olav den helliges saga, i *Heimskringla*, utg. Finnur Jónsson, København 1883-1901.
Oliver, J.R. ed. 1860-2: *Monumenta de Insula Manniae* (Manx Society).
Olsson, Anders 2000: «Chronology», i Nordeide, S.W. 2000a.
Opheim, Bente: *Med stønad frå frendar og vener. Slektskap og venskap som partidanande faktorar i den norske innbyrdesstriden 1130-1208*, hovedoppgave i historie, Bergen.
Opll, Ferdinand 1990: *Friedrich Barbarossa*, Darmstadt.
Orkneyinga Saga = The History of the Earls of Orkney, translated by Herman Palsson and Paul Edwards, 1978.
OS = Orkneyinga Saga, ed. Finnbogi Guðmundsson, Íslenzka Fornritafélag 1965, Reykjavík.
OSR = Orkney and Shetland Records edd. A.W. Johnston and others, Viking Society, London, 1907-42.
Owen, Olwyn & Christopher Lowe 1999: *Kebister: the four thousand-year-old story of one Shetland township*, Edinburgh.

Panofsky, Erwin 1976: *Gothic Architecture and Scholasticism*, New York.
Parsons, D. 1990: «Review and Prospect: The Stone Industry in Roman, Anglo-Saxon and Medieval England». I Parsons (red.) *Stone. Quarrying and Building in England AD 43–1525*, Chichester.

Passio et Miracula Beati Olaui, ed. F. Metcalfe, Oxford 1881.
Passio Olavi. Lidingsoga og undergjerningane åt den heilage Olav. Omsett av Eiliv Skard, Oslo 1930.
Peacock, D. 1992: *Rome in the Desert: A Symbol of Power.* Inaugural Lecture, University of Southampton.
Pedersen, Ellen Anne 2000: «Tusen års historie i kirkegårdens dyp, fra utgravningene ved Hamar Domkirkeruin 1988–92». *Universitetets Oldsakssamlings Årbok* 1999, Oslo.
Pettersen, Gunnar I 1992: *De økonomiske sidene ved provent-institusjonen i Norge ca. 1280-1500*, Oslo.
Phelpestead, Carl (ed.) 2001: *A History of Norway and the Passion and the Miracles of the Blessed Ólafr*, translated by Devra Kunin, London.
Philippart, Guy 1977: *Les Légendiers Latins Et Autres Manuscrits Hagiographiques*, (Typologie Des Sources Du Moyen Âge Occidental, Fasc. 24-25), Turnhout.
Piebenga, Anne Gryt 1987: «Gozewijn Comhaer Skálholtsbiskup 1434–1446». *Saga* 25 (1987).
Plöchl, W.M. 1955: *Geschichte des Kirchenrechts.* 2. ed. II vols. Wien-München.
Pontoppidan, Erich 1744: *Annales Ecclesiæ Danicæ Diplomatici. Oder nach Ordnung der Jahre abgefasste und mit Urkunden belegte Kirchen-Historie des Reichs Dannemark*, bd. II, København.
Paasche, Fredrik 1933: «Til erkebiskop Eysteins historie», *Festskrift til Halvdan Koht*, Oslo.
Paasche, Fredrik 1948: *Hedenskap og kristendom. Studier i norrøn middelalder.* Utgitt posthumt av Philip Houm, Oslo.

Raine, J. (ed.) 1879-94: *Historians of the Church of York (Rolls Series)*, London.
Regesta Norvegica, bd. I-VII, 822–1390, utg. E. Gunnes et al., Oslo 1989-.
REO = Records of the Earldom of Orkney, 1299-1614, ed. J. Storer Clouston, Scottish History Society, 2nd series 7, Edinburgh 1914.
Riisøy, Anne Irene & Bjørg Dale Spørck 2000: «Dateringer av nyere Borgartings kristenretter», *Collegium Medievale* 12.
Riisøy, Anne Irene 2000: *Stat og kirke: Rettsutøvelsen i kristenrettssaker mellom sættargjerden og reformasjonen*, hovedoppgave i historie, Oslo.
Ringstad, Jan Erik 1994: *Oslobispens jordegods fram til 1407. Med særlig vekt på biskop Øysteins embetstid*, hovedoppgave i historie, Oslo.
Risvaag, Jon Anders 1995: *Erkebiskopen i Nidaros utmynting i middelalderen*, hovedoppgave i historie, Oslo.
RMS = Regesta Magni Sigilli Regum Scottorum, edd. J.M. Thomson and others, Edinburgh 1882-1914.

RN = *Regesta Norvegica.*
Rumar, L. (utg.) 1997: *Helgonet i Nidaros. Olavskult och kristnande i Norden*, Stockholm.
Roaldset, Hege 1996: *Mariakirken i Oslo. De religiøse funksjonene*, hovedoppgave i historie, Oslo.
Roskildekrøniken = *Chronicon Roskildense.*
Rygh, O. 1911: *Norske Gaardnavne*, bd. XVII, Tromsø amt (bearb. af K. Rygh), Kristiania.
Rød. P.O. 1975: *Melhusboka*, bd. 1, Melhus.
Rørdam, H.F. 1873: «Klageskrift mot Danmarks Biskopper». I H.F. Rørdam (red.) *Monumenta Historiæ Danicæ*, bd. 1, København.
Røthe, Gunnhild: «Olavs fødsel og dåp i sagalitteraturen», i Ekrem et al. 2000.

Salvesen, Astrid (overs.) 1969: *Norges historie, Theodricus Munk Historien om de gamle kongene. Historien om danenes ferd til Jerusalem*, Oslo
Sandberg, Per-Øivind 2000: «Biskop Mogens, en vaklevoren politiker?». *Fra Kaupang og Bygd. Hedmarksmuseets Årbok 2001.*
Sandnes, Jørn 1965: *Namdalens historie*, Namsos.
Sandnes, Jørn 1969: «Fylkeskirkene i Trøndelag i middelalderen», *Årbok for Trøndelag*, nr. 3.
Sandnes, Jørn 1971: *Ødetid og gjenreisning. Trøndsk busetningshistorie ca. 1200-1660*, Oslo.
Sandal, Aud-Jorunn 1996: *Synd i gammalnorsk og islandsk homiliebok*, hovedoppgave i historie, Bergen.
Sandvik, Gudmund 1965: *Prestegard og prestelønn*, Oslo.
Sandvik, Gudmund 1986: «Sættargjerda i Tunsberg og kongens jurisdiksjon». *Samfunn. Rett, Rettferdighet. Festskrift til Thosrtein Eckhoffs 70-årsdag*, Oslo.
Sandvik, Gudmund 1987: «Salet av landskyrkjene i Sør-Noreg i 1720-åra i perspektiv», i *Kyrkja i lokalsamfunnet. Om kyrkjebygningar som historisk kjelde.* Bjarne Slettan (red.). Kristiansand.
Sandaaker, Odd 1988: «Canones Nidrosienses - intermesso eller opptakt?», *HT*, bd. 67.
Sandaaker, Odd 1998: «Magnus Erlingssons kroning. Ein politiserande sagatradisjon?», *HT* bd. 77.
Sawyer, Peter 1988: «Dioceses and Parishes in Twefth-Century Scandinavia», i B. E. Crawford, Aberdeen.
Saxo Grammaticus, *Gesta Danorum*, eds. J. Olrik & H. Ræder: *Saxonis Gesta Danorum*, vols. I-II, with an Index verborum by F. Blatt. Copenhagen 1931-57. (Dansk oversettelse v. Peter Zeeberg: Saxos Danmarkshistorie 1-2, København 2000.)
Schreiner, Johan 1946a: «Konge og kirke i Norge 1247-1277», *HT* bd. 33, Oslo.
Schreiner, Johan 1946b: «Lovene om tronfølgen i Norge 1163-1273», *Festskrift til Erik Arup*, København.
Schirmer, H.E. & P.A. Munch 1859: *Throndhjems Domkirke*, Christiania.
Schirmer, H.E. 1885: «Breve fra professor P.A. Munch til arkitekt H.E. Schirmer (1858)». *Kristkirken i Nidaros*, Kristiania.
Schumacher, Jan 1993: «Breaking the Bread of Scripture. On the Medieval Interpretation of the Bible», *Collegium Medievale*, vol. 6.
Schwach, C.N. 1838: *Trondhjems Domkirkes historie og beskrivelse i kort Udtog*, Trondhjem.
Schøning, Gerhard 1762: *Beskrivelse over den tilforn meget prægtige og vidtberømte Dom-Kirke i Throndhjem, egentligen kaldet Christ-Kirken*, Throndhjem.
Schøning, Gerhard 1910-1979: *Reise gjennem en Deel af Norge.* Bd. 1-2, Trondheim.
Seierstad, Andreas 1930: *Olavsdyrking i Nidaros og Nord-Europa*, Oslo.
Seierstad, Andreas 1965: *Fedrearv og kristenkall*, Oslo.
Seip, Didrik Arup 1955: *Norsk språkhistorie til omkring 1370* (2. utg.), Oslo.
Seip, Elisabeth 1984: *Bispegodset på Orknøyene fra ca. 1100 til reformasjonen*, hovedoppgave i historie, Oslo.
Seip, Jens Arup 1934: *Lagmann og lagting i senmiddelalderen og det 16de århundre*, Oslo.
Seip, Jens Arup 1936*: Olav Engelbriktssons* rekneskapsbøker 1532-1538, Oslo.
Seip, Jens Arup 1940a: «Problemer og metode i norsk middelalderforskning», *HT* bd. 32.
Seip, Jens Arup 1940b: «Ennu en kristenrett fra gammelnorsk tid», *HT* bd. 31.
Seip, Jens Arup 1941: «Romaskatten og kristenrettene», *HT* bd. 32.
Seip, Jens Arup 1942: *Sættargjerden i Tunsberg og kirkens jurisdiksjon*, Oslo.
Seip, Jens Arup 1946: «De 12 gode menn i tronfølgeloven 1163»; *HT* bd. 34.
Seip, Jens Arup 1949-51: Arne Odd Johnsen «Fra ættesamfunn til statssamfunn», *HT* bd. 35.
Seip, Jens Arup 1953: «Ting og stevne i Rogaland», *Tingbøker frå Jæren og Dalane*, red. O. Aurnes, Stavanger.
Seip, Jens Arup 1964: «Den norske høyesterett som politisk organ»; *HT* bd. 43.
Seip, Jens Arup 1983: «Kirkelig historieteori og kirkelig historieforskning», i J.A. Seip *Problemer og metode i historieforskningen. Artikler, innlegg foredrag 1940-1977*, Oslo.
Shetland Docs. = *Shetland Documents 1195-1579*, 1999. Ed. By John H. Ballantyne & Brian Smith, Lerwick.
Sigurðsson, Jón Viðar 1989: *Frá goðorðum til rékja. Þróun goðavalds á 12. og 13. öld*, Reykjavík.
Sigurðsson, Jón Viðar 1995: «The Icelandic Aristocracy after the fall of the Free State», *Scandinavian Journal of History* 20 (1995).
Sigurðsson, Jón Viðar 1999: *Chieftains and power in the Icelandic commonwealth*, Odense.
Sinding-Larsen, Holger 1924-25: *Akershus. Bidrag til Akershus' slots bygningshistorie i de første 350 aar 1300-1650.* Bd. 1-2, Oslo.
Skard, Eiliv 1932: *Sprache und stil der Passio Olavi*, Oslo
Skard, Eiliv 1970 (1. utg. 1930) overs.: *Passio Olavi: lidingsoga og undergjerningane åt den heilage Olav*, Oslo.
Skattematrikkelen 1647, bd. XVII, Troms og Finnmark fylke, Norsk lokalhistorisk Institutt, Oslo - Bergen - Tromsø.
Skevik, Olav 1997: *Folk og fylker i fjerne tider. Inntrøndelags historie før 1600*, Steinkjer.
Skjølsvold, A. 1961: *Klebersteinsindustrien i vikingetiden*, Oslo
Skodvin, Magne 1975: «Sjørøveri og kongemakt». *Makt og motiv. Et festskrift til Jens Arup Seip*, Oslo.
Skogrand, Olav 1976: *Enkelte trekk av Nidaros domkapitels historie fram mot 1620, hovedoppgave i historie*, Trondheim.
Skre, Dagfinn 1995: «Kirken før sognet. Den tidligste kirkeordningen i Norge», i H.-E. Lidén 1995.
Skre, Dagfinn 1998a: «Herredømmet. Bosetning og besittelse på Romerike 200-1350 e. Kr.», *Acta Humaniora nr. 23*, Universitetet i Oslo, Oslo.
Skre, Dagfinn 1998b: «Missionary Activity in Early Medieval Norway. Organization and the Course of Events», *Scandinavian Journal of History*, vol. 23.
Skånland, Vegard 1956: «Calor fidei». *Symbolae Osloenses* 32.
Skånland, Vegard 1961-62: «Erkebiskop Eystein og kroningen i Ringsted 1171», *HT* bd. 41. (Jfr. samme ibid: «Replikk til Nils Hallan»)
Skånland, Vegard 1968: «Provinsialkonsil. Norge», *KLNM* XIII.
Skånland, Vegard 1969: *Det eldste norske provinsialstatutt*, Oslo.
Skaare, Kolbjørn 1976: *Coins and Coinage in Viking age Norway. The Establishment of a National Coinage in Norway in the XI Century, with a Survey of the Preceding Currency History*, Oslo.
Skaare, Kolbjørn 1992: «Erkebiskopens utmynting», i Nordeide, S.W. & Skaare K. «*Erkebiskopens myntverksted». Nidaros Domkirkes Restaureringsarbeider. Småskriftserien* 5, Trondheim.
Skaare, Kolbjørn 1995: *Norges mynthistorie*, Oslo.
Slafkosky, Andrew Leonard 1941: «The Canonical Episcopal Visitation of the Diocese: An Historical Synopsis and Commentary», *vol. 142, Canon Law Studies.* Wahington DC.
Smedberg, Gunnar 1973: *Nordens första kyrkor. En kyrkorättslig studie*, Lund.
Smith, Brian 1989: «In the tracks of Bishop Andrew Pictoris of Orkney and Henry Phankouth, archdeacon of Shetland», *Innes Review*, XL 1989.
Smith, Brian 2000: *Toon and Tenants*, Lerwick.
Snorri Sturluson: Heimskringla, Noregs Konunga Sogur, utg. Finnur Jónsson, Oslo 1966 [København 1911].
Snorre = *Snorre Sturlasson.* Kongesagaer. Oversatt av Anne Holtsmark og Didrik Arup Seip, Oslo 1959 = bd. 1-2 i Norges Kongesoger 1-4, 1979.
Sogner, Sølvi 1961-63: «Bondeluten i reformasjonsårhundret», *Heimen* XVII.
Solhaug, M. 2001: «Middelalderens døpefonter i Norge». *Acta humaniora* 89.
Stanier, P. 1995: *Quarries of England and Wales. An Historic Photografic Record*, Truro.

Stanier, P. 2000: *Stone Quarry Landscapes. The Industrial Archaeology of Quarrying*, Tempus Publishing.
Stefánsson, Magnús 1975: „Kirkjuvald eflist«. I *Saga Íslands* II, red. Sigurður Líndal, Reykjavik.
Stefánsson, Magnús 1978: «Frá goðakirkju til biskupskirkju». *Saga Íslands* III, red. Sigurður Líndal, Reykjavík.
Stefánson, Magnús 1997: «Islendsk egenkirkevesen». *Rett og historie. Festskrift til Gudmund Sandvik*, Dag Michalsen og Knut Sprauten (red.), Oslo.
Stefánson, Magnús 2000: «Staðir og staðamál. Studier i islandske egenkirkelige og beneficialrettslige forhold i middelalderen» Del 1. *Historisk institutt Universitetet i Bergen, skrifter* 4. Bergen.
Steinnes, Asgaut 1930-33: *Gamal skatteskipnad i Noreg*. Bd. 1-2, Oslo.
Steinnes, Asgaut 1933: «Tiend-uppgåvone i biskop Øysteins jordebok», *Festskrift til Halvdan Koht*, Oslo.
Steinnes, Asgaut 1936: «Mål, vekt og verdirekning i Norge» i *Nordisk kultur* bd. XXX, Stockholm.
Steinnes, Asgaut 1941: «Romaskatt og folketal», *HT* bd. 32.
Steinsland, Gro 2000: *Den hellige kongen. Om religion og herskermakt fra vikingtid til middelalder*, Oslo.
Stenvik, L.F. 1996: «Slipesteinsberget i Sparbu – gammel steinindustri i et kleberbrudd». *Spor*.
Storemyr, P. 1996: «A study in the weathering of Norwegian greenschist«. *8th Int. Congress on Deterioration and Conservation of Stone. Proceedings*. Berlin.
Storemyr, Per 1997a: *The stones of Nidaros: an applied weathering study of Europe's northernmost medieval cathedral*, Trondheim.
Storemyr, Per 1997b: «De middelalderske steinbruddene ved Øysanden». *Spor*.
Storemyr, Per 1999: «Gamle steinbrudd i den egyptiske ørken«. *Spor*.
Storemyr, Per 2000a: «Attempt at reopening Klungen medieval soapstone quarry for modern use at Nidaros Cathedral». I *The Raphael Programme. Nidaros Restoration Report Raphael* 1 (til European Commission) (*NDR-rapporter* nr. 1/2000), Trondheim.
Storemyr, Per 2000b: «Nidarosdomen – et speilbilde av Norges berggrunn». I Carstens, H. (red.) *...bygger i berge. En beretning om norsk bergverksdrift*, Trondheim.
Storemy, Per 2001a: «Restaurering av koret i Stavanger domkirke. De ytre fasadene 1997–1999». *Årbok. Foreningen til norske fortidsminnesmerkers bevaring*.
Storemyr, Per 2001b: «Gammel klebersteinsindustri i Alpene». *Spor*.
Storemyr, P. & Heldal, T. 2002 i trykken: «Soapstone Production through Norwegian History: Geology, Properties, and Use». I Herrmann, J., Herz, N. & Newman R. (red.) *ASMOSIA 5, Interdisciplinary Studies on Ancient Stone – Proceedings of the Fifth International Conference of the Association for the Study of Marble and Other Stones in Antiquity*, Boston.
Storemyr, P, Berg, A. & Heldal, T. 2002, i trykken: «Problems in reopening medieval stone quarries: A study of Norwegian failures». I Lazzarinii, L. (red.) *ASMOSIA 6, Interdisciplinary Studies on Ancient Stone – Proceedings of the Sixth Conference of the Association for the Study of Marble and Other Stones in Antiquity*. Padova.
Storm, Gustav 1877: *Sigurd Ranessøns Proces, udgivet efter Haandskrifterne*, Kristiania.
Storm, Gustav 1880: *Monumenta Historica Norvegiæ*, Kristiania.
Storm, Gustav 1885: «Om en Olavslegende fra Ribe», *Chr. Vid. Selsk. Forh.* 3, Kristiania (oversettelse av Gunilla Iversen Lidén 1999).
Storm, Gustav 1888: *Islandske Annaler indtil 1578*, Christiania.
Storm, Gustav 1895: *Historisk-topografiske Skrifter om Norge og norske landsdele, forf. i Norge i det 16de Aarhundrede*, Christiania.
Storm, Gustav 1897: *Afgifter fra Den norske Kirkeprovins til Det Apostoliske Kammer og Kardinalkollegiet 1311-1523 efter Optegnelser i de Pavelige Archiver*, Christiania.
Storsletten, Ola 1988: «Trondenes kirkes tidligste bygningshistorie.» *Fagrapport 008, NIKU*, Oslo.
Strong, Roy 1990: *Lost Treasures of Britain. Five Centuries of Creation and Destruction*, London.
Strømme. Aud 1995: *Norske testamenter og sjelegavebrev fra middelalderen. En undersøkelse av omfang og bruk*. Hovedoppgave i historie, Trondheim.
Sts.= Sturlunga saga I-II. Utg. Jón Jóhannesson o fl., Reykjavík 1946.
Stutz, Ulrich 1895/1964/1989: *Die Eigenkirche als Element des mittelalterlich-germanischen Kirchenrechts*, Berlin-Darmstadt-Aalen.
Styffe, Carl Gustaf 1859-70: *Bidrag till Skandinaviens historia ur utländska arkiver*, bd. 1-3, Stockholm.
Suul, Torgeir 1975: «Hertug Skule og klosterkirken på Rein». *Årbok. Foreningen til norske fortidsminnesmerkers bevaring*.
Svahnström, G. 1981: «St. Olav. Seine Zeit und sein Kult». *Acta Visbyensia* VI, Visby.
Svartvasmo, Asbjørn 1988: «Trondenes kirkested i mellomalderen. Kloster, kollegiat eller bare et oppholdssted for dekanens kapellaner», *Håløygminne*, bd. 17, 69. årg.
Sv. = Sverris saga, utg. Gustav Indrebø, Kristiania 1920.
Syrett, Martin 2002: *The Roman-alphabet inscriptions of medieval Trondheim*, bd. 1-2, Trondheim.
Syrstad, E. 1995: *Skaun kyrkje anno 1180*, Svorkmo.
Sägmüller, J.B. 1914: *Lehrbuch des katolischen Kirchenrechts*. Bd. I-II, Freiburg.
Sæther, Tor u.å.: *Rapporter og dagbøker fra utgravningene i Hamar bispegård 1983–91*. Riksantikvarens og Hedmarksmuseets arkiv. Upublisert.
Sæther, Tor 1990: «Et nyutgravd stykke av Hamars middelalder». *Fra Kaupang og Bygd. Hedmarksmuseets Årbok*.
Sæther, Tor 1992: «Det eldste Hamar – forutsetninger, struktur, funksjon». *Nytt fra uutgravningskontoret i Bergen* nr. 3, Bergen 1992.
Sæther, Tor 1998: «Anlegget på Storøya sett fra Hamarbiskopens residens på Domkirkeodden». *NIKU Fagrapport* 009, Oslo 1998.
Søholt, Petter Ingvar 1980: *Handel og handelskontaktar i Trondheim i tidleg- og høgmellomalder*. Hovedoppgave i historie, Trondheim.
Søreide, Tove 1995: «Vandring rundt kirken», i Ekroll Ø. et al. (red.) *Nidaros Domkirke og Erkebispegården*, Nidaros Domkirkes Restaureringsarbeider, Trondheim.

Talen = Holtsmark 1931.
Taranger, Absalon 1888: «Om Betydningen af Herað og Heraðs-kirkja i de ældre Kristenretter», *HT* bd. 10.
Taranger, Absalon 1890: *Den Angelsaksiske Kirkes Indflytelse paa den Norske*, Kristiania.
Taranger, Absalon 1896: *Om eiendomsretten til de norske prestegaarde*, Kristiania.
Taranger, Absalon 1902: *Den protestantiske kirkeforfatnings udvikling*, Kristiania.
Taranger, Absalon 1910: *Kirkerettens og kirkeforfatningens historie*, Kristiania.
Taranger, Absalon 1911: *Vor kirkes organisation*, Kristiania.
Taranger, Absalon 1915: *Magnus Lagabøters Landslov*, 4. opplag Oslo 1970.
Taranger, Absalon 1915 og 1917: *Norge Historie* bd. 3. Del 1: «Tidsrummet 1319-1442», Del 2: «Tidsrummet 1443-1537», Kristiania.
Taranger, Absalon 1917: *Den gjældende kirkeret*, Kristiania.
Taranger, Absalon 1922: «Magnus Erlingssons privilegium for den norske kirke», *Norvegia Sacra* 2. årgang.
Taranger, Absalon 1927: «Prestenes bekjennelsesplikt i Den Norske Kirke», *Norvegia Sacra* 7. årgang.
Taranger, Absalon 1928: *Tillegg til norsk kirkerett*, Oslo.
Tatton-Brown, T. 1997: «La Pierre de Caen en Angleterre». I Corlet, C. (red.) *L'architecture normande au Moyen Age*, vol. 1 Caen.
Theodoricus Monachus, Historia de antiquitate regum Norwagensium, In Storm 1880.
Thomson, John A. 1998: *The Western Church in the Middle Ages*, London.
Thomson, W.P.L. 2001: *The new History of Orkney*, Edinburgh.
Tobiassen, Torfinn 1964: «Tronfølgelov og privilegiebrev. En studie i kongedømmets ideologi under Magnus Erlingsson», *HT* bd. 43.
Torfæus, Tormod 1711: *Historia rerum Norvegicarum*. Tom 1-4, Hafnia.
Towle, Andrew Charles 1995: *An investigation of a deposit of medieval window glass from the Archbishop's Palace, Trondheim, using energy dispersive X-ray microanalysis and neutron activation analysis*, master degree, University of Bradford, Bradford.
Toy, Sidney 1985 [1939]: *Castles. Their Construction and History*, New York.
Tro. = Trondenes, se Lysaker 1956.
Trondhjems Reformats 1589= Anne Marit Hamre 1983.
Tryti, Anna Elisa 1987: *Bergen bispedømme i første halvdel av det 14. århundre*, hovedoppgave i historie, Bergen.
Trædal, Vidar 1998: «Tanker om Trondenes kirke. Bygningshistoriske spørsmål», *Årbok. Foreningen til norske fortidsminnesmerkers bevaring*.

Trønnes, R.G. 1994: «Marmorforekomster i Midt-Norge: Geologi, isotopgeokjemi og industri- mineralpotensiale». *NGU-rapport* nr. 94. 042.
TTK = Tidsskrift for Teologi og Kirke.

Þorláksson, Helgi 1989: *Gamlar götur og goðavald. Um fornar leiðir og vold Oddverja i Rangárþingi*, Reykjavík.
Þorsteinsson, Björn 1965: *Ævintýri Marcellusar Skálholtsbiskups*, Reykjavík.
Þorsteinsson, Björn & Sigurður Líndal 1978: «Lögfesting konungsvalds», i *Saga Íslands* I, red. Sigurður Líndal, Reykjavík.
Þorsteinsson, Björn & Guðrún Ása Grímsdóttir 1990: «Enska öldin», i *Saga Íslands* I. red. Sigurður Líndal, Reykjavík.
Þorsteinsson, Björn, et al. 1991: *Island*. København.
Þorsteinsson, Hannes 1922-27: *Annálar 1400–1800* I, Reykjavík.

Udnæs, Marit Roland 2002: *Tro og makt. En studie i godenes bruk av kristne institusjoner og kristen tro i den politiske maktkampen på Island ca. 1120 til 1262/64.* Hovedoppgave i historie, Oslo.
Ullern, Inge-Johanne 1997: *Tiggerordenene i de norske middelalderbyene*, hovedoppgave i historie, Oslo.
Undset, Ingvald 1888: «Indskrifter fra middelalderen i Throndhjems domkirke». *Christiania Videnskabs-Selskabs Forhandlinger* 1888 no. 4, Christiania.
Unger. C.R. 1867: *Morkinskinna*, Christiania.
Utne, Bjørn Saxe 1972/73: «Høvedsmanns-institusjonen I det nordafjelske Norge 1500-1524». *Bergen Historiske Forenings Skrifter* nr. 72/73.

van Houts, E. ed. 1992: *The Gesta Normannorum ducum of William of Junièges, Orderic Vitalis, and Robert of Torigni*, Oxford.
Vandvik, Eirik 1946-48: «Magnus Erlingssons kroningseid», *HT* bd. 34.
Vandvik, Eirik 1954-56: «Konstantins dåp og Magnus Erlingssons kroning», *HT* bd. 37.
Vandvik, Eirik 1959: *Latinske dokument til norsk historie fram til år 1204*, Oslo.
Vandvik, Eirik 1961: «Erkebiskop Eystein som politikar». *Nidaros domkirkes restaureringsarbeider ved 800-årsminnet fir vigselen av Johanneskapellet 26. november 1961*; Trondheim.
Vandvik, Eirik 1962: *Magnus Erlingssons privilegiebrev og kongevigsle*, Oslo.
VED = Vadstenadiariet: Latinsk text med översättning och kommentar, utg. v. Gejrot, Clas 1996 Stockholm.
Veblen, Thorstein 1998 (1898): *The Theory of the Leisure Class*, New York.
Vellev, Jens 1982: «Helgenkongens skrin», *SKALK* nr. 4/1982.
Vésteinsson, Orri 2000: *The Christianization of Iceland: priests, power, and social change 1000–1300*, Oxford.
Vigfusson, Gudbrand (ed.) 1887: *Hakonar Saga*, London.
Viollet-le-Duc, M. 1868-73: *Dictionnaire raisonné de l'Architecture française de XIe au XVIe siècle*, vol I-X, Paris.
Vogt, J.H.L. 1897: «Norsk marmor», *NGU*, 22.

Wallach, Luitpold 1955: «The epitaph of Alcuin: a modell for Carolingian epigraphy», *Speculum* vol. 30.
Wallem, Fredrik B. 1927: «En middelaldersk fremstilling av pilgrimmene ved Hellig Olavs grav». *Det kongelige norske videnskabers selskab forhandlinger* bd. 1, nr. 5, Trondhjem.
Walsh, P.G. & M.J. Kennedy ed.1988: *The history of English affairs/William of Newburgh*, book 1, Warminster.
Ward-Perkins, J.B. 1971: «Quarrying in Antiquity: Technology, Tradition and Social Change», Mortimer Wheeler Archaeological Lecture, British Academy, *Proceedings of the British Academy*, London
Watt, D.E.R (ed.) 1969: «Orkney Diocese», i *Fasti Ecclesiæ Scotticanae Medii Aevi ad annum 1638*, St. Andrews. Revised edition 2003 edd. D.E.R. Watt and A.L. Murray in the *Scottish Record Society*, New Series, vol 25.
Watt, D.E.R 1977: *A Biographical Dictionary of Scottish Graduates to A.D. 14_0*, Oxford.
Watt, D.E.R. 1994: «Bishops in the Isles before 1203, bibliography and biographical lists», *Innes Review* 45.
Watt, D.E.R. and Murray, A.L. (eds.) 2003, *Fasti Ecclesiae Scoticanae Medii Aevi ad Annum 1638*, Edinburgh.
Whittingham, A.B. «1999: Bury St. Edmunds Abbey». *English Heritage*, London.
Widding, Ole 1993: «Den store saga om Olav den hellige», i *Twenty-eight papers presented to Hans Bekker-Nielsen on the occation of his sixtieth birthday 28 April 1993*, Odense.
William af Jumièges, Gesta Normannorum Ducum, ed. Van Houts, Elisabeth M.C. 1992 &1995: The Gesta Normannorum Ducum of William of Jumièges, Orderic Vitalis, and Robert of Torigni, 2. vols., Oxford.
Williams, D.F. & Peacock, D. 2002 i trykken: «The Use of Purbeck Marble in Roman and Medieval Britain». I Lazzarini, L. (red.) *ASMOSIA 6, Interdisciplinary Studies on Ancient Stone – Proceedings of the Sixth International Conference of the Association for the study of Marble and Other Stone in Antiquity*, Padova.
Wilson, J. Ed. 1915: *The Register of the Priory of St Bees* (Surtees Society, vol. 126).
Wisløff, Carl Fr. 1966: *Norsk kirkehistorie*, bd. 1, Oslo.
Winroth, Anders 2000: «The making of Gratian's Decretum», *Cambridge studies in medieval life and thought*, 4th series, Cambridge.
Wold, Helge A. 1991: *I Paradisets første krets*, Oslo.
Wolff, F.C. & Roberts, D. 1980: «Geology of the Trondheim Region». I Wolff, F.C. (red.) *Excursions across part of the Trondheim Region, Central Norwegian Caledonides, NGU bull.* 355.
Wærdahl, Randi B. 1998: *Skattland og kongemakt 1262–1350.* Hovedoppgave i historie, Trondheim.

Ziegler, Jacob 1532 (1878): «Scondia» i Hildebrand, H. (red.) *«Ett geografisk arbete öfver Skandinavien från år 1532». Svenska sällskapet för antropologi och geografi. Geografiska sektionens tidskrift* 1878.
Zorn, Philipp 1875: *Staat und Kirche in Norwegen bis zum Schlusse des dreizehnten Jahrhunderts. Eine Untersuchung zur Geschichte des canonischen Rechtes und der Kämpfe zwischen Staat und Kirche.* München.

Østrem, Eyolf 2000: «Om en nyoppdaget Olavslegende», i Ekrem et al, 2000.
Østrem, Eyolf 2001: *The Office of Saint Olav. A Study in Chant Transmission*, Uppsala.
Østeraas, B. 1999: «Eit klebersteinsbrot fortel si historie». *Spor.*
Øvereng, O. 1990: «Dolomitt. Almenningen». Roan kommune, Sør-Trøndelag. *NGU-rapport* nr. 90.035.

Aakjær, Svend 1927: «Om det olddanske Herred og Sogn». *Festskrift til Kr. Erslev 28. december 1927 fra danske historikere.* København.
Åmodt, Ola H. 1981: *Nidaros domkapitel fram til 1320*, hovedoppgave i historie, Trondheim.

REGISTER

L